青岛官报

(1904—1905)

下册

青岛市市南区档案馆 编译

图书在版编目(CIP)数据

青岛官报.1904—1905：上、下册/青岛市市南区档案馆编译. -- 南京：东南大学出版社,2023.10
(青岛市市南区档案资料丛书)
ISBN 978-7-5766-0931-8

Ⅰ.①青… Ⅱ.①青… Ⅲ.①报刊-史料-汇编-青岛-1904-1905 Ⅳ.①G219.295.2

中国国家版本馆CIP数据核字(2023)第204903号

责任编辑：魏晓平　　责任校对：张万莹　　封面设计：毕真　　责任印制：周荣虎

青岛官报(1904—1905)

Qingdao Guanbao (1904—1905)

编　　译	青岛市市南区档案馆
出版发行	东南大学出版社
社　　址	南京四牌楼2号　邮编：210096　电话：025-83793330
出 版 人	白云飞
网　　址	http://www.seupress.com
电子邮件	press@seupress.com
经　　销	全国各地新华书店
印　　刷	广东虎彩云印刷有限公司
开　　本	889 mm×1194 mm　1/16
印　　张	68.75
字　　数	1 506千字
版　　次	2023年10月第1版
印　　次	2023年10月第1次印刷
书　　号	ISBN 978-7-5766-0931-8
定　　价	312.00元(全两册)

本社图书若有印装质量问题,请直接与营销部调换。电话(传真):025-83791830

目　录

第六年	第一号	1905年1月7日（德文版）	563
第六年	第一号	1905年1月7日（中文版）	570
第六年	第二号	1905年1月14日（德文版）	577
第六年	第二号	1905年1月14日（中文版）	582
第六年	第三号	1905年1月21日（德文版）	586
第六年	第三号	1905年1月21日（中文版）	590
第六年	第四号	1905年1月28日（德文版）	593
第六年	第四号	1905年1月28日（中文版）	599
第六年	第五号	1905年2月4日（德文版）	604
第六年	第五号	1905年2月4日（中文版）	607
第六年	第六号	1905年2月11日（德文版）	611
第六年	第六号	1905年2月11日（中文版）	615
第六年	第七号	1905年2月18日（德文版）	618
第六年	第七号	1905年2月18日（中文版）	622
第六年	第八号	1905年2月25日（德文版）	625
第六年	第八号	1905年2月25日（中文版）	630
第六年	第九号	1905年3月4日（德文版）	633
第六年	第九号	1905年3月4日（中文版）	638
第六年	第十号	1905年3月11日（德文版）	642
第六年	第十号	1905年3月11日（中文版）	645
第六年	第十一号	1905年3月18日（德文版）	647
第六年	第十一号	1905年3月18日（中文版）	653
第六年	第十二号	1905年3月25日（德文版）	661
第六年	第十二号	1905年3月25日（中文版）	666
第六年	第十三号	1905年4月1日（德文版）	669
第六年	第十三号	1905年4月1日（中文版）	674

第六年	第十四号	1905年4月8日（德文版）	678
第六年	第十四号	1905年4月8日（中文版）	683
第六年	第十五号	1905年4月15日（德文版）	688
第六年	第十五号	1905年4月15日（中文版）	691
第六年	第十六号	1905年4月22日（德文版）	693
第六年	第十六号	1905年4月22日（中文版）	696
第六年	第十七号	1905年4月29日（德文版）	698
第六年	第十七号	1905年4月29日（中文版）	705
第六年	第十八号	1905年5月6日（德文版）	710
第六年	第十八号	1905年5月6日（中文版）	716
第六年	第十九号	1905年5月13日（德文版）	723
第六年	第十九号	1905年5月13日（中文版）	726
第六年	第二十号	1905年5月20日（德文版）	729
第六年	第二十号	1905年5月20日（中文版）	733
第六年	第二十一号	1905年5月27日（德文版）	736
第六年	第二十一号	1905年5月27日（中文版）	741
第六年	第二十二号	1905年6月3日（德文版）	744
第六年	第二十二号	1905年6月3日（中文版）	747
第六年	第二十三号	1905年6月10日（德文版）	749
第六年	第二十三号	1905年6月10日（中文版）	753
第六年	第二十四号	1905年6月17日（德文版）	758
第六年	第二十四号	1905年6月17日（中文版）	761
第六年	第二十五号	1905年6月24日（德文版）	763
第六年	第二十五号	1905年6月24日（中文版）	767
第六年	第二十六号	1905年7月1日（德文版）	770
第六年	第二十六号	1905年7月1日（中文版）	774
第六年	第二十七号	1905年7月8日（德文版）	776
第六年	第二十七号	1905年7月8日（中文版）	781
第六年	第二十八号	1905年7月15日（德文版）	786
第六年	第二十八号	1905年7月15日（中文版）	790
第六年	第二十九号	1905年7月22日（德文版）	793
第六年	第二十九号	1905年7月22日（中文版）	796

第六年	第三十号　1905年7月29日（德文版）	798
第六年	第三十号　1905年7月29日（中文版）	802
第六年	第三十一号　1905年8月5日（德文版）	804
第六年	第三十一号　1905年8月5日（中文版）	810
第六年	第三十二号　1905年8月12日（德文版）	816
第六年	第三十二号　1905年8月12日（中文版）	822
第六年	第三十三号　1905年8月19日（德文版）	828
第六年	第三十三号　1905年8月19日（中文版）	832
第六年	第三十四号　1905年8月26日（德文版）	835
第六年	第三十四号　1905年8月26日（中文版）	841
第六年	第三十五号　1905年9月2日（德文版）	846
第六年	第三十五号　1905年9月2日（中文版）	850
第六年	第三十六号　1905年9月9日（德文版）	853
第六年	第三十六号　1905年9月9日（中文版）	859
第六年	第三十七号　1905年9月16日（德文版）	865
第六年	第三十七号　1905年9月16日（中文版）	869
第六年	第三十八号　1905年9月23日（德文版）	873
第六年	第三十八号　1905年9月23日（中文版）	878
第六年	第三十九号　1905年9月30日（德文版）	882
第六年	第三十九号　1905年9月30日（中文版）	886
第六年	第四十号　1905年10月7日（德文版）	888
第六年	第四十号　1905年10月7日（中文版）	891
第六年	第四十一号　1905年10月14日（德文版）	894
第六年	第四十一号　1905年10月14日（中文版）	899
第六年	第四十二号　1905年10月21日（德文版）	904
第六年	第四十二号　1905年10月21日（中文版）	907
第六年	第四十三号　1905年10月28日（德文版）	909
第六年	第四十三号　1905年10月28日（中文版）	914
第六年	第四十四号　1905年11月4日（德文版）	917
第六年	第四十四号　1905年11月4日（中文版）	921
第六年	第四十五号　1905年11月11日（德文版）	924
第六年	第四十五号　1905年11月11日（中文版）	931

第六年	第四十六号	1905年11月18日（德文版）	939
第六年	第四十六号	1905年11月18日（中文版）	943
第六年	第四十七号	1905年11月25日（德文版）	946
第六年	第四十七号	1905年11月25日（中文版）	956
第六年	第四十八号	1905年12月2日（德文版）	962
第六年	第四十八号	1905年12月2日（中文版）	966
第六年	第四十九号	1905年12月4日（德文版）	969
第六年	第四十九号	1905年12月4日（中文版）	978
第六年	第五十号	1905年12月9日（德文版）	979
第六年	第五十号	1905年12月9日（中文版）	985
第六年	第五十一号	1905年12月16日（德文版）	992
第六年	第五十一号	1905年12月16日（中文版）	1007
第六年	第五十二号	1905年12月18日（德文版）	1014
第六年	第五十二号	1905年12月18日（中文版）	1017
第六年	第五十三号	1905年12月23日（德文版）	1018
第六年	第五十三号	1905年12月23日（中文版）	1023
第六年	第五十四号	1905年12月30日（德文版）	1028
第六年	第五十四号	1905年12月30日（中文版）	1034

1905年《青岛官报》含有的法令和告白内容索引（德文版） …… 1039

1905年《青岛官报》含有的法令和告白内容索引（中文版） …… 1043

1905年《青岛官报》刊登的法规和告白按时间排序的目录索引（德文版） …… 1047

1905年《青岛官报》刊登的法规和告白按时间排序的目录索引（中文版） …… 1049

附录　1905年青岛大事记 …… 1051

Amtsblatt
für das
Deutsche Kiautschou-Gebiet.

青島官報

Herausgegeben vom Kaiserlichen Gouvernement Kiautschou.

Der Bezugspreis beträgt jährlich $ 0,60 = M 1,20.
Bestellungen nehmen sämtliche deutsche Postanstalten entgegen.

Jahrgang 6.   Nr. 1.   Tsingtau, den 7. Januar 1905.

Verordnungen und Bekanntmachungen.

X Ausführungsbestimmungen
zu der
Verordnung, betreffend Schornstein-Kehrzwang.

A. Bestimmungen über die Anstellung von Schornsteinfegern.

§ 1.

Bis auf weiteres gilt der Stadtbezirk als ein Kehrbezirk. Das Gouvernement teilt nach Bedarf den Bezirk in mehrere Kehrbezirke ein, und lässt für jeden einzelnen Bezirk einen Schornsteinfeger zu.

§ 2.

Die Zulassung kann erfolgen, wenn der Anzustellende:

a. das 24. Lebensjahr vollendet hat; nur in Ausnahmefällen ist ein jüngeres Alter angängig;
b. unbescholten ist und einen nüchternen Lebenswandel führt;
c. drei Jahre lang das Schornsteinfegergewerbe laut Zeugnis eines Schornsteinfegermeisters oder eines Lehrbriefes erlernt hat;
d. nach seiner Lehrzeit mindestens 1 Jahr in einem Kehrbezirk des Schutzgebietes als Schornsteinfeger mit gutem Erfolge gearbeitet hat;
e. seine Befähigung durch eine Prüfung nachgewiesen hat, welche von einer dazu bestellten Kommission abzunehmen ist.

§ 3.

Die Prüfung erstreckt sich:

a. auf die für den Gewerbebetrieb notwendigen Schulkenntnisse im Lesen, Schreiben und Rechnen der vier Grundrechnungsarten und der Decimalbrüche;
b. auf die Kenntnis der Feuerungsanlagen, der verschiedenen Arten von Verunreinigung derselben, der Reinigungsfristen, sowie der verschiedenen Brennmaterialien und des sich hieraus bildenden Russes, der Werkzeuge und Arten der Reinigung, der Ermittelung der feuergefährlichen Stellen, der einschlägigen bau- und feuerpolizeilichen Vorschriften, sowie auf die Fähigkeit, eine vorhandene Feuerungsanlage durch eine einfache Handzeichnung anschaulich darzustellen.
c. auf die technische Fertigkeit in Ausübung des Gewerbes durch das Reinigen mehrerer Schornsteine und das kunstgerechte Besteigen wenigstens eines Rauchfanges. In besonderen Fällen kann von der einen oder anderen Forderung abgesehen werden.

§ 4.

Die Prüfungskommission besteht aus einem bautechnischen Beamten und einem Verwaltungsbeamten des Gouvernements nach Möglichkeit unter Zuziehung eines hier angestellten Schornsteinfegers.

Über die bestandene Prüfung wird vom Gouvernement ein Zeugnis ausgefertigt.

Eine Wiederholung der Prüfung ist, wenn der Geprüfte dieselbe nicht bestanden hat, nicht vor Ablauf von 6 Monaten statthaft.

Die Prüfung ist gebührenfrei.

§ 5.

Zur Zulassung als Schornsteinfeger wird unter namentlicher Hervorhebung des Bezirkes ein Erlaubnisschein ausgestellt. Die Ausstellung des Scheines erfolgt auf Grund einer schriftlichen Erklärung des Schornsteinfegers, dass er sich den Bedingungen dieser Ausführungsbestimmungen unterwirft, gebührenfrei durch das Polizeiamt. Die Pflichten des Schornsteinfegers werden im einzelnen durch die Dienstanweisung für Schorsteinfeger geregelt.

B. Dienstanweisung für Schornsteinfeger.

§ 6.

In dem ihm zugewiesenen Bezirke ist der Schornsteinfeger ausschliesslich berechtigt, die Reinigung der Schornsteine, Räucher- und Trockenöfen, Darren und gemauerten kurzen Rauchzüge, welche den Rauch aus geschlossenen Feuerherden, Kesseln pp. in besteigbare Schornsteine leiten, sowie das Ausbrennen der Schornsteine und Rauchzüge mit seinen Gehülfen vorzunehmen und die dafür festgesetzten Gebühren zu beziehen. Die Reinigung der sonstigen Züge in Feuerungsanlagen kann von dem Hauseigentümer oder Stellvertreter auch anderen hierzu befähigten Personen übertragen werden.

§ 7.

Der Schornsteinfeger hat einen Kehrplan aufzustellen und dem Polizeiamt zur Genehmigung vorzulegen, welches die öffentliche Bekanntgabe der Termine veranlasst.

Die Kosten hierfür, wie für alle in seinem Interesse zu gebenden Bekanntmachungen, fallen dem Schornsteinfeger zur Last.

Das Kehren ist genau zu den Zeiten des Kehrplanes vorzunehmen.

Kann dieser ausnahmsweise nicht eingehalten werden, so hat der Schornsteinfeger selbst für rechtzeitige Benachrichtigung der Hauseigentümer oder Mieter mindestens 24 Stunden vor dem Kehren zu sorgen. Die Gründe für die Verschiebung der Kehrtermine sind dem Polizeiamt mitzuteilen.

§ 8.

Der Schornsteinfeger hat ein Tagebuch nach nachstehendem Muster zu führen und dieses dem Polizeiamt zu dem von diesem zu bestimmenden Termine mindestens einmal vierteljährlich vorzulegen.

§ 9.

Er ist verpflichtet über die Feuersicherheit aller Feuerungsanlagen in seinem Bezirke fortgesetzt Aufsicht auszuüben, und hat bei Wahrnehmung feuergefährlicher Zustände die Hauseigentümer oder deren Stellvertreter zwecks Beseitigung der Mängel aufmerksam zu machen, zugleich aber in allen Fällen der Baupolizei und dem Polizeiamt durch Mitteilung eines Auszuges aus dem Tagebuche, welches die Spalten 1. 2. 3. 7. und 10. enthalten muss, ungesäumt davon Anzeige zu machen.

§ 10.

Der Schornsteinfeger hat stets die nötige Zahl von Gehülfen zu halten und bei der Auswahl auf Zuverlässigkeit und Gewandtheit zu achten. Wegen Eigentumsvergehen oder Verbrechen bestrafte Leute dürfen nicht beschäftigt werden und sind dieselben, sobald dies dem Arbeitsgeber bekannt wird, zu entlassen. Er hat dafür zu sorgen, dass sein Personal dem Publikum gegenüber stets höflich und anständig auftritt.

§ 11.

Der Schornsteinfeger ist verpflichtet auch bei Beschäftigung tüchtigen Personals, die Arbeit derselben stets zu überwachen. Er ist für Handlungen oder Unterlassung desselben persönlich haftbar.

§ 12.

Erforderlich werdendes Ausbrennen von Schornsteinen und Röhren hat der Schornsteinfeger dem Polizeiamt und den angrenzenden Nachbarn des betreffenden Grundstückes einen Tag vorher mitzuteilen, und das Geschäft nach den polizeilichen Vorschriften persönlich zu leiten.

Das Ausbrennen ist nur zulässig, wenn eine ordnungsmässige Reinigung nicht erfolgen kann. Es ist streng verboten, wenn der auszubrennende Schornstein oder die Röhre unvorschriftsmässig angelegt oder schadhaft ist, feuergefährliche Gegenstände in der Nähe gelagert werden oder weichgedeckte Gebäude in gefahrdrohender Nähe stehen. Jm Chinesenviertel ist das Ausbrennen der Schornsteine in der Regel unstatthaft, und nur in besonders günstigen Fällen unter besonderer polizeilicher Aufsicht und Gestellung einer Feuerwache, deren etwaige Kosten der Hauseigentümer trägt, zulässig.

Das Polizeiamt kann auch in anderen Stadtteilen bei einzelnen Gebäuden für das Ausbrennen die Gestellung einer Feuerwache auf Kosten des Hauseigentümers vorschreiben.

§ 13.

Alle für sein Geschäft nötigen Werkzeuge und Vorrichtungen hat der Schornsteinfeger auf seine Kosten in erforderlicher Anzahl zu beschaffen und stets in gutem Zustande zu erhalten und im Geschäfte ohne Anspruch auf besondere Vergütung zu gebrauchen. Dazu gehört insbesondere auch eine genügende Anzahl eiserner Kästen mit Deckeln, oder anderer staubdichter Behälter, in welchen der Schornsteinfeger nach jedem Fegen den Russ aus den Gebäuden zu entfernen hat.

§ 14.

Bei Neu-und Umbauten hat der Schornsteinfeger den Bau auf vorschriftsmässige Anlage der Schornsteine, Rauchleitungen und Schutzvorrichtungen für Schornsteinfeger vor der Gebrauchsabnahme zu untersuchen und der Baupolizei oder der auffordernden Gouvernementsbehörde unmittelbar zu berichten.

Das Gleiche gilt bei der Rohbauabnahme.

Die Aufforderung zur Untersuchung erteilt die Baupolizei oder bei Bauten des Gouvernements die bauleitende Behörde.

Bei der Prüfung ist zu untersuchen:
ob bei Rauchrohren die vorschriftsmässige lichte Weite nach allen Seiten und gleichmässig in der ganzen Länge vorhanden ist, oder ob vorspringende Teile des Mauerwerks oder Putzes oder Ofenrohre der ordnungsmässigen Reinigung oder dem Rauchabzug hinderlich werden.

Weiter ist zu untersuchen, ob die Schornsteine in ganzer Länge von der Reinigungsöffnung an bis zur Ausmündung nicht durch fremde Körper, Kalkmörtel pp. verstopft oder verengt sind, ob die Schornsteine und Rauchrohre in ganzer Länge ordnungsmässig verputzt oder verfugt sind, ob sie die genügende Anzahl von Reinigungstüren mit genügend dichtem Verschlusse an der richtigen Lage haben, ob etwa zuviel Feuerstellen in den Schornstein unter Rücksicht auf seine lichte Weite und Zughöhe einmünden und ob die einmündenden Rauchrohre genügend befestigt, gedichtet und mit den nötigen Reinigungsöffnungen und Verschlüssen versehen sind. Ferner ist festzustellen, ob die Holzteile der Baukonstruktion in geringerer Entfernung als 7 cm. von den äusseren Schornsteinwandungen bezw. 20 cm. von der inneren Leibung der Rohre vorkommen, oder ob gar Holzteile in den Schornsteinen eingebaut sind.

Genau ist auch zu untersuchen, ob zur Erreichung der Schornsteinreinigungsöffungen bezw. Mündungen zum Aussteigen geeignete Dachfenster oder sonstige Luken, ob bei steilen Dächern dieselben auch in unmittelbarer Nähe der Schornsteine angebracht oder diese durch starke und sicher angebrachte Laufstangen mit einander verbunden, bezw. die etwa vorgeschriebenen Schutzvorrichtungen, Laufbretter pp. vorhanden sind.

Ueber das Ergebnis der Prüfung hat der Schornsteinfeger eine Bescheinigung auszustellen und anzugeben, entweder, welche Mängel noch zu beseitigen sind, oder

„dass der Abnahme der Schornsteine nichts entgegenstehe."

Vor Ausstellung dieser letzteren Bescheinigung darf die Feuerungsanlage nicht in Benutzung genommen werden.

Der Schornsteinfeger kann auch von anderen Gouvernementsbehörden als den vorgenannten oder von Privaten gegen Zahlung der Reinigungsgebühr zur Begutachtung von Schornsteinanlagen herangezogen werden.

§ 15.

Für die Vornahme sämtlicher in sein Gewerbe als Schornsteinfeger fallenden Arbeiten an den im Schutzgebiete belegenen, im Eigentum der Schutzgebietsverwaltung stehenden Gebäuden oder im Auftrage der Baupolizei an anderen Gebäuden erhält der Schornsteinfeger bis auf weiteres eine Pauschalvergütung von jährlich $ 800 zahlbar in vierteljährlichen Teilbeträgen nachträglich.

§ 16.

Die Übernahme u. Weiterführung von Feuerversicherungen ist dem Schornsteinfeger verboten.

§ 17.

Der Schornsteinfeger darf den ihm zugewiesenen Wohnort nicht eigenmächtig verändern. Bei jeder über 36 Stunden dauernden Abwesenheit aus dem Kehrbezirke hat er einen Stellvertreter zu bestellen.

Bei mehr als dreitägiger Abwesenheit muss er unter Benennung des Stellvertreters bei dem Gouvernement förmlich um Urlaub nachsuchen.

Bei Krankheit, Einberufung zum Militär pp. und sonstiger Verhinderung zur Ausübung seines Dienstes ist dem Gouvernement Meldung zu machen.

Der Stellvertreter muss den Bestimmungen über die Anstellung von Schornsteinfegern § 2 a.–c. und, wenn dies am Platze möglich ist, auch e. entsprechen. Eine Stellvertretung über Jahresfrist ist mit Ausnahme des Falles einer Mobilmachung unzulässig. In Krankheitsfällen kann hiervon durch das Gouvernement eine Ausnahme gestattet werden.

§ 18.

Die Übertragung eines Kehrbezirkes erlischt:
a. wenn der neuanzustellende Schornsteinfeger in dem ihm zugewiesenen Bezirke nicht binnen der ihm bestimmten Frist die Geschäfte übernimmt;
b. durch Verzicht oder Tod des Inhabers;
c. durch Entziehung der Anstellung.

Für Rechnung der Witwe eines bis zu seinem Tode angestellt gewesenen Schornsteinfegers darf das Kehrgeschäft auf Grund der alten Verleihung ein Jahr lang fortgeführt werden, falls sie einen von dem Gouvernement genehmigten Geschäftsführer mit der Leitung der Geschäfte beauftragt, welcher den Bedingungen des § 1 voll entspricht; andernfalls wird der Kehrbezirk anderweit besetzt.

§ 19.

Die unmittelbare Aufsicht über die Geschäftsführung der Schornsteinfeger steht dem Polizeiamt zu. Alle Schriftsachen an das Gouvernement hat der Schornsteinfeger durch seine Aufsichtsbehörde einzureichen.

§ 20.

Das Gouvernement hat das Recht, die Gebührentaxe, nach welcher der Schornsteinfeger zu arbeiten hat, jederzeit einer Veränderung zu unterziehen.

Dem Personal des Schornsteinfegers ist verboten, Lohn oder Trinkgeld von den Kehrinteressenten zu fordern. Hiergegen Verstossende sind vom Schornsteinfeger sofort zu entlassen und dürfen von ihm vor Ablauf eines Jahres nicht mehr beschäftigt werden.

§ 21.

Die Entziehung des Erlaubnisscheines erfolgt, abgesehen von den Fällen einer Neuregelung der Bezirksverhältnisse, die sich das Gouvernement stets vorbehält:
a. wenn die Voraussetzung der Unbescholtenheit oder des nüchternen Lebenswandels nicht mehr zutrifft;
b. wenn die Reinigung der Schornsteine nicht genügend oder nicht regelmässig vorgenommen wird, oder sonstige Dienstvernachlässigungen und Ordnungswidrigkeiten, namentlich bezüglich der Ueberwachung der seitens seines Personals vorgenommenen Arbeiten, wiederholt festgestellt werden.

Tsingtau, den 14. Dezember 1904.

Der Kaiserliche Gouverneur.

In Vertretung.

Jacobson.

Tagebuch des Schornsteinfegers zu

Lfd. Nr.	Wohnort und Namen des Hauseigentümers.	Strasse, Hausnummer, Gebäude (Wohnhaus, Hinterhaus pp.)	Tag der Reinigung	Zahl der gereinigten Schornsteine		Vorgefundene Mängel und Vorschlag zur Abstellung	ob abgestellt	Datum der Abgabe an das Polizeiamt.	Bemerkungen, sowie Erledigung des Polizeiamts.
				besteigbare	nicht besteigbare				
1	2	3	4	5	6	7	8	9	10

7. Januar 1905.   Amtsblatt—青岛官報   5.

Bekanntmachung.

Die am 2. d. Mts. hier eingelaufenen russischen Torpedoboote „Smjälii" und „Boiki" sind heute entwaffnet worden.

Es wird darauf hingewiesen, dass die vorläufig auf den Schiffen verbleibende russische Besatzung als interniert gilt und sich an Kriegsoperationen nicht beteiligen darf, und dass das Publikum ihr zu keinen gegen die Neutralität verstossenden Handlungen Vorschub leisten darf.

Tsingtau, den 4. Januar 1905.

Der Kaiserliche Gouverneur

In Vertretung.

Jacobson.

Amtliche Anzeigen.

Landversteigerung.

Auf Antrag des Wagenbauers Schierwagen findet am Montag, den 23. Januar 1905, vormittags 11 Uhr, die öffentliche Versteigerung des Grundstückes Kartenblatt 8 Nr $\frac{203}{4}$ an der Bischofsstrasse statt.

Grösse: 1454 qm
Mindestpreis: 1919, 28 $.
Benutzungsplan: Wohn-, Geschäftshäuser, industrielle Anlagen.
Bebauungsfrist: 31. Januar 1908.
Gesuche zum Mitbieten sind bis zum 16. Januar 1905 hierher zu richten.

Tsingtau, den 3. Januar 1905.

Kaiserliches Landamt.

大德管理青島地畝局

拍賣地畝事茲據德人石窪稟稱欲買青島地圖第八號第二百零三塊計地一千四百五十四米打暫挺償洋一千九百一十九元二角八分今訂於西歷一千九百五年正月二十三號即中十二月十八日上午十一點鐘在本局拍賣定後准蓋買賣房住房機器房限至西一千九百八年正月三十一日一律修竣如他人亦欲買者可以投禀截至西正月十六日止屆期前來本局面議可也勿誤特諭

德一千九百五年正月初三日示

Pachtversteigerung.

Auf Antrag der Kaufleute Li han tsching und Fu ping tschou findet am Mittwoch, den 11. Januar 1905, vormittags 11 Uhr, im Landamte die öffentliche Versteigerung der Pacht der Parzelle Nr. 73 am kleinen Hafen statt.

Grösse: 2195 qm.
Mindestpacht: 439 $.
Benutzungsart: Lagerstätte für Rohmaterialien.
Pachtdauer: Vom 1. Februar 1905 auf 1 Jahr fest, später stillschweigende Fortdauer des Pachtvertrages mit vierteljährlicher Kündigung.
Mitbieter werden ersucht, sich zum Versteigerungstermine auf dem Landamte einzufinden.

Tsingtau, den 3. Januar 1905.

Kaiserliches Landamt.

大德管理青島地畝局

拍租地畝事茲據李涵清傳炳昭稟稱欲租大包島小碼頭附近第七十三塊計地二千一百九十五米打暫挺一年租洋四百三十九元今訂於西歷一千九百零五年正月十一日上午十一點鐘在本局拍租正後准其在該地內惟放木石等物每二閱月本局如一日不逍繳租期可以投赴本局面議可也特諭租者屆期仍准該租戶留用如有人亦欲

德一千九百五年正月初三日示

6.   Amtsblatt—青官報   7. Januar 1905.

Bekanntmachung.

Arthur Braun hat ein Gesuch um Erlaubnis zum Betriebe der Gastwirtschaft „Zum Keglerheim" in Tapautau, Tientsinstrasse, eingereicht.

Einwendungen im Sinne der Gouvernements-Bekanntmachung vom 10. Oktober 1899 sind bis zum 23. Januar 1905 an die unterzeichnete Behörde zu richten.

Tsingtau, den 5. Januar 1905.

Kaiserliches Polizeiamt.

Bei der in Abteilung B Nr. 8 des Handelsregisters vermerkten

„Schantung Handelsgesellschaft mit beschränkter Haftung in Liquidation" ist folgendes eingetragen worden:

Anstelle des Kaufmanns Arnold Berg in Tsingtau ist der Kaufmann Max Koenigsdoerfer in Hamburg zum Liquidator bestellt.

Tsingtau, den 4. Januar 1905.

Kaiserliches Gericht von Kiautschou.

Mitteilungen.

Die Stationärgeschäfte vor Tsingtau hat S. M. S. „Hansa" von S. M. S. „Geier" übernommen.

Meteorologische Beobachtungen
in Tsingtau.

Datum. Dezb.	Barometer (mm) reduz. auf 0° C., Seehöhe 24,30 m			Temperatur (Centigrade).								Dunstspannung in mm			Relat. Feuchtigkeit in Prozenten		
				trock. Therm.			feucht. Therm.										
	7 Vm	2 Nm	9 Nm	7 Vm	2 Nm	9 Nm	7 Vm	2 Nm	9 Nm	Min.	Max.	7 Vm	2 Nm	9 Nm	7 Vm	2 Nm	9 Nm
29	772,0	772,1	776,3	-1,6	1,9	-2,5	-2,6	-0,4	-2,8	-1,6	2,7	3,3	3,2	3,6	80	62	94
30	77,0	76,4	76,1	-4,1	0,5	0,9	-5,4	-1,5	-1,5	-4,1	2,5	2,4	3,1	2,9	70	46	58
31	76,5	76,5	76,9	-3,1	3,4	0,7	-5,3	0,3	0,5	-4,1	1,2	1,9	2,8	4,7	53	49	96
Januar 1905																	
1	75,8	72,7	70,5	-0,7	5,6	4,7	-1,3	4,8	3,2	-3,6	4,7	3,9	6,0	4,9	88	88	76
2	66,3	63,7	64,1	4,0	8,2	4,3	3,6	5,7	3,5	-0,0	6,4	5,7	5,4	5,4	93	66	87
3	64,8	64,4	66,5	0,7	7,8	5,7	-0,1	4,6	4,9	0,7	8,7	4,1	4,4	6,8	85	57	88
4	67,0	66,4	68,9	5,8	9,3	5,6	4,7	7,1	4,7	0,7	7,8	5,7	6,2	5,9	84	71	86

Datum. Dezb.	Wind Richtung & Stärke nach Beaufort (0—12)			Bewölkung						Niederschläge in mm		
				7 Vm		2 Nm		9 Nm				9 Nm
	7 Vm	2 Nm	9 Nm	Grad	Form	Grad	Form	Grad	Form	7 Vm	9 Nm	7 Vm
29	N 2	NNW 4	N 6	10	Cu-str	8	Cu-str					
30	NNW 4	WNW 2	NNW 2	2	"							
31	N 2	NW 2	Stille 0			2	Str					
Januar 1905												
1	NW 1	S 2	SSW 2	2	Str	4	Cir-str	8	Cum			
2	Stille 0	S 1	S 1	5	Cir-str	6	Cu-str					
3	NNO 1	SO 2	SO 2									
4	SSO 2	SO 2	SSO 1	3	Cu-str	4	Cu-str	1	Str			

Schiffsverkehr

in der Zeit vom 29. Dezember 1904 — 4. Januar 1905.

Ankunft am	Name	Kapitän	Flagge	Reg. Tonnen.	von	Abfahrt am	nach
30.12.	D. Gouv. Jaeschke	Vogel	Deutsch	1045	Schanghai	31.12.	Schanghai
31.12.	D. Süllberg	Grandt	„	782	Moji		
2.1.	D. El Dorado	Smith	Englisch	892	Schanghai	3.1.	Schanghai
„	D. Nina	Wesselago	Russisch	880			
„	D. Bawtry	Shotton	Englisch	1542	Hongkong		
„	D. Hauk	Hansen	Norwegisch	449	Emden		
3.1.	D. Vorwärts	Sohnemann	Deutsch	643	Schanghai	3.1.	Tschifu
„	D. Tsintau	Hansen	„	977	Tschifu	„	Schanghai
„	D. Helios	Salvesen	Norwegisch	833	Moji		

Druck der Missionsduckerei, Tsingtan.

第六年　第一号

1905年1月7日

法令与告白

《关于强制清扫烟囱的法令》的实施规定

A. 关于雇佣烟囱清扫人的规定

第1条

在另行通知之前,城市区域均视为清扫区域。总督府视需要的情况将它划分为多个清扫区域,准许每一个区域都有一个烟囱清扫人。

第2条

达到下列条件的人员,可以准许雇佣:

a. 二十四岁以上,只有例外情况时,方可准许降低一岁;

b. 品行良好,为人作风朴实;

c. 有三年的烟囱清扫人学习经历,由烟囱打扫师傅出具证明或者学徒结业证明;

d. 在学徒结束后,至少在保护地的清扫区有一年的烟囱清扫人成功工作经历;

e. 具有通过考试取得的能力证明,该证明提交给为此而组建的委员会。

第3条

该项考试覆盖范围:

a. 对于中小型工商企业来说必须具备的阅读、书写和四种基本运算方式以及小数的计算;

b. 烧火设施以及该设施各种类型的污染、清理时限以及不同的燃烧物质和从中产生的煤灰的知识,还有工具和各种清扫方式、判定有燃烧危险的位置、通行的建筑警察和消防部门规定,以及对已有的烧火设施通过简单手绘的方式直观表现的能力;

c. 通过打扫多个烟囱和熟练攀爬至少一个烟囱口来执行业务方面的专业技术能力。在特殊情况下,可以不同时考虑这些要求。

第4条

考试委员会由一名建造技术方面的官员和总督府的一名管理方面的官员组成,如有可能,也邀请一名本地已雇佣的烟囱清扫人参加。

对于已经通过的考试,由总督府出具证书。

如果考生没有通过考试,不得在六个月内再次考试。

考试不收取费用。

第 5 条

允许担任烟囱清扫人后,签发一份突出标注清扫区域名称的许可证。在烟囱清扫人出具遵守有关执行规定中条件的书面声明后,由警察局免费签发此许可证。烟囱清扫人的各项责任在工作说明中进行详细规定。

B. 雇佣烟囱清扫人工作说明

第 6 条

在分配给烟囱清扫人的区域里,清扫人仅有权到可以登上的烟囱处清扫烟囱、发烟炉、干燥炉、烘干室和自封闭火炉、锅炉等处产生烟的砌墙短烟道,以及协助将烟囱和烟道进行燃尽作业,并收取固定费用。对生火设施其他类型烟道的清扫,可以由房屋业主或者其代表选择其他有能力进行此项作业的人员承担。

第 7 条

烟囱清扫人须制订清扫计划并提交给警察局以获得许可,由警察局安排公布相关日期。

由此产生的费用,正如所有为了相关方利益而做出的通告一样,须由烟囱清扫人自己承担。

清扫工作需要严格按照清扫计划进行。

特殊情况下,如无法遵照该计划执行,则烟囱清扫人本人需要至少在清扫前二十四小时及时通知房屋业主或者租户。推迟清扫日期的原因需通知警察局。

第 8 条

烟囱清扫人须按照下面的样式做工作日志,并至少每季度一次按照警察局规定的日期呈报警察局。

第 9 条

烟囱清扫人有义务对其所在区的所有烧火设备的消防安全进行持续性的监督,在发现火险隐患时,要提醒房屋业主或者其代表注意将其清除,同时无论如何都要立刻通过提告工作日志第 1、2、3、7 和 10 栏摘录的形式通知建筑警察和巡捕房。

第 10 条

烟囱清扫人须永久保持足够数量的助手,在挑选助手时,须注意其可靠性和熟练程度。不得雇佣曾因财产疏忽或犯罪而受过惩罚的人,如雇主得知其助手曾经受罚,须将其解雇。烟囱清扫人也需要负责其助手在面对公众时,永远保持礼貌和得当的举止。

第 11 条

即使雇佣的助手是正派人,烟囱清扫人也必须时刻监督其工作。他也会因其助手的行为不当和疏忽而本人受罚。

第 12 条

烟囱清扫人需提前一天通知巡捕房以及相邻的邻居需要燃透的烟囱和管道，并亲自按照警方规定作业。

只允许在规定的清扫无法进行的时候，才能进行燃透作业。当需要燃透的烟囱或管道设置不符合规定或者会导致事故、附近储存有可能引起火灾的物品或者危险距离内有未完全铺设屋顶的建筑时，严格禁止该项作业。在华人区一般无法进行烟囱的燃透作业，只允许在特别有利的情况下，在警方特别监管并调度一个消防站时才能进行，相关费用均由房屋业主承担。

第 13 条

由烟囱清扫人个人承担所有执业所需工具和设备的数量，时刻保持其良好状况，在执业时不得要求额外报酬。所需工具要特别准备好充足的带盖子铁盒或者其他防尘容器，烟囱清扫人在每次清扫后都要用这些铁盒将煤灰从建筑中带走。

第 14 条

在遇到新建、改建建筑时，烟囱清扫人须在该建筑在竣工验收前，对烟囱、烟道和防护设施进行是否符合对烟囱清扫人工作方面规定情况的调查，并直接报告建筑警察或者提出要求的总督府部门。

同样的规定也适用于验收尚未进行内外装修的建筑。

由建筑警察提出调查要求，或者在遇到总督府建筑时，由建筑主导部门提出。

检查时需要查看：

烟管各个方向的净宽是否符合规定，在整个烟管上是否口径一致，或者砌砖的凸出部分、灰浆或者煤管对按规清扫或者出烟是否有阻碍。

另外还要查看的是，从清扫入口一直到出口的整个烟囱是否会被不明物体、石灰砂浆等堵塞或者变窄，整个长度的烟囱和烟管是否按照规定进行清洁和利用，在适当位置是否有足够数量、足够密闭的密封；在考虑到净宽和通风管高度时，是否会有过多火点进入到烟囱中，以及套入的烟管是否进行了足够的加固、密封并带有必需的清扫出口和密封。此外还要确定，建筑结构中的木制构件是否距离烟囱外壁至少 7 厘米或者距离烟管内壁至少 20 厘米，或者烟囱内部是否存在木制构件。

还需要准确查看是否安装了用于到达烟囱的清扫入口以及出口、适于攀爬的老虎窗或者其他小窗，在遇到陡峭房顶时，是否直接在烟囱旁设置，或者用坚固、安全安装的走动杆将其连接；或者是否有符合规定的保护设施、走动平板等设施。

烟囱清扫人需要对检查的结果出具证明，并说明还要清除哪些缺陷，或者"没有可以反对验收烟囱的理由"。

在出具后面这份证明之前，不允许使用生火设施。

也可以由总督府其他部门或者由私人支付清洁费用，聘请烟囱清扫人鉴定烟囱设施。

第 15 条

在做出其他规定之前，在位于保护地、由保护地管理部门拥有的建筑内或者受建筑警察委托在其他建筑内执行的全部烟囱清扫人业务范围内工作的总报酬，按年度 800 元计算，并按照每季度金额增补。

第 16 条

禁止烟囱清扫人接受或者延续火灾保险。

第 17 条

烟囱清扫人不允许自行更改指定给他的居住地。如果持续性离开清扫区达三十六小时以上，则需要指定一名代理人。

如缺席时间超过三天，须在指定代理人前提下，到总督府正式请假。

出现生病、被军队征召，以及其他阻止执行工作的情况时，须向总督府报告。

其代理人必须遵守《关于雇佣烟囱清扫人的规定》第 2 条 a.～c. 下的规定，如有可能，还须符合 e. 的规定。除非出现军事动员的情况，否则其代理时间不得超过一年。出现疾病情况时，可由总督府批准例外状况。

第 18 条

撤销清扫区委任的情况：

1. 新雇佣的烟囱清扫人没有在规定的期限内在指定清扫区接受该项工作；
2. 受委托人放弃或死亡；
3. 该项雇佣被撤销。

在计算烟囱清扫人为被雇佣到其去世时为止需要支付给其遗孀的账单金额时，如果她委托一名由总督府许可的经理领导这些工作，清扫工作可以按照之前的分配期限继续延长一年，这种情况完全符合第 1 条中的条件；否则将另行安排该清扫区。

第 19 条

总是由巡捕房对烟囱清扫人的工作进行直接监督。烟囱清扫人的所有呈送总督府的书面材料均通过其监督部门递交。

第 20 条

总督府有权随时更改烟囱清扫人的收费标准。

禁止烟囱清扫人的助手从清扫利益方处索要报酬或者小费，如有违反，烟囱清扫人须立即将其解雇，并在一年之内不得再次雇佣。

第 21 条

无论是否出现符合各区条件新规定的情况，总督府始终有权撤销许可证：

a. 如果不再符合无历史污点或者为人朴实的前提条件；

b. 如果一再确定没有对烟囱进行足够的、定期的清扫,或者出现其他对工作不负责任、违反规定的情况,也包括在助手工作监督方面出现问题。

青岛,1904年12月14日
皇家总督
代理
雅各布森

烟囱清扫日记

连续数字	房屋业主的居住地和姓名	街道、门牌号、建筑(住房、背街房屋等)	清扫日期	清扫烟囱的数量		发现的缺陷和解决建议	是否已排除	向巡捕房提交的日期	备注以及巡捕房的指示
				可以攀爬	不能攀爬				
1	2	3	4	5	6	7	8	9	10

告白

本月2日驶入本地的俄国鱼雷艇"斯蒾利"号和"博伊奇"号已被解除武装。

在此提醒注意,临时停留在上述军舰上的俄军乘员视作已被拘留,不允许其参与战争行动,公众不得对他们违反中立的行动进行任何协助。

青岛,1905年1月4日
皇家总督
代理
雅各布森

官方通告

大德管理青岛地亩局 为

拍卖地亩事:兹据德人石洼禀称,欲买青岛地图第八号第二百零三块,计地一千四百五十四米打,暂拟价洋一千九百一十九元二角八分。今订于西历一千九百五年正月二十三号即中十二月十八日上午十一点钟在本局拍卖。买定后，准盖买卖房、住房、机器房，限至西一千九百八年正月三十一日一律修竣。如他人亦欲买者，可以投禀，截至西正月十六日止，届期前来本局面议可也。勿误。特谕。

德一千九百五年正月初三日示

大德管理青岛地亩局　为

　　拍卖地亩事：兹据李涵清、傅炳昭禀称，欲租大包岛小码头附近第七十三块，计地二千一百九十五米打，暂拟一年租洋四百三十九元。今订于西历一千九百零五年正月十一日上午十一点钟在局拍租。租定后，准其在该地内堆放木石等物。每三阅月本局如不追缴此地，仍准该租户留用。如有人亦欲租者，届期可以投赴本局面议可也。特谕。

德一千九百五年正月初三日示

告白

阿瑟·布劳恩递交了申请，请求许可在大鲍岛天津街经营餐饮店"保龄球之家"。

如有根据 1899 年 10 月 10 日总督府告白提出的异议，须在 1905 年 1 月 23 日前递交至本处。

青岛，1905 年 1 月 5 日
皇家巡捕房

在商业登记 B 部第 8 号登记的"清盘中的山东贸易有限责任公司"已登记入下列事项：

指定汉堡的商人马克斯·柯尼希斯多佛尔代替青岛的商人阿诺德·博格，担任清算人。

青岛，1905 年 1 月 4 日
胶澳皇家审判厅

消息

"汉萨"号军舰从"鸢"号军舰手中接管了青岛的驻站工作。

船运

1904年12月29日—1905年1月4日期间

到达日	轮船船名	船长	挂旗国籍	登记吨位	出发港	出发日	到达港
12月30日	叶世克总督号	福格尔	德国	1 045	上海	12月31日	上海
12月31日	居尔堡号	格兰特	德国	782	门司		
1月2日	黄金岛号	史密斯	英国	892	上海	1月3日	上海
1月2日	妮娜号	危瑟拉格	俄国	880			
1月2日	堡垂市号	硕顿	英国	1 542	香港		
1月2日	豪客号	韩森	挪威	449	艾姆登		
1月3日	前进号	索纳曼	德国	643	上海	1月3日	芝罘
1月3日	青岛号	韩森	德国	977	芝罘	1月3日	上海
1月3日	赫利俄斯号	萨尔韦森	挪威	833	门司		

Amtsblatt
für das
Deutsche Kiautschou-Gebiet.

Herausgegeben vom Kaiserlichen Gouvernement Kiautschou.

Der Bezugspreis beträgt jährlich $ 0,60 = M 1,20.
Bestellungen nehmen sämtliche deutsche Postanstalten entgegen.

Jahrgang 6. Nr. 2. Tsingtau, den 14. Januar 1905.

Verordnungen und Bekanntmachungen.

Verordnung
betreffend
Schonzeit der Hasen.

Die Schonzeit für Hasen beginnt in diesem Jahre am 1. Februar.

Wer in der Schonzeit Hasen erlegt oder fängt, oder wer nach dem 14. Februar d. Js. Hasen verkauft oder feilhält, die nicht nachweislich ausserhalb des Schutzgebietes erlegt sind, wird mit Geldstrafe bis zu 60 Mark, im Unvermögensfalle mit Haft bis zu 14 Tagen bestraft.

Tsingtau, den 5. Januar 1905.

Der Kaiserliche Gouverneur.
In Vertretung.
Jacobson.

Bekanntmachung.

Am 28. Februar dieses Jahres wird in Tai tung tschen und Fa hai sy eine chinesische Schule eröffnet werden.

Der Kursus ist vorläufig auf 5 Jahre berechnet und entspricht dem einer Volksschule. Der wissenschaftliche Unterricht umfasst Chinesisch (Schreiben und Lesen), Rechnen und etwas Geographie. Das Ziel ist, dem Schüler einerseits eine lebendige und ausreichende Kenntnis der chinesischen Litteratur zu geben und ihn andererseits in den Stand zu setzen, sich in seiner Muttersprache mündlich und schriftlich klar und präzise auszudrücken. Auch der Rechenunterricht soll zugleich Uebung im klaren Denken und richtigen Sprechen sein.

Der Unterricht fängt mit der V. Klasse an; jährlich wird eine weitere Klasse bis zum Ausbau der Schule hinzugefügt werden. Beim Abgang aus der Schule wird ein Zeugnis erteilt, welches zur Aufnahme in die höheren Schulen berechtigt.

Der Unterricht in der Volksschule ist frei. Lehrmittel werden bis auf weiteres unentgeldlich geliefert.

Anmeldungen von Schülern, welche das 7. Lebensjahr vollendet haben müssen, werden in der Chinesischen Kanzlei (Yamen) für Tai tung tschen und beim Bezirksamt Litsun für Fa hai sy vom 15. Februar d. Js. ab seitens der Väter oder älteren Brüder entgegengenommen. Innerhalb des Schuljahres werden neue Schüler nicht aufgenommen.

Tingtau, den 2. Januar 1905.

Der Kommissar für chines. Angelegenheiten.

大德欽命管理中華事宜輔政司單為

出示曉諭設立學堂事照得造就人才非設立學塾不可茲擬在德境內台東鎮法海寺兩處設立蒙養學堂兩座擇於西一千九百五年二月二十八日即中光緒三十一年正月二十五日開學專備華民子弟肄業其中暫訂五年畢業堂內功課與中國蒙養學堂無異習學者即寫念中華文字算法以及地理初階務期各生畢業後堪以披閱中華書籍能以形容會悟足資於用並使語言文論直爽通達其算法亦屬陶情明理之一端學堂分列五班開學之初僅設一班每屆一年遞加一班迨至五年五班設齊各生畢業給予憑照准該生持此憑照投入另立之大學堂此兩處蒙養學堂均不收受脩金應需書籍等物暫由本署發給不取分文投學者必須七歲及七歲以上之童男始准訂自西歷一千九百五年二月十五日即中光緒三十一年正月十二日起欲入台東鎮學堂者仰其父兄報明青島本署華民事宜公廨欲入法海寺學堂者則報明李村副臬司衙門以便屆期入學至開學後一年內不准續入他生為此諭仰闔屬人民知悉有志入學者望即依期分別投報勿悞特諭

大德一千九百五年正月初二日

右諭通知

告示

14. Januar 1905.　　　Amtsblatt—報官青島　　　11.

Bekanntmachung.

Nach der Verordnung betreffend Schutzpockenimpfung vom 17. Juni 1902 (Amtsblatt 1902, Seite 101) ist

   a) jedes Kind vor dem Ablaufe des auf sein Geburtsjahr folgenden Kalenderjahres,
   b) jeder Zögling einer öffentlichen Lehranstalt oder einer Privatschule innerhalb des Jahres, in dem er das 12. Lebensjahr zurücklegt, sofern er nicht nach ärztlichem Zeugnis in den letzten 5 Jahren die natürlichen Blattern überstanden hat oder mit Erfolg geimpft ist,

der Impfung mit Schutzpocken zu unterziehen.

Im Anschluss daran wird hiermit bekannt gemacht, dass die Impfung der Europäer Marine-Stabsarzt Dr. Mac Lean an jedem Sonnabend, vormittags 8—9 Uhr, während des Monats Februar vornimmt.

Die unentgeltlichen Impfungen für Chinesen finden in den Monaten Februar und März jeden Sonnabend von 10—12 Uhr vormittags im Faberhospital in Tapautau statt. In Litsun werden die Impfungen bis auf weiteres an jedem Markttage vorgenommen.

Tingtau, den 6. Januar 1905.

Der Kaiserliche Zivilkommissar.

Bekanntmachung.

In Ergänzung der Ziffer 3 der „Bestimmungen über den Bezug von Wasser aus dem fiskalischen Wasserwerk" (Amtsblatt 1904, Seite 106) werden die Kosten für die kunstgerechte Herstellung eines normalen Wassermesserschachtes von 0,80 m Breite und 1,20 m Länge einschliesslich aller Erd-, Felsarbeiten und Lieferung aller Materialien, sowie einer wasserdicht schliessenden Abdeckung auf 70,- $ festgesetzt. Jede erforderliche Mehrlänge von 20 cm erhöht diesen Betrag um 10,— $.

Tsingtau, den 4. Januar 1905.

Der Kaiserliche Baudirektor.

大德管理中華事宜輔政司單為
援案出示通行曉諭華民種痘事照得茲擬於西本年
二三兩月每逢禮拜六上午十點鐘起至十二點鐘止
其青島一帶可赴青島花之安醫院請種其李村一帶
暫擬每逢集日前往該處請種為此諭仰闔屬人民一
體知悉毋誤特諭

德一千九百五年正月初六日示

右諭通知

Amtliche Anzeigen.

Bekanntmachung.

Nach einer telegraphischen Mitteilung der Kaiserlich Deutschen Gesandschaft in Tokyo ist die Blokade für die Liautung-Halbinsel aufgehoben. Die Ein-und Ausfahrt für Port Arthur bleibt jedoch auf japanische Regierungsschiffe beschränkt.

Tsingtau, den 9. Januar 1905.

Kaiserliches Gouvernement.

12.   Amtsblatt—報官島青   14. Januar 1905.

Bekanntmachung.

Als gestohlen angemeldete Gegenstände:
1 Kravattennadel aus Mattgold mit echtem Diamant; 1 rot und weiss gestreifte Pferdedecke; 1 braune Wagenplane von Segeltuch, gezeichnet Jürgens; 2 grüne halbrunde Ansteuerungslaternen mit Gehäuse aus Kupfer.

Als verloren angemeldete Gegenstände: 1 rote doppelreihige Korallenkette mit kleinem goldenem Schloss.

Als gefunden angemeldete Gegenstände: 1 schwarz melierte Mütze; 1 Lorgnon mit Futteral, gezeichnet: Lazarus, Honkong-Schanghai; 1 Stahluhr Nr. 112 006.

Eingeliefert wurden: 3 Ziegen; 1 graue Gans; 1 schwarzes Schwein.

Tsingtau, den 11. Januar 1905.

Kaiserliches Polizeiamt.

Bekanntmachung.

Die bei der Marinefeldbatterie gelegenen 4 kleinen Baracken sollen gegen Meistgebot auf Abbruch verkauft werden.

Angebote sind verschlossen mit der Aufschrift: „Angebot auf Abbruch der Baracken" versehen, bis zum 30. Januar 1905, vormittags 11½ Uhr, bei der Garnisonverwaltung abzugeben.

Bedingungen können in dem Geschäftszimmer der Verwaltung eingesehen werden.

Tsingtau, den 6. Januar 1905.

Kaiserliche Marine-Garnisonverwaltung.

Mitteilungen.

Der Polizeiwachtmann Martike ist zum überzähligen Polizeiwachtmeister befördert worden.

*   *   *

Der Ablösungstransport für das Gouvernement tritt mit dem Dampfer „Frankfurt" am 22. d. Mts. von Wilhelmshaven die Ausreise an.

*   *   *

Die Stationärgeschäfte vor Tsingtau hat S. M. S. „Thetis" von S. M. S. „Hansa" übernommen.

*   *   *

Die Schantung-Eisenbahn-Gesellschaft hat vom 15. Januar d. Js. ab den Tarif für die Beförderung von lebenden Tieren, mit Ausnahme von Hunden, um 50 % bis auf Widerruf herabgesetzt.

14. Januar 1905. Amtsblatt—青島官報 13.

Schiffsverkehr
in der Zeit vom 4—12. Januar 1905.

Ankunft am	Name	Kapitän	Flagge	Reg. Tonnen.	von	Abfahrt am	nach
(31.12.)	D. Süllberg	Grandt	Deutsch	782	Moji	6.1.	Kobe
(2.1.)	D. Hauk	Hansen	Norwegisch	448	Emden	9.1.	Moji
(3.1.)	D. Helios	Salvesen	„	833	Moji	8.1.	„
5.1.	D. Medan	Deinat	Deutsch	476	Hongkong	7.1.	Tschemulpo
„	D. Changriong	Kain Sung Chin	Koreanisch	403	Tschemulpo	„	„
„	D. Gouv. Jaeschke	Vogel	Deutsch	1045	Schanghai	„	Schanghai
9.1.	D. El Dorado	Smith	Englisch	892	„	10.1.	„
„	D. Kniwsberg	Kayser	Deutsch	646	„	„	Tschifu
10.1	D. Dagmar	Carl	Norwegisch	383	Moji	11.1.	Kobe
11.1	D. Jung ping	Chapmann	Englisch	526	Tsching wan tau		

Meteorologische Beobachtungen
in Tsingtau.

Datum Ja.	Barometer (mm) reduz. auf 0° C., Seehöhe 24,30 m			Temperatur (Centigrade).								Dunstspannung in mm			Relat. Feuchtigkeit in Prozenten		
				trock. Therm.			feucht. Therm.										
	7 Vm	2 Nm	9 Nm	7 Vm	2 Nm	9 Nm	7 Vm	2 Nm	9 Nm	Min.	Max.	7 Vm	2 Nm	9 Nm	7 Vm	2 Nm	9 Nm
5	768,9	767,0	766,8	1,3	7,0	6,1	0,9	5,5	4,6	1,3	9,8	4,7	5,9	5,5	92	78	78
6	65,2	64,1	65,6	2,9	6,0	5,2	1,9	4,1	4,3	1,3	9,0	4,7	5,0	5,7	82	72	86
7	66,6	66,2	67,5	1,5	6,8	3,7	0,1	3,5	2,8	0,6	7,7	3,8	3,9	5,1	74	53	85
8	66,5	65,0	64,6	0,1	7,4	4,0	-0,9	4,3	2,8	-0,4	7,8	3,8	4,4	4,9	81	58	80
9	63,6	63,2	65,2	2,6	5,6	4,0	2,1	2,9	3,2	-0,4	7,5	5,0	4,0	5,3	91	60	87
10	66,7	66,9	69,2	3,7	5,1	1,6	3,1	2,1	1,1	-0,9	7,2	5,4	3,5	4,7	90	54	91
11	69,6	69,0	70,2	-2,7	4,7	3,1	-3,1	2,5	1,8	-2,8	6,0	3,4	4,2	4,5	92	65	78

Datum Ja.	Wind Richtung & Stärke nach Beaufort (0—12)			Bewölkung						Niederschläge in mm		
				7 Vm		2 Nm		9 Nm				
	7 Vm	2 Nm	9 Nm	Grad	Form	Grad	Form	Grad	Form	7 Vm	9 Nm	9 Nm / 7 Vm
5	NNW 1	N 1	O 1	1	Cum							0,5.
6	WNW 2	NNW 2	S 1	2	Cu-str						0,5	
7	WNW 2	NW 1	Stille 0									
8	NNW 1	SSW 1	SO 1									
9	Stille 0	NNW 1	SO 1	6	Cu-str	9	Cum					
10	N 2	NNW 2	N 2	2	„							
11	N 2	SSO 2	OSO 1	2	„	8	Cu-str	3	Cu-str			

第六年　第二号

1905年1月14日

法令与告白

关于兔子保育期的法令

今年的兔子保育期从2月1日开始。

在兔子保育期内猎捕兔子或者在今年2月14日之后出售或兜售不能证明是来自保护地之外的兔子的人,将被至高罚款60马克,如不能支付,则改为最高14天监禁的惩罚。

青岛,1905年1月5日

皇家总督

代理

雅各布森

大德钦命管理中华事宜辅政司单　为

出示晓谕设立学堂事:照得造就人才非设立学塾不可,兹拟在德境内台东镇、法海寺两处设立蒙养学堂两座。择于西一千九百五年二月二十八日即中光绪三十一年正月二十五日开学,专备华民子弟肄业其中。暂定五年毕业,堂内功课与中国蒙养学堂无异,习学者即写念中华文字、算法以及地理。初阶务期各生毕业后堪以披阅中华书籍,能以形容会悟,足资于用,并使语言文论直爽通达,其算法亦属陶情明理之一端。学堂分列五班,开学之初仅设一班,每届一年递加一班,迨至五年五班设齐。各生毕业给予凭照,准该生持此凭照投入另立之大学堂。此两处蒙养学堂均不收受修金[①],应需书籍等物暂由本署发给,不取分文。投学者必须七岁及七岁以上之童男始准。订自西历一千九百五年二月十五日即中光绪三十一年正月十二日起,欲入台东镇学堂者,仰其父兄报明青岛本署华民事宜公廨。欲入法海寺学堂者,则报明李村副臬司衙门,以便届期入学。至开学后

---

① 译者注:即送给教师的酬金。

一年内不准续入他生。为此谕,仰阖属人民知悉。有志入学者,望即依期分别投报。勿误。特谕。

右谕通知
大德一千九百五年正月初二日　告示

大德管理中华事宜辅政司单　为

援案出示通行晓谕华民种痘事:照得兹拟于本年二、三两月每逢礼拜六上午十点钟起至十二点钟止,其青岛一带可赴青岛花之安医院请种。其李村一带,暂拟每逢集日前往该处请种。为此谕,仰阖属人民一体知悉。勿误。特谕。

右谕通知
德一千九百五年正月初六日示

告白

作为对《接通自来水规条》第3条(1904年《官报》第106页)的补充,用于设置一个合乎规定的、宽度为0.80米、长度为1.20米普通水表竖井的费用,现确定为70.00元,其中包含所有土石工程、所有材料供应以及一个防水密封井盖。每必须增加20厘米时,费用需增加10.00元。

青岛,1905年1月4日
皇家工部局局长

官方通告

告白

根据驻东京的德国皇家公使馆,对辽东半岛的封锁现已解除。但是进出旅顺港仍只限于日本政府船只。

青岛,1905年1月9日
皇家总督府

告白

启者:今将本署据报被窃并遗失以及送案各物分别列左:

被窃各物：

领口暗色金针一个，上带有真金钢石；红白二色相间马衣一件；深红色番布车上遮布一块，上有洋字；一面圆铜镶绿玻璃灯两盏。

遗失之物：

红珊瑚双股脖串一条，带有小金锁。

送案各物：

带长把眼镜一付（副），装在套内，套上有洋字；钢表一枚刻有"第112006号"；山羊三只；灰色毛鹅一只；黑色猪一头；黑灰杂色洋帽一顶。

以上各物切勿轻买，如见立宜报明本署，送案之物亦准具领。此布。

德一千九百五年正月十一日
青岛巡捕衙门启

告白

启者：兹拟将黑阑①附近能移之平屋四座拍卖，以便拆挪。如有意欲购买者，限至西本月三十日上午十一点半钟投信本局，该信封面须有"Angebot auf Abbruch der baracken"德字样。

所有订立之详细条规随时准赴本局查阅可也。此布。

德一千九百五年正月初六日
青岛军需局启

消息

警局看守马尔提克被晋升为编外警局看守长。

总督府的轮换人员运输船"法兰克福"号在本月22日驶出威廉港。

"忒蒂斯"号军舰从"汉萨"号军舰手中接管了青岛的驻站工作。

山东铁路公司从今年1月15日起将运送除狗之外的活体牲畜运输费用降低了50%，直到撤销为止。

---

① 译者注：黑阑得名自海中礁石，现为济南铁路局管理局办公楼所在地块，初为德军野战炮队兵营驻地，也称作黑阑兵营，后拆除改建青岛德华大学。

船运

1905年1月4日—12日期间

到达日	轮船船名	船长	挂旗国籍	登记吨位	出发港	出发日	到达港
(12月31日)	居尔堡号	格兰特	德国	782	门司	1月6日	神户
(1月2日)	豪客号	韩森	挪威	448	艾姆登	1月9日	门司
(1月3日)	赫利俄斯号	萨尔韦森	挪威	833	门司	1月8日	门司
1月5日	棉兰号	戴马特	德国	476	香港	1月7日	济物浦
1月5日	Changriong 号	凯恩	朝鲜	403	济物浦	1月7日	济物浦
1月5日	叶世克总督号	福格尔	德国	1 045	上海	1月7日	上海
1月9日	黄金岛号	史密斯	英国	892	上海	1月10日	上海
1月9日	柯尼夫斯堡号	凯瑟	德国	646	上海	1月10日	芝罘
1月10日	达格玛号	卡尔	挪威	383	门司	1月11日	神户
1月11日	永平号	查普曼	英国	526	秦皇岛		

Amtsblatt
für das
Deutsche Kiautschou-Gebiet.

青島官報

Herausgegeben vom Kaiserlichen Gouvernement Kiautschou.

Der Bezugspreis beträgt jährlich $ 0,60 = M 1,20.
Bestellungen nehmen sämtliche deutsche Postanstalten entgegen.

Jahrgang 6.   Nr. 3.   Tsingtau, den 21. Januar 1905.

Amtliche Anzeigen.

Bekanntmachung.

Ernst Groner und Ma yü tschen haben ein Gesuch um Erteilung der Schankerlaubnis in dem Grundstücke Ecke Schantung- und Tsimo-Strasse in Tapautau eingereicht.

Einwendungen im Sinne der Gouvernements-Bekanntmachung vom 10. Oktober 1899 sind bis zum 5. Februar d. Js. an die unterzeichnete Behörde einzureichen.

Tsingtau, den 19. Januar 1905.

Kaiserliches Polizeiamt.

Bei der in Abteilung B. Nr. 9 des Handelsregisters vermerkten Kolonialgesellschaft
„Deutsche Gesellschaft für Bergbau und Industrie im Auslande"
ist folgendes eingetragen worden:

Der Regierungsrat a. D. Direktor Bernhard Peters ist aus dem Vorstande ausgeschieden.

Das bisherige stellvertretende Vorstandsmitglied, Kaufmann Ludwig von Carben in Berlin ist zum ordentlichen Vorstandsmitglied bestellt.

Tsingtau, den 13. Januar 1905.

Kaiserliches Gericht von Kiautschou.

Bekanntmachung.

Gemäss § 6 der Bekanntmachung, betreffend die Verwaltung von Taitungtschen vom 15. August 1904 (Amtsblatt 1904 S. 187) wird hiermit die Abrechnung über die Einnahmen und Ausgaben der Gemeinde Taitungtschen vom 1. April bis 31. Dezember 1904 bekanntgegeben:

Einnahmen (Pachtzuschlag, Stand- und Wiegegebühren, Fäkalienabfuhr, Bankzinsen)	2925,96 $
Ausgaben (Gehalt des Distriktsvorstehers, des Personals zur Bedienung der öffentlichen Wage, der Kulis etc. Gemeindehospital und sonstige vermischte Ausgaben)	933,10 „
Bestand	1992,86 $

Zugleich wird darauf hingewiesen, dass bis zum 1. Februar 1905 Vorschläge über zu ernennende Ortsaufseher an mich eingereicht werden können.

Tsingtau, den 19. Januar 1905.

Der Kommissar für chinesische Angelegenheiten.

Bekanntmachung.

Herr S. J. Hanisch wird nach einer Mitteilung Sir Robert Harts bis auf weiteres als stellvertretender Zolldirektor die Geschäfte des hiesigen chinesischen Seezollamtes wahrnehmen.

Tsingtau, den 19. Januar 1905.

Kaiserliches Gouvernement.

Zu der am 27. Januar, vormittags 9 Uhr, stattfindenden

Schulfeier

werden die Angehörigen der Schüler und Freunde der Anstalt ergebenst eingeladen.

Tsingtau, den 19. Januar 1905.

Kaiserliche Gouvernementsschule.

Bekanntmachung.

Als gestohlen angemeldete Gegenstände:
  0,85 cbm. Kantholz, Stärke 10 zu 10 cm;
  0,63 cbm. Kantholz, Stärke 10 zu 15 cm;
  2 Tin (25 kg.) Zinkweiss; 10 kg. Firniss;
  10 m Leinwand.

Als gefunden angemeldete Gegenstände:
  1 Stück Zündschnur.

Tsingtau, den 18. Januar 1905.

Kaiserliches Polizeiamt.

白 告

啓者茲將本署據報被竊及送案之物分別列左

被竊各物

方木料寛十桑的米打厚十桑的米打合一厘必米打一百分之八十五分之多

方木料寛十桑的米打寛十五桑的米打厚合一厘必米打一百分之六十三分之多

白顏色麵兩筒重二十五啟羅

洋漆十啟羅

洋布十米打

地雷藥信子一盤

以上所失各物見者切勿輕買立宜報明本署送案之物亦准具領此佈

大德一千九百五年正月十八日

青島巡捕衙門啟

告 示

大德欽命管理中華事宜輔政司單爲

出示曉諭事照得台東鎭出入欵項一節曾於西歷一千九百四年八月十五日出示列入三十四號官報查該示第六條載有常年所入所出欵每屆西歴正月間應開列清單登入青島官報之語在案茲將自西一千九百四年四月初一日起至十二月三十一日止該鎭公共出入兩欵核明列左

一入欵　即除繳衙門外之地皮洋攤子貲公穢費包倒糞洋及德華銀行存洋息各項共洋二千九百二十五元九角六分

一出欵　即區長薪水稱夫並各項小工工洋醫院經貿街燈油費以及零星貲欵　共洋九百三十三元一角除支淨存洋一千九百九十二元八角六分相應登報俾衆週刊

再查西上年八月十五日示第一條載有該鎭内董事則限至西一千九百五年二月初一即中光緒三十年十二月二十七日公擧候派之語現在一併聲明望即遵照特諭

大德一千九百五年正月十九日

右諭通知

21. Januar 1905.   Amtsblatt—青島官報   17.

Meteorologische Beobachtungen
in Tsingtau.

Da-tum. Jan.	Barometer (mm) reduz. auf 0° C., Seehöhe 24,30 m			Temperatur (Centigrade).								Dunst-spannung in mm			Relat. Feuchtigkeit in Prozenten		
				trock. Therm.			feucht. Therm.										
	7 Vm	2 Nm	9 Nm	7 Vm	2 Nm	9 Nm	7 Vm	2 Nm	9 Nm	Min.	Max.	7 Vm	2 Nm	9 Nm	7 Vm	2 Nm	9 Nm
12	769,6	767,6	768,3	1,7	7,3	4,0	0,9	5,3	3,4	-2,7	5,6	4,4	5,5	5,5	85	72	90
13	66,5	65,3	66,3	3,0	7,7	3,2	2,5	4,3	1,9	1,9	7,7	5,2	4,2	4,5	91	55	78
14	66,6	65,8	65,8	4,9	7,9	3,9	3,3	4,1	3,8	0,2	7,8	4,9	3,9	6,0	75	49	98
15	65,0	63,4	64,1	1,9	8,5	5,5	1,7	6,2	4,7	-0,2	8,5	5,1	5,7	5,9	96	69	88
16	64,3	62,8	63,7	3,1	8,4	5,7	2,5	6,6	5,3	2,6	9,0	5,1	6,2	6,4	90	76	94
17	63,3	60,4	64,3	4,8	8,0	6,8	4,4	6,6	5,8	3,7	9,0	6,0	6,4	6,3	94	81	85
18	57,0	56,9	58,1	4,1	7,1	5,3	3,6	5,9	4,7	4,1	9,1	5,6	6,2	6,0	92	83	91

Da-tum. Jan.	Wind Richtung & Stärke nach Beaufort (0—12)			Bewölkung						Niederschläge in mm		
				7 Vm		2 Nm		9 Nm				
	7 Vm	2 Nm	9 Nm	Grad	Form	Grad	Form	Grad	Form	7 Vm	9 Nm	9 Nm / 7 Vm
12	Stille 0	S O 2	O S O 1	2	Cu-str	5	Cu-str	8	Cum			
13	„	N W 1	N N O 2	10	„	3	Cir-str					
14	N 1	N N W 2	W N W 1			1	„	4	Cu-str			
15	Stille 0	S S O 1	S O 1	2	Cu-str	1	Cu-str	6	Cum			
16	„	S S O 2	„			4	„					
17	O S O 1	O 2	N O 2	7	Cu-str	10	„	10	Cu-nim		3,7	10,8
18	N 3	N W 1	W 1	10	Cu-nim	10	Cu-nim			7,1		

Schiffsverkehr

in der Zeit vom 12.—19. Januar 1905.

Ankunft am	Name	Kapitän	Flagge	Reg. Tonnen.	von	Abfahrt am	nach
(9.12.04.)	S. Adolph Obrig	Ross	Amerikanisch	1302	New York	19.1.	Manila
(2.1.)	D. Bawtry	Shotton	Englisch	1542	Hongkong	14.1.	Hakodate
(11.1.)	D. Jung ping	Chapmann	„	525	Tsching wan tau	„	Tschifu
12.1.	D. Gouv. Jaeschke	Vogel	Deutsch	1045	Schanghai	„	Schanghai
14.1.	D. Hang how	Marley	Englisch	999	Tschifu	„	„
„	D. Goodwin	Nesbet	„	2832	Emden		
15.1.	D. Nanyang	Krübbe	Deutsch	1060	Kobe	16.1.	Tschifu
16.1.	D. El Dorado	Smith	Englisch	892	Schanghai	17.1.	Schanghai
„	D. Vorwärts	Sohnemann	Deutsch	643	„	„	Tschifu
„	D. Hsieho	Crawford	Chinesisch	1082	Wuhu	19.1.	Schanghai
„	D. Lady Mithell	Gundersen	Englisch	754	Schanghai	17.1.	Tschifu
17.1	D. Knivsberg	Kayser	Deutsch	646	Tschifu	„	Schanghai
19.1	D. Hyades		Amerikanisch		Moji		

Duck der Missionsdruckerei, Tsingtau.

第六年 第三号

1905年1月21日

官方通告

告白

恩斯特·格洛纳和马玉辰（音译）递交了申请，请求许可在大鲍岛的山东街和即墨街①街角地块上经营酒馆。

如有根据1899年10月10日总督府告白提出的异议，须在今年2月5日前递交至本处。

青岛，1905年1月19日
皇家巡捕房

在商业登记B部第9号登记的殖民公司"德国海外矿业公司"已登记入下列事项：

已退休的政府参议、经理贝恩哈德·彼得斯已从董事会中除名。

目前为止的代理董事会成员、柏林的商人路德维希·冯·卡本已被任命为常任董事会成员。

青岛，1905年1月13日
胶澳皇家审判厅

大德钦命管理中华事宜辅政司单　为

出示晓谕事：照得台东镇出入款项一节曾于西历一千九百四年八月十五日出示，列入三十四号官报。查该示第六条载有"常年所入所出各款每届西历正月间应须开列清单登入《青岛官报》"之语在案，兹将自西一千九百四年四月初一日起至十二月三十一止，该镇公共出入两款核明列左：

入款：即除缴衙门外之地皮、洋摊子费、公称费、包倒粪洋及德华银行存洋息各项，共

---

① 译者注：即今即墨路。

洋二千九百二十五元九角六分。

出款：即区长薪水、称夫并各项小工、工洋、医院经费、街灯油费以及零星费款，共洋九百三十三元一角，除支净存洋一千九百九十二元八角六分，相应登报，俾众周知。

再查西上年八月十五日示，第一条载有"该镇内董事，则限至西一千九百五年二月初一日即中光绪三十年十二月二十七日公举候派"之语，现在一并声明，望即遵照。特谕。

右谕通知
大德一千九百五年正月十九日　告示

告白

根据罗伯特·哈特①爵士的通知，S.J. 哈尼施先生已经作为代理税务司接手了本地大清海关的工作。

青岛，1905年1月19日
皇家总督府

最诚挚的邀请本校学生和朋友的家人参加1月27日上午9点举办的校庆。

青岛，1905年1月19日
皇家督署学校

告白

启者：兹将本署据报被窃及送案之物分别列左：

被窃各物：

方木料宽十桑的米打，厚十桑的米打，合一库必米打，一百分之八十五分之多；方木料十桑的米打，宽十五桑的米打，厚合一库必米打，一百分之六十三分之多；白颜色面两筒，重二十五启罗；洋漆十启罗；洋布十米打。

送案之物：

地雷药信子一盘。

以上所失各物见者切勿轻买，立宜报明本署，送案之物亦准具领。此布。

大德一千九百五年正月十八日
青岛巡捕衙门启

---

① 译者注：罗伯特·哈特(1835—1911)为音译，中文名为赫德，时任大清海关总税务司。

船运

1905年1月12日—19日期间

到达日	轮船船名	船长	挂旗国籍	登记吨位	出发港	出发日	到达港
(1904年12月9日)	奥布里希号	罗斯	美国	1 302	纽约	1月19日	马尼拉
(1月2日)	堡垂市号	硕顿	英国	1 542	香港	1月14日	函馆
(1月11日)	永平号	查普曼	英国	525	秦皇岛	1月14日	芝罘
1月12日	叶世克总督号	福格尔	德国	1 045	上海	1月14日	上海
1月14日	杭好号	马利	英国	999	芝罘	1月14日	上海
1月14日	古德温号	奈斯贝特	英国	2 832	艾姆登		
1月15日	南洋号	克吕波	德国	1 060	神户	1月16日	芝罘
1月16日	黄金岛号	史密斯	英国	892	上海	1月17日	上海
1月16日	前进号	索纳曼	德国	643	上海	1月17日	芝罘
1月16日	协和号	克劳福德	中国	1 082	芜湖	1月19日	上海
1月16日	米歇尔夫人号	贡德森	英国	754	上海	1月17日	芝罘
1月17日	柯尼夫斯堡号	凯瑟	德国	646	芝罘	1月17日	上海
1月19日	哈迪斯号		美国		门司		

Amtsblatt
für das Deutsche Kiautschou-Gebiet.

Herausgegeben vom Kaiserlichen Gouvernement Kiautschou.

Der Bezugspreis beträgt jährlich $ 0,60=M 1,20.
Bestellungen nehmen sämtliche deutsche Postanstalten entgegen.

Jahrgang 6. Nr. 4. Tsingtau, den 28. Januar 1905.

Verordnungen und Bekanntmachungen.

Verordnung
betreffend
Ausladen und Lagern von Sand und Kies am Strande.

Das Ausladen und Lagern von Sand und Kies am Strande zwischen Feldbatterie und Hui tschüen Huk ist nur nach vorher eingeholter, schriftlicher Genehmigung des Polizeiamtes gestattet. Den Anordnungen des Polizeiamtes über das Ausladen und Lagern ist Folge zu leisten.

Zuwiderhandlungen werden mit Geldstrafe bis zu einhundert Mark oder mit Haft bis zu zwei Wochen bestraft.

Tsingtau, den 25. Januar 1905.

Der Kaiserliche Gouverneur.
In Vertretung.
Jacobson.

Bekanntmachung für Seefahrer.

Auf dem Kopf der Mole I ist ein grünes, auf dem des Umfassungsdammes ein rotes Hafeneinfahrtsfeuer in einem grünen bezw. roten, 4 m hohen Eisengerüst aufgestellt und in Betrieb genommen worden. Sichtweite 4 sm.

Tsingtau, den 16. Januar 1905.

Kaiserliches Hafenamt.

20. Amtsblatt—青島官報 28. Januar 1905.

Bekanntmachung

betreffend

Nummerierung der Häuser in Tsingtau.

1. Auf Antrag der Vertreter der Zivilgemeinde werden die Häuser von Tsingtau und Umgebung mit fortlaufenden Nummern versehen werden.

Für den Teil östlich der Friedrichstrasse sind die Nummern 1—300, für den westlichen Teil die Nummern über 300 vorgesehen.

2. Die Nummerschilder werden von dem Polizeiamt an den Häusern oder Toreingängen angebracht.

Für jedes Schild ist der Betrag von 30 Cents zu entrichten.

3. Die Hauseigentümer sind verpflichtet, die Schilder in ordnungsmässigem Zustande zu erhalten und im Bedarfsfalle erneuern zu lassen.

Tsingtau, den 23. Januar 1905.

Der Kaiserliche Gouverneur.
In Vertretung.
Jacobson.

Amtliche Anzeigen.

Bekanntmachung.

Für die Feier des chinesischen Neujahrsfestes in diesem Jahre werden folgende Bestimmungen getroffen:

Feuerwerkskörper dürfen in Tapautau und dem nicht für Europäer reservierten Stadtteile Tsingtaus abgebrannt werden:

a) am 28. Januar abends 6 Uhr bis nachts 12 Uhr,
b) am 3. und 4. Februar von Mitternacht bis Mitternacht,
c) am 7. und 9. Februar von Mitternacht bis mittags 12 Uhr,
d) vom 17. bis 19. Februar täglich abends von 6 bis nachts 12 Uhr.

Die sogenannten „Kanonenschläge" haben zu unterbleiben. Auf den Reit- und Fuhrverkehr ist Rücksicht zu nehmen.

Tsingtau, den 25. Januar 1905.

Der Kommissar für chinesische Angelegenheiten.

Bekanntmachung.

Das I. Bataillon des 1. Ostasiatischen Infanterie-Regiments hält am 31. Januar, 1. 3. und 4. Februar d. Js. von 8½ Uhr vormittags ab in dem Gelände nordöstlich von Hu tau tsy mit Schussrichtung gegen den Ku schan gefechtsmässige Schiessübungen ab.

Das Betreten des genannten Geländes ist während dieser Zeit verboten.

Tsingtau, den 23. Januar 1905.

Der Kaiserliche Zivilkommissar.

28. Januar 1905.   Amtsblatt—報官青島   21.

Verdingung.

Der Bedarf an:
　　Kasernengeräten,
　　Petroleum,
　　Dochtstrümpfen,
　　Dochtband,
　　Kresolseifenlösung und
　　Lagerstroh
für das Rechnungsjahr 1905 soll verdungen werden.

Bedingungen liegen während der Dienststunden im Geschäftszimmer der Garnisonverwaltung zur Einsicht aus.

Angebote mit entsprechender Aufschrift sind bis zum 11. Februar 1905, vormittags 10 Uhr, der Garnisonverwaltung zu übermitteln.

Tsingtau, den 28. Januar 1905.

Marine-Garnison-Verwaltung.

Bekanntmachung.

Über den Verbleib des Kapitänleutnants Ritter Hentschel von Gilgenheimb, welcher am 18. August 1904 in einer chinesischen Dschunke von der Taubenbucht bei Port Arthur abgefahren ist, ist bisher nichts bekannt geworden. Es wird erneut darauf hingewiesen, dass für Nachrichten über ihn, insbesondere darüber, auf welche Weise er umgekommen ist, eine Belohnung bis zu zehntausend Mark ausgesetzt ist.

Tsingtau, den 20. Januar 1905.

Kaiserliches Gouvernement.

In das hiesige Handelsregister ist in Abteilung A unter Nr. 45 eine offene Handelsgesellschaft unter der Firma
„Kliene & Co."
eingetragen worden.
Gesellschafter sind der Kaufmann
Hans von Koslowski
in Tsingtau und der Kaufmann
Harald Kliene
in Tsinanfu.

Tsingtau, den 24. Januar 1905.

Kaiserliches Gericht von Kiautschou.

In Abteilung A Nr. 44 des Handelsregisters ist die Firma „Adolf Haupt"
eingetragen worden, deren alleiniger Inhaber der Buchdrucker Adolf Haupt in Tsingtau ist.

Tsingtau, den 18. Januar 1905.

Kaiserliches Gericht von Kiautschou.

Im Wege der Zwangsvollstreckung soll das im Grundbuch von Tsingtau Band III Blatt 123 auf den Namen des Schlossermeisters Gesenger, z. Zt. unbekannten Aufenthaltes, eingetragene, in Tsingtau an der Tientsinstrasse belegene Grundstück an Gerichtsstelle, Sitzungssaal, am 1. April 1905, vormittags 10 Uhr, versteigert werden.

Das Grundstück ist in Artikel 129 der Grundsteuermutterrolle eingetragen und 14 ar 99 qm gross. Ein Grundsteuerreinertrag und Gebäudesteuernutzungswert ist im Grundbuch nicht eingetragen. Der Versteigerungsvermerk ist am 23. Januar 1905 in das Grundbuch eingetragen worden.

Rechte, soweit sie zur Zeit der Eintragung des Versteigerungsvermerks aus dem Grundbuche nicht ersichtlich waren, sind spätestens im Versteigerungstermin vor der Aufforderung zur Abgabe von Geboten anzumelden und, wenn der Konkursverwalter oder ein Gläubiger widerspricht, glaubhaft zu machen, widrigenfalls die Rechte bei der Feststellung des geringsten Gebots nicht berücksichtigt und bei der Verteilung des Versteigerungserlöses dem Anspruch des Gläubigers und den übrigen Rechten nachgesetzt werden.

Diejenigen, welche ein der Versteigerung entgegenstehendes Recht haben, werden aufgefordert, vor der Erteilung des Zuschlags die Aufhebung oder einstweilige Einstellung des Verfahrens herbeizuführen, widrigenfalls für das Recht der Versteigerungserlös an die Stelle des versteigerten Gegenstandes treten wird.

Tsingtau, den 26. Januar 1905.

Kaiserliches Gericht von Kiautschou

大德欽命輔政司單為

再通行曉諭事案查前於中歷本年七月初八日曾有德國艦隊水師都司名吉利根海木貝由旅順口附近之大羊島一帶地方乘坐民船懸諭曉亞信毫無當經曉諭他往詎一去杳如黃鶴音信毫無當經曉諭在案惟迄今究竟在於何處仍未明悉亞信或宜懸重申前諭凡有人能為該員事報信或查明定賞銀至一萬馬克之多決不食言切切特示將其亡故情節一經查明定即賞

大德一千九百五年正月廿日

右諭通知

告示

22.   Amtsblatt—青島官報   28. Januar 1905.

Bei der in Abteilung B Nr. 14 des Handelsregisters vermerkten Firma
„Hamburg Amerikanische Packetfahrt-Aktien-Gesellschaft"
ist folgendes eingetragen worden:
Karl Ferdinand von Grumme in Hamburg ist zum Vorstandsmitglied bestellt. Er ist berechtigt, in Gemeinschaft mit einem Vorstandsmitglied oder mit einem Prokuristen die Firma der Gesellschaft zu zeichnen.

Tsingtau, den 19. Januar 1905.

Kaiserliches Gericht von Kiautschou.

Mitteilungen.

Vom 1. Februar 1905 ab sind auf der Schantung-Eisenbahn für Kohlentransporte aus dem Poschantal die nachstehend aufgeführten Frachtsätze eingeführt:

I. Für Stationen westlich von Tschangtien.

Wagenladung von 15 ts.

nach	von Nanting oder Tsetschuan $	von Takuenluen $	von Poschan. $
Tschangtien	15,—	17,—	17,50
Matschuang	17,—	19,—	20,—
Yatschuang	18,—	20,—	22,—
Tschoutsun	20,—	22,—	24,—
Talintschi	24,—	28,—	30,—
Wangtsun	26,—	30,—	31,40
Putschi	30,—	34,20	35,80
Mingschui	33,60	37,70	39,30
Tsautschuang	35,40	39,50	40,50
Lungschan	38,80	40,80	42,30
Schilipu	40,80	43,90	45,40
Koutien	42,40	45,60	47,20
Wangscheyentschuang	44,40	47,50	49,10
Patuenpu *	45,40	47,50	49,10
Tsinanfu **	48,—	51,10	52,70
	(44,—)**	(46,90)**	(48,30)**

II. Für Stationen östlich von Tschangtien.

Houtien	19,—	17,—	20,-
Tschinglintschen	18,—	20,—	22,—
Hsintien	21,60	26,—	28,20
Tsehotien	23,60	27,60	30,—
Putung	26,—	31,20	32,80
Tschingtschoufu	29,60	33,90	35,50

* Die für Patuenpu angegebenen Sätze gelten erst von dem Zeitpunkt der Ausführung eines Ladegleises in dieser Station.

** Frachtsatz für mehr als 100 Wagen, welche in einem Kalendermonat von demselben Verfrachter nach demselben Bestimmungsort versandt werden.

*   *   *

Der frühere Artilleristenmaat Gustav Maass ist als Polizei-Wachtmann probeweise angenommen.

*   *   *

Der stellvertretende Konsul Krause hat die Geschäfte des Kaiserlichen Konsulates in Swatau am 10. Januar d. Js. von dem Vizekonsul Dr. Daumiller übernommen.

*   *   *

Der heutigen Nummer liegt ein chronologisches Inhaltsverzeichnis und ein Sachregister des Amtsblattes für das deutsche Kiautschou-Gebiet, die Jahrgänge 1900 bis einschliesslich 1904 enthaltend, bei.

*   *   *

Sonnen-Auf- und Untergang
für Monat Februar 1905.

Dt.	Mittelostchinesische Zeit des			
	wahren Sonnen-Aufgangs.	scheinbaren Sonnen-Aufgangs.	wahren Sonnen-Untergangs.	scheinbaren Sonnen-Untergangs.
1.	7 U. 5.0 M.	6 U. 59.7 M.	5 U. 20.0 M.	5 U. 25.3 M.
2.	4.2	58.9	21.1	26.4
3.	3.4	58.1	22.2	27.5
4.	2.5	57.2	23.2	28.5
5.	1.6	56.3	24.2	29.5
6.	0.8	55.5	25.2	30.5
7.	6 U. 59.9	54.6	26.3	31.6
8.	59.0	53.7	27.3	32.6
9.	58.0	52.7	28.4	33.7
10.	57.0	51.7	29.4	34.7
11.	56.0	50.7	30.4	35.7
12.	55.0	49.7	31.5	36.8
13.	53.9	48.6	32.5	37.8
14.	52.8	47.5	33.5	38.8
15.	51.7	46.4	34.6	39.9
16.	50.6	45.3	35.6	40.9
17.	49.4	44.1	36.7	42.0
18.	48.2	42.9	37.8	43.1
19.	47.0	41.7	38.9	44.2
20.	45.8	40.7	39.9	45.2
21.	44.5	39.2	40.9	46.2
22.	43.3	38.0	41.8	47.1
23.	42.1	36.8	42.7	48.0
24.	40.9	35.6	43.6	48.9
25.	39.7	34.4	44.5	49.8
26.	38.5	33.2	45.4	50.7
27.	37.3	32.0	46.4	51.7
28.	36.0	30.7	47.3	52.6

28. Januar 1905.   Amtsblatt—青島官報   23.

Meteorologische Beobachtungen
in Tsingtau.

Datum. Jan.	Barometer (mm) reduz. auf 0° C., Seehöhe 24,30 m			Temperatur (Centigrade).								Dunstspannung in mm			Relat. Feuchtigkeit in Prozenten		
				trock. Therm.			feucht. Therm.										
	7 Vm	2 Nm	9 Nm	7 Vm	2 Nm	9 Nm	7 Vm	2 Nm	9 Nm	Min.	Max.	7 Vm	2 Nm	9 Nm	7 Vm	2 Nm	9 Nm
19	757,4	757,5	759,6	4,9	8,5	6,0	4,1	7,3	5,6	3,7	8,1	5,7	6,9	6,6	87	84	94
20	62,6	60,2	60,2	2,6	7,9	5,9	2,3	6,3	5,1	2,6	8,8	5,2	6,2	6,1	94	78	88
21	58,2	57,6	59,0	4,5	7,6	4,3	3,9	6,2	3,8	2,4	8,3	5,7	6,3	5,7	90	80	92
22	58,8	59,2	59,8	5,1	6,1	6,1	4,6	5,4	5,4	4,1	8,1	6,0	6,3	6,3	92	90	90
23	60,1	60,9	63,2	5,6	8,1	5,1	4,6	5,7	3,9	4,6	6,5	5,8	5,4	5,3	85	67	82
24	66,6	66,8	68,0	-0,4	2,1	-2,7	-1,4	0,0	-3,0	-0,4	9,0	3,6	3,3	3,5	81	62	94
25	66,2	63,2	62,0	-2,5	0,9	-1,9	-2,7	0,9	-2,2	-3,2	2,8	3,6	4,9	3,8	96	100	96

Datum. Jan.	Wind Richtung & Stärke nach Beaufort (0—12)			Bewölkung						Niederschläge in mm		
				7 Vm		2 Nm		9 Nm				9 Nm
	7 Vm	2 Nm	9 Nm	Grad	Form	Grad	Form	Grad	Form	7 Vm	9 Nm	7 Vm
19	SSW 2	S 2	SO 1	8	Cu-str	8	Cum	4	Cum			
20	WNW 2	O 2	OSO 2	9	Cum	4	Cu-str	10	Cu-nim			
21	Stille 0	WNW 1	SO 1	10	„	3	„					
22	S 1	SSO 2	SSO 2	9	Cu-nim	9	Cum	2	Cu-str			
23	SSO 2	OSO 1	N 2	10	Cum	3	Cu-str	8	„			
24	NNO 6	N 5	NNO 6	3	Cu-str	6	Cir-str	3	„			
25	N 5	NNO 4	N 6	10	Cu-nim	10	Cu-nim	10	Nim	1,8	7,6	

Schiffsverkehr
in der Zeit vom 19.—26. Januar 1905.

Ankunft am	Name	Kapitän	Flagge	Reg. Tonnen.	von	Abfahrt am	nach
(19.1)	D. Hyades	Wright	Amerikanisch	2932	Kobe	25.1.	Kobe
20.1.	D. Holstein	Hansen	Deutsch	985	Hongkong	21.1.	Tschifu
„	D. Gouv. Jaeschke	Vogel	„	1045	Schanghai	„	Schanghai
22.1.	D. Petschili	Jörgensen	Chinesisch	881	Tschifu	23.1.	„
23.1.	D. El Dorado	Smith	Englisch	892	Schanghai	25.1.	„
„	D. Tsintau	Hansen	Deutsch	977	„	24.1.	Tschifu
„	D. Vorwärts	Sohnemann	„	643	Tschifu	25.1.	Schanghai

Hochwassertabelle für den Monat Februar 1905.

Datum	Tsingtau - Hauptbrücke.		Grosser Hafen, Mole I.		Nükuk'ou.	
	Vormittags	Nachmittags	Vormittags	Nachmittags	Vormittags	Nachmittags
1.	2 U. 02 M.	2 U. 40 M.	2 U. 32 M.	3 U. 10 M.	3 U. 02 M.	3 U. 40 M.
2.	3 „ 09 „	3 „ 38 „	3 „ 39 „	4 „ 08 „	4 „ 09 „	4 „ 38 „
3.	4 „ 01 „	4 „ 23 „	4 „ 31 „	4 „ 53 „	5 „ 01 „	5 „ 23 „
4.	4 „ 43 „ ●	5 „ 02 „	5 „ 13 „	5 „ 32 „	5 „ 43 „	6 „ 02 „
5.	5 „ 21 „	5 „ 39 „	5 „ 51 „	6 „ 09 „	6 „ 21 „	6 „ 39 „
6.	5 „ 56 „	6 „ 13 „	6 „ 26 „	6 „ 43 „	6 „ 56 „	7 „ 13 „
7.	6 „ 29 „	6 „ 44 „	6 „ 59 „	7 „ 14 „	7 „ 29 „	7 „ 44 „
8.	6 „ 59 „	7 „ 15 „	7 „ 29 „	7 „ 45 „	7 „ 59 „	8 „ 15 „
9.	7 „ 30 „	7 „ 46 „	8 „ 00 „	8 „ 16 „	8 „ 30 „	8 „ 46 „
10.	8 „ 03 „	8 „ 20 „	8 „ 33 „	8 „ 50 „	9 „ 03 „	9 „ 20 „
11.	8 „ 38 „	8 „ 56 „	9 „ 08 „	9 „ 26 „	9 „ 38 „	9 „ 56 „
12.	9 „ 17 „	9 „ 39 „ ◐	9 „ 47 „	10 „ 09 „	10 „ 17 „	10 „ 39 „
13.	10 „ 08 „	10 „ 37 „	10 „ 38 „	11 „ 07 „	11 „ 08 „	11 „ 37 „
14.	11 „ 13 „	11 „ 48 „	11 „ 43 „	—	—	0 „ 13 „
15.	—	0 „ 26 „	0 „ 18 „	0 „ 56 „	0 „ 48 „	1 „ 26 „
16.	1 „ 05 „	1 „ 41 „	1 „ 35 „	2 „ 11 „	2 „ 05 „	2 „ 41 „
17.	2 „ 18 „	2 „ 49 „	2 „ 48 „	3 „ 19 „	3 „ 18 „	3 „ 49 „
18.	3 „ 21 „	3 „ 48 „	3 „ 51 „	4 „ 18 „	4 „ 21 „	4 „ 48 „
19.	4 „ 15 „	4 „ 40 „ ○	4 „ 45 „	5 „ 10 „	5 „ 15 „	5 „ 40 „
20.	5 „ 14 „	5 „ 27 „	5 „ 34 „	5 „ 57 „	6 „ 04 „	6 „ 27 „
21.	5 „ 50 „	6 „ 13 „	6 „ 20 „	6 „ 43 „	6 „ 50 „	7 „ 13 „
22.	6 „ 36 „	6 „ 57 „	7 „ 06 „	7 „ 27 „	7 „ 36 „	7 „ 57 „
23.	7 „ 18 „	7 „ 40 „	7 „ 48 „	8 „ 10 „	8 „ 18 „	8 „ 40 „
24.	8 „ 02 „	8 „ 24 „	8 „ 32 „	8 „ 54 „	9 „ 02 „	9 „ 24 „
25.	8 „ 46 „	9 „ 11 „	9 „ 16 „	9 „ 41 „	9 „ 49 „	10 „ 11 „
26.	9 „ 36 „ ●	10 „ 05 „	10 „ 10 „	10 „ 35 „	10 „ 36 „	11 „ 05 „
27.	10 „ 34 „	11 „ 0v „	11 „ 40 „	11 „ 39 „	11 „ 34 „	—
28.	11 „ 43 „	—	—	0 „ 13 „	0 „ 09 „	0 „ 43 „

1) ○ = Vollmond; 2) ◐ = Letztes Viertel; 3) ● = Neumond; 4) ◑ = Erstes Viertel.

Anmerkung: In T'a pu t'ou tritt das Hochwasser 10 Minuten früher als in Nükuk'ou auf.

Druck der Missionsdruckerei, Tsingtau.

第六年 第四号

1905年1月28日

法令与告白

大德钦命护理总督胶澳文武事宜大臣夏 为

厘订《海岸卸存沙子碎石章程》事：照得定自黑阑海沿起直至会前炮台处海沿止，凡有人欲将沙子碎石卸放于该各处者，务宜先期报明巡捕衙门核准，始可照办。至起卸及存放各项事宜，应遵巡捕衙门饬示，倘有违犯者，即罚洋至一百马克之多，或监押至两礼拜之久。仰各凛遵，幸勿尝试。特谕。

大德一千九百五年正月二十五日

对海员的告白

在一号码头和围坝的头部已经各设置了一盏港口入口灯，为红色和绿色，均相应放置在4米高的红色和绿色铁架子中，已经开始使用。可视距离为4海里。

青岛，1905年1月16日
皇家船政局

告白

关于青岛的房屋编号

1. 根据民政区代表的申请，青岛及周边的房屋将拥有连续编号。
弗里德里希街以东部分的编号为1—300，以西的部分为300以上。
2. 号牌由巡捕房挂在房屋上或大门入口。
每个号牌需收费30分。
3. 房主有义务将号牌维持在符合规定的状态，在有需要时需要将其更新。

青岛，1905年1月23日
皇家总督
代理
雅各布森

官方通告

大德钦命管理中华事宜辅政司单　为

出示晓谕遵行事：照得中华习俗每逢年节各处必须然（燃）放鞭炮，兹者年关伊迩，亟宜定示准放之期，以便遵行。如西本年正月二十八即中十二月二十三日晚自六点钟起至半夜十二点钟止，又西二月初三即中十二月二十九日自半夜起，至初四即中正月初一日半夜止又西二月初七、初九即中正月初四、初六两日自半夜起，均至翌午十二点钟止，又西二月十七、二月十八、二月十九即中正月十四、十五、十六三日每日皆晚自六点钟起至夜十二点钟止，均准在于大包岛及准起盖华人居住房屋各处施放鞭炮，至于爆烈如雷之炮定不准放，即元旦放鞭亦皆宜留意远避往来车马，用防马惊伤害人民之患。为此仰诸色人等凛遵勿违。特谕。

右谕通知

大德一千九百五年正月二十三日　告示

大德钦命辅政司单　为

晓谕事：照得四方兵队拟于中十二月二十六、二十七、二十九并正月初一各日早自八点半钟起在湖岛子东北一带操演，枪向孤山施放打靶。届期禁止人民在于该处往来，以防不测。切切特谕。

右谕通知

大德一千九百五年正月二十三日　告示

发包

1905会计年度的下列物品需求将要发包：军营设备、煤油、灯芯绒袜、灯芯绒带子、甲酚皂液和储藏秸秆。

可以在工作时间里在管理公家什物局营业室内查看供货条件。

带有相应字样标注的报价须在1905年2月11日上午10点前递交至管理公家什物局。

青岛，1905年1月28日

海军管理公家什物局

大德钦命辅政司单　为

再通行晓谕事：案查前于中历本年七月初八日曾有德国舰队水师都司名吉利根海木贝由旅顺口附近之大羊岛一带地方乘坐民船他往，讵一去杳如黄鹤，音信毫无。当经晓谕悬赏在案，惟迄今究竟在于何处仍未明悉，亟宜重申前谕。为此示，凡有人能为该员事报信或将其亡故情节切实报官，一经查明定即赏洋银至一万马克之多，决不食言。切切特示。

右谕通知
大德一千九百五年正月廿日　告示

在本地商业登记 A 部第 45 号登记了营业中的贸易公司"保大洋行"。
公司股东为青岛的商人汉斯·冯·柯斯洛夫斯基和济南的商人哈拉尔德·克里纳。

青岛，1905 年 1 月 24 日
胶澳皇家审判厅

在本地商业登记 A 部第 44 号登记了公司"阿道夫·豪普特"，其唯一所有人为青岛的印书商阿道夫·豪普特。

青岛，1905 年 1 月 18 日
胶澳皇家审判厅

在强制执行过程中，目前不知所在的铁匠葛森格利名下、青岛区地籍册第 Ⅲ 卷第 123 页位于青岛天津路的地块，将于 1905 年 4 月 1 日上午 10 点在法院会议室拍卖。

该地块登记在"地税母卷"第 129 条，面积为 14 亩 99 平方米。地籍册中没有登记地税纯利和建筑税使用价值。拍卖标注已于 1905 年 1 月 23 日登记入地籍册。

在拍卖标注登记的时间无法在地籍册上体现的权益，须最晚在拍卖日要求出价之前申明，当破产管理人或债主有反对意见并证明可信时，则在确定最低报价时对这些权益不予考虑，并在分配拍卖收益时将其置于债主要求和其余权益之后。

要求那些反对拍卖的人需要在分配拍卖所得之前取消或者临时暂停该程序，否则将由物品拍卖单位来代表拍卖所得的权益。

青岛，1905 年 1 月 26 日
胶澳皇家审判厅

在本地商业登记 B 部第 14 号登记的公司"汉堡—美洲包裹运输股份公司"已登记入下列事项：

任命汉堡的卡尔·斐迪南·冯·格鲁默为董事会成员,其有权与公司董事会的另一名成员或者代理商共同签字。

青岛,1905年1月19日
胶澳皇家审判厅

消息

从1905年2月1日起,从博山河谷运出的煤炭按照下列货物运费收费:
1. 对于张店以西的站点

运往	来自南定或淄川	来自大昆仑	来自博山
	15吨的货物装载量		
	元	元	元
张店	15.00	17.00	17.50
马尚	17.00	19.00	20.00
涯庄	18.00	20.00	22.00
周村	20.00	22.00	24.00
大临池	24.00	28.00	30.00
王村	26.00	30.00	31.40
普集	30.00	34.20	35.80
明水	33.60	37.70	39.30
枣园庄	35.40	39.50	40.50
龙山	38.80	40.80	42.30
十里堡	40.80	43.90	45.40
郭店	42.40	45.60	47.20
王舍人庄	44.40	47.50	49.10
八涧堡*	45.40	47.50	49.10
济南府**	48.00	51.10	52.70
	(44.00)**	(46.90)**	(48.30)**

2. 对于张店以东的站点

湖田	19.00	17.00	20.00
金岭镇	18.00	20.00	22.00
辛店	21.60	26.00	28.20
淄河店	23.60	27.60	30.00
普通	26.00	31.20	32.80
青州府	29.60	33.90	35.50

* 八涧堡的费率在该站点使用装卸轨道之后才适用。
** 同一货主在同一日历月份向同一目的地运送100节车皮货物的费率。

前炮队二级下士古斯塔夫·马斯已被录取试用为警察局看守。

今年1月10日,代理领事克劳泽接替副领事道米勒博士,接管汕头皇家领事馆的业务。

《青岛官报》今天这一期报纸附带从1900年到1904年的按时间排序的内容索引和标题索引。

船运

1905年1月19日—26日期间

到达日	轮船船名	船长	挂旗国籍	登记吨位	出发港	出发日	到达港
(1月19日)	哈迪斯号	莱特	美国	2 932	神户	1月25日	神户
1月20日	霍尔斯坦号	韩森	德国	985	香港	1月21日	芝罘
1月20日	叶世克总督号	福格尔	德国	1 045	上海	1月21日	上海
1月22日	北直隶号	约根森	中国	881	芝罘	1月23日	上海
1月23日	黄金岛号	史密斯	英国	892	上海	1月25日	上海
1月23日	青岛号	韩森	德国	977	上海	1月24日	芝罘
1月23日	前进号	索纳曼	德国	643	芝罘	1月25日	上海

Amtsblatt
für das
Deutsche Kiautschou-Gebiet.

青 島 官 報

Herausgegeben vom Kaiserlichen Gouvernement Kiautschou.

Der Bezugspreis beträgt jährlich $ 0,60=M 1,20.
Bestellungen nehmen sämtliche deutsche Postanstalten entgegen.

Jahrgang 6.   Nr. 5.   Tsingtau, den 2. Februar 1905.

Amtliche Anzeigen.

Beschluss.

Das Konkursverfahren über das Vermögen des früheren Gastwirts

Gottlieb Kuhnle

in Tsingtau wird nach Abhaltung des Schlusstermins und vollzogener Schlussverteilung hierdurch aufgehoben.

Tsingtau, den 25. Januar 1905.

Kaiserliches Gericht von Kiautschou.

Bekanntmachung.

Im Konkursverfahren

Heinrich Krippendorff und
Hugo Krippendorff Nachlass

soll eine zweite Abschlagsverteilung in Höhe von 5 % erfolgen. Dazu sind $ 2162, 79 verfügbar. Zu berücksichtigen sind $ 43255, 83½ nicht bevorrechtigte Forderungen. Verzeichnis derselben liegt zur Einsicht der Beteiligten auf der Gerichtsschreiberei aus.

Tsingtau, den 29. Januar 1905.

Dr. Rapp
Konkursverwalter.

Mitteilungen.

Genesungsheim Mecklenburghaus. Die bisherigen Betriebsergebnisse haben geringfügige Änderungen in der Festsetzung der für den Aufenthalt im Mecklenburghause zu zahlenden Preise erforderlich gemacht. Auch hat nach diesen Ergebnissen von der Festsetzung besonderer Winterpreise Abstand genommen werden können, sodass jetzt bis auf weiteres für das ganze Jahr die gleichen Preise zu entrichten sind.

Die Preise betragen vom 1. Dezember 1904 ab:
1) für Passanten (Aufenthalt 1—2 Tage) für Nachtlogis 1,50 $, für 1. Frühstück 75 Cents, für 2. Frühstück einschl. Vesper 1,50 $, für Abendessen 1,75 $.

2) Für Pensionäre (Aufenthalt wenigstens 3 Tage) für Unterkunft und volle Verpflegung 4,50 $ für den Tag, Kinder unter 12 Jahren 2,50 $ für den Tag, Kinder unter 2 Jahren sind frei, falls für sie Anspruch auf besonderes Bett und auf Verpflegung nicht erhoben wird.

Familien werden folgende Preisermässigungen gewährt:

a) Erwachsene: Der Pensionspreis ermässigt sich für ein zweites Familienmitglied auf 3,50 $, für jedes folgende auf 3 $.

Falls die Familienmitglieder in einem Zimmer untergebracht werden, ermässigt sich der Preis für das zweite Familienmitglied auf 3 $, für jedes folgende auf 2,50 $.

b) Kinder: 2,50 $ sind für ein Kind zu entrichten, für die übrigen ermässigt sich der Preis auf 2 $; schlafen die Kinder mit den Erwachsenen zusammen, so ermässigt sich der Preis für 1 Kind auf 2 $ und für die folgenden auf 1,50 $.

3) Für Unterkunft und Verpflegung von europäischer Bedienung 1, 40 $ für den Tag, für Unterbringung der chinesischen Bedienung wird nichts berechnet, für die Verpflegung muss dieselbe selbst sorgen.

4) Getränke pp. werden vom Genesungsheim vorrätig gehalten und zu den auf dem Preisverzeichnis aufgeführten Preisen verabreicht.

5) Beleuchtung (1 Lampe) ist in den festgestellten Preisen eingeschlossen, Heizung dagegen nicht und wird besonders berechnet. Eine zweite Lampe und Licht werden besonders berechnet. Ein kaltes Bad morgens ist frei. Ein warmes Bad kostet 30 Cents, ein kaltes Bad ausser der Zeit 10 Cents. Privatwäsche wird mit 5 Cents für das Stück in Rechnung gestellt.

6) Pferde und Maultiere können, soweit die Stallungen ausreichen, gegen Zahlung von 60 Cents für den Tag verpflegt werden.

Änderungen bleiben vorbehalten.

* * *

Der Kaiserliche Gouverneur, Kapitän zur See Truppel ist zum Kontreadmiral, der Oberleutnant zur See Heyne (Adolf) ist zum Kapitänleutnant (vorbehaltlich des Patents) laut telegraphischer Mitteilung des Reichs-Marine-Amts vom 27. Januar d. Js. befördert worden.

* * *

Die bisher probeweise angestellten Polizei-Wachtmänner Berger, Döbbrick, Fick, Fritsche, Hermann, Jakob, Radseck, Vahldiek und Westphal sind etatsmässig angestellt worden.

Postverbindungen mit Europa.

Ankommend			Abgehend		
Dampfer.	ab Berlin	an Schanghai	Dampfer	ab Schanghai	an Berlin
Englisch	30.12.1904	3. 2. 1905	Englisch	24. 1. 1905	25. 2. 1905
Deutsch	3. 1. 1905	7. 2. „	Deutsch	28. 1. „	3. 3. „
Französisch	6. 1. „	9. 2. „	Französisch	3. 2. „	9. 3. „
Englisch	13. 1. „	17. 2. „	Englisch	7. 2. „	11. 3. „
Deutsch	17. 1. „	21. 2. „	Deutsch	11. 2. „	17. 3. „
Französisch	20. 1. „	23. 2. „	Französisch	17. 2. „	23. 3. „
Englisch	27. 1. „	3. 3. „	Englisch	21. 2. „	25. 3. „
Deutsch	31. 1. „	7. 3. „	Deutsch	25. 2. „	31. 3. „
Französisch	3. 2. „	9. 3. „	Französisch	3. 3. „	6. 4. „
Englisch	10. 2. „	16. 3. „	Englisch	7. 3. „	8. 4. „
Deutsch	14. 2. „	21. 3. „	Deutsch	11. 3. „	14. 4. „
Französisch	17. 2. „	23. 3. „	Französisch	17. 3. „	20. 4. „
Englisch	24. 2. „	28. 3. „	Englisch	21. 3. „	22. 4. „
Deutsch	28. 2. „	3. 4. „	Deutsch	25. 3. „	28. 4. „
Französisch	3. 3. „	6. 4. „	Französisch	31. 3. „	4. 5. „
Englisch	10. 3. „	11. 4. „	Englisch	4. 4. „	6. 5. „
Deutsch	14. 3. „	17. 4. „	Deutsch	8. 4. „	12. 5. „
Französisch	17. 3. „	20. 4. „	Französisch	14. 4. „	18. 5. „
Englisch	24. 3. „	25. 4. „	Englisch	18. 4. „	21. 5. „
Deutsch	28. 3. „	1. 5. „	Deutsch	22. 4. „	27. 5. „
Französisch	31. 3. „	4. 5. „	Französisch	28. 4. „	1. 6. „
Englisch	7. 4. „	9. 5. „	Englisch	2. 5. „	4. 6. „
Deutsch	11. 4. „	15. 5. „	Deutsch	6. 5. „	10. 6. „
Französisch	14. 4. „	18. 5. „	Französisch	12. 5. „	15. 6. „
Englisch	21. 4. „	23. 5. „	Englisch	16. 5. „	18. 6. „
Deutsch	25. 4. „	29. 5. „	Deutsch	20. 5. „	25. 6. „
Französisch	28. 4. „	1. 6. „	Französisch	26. 5. „	29. 6. „
Englisch	5. 5. „	6. 6. „	Englisch	30. 5. „	2. 7. „
Deutsch	9. 5. „	12. 6. „	Deutsch	3. 6. „	9. 7. „
Französisch	12. 5. „	15. 6. „	Französisch	9. 6. „	13. 7. „
Englisch	19. 5. „	20. 6. „	Englisch	13. 6. „	16. 7. „
Deutsch	23. 5. „	26. 6. „	Deutsch	17. 6. „	23. 7. „
Französisch	26. 5. „	29. 6. „	Französisch	23. 6. „	27. 7. „
Englisch	2. 6. „	4. 7. „	Englisch	27. 6. „	30. 7. „
Deutsch	6. 6. „	10. 7. „	Deutsch	1. 7. „	6. 8. „
Französisch	9. 6. „	13. 7. „	Französisch	7. 7. „	10. 8. „
Englisch	16. 6. „	18. 7. „	Englisch	11. 7. „	13. 8. „
Deutsch	20. 6. „	24. 7. „	Deutsch	15. 7. „	20. 8. „
Französisch	23. 6. „	27. 7. „	Französisch	21. 7. „	24. 8. „
Englisch	30. 6. „	1. 8. „	Englisch	25. 7. „	27. 8. „
Deutsch	4. 7. „	7. 8. „	Deutsch	29. 7. „	3. 9. „
Französisch	7. 7. „	10. 8. „	Französisch	4. 8. „	7. 9. „
Englisch	14. 7. „	15. 8. „	Englisch	8. 8. „	10. 9. „
Deutsch	18. 7. „	21. 8. „	Deutsch	12. 8. „	17. 9. „
Französisch	21. 7. „	24. 8. „	Französisch	18. 8. „	21. 9. „
Englisch	28. 7. „	29. 8. „	Englisch	22. 8. „	24. 9. „
			Deutsch	26. 8. „	1. 10. „

Anm. Die Angaben über Abgang und Ankunft der französischen Postdampfer können nicht als feststehend betrachtet werden, da die Fahrpläne der Kompagnie des Messageries Maritimes noch nicht vorliegen.

Missionsdruckerei Tsingtau.

第六年 第五号

1905年2月4日

官方通告

决议

对前青岛的饭店老板哥特利普·昆乐财产的破产程序,在进行完最后一次见面、完成了最终分配后,谨此撤销。

青岛,1905年1月25日
胶澳皇家审判厅

告白

在对海因里希·克里本多夫的财产和胡果·克里本多夫的遗产执行的破产程序中,将进行对其5%金额的分配。可用金额为2 162.79元,需要考虑的非优先索款额为43 255.835元。其目录张贴于法院书记处,以供参与者查看。

青岛,1905年1月29日
拉普博士
破产管理人

消息

梅克伦堡①疗养院。考虑到目前为止的经营成果,有必要对在梅克伦堡疗养院居住需要支付的费用轻微调整。同时,据此情况,可以不需要制订特殊的冬季价格,除非另有通知,整年居住费用仍然不变。

从1904年12月1日起的价格为:

1) 过路旅客(停留1—2天),夜间住所为1.50元,一顿早餐75分,两顿含点心的早

---

① 译者注:梅克伦堡为德国地名,又译为"麦克伦堡",梅克伦堡为现代标准中文译名。

餐1.50元,晚餐1.75元。

2) 寄宿者(停留至少3天),住宿加完整膳食为每日4.50元,12岁以下的儿童为每日2.50元,2岁以下儿童,如果不要求特殊床铺和膳食,则免费。

对于家庭,提供下列优惠价格:

a) 成年人:寄宿价格优惠为第二名家庭成员3.50元,其余每名为3元。

如果家庭成员住在同一房间内,则价格优惠为:第二名家庭成员3元,其余每名2.50元。

b) 儿童:第一名儿童需缴纳2.50元,其余每名儿童的价格为2元。如果儿童与家长住在一起,则价格优惠为:1名儿童2元,其余每名儿童1.50元。

3) 带有欧洲人服务的食宿费用时每天1.40元,中国人服务的住宿不另外加费用,但是饮食需自理。

4) 疗养院的饮料等库存,按照价格表上的价格收费。

5) 照明(1盏灯)已经包含在固定价格内,但是不含暖气价格,需要另外收费。第二盏灯也需要另外收费。早上的冷水浴免费,热水浴收费30分,在此时间之外的冷水浴收费10分。私人换洗衣物按照每件5分的价格计入账单。

6) 只要马厩数量充足,马匹和骡子就可以按照每日60分的价格看护。

保留更改的权利。

根据帝国海军部今年1月27日的电报通知,皇家总督都沛禄海军上校被晋升为海军少将,海军一等少尉海恩(阿道夫)被晋升为海军中尉(以收到证书为准)。

目前处于试用期雇佣的警局看守贝尔杰、多布里克、菲克、傅立彻、赫尔曼、雅各布、拉得塞克、瓦尔迪克和韦斯特法尔已经被转换为预算在编雇佣。

与欧洲的邮政连接

到达			发出		
轮船	柏林出发	抵达上海	轮船	上海出发	抵达柏林
英国	1904年12月30日	1905年2月3日	英国	1905年1月24日	1905年2月25日
德国	1905年1月3日	1905年2月7日	德国	1905年1月28日	1905年3月3日
法国	1905年1月6日	1905年2月9日	法国	1905年2月3日	1905年3月9日
英国	1905年1月13日	1905年2月17日	英国	1905年2月7日	1905年3月11日
德国	1905年1月17日	1905年2月21日	德国	1905年2月11日	1905年3月17日

(续表)

	到达			发出	
轮船	柏林出发	抵达上海	轮船	上海出发	抵达柏林
法国	1905年1月20日	1905年2月23日	法国	1905年2月17日	1905年3月23日
英国	1905年1月27日	1905年3月3日	英国	1905年2月21日	1905年3月25日
德国	1905年1月31日	1905年3月7日	德国	1905年2月25日	1905年3月31日
法国	1905年2月3日	1905年3月9日	法国	1905年3月3日	1905年4月6日
英国	1905年2月10日	1905年3月16日	英国	1905年3月7日	1905年4月8日
德国	1905年2月14日	1905年3月21日	德国	1905年3月11日	1905年4月14日
法国	1905年2月17日	1905年3月23日	法国	1905年3月17日	1905年4月20日
英国	1905年2月24日	1905年3月28日	英国	1905年3月21日	1905年4月22日
德国	1905年2月28日	1905年4月3日	德国	1905年3月25日	1905年4月28日
法国	1905年3月3日	1905年4月6日	法国	1905年3月31日	1905年5月4日
英国	1905年3月10日	1905年4月11日	英国	1905年4月4日	1905年5月6日
德国	1905年3月14日	1905年4月17日	德国	1905年4月8日	1905年5月12日
法国	1905年3月17日	1905年4月20日	法国	1905年4月14日	1905年5月18日
英国	1905年3月24日	1905年4月25日	英国	1905年4月18日	1905年5月21日
德国	1905年3月28日	1905年5月1日	德国	1905年4月22日	1905年5月27日
法国	1905年3月31日	1905年5月4日	法国	1905年4月28日	1905年6月1日
英国	1905年4月7日	1905年5月9日	英国	1905年5月2日	1905年6月4日
德国	1905年4月11日	1905年5月15日	德国	1905年5月6日	1905年6月10日
法国	1905年4月14日	1905年5月18日	法国	1905年5月12日	1905年6月15日
英国	1905年4月21日	1905年5月23日	英国	1905年5月16日	1905年6月18日
德国	1905年4月25日	1905年5月29日	德国	1905年5月20日	1905年6月25日
法国	1905年4月28日	1905年6月1日	法国	1905年5月26日	1905年6月29日
英国	1905年5月5日	1905年6月6日	英国	1905年5月30日	1905年7月2日
德国	1905年5月9日	1905年6月12日	德国	1905年6月3日	1905年7月9日
法国	1905年5月12日	1905年6月15日	法国	1905年6月9日	1905年7月13日
英国	1905年5月19日	1905年6月20日	英国	1905年6月13日	1905年7月16日
德国	1905年5月23日	1905年6月26日	德国	1905年6月17日	1905年7月23日
法国	1905年5月26日	1905年6月29日	法国	1905年6月23日	1905年7月27日
英国	1905年6月2日	1905年7月4日	英国	1905年6月27日	1905年7月30日

(续表)

轮船	到达		轮船	发出	
	柏林出发	抵达上海		上海出发	抵达柏林
德国	1905年6月6日	1905年7月10日	德国	1905年7月1日	1905年8月6日
法国	1905年6月9日	1905年7月13日	法国	1905年7月7日	1905年8月10日
英国	1905年6月16日	1905年7月18日	英国	1905年7月11日	1905年8月13日
德国	1905年6月20日	1905年7月24日	德国	1905年7月15日	1905年8月20日
法国	1905年6月23日	1905年7月27日	法国	1905年7月21日	1905年8月24日
英国	1905年6月30日	1905年8月1日	英国	1905年7月25日	1905年8月27日
德国	1905年7月4日	1905年8月7日	德国	1905年7月29日	1905年9月3日
法国	1905年7月7日	1905年8月10日	法国	1905年8月4日	1905年9月7日
英国	1905年7月14日	1905年8月15日	英国	1905年8月8日	1905年9月10日
德国	1905年7月18日	1905年8月21日	德国	1905年8月12日	1905年9月17日
法国	1905年7月21日	1905年8月24日	法国	1905年8月18日	1905年9月21日
英国	1905年7月28日	1905年8月29日	英国	1905年8月22日	1905年9月24日
			德国	1905年8月26日	1905年10月1日

备注：关于法国邮船出发和到达的时间尚不能视作已确定，原因是没有海洋消息公司的时刻表。

Amtsblatt
für das
Deutsche Kiautschou-Gebiet.

青島官報

Herausgegeben vom Kaiserlichen Gouvernement Kiautschou.

Der Bezugspreis beträgt jährlich $ 0,60 = M 1,20.
Bestellungen nehmen sämtliche deutsche Postanstalten entgegen.

Jahrgang 6. Nr. 6. Tsingtau, den 11. Februar 1905.

Verordnungen und Bekanntmachungen.

Verordnung
betreffend
Ausführung von Landmesser-Arbeiten.

Neben den amtlichen Vermessungsarbeiten werden vom Katasteramt auf mündlichen oder schriftlichen Antrag alle anderen Landmesserarbeiten (Lagepläne mit Höhenkurven, Längen — und Flächennivellements u. s. w.) ausgeführt.

An Gebühren sind nach Angabe des Katasteramtes bei der Gouvernementskasse zu entrichten:
 a) für Feldarbeit und Reisezeit für jede Stunde 3,00 $,
 b) für häusliche Arbeit für jede Stunde 2,00 $,
 c) die aufgewendeten baren Auslagen und Arbeiterlöhne sind zu erstatten.

Tsingtau, den 28. Januar 1905.
Der Kaiserliche Gouverneur.
In Vertretung.
Jacobson.

Bekanntmachung.

Boote und Sampans haben von den inneren Hafeneinfahrtsbojen $\frac{H E}{3}$ und $\frac{H E}{4}$ an bis zum grossen Hafen und in demselben allen ein- und auslaufenden und manövrierenden Schiffen auszuweichen.

Tsingtau, den 1. Februar 1905.
Der Kaiserliche Gouverneur.
In Vertretung.
Jacobson.

30. Amtsblatt—報官島青 11. Februar 1905.

Bekanntmachung.

Die Ziffer 4 der „Bestimmungen über den Bezug von Wasser aus dem fiskalischen Wasserwerk" (Amtsblatt 1904, Seite 124) wird folgendermassen ergänzt bezw. abgeändert:

Vom 1. Januar 1905 ab erfolgt für Grundstücke, für die bereits die Wasserabgabe nach der Anzahl der bewohnbaren Räume für das Vierteljahr im voraus bezahlt ist, die Bezahlung der Wassermiete und des Wasserpreises erst vom nächsten auf den Einbau des Wassermessers folgenden Vierteljahrsersten an und zwar auch vierteljährlich — nicht monatlich — im voraus. Die Wasserabgabe für Neubauten, die von vornherein Wasserleitungsanschluss erhalten, ist vom 1. Tage des Monats an zu entrichten, in dem der Wassermesser aufgestellt wird.

Tsingtau, den 26. Januar 1905.

Der Baudirektor.

Amtliche Anzeigen.

Bekanntmachung.

Als gestohlen angemeldete Gegenstände: 1 kleiner Nickelrevolver.

Als verloren angemeldete Gegenstände: 1 schwerer goldener chin. Ring; 1 goldener Manschettenknopf, bestehend in einem roten Knopf, innen goldene Platte, einer fünfgliederigen Kette u. einem goldenem Knebel; 1 Geldschrankschlüssel; 1 gelbweisse Pferdedecke; 1 Messing-Kompass von 3 cm. Durchmesser mit Feststellvorrichtung und Ring.

Als gefunden angemeldete Gegenstände: 1 silberne Damenuhr mit Kette, Nr. 3818; 1 goldener Ring mit Monogramm S. E.; 1 Kleidersack mit Kleidungsstücken.

Tsingtau, den 8. Februar 1905.

Kaiserliches Polizeiamt.

白 告

啓者茲將本署據報被竊並遺失以及送案各物分別列左

被竊之物
鎳錦質六響小洋鎗一枝
遺失各物
袖口金鈕子一枚面鑲紅石裏面光金上帶有五節環
華式厚質金戒指一枚
並金針一個
錢櫃鑰匙一把
黃白二色馬氈一條
黃銅羅盤一座口徑三桑的
米打上帶有環
送案各物
銀質小表一枚上列第三千八百十八
號字樣帶有鍊子
戒指一枚裏面刻有 S.E. 二西字
裝衣布袋一條
以上竊失各物如見切勿輕買立
報明本署送案之物亦准具領此佈
大德一千九百五年二月初八日
青島巡捕衙門啓

Bekanntmachung.

In das bei dem unterzeichneten Gericht geführte Güterrechtsregister ist folgendes eingetragen worden:

Zwischen dem Gastwirt **Paul Hermann Müller** und seiner Ehefrau **Maria Anna**, geborenen Nicolaus, beide in Tsingtau wohnhaft, ist durch notariellen Vertrag vom 11. Dezember 1904 die Gütertrennung vereinbart.

Tsingtau, den 2. Februar 1905.

Kaiserliches Gericht von Kiautschou.

11. Januar 1905. Amtsblatt—青島官報 31.

Bekanntmachung.

Das I. Bataillon des 1. Ostasiatischen Infanterie-Regiments hält am 14. und 15. Februar d. Js. von 8 Uhr vormittags ab in dem Gelände nordöstlich von Hu tau tsy mit Schussrichtung gegen den Ku schan gefechtsmässige Schiessübungen ab.

Das Betreten dieses Geländes ist während dieser Zeit verboten.

Tsingtau, den 8. Februar 1905.

Der Kaiserliche Zivilkommissar.

大德欽命輔政司單為
曉諭事照得四方兵隊擬於中正
月十二即西二月十四十五
兩日早八點鐘起在於湖島狐
東北一帶操演槍向小村莊狐山
施放打靶居期禁止人民在於
該處往來以防⽶測切切特諭
大德一千九百五年二
月初八日
右諭通知
告示

Mitteilungen.

Die Stationärgeschäfte vor Tsingtau hat S. M. S. „Iltis" von S. M. S. „Thetis" übernommen.

* * *

Dem Oberrichter Dr. Crusen ist der Rang der Räte IV. Klasse verliehen worden.

* * *

Leutnant Bendemann ist in den erblichen Adelstand erhoben worden.

Meteorologische Beobachtungen
in Tsingtau.

Datum.	Barometer (m m) reduz. auf 0º C., Seehöhe 24,30 m			Temperatur (Centigrade).								Dunstspannung in mm			Relat. Feuchtigkeit in Prozenten		
				trock. Therm.			feucht. Therm.										
Jan.	7 Vm	2 Nm	9 Nm	7 Vm	2 Nm	9 Nm	7 Vm	2 Nm	9 Nm	Min.	Max.	7 Vm	2 Nm	9 Nm	7 Vm	2 Nm	9 Nm
26	760,1	760,2	760,4	-0,9	-0,7	-2,1	-1,1	-1,0	-2,5	-2,5	1,2	4,1	4,1	3,6	96	94	92
27	60,9	61,0	62,8	-6,1	-5,0	-7,3	-6,6	-6,0	-8,1	-6,2	0,1	2,5	2,4	2,0	87	76	78
28	62,5	61,8	63,6	-8,3	-6,3	-6,9	-9,1	-7,3	-7,9	-8,3	-4,5	1,8	2,0	2,0	76	74	73
29	65,4	65,3	69,7	-7,9	-4,3	-8,3	-8,5	-5,1	-9,0	-8,5	-5,5	2,0	2,7	1,9	83	81	79
30	70,2	68,7	70,0	-11,0	-5,4	-6,5	-11,7	-7,1	-7,3	-11,0	-3,5	1,5	1,8	2,2	76	59	79
31	69,6	68,4	70,1	-8,0	-4,8	-5,0	-8,9	-5,9	-5,7	-10,7	-4,3	1,8	2,3	2,6	74	74	84
Feb. 1	70,1	70,7	70,9	-4,7	-4,2	-5,9	-5,1	-4,8	-6,9	-7,7	-3,6	2,9	2,9	2,2	90	86	74
2	71,7	70,8	70,9	-5,8	-3,6	-5,4	-6,7	-4,7	-6,1	-5,9	-2,5	2,3	2,6	2,5	77	76	83
3	70,6	69,6	69,8	-5,9	-2,5	-4,3	-6,3	-3,1	-5,7	-6,0	-2,9	2,6	3,3	2,2	90	87	68
4	67,9	66,6	67,7	-5,7	-1,2	-3,7	-6,4	-2,3	-4,7	-6,6	-2,4	2,4	3,3	2,7	82	78	78
5	67,4	67,4	69,4	-3,5	-5,5	-8,1	-4,1	-6,0	-9,3	-5,8	-0,5	3,0	2,6	1,6	87	87	65
6	67,8	65,6	67,3	-7,7	-3,4	-4,3	-8,7	-4,4	-5,1	-8,6	-3,4	1,8	2,7	2,7	72	78	81
7	67,3	66,6	68,7	-4,1	-0,7	-3,9	-4,9	0,9	-4,5	-7,7	-2,7	2,7	4,2	2,9	82	96	87
8	70,8	70,6	72,4	-5,9	-4,6	-5,6	-6,9	-5,8	-6,5	-6,7	-0,7	2,2	2,3	2,3	74	72	77

Datum. Jan.	Wind Richtung & Stärke nach Beaufort (0—12)			Bewölkung						Niederschläge in mm		
	7 Vm	2 Nm	9 Nm	7 Vm		2 Nm		9 Nm		7Vm	9Nm	9 Nm 7¹ Vm
				Grad	Form	Grad	Form	Grad	Form			
26	N W 6	WNW 7	WNW 6	10	Nim	10	Cu-nim	10	Cum	5,8	0,3	0,3
27	WNW 6	WNW 7	N W 6	6	Cu-str	2	Cum					
28	N W 6	WNW 6	N W 4	1	Cum							
29	WNW 7	WNW 7	NNO 4	1	Cu-str	2	Cum					
30	NNO 2	N W 3	NNW 2	1	Cum	8	Cu-str	10	Cum			
31	N 1	NNW 1	N 2	10	„	8	„	8	„			
Feb.												
1	N W 4	NNW 5	N 6	10	„	6	„	8	„			
2	NNW 5	N W 4	N W 4	4	Cu-str	8	Cum	8	„			
3	WNW 4	WNW 4	WNW 3	3	Cir-str	1	„					
4	WNW 2	N W 3	NNO 2	2	„	4	Cu-str	6	Cum			
5	WNW 5	N W 7	N W 6	4	Cum-str	6	Cum					
6	N W 3	N W 4	N W 2			2	Cir-str					
7	WNW 3	N W 2	NNO 1	3	Cu-str							
8	WNW 6	N W 6	WNW 5	1	Str	5	Cu-str	3	Cum			

Schiffsverkehr

in der Zeit vom 26. Januar—9. Februar 1905.

Ankunft am	Name	Kapitän	Flagge	Reg. Tonnen.	von	Abfahrt am	nach
(14.1.)	D. Goodwin	Nesbet	Englisch	2832	Emden	4.2.	Moji
27.1.	D. Gouv. Jaeschke	Vogel	Deutsch	1045	Schanghai	28.1.	Tschifu
28.1.	D. Specia	Ehlers	„	2659	Takao	1.2.	Kobe
„	D. Pechili	S. Jörgensen	Chinesisch	881	Wang hia wa tau	„	Schanghai
31.1.	D. Knivsberg	Kayser	Deutsch	646	Schanghai	31.1.	Tschifu
„	D. El Dorado	Smith	Englisch	892	„	1.2.	Schanghai
„	D. Süllberg	Grandt	Deutsch	782	Kobe	„	Kobe
1.2.	D. Thea	Fulder	„	2199	Wladiwostok	2.2.	Moji
2.2.	D. Dagmar	Carl	Norwegisch	383	Kobe	3.2.	Kobe
4.2.	D. Tsintau	Hansen	Deutsch	977	Tschifu	4.2.	Schanghai
„	D. Vorwärts	Sohnemann	„	643	Schanghai	7.2.	„
6.2.	D. Gouv. Jaeschke	Vogel	„	1045	„	6.2.	Tschifu
9.2.	D. Wuhu	Richards	Englisch	1227	„		

Druck der Missionsdruckerei, Tsingtau.

第六年 第六号

1905年2月11日

法令与告白

关于执行土地测量的法令

在官方的测量工作之外,由地籍处根据口头或者书面申请进行所有其他土地测量工作(带有等高线和尺寸、面积水准测量等内容的地址图)。

费用方面,根据地籍处的说明,在总督府财务处缴纳:

a) 现场工作以及路上时间按照每小时3.00元收费;

b) 室内工作每小时收费2.00元;

c) 需要偿还现金支出和工人工资。

青岛,1905年1月28日

皇家总督

代理

雅各布森

大德钦命护理总督胶澳文武事宜大臣夏　为

出示晓谕事:照得所有艇船舢板每一入口皆应自口门旁"HE/3"并"HE/4"之浮起,直至大海口止,并在大海口内。如遇他船出入或遇船只转舵,均须预为闪躲,以免碰撞。为此谕,仰各船户人等一体凛遵。特谕。

右谕通知

大德一千九百五年二月初一日　告示

告白

《接通自来水规条》第4条(1904年《官报》第124页)现做下列补充以及修订:

从1905年1月1日起,对于已经为按照可居住房间数量提前缴纳季度供水费用的地块，在安装水表之后那个季度的第一天，按照季度、而非月份提前缴纳水租和水费。对于从一开始就连接上水管的新建筑，在安装上水表后的月份第一天即需缴纳费用。

青岛，1905年1月26日
工部局局长

官方通告

告白

启者：兹将本署据报被窃并遗失以及送案各物分别列左：

被窃之物：

镍镉质六响小洋枪一枝（支）。

遗失各物：

华式厚质金戒指一枚；袖口金钮子一枚，面镶红石，里面光金上带有五节环并金针一个；钱柜钥匙一把；黄白二色马毡一条；黄铜罗盘一座，口径三桑的米打，上带有环。

送案各物：

银质小表一枚，上列第三千八百十八号字样，带有链子；金戒指一枚，里面刻有"S.E."二西字；装衣布袋一条。

以上窃失各物如见切勿轻买，立宜报明本署，送案之物亦准具领。此布。

大德一千九百五年二月初八日
青岛巡捕衙门启

告白

在本法庭执行的物权登记中，已登记入下列事项：

根据1904年12月11日的公证协议，均居住于青岛的饭店老板赫尔曼·穆勒和他出生时姓尼古拉斯的妻子玛丽亚·安娜已就财产分割达成协议。

青岛，1905年2月2日
胶澳皇家审判厅

大德钦命辅政司单　为

晓谕事：照得四方兵队拟于中正月十一、十二，即西二月十四、十五两日早自八点钟起在于湖岛子东北一带操演，枪向小村庄、孤山施放打靶，届期禁止人民在于各该处往来，以防不测。切切特谕。

右谕通知
大德一千九百五年二月初八日　告示

消息

"伊尔蒂斯"号军舰已经从"忒蒂斯"号军舰手中接管了驻站业务。

高等法官克鲁森博士已被授予四等参议级别。

本德曼少尉已被晋升为重要贵族。

船运

1905年1月26日—2月9日期间

到达日	轮船船名	船长	挂旗国籍	登记吨位	出发港	出发日	到达港
（1月14日）	古德温号	奈斯贝特	英国	2 832	艾姆登	2月4日	门司
1月27日	叶世克总督号	福格尔	德国	1 045	上海	1月28日	芝罘
1月28日	特别号	艾勒斯	德国	2 659	打狗①	2月1日	神户
1月28日	北直隶号	约根森	中国	881	王下洼岛	2月1日	上海
1月31日	柯尼夫斯堡号	凯瑟	德国	646	上海	1月31日	芝罘
1月31日	黄金岛号	史密斯	英国	892	上海	2月1日	上海
1月31日	居尔堡号	格兰特	德国	782	神户	2月1日	神户
2月1日	忒亚号	福尔德	德国	2 199	符拉迪沃斯托克	2月2日	门司
2月2日	达格玛号	卡尔	挪威	383	神户	2月3日	神户
2月4日	青岛号	韩森	德国	977	芝罘	2月4日	上海
2月4日	前进号	索纳曼	德国	643	上海	2月7日	上海
2月6日	叶世克总督号	福格尔	德国	1 045	上海	2月6日	芝罘
2月9日	芜湖号	理查兹	英国	1 227	上海		

---

① 译者注：中国台湾省高雄市旧称。

Amtsblatt
für das
Deutsche Kiautschou-Gebiet.

Herausgegeben vom Kaiserlichen Gouvernement Kiautschou.

Der Bezugspreis beträgt jährlich $ 0,60 = M 1,20.
Bestellungen nehmen sämtliche deutsche Postanstalten entgegen.

Jahrgang 6.   Nr. 7.   Tsingtau, den 18. Februar 1905.

Vorordnungen und Bekanntmachungen.

Meldung Militärpflichtiger
und
Ableistung der Wehrpflicht bei der Besatzung des Kiautschougebiets.

Gemäss § 106,7 der Wehrordnung hat das Gouvernement die Kontrolle über die im Schutzgebiet befindlichen Wehrpflichtigen auszuüben.

Die Meldepflicht der Wehrpflichtigen beginnt mit der Militärpflicht, d. i. in demjenigen Kalenderjahre, in welchem der Betreffende 20 Jahre alt wird. Diese Anmeldungen finden bestimmungsgemäss in der Zeit vom 15. Januar bis 1. Februar statt und und zwar bei der Ortsbehörde desjenigen Ortes, an welchem der Militärpflichtige seinen dauernden Wohnsitz hat. Liegt dieser Ort im Auslande, so erfolgt die Meldung am Geburtsort, und wenn auch dieser Ort im Auslande liegt, am letzten Wohnsitz der Eltern oder Familienhäupter im deutschen Reichsgebiete. Der Anmeldung ist ein Geburtszeugnis beizufügen.

Um den hier befindlichen Militärpflichtigen diese Anmeldung zu vereinfachen, wird die Meldestelle für Militärdienst des Gouvernements diese Anmeldung im Laufe des Monats Oktober des dem ersten Jahre der Militärpflicht vorangehenden Jahres behufs Übermittelung an die zuständige heimische Behörde entgegennehmen.

Die in der Kolonie sich aufhaltenden Militärpflichtigen können durch das Gouvernement die Zurückstellung von der Aushebung bis zu ihrem dritten Militärpflichtjahre erlangen; ferner führt das Gouvernement auf Ansuchen von Militärpflichtigen die endgültige Entscheidung über ihre Militärpflicht herbei.

Auf die pünktliche Erfüllung der Militärpflichten wird besonders hingewiesen, um einer zwangsweisen Anhaltung hierzu durch die Behörden vorzubeugen.

Hierbei wird erneut in Erinnerung gebracht, dass den in der Kolonie, sowie im Auslande sich aufhaltenden Militärpflichtigen die Vergünstigung gewährt wird, ihre gesetzlich vorgeschriebene aktive Dienstpflicht als Ein — bezw. Dreijährig — Freiwillige bei den Besatzungstruppen des Kiautschougebietes abzuleisten. Den freiwillig Eintretenden steht die Wahl des Truppenteils frei.

Diejenigen, welche bei der Marineinfanterie oder Marinefeldbatterie eingestellt zu werden wünschen, haben ihr Gesuch an das Kommando des III. Seebataillons, diejenigen, welche bei der Matrosenartillerieabteilung und diejenigen, welche als Matrosen, Heizer u. s. w. eingestellt zu werden wünschen, an das Gouvernement zu richten.

Dem Gesuche um Einstellung sind beizufügen:
ein selbstgeschriebener Lebenslauf,
die im Besitz befindlichen Ausweispapiere (Geburtsschein, Losungsschein, Reisepass pp.) und

von den ausserhalb der Kolonie Wohnenden möglichst ein ärztliches Zeugnis über die Diensttauglichkeit.

Die Einstellungen erfolgen in der Regel am 1. Oktober und 1. April, ausser diesen Zeiten nur ausnahmsweise. Einjährig-Freiwillige werden bei der Marinefeldbatterie des III. Seebataillons in der Regel nur am 1. Oktober eingestellt. Ausserhalb der Kolonie Wohnende können, wenn sie bereits von einem der genannten Kommandos einen Annahmeschein besitzen, für die Reise nach Tsingtau und für die Rückreise nach beendeter Dienstpflicht oder Übung-vorausgesetzt, dass freier Platz vorhanden ist- Ablösungstransportdampfer gegen Erstattung der entstehenden Kosten benutzen.

Personen des Beurlaubtenstandes des Heeres und der Marine können nach Massgabe der verfügbaren Mittel die gesetzlichen Übungen bei den Truppenteilen der Besatzung des Kiautschougebietes ableisten. Anträge sind unter Beifügung der Militärpapiere an das Gouvernement zu richten.

Alle Personen des Beurlaubtenstandes des Heeres und der Marine (Reserve, Land-und Seewehr, Ersatzreserve), welche sich länger als 3 Monate im Kiautschougebiete aufzuhalten gedenken, haben sich innerhalb 4 Wochen nach ihrem Eintreffen in Tsingtau beim Gouvernement anzumelden und vor ihrem Weggange aus der Kolonie abzumelden.

Auf Grund vorgekommener Fälle wird unter Hinweis auf die in den Militär- pp. Pässen enthaltenen Bestimmungen über Auslandsurlaub an die rechtzeitige Beantragung der Verlängerung desselben aufmerksam gemacht. Gesuche werden auf Antrag vom Gouvernement vermittelt.

Das Geschäftszimmer, an welches sich die Militärpflichtigen und Personen des Beurlaubtenstandes zu wenden haben, hat die Bezeichnung „Meldestelle für Militärdienst" und befindet sich im Yamen. Dienststunden für Meldungen sind von 9 Uhr vormittags bis 1 Uhr nachmittags und von 3 bis 5½ Uhr nachmittags.

Tsingtau, den 14. Februar 1905.

Gouvernement Kiautschou,
Meldestelle für Militärdienst.

Bekanntmachung für Seefahrer.

Auf der 6 m Grenze des südlich von Tsingtau auslaufenden Riffes zwischen Arkona-Insel und Yu nui san-Leuchtturm ist in

36 ° 2 ' 56 " Nord-Breite
120 ° 18 ' 5 " Ost-Länge

eine rote Spierentonne, die Tsingtauer Rifftonne, ausgelegt.

Tsingtau, den 14. Februar 1905.

Kaiserliches Hafenamt.

Amtliche Anzeigen.

Bekanntmachung.

Als gestohlen angemeldete Gegenstände: 1 silberne Taschenuhr mit Kette, an der Kette sind 2 Uhrschlüssel befestigt.
Als verloren angemeldete Gegenstände: 1 Scheck über 50 $, lautend auf den Namen Böhnert.
Als gefunden angemeldete Gegenstände: 7 Tische, 3 Kisten.

Tsingtau, den 15. Februar 1905.

Kaiserliches Polizeiamt.

告白

啓者茲料本署據報被竊並遺失以及送案各物分別列左

被竊之物

銀表一枚繫有鍊子上帶鑰匙二把

遺失之物

Böhnert 字樣

洋銀五十元票子一張

送案之物

棹子七張 箱子三隻

以上竊失之物如見切勿輕買立宜報明本署送案之物亦准具領此佈

大德一千九百五年二月十五日

青島巡捕衙門啓

18. Februar 1905. Amtsblatt—報官島青 35.

Mitteilungen.

Der stellvertretende Gouverneur, Kapitän zur See van Semmern ist am 11. d. Mts. im Schutzgebiete eingetroffen und hat am gleichen Tage die Dienstgeschäfte übernommen.

* * *

Fregattenkapitän Jakobson ist zum Frühjahr von der Stellung als Kommandeur der Matrosenartillerie-Abteilung entbunden und zur Verfügung der Marinestation der Ostsee gestellt; zum Kommandeur der Matrosenartillerie-Abteilung Kiautschou ist Korvettenkapitän Hermann ernannt worden.

* * *

Der Kurs bei der Gouvernementskasse beträgt vom 13. d. Mts. ab: 1 $ = 2, 03 M.

* * *

Meteorologische Beobachtungen
in Tsingtau.

Datum. Feb.	Barometer (mm) reduz. auf 0º C., Seehöhe 24,30 m			Temperatur (Centigrade).								Dunstspannung in mm			Relat. Feuchtigkeit in Prozenten		
				trock. Therm.			feucht. Therm.			Min.	Max.						
	7 Vm	2 Nm	9 Nm	7 Vm	2 Nm	9 Nm	7 Vm	2 Nm	9 Nm			7 Vm	2 Nm	9 Nm	7 Vm	2 Nm	9 Nm
9	762,6	772,8	773,0	-8,1	-3,4	-5,9	-8,4	-5,2	-7,1	-8,1	-3,8	2,2	2,0	2,0	91	56	69
10	72,4	70,3	70,5	-6,5	-0,9	-3,1	-7,9	-2,4	-4,8	-8,5	-2,9	1,7	3,1	2,3	63	71	63
11	69,9	68,2	69,5	-3,7	0,1	-1,9	-5,0	-1,3	-2,4	-6,1	-0,4	2,4	3,4	3,6	71	74	90
12	68,8	68,7	69,6	-5,7	1,7	-0,7	-7,0	-1,3	-1,9	-5,7	-0,3	2,0	2,6	3,3	67	50	77
13	69,2	67,2	69,0	-2,3	4,4	-1,6	-3,1	1,9	-1,9	-5,5	2,7	3,2	3,8	3,8	83	60	94
14	71,6	71,0	70,3	-5,0	0,8	0,4	-5,5	-1,7	-1,2	-5,4	4,4	2,7	2,7	3,4	88	56	71
15	68,2	66,3	67,6	0,5	2,3	-1,1	-0,3	-1,9	-1,4	-4,7	3,4	4,1	5,0	4,0	85	93	94

Datum. Feb.	Wind Richtung & Stärke nach Beaufort (0—12)			Bewölkung						Niederschläge in mm		
				7 Vm		2 Nm		9 Nm				
	7 Vm	2 Nm	9 Nm	Grad	Form	Grad	Form	Grad	Form	7 Vm	9 Nm	9 Nm – 7 Vm
9	NNW 6	WNW 4	NW 4	2	Cu-str	6	Cum					
10	WNW 7	WNW 5	NW 3	2	Str	3	Cir-str	3	Cum			
11	NW 4	NW 6	WNW 2	1	Cum			3	Cu-str			
12	NNO 1	NNW 1	Stille 0	5	Cu-str	3	Cu-str					
13	NW 1	SSO 1	NW 5	8	Cum	5	„					
14	NNW 1	NNW 1	SSW 2									
15	SSW 2	NW 2	WNW 8	4	Cu-str	9	Cu-nim	6	Cum			

Schiffsverkehr

in der Zeit vom 9.—16. Februar 1905.

Ankunft am	Name	Kapitän	Flagge	Reg. Tonnen.	von	Abfahrt am	nach
(9.2.)	D. Wuhu	Richards	Englisch	1227	Schanghai	15.2.	Schanghai
10.2.	D. Singan	Jamisson	"	1047	"		
"	D. Tsintau	Hansen	Deutsch	977	"	11.2.	Schanghai
11.2.	D. Knivsberg	Kayser	"	646	Tschifu	"	"
12.2.	D. Gouv. Jaeschke	Treumann	"	1045	"	12.2.	"
13.2.	D. Vorwärts	Sohnemann	"	643	Schanghai	14.2.	Tschifu
14.2.	D. El Dorado	Smith	Englisch	892	"	15.2.	Schanghai
"	D. Sleipner	Rödseth	Norwegisch	860	Otaro		
16.2.	D. Süllberg	Grandt	Deutsch	782	Kobe		

Druck der Missionsdruckerei, Tsingtau.

第六年 第七号

1905年2月18日

法令与告白

义务兵役人员报到以及在胶澳地区占领军中服兵役

根据《军队法》第106.7条，总督府需要对身处保护地的义务兵役人员进行检查。

义务兵役人员即在今年日历年度达到20岁的相关人员的报到义务适于军事义务。根据规定，报到程序在1月15日到2月1日完成，也就是义务兵役人员在其长期居住地址的当地政府报到。如该地位于国外，则在出生地执行，且即使该地位于国外，也可以在父母或者家庭户主的最后居住地执行。报名时需附带出生证明。

为了简化身处本地的义务兵役人员的报到程序，总督府兵役报到处将在10月份内协助需要第一年服兵役的人员将报到材料转交至国内的相关部门。

在殖民地停留的义务兵役人员可以通过总督府将其入伍时间延期至服义务兵役的第三年。此外，总督府将根据义务兵役人员的申请，做出关于兵役义务的最终决定。

特别提请注意准时完成兵役，以避免官方做出强制性督促。

在此，再次提醒注意，身处殖民地以及国外的义务兵役人员拥有在胶澳地区占领军执行一年或者三年义务兵的便利条件。志愿加入的人员可以自由选择部队单位。

希望加入海军陆战队或者海军野战炮队的人员，需要将申请递交至第三海军营司令部；希望加入水兵炮队的人员，以及希望加入水兵、锅炉兵等其他单位的人员，需要与总督府联系。

申请加入时需要的文件：

一份自己手写的简历，自身拥有的身份证件（出生证、抽签服役证、旅行证件等），

居住在殖民地以外的人员，尽可能提供医生出具的适合服役的证明。

一般情况下，入役时间为10月1日和4月1日，此时间之外只能特别处理。一年期志愿兵只能在10月1日加入第三海军营的海军野战炮队。在殖民地以外居住的人员如果已经有了上述其中之一单位司令部出具的接收证，在前来青岛或者在服役或训练期满后的回程，只要有空位，就可以在支付产生的费用后，乘坐轮换部队运输船。

处于休假状态的陆海军人员，可以视现有条件，在胶澳地区占领军各部进行法定训

练。申请需附带军事证件，递交至总督府。

所有处于休假状态的陆海军人员（预备役、陆海防、替补预备役），如果希望在胶澳地区停留时间超过3个月，需要在抵达青岛后4周内向总督府报到，并在离开殖民地之前销除。

根据之前出现的情况，特别提请注意在军事证件等证件中关于及时申请延长度假时间的规定。该申请可以向总督府申请转交。

义务兵役人员和休假中的军队人员需要联系的单位名称为"兵役报到处"，在衙门内。报到的工作时间为上午9点至下午1点，下午3点至5点30分。

青岛，1905年2月14日
胶澳总督府
兵役报到处

对海员的告白

在青岛以南6米边界、阿克纳岛和游内山灯塔之间延伸的海礁上，放置了一个红色翼梁浮标，命名为青岛海礁浮标，方位为北纬36度2分56秒，东经120度18分5秒。

青岛，1905年2月14日
皇家船政局

官方通告

告白

启者：兹将本署据报被窃并遗失以及送案各物分别列左：

被窃之物：

银表一枚，系有链子，上带钥匙二把。

遗失之物：

洋银五十元票子一张，上有"Böhnert."字样。

送案之物：

桌子七张；箱子三只。

以上窃失之物如见切勿轻买，立宜报明本署，送案之物亦准具领。此布。

大德一千九百五年二月十五日
青岛巡捕衙门启

消息

代理总督师孟在本月 11 日抵达保护地,并在同日接管工作。

海军中校雅各布森在春天过后离开水兵炮队司令职位,调任波罗的海海军兵站,任命海军少校赫尔曼接任胶澳水兵炮队司令。

总督府财务处自本月 13 日起的汇率为:1 元＝2.03 马克。

船运

1905 年 2 月 9 日—16 日期间

到达日	轮船船名	船长	挂旗国籍	登记吨位	出发港	出发日	到达港
(2 月 9 日)	芜湖号	理查兹	英国	1 227	上海	2 月 15 日	上海
2 月 10 日	西安号	贾米森	英国	1 047	上海		
2 月 10 日	青岛号	韩森	德国	977	上海	2 月 11 日	上海
2 月 11 日	柯尼夫斯堡号	凯瑟	德国	646	芝罘	2 月 11 日	上海
2 月 12 日	叶世克总督号	特洛依曼	德国	1 045	芝罘	2 月 12 日	上海
2 月 13 日	前进号	索纳曼	德国	643	上海	2 月 14 日	芝罘
2 月 14 日	黄金岛号	史密斯	英国	892	上海	2 月 15 日	上海
2 月 14 日	斯莱普纳号	罗塞特	挪威	860	小樽		
2 月 16 日	居尔堡号	格兰特	德国	782	神户		

Amtsblatt
für das
Deutsche Kiautschou-Gebiet.

青島官報

Herausgegeben vom Kaiserlichen Gouvernement Kiautschou.

Der Bezugspreis beträgt jährlich $ 0,60=M 1,20.
Bestellungen nehmen sämtliche deutsche Postanstalten entgegen.

Jahrgang 6.   Nr. 8.   Tsingtau, den 25. Februar 1905.

Verordnungen und Bekanntmachungen.

Bekanntmachung.

Auf Grund der Verordnung vom 13. März 1899 (Amtsblatt 1900, Seite 58) hat im Monat März die Neuwahl von zwei Vertretern der Zivilgemeinde stattzufinden.

Ein Vertreter wird gewählt von den im Handelsregister eingetragenen, nichtchinesischen Firmen aus ihrer Mitte. Jede Firma hat nur eine Stimme.

Ein Vertreter wird gewählt von den im Grundbuche eingetragenen, steuerpflichtigen Grundbesitzern aus ihrer Mitte. Der jährliche Betrag der Grundsteuer muss mindestens 50 Dollar betragen. Für jedes Grundstück gilt nur eine Stimme; kein Grundbesitzer darf zugleich mehr als eine Stimme haben.

Die Listen der Wähler liegen am
   Mittwoch, den 15. März d. Js.,
in dem Geschäftszimmer des Zivilkommissars zur Einsicht aus. Einwendungen gegen die Richtigkeit der Listen sind bis zum 20. März d. Js. zulässig und schriftlich einzureichen.

Die Wahl erfolgt durch persönliche Stimmenabgabe am
   Sonnabend, den 25. März d. Js.,
im Geschäftszimmer des Zivilkommissars in den Stunden von 9—12 Uhr vormittags.

Derjenige Kandidat, welcher die meisten Stimmen auf sich vereinigt, gilt als gewählt. Bei Stimmengleichheit entscheidet das Loos.

Tsingtau, den 22. Februar 1905.

Der Kaiserliche Gouverneur.
Allerhöchst mit der Stellvertretung beauftragt.
van Semmern.

Amtliche Anzeigen.

Bekanntmachung.

Das I. Bataillon des 1. Ostasiatischen Infanterie-Regiments hält am 27. Februar d. Js. von 8 Uhr vormittags ab in dem Gelände nordöstlich von Hu tau tsy mit Schussrichtung gegen den Ku schan gefechtsmässige Schiessübungen ab.

Das Betreten dieses Geländes ist während dieser Zeit vorboten.

Tsingtau, den 21. Februar 1905.

Der Kaiserliche Zivilkommissar.

Bekanntmachung.

Am Donnerstag, den 2. März 1905, 10 Uhr vormittags, werden im Strandlager öffentlich gegen Barzahlung versteigert:

20 Flaschen Rum
3 Flaschen Cognac
2 Flaschen Vermouth
½ Flasche Sect
2 schwarze Ziegenböcke
1 graue Gans.

Tsingtau, den 22. Februar 1905.

Kaiserliches Polizeiamt.

Bekanntmachung.

Als gestohlen angemeldete Gegenstände: 1 Uhr ohne besondere Kennzeichen.

Als verloren angemeldete Gegenstände: 1 Packet enthaltend 1 grüne Tischdecke und verschiedenes seidenes Stickgarn; 1 Adlerkopf mit Krone und 1 einzelne Krone aus Messingbronze, zu einem Glockenspiel gehörend.

Tsingtau, den 22. Februar 1905.

Kaiserliches Polizeiamt.

Bekanntmachung.

Matuno Jio hat ein Gesuch um Erlaubnis zum Betriebe einer Gastwirtschaft auf dem Grundstücke Kartenblatt 12 Nr. 8, Ecke der Kiautschou- und Tschifustrasse in Tapautau, eingereicht.

Einwendungen im Sinne der Gouvernements-Bekanntmachung von 10. Oktober 1899 sind bis zum 13. März d. Js. an die unterzeichnete Behörde zu richten.

Tsingtau, den 22. Februar 1905.

Kaiserliches Polizeiamt

25. Februar 1905. Amtsblatt—青島官報 39.

Mitteilungen.

D. „Frankfurt" mit dem Frühjahrsablösungstransport ist am 17. d. Mts. in Colombo angekommen.

Sonnen-Auf-und Untergang
für Monat März 1905.

Dt.	Mittelostchinesische Zeit des			
	wahren	scheinbaren	wahren	scheinbaren
	Sonnen-Aufgangs.		Sonnen-Untergangs.	
1.	6 U. 34.7 M.	6 U. 29.7 M.	5 U. 48.3 M.	5 U. 53.3 M.
2.	33.4	28.4	49.3	54.3
3.	32.1	27.1	50.3	55.3
4.	30.8	25.8	51.2	56.2
5.	29.4	24.4	52.1	57.1
6.	28.0	23.0	53.0	58.0
7.	26.6	21.6	53.9	58.9
8.	25.2	20.2	54.8	59.8
9.	23.8	18.8	55.7	6 U. 0.7
10.	22.4	17.4	56.6	1.6
11.	21.0	16.0	57.4	2.4
12.	19.6	14.6	58.3	3.3
13.	18.2	13.2	59.2	4.2
14.	16.8	11.8	6 U. 0.1	5.1
15.	15.4	10.4	1.0	6.0
16.	14.0	9.0	1.8	6.8
17.	12.6	7.6	2.7	7.7
18.	11.2	6.2	3.6	8.6
19.	9.7	4.7	4.5	9.5
20.	8.2	3.2	5.3	10.3
21.	6.7	1.7	6.1	11.1
22.	5.2	0.2	7.0	12.0
23.	3.7	5 U. 58.7	7.9	12.9
24.	2.3	57.3	8.7	13.7
25.	0.9	55.9	9.5	14.5
26.	5 U. 59.5	54.5	10.3	15.3
27.	58.0	53.0	11.2	16.2
28.	56.6	51.6	12.1	17.1
29.	55.1	50.1	12.9	17.9
30.	53.7	48.7	13.7	18.7
31.	52.3	47.3	14.5	19.5

Schiffsverkehr
in der Zeit vom 16.—23. Februar 1905.

Ankunft am	Name	Kapitän	Flagge	Reg. Tonnen.	von	Abfahrt am	nach
(10.2.)	D. Singan	Jamisson	Englisch	1047	Schanghai	18.2.	Schanghai
(14.2.)	D. Sleipner	Rødseth	Norwegisch	860	Otaro	22.2.	Kobe
(16.2.)	D. Süllberg	Grandt	Deutsch	782	Kobe	18.2.	Tschifu
17.2.	D. Tsintau	Hanson	„	977	Schanghai	„	Schanghai
18.2.	D. Nanhang	French	Englisch	1063	„	20.2.	„
20.2.	D. Gouv. Jaeschke	Treumann	Deutsch	1045	„	21.2.	Tschifu
21.2.	D. Vorwärts	Sohnemann	„	643	Tschifu	„	Schanghai
„	D. El Dorado	Smith	Englisch	892	Schanghai	22.2.	„
23.2.	D. Dagmar	Carl	Norwegisch	383	Kobe		
„	D. Selun	Fingalsen	„	865	Moji		

Hochwassertabelle für den Monat März 1905.

Datum	Tsingtau - Hauptbrücke.		Grosser Hafen, Mole I.		Nükuk'ou.	
	Vormittags	Nachmittags	Vormittags	Nachmittags	Vormittags	Nachmittags
1.	0 U. 24 M.	1 U. 05 M.	0 U. 54 M.	1 U. 35 M.	1 U. 24 M.	2 U. 05 M.
2.	1 „ 42 „	2 „ 19 „	2 „ 12 „	2 „ 49 „	2 „ 42 „	3 „ 19 „
3.	2 „ 48 „	5 „ 16 „	3 „ 18 „	3 „ 46 „	3 „ 48 „	4 „ 16 „
4.	3 „ 39 „	4 „ 01 „	4 „ 09 „	4 „ 31 „	4 „ 39 „	5 „ 01 „
5.	4 „ 20 „	4 „ 39 „	4 „ 50 „	5 „ 09 „	5 „ 20 „	5 „ 39 „
6.	4 „ 56 „ ●	5 „ 13 „	5 „ 26 „	5 „ 43 „	5 „ 56 „	6 „ 13 „
7.	5 „ 28 „	5 „ 44 „	5 „ 58 „	6 „ 14 „	6 „ 28 „	6 „ 44 „
8.	5 „ 59 „	6 „ 15 „	6 „ 29 „	6 „ 45 „	6 „ 59 „	7 „ 15 „
9.	6 „ 30 „	6 „ 46 „	7 „ 00 „	7 „ 16 „	7 „ 30 „	7 „ 46 „
10.	7 „ 01 „	7 „ 17 „	7 „ 31 „	7 „ 47 „	8 „ 01 „	8 „ 17 „
11.	7 „ 34 „	7 „ 51 „	8 „ 04 „	8 „ 21 „	8 „ 34 „	8 „ 51 „
12.	8 „ 10 „	8 „ 29 „	8 „ 40 „	8 „ 59 „	9 „ 10 „	9 „ 29 „
13.	8 „ 51 „	9 „ 12 „	9 „ 21 „	9 „ 42 „	9 „ 51 „	10 „ 12 „
14.	9 „ 40 „ ◐	10 „ 07 „	10 „ 10 „	10 „ 37 „	10 „ 40 „	11 „ 07 „
15.	10 „ 41 „	11 „ 15 „	11 „ 11 „	11 „ 45 „	11 „ 41 „	
16.	11 „ 54 „			0 „ 24 „	0 „ 15 „	0 „ 54 „
17.	0 „ 32 „	0 „ 51 „	1 „ 02 „	1 „ 21 „	1 „ 32 „	1 „ 51 „
18.	1 „ 48 „	2 „ 21 „	2 „ 18 „	2 „ 51 „	2 „ 48 „	3 „ 21 „
19.	2 „ 54 „	3 „ 23 „	3 „ 24 „	3 „ 53 „	3 „ 54 „	4 „ 23 „
20.	3 „ 51 „	4 „ 16 „	4 „ 21 „	4 „ 46 „	4 „ 51 „	5 „ 16 „
21.	4 „ 40 „ ○	5 „ 04 „	5 „ 10 „	5 „ 34 „	5 „ 40 „	6 „ 04 „
22.	5 „ 27 „	5 „ 50 „	5 „ 57 „	6 „ 20 „	6 „ 27 „	6 „ 50 „
23.	6 „ 12 „	6 „ 35 „	6 „ 42 „	7 „ 05 „	7 „ 12 „	7 „ 35 „
24.	6 „ 58 „	7 „ 20 „	7 „ 28 „	7 „ 50 „	7 „ 58 „	8 „ 20 „
25.	7 „ 41 „	8 „ 03 „	8 „ 11 „	8 „ 33 „	8 „ 41 „	9 „ 03 „
26.	8 „ 26 „	8 „ 50 „	8 „ 56 „	9 „ 20 „	9 „ 26 „	9 „ 50 „
27.	9 „ 14 „	9 „ 38 „ ●	9 „ 44 „	10 „ 08 „	10 „ 14 „	10 „ 38 „
28.	10 „ 10 „	10 „ 43 „	10 „ 40 „	11 „ 13 „	11 „ 10 „	11 „ 43 „
29.	11 „ 17 „	11 „ 55 „	11 „ 47 „			0 „ 17 „
30.		0 „ 33 „	0 „ 25 „	1 „ 03 „	0 „ 55 „	1 „ 33 „
31.	1 „ 08 „	1 „ 44 „	1 „ 38 „	2 „ 14 „	2 „ 08 „	2 „ 44 „

1) ○ = Vollmond; 2) ◐ = Letztes Viertel; 3) ● = Neumond; 4) ◑ = Erstes Viertel.

Anmerkung: In T'a pu t'ou tritt das Hochwasser 10 Minuten früher als in Nükuk'ou auf.

Meteorologische Beobachtungen
in Tsingtau.

Datum. Feb.	Barometer (mm) reduz. auf 0° C., Seehöhe 24,30 m			Temperatur (Centigrade).								Dunstspannung in mm			Relat. Feuchtigkeit in Prozenten		
				trock. Therm.			feucht. Therm.										
	7 Vm	2 Nm	9 Nm	7 Vm	2 Nm	9 Nm	7 Vm	2 Nm	9 Nm	Min.	Max.	7 Vm	2 Nm	9 Nm	7 Vm	2 Nm	9 Nm
16	768,2	769,1	770,4	-3,5	0,6	-2,3	-5,2	-1,4	-3,2	-3,5	5,2	2,2	3,1	3,1	63	64	81
17	70,0	68,5	69,0	-4,9	2,5	0,3	-5,7	-0,8	-1,7	-5,2	0,9	2,5	2,6	3,0	81	47	64
18	68,4	67,1	66,7	-1,3	1,7	-0,2	-2,6	-0,4	-0,5	-4,3	4,4	3,1	3,3	4,4	74	64	94
19	65,7	63,4	64,7	-0,6	6,3	2,3	-1,7	3,4	0,6	-1,1	2,5	3,5	4,1	3,8	79	58	70
20	64,7	64,2	65,2	-0,4	5,4	2,8	-2,2	3,0	1,6	-0,4	6,6	3,0	4,2	4,5	66	63	79
21	64,8	64,3	65,3	1,0	2,1	0,3	-0,7	0,4	-0,3	0,8	6,4	3,5	3,7	4,2	70	69	89
22	65,7	64,7	65,1	0,1	2,1	1,2	-0,3	0,9	0,5	-0,2	2,7	4,3	4,2	4,7	92	78	87

25. Februar 1905. Amtsblatt—青島官報 41.

Da-tum. Feb.	Wind Richtung & Stärke nach Beaufort (0—12)			Bewölkung						Niederschläge in mm		
	7 Vm	2 Nm	9 Nm	7 Vm		2 Nm		9 Nm		7 Vm	9 Nm	9 Nm 7 Vm
				Grad	Form	Grad	Form	Grad	Form			
16	WNW 6	WNW 5	NNW 2			3	Cu-str					
17	NNW 1	NW 2	SW 1			2	″	6	Cir-str			
18	O 3	SSO 2	SSO 1	8	Cu-str	8	Cir-str	8	Cu-str			
19	SSW 1	SO 1	WNW 1	2	Cum	2	Cum					
20	SO 1	SO 2	OSO 2	2	Str	10	″	9	Cum			
21	ONO 2	O 3	O 4	8	Cu-str	10	Cu-str	6	″			
22	WNW 1	OSO 2	O 2	10	Cum	8	″	7	″			

Druck der Missionsdruckerei, Tsingtau.

第六年　第八号

1905年2月25日

法令与告白

大德钦命署理总督胶澳文武事宜大臣师　为

出示晓谕事：照得每年公举德国董事一节曾于西历一千八百九十九年三月十五日订立章程，登载一千九百年官报第五十八篇，并历经照办各在案。兹逢三月又届应举西董两名之期，一名由尽在臬司衙门挂号各洋行选举该各洋行中一人，但各该洋行于此事均属平权不二。其余一名则由臬司衙门曾入地册应缴税课各人选举该各地主中一人，惟每年缴纳地税数足五十元者始可膺选。至举董各人有地一块，则有举董权一分。倘一人有地数块，其举董权亦只一分，现已饬属将能举董事诸人姓名缮列清单，存放辅政司公署。准自西三月十五，即礼拜三起任便查阅。如阅该清单有不满意者，即限至西三月二十日止书禀更正。为此仰单列诸人务于西三月二十五，即礼拜六早自九点钟起至十二点钟亲投辅政司公署面呈所举何人，嗣再查核所举新董之名何名，经举人众即以其人为新董。设有某名与某名呈举人数相同，则用拈抽纸签之法决定。仰各遵照。切切特谕。

右谕通知
大德一千九百五年二月二十二日　告示

官方通告

大德钦命辅政司单　为

晓谕事：照得四方兵队拟于西本月二十七日即中正月二十四日早自八点钟起，在湖岛子东北一带操演，枪向孤山施放打靶，届期禁止人民在该处往来，以防不测。切切特谕。

右谕通知
大德一千九百五年二月二十一日　告示

告 白

启者：兹订于西三月初二日即中正月二十七日早十点钟，拟在本署拍卖各物列左：

计开：露蜜酒二十瓶；维利木提酒两瓶；科呢牙科酒三瓶；香槟酒一小瓶；黑毛公山羊二只；灰色羽毛鹅一只。

如有人意欲购买者，届时随带现现洋临场面议可也。勿误。特布。

大德一千九百五年二月二十二日
青岛巡捕衙门启

告 白

启者：兹将本署据报被窃并遗失各物列左：

被窃之物：时表一枚。

遗失各物：包袱一个，内有绿色桌面一张；丝线数种；黄铜鹰头带有冕旒一件；黄铜冕旒一座（以上二物系属乐器）。

以上各物如见切勿轻买，立宜报明本署。勿误。特布。

大德一千九百五年二月廿二日
青岛巡捕衙门启

告 白

松野汝递交了申请，请求许可在位于胶州街和芝罘街街角上的地籍册第12页第8号地块上经营餐饮。

如有根据1899年10月10日总督府告白提出的异议，须在今年3月13日前递交至本处。

青岛，1905年2月22日
皇家巡捕房

消 息

运载春季轮换部队的"法兰克福"号已经在本月17日到达科伦坡。

船运

1905年2月16日—23日期间

到达日	轮船船名	船长	挂旗国籍	登记吨位	出发港	出发日	到达港
(2月10日)	西安号	贾米森	英国	1 047	上海	2月18日	上海
(2月14日)	斯莱普纳号	罗塞特	挪威	860	小樽	2月22日	神户
(2月16日)	居尔堡号	格兰特	德国	782	神户	2月18日	芝罘
2月17日	青岛号	韩森	德国	977	上海	2月18日	上海
2月18日	南杭号	弗伦奇	英国	1 063	上海	2月20日	上海
2月20日	叶世克总督号	特洛依曼	德国	1 045	上海	2月21日	芝罘
2月21日	前进号	索纳曼	德国	643	芝罘	2月21日	上海
2月21日	黄金岛号	史密斯	英国	892	上海	2月22日	上海
2月23日	达格玛号	卡尔	挪威	383	神户		
2月23日	谢伦号	芬贾尔森	挪威	865	门司		

Amtsblatt
für das
Deutsche Kiautschou-Gebiet.

青島官報

Herausgegeben vom Kaiserlichen Gouvernement Kiautschou.

Der Bezugspreis beträgt jährlich $ 0,60 = M 1,20.
Bestellungen nehmen sämtliche deutsche Postanstalten entgegen.

Jahrgang 6.   Nr. 9.   Tsingtau, den 4. März 1905.

Verordnungen und Bekanntmachungen.

Bekanntmachung.

Das chinesische Kommittee hat folgende vier Ersatzmitglieder für das Jahr 1905 gewählt:

Fu ping tschou, Schantung-Kaufmann,
Tschang tschung lien, Schantung-Kaufmann,
Yen te hsiang, Kuangtung- Kaufmann,
Ting tsching tsch'en, Komprador.

Einsprüche im Sinne des § 3 der Verordnung, betreffend die provisorische Einrichtung eines chinesischen Kommittees vom 15. April 1902 (Amtsblatt 1902, Seite 59) sind von den dazu Berechtigten bis zum 8. März d. Js. in der chinesischen Kanzlei einzureichen.

Tsingtau, den 28. Februar 1905.

**Der Kommissar
für chinesische Angelegenheiten.**

Amtliche Anzeigen.

Bekanntmachung.

Das Gelände in der Umgebung des neuen Polizei-Gebäudes ist ausgelegt und steht zum Verkaufe bereit.

Die Parzelleneinteilung liegt auf dem Landamte zur Einsicht aus.

Tsingtau, den 24. Februar 1905.

Kaiserliches Landamt.

Bekanntmachung.

Das I. Bataillon des l. Ostasiatischen Infanterie-Regiments wird am 9. und 16. März d. Js. von 8 Uhr vormittags ab in dem Gelände nordöstlich von Hu tau tsy mit Schussrichtung gegen den Ku schan Gruppen- und Zugschiessen abhalten.

Das Betreten dieses Geländes während der angegebenen Zeit ist verboten.

Tsingtau, den 28. Februar 1905.

Der Kaiserliche Zivilkommissar.

Landversteigerung.

Auf Antrag des Unternehmers Weber findet am Montag, den 20. März 1905, vormittags 11 Uhr, die öffentliche Versteigerung des Grundstückes Kbl. 8 Nr. $\frac{208}{129}$ an der Hamburgerstrasse statt.

Grösse: 1272 qm
Mindestpreis: 1679,04 $

Benutzungsplan: Wohn-Geschäftshäuser, industrielle Anlagen.

Bebauungsfrist: 31. März 1908.

Gesuche zum Mitbieten sind bis zum 13. März 1905 hierher zu richten.

Tsingtau, den 1. März 1905.

Kaiserliches Landamt.

Verdingung.

Auf Hui tschüen Huk soll die Baubude abgebrochen und etwa 300 m entfernt wieder aufgebaut werden.

Bedingungen mit Zeichnung können im Fortifikations-Geschäftszimmer eingesehen oder zum Preise von $ 1,— dort bezogen werden.

Angebote sind bis zum 13. März 1905, 11 Uhr vormittags, versiegelt und mit entsprechender Aufschrift versehen der Fortifikation einzureichen.

Besichtigung der Baustelle kann am 8. und 9. März 1905 zwischen 10 und 11 Uhr vormittags erfolgen.

Tsingtau, den 28. Februar 1905.

Kaiserliche Fortifikation.

Verdingung.

Der Ausbau der Hauptstrasse durch Tai tung tschen, einschliesslich Lieferung der Karrsteine und Bordschwellen, sowie aller sonstigen Baustoffe soll vergeben werden.

Bedingungen u. s. w. liegen im Geschäftszimmer der Fortifikation zur Einsicht aus, oder können dort gegen Erstattung der Kosten im Betrage von 1,00 $ bezogen werden.

Angebote sind bis zum 13. d. Mts., 11 Uhr vormittags, versiegelt und mit entsprechender Aufschrift versehen der Fortifikation einzureichen.

Tsingtau, den 1. März 1905.

Kaiserliche Fortifikation.

4. März 1905. Amtsblatt—青官報 45.

Bekanntmachung.

Als verloren angemeldete Gegenstände: 1 goldener Siegelring mit rotbraunem Stein und Monogramm P. H.

Als gefunden angemeldete Gegenstände: 1 Schlachtermesser.

Tsingtau, den 1. März 1905.

Kaiserliches Polizeiamt.

示告

啟者茲將本署據報遺失並送案各物列左
遺失之物
金戒指一枚鑲有紫色寶石石上刻有 P. H. 字樣
送案之物
屠戶所用之刀一把
以上遺失之物切勿輕買送案之物亦准具領特佈
德一千九百五年三月初一日

Mitteilungen.

Die Kaiserliche Gesandtschaft in Tokio hat folgende Instruktion des japanischen Marineministeriums über Kriegskontrebande in der jetzt giltigen Fassung in Übersetzung mitgeteilt:

Instruktion des Marineministeriums Nr. 1 vom 10. Februar 1904.

Für die Zeit des russisch-japanischen Kriegs werden folgende Gegenstände als Kriegskontrebande bestimmt:

I. Folgende Güter sind als Kriegskontrebande zu betrachten, wenn sie über Feindesgebiet befördert werden oder für Feindesgebiet oder für die feindliche Flotte oder das feindliche Heer bestimmt sind:

Waffen, Munition, Explosivstoffe oder deren Grundstoffe (darunter Blei, Salpeter, Schwefel u. s. w.), sowie Maschinen zu deren Herstellung, Cement, Uniformierungsstoffe und Ausrüstungsgegenstände für Heer und Flotte, Panzerplatten, Schiffsbau- oder Ausrüstungsmaterial und sämtliche Waren, welche eine Verwendung für Kriegszwecke finden können, auch wenn sie im Vorstehenden nicht besonders aufgeführt sind.

II. Folgende Güter gelten als Kriegskontrebande, wenn sie für die feindliche Flotte oder für das feindliche Heer bestimmt sind und nach den Verhältnissen des Bestimmungsorts anzunehmen ist, dass sie für das feindliche Heer oder die feindliche Flotte Verwendung finden werden:

Lebensmittel, Getränke, Kleidungsstücke und Materialien zur Herstellung von solchen, Pferde, Pferdegeschirr, Pferdefutter, Fuhrwerke, Steinkohlen und andere Brennmaterialien, Bauholz, Münzen, Gold und Silber in Barren und Materialien für den Bau von Telegraphen-, Telephon- oder Eisenbahnlinien.

III. Die im Absatz 2 der vorigen Ziffer aufgeführten Güter werden nicht als Kriegskontrebande betrachtet, wenn nach deren Menge und Beschaffenheit anzunehmen ist, dass sie offenbar für den eigenen Gebrauch des Schiffes bestimmt sind. —

In einem Spezialfalle wurde in einer an die Gesandtschaft gerichteten Note von der japanischen Regierung ausgesprochen, dass „Petroleum" in dem Ausdruck „Brennmaterialien" mitinbegriffen sei.

* * *

Der Kurs bei der Gouvernementskasse beträgt vom 1. März d. Js. ab: 1 $ = 1,99 M.

* * *

Dem Gouvernements-Oberförster Hass ist der Rote Adler-Orden 4. Klasse durch Allerhöchste Kabinetsordre vom 14. Januar d. Js. verliehen worden.

* * *

Dem Polizeiwachtmeister Dittert ist die Genehmigung zur Anlegung der ihm von Seiner Majestät dem Kaiser von China verliehenen Kaiserlich chinesischen silbernen Erinnerungsmedaille durch Allerhöchste Kabinetsordre vom 14. Januar d. Js. erteilt worden.

46.   Amtsblatt—青島官報   4. März 1905.

Meteorologische Beobachtungen
in Tsingtau.

Datum. Feb.	Barometer (mm) reduz. auf 0° C., Seehöhe 24,30 m			Temperatur (Centigrade).								Dunstspannung in mm			Relat. Feuchtigkeit in Prozenten		
				trock. Therm.			feucht. Therm.			Min.	Max.						
	7 Vm	2 Nm	9 Nm	7 Vm	2 Nm	9 Nm	7 Vm	2 Nm	9 Nm			7 Vm	2 Nm	9 Nm	7 Vm	2 Nm	9 Nm
23	764,6	764,3	767,0	2,9	5,0	2,2	2,2	4,0	1,5	0,0	3,5	5,0	5,5	4,7	88	84	87
24	69,1	69,9	70,5	-2,2	2,2	-0,5	-2,9	-0,3	-1,8	-2,2	6,1	3,3	3,2	3,3	85	59	75
25	68,6	66,6	67,3	-1,1	2,9	0,9	-1,9	2,5	-0,3	-2,2	4,1	3,6	5,2	3,9	84	93	79
26	66,2	64,6	67,9	-0,2	5,0	-0,1	-1,3	1,8	-0,6	-0,8	4,1	3,6	3,3	4,1	79	51	90
27	69,4	68,4	69,9	-3,1	0,3	-4,1	-4,9	-1,5	-4,6	-3,1	5,5	2,2	3,2	3,0	61	68	89
28	70,6	69,9	70,7	-4,5	1,7	-1,2	-5,7	0,5	-3,6	-6,0	1,0	2,3	4,1	2,2	72	78	54
März 1	72,4	71,7	71,7	-3,2	3,0	0,6	-3,4	0,9	-1,4	-4,7	2,7	3,4	3,7	3,1	96	64	64

Datum. Feb.	Wind Richtung & Stärke nach Beaufort (0—12)			Bewölkung						Niederschläge in mm		
				7 Vm		2 Nm		9 Nm				9 Nm / 7 Vm
	7 Vm	2 Nm	9 Nm	Grad	Form	Grad	Form	Grad	Form	7 Vm	9 Nm	
23	SSW 1	SSO 1	ONO 1	10	Cum	10	Cum	10	Cum	0,3		
24	N 2	NW 2	Stille 0	10	„	7	Cu-str	8	„			
25	N 1	WNW 1	S 1	10	„	10	Cum	3	Cu-str			
26	NW 2	W 4	N 5	9	„	6	Cu-str	10	Cum			
27	N 5	NW 5	N 5	10	Cu-str	6	„					
28	NNW 2	W 2	NNO 2	7	Cum-str	7	„					
März 1	NNW 2	SO 2	SSO 2	2	Cir-str	10	„	4	Cum			

4. März 1905.   Amtsblatt—青島官報   47.

Schiffsverkehr

in der Zeit vom 23. Februar — 2. März 1905.

Ankunft am	Name	Kapitän	Flagge	Reg. Tonnen.	von	Abfahrt am	nach
(23.2.)	D. Dagmar	Carl	Norwegisch	383	Kobe	24.2.	Kobe
(")	D. Selun	Fingalsen	"	865	Moji	"	Tschifu
24.2.	D. Kamor	S. Falk Ulimis	"	949	Hongkong	"	"
"	D. Tsintau	Hansen	Deutsch	977	Schanghai	25.2.	Schanghai
25.2.	D. Chinkiang	Robertson	Englisch	1229	"	27.2.	Tschifu
27.2.	D. Knivsberg	Kayser	Deutsch	646	"	"	"
28.2.	D. Gouv. Jaeschke	Treumann	"	1045	Tschifu	28.2.	Schanghai
"	D. Tak-Sang	Mc Clure	Englisch	986	Schanghai	1.3.	"

Druck der Missionsdruckerei, Tsingtau.

第六年 第九号

1905年3月4日

法令与告白

大德钦命管理中华事宜辅政司单　为

出示晓谕事：案查青、包岛值年商董定章每届中华年节更易四人，历经照办在案。兹据商务局董公举山东商人傅炳昭又张中连，广东商人严德祥又买办江苏人丁敬臣四人接充新董，禀请查核，前来据此合亟示谕。如有与该四董内意不佩服者，应按一千九百二年四月十五日章程第三款办理，限期至西历本年三月初八即中二月初三日止，可以亲投本署指名报明，以便核办。仰各遵照。切切特谕。

右谕通知

大德一千九百五年二月二十八日　告示

官方通告

青岛地亩局　为

招买地亩事：兹有天文台附近新建之巡捕房东西南北一带地皮出售，该地图已存本局。如有欲买者，可以任便投赴本局查看地图、面议地价。勿误。特谕。

德一千九百五年二月二十八日　告示

大德钦命辅政司单　为

晓谕事：照得四方兵队拟于西三月初九并十六即中二月初四并十一日早自八点钟起，在湖岛子东北一带操演，枪向孤山施放打靶。届期禁止人民在该处往来，以防不测，切切特谕。

右谕通知

大德一千九百五年二月二十八日　告示

大德管理青岛地亩局　为

拍卖地亩事：兹据威巴禀称，欲买青岛汉布尔街①地图第八号第二百零八块计一千二百七十二米打，暂拟价洋一千六百七十九元零四分。今订于西三月二十日即中二月十五日午前十一点钟拍卖，卖定后，准盖铺房、住房、机器房，限期西一千九百八年三月三十一日一律修竣。如有人欲买者，可以投禀，截止三月十三日即中二月初七日止，届期同赴本局面议可也，无误。右仰通知。

西一千九百五年三月初一日　告示

发包

在汇泉角上的小木屋将拆除，另在 300 米外重建。

带有图纸的条件可以在炮台局营业室查看，或者也可以在那里支付 1.00 元购买。

报价须密封并标注相应字样，于 1905 年 3 月 13 日上午 11 点前递交至炮台局。

可以在 1905 年 3 月 8 日和 9 日的上午 10 到 11 点之间查看工地。

青岛，1905 年 2 月 28 日
皇家炮台局

发包

对穿越台东镇的主街扩建工程以及马牙石、人行道镶边石和所有其他建筑材料的供货将要发包。

发包文件张贴于炮台局营业室内，以供查看，或者也可以支付 1.00 元后购买。

报价须密封并标注相应字样，于本月 13 日上午 11 点前递交至炮台局。

青岛，1905 年 3 月 1 日
皇家炮台局

告示

启者：兹将本署据报遗失并送案各物列左：

遗失之物：

金戒指一枚，镶有浅紫色宝石，石上刻有"h. P."字样。

---

① 译者注：即今河南路。

送案之物：

屠户所用之刀一把。

以上遗失之物切勿轻买，送案之物亦准具领。特布。

德一千九百五年三月初一日

消息

在东京的皇家使馆将日本海军部关于战争禁品的最新适用版本翻译后通知：

海军部在 1904 年 2 月 10 日发出的第 1 号指令

在日俄战争期间，将下列物品定义为战争禁品：

Ⅰ．下列物品如果通过敌对区域运输，或者以敌方舰队或军队为目的，则被视为战争禁品：

武器、弹药、爆炸物或其前体（其中包括铅、销、硫等），以及用于生产这些物品的机器、石灰或者海陆军军服衣料和装备、防护铁板、用于建造船只和装备的材料以及上文中没有特别提及的所有可能用于战争目的的产品。

Ⅱ．如果是提供给敌方舰队或者军队、以及根据目的地的情况被视为地方军队或者舰队可能会使用的下列物品，则视作战争禁品：

食品、饮料、服装和用于生产服装的材料、马匹、马具、马匹饲料、马车、煤炭和其他燃料、建筑用木材、钱币、金条银条以及用于制造电报线、电话线或铁路线的材料。

Ⅲ．上面第Ⅱ条中列举的物品，如果其数量和性质明显是用于船只自用，则不被视为战争禁品。

一个日本政府发给使馆的附注明确将"煤油"归入"燃料"类当中。

总督府财务处自今年 3 月 1 日起的汇率为：1 元＝1.99 马克。

今年 1 月 14 日的最高内阁命令授予总督府高等林业官哈斯四等红鹰勋章。

根据今年 1 月 14 日的最高内阁命令，警察局看守长迪特尔特被允许佩戴由中国皇帝陛下授予的中国银质纪念章。

船运

1905年2月23日—3月2日期间

到达日	轮船船名	船长	挂旗国籍	登记吨位	出发港	出发日	到达港
(2月23日)	达格玛号	卡尔	挪威	383	神户	2月24日	神户
(2月23日)	谢伦号	芬贾尔森	挪威	865	门司	2月24日	芝罘
2月24日	卡默尔号	伍利米斯	挪威	949	香港	2月24日	芝罘
2月24日	青岛号	韩森	德国	977	上海	2月25日	上海
2月25日	镇江号	罗伯森	英国	1 229	上海	2月27日	芝罘
2月27日	柯尼夫斯堡号	凯瑟	德国	646	上海	2月27日	芝罘
2月28日	叶世克总督号	特洛依曼	德国	1 045	芝罘	2月28日	上海
2月28日	太仓号	麦克卢尔	英国	986	上海	3月1日	上海

Amtsblatt
für das
Deutsche Kiautschou-Gebiet.

青島官報

Herausgegeben vom Kaiserlichen Gouvernement Kiautschou.

Der Bezugspreis beträgt jährlich $ 0,60 = M 1,20.
Bestellungen nehmen sämtliche deutsche Postanstalten entgegen.

Jahrgang 6. Nr. 10. Tsingtau, den 11. März 1905. 第六年 第十號

Amtliche Anzeigen.

Bekanntmachung.

Das I. Bataillon des 1. Ostasiatischen Infanterie-Regiments hält am 13., 14. und 15. d. Mts. in dem Gelände nordöstlich von Syfang mit Schussrichtung gegen die Höhen südwestlich von Ta schan Gruppen- und Zugschiessen ab.

Das Betreten dieses Geländes ist an den angegebenen Tagen verboten.

Tsingtau, den 3. März 1905.

Der Kaiserliche Zivilkommissar.

Bekanntmachung.

Gemäss § 7 der Verordnung, betreffend die provisorische Errichtung eines chinesischen Komittees vom 15. April 1902 (Amtsblatt 1902, Seite 59), wird hiermit die Abrechnung über die Fonds des Komittees für das Jahr 1904 bekanntgegeben:

Einnahmen (Abgaben der Hausbesitzer und Stiftungen	1014,73 $
Ausgaben (Instandhaltung des Tempels, Besoldungen, Ehrengeschenke)	1187,18 $
ergiebt einen Fehlbetrag von	172,45 $

Tsingtau, den 9. März 1905.

Der Kommissar
für chinesische Angelegenheiten.

大德欽命輔政司單　為

曉諭事照得駐紮四方兵
隊擬于西歷三月十三十
四十五等日在四方東北
地方操演槍向大山西南
山施放期屆禁止人民在
於該處往來以防不測特

諭
告
示

大德一千九百五年三月初三日

右諭通知

大德欽命管理中華事宜輔政司單　為

曉諭週知事案查西歷一千九百二年四月
十五日所訂商務公局章程第七款內載每
屆中華年節該局必須開一出入經費總單
呈査符否本署即將此單登入官報示眾等
語歷辦在案茲該公局已遵將西一千九百
四年分共收洋壹千零一十四元七角三分
除支一切經費共壹千一百八十七元一
角八分外淨虧洋壹百七十二元四角五分
繕具總單到署為此合亟登報仰各知照特

諭
告
示

大德一千九百五年三月初九日

右諭通知

50. Amtsblatt—青島官報 11. März 1905

Bekanntmachung.

Als verloren angemeldete Gegenstände: 1 Stock mit Büffelhornkrücke, unter der Krücke ist ein 2 cm. breiter silberner Ring mit Monogramm K. H.

Tsingtau, den 8. März 1905.

Kaiserliches Polizeiamt.

告白

啟者茲將本署隊報遺失之物列左
手棍一根水牛角柄下鑲有二棠的米打高銀圈一枚上刻有K.H.字樣此物切勿輕買如見亦宜報明本署特諭
德一千九百五年三月初八日
青島巡捕衙門啟

Mitteilungen.

Aus Anlass des diesjährigen Krönungs-und Ordensfestes ist durch Allerhöchste Kabinettsordre vom 22. Januar 1905 das Allgemeine Ehrenzeichen dem Ober-Steuermann Padtberg, Ober-Feuerwerker Wedhorn, Depot-Vizefeldwebel Schwedthelm und dem Oberbootsmannsmaaten Stenger verliehen worden.

* * *

Die Stationärgeschäfte vor Tsingtau hat S. M. S. „Luchs" von S. M. S. „Iltis" übernommen.

Meteorologische Beobachtungen
in Tsingtau.

Datum. März	Barometer (m m) reduz. auf 0º C., Seehöhe 24,30 m			Temperatur (Centigrade).								Dunstspannung in mm			Relat. Feuchtigkeit in Prozenten		
				trock. Therm.			feucht. Therm.										
	7 Vm	2 Nm	9 Nm	7 Vm	2 Nm	9 Nm	7 Vm	2 Nm	9 Nm	Min.	Max.	7 Vm	2 Nm	9 Nm	7 Vm	2 Nm	9 Nm
2	771,2	770,1	771,7	-0,1	4,3	1,1	-1,2	1,5	0,0	-3,7	3,3	3,6	3,5	3,9	79	55	79
3	72,3	71,3	74,2	-0,1	7,1	0,5	-1,7	5,2	0,0	-0,1	4,5	3,2	5,5	4,3	71	73	90
4	74,0	73,2	74,9	-1,5	4,0	-1,5	-2,8	0,6	-3,1	-1,7	8,1	3,0	2,8	2,8	74	46	68
5	74,9	72,8	73,7	-2,7	4,7	-0,1	-5,3	0,0	-2,7	-5,1	4,6	1,6	1,8	2,4	44	28	52
6	74,0	72,8	72,0	-3,2	4,8	2,3	-4,5	3,8	-1,5	-3,7	4,7	2,6	5,4	4,7	72	84	85
7	69,7	66,9	65,4	1,7	4,1	4,3	1,1	3,1	3,3	-2,0	4,8	4,6	5,1	5,2	90	84	84
8	67,0	68,1	70,2	0,1	6,1	1,3	-0,4	4,0	0,3	0,0	5,5	4,2	4,8	4,1	90	69	82

Datum. März	Wind Richtung & Stärke nach Beaufort (0—12)			Bewölkung						Niederschläge in mm	
				7 Vm		2 Nm		9 Nm			9 Nm
	7 Vm	2 Nm	9 Nm	Grad	Form	Grad	Form	Grad	Form	7Vm 9Nm	7 Vm
2	Stille 0	S O 2	O 2	8	Cum	4	Cir-str	3	Cum		
3	N N O 2	N N O 4	N N O 5	10	„	7	Cu-str	10	„		
4	NN W 1	WNW 5	WNW 5	7	Cu-str						
5	WNW 2	WNW 5	N W 4			1	Cum				
6	Stille 0	S S O 2	SSO 2			2	Cir-str				
7	S 2	S S O 2	S O 2			10	Cu-nim	10	Cum		
8	N W 5	WNW 3	NNW 1	8	Cu-nim	3	Cum				

11. März 1905. Amtsblatt—青島官報 51.

Schiffsverkehr

in der Zeit vom 2.—9. März 1905.

Ankunft am	Name	Kapitän	Flagge	Reg. Tonnen.	von	Abfahrt am	nach
3.3.	D. Tsintau	Hansen	Deutsch	977	Schanghai	4.3.	Schanghai
6.3.	D. Vorwärts	Sohnemann	„	643	„	7.3.	Tschifu
„	D. Frankfurt	Albrecht	„	4739	„		
7.3.	D. Tak-Sang	Mc Clure	Englisch	977	„	7.3.	Schanghai
„	D. Kashing	Pickard	„	1158	„	8.3.	Tschifu
8.3.	D. Dagmar	Carl	Norwegisch	383	Kobe		
„	D. Knivsberg	Kayser	Deutsch	646	Tschifu	9.3.	Schanghai

Druck der Missionsdruckerei, Tsingtau.

第六年　第十号

1905年3月11日

官方通告

大德钦命辅政司单　为

晓谕事：照得驻扎四方兵队，拟于西历三月十三、十四、十五等日在四方东北地方操演，枪向大山西南山施放。期届禁止人民在于该处往来，以防不测。特谕。

右谕通知
大德一千九百五年三月初三日　告示

大德钦命管理中华事宜辅政司单　为

晓谕周知事：案查西历一千九百二年四月十五日所订《商务公局章程》第七款内载"每届中华年节，该局必须开一出入经费总单呈查符否，本署即将此单登入官报示众"等语历办在案。兹该公局已遵，将西一千九百四年分共收洋一千零一十四元七角三分，除支一切经费共洋一千一百八十七元一角八分外，净亏洋壹百七十贰元四角五分缮具总单到署。为此合亟登报，仰各知照。特谕。

右谕通知
大德一千九百五年三月初九日　告示

告白

启者：兹将本署据报遗失之物列左：

手棍一根，水牛角柄，柄下镶有二桑的米打高银圈一枚，上刻有"K. H."字样。

此物切勿轻买，如见亦宜报明本署。特谕。

德一千九百五年三月初八日
青岛巡捕衙门启

消息

适值今年的加冕与勋章节之际,1905年1月22日的最高内阁命令下令授予高等舵手帕特伯格、高等火药师韦德霍恩、仓库下士世韦特海姆和海军一级下士施登格普通荣誉勋章。

"猞猁"号军舰已从"伊尔蒂斯"号军舰手中接管了青岛的驻站事务。

船运

1905年3月2日—9日期间

到达日	轮船船名	船长	挂旗国籍	登记吨位	出发港	出发日	到达港
3月3日	青岛号	韩森	德国	977	上海	3月4日	上海
3月6日	前进号	索纳曼	德国	643	上海	3月7日	芝罘
3月6日	法兰克福号	阿尔布莱希特	德国	4 739	上海		
3月7日	太仓号	麦克卢尔	英国	977	上海	3月7日	上海
3月7日	嘉兴号	皮卡特	英国	1 158	上海	3月8日	芝罘
3月8日	达格玛号	卡尔	挪威	383	神户		
3月8日	柯尼夫斯堡号	凯瑟	德国	646	芝罘	3月9日	上海

Amtsblatt
für das
Deutsche Kiautschou-Gebiet.

青島官報

Herausgegeben vom Kaiserlichen Gouvernement Kiautschou.

Der Bezugspreis beträgt jährlich $ 0,60 = M 1,20.
Bestellungen nehmen sämtliche deutsche Postanstalten entgegen.

| Jahrgang 6. Nr. 11. | Tsingtau, den 18. März 1905. | 第十一號 第六年 |

Amtliche Anzeigen.

Bekanntmachung.

In Abänderung der Bekanntmachung vom 5. September 1904 (Amtsblatt 1904, Seite 206) wird der Anfang der Sommerferien auf Sonnabend, den 15. Juli d. Js., und der Beginn des neuen Schuljahres 1905—1906 auf Montag, den 11. September d. Js., festgesetzt.

Tsingtau, den 14. März 1905.

Der Zivilkommissar.

In dem Konkursverfahren über das Vermögen des Gastwirts

Heinrich Krippendorff

und den Nachlass des Gastwirts

Hugo Krippendorff

ist zur Prüfung der nachträglich angemeldeten Forderungen Termin auf den

28. März 1905, vormittags 10½ Uhr,

vor dem Kaiserlichen Gericht hier Zimmer Nr. 2 anberaumt.

Tsingtau, den 13. März 1905.

Gerlach, Sekretär,

Gerichtsschreiber des Kaiserlichen Gerichts von Kiautschou.

Bekanntmachung.

Als gestohlen angemeldete Gegenstände: 6 Ballen weisse Leinwand gezeichnet: Pelzer Mhg. & Co. Scheetings L. L. 40.; 1 Kandarre; 1 Halfter; 1 Zaum.

Als verloren angemeldete Gegenstände: 1 Uhr ohne Sprungdeckel, auf der Innen- und Aussenseite des Deckels gezeichnet: F. S. Wong.

Zugelaufen: 1 schwarzer Jagdhund.

Tsingtau, den 15. März 1905.

Kaiserliches Polizeiamt.

白 告

啟者茲將本署據報被竊遺失來案各物分別列左

被竊各物

白洋布六疋上有洋字嚼子一付轡頭兩條

遺失之物

S. Wong 字樣面時表一枚背蓋裡外刻有F. S. Wong字樣

來案之物

黑毛獵狗一頭

以上竊失各物切勿輕買如見立宜報明本署來案之物亦准具領特佈

德一千九百零五年三月十五日

青島巡捕衙門啟

54.   Amtsblatt—青島官報   18. März 1905.

Mitteilungen.

Der Kurs bei der Gouvernementskasse beträgt vom 11. d. Mts. ab: 1 $ = 1,96 M

Meteorologische Beobachtungen
in Tsingtau.

Datum. März	Barometer (m m) reduz. auf 0° C., Seehöhe 24,30 m			Temperatur (Centigrade).								Dunstspannung in mm			Relat. Feuchtigkeit in Prozenten		
				trock. Therm.			feucht. Therm.										
	7 Vm	2 Nm	9 Nm	7 Vm	2 Nm	9 Nm	7 Vm	2 Nm	9 Nm	Min.	Max.	7 Vm	2 Nm	9 Nm	7 Vm	2 Nm	9 Nm
9	770,0	768,4	768,7	1,7	7,1	3,1	0,5	4,9	2,0	-0,7	6,7	4,1	5,2	4,6	78	69	81
10	67,9	66,5	65,3	2,6	5,7	3,8	1,4	3,9	2,3	1,6	7,1	4,4	5,0	4,5	79	73	75
11	63,1	62,6	64,7	2,5	8,3	3,7	2,1	3,8	2,1	1,4	6,0	5,1	3,3	4,4	93	40	73
12	64,6	62,4	62,6	2,2	7,6	4,3	1,2	4,7	2,7	2,0	10,1	4,4	4,7	4,6	82	60	74
13	60,6	60,8	63,4	3,7	7,7	5,4	2,0	5,3	3,9	2,4	10,4	4,3	5,2	5,1	72	67	77
14	66,3	65,4	67,7	-1,5	1,8	-2,0	-3,4	-0,2	-2,5	-1,7	8,2	2,6	3,5	3,5	62	66	90
15	69,1	68,6	69,8	-2,9	2,0	-0,4	-4,5	-0,7	-1,6	-4,2	2,4	2,4	2,9	3,5	66	56	78

Datum. März	Wind Richtung & Stärke nach Beaufort (0—12)			Bewölkung						Niederschläge in mm		
				7 Vm		2 Nm		9 Nm				9 Nm
	7 Vm	2 Nm	9 Nm	Grad	Form	Grad	Form	Grad	Form	7 Vm	9 Nm	7 Vm
9	S O 2	S S O 3	S O 2	3	Cir-str	2	Cir-str	2	Cir-str			
10	O 1	O 1	O 2	7	Cum	10	Cum-str	10	Cum			
11	N N O 1	S O 2	S 1	10	"	4	Cir-str					
12	N W 1	S S O 2	S O 2	5	Cir-str-cum	10	Cum	10	Cum			
13	N N O 1	S S O 2	S O 1	5	Cir-cum	3	Cum-str	4	Strati			
14	N N O 6	N N O 5	N 4	10	Cum	10	Cum					
15	N 3	S S O 1	Stille 0	7	Cum-str	10	"	10	Cum			

Schiffsverkehr
in der Zeit vom 9.—16. März 1905.

Ankunft am	Name	Kapitän	Flagge	Reg. Tonnen.	von	Abfahrt am	nach
10.3.	D. Gouv. Jäschke	Treumann	Deutsch	1045	Schanghai	11.3.	Schanghai
"	D. Ikuta Maru	Ohmatsu	Japanisch	718	Moji	"	Tschifu
13.3.	D. El Dorado	Smith	Englisch	892	Schanghai	14.3.	Schanghai
"	D. Tsintau	Hansen	Deutsch	977	"	"	"
14.3.	D. Prosper	Christiansen	Norwegisch	789	Weihaiwei		
15.3.	D. Vorwärts	Sohnemann	Deutsch	643	Tschifu	15.3.	Schanghai

18. März 1905.   Amtsblatt—青島官報   55.

Verzeichnis
der Hausnummern in Tsingtau.

1	Hui tschüen	Mohrstedt
2	"	Waschanstalt
3	"	" (Beamtenwohnhaus)
4	"	" (")
5	"	Iltiskaserne 2. Kompagnie
6	"	" 4. "
7	"	Bataillonsbureau
8	"	Fort Hui tschüen huck
9	Forstweg	Försterhaus
10	"	Oberförsterei
11	Bergstrasse	Friedhofswächter
12	Iltispassstrasse	Rasthaus Poloklub
27	Prinz Adalbertstrasse	Villa Dabelstein
28	"	" Bernick
29	"	" Snethlage & Siemssen
31	"	" Diederichsen, Jebsen & Co.
32	Iltispassstrasse	" Schrameier
33	"	" Jacobson
34	"	Gouverneurshaus
37	"	Villa Ohlmer
38	"	Strandhotel Prinz Heinrich
43/44	Auguste Viktoria Ufer	Baracken Petroleumhalbinsel
45	"	Marine Werkstatt
46	"	" (Beamtenwohnhaus)
47	"	Sägewerk Reinhard & Röper
51	Kaiser Wilhelm Ufer	Kiautschou Leichter Gesellschaft
52	"	Baudirektion
53	"	Yamen
63/64		Yamenlager
67		Gericht
68	Ostlagerstrasse	Gefängnis
69	"	Beamtenwohnhaus
70 u. 73	"	"
74/77	"	Fortifikation
78	"	Bauhof der Garnison-Verwaltung
79	Iltispassstrasse	Artillerielager
80/82	Ostpassstrasse	Bismarckkasernen
83	"	Baracke der Bauverwaltung III a.
84	Ostlagerstrasse	Feldlazarett Baracke I.
85	"	" II.
86	"	" III.
87	"	" IV.
88	"	" V.
89	"	" VI.
90	"	Tischlerei Vogt
91	"	Beamtenwohnhaus
92	"	Philipp & Wilde

99	Kaiser Wilhelm Ufer	Chinesischer Tempel
103	"	Schantung Bergbau-Gesellschaft
105	Johann Albrechtstrasse	Schantung Eisenbahn-Gesellschaft
108	Wilhelmstrasse	Deutsch-Asiatische Bank
111	Kaiser Wilhelm Ufer	Hotel Prinz Heinrich
113	"	Central Hotel
115	Prinz Heinrichstrasse	Gebr. Bodewig
123	Kaiser Wilhelm Ufer	Altes Hafenamt
124	"	Proviantamt
125	Friedrichstrasse	Hotel Kiautschou
126	Irenestrasse	Behrens
129	Prinz Heinrichstrasse	Landmann
135	"	Postamt
136	Albertstrasse	Kiautschou-Gesellschaft
137	Irenestrasse	" "
139	"	Wolf
140	Tirpitzstrasse	Gebr. Laengner
141	"	Wolf
144	Prinz Heinrichstrasse	Pickardt
145	"	Snethlage & Siemssen
146	"	"
147	"	"
148	Tirpitzstrasse	Bernick & Pötter (Eiche)
149	"	Maurer
158	Irenestrasse	Kath. Mission
159	"	Villa Wolf
160	"	" Ritthausen
161	"	" Bergen
162	"	Industrie-Syndikat
168/69	Bismarckstrasse	Villa Watson
170	"	" Behn
171	"	" Reuter
172	"	Beamtenwohnhaus (Dr. Crusen)
173	"	Gouvernementskapelle
174	"	Gouvernementsschule
176	"	Lazarett-Verwaltungsgebäude
177	Westpassstrasse	Beamtenwohnhaus
178	"	
179	"	Meteorologische Station
180	Bismarckstrasse	Gouvernements-Lazarett
182	Lazarettweg	Bauverwaltung III b und c.
183	"	" III a.
184	Diederichsweg	Beamtenwohnhaus (Generalarzt König)
186	"	Diederichsen, Jebsen & Co.
187	"	Bataillonshaus
189	Irenestrasse	Röper
190	"	Gebr. Laengner
199	"	Snethlage & Siemssen (Pension Luther)
200	"	"
201	"	" (Kiautschou-Bibliothek)
209	Irenestrasse	Snethlage & Siemssen
210	"	Wagner
212	Friedrichstrasse	"

214	Friedrichstrasse	Arnhold, Karberg & Co.
218	„	Seemannshaus
219	„	Eggeling
221	Berlinerstrasse	Villa Kappler
223/24	Kronprinzstrasse	Snethlage & Siemssen
236	Hohenloheweg	Wöniger
237	„	Kliene
242	„	Lindner
243	„	Beermann
244	„	Tschou tschi fang
249	Luitpoldstrasse	Kath. Mission
252	Bremerstrasse	„ (Heilige Geist-Kloster)
258	Friedrichstrasse	Vogt
259	„	Richter
260	„	Baumann
261	„	Krogh
264	Bremerstrasse	Siemssen
265	Friedrichstrasse	Fuhlroth
268	„	Schierwagen & Scheithauer
269	„	Ehrlich
270	Hohenloheweg	Ahrens
271	Friedrichstrasse	„
272	„	„
274	Hohenloheweg	Ehrlich
301	Friedrichstrasse	Polizei-Station Tsingtaubrücke
302	Kaiser Wilhelm Ufer	Zollhaus
303/05	„	Garnison-Verwaltung
306	Hohenzollernstrasse	„
308/9	Kaiser Wilhelm Ufer	Schwarzkopf & Co.
310	„	Siemssen & Co.
311	„	Carlowitz & Co.
312	Kaiser Wilhelm Ufer	Cheap Jack & Söhne
313	Wilhelmshavenerstrasse	„
314	Hohenzollernstrasse	Schui fu hsiang, Bahnhofs-Hotel
315	„	Fu ping tschau
318/19	„	Schwarzkopf & Co.
320	Kaiser Wilhelm Ufer	Kroebel & Co.
322	„	Diederichsen, Jebsen & Co.
323	„	Anz & Co.
324	„	Ritthausen & Co.
326		„
327	Kronprinzenufer	Feldbatterie
332		Ritthausen & Co.
337	Kielerstrasse	Bahnhof
339		Eisenbahn-Abteilungsgebäude
342	Kielerstrasse	Yü lai & Co.
346	Hohenzollernstrasse	Sietas, Plambeck & Co.
347	„	Eberhardt, Bollweg & Co.
348	Prinz Heinrichstrasse	Sietas, Plambeck & Co.
349	Hamburgerstrasse	„
350	Hohenzollernstrasse	Seezollamt
351	Friedrichstrasse	Beamtenwohnhaus
354	„	„

355	Prinz Heinrichstrasse	Sietas, Plambeck & Co.
391	Hamburgerstrasse	Fechner
394	Friedrichstrasse	Alumnat
400/3	Kronprinzenstrasse	F. H. Schmidt
404/5	Friedrichstrasse	Weber
406	"	Bauverwaltung II.
408	Berlinerstrasse	Rose
410	Friedrichstrasse	Snethlage & Siemssen
411	"	Herold (Krämer & Gütschow)
413/14	Hamburgerstrasse	Bernick & Pötter
444/45	Bremerstrasse	Snethlage & Siemssen
446/47	"	"
448	Hamburgerstrasse	Tschou You ting
450	Takustrasse	Kliene

Druck der Missionsdruckerei, Tsingtau.

第六年　第十一号

1905年3月18日

官方通告

告白

1904年9月5日告白修订稿(1904年《官报》第206页)将暑假的开始日期确定为今年7月15日周六,1905—1906年新学年度的开始时间定为今年9月11日周一。

青岛,1905年3月14日
民政长

在对饭店老板海因里希·克里本多夫的财产和饭店老板胡果·克里本多夫的遗产的破产程序中,将查验增补的索款要求的时间定为1905年3月28日上午10点30分,地点在本地皇家审判厅2号房间。

青岛,1905年3月13日
格尔拉赫,秘书
胶澳皇家审判厅法院书记官

告白

启者:兹将本署据报被窃、遗失、来案各物分别列左:

被窃各物:

白洋布六匹,上有洋字;嚼子一付(副);辔头两条。

遗失之物:

敞面时表一枚,背盖里外刻有"F. S. Wong."字样。

来案之物:

黑毛猎狗一头。

以上窃失各物切勿轻买,如见立宜报明本署,来案之物亦准具领。特布。

德一千九百五年三月十五日
青岛巡捕衙门启

消息

总督府财务处自本月11日起的汇率为：1元＝1.96马克。

船运

1905年3月9日—16日期间

到达日	轮船船名	船长	挂旗国籍	登记吨位	出发港	出发日	到达港
3月10日	叶世克总督号	特洛依曼	德国	1 045	上海	3月11日	上海
3月10日	生田号	大松	日本	718	门司	3月11日	芝罘
3月13日	黄金岛号	史密斯	英国	892	上海	3月14日	上海
3月13日	青岛号	韩森	德国	977	上海	3月14日	上海
3月14日	繁荣号	克里斯蒂安森	挪威	789	威海卫		
3月15日	前进号	索纳曼	德国	643	芝罘	3月15日	上海

目录

青岛门牌号

1	会前	摩尔施泰特
2	会前	洗衣房
3	会前	洗衣房（官员住宅）
4	会前	洗衣房（官员住宅）
5	会前	伊尔蒂斯兵营2连营房
6	会前	伊尔蒂斯兵营4连营房
7	会前	第三海军营办公室
8	会前	会前角炮台
9	森林道	林业局办公楼
10	森林道	高等林业局
11	大山街①	公墓守护房

---

① 译者注：即今大学路。

(续表)

12	伊尔蒂斯道街①	马球俱乐部休息楼
27	阿达尔伯特亲王街	达波尔施坦别墅
28	阿达尔伯特亲王街	伯尼克别墅
29	阿达尔伯特亲王街	祥福洋行别墅
31	阿达尔伯特亲王街	捷成洋行别墅
32	伊尔蒂斯道街	单威廉别墅
33	伊尔蒂斯道街	雅各布森别墅
34	伊尔蒂斯道街	总督府
37	伊尔蒂斯道街	阿理文别墅
38	伊尔蒂斯道街	海因里希亲王沙滩饭店
43/44	奥古斯特·维多利亚海岸②	煤油半岛营房
45	奥古斯特·维多利亚海岸	海军修船厂
46	奥古斯特·维多利亚海岸	海军修船厂(官员住宅)
47	奥古斯特·维多利亚海岸	莱茵哈德和罗帕公司锯木厂
51	威廉皇帝海岸	驳船公司
52	威廉皇帝海岸	总工部局
53	威廉皇帝海岸	衙门
63/64		衙门兵营
67		法院
68	东大营街③	监狱
69	东大营街	官员住宅
70 和 73	东大营街	官员住宅
74/77	东大营街	炮台局
78	东大营街	管理公家什物局建材堆场
79	伊尔蒂斯道街	炮营
80/82	东关街④	俾斯麦兵营
83	东关街	第三工部局一部营房
84	东大营街	野战医院1号营房

---

① 译者注：即今文登路。
② 译者注：即今莱阳路。
③ 译者注：即今黄县路，还包括广西路东头的一部分。
④ 译者注：即今大学路。

(续表)

85	东大营街	野战医院2号营房
86	东大营街	野战医院3号营房
87	东大营街	野战医院4号营房
88	东大营街	野战医院5号营房
89	东大营街	野战医院6号营房
90	东大营街	佛格特木匠厂
91	东大营街	官员住宅
92	东大营街	菲利普和维尔德公司
99	威廉皇帝海岸	天后宫
103	威廉皇帝海岸	山东矿业公司
105	约翰·阿尔布莱希特街①	山东铁路公司
108	威廉街②	德华银行
111	威廉皇帝海岸	海因里希亲王饭店
113	威廉皇帝海岸	中和饭店
115	海因里希亲王街	博德维希兄弟公司
123	威廉皇帝海岸	老的船政局
124	威廉皇帝海岸	给养处
125	弗里德里希街	胶澳饭店
126	依蕾娜街③	相宜洋行
129	海因里希亲王街	德基洋行
135	海因里希亲王街	邮局
136	阿尔伯特街④	罗达利洋行
137	依蕾娜街	罗达利洋行
139	依蕾娜街	伍尔夫公司
140	提尔皮茨街	馥香洋行
141	提尔皮茨街	伍尔夫公司
144	海因里希亲王街	菲哈唎洋行

① 译者注：即今九水路。
② 译者注：即今青岛路。
③ 译者注：即今湖南路。
④ 译者注：即今安徽路。

(续表)

145	海因里希亲王街	祥福洋行
146	海因里希亲王街	祥福洋行
147	海因里希亲王街	祥福洋行
148	提尔皮茨街	贝泥各公司（橡树饭店）
149	提尔皮茨街	毛利洋行
158	依蕾娜街	天主教会
159	依蕾娜街	伍尔夫别墅
160	依蕾娜街	里特豪森别墅
161	依蕾娜街	卑尔根别墅
162	依蕾娜街	工业辛迪加
168/169	俾斯麦街①	沃特森别墅
170	俾斯麦街	贝恩别墅
171	俾斯麦街	罗伊特别墅
172	俾斯麦街	官员住宅（克鲁森博士）
173	俾斯麦街	督署小教堂
174	俾斯麦街	督署小学
176	俾斯麦街	野战医院办公大楼
177	西关街②	官员别墅
178	西关街	官员别墅
179	西关街	气象台
180	俾斯麦街	督署野战医院
182	野战医院道	第三工部局二部和三部
183	野战医院道	第三工部局一部
184	棣德利道	官员别墅（医师长柯尼希）
186	棣德利道	捷成洋行
187	棣德利道	第三海军营营部
189	依蕾娜街	罗帕
190	依蕾娜街	馥香洋行
199	依蕾娜街	祥福洋行（路德膳食旅店）

---

① 译者注：即今江苏路南段。
② 译者注：即今江苏路北段。

(续表)

200	依蕾娜街	祥福洋行（路德膳食旅店）
201	依蕾娜街	祥福洋行（胶澳图书馆）
209	依蕾娜街	祥福洋行
210	依蕾娜街	瓦格纳
212	弗里德里希街	瓦格纳①
214	弗里德里希街	瑞记洋行
218	弗里德里希街	水师饭店
219	弗里德里希街	双和洋行
221	柏林街	卡普勒别墅
223/224	皇太子街②	祥福洋行
236	霍恩洛厄道	沃尼戈
237	霍恩洛厄道	保大洋行
242	霍恩洛厄道	林德那
243	霍恩洛厄道	大丰洋行
244	霍恩洛厄道	周至方（音译）
249	路易波德街③	天主教会
252	不来梅街④	天主教会（圣灵修道院）
258	弗里德里希街	佛格特
259	弗里德里希街	里希特
260	弗里德里希街	宝满洋行
261	弗里德里希街	福利洋行
264	不来梅街	禅臣洋行
265	弗里德里希街	福尔洛特
268	弗里德里希街	色瓦改洋行
269	弗里德里希街	业利公司
270	霍恩洛厄道	阿伦斯公司
271	弗里德里希街	阿伦斯公司

① 译者注：时装店。
② 译者注：即今湖北路。
③ 译者注：即今浙江路。
④ 译者注：即今肥城路。

(续表)

272	弗里德里希街	阿伦斯公司
274	霍恩洛厄道	业利公司
301	弗里德里希街	青岛桥警察站
302	威廉皇帝海岸	海关大楼
303/305	威廉皇帝海岸	管理公家什物局
306	霍恩佐伦街①	管理公家什物局
308/309	威廉皇帝海岸	顺和洋行
310	威廉皇帝海岸	禅臣洋行
311	威廉皇帝海岸	礼和洋行
312	威廉皇帝海岸	耀记
313	威廉港街②	耀记
314	霍恩佐伦街	瑞福祥，火车站饭店
315	霍恩佐伦街	傅炳昭
318/319	霍恩佐伦街	顺和洋行
320	威廉皇帝海岸	立中洋行
322	威廉皇帝海岸	捷成洋行
323	威廉皇帝海岸	盎斯洋行
324	威廉皇帝海岸	大森洋行
326		大森洋行
327	皇太子海岸③	野战炮队
332		大森洋行
337	基尔街④	火车站
339		铁路办公楼
342	基尔街	裕莱号
346	霍恩佐伦街	哈唎洋行
347	霍恩佐伦街	德威洋行
348	海因里希亲王街	哈唎洋行

---

① 译者注：即今兰山路。
② 译者注：即今郯城路。
③ 译者注：即今贵州路。
④ 译者注：即今泰安路。

(续表)

349	汉堡街①	哈唎洋行
350	霍恩佐伦街	海关
351	弗里德里希街	官员住宅
354	弗里德里希街	官员住宅
355	海因里希亲王街	哈唎洋行
391	汉堡街	费希纳
394	弗里德里希街	寄宿学校
400/403	皇太子街	广包公司
404/405	弗里德里希街	韦伯
406	弗里德里希街	第二工部局
408	柏林街	罗斯洋行
410	弗里德里希街	祥福洋行
411	弗里德里希街	赫洛尔德（克莱默和居朔夫）
413/414	汉堡街	贝泥各公司
444/445	不来梅街	祥福洋行
446/447	不来梅街	祥福洋行
448	汉堡街	周又庭（音译）
450	大沽街	保大洋行

---

① 译者注：即今河南路。

Amtsblatt
für das Deutsche Kiautschou-Gebiet.

Herausgegeben vom Kaiserlichen Gouvernement Kiautschou.

Der Bezugspreis beträgt jährlich $ 0,60 = M 1,20.
Bestellungen nehmen sämtliche deutsche Postanstalten entgegen.

| Jahrgang 6. | Nr. 12. | Tsingtau, den 25. März 1905. |

Verordnungen und Bekanntmachungen.

Bekanntmachung.

Bei Grundstücksverpachtungen sind die Gebühren für die katasteramtliche Lageskizze, welche der Vertragsausfertigung des Pächters beigefügt wird, nach der Verordnung, betreffend Ausfertigung amtlicher Grundstückshandzeichnungen, vom 24. Januar 1899 (Amtsblatt 1900 Seite 37) zu berechnen und vom Pächter zu tragen.

Tsingtau, den 21. März 1905.

Der Zivilkommissar.

Amtliche Anzeigen.

Bekanntmachung.

Die Maschinen-Gewehr-Abteilung des I. Bataillons des 1. Ostasiatischen Infanterie-Regiments beabsichtigt am 29. und 30. d. Mts. von 8—12 Uhr vormittags von Baracke V in Syfang aus mit Schussrichtung gegen die Höhen im Osten gefechtsmässig zu schiessen.

Das Betreten dieses Geländes während der angegebenen Zeit ist verboten.

Tsingtau, den 21. März 1905.

Der Zivilkommissar.

Bekanntmachung.

Als gestohlen angemeldete Gegenstände:

1 silberne Cylinderuhr mit ziseliertem goldenem Rand und silberner Kette; 1 silberne Uhr mit Goldrand und dreireihiger Nickelkette; 1 schwarze Pferdedecke; 1 rote europäische Decke.

Als gefunden angemeldete Gegenstände:
1 graue Staubbrille.

Beschlagnahmte Gegenstände:
1 Taschenschere mit schwarzen Schalen; 1 goldener Verlobungsring mit Blätterverzierung, gez. Braimard to Emma, Juli 2. 5. 83.; 1 goldener Manschettenknopf, gez. 140-0, an den Enden des goldenen Bügels befinden sich veilchenblaue Steine.

Tsingtau, den 22. März 1905.

Kaiserliches Polizeiamt.

Verdingung.

Die gesamten Anstreicherarbeiten einschliesslich der zugehörigen Materiallieferungen für das Kammergebäude am Bismarcksberge sollen im öffentlichen Verfahren vergeben werden.

Verdingungsunterlagen liegen im Geschäftszimmer der Bauabteilung IIIa zur Einsicht aus; auch können solche, soweit der Vorrat reicht, ebendaher gegen Erstattung von 1 $ bezogen werden.

Versiegelte und mit entsprechender Aufschrift versehene Angebote sind bis zu dem auf **Mittwoch, den 29. März d. Js., vorm. 11 Uhr,** festgesetzten Eröffnungstermin an die unterzeichnete Behörde einzureichen.

Zuschlagsfrist 3 Wochen.

Tsingtau, den 23. März 1905.

Hochbauabteilung IIIa.

Bekanntmachung.

Otto Aschbrenner hat ein Gesuch um Schankerlaubnis in der Gastwirtschaft der Germania—Brauerei bei Tai tung tschen eingereicht.

Einwendungen im Sinne der Gouvernements-Bekanntmachung vom 10. Oktober 1899 sind bis zum 9. April d. Js. an die unterzeichnete Behörde zu richten.

Tsingtau, den 21. März 1905.

Kaiserliches Polizeiamt.

25. März 1905. Amtsblatt—青島官報 61.

Mitteilungen.

Marine-Oberassistenzarzt Dr. Pohl ist zum Marine-Stabsarzt und Oberleutnant Friemel zum Hauptmann laut telegraphischer Mitteilungen des Reichs-Marine-Amts vom 15. und 16. März d. Js. befördert worden.

*

Der Kurs bei der Gouvernementskasse beträgt vom 20. d. Mts. ab: 1 $ = 1,94 M.

*

Kapitänleutnant Engels ist zum überzähligen Korvettenkapitän laut telegraphischer Mitteilung des Reichs-Marine-Amts vom 21. d. Mts. ernannt worden.

Meteorologische Beobachtungen

in Tsingtau.

Datum. März	Barometer (mm) reduz. auf 0° C., Seehöhe 24,30 m			Temperatur (Centigrade).								Dunstspannung in mm			Relat. Feuchtigkeit in Prozenten		
				trock. Therm.			feucht. Therm.										
	7 Vm	2 Nm	9 Nm	7 Vm	2 Nm	9 Nm	7 Vm	2 Nm	9 Nm	Min.	Max.	7 Vm	2 Nm	9 Nm	7 Vm	2 Nm	9 Nm
16	770,3	770,0	771,7	-0,7	3,1	0,7	-1,5	2,9	0,3	-2,8	2,5	3,7	5,5	4,5	85	96	92
17	71,3	70,7	71,3	0,0	4,5	2,6	-0,3	1,7	0,4	-0,8	3,5	4,3	3,5	3,4	94	56	62
18	71,2	70,3	70,2	1,9	6,5	2,7	0,1	4,5	1,9	0,1	4,7	3,6	5,1	4,8	67	71	85
19	68,1	66,1	66,2	2,2	6,6	4,7	0,0	3,5	2,9	2,2	7,1	3,3	4,0	4,6	61	56	71
20	66,5	65,6	67,1	3,9	10,4	4,1	2,3	5,1	2,2	3,8	8,3	4,5	3,4	4,2	73	36	69
21	67,2	66,4	66,7	1,9	8,5	4,3	2,7	5,9	3,6	1,4	10,5	4,1	5,4	5,5	78	65	89
22	66,8	66,1	66,3	2,3	6,2	4,5	2,0	5,2	3,9	1,4	9,5	5,1	6,0	5,7	94	86	90

Datum. März	Wind Richtung & Stärke nach Beaufort (0—12)			Bewölkung						Niederschläge in mm	
				7 Vm		2 Nm		9 Nm			9 Nm
	7 Vm	2 Nm	9 Nm	Grad	Form	Grad	Form	Grad	Form	7 Vm	9 Nm / 7 Vm
16	N O 1	S O 2	S 1	3	Cu-str	4	Cu-str	6	Cu-str		
17	O N O 1	S S O 2	S S O 1	7	„	10	Cum	9	Cum		
18	Stille 0	S S O 2	S S O 2	6	„	8	Cir-cum	2	Cu-str		
19	N 2	O S O 3	S S O 1	9	Cu-nim	10	Cum	10	Cum		
20	W N W 1	S 1	Stille 0	9	Cum	5	Cum-str	1	Cir-str		
21	N W 1	S S O 2	S O 1	5	Cu-str	6	„	4	„		
22	S S O 1	S S O 2	S O 2		Nebel	10	„	2	Cum		

Schiffsverkehr

in der Zeit vom 16.—23. März 1905.

Ankunft am	Name	Kapitän	Flagge	Reg. Tonnen.	von	Abfahrt am	nach
(8.3.)	D. Frankfurt	Albrecht	Deutsch	4349	Schanghai	16.3.	Hongkong
(14.3.)	D. Prosper	Christiansen	Norwegisch	789	Weihaiwei	″	Schanghai
16.3.	D. Scandia	von Döhren	Deutsch	3135	Moji	22.3.	Hongkong
17.3.	D. Gouv. Jäschke	Treumann	″	1045	Schanghai	18.3.	Schanghai
18.3.	D. Whampoa	Bramwell	Englisch	1109	″	20.3.	Tschifu
	D. Susquehanna	Sewall	Amerikanisch	2591	Bayonne		
19.3.	D. Pakhoi	Tuebben	Englisch	1227	Tschifu	20.3.	Schanghai
″	D. El Dorado	Smith	″	892	Schanghai	21.3.	″
20.3.	D. Knivsberg	Kayser	Deutsch	646	″	″	Tschifu
″	D. Chefoo	Edler	″	135	Tschifu		
21.3.	D. Vorwärts	Sohnemann	″	644	Schanghai	21.3.	Schanghai
23.3.	D. Dagmar	Karl	Norwegisch	383	Kobe		

Hochwassertabelle für den Monat April 1905.

Datum	Tsingtau - Hauptbrücke.		Grosser Hafen, Mole I.		Nükuk'ou.	
	Vormittags	Nachmittags	Vormittags	Nachmittags	Vormittags	Nachmittags
1.	2 U. 17 M.	2 U. 49 M.	2 U. 47 M.	3 U. 19 M.	3 U. 17 M.	3 U. 49 M.
2.	3 „ 11 „	3 „ 33 „	3 „ 41 „	4 „ 03 „	4 „ 11 „	4 „ 33 „
3.	3 „ 52 „	4 „ 10 „	4 „ 22 „	4 „ 10 „	4 „ 52 „	5 „ 10 „
4.	4 „ 27 „	4 „ 43 „ ●	4 „ 57 „	5 „ 13 „	5 „ 27 „	5 „ 43 „
5.	4 „ 59 „	5 „ 15 „	5 „ 29 „	5 „ 45 „	5 „ 59 „	6 „ 15 „
6.	5 „ 30 „	5 „ 46 „	6 „ 00 „	6 „ 16 „	6 „ 30 „	6 „ 46 „
7.	6 „ 02 „	6 „ 18 „	6 „ 32 „	6 „ 48 „	7 „ 02 „	7 „ 18 „
8.	6 „ 35 „	6 „ 52 „	7 „ 05 „	7 „ 22 „	7 „ 35 „	7 „ 52 „
9.	7 „ 10 „	7 „ 28 „	7 „ 40 „	7 „ 58 „	8 „ 10 „	8 „ 28 „
10.	7 „ 47 „	8 „ 07 „	8 „ 17 „	8 „ 37 „	8 „ 47 „	9 „ 07 „
11.	8 „ 28 „	8 „ 50 „ ●	8 „ 58 „	9 „ 20 „	9 „ 28 „	9 „ 50 „
12.	9 „ 17 „	9 „ 45 „	9 „ 47 „	10 „ 15 „	10 „ 17 „	10 „ 45 „
13.	10 „ 18 „	10 „ 51 „	10 „ 48 „	11 „ 21 „	11 „ 18 „	11 „ 51 „
14.	11 „ 28 „	—	11 „ 58 „	—	—	0 „ 28 „
15.	0 „ 05 „	0 „ 42 „	0 „ 35 „	1 „ 12 „	1 „ 05 „	1 „ 42 „
16.	1 „ 20 „	1 „ 54 „	1 „ 50 „	2 „ 24 „	2 „ 20 „	2 „ 54 „
17.	2 „ 28 „	2 „ 57 „	2 „ 58 „	3 „ 27 „	3 „ 28 „	3 „ 57 „
18.	3 „ 25 „	3 „ 51 „ ○	3 „ 55 „	4 „ 21 „	4 „ 25 „	4 „ 51 „
19.	4 „ 16 „	4 „ 40 „	4 „ 46 „	5 „ 10 „	5 „ 16 „	5 „ 40 „
20.	5 „ 03 „	5 „ 27 „	5 „ 33 „	5 „ 57 „	6 „ 03 „	6 „ 27 „
21.	5 „ 51 „	6 „ 14 „	6 „ 21 „	6 „ 44 „	6 „ 51 „	7 „ 14 „
22.	6 „ 37 „	7 „ 00 „	7 „ 07 „	7 „ 30 „	7 „ 37 „	8 „ 00 „
23.	7 „ 23 „	7 „ 45 „	7 „ 53 „	8 „ 15 „	8 „ 23 „	8 „ 45 „
24.	8 „ 06 „	8 „ 29 „	8 „ 36 „	8 „ 59 „	9 „ 06 „	9 „ 29 „
25.	8 „ 52 „ ●	9 „ 17 „	9 „ 22 „	9 „ 47 „	9 „ 52 „	10 „ 17 „
26.	9 „ 42 „	10 „ 12 „	10 „ 12 „	10 „ 42 „	10 „ 42 „	11 „ 12 „
27.	10 „ 41 „	11 „ 16 „	11 „ 11 „	11 „ 46 „	11 „ 41 „	—
28.	11 „ 51 „	—	—	0 „ 21 „	0 „ 16 „	0 „ 51 „
29.	0 „ 26 „	1 „ 02 „	0 „ 56 „	1 „ 32 „	1 „ 26 „	2 „ 02 „
30.	1 „ 34 „	2 „ 06 „	2 „ 04 „	2 „ 36 „	2 „ 31 „	3 „ 06 „

1) ○ = Vollmond; 2) ◐ = Letztes Viertel; 3) ● = Neumond; 4) ◑ = Erstes Viertel.

Anmerkung: In T'a pu t'ou tritt das Hochwasser 10 Minuten früher als in Nükuk'ou auf.

25. März 1905. Amtsblatt—青島官報

Sonnen-Auf-und Untergang
für Monat April 1905.

Dt.	Mittelostchinesische Zeit des			
	wahren	scheinbaren	wahren	scheinbaren
	Sonnen-Aufgangs.		Sonnen-Untergangs.	
1.	5 U. 50.6 M.	5 U. 45.5 M.	6 U. 16.6 M.	6 U. 20.7 M.
2.	49.1	44.0	16.4	21.5
3.	47.6	42.5	17.2	22.3
4.	46.2	41.1	18.0	23.1
5.	44.8	39.7	18.9	24.0
6.	43.4	38.3	19.8	24.9
7.	42.1	37.0	20.5	25.6
8.	40.8	35.7	21.2	26.3
9.	39.6	34.5	21.9	27.0
10.	38.4	33.3	22.6	27.6
11.	36.2	32.1	23.2	28.3
12.	35.9	30.8	24.0	29.1
13.	34.6	29.5	24.8	29.9
14.	33.2	28.1	25.6	30.7
15.	31.9	26.8	26.4	31.5
16.	30.5	25.4	27.3	32.4
17.	29.1	24.0	28.1	33.2
18.	27.7	22.6	29.0	34.1
19.	26.3	21.2	29.9	35.0
20.	25.0	19.9	30.8	35.9
21.	23.7	18.6	31.7	36.8
22.	22.3	17.2	32.6	37.7
23.	21.0	15.9	33.5	38.6
24.	19.7	14.6	34.4	39.5
25.	18.4	13.3	35.3	40.4
26.	17.1	12.0	36.3	41.4
27.	16.0	10.9	37.2	42.3
28.	14.9	9.8	38.0	43.1
29.	13.8	8.7	38.8	43.9
30.	12.7	7.6	39.6	44.7

Druck der Missionsdruckerei, Tsingtau.

第六年 第十二号

1905年3月25日

法令与告白

告白

在土地租赁时，为地籍处制作的、附在租赁方合同文本中的地址草图费用，须按照1899年1月24日（1900年《官报》第37页）的《关于制作官方地块手绘草图的规定》计算，并由租赁方支付。

青岛，1905年3月21日
皇家巡捕房

官方通告

大德钦命辅政司单　为

晓谕事：照得兵队拟于西本月二十九、三十即中二月二十四、二十五日，早自八点钟起至十二点钟止，在四方营盘演放机器炮，向东岭施放。届期禁止人民在该处往来，以防不测。切切特谕。

右谕通知
大德一千九百五年三月二十一日　告示

告白

启者：兹据本署据报被窃、送案暨（及）搜出各物分别列左：

被窃各物：

银质闷壳时表一枚，镶有金边并带银链一条；敞上银表一枚，镶有金边，带有三股镍铬链一条；黑色马毯一条；红洋桌面一张。

送案之物：

灰色玻璃眼镜一付（副）。

搜出之物：

小剪子一把，镶有黑皮；金戒指一枚，镶有叶子，并刻有"Braimard to Emma, Juli 2. 5. 83."字样；袖口金钮一枚，面刻有"140-0,"数目，并镶有蓝宝石。

以上各物切勿轻买，如见亦宜报明本署，搜获之物亦准具领。此布。

德一千九百五年三月二十二日
青岛巡捕衙门启

发包

为俾斯麦山旁的军需贮藏室的全部粉刷工程、包含为此所需的材料供应将公开发包。

发包文件张贴于第三工部局一部处，以供查看，如果文件存量足够，也可以在那里支付1元购买。

报价须密封并标注相应字样，于今年3月29日礼拜三上午11点开标日期前递交至本处。中标期限为3周。

青岛，1905年3月23日
第三工部局一部

告 白

奥托·阿什布莱纳递交了申请，请求许可在台东镇附近的日耳曼尼亚啤酒厂的酒馆内经营餐饮。

如有根据1899年10月10日总督府告白提出的异议，须在今年4月9日前递交至本处。

青岛，1905年3月21日
皇家巡捕房

消 息

海军高等助理医师波尔博士被晋升为海军上尉军医，根据今年3月15日和16日的帝国海军部电报通知，福利摩尔中尉已被晋升为上尉。

总督府财务处从本月20日起的汇率为：1元＝1.94马克。

根据本月21日的帝国海军部电报通知，恩格尔斯中尉已被任命为编外海军少校。

船运

1905年3月16日—23日期间

到达日	轮船船名	船长	挂旗国籍	登记吨位	出发港	出发日	到达港
（3月8日）	法兰克福号	阿尔布莱希特	德国	4 349	上海	3月16日	香港
（3月14日）	繁荣号	克里斯蒂安森	挪威	789	威海卫	3月16日	上海
3月16日	斯坎迪亚	冯多伦	德国	3 135	门司	3月22日	香港
3月17日	叶世克总督号	特洛依曼	德国	1 045	上海	3月18日	上海
3月18日	黄埔号	布拉姆维尔	英国	1 109	上海	3月20日	芝罘
3月18日	海纳号	谢沃尔	美国	2 591	巴约那		
3月19日	北海号	图本	英国	1 227	芝罘	3月20日	上海
3月19日	黄金岛号	史密斯	英国	892	上海	3月21日	上海
3月20日	柯尼夫斯堡号	凯瑟	德国	646	上海	3月21日	芝罘
3月20日	芝罘号	艾德勒	德国	135	芝罘		
3月21日	前进号	索纳曼	德国	644	上海	3月21日	上海
3月23日	达格玛号	卡尔	挪威	383	神户		

Amtsblatt
für das
Deutsche Kiautschou-Gebiet.

青島官報

Herausgegeben vom Kaiserlichen Gouvernement Kiautschou.

Der Bezugspreis beträgt jährlich $ 0,60 = M 1,20.
Bestellungen nehmen sämtliche deutsche Postanstalten entgegen.

| Jahrgang 6. | Nr. 13. | Tsingtau, den 1. April 1905. |

Verordnungen und Bekanntmachungen.

Bekanntmachung.

Um Zweifeln über die Auslegung des § 8 der Verordnung, betreffend Gewerbescheine vom 1. November 1904 (Amtsblatt 1904, Seite 251) zu begegnen, wird folgendes bekannt gemacht.

Für die Einfuhr von Waffen und Munition in das Schutzgebiet zum Zwecke vorübergehender Lagerung im Transitverkehr ist die Lösung eines Gewerbescheines nicht erforderlich.

Waffen können mit Genehmigung des Zollamtes auch in Privatschuppen unter Zollverschluss gelagert werden, wenn

1. Beamten der Polizei und des Zollamtes der Zutritt zu dem Lagerraum jederzeit gestattet wird,
2. innerhalb einer Woche nach Beginn eines jeden Vierteljahres ein genauer Nachweis über den Lagerbestand eingereicht wird,
3. vor jeder Verschiffung der Waffen aus der Kolonie dem Zollamte Kenntnis gegeben wird.

Für den Verkauf von Waffen im Schutzgebiet ist die Lösung eines Gewerbescheines erforderlich.

Tsingtau, den 25. März 1905.

Der Kaiserliche Gouverneur.

Allerhöchst mit der Stellvertretung beauftragt.

van Semmern

大德欽命署理總督膠澳文武事宜大臣師　為

出示曉諭事案查西一千九百四年十一月初一日更訂各項營生執照章程列入四十七號官報第八條內載凡欲售賣軍器及彈藥者均宜領有營生執照等語茲特詳細出示曉諭以免疑意

凡欲將軍器彈藥運至德境暫且存集以便轉運者無庸領有營生執照

存儲軍器在於行棧先應稟請海關准否已准即歸海關看守不許商人無照擅自遷移

貯棧詳細規條列後

一應本署巡捕以及海關各員隨時出入該棧查察

二每逢一禮拜內呈閱

三每逢一季應將棧內所存之軍器詳細繕具清單於頭一禮拜內呈閱

惟凡欲在德境內售賣軍器仍宜領有營生執照

照其各遵照切切特諭

大德一千九百五年三月二十五日

右諭通知

告示

Bekanntmachung.

Auf Grund der Verordnung vom 13. März 1899 (Amtsblatt 1900, Seite 58) ist der

Kaufmann Conrad Miss

zum Vertreter der Zivilgemeinde ernannt worden.

Von den im Handelsregister eingetragenen, nichtchinesischen Firmen ist der

Kaufmann F. H. Kirchhoff

und von den Eigentümern der im Grundbuche eingetragenen, steuerpflichtigen Grundstücke der

Kaufmann Ernst Kroebel

zum Vertreter der Zivilgemeinde gewählt worden.

Tsingtau, den 25. März 1905.

Der Kaiserliche Gouverneur.
Allerhöchst mit der Stellvertretung beauftragt.
van Semmern.

Bekanntmachung.

Am 1. April wird in der Kiautschoustrasse in Tapautau eine dem Postamt in Tsingtau unterstellte Postzweigstelle eröffnet.

Der Geschäftsumfang der neuen, mit einer öffentlichen Fernsprechstelle verbundenen Postanstalt wird sich auf die Annahme gewöhnlicher und eingeschriebener Briefsendungen und Pakete, sowie auf die Ausgabe solcher Sendungen an Chinesen erstrecken.

Dienststunden

an Werktagen: 8—12 Uhr vorm., 2—5 Uhr nachm.
an Sonntagen und gesetzlichen Feiertagen: 8—9 Uhr vorm.

Tsingtau, den 25. März 1905.

Kaiserliches Postamt.

1. April 1905. Amtsblatt—報官島青 67.

Amtliche Anzeigen.

Landversteigerung.

Auf Antrag des Hsü tschi ying findet am Montag, den 17. April 1905, vormittags 11 Uhr, die öffentliche Versteigerung des Grundstückes Kbl. 9 Nr. $\frac{227}{12}$ an der Tsinanstrasse statt.

Grösse: 871 pm
Mindestpreis: 879, 71 $
Benutzungsplan: Wohn-Geschäftshäuser, industrielle Anlagen.
Bebauungsfrist: 30. April 1908.
Gesuche zum Mitbieten sind bis zum 10. April 1905 hierher zu richten.

Tsingtau, den 30. März 1905.

Kaiserliches Landamt.

Bekanntmachung.

Als gestohlen angemeldete Gegenstände: 2 silberne Beobachtungsuhren, auf der Aussenseite des Dekels ist eine Krone, darunter der Buchstabe M., darunter die Nr. 292 bezw. 152 eingraviert; 1 silberne Uhr mit silberner Kette, die Uhr hat Goldrand und Sprungdeckel, auf der Rückseite des Dekels ist ein kleines Schild mit Ziselierung.

Als gefunden angemeldete Gegenstände: 1 Manschettenknopf (Perlmutterknopf) mit chinesischen Zeichen an einer fünfgliedrigen Kette mit goldenem Knebel.

Tsingtau, den 29. März 1905.

Kaiserliches Polizeiamt.

Bekanntmachung.

Die Firma Sching Schong, Inhaber Schung schi ta, hat ein Gesuch um Erteilung der Schankerlaubnis in dem Grundstücke Schantungstrasse Nr. 18 in Ta pau tau eingereicht.

Einwendungen im Sinne der Gouvernementsbekanntmachung vom 10. Oktober 1899 sind bis zum 16. April d. Js. an die unterzeichnete Behörde schriftlich einzureichen.

Tsingtau, den 30. März 1905.

Kaiserliches Polizeiamt.

68. Amtsblatt—報官島青 1. April 1905.

Mitteilungen.

Leutnant Erlenmeyer ist laut telegraphischer Mitteilung des Reichs-Marine Amts vom 25. März d. Js. zum Oberleutnant befördert worden.

* * *

Die Schantung-Eisenbahn-Gesellschaft hat den Namen der Station Tschautsun-Nükukou in Nükukou und den der Station Tschangloyuen-Fangtse in Fangtse umgeändert.

* * *

Vom 1. April d. Js. ab betragen die Worttaxen für Telegramme nach:

Europa, ohne Russland	$ 2,30
Russland, via Eastern	„ 2,30
„ , via Kiachta	„ 0,85
Asiatisches Rusland, via Kiachta	„ 0,65
San Franzisko, via Pacific	„ 2,30
New York, „ „	„ 2,60
Japan	„ 0,91
Korea (Fusan, Söul, Tschemulpo)	„ 1,26

Die übrigen Taxen bleiben ziemlich unverändert; genauere Auskunft erteilt die Telegramm-Annahmestelle des Postamtes.

Meteorologische Beobachtungen
in Tsingtau.

Datum. März	Barometer (m m) reduz. auf 0° C., Seehöhe 24,30 m			Temperatur (Centigrade).								Dunstspannung in mm			Relat. Feuchtigkeit in Prozenten		
				trock. Therm.			feucht. Therm.										
	7 Vm	2 Nm	9 Nm	7 Vm	2 Nm	9 Nm	7 Vm	2 Nm	9 Nm	Min.	Max.	7 Vm	2 Nm	9 Nm	7 Vm	2 Nm	9 Nm
23	766,5	765,4	765,9	3,7	8,5	4,9	3,1	5,9	3,8	2,2	6,4	5,4	5,4	5,4	90	65	82
24	64,9	63,1	63,3	4,3	10,5	6,2	3,7	7,4	5,3	3,0	9,1	5,6	5,8	6,1	90	62	87
25	62,5	61,5	61,3	6,6	7,5	7,0	6,1	6,7	6,1	4,5	10,5	6,7	6,9	6,5	93	89	87
26	60,2	61,0	62,9	7,1	7,2	5,7	6,6	6,8	5,5	6,5	8,0	7,0	7,1	6,6	93	94	98
27	63,6	64,3	65,7	6,1	7,1	5,5	5,7	6,5	5,1	5,3	8,7	6,6	6,9	6,3	95	91	94
28	66,3	64,9	66,2	5,5	9,2	6,1	5,2	7,7	5,3	4,4	8,1	6,4	6,9	6,2	96	80	88
29	65,5	62,9	62,7	6,7	8,7	7,0	5,3	7,1	5,2	5,6	9,6	5,8	6,6	5,5	80	78	74

Datum. März	Wind Richtung & Stärke nach Beaufort (0—12)			Bewölkung						Niederschläge in mm		
				7 Vm		2 Nm		9 Nm				9 Nm / 7 Vm
	7 Vm	2 Nm	9 Nm	Grad	Form	Grad	Form	Grad	Form	7 Vm	9 Nm	
23	Stille 0	S 2	S O 2	6	Cu-str	3	Cir-str	6	Cu-str			
24	Stille 0	O 3	O 4	10	Cum	8	Cu-str	10	Nim			5,1
25	O N O 4	O 7	O 6	10	Nim	10	Nim	10	„	5,1	1,0	6,2
26	N O 3	O 3	O N O 3	10	„	10	„	10	„	5,2	2,0	3,3
27	O 1	S O 3	O S O 2	10	Cu-nim	10	Cum	3	Cum	1,3		
28	O 1	O S O 2	O 2	10	Cum	3	Cu-str					
29	O 3	O S O 4	O 2	3	Cir-str	6	Cir-str	5	Cum			

Schiffsverkehr

in der Zeit vom 23.—30. März 1905.

Ankunft am	Name	Kapitän	Flagge	Reg. Tonnen.	von	Abfahrt am	nach
(23.3.)	D. Dagmar	Karl	Norwegisch	383	Kobe	24.3.	Kobe
”	D. Holstein	Hanseu	Deutsch	985	Hongkong	”	Tschifu
”	D. Tsintau	Hansen	”	977	Tschifu	23.3.	Schanghai
24.3.	D. Gouv. Jäschke	Treumann	”	1045	Schanghai	25.3.	”
”	S. Alpena	Berkholm	Amerikanisch	833	Port Townsend		
26.3.	D. Tungchow	Pithie	Englisch	952	Tschifu	27.3.	Tschifu
”	D. Whampoa	Bramwell	”	1109	”	”	”
”	D. München	Bressander	”	2946	”	28.3.	Schanghai
28.3.	D. Vorwärts	Sohnemann	Deutsch	643	Schanghai	”	Tschifu
29.3.	D. El Dorado	Smith	Englisch	892	”		

Druck der Missionsdruckerei, Tsingtau.

第六年 第十三号

1905年4月1日

法令与告白

大德钦命署理总督胶澳文武事宜大臣师 为

出示晓谕事：案查西一千九百四年十一月初一日更订《各项营生执照章程》列入四十七号官报，第八条内载"凡欲售卖军器及弹药者，均宜领有营生执照"等语，兹特详细出示晓谕，以免疑意。

凡欲将军器弹药运至德境，暂且存集以便转运者，无（毋）庸领有营生执照。

存储军器在于行栈，先应禀请海关准否，已准即归海关看守，不许商人无照擅自迁移。贮栈详细规条列后：

一、应准本署巡捕以及海关各员随时出入该栈。

二、每逢一季应将栈内所存之军器详细缮具清单，于头一礼拜内呈阅。

三、每逢将军器装船，自德境运往他处，须先禀明海关查照。

惟凡欲在德境内售卖军器，仍宜领有营生执照。其各遵照。切切特谕。

右谕通知

大德一千九百五年三月二十五日　告示

告白

根据1899年3月13日的法令（1900年《官报》第58页），商人康拉德·密斯被任命为民政区代表。

在商业登记处登记的非华人公司中，商人F. H. 基尔希霍夫，以及在地籍册中登记、有纳税义务的地产业主中，商人恩斯特·科罗贝尔被选为民政区的代表。

青岛，1905年3月25日

皇家总督

最高敕令委托代理

师孟

告白

4月1日将在大鲍岛的胶州街开设一个隶属于青岛邮政局的邮政分局。

这个新的、与一个公共电话点连接的邮政机构的业务范围为接收普通以及挂号的信件和包裹,并延伸向华人投递邮件。

营业时间:工作日为上午8—12点和下午2—5点,礼拜日和法定假日为上午8—9点。

青岛,1905年3月25日
皇家邮政局

官方通告

大德管理青岛地亩局　为

拍卖地亩事:今据徐其瑛禀称,欲买大包岛济南街附近地图第九号第二百二十七块地,计八百七十一方米打,暂拟价洋八百七十九元七角一分。兹定于西历四月十七日上午十一点钟在局拍卖,买定之后,可盖住宅、铺房、机器厂各房。限至一千九百零八年四月三十日一律修竣。如有人欲买者,可以投票,截至四月初十日止,届期同赴本局面议可也。勿误。特谕。

右谕通知
大德一千九百五年三月三十日　告示

告白

启者:兹将本署据报被窃及送案各物列左:

被窃各物:

银时表两枚,外面刻有冠冕,冕下有"m."西字,该字以下一"第292号"一"第.152.号";闷壳金边银表一枚,带有金链壳面并刻有八稜(棱)花样。

送案之物:

蚌皮袖口钮一枚,上有福字,系有五环小链,链头带有金横针。

以上各物切勿轻买,如见亦宜报明本署,送案之物亦准具领。特布。

德一千九百五年三月二十九日
青岛巡捕衙门启

告白

商号 Shing Schong，业主为 Schung schi ta，递交了申请，请求发放在山东街 18 号地块上开办餐饮业务的许可。

如有根据 1899 年 10 月 10 日总督府告白提出的异议，须在今年 4 月 16 日前以书面形式递交至本处。

青岛，1905 年 3 月 30 日
皇家巡捕房

消息

根据今年 3 月 25 日皇家海军部的电报通知，艾伦迈耶尔少尉被晋升为中尉。

山东铁路公司将车站赵村—女姑口站改名为女姑口站，将昌乐源—坊子站改名为坊子站。

从今年 4 月 1 日起，电报每单词收费费率为：

欧洲，不含俄国	2.30 元
俄国，通过东方电报公司发送	2.30 元
俄国，通过恰克图电报公司发送	0.85 元
经恰克图发送的俄国亚洲部分	0.65 元
旧金山，通过太平洋电报公司发送	2.30 元
纽约，通过太平洋电报公司发送	2.60 元
日本	0.91 元
朝鲜（釜山、首尔、济物浦）	1.26 元

剩余部分的费率基本未变，更准确的信息以邮局电报接收处为准。

船运

1905年3月23日—30日期间

到达日	轮船船名	船长	挂旗国籍	登记吨位	出发港	出发日	到达港
(3月23日)	达格玛号	卡尔	挪威	383	神户	3月24日	神户
(3月23日)	霍尔斯坦号	韩森	德国	985	香港	3月24日	芝罘
(3月23日)	青岛号	韩森	德国	977	芝罘	3月23日	上海
3月24日	叶世克总督号	特洛依曼	德国	1 045	上海	3月25日	上海
3月24日	阿尔佩纳号	伯克霍尔姆	美国	833	汤森港		
3月26日	通州号	皮蒂	英国	952	芝罘	3月27日	芝罘
3月26日	黄埔号	布拉姆维尔	英国	1 109	芝罘	3月27日	芝罘
3月26日	慕尼黑号	布莱桑德	英国	2 946	芝罘	3月28日	上海
3月28日	前进号	索纳曼	德国	643	上海	3月28日	芝罘
3月29日	黄金岛号	史密斯	英国	892	上海		

Amtsblatt
für das
Deutsche Kiautschou-Gebiet.

青島官報

Herausgegeben vom Kaiserlichen Gouvernement Kiautschou.

Der Bezugspreis beträgt jährlich $ 0,60 = M 1,20.
Bestellungen nehmen sämtliche deutsche Postanstalten entgegen.

| Jahrgang 6. | Nr. 14. | Tsingtau, den 8. April 1905. | 第十四號 | 第六年 |

Amtliche Anzeigen.

Bekanntmachung.

Es wird darauf hingewiesen, dass vom 1. April d. Js. ab die Steuer für das Halten von Hunden im Stadtgebiete neu zu entrichten ist.

Nach §. 2 der Verordnung, betreffend Hundesteuer, vom 9. April 1902 (Amtsblatt 1902, Seite 43) hat die Zahlung der Steuer bei der Gouvernementskasse im Laufe des Monats April gegen Aushändigung einer Hundemarke zu erfolgen.

Tsingtau, den 1. April 1905.

Der Zivilkommissar.

Bekanntmachung.

Max Haasenritter hat ein Gesuch um Erteilung der Schankerlaubnis im „Restaurant zur Eiche" in der Tirpitzstrasse eingereicht.

Einwendungen im Sinne der Gouvernementsbekanntmachung vom 10. Oktober 1899 sind bis zum 23. d. Mts. an die unterzeichnete Behörde schriftlich einzureichen.

Tsingtau, den 1. April 1905.

Kaiserliches Polizeiamt.

大德輔政司單

為案曉諭事照得西歷一千九百二年四月初九日曾經示諭附近青島劃為內界之包島掃帚灘台東鎮等處畜養之狗每隻按年須納稅課洋銀十元至遲須於每年西五月初一日以前赴支應局即糧台先納一年之稅給領准養牌一面在案茲已屆四月初旬合亟示知養狗之家至遲於本年五月初一日以前各赴支應局即糧台繳納一年之稅以免干罰勿候特示

告示

大德一千九百五年四月初一日

右諭通知

72. Amtsblatt—青島官報 8. April 1905.

Beschluss.

Auf Antrag des Konkursverwalters soll das im Grundbuch von Tsingtau Band III. Blatt 123. auf den Namen des Schlossermeisters Gesenger in Tsingtau, zur Zeit unbekannten Aufenthalts, eingetragene, in Tsingtau in der Tientsinstrasse belegene Grundstück an Gerichtsstelle Zimmer Nr. 2 am Sonnabend, den 27. Mai 1905, vorm. 10 Uhr, versteigert werden.

Das Grundstück ist im Artikel 129 der Grundsteuermutterrolle eingetragen und 14 a 99 qm gross. Grundsteuerreinertrag und Gebäudesteuer-Nutzungswert sind im Grundbuch nicht eingetragen. Der Versteigerungsvermerk ist am 23. Januar 1905 in das Grundbuch eingetragen worden.

Rechte, soweit sie zur Zeit der Eintragung des Versteigerungsvermerks aus dem Grundbuche nicht ersichtlich waren, sind spätestens im Versteigerungstermin vor der Aufforderung zur Abgabe von Geboten anzumelden und, wenn der Konkursverwalter oder ein Gläubiger widerspricht, glaubhaft zu machen, widrigensfalls die Rechte bei der Feststellung des gringsten Gebots nicht berücksichtigt und bei der Verteilung des Versteigerungserlöses dem Anspruch des Gläubigers und den übrigen Rechten nachgesetzt werden.

Diejenigen, welche ein der Versteigerung entgegenstehendes Recht haben, werden aufgefordert, vor der Erteilung des Zuschlags die Aufhebung oder einstweilige Einstellung des Verfahrens herbeizuführen, widrigenfalls für das Recht der Versteigerungserlös an die Stelle des versteigerten Gegenstandes treten wird.

Tsingtau, den 1. April 1905.
Kaiserl. Gericht von Kiautschou. Abt. II.

欽命德膠臬署

為

出示招買地皮事照得前在青島現在不知流落何處之德人鐵匠森俗利出賣一案查明該鐵匠在青島天津街置有地皮一塊業入本署地冊第三報窮地皮一塊在丈量局冊內註明第一百二十三號茲據承理此案人稟報擬於西歷五月二十七日即中四月二十四日早十點鐘在本署第二號堂內將該地拍賣計地共一千四百十九米打如有欲買者屆期仰來本署而議勿懔特諭

右諭通知

德歷一千九百五年四月初一日

Mitteilungen.

Der Kurs bei der Gouvernementskasse beträgt von 4. April d. Js. ab: 1 $=1.89 M.

    *   *   *

Nach einer Bekanntmachung der Schantung-Eisenbahn-Gesellschaft treten vom 15. April 1905 ab folgende Erleichterungen und Ermässigungen im Verkehr zwischen Tsingtau-Bahnhof und Tsingtau-Haltestelle Grosser Hafen, sowie den Anschlussgleisen „Brückenlager," Kleiner Hafen, Molen I, II, III und der Werft des Grossen Hafens unter Aufhebung der bisherigen Ueberführungsgebühren in Kraft:

Es werden erhoben:

I. für Frachtgut in Wagenladungen
zwischen den Stationen Tsingtau-Bahnhof und Tsingtau-Haltestelle Grosser Hafen für jeden Wagen .... $ 4,00

II. an Überführungsgebühren für Wagenladungen
für jeden Wagen

a. zwischen Tsingtau-Bahnhof und Tsingtau-Kleiner Hafen .... $ 3,00
b. zwischen Tsingtau-Bahnhof und Tsingtau-Brückenlager .... $ 1,50
c. zwischen Tsingtau-Kleiner Hafen und Tsingtau-Brückenlager .... „ 4,00
d. zwischen Tsingtau-Haltestelle Gr. Hafen u. der Werft des Gr. Hafens .... „ 6,00
e. zwischen Tsingtau-Haltestelle Gr. Hafen und den Molen I, II, III des Gr. Hafens .... $ 2,00
f. zwischen Tsingtau-Haltestelle Gr. Hafen und Tsingtau-Kleiner Hafen .... „ 3,00
g. zwischen den Molen I, II, III und der Werft des Grossen Hafens .... $ 6,00
h. zwischen den Molen I, II, III des Gr. Hafens untereinander .... „ 2,00

8. April 1905. Amtsblatt — 青島官報 73.

III. an Überführungsgebühren für Frachtstückgüter

1. bei Aufgabe von Eilstückgut oder Frachtstückgut von Tsingtau-Bahnhof nach Tsingtau-Haltestelle Gr. Hafen oder umgekehrt, die Frachten auf Grund der in dem Kilometerzeiger angegebenen Entfernung nach den Sätzen der Kilometer-Tarif-Tabelle, insofern die Fracht nach dem Wagenladungssatze sich nicht billiger stellt.

2. zwischen den unter II, a bis h genannten
   Stellen für 10 kg .... $ 0,35
   Mindestgebühr .... „ 0,50
   Höchstgebühr: Gebühr für Wagenladungen.

Wird die Ueberführung erst nach Bereitstellung der Wagen verlangt, so erleidet der Lauf der Entladefristen durch die Ueberführung keine Unterbrechung.

Die Bewegung leerer Wagen erfolgt mit der Massgabe unentgeltlich, dass für leere Wagen, welche zur Beladung zugeführt, aber nicht innerhalb der bestimmten Ladefrist beladen werden, und daher leer zurückgeführt werden müssen, ausser dem Wagenstandgeld die entsprechende Ueberführungsgebühr zur Erhebung gelangt.

Bei den auf

a. den Molengleisen oder dem Werftgleis des Gr. Hafens, sowie dem Kleinen Hafengleis,

b. dem Brückenlagergleis

zur Weiterbeförderung mit der Eisenbahn zur Aufgabe belangenden Güter erfolgt die tatsächliche Uebernahme

zu a. erst auf der Station Tsingtau-Haltestelle Gr. Hafen,

zu b. erst auf der Station Tsingtau-Bahnhof; ebenso werden die für die Gleise unter a. bestimmten, ankommenden Güter als von den Empfängern auf Tsingtau-Haltestelle Gr. Hafen und die für die Gleise unter b. betimmten, ankommenden Güter als von den Empfängern auf Station Tsingtau-Bahnhof bezogen betrachtet.

Hierdurch werden folgende Änderungen, bezw. Zusätze in der Verkehrsordnung erforderlich:

Auf Seite 41 der Verkehrsordnung wird im §. 56 am Schlusse des ersten Absatzes hinter der Zahl V angefügt:

„soweit nicht Ausnahmen in dieser Ordnung vorgesehen sind."

Auf Seite 77 der Verkehrsordnung wird im Abschnitt D: Kilometerzeiger als zweiter Absatz eingefügt:

„Im Verkehr zwischen den Stationen Tsingtau-Bahnhof und Tsingtau-Haltestelle Gr. Hafen wird für die Beförderug von Gütern jeglicher Art als Frachtgut in Wagenladungen, soweit dieselben hinsichtlich der Frachtberechnung nicht besonderen Bestimmungen unterliegen, eine Fracht von $ 4,00 für jeden Wagen erhoben."

Im Abschnitt XII des Nebengebührentarifs Seite 93 werden der Absatz 3 und die mit 20. November 1904 festgesetzten Gebühren aufgehoben und Absatz 3 erhält die Eingangs abgedruckte neue Fassung.

Durchschnittspreise auf dem Markt in Li ts'un. März 1905.

(1 Kätty = 605 g; 1 Scheng = 1,03 l.)

Schweinefleisch	1	Kätty	180 Käsch
Rindfleisch	1	„	160 „
Fische	1	„	140-160 „
Hühner	1	Stück	350 „
Enten	1	„	420 „
Hühnereier	100	„	1600 „
Enteneier	100	„	3100 „
Reis	1	Kätty	43 „
Gerste	1	Scheng	820 „
Bohnen	1	„	1020-1040 „
Kauliang	1	„	730 „
Hirse	1	„	720 „
Kartoffeln (chin.)	10	„	130 „
Rettig	10	„	66 „
Zwiebeln	1	„	32 „
Kohl	1	Kopf	110 „
Erdnüsse	1	Scheng	470 „
Pfeffer	1	Kätty	650 „
Birnen	1	Stück	20 „
Salz	1	Kätty	6 „
Weizenbrot (gedämpft)	1	Stück	30 „
„ (gebacken)	1	„	20 „
Bohnenkuchen	1	„	1460 „
Kleie	1	Kätty	36 „
Stroh (Kauliang)	1	„	14 „

74. Amtsblatt—青島官報 8. April 1905.

Übersicht

über den Stand des Vermögens der Kaisers-Geburtstagsstiftung am Schlusse des Rechnungsjahres 1904.

Einnahme.	$	₡	$	₡	Ausgabe.	$	₡	$	₡
Saldo laut Abschluss vom 31. 3. 1904			3106	47	Bekanntmachungskosten			4	—
Kaisers Geburtstags-Beiträge 1905			489	—	Für Beglaubigung einer Unterschrift			2	—
Zuwendung von Ungenannt			10	—	Unterstützung	200	—		
Vom Seemannsamt Strafgelder	40	—			„ Darlehn	200	—	400	—
desgl. Differenzbeträge	8	—	48	—	Saldo für 1905:				
Zinsen 5% von 551,25 $	27	55			Konto Kurrent	336	26		
„ „ „ 868,22 „	43	41			Jahresdepositum bei der Deutsch-Asiatischen Bank	911	63		
„ „ „ 1000 — „	50	—			„	1050	—		
„ vom Kontokurrent I	5	26			„	578	80		
„ „ „ II	3	—	129	22	„	500	—	3376	69
Summe			3782	69	**Summe**			3782	69

Tsingtau, den 31. März 1905.

Der Kassenwart

Köster.

Geprüft und rischtig befunden.

Tsingtau, den 4. April 1905.

Der Schriftführer

Dr. Schrameier.

Vorstehende Übersicht wird gemäss § 4 der Statuten der Kaisers-Geburtstagsstiftung bekannt gegeben.

Am 11. April 1905, 12 Uhr mittags, findet im Sitzungssaale des Yamens eine Versammlung der Zeichner der Kaisers-Geburtstagsstiftung statt.

Zweck der Versammlung: Entlastung des Kassenwarts. Neuwahl von Vorstandsmitgliedern.

Tsingtau, den 4. April 1905.

Der Kaiserliche Gouverneur.

Allerhöchst mit der Stellvertretung beauftragt.

van Semmern.

8. April 1905.　　　　　　　　　Amtsblatt—青島官報　　　　　　　　　75.

Meteorologische Beobachtungen
in Tsingtau.

Datum.	Barometer (m m) reduz. auf 0° C., Seehöhe 24,30 m			Temperatur (Centigrade).								Dunstspannung in mm			Relat. Feuchtigkeit in Prozenten		
				trock. Therm.			feucht. Therm.										
März	7 Vm	2 Nm	9 Nm	7 Vm	2 Nm	9 Nm	7 Vm	2 Nm	9 Nm	Min.	Max.	7 Vm	2 Nm	9 Nm	7 Vm	2 Nm	9 Nm
30	760,0	758,7	759,4	7,1	6,9	6,1	6,6	6,3	5,7	6,7	11,1	7,0	6,8	6,6	93	91	95
31	61,0	59,5	62,6	2,1	4,6	2,2	1,5	3,0	0,6	2,0	8,4	4,8	4,7	3,8	89	74	72
April																	
1	62,1	61,3	61,8	2,2	7,0	4,5	0,7	4,2	2,5	1,8	5,3	3,9	4,5	4,3	74	61	68
2	61,7	61,4	62,3	2,1	7,3	4,7	1,6	5,8	3,9	1,1	7,1	4,9	6,0	5,6	91	79	87
3	63,5	63,7	65,4	2,3	9,5	5,7	1,6	6,3	4,5	1,9	7,8	4,8	5,2	5,6	87	59	82
4	66,3	66,0	67,2	4,2	12,9	6,3	2,5	8,3	4,4	2,2	10,5	4,5	5,4	5,1	73	49	72
5	66,1	64,7	63,9	5,9	9,4	7,6	5,0	7,5	5,8	4,3	13,1	6,0	6,6	5,8	87	75	74

Datum.	Wind Richtung & Stärke nach Beaufort (0—12)			Bewölkung						Niederschläge in mm	
				7 Vm		2 Nm		9 Nm			9 Nm
März	7 Vm	2 Nm	9 Nm	Grad	Form	Grad	Form	Grad	Form	7Vm|9Nm	7 Vm
30	NNO 1	O 1	N 2	10	Cir-str	10	Cu-nim	10	Nim		6,0	14,2
31	N 6	N 6	NNO 7	10	Nim	10	"	5	Cum	2,8	
April											
1	N 6	NW 5	N 5	10	Cu-str	10	Cu-str	10	Cum		4,5
2	N 4	NW 2	SO 3	10	Nim	10	Cu-nim	2	"	4,5	
3	NNW 2	W 2	SO 1	2	Cir-cum	3	Cu-str				
4	N 2	OSO 2	SO 2	4	Cu-str	3	Cir-cum				
5	SO 2	SSO 3	SW 4	2	Cir-cum	7	Cir-str	10	Cum		

Schiffsverkehr
in der Zeit vom 30. März—6. April 1905.

Ankunft am	Name	Kapitän	Flagge	Reg. Tonnen.	von	Abfahrt am	nach
(20.3.)	D. Chefoo	Edler	Deutsch	135	Tschifu	4.4.	Hai tschou
(29.3.)	D. El Dorado	Smith	Englisch	892	Schanghai	5.4.	Schanghai
30.3.	D. Knivsberg	Hansi	Deutsch	646	Tschifu	30.3.	"
31.3.	D. Gouv. Jäschke	Treumann	"	1045	Schanghai	1.4.	"
3.4.	D. Prinz Eitel Friedrich	Prehm	"	5001	"	3.4.	Nagasaki
"	D. Tolosan	Rose	"	2112	Hongkong		
4.4.	D. Serbia	Jakob	"	2344	Manila		
5.4.	D. Knivsberg	Hansi	"	646	Schanghai	5.4.	Tschifu
"	D. Wo Sang	Malkin	Englisch	1127	Tschifu	"	Schanghai

Druck der Missionsdruckerei, Tsingtau.

第六年 第十四号

1905年4月8日

官方通告

大德辅政司单　为

援案晓谕事：照得西历一千九百二年四月初九日，曾经示谕：附近青岛划为内界之包岛、扫寻滩、台东镇等处畜养之狗，每只按年须纳税课洋银十元……至迟须于每年西五月初一日以前，应赴支应局即粮台先纳一年之税……给领准养牌一面在案。兹已届四月初旬，合亟示知：养狗之家至迟于本年五月初一日以前，各赴支应局即粮台，缴纳一年之税，以免干罚。勿误。特示。

右谕通知
大德一千九百五年四月初一日　告示

告白

马克斯·哈森利特递交了申请，请求发放在提尔皮茨街上的"橡树饭店"内的售酒许可。

如有根据1899年10月10日总督府告白提出的异议，须在本月23日前以书面形式递交至本处。

青岛，1905年4月1日
皇家巡捕房

钦命德胶澳署　为

出示招买地皮事：照得前在青岛现在不知流落何处之德人铁匠曷森格利报穷[①]一案，查明该铁匠在青岛天津街置有地皮一块，业入本署地册第三本第一百二十三篇，并已在丈

---

① 译者注：即无钱支付欠款。

量局册内注明第一百二十九号。兹据承理此案人禀报,拟于西历五月二十七即中四月二十四日早十点钟在本署第二号堂内将该地拍卖,计地共一千四百九十九米打。如有欲买者,届期仰来本署面议。勿误。特谕。

右谕通知
德历一千九百五年四月初一日

消息

总督府财务处自今年4月4日起的汇率为:1元=1.89马克。

根据山东铁路公司的一份告白,自1905年4月15日起,对青岛火车站与青岛大港停车点之间的交通以及"青岛桥仓库",小港,大港1、2、3号码头和大港造船厂的连接轨道,在取消目前施行的转运费的基础上,实行下列优惠和折扣:

收费为:

Ⅰ. 对于在青岛火车站和青岛大港停车点之间的整车皮货物运输,每车皮费用为4.00元;

Ⅱ. 整车皮货物转运费方面,每车皮费用:

  a. 青岛火车站与青岛小港之间 …………… 3.00元
  b. 青岛火车站与青岛桥仓库之间 ………… 1.50元
  c. 青岛小港与青岛桥仓库之间 …………… 4.00元
  d. 青岛大港停车点与大港船厂之间 ……… 6.00元
  e. 青岛大港停车点与大港1、2、3号码头之间 …… 2.00元
  f. 青岛大港停车点与青岛小港之间 ……… 3.00元
  g. 大港1、2、3号码头与船厂之间 ………… 6.00元
  h. 大港1、2、3号码头之间 ………………… 2.00元

Ⅲ. 单件货运商品的转运费用:

  1. 对于从青岛火车站到青岛大港停车点之间的急件单件或者货运单件,只要整车皮运费费率不是更便宜,则以千米数指示计显示的距离,按照千米收费表收费。

  2. 上述第Ⅱ条中a到h里所说的位置之间10千米收费0.35元,最低收费为0.50元,最高收费:整车皮的运费。

如果在车皮装卸已经完成之后才提出来转运,则卸货期限不会因为转运而中断。

协议中的车皮空载行驶是免费的,即前往装载时的空车皮,但如果车皮没有在规定时限内装载而不得不空载返回,则除需要支付车皮维护费外,还要支付相应的转运费。

在 a 大港码头轨道或船厂轨道以及小港轨道上、b 青岛桥仓库轨道上用铁路运输以作其他处理的货物时,事实上的货物接收地点,对应 a 的是青岛大港停车点,对应 b 的是青岛火车站。同样的还有以 a 所涉轨道为目的地抵达的货物,视为由接收者在青岛大港停车点接收;以 b 所涉轨道为目的地抵达的货物,由接收者在青岛火车站接收。

由此需要在《交通法》中做出下列修改或补充:

《交通法》第 41 页第 56 条第一段最后,在数字 V[1] 后面补充上:

"只要本法律中未规定例外情况。"

在《交通法》第 77 页的段落 D:作为第二条款的千米数指示计中加入:

"在青岛火车站和青岛大港停车点之间的交通中,对于各类作为车皮装载运输货物运送的物品,只要在运费计算方面没有特殊规定,则按照每车皮运费 4.00 元收取。"

在第 93 页附加费收费表第 7 章中,按照第三段和在 1904 年 11 月 20 日确定的费用收取,而第三段会印刷新的版本。

李村市场 1905 年 3 月的平均物价

(1 斤＝605 克;1 升＝1.03 公升)

猪肉	1 斤	180 个铜板
牛肉	1 斤	160 个铜板
鱼	1 斤	140～160 个铜板
鸡	1 只	350 个铜板
鸭	1 只	420 个铜板
鸡蛋	100 个	1 600 个铜板
鸭蛋	100 个	3 100 个铜板
大米	1 斤	43 个铜板
大麦	1 升	820 个铜板
豆子	1 升	1 020～1 040 个铜板
高粱	1 升	730 个铜板
小米	1 升	720 个铜板
土豆(中国品种)	10 升	130 个铜板
萝卜	10 升	66 个铜板
洋葱	1 升	32 个铜板

---

[1] 译者注:V 为罗马数字,代表阿拉伯数字 5。

(续表)

白菜	1棵	110个铜板
花生	1升	470个铜板
胡椒	1斤	650个铜板
梨	1个	20个铜板
盐	1斤	6个铜板
馒头(蒸制)	1个	30个铜板
火烧(烤制)	1个	20个铜板
豆饼	1个	1460个铜板
麸皮	1斤	36个铜板
草(高粱)	1斤	14个铜板

概览

皇帝诞辰基金会在1904年会计年度年底财产状况

收入	元	分	元	分	支出	元	分	元	分
根据1904年3月31日的结余					刊登告白的费用			4	—
皇帝诞辰基金会1905年的会费			3 106	47	一个签名的公证费			2	—
未署名的捐赠			489	—	赞助	200			
来自海员处的罚款	40	—	10		借款	200	—	400	—
同一来源的差额	8	—	48		1905年的余额：				
551.25元的5%利息	27	55			目前账户	336	26		
868.22元的5%利息	43	41			在德华银行的年度存款	911	63		
1 000.00元的5%利息	50	—			在德华银行的年度存款	1 050	—		
Ⅰ号现账户利息	5	26			在德华银行的年度存款	578	80		
Ⅱ号现账户利息	3	—	129	22	在德华银行的年度存款	500	—	3 376	69
总计			3 782	69	总计			3 782	69

经过检查，上述金额正确无误。

青岛，1905年3月31日
出纳员：科斯特

青岛，1905年4月4日
书记官：单威廉博士

根据《皇帝诞辰基金会章程》第四章之规定,特公开发布上述概览。

1905年4月11日中午12点将在衙门会议室举办皇帝基金会认捐者大会。会议目的:任免出纳员,重新选举董事会成员。

青岛,1905年4月4日

皇家总督

最高敕令委托代理

师孟

船运

1905年3月30日—4月6日期间

到达日	轮船船名	船长	挂旗国籍	登记吨位	出发港	出发日	到达港
(3月20日)	芝罘号	艾德勒	德国	135	芝罘	4月4日	海州
(3月29日)	黄金岛号	史密斯	英国	892	上海	4月5日	上海
3月30日	柯尼夫斯堡号	韩森	德国	646	芝罘	3月30日	上海
3月31日	叶世克总督号	特洛依曼	德国	1 045	上海	4月1日	上海
4月3日	弗里德里希亲王号	普雷姆	德国	5 001	上海	4月3日	长崎
4月3日	笛罗山①号	罗泽	德国	2 112	香港		
4月4日	塞尔维亚号	雅各布	德国	2 344	马尼拉		
4月5日	柯尼夫斯堡号	韩森	德国	646	上海	4月5日	芝罘
4月5日	沃桑号	马尔金	英国	1 127	芝罘	4月5日	上海

---

① 译者注:笛罗山一词来自中德《汉洋文合璧潮平合同》,源于英国人对"水灵山"英文名称误译,水灵山即青岛近海的灵山岛。

Amtsblatt
für das
Deutsche Kiautschou-Gebiet.

青島官報

Herausgegeben vom Kaiserlichen Gouvernement Kiautschou.

Der Bezugspreis beträgt jährlich $ 0,60=M 1,20.
Bestellungen nehmen sämtliche deutsche Postanstalten entgegen.

| Jahrgang 6. | Nr. 15. | Tsingtau, den 15. April 1905. | 號五十第 | 年六第 |

Verordnungen und Bekanntmachungen.

Verordnung,
betreffend
Motorfahrzeuge.

Motorboote aller Art werden hinsichtlich der zu zahlenden Gebühren und der Unterstellung unter polizeiliche Kontrolle als Dampfboote angesehen; Motorwagen werden als Luxuswagen behandelt.

Tsingtau, den 11. April 1905.

Der Kaiserliche Gouverneur.
Allerhöchst mit der Stellvertretung beauftragt.

van Semmern.

| 78. | Amtsblatt—青島官報 | 15. April 1905. |

Amtliche Anzeigen.

Bekanntmachung.

Als gestohlen angemeldete Gegenstände: 11 Pakete Baumwolle, dieselbe ist in blauem Papier verpackt und über kreuz verschnürt, darauf schwarzes Etiquet mit japanischer bezw. englischer Goldschrift; Telegraphenleitungsdraht in grösseren Mengen.

Tsingtau, den 12. April 1905.

Kaiserliches Polizeiamt.

白 告

啟者茲將本署據報被竊各物列左

電線若干

藍紙皮棉花十一包用繩十字股綑綁上粘有黑票該票上印有日本金字英國金字

以上各物切勿輕買如見亦宜報明本署特佈

一千九百五年四月十二日

青島巡捕街門啟

Mitteilungen.

Die Geschäfte des Bezirksamts Tsingtau übernimmt am 15. d. Mts. anstelle des in die Heimat beurlaubten Dolmetschers Mootz der Dolmetschereleve Dr. Michelsen; die Geschäfte der chinesischen Kanzlei übernimmt Dolmetschereleve Grosse und die des Landamts der Dolmetschereleve Preyer.

* * *

Regierungsbaumeister Köhn scheidet aus dem Schutzgebietsdienste aus und tritt am 16. d. Mts. die Heimreise an.

* * *

Die Stationärgeschäfte vor Tsingtau hat S. M. S. „Jaguar" von S. M. S. „Luchs" übernommen.

* * *

Die Schantung-Eisenbahn-Gesellschaft hat ausser der bereits bewilligten Frachtermässigung von 50 % auf Viehtransporte auch die freie Beförderung der Viehtreiber in den Viehwagen bis auf weiteres vom 6. April d. Js. ab eingeführt.

* * *

Schiffsverkehr

in der Zeit vom 6.—13. April 1905.

Ankunft am	Name	Kapitän	Flagge	Reg. Tonnen.	von	Abfahrt am	nach
(24.3.)	S. Alpena	Berkholm	Amerikanisch	833	Port Townsend	10.4.	Hakodate
(3.4.)	D. Tolosan	Rose	Deutsch	2112	Hongkong	8.4.	Hongkong
(4.4.)	D. Serbia	Jakob	„	2344	Manila	9.4.	Manila
6.4.	D. Süllberg	Grandt	„	782	Tschinampo	8.4.	Kobe
„	D. München	Bressander	Englisch	2946	Schanghai	6.4.	Tschifu
7.4.	D. Gouv. Jäschke	Treumann	Deutsch	1045	„	8.4.	Schanghai
„	D. Vorwärts	Sohnemann	„	643	Tschifu	„	„
„	D. Chefoo	Edler	„	135	Haitschou	11.4.	Haitschou
10.4.	D. Dagmar	Carl	Norwegisch	383	Tschifu	12.4.	Tschifu
„	D. Medan	Deinat	Deutsch	476	Schanghai	11.4.	„

15. April 1905. Amtsblatt—青島官報 79.

Meteorologische Beobachtungen

in Tsingtau.

Da-tum. April	Barometer (mm) reduz. auf 0º C., Seehöhe 24,30 m			Temperatur (Centigrade).								Dunst-spannung in mm			Relat. Feuchtigkeit in Prozenten		
				trock. Therm.			feucht. Therm.										
	7 Vm	2 Nm	9 Nm	7 Vm	2 Nm	9 Nm	7 Vm	2 Nm	9 Nm	Min.	Max.	7 Vm	2 Nm	9 Nm	7 Vm	2 Nm	9 Nm
6	765,1	764,5	764,5	4,3	10,9	7,7	3,6	6,9	5,0	3,6	12,0	5,5	5,0	4,9	89	52	62
7	65,7	66,8	68,3	8,2	9,9	6,3	5,5	6,5	5,0	4,2	12,2	5,1	5,2	5,8	63	57	81
8	68,3	66,6	66,3	5,9	8,8	6,6	4,7	7,2	5,8	4,8	11,6	5,7	6,6	6,4	83	78	88
9	64,6	62,9	62,4	7,1	10,1	8,2	5,7	8,2	7,1	5,9	8,9	6,0	6,9	6,9	80	75	85
10	63,1	61,7	61,4	8,7	8,9	8,7	8,3	8,5	7,8	7,0	10,4	7,9	8,0	7,4	95	95	88
11	62,6	63,1	64,8	9,7	14,3	8,1	9,2	9,0	4,5	7,8	10,3	8,4	5,4	4,1	94	45	52
12	63,3	61,5	62,4	7,4	10,1	7,7	4,9	6,7	6,3	5,4	15,5	5,0	5,3	6,3	65	57	80

Da-tum. April	Wind Richtung & Stärke nach Beaufort (0—12)			Bewölkung						Niederschläge in mm		
				7 Vm		2 Nm		9 Nm				9 Nm +7 Vm
	7 Vm	2 Nm	9 Nm	Grad	Form	Grad	Form	Grad	Form	7 Vm	9 Nm	
6	WNW 4	NNW 3	SSW 3	3	Cum	1	Cum			5,0		
7	NNW 1	SO 3	SO 2			1	Str.					
8	SO 3	SO 5	SO 3	3	Cir-str	2	Cu-str	3	Cu-str			
9	OSO 2	SO 5	OSO 5	3	Cir-cum	1	Cum	4	Cu-nim			
10	SO 3	SO 4	SO 3	10	Cu-nim	10	Nim	10	Cu-str			
11	O 1	O 3	O 4	10	Cu-str							
12	Stille 0	SSO 3	SO 3	2	Cir-str	4	Cu-str	6	Cir-cum			

Druck der Missionsdruckerei, Tsingtau.

第六年 第十五号

1905 年 4 月 15 日

法令与告白

关于摩托乘具的法令

所有类型的摩托艇由于需缴纳的费用以及处于警方的监管,均被视为蒸汽艇。摩托车按照豪华汽车处理。

青岛,1905 年 4 月 11 日
皇家总督
最高敕令委托代理
师孟

官方通告

告白

启者:兹将本署据报被窃各物列左:

电线若许;蓝纸皮棉花十一包,用绳十字股捆绑,上粘有黑票,该票上印有"英国""日本"金字。

以上各物切勿轻买,如见亦宜报明本署。特布。

德一千九百五年四月十二
青岛巡捕衙门启

消息

本月 15 日,翻译见习官米歇尔森博士代理了回国度假的翻译官慕兴立在青岛华民审判厅的业务;翻译见习官格罗塞接手了华务处,翻译见习官普莱亚接手了地亩局的工作。

政府建筑师科恩离开了保护地的职务,于本月 16 日启程回国。

"美洲虎"号军舰接手了"臭鼬"号军舰在青岛的驻站工作。

在另行通知前,山东铁路公司自今年4月6日起对除已经实施的货运优惠之外,对牲畜运输优惠50％,并在牲畜车厢免费运送驱赶牲畜的人。

船运

1905年4月6日—13日期间

到达日	轮船船名	船长	挂旗国籍	登记吨位	出发港	出发日	到达港
(3月24日)	阿尔佩纳号	伯克霍尔姆	美国	833	汤森港	4月10日	函馆
(4月3日)	笛罗山号	罗泽	德国	2 112	香港	4月8日	香港
(4月4日)	塞尔维亚号	雅各布	德国	2 344	马尼拉	4月9日	马尼拉
4月6日	居尔堡号	格兰特	德国	782	南浦	4月8日	神户
4月6日	慕尼黑号	布莱桑德	英国	2 946	上海	4月6日	芝罘
4月7日	叶世克总督号	特洛依曼	德国	1 045	上海	4月8日	上海
4月7日	前进号	索纳曼	德国	643	芝罘	4月8日	上海
4月7日	芝罘号	艾德勒	德国	135	海州	4月11日	海州
4月10日	达格玛号	卡尔	挪威	383	芝罘	4月12日	芝罘
4月10日	棉兰号	代纳特	德国	476	上海	4月11日	芝罘

Amtsblatt
für das
Deutsche Kiautschou-Gebiet.

青島官報

Herausgegeben vom Kaiserlichen Gouvernement Kiautschou.

Der Bezugspreis beträgt jährlich $ 0,60=M 1,20.
Bestellungen nehmen sämtliche deutsche Postanstalten entgegen.

Jahrgang 6. Nr. 16. Tsingtau, den 22. April 1905.

Amtliche Anzeigen.

Bekanntmachung.

Über das Vermögen des **Schlossermeisters Wanke** in Tingtau ist am 15. April 1905, nachmittags 4 Uhr, der Konkurs eröffnet worden.

Verwalter Rechtsanwalt Dr. Koch hier.

Anmeldefrist bis 15. Mai 1905.

Erste Gläubigerversammlung und allgemeiner Prüfungstermin am 2. Juni 1905, vormittags 10 Uhr, vor dem unterzeichneten Gericht.

Offener Arrest und Anzeigefrist bis zum 15. Mai 1905.

Tingtau, den 15. April 1905.

Kaiserliches Gericht von Kiautschou.

Bekanntmachung.

Bei dem Kaiserlichen Gericht von Kiautschou sind für den Rest des Jahres 1905 anstelle der wegen Fortzuges von Tsingtau bereits ausgeschiedenen bezw. demnächst ausscheidenden Beisitzer Kaufmann Pfeiffer und Eisenbahnbetriebsdirektor Schmidt und Hülfsbeisitzer Bergassessor Dr. Brücher, Bankdirektor Homann und Regierungsbaumeister Köhn ernannt:

zu Beisitzern: die bisherigen Hülfsbeisitzer Kaufleute Berg und Goecke;

zu Hülfsbeisitzern: der Bergwerksdirektor Behaghel, der stellvertretende Bankdirektor Jung, der Vertreter der Hamburg-Amerika-Linie Kirchhoff, der Kaufmann Munder und der Regierungsbaumeister Blaich, sämtlich in Tsingtau.

Tsingtau, den 13. April 1905.

Der Kaiserliche Oberrichter.

欽命德膠按察司

出示曉諭事案據青島德鐵匠仕革來司稟稱因生意虧空前來欠各債無力抵償請將所有貲財折變與債主均攤等語據此當經本司查核屬實茲己訂自西歷一千九百五年四月十四日下午四點鐘起將該鐵匠所有一應宜財暨本來所為

報此即於西歷一千九百五年六月初二日中午十點鐘候查核所報是否確實自應准私自變回該鐵匠物件折變分別給該欠債各債主齊葛和承辦此案各項事宜凡欠該鐵匠欠項暨銀錢等項候將來物件折變時一律師到庭上午十一點鐘

據報人欲向該鐵匠索債者限至西歷一千九百五年五月十五日即中四月十二日止前來報明亦限至西五月十五日中四月十二日自變回該之債點分別該是

在報本司預訂於西六月初二即中四月三十日上午十點鐘候查核所有該鐵匠物件或銀錢等項多募俟將來物件折變時

不屬本堂並論明至西五月十五日中四月十二日止前來該鐵匠欠項或欠債多募俟將來物件折變

鐵匠寒倚有人存仰該鐵匠物件或銀錢等多募俟將來物件折變

報呈該堂並有訊明亦限至西五月十五日中四月十二日止前來報明

宜專用以抵還欠款其各恪遵勿違特諭

大德一千九百五年四月十五日

右諭通知

告示

82. Amtsblatt—青島官報 22. April 1905.

Mitteilungen.

Die Hauptstrasse von Tai tung tschen wird während des Ausbaues für Fuhrwerke und Reiter gesperrt und der Verkehr durch die Nebenstrassen geführt.

* * *

Nach telegraphischer Mitteilung der Kaiserlichen Gesandtschaft in Tokio ist über den Kriegshafen von Makong auf den Pescadores-Inseln und über die umliegenden Gewässer der Belagerungszustand erklärt worden.

* * *

Nach einer weiteren telegraphischen Mitteilung der Kaiserlichen Gesandtschaft in Tokio hat das japanische Marineministerium als Seeverteidigungsgebiete die Zonen innerhalb drei Seemeilen um die Pescadores-Inseln und um die Inseln Okinawa und Amami Oshima des Liu kiu-Archipels, sowie die Tsugaru-Strasse bekannt gegeben.

Meteorologische Beobachtungen

in Tsingtau.

Datum. April	Barometer (mm) reduz. auf 0° C., Seehöhe 24,30 m			Temperatur (Centigrade).								Dunstspannung in mm			Relat. Feuchtigkeit in Prozenten		
				trock. Therm.			feucht. Therm.										
	7 Vm	2 Nm	9 Nm	7 Vm	2 Nm	9 Nm	7 Vm	2 Nm	9 Nm	Min.	Max.	7 Vm	2 Nm	9 Nm	7 Vm	2 Nm	9 Nm
13	760,9	760,2	761,3	8,9	10,3	7,1	7,1	8,4	6,5	7,0	10,7	6,5	7,0	6,9	76	75	91
14	61,3	59,4	60,3	6,3	8,1	8,4	5,9	7,5	7,5	5,9	13,8	6,7	7,4	7,2	94	92	88
15	60,4	59,4	59,0	10,5	12,3	8,9	8,9	9,9	8,2	6,0	11,1	7,6	7,7	7,7	80	72	91
16	55,8	54,2	56,5	11,3	12,2	8,7	10,5	10,7	6,3	8,3	15,0	9,0	8,7	5,7	91	83	68
17	58,3	57,6	57,6	4,9	12,7	7,6	2,0	6,8	6,3	4,7	14,4	3,6	3,8	6,4	55	35	82
18	56,4	51,8	50,2	8,0	10,4	11,5	6,1	9,1	9,6	4,9	13,6	5,9	7,8	8,4	73	84	90
19	49,7	51,6	54,2	10,8	12,3	11,7	9,9	0,0	7,8	8,6	11,5	8,6	7,8	6,2	90	73	64

Datum. April	Wind Richtung & Stärke nach Beaufort (0—12)			Bewölkung						Niederschläge in mm		
				7 Vm		2 Nm		9 Nm				9 Nm
	7 Vm	2 Nm	9 Nm	Grad	Form	Grad	Form	Grad	Form	7 Vm	9 Nm	7 Vm
13	Stille 0	S O 3	O 3	10	Cu-str	3	Cu-str	11	Nebel			
14	S O 2	SSO 4	OSO 2	10	Nebel	10	Nebel	7	Cu-str			
15	OSO 1	S O 3	SSO 2	4	Cir-str	4	Cu-str	10	Nebel			
16	N O 1	SSO 2	N 4	10	Cum	10	Cum	10	Cu-str			
17	NNW 5	N W 2	OSO 2					2	Cu-str			
18	SSO 3	OSO 5	SSO 5	8	Cu-str	10	Cum	7	Cum	5,0	5,0	
19	S O 1	WNW 6	N 4	9	Cum	9	Cu-str	10	„			

22. April 1905. Amtsblatt—青島官報 83.

Schiffsverkehr

in der Zeit vom 13.—20. April 1905.

Ankunft am	Name	Kapitän	Flagge	Reg. Tonnen.	von	Abfahrt am	nach
(18.3.)	S. Susquehanna	Watts	Amerikanisch	2591	Bayonne	17.4.	Caledonien
14.4.	D. Knivsberg	Lorentzen	Deutsch	646	Tschifu	14.4.	Schanghai
„	D. Gouv. Jäschke	Treumann	„	1045	Schanghai	15.4.	„
„	D. München	Bressander	Englisch	2946	Tschifu		
„	D. Ragnar	Nielsen	Norwegisch	1220	Otaro		
„	D. Chefoo	Edler	Deutsch	135	Haitschou		
16.4.	D. Ras Elba	Green	Englisch	1769	Portland		
17.4.	D. Holstein	Hansen	Deutsch	985	Tschifu	20.4.	Hongkong
18.4.	D. Vorwärts	Hansen	„	643	Schanghai	19.4.	Tschifu
„	D. Standard	Hansen	Norwegisch	908	Kobe		
„	D. Inkula	Dean	Englisch	3313	Schanghai		
19.4.	D. Medan	Deinat	Deutsch	476	Tschifu	20.4.	Schanghai

Druck der Missionsdruckerei Tsingtau.

第六年 第十六号

1905 年 4 月 22 日

官方通告

钦命德胶按察司　为

出示晓谕事：案据青岛德铁匠汪革来司禀称"因生意亏空，所欠各债无力抵偿，请将所有资财折变，与债主均摊"等语前来。据此当经本司查核属实，兹已订自西历一千九百五年四月十五即中三月十一日下午四点钟起，将该铁匠所有资财暨（及）外欠账项归官经理，特派律师葛和承办此案各项事宜。凡有人欲向该铁匠索债者，限至西五月十五即中四月十二日禀报本司，并预订于西六月初二即中四月三十日上午十点钟在本司堂讯。届时仰各债主齐赴公堂听候查核所报之债是否属实，倘有人存该铁匠物件或银钱等项，不准私自交回该铁匠手。兹并谕明亦限至西五月十五即中四月十二日分别报呈该经理人，并声明该铁匠欠债多寡，俟将来物件折变时宜专用以抵还欠款。其各恪遵勿违。特谕。

右谕通知

大德一千九百五年四月十五日　告示

告白

在胶澳皇家审判厅处，因需要在 1905 年剩余时间里代理离开青岛或者即将离开青岛的陪审员商人普菲佛和铁路经理施密特，以及助理陪审员采矿评估师布吕歇博士、银行经理何曼和政府建筑师科恩，现任命：

目前为止担任助理陪审员的商人伯格和葛克为陪审员；

矿场经理倍哈格尔、银行副经理荣格、亨宝船运公司代表基尔希霍夫、商人蒙德和政府建筑师布莱希为助理陪审员，他们现均在青岛。

青岛，1905 年 4 月 13 日

皇家高等法官

消息

台东镇的主街在为车辆和骑手扩建期间封闭，各项交通从辅街通过。

根据在东京的皇家领事馆电报通知，澎湖列岛（Pescadores-Inseln）的马公被宣布为战争港口，周边水域被宣布处于包围状态。

根据在东京的皇家领事馆的另一项电报通知，日本海军部宣布澎湖列岛以及琉球群岛（Liu kiu-Archipels）的冲绳（Okinawa）和奄美大岛（Amami Oshima）以及津清（Tsugaru）海峡周边三海里区域为海防区。

船运

1905 年 4 月 13 日—20 日期间

到达日	轮船船名	船长	挂旗国籍	登记吨位	出发港	出发日	到达港
（3月18日）	海纳号	瓦茨	美国	2 591	巴约那	4月17日	喀里多尼亚
4月14日	柯尼夫斯堡号	洛伦岑	德国	646	芝罘	4月14日	上海
4月14日	叶世克总督号	特洛依曼	德国	1 045	上海	4月15日	上海
4月14日	慕尼黑号	布莱桑德	英国	2 946	芝罘		
4月14日	拉格纳号	尼尔森	挪威	1 220	小樽		
4月14日	芝罘号	艾德勒	德国	135	海州		
4月16日	拉斯艾尔巴号	格林	英国	1 769	波特兰		
4月17日	霍尔施坦号	韩森	德国	985	芝罘	4月20日	香港
4月18日	前进号	韩森	德国	643	上海	4月19日	芝罘
4月18日	标准号	韩森	挪威	908	神户		
4月18日	因库拉号	迪恩	英国	3 313	上海		
4月19日	棉兰号	代纳特	德国	476	芝罘	4月20日	上海

Amtsblatt
für das
Deutsche Kiautschou-Gebiet.

青島官報

Herausgegeben vom Kaiserlichen Gouvernement Kiautschou.

Der Bezugspreis beträgt jährlich $ 0,60 = M 1,20.
Bestellungen nehmen sämtliche deutsche Postanstalten entgegen.

Jahrgang 6.   Nr. 17.   Tsingtau, den 29. April 1905.   第十七號   第六年

85. 德歷一千九百零五年四月廿九日

Amtliche Anzeigen.

Bekanntmachung.

Als gestohlen angemeldete Gegenstände: 2 weisse Decken gez. G. V.; 1 Spucknapf gez. G. V.

Als verloren angemeldete Gegenstände: 1 Reisedecke, die eine Seite schwarz, die andere bunt, mit Monogramm J. St.

Tsingtau, den 26. April 1905.

Kaiserliches Polizeiamt.

白告

啓者茲將本署據報被竊遺失各物分別列左

被竊之物
白絨毯二條上有 G.V. 字樣
痰盂子一個上有 G.V. 字樣

遺失之物
行路厚絨氈一條一面黑色一面花色上有 J. St. 字樣

以上各物切勿輕買如見亦宜報明本署特佈

德一千九百五年四月二十六日

青島巡捕衙門啓

Bekanntmachung.

5 Tonnen englische und 15 Tonnen japanische Kohlen sind auf der Innenreede durch Taucher des Kaufmanns Tschang fu tang geborgen worden.

Eigentumsberechtigte haben ihre Ansprüche bis zum 1. Juni d. Js. beim Kaiserlichen Hafenamt anzuzeigen, widrigenfalls dieselben bei der Verfügung über die geborgenen Gegenstände unberücksichtigt bleiben würden.

Tsingtau, den 27. April 1905.

Kaiserliches Hafenamt.

Bekanntmachung.

In dem Konkurse über das Vermögen des Schlossers

Hermann Gesenger

ist zur Beschlussfassung über den freihändigen Verkauf des dem Gemeinschuldner gehörigen Grundstücks Tsingtau Bd. III. Bl. 123 eine Gläubigerversammlung auf

den 6. Mai 1905, vormittags 10 Uhr,

an Gerichtsstelle Zimmer Nr. 2 berufen.

Tingtau, den 20. April 1905.

Gerlach, Sekretär,
Gerichtsschreiber des Kaiserlichen Gerichts von Kiautschou.

Oeffentliche Zustellung.

Der Kaufmann Martin Krogh in Tsingtau klagt gegen die früheren Matrosenartilleristen Mittmann, Scherbaum, Kühne, Elverfeld, Staudt, Mehl, Thierbach, den früheren Seesoldaten vom Berg und den Techniker J. Schau, sämtlich zuletzt in Tsingtau, jetzt unbekannten Aufenthaltes, wegen Kaufgelder für gelieferte Waren mit dem Antrage, die Beklagten zu verurteilen

1) Mittmann zur Zahlung von 4,20 $ nebst 8% Zinsen seit dem 27. Januar 1903,
2) Scherbaum zur Zahlung von 4,45 $ nebst 8% Zinsen seit dem 27. Januar 1903,
3) Kühne zur Zahlung von 6,80 $ nebst 8% Zinsen seit dem 27. Januar 1903,
4) Elverfeld zur Zahlung von 7,10 $ nebst 8% Zinsen seit dem 27. Januar 1903,
5) Staudt zur Zahlung von 7,10 $ nebst 8% Zinsen seit dem 27. Januar 1903,
6) Mehl zur Zahlung von 29,00 $ nebst 8% Zinsen seit dem 1. Januar 1903,
7) Thierbach zur Zahlung von 88,71 $ nebst 8% Zinsen seit dem 1. November 1902,
8) vom Berg zur Zahlung von 18,50 $ nebst 8% Zinsen seit dem 1. März 1902,
9) Schau zur Zahlung von 15,30 $ nebst 8% Zinsen seit dem 1. November 1903.

Der Kläger ladet die Beklagten zur mündlichen Verhandlung des Rechtsstreits vor das Kaiserliche Gericht von Kiautschou in Tsingtau, Zimmer Nr. 2, auf den 8. August 1905, vormittags 9 Uhr. Die Einlassungsfrist ist auf 7 Wochen festgesetzt. Zum Zwecke der öffentlichen Zustellung wird dieser Auszug der Klage bekannt gemacht.

Tsingtau, den 25. April 1905.

Gerlach, Sekretär,
Gerichtsschreiber des Kaiserlichen Gerichts von Kiautschou.

In das hiesige Handelsregister ist heute in Abteilung A Nr. 46 eingetragen die Firma:

Franz Xaver Mauerer, Tsingtau.

Alleiniger Inhaber ist der Baumeister Franz Xaver Mauerer in Tsingtau.

Tsingtau, den 25. April 1905.

Kaiserliches Gericht von Kiautschou I.

Bekanntmachung.

Die auf der Innenreede von Tsingtau nordwestlich des Hufeisenriffs, gegenüber der Hafeneinfahrt gelegene Glockentonne ist vorübergehend zur Reparatur eingezogen worden.

Tsingtau, den 20. April 1905.

Kaiserliches Hafenamt.

Mitteilungen.

Hochbaudirektor Strasser ist im Schutzgebiete eingetroffen und hat seinen Dienst angetreten.

* * *

Der Truppentransportdampfer „Rhein" mit dem Ablösungstransport für das Kreuzergeschwader wird Bremerhaven am 7. Mai d. Js. verlassen und am 20. Juni d. Js. in Tsingtau eintreffen.

29. April 1905. Amtsblatt—青島官報 87.

Meteorologische Beobachtungen
in Tsingtau.

Datum. April	Barometer (mm) reduz. auf 0° C., Seehöhe 24,30 m			Temperatur (Centigrade).								Dunstspannung in mm			Relat. Feuchtigkeit in Prozenten		
				trock. Therm.			feucht. Therm.										
	7 Vm	2 Nm	9 Nm	7 Vm	2 Nm	9 Nm	7 Vm	2 Nm	9 Nm	Min.	Max.	7 Vm	2 Nm	9 Nm	7 Vm	2 Nm	9 Nm
20	756,6	759,7	763,1	7,7	9.9	7,2	5,7	5,3	6,7	7,5	13,6	5,7	3,9	7,0	72	43	93
21	64,9	63,6	65,3	7,3	11,2	11,5	5,6	7,8	5,6	5,3	11,9	5,8	5,9	3,3	76	59	32
22	69,1	68,5	68,9	7,1	14,1	8,0	4,0	6,6	5,5	6,6	13,4	4,2	2,8	5,3	56	23	65
23	68,3	66,7	64,2	8,0	9,9	8,1	6,2	7,7	6,9	6,3	14,4	6,0	6,5	6,7	75	71	83
24	59,5	58,3	60,4	7,7	9,6	7,6	7,0	8,7	6,8	6,6	10,5	7,1	7,8	6,9	90	88	89
25	59,9	59,7	59,7	7,4	10,9	8,1	6,9	9,1	6,8	6,8	10,3	7,1	7,5	6,6	93	77	82
26	59,1	59,1	59,7	9,3	12,6	9,2	8,6	10,6	8,5	7,4	10,9	7,9	8,3	7,8	91	77	91

Datum. April	Wind Richtung & Stärke nach Beaufort (0—12)			Bewölkung						Niederschläge in mm		
				7 Vm		2 Nm		9 Nm				9 Nm 7 Vm
	7 Vm	2 Nm	9 Nm	Grad	Form	Grad	Form	Grad	Form	7 Vm	9 Nm	
20	N W 4	N W 4	N 2	10	Cum	10	Cum	2	Cir-str			
21	WSW 1	S O 3	N W 3	4	Cir-cum	2	„	10	Cum			
22	WNW 3	WNW 1	S O 2	3	Cum-str	1	Cir-str	2	„			
23	S O 1	S O 3	O 3	6	Cir-cum	8	Cir-cum	10	Cum-nim			2,8
24	O 4	WNW 2	O 2	10	Nim	10	Cum-nim	10	Cum	2,8	0,6	0,6
25	SSO 2	SSO 2	SSO 2	10	Cum	4	Cu-str	10	„			
26	OSO 1	S O 2	SSO 2			4	Cir-str					

Schiffsverkehr
in der Zeit vom 20.—27. April 1905.

Ankunft am	Name	Kapitän	Flagge	Reg. Tonnen.	von	Abfahrt am	nach
(14.4.)	D. München	Bressander	Englisch	2946	Tschifu	21.4.	Tschifu
(„)	D. Ragnar	Nielsen	Norwegisch	1220	Otaro	20.4.	Schanghai
(„)	D. Chefoo	Edler	Deutsch	135	Haitschou	21.4.	Wusung
(16.4.)	D. Ras Elba	Green	Englisch	1769	Portland	24.4.	Moji
(18.4.)	D. Standard	Hansen	Norwegisch	908	Kobe	20.4.	Schanghai
(„)	D. Inkula	Dean	Englisch	3313	Schanghai	20.4.	„
21.4.	D. Gouv. Jäschke	Treumann	Deutsch	1045	„	22.4.	„
23.4.	D. El Dorado	Meier	Englisch	892	„	25.4.	„
„	D. Prosper	Christensen	Norwegisch	789	Tschinwantau	26.4.	„
24.4.	D. Knivsberg	Lorentzen	Deutsch	646	Schanghai	25.4.	Tschifu
„	D. Dagmar	Carl	Norwegisch	383	Kobe	26.4.	Kobe

88. Amtsblatt—青島官報 29. April 1905.

Schantung-Eisenbahn.
Fahrplan
giltig ab 1. Mai 1905.

Gm. Zug. 1. Kl. 1–3. An-kunft	Gm. Zug. 1. Kl. 1–3. Ab-fahrt	Gm. Zug. 3. Kl. 1–3. An-kunft	Gm. Zug. 3. Kl. 1–3. Ab-fahrt	Gm. Zug. 5. Kl. 1–3. An-kunft	Gm. Zug. 5. Kl. 1–3. Ab-fahrt	Kilo-meter	Stationen	Gm. Zug. 2. Kl. 1–3. An-kunft	Gm. Zug. 2. Kl. 1–3. Ab-fahrt	Gm. Zug. 4. Kl. 1–3. An-kunft	Gm. Zug. 4. Kl. 1–3. Ab-fahrt	Gm. Zug. 6. Kl. 1–3. An-kunft	Gm. Zug. 6. Kl. 1–3. Ab-fahrt
706	700		300			—	Tsingtau	705	659	1102	1058		655
717	709	309	312			3	Gr. Hafen	656	648	1050	1040		640
733	718	323	326			8	Sytang	647	631	1036	1015		625
749	736	347	352			18	Tsangkou	628	615	1010	953		602
758	750	409	412			28	Nükukou	614	606	950	938		547
817	800	424	429			33	Tschengyang	604	547	933	910		519
834	819	452	502			47	Nantschuan	546	530	900	840		506
846	837	522	532			57	Lantsun	527	518	830	818	725	441
857	846	544	545			62	Likotschuang	518	507	816	801	654	418
909	857	600	602			73	Tahuang	507	455	800	739	638	346
935	924	619	639			81	Klautschou	440	429	756	708	617	383
943	935	655	656			88	Tahang	429	421	719	649	600	
952	943	708	710			93	Tselantschuang	421	412	701	638	532	
1004	952	728	726	600		99	Yaukotschuang	412	400	646	612	515	
1042	1019	742	—	631		107	Kaumi	340	317	628		501	
1052	1042			647		122	Tsaltschlatschuang	317	307			486	
1102	1052			700	708	129	Taerlpu	307	257			408	
1115	1104			723	726	135	Tschangling	255	244			345	
1125	1115			739	752	142	Taipautschuang	244	234				
1135	1126			805	810	148	Tsoschan	233	224				
1142	1135			819	827	157	Huantschipu	224	217				
1200	1143			848	853	163	Nanliu	216	201				
1214	1200	Gm. Zug. 7. Kl. 1–3.	Gm. Zug. 7. Kl. 1–3.	911	920	173	Hamatun	201	147				
1237	1224	257	240	937	938	183	Fangtse	137	123				
1245	1237	310	258	950		191	Erlschyhljju	123	115	Gm. Zug. 8. Kl. 1–3.	Gm. Zug. 8. Kl. 1–3.		
118	105	325	310			196	Weihsien	1255	1242	1110	1058		
118	118	346	325			205	Tayüho	1242	1232	1051	1039		
128	128	359	346			211	Tschuliutien	1232		1029	1011		
			401							1009	956		
										954			

29. April 1905.   Amtsblatt—青島官報   **89.**

Fahrplan (Timetable)

Oberer Abschnitt (Tschanglo → Tschangtien)

←	←	←	←	Station	→	→	→	→
141	144	419	433	Tschanglo	1216	1219	924	936
154	154	447	449	Yauku	1206	1206	907	910
207	207	507	509	Tantschiafangtse	1152	1153	847	849
217	217	523	525	Yangtschiatschuang	1142	1142	831	833
233	248	547	605	Tsingtschoufu	1112	1126		809
300	300	622	6̱2̱4̱	Putung	1100	1100	749	7̱3̱2̱
310	311	638	6̱4̱3̱	Tsehotien	1049	1039	730	7̱1̱6̱
321	322	657	7̱0̱0̱	Hsintien	1038	1023	711	6̱5̱7̱
337	340	7̱2̱0̱	7̱2̱6̱	Tsinglingtschen	1020	1011	654	6̱3̱4̱
349	349	7̱3̱7̱	7̱4̱0̱	Hutien	1011	1001	629	6̱1̱7̱
359		7̱5̱4̱	—	Tschangtien			614	6̱0̱0̱

Gm. Zug. 23. Kl. 2–3.   Gm. Zug. 20. Kl. 2–3.   Gm. Zug. 22. Kl. 2–3.

Mittlerer Abschnitt (Tschangtien → Poschan)

←	←	Station	→
455	1050	Tschangtien	926
500	1110	Nanting	910
534	1144	Tsetschuan	842
607	1217	Takueulun	814
6̱3̱3̱		Poschan	757

Gm. Zug. 21. Kl. 2–3.   Gm. Zug. 2.

Unterer Abschnitt (Tschangtien → Tsinanfu-West)

←	←	←	←	Station	→	→	→	→
419	427	651	689	Tschangtien	946	302	728	716
427	437	707	653	Maschang	938	308	7̱1̱4̱	7̱0̱0̱
437	501	723	709	Yatschuang	928	314	6̱5̱8̱	6̱4̱4̱
447	527	788	809	Tschoutsun	908	320	624	556
526	541	808	834	Talingtschyh	841	335	555	540
538	552	824	858	Wangtsun	827	343	580	516
551	610	848	923	Putschi	815	349	506	506
609	6̱2̱1̱	920	939	Mingschui	756	361	441	444
620	6̱4̱7̱	937	1010	Tsauyuantschuang	745	367	425	427
637	656	1000	1023	Lungschan	719	378	352	404
656	705	1022	1037	Schyhlipu	710	384	389	340
705	7̱1̱7̱	1035	1055	Kotien	701	389	325	327
7̱1̱7̱	7̱2̱4̱	1053	1106	Wangschyhjentschuang	649	397	307	309
7̱2̱4̱	7̱3̱7̱	1105	1132	Patschienpu	642	401	256	257
7̱3̱2̱	7̱4̱4̱	1117	1140	Tsinanfu-Ost	629	406	227	245
7̱4̱3̱		1140	1151	Tsinanfu-Nordwest	622	409	219	219
7̱5̱0̱		1151		Tsinanfu-West		412	208	208

Gm. Zug. 1. Kl. 1–3.   Gm. Zug. 9. Kl. 1–3.   Gm. Zug. 2.   Gm. Zug. 10. Kl. 1–3.

Die Zeiten von 6 Uhr abends bis 5 Uhr 59 Min. morgens sind durch Unterstreichung der Minutenziffern kenntlich gemacht.

Hochwassertabelle für den Monat Mai 1905.

Datum	Tsingtau - Hauptbrücke.		Grosser Hafen, Mole I.		Nükuk'ou.	
	Vormittags	Nachmittags	Vormittags	Nachmittags	Vormittags	Nachmittags
1.	2 U. 31 M.	2 U. 57 M.	3 U. 01 M.	3 U. 27 M.	3 U. 31 M.	3 U. 57 M.
2.	3 „ 17 „	3 „ 37 „	3 „ 47 „	4 „ 07 „	4 „ 17 „	4 „ 37 „
3.	3 „ 55 „	4 „ 13 „	4 „ 25 „	4 „ 43 „	4 „ 55 „	5 „ 13 „
4.	4 „ 30 „	4 „ 47 „ ●	5 „ 00 „	5 „ 17 „	5 „ 30 „	5 „ 47 „
5.	5 „ 04 „	5 „ 21 „	5 „ 34 „	5 „ 51 „	6 „ 04 „	6 „ 21 „
6.	5 „ 38 „	5 „ 55 „	6 „ 08 „	6 „ 25 „	6 „ 88 „	6 „ 55 „
7.	6 „ 13 „	6 „ 31 „	6 „ 43 „	7 „ 01 „	7 „ 13 „	7 „ 31 „
8.	6 „ 50 „	7 „ 09 „	7 „ 20 „	7 „ 39 „	7 „ 50 „	8 „ 09 „
9.	7 „ 30 „	7 „ 51 „	8 „ 00 „	8 „ 21 „	8 „ 30 „	8 „ 51 „
10.	8 „ 13 „	8 „ 35 „	8 „ 43 „	9 „ 05 „	9 „ 13 „	9 „ 35 „
11.	9 „ 01 „	9 „ 27 „	9 „ 31 „	9 „ 57 „	10 „ 01 „	10 „ 27 „
12.	9 „ 57 „ ◐	10 „ 28 „	10 „ 27 „	10 „ 58 „	11 „ 57 „	11 „ 28 „
13.	11 „ 03 „ ◐	11 „ 39 „	11 „ 33 „	—	—	0 „ 03 „
14.	—	0 „ 16 „	0 „ 09 „	0 „ 46 „	0 „ 39 „	1 „ 16 „
15.	0 „ 52 „	1 „ 27 „	1 „ 22 „	1 „ 57 „	1 „ 52 „	2 „ 57 „
16.	2 „ 01 „	2 „ 32 „	2 „ 31 „	3 „ 02 „	3 „ 01 „	3 „ 32 „
17.	3 „ 02 „	3 „ 29 „	3 „ 32 „	3 „ 59 „	4 „ 02 „	4 „ 29 „
18.	3 „ 55 „	4 „ 20 „ ○	4 „ 25 „	4 „ 50 „	4 „ 55 „	5 „ 20 „
19.	4 „ 45 „	5 „ 10 „	5 „ 15 „	5 „ 40 „	5 „ 45 „	6 „ 10 „
20.	5 „ 34 „	5 „ 57 „	6 „ 04 „	6 „ 27 „	6 „ 34 „	6 „ 57 „
21.	6 „ 20 „	6 „ 42 „	6 „ 50 „	7 „ 12 „	7 „ 20 „	7 „ 42 „
22.	7 „ 03 „	7 „ 24 „	7 „ 33 „	7 „ 54 „	8 „ 03 „	8 „ 24 „
23.	7 „ 45 „	8 „ 06 „	8 „ 15 „	8 „ 36 „	8 „ 45 „	9 „ 06 „
24.	8 „ 27 „	8 „ 49 „	8 „ 57 „	9 „ 19 „	9 „ 27 „	9 „ 49 „
25.	9 „ 10 „	9 „ 34 „	9 „ 40 „	10 „ 04 „	10 „ 10 „	10 „ 34 „
26.	9 „ 58 „ ◐	10 „ 27 „	10 „ 28 „	10 „ 57 „	10 „ 58 „	11 „ 27 „
27.	10 „ 56 „	11 „ 30 „	11 „ 26 „	0 „ 00 „	11 „ 56 „	—
28.	—	0 „ 04 „	—	0 „ 34 „	0 „ 30 „	1 „ 04 „
29.	0 „ 37 „	1 „ 10 „	1 „ 07 „	1 „ 40 „	1 „ 37 „	2 „ 10 „
30.	1 „ 40 „	2 „ 09 „	2 „ 10 „	2 „ 39 „	2 „ 40 „	3 „ 09 „
31.	2 „ 34 „	2 „ 58 „	3 „ 04 „	3 „ 28 „	3 „ 34 „	3 „ 58 „

1) ○ = Vollmond; 2) ◐ = Letztes Viertel; 3) ● = Neumond; 4) ◐ = Erstes Viertel.

Anmerkung: In T'a pu t'ou tritt das Hochwasser 10 Minuten früher als in Nükuk'ou auf.

29. April 1905.   Amtsblatt—青島官報

Sonnen-Auf-und Untergang
für Monat Mai 1905.

Dt.	Mittelostchinesische Zeit des			
	wahren	scheinbaren	wahren	scheinbaren
	Sonnen-Aufgangs.		Sonnen-Untergangs.	
1.	5 U. 11.8 M.	5 U. 6.3 M.	6 U. 40.0 M.	6 U. 45.5 M.
2.	10.7	5.2	40.8	46.3
3.	9.6	4.1	41.6	47.1
4.	8.6	3.1	42.4	47.9
5.	7.6	2.1	43.3	48.8
6.	6.6	1.1	44.2	49.7
7.	5.5	0.0	45.1	50.6
8.	4.5	4 U. 59.0	46.0	51.5
9.	3.5	58.0	46.9	52.4
10.	2.5	57.0	47.8	53.3
11.	1.5	56.0	48.7	54.2
12.	0.6	55.1	49.5	55.0
13.	4 U. 59.7	54.2	50.3	55.8
14.	58.9	53.4	51.1	56.6
15.	58.1	52.6	51.9	57.4
16.	57.3	51.8	52.7	58.2
17.	56.6	51.1	53.4	58.9
18.	55.9	50.4	54.1	59.6
19.	55.3	49.8	54.8	7 U. 0.3
20.	54.7	49.2	55.5	1.0
21.	54.1	48.6	56.1	1.6
22.	53.4	47.9	56.9	2.4
23.	52.7	47.2	57.7	3.2
24.	52.0	46.5	58.6	4.1
25.	51.3	45.8	59.5	5.0
26.	50.6	45.1	7 U. 0.4	5.9
27.	50.2	44.7	1.1	6.6
28.	49.8	44.3	1.7	7.2
29.	49.4	43.9	2.3	7.8
30.	49.0	43.5	2.9	8.4
31.	48.7	43.2	3.5	9.0

Druck der Missionsdruckerei Tsingtau.

第六年　第十七号

1905年4月29日

官方通告

告白

启者：兹将本署据报被窃、遗失各物分别列左：

被窃之物：

白绒毯二条，上有"G. V."字样；痰盂子一个，上有"G. V."字样。

遗失之物：

行路厚绒毡一条，一面黑色，一面花色，上有"J. St."字样。

以上各物切勿轻买，如见亦宜报明本署。特布。

德一千九百五年四月二十六日

青岛巡捕衙门启

告白

商人张福唐（音译）的潜水员已从内湾打捞上来5吨英国煤和15吨日本煤。

对此具有财产权者，须在今年6月1日前到皇家船政局报告，否则，在处理这些打捞物品时，将不予考虑。

青岛，1905年4月27日

皇家船政局

告白

在对钳工赫尔曼·格僧杰的财产破产案中，为了对由共同债权人所有的青岛区地籍册第Ⅲ卷第123页上地块的不公开拍卖出售做出决议，现确定于1905年5月6日上午10点在法院办公室2号房间举行债权人大会。

青岛，1905年4月20日

格尔拉赫，秘书

胶澳皇家审判厅法院书记官

公开投递

青岛的商人马丁·克罗格对之前的水兵炮队成员米特曼、舍尔鲍姆、居纳、埃尔夫菲尔德、施陶特、梅尔、蒂尔巴赫,前海军陆战士兵冯·贝尔格和技师 J. 肖提起诉讼,上述人员以前均身处青岛,现所在位置不明,起诉事由为判决他们支付已供货商品的货款,金额为:

1) 米特曼,支付 4.20 元以及自 1903 年 1 月 27 日开始计算的 8% 的利息;
2) 舍尔鲍姆,支付 4.45 元以及自 1903 年 1 月 27 日开始计算的 8% 的利息;
3) 居纳,支付 6.80 元以及自 1903 年 1 月 27 日开始计算的 8% 的利息;
4) 埃尔夫菲尔德,支付 7.10 元以及自 1903 年 1 月 27 日开始计算的 8% 的利息;
5) 施陶特,支付 7.10 元以及自 1903 年 1 月 27 日开始计算的 8% 的利息;
6) 梅尔,支付 29.00 元以及自 1903 年 1 月 1 日开始计算的 8% 的利息;
7) 蒂尔巴赫,支付 88.71 元以及自 1902 年 11 月 1 日开始计算的 8% 的利息;
8) 冯·贝尔格,支付 18.50 元以及自 1902 年 3 月 1 日开始计算的 8% 的利息;
9) J. 肖,支付 15.30 元以及自 1903 年 11 月 1 日开始计算的 8% 的利息。

原告要求被告于 1905 年 8 月 8 日上午 9 点前往青岛的胶澳皇家审判厅 2 号房间参加该诉讼的现场裁决。

该应诉期限确定为 7 周。

出于公开投递的目的,现公布该诉讼的内容节选。

青岛,1905 年 4 月 25 日
格尔拉赫,秘书
胶澳皇家审判厅书记官

在本地商业登记 A 部第 46 号今天登记了公司"青岛毛利公司"。
其唯一所有人为青岛的建筑师弗朗茨·科萨维尔·毛勒。

青岛,1905 年 4 月 25 日
胶澳皇家审判厅一处

告白

放置于青岛内湾马蹄礁西北面、位于港口入口对面的鼓形浮标暂时收回维修。

青岛,1905 年 4 月 20 日
皇家船政局

消息

地上建筑局局长斯特拉瑟已经抵达保护地,开始履职。

为巡洋舰队运送轮换部队的运输船"莱茵"号将在今年5月7日离开不来梅港,并于今年6月20日抵达青岛。

船运

1905年4月20日—27日期间

到达日	轮船船名	船长	挂旗国籍	登记吨位	出发港	出发日	到达港
(4月14日)	慕尼黑号	布莱桑德	英国	2 946	芝罘	4月21日	芝罘
(4月14日)	拉格纳号	尼尔森	挪威	1 220	小樽	4月20日	上海
(4月14日)	芝罘号	艾德勒	德国	135	海州	4月21日	吴淞
(4月16日)	拉斯艾尔巴号	格林	英国	1 769	波特兰	4月24日	门司
(4月18日)	标准号	韩森	挪威	908	神户	4月20日	上海
(4月18日)	因库拉号	迪恩	英国	3 313	上海	4月20日	上海
4月21日	叶世克总督号	特洛依曼	德国	1 045	上海	4月22日	上海
4月23日	黄金岛号	迈耶尔	英国	892	上海	4月25日	上海
4月23日	繁荣号	克里斯蒂安森	挪威	789	秦皇岛	4月26日	上海
4月24日	柯尼夫斯堡号	洛伦岑	德国	646	上海	4月25日	芝罘
4月24日	达格玛号	卡尔	挪威	383	神户	4月26日	神户

山东铁路公司时刻表

自1905年5月1日起生效

1号车 1—3等车厢		3号车 1—3等车厢		5号车 1—3等车厢		千米	站点	2号车 1—3等车厢		4号车 1—3等车厢		6号车 1—3等车厢	
到达	出发	到达	出发	到达	出发			到达	出发	到达	出发	到达	出发
	7.00		3.00				青岛	7.05		11.02			
7.06	7.09	3.09	3.12			3	大港	6.56	6.59	10.50	10.53		
7.17	7.18	3.22	3.26			8	四方	6.47	6.48	10.36	10.40		

(续表)

1号车 1—3等车厢		3号车 1—3等车厢		5号车 1—3等车厢		千米	站点	2号车 1—3等车厢		4号 1—3等车厢车		6号车 1—3等车厢	
到达	出发	到达	出发	到达	出发			到达	出发	到达	出发	到达	出发
7.33	7.36	3.47	3.52			18	沧口	6.28	6.31	10.10	10.15		
7.49	7.50	4.09	4.12			28	女姑口	6.14	6.15	9.50	9.53		
7.58	8.00	4.24	4.29			33	城阳	6.04	6.06	9.33	9.38		
8.17	8.19	4.52	5.02			47	南泉	5.45	5.47	9.00	9.10		
8.34	8.37	5.22	5.32			57	蓝村	5.27	5.30	8.30	8.40		
8.46	8.46	5.44	5.45			62	李哥庄	5.18	5.18	8.16	8.18		
8.57	8.57	6.00	6.02			73	大荒	5.07	5.07	7.56	8.01		
9.09	9.24	6.19	6.39			81	胶州	4.40	4.55	7.19	7.39		
9.35	9.35	6.55	6.56			88	腊行	4.29	4.29	7.01	7.03		
9.43	9.43	7.08	7.10			93	芝兰庄	4.21	4.21	6.46	6.49		
9.52	9.52	7.23	7.26			99	姚哥庄	4.12	4.12	6.28	6.33		
10.04	10.19	7.42			6.00	107	高密	3.40	4.00		6.12	7.25	
10.42	10.42			6.30	6.31	122	蔡家庄	3.17	3.17			6.54	6.55
10.52	10.52			6.45	6.47	129	塔耳堡	3.07	3.07			6.38	6.40
11.02	11.04			7.00	7.08	135	丈岭	2.55	2.57			6.17	6.25
11.15	11.15			7.23	7.26	142	太堡庄	2.44	2.44			6.00	6.02
11.25	11.26			7.39	7.52	148	岞山	2.33	2.34			5.32	5.47
11.35	11.35	7号车 1—3等车厢		8.05	8.10	157	黄旗堡	2.24	2.24	8号车 1—3等车厢		5.15	5.19
11.42	11.43			8.19	8.27	163	南流	2.16	2.17			5.01	5.06
12.00	12.00			8.48	8.53	173	虾蟆屯	2.01	2.01			4.36	4.41
12.14	12.24		2.40	9.11	9.20	183	坊子	1.37	1.47	11.10		4.03	4.18
12.37	12.37	2.57	2.58	9.37	9.38	191	二十里堡	1.23	1.23	10.51	10.53	3.45	3.46
12.45	1.05	3.10	3.25	9.50		196	潍县	12.55	1.15	10.29	10.39		3.33
1.18	1.18	3.43	3.46			205	大圩河	12.42	12.42	10.09	10.11		
1.28	1.28	3.59	4.01			211	朱刘店	12.32	12.32	9.54	9.56		
1.41	1.44	4.19	4.33			220	昌乐	12.16	12.19	9.24	9.36		
1.54	1.54	4.47	4.49			227	尧沟	12.06	12.06	9.07	9.10		
2.07	2.07	5.07	5.09			235	谭家坊	11.52	11.53	8.47	8.49		
2.17	2.17	5.23	5.25			243	杨家庄	11.42	11.42	8.31	8.33		
2.33	2.48	5.47	6.05			255	青州府	11.12	11.26	7.49	8.09		
3.00	3.00	6.22	6.24			263	普通	11.00	11.00	7.30	7.32		

（续表）

1号车 1—3等车厢		3号车 1—3等车厢		5号车 1—3等车厢		千米	站点	2号车 1—3等车厢		4号车 1—3等车厢		6号车 1—3等车厢	
到达	出发	到达	出发	到达	出发			到达	出发	到达	出发	到达	出发
3.10	3.11	6.38	6.43			270	淄河店	10.49	10.50	7.11	7.16		
3.21	3.22	6.57	7.00			280	辛店	10.38	10.39	6.54	6.57		
3.37	3.40	7.20	7.25			290	金岭镇	10.20	10.23	6.29	6.34		
3.49	3.49	7.37	7.40			296	湖田	10.11	10.11	6.14	6.17		
3.59		7.54				302	张店		10.01		6.00		

23号车 2—3等车厢				21号车 2—3等车厢		千米	站点	20号车 2—3等车厢				22号车 2—3等车厢	
	4.40				10.50	—	张店	9.26					3.04
4.55	5.00	8.24		11.05	11.10	11	南定	9.10	9.15			2.48	2.53
5.24	5.34			11.34	11.44	21	淄川	8.42	8.52			2.20	2.30
5.57	6.07			12.07	12.17	32	大昆仑	8.14	8.24			1.52	2.02
6.33				12.43		43	博山		7.57				1.35

1号车				9号车 1—3等车厢		千米	站点	2号车				10号车 1—3等车厢	
	4.19				6.39	302	张店	9.46				7.28	
4.27	4.27			6.51	6.53	308	马尚	9.38	9.38			7.14	7.16
4.37	4.37			7.07	7.09	314	涯庄	9.28	9.28			6.58	7.00
4.47	5.01			7.23	7.38	320	周村	9.03	9.18			6.24	6.44
5.26	5.27			8.08	8.09	335	大临池	8.41	8.42			5.55	5.56
5.38	5.41			8.24	8.34	343	王村	8.27	8.30			5.30	5.40
5.51	5.52			8.48	8.58	349	普集	8.15	8.16			5.06	5.16
6.09	6.10			9.20	9.23	361	明水	7.56	7.57			4.41	4.44
6.20	6.21			9.37	9.39	367	枣园庄	7.45	7.46			4.25	4.27
6.37	6.47			10.00	10.10	378	龙山	7.19	7.29			3.52	4.04
6.56	6.56			10.22	10.23	384	十里堡	7.10	7.10			3.39	3.40
7.05	7.05			10.35	10.37	389	郭店	7.01	7.01			3.25	3.27
7.17	7.17			10.53	10.55	397	王舍人庄	6.49	6.49			3.07	3.09
7.24	7.24			11.05	11.06	401	八涧堡	6.42	6.42			2.56	2.57
7.32	7.37			11.17	11.32	406	济南东	6.29	6.34			2.27	2.45
7.43	7.44			11.40	11.42	409	济南西北	6.22	6.23			2.17	2.19
7.50				11.51		412	济南西		6.16				2.08

晚上6点到早上5点59分的时间段通过在分钟数字下面画线表示。

Amtsblatt
für das
Deutsche Kiautschou-Gebiet.

青 島 官 報

Herausgegeben vom Kaiserlichen Gouvernement Kiautschou.

Der Bezugspreis beträgt jährlich $ 0,60 = M 1,20.
Bestellungen nehmen sämtliche deutsche Postanstalten entgegen.

Jahrgang 6. Nr. 18.   Tsingtau, den 6. Mai 1905.

Verordnungen und Bekanntmachungen.

Bekanntmachung.

Zur Prüfung der Baugesuche im Lauschan ist eine Kommission eingesetzt, welche aus vier Beamten besteht. Einer derselben muss Mitglied des Bergvereins sein. Die Prüfung soll verhindern, dass durch willkürliches Bauen eine Beeinträchtigung der landwirtschaftlichen Schönheiten des Lauschan oder eine Gefährdung in sanitärer Beziehung eintritt; sie hat sich deshalb sowohl auf die Lage des Bauplatzes als die geplante Art der Bauausführung zu erstrecken.

Das Ergebnis der Prüfung nebst etwaigen Vorschlägen der Kommission ist dem Kaiserlichen Gouverneur vorzulegen. Der Baubewerber hat sich den ihm vom Gouvernement gestellten Bedingungen zu unterwerfen.

Tsingtau, den 2. Mai 1905.

Der Kaiserliche Gouverneur.

Allerhöchst mit der Stellvertretung beauftragt.

van Semmern.

Bekanntmachung.

Vom 1. Mai ab fällt der in Tsingtau neu errichtete Zeitball elektrisch durch Auslösevorrichtung. Fallzeit wie bisher 0 h 0 m 0,0s mittlere ostchinesische Zeit = 16h 0 h 0,0s mittlere Gr. Zeit.

Fünf Minuten vor Abgabe des Signals wird der Ball halb, zwei Minuten vorher ganz aufgezogen. Nach fehlerhafter Abgabe eines Signals wird innerhalb 5 Minuten ein roter Ball von 40 cm Durchmesser an einem Drahtseile des Gerüstes 5 Minuten lang geheisst. Versagt das Signal überhaupt, so wird der rote Ball innerhalb 5 Minuten nach der vorschriftsmässigen Signalzeit halb geheisst und bleibt in dieser Stellung, bis der Zeitball herabgelassen ist.

Vom selben Zeitpunkt ab werden die Wettersignale an dem neuen Zeitballgerüst geheisst.

Tsingtau, den 26. April 1905.

Meteorologische Station.

Bekanntmachung.

Bei Pflanzversuchen mit amerikanischen Kartoffeln im Schutzgebiete ist mehrfach das Auftreten des Koloradokäfers festgestellt worden. Mit Rücksicht auf die Gefahren, welche der Koloradokäfer für den Kartoffelbau des Schutzgebietes mit sich bringen kann, wird hierdurch eindringlichst vor der Einfuhr und insbesondere vor dem Anbau amerikanischer Kartoffeln gewarnt. Es wird darauf hingewiesen, dass bei einem Auftreten des Koloradokäfers unter Umständen derjenige zivilrechtlich für allen Schaden haftbar gemacht werden kann, welcher die Kartoffeln eingeführt oder angebaut hat.

Tsingtau, den 26. April 1905.

Der Kaiserliche Gouverneur.
Allerhöchst mit der Stellvertretung beauftragt.
van Semmern.

告示

大德欽命署理總督膠澳文武事宜大臣帥　爲

出示劃誠事照得德屬境內多有栽植美國地蛋者迭次滋生地蛋蟲子即西名克羅拉蟲子查此項蟲子若任其遺種境內殊與栽植地蛋一端大有危險關碍寔非淺鮮爲特通行告誠商民知悉嗣後美國地蛋一物不宜裝運進口亦不宜栽植在地倘有不戒致再滋生爲害一經查明誠恐該蟲所傷各物應由運進口人或栽植人認賠爲此諭仰闔屬商民人等遵照特諭

右諭通知

大德一千九百五年四月二十六日

Amtliche Anzeigen.

Verdingungsanzeige.

Die Lieferung des Bedarfs des Kreuzergeschwaders an Inventarien und Materialien, soweit die Schiffe ihn nicht aus der Heimat heranziehen, soll für Tsingtau vom 1. Januar 1906 ab im Wege des Wettbewerbs in einem Loose vergeben werden. Die Vertragsbedingungen können beim Gouvernement eingesehen werden, wo auch versiegelte Angebote mit der Aufschrift: „Angebot auf Inventar- und Material-Lieferung für das Kreuzergeschwader" zum 15. November 1905, mittags 12 Uhr, abzugeben sind.

6. Mai 1905. Amtsblatt—青島官報

Das Gouvernement hat ihre Weiterleitung an das Geschwaderkommando übernommen.

In dem Angebot sind die Vertragsbedingungen ausdrücklich anzuerkennen.

Bieter sind noch 14 Tage nach dem 1. Januar 1906 an ihr Angebot gebunden.

Tsingtau, den 19. April 1905.

v. Prittwitz.

In das hiesige Handelsregister ist heute in Abteilung A. Nr. 47 eingetragen die Firma:
Arthur L Stechmann, Tsingtau.

Alleiniger Inhaber ist der Kaufmann Arthur L. Stechmann in Tsingtau.

Tsingtau, den 26. April 1905.

Kaiserliches Gericht von Kiautschou. I.

Bei der in Abteilung B. Nr. 8 des Handelsregisters vermerkten
Schantung-Handelsgesellschaft mit beschränkter Haftung in Liquidation
ist eingetragen:
Die Liquidation ist beendigt und die Firma erloschen.

Tsingtau, den 28. April 1905.

Kaiserliches Gericht von Kiautschou.

Bekanntmachung.

Frau A. Fiedler hat ein Gesuch um Erteilung der Schankerlaubnis im „Restaurant zur Eiche" in der Tirpitzstrasse eingereicht.

Einwendungen im Sinne der Gouvernementsbekanntmachung vom 10. Oktober 1899 sind bis zum 21. Mai d. Js. an die unterzeichnete Behörde zu richten.

Tsingtau, den 2. Mai 1905.

Kaiserliches Polizeiamt.

Aufgebot

Es wird hiermit bekannt gemacht, dass
Oskar Emil Arthur **Petermann**, seines Standes Bauzeichner, geboren zu Kloppschau in Westpreussen, 25 Jahre alt, wohnhaft in Tsingtau, Sohn des in Sobbowitz, Kreis Dirschau, wohnhaften Lehrers August Petermann und seiner zu Grünfelde, Westpreussen, verstorbenen Ehefrau Marie, geborenen David,

und

Bertha Elisabeth Elsbeth **Reschke**, geboren zu Rittergut Brunschwig bei Cottbus, 23 Jahre alt, wohnhaft in Tsingtau, Tochter des Tuchmachers Carl Reschke und seiner Ehefrau Elisabeth, geborenen Tischer, beide zu Cottbus verstorben,

beabichtigen, sich mit einander zu verheiraten und diese Ehe in Gemässheit des Reichsgestzes vom 4. Mai 1870 vor dem unterzeichneten Beamten abzuschliessen.

Tsingtau, den 3. Mai 1905.

Der Kaiserliche Standesbeamte.

In Vertretung.

Dr. Crusen.

Aufgebot.

Es wird hiermit bekannt gemacht, dass
Karl Franz Joseph **Rudolph**, seines Standes Feldwebel, geboren zu Magelsen, Kreis Hoya in Hannover, 26 Jahe alt, wohnhaft in Tsingtau, Sohn des Königlichen Deichvoigts Franz Rudolph und seiner Ehefrau Juliana, geborenen Damm, beide in Verden verstorben,

und

Anna Johanna **Dietrich**, geboren zu Lehe in Hannover, 24 Jahre alt, wohnhaft in Lehe, Tochter des Zimmermanns Friderich Dietrich und seiner Ehefrau Adelheid, geborenen Schwarze, beide wohnhaft in Lehe,

beabsichtigen, sich mit einander zu verheiraten und diese Ehe in Gemässheit des Reichsgesetzes vom 4. Mai 1870 vor dem unterzeichneten Beamten abzuschliessen.

Tsingtau, den 3. Mai 1905.

Der Kaiserliche Standesbeante.

In Vertretung,

Dr. Crusen.

Bekanntmachung.

Als gefunden angemeldete Gegenstände: 1 schwarze kalbslederne Zigarrentasche mit Nickelbügeln.

Tsingtau, den 3. Mai 1905.

Kaiserliches Polizeiamt.

告白　青島巡捕衙門啓　德一千九百五年五月初三日　此佈　此物准人俱領　錦包鑲　于一個四邊用鎳　黑色小牛皮烟夾　物列左　啓者撿報拾獲之

Mitteilungen.

Marine-Kriegs-Gerichtsrat Rosenberger und Gerichtsassessor Lehmann sind als Richter und Sekretär Bergemann und Aktuar Tabbert als Gerichtsschreiber laut telegraphischer Mitteilung des Reichs-Marine-Amts vom 2. d. Mts. etatsmässig angestellt worden.

*　*　*

Dem Gerichtsschreiber, Sekretär Bergemann ist der Titel „Obersekretär" laut telegraphischer Mitteilung des Reichs-Marine-Amts vom 2. d. Mts. verliehen worden.

*　*　*

Der Kurs bei der Gouvernementskasse beträgt vom 29. April d. Js. ab: 1$=1,94 M. und vom 3. Mai d. Js. ab: 1$=1,92 M.

*　*　*

Dem Absatz 3 der vom 16. November v. Js. ab abgeänderten Tarifvorschriften der Schantung-Eisenbahn-Gesellschaft (Amtsblatt 1904, Seite 267) ist von der Gesellschaft folgende Fassung gegeben:

3.) Für Versendung nach Tsingtau geniessen Oelkuchen und Kalk in vollen Wagenladungen von 15 Tonnen vom 16. November 1904 ab bis auf weiteres eine Ermässigung von 20 Procent auf Tarif IV. Eine weitere Ermässigung bei Versendung von mehreren Wagenladungen gemäss Paragraph 4 Absatz 10 und Absatz 11 der Tarifvorschriften kommt jedoch für solche Sendungen in Wegfall.

*　*　*

Die Schantung-Eisenbahn-Gesellschaft hat folgenden Tarif für Feinkohle für die nähere Umgebung der Zeche Fang tse für die Wagenladung von 15 Tonnen vom 10. Mai d. Js ab eingeführt:

von Station Fangtse nach		von Station Fangtse nach	
Erlschyhlipu	7,50 $	Hamatun	8,50 $
Weihsien	7,50 „	Nanliu	11,50 „
Tayueho	11,50 „	Huantschipu	12,50 „
Tschuliutien	13,50 „	Tsoschan	14,50 „
Tschanglo	15,00 „	Taipautschuang	16,00 „
Yauku	16,00 „	Tschangling	17,00 „
Tanchiafangtse	18,00 „	Taerlpu	19,00 „
Yangtschiatschuang	20,00 „	Tsaitschiachuang	20,00 „
Tsingtschoufu	22,00 „	Kaumi	22,50 „
		Yaukotschuang	24,50 „
		Tselantschuang	25,50 „
		Tahang	25,50 „
		Kiautschou	28,50 „

*　*　*

Fahrplan für den Armee-Ablösungsdampfer „Silvia."

Hamburg	ab	6.	Juni 1905
Port Said	„	20.	„ „
Suez	„	21.	„ „
Colombo	an	4.	Juli „
	ab	5.	„ „
Hongkong	an	16.	„ „
	ab	17.	„ „
Tsingtau	an	21.	„ „
	ab	23.	„ „
Taku	an	25.	„ „
	ab	28.	„ „
Tsingtau	an	30.	„ „
	ab	5.	August „
Singapore	an	14.	„ „
	ab	16.	„ „
Colombo	an	22.	„ „
	ab	23.	„ „
Suez		5.	September 1905
Port Said	„	6.	„ „
Hamburg	an	20.	„ „

Wenn der Dampfer infolge günstiger Fahrt einen der Häfen früher erreicht als vorgesehen, so kann die Abfahrt auch entsprechend früher erfolgen.

6. Mai 1905.   Amtsblatt—報官島靑   97.

Durchschnittspreise auf dem Markte in Li ts'un.
April 1905.

1 Kätty=605 g; 1 Scheng=1,03 l.
Durchschnittskurs 1 $=1720 kleine Käsch.

Schweinefleisch	1 Kätty	190	kleine	Käsch
Rindfleisch	„	160	„	„
Fische, frisch	„	140	„	-
„ , trocken	„	150	„	„
„ , kleine	100 Stück	140	„	„
Hühner	1 Stück	400	„	„
Enten	„	450	„	„
Hühnereier	100 Stück	1350	„	„
Enteneier	„	3200	„	„
Reis	1 Kätty	70	„	„
Gerste	1 Scheng	830	kleine	Käsch
Bohnen	„	1050	„	„
Kauliang	„	740	„	„
Hirse	„	730	„	„
Kartoffel (chin.)	10 Kätty	130	„	„
Rettig	„	72	„	„
Zwiebeln	1 Kätty	25	„	„
Kohl	1 Kopf	100	„	„
Erdnüsse	1 Scheng	480	„	„
Tabak	1 Kätty	240	„	„
Pfeffer	„	640	„	„
Salz	„	6	„	„
Weizenbrot	1 Stück	30	„	„
Hirsebrot	„	20	„	„
Bohnenkuchen	„	1450	„	„
Kleie	1 Kätty	38	„	„
Stroh (Kauliang)	„	14	„	„

Meteorologische Beobachtungen
in Tsingtau.

Datum.	Barometer (mm) reduz. auf 0° C., Seehöhe 24,30 m			Temperatur (Centigrade).							Dunstspannung in mm			Relat. Feuchtigkeit in Prozenten		
				trock. Therm.			feucht. Therm.									
April	7 Vm	2 Nm	9 Nm	7 Vm	2 Nm	9 Nm	7 Vm	2 Nm	9 Nm	Min.	Max.	7 Vm	2 Nm	9 Nm	7 Vm	2 Nm	9 Nm
27	761,3	762,3	764,4	10,2	11,9	9,9	9,6	10,6	6,9	8,4	14,5	8,6	8,8	5,6	93	85	62
28	65,2	63,3	63,3	9,9	14,7	10,5	8,1	7,0	7,0	8,3	12,8	6,9	2,9	5,4	76	23	57
29	61,3	60,6	57,6	10,4	12,9	10,9	7,2	10,9	8,7	9,7	15,3	5,7	8,5	7,1	60	77	72
30	51,1	51,1	52,5	10,4	12,8	12,0	9,9	11,7	11,1	9,8	13,5	8,8	9,6	9,3	94	88	90
Mai																	
1	23,2	50,2	53,3	10,8	12,9	12,1	10,1	11,6	8,6	9,9	15,0	8,2	9,4	6,2	92	86	60
2	55,9	56,3	58,3	10,6	15,1	11,8	8,2	8,0	6,6	10,0	15,6	6,6	3,7	4,2	70	30	40
3	58,0	56,7	58,7	13,3	10,8	17,9	8,6	15,4	8,5	8,6	33,5	5,5	9,7	5,6	48	53	51

Datum.	Wind Richtung & Stärke nach Beaufort (0—12)			Bewölkung						Niederschläge in mm		
				7 Vm		2 Nm		9 Nm				9 Nm
April	7 Vm	2 Nm	9 Nm	Grad	Form	Grad	Form	Grad	Form	7 Vm	9 Nm	7 Vm
27	S O 2	S O 2	O 4	3	Cir-str	6	Cu-str					
28	N 1	O 4	S O 3	10	Cu-str	10	Cum	10	Cum			
29	N O 2	O S O 2	O N O 3	10	Cum	10	Cu-nim	10	„			7,1
30	S O 1	N W 3	S W 1	10	„	9	Cum	2	„	7,1		
Mai												
1	S O 2	S 2	N 2			10	Cum	8	Cu-str			
2	N W 3	N W 2	S 2	10	Cum	10	„					
3	S W 2	N N W 3	O S O 4									

98. Amtsblatt—青島官報 6. Mai 1905.

Schiffsverkehr

in der Zeit vom 27. April—4. Mai 1905.

Ankunft am	Name	Kapitän	Flagge	Reg. Tonnen.	von	Abfahrt am	nach
28.4.	D. Gouv. Jaeschke	Treumann	Deutsch	1045	Schanghai	29.4.	Schanghai
29.4.	D. Peiho	Deinat	„	476	„	„	Tschemulpo
„	S. John Palmer	Delano	Amerikanisch	1080	Portland		
1.5.	D. Tsingtau	Hansen	Deutsch	977	Schanghai	1.5.	Tschifu
4.5.	D. Vorwärts	Hansen	„	643	„		
„	D. Knivsberg	Lorentzen	„	646	Tschifu		

Druck der Missionsdruckerei Tsingtau.

第六年　第十八号

1905 年 5 月 6 日

法令与告白

告白

为了对在崂山内建房的申请进行审查,现成立一个委员会,由 4 名官员组成,其中之一必须是山川协会的成员。该项审查的目的是,防止因随意建设而导致崂山的森林美景受到损害或者危及卫生状况,因此该项审查必须扩大到建设场地的位置以及建筑计划建造的样式。

该委员会审查的结果以及可能做出的建议须提交给总督。建造申请人需要遵守总督府向其提出的各项条件。

青岛,1905 年 5 月 2 日
皇家总督
最高敕令委托代理
师孟

告白

从 5 月 1 日起,在青岛新设立的报时球通过电动起落装置操作。落下时间与现在一样,为华东中部时间 0 时 0 分 0 秒＝格林威治中部时间 16 时 0 分 0 秒。

在发出信号 5 分钟前,报时球会升起一半,在 2 分钟前,会完全升起。如果发出来错误信号,则将在 5 分钟内在架子上的一根钢索上悬挂一个直径为 40 厘米的红球,为时 5 分钟。如果信号释放完全失败,则该红球在按照规定悬挂 5 分钟释放信号之后,落到一半的位置并停留该处,直至报时球完全落下为止。

从该时间开始,天气信号也在新的报时球架子上悬挂。

青岛,1905 年 4 月 26 日
气象台

大德钦命署理总督胶澳文武事宜大臣师　为

出示剀诫事：照得德属境内多有栽植美国地蛋①者，惟迭次滋生地蛋虫子②，即西名克罗拉虫子。查此项虫子若任其遗种境内殊与栽植地蛋一端，大有危险，关碍实非浅鲜。为特通行告诫商民知悉，嗣后美国地蛋一物不宜装运进口，亦不宜栽植在地。倘有不戒致再滋生为害，一经查明诚恐该虫所伤各物应由运进口人或栽植人认赔。为此谕，仰阖属商民人等遵照。特谕。

右谕通知
大德一千九百五年四月二十六日　告示

官方通告

发包广告

对巡洋舰队的库存和材料需求，以及船只无法从德国国内运来的物品，将从 1906 年 1 月 1 日起面向青岛以抽签竞争的形式发包。

合同条件可以在总督府查看，报价须密封并标注"对巡洋舰队库存和材料供货的报价"字样，于 1905 年 11 月 15 日中午 12 点前递交至总督府。

总督府接收报价后，转交至巡洋舰队司令部。

报价中必须明确接受合同条件。

在 1906 年 1 月 1 日之后，仍然对出价者的报价有 14 天的约束期。

青岛，1905 年 4 月 19 日
冯·普利特维茨

在本地商业登记 A 部第 47 号今天登记了公司"阿图尔·L. 施特希曼，青岛"。其唯一所有人为青岛的商人阿图尔·L. 施特希曼。

青岛，1905 年 4 月 26 日
胶澳皇家审判厅一处

在本地商业登记 B 部第 8 号注册的公司"清盘中的山东贸易有限责任公司"已登记入下列事项：

清盘已经结束，公司注销。

青岛，1905 年 4 月 28 日
胶澳皇家审判厅

---

① 译者注：即马铃薯。
② 译者注：即马铃薯甲虫。

告白

A. 费德勒夫人递交了申请，请求签发在"橡树饭店"的售酒许可。

如有根据1899年10月10日总督府告白提出的异议，须在今年5月21日前递交至本处。

青岛，1905年5月2日
皇家巡捕房

结婚公告

奥斯卡·埃米尔·阿图尔·彼得曼，职业为建筑绘图师，出生于西普鲁士的克洛普绍，现年25岁，居住地为青岛，为居住于蒂尔绍县索博韦茨的教师奥古斯特·彼得曼与在西普鲁士格伦菲尔德去世、出生时姓大卫的妻子玛丽的儿子。

贝尔塔·伊丽莎白·艾尔斯贝特·莱石科，出生于科特布斯附近的丽特古特·布鲁恩施未格，现年23岁，居住地为青岛，是均在科特布斯去世的制布工卡尔·莱石科和出生时姓蒂舍尔的妻子伊丽莎白的女儿。

谨此宣布二人结婚，此婚约按照1870年5月4日颁布的法律规定在本官员前缔结。

青岛，1905年5月3日
代理皇家户籍官
克鲁森博士

结婚公告

卡尔·弗朗茨·约瑟夫·鲁道夫，职业为中士，出生于汉诺威霍亚县的马哥尔森，现年26岁，居住地为青岛，为均在威尔顿去世的皇家守坝人弗朗茨·鲁道夫与出生时姓大姆的妻子朱丽安娜的儿子。

安娜·约翰娜·迪特里希，出生于汉诺威的雷厄，现年24岁，居住地为雷厄，是均居住在雷厄的木匠弗里德里希·迪特里希和出生时姓施瓦策的妻子阿德尔海特的女儿。

谨此宣布二人结婚，此婚约按照1870年5月4日颁布的法律规定在本官员前缔结。

青岛，1905年5月3日
代理皇家户籍官
克鲁森博士

告白

启者：据报拾获之物列左：

黑色小牛皮烟夹子一个，四边用镍铬包镶。

此物准人具领。此布。

德一千九百五年五月初三日
青岛巡捕衙门启

消息

根据帝国海军部本月2日的电报通知，海军军事法庭法官罗森博格和法院评估员莱曼被聘任担任在编法官和秘书，贝尔格曼和阿克图阿·他波特为在编法院书记官。

根据帝国海军部本月2日的电报通知，法院书记官、秘书贝尔格曼被授予"高等秘书"头衔。

总督府财务处自今年4月29日起的汇率为：1元＝1.94马克，自今年5月3日起的汇率为：1元＝1.92马克。

山东铁路公司对去年11月16日起修订生效的《收费规定》第3条（1904年《官报》第267页）发布了下列版本：

3）自1904年11月16日起到另行通知为止，以15吨整车皮向青岛发送的油饼和石灰，运费在收费表第4项基础上优惠20%。如运送多节车皮，根据《收费规定》第4章第10条和第11条，不享受该项优惠政策。

山东铁路公司自今年5月10日起，对坊子矿区向周边运送的精煤，每15吨载重车皮的运费为：

坊子站出发

运往	价格	运往	价格
二十里堡	7.50元	蛤蟆屯	8.50元
潍县	7.50元	南流	11.50元
大圩河	11.50元	黄旗堡	12.50元
朱刘店	13.50元	峓山	14.50元

(续表)

运往	价格	运往	价格
昌乐	15.00元	太保庄	16.00元
尧沟	16.00元	丈岭	17.00元
谭家坊子	18.00元	塔耳堡	19.00元
杨家庄	20.00元	蔡家庄	20.00元
青州府	22.00元	高密	22.50元
		姚哥庄	24.50元
		芝兰庄	25.50元
		大荒	25.50元
		胶州	28.50元

轮换部队运送船"西尔维娅"号的行程时间表：

汉堡	1905年6月6日出发
塞得港	1905年6月20日出发
苏伊士运河	1905年6月21日出发
科伦坡	1905年7月4日到达
	1905年7月5日出发
香港	1905年7月16日到达
	1905年7月17日出发
青岛	1905年7月21日到达
	1905年7月23日出发
大沽	1905年7月25日到达
	1905年7月28日出发
青岛	1905年7月30日到达
	1905年8月5日出发
新加坡	1905年8月14日到达
	1905年8月16日出发
科伦坡	1905年8月22日到达
	1905年8月23日出发
苏伊士运河	1905年9月5日出发
塞得港	1905年9月6日出发
汉堡	1905年9月20日到达

如轮船旅程顺利、提前抵达港口，则出发时间也会相应提前。

市场平均物价

李村 1905 年 4 月

（1 斤＝605 克；1 升＝1.03 公升）

平均汇率：1 元＝1 720 个铜板

猪肉	1 斤	190 个铜板
牛肉	1 斤	160 个铜板
鲜鱼	1 斤	140 个铜板
干鱼	1 斤	150 个铜板
小鱼	100 条	140 个铜板
鸡	1 只	400 个铜板
鸭	1 只	450 个铜板
鸡蛋	100 个	1 350 个铜板
鸭蛋	100 个	3 200 个铜板
大米	1 斤	70 个铜板
大麦	1 升	830 个铜板
豆子	1 升	1 050 个铜板
高粱	1 升	740 个铜板
小米	1 升	730 个铜板
土豆（中国品种）	10 斤	130 个铜板
萝卜	10 斤	72 个铜板
洋葱	1 斤	25 个铜板
白菜	1 棵	100 个铜板
花生	1 升	480 个铜板
烟草	1 斤	240 个铜板
胡椒	1 斤	640 个铜板
盐	1 斤	6 个铜板
馒头	1 个	30 个铜板
窝头	1 个	20 个铜板
豆饼	1 个	1 450 个铜板
麸皮	1 斤	38 个铜板
草（高粱）	1 斤	14 个铜板

船运

1905年4月27日—5月4日期间

到达日	轮船船名	船长	挂旗国籍	登记吨位	出发港	出发日	到达港
4月28日	叶世克总督号	特洛依曼	德国	1 045	上海	4月29日	上海
4月29日	白河号	代纳特	德国	476	上海	4月29日	济物浦
4月29日	约翰·帕尔默号	迪兰诺	美国	1 080	波特兰		
5月1日	青岛号	韩森	德国	977	上海	5月1日	芝罘
5月4日	前进号	韩森	德国	643	上海		
5月4日	柯尼夫斯堡号	洛伦岑	德国	646	芝罘		

Amtsblatt
für das
Deutsche Kiautschou-Gebiet.

青島官報

Herausgegeben vom Kaiserlichen Gouvernement Kiautschou.

Der Bezugspreis beträgt jährlich $ 0,60 = M 1,20.
Bestellungen nehmen sämtliche deutsche Postanstalten entgegen.

| Jahrgang 6. | Nr. 19. | Tsingtau, den 13. Mai 1905. |

Amtliche Anzeigen.

Bei der unter Nr. 46 Abteilung A des Handelsregisters vermerkten Firma

Franz Xaver Mauerer

ist heute folgendes eingetragen worden:

Dem Kaufmann Otto Marx in Tsingtau ist Prokura erteilt.

Tsingtau, den 3. Mai 1905.

Kaiserliches Gericht von Kiautschou I.

In das hiesige Handelsregister ist heute in Abteilung A unter Nr. 48 eingetragen die Firma

Alfons Brackenhoeft in Tsingtau.

Alleiniger Inhaber ist der Kaufmann Alfons Brackenhoeft in Tsingtau.

Tsingtau, den 6. Mai 1905.

Kaiserliches Gericht von Kiautschou I.

Steckbrief.

Gegen den unten beschriebenen Matrosen Friedrich Heinrich Vogler der 6. Kompagnie I. Matrosen-Division bezw. Gouvernement Kiautschou, welcher flüchtig ist, ist die Untersuchungshaft wegen Fahnenflucht verhängt.

Es wird ersucht, ihn zu verhaften und in die Militärarrestanstalt in Tsingtau oder an die nächste Militärbehörde zum Weitertransport hierher abzuliefern.

Tsingtau, den 8. Mai 1905.

Der Gerichtsherr.

van Semmern.

Beschreibung:

Alter 24 Jahre.	Grösse 1 m 62 cm
Statur untersetzt.	Haare dunkelblond.
Augen braun.	Nase gewöhnlich.
Mund gewöhnlich.	Bart —
Gesicht —	Gesichtsfarbe —
Sprache deutsch, englisch.	

Besondere Kennzeichen: Narbe an der rechten Schläfe.
Kleidung: Matrosenanzug.

Pachtversteigerung.

Auf Antrag des Luan ping tschen findet am Dienstag, den 16 Mai 1905, vormittags 11 Uhr, die öffentliche Pachtversteigerung der Parzelle 78 am kleinen Hafen statt.

Grösse: 1550 qm.
Mindestjahrespacht: 310 $.
Benutzungsplan: Lagerstätten.
Pachtfrist: 1 Jahr fest; später vierteljährige Kündigung.

Mitbieter werden ersucht, sich zum Versteigerungstermin auf dem Landamte einzufinden.

Tsingtau, den 10. Mai 1905.

Kaiserliches Landamt.

Bekanntmachung.

Als gefunden angemeldete Gegenstände: 1 Wildgans mit gestutzten Flügeln.

Als verloren angemeldete Gegenstände: 1 dunkelblaue Tuchmütze mit hellblauem Einsatz, schwarzem Sturmriemen und schwarzen ledernen Schirm.

Tsingtau, den 10. Mai 1905.

Kaiserliches Polizeiamt.

大德管理青島地畝局為啓者茲將本署擬報送案及遺失各物列左

拍租地畝事茲據樂炳臣稟稱欲租大包島小碼頭附近第七十八塊地計一千五百五十米打暫擬一年租價洋銀三百一十元正令訂於西歷本年五月十六即中四月十三日上午十一點鐘在局拍租定奪准其在該地內堆放木石等物逾一年以後每屆三月閱本局如不繳此地仍准該租戶留用如他人亦欲租者屆期赴本局面議可也勿誤特諭

德一千九百五年五月初十日

右諭通知

穢剪翎野鴨子一隻
遺失之物
青藍色絨帽一頂上有藍白花帶有黑皮帽沿黑帽絆
以上物件准人具領遺失之物切勿輕買此佈

德一千九百五年五月初十日
青島巡捕衙門啓

告白

Mitteilungen.

Der Zivilkommissar, Admiralitätsrat Günther ist vom Heimatsurlaub zurückgekehrt und hat seine Dienstgeschäfte wieder übernommen.

* * *

Kapitänleutnant Heyne ist zum Leiter der meteorologisch-astronomischen Station, Korvetten-Kapitän z. D. von Zawadzky zum Hafenkapitän, Hauptmann Müller zum Platzmajor und Techniker Reichau zum technischen Sekretär vom 1. April d. Js. ab ernannt worden.

* * *

Die Bauverwaltung ist in zwei Direktionen geteilt worden:
1. die Baudirektion (B. D.) unter Baudirektor, Marinebaurat Rollmann,
2. die Hochbaudirektion (H. D.) unter Hochbaudirektor Strasser.

B. D. werden unterstellt die Bauabteilungen B. V. I. (Hafenbau) und B. V. II. (Städtischer Tiefbau).

Die Geschäftsräume von B. D. bleiben dieselben wie bisher.

H. D. werden unterstellt die Bauabteilungen B. V. IIIa, B. V. IIIb, B. V. IIIc und B. V. IIId. (Hochbau).

Die Geschäftsräume von H. D. befinden sich im Tropenhaus Ecke Bismarckstrasse und Diederichsweg.

* * *

Die Stationärgeschäfte vor Tsingtau hat S. M. S. „Seeadler" von S. M. S. „Jaguar" übernommen.

13. Mai 1905. Amtsblatt—報官島青 101.

Meteorologische Beobachtungen
in Tsingtau.

Datum. Mai	Barometer (mm) reduz. auf 0º C., Seehöhe 24,30 m			Temperatur (Centigrade).								Dunstspannung in mm			Relat. Feuchtigkeit in Prozenten		
				trock. Therm.			feucht. Therm.										
	7 Vm	2 Nm	9 Nm	7 Vm	2 Nm	9 Nm	7 Vm	2 Nm	9 Nm	Min.	Max.	7 Vm	2 Nm	9 Nm	7 Vm	2 Nm	9 Nm
4	758,6	759,1	756,5	11,1	13,7	11,1	9,5	11,4	8,4	11,0	18,3	7,9	8,7	6,6	80	74	67
5	53,3	51,7	51,3	10,6	11,8	12,3	10,5	11,5	11,9	8,3	14,6	9,4	10,0	10,1	99	97	96
6	54,4	56,1	57,2	9,8	18,3	17,9	9,8	15,6	14,5	9,3	20,3	9,0	11,5	10,2	100	74	67
7	58,6	59,9	62,8	13,0	13,3	10,9	12,1	11,9	9,9	10,7	18,3	10,0	9,5	8,5	90	85	89
8	62,8	62,0	60,8	10,2	14,6	12,7	8,2	13,6	7,4	9,7	15,5	6,9	11,0	4,5	74	89	41
9	59,3	57,2	56,8	11,8	12,7	11,9	8,0	11,2	11,0	11,2	14,8	5,7	9,0	9,2	56	83	90
10	56,5	56,1	56,7	16,1	18,5	16,5	12,4	14,6	13,5	10,8	23,8	8,5	10,0	9,7	62	63	69

Datum. Mai	Wind Richtung & Stärke nach Beaufort (0—12)			Bewölkung						Niederschläge in mm		
				7 Vm		2 Nm		9 Nm				9 Nm
	7 Vm	2 Nm	9 Nm	Grad	Form	Grad	Form	Grad	Form	7 Vm	9 Nm	7 Vm
4	S 2	S O 4	S O 6	5	Cu-str	7	Cir-cum	10	Cum			10,3
5	O S O 2	S 2	N N W 2	10	Nim	10	Nebel	10	Nebel	10,3	12,5	12,5
6	N W 2	N W 1	W 1	10	Nebel	8	Cir-cum					
7	S O 2	S O 3	W 2	7	Cir-cum	10	Cum-nim	10	Cum			
8	N 2	W N W 1	S 2	9	Cu-str	10	Cu-str	10	Cu-str			
9	S O 1	S 2	S 2	10	Cum	10	Cum	4				
10	S 1	S 2	S 4	1	„							

Schiffsverkehr
in der Zeit vom 4. — 11. Mai 1905.

Ankunft am	Name	Kapitän	Flagge	Reg. Tonnen.	von	Abfahrt am	nach
(4.5.)	D. Knivsberg	Lorentzen	Deutsch	646	Tschifu	4.5.	Schanghai
(„)	D. Vorwärts	Jversen	„	643	Schanghai	„	Tientsin
4.5.	D. Suellberg	Luppi	„	782	Kobe	8.5.	Kobe
„	D. Peiho	Deinat	„	476	Tschemulpo	6.5.	Schanghai
5.5.	D. Cranbey	Steele	Englisch	2903	Schanghai	7.5.	Odessa
„	D. Gouv. Jaeschke	Treumann	Deutsch	1045	„	6.5.	Schanghai
7.5.	D. Elita Nossack	Lassen	„	1161	Hamburg		
10.5.	D. Tsingtau	Hansen	„	977	Tschifu	10.5.	Schanghai
„	D. Knivsberg	Lorentzen	„	646	Schanghai	11.5.	Tschifu

Druck der Missionsdruckerei Tsingtau.

第六年 第十九号

1905 年 5 月 13 日

官方通告

在商业登记 A 部第 46 号登记的公司"弗朗茨·科萨维尔·毛勒"[①]今天已经登记入下列事项：

授予青岛的商人奥托·马克斯代理权。

青岛，1905 年 5 月 3 日
胶澳皇家审判厅一处

在本地商业登记 A 部第 48 号今天登记了公司"青岛的阿尔冯斯·布拉肯霍夫特。"[②]。

独立所有人为青岛的商人阿尔冯斯·布拉肯霍夫特。

青岛，1905 年 5 月 6 日
胶澳皇家审判厅一处

通缉令

现下令将符合以下描述的隶属第一水兵师 6 连以及胶澳总督府的在逃水兵弗里德里希·海因里希·福格勒关押调查，原因是侮辱旗帜。

现请求将其抓获并递解至青岛的军事监禁部门或者最近的军事机构，以便押送本处。

青岛，1905 年 5 月 8 日

[①] 译者注：中文行名为"毛利公司"。
[②] 译者注：中文行名为"富有洋行"。

审判主

师孟

描述：

年龄：24岁　　身高：1.62米

体型：敦实　　发色：深黄色

眼睛：褐色　　鼻子：普通类型

嘴巴：普通类型　胡子：—

脸部：—　　脸部颜色：—

语言：德语、英语

着装：水兵服

大德管理青岛地亩局　为

拍租地亩事：兹据栾炳臣禀称，欲租大包岛小码头附近第七十八块地，计一千五百五十米打，暂拟一年租价洋银三百一十元正（整）。今订于西历本年五月十六即中四月十三日上午十一点钟在局拍租。租定后，准其在该地内堆放木石等物。迨一年以后，每届三月阅本局如不追缴，此地仍准该租户留用。如他人亦欲租者，届期投赴本局面议可也。勿误。特谕。

右谕通知

德一千九百五年五月初十日　告示

告白

启者：兹将本署据报送案及遗失各物列左：

送案之物：

被剪翅翎野鸭子一只。

遗失之物：

青蓝色绒帽一顶，上有蓝白花，带有黑皮，帽沿黑帽绊。

以上物件准人具领，遗失之物切勿轻买。此布。

德一千九百五年五月初十日

青岛巡捕衙门启

消息

民政长、海军部参议贡特回国度假现已返回,再次接手了原来的公务。

从今年4月1日起,海军中尉海纳被任命为气象天文站站长,退役海军少校冯·札瓦斯基被任命为港务长,穆勒上尉被任命为军营少校,工程师莱晓被任命为技术专职秘书。

总工部局被分为两个部门:
1. 建设局(缩写为B.D.),局长为海军建设参议罗尔曼;
2. 地上工程局(缩写为H.D.),局长为史特拉塞。

建设局下辖第一工部局(负责港口建设)和第二工部局(负责城市地下建设)等建设部门。

建设局的办公室与现在保持不变。

地上工程局下辖第三工部局一部、第三工部局二部、第三工部局三部以及第三工部局四部(负责地上建筑)等建设部门。

地上工程局的办公室位于俾斯麦街和棣德利道街角的热带房内。

"海鹰"号军舰从"美洲虎"号军舰手中接手了青岛的驻站业务。

船运

1905年5月4日—11日期间

到达日	轮船船名	船长	挂旗国籍	登记吨位	出发港	出发日	到达港
(5月4日)	柯尼夫斯堡号	洛伦岑	德国	646	芝罘	5月4日	上海
(5月4日)	前进号	衣佛森	德国	643	上海	5月4日	天津
5月4日	居尔堡号	卢皮	德国	782	神户	5月8日	神户
5月4日	白河号	代纳特	德国	476	济物浦	5月6日	上海
5月5日	克兰贝号	施棣乐	英国	2 903	上海	5月7日	敖德萨
5月5日	叶世克总督号	特洛依曼	德国	1 045	上海	5月6日	上海
5月7日	艾丽塔·诺萨克号	拉森	德国	1 161	汉堡		
5月10日	青岛号	韩森	德国	977	芝罘	5月10日	上海
5月10日	柯尼夫斯堡号	洛伦岑	德国	646	上海	5月11日	芝罘

Amtsblatt
für das
Deutsche Kiautschou-Gebiet.

報 官 島 青

Herausgegeben vom Kaiserlichen Gouvernement Kiautschou.

Der Bezugspreis beträgt jährlich $ 0,60=M 1,20.
Bestellungen nehmen sämtliche deutsche Postanstalten entgegen.

Jahrgang 6. | Nr. 20. | Tsingtau, den 20. Mai 1905.

Amtliche Anzeigen.

Verdingungsanzeige.

Die Lieferung des Bedarfs des Kreuzergeschwaders an Inventarien und Materialien, soweit die Schiffe ihn nicht aus der Heimat heranziehen, soll für Tsingtau vom 1. Januar 1906 ab im Wege des Wettbewerbs in einem Loose vergeden werden.

Die Vertragsbedingungen können beim Gouvernement eingesehen werden, wo auch versiegelte Angebote mit der Aufschrift:

„Angebot auf Inventar- und Material-Lieferung für das Kreuzergeschwader" zum 15. November 1905, mittags 12 Uhr, abzugeben sind.

Das Gouvernement hat ihre Weiterleitung an das Geschwaderkommando übernommen.

In dem Angebot sind die Vertragsbedingungen ausdrücklich anzuerkennen.

Bieter sind noch 14 Tage nach dem 1. Januar 1906 an ihr Angebot gebunden.

Tsingtau, den 19. April 1905.

v. Prittwitz.

Bekanntmachung.

Der Gastwirt Haase beabsichtigt seine Gastwirtschaft von dem Grundstücke Ecke Litsun-und Tschifustrasse nach dem Grundstücke Ecke Friedrichstrasse und Hohenloheweg zu verlegen und hat die Erteilung der Schankerlaubnis in diesem Grundstücke nachgesucht.

Einwendungen im Sinne der Gouvernementsbekanntmachung vom 10. Oktober 1899 sind bis zum 4. Juni d. Js. an die unterzeichnete Behörde zu richten.

Tsingtau, den 15. Mai 1905.

Kaiserliches Polizeiamt.

Bekanntmachung.

Auf Antrag des Wang keng yü findet am Montag, den 5. Juni 1905, vormittags 11 Uhr, die öffentliche Versteigerung des Grundstücks Kbl. 8. Nr. $\frac{212}{125}$ etc. Ecke Bremer- und Hamburgerstrasse, im Landamt statt.

Grösse: 941 qm.

Mindestpreis: 1242, 12 $

Benutzungsplan: Wohn-, Geschäftshäuser, industrielle Anlagen.

Bebauungsfrist: 30 Juni 1908.

Gesuche zum Mitbieten sind bis zum 29. Mai 1905 hierher zu richten.

Tsingtau, den 17. Mai 1905.

Kaiserliches Landamt.

欽命德膠澳署

再曉諭註銷事照得德人鐵匠葛森格利報窮並擬將其地皮一塊拍賣曾於西歷本年四月初一日出示招買各在案茲又據該管律師葛合票稟請勿拍賣此地亦經本署批准作罷所有前州之招買一律自應註銷即西歷本月廿七日皆可免來本署仰各週知切切特諭

大德一千九百五年五月十七日

右諭通知

告白

啟者茲將本署據報被竊遺失送案各物分別列左

被竊各物

雙筒獵槍一根上刻有 W. W. Greener London 字號並鑲有銀牌一面
牌上刻有 C. W. Quencei 失主名字

遺失各物

銀紙烟夾子一個平面一邊有俄國雙鷹牌一面
女入銀領口針一個上鑲有亮紅石

送案各物

金戒指一枚上鑲有白晶石兩塊中夾綠石一塊

以上各物切勿輕買送案之物亦准具領此佈

德一千九百五年五月十七日

青島巡捕衙門啟

大德管理青島地畝局

告示

拍賣地畝舉茲據萬厣廙稟稱欲買青島布來美並亨寶兩街轉角地圖第八號第二百十二塊計地九百四十一米打暨挺價洋一千二百四十二元一角二分今訂於西歷一千九百五年六月初五日上午十一點鐘在本局拍賣定後准蓋住房舖房機器廠在兩限至西歷一千九百八年六月三十日修竣如他人亦欲買者可以投票截至西五月二十九日止屆期前來本局面議可也勿誤特諭

德一千九百五年五月十七日

告示

Beschluss.

Das Verfahren zum Zweck der Zwangsversteigerung des im Stadtbezirk Tsingtau belegenen, im Grundbuch von Tsingtau Bd. III. Bl. Nr. 123 auf den Namen des Schlossermeisters Herman Gesenger eingetragenen Grundstücks wird aufgehoben, da der Versteigerungsantrag von Seiten des Betreibenden, des Verwalters im Konkurse über das Vermögen des Vorgenannten, Rechtsanwalts Dr. Koch hier, zurückgenommen worden ist. Der auf den 27. Mai 1905, vormittags 10 Uhr, bestimmte Termin fällt aus.

Tsingtau, den 17. Mai 1905.

Kaiserliches Gericht von Kiautschou III.

Bekanntmachung.

Als gestohlen angemeldet: 300 Drasssäcke; 1 Doppelflinte, Fabrik „W. W. Greener London", auf einer Silberplatte ist der Name C. W. Quencei eingraviert.

Als verloren angemeldet: 1 silberne Zigarrettentasche, aussen glatt, auf einer Seite ein russisches Wappen; 1 Granatbrosche.

Als gefunden angemeldet: 1 goldener Ring mit zwei weissen Steinen und einem grünen dazwischen; 2 Schaufeln.

Tsingtau, den 17. Mai 1905.

Kaiserliches Polizeiamt.

20. Mai 1905. Amtsblatt—青島官報 105.

Mitteilungen.

Der Kurs bei der Gouvernementskasse beträgt vom 11. Mai d. Js. ab: 1 $=1, 95 M.

*   *   *

Der Kaiserliche Generalkonsul Kiliani hat die Geschäfte des Generalkonsulats in Singapore am 21. April d. Js. übernommen.

*   *   *

Nach telegraphischer Mitteilung der Kaiserlichen Gesandtschaft in Tokio ist über die Insel Formosa und ihre Küstengewässer der Belagerungszustand verhängt worden.

Meteorologische Beobachtungen
in Tsingtau.

Datum Mai	Barometer (m m) reduz. auf 0° C., Seehöhe 50,0 m			Temperatur (Centigrade).								Dunstspannung in mm			Relat. Feuchtigkeit in Prozenten		
				trock. Therm.			feucht. Therm.										
	7 Vm	2 Nm	9 Nm	7 Vm	2 Nm	9 Nm	7 Vm	2 Nm	9 Nm	Min.	Max.	7 Vm	2 Nm	9 Nm	7 Vm	2 Nm	9 Nm
11	758,0	758,4	759,2	16,2	16,7	11,0	13,8	14,1	11,7	11,7	20,2	10,3	10,4	9,5	75	73	86
12	61,4	60,4	61,4	13,2	15,3	12,0	11,5	12,6	11,7	11,1	16,8	9,1	9,2	9,5	81	71	86
13	60,5	58,7	56,6	12,5	12,2	17,7	12,5	12,2	11,7	11,6	14,3	10,8	10,6	10,3	100	100	100
14	54,5	52,0	51,4	10,8	15,2	10,0	10,8	13,0	13,3	9,9	19,5	9,6	9,2	9,1	100	67	64
15	52,5	51,6	51,9	15,1	17,4	12,6	14,2	14,6	12,7	12,5	19,4	11,5	10,7	10,4	90	12	90
16	51,3	50,9	52,8	14,1	16,1	11,9	13,9	14,9	12,4	11,4	21,1	11,6	11,9	7,4	97	87	49
17	54,2	54,5	55,7	14,1	23,5	16,5	12,1	16,1	17,7	12,8	23,8	9,1	9,1	13,7	74	42	86

Datum Mai	Wind Richtung & Stärke nach Beaufort (0—12)			Bewölkung						Niederschläge in mm		
				7 Vm		2 Nm		9 Nm				9 Nm
	7 Vm	2 Nm	9 Nm	Grad	Form	Grad	Form	Grad	Form	7 Vm	9 Nm	7 Vm
11	SSW 2	S 2	S 4									
12	OSO 2	S O 2	SSO 3			7	Cu-str	8	Cu-str			
13	S O 3	S O 2	S 1	10	Nebel	10	Nebel	10	Nebel		0,7	1,7
14	S 2	S 3	SSW 2	10	"	3	Cu-str			1,0		
15	S O 2	SSO 3	SSO 4	9	Cum	3	Cir-cum	3	Cir-cum			
16	SSO 3	S O 2	N 2	10	"	10	Cum	10	Cum			
17	N 2	N 2	N 1	5	Cir-str	5	Cu-str	3	"			

Schiffsverkehr
in der Zeit vom 11. — 18. Mai 1905.

Ankunft am	Name	Kapitän	Flagge	Reg. Tonnen.	von	Abfahrt am	nach
12.5.	D. Gouv. Jaeschke	Treumann	Deutsch	1045	Schanghai	13.5.	Schanghai
13.5.	D. Haldis	Jensen	Norwegisch	1065	Niutschuang		
14.5.	D. Ravn	Dedeham	„	795	Kobe		
„	D. King Sing	Leask	Englisch	1223	Schanghai	15.5.	Tschifu
„	D. Peiho	Deinat	Deutsch	476	„	14.5.	Tschemulpo
15.5.	D. Cäcilie	Reimers	„	801	„		
„	D. Tsintau	Hansen	„	977	„	16.5.	Tschifu
17.5.	D. Knivsberg	Lorentzen	„	646	Tschifu	17.5.	Schanghai

Druck der Missionsdruckerei Tsingtau.

第六年　第二十号

1905年5月20日

官方通告

发包广告

对巡洋舰队无法从国内运来的库存和材料方面需求的供货，将从1906年1月1日起为青岛以抽签的方式发包。

合同条件可以在总督府查看，报价须密封并标注"对巡洋舰队库存和材料供货的报价"字样，于1905年11月15日中午12点前递交至总督府。

总督府接收后，转交至巡洋舰队司令部。

报价中必须明确接受供货条件。

在1906年1月1日之后，仍然对出价者的报价有14天的约束期。

青岛，1905年4月19日
冯·普利特维茨

告白

饭店老板哈泽打算从李村街和芝罘街街角地块搬至弗里德里希街和霍恩洛厄街街角，申请颁发在该地块上经营酒类的许可。

如有根据1899年10月10日总督府告白提出的异议，须在今年6月4日前递交至本处。

青岛，1905年5月15日
皇家巡捕房

大德管理青岛地亩局　为

拍卖地亩事：兹据万庚虞禀称，欲买青岛布来美①并亨宝②两街转角地图第八号第二百十二块，计地九百四十一米打，暂拟价洋一千二百四十二元一角二分。今订于西历一千九百五年六月初五日上午十一点钟在本局拍卖。买定后，准盖住房、铺房、机器厂各房，限至西一千九百八年六月三十日一律修竣。如他人亦欲买者，可以投票，截至西五月二十九日止，届期前来本局面议可也。勿误。特谕。

德一千九百五年五月十七日　告示

钦命德胶澳署　为

再晓谕注销事：照得德人铁匠葛森格利报穷，并拟将其地皮一块拍卖，曾于西历本年四月初一日出示招买各在案。兹又据该管律师葛合禀报请勿拍卖此地，亦经本署批准作罢，所有前出之招买一示自应注销。即西历本月廿七日皆可免来本署。为此仰各周知。切切特谕。

右谕通知
大德一千九百五年五月十七日　告示

告　白

启者：兹将本署据报被窃、遗失、送案各物分别列左：

被窃各物：

双筒猎枪一根，上刻有"W. W. W. W. Greener London"字号，并镶有银牌一面，牌上刻有"C. W. Quencei"失主名字。

遗失各物：

银纸烟夹子一个，平面一边有俄国双鹰牌一面；女人银领口子针一个，上镶有亮红石。

送案各物：

金戒指一枚，上镶有白晶石两块，中夹绿石一块。

以上各物切勿轻买，送案之物亦准具领。此布。

德一千九百五年五月十七日
青岛巡捕衙门启

---

① 译者注：即今肥城路。
② 译者注：即今河南路。

消息

总督府财务处自今年 5 月 11 日起的汇率为:1 元=1.95 马克。

皇家总领事吉利安尼已于今年 4 月 21 日接手了新加坡总领事馆的事务。

根据东京皇家公使馆的电报通知,已经下令对台湾岛及其沿岸水域实施围困。

船运

1905 年 5 月 11 日—18 日期间

到达日	轮船船名	船长	挂旗国籍	登记吨位	出发港	出发日	到达港
5 月 12 日	叶世克总督号	特洛依曼	德国	1 045	上海	5 月 13 日	上海
5 月 13 日	哈尔迪斯号	延森	挪威	1 065	牛庄		
5 月 14 日	拉文号	德德汉姆	挪威	795	神户		
5 月 14 日	金星号	利斯克	英国	1 223	上海	5 月 15 日	芝罘
5 月 14 日	白河号	代纳特	德国	476	上海	5 月 14 日	济物浦
5 月 15 日	卡西莉亚号	莱默斯	德国	801	上海		
5 月 15 日	青岛号	韩森	德国	977	上海	5 月 16 日	芝罘
5 月 17 日	柯尼夫斯堡号	洛伦岑	德国	646	芝罘	5 月 17 日	上海

Amtsblatt
für das
Deutsche Kiautschou-Gebiet.

青島官報

Herausgegeben vom Kaiserlichen Gouvernement Kiautschou.

Der Bezugspreis beträgt jährlich $ 0,60 = M 1,20.
Bestellungen nehmen sämtliche deutsche Postanstalten entgegen.

Jahrgang 6. Nr. 21. Tsingtau, den 27. Mai 1905.

Amtliche Anzeigen.

Bekanntmachung.

Alfons Brackenhoeft hat ein Gesuch um Erteilung der Schankerlaubnis für das Grundstück Friedrichstrasse Nr. 219 eingereicht.

Einwendungen im Sinne der Gouvernementsbekanntmachung vom 10. Oktober 1899 sind bis zum 11. Juni d. Js. an die unterzeichnete Behörde einzureichen.

Tingtau, den 24. Mai 1904.

Kaiserliches Polizeiamt.

Bekanntmachung.

Als gestohlen angemeldet: 1 silberne Uhr mit rotseidener Kette, auf der Kette befinden sich die chinesischen Schriftzeichen: 指日高陞; 1 schwarze Stahluhr mit silberner Kette; 9 m schwarzes Flaggentuch;

Als verloren angemeldet: 1 Knaben-Paletot mit einem Obermaatenabzeichen.

Als zugelaufen angemeldet: 3 weiss-und graugefleckte Gänse, dieselben können gegen Erstattung der Futterkosten abgeholt werden.

Tsingtau, den 24. Mai 1905.

Kaiserliches Polizeiamt.

白告

啓者茲將本署據報被竊遺失以及報存各物分別列左

被竊各物
銀表一枚有絲帶一條上有指日高陞四字
烏鋼表一枚帶有銀鍊一條
九米打長藍色五米打黑色旗布兩塊
租口袋三百條

遺失之物
男孩大襖一件袖中間有水師武升錨花

報存之物
白灰色鵝鵝三隻失主若賠償喂費可以領去以上各物切勿輒買如見亦宜報署存物亦准具領特佈

德一千九百五年五月二十四日
青島巡捕衙門啓

Landversteigerung.

Auf Antrag des Kaufmanns Adolf C. Schomburg findet am Mittwoch, den 14. Juni 1905, vormittags 11 Uhr, die öffentliche Versteigerung des Grundstückes Kbl. 16 Nr. 13 zwischen Hertha-und Frauenlobstrasse im Landamte statt.

Grösse: 2383 qm.
Mindestpreis: 3574,50 $
Benutzungsplan: Wohn-Geschäftshäuser, Lagerstätten und industrielle Anlagen.

Gesuche zum Mitbieten sind bis zum 7. Juni 1905 hierher zu richten.

Tsingtau, den 22. Mai 1905.

Kaiserliches Landamt.

Landversteigerung.

Auf Antrag der Firma Diederichsen, Jebsen & Co. findet am Mittwoch, den 14. Juni 1905, vormittags 11½ Uhr, die öffentliche Versteigerung des Grundstückes Kbl. 22 Nr. 20 an der Prinz Adalbert-Strasse im Landamte statt.

Grösse: 2799 qm
Mindestpreis: 1259,55 $
Benutzungsplan: Landhausmässige Bebauung.
Bebauungsfrist: 30. Juni 1908.

Gesuche zum Mitbieten sind bis zum 7. Juni 1905 hierher zu richten.

Tsingtau, den 24. Mai 1905.

Kaiserliches Landamt.

Landversteigerung.

Auf Antrag des Technikers Robert Müller findet am Mittwoch, den 14. Juni 1905, vormittags 12 Uhr, die öffentliche Versteigerung des Grundstückes Kbl. 12 Nr. $\frac{64}{4\frac{1}{2}\text{ etc.}}$ Ecke Albert= und Kronprinzenstrasse im Landamte statt.

Grösse: 1682 qm.
Mindestpreis: 1396, 06 $.
Benutzungsplan: Landhausmässige Bebauung.
Bebauungsfrist: 30. Juni 1908.

Gesuche zum Mitbieten sind bis zum 7. Juni 1905 hierher zu richten.

Tsingtau, den 24. Mai 1905.

Kaiserliches Landamt.

72. Mai 1905.   Amtsblatt—青島官報   109.

Mitteilungen.

Am Sonntag, den 4. Juni d. Js., findet in der Gouvernementskapelle kein Gottesdienst statt.

*   *   *

Der überzählige Polizeiwachtmeister Martike ist als Polizeiwachtmeister etatsmässig angestellt worden.

*   *   *

Die Geschäfte des Kaiserlichen Konsulats in Tientsin hat am 30. April d. Js. der Kaiserliche Vizekonsul Dr. Wendschuch von dem in die Heimat beurlaubten Kaiserlichen Konsul Eckardt vertretungsweise übernommen.

*   *   *

Die Geschäfte des Kaiserlichen Konsulats in Futschau hat am 3. d. Mts. der Kaiserliche Konsul Siemssen wieder übernommen.

*   *   *

Die Leitung der deutschen Postdirektion in Schanghai hat Postrat Bischoff am 17. d. Mts. von Postrat Puche übernommen.

Meteorologische Beobachtungen
in Tsingtau.

Datum. Mai	Barometer (mm) reduz. auf 0° C., Seehöhe 50,0 m			Temperatur (Centigrade).								Dunstspannung in mm			Relat. Feuchtigkeit in Prozenten		
				trock. Therm.			feucht. Therm.										
	7 Vm	2 Nm	9 Nm	7 Vm	2 Nm	9 Nm	7 Vm	2 Nm	9 Nm	Min.	Max.	7 Vm	2 Nm	9 Nm	7 Vm	2 Nm	9 Nm
18	737,0	754,9	754,3	15,5	21,1	14,7	13,5	14,4	12,1	12,8	25,8	10,3	8,1	8,9	79	44	72
19	53,8	55,1	55,7	14,3	15,0	11,7	14,5	14,2	11,5	11,3	16,3	11,0	11,6	10,0	92	91	98
20	55,7	54,2	52,8	13,1	17,9	14,1	12,7	12,1	11,9	11,6	19,6	10,7	7,0	9,1	96	46	76
21	52,3	48,9	48,2	14,6	20,9	19,9	12,4	16,8	15,4	10,1	22,6	9,4	11,7	10,3	76	65	59
22	47,9	47,8	52,4	17,8	24,7	17,3	14,4	17,5	12,8	16,3	28,9	10,1	10,4	8,3	67	46	56
23	54,8	54,0	52,8	14,1	17,7	13,6	11,2	13,0	13,0	11,7	18,1	8,2	8,3	10,8	68	56	94
24	52,3	51,5	49,8	15,7	20,9	15,7	14,3	17,7	12,3	13,3	21,0	11,3	13,1	8,6	85	72	64

Datum. Mai	Wind Richtung & Stärke nach Beaufort (0—12)			Bewölkung						Niederschläge in mm		
				7 Vm		2 Nm		9 Nm				
	7 Vm	2 Nm	9 Nm	Grad	Form	Grad	Form	Grad	Form	7 Vm	9 Nm	9 Nm / 7 Vm
18	NNW 1	S 2	SSO 2			4	Cu-str	9	Cum			
19	S O 2	N O 1	Stille 0	10	Cu-nim	10	Cu-nim	10	Cu-nim	4,5	1,3	5,8
20	NNW 3	S 2	S O 2	9	„	3	Cir-str					
21	S 2	SSO 3	SSW 4			4	Cum					
22	S 2	S O 1	O 4			4	„	3	Str.			
23	S O 1	SSO 2	SSO 2			2	Cir-str					
24	S O 2	S 3	S O 3	4	Cir-str	10	Cu-str	3	Cu-str			

110. Amtsblatt—青島官報 27. Mai 1905.

Schiffsverkehr

in der Zeit vom 18. — 25. Mai 1905.

Ankunft am	Name	Kapitän	Flagge	Reg. Tonnen.	von	Abfahrt am	nach
(7.5.)	D. Elita Nossack	Lassen	Deutsch	1161	Hamburg	19.5.	Chinkiang
(13.5.)	D. Haldis	Jensen	Norwegisch	1065	Niutschuang	18.5.	Kobe
(14.5.)	D. Ravn	Dedeham	"	795	Kobe	"	"
(15.5.)	D. Cäcilie	Reimers	Deutsch	801	Schanghai	"	Schanghai
19.5.	D. Gouv. Jaeschke	Treumann	"	1045	"	20.5.	"
20.5.	D. Sandhurst	Robertson	Englisch	2768	Seattle		
22.5.	D. Vorwärts	Jversen	Deutsch	643	Schanghai	22.5.	Tschifu
"	D. Eiger	Rafen	Norwegisch	875	Tschifu		
23.5.	D. B. A. Broch	Andersen	"	541	Moji		
"	D. Claverley	Putt	Englisch	1901	Hamburg		
24.5.	D. Tsintau	Hansen	Deutsch	977	Tschifu	24.5.	Schanghai

Hochwassertabelle für den Monat Juni 1905.

Datum	Tsingtau - Hauptbrücke.		Grosser Hafen, Mole I.		Nükuk'ou.	
	Vormittags	Nachmittags	Vormittags	Nachmittags	Vormittags	Nachmittags
1.	3 U. 20 M.	3 U. 42 M.	3 U. 50 M.	4 U. 12 M.	4 U. 20 M.	4 U. 42 M.
2.	4 „ 01 „	4 „ 20 „	4 „ 31 „	4 „ 50 „	5 „ 01 „	5 „ 20 „
3.	4 „ 39 „ ●	4 „ 58 „	5 „ 09 „	5 „ 28 „	5 „ 39 „	5 „ 38 „
4.	5 „ 17 „	5 „ 36 „	5 „ 47 „	6 „ 06 „	6 „ 17 „	6 „ 36 „
5.	5 „ 55 „	6 „ 15 „	6 „ 25 „	6 „ 45 „	6 „ 55 „	7 „ 15 „
6.	6 „ 35 „	6 „ 56 „	7 „ 05 „	7 „ 26 „	7 „ 35 „	7 „ 56 „
7.	7 „ 17 „	7 „ 38 „	7 „ 47 „	8 „ 08 „	8 „ 17 „	8 „ 38 „
8.	7 „ 59 „	8 „ 21 „	8 „ 29 „	8 „ 51 „	8 „ 59 „	9 „ 21 „
9.	8 „ 45 „	9 „ 10 „	9 „ 15 „	9 „ 40 „	9 „ 45 „	10 „ 10 „
10.	9 „ 38 „	10 „ 07 „ ◐	10 „ 08 „	10 „ 37 „	10 „ 38 „	11 „ 07 „
11.	10 „ 38 „	11 „ 10 „	11 „ 08 „	11 „ 40 „	11 „ 38 „	
12.	11 „ 46 „	—		0 „ 16 „		0 „ 46 „
13.	0 „ 22 „	0 „ 58 „	0 „ 52 „	1 „ 28 „	1 „ 22 „	1 „ 58 „
14.	1 „ 34 „	2 „ 07 „	2 „ 04 „	2 „ 37 „	2 „ 34 „	3 „ 07 „
15.	2 „ 40 „	3 „ 10 „	3 „ 10 „	3 „ 40 „	3 „ 40 „	4 „ 10 „
16.	3 „ 39 „	4 „ 05 „	4 „ 09 „	4 „ 35 „	4 „ 39 „	5 „ 05 „
17.	4 „ 31 „ ○	4 „ 55 „	5 „ 01 „	5 „ 25 „	5 „ 31 „	5 „ 55 „
18.	5 „ 19 „	5 „ 42 „	5 „ 49 „	6 „ 12 „	6 „ 19 „	6 „ 42 „
19.	6 „ 04 „	6 „ 24 „	6 „ 34 „	6 „ 54 „	7 „ 04 „	7 „ 24 „
20.	6 „ 45 „	7 „ 04 „	7 „ 15 „	7 „ 34 „	7 „ 45 „	8 „ 04 „
21.	7 „ 23 „	7 „ 42 „	7 „ 53 „	8 „ 12 „	8 „ 23 „	8 „ 42 „
22.	8 „ 00 „	8 „ 19 „	8 „ 30 „	8 „ 49 „	9 „ 00 „	9 „ 19 „
23.	8 „ 37 „	8 „ 56 „	9 „ 07 „	9 „ 26 „	9 „ 37 „	9 „ 56 „
24.	9 „ 15 „	9 „ 38 „ ◑	9 „ 45 „	10 „ 08 „	10 „ 15 „	10 „ 38 „
25.	10 „ 00 „	10 „ 30 „	10 „ 30 „	11 „ 00 „	11 „ 00 „	11 „ 30 „
26.	10 „ 59 „	11 „ 35 „	11 „ 29 „	—	11 „ 59 „	—
27.		0 „ 06 „	0 „ 05 „	0 „ 36 „	0 „ 35 „	1 „ 06 „
28.	0 „ 39 „	1 „ 13 „	1 „ 09 „	1 „ 43 „	1 „ 39 „	2 „ 13 „
29.	1 „ 45 „	2 „ 16 „	2 „ 15 „	2 „ 46 „	2 „ 45 „	3 „ 16 „
30.	2 „ 42 „	3 „ 18 „	3 „ 12 „	3 „ 38 „	3 „ 42 „	3 „ 08 „

1) ○ = Vollmond; 2) ◐ = Letztes Viertel; 3) ● = Neumond; 4) ◑ = Erstes Viertel.

Anmerkung: In T'a pu t'ou tritt das Hochwasser 10 Minuten früher als in Nükuk'ou auf.

27. Mai 1905.　　　　　　　Amtsblatt—青島官報　　　　　　　111.

Sonnen-Auf-und Untergang
für Monat Juni 1905.

Dt.	Mittelostchinesische Zeit des			
	wahren	scheinbaren	wahren	scheinbaren
	Sonnen-Aufgangs.		Sonnen-Untergangs.	
1.	4 U. 48.5 M.	4 U. 42.7 M.	7 U. 4.1 M.	7 U. 9.9 M.
2.	48.1	42.3	4.8	10.6
3.	47.8	42.0	5.5	11.3
4.	47.5	41.7	6.1	11.9
5.	47.2	41.4	6.7	12.5
6.	46.9	41.1	7.3	13.1
7.	46.7	40.9	7.9	13.7
8.	46.5	40.7	8.5	14.3
9.	46.3	40.5	9.1	14.9
10.	46.1	40.3	9.6	15.4
11.	45.9	40.1	10.1	15.9
12.	45.7	39.9	10.6	16.4
13.	45.7	39.9	11.1	16.9
14.	45.7	39.9	11.5	17.3
15.	45.7	39.9	11.9	17.7
16.	45.7	39.9	12.3	18.1
17.	45.8	40.0	12.7	18.5
18.	45.9	40.1	13.0	18.8
19.	46.0	40.2	13.3	19.1
20.	46.1	40.3	13.6	19.4
21.	46.3	40.5	13.9	19.7
22.	46.5	40.7	14.1	19.9
23.	46.7	40.9	14.3	20.1
24.	47.0	41.2	14.5	20.3
25.	47.3	41.5	14.7	20.5
26.	47.6	41.8	14.8	20.6
27.	47.9	42.1	14.9	26.7
28.	48.3	42.5	14.9	20.7
29.	48.7	42.9	14.9	20.7
30.	49.1	43.3	14.9	20.7

Druck der Missionsdruckerei Tsingtau.

第六年 第二十一号

1905年5月27日

官方通告

告白

阿尔冯斯·布拉肯霍夫特递交了申请,请求授予弗里德里希大街219号地块上的酒类经营许可证。

如有根据1899年10月10日总督府告白提出的异议,须在今年6月11日前递交至本处。

青岛,1905年5月24日
皇家巡捕房

告白

启者:兹将本署据报被窃、遗失以及报存各物分别列左:

被窃各物:

银表一枚,有丝带一条,上有"指日高升"四字;乌钢表一枚,带有银链一条;九米打长蓝色、五米打黑色旗布两块;粗口袋三百条。

遗失之物:

男孩大袄一件,袖中间有水师武开锚花。

报存之物:

白灰色翎鹅三只,失主若赔偿喂费可以领去(取)。

以上各物切勿轻买,如见亦宜报署,存物亦准具领。特布。

德一千九百五年五月二十四日
青岛巡捕衙门启

大德管理青岛地亩局　为

拍卖地亩事：兹据礼和行主沈宝德禀称，欲买大码头哈尔德街①并富老恩禄街②中央地图第十六号第十三块，计地二千三百八十三米打，暂拟价洋三千五百七十四元五角。今订于西历一千九百五年六月十四日上午十一点钟在局拍卖。买定后，准盖住房、铺房、栈房、机器厂等房，限至西一千九百八年六月三十日一律修竣，如他人亦欲买者，可以投禀，截至西六月初七日止，届期前来本局面议可也。勿误。特谕。

德一千九百五年五月二十二日　告示

大德管理青岛地亩局　为

拍卖地亩事：兹据捷成洋行禀称，欲买会前普林司阿达百尔街③地图第二十二号第二十块，计地二千七百九十九米打，暂拟价洋一千二百五十九元五角五分。今订于西历一千九百五年六月十四日早十一点半钟在局拍卖。买定后，准盖华丽住房，限至西一千九百八年六月三十日一律修竣。如他人亦欲买者，可以投禀，截至西六月初七日止，届期前来本局面议可也。勿误。特谕。

德一千九百五年五月二十二日　告示

大德管理青岛地亩局　为

拍卖地亩事：兹据工部局机器师米乐尔禀称，欲买阿尔贝特④并宽普林次⑤两街转角地图第十二号第六十四块，计地一千六百八十二米打，暂拟价洋一千三百九十六元零六分。今订于西历一千九百五年六月十四日上午十二点钟在本局拍卖，买定后，准盖住房，限至西一千九百八年六月三十一日一律修竣。如他人亦欲买者，可以投禀，截至西六月初七日止，届时前来本局面议可也。勿误。特谕。

德一千九百五年五月二十二日　告示

消息

今年6月4日礼拜天不会在督署小教堂举办弥撒。

---

① 译者注：即今商河路。
② 译者注：即今青城路。
③ 译者注：即今栖霞路。
④ 译者注：即今安徽路。
⑤ 译者注：即今湖北路。

超编的警局中士警官马尔提克已被聘为预算内的警局中士警官。

天津皇家领事馆的事务已于今年4月30日由皇家副领事温特舒赫博士接管,代理回国度假的皇家领事埃克哈特。

福州的皇家领事馆事务已于本月3日再次由皇家领事希姆森接管。

邮政参事毕晓夫已于本月17日接替邮政参事普赫,担任上海的德国邮局局长。

船运

1905年5月18日—25日期间

到达日	轮船船名	船长	挂旗国籍	登记吨位	出发港	出发日	到达港
(5月7日)	艾丽塔·诺萨克号	拉森	德国	1 161	汉堡	5月19日	镇江
(5月13日)	哈尔迪斯号	延森	挪威	1 065	牛庄	5月18日	神户
(5月14日)	拉文号	德德汉姆	挪威	795	神户	5月18日	神户
(5月15日)	卡西莉亚号	莱默斯	德国	801	上海	5月18日	上海
5月19日	叶世克总督号	特洛依曼	德国	1 045	上海	5月20日	上海
5月20日	桑德赫斯特号	罗伯森	英国	2 768	西雅图		
5月22日	前进号	衣佛森	德国	643	上海	5月22日	芝罘
5月22日	艾格号	拉芬	挪威	875	芝罘		
5月23日	布洛赫号	安德森	挪威	541	门司		
5月23日	克雷福利号	普特	英国	1 901	汉堡		
5月24日	青岛号	韩森	德国	977	芝罘	5月24日	上海

Amtsblatt
für das
Deutsche Kiautschou-Gebiet.

青岛官报

Herausgegeben vom Kaiserlichen Gouvernement Kiautschou.

Der Bezugspreis beträgt jährlich ℳ 0,60=M 1,20.
Bestellungen nehmen sämtliche deutsche Postanstalten entgegen.

| Jahrgang 6. | Nr. 22. | Tsingtau, den 3. Juni 1905. | 第二十二號 | 第六年 |

Amtliche Anzeigen.

Auf Grund der §§. 8 und 20 der Verordnung des Kaiserlichen Gouverneurs vom 21. Juni 1904 (Amtsblatt S. 129) ist der Gefängnisoberaufseher KOCH mit der Vertretung des erkrankten Kanzlisten KETELSEN in der Wahrnehmung der Geschäfte des Gerichtsvollziehers beim Kaiserlichen Gericht von Kiautschou beauftragt.

Tsingtau, den 27. Mai 1905.

Der Kaiserliche Oberrichter.

Die in Abteilung A Nr. 40 eingetragene Firma

„Max Grill"

ist auf Antrag des alleinigen Inhabers, Kaufmanns Max Grill, hier, in

„Warenhaus Max Grill"

umgeändert.

Tsingtau, den 27. Mai 1905.

Kaiserliches Gericht von Kiautschou I

Landversteigerung.

Auf Antrag der Firma Diedrichsen, Jebsen & Co. findet am Montag, den 19. Juni 1905, vormittags 11 Uhr, die öffentliche Versteigerung des Grundstückes Kbl. 6 Nr. 10 Ecke Kronprinzen- und Münchenerstrasse im Landamte statt.

Grösse: 1157 qm.
Mindestpreis: 1527,24 ℳ
Benutzungsplan: Bau eines Wohnhauses.
Bebauungsfrist: 30. Juni 1908.

Gesuche zum Mitbieten sind bis zum 12. Juni 1905 hierher zu richten.

Tsingtau, den 29. Mai 1905.

Kaiserliches Landamt.

Bekanntmachung.

Als gestohlen angemeldet: 8 Ballen Baumwolle, in graues Papier eingehüllt und zweimal verschnürt.

Als gefunden angemeldet: 1 grüner Filzhut; 1 schwarzer steifer Hut; 1 Paar lederne Handschuhe; 1 weisser Tropenhelm.

Tsingtau, den 31. Mai 1905.

Kaiserliches Polizeiamt.

告白

西一千九百五年五月三十一日

青島巡捕衙門啟

啟者茲將本署歐報被竊及拾獲各物分別列左

計開被竊之物
棉花八捲用灰色紙包兩次用

拾獲之物
繩綢錦
綠氈帽一頂 硬黑氈帽一頂
皮手套一付 白硬臭季帽一頂

以上各物如有見者切勿輕買拾獲之物亦准具領此佈

Mitteilungen.

Am Sonntag, den 4. Juni d. Js., und am zweiten Pfingstfeiertage findet in der Gouvernementskapelle kein Gottesdienst statt.

* * *

Die Zahlstunden der Gouvernementskasse sind in den Sommermonaten (Mai bis September) von 8—12 Uhr, in den Wintermonaten (Oktober bis April) von 9—1 Uhr.

* * *

Der Kurs bei der Gouvernementskasse beträgt vom 29. Mai d. Js. ab: 1 $ = 1,97 M.

Schiffsverkehr

in der Zeit vom 25. — 31. Mai 1905.

Ankunft am	Name	Kapitän	Flagge	Reg. Tonnen.	von	Abfahrt am	nach
(3.5.)	D. Ivydene	Tippet	Englisch	2277	Seattle	26.5.	Kochinotze
(22.5.)	D. Eiger	Rafen	Norwegisch	875	Tschifu		Moji
(23.5.)	D. B. A. Broch	Andersen	„	541	Moji	28.5.	„
(„)	D. Claverly	Putt	Englisch	1902	Hamburg	27.5.	Taku
25.5.	D. Süllberg	Luppi	Deutsch	782	Tschemulpo		
26.5.	D. Gouv. Jaeschke	Treumann	„	1045	Schanghai	27.5.	Schanghai
„	D. Chihli	Hooker	Englisch	1143	Hongkong	„	Tschifu
28.5.	D. Peiho	Deinat	Deutsch	476	Schanghai	29.5.	Tschemulpo
29.5.	D. Knivsberg	Lorentzen	„	646	„	„	Tschifu
31.5.	D. Hugin	Andersen	Englisch	829	Tschifu		

3. Juni 1905.　　　　　　　　Amtsblatt—青島官報　　　　　　　　115.

Meteorologische Beobachtungen
in Tsingtau.

Datum. Mai	Barometer (mm) reduz. auf 0° C., Seehöhe 50,0 m			Temperatur (Centigrade).								Dunstspannung in mm			Relat. Feuchtigkeit in Prozenten		
				trock. Therm.			feucht. Therm.										
	7 Vm	2 Nm	9 Nm	7 Vm	2 Nm	9 Nm	7 Vm	2 Nm	9 Nm	Min.	Max.	7 Vm	2 Nm	9 Nm	7 Vm	2 Nm	9 Nm
25	747,9	745,6	74,79	13,5	16,5	13,5	13,5	15,2	9,9	11,6	18,2	11,5	12,1	6,9	100	86	60
26	47,1	46,4	48,8	12,5	18,8	17,2	10,6	12,0	13,8	14,9	20,4	8,4	6,3	9,7	78	39	66
27	49,7	50,7	53,6	16,9	25,3	19,9	12,3	15,3	13,4	13,8	31,0	7,9	6,9	7,5	55	29	43
28	54,1	52,3	52,4	17,4	19,0	19,8	12,4	16,6	16,2	14,4	20,4	7,7	12,6	11,5	52	77	67
29	52,4	52,5	53,0	17,3	18,7	15,2	15,1	16,7	9,9	15,0	22,0	11,4	12,9	5,9	78	81	46
30	53,3	52,8	52,8	14,1	14,8	14,5	14,1	14,8	13,5	13,5	15,6	12,0	12,5	12,3	100	100	100
31	53,3	53,2	54,2	11,5	17,1	15,1	14,5	16,0	15,1	14,1	17,6	12,3	12,9	12,8	100	89	100

Datum. Mai	Wind Richtung & Stärke nach Beaufort (0—12)			Bewölkung						Niederschläge in mm	
				7 Vm		2 Nm		9 Nm			9 Nm
	7 Vm	2 Nm	9 Nm	Grad	Form	Grad	Form	Grad	Form	7 Vm 9 Nm	7 Vm
25	SSO 3	S 5	NNW 4	10	Nebel	7	Cum	3	Cu-str		20,2 20,2
26	W 4	NNW 8	W 2	1	Cum	7	„	3	Cum		
27	WNW 2	NNW 3	W 1								
28	OSO 2	O 3	S 2	4	Cir-cum	6	Cir-cum	3	Cum		
29	SO 3	S 3	SSO 6	8	Cu-str	1	Strt.	10	Cu-nim		
30	OSO 3	SO 3	SO 2	10	Nebel	10	Nebel	10	Nebel		
31	SSO 3	SSO 3	SSO 3	10	„	6	Cir-cum	8	Cum		

Druck der Missionsdruckerei Tsingtau.

第六年　第二十二号

1905年6月3日

官方通告

根据1904年6月21日的皇家总督命令（《官报》第129页）第8条和第20条，委托高级监狱看守科赫代理患病的书记官科特尔森，执行胶澳皇家审判厅法庭执行人的事务。

青岛，1905年5月27日
皇家高等法官

根据在商业登记A部第40号登记的"马克斯·吉利"洋行的唯一所有人、本地商人马克斯·吉利的申请，公司更名为"马克斯·吉利商品行"。

青岛，1905年5月27日
胶澳皇家审判厅一处

大德管理青岛地亩局　为

拍卖地亩事：兹据捷成洋行禀称，欲买青岛宽普林次并民心乃乐①两街转角地图第六号第十块，计地一千一百五米达（打），暂拟价洋一千五百二十七元二角四分。今订于西历一千九百五年六月十九日早十一点钟在局拍卖。买定后，准盖住房，限至西一千九百八年六月三十日一律修竣。如他人亦欲买者，可以投禀，截至西六月十二日止，届期前来本局面议可也。勿误。特谕。

德一千九百五年五月二十九日　告示

告白

启者：兹将本署据报被窃及拾获各物分别列左：

---

① 译者注：即今蒙阴路。

计开被窃之物：

棉花八卷,用灰色纸包两次,用绳捆绑。

拾获之物：

绿毡帽一顶；硬黑毡帽一顶；皮手套一付(副)；白硬夏季帽一顶。

以上各物如有见者切勿轻买,拾获之物亦准具领。此布。

青岛巡捕衙门启
西一千九百五年五月三十一日

消息

督署小教堂今年6月4日礼拜天以及在圣灵降临节第二天不举办弥撒。

总督府财务处在夏季月份(5月至9月)的支付时间为上午8—12点,冬季月份(10月至次年4月)为9点—下午1点。

自今年5月29日起,总督府财务处的汇率为：1元＝1.97马克。

船运

1905年5月25日—31日期间

到达日	轮船船名	船长	挂旗国籍	登记吨位	出发港	出发日	到达港
(5月3日)	艾薇汀号	提贝特	英国	2 277	西雅图	5月26日	Kochinotze
(5月22日)	艾格号	拉芬	挪威	875	芝罘	5月26日	门司
(5月23日)	布洛赫号	安德森	挪威	541	门司	5月28日	门司
(5月23日)	克雷福利号	普特	英国	1 902	汉堡	5月27日	大沽
5月25日	居尔堡号	卢皮	德国	782	济物浦		
5月26日	叶世克总督号	特洛依曼	德国	1 045	上海	5月27日	上海
5月26日	直隶号	胡克尔	英国	1 143	香港	5月27日	芝罘
5月28日	白河号	代纳特	德国	476	上海	5月29日	济物浦
5月29日	柯尼夫斯堡号	洛伦岑	德国	646	上海	5月29日	芝罘
5月31日	胡金号	安德森	英国	829	芝罘		

Amtsblatt
für das
Deutsche Kiautschou-Gebiet.

青島官報

Herausgegeben vom Kaiserlichen Gouvernement Kiautschou.

Der Bezugspreis beträgt jährlich $ 0,60 = M 1,20.
Bestellungen nehmen sämtliche deutsche Postanstalten entgegen.

Jahrgang 6.   Nr. 23.   Tsingtau, den 10. Juni 1905.

Verordnungen und Bekanntmachungen.

Bekanntmachung.

Auf Grund des §. 10 der Verordnung, betreffend die gesundheitspolizeiliche Kontrolle der den Hafen von Tsingtau anlaufenden Schiffe, vom 13. Juli 1904 (Amtsblatt 1904, Seite 153) werden die Häfen von Hongkong, Futschou und Amoy für pestverdächtig erklärt.

Gegen die Herkünfte aus diesen Häfen wird die Ausübung der Kontrolle angeordnet.

Tsingtau, den 3. Juni 1905.

Der Kaiserliche Zivilkommissar.

Amtliche Anzeigen.

Landversteigerung.

Auf Antrag der Deutsch-Asiatischen Bank findet vor unterzeichneter Behörde am Montag, den 26. Juni 1905, vormittags 11 ½ Uhr, die öffentliche Versteigerung des Grundstückes Kbl. 16 Nr. 12 zwischen Frauenlob- und Hansastrasse statt.

Grösse: 3615 qm.
Mindestpreis: 5422. 50 $.
Benutzungsplan: Wohn-, Geschäftshäuser.
Bebauungsfrist: 30. Juni 1908.
Gesuche zum Mitbieten sind bis zum 19 Juni 1905 hierher zu richten.

Tsingtau, den 3. Juni 1905.

Kaiserliches Landamt.

Bei der in Abteilung A Nr. 27 des Handelsregisters vermerkten Firma
E. Kroebel & Co.
ist folgendes eingetragen:
Die dem Kaufmann Max Baldow erteilte Prokura ist erloschen.
Tsingtau, den 5. Juni 1905.
Kaiserliches Gericht von Kiautschou. I.

Versteigerung.

Am Dienstag, den 13. Juni 1905, vormittags 10 Uhr, werden im Strandlager öffentlich gegen Barzahlung versteigert:
Eine Anzahl europäische und chinesische Bekleidungsstücke; 19 Flaschen Cognac; 1 Flasche Gilka; 13 Flaschen Bier; 9 Flaschen chinesischer Schnaps.
Tsingtau, den 7. Juni 1905.
Kaiserliches Polizeiamt.

白　　　告

啟者茲將本署擬欲拍賣各物列左
華洋式衣服數件
法國 Cognac 燒酒十九瓶
德國 Gilka 燒酒一瓶
皮酒十三瓶
中國燒酒九瓶
以上各物訂於西六月十三即禮拜二早十點鐘在本署拍賣如有欲買者屆時前往可也憑買定後須交現洋特佈
德一千九百五年六月初七日
青島巡捕衙門啟

Mitteilungen.

Die Hauptstrasse in Tai tung tschen ist fertiggestellt und dem Verkehr übergeben worden.

*　*　*

Nach einem Telegramm des Kaiserlichen Konsulats in Nagasaki treiben etwa zwanzig mechanische Minen, welche angeblich von einem russischen Kreuzer verloren sind, fünf Seemeilen südöstlich der Goto-Inseln in der Nähe von Nagasaki.

*　*　*

Der stellvertretende General-Gouverneur in Futschou hat angeordnet, alle Schiffe, welche in den Minfluss einfahren und die Wachtschiffe an der Mündung des Flusses und beim Kimpai-Pass passiert haben, durch Flaggensignale am Tage und Lichtsignale bei Nacht zu fragen, woher sie kommen.
Um Weiterungen zu vermeiden, werden die Schiffsführer darauf aufmerksam gemacht, in jedem Falle sofort auf die Signale zu antworten.

Durchschnittsmarktpreise

in Li ts'un.
Mai 1905.

1 Kätty = 605 g; 1 Scheng = 1,03 l.

Durchschnittskurs 1 $ = 1700 kleine Käsch.

Schweinefleisch	1 Kätty	190—230	kleine Käsch.
Rindfleisch	„	160	„ „
Fische (trocken)	„	130	„ „
„ (frische)	„	100—160	„ „
„ „ (kleine)	100 Stück	80—110	„ „
Hühner	1 „	300—340	„ „
Hühnereier	100 „	1200—1300	„ „
Enteneier	„	3200	„ „
Reis	1 Kätty	60	„ „
Gerste	1 Scheng	800—900	kleine Käsch.
Bohnen	„	1000—1200	„ „
Kauliang	„	720—750	„ „
Hirse	„	740—760	„ „
Kartoffelscheiben	100 Kätty	2600	„ „
Rettig	„	2000—1600	„ „
Zwiebeln	1 Kätty	8—9	„ „
Erdnüsse	1 Scheng	470—800	„ „
Tabak	1 Kätty	240—280	„ „
Pfeffer	„	650	„ „
Birnen	1 Stück	30	„ „
Salz	1 Kätty	5—10	„ „
Weizenbrot	1 Stück	10—20	„ „
Hirsebrot	„	10—20	„ „
Bohnenkuchen	„	1600—1800	„ „
Kleie	1 Kätty	30—32	„ „
Stroh (Kauliang)	100 Kätty	2000—1680	„ „

Durchschnittsmarktpreise

in Tai tung tschen und Hsüe tschia tau.

Mai 1905.

1 Kätty = 605 g.

Durchschnittskurs 1 $ = etwa 1700 kleine Käsch.

Benennung.	Einheit	Tai tung tschen kl. Käsch.	Hsüe tschia tau kl. Käsch
Bohnen, gelbe	1 Kätty	80-85	65-70
Erbsen	”	50-60	40-50
Erdnüsse	”	100-120	80-90
Gerste	”	50-55	40-50
Hirse	”	65-80	60-70
Kartoffeln, chin.	”	12	12
Kauliang	”	50-55	40-50
Kauliangstroh	”	12-15	12
Kleie	”	42	52
Kirschen	”	70-80	60-70
Mais	”	55-60	—
Mohrrüben	”	30	—
Petersilie, chin.	”	15	—
Pfeffer, roter	”	160	—
”, schwarzer	”	780	700
Radieschen	”	—	14
Rettig	”	10-12	14
Reis	”	75	80
Salat	1 Kopf	4	—
Salz	1 Kätty	10-13	10-13
Sellerie	”	50	—
Spinat	”	12-14	—
Stroh	”	15-17	12-14
Schnittbohnen	”	54	—
Weizen	”	60-70	50-60
Weizenmehl	”	80	70-75
Weizenbrot	”	85	78-80
Röstbrot	”	80	180
Schweinefleisch	”	200	180
Schweinefett	”	300	300
Schweineleber	1 Stück	280-300	250-275
Rindfleisch	1 Kätty	160-170	—
Hühner	1 Stück	420	400
”, junge	”	100	55
Hühnereier	10 ”	70-75	70-75
Enten	1 ”	—	500
Enteneier	”	12	15

Meteorologische Beobachtungen
in Tsingtau.

Datum. Juni	Barometer (mm) reduz. auf 0° C., Seehöhe 50,0 m			Temperatur (Centigrade).								Dunstspannung in mm			Relat. Feuchtigkeit in Prozenten		
				trock. Therm.			feucht. Therm.										
	7 Vm	2 Nm	9 Nm	7 Vm	2 Nm	9 Nm	7 Vm	2 Nm	9 Nm	Min.	Max.	7 Vm	2 Nm	9 Nm	7 Vm	2 Nm	9 Nm
1	745,8	754,0	752,6	16,1	17,2	14,8	16,1	16,3	14,8	14,4	18,8	13,6	13,2	12,5	100	91	100
2	50,3	47,7	50,1	16,2	16,6	18,1	16,1	16,2	17,2	12,8	19,0	13,6	13,5	14,1	99	96	91
3	53,2	53,1	53,0	15,1	22,1	18,4	13,2	14,7	14,7	14,4	23,3	10,2	8,0	10,2	80	41	64
4	53,2	51,9	50,6	16,2	17,5	16,1	14,6	16,8	16,1	15,1	19,6	11,4	13,8	13,6	83	93	100
5	50,4	50,0	49,7	16,6	17,5	14,5	16,4	16,7	14,4	14,3	18,5	13,8	13,7	12,2	98	92	99
6	49,8	50,9	52,1	15,0	20,1	18,3	14,9	17,9	16,7	10,9	28,3	12,9	13,9	13,2	99	80	84
7	53,9	53,0	51,8	18,3	20,4	16,7	17,3	17,4	15,8	15,2	22,2	14,1	13,0	12,8	90	73	91

Datum. Juni	Wind Richtung & Stärke nach Beaufort (0—12)			Bewölkung						Niederschläge in mm		
				7 Vm		2 Nm		9 Nm				9 Nm
	7 Vm	2 Nm	9 Nm	Grad	Form	Grad	Form	Grad	Form	7 Vm	9 Nm	7 Vm
1	SSO 2	S O 3	SOS 3	7	Cu-str	7	Cir-cum	10	Nebel			
2	OSO 3	OSO 4	N 4	10	Nebel	10	Cu-nim	8	Cu-nim		40,0	40,0
3	NNW 3	N 3	S 1	4	Cir-cum	2	Cu-str	1	Cu-str			
4	S 2	S 2	SSO 2	7	Cum	9	„	10	Nebel			
5	SSO 2	SSO 3	SSO 2	1	Cir-cum	4	Cir-cum	10	„			
6	SSO 2	OSO 2	S 2	10	Nebel	7	Cu-str	2	Cu-str			
7	N O 2	S O 3	S 2	3	Cir-str	3	Cir-cum	3	„			

Schiffsverkehr
in der Zeit vom 31. Mai — 8. Juni 1905.

Ankunft am	Name	Kapitän	Flagge	Reg. Tonnen.	von	Abfahrt am	nach
(20.5.)	D. Sandhurst	Robertson	Englisch	2768	Seattle	5.6.	Muroran
(25.5.)	D. Süllberg	Luppi	Deutsch	782	Tschemulpo	31.5.	Kobe
(31.5.)	D. Hugin	Andersen	Englisch	829	Tschifu	„	Schanghai
1.6.	D. Vorwärts	Jversen	Deutsch	643	„	1.6.	„
2.6.	D. Tsintau	Hansen	„	977	Schanghai	3.6.	„
„	D. Peiho	Deinat	„	476	„	„	„
3.6.	D. Ravn	Dedeham	Norwegisch	795	Tschifu	8.6.	Kobe
„	D. Ning-Tsing	Uyeoka	Chinesisch	241	„	5.6.	Tschifu
5.6.	D. Knivsberg	Lorentzen	Deutsch	646	„	„	Schanghai
6.6.	D. Loongmoon	Halkofen	„	1245	Schanghai	7.6.	Kobe
7.6.	D. Wik	Kasten	„	1809	Hongkong		
8.6.	D. Vorwärts	Jversen	„	646	Schanghai	8.6.	Tschifu

Druck der Missionsdruckerei Tsingtau.

第六年 第二十三号

1905 年 6 月 10 日

法令与告白

告白

根据 1904 年 7 月 13 日的《驶进青岛口船只防护染疫章程》（1904 年《官报》第 153 页）第十条，宣布香港、福州和厦门港为疑似染疫港口。

现下令对以上港口来源执行规定的检查。

青岛，1905 年 6 月 3 日
皇家民政长

官方通告

大德管理青岛地亩局 为

拍卖地亩事：兹据德华洋行禀称，欲买大码头富老恩禄街并韩杂街①中央地图第十六号第十二块，计地三千六百一十五米打，暂拟价洋五千四百二十二元五角。今订于西历一千九百五年六月二十六日上午十一点半钟在局拍卖。买定后，准盖住房、铺房，限至西一千九百八年六月三十日一律修竣。如他人亦欲买者，可以投票，截至西六月十九日止，届期前来本局面议可也。勿误。特谕。

德一千九百五年六月初三日 告示

在商业登记 A 部第 27 号登记的"立中洋行"已登记入下列事项：

授予商人马克斯·巴尔多夫的代理权已经被撤销。

青岛，1905 年 6 月 5 日
胶澳皇家审判厅一处

---

① 译者注：即今长山路。

告白

启者：兹将本署拟欲拍卖各物列左：

华洋式衣服数件；法国"Cognaε"烧酒十九瓶；德国"Gilka"烧酒一瓶；皮（啤）酒十三瓶；中国烧酒九瓶。

以上各物订于西六月十三即礼拜二早十点钟在本署拍卖。如有欲买者，届时前往可也，惟买定后须交现洋。特布。

德一千九百五年六月初七日
青岛巡捕衙门启

消息

台东镇的主街现已建好，投入使用。

根据长崎皇家领事馆的电报，大约有20个据说是一艘俄国巡洋舰遗弃的机械水雷在长崎附近的五岛岛[①]东南5海里处漂流。

在福州的代理闽浙总督已经下令，白天通过旗语、夜间通过灯光信号，询问所有驶入闽江、在闽江河口的警戒船，以及途经金牌[②]水道附近的船只的来历。

为了避免麻烦，提醒各船长注意，无论如何都要立即对信号做出回应。

市场平均物价

李村 1905 年 5 月

1 斤＝605 克；1 升＝1.03 公升

平均汇率为 1 元＝1 700 个铜板

猪肉	1斤	190～230 个铜板
牛肉	1斤	160 个铜板
鱼（干）	1斤	130 个铜板
鱼（鲜）	1斤	100～160 个铜板
鱼（小号）	100条	80～110 个铜板

[①] 译者注：五岛为地名。
[②] 译者注：金牌山位于闽江入海口南岸，清末时期修有炮台。

(续表)

鸡	1只	300~340个铜板
鸡蛋	100个	1 200~1 300个铜板
鸭蛋	100个	3 200个铜板
大米	1斤	60个铜板
大麦	1升	800~900个铜板
豆子	1升	1 000~1 200个铜板
高粱	1升	720~750个铜板
小米	1升	740~760个铜板
土豆片	100斤	2 600个铜板
萝卜	100斤	2 000~1 600个铜板
洋葱	1斤	8~9个铜板
花生	1升	470~800个铜板
烟草	1斤	240~280个铜板
胡椒	1斤	650个铜板
梨	1个	30个铜板
盐	1斤	5~10个铜板
馒头	1个	10~20个铜板
小米饼子	1个	10~20个铜板
豆饼	1个	1 600~1 800个铜板
麸皮	1斤	30~32个铜板
杆(高粱)	100斤	2 000~1 680个铜板

市场平均物价

台东镇和薛家岛1905年5月

1斤＝605克

平均汇率为1元＝大约1 700个铜板

商品名称	单位	台东镇/个铜板	薛家岛/个铜板
黄豆	1斤	80~85	65~70
豌豆	1斤	50~60	40~50
花生	1斤	100~120	80~90
大麦	1斤	50~55	40~50

(续表)

商品名称	单位	台东镇/个铜板	薛家岛/个铜板
小米	1斤	65~80	60~70
土豆,中国品种	1斤	12	12
高粱	1斤	50~55	40~50
高粱秆	1斤	12~15	12
麸皮	1斤	42	52
樱桃	1斤	70~80	60~70
玉米	1斤	55~60	—
胡萝卜	1斤	30	—
芫荽	1斤	15	—
胡椒,红色	1斤	160	—
胡椒,黑色	1斤	780	700
小红萝卜	1斤	—	14
萝卜	1斤	10~12	14
大米	1斤	75	80
生菜	1棵	4	—
盐	1斤	10~13	10~13
芹菜	1斤	50	—
菠菜	1斤	12~14	—
稻草	1斤	15~17	12~14
扁豆	1斤	54	—
小麦	1斤	60~70	50~60
面粉	1斤	80	70~75
馒头	1斤	85	78~80
烤火烧	1斤	80	180
猪肉	1斤	200	180
猪大油	1斤	300	300
猪肝	1个	280~300	250~275
牛肉	1斤	160~170	—
鸡	1只	420	400
小鸡	1只	100	55
鸡蛋	10只	70~75	70~75
鸭	1只	—	500
鸭蛋	1只	12	15

船运

1905年5月31日—6月8日期间

到达日	轮船船名	船长	挂旗国籍	登记吨位	出发港	出发日	到达港
（5月20日）	桑德赫斯特号	罗伯森	英国	2 768	西雅图	6月5日	室兰
（5月25日）	居尔堡号	卢皮	德国	782	济物浦	5月31日	神户
（5月31日）	胡金号	安德森	英国	829	芝罘	5月31日	上海
6月1日	前进号	衣佛森	德国	643	芝罘	6月1日	上海
6月2日	青岛号	韩森	德国	977	上海	6月3日	上海
6月2日	白河号	代纳特	德国	476	上海	6月3日	上海
6月3日	拉文号	德德汉姆	挪威	795	芝罘	6月8日	神户
6月3日	宁清号	约卡	中国	241	芝罘	6月5日	芝罘
6月5日	柯尼夫斯堡号	洛伦岑	德国	646	芝罘	6月5日	上海
6月6日	龙门号	哈尔柯芬	德国	1 245	上海	6月7日	神户
6月7日	威客号	卡斯滕	德国	1 809	香港		
6月8日	前进号	衣佛森	德国	646	上海	6月8日	芝罘

Amtsblatt
für das Deutsche Kiautschou-Gebiet.

Herausgegeben vom Kaiserlichen Gouvernement Kiautschou.

Der Bezugspreis beträgt jährlich $ 0,60 = M 1,20.
Bestellungen nehmen sämtliche deutsche Postanstalten entgegen.

| Jahrgang 6. | Nr. 24. | Tsingtau, den 17. Juni 1905. | | |

Verordnungen und Bekanntmachungen.

Bekanntmachung für Seefahrer.

Die bisherigen aus je 2 roten Laternen bestehenden Leitfeuer der Einfahrt in den grossen Hafen sind durch je ein orangofarbenes Feuer von 5 sm. Sichtweite ersetzt worden.

Tsingtau, den 13. Juni 1905.

Kaiserliches Hafenamt.

Amtliche Anzeigen.

Bei der in Abteilung A Nr. 7 des Handelsregistersvermerkten offenen Handelsgesellschaft

Eberhardt, Bollweg & Co.

ist folgendes eingetragen:

Der bisherige Gesellschafter Friedrich Rudolf Wilhelm Eberhardt ist aus der offenen Handelsgesellschaft am 31. Dezember 1904 ausgetreten.

Tsingtau, den 8. Juni 1905.

Kaiserliches Gericht von Kiautschou I.

Bekanntmachung.

Als gestohlen angemeldet: 1 Fahrrad, Marke Dürrkop, der linke Korkgriff ist an der unteren Seite angebrannt; 1 goldene Damenuhr mit goldener Kette, im Innern ist der Name Frieda eingraviert.

Als verloren angemeldet: 1 vierkantiges goldenes Medaillon mit kleinen Steinchen.

Als gefunden angemeldet: 1 goldener Ring mit rotem Stein.

Tsingtau, den 14. Juni 1905.

Kaiserliches Polizeiamt.

白告

啓者茲將本署據報被竊遺失以及送案各物分別列左
被竊各物
自行車一輛左把軟硬木下面稍有燒毀
帶金鍊女人金表一枚 蓋內鈕有外國名字 Frieda
遺失之物
脖錶上之四角金佩物一件上鑲有小寶石
送案之物
鑲紅寶石金戒指一枚 以上各物切勿輕買如見亦宜報明本署特告
德一千九百五年六月十四日
青島巡捕衙門啟

Mitteilungen.

Die Stationärgeschäfte vor Tsingtau hat S. M. S. „Seeadler" von S. M. S. „Fürst Bismarck" übernommen.

Schiffsverkehr

in der Zeit vom 8.—15. Juni 1905.

Ankunft am	Name	Kapitän	Flagge	Reg. Tonnen.	von	Abfahrt am	nach
9.6.	D. Gouv. Jaeschke	Treumann	Deutsch	1045	Schanghai	10.6.	Schanghai
10.6.	D. Nagata-Maru	Soye	Japanisch	497	Tschifu	12.6.	Tschifu
12.6.	D. Knivsberg	Lorentzen	Deutsch	646	Schanghai	13.6.	Schanghai
„	D. Tsintau	Hansen	„	977	„	12.6.	Tschifu
13.6.	D. Lyeemoon	Lehmann	„	1238	Hongkong		
14.6.	D. Eiger	Rafen	Norwegisch	875	Tschemulpo		

Meteorologische Beobachtungen
in Tsingtau.

Datum. Juni	Barometer (mm) reduz. auf 0º C., Seehöhe 50,0 m			Temperatur (Centigrade).								Dunstspannung in mm			Relat. Feuchtigkeit in Prozenten		
				trock. Therm.			feucht. Therm.			Min.	Max.						
	7 Vm	2 Nm	9 Nm	7 Vm	2 Nm	9 Nm	7 Vm	2 Nm	9 Nm			7 Vm	2 Nm	9 Nm	7 Vm	2 Nm	9 Nm
8	751,7	751,7	751,8	15,6	16,8	16,1	15,6	16,1	15,9	15,1	18,5	13,2	13,2	13,3	100	93	98
9	51,8	50,6	50,3	14,7	17,7	16,7	14,5	16,2	16,3	13,8	19,4	12,2	12,8	13,6	98	85	96
10	49,2	48,3	48,1	15,8	18,1	18,1	15,6	16,9	17,1	15,3	19,7	13,1	13,6	13,9	98	88	90
11	46,9	45,1	46,4	17,6	18,2	17,5	16,9	16,2	17,1	16,7	19,2	13,9	12,5	14,3	93	80	96
12	46,3	45,6	47,0	18,7	22,2	24,4	15,5	17,3	17,8	15,9	26,2	11,2	11,7	11,1	70	59	49
13	48,0	47,4	48,3	23,5	26,1	22,0	16,4	16,9	17,5	21,1	28,8	9,6	8,7	12,1	44	36	62
14	49,3	48,9	50,3	21,2	22,7	20,6	17,2	17,5	16,9	19,6	27,2	12,2	11,7	12,1	65	57	67

Datum. Juni	Wind Richtung & Stärke nach Beaufort (0—12)			Bewölkung						Niederschläge in mm		
				7 Vm		2 Nm		9 Nm				9 Nm 7 Vm
	7 Vm	2 Nm	9 Nm	Grad	Form	Grad	Form	Grad	Form	7 Vm	9 Nm	
8	S 2	SSO 2	SSO 2	10	Nebel	9	Cu-nim					
9	SSO 2	SSO 2	SSO 3	8	Cir-str	7	Cir-cum	9	Cu-str			
10	S 2	SSO 3	SO 3	10	Nebel	5	Cir-str	4	Cir-str			
11	SSO 3	SO 3	SO 2	10	Cum-nim	10	Cum	7	Cum	2,6	2,6	
12	S 2	S 4	N 1	10	Cum	9	„	8	Cu-str			
13	NW 1	S 2	N 2			3	„	6	„			
14	NNW 1	SSO 3	S 2	1	Cu-str	6	Cu-nim					

Druck der Missionsdruckerei Tsingtau.

第六年 第二十四号

1905 年 6 月 17 日

法令与告白

对海员的告白

迄今为止各由两个灯笼组成的大港入口引导信号灯,都替换成一个视野范围为 5 海里的橘红色信号灯。

青岛,1905 年 6 月 13 日
皇家船政局

官方通告

在商业登记 A 部第 7 号登记的经营中贸易公司"艾伯哈特·泊尔维克"洋行①已登记入下列事项:

目前为止的股东弗里德里希·鲁道夫·威廉·艾伯哈特已经在 1904 年 12 月 31 日退出经营中的贸易公司。

青岛,1905 年 6 月 8 日
胶澳皇家审判厅一处

告白

启者:兹将本署据报被窃、遗失以及送案各物分别列左:

被窃各物:

自行车一辆,左把软硬木下面稍有烧毁;带金链女人金表一枚,盖内钳有外国名字"Frieda"。

遗失之物:

脖链上之四角金佩物一件,上镶有小宝石。

---

① 译者注:中文行名为"德威洋行"。

送案之物：

镶红宝石金戒指一枚。

以上各物切勿轻买,如见亦宜报明本署。特告。

德一千九百五年六月十四日
青岛巡捕衙门启

消息

"海鹰"号军舰已经从"俾斯麦公爵"号军舰手中接管了青岛的驻站工作。

船运

1905年6月8日—15日期间

到达日	轮船船名	船长	挂旗国籍	登记吨位	出发港	出发日	到达港
6月9日	叶世克总督号	特洛依曼	德国	1 045	上海	6月10日	上海
6月10日	永田丸	索伊	日本	497	芝罘	6月12日	芝罘
6月12日	柯尼夫斯堡号	洛伦岑	德国	646	上海	6月13日	上海
6月12日	青岛号	韩森	德国	977	上海	6月12日	芝罘
6月13日	丽门号	雷曼	德国	1 238	香港		
6月14日	艾格号	拉芬	挪威	875	济物浦		

Amtsblatt
für das
Deutsche Kiautschou-Gebiet.

青島官報

Herausgegeben vom Kaiserlichen Gouvernement Kiautschou.

Der Bezugspreis beträgt jährlich $ 0,60=M 1,20.
Bestellungen nehmen sämtliche deutsche Postanstalten entgegen.

| Jahrgang 6. | Nr. 25. | Tsingtau, den 24. Juni 1905. | 第二十五號 | 第六年 |

Amtliche Anzeigen.

Landversteigerung.

Auf Antrag des Malermeisters Matz, hier, findet am Montag, den 10. Juli 1905, vormittags 10 ½ Uhr, die öffentliche Versteigerung des Grundstückes Kbl. 6 Nr. 11 Ecke Hamburger- und Bremerstrasse vor unterzeichneter Behörde statt.

Grösse: 1044 qm.
Mindestpreis: 1378, 08 $.
Benutzungsplan: Wohn-Geschäftshäuser.
Bebauungsfrist: 31. Juli 1908.

Gesuche zum Mitbieten sind bis zum 3. Juli 1905 hierher zu richten.

Tsingtau, den 16. Juni 1905.

Kaiserliches Landamt.

Landversteigerung.

Auf Antrag des Kaufmanns Martin Krogh findet am Montag, den 10. Juli 1905, vormittags 11 Uhr, die öffentliche Versteigerung des Grundstücks Kbl. 8 Nr. $\frac{214}{11}$ an der Bremerstrasse vor unterzeichneter Behörde statt.

Grösse: 1297 qm.
Mindestpreis: 1076,51 $.
Benutzungsplan: Landhausmässige Bebauung.
Bebauungsfrist: 31. Juli 1908.

Gesuche zum Mitbieten sind bis zum 3. Juli 1905 hierher zu richten.

Tsingtau, den 16. Juni 1905.

Kaiserliches Landamt.

Landversteigerung.

Auf Antrag der Gesellschaft zur Beförderung der evangelischen Mission unter den Heiden zu Berlin findet am Montag, den 10. Juli 1905, vormittags 12 Uhr, die öffentliche Versteigerung des Grundstückes Kbl. 12 Nr. $\frac{62}{18}$ Ecke Tschifu-Haipo-und Tsiningstrasse vor unterzeichneter Behörde statt.

Grösse: 2570 qm.
Mindestpreis: 2467,20 $.
Benutzungsplan: Errichtung eines Schulhauses.
Bebauungsfrist: 31. Juli 1908.

Gesuche zum Mitbieten sind bis zum 3. Juli 1905 hierher zu richten.

Tsingtau, den 16. Juni 1905.

Kaiserliches Landamt.

Landversteigerung.

Auf Antrag der Firma Diedrichsen, Jebsen & Co. findet am Montag, den 10. Juli 1905, vormittags 11½ Uhr, die öffentliche Versteigerung des Grundstückes Kbl. 22 Nr. 20 an der Prinz Adalbertstrasse vor unterzeichneter Behörde statt.

Grösse: 2799 qm.
Mindestpreis: 1259,55 $.
Benutzungsplan: Landhausmässige Bebauung.
Bebauungsfrist: 31. Juli 1908.

Gesuche zum Mitbieten sind bis zum 3. Juli 1905 hierher zu richten.

Tsingtau, den 17. Juni 1905.

Kaiserliches Landamt.

Bekanntmachung.

In der Zeit vom 26. Juni bis 12. Juli d. Js. findet eine Schiessübung der Matrosenartillerie-Abteilung nach der Aussenrhede zu statt.

Während der Schiesszeiten von 6½ bis 11½ Uhr vormittags und 2½ bis 6 Uhr nachmittags wird an diesen Tagen an den Signalmasten der Salutbatterie und der Signalstation ein roter Doppelstander (Jnternationale Flagge B) wehen.

An den Grenzen des Schussfeldes werden während der Schiesszeiten Dampfboote liegen mit den gleichen Signalzeichen. Dieselben halten das Schussfeld frei. Jhren Anordnungen ist Folge zu leisten.

Während der Dauer des Schiessens wird das Auguste Viktoria-Ufer von der Marinewerkstatt bis Villa Ohlmer durch Posten zeitweise abgesperrt werden.

Es wird streng gewarnt, blind gegangene Munition beim Auffinden mitzunehmen oder zu versuchen, den Zünder herauszuschrauben, da die Geschosse bei jeder Bewegung krepieren können.

Über den Fund scharfer, nicht krepierter Geschosse ist der Artillerie—Verwaltung in Tapautau oder dem Polizeiamt Mitteilung zu machen.

Tsingtau, den 15. Juni 1905.

Kommando der Matrosenartillerie-Abteilung Kiautschou.

24. Juni 1905.   Amtsblatt—青島官報

Bekanntmachung.

Als gestohlen angemeldet: 1 Fahrrad, Marke Brennabor, ohne Bremse, der Rahmen ist mit Blumen verziert und hebt sich von der schwarzen Emaille deutlich ab, im Vorderreifen sind Löcher, 1 Loch ist mit braunem Leder unterzogen, beide Ventilköpfchen ohne Kettchen, Lenkstange Halbrenner, Pedale mit ziemlich verrosteten Rennhaken.

Als verloren angemeldet: 1 silberne Anker-Remontoiruhr mit Sprungdeckel, der Deckel ist mit Blumen verziert; 1 Knabenüberzieher, nach Marinemuster angefertigt; 1 kleines Notizbuch mit 3 Fünfdollarscheinen, die Scheine sind von der Yokohama-Speciebank heraus gegeben.

Tsingtau, den 21. Juni 1905.

Kaiserliches Polizeiamt.

白 告

啓者茲將本署據報被竊及遺失各物列左
被竊之物
自行車一輛係字號無車樘車挺子黑色已有鮮明花前輪象皮有三壞孔一用醬色皮自內粘補兩輪氣口蓋無鍊車把稍低因係快車腳趾之小輪有銹鈎二亦係行速之意
遺失之物
把上絃悶殼銀表一枚蓋外有花
水手式男孩大衣一襲
小簿一本內有橫濱銀行五元銀票三張
以上各物切勿輕買如見亦宜報明本署此佈

德一千九百五年六月二十一日
青島巡捕衙門啟

Mitteilungen.

Zur Wahrung ihrer Neutralität hat die chinesische Regierung die Ausfuhr von in Säcken verladener Kohle aus chinesischen Häfen verboten und die Erlaubnis zur Ausfuhr anderweitig verladener Kohle davon abhängig gemacht, dass der Verlader sich bei Vermeidung einer Strafe in Höhe des fünffachen Wertes der Ladung zur Beibringung einer Ankunftsbescheinigung des angegebenen Bestimmungshafens binnen 40 Tagen verpflichtet.

Schiffsverkehr

in der Zeit vom 15. — 22. Juni 1905.

Ankunft am	Name	Kapitän	Flagge	Reg. Tonnen.	von	Abfahrt am	nach
(13.6.)	D. Lyeemoon	Lehmann	Deutsch	1238	Hongkong	16.6.	Kobe
(14.6.)	D. Eiger	Rafen	Norwegisch	875	Tschemulpo	18.6.	"
15.6.	D. Vorwärts	Hansen	Deutsch	643	Tschifu	15.6.	Schanghai
"	S. Mindoro	Larson	Amerikanisch	642	Port-Townsend		
16.6.	D. Gouv. Jaeschke	Treumann	Deutsch	1045	Schanghai	17.6.	Schanghai
18.6.	D. Süllberg	Luppi	"	782	Kobe	20.6.	Kobe
"	D. Rhein	Rott	"	6398	Bremerhaven		
19.6.	D. Knivsberg	Lorentzen	"	646	Schanghai	19.6.	Tschifu
"	D. Nikai-Maru	Nakagana	Japanisch	1639	Tschifu		
"	D. Dageit	Steensen	Norwegisch	789	Otaro		
"	D. Wyneric	Niven	Englisch	3264	Emden		
20.6.	D. Tsintau	Hansen	Deutsch	977	Schanghai	20.6.	Schanghai
22.6.	D. Hsi Ping	Grei	Englisch	1267	Tschinwangtau		
"	D. Hunan	Miller	"	1143	Tschifu		

Meteorologische Beobachtungen
in Tsingtau.

Da-tum. Juni	Barometer (m m) reduz. auf 0º C., Seehöhe 50,0 m			Temperatur (Centigrade).								Dunst-spannung in mm			Relat. Feuchtigkeit in Prozenten		
				trock. Therm.			feucht. Therm.										
	7 Vm	2 Nm	9 Nm	7 Vm	2 Nm	9 Nm	7 Vm	2 Nm	9 Nm	Min.	Max.	7 Vm	2 Nm	9 Nm	7 Vm	2 Nm	9 Nm
15	750,8	751,0	751,3	19,9	23,2	19,5	17,9	18,4	17,9	17,8	26,6	14,0	12,8	14,3	81	16	85
16	51,7	51,9	52,4	20,0	19,5	18,1	19,4	18,6	17,9	18,0	21,6	16,4	15,4	15,1	94	91	98
17	52,6	52,8	52,2	16,6	19,8	19,1	16,6	18,4	18,5	16,6	20,9	14,1	14,9	15,5	100	87	94
18	52,2	51,9	51,2	21,9	24,7	21,9	17,9	17,2	18,0	17,2	27,7	12,8	10,0	13,0	66	44	67
19	51,7	51,5	52,0	22,1	25,6	20,0	17,7	18,4	19,7	17,9	27,6	12,4	11,3	16,9	63	47	97
20	51,6	51,4	51,3	20,5	23,5	21,0	18,9	19,0	19,1	17,9	23,8	15,3	12,6	15,3	85	63	83
21	52,6	51,4	53,1	19,0	21,8	19,3	17,8	19,2	17,7	17,9	25,9	13,9	15,0	14,1	80	77	85

Da-tum. Juni	Wind Richtung & Stärke nach Beaufort (0—12)			Bewölkung						Niederschläge in mm		
				7 Vm		2 Nm		9 Nm				9 Nm / 7 Vm
	7 Vm	2 Nm	9 Nm	Grad	Form	Grad	Form	Grad	Form	7 Vm	9 Nm	
15	WNW 1	S O 3	S O 2			1	Cum					
16	S 2	SSO 3	SSO 2	2	Cum	3	Cu-str	4	Cu-str			
17	S 2	OSO 3	S O 2	10	Nebel	6	Cir-str	8	Cir-cum			
18	Stille 0	SSO 2	S 1	6	Cir-str.	7	Cir-cum	5	"			
19	SSO 2	SSO 2	S 2	4	Cir-cum	1	Cum	3	Cum-str			
20	S O 2	S 2	S O 2	8	Cum-str.	5	Cir-cum	8	Cu-nim		1,3	2,5
21	WNW 1	S O 3	N O 1	2	Cu-str.	3	"	1	Cu str	1,2		

Druck der Missionsdruckerei Tsingtau.

第六年 第二十五号

1905 年 6 月 24 日

官方通告

大德管理青岛地亩局 为

拍卖地亩事：兹据德商马次禀称，欲买青岛布来美并亨宝两街转角地图第六号第十一块，计地一千零四十四米打，暂拟价洋一千三百七十八元零八分。今订于西历一千九百五年七月初十日早十点半钟在本局拍卖。买定（后），准盖住房、铺房，限至西一千九百八年七月三十一日一律修竣。如他人亦欲买者，可以投票，截至七月初三日止，届期前来本局面议可也。勿误。特谕。

右谕通知

一千九百五年六月十六日　告示

大德管理青岛地亩局 为

拍卖地亩事：兹据德商马亲国克禀称，欲买青岛布来美街地图第八号第二百一十四块，计地一千二百九十七米打，暂拟价洋一千零七十六元五角一分。今订于西历一千九百五年七月初十日早十一点钟在本局拍卖。买定后，准盖华丽住房，限至西一千九百八年七月三十一日一律修竣。如他人亦欲买者，可以投票，截至西七月初三日止，届时前来本局面议可也。勿误。特谕。

右谕通知

一千九百五年六月十五日　告示

大德管理青岛地亩局 为

拍卖地亩事：兹据佛司哈木牧师禀称，欲买大包岛芝罘、海泊、济宁三街转角地图第十二号第六十三块，计地二千五百七十米打，暂拟价洋二千四百六十七元二角。今订于西历一千九百五年七月初十日上午十二点钟在本局拍卖。买定后，准盖铺房、学房、住房，限至西一千九百八年七月三十一日一律修竣。如他人亦欲买者,可以投禀,截至七月初三日止,届期前来本局面议可也。勿误。特谕。

右谕通知

一千九百五年六月十六日　告示

大德管理青岛地亩局　为

拍卖地亩事:兹据捷成洋行禀称,欲买会前谱林司阿达百尔街地图第廿二号第廿块,计地二千七百九十九米打,暂拟价洋一千二百五十九元五角五分。今订于西历一千九百五年七月初十日早十一点半钟在本局拍卖。买定后,准盖华丽住房,限至西一千九百八年七月三十一日一律修竣。如他人亦欲买者,可以投禀,截至西八月初三日止,届期前来本局面议可也。勿误。特谕。

右谕通知

德一千九百五年六月十七日　告示

告白

今年6月26日至7月12日期间,水兵炮队将面向外海进行射击训练。

在上述日期的上午6点30分到11点30分、下午2点30分到6点的射击期间,将在礼炮连旗杆上和信号站悬挂红色双三角旗(B型国际旗帜)。

射击训练期间,在射击区域停留的有蒸汽艇,悬挂同样的信号标志,以确保射击区域内的清场。相关命令随后发布。

在射击持续期间,从奥古斯特·维多利亚海岸的水师机械局到阿理文别墅这一路段将设岗哨,进行临时封锁。

在此严厉警告:发现哑弹后不得取走或者尝试拔出引信,因为一旦移动炮弹,可能会引发爆炸。

如发现未爆实弹,必须通知在大鲍岛的炮队管理处或者巡捕衙门。

青岛,1905年6月15日

胶澳水兵炮队司令部

告白

启者:兹将本署据报被窃及遗失各物列左:

被窃之物:

自行车一辆,系□字号,无车锭,车挺子黑色,上有鲜明花,前轮象(橡)皮有三坏孔,一孔用酱色皮自内粘补，两轮气口盖无链，车把稍低，因系快车，脚跐之小轮锈钩二亦系行速之意。

遗失之物：

把上弦闷壳银表一枚，盖外有花；水手式男孩大衣一袭；小簿一本，内有横滨银行五元银票三张。

以上各物切勿轻买，如见亦宜报明本署。此布。

德一千九百五年六月二十一日
青岛巡捕衙门启

消息

为了维护中立状态，中国政府已经下令禁止从中国港口出口袋装煤炭，出口其他包装类型的煤炭的许可条件是：承运商在申报抵达目的地港口 40 天内提交抵达证明，以避免受到运输货物 5 倍价值的罚款。

船运

1905 年 6 月 15 日—22 日期间

到达日	轮船船名	船长	挂旗国籍	登记吨位	出发港	出发日	到达港
(6 月 13 日)	丽门号	雷曼	德国	1 238	香港	6 月 16 日	神户
(6 月 14 日)	艾格号	拉芬	挪威	875	济物浦	6 月 18 日	神户
6 月 15 日	前进号	韩森	德国	643	芝罘	6 月 15 日	上海
6 月 15 日	民多洛号	拉尔森	美国	642	汤森港		
6 月 16 日	叶世克总督号	特洛依曼	德国	1 045	上海	6 月 17 日	上海
6 月 18 日	居尔堡号	卢皮	德国	782	神户	6 月 20 日	神户
6 月 18 日	莱茵号	罗特	德国	6 398	不来梅港		
6 月 19 日	柯尼夫斯堡号	洛伦岑	德国	646	上海	6 月 19 日	芝罘
6 月 19 日	尼凯丸	中川	日本	1 639	芝罘		
6 月 19 日	达盖特号	斯蒂恩森	挪威	789	小樽		
6 月 19 日	维纳里克号	尼文	英国	3 264	艾姆登		
6 月 20 日	青岛号	韩森	德国	977	上海	6 月 20 日	上海
6 月 22 日	西平号	格雷	英国	1 267	秦皇岛		
6 月 22 日	湖南号	米勒	英国	1 143	芝罘		

Amtsblatt
für das
Deutsche Kiautschou-Gebiet.

青島官報

Herausgegeben vom Kaiserlichen Gouvernement Kiautschou.

Der Bezugspreis beträgt jährlich $ 0,60 = M 1,20.
Bestellungen nehmen sämtliche deutsche Postanstalten entgegen.

| Jahrgang 6. Nr. 26. | Tsingtau, den 1. Juli 1905. | 第二十六號 第六年 |

Amtliche Anzeigen.

Landversteigerung.

Auf Antrag des Eisenbahnsekretärs Tschu chi fang findet am Montag den, 17. Juli 1905, vormittags 11 Uhr, die öffentliche Versteigerung des bebauten Grundstückes des chemaligen Elektrizitätswerks Kbl. 9 Nr. 9, Ecke Tientsin- und Honanstrasse, im Landamte statt.

Grösse: 2003 qm.
Mindestpreis: 3393, 03 $.
Benutzungsplan: Errichtung von Wohn=, Geschäftshäusern, industriellen Anlagen.
Bebauungsfrist: 31. Juli 1908.

Gesuche zum Mitbieten sind unter Angabe des Benutzungsplans bis zum 10. Juli 1905 hierher zu richten.

Tsingtau, den 24. Juni 1905.

Kaiserliches Landamt.

Bekanntmachung.

Als verloren angemeldet: 2 Regenmäntel von schwarzer Farbe mit Samtkragen, ziemlich abgetragen, hinten am Schlitz geflickt, an mehreren Stellen mit roter Farbe beschmutzt.

Tsingtau, den 28. Juni 1905.

Kaiserliches Polizeiamt.

大德管理青島地畝局 為 告白

啟者茲將本署據報遺失之物列左

絨領黑色長雨衣兩襲

後襟有線縫補並有紅色污跡

以上之物切勿輕買如見亦宜報明本署此佈

德一千九百五年六月二十八日

青島巡捕衙門啟

拍賣地畝事茲據鐵路公司周季方稟稱欲買大包島天津並河南兩街轉角地面第九號第九塊計地貳千零零三米打係舊電燈機器局地方房屋在內暫擬價洋三千三百九十三元零三分今訂於西曆一千九百五年七月十七日上午十一點鐘在本局拍賣定後准蓋住房舖房機器房限至西一千九百八年七月三十一日一律修竣如他人亦欲買者可以役票務聲明蓋造何等房屋截至西七月初十日屆期前來面議可也勿誤特諭

右諭通知

西一千九百五年六月二十四日

告示

Mitteilungen.

Der Kurs bei der Gouvernementskasse beträgt vom 23. Juni d. Js. ab 1 $ = 1,98 M. und vom 1. Juli d. Js. ab 1 $ = 1,97 M.

* *

Der Dolmetschereleve Dr. Michelsen ist zum Dolmetscher und der Polizeichef Welzel zum Polizeihauptmann ernannt worden.

Der Lehrer Gerlach ist etatsmässig angestellt worden.

* *

Das Dienstauszeichnungskreuz ist dem Marine-Generalarzt König und dem Marine-Oberstabsarzt Dr. Meyer durch Allerhöchste Kabinettsordre vom 11. Mai d. Js. verliehen worden.

* *

Leutnant Hübner ist zum Oberleutnant befördert worden.

* *

Unteroffizier Hachenberg und Oberbootsmannsmaat Radbruch sind als Polizeiwachtmänner angenommen worden.

* *

Die Stationärgeschäfte vor Tsingtau hat am 24. Juni d. Js. S. M. S. „Thetis" von S. M. S. „Seeadler" übernommen.

* *

Vom 1. Juli 1905 ab betragen die Worttaxen für Telegramme nach:

Europa	mex. Doll. 2,40
Russland (via Kiachta)	„ 0,85
Asiatisches Russland (via Kiachta)	„ 0,65
Sanfrancisco (via Pacific)	„ 2,40
Newyork (via Pacific)	„ 2,65
Hongkong	„ 0,71
Japan	„ 0,91
Korea (Seoul, Fusan, Tschemulpo)	„ 1,26

Die übrigen Taxen bleiben ziemlich unverändert; genauere Auskunft gibt die Telegramm-Annahmestelle des Kaiserlichen Postamtes.

Hochwassertabelle für den Monat Juli 1905.

Datum	Tsingtau - Hauptbrücke.		Grosser Hafen, Mole I.		Nükuk'ou.	
	Vormittags	Nachmittags	Vormittags	Nachmittags	Vormittags	Nachmittags
1.	3 U. 31 M.	3 U. 54 M.	4 U. 01 M.	4 U. 24 M.	4 U. 31 M.	4 U. 54 M.
2.	4 „ 16 „	4 „ 39 „ ●	4 „ 46 „	5 „ 09 „	5 „ 16 „	5 „ 39 „
3.	5 „ 01 „	5 „ 22 „	5 „ 31 „	5 „ 52 „	6 „ 01 „	6 „ 22 „
4.	5 „ 43 „	6 „ 04 „	6 „ 13 „	6 „ 34 „	6 „ 43 „	7 „ 04 „
5.	6 „ 25 „	6 „ 45 „	6 „ 55 „	7 „ 15 „	7 „ 25 „	7 „ 45 „
6.	7 „ 06 „	7 „ 26 „	7 „ 36 „	7 „ 56 „	8 „ 06 „	8 „ 26 „
7.	7 „ 47 „	8 „ 09 „	8 „ 17 „	8 „ 39 „	8 „ 47 „	9 „ 09 „
8.	8 „ 31 „	8 „ 53 „	9 „ 01 „	9 „ 23 „	9 „ 31 „	9 „ 53 „
9.	9 „ 18 „	9 „ 44 „ ◎	9 „ 48 „	10 „ 14 „	10 „ 18 „	10 „ 44 „
10.	10 „ 16 „	10 „ 47 „	10 „ 46 „	11 „ 17 „	11 „ 16 „	11 „ 47 „
11.	11 „ 20 „	11 „ 54 „	11 „ 50 „	—	—	0 „ 20 „
12.	—	0 „ 32 „	0 „ 24 „	1 „ 02 „	0 „ 54 „	1 „ 32 „
13.	1 „ 10 „	1 „ 47 „	1 „ 40 „	2 „ 17 „	2 „ 14 „	2 „ 47 „
14.	2 „ 23 „	2 „ 55 „	2 „ 53 „	3 „ 25 „	3 „ 23 „	3 „ 55 „
15.	3 „ 26 „	3 „ 52 „	3 „ 56 „	4 „ 22 „	4 „ 26 „	4 „ 52 „
16.	4 „ 18 „	4 „ 41 „ ○	4 „ 48 „	5 „ 11 „	5 „ 18 „	5 „ 41 „
17.	5 „ 04 „	5 „ 26 „	5 „ 34 „	5 „ 56 „	6 „ 04 „	6 „ 26 „
18.	5 „ 47 „	6 „ 06 „	6 „ 17 „	6 „ 36 „	6 „ 47 „	7 „ 06 „
19.	6 „ 24 „	6 „ 41 „	6 „ 54 „	7 „ 11 „	7 „ 24 „	7 „ 41 „
20.	6 „ 58 „	7 „ 15 „	7 „ 28 „	7 „ 45 „	7 „ 58 „	8 „ 15 „
21.	7 „ 32 „	7 „ 49 „	8 „ 02 „	8 „ 19 „	8 „ 32 „	8 „ 49 „
22.	8 „ 06 „	8 „ 23 „	8 „ 36 „	8 „ 53 „	9 „ 06 „	9 „ 23 „
23.	8 „ 40 „	8 „ 57 „	9 „ 10 „	9 „ 27 „	9 „ 40 „	9 „ 57 „
24.	9 „ 16 „	9 „ 39 „ ◐	9 „ 46 „	10 „ 09 „	10 „ 16 „	10 „ 39 „
25.	10 „ 03 „	10 „ 33 „	10 „ 33 „	11 „ 03 „	11 „ 13 „	11 „ 33 „
26.	11 „ 04 „	11 „ 39 „	11 „ 34 „	—	—	0 „ 04 „
27.	—	0 „ 15 „	0 „ 09 „	0 „ 45 „	0 „ 39 „	1 „ 15 „
28.	0 „ 51 „	1 „ 28 „	1 „ 21 „	1 „ 58 „	1 „ 51 „	2 „ 28 „
29.	2 „ 01 „	2 „ 34 „	2 „ 31 „	3 „ 04 „	3 „ 01 „	3 „ 34 „
30.	3 „ 02 „	3 „ 29 „	3 „ 32 „	3 „ 59 „	4 „ 02 „	4 „ 29 „
13.	3 „ 54 „	4 „ 18 „	4 „ 24 „	4 „ 48 „	4 „ 54 „	5 „ 18 „

1) ○ = Vollmond; 2) ◐ = Letztes Viertel; 3) ● = Neumond; 4) ◎ = Erstes Viertel.

Anmerkung: In T'a pu t'ou tritt das Hochwasser 10 Minuten früher als in Nükuk'ou auf.

1. Juli 1905. Amtsblatt—青島官報 131.

Meteorologische Beobachtungen
in Tsingtau.

Datum. Juni	Barometer (m m) reduz. auf 0° C., Seehöhe 50,0 m			Temperatur (Centigrade).								Dunstspannung in mm			Relat. Feuchtigkeit in Prozenten		
				trock. Therm.			feucht. Therm.										
	7 Vm	2 Nm	9 Nm	7 Vm	2 Nm	9 Nm	7 Vm	2 Nm	9 Nm	Min.	Max.	7 Vm	2 Nm	9 Nm	7 Vm	2 Nm	9 Nm
22	754,1	754,0	754,7	19,0	21,1	18,7	17,2	17,2	17,4	16,9	22,4	13,5	12,2	14,0	83	66	87
23	55,6	54,1	53,5	20,6	21,7	19,2	17,0	18,4	18,5	17,6	23,0	12,2	13,7	15,4	68	71	93
24	54,1	53,3	52,9	19,7	21,9	20,5	18,9	20,3	18,7	17,8	22,9	15,8	16,7	14,9	92	86	83
25	53,3	53,3	52,5	19,8	20,4	18,5	19,7	20,1	16,1	18,4	20,8	17,0	17,3	12,2	99	98	77
26	51,6	50,8	50,4	18,5	20,7	19,1	18,2	19,2	18,7	17,0	20,9	15,4	15,6	15,8	97	86	96
27	49,2	48,3	49,0	18,8	23,6	20,6	18,4	21,0	18,1	18,0	28,1	15,5	16,9	13,9	96	78	77
28	50,0	51,3	48,7	21,1	25,1	22,5	18,7	19,5	17,6	18,3	26,7	14,6	13,4	12,0	78	57	60

Datum. Juni	Wind Richtung & Stärke nach Beaufort (0—12)			Bewölkung						Niederschläge in mm		
				7 Vm		2 Nm		9 Nm				9 Nm – 7 Vm
	7 Vm	2 Nm	9 Nm	Grad	Form	Grad	Form	Grad	Form	7 Vm	9 Nm	
22	NNO 2	SO 2	S 1	3	Cu-str.	7	Cu-nim	2	Cu-str			
23	N 1	SSO 3	SSO 3	1	Cum	3	Cu-str.					
24	SSO 2	SSO 4	SSO 4	4	Cir-str.	3	„	10	Cum			
25	SO 4	OSO 2	OSO 4	10	Cu-str	10	Cu-nim	10	Cu-nim		5,8	14,0
26	OSO 1	OSO 2	NO 2	10	Cu-nim	9	„	10	„	8,2	0,3	0,9
27	NW 2	NW 2	NON 2	9	„	6	Cir-cum	2	Cu-str	0,6		
28	ONO 1	S 2	S 3		„	2	„	3	„			

Schiffsverkehr
in der Zeit vom 23.—29. Juni 1905.

Ankunft am	Name	Kapitän	Flagge	Reg. Tonnen.	von	Abfahrt am	nach
(15.6.)	S. Mindoro	Larson	Amerikanisch	642	Port-Townsend	28.6.	San Francisco
(18.6.)	D. Rhein	Rott	Deutsch	6398	Bremerhaven	25.6.	Nagasaki
(19.6.)	D. Nikai-Maru	Nakagawa	Japanisch	1016	Tschifu	23.6.	Kobe
(„)	D. Dageit	Steensen	Norwegisch	789	Otaro	„	Nagasaki
(23.6.)	D. Hsi-Ping	Gray	Englisch	1267	Tschinwangtau	24.6.	Schanghai
(„)	D. Hunan	Miller	„	1143	Tschifu	„	„
22.6.	D. Gouv. Jaeschke	Treumann	Deutsch	1045	Schanghai	„	„
26.6.	D. Vorwärts	Hansen	„	643	„	26.6.	Tschifu
„	D. Knivsberg	Lorentzen	„	646	Tschifu	27.6.	Schanghai

Sonnen-Auf-und Untergang
für Monat Juli 1905.

Dt.	Mittelostchinesische Zeit des			
	wahren	scheinbaren	wahren	scheinbaren
	Sonnen-Aufgangs.		Sonnen-Untergangs.	
1.	4 U. 49.5 M.	4 U. 48.9 M.	7 U. 14.9 M.	7 U. 20.5 M.
2.	49.9	44.3	14.8	20.4
3.	50.4	44.8	14.7	20.3
4.	50.9	45.3	14.6	20.2
5.	51.4	45.8	14.5	20.1
6.	51.9	46.3	14.3	19.9
7.	52.5	46.9	14.1	19.7
8.	53.1	47.5	13.8	19.4
9.	53.7	48.1	13.5	19.1
10.	54.3	48.7	13.2	18.8
11.	54.9	49.3	12.9	18.5
12.	55.5	49.9	12.6	18.2
13.	56.1	50.5	12.3	17.9
14.	56.7	51.1	11.9	17.5
15.	57.3	51.7	11.5	17.1
16.	57.9	52.3	11.1	16.7
17.	58.5	52.9	10.6	16.2
18.	59.2	53.6	10.1	15.7
19.	59.9	54.3	9.6	15.2
20.	5U. 0.6	55.0	9.1	14.7
21.	1.3	55.7	8.5	14.1
22.	2.0	56.4	7.9	13.5
23.	2.7	57.1	7.2	12.8
24.	3.5	57.9	6.5	12.1
25.	4.3	58.7	5.8	11.4
26.	5.1	59.5	5.1	10.7
27.	5.8	5U. 0.2	4.4	10.0
28.	6.5	0.9	3.4	9.3
29.	7.2	1.6	3.0	8.6
30.	7.9	2.3	2.3	7.9
31.	8.5	2.9	1.5	7.1

Druck der Missionsdruckerei Tsingtau.

第六年 第二十六号

1905年7月1日

官方通告

大德管理青岛地亩局　为

拍卖地亩事：兹据铁路公司周季方禀称，欲买大包岛天津并河南两街转角地面（图）第九号第九块，计地二千零零三米打，系旧电灯机器局地方房屋在内，暂拟价洋三千三百九十三元零三分。今订于西历一千九百五年七月十七日上午十一点钟在本局拍卖。买定后，准盖住房、铺房、机器房，限至西一千九百八年七月三十一日一律修竣。如他人亦欲买者，可以投票，务须声明盖造何等房屋，截至西七月初十日止，届期前来面议可也。勿误。特谕。

右谕通知
西一千九百五年六月二十四日　告示

告白

启者：兹将本署据报遗失之物列左：
绒领黑色长雨衣两袭，后褉有线缝补并有红色污迹。
以上之物切勿轻买，如见亦宜报明本署。此布。

德一千九百五年六月二十八日
青岛巡捕衙门启

消息

总督府财务处自今年6月23日起的汇率为1元＝1.98马克，自今年7月1日起的汇率为1元＝1.97马克。

口译见习米歇尔森博士被任命为口译官，警察局长维尔策尔被任命为警局上尉。

今年5月11日的最高内阁命令授予海军总医官柯尼希以及海军少校军医迈耶尔博士杰出服务十字勋章。

赫普纳少尉已经被晋升为中尉。

哈很伯格下士和高级水手长拉德布鲁赫已受担任警局看守。

今年6月24日,"忒蒂斯"号军舰从"海鹰"号军舰手中接管了青岛的驻站事务。

从1905年7月1日起,电报每词收费金额为:

欧洲	2.40墨西哥鹰洋
俄国(经恰克图)	0.85墨西哥鹰洋
俄国亚洲部分(经恰克图)	0.65墨西哥鹰洋
旧金山(经太平洋)	2.40墨西哥鹰洋
纽约(经太平洋)	2.65墨西哥鹰洋
香港	0.71墨西哥鹰洋
日本	0.91墨西哥鹰洋
朝鲜(汉城、釜山、济物浦)	1.26墨西哥鹰洋

其余收费费率大部分不变,准确信息以皇家邮局的电报接收处发布为准。

船运

1905年6月23日—29日期间

到达日	轮船船名	船长	挂旗国籍	登记吨位	出发港	出发日	到达港
(6月15日)	民多洛号	拉尔森	美国	642	汤森港	6月28日	旧金山
(6月18日)	莱茵号	罗特	德国	6 398	不来梅港	6月25日	长崎
(6月19日)	尼凯丸	中川	日本	1 016	芝罘	6月23日	神户
(6月19日)	达盖特号	斯蒂恩森	挪威	789	小樽	6月23日	长崎
(6月23日)	西平号	格雷	英国	1 267	秦皇岛	6月24日	上海
(6月23日)	湖南号	米勒	英国	1 143	芝罘	6月24日	上海
6月22日	叶世克总督号	特洛依曼	德国	1 045	上海	6月24日	上海
6月26日	前进号	韩森	德国	643	上海	6月26日	芝罘
6月26日	柯尼夫斯堡号	洛伦岑	德国	646	芝罘	6月27日	上海

Amtsblatt
für das
Deutsche Kiautschou-Gebiet.

青島官報

Herausgegeben vom Kaiserlichen Gouvernement Kiautschou.

Der Bezugspreis beträgt jährlich $ 0,60 = M 1,20.
Bestellungen nehmen sämtliche deutsche Postanstalten entgegen.

| Jahrgang 6. | Nr. 27. | Tsingtau, den 8. Juli 1905. | 第二十七號 | 第六年 |

Verordnungen und Bekanntmachungen.

Bekanntmachung.

Die Ziffern 3 und 4 der „Bestimmungen über den Bezug von Wasser aus dem fiskalischen Wasserwerk" (Amtsblatt 1904, Seite 124) werden dahin ergänzt, dass die Miete für einen Wassermesser von 65mm Durchgangsweite auf monatlich 3.-$ und der entsprechende Mindestsatz der jährlichen Wasserabgabe auf $ 288.- festgesetzt wird.

Tsingtau, den 29. Juni 1905.

Der Baudirektor.

Amtliche Anzeigen.

Bekanntmachung.

Am 13. Juni 1905 hat die unterzeichnete Behörde verschiedene europäische und chinesische Kleidungsstücke und sonstige Gegenstände, die von entflohenen Strafgefangenen zurückgelassen sind, öffentlich versteigern lassen. Gemäss § 981 des bürgerlichen Gesetzbuches werden hiermit die Empfangsberechtigten, deren Aufenthalt unbekannt ist, zur Anmeldung ihrer Rechte aufgefordert.

Tsingtau, den 6. Juli 1905.

Kaiserliches Polizeiamt.

白告

敬啓者本署曾於西歷本年六月十三日拍買華洋各種衣服等物查此項衣物乃西一千九百三年分脫逃各犯所遺因循門未悉所賣物主姓名籍貫現在按照德國常例現在廰令各該物主稟報衙門願否具領己賣衣服等物價洋特佈

德一千九百五年七月初六日
青島巡捕衙門啟

Aufgebot.

Es wird hiermit bekannt gemacht, dass

Karl **Ernst** Bartenwerfer, seines Standes Bautechniker, geboren zu Tilsit in Ostpreussen, 32 Jahre alt, wohnhaft in Tsingtau, Sohn des in Tilsit wohnhaften Kaufmanns Louis Bartenwerfer und seiner zu Tilsit verstorbenen Ehefrau Marie, geborenen Deskau,

und

Ida Oster, geboren zu Trier in der Rheinprovinz, 29 Jahre alt, wohnhaft in Eschweiler bei Aachen, Tochter des in Eschweiler wohnhaften Kaufmanns Maternus Oster und seiner zu Eschweiler verstorbenen Ehefrau,

beabsichtigen, sich miteinander zu verheiraten und diese Ehe in Gemässheit des Reichsgesetzes vom 4. Mai 1870 vor dem unterzeichneten Beamten abzuschliessen.

Tsingtau, den 30. Juni 1905.

Der Kaiserliche Standesbeamte,
Günther.

Bei der in Abteilung A Nr. 9 des hiesigen Handelsregisters vermerkten offenen Handelsgesellschaft

Arnhold, Karberg & Co.

ist folgendes eingetragen:

Otto Hoppe ist Prokura erteilt.

Tsingtau, den 4. Juli 1905.

Kaiserliches Gericht von Kiautschou I.

Bekanntmachung.

Als gefunden angemeldet: 1 goldener Ring mit einem rotem und 2 weissen Steinen.

Als gestohlen angemeldet: 1 Weichenschloss.

Als verloren angemeldet: 1 schwarze Stahluhr, das Zifferblatt ist durchbrochen, wodurch das innere Werk sichtbar ist, Zifferblatt ist nur 1 cm breit ohne Sekundenzeiger.

Tsingtau, den 6. Juli 1905.

Kaiserliches Polizeiamt.

白 告

啓者茲將本署據報被訪遺ヶ以及拾獲送案各物分別列左

被竊之物
鐵軌分路岔頭鎖一具

遺失之物
烏鋼表一枚表面甚小圓徑僅一桑的米打無秒針在圓徑外可見表内機器

送案之物
金戒指一枚嵌鑲紅寶石一塊白寶石兩塊以上各物切勿輕買如見亦宜報明本署此佈

德一千九百五年七月初六日
青島巡捕尚門啓

Mitteilungen.

In der Nacht vom 13. zum 14. d. Mts. hält die Matrosen-Artillerie-Abteilung Nachtschiessübungen ab; während dieser wird die elektrische Strassenbeleuchtung des Auguste Viktoriaufers zeitweise gelöscht.

*   *
*

Auf der Farm „Alsenhof" bei Tai tung tschen ist unter den aus Deutschland eingeführten Milchkühen die Rinderpest ausgebrochen.

*   *
*

Am Sonntag, den 16. d. Mts, findet in der Gouvernementskapelle kein Gottesdienst statt.

*   *
*

Der Marine-Oberassistenzarzt Dr. Boehm ist laut telegraphischer Nachricht des Reichs-Marine-Amts vom 1. d. Mts. zum Marine-Stabsarzt befördert worden.

*   *
*

Die Geschäfte des Kaiserlichen Konsulates in Futschou hat Herr Wintzer von dem in die Heimat beurlaubten Konsul Siemssen am 17. Juni d. Js. vertretungsweise übernommen.

*   *
*

Über das Lager von Syfang ist seitens des Bataillons am 5. d. Mts. wegen eines Rotzfalles unter den Pferden eine sechswöchige Quarantäne verhängt worden. Während dieser Zeit ist das Betreten des Lagers mit Pferden und Maultieren verboten.

8. Juli 1905.　　　　　　　　Amtsblatt—青島官報　　　　　　　　135.

Durchschnittsmarktpreise.

Juni 1905.

1 Kätty = 605 g.

Durchschnittskurs 1 $ = etwa 1750 kleine Käsch.

Bezeichnung.	Einheit	Tsingtau kl. Käsch	Tai tung tschen kl. Käsch.	Litsun kl. Käsch	Hsüe tschia tau kl. Käsch
Bohnen	1 Kätty	—	60	63	—
„ , aufgekeimte	„	—	24	—	—
Schnittbohnen	„	44	40	36	—
Bohnenkäse	„	—	30	35	—
Bohnenöl	„	280	180	175	—
Bohnenkuchen	„	—	—	54	84
Erdnüsse	„	110	100	130	160
Erdnussöl	„	300	—	185	—
Erbsen	„	—	40	50	—
Gerste	„	—	90	50—60	—
Gurken	„	80	16	30	40
Hirse	„	—	60	46	120
Hirsemehl	„	—	60	60	—
Kartoffeln, chin.	„	20	—	—	—
Kartoffelscheiben, chin.	„	80	36	36	—
Kauliang	„	—	56	50	—
Kauliangstroh	„	—	—	25	—
Kleie	„	—	50	40	80
Kürbis	„	—	—	—	—
Mais	„	—	40	—	—
Radieschen	„	80	18	—	—
Reis	„	—	60	82	—
Weizen	„	—	62	64	—
Weizenmehl	„	—	80	84	152
Weizenbrot	1 Stück	44	24	20	—
Dampfbrot	„	—	24	20	—
Hirsebrot	„	—	34	—	—
Röstbrot	„	—	34	—	—
Aepfel	1 Kätty	—	—	—	—

Bezeichnung	Einheit	Tsingtau kl. Käsch	Tai tung tschen kl. Käsch	Li tsun kl. Käsch	Hsüe tschia tau kl. Käsch
Apfelsinen	1 Kätty	—	—	—	—
Birnen	”	—	—	—	—
Kohlrabi	”	100	—	—	—
Kohl in Köpfen	”	30	—	—	32
” , kl. Pflanzen	”	—	12	9	—
Knoblauch	”	—	60	56	—
Mohrrüben	”	60	—	—	—
Pfeffer	”	800	800	820	800
Rettig, chin.	”	160	18	16	—
Rüben, weisse	”	120	—	—	—
Spinat	”	40	—	—	—
Wallnüsse	”	160	140	160	—
Zwiebeln	”	160	30	20	100
Salz	”	30	10	12	80
Tabak	”	—	280	26	—
Bratfische	”	—	160	120	—
Kochfische	”	—	160	150	100
Fische, trocken	”	—	120	160	20
Tintenfische	”	—	400	64	—
Krabben	”	—	—	40	—
Schweinefleisch	”	300	200	200	400
Schweinefett	”	320	300	280	400
Rindfleisch, roh	”	480	190	180	—
” , gekocht	”	—	200	180	—
Rindertalg	”	—	220	190	—
Enten	1 Stück	720	—	600	—
” , wilde	”	—	—	—	—
Gänse	”	1750	—	—	—
” , wilde	”	—	—	—	—
Hühner	”	480	—	400	300
Schnepfen	”	—	—	—	—
Enteneier	10 Stück	300	220	310	180
Hühnereier	”	180	160	170	120
Kaninchen	1 Stück	—	—	—	—

8. Juli 1905. Amtsblatt—青島官報 137.

Schiffsverkehr
in der Zeit vom 29. Juni — 6. Juli 1905.

Ankunft am	Name	Kapitän	Flagge	Reg. Tonnen.	von	Abfahrt am	nach
30.6.	D. Gouv. Jaeschke	Treumann	Deutsch	1045	Schanghai	1.7.	Schanghai
1.7.	D. Amigo	Iwersen	„	822	Tschifu	3.7.	Hongkong
„	D. Nagata-Maru	Soyé	Japanisch	497	„	4.7.	Tschifu
2.7.	D. Amoy	Plambeck	Deutsch	663	„		
3.7.	D. Tsintau	Hansen	„	977	Schanghai	3.7.	Tschifu
„	D. Eiger	Rafen	Norwegisch	875	Tschifu		
5.7.	D. Vorwärts	Hansen	Deutsch	643	„	5.7.	Schanghai

Meteorologische Beobachtungen
in Tsingtau.

Datum.	Barometer (mm) reduz. auf 0° C., Seehöhe 50,0 m			Temperatur (Centigrade).							Dunstspannung in mm			Relat. Feuchtigkeit in Prozenten		
				trock. Therm.			feucht. Therm.									
Juni	7 Vm	2 Nm	9 Nm	7 Vm	2 Nm	9 Nm	7 Vm	2 Nm	9 Nm	Min.	Max.	7 Vm	2 Nm	9 Nm	7 Vm	2 Nm	9 Nm
29	747,1	748,3	748,0	22,1	23,2	21,1	20,7	20,3	16,2	16,6	29,1	17,3	15,9	10,7	87	76	58
30	50,2	50,0	51,1	19,7	23,5	19,7	16,2	18,2	18,0	17,4	28,4	11,6	12,3	14,3	68	57	84
Juli 1	53,2	52,9	53,3	20,7	23,5	19,6	18,7	19,4	19,2	19,4	24,1	14,8	14,2	16,3	82	66	96
2	54,4	54,3	53,8	20,4	22,0	20,3	19,3	20,4	19,7	20,4	22,4	16,0	16,8	16,7	90	86	94
3	51,4	54,0	50,5	19,4	20,6	21,5	18,9	20,0	21,5	18,5	21,7	15,9	17,0	19,0	95	95	100
4	50,4	49,9	49,4	21,1	21,6	21,2	21,1	21,5	21,2	20,3	22,4	18,6	19,0	18,7	100	99	100
5	50,1	50,4	50,6	21,3	23,8	21,7	21,2	22,7	21,7	20,7	25,1	18,6	19,8	19,3	99	90	100

Datum.	Wind Richtung & Stärke nach Beaufort (0—12)			Bewölkung						Niederschläge in mm		
				7 Vm		2 Nm		9 Nm				9 Nm
Juni	7 Vm	2 Nm	9 Nm	Grad	Form	Grad	Form	Grad	Form	7 Vm	9 Nm	7 Vm
29	S 3	SSW 4	NNO 3	6	Cir-str.	6	Cu-nim	3	Cum			
30	WNW 3	SSW 2	S 2	1	Cu-str.	2	Cum					
Juli 1	S 2	S O 3	SSO 2			2	Cu-str.	2	Cum			
2	SSO 2	SSO 3	OSO 3	10	Cu-nim	10	Cu-nim	10	„			11,2
3	WNW 1	WNW 1	S 2	10	„	10	„	10	Nebel	11,2	29,1	31,6
4	S O 2	S O 3	S O 3	10	Nebel	10	Nebel	10	„	2,5	0,1	0,4
5	S O 2	S O 2	OSO 3	10	„	8	Cu-str			0,3		

Druck der Missionsdruckerei Tsingtau.

第六年 第二十七号

1905年7月8日

法令与告白

告白

现对《接通自来水规条》(1904年《官报》第124页)第3条和第4条做出补充,将65毫米口径的水表租金定为每月3.00元,相应的年度水费最低金额为288.00元。

青岛,1905年6月29日
工部局局长

官方通告

告白

启者:本署曾于西历本年六月十三日拍卖华洋各种衣服等物,查此项衣物乃西一千九百三年分脱逃各犯所遗,因衙门未悉所卖物主姓名、籍贯,是以按照德国常例。现在应令各该物主禀报衙门愿否具领已买衣服等物价洋。特布。

德一千九百五年七月初六日
青岛巡捕衙门启

结婚公告

卡尔·恩斯特·巴顿维尔佛,职业为建筑师,出生于东普鲁士的蒂尔吉特,现年32岁,居住地为青岛,为居住在蒂尔吉特的木匠路易·巴顿维尔佛与其在蒂尔吉特去世、出生时姓德斯考的妻子玛丽的儿子。

伊达·奥斯特,出生于莱茵省的特里尔,现年29岁,居住地为亚琛附近的艾什维勒,是居住在艾什维勒商人马特尔努斯·奥斯特和其在艾什维勒去世的妻子的女儿。

谨此宣布二人结婚,此婚约按照1870年5月4日颁布的法律规定在本官员前

缔结。

青岛,1905 年 6 月 30 日
皇家户籍官
贡特

在本地商业登记 A 部第 9 号登记的营业中公司"瑞记洋行"已登记入下列事项：
授予奥托·霍帕代理权。

青岛,1905 年 7 月 4 日
胶澳皇家审判厅一处

告白

启者：兹将本署据报被窃、遗失以及拾获送案各物分别列左：
被窃之物：
铁轨分路岔头锁一具。
遗失之物：
乌钢表一枚,表面甚小,圆径仅一桑的米打,无秒针,在圆径外可见表内机器。
送案之物：
金戒指一枚,嵌镶红宝石一块,白宝石两块。
以上各物切勿轻买,如见亦宜报明本署。此布。

德一千九百五年七月初六日
青岛巡捕衙门启

消息

水兵炮队将在本月 13 日至 14 日夜举行夜间射击训练,期间在奥古斯特·维多利亚海岸的电灯照明将临时熄灭。

台东镇"阿尔森霍夫"农场从德国引入的奶牛爆发了牛瘟。

本月 16 日礼拜天不会在督署小教堂举行弥撒。

根据本月 1 日的帝国海军部电报消息,海军高级助理医师伯姆博士已晋升为海军上尉军医。

文策先生接手了福州皇家领事馆的业务,代理在今年 6 月 17 日回国度假的希姆森领事。

在本月 5 日,海军营下令对出现一例马匹鼻涕症的四方兵营进行 6 周隔离,期间禁止骡马进入该兵营。

市场平均物价

1905 年 6 月

1 斤＝605 克

平均汇率为 1 元＝大约 1 750 个铜板

商品名称	单位	青岛,铜板	台东镇,铜板	李村,铜板	薛家岛,铜板
黄豆	1 斤	—	60	63	—
豆芽	1 斤	—	24	—	—
豌豆	1 斤	44	40	36	—
豆腐	1 斤	—	30	35	—
豆油	1 斤	280	180	175	—
豆饼	1 斤	—	—	54	84
花生	1 斤	110	100	130	160
花生油	1 斤	300	—	185	—
扁豆	1 斤	—	40	50	—
大麦	1 斤	—	90	50～60	—
黄瓜	1 斤	80	16	30	40
小米	1 斤	—	60	46	120
小米面	1 斤	—	60	60	—
土豆,中国品种	1 斤	20	—	—	—
土豆片,中国品种	1 斤	80	36	36	—
高粱	1 斤	—	56	50	—
高粱秆	1 斤	—	—	25	—
麸皮	1 斤	—	50	40	80
南瓜	1 斤	—	—	—	—
玉米	1 斤	—	40	—	—

(续表)

商品名称	单位	青岛,铜板	台东镇,铜板	李村,铜板	薛家岛,铜板
小红萝卜	1斤	80	18	—	—
大米	1斤	—	60	82	—
小麦	1斤	—	62	64	
面粉	1斤	—	80	84	152
小麦面包	1个	44	24	20	
馒头	1个	—	24	20	
窝头	1个	—	34	—	
火烧	1个	—	34		
苹果	1斤			—	
橘子	1斤				
梨	1斤				
大头菜	1斤	100			
大白菜	1斤	30	—		32
小白菜	1斤	—	12	9	
大蒜	1斤	—	60	56	
胡萝卜	1斤	60	—		
胡椒	1斤	800	800	820	800
中国品种萝卜	1斤	160	18	16	
白萝卜	1斤	120			
菠菜	1斤	40			
核桃	1斤	160	140	160	
洋葱	1斤	160	30	20	100
盐	1斤	30	10	12	80
烟草	1斤	—	280	26	
煎鱼	1斤		160	120	
炖鱼	1斤		160	150	100
干鱼	1斤		120	160	20
墨鱼	1斤		400	64	
螃蟹	1斤		—	40	
猪肉	1斤	300	200	200	400

(续表)

商品名称	单位	青岛,铜板	台东镇,铜板	李村,铜板	薛家岛,铜板
猪大油	1斤	320	300	280	400
生牛肉	1斤	480	190	180	—
熟牛肉	1斤	—	200	180	
牛油	1斤		220	190	
鸭子	1只	720	—	600	
野鸭	1只				
鹅	1只	1 750			
野鹅	1只				
鸡	1只	480	—	400	300
塍鹬	1只				
鸭蛋	10个	300	220	310	180
鸡蛋	10个	180	160	170	120
兔子	1只	—			

船运

1905年6月29日—7月6日期间

到达日	轮船船名	船长	挂旗国籍	登记吨位	出发港	出发日	到达港
6月30日	叶世克总督号	特洛依曼	德国	1 045	上海	7月1日	上海
7月1日	朋友号	艾佛森	德国	822	芝罘	7月3日	香港
7月1日	永田丸	索耶	日本	497	芝罘	7月4日	芝罘
7月2日	厦门号	普朗贝克	德国	663	芝罘		
7月3日	青岛号	韩森	德国	977	上海	7月3日	芝罘
7月3日	艾格号	拉芬	挪威	875	芝罘		
7月5日	前进号	韩森	德国	643	芝罘	7月5日	上海

Amtsblatt
für das Deutsche Kiautschou-Gebiet.

Herausgegeben vom Kaiserlichen Gouvernement Kiautschou.

Der Bezugspreis beträgt jährlich $ 0,60=M 1,20.
Bestellungen nehmen sämtliche deutsche Postanstalten entgegen.

Jahrgang 6.   Nr. 28.   Tsingtau, den 15. Juli 1905.

Amtliche Anzeigen.

Bekanntmachung.

Während der grossen Schulferien wird das Forstamt an jedem Mittwoch und Sonnabend von 5¼ bis 6½ Uhr nachmittags für Schulkinder beiderlei Geschlechts im Alter von 6 Jahren und darüber gärtnerische Ferienkurse über Gemüsebau, Erdbeer-Spargel-und Artischockenzucht, Blumenanlagen, Veredelung von Obst- und Rosenwildlingen u. s. w. abhalten.

Bei Regenwetter findet der Unterricht am nächstfolgenden Wochentage statt.

Zum Unterricht mitzubringen sind kleine Hacken und Spaten, die im Forstgarten aufbewahrt werden können, und ein Taschenmesser.

Eltern, die ihre Kinder an diesem Ferienkurse teilnehmen lassen wollen, werden gebeten, dies dem Forstamt unter namentlicher Nennung der Kinder anzuzeigen.

Der Unterricht beginnt am Mittwoch, den 19. Juli 1905, nachmittags 5¼ Uhr, in der Försterei Wildpark.

Tsingtau, den 11. Juli 1905.

Der Zivilkommissar.

Bei der im Handelsregister Abt. A. Nr. 46 vermerkten Firma

Franz Xaver Mauerer

ist folgendes eingetragen:

Die Prokura des Kaufmanns Otto Marx ist erloschen.

Tsingtau, den 10. Juli 1905.

Kaiserliches Gericht von Kiautschou I.

Bekanntmachung.

E. Ehrlich hat ein Gesuch um Erteilung der Erlaubnis zum Ausschank alkoholischer Getränke auf seinem Grundstücke in Syfang eingereicht.

Einwendungen im Sinne der Gouvernements-Bekanntmachung vom 10. Oktober 1899 sind bis zum 30. d. Mts. an die unterzeichnete Behörde zu richten.

Tsingtau, den 8. Juli 1905.

Kaiserliches Polizeiamt.

Landversteigerung.

Auf Antrag der Pensionsinhaberin Helene Luther findet am Montag, den 31. Juli 1905, vormittags 11 Uhr, die öffentliche Versteigerung des Grundstückes Kbl. 12 Nr. $\frac{66}{42}$, Ecke Hohenloheweg und Kronprinzenstrasse, vor unterzeichneter Behörde statt.

Grösse: 1640 qm.
Mindestpreis: 1361,20 $
Benutzungsplan: Errichtung eines Wohn-(Pensions-) Hauses.
Bebauungsfrist: 31. Juli 1908.
Gesuche zum Mitbieten sind bis zum 24. Juli 1905 hierher zu richten.

Tsingtau, den 8. Juli 1905.

Kaiserliches Landamt.

Landversteigerung.

Auf Antrag des Meng tsau ming findet am Montag, den 31. Juli 1905, vormittag 11 ¼ Uhr, die öffentliche Versteigerung des Grundstückes Kbl. 12 Nr $\frac{68}{28}$, Ecke Tschifu,-Syfang-und Tsimo-Strasse, vor unterzeichneter Behörde statt.

Grösse: 2845 qm.
Mindestpreis: 2731,20 $
Benutzungsplan: Errichtung von Wohn-, Geschäftshäusern.
Bebauungsfrist: 31. Juli 1908.
Gesuche zum Mitbieten sind bis zum 24. Juli 1905 hierher zu richten.

Tsingtau, den 8. Juli 1905.

Kaiserliches Landamt.

Landversteigerung.

Auf Antrag des Kaufmanns Martin Krogh findet am Donnerstag, den 10. August 1905, vormittags 11 Uhr, die öffentliche Versteigerung des Grundstückes Kbl. 8 Nr. $\frac{214}{11}$, an der Bremerstrasse gelegen, vor der unterzeichneten Behörde statt.

Grösse: 1297 qm.
Mindestpreis: 1076,51 $
Benutzungsplan: Landhausmässige Bebauung.
Bebauungsfrist: 31. August 1908.
Gesuche zum Mitbieten sind bis zum 3 August 1905 hierher zu richten.

Tsingtau, den 10. Juli 1905.

Kaiserliches Landamt.

15. Juli 1905. Amtsblatt—報官島青 141.

Bekanntmachung.

Als gefunden angemeldet: 1 Dienstauszeichnung II. Klasse; 1 Gürtel mit silbernem Schloss.

Tsingtau, den 13. Juli 1905.

Kaiserliches Polizeiamt.

告白

啟者茲將本署據報拾獲送案各物列左

腰帶一條繫有銀鉤

深藍色下等寶星一座

以上各物准人具領特佈

德一千九百五年七月十三日

青島巡捕衙門啓

Mitteilungen.

Der Kurs bei der Gouvernementskasse beträgt vom 14. d. Mts. ab: 1 $ = 1,98 M.

* * *

Am Sonntag, den 16. d. Mts., findet in der Gouvernementskapelle kein Gottesdienst statt.

* * *

Katasterlandmesser Keiser ist zum Katasterkontrolleur ernannt worden.

* * *

Der Gouvernements-Tierarzt Eggebrecht ist vom Heimatsurlaub zurückgekehrt und hat seine Dienstgeschäfte wieder übernommen.

* * *

Nach telegraphischer Nachricht der Kaiserlichen Gesandtschaft in Tokio ist der Belagerungszustand über Formosa, Makong und Küstengewässer mit Ausnahme der übrigen Peskadoresinseln aufgehoben worden.

Schiffsverkehr

in der Zeit vom 6.—13. Juli 1905.

Ankunft am	Name	Kapitän	Flagge	Reg. Tonnen.	von	Abfahrt am	nach
(7.6.)	D. Wik	Kasten	Deutsch	1809	Hongkong	11.7.	Japan
(19.6.)	D. Wyneric	Niven	Englisch	3264	Emden	„	Moji
(2.7.)	D. Amoy	Plambeck	Deutsch	663	Tschifu	6.7.	Schanghai
(3.7.)	D. Eiger	Rafen	Norwegisch	875	„	7.7.	Swatau
6.7.	D. Sachsen	Röttgers	Deutsch	1273	New York		
„	D. Knivsberg	Lorentzen	„	646	Schanghai	7.7.	Tientsin
„	D. Ravn	Dedeham	Norwegisch	795	Kobe		
„	D. Norge	Boe	„	1924	Melbourne		
7.7.	D. Gouv. Jaeschke	Treumann	Deutsch	1045	Schanghai	9.7.	Schanghai
„	D. Peiho	Deinat	„	476	Tschemulpo	7.7.	„
„	D. Folsjö	Berentzen	Norwegisch	1040	Hamburg		
11.7.	D. Vorwärts	Hansen	Deutsch	643	Schanghai	11.7.	Tschifu
12.7.	D. Tsintau	Hansen	„	977	Tschifu	12.7.	Schanghai

Meteorologische Beobachtungen
in Tsingtau.

Datum. Juli	Barometer (mm) reduz. auf 0° C., Seehöhe 50,0 m			Temperatur (Centigrade). trock. Therm.			feucht. Therm.			Min.	Max.	Dunstspannung in mm			Relat. Feuchtigkeit in Prozenten		
	7 Vm	2 Nm	9 Nm	7 Vm	2 Nm	9 Nm	7 Vm	2 Nm	9 Nm			7 Vm	2 Nm	9 Nm	7 Vm	2 Nm	9 Nm
6	751,9	751,9	751,4	22,6	23,5	22,1	22,6	22,9	22,1	21,5	26,1	20,4	20,4	19,8	100	85	100
7	52,3	51,5	51,8	22,1	25,1	22,5	22,1	22,7	22,1	21,5	26,1	19,8	19,0	19,5	100	81	96
8	51,6	49,7	49,0	21,8	23,9	22,7	21,8	23,0	21,9	21,7	26,3	19,4	20,4	19,0	100	92	93
9	49,5	49,7	51,5	22,4	24,6	21,8	22,2	23,9	21,2	21,8	26,9	19,8	21,6	18,3	98	94	95
10	49,4	47,1	48,2	22,7	23,7	18,8	21,5	22,7	18,7	18,5	24,0	18,3	19,9	16,0	90	91	99
11	49,4	50,4	50,7	18,5	21,5	21,0	17,6	19,3	19,8	18,1	23,3	14,4	15,3	16,4	91	80	89
12	51,4	52,0	52,0	21,3	24,0	22,3	20,7	21,7	21,7	20,2	24,8	17,8	17,9	18,9	94	81	95

Datum. Juli	Wind Richtung & Stärke nach Beaufort (0—12)			Bewölkung						Niederschläge in mm		
				7 Vm		2 Nm		9 Nm				9 Nm
	7 Vm	2 Nm	9 Nm	Grad	Form	Grad	Form	Grad	Form	7 Vm	9 Nm	7 Vm
6	Stille 0	S O 3	S 2	10	Nebel	10	Nebel	10	Nebel			
7	S O 3	S O 3	S O 3	10	„	2	Cum	7	Cu-str			
8	S O 3	S O 3	S S O 3	10	„	6	„	7	Cir-cum			32,0
9	S O 2	N N W 4	O S O 2	10	„	9	Cu-nim	10	Cu-nim	32,0	40,8	40.8
10	N O 3	S O 2	N N W 2	10	Cu-nim	10	„	10	„		7,7	8,2
11	N N W 2	S S O 2	S S O 2	9	Cu-str.	7	Cir-cum	9	Cum	0,5		
12	W N W 1	S S O 2	S 2	9	Cum	8	Cum	8	Cir-cum			

Druck der Missionsdruckerei Tsingtau.

第六年 第二十八号

1905年7月15日

官方通告

告白

在学校放大假期间,林业局将在每周三和周六下午5点15分到6点30分为6岁及以上的男女学生举办假期园艺课程,内容为种菜、种草莓、种芦笋和洋蓟、使用养花工具、认识野生植物和玫瑰嫁接等。

如果下雨,则课程延后一周。

上课需要携带钩铲,可以存放在林业局花园内,还需要一把便携尺。

希望与孩子一起参加假期课程的家长,请连同子女姓名一起,告知林业局。

以上课程自1905年7月19日下午5点15分开始,地点为林务所的野生植物园内。

青岛,1905年7月11日
民政长

在商业登记A部第46号登记的公司"弗朗茨·科萨佛·毛勒"①现已登记入下列事项:

撤销商人奥托·马克斯的代理权。

青岛,1905年7月10日
胶澳皇家审判厅一处

告白

E.埃尔利希递交了申请,请求许可在位于四方的自有地块上经营酒精饮料。

如有根据1899年10月10日总督府告白提出的异议,须在本月30日前递交至本处。

青岛,1905年7月8日
皇家巡捕房

---

① 译者注:该洋行中文行名为"毛利公司"。

大德管理青岛地亩局　为

拍卖地亩事：兹据德国商妇卢特禀称，欲买青岛赫很罗黑路①并宽普林次两街转角地图第十二号第六十六块，计地一千六百四十米打，暂拟价洋一千三百六十一元二角。今订于西历一千九百五年七月三十一日早十一点一刻在本局拍卖。买定后，准盖华丽住房，限西一千九百八年七月二十一日一律修竣。如他人亦欲买者，可以投禀，截至七月二十四日止，届时前来本局面议可也。勿误。特谕。

右谕通知

一千九百五年七月初八日　告示

大德管理青岛地亩局　为

拍卖地亩事：兹据孟昭明禀称，欲买大包岛芝罘、四方并济宁三街转角地图第十二号第六十三块，计地二千八百四十五米打，暂拟价洋二千七百三十一元二角。今定于西历一千九百五年七月三十一日早十一点一刻在本局拍卖。买定后，准盖住房、铺房，限至西一千九百八年七月三十一日一律修竣。如他人亦欲买者，可以投禀，截至七月廿四日止，届期前来本局面议可也。勿误。特谕。

右谕通知

一千九百五年七月初八日　告示

大德管理青岛地亩局　为

拍卖地亩事：兹据德商马亲国克禀称，欲卖青岛布来美街地图第八号第二百十四块，计地一千二百九十七米打，暂拟价洋一千零七十六元五角一分。今定于西历一千九百五年八月初十日早十一点钟在本局拍卖。买定后，准盖华丽住房，限至西一千九百八年八月十三日一律修竣。如他人亦欲买者，可以投禀，截至西八月初三日止，届时前来本局面议可也。勿误。特谕。

右谕通知

西一千九百五年七月初十日　告示

告白

启者：兹将本署据报拾获送案各物列左：

深蓝色下等宝星一座；腰带一条，系有银钩。

---

① 译者注：即今德县路。

以上各物准人具领。特布。

德一千九百五年七月十三日
青岛巡捕衙门启

消息

总督府财务处自本月 14 日起的汇率为：1 元＝1.98 马克。

本月 16 日礼拜天，督署小教堂不举办弥撒。

地籍处测量员凯瑟尔被任命为地籍审查员。

督署兽医师艾格布莱希特已经度假返回，再次接手原有公务。

根据东京皇家使馆的电报消息，对台湾岛、马公岛以及除澎湖列岛其他岛屿之外沿岸区域的围困状态现已解除。

船运

1905 年 7 月 6 日—7 月 13 日期间

到达日	轮船船名	船长	挂旗国籍	登记吨位	出发港	出发日	到达港
（6月7日）	威客号	卡斯滕	德国	1 809	香港	7月11日	日本
（6月19日）	维纳里克号	尼文	英国	3 264	艾姆登	7月11日	门司
（7月2日）	厦门号	普朗贝克	德国	663	芝罘	7月6日	上海
（7月3日）	艾格号	拉芬	挪威	875	芝罘	7月7日	汕头
7月6日	萨克森号	罗特格斯	德国	1 273	纽约		
7月6日	柯尼夫斯堡号	洛伦岑	德国	646	上海	7月7日	天津
7月6日	拉文号	德德汉姆	挪威	795	神户		
7月6日	诺格号	波尔	挪威	1 924	墨尔本		
7月7日	叶世克总督号	特洛依曼	德国	1 045	上海	7月9日	上海
7月7日	白河号	代纳特	德国	476	济物浦	7月7日	上海
7月7日	伏尔加河号	贝伦岑	挪威	1 040	汉堡		
7月11日	前进号	韩森	德国	643	上海	7月11日	芝罘
7月12日	青岛号	韩森	德国	977	芝罘	7月12日	上海

Amtsblatt
für das
Deutsche Kiautschou-Gebiet.

青島官報

Herausgegeben vom Kaiserlichen Gouvernement Kiautschou.

Der Bezugspreis beträgt jährlich $ 0,60 = M 1,20.
Bestellungen nehmen sämtliche deutsche Postanstalten entgegen.

Jahrgang 6. Nr. 29. Tsingtau, den 22. Juli 1905.

Amtliche Anzeigen.

Bekanntmachung.

Über den Nachlass der am 13. Juni 1905 verstorbenen Frau Helene Roth, geb. Schreiber, ist die Nachlassverwaltung angeordnet.

Nachlasspfleger ist der Kaufmann Walther Schmidt in Tsingtau.

Tsingtau, den 14. Juli 1905.

Kaiserliches Gericht von Kiautschou III.

Bekanntmachung.

Philipp Sinn hat ein Gesuch um Übertragung der Schankerlaubnis auf seinen Namen für die bisher von dem Ziegelmeister Roth innegehabte Gastwirtschaft in Syfang eingereicht.

Einwendungen im Sinne der Gouvernementsbekanntmachung vom 10. Oktober 1899 sind bis zum 6. August d. Js. an das Polizeiamt schriftlich einzureichen.

Tsingtau, den 20. Juli 1905.

Kaiserliches Polizeiamt.

Bekanntmachung.

Als verloren angemeldet: 1 Paket mit Fensterpapier und einigen Taschentüchern.

Als gefunden angemeldet: 1 Militär-Musiker-Adressbuch für das Deutsche Reich, 1 Militär-Musiker-Notiztaschenbuch für 1905.

Tsingtau, den 20. Juli 1905.

Kaiserliches Polizeiamt.

白 告

啓者茲將本署撿報遺失以及
送案各物分別列左
遺失之物
　糊窗紙一包並內有手巾數
　條
送案之物
　洋字書二本　以上遺失之物
　切勿輕買如見亦宜報明本署
　送案之物准人具領此佈

德一千九百五年七月二十日

青島巡捕衙門啓

144.   Amtsblatt—報官島靑   22. Juli 1905.

Mitteilungen.

Der in Schöneberg verstorbene Schriftsteller Wilhelm Cohn hat testamentarisch bestimmt, dass die von ihm gesammelte deutsch-chinesische Bücherei in Tsingtau zur Aufstellung und weitgehendsten unentgeltlichen Benutzung gelangt.

Die Bücherei ist nunmehr eingetroffen und zugleich mit der der Landesverwaltung aufgestellt worden. Wie die übrigen Bücher der Landesverwaltung werden auch Exemplare aus der Sammlung des Schriftstellers Cohn unentgeltlich auf besonderen Antrag verliehen.

* * *

Der bisher probeweise angestellte Wachtmann Mass ist etatsmässig angestellt worden.

* * *

Die Geschäfte des Kaiserlichen Konsulats in Amoy hat am 1. d. Mts. Dr. von der Heyde übernommen.

* * *

Nach einer Mitteilung der Kaiserlichen Gesandtschaft in Tokio sind durch Bekanntmachung des Japanischen Marineministeriums vom 3. d. Mts. die Seeverteidigungsgebiete von Keelung, Okinawa und Amami-Oshima für aufgehoben erklärt worden.

Meteorologische Beobachtungen
in Tsingtau.

Datum. Juli	Barometer (mm) reduz. auf 0° C., Seehöhe 50,0 m			Temperatur (Centigrade).								Dunstspannung in mm			Relat. Feuchtigkeit in Prozenten		
				trock. Therm.			feucht. Therm.										
	7 Vm	2 Nm	9 Nm	7 Vm	2 Nm	9 Nm	7 Vm	2 Nm	9 Nm	Min.	Max.	7 Vm	2 Nm	9 Nm	7 Vm	2 Nm	9 Nm
13	752,7	752,4	752,3	23,9	25,3	23,7	22,9	24,1	23,3	21,7	27,3	20,1	21,6	21,0	91	90	96
14	52,4	51,8	51,4	23,2	24,1	22,8	22,0	22,2	22,1	21,9	26,2	18,9	18,7	19,3	89	84	94
15	51,1	51,2	50,7	21,1	23,8	23,1	21,1	22,7	22,9	21,1	25,5	18,6	19,8	20,7	100	90	98
16	51,4	51,1	51,2	23,5	24,9	23,5	23,4	23,3	23,3	22,8	25,9	21,3	20,3	21,1	99	87	98
17	50,2	50,2	49,0	23,7	24,9	23,7	23,1	24,0	23,7	23,1	25,4	20,6	21,6	21,8	95	93	100
18	48,4	47,1	47,8	23,7	26,8	23,6	23,7	24,5	23,4	23,2	28,3	21,8	21,4	21,3	100	82	98
19	49,7	50,4	51,0	24,5	25,7	24,9	24,0	23,7	22,0	23,5	27,5	21,9	20,6	17,9	96	84	77

Datum. Juli	Wind Richtung & Stärke nach Beaufort (0—12)			Bewölkung						Niederschläge in mm		
				7 Vm		2 Nm		9 Nm				
	7 Vm	2 Nm	9 Nm	Grad	Form	Grad	Form	Grad	Form	7 Vm	9 Nm	9 Nm / 7 Vm
13	S O 2	S O 2	S O 3	5	Cir-cum	6	Cir-cum	6	Cu-str			0,7
14	S O 2	S O 2	S O 4	7	Cu-str.	10	Cu-nim	9	Cu-nim	0,7		33,1
15	S O 1	S O 3	S O 2	10	Nim	8	„	6	Cir-cum	33,1	1,8	1,8
16	S O 2	S S O 2	S O 4	10	Nebel	7	Cu-str	7	Cu-str		6,3	6,3
17	S S O 3	O S O 2	O S O 2	10	Cu-str.	10	„	10	Cu-nim			0,2
18	S O 2	S O 2	S O 2	10	Nebel	5	Cir-cum	2	Cu-str	0,2		
19	N N W 1	S 2	N N O 2	10	Cu-nim	7	Cu-nim	10	Cu-nim			

Schiffsverkehr

in der Zeit vom 13.—20. Juli 1905.

Ankunft am	Name	Kapitän	Flagge	Reg. Tonnen.	von	Abfahrt am	nach
(6.7.)	D. Ravn	Dedeham	Deutsch	795	Kobe	14.7.	Kobe
13.7.	D. Gouv. Jaeschke	Treumann	„	1045	Schanghai	„	Schanghai
14.7.	D. Amoy	Plambeck	„	663	„	17.7.	„
15.7.	D. Shadwell	Tointon	Englisch	2593	Hamburg	19.7.	Taku
16.7.	D. Süllberg	Luppi	Deutsch	782	Kobe	18.7.	Kobe
17.7.	D. Peiho	Deinat	„	476	Schanghai	17.7.	Tschemulpo
18.7.	D. Tsintau	Hansen	„	976	„	18.7.	Schanghai
„	D. Vorwärts	Hansen	„	643	Tschifu	„	„

Druck der Missionsdruckerei Tsingtau.

第六年 第二十九号

1905 年 7 月 22 日

官方通告

告白

已下令对在 1905 年 6 月 13 日去世的海伦娜·洛特,出生时姓施莱伯,进行遗产管理程序。

遗产看护人为青岛的商人瓦尔特·施密特。

青岛,1905 年 7 月 14 日
胶澳皇家审判厅三处

告白

菲利普·辛恩递交了申请,请求将酒类经营许可转到其名下,用于目前为止由烧砖师洛特拥有的位于四方区的客栈。

如有根据 1899 年 10 月 10 日总督府告白提出的异议,须在今年 8 月 6 日之前递交至巡捕衙门。

青岛,1905 年 7 月 20 日
皇家巡捕房

告白

启者:兹将本署据报遗失以及送案各物分别列左:

遗失之物:

糊窗纸一包,在内并有手巾数条。

送案之物:

洋字书二本。

以上遗失之物切勿轻买,如见亦宜报明本署,送案之物准人具领。此布。

德一千九百五年七月二十日

青岛巡捕衙门启

消息

在熏那堡去世的作家威廉·科恩留下遗嘱,上交由他在青岛收集的德华藏书集,并尽可能地提供免费使用。

藏书集现已抵达,同时提交给了行政部门的图书馆。作家科恩的图书收藏如同行政部门的其他图书一样,通过特别申请免费借阅。

目前为止试用的看守马斯已被正式通过财政预算雇用。

在本月1日,冯·德·海德博士接手了厦门的皇家领事馆的业务。

根据东京的皇家领事馆的通知,日本海军部在本月3日通知,宣布基隆、冲绳和奄美大岛的海防区已被撤销。

船运

1905年7月13日—20日期间

到达日	轮船船名	船长	挂旗国籍	登记吨位	出发港	出发日	到达港
(7月6日)	拉文号	德德汉姆	德国	795	神户	7月14日	神户
7月13日	叶世克总督号	特洛依曼	德国	1 045	上海	7月14日	上海
7月14日	厦门号	普朗贝克	德国	663	上海	7月17日	上海
7月15日	夏德维尔号	同顿	英国	2 593	汉堡	7月19日	大沽
7月16日	居尔堡号	卢皮	德国	782	神户	7月18日	神户
7月17日	白河号	代纳特	德国	476	上海	7月17日	济物浦
7月18日	青岛号	韩森	德国	976	上海	7月18日	上海
7月18日	前进号	韩森	德国	643	芝罘	7月18日	上海

Amtsblatt
für das
Deutsche Kiautschou-Gebiet.

青島官報

Herausgegeben vom Kaiserlichen Gouvernement Kiautschou.

Der Bezugspreis beträgt jährlich $ 0,60 = M 1,20.
Bestellungen nehmen sämtliche deutsche Postanstalten entgegen.

Jahrgang 6.   Nr. 30.   Tsingtau, den 29. Juli 1905.

Amtliche Anzeigen.

Bekanntmachung.

Am 28. August 1905, vormittags 10 Uhr, sollen im Strandlager folgende Gegenstände öffentlich versteigert werden:

1) Beschlagnahmte chinesische Bekleidungsstücke des bei der Firma F. H. Schmidt beschäftigt gewesenen und nach Verübung von Diebstählen entlaufenen Mafus Wang schau tsy.
2) Nachlasssachen (chin. Bekleidungsstücke) des beim Zollbeamten Wittsack als Koch beschäftigt gewesenen verstorbenen Chinesen Hsie a yü.
3) Gefundene Gegenstände: 1 Rollenmetermass, 1 grüne europäische Hose, 1 silberne Remontoiruhr, 1 Etui mit chines. Schlipsnadeln.

Gemäss § 983 B. G. B. werden hiermit die Empfangsberechtigten, deren Aufenthalt unbekannt ist, zur Anmeldung ihrer Rechte aufgefordert.

Ein Verzeichnis der einzelnen Bekleidungsstücke hängt im Geschäftsraum des Polizeiamts aus.

Tsingtau, den 26. Juli 1905.

Kaiserliches Polizeiamt.

Bekanntmachung.

Als verloren angemeldet: 1 braunes Leder-Portemonnaie mit 12 $ Inhalt.

Als gefunden angemeldet: 1 weisse Kinderjacke, 1 Bund Schlüssel mit Messingmarke Nr. 611.

Tsingtau, den 26. Juli 1905.

Kaiserliches Polizeiamt.

148. Amtsblatt—青島官報 29. Juli 1905.

白 告

啓者茲將本署據報遺失並拾獲送
案各物殊左

遺失之物
紫皮錢夾子一個內有洋銀十二元
送案各物
西國小孩褂子一件
鐵圈一個上帶鑰匙多件並繫有黃
銅牌子一面上刻有 No 611 字樣
以上遺失之物仰勿輕買送案之
物亦准具領此佈

青島巡捕衙門啓

德一千九百五年七月二十六日

Bekanntmachung.

Im Konkursverfahren

**Heinrich Krippendorff und
Hugo Krippendorff Nachlass**

sollen, nachdem der gerichtliche Schlusstermin abgehalten sein wird, $4^{3}/_{4}$ % Schlussdividende verteilt werden. Dazu sind 2054, 65 $ verfügbar. Zu berücksichtigen sind 43255,83$^{1}/_{2}$ $ nicht bevorrechtigte Forderungen. Verzeichnis derselben liegt auf der Gerichtsschreiberei zur Einsicht der Beteiligten aus.

Tsingtau, den 26. Juli 1905.

Dr. Rapp
Konkursverwalter.

Mitteilungen.

Über das Lager von Syfang ist seitens des Bataillons vom 13. d. Mts ab wegen eines weiteren Rotzfalles unter den Pferden die Quarantäne um 6 Wochen verlängert worden. Während dieser Zeit ist das Betreten des Lagers mit Pferden und Maultieren verboten.

* * *

Nach einem Erlasse des Herrn Reichskanzlers sind die Amts- und Jurisdiktionsbezirke der Kaiserlichen Konsulate in Tsinanfu und Tschifu wie folgt festgesetzt worden:

1.) **Tsinanfu.** Provinz Schantung mit Ausnahme der dem Konsulat in Tschifu zugeteilten Präfektur Tengtschoufu und des Schutzgebietes von Kiautschou.

2.) **Tschifu.** Die Präfektur Tengtschoufu der Provinz Schantung.

Sonnen-Auf-und Untergang
für Monat August 1905.

Dt.	Mittelostchinesische Zeit des			
	wahren	scheinbaren	wahren	scheinbaren
	Sonnen-Aufgangs.		Sonnen-Untergangs.	
1.	5 U. 9.2 M.	5 U. 8.9 M.	7 U. 0.8 M.	7 U. 6.1 M.
2.	10.1	4.8	6 „ 59.7 „	5.0
3.	11.0	5.7	58.6	3.9
4.	11.9	6.6	57.5	2.8
5.	12.8	7.5	56.5	1.8
6.	13.7	8.4	55.5	0.8
7.	14.5	9.2	54.5	6 U. 59.8
8.	15.2	9.9	53.5	58.8
9.	15.9	10.6	52.5	57.8
10.	16.6	11.3	51.6	56.9
11.	17.3	12.0	50.7	56.0
12.	18.1	12.8	49.6	54.9
13.	18.9	13.5	48.5	53.8
14.	19.6	14.2	47.4	52.7
15.	20.3	14.9	46.3	51.6
16.	21.0	15.7	45.2	50.5
17.	21.8	16.5	44.0	49.3
18.	22.6	17.3	42.8	48.1
19.	23.3	18.0	41.5	46.8
20.	24.0	18.7	40.3	45.5
21.	24.8	19.5	39.4	44.7
22.	25.8	20.5	37.9	43.2
23.	26.8	21.5	36.4	41.7
24.	27.8	22.5	34.9	40.2
25.	28.7	23.4	33.4	38.7
26.	29.6	24.3	32.0	37.3
27.	30.4	25.1	30.6	35.9
28.	31.2	25.9	29.2	34.5
29.	32.0	26.7	27.9	33.2
30.	32.8	27.5	26.6	31.9
31.	33.5	28.2	25.3	30.6

29. Juli 1905. Amtsblatt—青島官報 149.

Meteorologische Beobachtungen
in Tsingtau.

Da-tum. Juli	Barometer (m m) reduz. auf 0° C., Seehöhe 50,0 m			Temperatur (Centigrade).								Dunst-spannung in mm			Relat. Feuchtigkeit in Prozenten		
				trock. Therm.			feucht. Therm.										
	7 Vm	2 Nm	9 Nm	7 Vm	2 Nm	9 Nm	7 Vm	2 Nm	9 Nm	Min.	Max.	7 Vm	2 Nm	9 Nm	7 Vm	2 Nm	9 Nm
20	752,5	752,9	753,0	21,5	25,0	23,1	18,1	19,8	18,5	16,0	26,2	13,4	14,0	13,0	71	60	62
21	52,8	52,8	51,8	22,0	21,0	20,5	19,0	16,9	16,7	17,8	24,2	14,5	11,8	11,8	74	65	66
22	48,8	46,6	45,5	20,6	23,0	23,3	20,5	23,0	22,5	19,8	24,2	17,8	20,8	19,8	99	100	93
23	45,1	43,9	43,0	22,5	25,0	25,0	21,6	23,9	24,5	21,3	27,0	18,6	21,4	22,5	92	91	96
24	41,7	40,2	41,2	24,6	26,6	24,1	23,8	25,0	20,3	20,8	29,2	21,4	22,6	15,4	93	87	69
25	39,2	40,0	41,0	23,8	25,8	24,2	20,1	23,9	22,8	21,3	30,4	15,2	20,9	19,8	70	85	88
26	42,1	42,7	44,1	24,3	22,1	22,3	22,6	21,7	21,7	20,8	28,2	19,3	19,0	18,9	86	96	95

Da-tum. Juli	Wind Richtung & Stärke nach Beaufort (0—12)			Bewölkung						Niederschläge in mm		
				7 Vm		2 Nm		9 Nm				9 Nm
	7 Vm	2 Nm	9 Nm	Grad	Form	Grad	Form	Grad	Form	7 Vm	9 Nm	7 Vm
20	NNO 3	NW 2	NO 2	9	Cu-str.	9	Cu-str	10	Cu-str			
21	N O 1	SSO 1	S O 2	9	Cu-nim	10	Cu-nim	9	Cu-nim		2,6	4,6
22	S O 4	SSO 2	N O 3	10	Nim	10	Nebel	6	Cum	2,0	26,3	26,3
23	OSO 3	S 3	SSW 3	4	Cu-str.	8	Cum	3	"			
24	SSO 2	S O 2	N 6	2	Cir-cum	7	Cir-cum	8	Cu-nim			
25	N O 1	S 3	S 1	8	Cu-str.	3	Cum	3	Cu-str		0,2	0,2
26	N 2	SSW 2	N 4	2	"	9	Nim	7	Cum		12,0	12,0

Schiffsverkehr
in der Zeit vom 20.—27. Juli 1905.

Ankunft am	Name	Kapitän	Flagge	Reg. Tonnen.	von	Abfahrt am	nach
(6.7.)	D. Norge	Boe	Norwegisch	1924	Melbourne	21.7.	Schanghai
21.7.	D. Gouv. Jaeschke	Treumann	Deutsch	1045	Schanghai	22.7.	"
"	D. Silvia	Jäger	"	4213	Hongkong	"	Taku
"	D. Bourbon	Sisco	Französisch	997	"	24.7.	Tschemulpo
22.7.	D. Peiho	Deinat	Deutsch	476	Tschemulpo	22.7.	Schanghai
24.7.	D. Kweilin	Breymer	Englisch	1072	Schanghai	26.7.	"
"	D. Vorwärts	Hansen	Deutsch	643	"	25.7.	"
"	D. Knivsberg	Lorentzen	"	646	"	24.7.	Tschifu
26.7.	D. Tsintau	Hansen	"	977	Tschifu	26.7.	Schanghai

№ 150. Amtsblatt—青島官報 29. Juli 1905.

Hochwassertabelle für den Monat August 1905.

Datum	Tsingtau - Hauptbrücke.		Grosser Hafen, Mole I.		Nükuk'ou.	
	Vormittags	Nachmittags	Vormittags	Nachmittags	Vormittags	Nachmittags
1.	4 U. 41 M.	5 U. 04 M.	5 U. 11 M.	5 U. 34 M.	5 U. 41 M.	6 U. 04 M.
2.	5 „ 26 „	5 „ 47 „	5 „ 56 „	6 „ 17 „	6 „ 26 „	6 „ 47 „
3.	6 „ 08 „	6 „ 29 „	6 „ 38 „	6 „ 59 „	7 „ 08 „	7 „ 29 „
4.	6 „ 50 „	7 „ 11 „	7 „ 20 „	7 „ 41 „	7 „ 50 „	8 „ 11 „
5.	7 „ 32 „	7 „ 53 „	8 „ 02 „	8 „ 23 „	8 „ 32 „	8 „ 53 „
6.	8 „ 15 „	8 „ 37 „	8 „ 45 „	9 „ 07 „	9 „ 15 „	9 „ 37 „
7.	9 „ 01 „	9 „ 25 „ ◐	9 „ 31 „	9 „ 55 „	10 „ 01 „	10 „ 25 „
8.	9 „ 54 „	10 „ 24 „	10 „ 24 „	10 „ 54 „	10 „ 54 „	11 „ 24 „
9.	10 „ 59 „	11 „ 54 „	11 „ 29 „	—	11 „ 59 „	—
10.	—	0 „ 13 „	0 „ 04 „	0 „ 43 „	0 „ 34 „	1 „ 13 „
11.	0 „ 53 „	1 „ 30 „	1 „ 23 „	2 „ 00 „	1 „ 53 „	2 „ 30 „
12.	2 „ 08 „	2 „ 41 „	2 „ 38 „	3 „ 11 „	3 „ 08 „	3 „ 41 „
13.	3 „ 13 „	3 „ 38 „	3 „ 43 „	4 „ 08 „	4 „ 13 „	4 „ 38 „
14.	4 „ 02 „	4 „ 24 „	4 „ 32 „	4 „ 54 „	5 „ 02 „	5 „ 24 „
15.	4 „ 46 „ ○	5 „ 05 „	5 „ 16 „	5 „ 35 „	5 „ 46 „	6 „ 05 „
16.	5 „ 24 „	5 „ 42 „	5 „ 54 „	6 „ 12 „	6 „ 24 „	6 „ 42 „
17.	5 „ 59 „	6 „ 15 „	6 „ 29 „	6 „ 45 „	6 „ 59 „	7 „ 15 „
18.	6 „ 31 „	6 „ 46 „	7 „ 01 „	7 „ 16 „	7 „ 31 „	7 „ 46 „
19.	7 „ 02 „	7 „ 18 „	7 „ 32 „	7 „ 48 „	8 „ 02 „	8 „ 18 „
20.	7 „ 33 „	7 „ 49 „	8 „ 03 „	8 „ 19 „	8 „ 33 „	8 „ 49 „
21.	8 „ 05 „	8 „ 23 „	8 „ 35 „	8 „ 53 „	9 „ 05 „	9 „ 23 „
22.	8 „ 41 „	9 „ 02 „	9 „ 11 „	9 „ 32 „	9 „ 41 „	10 „ 02 „
23.	9 „ 23 „ ◑	9 „ 51 „	9 „ 53 „	10 „ 21 „	10 „ 23 „	10 „ 51 „
24.	10 „ 20 „	10 „ 54 „	10 „ 50 „	11 „ 24 „	11 „ 20 „	11 „ 54 „
25.	11 „ 29 „	—	11 „ 59 „	—	—	0 „ 29 „
26.	0 „ 08 „	0 „ 46 „	0 „ 38 „	1 „ 16 „	1 „ 08 „	1 „ 46 „
27.	1 „ 22 „	1 „ 59 „	1 „ 52 „	2 „ 29 „	2 „ 22 „	2 „ 59 „
28.	2 „ 31 „	3 „ 02 „	3 „ 01 „	3 „ 32 „	3 „ 31 „	4 „ 02 „
29.	3 „ 28 „	3 „ 53 „	3 „ 58 „	4 „ 23 „	4 „ 28 „	4 „ 53 „
30.	4 „ 17 „	4 „ 40 „ ●	4 „ 47 „	5 „ 10 „	5 „ 17 „	5 „ 40 „
31.	5 „ 03 „	5 „ 26 „	5 „ 33 „	5 „ 56 „	6 „ 03 „	6 „ 26 „

1) ○ = Vollmond; 2) ◐ = Letztes Viertel; 3) ● = Neumond; 4) ◑ = Erstes Viertel.

Anmerkung: In T'a pu t'ou tritt das Hochwasser 10 Minuten früher als in Nükuk'ou auf.

Druck der Missionsdruckerei Tsingtau.

第六年 第三十号

1905年7月29日

官方通告

告白

启者：兹将本署订于西历八月二十八日早十点钟拍卖各物分别列左：

一、广包公司马夫王少子窃物逃走所遗衣服。

二、海关厨役徐阿玉病故所遗中国衣服。

三、拾获送案各物：

树胶布米打尺一架；西人绿色裤一条；柄上弦银表一枚；小纸盒一个，内有华式领针两根。

以上各物按照德国章程，准各该不知姓名失主预先投报本署如何具领，所有衣服数目清单另存本署，备人查阅。此布。

德一千九百五年七月二十六日
青岛巡捕衙门启

告白

启者：兹将本署据报遗失并拾获送案各物列左：

遗失之物：

紫皮钱夹子一个，内有洋银十二元。

送案各物：

西国小孩褂子一件；铁圈一个，上带钥匙多件，并系有黄铜牌子，一面上刻有"No.611"字样。

以上遗失之物仰勿轻买，送案之物亦准具领。此布。

德一千九百五年七月二十六日
青岛巡捕衙门启

告白

在对海因里希·克里本多夫和胡果·克里本多夫遗产的破产案件中,在执行了法庭最后约定日期之后,将对4.75%的最终标的金额进行分配,可分配金额为2054.65元,需要考虑的非优先索赔额为43255.835元。该目录张贴于法院书记处,以供参加者查看。

青岛,1905年7月26日

拉普博士

破产管理员

消息

自本月13日起,海军营方面因确诊另外一起马匹流涕症而将四方兵营的隔离时间延长了6周。在此期间,禁止骡马进入这座兵营。

根据帝国总理命令,在济南府和芝罘的皇家领事馆的公务和司法领事区确定如下:
1)济南府:除分配给芝罘领事馆的登州府和胶澳保护地之外的山东其他地区。
2)芝罘:山东省的登州府。

船运

1905年7月20日—27日期间

到达日	轮船船名	船长	挂旗国籍	登记吨位	出发港	出发日	到达港
(7月6日)	诺格号	波尔	挪威	1 924	墨尔本	7月21日	上海
7月21日	叶世克总督号	特洛依曼	德国	1 045	上海	7月22日	上海
7月21日	西尔维亚号	耶格	德国	4 213	香港	7月22日	大沽
7月21日	波本号	西斯科	法国	997	香港	7月24日	济物浦
7月22日	白河号	代纳特	德国	476	济物浦	7月22日	上海
7月24日	桂林号	布莱默	英国	1 072	上海	7月26日	上海
7月24日	前进号	韩森	德国	643	上海	7月25日	上海
7月24日	柯尼夫斯堡号	洛伦岑	德国	646	上海	7月24日	芝罘
7月26日	青岛号	韩森	德国	977	芝罘	7月26日	上海

Amtsblatt
für das
Deutsche Kiautschou-Gebiet.

青 島 官 報

Herausgegeben vom Kaiserlichen Gouvernement Kiautschou.

Der Bezugspreis beträgt jährlich $ 0,60=M 1,20.
Bestellungen nehmen sämtliche deutsche Postanstalten entgegen.

| Jahrgang 6. | Nr. 31. | Tsingtau, den 5. August 1905. | 第三十一號 | 第六年 |

Amtliche Anzeigen.

Bei der in Abteilung B Nr. 3 des Handelsregisters vermerkten Aktiengesellschaft

Deutsch-Asiatische Bank

ist folgendes eingetragen worden:

Das Grundkapital der Gesellschaft ist durch Beschluss der Generalversammlung v. 28. Juni 1904 um 2 500 000 Schanghai-Taels auf 7 500 000 Schanghai-Taels erhöht. Der Beschluss ist ausgeführt durch Ausgabe von 2 500 Aktien je über 1000 Schanghai-Taels zum Kurse von 115. Der § 6 Absatz 1 des Gesellschaftsstatuts ist entsprechend abgeändert worden.

Die Prokura des Paul Tegeler in Berlin ist erloschen. Gustav Rust in Tientsin ist Prokura erteilt.

Arnold von Kusserow und Franz Urbig sind aus dem Vorstande ausgeschieden.

Tsingtau, den 27. Juli 1905.

Kaiserliches Gericht von Kiautschou I.

Bekanntmachung.

In dem Konkursverfahren über das Vermögen des Gastwirts

Heinrich Krippendorff

und den Nachlass des Gastwirts

Hugo Krippendorff

ist zur Abnahme der Schlussrechnung, zur Erhebung von Einwendungen gegen das Schlussverzeichnis und zur Beschlussfassung über die nicht verwertbaren Vermögensstücke der Schlusstermin auf den 25. August 1905, vormittags 10 Uhr, vor dem Kaiserlichen Gericht von Kiautschou bestimmt.

Tsingtau, den 29. Juli 1905.

Kaiserliches Gericht von Kiautschou III.

Aufgebot.

Es wird hiermit bekannt gemacht, dass Clemens, Heinrich, **Christof**, Ernst **Bonus**, seines Standes Kaufmann, geboren zu Celle in Hannover, 25 Jahre alt, wohnhaft in Tsingtau, Sohn des in Harburg an der Elbe wohnhaften Blattbinders August Bonus und seiner ebendaselbst wohnhaften Ehefrau Elise, geborenen Leifert,

und

Ilka, Anna **Isenthal**, geboren zu Königsberg in Ostpreussen, 22 Jahre alt, wohnhaft in Tsingtau, Tochter des in Hamburg wohnhaften Kaufmanns Emil Isenthal und seiner in Königsberg verstorbenen Ehefrau Valesca Natalie, geborenen Rudzko, beabsichtigen, sich miteinander zu verheiraten, und diese Ehe in Gemässheit des Reichsgesetzes vom 4. Mai 1870 vor dem unterzeichneten Beamten abzuschliessen.

Tsingtau, den 31. Juli 1905.

**Der Kaiserliche Standesbeamte
Günther.**

Landversteigerung.

Auf Antrag des Apothekers Adalbert Larz, hier, findet am Montag, den 21. August 1905, vormittags 11 Uhr, die öffentliche Versteigerung des Grundstückes Kbl. 5 Bl. 5, Ecke zweier noch unbenannter Strassen südöstlich des Schlachthofes, vor der unterzeichneten Behörde statt.

Grösse: 1270 qm.
Mindestpreis: 990,60 $
Benutzungsplan: Errichtung einer Seifenfabrik.
Bebauungsfrist: 31. August 1905.
Gesuche zum Mitbieten sind bis zum 14. August 1905 hierher zu richten.

Tsingtau, den 31. Juli 1905.

Kaiserliches Landamt.

Bekanntmachung.

Als verloren angemeldet: 1 goldenes Armband mit Panzerschuppen; 1 Scheck Nr. 37674 über 120 $; 1 goldener Ring ohne Zeichen; 1 braunes Lederportemonnaie mit Blumenverzierung.

Tsingtau, den 2. August 1905.

Kaiserliches Polizeiamt.

Mitteilungen.

Am Sonntag, den 13. d. Mts. findet in der Gouvernementskapelle kein Gottesdienst statt.

* * *

Die Witterung zu Tsingtau im Monat Juli 1905 nach den Aufzeichnungen der Kaiserlichen Meteorologischen Station.

Der Monat Juli d. Js. wies eine durchschnittliche Tagestemperatur von 23⁰ auf. Die thermometrische Kurve zeigt, von einigen Tagen abgesehen, wenig Schwankungen und ein gegen Schluss des Monats gerichtetes allmähliges Steigen. Die höchste Temperatur des Monats wurde am Mittag des 25. mit 30⁰,4, die niedrigste, 16⁰, in der Nacht vom 19. zum 20. notiert; die Amplitude des Monats betrug mithin 14,4.

An 22 Tagen, sogenannten Sommertagen erreichte das Maximum-Thermometer einen Stand von 25⁰ und darüber.

Folgende entsprechende Daten wurden in selben Monat früherer Beobachtungsjahre festgestellt:

5. August 1905.　　　　　　　　Amtsblatt—青島官報　　　　　　　　　153.

	mittlere Tagestemperatur	Maximum	Minimum	Sommertage
1898	24°,6	29°,5	19°,9	23
1899	25°,1	32°,6	16°,4	29
1900	24°,1	32°,3	19°,7	27
1901	23°,4	29°,8	19°,5	25
1902	23°,1	32°,0	14°,5	17
1903	23°,3	29°,5	16°,9	25
1904	23°,3	29°,2	19°,0	25

Die Bewölkung des Himmels war namentlich in den beiden ersten Dritteln des Monats sehr gross, sie betrug im Mittel 7,3 Zehntel, die Anzahl der trüben Tage (14) war denn auch entsprechend gross, dagegen wurde nur ein einziger heiterer Tag gezählt.

Die Sonnenscheindauer, festgestellt mit Hülfe eines Campbell-Stokesschen Sonnenscheinautographen, betrug im Monat 137 Stunden 26 Minuten, das sind ungefähr 33,7% der im Monat überhaupt registrierbaren.

Auch die Feuchtigkeit der Luft war eine sehr grosse; im Durchschnitt während des Monats 89% betragend, erreichte sie namentlich im ersten Drittel während der häufigen sehr dichten Nebel fast immer, selbst in den Mittagsstunden, nahezu 100%.

So liessen denn auch die Niederschläge nicht auf sich warten; es erreichte die Niederschlagsmenge an 18 regnerischen Tagen eine Höhe von 249,6 mm. Am Morgen des 9. wurde die bisher grösste Niederschlagsmenge in einer Stunde, nämlich 39,8 mm, beobachtet. Das Wasser stürzte giesbachartig von den Bergen, sämtliche Stauweiher füllend und zum Übertreten zwingend. Ein beträchtlicher Teil der Regenmenge entfällt allerdings auf die häufigen Gewitter, die meistens in den Nacht- oder frühen Morgenstunden mit grosser Gewalt über Tsingtau und Umgebung zur Entladung kamen. Grössere Blitzschäden kamen zwar nicht vor, Störungen in den elektrischen Licht- und Fernsprechanlagen konnten bald wieder beseitigt werden; an der Fernsprechanlage nach Scha tsy k'ou mussten einige durch Blitzschlag zerstörte Stangen erneuert werden. Der Weg, den die Gewitter nahmen, war fast immer entgegen der herrschenden Windrichtung von NW nach SO gerichtet.

Die vorherrschende Windrichtung im Monat war SO; die Windstärke betrug im Durchschnitt 2,3 der 12 teiligen Skala. Am Abend des 24. sprang der Wind um 8 U. 45 M. plötzlich von SO auf W herum und wurde böig. In der Nacht erreichte derselbe während kürzerer Zeiträume volle Sturmstärke. Am nächsten Morgen war er wieder zur Stärke 1 abgeflaut.

*　　　　*

*

Die Schantung-Eisenbahn-Gesellschaft hat folgende Kohlen-Ausnahme-Tarife versuchsweise eingeführt:

I. Für die Beförderung von Kohlen von Fangtse nach Tsingtau wird ein ermässigter Frachtsatz von 2,10 $ für die Tonne eingeführt für sämtliche aus dem Fangtse-Kohlenfeld nach „Tsingtau-Grosser Hafen," „Tsingtau-Bahnhof" und „Syfang" beförderte Kohlen, sofern die Beförderung für geschlossene Sonderzüge von mindestens zwanzig Wagen seitens der Versender beantragt wird.

Der Frachtberechnung für jeden Wagen ist das Gewicht von 15 Tonnen zu Grunde zu legen, auch wenn das wirkliche Gewicht weniger als 15 Tonnen beträgt, so dass also die Frachtberechnung für jeden Wagen mit 15 mal 2,10 gleich 31,50 mex. $ erfolgen muss.

Die Überführungsgebühren in Tsingtau-Bahnhof und Tsingtau-Grosser Hafen u. s. w. sind in die Fracht von 31,50 $ nicht eingeschlossen und müssen von Fall zu Fall nach den Sätzen des Nebengebührentarifs besonders erhoben werden.

Von der Erhebung von Wagenstandgeldern für diese Kohlentransporte wird abgesehen, sofern die Wagen innerhalb 36 Tagesstunden beladen und bereitgestellt werden. Über diese Frist hinaus werden Wagenstandgelder erhoben und zwar werden die über 36 Stunden hinausgehenden ersten 12 Tagesstunden als erster Tag für die Berechnung angesehen, die nach Massgabe des Nebengebührentarifs erfolgt.

II. Der bisherige Kohlenausnahmetarif 2 für die Verkehrsbeziehungen Fangtse-Tsingtau (Bahnhof) und Fangtse-Syfang mit dem Frachtsatze des Tarifs IV abzüglich 45% bleibt für diejenigen Kohlentransporte von Fangtse, für welche Sonderzüge nicht beantragt werden, bestehen.

Zu dem bisherigen Ausnahmetarif 2 kommen auch nach Ts'ang k'ou gehende Kohlentransporte aus Fangtse zu dem für Tsingtau bestimmten Frachtsatz zur Beförderung.

Derselbe Ausnahmetarif 2 kommt auch für Kohlentransporte zur Anwendung, welche vom Poschan-Revier nach Tsingtau, Ts'ang k'ou oder Syfang unter Umkartierung in Fangtse gehen.

Durchschnittsmarktpreise.

Juli 1905.

1 Kätty = 605 g.

Durchschnittskurs 1 $ = 1890 kleine Käsch.

Bezeichnung.	Einheit	Tsingtau kl. Käsch	Tai tung tschen kl. Käsch.	Litsun kl. Käsch.	Hsü tschia tau kl. Käsch
Bohnen	1 Kätty	60	60	56	—
„ aufgekeimte	„	—	24	—	—
Schnittbohnen	„	40	50	32	—
Bohnenkäse	„	20	30	—	—
Bohnenöl	„	220	180	180	—
Bohnenkuchen	„	440	34	54	60
Erdnüsse	„	160	110	140	150
Erdnussöl	„	240	—	190	—
Erbsen	„	—	46	52	—
Gerste	„	—	—	50	—
Gurken	„	60	18	18	20
Hirse	„	60	60	42	70
Hirsemehl	„	60	60	66	—
Kartoffeln, chin.	„	—	—	—	—
Kartoffelscheiben, chin.	„	50	30	30	—
Kauliang	„	50	56	62	—
Kauliangstroh	„	—	—	17	15
Kleie	„	50	50	40	50
Kürbis	„	40	—	100	—
Mais	„	60	40	—	—
Radieschen	„	40	—	—	—
Reis	„	80	64	84	—
Weizen	„	70	62	54	—
Weizenmehl	„	90	79	90	110
Weizenbrot	1 Stück	24	24	20	—
Dampfbrot	„	30	24	20	—
Hirsebrot	„	44	30	—	—
Rostbrot	„	20	34	—	—
Aepfel	1 Kätty	170	—	80	—
Apfelsinen	„	—	—	—	—
Birnen	„	170	—	—	—
Kohlrabi	„	60	—	—	—
Kohl in Köpfen	„	—	—	—	30
„ kleine Pflanzen	„	—	60	—	—
Knoblauch	„	50	60	55	—
Mohrrüben	„	30	—	—	—
Pfeffer, schwarzer	„	960	800	850	—
„ roter	„	120	—	—	200

5. August 1905. Amtsblatt—青島官報 155.

Bezeichnung	Einheit	Tsingtau kl. Käsch	Tai tung tschen kl. Käsch	Li tsun kl. Käsch	Hsü tschia tau kl. Käsch
Rettig, chin.	1 Kätty	30	60	—	—
Rüben, weisse	„	40	—	—	—
Spinat	„	40	150	—	—
Wallnüsse	„	—	130	160	—
Zwiebeln	„	100	20	21	70
Salz	„	10	10	11	50
Tabak	„	240	280	270	150
Bratfische	„	170	150	200	—
Kochfische	„	170	150	220	80
Fische, trocken	„	200	200	160	50
Tintenfische	„	200	—	120	—
Krabben	„	200	—	20	—
Schweinefleisch	„	300	190	220	220
Schweinefett	„	320	300	280	220
Rindfleisch, roh	„	320	180	—	—
„ gekocht	„	—	220	—	—
Rindertalg	„	—	210	—	—
Enten	1 Stück	600	—	550	—
„ wilde	„	—	—	—	—
Gänse	„	1890	—	—	—
„ wilde	„	—	—	—	—
Hühner	„	600	—	360	340
Schnepfen	„	—	—	—	—
Enteneier	10 Stück	300	200	280	300
Hühnereier	„	140	140	160	150

Schiffsverkehr

in der Zeit vom 27. Juli — 3. August 1905.

Ankunft am	Name	Kapitän	Flagge	Reg. Tonnen.	von	Abfahrt am	nach
(6.7.)	S. Sachsen	Röttgers	Deutsch	1273	New York	30.7.	Kobe
28.7.	D. Gouv. Jaeschke	Treumann	„	1045	Schanghai	29.7.	Schanghai
„	D. Cilurnum	Andersen	Englisch	1339	„		
„	D. Mandal	Erichsen	Norwegisch	1193	Niutschuang	31.7.	Schanghai
29.7.	D. Silvia	Jäger	Deutsch	4213	Taku	„	Singapore
„	D. Tak-Sang	Clure	Englisch	977	Schanghai	29.7.	Tschifu
30.7.	D. Hindoo	Hansen	Deutsch	2332	„		
31.7.	D. Vorwärts	Hansen	„	643	„	31.7.	Tschifu
„	D. Peiho	Deinat	„	476	„	„	Tschemulpo
„	D. Ravn	Dedcham	Norwegisch	795	Kobe	1.8.	Kobe
1.8.	D. Allemania	Toft	Deutsch	1164	Schanghai		
„	D. Knivsberg	Lorentzen	„	646	Tschifu	1.8.	Schanghai

156.   Amtsblatt—青島官報   5. August 1905.

Meteorologische Beobachtungen
in Tsingtau.

Datum. Juli	Barometer (mm) reduz. auf 0° C., Seehöhe 50,0 m			Temperatur (Centigrade).								Dunstspannung in mm			Relat. Feuchtigkeit in Prozenten		
				trock. Therm.			feucht. Therm.										
	7 Vm	2 Nm	9 Nm	7 Vm	2 Nm	9 Nm	7 Vm	2 Nm	9 Nm	Min.	Max.	7 Vm	2 Nm	9 Nm	7 Vm	2 Nm	9 Nm
27	744,9	745,3	746,1	20,6	26,3	23,1	20,1	21,3	21,6	20,3	27,4	17,2	15,8	18,3	96	63	88
28	47,4	47,5	48,5	23,1	26,9	23,7	22,0	23,0	21,7	21,8	27,7	19,0	18,5	18,1	90	70	83
29	49,6	50,1	50,2	24,1	25,3	23,5	23,3	24,1	21,6	22,8	25,8	20,8	21,6	18,0	93	90	84
30	50,6	51,6	51,6	23,1	25,1	23,9	22,8	23,1	22,9	22,3	26,9	20,5	19,8	20,1	97	84	91
31	52,0	51,7	51,7	25,2	27,0	24,3	24,3	25,5	24,6	23,5	28,6	22,0	23,3	22,6	93	88	95
Aug. 1	50,9	49,4	48,0	21,1	24,0	24,6	20,5	22,1	24,5	20,0	28,3	17,6	18,6	22,8	94	84	99
2	47,6	47,8	48,6	25,3	28,7	31,1	24,0	25,4	24,4	23,4	32,0	21,4	22,1	18,6	90	75	55

Datum. Juli	Wind Richtung & Stärke nach Beaufort (0—12)			Bewölkung						Niederschläge in mm		
				7 Vm		2 Nm		9 Nm				9 Nm
	7 Vm	2 Nm	9 Nm	Grad	Form	Grad	Form	Grad	Form	7 Vm	9 Nm	7 Vm
27	NNO 3	NNO 2	S 1	7	Cu-nim	4	Cu-nim					
28	Stille 0	S 2	S 3	1	Cum	3	„	2	Cum			
29	S O 2	SSO 2	SSO 2	4	Cir-cum	8	„	8	„			
30	S O 2	SSO 3	SSO 2	6	„	3	Cu-str.	3	„			
31	SSO 2	SSO 2	S 3	6	Cu-str.	7	„	8	Cu-nim	39,5		39,5
Aug. 1	N 4	0 7	OSO 5	10	Cu-nim	10	Cu-nim	10	Nim		16,7	36,2
2	WNW 1	NW 2	S O 2	8	Cu-str.	4	Cu-str			19,5		

Druck der Missionsdruckerei Tsingtau.

第六年 第三十一号

1905年8月5日

官方通告

在商业登记B部第3号登记的股份公司"德华银行"已登记入下列事项：

1904年6月28日的公司全员大会做出决议,将公司的基本资本增加2 500 000上海海关两,增至7 500 000上海海关两。这项决议发行2 500股、每股各1 000上海海关两的股票,汇率为115。公司章程中的第6条第1款也做了相应修订。

撤销柏林的保罗·特格勒的代理权,授予天津的古斯塔夫·鲁斯特代理权。

阿诺德·冯·库瑟罗夫和弗朗茨·乌尔比希被从董事会中除名。

青岛,1905年7月27日
胶澳皇家审判厅一处

告白

在海因里希·克里本多夫和雨果·克里本多夫遗产的破产程序中,已确定1905年8月25日上午10点为提取最终决算、对最终索款目录提出异议以及对无法执行的财物做出决定的最终日期,地点为胶澳皇家审判厅。

青岛,1905年7月29日
胶澳皇家审判厅三处

结婚公告

克莱门斯·海因里希·克里斯多夫·恩斯特·勃努斯,职业为商人,出生于汉诺威的切勒,现年25岁,居住地为青岛,为均居住于易北河畔的哈尔堡的装订工奥古斯特·勃努斯与出生时姓莱费尔特的妻子艾莉莎的儿子。

伊尔卡·安娜·伊森塔尔,出生于东普鲁士的柯尼希堡,现年22岁,居住地为青岛,是居住于汉堡的商人埃米尔·伊森塔尔和他在柯尼希堡去世、出生时姓卢茨克的妻子瓦列斯卡的女儿。

谨此宣布二人结婚,此婚约按照1870年5月4日颁布的法律规定在本官员前缔结。

青岛,1905年7月31日
皇家户籍官
贡特

大德管理青岛地亩局　为

拍卖地亩事:兹据赉寿药房主人拉拉次禀称,欲卖青岛无名的两街转角从宰杀场东南边地图第五号第五块,计地一千二百七十米打,暂拟价洋九百九十元六角。今订于西历一千九百五年八月二十一日早十一点钟在本局拍卖。买定后,准盖栈房、造胰子机器房、住房、铺房,限于一千九百八年八月三十一日一律修竣。如他人亦欲买者,可以投禀,截至八月十四日止,届期前来本局面议可也。勿误。特谕。

右谕通知
西一千九百五年七月三十一日　告示

告白

启者:兹将本署据报被窃各物列左:

鱼鳞式金钏一只;第三万七千六百七十四号洋一百二十元银票一张;金戒指一枚;紫色皮钱夹子一个。

以上各物切勿轻买,如见亦宜报明本署。此布。

德一千九百五年八月初二日
青岛巡捕衙门启

消息

督署小教堂本月13日星期四不举行弥撒。

皇家天文台记录的青岛在1905年7月份的天气情况

今年7月份的平均气温为23摄氏度。测温曲线显示,除几天外,很少有波动,在接近月底时才逐渐升高。本月最高温度为25日中午的30.4摄氏度,最低温度为19日到20日夜间的16摄氏度,本月的温度振幅为14.4摄氏度。

在22天的所谓夏季日子里,最高极值温度计记录了25摄氏度及以上的温度。下列为在前几年同月份观察到的相应数据:

年	平均白天气温	最高温度	最低温度	夏日天数
1898	24.6摄氏度	29.5摄氏度	19.9摄氏度	23天
1899	25.1摄氏度	32.6摄氏度	16.4摄氏度	29天
1900	24.1摄氏度	32.3摄氏度	19.7摄氏度	27天
1901	23.4摄氏度	29.8摄氏度	19.5摄氏度	25天
1902	23.1摄氏度	32.0摄氏度	14.5摄氏度	17天
1903	23.3摄氏度	29.5摄氏度	16.9摄氏度	25天
1904	23.3摄氏度	29.2摄氏度	19.0摄氏度	25天

该月头20天里,云层很厚,平均73%的时间阴天(14天),该数字相当高,只有几天是晴天。

借助坎贝尔-施多克日照计数计记录的当月日照时间总共为137小时26分钟,约占该月全部可以记录时间的33.7%。

本月空气湿度也很大,平均为89%,在本月前十天几乎总有浓雾,即使在中午时分,湿度也几乎达到100%。

因此,降水也一刻不停,在18个雨天里达到了249.6毫米。在9日早上出现了迄今为止最高的每小时降雨量,测得39.8毫米。水从山中倾泻而下,所有的水库均填满并溢出。大部分降雨出现在夜间和凌晨,倾泻在青岛及周边地区。虽然没有出现较大的雷电损害,电灯和电话设备的故障可以很快排除,但是沙子口的电话线杆却被闪电毁坏,需要更换。雷暴的路径几乎总是朝着从西北到东南的主风向。

本月的主要风向为东南风,风力平均为12级中的2.3级。24日晚上8点45分,风向突然从东南风变为西风,刮起大风,夜间短时间内达到风暴强度,第二天早上再次降为1级风。

山东铁路公司试行下列煤炭特别运费:

1. 从坊子向青岛运送的煤炭,只要运送人申请运送至少20节密闭特别列车车皮,则优惠运费为每吨2.10元,适用于所有从坊子煤田运往"青岛大港"、"青岛火车站"和"四方"的煤炭。

每节车皮的运费以15吨重量为基础,即使真实重量少于15吨,也是如此,每节车皮的运费是2.10乘15,必须支付31.50墨西哥鹰洋。

在青岛火车站和青岛大港等地之间的转运费用不包括在31.50元当中,视各单独情况而定,另外按照附加费收费费率额外征收。

在煤炭运输的车皮占用收费方面,只要车皮在 36 个白天小时内装载完成,则不征收这项费用。超过这一期限,则征收车皮占用费,超过 36 小时之外的第一个白天 12 小时,被视为一天按照附加费收费表收费。

2. 目前对坊子—青岛(火车站)间施行的煤炭特别收费第 2 项费率和坊子—四方间对收费表第 4 项优惠 45％的货运费率,继续适用于没有申请专列的从坊子运出的煤炭。

运往沧口的煤炭运输适用目前施行的特别运费第 2 项,来自坊子的煤炭适用以青岛为目的地的运费费率。

从博山煤矿运往青岛、沧口或者四方的煤炭,如果在坊子转运,也适用特别运费第 2 项。

市场平均物价

1905 年 7 月

1 斤＝605 克

平均汇率为 1 元＝1 890 个铜板

商品名称	单位	青岛,铜板	台东镇,铜板	李村,铜板	薛家岛,铜板
黄豆	1 斤	60	60	56	—
豆芽	1 斤	—	24	—	—
豌豆	1 斤	40	50	32	—
豆腐	1 斤	20	30	—	—
豆油	1 斤	220	180	180	—
豆饼	1 斤	440	34	54	60
花生	1 斤	160	110	140	150
花生油	1 斤	240	—	190	—
扁豆	1 斤	—	46	52	—
大麦	1 斤	—	—	50	—
黄瓜	1 斤	60	18	18	20
小米	1 斤	60	60	42	70
小米面	1 斤	60	60	66	—
土豆,中国品种	1 斤				
土豆片,中国品种	1 斤	50	30	30	—
高粱	1 斤	50	56	62	—
高粱秆	1 斤	—	—	17	15
麸皮	1 斤	50	50	40	50

(续表)

商品名称	单位	青岛,铜板	台东镇,铜板	李村,铜板	薛家岛,铜板
南瓜	1斤	40	—	100	—
玉米	1斤	60	40	—	—
小红萝卜	1斤	40	—	—	—
大米	1斤	80	64	84	—
小麦	1斤	70	62	54	—
面粉	1斤	90	79	90	110
小麦面包	1个	24	24	20	—
馒头	1个	30	24	20	—
窝头	1个	44	30	—	—
火烧	1个	20	34	—	—
苹果	1斤	170	—	80	—
橘子	1斤	—	—	—	—
梨	1斤	170	—	—	—
大头菜	1斤	60	—	—	—
大白菜	1斤	—	—	—	30
小白菜	1斤	—	60	—	—
大蒜	1斤	50	60	55	—
胡萝卜	1斤	30	—	—	—
黑胡椒	1斤	960	800	850	—
褐色胡椒	1斤	120	—	—	200
中国品种萝卜	1斤	30	60	—	—
白萝卜	1斤	40	—	—	—
菠菜	1斤	40	150	—	—
核桃	1斤	—	130	160	—
洋葱	1斤	100	20	21	70
盐	1斤	10	10	11	50
烟草	1斤	240	280	270	150
煎鱼	1斤	170	150	200	—
炖鱼	1斤	170	150	220	80
干鱼	1斤	200	200	160	50
墨鱼	1斤	200	—	120	—
螃蟹	1斤	200	—	20	—
猪肉	1斤	300	190	220	220

(续表)

商品名称	单位	青岛,铜板	台东镇,铜板	李村,铜板	薛家岛,铜板
猪大油	1斤	320	300	280	220
生牛肉	1斤	320	180	—	—
熟牛肉	1斤	—	220	—	—
牛油	1斤	—	210	—	—
鸭子	1只	600	—	550	—
野鸭	1只				
鹅	1只	1 890			
野鹅	1只	—	—	—	—
鸡	1只	600	—	360	340
塍鹬	1只	—	—	—	—
鸭蛋	10个	300	200	280	300
鸡蛋	10个	140	140	160	150

船运

1905年7月27日—8月3日期间

到达日	轮船船名	船长	挂旗国籍	登记吨位	出发港	出发日	到达港
(7月6日)	萨克森号	罗特格斯	德国	1 273	纽约	7月30日	神户
7月28日	叶世克总督号	特洛依曼	德国	1 045	上海	7月29日	上海
7月28日	西鲁奴姆号	安德森	英国	1 339	上海		
7月28日	曼达尔号	埃里克森	挪威	1 193	牛庄	7月31日	上海
7月29日	西尔维亚号	耶格尔	德国	4 213	大沽	7月31日	新加坡
7月29日	太仓号	克鲁尔	英国	977	上海	7月29日	芝罘
7月30日	印度号	韩森	德国	2 332	上海		
7月31日	前进号	韩森	德国	643	上海	7月31日	芝罘
7月31日	白河号	代纳特	德国	476	上海	7月31日	济物浦
7月31日	拉文号	德德汉姆	挪威	795	神户	8月1日	神户
8月1日	德国号	托夫特	德国	1 164	上海		
8月1日	柯尼夫斯堡号	洛伦岑	德国	646	芝罘	8月1日	上海

Amtsblatt
für das
deutsche Kiautschou-Gebiet.

青島官報

Herausgegeben vom Kaiserlichen Gouvernement Kiautschou.

Der Bezugspreis beträgt jährlich $ 0,60=M 1,20.
Bestellungen nehmen sämtliche deutsche Postanstalten entgegen.

Jahrgang 6. | Nr. 32. | Tsingtau, den 12. August 1905.

Verordnungen und Bekanntmachungen.

Schulordnung
für die
Kaiserliche Gouvernements-Schule
in
Tsingtau.

§ 1.

Die Schulordnung enthält die allgemeinen Bedingungen, unter denen die Kaiserliche Gouvernements-Schule die Erziehung und den Unterricht der ihr anvertrauten Knaben übernimmt.

Bei der Aufnahme in die Anstalt wird die Schulordnung unentgeltlich den Schülern ausgehändigt, welche sie nach eigener Kenntnisnahme den Eltern oder deren gesetzlichen Stellvertretern auszuhändigen haben.

§ 2.

Mit der Aufnahme eines Schülers verpflichten sich die Eltern oder deren gesetzliche Stellvertreter, die Bestimmungen der Schulordnung als für sie durchaus verbindlich anzuerkennen.

§ 3.

Die Anmeldung eines Schülers muss durch den Vater oder dessen gesetzlichen Stellvertreter persönlich oder schriftlich geschehen.

Dabei sind einzureichen:

1. eine Geburtsurkunde;
2. ein Impfschein, oder, wenn der Aufzunehmende das 12. Lebensjahr vollendet hat, ein Wiederimpfungsschein;
3. ein Abgangszeugnis der bisher besuchten Schule.

Schüler, welche in die unterste Vorschulklasse eintreten sollen, müssen in der Regel das 6. Lebensjahr vollendet haben. Angehörige fremder Rassen und Mischlinge (halfcasts) sind von der Aufnahme in die Schule grundsätzlich ausgeschlossen.

§ 4.

Dem Abgange eines Schülers muss eine persönliche oder schriftliche Abmeldung durch den Vater oder dessen gesetzlichen Stellvertreter vorhergehen. Ein Abgangszeugnis kann einem Schüler erst dann ausgehändigt werden, wenn er seinen Verpflichtungen gegen die Anstalt (Zahlung des Schulgeldes, Rückgabe entliehener Bücher u. s. w.) nachgekommen ist.

§ 5.

Das Schulgeld beträgt jährlich:

in der Vorschule $ 60,00
in VI. V. IV. „ 81,00
in IIIb. IIIa. IIb. „ 102,00

Es ist in den ersten 14 Tagen jedes Schuldritteljahres an die Gouvernements-Kasse im voraus zu zahlen. Bei Geschwistern ist für jedes 2. und 3. die Schule besuchende Kind die Hälfte des Schulgeldes zu zahlen, das 4. und die folgenden Kinder sind von der Zahlung des Schulgeldes befreit. In besonderen Fällen kann Ermässigung oder Erlass des Schulgeldes gewährt werden. Dahingehende Gesuche sind rechtzeitig vor Beginn des Schuljahres einzureichen und in jedem Jahr zu wiederholen.

Für nichtreichsangehörige Schüler tritt eine Erhöhung des Schulgeldes um 20% ein.

§ 6.

Jeder Schüler ist zu pünktlicher und regelmässiger Teilnahme an allen vorgeschriebenen Unterrichtsstunden verpflichtet.

Der Unterricht im Turnen und Singen ist für alle Schüler verbindlich. Befreiung davon kann nur auf Grund eines ärztlichen Zeugnisses erteilt werden. Die Befreiung vom Singen erstreckt sich jedoch nicht auf den die theoretischen Elementarkenntnisse enthaltenden Teil des Unterrichts.

§ 7.

Keine Lehrstunde darf ohne dringenden Grund versäumt werden.

Wird ein Schüler durch Krankheit oder sonstigen dringenden Notfall am Besuche der Schule gehindert, so muss dies möglichst an demselben Tage, spätestens nach drei Tagen, angezeigt werden; beim Wiederbesuche der Schule muss eine Bescheinigung des Vaters oder dessen gesetzlichen Stellvertreters über Grund und Dauer der Schulversäumnis vorgelegt werden.

§ 8.

Schüler, welche an einer ansteckenden Krankheit (a. Cholera, Typhus, Blattern, Pest, Diphteritis, Ruhr, Scharlach, Masern; b. kontagiöse Augenentzündung, Krätze, Keuchhusten, Ziegenpeter, Windpocken) leiden oder derselben verdächtig erscheinen, haben der Schule fernzubleiben, bis die Gefahr der Ansteckung nach ärztlicher Bescheinigung für beseitigt anzusehen ist. Gesunde Kinder bleiben, wenn in dem Hause, in welchem sie wohnen, ein Fall der unter a. genannten Krankheiten vorkommt, solange vom Schulbesuche ausgeschlossen, bis nach ärztlicher Bescheinigung die Gefahr der Übertragung vorüber ist. Der Gouvernementsarzt hat das Recht, die Schüler in gesundheitlicher Beziehung zu überwachen und sie zu diesem Zwecke nach vorheriger Benachrichtigung des Leiters und in dessen Gegenwart einer Besichtigung oder Untersuchung zu unterziehen.

§ 9.

Für jede andere Schulversäumnis ist vorher vom Vater oder dessen gesetzlichen Stellvertreter schriftlich oder mündlich Urlaub einzuholen.

§ 10.

Hinsichtlich der Schulbücher, Hefte u. s. w. haben die Schüler den Anordnungen der Schule Folge zu leisten. Alle Bücher und Hefte sind in sauberem schicklichem Zustande zu halten. Die Schule ist berechtigt, die Benutzung unsauberer und veralteter Lehrbücher zu verbieten und zu verlangen, dass sie durch neue vorschriftsmässige ersetzt werden.

§ 11.

Bücher, welche nicht zum Unterricht gehören, Spielzeug und dergleichen dürfen nicht mit in die Schule gebracht werden. Desgleichen ist es verboten, Hunde mitzubringen.

§ 12.

Jeder Schüler, der durch Mutwillen oder grobe Fahrlässigkeit Eigentum der Schule beschädigt, muss Ersatz leisten.

§ 13.

Jeder Schüler ist verpflichtet, innerhalb wie ausserhalb der Schule die Gebote des Anstandes und der guten Sitten zu befolgen. Den Lehrern der Anstalt ist er Gehorsam und Ehrerbietung schuldig. Der Besuch von Abendkonzerten, theatralischen Aufführungen und dergleichen ist nur in Begleitung von Erwachsenen gestattet.

§ 14.

Die am Schlusse bestimmter Abschnitte des Schuljahres erhaltenen Zeugnisse haben die Schüler am ersten Tage des wieder beginnenden Unterrichts mit der Namensunterschrift des Vaters oder dessen gesetzlichen Stellvertreters versehen ihrem Lehrer vorzulegen.

§ 15.

Das Schuljahr beginnt nach den grossen Ferien, im September.

Die Ferienordnung wird alljährlich durch das Amtsblatt bekannt gemacht.

Tsingtau, den 8. August 1905.

Der Kaiserliche Zivilkommissar.

12. August 1905.   Amtsblatt—報官島靑   159.

Alarmordnung
für die
Freiwillige Feuerwehr
Tsingtau.

1. Bezirkseinteilung.

Bezirk I: „Tsingtau Stadt."
(Im Plane rot.)

Zu Bezirk I gehört Tsingtau innerhalb folgender Grenzen einschliesslich der genannten Punkte:

Yamenbrücke, Ostpassstrasse, Diederichsberg (Signalstation), Lauschanstrasse, Hohenloheweg, Pautingstrasse, Takustrasse, Eisenbahngeleise bis zum Bahnhof, Kronprinzenufer.

Bezirk II: „Tapautau."
(Im Plane braun.)

Bezirk II umfasst das Gelände nördlich von Bezirk I, einschliesslich des Munitionsdepots, der Artillerie-Verwaltung, der evangelischen Mission, der Ziegeleien und des Bahngeleises bis zum Bezirk I (Takustrasse).

Bezirk III: „Hafen."
(Im Plane blau)

Bezirk III umfasst das Gelände nördlich von Bezirk II mit dem kleinen und grossen Hafen einschliesslich des Faberhospitals und der Vering'schen Häuser.

Bezirk IV. „Auguste Viktoria-Bucht."
(Im Plane grün.)

Bezirk IV umfasst das Gelände östlich von Bezirk I mit Marine-Offiziers-Kasino, Bismarckkasernen, Friedhof, Forsthaus, Iltiskasernen, Waschanstalt, Huitschien-Huk.

Bezirk V: „Ausserhalb."

Bezirk V bildet das Gelände ausserhalb der Bezirke I-IV.

Ein Plan der Bezirkseinteilung hängt auf allen besonders kenntlich gemachten Feuermeldestellen aus.

2. Alarmsignale.

a) Zum Alarm lassen die Polizei, die Feuerwehr und die Feuermeldestellen Signalhuppen blasen.

Das Signal wird während der Dauer von 20 Minuten, und falls es bis dahin nicht allseitig aufgenommen ist, noch länger abgegeben.

Zur Bezeichnung der Brandstelle ist das Signal nach den Bezirken, innerhalb deren der Brand ausgebrochen ist, verschieden, und zwar:

für Bezirk I: je 1 Stoss von 2 Sekunden Länge mit 10 Sekunden Pause — — —

für Bezirk II: je 2 Stösse von je 2 Sekunden Länge, zwischen jedem Signal (je 2 Stössen) 10 Sekunden Pause — — —

für Bezirk III: je 3 Stösse von je 2 Sekunden Länge, zwischen jedem Signal (je 3 Stössen) 10 Sekunden Pause — — —

für Bezirk IV: je 4 Stösse von je 2 Sekunden Länge, zwischen jedem Signal (je 4 Stössen) 10 Sekunden Pause — — —

für Bezirk V: je 5 Stösse von je 2 Sekunden Länge, zwischen jedem Signal (je 5 Stössen) 10 Sekunden Pause — — —

b) Ferner werden auf der Signalstation bei Tage
für Bezirk I: 1 grosse grüne Flagge,
   „   „   II: 2   „   „   Flaggen,
   „   „   III: 3   „   „   „
   „   „   IV: 4   „   „   „
   „   „   V: 5   „   „   „
aufgezogen.

Bei Nacht treten anstelle der Flaggen grüne Laternen.

c) Ausserdem wird vom Glockenturm der Katholischen Mission mit einer Glocke Alarm geschlagen (kurze fortdauernde Schläge).

Alle signalgebenden Mannschaften haben möglichst an allen Stellen, wo Europäer wohnen oder sich aufhalten, unter beständigem Rundgang durch alle Strassen ihres Reviers das Signal oft und laut zu wiederholen.

3. Feuermeldestellen.

Am Tage kann zur Feuermeldung jeder Fernsprecher benutzt werden, der an das Yamen oder die Post angeschlossen ist, da die Post die Meldung sofort an das Yamen weitergibt.

Zur leichteren Auffindbarkeit sind nachstehende Stellen durch weisse Blechschilder mit roter Inschrift „Feuermeldestelle" und darunter befindlichem chinesischen Text besonders kenntlich gemacht:

Bezirk I:
Apotheke,
L. W. F. Singtai,
Yamen,

Wasserleitungsaufseher,
Central-Hotel,
Seemannshaus,
Yamenlager,
F. Vogt Nachfolger (gegenüber der Fortifikation),
Polizei-Hauptwache,
Café Keining,
Schierwagen und Scheithauer.

Bezirk II:
Lieb und Leu,
I. Beermann,
Ziegelei Diederichsen Jebsen & Co.
Ta tscheng tschang,
Pulverhauswache,

Bezirk III:
Vering,
Neues Hafenamt,
Polizeiwache am grossen Hafen,

Bezirk IV:
Reinhard & Röper,
Strandhotel,
Wachen der Bismarck- und Iltiskasernen,

Bezirk V:
Feldbatterie-Wache,
Wache Höhenlager,
Elektrizitätswerk,
Germania-Brauerei,
Carlowitz & Co. (Sautschutan),
Polizeistation Taitungtschen und Taihsitschen.

Um auch bei der Nachtzeit ausser durch Vermittelung der Polizei und der militärischen Wachen Feuermeldungen an das Yamen gelangen lassen zu können, werden die Privatfernsprechanschlüsse der oben aufgeführten Feuermeldestellen nach Schluss der Postfernsprechdienststunden bis zu deren Wiederbeginn von der Post durch gemeinschaftlichen Umschalter mit dem Yamen verbunden. **Diese Einrichtung darf nur zu Feuermeldezwecken benutzt werden.**

Diese Stellen sind durch Laternen mit der Inschrift „Nachtfeuermeldestelle" gekennzeichnet.

4. Veranlassen des Alarms.

Wer den Ausbruch eines Feuers bemerkt, hat sofort nötigenfalls durch Vermittelung einer Feuermeldestelle das Yamen zu benachrichtigen.

Es wird hierbei darauf aufmerksam gemacht, dass ein missbräuchliches oder mutwilliges falsches Melden von Feuer auf Grund des Reichsstrafgesetzbuchs bestraft wird.

Sobald das Yamen eine Feuermeldung erhält, hat das dortige Fernsprechpersonal sofort die Feldbatterie, welche die Bespannung für die Lösch- und Rettungsgeräte stellt, das Polizeiamt, welches den Strassenalarm veranlasst, und die Katholische Mission zum Schlagen der Glocke zu benachrichtigen, ferner auch die Signalstation, damit diese die Feuer-Signale heisst, dann den Brandmeister, den Platzmajor, und die Kasernenwachen.

Gleichzeitig mit dem Alarm wird auch die Bauabteilung II oder nachts unmittelbar durch das Yamen die Pumpstation Haipo beauftragt, die Pumpen in Betrieb zu setzen.

Die im Besitz einer Huppe oder eines Signalhornes befindlichen Polizisten und Feuerwehrleute sind berechtigt und verpflichtet, das Alarmsignal selbstständig zu blasen:

wenn sie selbst das Feuer bemerken,

wenn das Feuersignal auf der Signalstation geheisst wird,

wenn sie von einer Person, die ihnen bekannt ist, oder die sich ausweisen kann, die Aufforderung dazu bekommen.

5. Tätigkeit der Feuerwehrleute nach dem Alarm.

Sobald das Feuer-Alarmsignal ertönt, begiebt sich jeder Feuerwehrmann, falls er nicht bedeutend näher am Spritzenhause sich aufhält, sofort zum Brandplatz.

Bei Feueralarm für Bezirk V jedoch gehen sämtliche Wehrmänner zum Spritzenhause.

Am Spritzenhaus ist eine schwarze Tafel aufgehängt, an welcher zu notieren ist, wohin die Löschgeräte abgerückt sind. Sobald die Löschgeräte oder Löschzüge abgerückt sind, wird von der Feldbatteriewache die Signalstation davon benachrichtigt, die unter die dort gezogenen Signale bei Tage einen roten Wimpel, bei Nacht eine rote Laterne heisst. Nachdem diese Signale sichtbar geworden sind, begeben sich die Feuerwehrleute nicht mehr zum Spritzenhaus, sondern sofort zum Brandplatze.

6. Abrücken der Geräte.

Die Beförderung der Geräte zur Brandstelle ist bis auf weiteres der Marine-Feldbatterie übertragen. Die Geräte sind sofort nach Eingang der Feuermeldung ohne Abwarten weiterer Befehle unter allen Umständen nach dem Brandplatze zu befördern.

Die Rückkehr von der Brandstelle erfolgt nur nach Einverständnis mit dem Brandmeister.

7.

Diese Alarmordnung tritt mit ihrer Ver-

12. August 1905.   Amtsblatt—青島官報   161.

öffentlichung in Kraft.
Mit dem gleichen Zeitpunkt wird die frühere Alarmordnung vom 23. März 1903 (Amtsblatt 1903, Seite 58) aufgehoben.

Tsingtau, den 31. Juli 1905.
Der Kaiserliche Gouverneur.
Allerhöchst mit der Stellvertretung beauftragt
van Semmern.

Amtliche Anzeigen.

Bekanntmachung.

In das bei dem unterzeichneten Gericht geführte Güterrechtsregister ist folgendes eingetragen worden:
Zwischen dem Bautechniker Karl Ernst Bartenwerfer und seiner Ehefrau Ida, geborenen Oster, beide in Tsingtau wohnhaft, ist durch gerichtlichen Vertrag vom 1. August 1905 die Gütertrennung vereinbart.

Tsingtau, den 5. August 1905.
Kaiserliches Gericht von Kiautschou I.

Bekanntmachung.

Als gefunden angemeldet: 2 Spazierstöcke; 3 Rohrstühle; 1 Contobuch und 1 Quittung ausgestellt von der Firma Sietas, Plambeck & Co. auf Herrn Schlesiger.

Tsingtau, den 9. August 1905.
Kaiserliches Polizeiamt.

告白

啓者茲將本署據報拾獲
送案各物列左
西人手棍兩根
籐椅三把
賬簿一本內有哈利洋行
發給西人雷賽格收單一
紙
以上各物准各失主具
領此佈
青島巡捕衙門啓
德一千九百五年八月初十日

Mitteilungen.

Am Sonntag, den 13. d. Mts., findet in der Gouvernementskapelle kein Gottesdienst statt.

Schiffsverkehr
in der Zeit vom 3.—10. August 1905.

Ankunft am	Name	Kapitän	Flagge	Reg. Tonnen.	von	Abfahrt am	nach
(28.7.)	D. Cilurnum	Andersen	Englisch	1340	Schanghai	6.8.	Moji
(1.8.)	D. Allemania	Toft	Deutsch	1165	Tschifu	4.8.	Schanghai
4.8.	D. Gouv. Jaeschke	Treumann	„	1045	Schanghai	5.8.	„
5.8.	D Ching-Ping	Harvey	Englisch	1062	Tschinwangtau	7.8.	„
„	D. Peiho	Deinat	Deutsch	476	Tschemulpo	9.8.	„
7.8.	D. Tsintau	Hansen	„	977	Schanghai	7.8.	Tschifu
8.8.	D. Vorwärts	Hansen	„	643	Tschifu	8.8.	Schanghai
„	D. Tak-Sang	Clure	Englisch	977	Schanghai	9.8.	„
„	D. Süllberg	Luppi	Deutsch	782	Kobe	„	Kobe

Meteorologische Beobachtungen
in Tsingtau.

Datum. Aug.	Barometer (m m) reduz. auf 0° C., Seehöhe 50,0 m			Temperatur (Centigrade).								Dunstspannung in mm			Relat. Feuchtigkeit in Prozenten		
				trock. Therm.			feucht. Therm.										
	7 Vm	2 Nm	9 Nm	7 Vm	2 Nm	9 Nm	7 Vm	2 Nm	9 Nm	Min.	Max.	7 Vm	2 Nm	9 Nm	7 Vm	2 Nm	9 Nm
3	749,0	749,9	750,0	26,4	26,1	25,9	25,0	24,6	24,5	24,4	28,5	22,7	22,1	22,0	89	88	89
4	49,8	48,9	48,1	25,1	27,5	26,3	25,1	26,5	26,2	23,8	28,0	23,7	25,1	25,2	100	92	99
5	47,1	46,7	48,0	24,7	28,4	25,3	23,3	23,2	22,9	22,7	29,2	20,4	17,9	19,2	88	63	81
6	49,4	49,7	50,6	24,4	29,7	26,3	20,7	21,8	22,4	23,2	30,7	15,9	14,6	17,7	70	47	70
7	50,9	51,1	51,3	22,4	28,1	24,9	21,7	22,3	21,2	21,7	32,0	18,9	16,4	16,4	94	58	70
8	51,5	50,4	50,0	23,6	29,6	26,3	21,3	21,7	21,4	22,8	33,8	17,4	14,4	15,9	81	47	63
9	50,5	50,4	50,5	22,3	25,2	23,5	19,7	22,3	21,9	19,6	29,4	15,5	18,0	18,6	77	75	86

Datum. Aug.	Wind Richtung & Stärke nach Beaufort (0—12)			Bewölkung						Niederschläge in mm		
				7 Vm		2 Nm		9 Nm				9 Nm -|- 7 Vm
	7 Vm	2 Nm	9 Nm	Grad	Form	Grad	Form	Grad	Form	7 Vm	9 Nm	
3	SSO 1	SO 2	S 1	7	Cu-nim	5	Cir-cum					
4	SSO 2	SSO 3	SO 3	4	Cir-cum	5	Cu-str.	10	Cum		6,6	6,6
5	WNW 2	NW 3	NW 2	10	Cu-str.	3	„					
6	NW 2	NW 2	Stille 0	3	Cir-str	3	„	2	Cu-str.			
7	NNW 2	S 2	S 1	5	„	6	Cir-str	8	„			
8	NNW 2	NW 2	NNW 2	2	„	3	„	7	„			
9	NNW 2	S 2	S 2	6	„	9	Cum	10	Cum			

Druck der Missionsdruckerei Tsingtau.

第六年 第三十二号

1905年8月12日

法令与告白

青岛皇家督署学校校规

第1条

本校规包含皇家督署学校对受托男孩进行教育、教学的一般性条件。

在录取入学时,本校规免费发放给学生,在了解其内容后,由学生交给其父母或法定代理人。

第2条

在接收学生入学后,其父母或法定代理人有义务承认该校规中规定的完全约束力。

第3条

必须由父亲或法定代理人本人或书面给学生报名。需要递交的文件有:

1. 出生证;
2. 疫苗接种证书,如果被接收学生已经超过12岁,需要提供疫苗再次接种证书;
3. 曾经上过学校的毕业证书。

要进入最低的学前班的学生,一般必须年满6岁。原则上不接收其他种族儿童或混血儿(血缘各半)。

第4条

学生结业前,须由其父亲或其法定代理人本人或书面注销注册。只有在学生完成对学校的义务(支付学费、返还所借图书等)之后,才会发给毕业证书。

第5条

每年的学费为:

学前班	60.00元
第4、5、6年级	81.00元
第3b、3a、2b年级	102.00元

须在每三分之一学年的头14天内向总督府财务处提前缴纳学费。如兄弟姊妹同时就学,则第2、3名学童学费减半,第4名及更多学童免学费,特殊情况下也可以给予学费

减免。相关申请须在每学年开始前及时递交,并在之后每年再次递交。

非帝国公民学童的学费增加20%。

第6条

每名学生均有义务准时、按照规定参加所有课程。

所有学生均须上体操和歌咏课。只有医生出具证明才可以免修该课程。但是歌咏课的免修并不扩大到该课程包含的基础理论知识部分。

第7条

如无紧迫原因,不得错过任何课时。

如学生因生病或其他紧急情况无法上课,则必须尽可能在当天、最迟三天后说明情况。再次返回学校时,必须由学生父亲或其法定代理人对无法到校的原因和时间出具证明。

第8条

患有传染病(a. 霍乱、伤寒、天花、鼠疫、白喉、痢疾、猩红热、麻疹;b. 传染性眼部炎症、疥癣、百日咳、流行性腮腺炎、风疹)或有疑似症状的学生,必须远离学校,直到医生出具其已无传染危险证明为止。健康儿童居住的家中如果出现一例上述a型传染病,在医生证明其已无传染危险之前,须远离学校。总督府医生有权因健康原因对学生进行监测,在提前通知校长并在其在场的情况下对学生进行查看或调查。

第9条

任何其他原因的缺课须由学生父亲或法定代理人提前书面或口头请假。

第10条

学生须遵守学校在教材、书本等方面的规定。所有书本均须保持整洁、得体的状态。学校有权禁止使用不干净和过时的教材,并要求替换成崭新的、符合规定的教材。

第11条

与课程无关的书籍、玩具或者其他类似物品不得带入学校。同样也禁止带狗入校。

第12条

学生必须赔偿肆意或因严重过失造成的学校财产损失。

第13条

每名学生均有义务在校内外遵循道德规范和秩序良俗。学生须服从并尊重学校教师。只允许学生在成年人的陪伴下参加晚间音乐会、戏剧演出或类似活动。

第14条

在课程再次开始后,学生须向教师出示每学年度特定阶段结束后收到的证书,该证书须由学生父亲或其法定代理人签名。

第15条

每学年度在9月份放完大假后开始。

青岛,1905年8月8日

皇家民政长

关于青岛志愿消防队的报警规定

1. 区域划分

第1区:"青岛城区"(地图上标注为红色)

第1区范围包括含有下列地点在内的合成区域:

衙门桥、崂山街、霍恩洛厄道、保定街、大沽街、一直到火车站的铁路轨道、皇太子海岸。

第2区:"大鲍岛"(地图上标注为棕色)

第2区范围为第1区以北地块,包含弹药库、炮队管理处、新教教会、砖厂和到第1区为止(大沽街)的铁路轨道。

第3区:"港口"(地图上标注为蓝色)

第3区范围为含有小港和大港的第2区以北地块,包含福柏医院和维林别墅。

第4区:"奥古斯特·维多利亚湾"(地图上标注为绿色)

第4区范围为第1区以东地块,包含海军军官餐厅、俾斯麦兵营、公墓、林业局、伊尔蒂斯兵营、洗衣房、会前角。

第5区:"外部区域"

第5区由第1—4区以外区域构成。

区域划分地图张贴在所有特别标识的火灾报警点处。

2. 报警信号

a) 由警方、消防队和火灾报警点吹响信号喇叭。

信号持续20分钟时间,如果到时仍未被所有方面收到,则信号时间延长。

为了标记起火位置,信号在发生火灾的各区域有所不同,具体为:

第1区:喇叭声持续2秒钟,中间间隔10秒钟:— — —

第2区:每两个各持续2秒钟的喇叭声,每个信号(响两下)之间间隔10秒钟:—— —— ——

第3区:每三个各持续2秒钟的喇叭声,每个信号(响三下)之间间隔10秒钟:——— ——— ———

第4区:每四个各持续2秒钟的喇叭声,每个信号(响四下)之间间隔10秒钟:———— ———— ————

第5区:每五个各持续2秒钟的喇叭声,每个信号(响五下)之间间隔10秒钟:————— ————— —————

b)此外,信号站在白天时发出的信号为:

第1区:1面大型绿旗;

第 2 区：2 面大型绿旗；

第 3 区：3 面大型绿旗；

第 4 区：4 面大型绿旗；

第 5 区：5 面大型绿旗。

夜间则将旗帜替换为灯笼。

c) 除此以外，天主教会的钟楼也会敲钟报警（短时间连续敲击）。

所有发出信号的人员应尽可能地在所有有欧洲人居住或停留的区域，持续穿过其辖区所有街道，频繁并大声重复报警信号。

3. 火灾报警点

白天可以使用电话报火警，电话与衙门或邮局连接，邮局可以马上将警报转发给衙门。

为了更容易找到报警点，下列报警点用带有红色中德文"火警报警点"刻字的白色铁牌标记：

第 1 区：药房、源泰、衙门、自来水管道看守、中和饭店、水师饭店、F. 佛格特公司（在炮台局对面）、巡捕衙门－主执勤点、凯宁咖啡馆和色瓦改洋行。

第 2 区：利来公司、大丰洋行、捷成洋行砖瓦厂、大成栈、火药库岗哨。

第 3 区：维林公司、新船政局、大港警卫点。

第 4 区：莱茵哈德 & 罗帕洋行[①]、沙滩饭店、俾斯麦兵营和伊尔蒂斯兵营岗哨。

第 5 区：野战炮队岗哨、小泥洼兵营岗哨、发电厂、日耳曼尼亚啤酒厂、礼和洋行（扫寻滩）、台东镇和台西镇的警察局。

除警局和军队岗哨之外的地点为了在夜间也能够向衙门传送火警警报，上面列举的报警点的私人电话线在邮局电话服务结束直到再次开始前，由邮局通过统一转接点与衙门连接。该设施只允许用于火灾报警。

以上报警点通过带有"夜间火灾报警点"字样的灯笼标识。

4. 对报警的处理

如发现火情，紧急情况下必须立即通过火灾报警点通知衙门。

在此提醒注意，随意或恶意虚报火警者将根据《帝国刑法》进行惩罚。

衙门收到火警后，负责的电话人员须立即通知野战炮队准备好救火与救援设备，通知巡捕衙门进行街道报警，通知天主教会敲钟报警，此外也要通知信号站悬挂火警信号，然后通知消防指挥员、兵营少校和兵营岗哨。

报警的同时，第二工部局或者在夜间直接由衙门委托海泊河泵站，启动水泵。

如果本人发现起火，或者信号站发出火警信号，或者他们的熟人或可以证明身份的人要求报火警，拥有喇叭或者信号号角的警察和消防人员有权也有义务自主发出警报信号。

---

① 译者注：该洋行后来股东变动，中文行名为"娄白"（为股东 Röper 姓氏在当时的音译），1910 年改为"青岛鲁柏滕洋行"。

5. 消防人员在收到警报后的处理

只要响起火灾警报,各消防人员如不是位于消防站附近,则须立即赶往起火地点。

如果火灾发生在第5区,则全部消防员均前往消防站。

消防站悬挂有一块黑板,上面记录消防设备的位置。消防设备或消防车出发后,由野战炮队岗哨将该情况通知信号站,信号站在白天悬挂小长条红色三角旗,在夜间悬挂灯笼。在可以看到这些信号后,消防员不必再前往消防站,而是直接赶往起火地点。

6. 消防设备的出动

在另行通知之前,由海军野战炮队运送设备至起火位置。在收到火警后,任何情况下无需等待其他命令,立即将设备运送到起火地点。

只有在消防指挥员同意后,才可以从起火点返回。

7.

该报警规定自公布之日起生效。

同时,之前1903年3月23日公布的报警规定(1903年《官报》第58页)撤销。

青岛,1905年7月31日
皇家总督
最高敕令委托代理
师孟

官方通告

告白

由本法庭执行的物权登记中登记入下列事项:

均居住于青岛的建筑工程师卡尔·恩斯特·巴顿维尔佛和其出生时姓奥斯特的妻子伊达,已通过1905年8月1日的司法合同,就财产分配达成一致。

青岛,1905年8月5日
胶澳皇家审判厅一处

告白

启者:兹将本署据报拾获送案各物列左:

西人手棍两根;藤椅三把;账簿一本,内有哈利洋行发给西人雷赛格收单一纸。

以上各物准各失主具领。此布。

德一千九百五年八月初十日
青岛巡捕衙门启

消息

督署小教堂在本月 13 日星期日不举行弥撒。

船运

1905 年 8 月 3 日—10 日期间

到达日	轮船船名	船长	挂旗国籍	登记吨位	出发港	出发日	到达港
（7月28日）	西鲁奴姆号	安德森	英国	1 340	上海	8月6日	门司
（8月1日）	德国号	托夫特	德国	1 165	芝罘	8月4日	上海
8月4日	叶世克总督号	特洛依曼	德国	1 045	上海	8月5日	上海
8月5日	清平号	哈维	英国	1 062	秦皇岛	8月7日	上海
8月5日	白河号	代纳特	德国	476	济物浦	8月9日	上海
8月7日	青岛号	韩森	德国	977	上海	8月7日	芝罘
8月8日	前进号	韩森	德国	643	芝罘	8月8日	上海
8月8日	太仓号	克鲁尔	英国	977	上海	8月9日	上海
8月8日	居尔堡号	卢皮	德国	782	神户	8月9日	神户

Amtsblatt
für das
Deutsche Kiautschou-Gebiet.

青島官報

Herausgegeben vom Kaiserlichen Gouvernement Kiautschou.

Der Bezugspreis beträgt jährlich $ 2 = M 4.
Bestellungen nehmen sämtliche deutsche Postanstalten entgegen.

Jahrgang 6.   Nr. 33.   Tsingtau, den 19. August 1905.   第三十三號   第六年

Verordnungen und Bekanntmachungen.

Bekanntmachung

betreffend

die Verwaltung von Tai tung tschen.

In Abänderung der Bekanntmachung vom 15. August 1904 (Amtsblatt 1904, Seite 187) werden vom 1. September d. Js. an die Standgebühr in Tai tung tschen für den kleinen Platz auf 10, für den grossen Platz auf 20 kleine Käsch, und die Wiegegebühren für Mehl u.s.w. auf 15, für Holz u.s.w. auf 30 kleine Käsch von 1000 kleinen Käsch erhöht.

Tsingtau, den 16. August 1905.

Der Kommissar
für chinesische Angelegenheiten.

大德管理中華事宜輔政司單

為出示更章事照得台東鎮各處攤子收費一節曾於西歷上年八月十五日曉諭在案茲將第二第四兩條酌量變通具集市擺攤費項仍宜分別大小核收小攤每座每日改收京錢十文大攤每座每日改收京錢二十文公稱費項如米麵雜糧並能喫谷物以及鹽烟各肉過稱者每價錢一千改收京錢十五文他如草木秫秸青菜魚蝦菓品過稱者每價錢一千改收京錢三十文准於西歷九月初一日起仰各該攤主小販人等一體遵行勿違以濟公欵切切特諭

大德一千九百五年八月十七日

告示

右諭通知

Amtliche Anzeigen.

Konkursverfahren.

Über das Vermögen des
Kaufmanns Carl Schmidt
in Tsingtau ist am 10. August 1905, nachmittags 5½ Uhr, der Konkurs eröffnet.
Verwalter: Referendar von Hassell in Tsingtau.
Anmeldefrist bis 9. September 1905.
Erste Gläubigerversammlung und allgemeiner Prüfungstermin am 23. September 1905, vormittags 10 Uhr.
Offener Arrest und Anzeigefrist bis zum 9. September 1905.

Tsingtau, den 11. August 1905.
Kaiserliches Gericht von Kiautschou III.

Kaiserliches Gericht   Golf von Petschili,
des Kreuzergeschwaders.   den 5. Aug. 1905.

Steckbrief.

Gegen den untenbeschriebenen Matrosen
Franz, August, **William Clemens**,
geboren am 6. Juni 1881 zu Altona, zur Besatzung S. M. S. „Luchs" gehörig, welcher seit 26. Juli d. Js. fahnenflüchtig ist, ist ein Haftbefehl erlassen.

Es wird ersucht, ihn zu verhaften und an den nächsten deutschen Konsul, an die nächste Militärbehörde oder an das nächste deutsche Gericht abzuliefern.

Der Gerichtsherr   **Wiehe**,
von Prittwitz.   Marinekriegsgerichtsrat.

Beschreibung.

Alter: 24 Jahre,   Grösse: 1 m 68 cm.
Statur: schlank,   Haare: blond,
Augen: blau,   Nase: gewöhnlich,
Mund: gewöhnlich,   Bart: keinen,
Zähne: gesund,   Sprache: deutsch, englisch, chinesisch,
Besondere Kennzeichen: Tätowierung, auf der Brust einen Adler, auf der rechten Hand einen Stern.

Versteigerung
von Sau tschu t'an auf Abbruch.

Am Montag, den 21. August 1905, nachmittags 4 Uhr, findet in Sau tschu t'an vor dem kleinen Dorftempel eine Versteigerung der noch stehenden Häuserreste u. s. w. auf Abbruch statt.
Der Ersteigerer ist verpflichtet, beim Abbruch die vorhandenen Bäume zu schonen.
Bieter werden ersucht, sich zum Termine an Ort und Stelle einzufinden. Nach erteiltem Zuschlage sind 10 % der Kaufsumme sofort zu zahlen, der Rest ist am folgenden Tage an die Gouvernementskasse abzuführen, widrigenfalls die Anzahlungssumme verfällt.

Tsingtau, den 17. August 1905.
Chinesische Kanzlei.

告白

德一千九百五年八月十七日青島大衙門啟

原有樹木不致損傷青任此佈
主於拆運磚石時當認保全該町佈
百分之十分定即充公作罷該包之
變清倘次日未交餘價其先納之
分其餘價洋次日再赴本署如數
一經包妥須立交包價百分之十
議可也
欲包者屆時前赴該處集候面
點鐘在掃帚灘廟前拍包如有意
月廿一日即中本月廿一日下午四
現在擬欲招人包拆茲訂於西八
敬者所有掃帚灘舊房牆基磚石

Bekanntmachung.

Bei dem Tempel des Dorfes Tschau tschia (Yintau) wurde ein grosser Dschunken-Anker gefunden.
Gemäss § 983 B. G. B. werden hiermit die Eigentümer, deren Aufenthalt unbekannt ist, aufgefordert, ihre Rechte bis zum 16. September 1905 beim Kaiserlichen Polizeiamt anzumelden.

Tsingtau, den 16. August 1905.
Kaiserliches Polizeiamt.

告白

青島巡捕衙門啟
德一千九百五年八月十六日
本署核特佈
失主限至西九月十六日報明
大貓一隻按例本署應即佈告
之處拾獲華船
趙家町廟附近
敬者茲在陰島

19. August 1905. Amtsblatt—青島官報 165.

Bekanntmachung.

Als verloren angemeldet: 1 schwarzseidener Damenschirm mit silberner Krücke.

Tsingtau, den 17. August 1905.

Kaiserliches Polizeiamt.

告白 啟者茲將本署據報遺失之物列左 青紬于銀柄女傘一把 以上之物切勿輕買如見亦宜報明本署此佈 德一千九百五年八月十七日 青島巡捕衙門啟

Mitteilungen.

In der Alarmordnung vom 31. Juli 1905 (Amtsblatt Seite 159) sind unter Nr. 4, Absatz 3, die Worte „den Offizier vom Ortsdienst, den Leiter der Garnisonfeuerwehr" versehentlich ausgelassen und hinter „den Platzmajor" einzurücken.

* * *

Der Feldwebel Schulz, der Sergeant Krewerth und der Unteroffizier Voigt sind als Polizeiwachtmänner probeweise angenommen worden.

* * *

Nach einer Mitteilung der Kaiserlichen Gesandtschaft in Tokio ist nichtjapanischen Schiffen der Verkehr nach und von Port Arthur nach wie vor untersagt.

Meteorologische Beobachtungen in Tsingtau.

Datum. Aug.	Barometer (mm) reduz. auf 0° C., Seehöhe 50,0 m			Temperatur (Centigrade).								Dunstspannung in mm			Relat. Feuchtigkeit in Prozenten		
				trock. Therm.			feucht. Therm.										
	7 Vm	2 Nm	9 Nm	7 Vm	2 Nm	9 Nm	7 Vm	2 Nm	9 Nm	Min.	Max.	7 Vm	2 Nm	9 Nm	7 Vm	2 Nm	9 Nm
10	750,7	750,9	750,3	24,7	26,2	25,0	23,1	21,9	23,2	23,3	27,4	20,0	16,9	20,0	87	67	85
11	49,0	49,7	50,8	22,3	24,1	22,5	20,8	22,1	21,5	21,3	26,0	17,3	18,5	18,5	87	83	92
12	52,1	51,9	53,3	24,2	25,3	23,7	22,1	22,2	20,5	21,9	25,9	18,5	18,0	16,0	83	75	74
13	54,0	53,7	54,4	22,4	25,7	23,8	21,7	22,3	22,2	21,4	27,1	18,9	17,9	18,9	94	73	86
14	55,3	54,9	54,3	23,5	25,7	23,7	22,0	22,8	22,0	21,9	27,1	18,7	18,9	18,6	87	77	85
15	55,0	54,8	54,7	23,9	25,6	23,3	22,0	22,7	21,5	21,2	26,5	18,5	18,7	18,0	84	77	85
16	54,6	53,7	53,1	22,0	25,5	23,3	20,8	21,1	20,6	20,8	26,4	17,5	15,9	16,4	89	66	78

Datum. Aug.	Wind Richtung & Stärke nach Beaufort (0—12)			Bewölkung						Niederschläge in mm		
				7 Vm		2 Nm		9 Nm				9 Nm 7 Vm
	7 Vm	2 Nm	9 Nm	Grad	Form	Grad	Form	Grad	Form	7 Vm	9 Nm	
10	S 2	N 1	SSO 3	10	Cu-nim	10	Cu-nim	10	Cu-nim		0,8	3,2
11	NO 2	SSW 2	SO 2	10	„	6	Cu-str.	1	Cir-cum	2,4		
12	SO 2	SO 4	OSO 3	3	Cir-cum	5	Cir-cum	2	Cu-str			
13	N 2	SSO 3	SSO 2	3	Cu-str.	3	Cum	6	„			
14	N 2	SSO 2	O 3	4	„	6	Cir-str	3	„			
15	OSO 2	SSO 3	SSO 3	5	Cir-cum	4	„	8	„			
16	OSO 2	SO 3	SO 2	4	„	3	Cum	1	Cir-str.			

Schiffsverkehr

in der Zeit vom 10.—17. August 1905.

Ankunft am	Name	Kapitän	Flagge	Reg. Tonnen.	von	Abfahrt am	nach
10.8.	D. Gouv. Jaeschke	Treumann	Deutsch	1044	Schanghai	12.8.	Schanghai
12.8.	D. Schleswig	Schlaikier	„	783	„		
13.8.	D. Hunan	Pucket	Englisch	1142	„	13.8.	Tschifu
14.8.	D. Knivsberg	Lorentzen	Deutsch	646	„	14.8.	„
15.8.	D. Tak-Sang	Clure	Englisch	977	„	15.8.	Schanghai
„	D. Tsintau	Hansen	Deutsch	977	Tschifu	„	„
„	D. Liberia	Sanders	„	2386	Hankau		
16.8.	D. Ravn	Dedeham	Norwegisch	795	Kobe	16.8.	Kobe
„	D. Holstein	Hansen	Deutsch	985	Hongkong		

Druck der Missionsdruckerei Tsingtau.

第六年 第三十三号

1905 年 8 月 19 日

法令与告白

大德管理中华事宜辅政司单 为

出示更章事：照得台东镇各处摊子收费一节，曾于西历上年八月十五日晓谕在案，兹将第二、第四两条酌量变通：其集市摆摊费项仍宜分别大小核收，小摊每座每日改收京钱十文，大摊每座每日改收京钱二十文。公称费项如米、面、杂粮并能喝谷物以及盐、烟、各肉过称者，每价钱一千准予改收京钱十五文，他如草木秫秸、青菜、鱼虾、果品过称者，每价钱一千改收京钱三十文。准于西历九月初一日起，仰各该摊主、小贩人等一体遵行勿违，以济公款。切切特谕。

右谕通知
大德一千九百五年八月十七日 告示

官方通告

破产程序

对青岛的商人卡尔·施密特的财产已于 1905 年 8 月 10 日下午 5 点 30 分开启破产程序。

管理人：青岛的口译见习冯·哈塞尔。

报名期限为 1905 年 9 月 9 日。

第一次债权人会议和一般性查对的日期为 1905 年 9 月 23 日上午 10 点。

公开查封和起诉期限为 1905 年 9 月 9 日。

青岛，1905 年 8 月 11 日
胶澳皇家审判厅三处

通缉令

巡洋舰队下属皇家法庭　　　　　　　　　　　　　　　　　　直隶湾,1905年8月5日

水兵弗朗茨·奥古斯特·威廉·克雷门斯,1881年6月6日出生于阿尔托纳,隶属于军舰"臭鼬"号乘员,自今年7月26日被通缉逃窜,现下令对他缉捕,其特征描述如下。

请将其拘捕并递解至最近的德国领事、最近的军事部门或者最近的德国法庭。

审判领主威尔·冯·普利特维茨,海军军事法庭参事

特征描述

年龄:24岁　　　　身高:1米68厘米

体型:苗条　　　　头发:金黄色

眼睛:蓝色　　　　鼻子:普通类型

嘴巴:普通类型　　胡子:无

牙齿:健康　　　　语言:德语、英语、中文

特别标志:纹身,胸口纹老鹰,右手处有一个星星纹身

告　白

启者:所有扫帚滩旧房墙基砖石,现在拟欲招人包拆。兹订于西八月廿一即中本月廿一日下午四点钟,在扫帚滩庙前拍包。如有意欲包买者,届时前赴该处集候面议可也。

一经包妥,须立交包价百分之十分,其余价洋次日再赴本署如数交清。倘次日未交余价,其先纳之百分之十分定即充公作罢。该包主于拆运砖石时,当认保全该町原有树木,不致损伤责任。此布。

德一千九百五年八月十七日
青岛大衙门启

告　白

启者:兹在阴岛赵家町庙附近之处拾获华船大猫(锚)一只,按例本署应即布告失主,限至西九月十六日报明本署查核。特布。

德一千九百五年八月十六日
青岛巡捕衙门启

告白

启者：兹将本署据报遗失之物列左：

青绸子银柄女伞一把。

以上之物切勿轻买，如见亦宜报明本署。此布。

德一千九百五年八月十七日
青岛巡捕衙门启

消息

1905 年 7 月 31 日的《报警规定》(《官报》第 159 页)中，误将第 4 条第三段中的"现场执勤军官、军营消防队队长"遗漏，需补充在"兵营少校"之后。

舒尔茨中士、柯雷维尔特中士和沃伊克特下士已被接收为巡捕房试用看守。

根据东京的皇家领事馆的通知，继续禁止非日本船只来往于旅顺港。

船运

1905 年 8 月 10 日—17 日期间

到达	轮船船名	船长	挂旗国籍	登记吨位	出发港	出发日	到达港
8 月 10 日	叶世克总督号	特洛依曼	德国	1 044	上海	8 月 12 日	上海
8 月 12 日	石勒苏益格号	施莱吉尔	德国	783	上海		
8 月 13 日	湖南号	普克特	英国	1 142	上海	8 月 13 日	芝罘
8 月 14 日	柯尼夫斯堡号	洛伦岑	德国	646	上海	8 月 14 日	芝罘
8 月 15 日	太仓号	克鲁尔	英国	977	上海	8 月 15 日	上海
8 月 15 日	青岛号	韩森	德国	977	芝罘	8 月 15 日	上海
8 月 15 日	利比亚里号	桑德斯	德国	2 386	汉口		
8 月 16 日	拉文号	德德汉姆	挪威	795	神户	8 月 16 日	神户
8 月 16 日	荷尔斯泰因号	韩森	德国	985	香港		

Amtsblatt
für das
Deutsche Kiautschou-Gebiet.

青島官報

Herausgegeben vom Kaiserlichen Gouvernement Kiautschou.

Der Bezugspreis beträgt jährlich $ 2 = M 4.
Bestellungen nehmen sämtliche deutsche Postanstalten entgegen.

| Jahrgang 6. | Nr. 34. | Tsingtau, den 26. August 1905. | 第三十四號 | 第六年 |

Amtliche Anzeigen.

Aufgebot.

Es wird hiermit bekannt gemacht, dass

Josef Franz **Scheithauer,** seines Standes Schlossermeister, geboren zu Bratsch in Oberschlesien, 29 Jahre alt, wohnhaft in Tsingtau, Sohn des in Bratsch wohnhaften Landwirts Franz Scheithauer und seiner ebendaselbst wohnhaften Ehefrau Euphemia, geborenen Preiss,

und

Helene Amalie Friederike Heinriette **Schierwagen,** geboren zu Heinrichswalde in Ostpreussen, 22 Jahre alt, wohnhaft in Tsingtau, Tochter des zu Heinrichswalde verstorbenen Bäckermeisters Rudolph Schierwagen und seiner in Heinrichswalde wohnhaften Ehefrau Louise, geborenen Wiechert,

beabsichtigen, sich miteinander zu verheiraten und diese Ehe in Gemässheit des Reichsgesetzes vom 4. Mai 1870 vor dem unterzeichneten Beamten abzuschliessen.

Tsingtau, den 24. August 1905.

Der Kaiserliche Standesbeamte
Günther.

Bekanntmachung.

In dem Konkursverfahren über das Vermögen des Schlossermeisters

Albrecht Wanke

in Tsingtau ist zur Abnahme der Schlussrechnung, zur Erhebung von Einwendungen gegen das Schlussverzeichnis und zur Beschlussfassung über die nicht verwendbaren Vermögensstücke der Schlusstermin auf den

16. September 1905, vormittags 10 Uhr,

vor dem Kaiserlichen Gericht von Kiautschou bestimmt.

Kaiserliches Gericht von Kiautschou III.

Bekanntmachung.

Über das Vermögen des Kaufmanns

Max Haasenritter

in Tsingtau ist am 24. August 1905 der Konkurs eröffnet.

Verwalter: Buchhalter Schliewienski.

Anmeldefrist bis zum 23. September 1905.

Erste Gläubigerversammlung und allgemeiner Prüfungstermin am 14. Oktober 1905, vormittags 10 Uhr, an Gerichtsstelle.

Offner Arrest und Anzeigefrist bis zum 23 September 1905.

Tsingtau, den 24. August 1905.

Kaiserliches Gericht von Kiautschou III.

Landversteigerung.

Auf Antrag des Fleischwarenfabrikanten Johannes Weber, hier, findet am Montag, den 11.

September 1905, vormittags 11 Uhr, die öffentliche Versteigerung des Grundstückes Kartenblatt 5 Nr. 6 Grundbuchbezirk Tsingtau Stadt, Ecke zweier noch unbenannter Strassen südöstlich des Schlachthofs, vor unterzeichneter Behörde statt.

Grösse: 2697 qm.

Mindestpreis: 2103,66 $

Benutzungsplan: Errichtung von Viehstallungen.

Bebauungsfrist: 30. September 1908.

Gesuche zum Mitbieten sind bis zum 4. September 1905 hierher zu richten.

Tsingtau, den 18. August 1905.

Kaiserliches Landamt.

Landversteigerung.

Auf Antrag der Pensionsinhaberin Helene Luther findet am Montag, den 11. September 1905, vormittags 11¼ Uhr, die öffentliche Versteigerung des Grundstückes Kartenblatt 13 Nr. $\frac{114}{71}$ etc., Ecke Kronprinzenstrasse, Hohenloheweg und Richthofenstrasse, vor unterzeichneter Behörde statt.

Grösse: 2709 qm.

Mindestpreis: 2248,47 $

Benutzungsplan: Errichtung eines Pensionshauses.

Bebauungsfrist: 30. September 1908.

Gesuche zum Mitbieten sind bis zum 4. September 1905 hierher zu richten.

Tsingtau, den 22. August 1905.

Kaiserliches Landamt.

Öffentlich meistbietend

werden etwa 760 kg. altes Zinkblech am 30. d. Mts, vormittags 11 Uhr, verkauft. Besichtigung vorher nachmittags 2 bis 6 Uhr gestattet. Eingang Pulverhauswache.

Tsingtau, den 18. August 1905.

Kaiserliche Artillerie-Verwaltung.

Bekanntmachung.

Als gestohlen angemeldet: 1 Banknote über 15 $ von Schan hai kuan; 1 Revolver; 1 silberne Uhr; 1 goldene Uhr Nr. 26; 2 Kupferstücke.

Als gefunden angemeldet: 1 Leder-Portemonnaie enthaltend 6 Zwanzig-Cent-Stücke, 2 Zehn-Cent-Stücke und 2 Zehn-Käsch-Stücke.

Tsingtau, den 23. August 1905.

Kaiserliches Polizeiamt.

26. August 1905. Amtsblatt—青島官報 169.

白　　告

啓者茲將本署
據報被竊並拾
獲送案各物列
左

被竊各物
山海關十五元
銀票一紙
小輪鎗一根
銀表一枝
表一枚第二十
六號　紅銅兩

拾獲送案
之物
子一個內有兩
角銀元六枚
一角銀元兩枚
銅元兩枝

以上竊物切
勿輕買如見
宜報明本署
案之物亦准
具領此佈

德一千九百五
年八月二十三日
青島巡捕衙門啓

Mitteilungen.

Der Kronenorden III. Klasse ist laut Allerhöchster Kabinetsordre vom 23. Juni d. Js. dem Fregattenkapitän Jakobson verliehen worden.

* * *

Der Kurs bei der Gouvernementskasse beträgt vom 19. d. Mts. ab: 1 $ = 2,02 M.

* * *

Die Schantung-Eisenbahn-Gesellschaft gewährt für Holztransporte in der Verbindung Tsingtau-Tsinanfu bei Verfrachtung von mehr als 100 Wagen innerhalb eines Monats (30 Tagen) 30% Frachtnachlass. Jeder Wagen wird als vollbeladen mit 15 000 kg berechnet. Die Anzahl der täglich zu befördernden Wagen ist mit der Eisenbahn vorher zu vereinbaren.

Weitere Rabattgewährung gemäss § 4, Absatz 10 und 11 der Tarifvorschriften, findet nicht statt.

Schiffsverkehr

in der Zeit vom 17.—24. August 1905.

Ankunft am	Name	Kapitän	Flagge	Reg. Tonnen.	von	Abfahrt am	nach
(30.7.)	D. Hindoo	Hansen	Deutsch	2332	Schanghai	19.8.	Port Nome
(12.8.)	D. Schleswig	Schlaikier	„	783	„	17.8.	Schanghai
(15.8.)	D. Liberia	Sanders	„	2386	Hankau	19.8.	Hankau
(16.8.)	D. Holstein	Hansen	„	985	Hongkong	18.8.	Tschifu
17.8.	D. Erna	Terfehn	„	957	Nikolaijewsk		
18.8,	D. Peiho	Deinat	„	476	Schanghai	19.8	Schanghai
20.8.	D. Arnfrid	Gündersen	Norwegisch	811	Hamburg		
21.8.	D. Vorwärts	Hansen	Deutsch	643	Schanghai	22.8.	Schanghai
„	D. Progress	Bremer	„	685	„	21.8	Tschemulpo
„	D. Tak-Sang	Clure	Englisch	977	„	22.8	Schanghai
22.8.	D. Knivsberg	Lorentzen	Deutsch	646	Tschifu	22.8	
„	D. Tsintau	Hansen	„	977	Schanghai	22.8	Tschifu
23.8	D. Hirundo	Olsen	Norwegisch	1343	Muroran		
„	D. Ichang	Jones	Englisch	1228	Hongkong		

Postverbindungen mit Europa.

_	Ankommend			Abgehend		
Dampfer.	ab Berlin	an Schanghai	Dampfer	ab Schanghai	an Berlin
Deutsch	1. August	4. September	Französisch	1. September	5. Oktober
Französisch	4. „	7. „	Englisch	5. „	8. „
Englisch	11. „	12. „	Deutsch	9. „	14. „
Deutsch	15. „	18. „	Französisch	15. „	19. „
Französisch	18. „	21. „	Englisch	19. „	22. „
Englisch	25. „	26. „	Deutsch	23. „	27. „
Deutsch	29. „	2. Oktober	Französisch	29. „	2. November
Französisch	1. September	5. „	Englisch	3. Oktober	4. „
Englisch	8. „	12. „	Deutsch	7. „	10. „
Deutsch	12. „	16. „	Französisch	13. „	16. „
Französisch	15. „	19. „	Englisch	17. „	18. „
Englisch	22. „	26. „	Deutsch	21. „	24. „
Deutsch	26. „	31. „	Französisch	27. „	30. „
Französisch	29. „	2. November	Englisch	31. „	2. Dezember
Englisch	6. Oktober	9. „	Deutsch	4. November	8. „
Deutsch	10. „	14. „	Französisch	10. „	14. „
Französisch	13. „	16. „	Englisch	14. „	16. „
Englisch	20. „	23. „	Deutsch	18. „	22. „
Deutsch	24. „	28. „	Französisch	24. „	28. „
Französisch	27. „	30. „	Englisch	28. „	30. „
Englisch	3. November	7. Dezember			1906
Deutsch	7. „	12. „	Deutsch	2. Dezember	5. Januar
Französisch	10. „	14. „	Französisch	8. „	11. „
Englisch	17. „	21. „	Englisch	12. „	13. „
Deutsch	21. „	26. „	Deutsch	16. „	19. „
Französisch	24. „	28. „	Französisch	22. „	25. „
		1906	Englisch	26. „	27. „
Englisch	1. Dezember	4. Januar	Deutsch	30. „	2. Februar
Deutsch	5. „	9. „			1906
Französisch	8. „	11. „	Französisch	5. Januar	8. Februar
Englisch	15. „	18. „	Englisch	9. „	10. „
			Deutsch	13. „	16. „
			Französisch	19. „	22. „

26. August 1905.   Amtsblatt—青島官報   171.

Sonnen-Auf-und Untergang
für Monat September 1905.

Dt.	Mittelostchinesische Zeit des			
	wahren	scheinbaren	wahren	scheinbaren
	Sonnen-Aufgangs.		Sonnen-Untergangs.	
1.	5 U. 34.1 M.	5 U. 29.1 M.	6 U. 28.9 M.	6 U. 28.9 M.
2.	34.9	29.9	22.5	27.5
3.	35.7	30.7	21.1	26.1
4.	36.4	31.4	19.7	24.7
5.	37.1	32.1	18.3	23.3
6.	37.8	32.8	17.0	22.0
7.	38.5	33.5	15.7	20.7
8.	39.1	34.1	14.4	19.4
9.	39.7	34.7	13.1	18.1
10.	40.3	35.3	11.8	16.8
11.	40.9	35.9	10.5	15.5
12.	51.7	36.7	9.0	14.0
13.	42.5	37.5	7.5	12.5
14.	43.3	38.3	6.0	11.0
15.	44.1	39.1	4.5	9.5
16.	45.0	40.0	3.0	8.0
17.	45.8	40.8	1.5	6.5
18.	46.6	41.6	—	5.0
19.	47.4	42.4	5 U. 58.5	3.5
20.	48.2	43.2	57.0	2.0
21.	49.0	44.0	55.4	0.4
22.	49.8	44.8	53.9	5 U. 58.9
23.	50.6	45.6	52.4	57.4
24.	51.4	46.4	50.9	55.9
25.	52.2	47.2	49.7	54.4
26.	53.2	48.1	47.9	52.9
27.	53.9	48.9	46.4	51.4
28.	54.7	49.7	44.9	49.9
29.	55.5	50.5	43.4	48.4
30.	56.4	51.4	41.9	46.9

Hochwassertabelle für den Monat September 1905.

Datum	Tsingtau - Hauptbrücke.		Grosser Hafen, Mole I.		Nükuk'ou.	
	Vormittags	Nachmittags	Vormittags	Nachmittags	Vormittags	Nachmittags
1.	5 U. 48 M.	6 U. 09 M.	6 U. 18 M.	6 U. 39 M.	6 U. 48 M.	7 U. 09 M.
2.	6 „ 31 „	6 „ 52 „	7 „ 01 „	7 „ 22 „	7 „ 31 „	7 „ 52 „
3.	7 „ 14 „	7 „ 36 „	7 „ 44 „	8 „ 06 „	8 „ 14 „	8 „ 36 „
4.	7 „ 58 „	8 „ 19 „	8 „ 28 „	8 „ 49 „	8 „ 58 „	9 „ 19 „
5.	8 „ 43 „	9 „ 08 „	9 „ 13 „	9 „ 38 „	9 „ 43 „	10 „ 08 „
6.	9 „ 37 „ ◐	10 „ 07 „	10 „ 07 „	10 „ 37 „	10 „ 37 „	11 „ 07 „
7.	10 „ 47 „	11 „ 17 „	11 „ 12 „	11 „ 47 „	11 „ 42 „	—
8.	11 „ 56 „	—	—	0 „ 26 „	0 „ 17 „	0 „ 56 „
9.	0 „ 35 „	1 „ 12 „	1 „ 05 „	1 „ 42 „	1 „ 35 „	2 „ 12 „
10.	1 „ 49 „	2 „ 21 „	2 „ 19 „	2 „ 51 „	2 „ 49 „	3 „ 21 „
11.	2 „ 52 „	3 „ 16 „	3 „ 22 „	3 „ 46 „	3 „ 52 „	4 „ 16 „
12.	3 „ 40 „	4 „ 01 „	4 „ 10 „	4 „ 31 „	4 „ 40 „	5 „ 01 „
13.	4 „ 21 „	4 „ 39 „ ○	4 „ 51 „	5 „ 09 „	5 „ 21 „	5 „ 39 „
14.	4 „ 57 „	5 „ 13 „	5 „ 27 „	5 „ 43 „	5 „ 57 „	6 „ 13 „
15.	5 „ 29 „	5 „ 45 „	5 „ 59 „	6 „ 15 „	6 „ 29 „	6 „ 45 „
16.	6 „ 00 „	6 „ 16 „	6 „ 30 „	6 „ 46 „	7 „ 00 „	7 „ 16 „
17.	6 „ 31 „	6 „ 47 „	7 „ 01 „	7 „ 17 „	7 „ 31 „	7 „ 47 „
18.	7 „ 02 „	7 „ 19 „	7 „ 32 „	7 „ 49 „	8 „ 02 „	8 „ 19 „
19.	7 „ 36 „	7 „ 45 „	8 „ 06 „	8 „ 24 „	8 „ 36 „	8 „ 45 „
20.	8 „ 12 „	8 „ 33 „	8 „ 42 „	9 „ 03 „	9 „ 12 „	9 „ 33 „
21.	8 „ 55 „	9 „ 21 „ ●	9 „ 25 „	9 „ 51 „	9 „ 55 „	10 „ 21 „
22.	9 „ 47 „	10 „ 20 „	10 „ 17 „	10 „ 50 „	10 „ 47 „	10 „ 20 „
23.	10 „ 54 „	11 „ 33 „	11 „ 24 „	—	11 „ 54 „	—
24.	—	0 „ 12 „	0 „ 03 „	0 „ 24 „	0 „ 33 „	1 „ 12 „
25.	0 „ 50 „	1 „ 27 „	1 „ 20 „	1 „ 57 „	1 „ 50 „	2 „ 27 „
26.	2 „ 00 „	2 „ 32 „	2 „ 30 „	3 „ 02 „	3 „ 00 „	3 „ 32 „
27.	3 „ 00 „	3 „ 27 „	3 „ 30 „	3 „ 57 „	4 „ 00 „	4 „ 27 „
28.	3 „ 51 „	4 „ 15 „ ◐	4 „ 21 „	4 „ 45 „	4 „ 51 „	5 „ 15 „
29.	4 „ 39 „	5 „ 02 „	5 „ 09 „	5 „ 32 „	5 „ 39 „	6 „ 02 „
30.	5 „ 25 „	5 „ 47 „	5 „ 55 „	6 „ 17 „	6 „ 25 „	6 „ 47 „

1) ○ = Vollmond; 2) ◐ = Letztes Viertel; 3) ● = Neumond; 4) ◐ = Erstes Viertel.

Anmerkung: In T'a pu t'ou tritt das Hochwasser 10 Minuten früher als in Nükuk'ou auf.

Meteorologische Beobachtungen

in Tsingtau.

Da-tum. Aug.	Barometer (m m) reduz. auf 0° C., Seehöhe 50,0 m			Temperatur (Centigrade).								Dunst-spannung in mm			Relat. Feuchtigkeit in Prozenten		
				trock. Therm.			feucht. Therm.										
	7 Vm	2Nm	9Nm	7 Vm	2 Nm	9 Nm	7 Vm	2 Nm	9 Nm	Min.	Max.	7 Vm	2 Nm	9 Nm	7 Vm	2 Nm	9 Nm
17	751,3	752,6	752,6	23,0	25,1	23,5	21,4	22,4	21,7	21,5	26,3	17,9	18,5	18,2	87	78	85
18	52,1	51,3	51,2	24,0	25,1	24,3	21,2	23,2	22,4	23,3	27,1	17,0	20,0	19,0	77	84	84
19	49,7	48,7	50,2	23,1	27,3	22,5	21,7	22,8	19,7	22,1	27,7	18,4	17,9	15,3	88	66	76
20	50,2	49,1	49,6	21,7	26,3	25,0	20,5	23,3	23,2	19,9	28,2	17,2	19,4	20,0	89	77	85
21	49,1	47,8	49,8	24,2	26,5	22,6	25,5	22,9	20,5	17,3	28,0	19,2	18,5	16,6	86	72	82
22	51,0	50,9	51,8	21,3	27,6	23,9	20,0	21,9	21,9	20,8	28,0	16,6	16,0	18,3	88	58	84
23	53,0	52,9	53,0	21,9	24,7	22,7	20,8	22,0	21,4	21,3	26,1	17,6	18,0	18,2	90	78	89

Da-tum. Aug.	Wind Richtung & Stärke nach Beaufort (0—12)			Bewölkung						Niederschläge in mm	
				7 Vm		2 Nm		9 Nm			9 Nm
	7 Vm	2 Nm	9 Nm	Grad	Form	Grad	Form	Grad	Form	7Vm	7 Vm
17	O N O 1	S O 3	S S O 2	5	Cir-cum	6	Cir-cum	10	Cu-str		
18	S O 2	S S O 3	S S O 2	9	Cu-str.	9	Cu-nim	10	Cu-nim		
19	N 4	N 4	N 4	9	Cu-nim	6	Cum				
20	N N W 2	S 3	S W 4	3	Cu-str.	7	„	6	Cir-cum		
21	S S O 2	S 7	W 2	5	„	5	Cu-nim	2	Cu-str.	7,9	7,9
22	N 2	N N W 2	S S W 2	2	„	4	Cu-str	6	Cum		
23	N 1	S 1	S O 3	8	„	7	Cu-nim	7	„		

Druck der Missionsdruckerei Tsingtau.

第六年　第三十四号

1905 年 8 月 26 日

官方通告

结婚公告

约瑟夫·弗朗茨·晒特豪尔,职业为钳工师傅,出生于上西里西亚布拉驰,现年29岁,居住地为青岛,为均居住于布拉驰的农场主弗朗茨·晒特豪尔与出生时姓普莱斯的妻子欧菲米亚的儿子。

海伦娜·阿玛莉·弗里德里科·希尔瓦根,出生于东普鲁士的海因里希瓦尔德,现年22岁,居住地为青岛,是在海因里希瓦尔德去世的面包师傅鲁道夫·希尔瓦根和其居住在海因里希瓦尔德、出生时姓魏歇尔特的妻子路易莎的女儿。

谨此宣布二人结婚,此婚约按照1870年5月4日颁布的法律规定在本官员前缔结。

青岛,1905 年 8 月 24 日
皇家户籍官　贡特

告白

在对青岛的钳工阿尔布莱希特·万科财产的破产程序中,已确定1905年9月16日上午10点为提取最终决算、对最终索款目录提出异议以及对无法执行的财物做出决议的最终日期,地点为胶澳皇家审判厅。

胶澳皇家审判厅三处

告白

对青岛的商人马克斯·哈森利特的财产已于1905年8月24日开启破产程序。

管理人:会计施利文斯基。

报名期限为1905年9月23日。

第一次债权人会议和一般性查对的日期为1905年10月14日上午10点,地点为法

院办公室。

公开查封和起诉期限为 1905 年 9 月 23 日。

青岛，1905 年 8 月 24 日
胶澳皇家审判厅三处

大德管理青岛地亩局　为

拍卖地亩事：兹据开设肉铺德商威贝耳禀称，欲买青岛无名两街转角宰杀厂东南边地图第五号第五块，计二千六百九十七米打，暂拟价洋二千一百零三元六角六分。今订于西历一千九百五年九月十一日早十一点钟在本局拍卖。买定后，准盖收养牲口房屋，限至西一千九百八年九月三十日一律修竣。如他人亦欲买者，可以投禀，截至九月初四日止，届时前来本局面议可也。勿误。特谕。

右谕通知
德一千九百五年八月二十二日　告示

大德管理青岛地亩局　为

拍卖地亩事：兹据德国商妇卢特禀称，欲买青岛赫很罗黑路街、宽普林次街并爱而西一特和分①三街转角地图第十三号第一百一十四块，计二千七百零九米打，暂拟价洋二千二百四十八元四角七分。今订于西历一千九百五年九月十一日早十一点一刻钟在本局拍卖。买定后，准盖华丽客房、饭店，限西一千九百八年九月三十日一律修竣。如他人亦欲买者，可以投禀，截至九月初四日止，届期前来本局面议可也。勿误。特谕。

右谕通知
一千九百五年八月二十二日　告示

告白

启者：本局现有旧马口铁七百六十启罗，拟于本月三十日上午十一点钟在局拍卖。今后每日下午自两点钟至六点钟止，可以先赴本局查看，届时临场面议可也。

德一千九百五年八月十八日
青岛子药库启

---

① 译者注：即今明水路。

告白

启者：兹将本署据报被窃并拾获送案各物列左：

被窃各物：

山海关十五元银票一纸；小轮枪一根；银表一枝；金表一枚，第二十六号；红铜两块。

拾获送案之物：

皮钱夹子一个，内有两角银元六枚，一角银元两枚，铜元两枝。

以上窃物切勿轻买，如见亦宜报明本署，送案之物亦准具领。此布。

德一千九百五年八月二十三日
青岛巡捕衙门启

消息

根据今年6月23日的最高内阁命令，海军中校雅各布森被授予三等皇冠勋章。

总督府财务处从本月19日起的汇率为：1元＝2.02马克。

山东铁路公司对青岛与济南府之间每月（30天）超过100铁皮的木头运输给予30％的优惠，每车皮按照满载量15吨计算。每天需要运载的车皮数量需要提前与铁路协商。

不同时享受《收费规定》中第4章第10条和第11条中的折扣。

船运

1905年8月17日—24日期间

到达日	轮船船名	船长	挂旗国籍	登记吨位	出发港	出发日	到达港
（7月30日）	印度号	韩森	德国	2 332	上海	8月19日	诺姆港
（8月12日）	石勒苏益格号	施莱吉尔	德国	783	上海	8月17日	上海
（8月15日）	利比里亚号	桑德斯	德国	2 386	汉口	8月19日	汉口
（8月16日）	荷尔斯泰因号	韩森	德国	985	香港	8月18日	芝罘
8月17日	埃尔纳号	特尔芬	德国	957	尼古拉耶夫斯克		
8月18日	白河号	代纳特	德国	476	上海	8月19日	上海
8月20日	安弗里德号	贡德尔森	挪威	811	汉堡		

(续表)

到达日	轮船船名	船长	挂旗国籍	登记吨位	出发港	出发日	到达港
8月21日	前进号	韩森	德国	643	上海	8月22日	上海
8月21日	进步号	布雷默	德国	685	上海	8月21日	济物浦
8月21日	太仓号	克鲁尔	英国	977	上海	8月22日	上海
8月22日	柯尼夫斯堡号	洛伦岑	德国	646	芝罘	8月22日	上海
8月22日	青岛号	韩森	德国	977	上海	8月22日	芝罘
8月23日	金腰燕号	奥尔森	挪威	1 343	室兰		
8月23日	宜昌号	琼斯	英国	1 228	香港		

与欧洲的邮政连接

到达			发出		
轮船	柏林出发	抵达上海	轮船	上海出发	抵达柏林
德国	8月1日	9月4日	法国	9月1日	10月5日
法国	8月4日	9月7日	英国	9月5日	10月8日
英国	8月11日	9月12日	德国	9月9日	10月14日
德国	8月15日	9月18日	法国	9月15日	10月19日
法国	8月18日	9月21日	英国	9月19日	10月22日
英国	8月25日	9月26日	德国	9月23日	10月27日
德国	8月29日	10月2日	法国	9月29日	11月2日
法国	9月1日	10月5日	英国	10月3日	11月4日
英国	9月8日	10月12日	德国	10月7日	11月10日
德国	9月12日	10月16日	法国	10月13日	11月16日
法国	9月15日	10月19日	英国	10月17日	11月18日
英国	9月22日	10月26日	德国	10月21日	11月24日
德国	9月26日	10月31日	法国	10月27日	11月30日
法国	9月29日	11月2日	英国	10月31日	12月2日
英国	10月6日	11月9日	德国	11月4日	12月8日
德国	10月10日	11月14日	法国	11月10日	12月14日
法国	10月13日	11月16日	英国	11月14日	12月16日

(续表)

	到达			发出	
轮船	柏林出发	抵达上海	轮船	上海出发	抵达柏林
英国	10月20日	11月23日	德国	11月18日	12月22日
德国	10月24日	11月28日	法国	11月24日	12月28日
法国	10月27日	11月30日	英国	11月28日	12月30日
英国	11月3日	12月7日	德国	12月2日	1906年1月5日
德国	11月7日	12月12日	法国	12月8日	1906年1月11日
法国	11月10日	12月14日	英国	12月12日	1906年1月13日
英国	11月17日	12月21日	德国	12月16日	1906年1月19日
德国	11月21日	12月26日	法国	12月22日	1906年1月25日
法国	11月24日	12月28日	英国	12月26日	1906年1月27日
英国	12月1日	1906年1月4日	德国	12月30日	1906年2月2日
德国	12月5日	1906年1月9日	法国	1906年1月5日	1906年2月8日
法国	12月8日	1906年1月11日	英国	1906年1月9日	1906年2月10日
英国	12月15日	1906年1月18日	德国	1906年1月13日	1906年2月16日
			法国	1906年1月19日	1906年2月22日

Amtsblatt
für das Deutsche Kiautschou-Gebiet.

青島官報

Herausgegeben vom Kaiserlichen Gouvernement Kiautschou.

Der Bezugspreis beträgt jährlich $ 2=M 4.
Bestellungen nehmen sämtliche deutsche Postanstalten entgegen.

| Jahrgang 6. | Nr. 35. | Tsingtau, den 2. September 1905. | 第三十五號 | 第六年 |

Amtliche Anzeigen.

Bekanntmachung.

Das neue Schuljahr beginnt am Montag, den 11. September 1905, früh 8 Uhr.

Die Ferien für das Schuljahr 1905-1906 sind wie folgt festgesetzt worden:

	Schulschluss.	Schulanfang.
1. Herbstferien	Sonnabend, den 18. November 1905	Donnerstag, den 23. November 1905
2. Weihnachtsferien	Freitag, „ 22. Dezember „	Montag, „ 8. Januar 1906
3. Osterferien	Sonnabend, „ 7. April 1906	„ „ 23. April „
4. Pfingstferien	„ „ 2. Juni „	Donnerstag, „ 7. Juni „
5. Sommerferien	„ „ 14. Juli „	Montag, „ 10. September „

Tsingtau, den 30. August 1905.

Der Kaiserliche Zivilkommissar.

Landversteigerung.

Auf Antrag der Firma Diedrichsen, Jebsen & Co. findet am Montag, den 18. September, vormittags 11¼ Uhr, die öffentliche Versteigerung des Grundstückes Kbl. 22 Nr. 23 zwischen Christweg und Prinz Adalbertstrasse vor unterzeichneter Behörde statt.

Grösse: 4255 qm.
Mindestpreis: 1914,75 $
Benutzungsplan: Landhausmässige Bebauung.
Bebauungsfrist: 30. September 1908.
Gesuche zum Mitbieten sind bis zum 11. September 1905 hierher zu richten.

Tsingtau, den 31. August 1905.

Kaiserliches Landamt.

Landversteigerung.

Auf Antrag der Firma Diedrichsen, Jebsen & Co. findet am Montag, den 18. September 1905, vormittags 11 Uhr, die öffentliche Versteigerung des Grundstückes Kbl. 12 Nr. 70 am Hohenloheweg vor unterzeichneter Behörde statt.

Grösse: 1851 qm,
Mindestpreis: 1536,33 $.
Benutzungsplan: Landhausmässige Bebauung.
Bebauungsfrist: 30. September 1908.
Gesuche zum Mitbieten sind bis zum 11. September 1905 hierher zu richten.

Tsingtau, den 31. August 1905.

Kaiserliches Landamt.

Öffentliche Zustellung.

In der Prozesssache des Kaufmanns Carl Schmidt in Tsingtau, Klägers, gegen den chinesischen Angestellten Liu en pang in Tsingtau, Beklagten, wegen Forderung aus einem Auftrag ist der Tenor des am 10. August 1905 verkündeten Urteils durch den Beschluss des Kaiserlichen Gerichts von Kiautschou II. vom 16. August 1905 auf Grund des § 319 Z. P. O. dahin berichtigt worden:

„Beklagter wird verurteilt, an Kläger Einhundertzweiundvierzig Dollar siebzig Cent zu bezahlen mit 7% Zinsen seit dem 29. Juni 1905. Die Kosten fallen dem Beklagten zur Last."

Zum Zweck der öffentlichen Zustellung wird dies bekannt gegeben.

Tsingtau, den 18. August 1905.

**Der Gerichtsschreiber
des Kaiserlichen Gerichts von Kiautschou II.**

大德管理青島地畝局拍賣地畝事茲據成捷洋行票稱為買會前譜林司阿達百爾街地圖第二十二號第二十三塊計一千四百五十米打暫估價洋一千九百十四元七角五分今訂於西歷一千九百零五年九月十八號早十一點鐘在本局拍賣買定後准蓋房限至西歷一千九百零八年九月三十一日止如他人亦欲買者可以投票截至西九月十一日屆期前本局面議可也

告示 西一千九百五年八月三十一日 右諭通知

大德管理青島地畝局拍賣地畝事茲據成捷洋行欲買青島赫很羅黑路街地圖第十二號第七十塊計一千八百五十一米打暫估價洋一千五百三十六元三角三分今訂於西歷一千九百零五年九月十八號早十一點鐘在本局拍賣買定後准蓋房限至西歷一千九百零八年九月三十一日止八月十一日屆期前來本局面議可也入欲買者可以投票截至西九月勿誤特諭

告示 西一千九百五年八月三十一日 右諭通知

Bekanntmachung.

Als gestohlen angemeldet:
1 Messingschlüssel Nr. 24, 10 cm. lang; 1 silberne russische Uhr; 1 stählerne Turnstange, 2,40 m. lang, 3½ cm. Durchmesser, an beiden Enden verstärkt.

Als verloren angemeldet:
1 Bund Gasrohre gez. H. B. 4., 51 kg., 0,052 cbm. Absender: Heinrich Bösch, Altona; 1 Kiste Kleidungsstücke gez. Lt. Peter 5/1 Ostas. Inf. Regt; 1 grauer Gürtel mit einem etwa 10 cm. langen und 6 cm. breiten silbernen Schloss, auf der Vorderseite des Schlosses ist eine silberne chin. Verzierung, in der Mitte erhaben 1 roter Knopf; 1 Ehering gez. A. G. 27. 11. 02. und 18. 5. 03. Nr. 750.

Tsingtau, den 30. August 1905.

Kaiserliches Polizeiamt.

2. September 1905.　　　Amtsblatt—青島官報　　　175.

白　告

啓者茲將本署腳報被窃
遺失各物列左
被窃各物
米打上嵌有西字第24號
黃銅鑰匙一把長十森的
俄國銀表一枚
數
遺失各物
米打半
長二米打四圓徑三森的
外國字樣重五十一啓羅
煤氣筒子一捆上有H.B.4.
兩頭組體櫟紅鋼棍一
大五十二苦必森的米打
衣服一箱上有洋字
Lt. Peter 5/1, Ostas. Inf. Rgt.
有紅珠子
打上有中國花樣中間鑲
十森的米打寬六森的米
灰色帶子一條有銀鈎長
平金戒指一枚上有洋字
A. G. 27. 11. 02 und 18. 5. 03.
Nr. 750.
以上各物切物輕買如
見亦宜報明本署此佈
德一千九百五年八月三十
日
青島巡捕衙門　啓

Mitteilungen.

Am Sonntag, den 10. September 1905, findet in der Gouvernementskapelle kein Gottesdienst statt.

*　　*　　*

Der Kurs bei der Gouvernementskasse beträgt vom 1. d. Mts. ab: 1 £ = 2.03 M.

*　　*　　*

Mit dem 1. September 1905 verkehren die Züge 7 und 8 der Schantung-Eisenbahn nur noch zwischen den Stationen Weihsien-Tschangtien und Tschangtien-Weihsien.

Die Abfahrts- und Ankunftszeiten der beiden Züge von und in Weihsien und Tschangtien bleiben, wie sie im Fahrplan vom 1. Mai 1905 eingesetzt sind.

Schiffsverkehr

in der Zeit vom 24.—31. August 1905.

Ankunft am	Name	Kapitän	Flagge	Reg. Tonnen.	von	Abfahrt am	nach
(17.8.)	D. Erna	Terfehn	Deutsch	957	Nikolaijewsk	24.8.	Unalaska
(23.8.)	D. Hirundo	Olsen	Norwegisch	1343	Muroran	28.8.	Otaro
(„)	D. Ichang	Jones	Englisch	1228	Hongkong	24.8.	Tschifu
24.8.	D. Ching-Ping	Harvey	„	1062	Tschinwantau	26.8.	Schanghai
„	D. Gouv. Jaeschke	Treumann	Deutsch	1045	Schanghai	„	„
27.8.	D. Chefoo	Ulderup	„	135	Tschifu		
28.8.	D. Tak-Sang	Clure	Englisch	977	Schanghai	29.8.	Schanghai
„	D. Vorwärts	Hansen	Deutsch	643	„	28.8.	Tschifu
„	S. Henriette	Dinkela	„	1647	Portland		
30.8.	D. Holstein	Hansen	„	985	Tschifu		
„	D. Sülberg	Luppi	„	782	Kobe	31.8.	Kobe
31.8.	D. Esang	Muir	Englisch	1127	Hongkong		

Meteorologische Beobachtungen

in Tsingtau.

Da-tum. Aug.	Barometer (mm) reduz. auf 0º C., Seehöhe 50,0 m			Temperatur (Centigrade).								Dunst-spannung in mm			Relat. Feuchtigkeit in Prozenten		
				trock. Therm.			feucht. Therm.										
	7 Vm	2 Nm	9 Nm	7 Vm	2 Nm	9 Nm	7 Vm	2 Nm	9 Nm	Min.	Max.	7 Vm	2 Nm	9 Nm	7 Vm	2 Nm	9 Nm
24	752,9	752,7	752,6	21,8	21,1	21,7	20,6	19,3	20,1	20,2	24,5	17,3	15,6	16,5	89	84	86
25	53,4	52,8	53,9	19,8	26,5	23,0	19,1	21,7	21,7	19,0	29,3	16,0	16,4	18,5	93	64	89
26	54,8	53,3	53,6	20,9	27,4	23,7	20,0	23,1	22,1	19,8	28,6	16,8	18,4	18,8	92	68	86
27	53,6	53,2	53,5	23,9	25,1	22,7	21,2	21,0	21,1	22,5	26,8	17,1	16,0	17,6	78	68	87
28	53,6	53,2	53,7	22,7	26,3	23,5	21,7	23,9	22,5	20,9	28,0	18,7	20,6	19,7	92	81	91
29	55,8	56,2	56,9	23,1	25,8	23,3	22,3	22,9	22,1	21,0	26,8	19,5	19,0	19,0	93	77	90
30	58,0	57,3	56,7	23,8	25,0	23,7	22,0	22,7	22,7	21,5	26,4	18,6	19,1	19,9	85	81	91

Datum. Aug.	Wind Richtung & Stärke nach Beaufort (0—12)			Bewölkung						Niederschläge in mm		
				7 Vm		2 Nm		9 Nm				
	7 Vm	2 Nm	9 Nm	Grad	Form	Grad	Form	Grad	Form	7 Vm	9 Nm	9 Nm / 7 Vm
24	Stille 0	N 2	NNO 1	10	Nim	7	Cu-nim			2,8	1,2	1,2
25	NNO 2	NNO 3	NNO 3	3	Cu-str.	5	„					
26	N 2	W 2	SSO 2	2	„	5	Cu-str	2	Cu-str			
27	SSO 1	SSO 3	SO 3	6	Cir-str	6	Cir-cum	2	„			
28	OSO 1	S 1	SSO 2	7	Cir-cum	4	„					
29	NO 1	S 3	SSO 2	3	Cu-str.	3	„	2	Str.			
30	SO 2	SSO 4	SSO 3	6	Cir-cum	6	„	5	Cum			

Druck der Missionsdruckerei Tsingtau.

第六年 第三十五号

1905年9月2日

官方通告

告白

新一学年将于1905年9月11日星期一早上8点开始。1905—1906学年的假期时间确定如下：

	期末	开学
秋假	1905年11月18日，星期六	1905年11月23日，星期四
圣诞节假期	1905年12月22日，星期五	1906年1月8日，星期一
复活节假期	1906年4月7日，星期六	1906年4月23日，星期一
圣灵降临节假期	1906年6月2日，星期六	1906年6月7日，星期四
暑假	1906年7月14日，星期六	1906年9月10日，星期一

青岛，1905年8月30日

皇家民政长

大德管理青岛地亩局　为

拍卖地亩事：兹据捷成洋行禀称，欲买会前谱林司阿达百尔街地图第二十二号第二十三块，计地四千二百五十五米打，暂拟价洋一千九百一十四元七角五分。今订于西历一千九百五年九月十八日早十一点钟一刻在本局拍卖。买定后，准盖华丽住房，限至西一千九百八年九月三十日一律修竣。如他人亦欲买者，可以投禀，截至西九月十一日止，届期前本局面议可也。勿误。特谕。

右谕通知

西一千九百五年八月三十一日　告示

大德管理青岛地亩局　为

拍卖地亩事：兹捷成洋行欲买青岛赫很罗黑路街地图第十二号第七十块，计一千八百五十一米打，暂拟价洋一千五百三十六元三角三分。今订于西历一千九百五年九月十八日早十一点钟在本局拍卖。买定后，准盖华丽住房，限至一千九百八年九月三十一日一律修竣。如他人亦欲买者，可以投禀，截至西九月十一日止，届期前来本局面议可也。勿误。特谕。

右谕通知
西一千九百五年八月三十一日　告示

公开投递

在原告青岛商人卡尔·施密特的诉讼案中，原告因一份订单的索款要求起诉被告青岛的华人雇员刘恩庞（音译），胶澳皇家审判厅二处通过1905年8月16日根据《Z. P. O.》第319条做出的决议，在1905年8月10日宣布判决，其主文已经更正如下：

"判决被告向原告支付一百二十四元七十分，另加自1905年6月29日起的7％的利息。相关费用由被告承担。"

出于公开投递的目的，现公布此文。

青岛，1905年8月18日
法庭书记
胶澳皇家审判厅二处

告白

启者：兹将本署据报被窃、遗失各物列左：

被窃各物：

黄铜钥匙一把，长十森的米打①，上嵌有西字"第24号"数；俄国银表一枚；两头组体操红钢棍一条，长二米打四，圆径三森的米打半。

遗失各物：

煤气筒子一捆，上有"H. B. 4."外国字样，重五十一启罗，大五十二苦必森的米打；衣服一箱，上有洋字"Lt. Peter 5/1 Ostas. Inf. Rgt."；灰色带子一条，有银钩，长十森的米打，宽六森的米打，上有中国花样，中间镶有红珠子；平金戒指一枚，上有洋字"A. G. 27.

---

① 译者注：即桑的米打。

11.02 und18.5.03. Nr. 750."。

以上各物切物（勿）轻买，如见亦宜报明本署。此布。

德一千九百五年八月三十日
青岛巡捕衙门启

消息

督署小教堂在1905年9月10日礼拜天不举行弥撒。

总督府财务处从本月1日起的汇率为：1元＝2.03马克。

1905年9月1日，山东铁路公司的第7号和第8号列车只在潍县—张店和张店—潍县之间的站点运行。

从潍县和张店开出及到达的时间，与1905年5月1日火车时刻表一致。

船运

1905年8月24日—31日期间

到达日	轮船船名	船长	挂旗国籍	登记吨位	出发港	出发日	到达港
(8月17日)	埃尔纳号	特尔芬	德国	957	尼古拉耶夫斯克	8月24日	乌纳拉斯卡
(8月23日)	金腰燕号	奥尔森	挪威	1 343	室兰	8月28日	小樽
(8月23日)	宜昌号	琼斯	英国	1 228	香港	8月24日	芝罘
8月24日	清平号	哈维	英国	1 062	秦皇岛	8月26日	上海
8月24日	叶世克总督号	特洛依曼	德国	1 045	上海	8月26日	上海
8月27日	芝罘号	乌尔德鲁普	德国	135	芝罘		
8月28日	太仓号	克鲁尔	英国	977	上海	8月29日	上海
8月28日	前进号	韩森	德国	643	上海	8月28日	芝罘
8月28日	亨利耶特号	丁克拉	德国	1 647	波特兰		
8月30日	荷尔斯泰因号	韩森	德国	985	芝罘		
8月30日	居尔堡号	卢皮	德国	782	神户	8月31日	神户
8月31日	埃桑号	穆伊尔	英国	1 127	香港		

Amtsblatt
für das
Deutsche Kiautschou-Gebiet.

Herausgegeben vom Kaiserlichen Gouvernement Kiautschou.

Der Bezugspreis beträgt jährlich $ 2 = M 4.
Bestellungen nehmen sämtliche deutsche Postanstalten entgegen.

Jahrgang 6. | Nr. 36. | Tsingtau, den 9. September 1905.

Verordnungen und Bekanntmachungen.

Bekanntmachung.

Anstelle des Kaufmanns F. H. Kirchhoff, welcher das Schutzgebiet mit Heimatsurlaub verlässt, hat die Ersatzwahl eines Vertreters der Zivilgemeinde stattzufinden.

Der Vertreter wird gewählt von den im Handelsregister eingetragenen, nichtchinesischen Firmen aus ihrer Mitte. Jede Firma hat nur eine Stimme.

Die Liste der Wähler liegt am
Mittwoch, den 13. September 1905,
im Geschäftszimmer des Zivilkommissars zur Einsicht aus.

Einwendungen gegen die Richtigkeit der Liste sind bis zum 18. September d. Js. zulässig und schriftlich einzureichen.

Die Wahl erfolgt durch persönliche Stimmenabgabe am
Mittwoch, den 20. September 1905,
im Geschäftszimmer des Zivilkommissars in den Stunden von 9—12 Uhr vormittags.

Derjenige Kandidat, welcher die meisten Stimmen auf sich vereinigt, gilt als gewählt. Bei Stimmengleichheit entscheidet das Loos.

Tsingtau, den 6. September 1905.

Der Kaiserliche Gouverneur.
Allerhöchst mit der Stellvertretung beauftragt.
van Semmern.

178.   Amtsblatt—青島官報   9. September 1905.

Amtliche Anzeigen.

Landversteigerung.

Auf Antrag des Architecten Paul Richter hier findet am Montag, den 25. September 1905, vormittags 11 Uhr, die öffentliche Versteigerung des Grundstückes Kbl. 22 Nr. 24 an der Prinz Adalbert-Strasse vor unterzeichneter Behörde statt.

   Grösse: 3644 qm.
   Mindestpreis: 1639,80 $
   Bebauungsplan: Landhausmässige Bebauung.
   Bebauungsfrist: 30. September 1908.
   Gesuche zum Mitbieten sind bis zum 18. September 1905 hierher zu richten.

Tsingtau, den 5. September 1905.
Kaiserliches Landamt.

大德管理青島地畝局
拍賣地畝事茲據德國包工商人李為
西得稟稱欲買會泉普林次哈打
爾街地圖第二十二號第二十四塊
地三千六百四十四米打算價百洋計
一千六百三十九元八角今訂於西
歷一千九百五年九月廿五日早十一點鐘在本局拍賣買定後准
麗住房限至西一千九百八年九月
三十日一律修竣如他人亦欲買者
可以投票截至九月十八日止屆期
前來本局面議可也勿誤特諭

右諭通知

西一千九百五年九月初五日

告示

Mitteilungen.

Am Sonntag, den 10. d. Mts., findet in der Gouvernementskapelle kein Gottesdienst statt.

   *   *   *

Die Witterung zu Tsingtau im Monat August 1905 nebst einer Zusammenstellung für den Sommer 1905 nach den Aufzeichnungen der Kaiserlichen Meterorologischen Station.

Im August dieses Jahres war die Temperatur zu Anfang des Monats sehr hoch, es betrug beispielsweise das Tagesmittel derselben am 2. 29,00, dann zeigt die Thermometerkurve ein langsames, aber stetiges Fallen bis zum 24., hierauf wieder allmähliges Steigen. Das Monatsmittel der Tagestemperatur betrug 24,04, die höchste bisher beobachtete Temperatur im Schatten war 33,08 am Nachmittag des 8., in der Sonne zeigte das Thermometer am selben Tage 35,80; die niedrigste Temperatur des Monats (17,03) wurde in der Nacht vom 20. zum 21. notiert; demnach betrug die Amplitude des Monats 16,05.

An 30 Tagen, sogenannten Sommertagen, zeigte das Thermometer über 25° im Schatten. Diesen Zahlen stehen folgende im August früherer Jahre beobachteten gegenüber:

	mittlere Tagestemperatur	Maximum	Minimum	Sommertage
1898	25,01	29,03	19,02	16
1899	25,00	31,04	16,01	30
1900	24,09	30,05	19,01	31
1901	24,09	31,02	18,07	28
1902	23,09	31,00	13,02	28
1903	24,08	30,04	19,05	30
1904	25,04	30,04	20,07	31

Die Bewölkung des Himmels, im Mittel 5,2 Zehntel betragend, war morgens am grössten, abends am geringsten; es wurden 4 trübe, dagegen kein einziger heiterer Tag gezählt.

Die Sonnenscheindauer erreichte, mit 257,2 Stunden ungefähr 69% der überhaupt registrierbaren.

Bei einer durchschnittlichen relativen Feuchtigkeit der Luft von 82% kamen 6 regnerische Tage vor, die Gesamtniederschlagsmenge betrug 57,9 mm. In Bezug auf die Anzahl der Regentage und die Niederschlagsmenge weicht der diesjährige August zum Teil bedeutend von einigen gleichnamigen Monaten früherer Jahre ab.

Es wurden verzeichnet August
1898: 14 Regentage mit zusammen 418,4 mm Regenhöhe.
1899: 9   „   „   „   55,2 „   „
1900: 14   „   „   „   265,8 „   „
1901: 5   „   „   „   28,6 „   „
1902: 12   „   „   „   145,0 „   „
1903: 18   „   „   „   280,5 „   „
1904: 11   „   „   „   49,5 „   „

Während des Monats traten mehrere heftige Gewitter auf, die fast alle von NW nach SO zogen.

Die vorherrschende Windrichtung war SO, Stärke 2,4 der Beaufort-Skala; es traten jedoch

9. September 1905.   Amtsblatt—青島官報   179.

auch schon häufig Winde aus nördlichen Richtungen auf.

Sommer 1905. Die mittlere Tagestemperatur während des diesjährigen Sommers erreichte 22,°3; das Maximum der Temperatur (33,°8) wurde im ersten Drittel des Monats August, das Minimum derselben (10°,9 im ersten Drittel des Juni beobachtet. Es wurden 64 Tage mit Temperaturen von 25° und mehr gezählt.

Die durchschnittliche Bewölkung des Himmels, 5,9 Zehntel ausmachend, ergab 24 trübe dagegen nur 5 heitere Tage, von ersteren entfallen 3/5 allein auf Juli.

Weniger heftig trat in diesem Jahre die sogenannte Regenzeit auf: an 29 regnerischen Tagen fiel eine Gesamtregenmenge von 367,5 mm. Von dieser Summe entfällt der Hauptanteil, 18 Regentage mit insgesamt 249,6 mm Regenhöhe, auf den Monat Juli.

Während der 3 Sommermonate früherer Jahre wurden beobachtet:

1898: 29 Regentage mit zusammen 496,7 mm Regenhöhe.
1899: 35   „   „   „   269,7 „   „
1900: 39   „   „   „   466,6 „   „
1901: 19   „   „   „   157,1 „   „
1902: 30   „   „   „   508,7 „   „
1903: 39   „   „   „   516,9 „   „
1904: 33   „   „   „   402,4 „   „

Hiernach bleibt die Niederschlagsmenge im diesjährigen Sommer fast hinter allen übrigen zurück, nur die Sommermonate 1899 und 1901 waren noch regenärmer.

Die relative Feuchtigkeit der Luft betrug durchschnittlich 84%, sie war naturgemäss im Juli am grössten.

Während des Sommers kamen häufig schwere Gewitter zur Entladung, ohne jedoch durch Blitzschlag grössere Schäden zu verursachen.

Die Winde wehten mit einer durchschnittlichen Stärke von 2,3 der zwölfteiligen Beaufort-Skala, namentlich während der beiden ersten Monate, zum grössten Teile aus dem SO-Quadranten, während im August schon häufig nördliche Winde auftraten.

Durchschnittsmarktpreise.

August 1905.

1 Kätty = 605 g.

Durchschnittskurs 1 $ = 1860 kleine Käsch.

Bezeichnung.	Einheit	Tsingtau kl. Käsch	Tai tung tschen kl. Käsch.	Litsun kl. Käsch	Hsüe tschia tau kl. Käsch
Bohnen	1 Kätty	70	64	59	60
„ , aufgekeimte	„	36	24	—	—
Schnittbohnen	„	140	24	33	4
Bohnenkäse	„	32	30	10	34
Bohnenöl	„	180	180	180	200
Bohnenkuchen	„	—	54	52	44
Erdnüsse	„	160	100	—	—
Erdnussöl	„	200	—	195	—
Erbsen	„	—	46	56	—
Gerste	„	—	50	45	—
Gurken	„	40	30	12	40
Hirse	„	70	60	47	60
Hirsenmehl	„	64	64	68	80
Hirsenstroh	„	—	—	—	120
Kartoffeln, chin.	„	30	—	—	—

Bezeichnung	Einheit	Tsingtau kl. Käsch	Tai tung tschen kl. Käsch	Li tsun kl. Käsch	Hsüe tschia tau kl. Käsch
Kartoffelscheiben, chin.	„	—	30	26	24
Kartoffeln, deutsche	„	50	—	—	—
Kauliang	„	60	54	50	—
Kauliangstroh	„	—	—	15	12
Kleie	„	52	44	36	40
Kürbis	„	40	16	—	6
Mais	„	—	48	—	—
Radieschen	„	34	—	—	—
Reis	„	80	70	80	42
Weizen	„	—	62	56	60
Weizenmehl	„	84	84	90	80
Weizenbrot	1 Stück	70	24	20	—
Dampfbrot	„	70	24	20	—
Hirsebrot	„	48	30	—	—
Rostbrot	„	—	34	—	—
Äpfel	1 Kätty	100	80	60	—
Apfelsinen	„	—	—	—	—
Birnen	„	100	30	40	—
Citronen	1 Stück	160	—	—	—
Kohlrabi	1 Kätty	70	—	—	—
Kohl in Köpfen	„	80	—	—	—
Kohl, kleine Pflanzen	„	—	24	—	—
Knoblauch	„	80	64	56	48
Mohrrüben	„	50	30	—	—
Pfeffer, roter	„	120	160	—	—
„ , schwarzer	„	960	900	870	1000
Rettig, chin.	„	40	70	—	80
Rüben, weisse	1 Kätty	40	—	—	—
Spinat	„	150	—	—	—
Tomaten	„	80	—	—	—
Wallnüsse	„	160	130	160	—
Weintrauben	„	106	—	—	—
Zwiebeln	„	80	30	18	—
Nudeln	„	—	—	—	90
Salz	„	20	10	10	20
Tabak	„	—	280	260	240
Bratfische	„	240	150	220	—
Kochfische	„	240	150	135	—
Fische, troken	„	160	200	160	150
Tintenfische	„	—	—	500	500
Krabben	„	250	—	140	—
Schweinefleisch	„	260	190	200	220
Schweinefett	„	320	320	270	—
Rindfleisch, roh	„	320	180	160	—
„ , gekocht	„	—	200	160	—
Rindertalg	„	300	220	160	—
Enten	1 Stück	500	—	500-650	—
„ , wilde	„	—	—	—	—

9. September 1905.　　　　　　　Amtsblatt—膠州官報　　　　　　　　181.

Bezeichnung.	Einheit	Tsingtau kl. Käsch	Tai tung tschen kl. Käsch	Li tsun kl. Käsch	Hsüetschia tau kl. Käsch
Gänse	„	1880	—	—	—
„ , wilde	„	—	—	—	—
Hühner	„	500	—	300-450	340
Enteneier	10 Stück	300	230	290	200
Hühnereier	„	160	160	160	130
Brennholz	1 Kätty	—	—	—	14
Petroleum	„	—	—	—	120

Meteorologische Beobachtungen

in Tsingtau.

Datum. Aug.	Barometer (mm) reduz. auf 0º C., Seehöhe 81,57 m			Temperatur (Centigrade).								Dunstspannung in mm				Relat. Feuchtigkeit in Prozenten		
				trock. Therm.			feucht. Therm.											
	7 Vm	2 Nm	9 Nm	7 Vm	2 Nm	9 Nm	7 Vm	2 Nm	9 Nm	Min.	Max.	7 Vm	2 Nm	9 Nm	7 Vm	2 Nm	9 Nm
31	756,1	754,9	754,4	23,0	26,7	24,8	22,8	25,5	24,4	22,8	28,0	20,5	23,5	22,5	98	90	97
Sept. 1	51,3	50,6	51,0	24,6	25,4	24,0	24,1	24,7	23,3	23,4	28,5	22,0	22,7	20,8	96	94	94
2	49,5	46,4	46,6	22,1	25,9	21,9	21,7	21,9	20,4	19,8	26,6	19,0	17,1	16,9	96	69	87
3	47,0	46,5	48,2	20,7	28,4	24,8	19,2	21,2	22,5	20,4	28,8	15,6	14,3	18,8	86	50	81
4	49,7	49,4	50,1	24,3	26,2	23,6	22,2	22,5	22,7	23,5	30,1	18,6	18,0	20,0	83	72	92
5	50,4	50,3	51,9	24,2	26,6	24,7	20,7	23,2	23,7	22,7	28,3	16,0	19,0	21,2	72	74	92
6	52,9	52,5	53,3	23,8	25,6	23,3	23,0	24,2	21,2	22,5	27,3	20,4	21,6	17,4	93	89	82

Datum. Aug.	Wind Richtung & Stärke nach Beaufort (0—12)			Bewölkung						Niederschläge in mm		
				7 Vm		2 Nm		9 Nm				
	7 Vm	2 Nm	9 Nm	Grad	Form	Grad	Form	Grad	Form	7 Vm	9 Nm	9 Nm / 7 Vm
31	SSO 3	SSW 2	S 4	9	Cu-nim	6	Cu-nim	4	Cu-nim			
Sept. 1	SSW 2	SSO 3	ONO 2	8	Cu-str.	9	Cu-str	10	Cu-nim		0,9	2,5
2	NNO 5	NNO 8	NNO 7	10	Nim	8	Cum	10	Cu-str	1,6		
3	NNW 6	NNO 7	N 2	3	Cu-str	2	Cu-str	3	„			
4	SSW 1	S 4	S 2	8	Cu-nim	8	„	4	„			
5	SSW 2	S 5	S 4	3	Cu-str.	1	„		Klar			
6	SSW 2	S 5	S 2	4	„	4	Cum	2	Cu-str			

Schiffsverkehr

in der Zeit vom 31. August — 7. September 1905.

Ankunft am	Name	Kapitän	Flagge	Reg. Tonnen.	von	Abfahrt am	nach
(27.8.)	D. Chefoo	Ulderup	Deutsch	135	Tschifu	5.9.	
(30.8.)	D. Holstein	Hansen	„	985	„	31.8.	Hongkong
(31.8.)	D. Esang	Muir	Englisch	1127	Hongkong	„	Tientsin
31.8.	D. Tsintau	Hansen	Deutsch	977	Tschifu	„	Schanghai
„	D. Gouv. Jaeschke	Treumann	„	1045	Schanghai	2.9.	„
2.9.	D. Soerabaya	Fabietz	„	1804	Hongkong		
3.9.	D. Ravn	Dedeham	Norwegisch	795	Kobe	4.9.	Kobe
5.9.	D. Vorwärts	Hansen	Deutsch	643	Tschifu	5.9.	Schanghai
„	D. Knivsberg	Lorentzen	„	646	Schanghai	„	Tschifu
„	D. Tak Sang	Clure	Englisch	977	„	„	Schanghai
„	D. Toonan	Reid Boyd	Chinesisch	942	Wuhu		

Druck der Missionsdruckerei Tsingtau.

第六年 第三十六号

1905 年 9 月 9 日

法令与告白

告白

为了替代要离开保护地、回国度假的商人 F. H. 基尔希霍夫,将举行一次民政区代表的补选。

代表将从商业登记中注册的非华人公司当中选出。每家公司只有一票。

候选人名单在 1905 年 9 月 13 日张贴于民政长办公室内,以供查看。

如对名单的正确性有异议,须在今年 9 月 18 日前以书面形式正式提交。

选举在 1905 年 9 月 20 日上午 9—12 点举行,地点为民政长的办公室,需要本人亲自投票。

得票数最多的候选人视为当选。如果得票数相同,则抽签决定。

青岛,1905 年 9 月 6 日
皇家总督
最高敕令委托代理
师孟

官方通告

大德管理青岛地亩局 为

拍卖地亩事:兹据德国包工商人李西得禀称,欲买会泉普林次哈打百尔街地图第二十二号第廿四块,计地三千六百四十四米打,暂拟价洋一千六百三十九元八角。今订于西历一千九百五年九月廿五日早十一点钟在本局拍卖。买定后,准盖华丽住房,限至西一千九百八年九月三十日一律修竣。如他人亦欲买者,可以投禀,截至九月十八日止,届期前来本局面议可也。勿误,特谕。

右谕通知
西一千九百五年九月初五日 告示

消息

督署小教堂在本月 10 日礼拜天不举行弥撒。

皇家气象台记录的青岛在 1905 年 8 月份以及 1905 年夏天的天气情况

在今年 8 月份,月初的气温很高,例如在 2 日,白天的平均气温达到 29.0 度,之后的气温计曲线缓慢地持续下降,一直到 24 日,之后的气温再次逐渐升高。白天的月平均气温为 24.4 度,目前观察到的白天本月最高气温在 8 日的下午,为阴凉地中 33.8 度,该日在阳光下的温度为 35.8 度,本月最低气温(17.3 摄氏度)是在 20 日到 21 日夜间录得,之后的月温度振幅为 16.5 度。

在 30 天的所谓夏日里,温度计在阴凉地的指数超过 25 度。这些数据与之前几年在 8 月份观测到的数据对比如下:

	平均温度	最高温度	最低温度	夏日天数
1898	25.1 摄氏度	29.3 摄氏度	19.2 摄氏度	16
1899	25.0 摄氏度	31.4 摄氏度	16.1 摄氏度	30
1900	24.9 摄氏度	30.5 摄氏度	19.1 摄氏度	31
1901	24.9 摄氏度	31.2 摄氏度	18.7 摄氏度	28
1902	23.9 摄氏度	31.0 摄氏度	13.2 摄氏度	28
1903	24.8 摄氏度	30.4 摄氏度	19.5 摄氏度	30
1904	25.4 摄氏度	30.4 摄氏度	20.7 摄氏度	31

天空平均积云为 52%,早上最厚,夜间最薄,有 4 天为多云,但是没有一个晴天。

日照时间为 257.2 小时,约占所有记录时间的 69%。

空气平均相对湿度为 82%,出现了 6 个雨天,总降雨量为 57.9 毫米。在雨天和降雨量方面,今年 8 月份与之前几年的同月份比起来,部分明显不同。

前几年记录的 8 月份:

1898:14 个雨天,总降雨量 418.4 毫米

1899: 9 个雨天,总降雨量 55.2 毫米

1900:14 个雨天,总降雨量 265.8 毫米

1901: 5 个雨天,总降雨量 28.6 毫米

1902:12 个雨天,总降雨量 145.0 毫米

1903:18 个雨天,总降雨量 280.5 毫米

1904:11 个雨天,总降雨量 49.5 毫米

当月出现了多个强雷雨天气,风向几乎都是从西北刮向东南。

主要的风向为东南风,强度为 2.4 级蒲福风级①,但是也频繁出现北风。

1905 年夏天。今年夏季的平均白天气温达到 22.3 度,最高气温在 8 月上旬(33.8 度),最低气温(10.9 度)在 6 月上旬。温度在 25 度以上的天数为 64 天。

天空平均积云 59%,有 24 个多云天,而只有 5 个晴天,仅 6 月的多云天就占了 3/5。

今年的雨季没有那么猛烈:29 个雨天的总降水量为 367.5 毫米,主要是 7 月份的 18 个雨天,总降水量为 249.6 毫米。

在之前几年的 3 个夏季月份数据为:

1898:29 个雨天,总降雨量 496.7 毫米

1899:35 个雨天,总降雨量 269.7 毫米

1900:39 个雨天,总降雨量 466.6 毫米

1901:19 个雨天,总降雨量 157.1 毫米

1902:30 个雨天,总降雨量 508.7 毫米

1903:39 个雨天,总降雨量 516.9 毫米

1904:33 个雨天,总降雨量 402.4 毫米

根据以上数据,今年夏天的降水量几乎排在所有年份的后面,只有 1899 年和 1901 年的夏季月份降水更少。

空气平均相对湿度为 84%,最高值自然出现在 7 月。

今年夏天期间频繁爆发强雷暴,但是闪电没有造成大的损失。

平均风力强度为 12 级蒲福风级表中的 2.3 级,头两个月主要的风向为东南风,8 月份频繁出现的是北风。

市场平均物价

1905 年 8 月

1 斤=605 克

平均汇率为 1 元=1 860 个铜板

商品名称	单位	青岛,铜板	台东镇,铜板	李村,铜板	薛家岛,铜板
黄豆	1 斤	70	64	59	60
豆芽	1 斤	36	24	—	—

---

① 译者注:即由英国人弗朗西斯·蒲福拟定的国际通用的风力等级。

(续表)

商品名称	单位	青岛,铜板	台东镇,铜板	李村,铜板	薛家岛,铜板
豌豆	1斤	140	24	33	4
豆腐	1斤	32	30	10	34
豆油	1斤	180	180	180	200
豆饼	1斤	—	54	52	44
花生	1斤	160	100	—	—
花生油	1斤	200	—	195	—
扁豆	1斤	—	46	56	—
大麦	1斤	—	50	45	—
黄瓜	1斤	40	30	12	40
小米	1斤	70	60	47	60
小米面	1斤	64	64	68	80
小米秸秆	1斤	—	—	—	120
土豆,中国品种	1斤	30			
土豆片,中国品种	1斤	—	30	26	24
土豆,德国品种	1斤	50	—		
高粱	1斤	60	54	50	
高粱秆	1斤	—	—	15	12
麸皮	1斤	52	44	36	40
南瓜	1斤	40	16	—	6
玉米	1斤	—	48		
小红萝卜	1斤	34			
大米	1斤	80	70	80	42
小麦	1斤	—	62	56	60
面粉	1斤	84	84	90	80
小麦面包	1个	70	24	20	—
馒头	1个	70	24	20	—
窝头	1个	48	30	—	—
火烧	1个	—	34		
苹果	1斤	100	80	60	
橘子	1斤	—	—	—	—

(续表)

商品名称	单位	青岛,铜板	台东镇,铜板	李村,铜板	薛家岛,铜板
梨	1斤	100	30	40	—
柠檬	1斤	160	—	—	—
大头菜	1斤	70	—	—	—
大白菜	1斤	80	—	—	—
小白菜	1斤	—	24	—	—
大蒜	1斤	80	64	56	48
胡萝卜	1斤	50	30	—	—
红胡椒	1斤	120	160	—	—
黑胡椒	1斤	960	900	870	1 000
萝卜,中国品种	1斤	40	70	—	80
白萝卜	1斤	40	—	—	—
菠菜	1斤	150	—	—	—
西红柿	1斤	80	—	—	—
核桃	1斤	160	130	160	—
葡萄	1斤	106	—	—	—
洋葱	1斤	80	30	18	—
面条	1斤	—	—	—	90
盐	1斤	20	10	10	20
烟草	1斤	—	280	260	240
煎鱼	1斤	240	150	220	—
炖鱼	1斤	240	150	135	—
干鱼	1斤	160	200	160	150
墨鱼	1斤	—	—	500	500
螃蟹	1斤	250	—	140	—
猪肉	1斤	260	190	200	220
猪大油	1斤	320	320	270	—
生牛肉	1斤	320	180	160	—
熟牛肉	1斤	—	200	160	—
牛油	1斤	300	220	160	—
鸭子	1只	500	—	500～650	—

(续表)

商品名称	单位	青岛,铜板	台东镇,铜板	李村,铜板	薛家岛,铜板
野鸭	1只	—	—	—	—
鹅	1只	1 880	—	—	—
野鹅	1只	—	—	—	—
鸡	1只	500	—	300～450	340
鸭蛋	10个	300	230	290	200
鸡蛋	10个	160	160	160	130
柴火	1斤	—	—	—	14
煤油	1斤	—	—	—	120

船运

1905年8月31日—9月7日期间

到达日	轮船船名	船长	挂旗国籍	登记吨位	出发港	出发日	到达港
(8月27日)	芝罘号	乌尔德鲁普	德国	135	芝罘	9月5日	
(8月30日)	荷尔斯泰因号	韩森	德国	985	芝罘	8月31日	香港
(8月31日)	埃桑号	穆伊尔	英国	1 127	香港	8月31日	天津
8月31日	青岛号	韩森	德国	977	芝罘	8月31日	上海
8月31日	叶世克总督号	特洛依曼	德国	1 045	上海	9月2日	上海
9月2日	泗水号	法比茨	德国	1 804	香港		
9月3日	拉文号	德德汉姆	挪威	795	神户	9月4日	神户
9月5日	前进号	韩森	德国	643	芝罘	9月5日	上海
9月5日	柯尼夫斯堡号	洛伦岑	德国	646	上海	9月5日	芝罘
9月5日	太仓号	克鲁尔	英国	977	上海	9月5日	上海
9月5日	图南号	雷德·博伊德	中国	942	芜湖		

Amtsblatt
für das
Deutsche Kiautschou-Gebiet.

青島官報

Herausgegeben vom Kaiserlichen Gouvernement Kiautschou.

Der Bezugspreis beträgt jährlich $ 2 = M 4.
Bestellungen nehmen sämtliche deutsche Postanstalten entgegen.

Jahrgang 6. | Nr. 37. | Tsingtau, den 16. September 1905.

Amtliche Anzeigen.

Aufgebot.

Es wird hiermit bekannt gemacht, dass Paul **Richard Berger**, seines Standes Polizeiwachtmann, geboren zu Gross Corbetha, Provinz Sachsen, 26 Jahre alt, wohnhaft in Tsingtau, Sohn des Maurers Wilhelm Berger und seiner Ehefrau Emilie, geborenen Eichardt, beide zu Gross Corbetha verstorben,

und

Anna Luise Marie **Heinrich**, geboren zu Weferlingen, Provinz Sachsen, 23 Jahre alt, wohnhaft in Weferlingen, Tochter des Maurerpoliers Jakob Heinrich und seiner Ehefrau Marie, geborenen Mertens, beide in Weferlingen wohnhaft,

beabsichtigen, sich mit einander zu verheiraten und diese Ehe in Gemässheit des Reichsgesetzes vom 4. Mai 1870 vor dem unterzeichneten Beamten abzuschliessen.

Tsingtau, den 9. September 1905.

Der Kaiserliche Standesbeamte.

Günther.

Aufgebot.

Es wird hiermit bekannt gemacht, dass Emil Karl Berthold **Julius Fritsche**, seines Standes Polizeiwachtmann, geboren zu Weissensee, Provinz Sachsen, 27 Jahre alt, wohnhaft in Tsingtau, Sohn des zu Weissensee verstorbenen Arbeiters Johann Heinrich Fritsche und seiner in Weissensee wohnhaften Ehefrau Dorothea, geborenen Karlstedt,

und

Emma Bumann, geboren zu Braunschweig, 21 Jahre alt, wohnhaft in Braunschweig, Tochter des Fabrikarbeiters Heinrich Bumann und seiner Ehefrau Berta, geborenen Giebel, beide in Braunschweig wohnhaft,

beabsichtigen, sich miteinander zu verheiraten und diese Ehe in Gemässheit des Reichsgesetzes vom 4. Mai 1870 vor dem unterzeichneten Beamten abzuschliessen.

Tsingtau, den 9. September 1905.

Der Kaiserliche Standesbeamte.

Günther.

Landversteigerung.

Auf Antrag des Kaufmanns Ad. C. Schomburg zu Tsingtau findet am Montag, den 2. Oktober 1905, vormittags 11 Uhr, die Versteigerung des Grundstückes Kbl. 16 Nr. 14 zwischen Hertha- und Frauenlobstrasse vor unterzeichneter Behörde statt.

Grösse: 4945 qm.
Mindestpreis: 7417,50 $
Benutzungsplan: Errichtung von Wohn-Geschäftshäusern und Lagerstätten.
Bebauungsfrist: 31. Oktober 1908.
Gesuche zum Mitbieten sind bis zum 25. September 1905 hierher zu richten.

Tsingtau, den 9. September 1905.

Kaiserliches Landamt.

Bekanntmachung.

Der nach § 4 der Verordnung, betreffend Schornsteinkehrzwang, vom 14. Dezember 1904 (Amtsblatt 1904, Seite 295) aufgestellte Plan für die Reinigung der Schornsteine und Feuerungsanlagen liegt beim Polizeiamt zur Einsichtnahme aus.

Die Bewohner der Grundstücke werden 24 Stunden vor Beginn des Fegens durch den Schornsteinfeger benachrichtigt.

Tsingtau, den 9. September 1905.

Kaiserliches Polizeiamt.

Bekanntmachung.

Am Montag, den 16. September 1905, vormittags 10 Uhr, sollen im Strandlager nachstehende gepfändete Gegenstände gegen sofortige Baarzahlung versteigert werden:

5 chin. Tische, 15 chin. Stühle, 1 Ladentisch, 8 Holzböcke, 1 Holzbank, 17 Holzbretter, 1 Rohrmatratze, 1 Wanduhr, 1 Tontopf und eine Partie Essgeschirr.

Tsingtau, den 13. September 1905.

Kaiserliches Polizeiamt.

Bekanntmachung.

Als gestohlen angemeldet:
1 goldene glatte Uhr mit Sprungdeckel, auf der Rückseite des Deckels sind die Buchstaben E. B. M., auf der Innenseite ist der Name E. B. Macloed und das Datum 18.

16. September 1905.   Amtsblatt—青島官報   185.

XI. 99. eingraviert; 1 goldene Halskette mit kleinen Gliedern.
Als verloren angemeldet:
1 silberne Remontoiruhr mit Goldrand und Sprungdeckel, sowie silberner Kette; 1 Tasche mit 10 $ Inhalt; 1 Notizbuch; 1 Taschentuch.

Tsingtau, den 13. September 1905.

Kaiserliches Polizeiamt.

Beschluss.

Das Konkursverfahren über das Vermögen des Gastwirts

Heinrich Krippendorff

und den Nachlass des Gastwirts

Hugo Krippendorff

wird nach erfolgter Abhaltung des Schlusstermins hierdurch aufgehoben.

Tsingtau, den 8. September 1905.

Kaiserliches Gericht von Kiautschou III.

白　　　告

啟者茲將本著據報被竊遺失各物列左
被竊之物
有E.B.M.裡面刻有 18. XI. 99. 字樣
問壳金表一枝光面無花蓋之外面刻有 E. B. Macleod
短節金脖鍊一條
遺失各物
問壳柄上鉽錶有金邊帶布袋一條內有洋十元
有銀鍊一條
小洋賬簿一本小手巾一條
以上各物切勿輕買如見亦宜報
明本署特佈
德一千九百五年九月十三日
青島巡捕衙門啟

Mitteilungen.

Der Kurs bei der Gouvernementskasse beträgt vom 8. d. Mts. ab: 1 $=2.00 M.

* * *

Der neu angenommene Lehrer May hat mit dem Schulanfang am 11. d. Mts. seinen Dienst an der Gouvernementsschule übernommen.

Die Schantung-Eisenbahn-Gesellschaft hat die in Käsch festgesetzten Preise für die Fahrkarten der III. Klasse vom 1. Oktober d. Js. um 10 % $ erhöht.

Schiffsverkehr
in der Zeit vom 7.—14. September 1905.

Ankunft am	Name	Kapitän	Flagge	Reg. Tonnen.	von	Abfahrt am	nach
(7.7.)	D. Folsjö	Berentzen	Norwegisch	1040	Hamburg	13.9.	Nikolajewsk
(2.9.)	D. Soerabaya	Fabietz	Deutsch	1804	Hongkong	10.9.	”
(5.9.)	D. Toonan	Reid Boyd	Chinesisch	942	Wuhu	7.9.	Schanghai
7.9.	D. Progress	Bremer	Deutsch	687	Schanghai		
8.9.	D. Gouv. Jaeschke	Treumann	”	1045	”	9.9.	Schanghai
”	D. Drufar	Bing	Norwegisch	1102	Hongkong		
9.9.	D. Chefoo	Uhlderuss	Deutsch	135	Tschifu	12.9.	Tschifu
11.9.	D. Tak-Sang	Clure	Englisch	977	Schanghai	”	Schanghai
”	D. Tsintau	Hansen	Deutsch	977	”	11.9.	Tschifu
12.9.	D. Freya	Jakobsen	Norwegisch	710	Tientsin	12.9.	Schanghai
”	D. Knivsberg	Lorentzen	Deutsch	646	Tschifu	”	”
”	D. Suevia	Knaisel	”	2663	Nagasaki		
13.9.	D. Kashing	Pickard	Englisch	1158	Hongkong		
”	D. Tungchow	Pithie	Norwegisch	952	Schanghai		

Meteorologische Beobachtungen

in Tsingtau.

Datum. Sept.	Barometer (m m) reduz. auf 0° C., Seehöhe 78,64 m			Temperatur (Centigrade).								Dunstspannung in mm			Relat. Feuchtigkeit in Prozenten		
				trock. Therm.			feucht. Therm.										
	7 Vm	2 Nm	9 Nm	7 Vm	2 Nm	9 Nm	7 Vm	2 Nm	9 Nm	Min.	Max.	7 Vm	2 Nm	9 Nm	7 Vm	2 Nm	9 Nm
7	753,5	753,1	753,1	23,4	26,0	23,2	21,6	21,7	20,7	22,2	26,4	18,1	16,7	16,6	85	67	79
8	49,5	46,7	48,6	19,5	22,0	20,6	19,0	22,0	20,4	18,4	23,6	16,0	19,4	17,7	95	100	98
9	52,5	51,9	51,8	20,6	23,1	22,2	20,6	21,7	21,5	19,8	24,3	18,0	18,4	18,6	100	88	94
10	50,5	50,6	52,1	22,9	25,1	22,7	22,2	22,7	20,6	22,0	26,2	19,5	19,0	16,8	94	81	82
11	53,8	53,6	53,6	22,6	24,9	23,1	20,6	23,4	22,0	20,7	26,4	16,8	20,5	19,0	83	88	90
12	52,7	50,9	50,6	23,5	25,3	24,3	23,1	24,3	24,0	22,1	27,4	20,8	20,0	22,0	96	92	97
13	49,4	48,2	48,4	25,3	27,8	25,3	24,7	25,4	22,0	22,3	28,3	22,8	22,6	21,4	95	81	90

Datum. Sept.	Wind Richtung & Stärke nach Beaufort (0—12)			Bewölkung						Niederschläge in mm		
				7 Vm		2 Nm		9 Nm				9 Nm + 7 Vm
	7 Vm	2 Nm	9 Nm	Grad	Form	Grad	Form	Grad	Form	7 Vm	9 Nm	
7	S 2	SSO 3	OSO 3	4	Cum	6	Cir-cum	10	Cum			5,1
8	N O 5	WNW 1	W 3	10	Nim	10	Nim	10	Cu-nim	5,1	2,6	3,7
9	Stille 0	S 2	SSO 2	8	Cu-nim	8	Cu-str	10	Cum	1,1		
10	S W 1	Stille 0	N 1	10	Cu-str.	9	Cum	3	Cu-str			
11	SSO 1	SSO 2	SSO 4	2	Cir-str	6	„	4	Cum			
12	S O 1	SSO 3	SSO 3	7	Cum	5	„	4	„			
13	S W 1	SSO 2	SSO 3	7	Cir-cum	7	Cir-cum	8	Cu-str	4,5		4,5

Druck der Missionsdruckerei Tsingtau.

第六年　第三十七号

1905 年 9 月 16 日

官方通告

结婚公告

保罗·李夏德·贝尔格，职业为警局看守，出生于萨克森省的大柯贝塔，现年 26 岁，居住地为青岛，为均在大柯贝塔去世的泥瓦工威廉·贝尔格与出生时姓爱夏特的妻子艾米莉的儿子。

安娜·露易莎·玛丽·海因里希，出生于萨克森省的卫佛灵根，现年 23 岁，居住地为卫佛灵根，是居住在卫佛灵根的泥瓦匠工头雅各布·海因里希和出生时姓莫尔顿斯的妻子玛丽的女儿。

谨此宣布二人结婚，此婚约按照 1870 年 5 月 4 日颁布的法律规定在本官员前缔结。

青岛，1905 年 9 月 9 日
皇家户籍官
贡特

结婚公告

埃米尔·卡尔·贝托尔德·尤利乌斯·福里切，职业为警局看守，出生于萨克森省的威森湖，现年 27 岁，居住地为青岛，为在威森湖去世的工人约翰·海因里希·福里切和他居住在威森湖、出生时姓卡尔施泰特的妻子多罗特亚的儿子。

艾玛·布曼，出生于布劳恩施未格，现年 21 岁，居住地为布劳恩施未格，是均居住在布劳恩施未格的工厂工人海因里希·布曼和出生时姓吉伯尔的妻子贝尔塔的女儿。

谨此宣布二人结婚，此婚约按照 1870 年 5 月 4 日颁布的法律规定在本官员前缔结。

青岛，1905 年 9 月 9 日
皇家户籍官
贡特

大德管理青岛地亩局　为

拍卖地亩事：兹据礼和行主沈宝德禀称，欲买大码头哈尔德街并富老恩禄街中央地图第十六号第十三块，计地四千九百四十五米打，暂拟价洋七千四百一十七元五角。今订于西历一千九百五年十月初二日上午十一点钟在局拍卖。买定后，准盖住房、铺房、栈房等房，限至西一千九百八年十月三十一日一律修竣。如他人亦欲买者，可以投票，截至西九月二十五日止，届期前来本局面议可也。勿误。特谕。

右谕通知

德一千九百五年九月初九日　告示

大德总办巡捕衙门事宜威　为

出示晓谕遵行事：案查西历一千九百四年十二月十四日所订《按分应将烟筒打扫洁净章程》，曾登入九百四年第五十三号官报以内，惟第四端载有"打扫烟筒火炉等项日期将来必须订有一定次序"等语在案。兹已分别妥订打扫次序，缮列清单存储本署以备查阅。至承办打扫烟筒火炉之人应于未打扫前二十四点钟关照该各住房人知悉。恐未周知，切切特谕。

右谕通知

德一千九百五年九月初九日　告示

告白

启者：本署现订于西本月十八即中八月二十日早十点，在本署拍卖左列各物，一经买定须立交现洋。拍卖各物列后：

华式桌子五张，华式椅子十五把，栏柜一个，机子八个，板凳一条，木板十六块，床一座，钟一座，泥茶壶一把，吃饭家具多件。

如有人意欲购买以上各物者，届时临场面议可也。此布。

德一千九百五年九月十三日

青岛巡捕衙门启

告白

启者：兹将本署据报被窃、遗失各物列左：

被窃之物：

闷壳金表一枝，光面无花，盖之外面有"E. B. M."，里面刻有"E. B. Macloed"西名，并刻有"18.XI.99."字样;短节金脖链一条。

遗失各物:

闷壳柄上弦银表一枝,镶有金边,带有银链;布袋一条,内有洋十元;小洋账簿一本;小手巾一条。

以上各物切勿轻买,如见亦宜报明本署。特布。

德一千九百五年九月十三日
青岛巡捕衙门启

决议

对饭店老板海因里希·克里本多夫的财产以及对饭店老板雨果·克里本多夫的遗产的破产程序,将在执行完最终会面之后,谨此撤销。

青岛,1905年9月8日
胶澳皇家审判厅三处

消息

总督府财务处自本月8日起的汇率为:1元=2.00马克。

新聘任的麦老师在本月11日开学时已经接管了在督署学校的工作。

山东铁路公司自今年10月1日起将三等车厢的铜钱车票定价提高了10%。

船运

1905年9月7日—14日期间

到达日	轮船船名	船长	挂旗国籍	登记吨位	出发港	出发日	到达港
(7月7日)	伏尔加河号	贝伦岑	挪威	1 040	汉堡	9月13日	尼古拉耶夫斯克①
(9月2日)	泗水号	法比茨	德国	1 804	香港	9月10日	尼古拉耶夫斯克
(9月5日)	图南号	雷德·博伊德	中国	942	芜湖	9月7日	上海

---

① 译者注:中文称"庙街"。位于黑龙江下游左岸,建于1850年,原属中国,1858年中俄《瑷珲条约》签订后被沙俄割占。

(续表)

到达日	轮船船名	船长	挂旗国籍	登记吨位	出发港	出发日	到达港
9月7日	进步号	布雷默	德国	687	上海		
9月8日	叶世克总督号	特洛依曼	德国	1 045	上海	9月9日	上海
9月8日	德鲁法号	冰格	挪威	1 102	香港		
9月9日	芝罘号	伍尔德鲁斯	德国	135	芝罘	9月12日	芝罘
9月11日	太仓号	克鲁尔	英国	977	上海	9月12日	上海
9月11日	青岛号	韩森	德国	977	上海	9月11日	芝罘
9月12日	弗莱亚号	雅各布森	挪威	710	天津	9月12日	上海
9月12日	柯尼夫斯堡号	洛伦岑	德国	646	芝罘	9月12日	上海
9月12日	苏维亚号	凯泽尔	德国	2 663	长崎		
9月13日	嘉兴号	皮卡德	英国	1 158	香港		
9月13日	通州号	皮蒂	挪威	952	上海		

Amtsblatt
für das
Deutsche Kiautschou-Gebiet.

青島官報

Herausgegeben vom Kaiserlichen Gouvernement Kiautschou.

Der Bezugspreis beträgt jährlich $ 2 = M 4.
Bestellungen nehmen sämtliche deutsche Postanstalten entgegen.

Jahrgang 6. | Nr. 38. | Tsingtau, den 23. September 1905.

Verordnungen und Bekanntmachungen.

Bekanntmachung
betreffend
chinesische Gewichte, Wagen, Hohl- und Längenmasse.

Soweit im deutschen Schutzgebiete zum Zuwägen und Zumessen im öffentlichen Verkehre chinesische Gewichte und Masse gebraucht werden, sollen sie mit den im Kiautschou- Lokalverkehr üblichen übereinstimmen,

Danach wiegt die Unze (Liang) 36,1 Gramm und das Kätty (Tschin) 577,6 Gramm. Das Hohlmass Tou enthält 54,0408 Liter und das Kuan 0,5784 Liter. Ein Kätty wird zu 16 Liang, ein Tou zu 96 Kuan gerechnet. Von den Längenmassen muss der Tischlerfuss 320 Millimeter und der Schneiderfuss 340 Millimeter enthalten,

Ein Satz der vorschriftsmässigen Wagen, Gewichte und Masse befindet sich beim Gouvernement (Marine-Werkstatt) in Verwahrung; ein zweiter damit übereinstimmender Satz wird ständig im Geschäftszimmer des Chinesenkommittees aufbewahrt. Dort kann jeder eine Vergleichung seiner Wagen, Gewichte und Masse gegen eine Gebühr von 200 kleinen Käsch vornehmen lassen.

Tsingtau, den 18. September 1905.
Der Kaiserliche Gouverneur.
Allerhöchst mit der Stellvertretung beauftragt.
van Semmern.

大德欽命署理總督膠澳文武事宜大臣師
出示曉諭通用事照得衡量什物須有一定
易之器始昭平允德境以內應用之稱平斗管
尺頭應與膠州市面相同庶歸劃一而免紛爭
前因大小長短參差歧異當經飭屬定章茲已
將中西數目校對明晰計每一兩合西數三十
六格拉母零十分之一每一斤合西數五百七
十七格拉母零十分之六每一斗合西數五十
四利特零一萬分之四百零八分每一管合西

數一利特萬分之五千七百八
十四分每斤以十六兩爲率每
斗以九十六管爲率其度量長
短之尺頭分別兩種一係營造
尺每一尺合西數三百二十
里邁當一係裁尺每一尺合西
數三百四十米里邁當業將應
用之稱平砝碼稱錘斗管尺頭
各造兩分一分存儲本署水師
工務局一分常存青島商務公
所以備商民遇事往對惟每逢
較對應酌繳公所對費京錢二
百文藉資把注爲此仰商民人
等一體遵行勿違特諭
大德一千九百五年九月十八日
告　示
　　右諭通知

Bekanntmachung.

Anstelle des Kaufmannes F. H. Kirchhoff ist der **Kaufmann Rud. Goecke** von den im Handelsregister eingetragenen, nicht chinesischen Firmen zum Vertreter der Zivilgemeinde gewählt worden.

Tsingtau, den 20. September 1905.

Der Kaiserliche Gouverneur.

Allerhöchst mit der Stellvertretung beauftragt.

van Semmern.

Bekanntmachung.

Vom 1. Oktober d. Js. ab werden bei den deutschen Postanstalten in China und im Kiautschougebiet unter Einziehung der bisherigen neue Postwertzeichen in der Dollarwährung zur Ausgabe gelangen.

Gleichzeitig tritt ein neuer Briefportotarif in Kraft, dessen hauptsächlichste Abweichungen von dem gegenwärtigen darin bestehen, dass alle Taxen nur in der Dollarwährung festgesetzt sind, und dass die bisherigen Taxen von 3, 5 und 10 Pfennigen auf 1, 2 und 4 Cent herabgesetzt sind.

Im übrigen werden die gegenwärtigen Taxen angewendet und zwar unter Umwandlung der Markbeträge nach dem Verhältnis von 2 M.=1 $ und unter Weglassung von Teilbeträgen eines Cent.

Die in den Händen des Publikums befindlichen Wertzeichen der bisherigen Art können bis Ende 1905 zur Frankierung der Postsendungen nach den gegenwärtigen Tarifen in der Markwährung weiterverwendet werden.

Bis zum gleichen Tage sind die deutschen Postanstalten in China und im Kiautschougebiet verpflichtet, die Wertzeichen der alten Art gegen neue umzutauschen. Die hierbei zugrunde zu legenden Gegenwerte können am Postschalter erfragt werden.

Schanghai, den 20. September 1905.

Kaiserlich Deutsche Postdirektion.

Bekanntmachung für Seefahrer.

Die schwarzgestrichene Glockentonne, welche gegenüber der Fahrwasserrinne zum grossen Hafen lag, ist aufgenommen und in

35° 57' 18" N. Breite
120° 27' 8" O. Länge

0,5 sm rechtweisend S. W. z. W. von der Mitte des Taikungtau-Riffs ausgelegt worden.

Tsingtau, den 18. September 1905.

Kaiserliches Hafenamt.

23. September 1905. Amtsblatt—膠島官報 189.

Amtliche Anzeigen.

Landversteigerung.

Auf Antrag der Pensionsinhaberin Helene Luther zu Tsingtau findet am Montag, den 9. Oktober 1905, vormittags 11 Uhr, die Versteigerung des Grundstückes Kbl. 13 Nr. $\frac{114}{71\,\text{etc.}}$, Ecke Kronprinzenstrasse, Hohenloheweg und Richthofenstrasse, im Landamte statt.

Grösse: 2709 qm.
Mindestpreis: 2248,47 $.
Benutzungsplan: Errichtung eines Pensionshauses.
Bebauungsfrist: 31. Oktober 1908.
Gesuche zum Mitbieten sind bis zum 2. Oktober 1905 hierher zu richten.

Tsingtau, den 21. September 1905.

Kaiserliches Landamt.

Beschluss.

In dem Konkursverfahren über das Vermögen des Gastwirts

Conrad Fiedler

in Tsingtau wird zur Wahl eines neuen Verwalters anstelle des Rechtsanwalts Dr. Rapp Termin anberaumt auf den

27. September 1905, vormittags 10 Uhr.

Tsingtau, den 15. September 1905.

Kaiserliches Gericht von Kiautschou III.

Bekanntmachung.

Als gestohlen angemeldet: 1 silberne Schlüsseluhr mit Blumenverzierung auf dem Zifferblatt; 1 Nickeluhr ohne Sprungdeckel, auf dem Zifferblatt eine bekannte Genfer Firma; 5 Packete Baumwolle mit der Aufschrift „Fukushima cotton spinning Co. Ltd. Osaka Japan."

Als gefunden angemeldet: auf Kap Jäschke am Strande des Dorfes Tschu tschia tau 2 Stück Rundhölzer mit je einem zugespitzten Ende, je 8 m lang und 32 bezw. 33 cm Durchmesser.

Tsingtau, den 20. September 1905.

Kaiserliches Polizeiamt.

Verdingung von Futtermitteln.

Der Bedarf an Futtermitteln des Gouvernements für das Kalenderjahr 1906 soll am Montag, den 16. Oktober 1905, vormittags 9 Uhr, im Geschäftszimmer des III. Seebataillons (Bismarckkaserne) verdungen werden.

Angebote sind bis dahin versiegelt mit der Aufschrift „Angebot auf Futtermittel" unter Beifügung von Proben dem III. Seebataillon einzureichen.

In den Angeboten sind die Lieferungsbedingungen ausdrücklich anzuerkennen.

Angebote, die den Bedingungen nicht entsprechen, bleiben unberücksichtigt.

Tsingtau, den 18. September 1905.

Komando des III. Seebataillons.

190.　　　　　　　　　　　　Amtsblatt—青島官報　　　　　　　　　23. September 1905.

Mitteilungen.

Die Iltispassstrasse wird, soweit sie die Rennbahn schneidet, bis auf weiteres an den Dienstagen, Donnerstagen und Sonntagen in der Zeit von 5— 9 Uhr vormittags für den Verkehr gesperrt. In dieser Zeit wird der Verkehr um die Rennbahn herum geleitet.

*

Der Kurs bei der Gouvernementskasse beträgt vom 19. d. Mts. ab: 1 $ = 2,02 M.

*

Regierungs-Baumeister Kloevekorn ist am 18. d. Mts. im Schutzgebiete angekommen und hat seinen Dienst bei der Bauverwaltung übernommen.

*

Die Stationärgeschäfte vor Tsingtau hat S. M. S. „Hansa" übernommen.

*

Die Schantung-Eisenbahn befördert von jetzt ab Nudeln nach den Sätzen der allgemeinen Stückgutklasse I und Wagenladungsklasse IV.

Meteorologische Beobachtungen

in Tsingtau.

Datum. Sept.	Barometer (mm) reduz. auf 0° C., Seehöhe 78,64 m			Temperatur (Centigrade).								Dunstspannung in mm			Relat. Feuchtigkeit in Prozenten		
				trock. Therm.			feucht. Therm.										
	7 Vm	2 Nm	9 Nm	7 Vm	2 Nm	9 Nm	7 Vm	2 Nm	9 Nm	Min.	Max.	7 Vm	2 Nm	9 Nm	7 Vm	2 Nm	9 Nm
14	748,2	747,9	750,0	24,1	30,7	23,9	23,5	27,1	23,9	22,3	31,0	21,2	25,2	22,0	95	77	100
15	52,5	53,9	55,8	19,2	18,7	15,3	18,2	16,2	15,3	15,2	23,5	14,9	12,2	12,9	90	76	100
16	55,6	56,7	57,7	16,3	19,2	16,7	15,1	16,2	14,1	15,0	19,9	12,0	11,9	10,4	87	72	73
17	59,2	57,9	59,0	15,7	23,1	17,6	14,9	16,7	14,9	13,7	23,4	12,1	10,2	11,0	91	49	73
18	60,3	59,7	59,9	16,6	21,7	17,3	13,3	16,5	14,9	14,0	22,5	9,4	10,7	11,2	67	56	76
19	60,7	60,0	60,4	16,0	22,0	19,9	14,9	21,8	15,9	14,7	22,7	11,9	19,3	11,0	88	98	64
20	61,0	59,8	59,8	16,0	22,5	20,5	15,4	17,2	16,8	15,7	24,7	12,7	11,4	12,0	93	56	67

Datum. Sept.	Wind Richtung & Stärke nach Beaufort (0—12)			Bewölkung						Niederschläge in mm		
				7 Vm		2 Nm		9 Nm				9 Nm + 7 Vm
	7 Vm	2 Nm	9 Nm	Grad	Form	Grad	Form	Grad	Form	7 Vm	9 Nm	
14	N 2	Stille 0	N 3	6	Cum	5	Cum-str	10	Cum-ni		9,5	9,6
15	N O 4	N N O 4	N N O 2	10	Nim	10	Nim	10	Nim	0,1	3,5	3,9
16	N 3	N N O 3	N N O 2	10	„	10	Cum-ni	10	Cum	0,4		
17	N N O 1	WNW 2	N N O 6	6	Cir-cum	4	Cir-str	7	„			
18	N N O 3	WNW 2	N N O 2	4	„	5	Cir-cum	1	„			
19	N N O 2	S S O 2	S S O 1	1	Cum	2	Cum	1	Str.			
20	N N O 2	S S O 3	S 3	2	„	4	Str.	3	Cum-str			

23. September 1905.   Amtsblatt—膠島官報   191.

Schiffsverkehr

in der Zeit vom 14.—21. September 1905.

Ankunft am	Name	Kapitän	Flagge	Reg. Tonnen.	von	Abfahrt am	nach
(7.9.)	D. Progress	Bremer	Deutsch	687	Schanghai	17.9.	Karatzu
(8.9.)	D. Drufar	Bing	Norwegisch	1102	Hongkong	„	Unalaska
(12.9.)	D. Suevia	Knaisel	Deutsch	2663	Nagasaki	16.9.	Hankou
(13.9.)	D. Kashing	Pickard	Englisch	1158	Hongkong	15.9.	Niutschuang
(„)	D. Tungchow	Pithie	„	952	Schanghai	17.9.	Schanghai
14.9.	D. Gouv. Jaeschke	Treumann	Deutsch	1045	„	16.9.	„
15.9.	D. Ichang	Jones	Englisch	1228	„	15.9.	Niutschuang
„	D. Süllberg	Luppi	Deutsch	782	Kobe	16.9.	Kobe
16.9.	D. Chefoo	Uhlderuss	„	135	Tschifu	18.9.	Tschifu
17.9.	D. M. Struve	Brandt	„	966	Hongkong		
18.9.	D. Vorwärts	Hansen	„	643	Tschifu	19.9.	Tientsin
„	D. Adm. v. Tirpitz	Block	„	1199	Schanghai	„	Tschifu
„	D. Lena	Borge	Norwegisch	979	Osaka		
„	D. Tak-Sang	Clure	Englisch	977	Schanghai	19.9.	Schanghai
19.9.	D. Jnga	Spinnanger	Norwegisch	579	Moji		
„	D. Knivsberg	Lorentzen	Deutsch	646	Schanghai	21.9.	Schanghai
20.9.	D. Tsintau	Hansen	„	977	Tschifu	20.9.	Schanghai
21.9.	D. Peiho	Deinat	„	746	Schanghai		

Druck der Missionsdruckerei Tsingtau.

第六年　第三十八号

1905 年 9 月 23 日

法令与告白

大德钦命署理总督胶澳文武事宜大臣师　为

出示晓谕通用事：照得衡量什物，须有一定不易之器，始昭平允。德境以内，应用之称平、斗管、尺头，应与胶州市面相同，庶规划一，而免纷争。前因大小、长短参差歧异，当经饬属定章。兹已将中西数目校对明晰：计每一两合西数三十六格拉母零十分之一。每一斤合西数五百七十七格拉母零十分之六。每一斗合西数五十四利特零一万分之四百零八分。每一管合西数一利特万分之五千七百八十四分。每斤以十六两为率，每斗以九十六管为率。其度量长短之尺头分别两种，一系营造尺，每一尺合西数三百二十米里迈当①，一系裁尺，每一尺合西数三百四十米里迈当。业将应用之称平、砝码、称锤、斗管、尺头各造两分（份），一分（份）存储本署水师工务局，一分（份）常存青岛商务公所，以备商民遇事往对。惟每逢较对，应酌缴公所对费京钱二百文，藉资挹注。为此仰商民人等一体遵行。勿违。特谕。

右谕通知
大德一千九百五年九月十八日　告示

告白

已从在商业注册处登记的非华人公司中选举出民政区代表商人鲁德·乔克，接替商人 F. H. 基尔希霍夫。

青岛，1905 年 9 月 20 日
皇家总督
最高敕令委托代理
师孟

---

① 译者注：德语 Millimeter，即毫米。

告白

从今年 10 月 1 日起，中国和胶澳保护地的邮局撤销了目前为止使用的邮票，可以买到新的银元面值的邮票。

同时，新的信件邮费收费表生效，与现行的收费表最大的不同之处在于，所有的收费只使用银元货币表示，也就是目前的 3、5 和 10 芬尼分别被 1、2 和 4 分所取代。

此外，目前的收费继续适用，即将马克表示的金额按照 2 马克＝1 银元的比例转换后，取消不够 1 分的部分。

目前公众手中的现行类型的邮票，在 1905 年年底之前可以按照当前用马克表示的收费表继续使用。

在华和在胶澳的德国邮局于当日有义务将旧类型的邮票兑换成新面值邮票，此时基本的兑换价值可以在邮局柜台询问。

上海，1905 年 9 月 20 日
皇家德意志邮政局总部

对海员的告白

放置在大港水道海沟对面的黑色鼓形浮标已被收回，并放置在大公岛礁石中部正对西南偏西 0.5 海里处，方位为北纬 35 度 57 分 18 秒，东经 120 度 27 分 8 秒。

青岛，1905 年 9 月 18 日
皇家船政局

官方通告

大德管理青岛地亩局　为

拍卖地亩事：兹据德国商妇卢特禀称，欲买青岛赫狠（很）罗黑路街、宽普林次街并爱而西一特和分三街转角地图第十三号第一百一十四块，计二千七百零九米打，暂拟价洋二千二百四十八元四角七分。今订于西历一千九百五年十月初九日十一点钟在本局拍卖。买定后准盖华丽客房、饭店，限至西一千九百八年三月三十一日一律修竣。如他人亦欲买者，可以投禀，截至十月初二日，届期前来本局面议可也。勿误。特谕。

右谕通知
西一千九百五年九月二十一日　告示

决议

对青岛的饭店老板康拉德·费德勒的财产进行的破产案,将选举新的管理人,以代替律师拉普博士,日期定为 1905 年 9 月 27 日上午 10 点。

青岛,1905 年 9 月 15 日
胶澳皇家审判厅三处

告白

启者:兹将本署据报被窃、送案各物列左:

被窃各物:

背上弦银表一枚,表面有画花;镍镉质表一枚,无盖,表面有行名字样;绵花五色,印有"Fukushima Cotton spinning Co. Ltd. Osaka Japan"西字。

送案之物:

在海西朱家岛附近海滩获圆形木料两根,一头尖,长八米打,口径一系三十二桑的米打,一系三十三桑的米打。

以上窃物切勿轻买,如见亦宜报明本署,送案之物亦准具领。此布。

德一千九百五年九月二十日
青岛巡捕衙门启

饲料采购发包

总督府 1906 年日历年度的饲料需求将于 1905 年 10 月 16 日上午 9 点在第三海军步兵营的营业室(俾斯麦街)发包。

报价须密封并标注"对饲料的报价"字样,与样品一起递交至第三海军步兵营。

报价必须明确接受供货条件。

不符合条件的报价不予考虑。

青岛,1905 年 9 月 18 日
第三海军步兵营司令部

消息

在另行通知前,如果跑马场下雪,伊尔蒂斯道则在每个礼拜二、礼拜四和礼拜天上午 5 点—9 点封闭,不得通行。在此期间,需要绕行跑马场。

总督府财务处自本月19日起的汇率为：1元＝2.02马克。

政府建筑师克洛维科恩在本月18日抵达保护地，接管了在工程总局的工作。

"汉萨"号军舰已经接手了在青岛的驻站工作。

从现在开始，山东铁路公司按照普通计件货物等级一级和车厢装载等级四级的费率运送面条。

船运

1905年9月14日—21日期间

到达日	轮船船名	船长	挂旗国籍	登记吨位	出发港	出发日	到达港
(9月7日)	进步号	布雷默	德国	687	上海	9月17日	唐津
(9月8日)	德鲁法号	冰格	挪威	1 102	香港	9月17日	乌纳拉斯卡
(9月12日)	苏维亚号	凯泽尔	德国	2 663	长崎	9月16日	汉口
(9月13日)	嘉兴号	皮卡德	英国	1 158	香港	9月15日	牛庄
(9月13日)	通州号	皮蒂	英国	952	上海	9月17日	上海
9月14日	叶世克总督号	特洛依曼	德国	1 045	上海	9月16日	上海
9月15日	宜昌号	琼斯	英国	1 228	上海	9月15日	牛庄
9月15日	居尔堡号	卢皮	德国	782	神户	9月16日	神户
9月16日	芝罘号	伍尔德鲁斯	德国	135	芝罘	9月18日	芝罘
9月17日	M.施特鲁威号	布兰特	德国	966	香港		
9月18日	前进号	韩森	德国	643	芝罘	9月19日	天津
9月18日	提尔皮茨上将号	布洛克	德国	1 199	上海	9月19日	芝罘
9月18日	雷娜号	伯格	挪威	979	大阪		
9月18日	太仓号	克鲁尔	英国	977	上海	9月19日	上海
9月19日	英佳号	施宾安杰	挪威	579	门司		
9月19日	柯尼夫斯堡号	洛伦岑	德国	646	上海	9月21日	上海
9月20日	青岛号	韩森	德国	977	芝罘	9月20日	上海
9月21日	白河号	代纳特	德国	746[①]	上海		

---

① 译者注：应为476。

Amtsblatt
für das
Deutsche Kiautschou-Gebiet.

青島官報

Herausgegeben vom Kaiserlichen Gouvernement Kiautschou.

Der Bezugspreis beträgt jährlich $ 2 = M 4.
Bestellungen nehmen sämtliche deutsche Postanstalten entgegen.

193.

| Jahrgang 6. | Nr. 39. | Tsingtau, den 30. September 1905. |

Verordnungen und Bekanntmachungen.

Rechtsanwalt und Notar Dr. Rapp hat am heutigen Tage auf seine Rechte aus der Zulassung zur Rechtsanwaltschaft bei dem Kaiserlichen Gericht von Kiautschou verzichtet.

Seine Befugnis zur Ausübung des Notariats im Schutzgebiete ist damit erloschen.

Tsingtau, den 22. September 1905.

Der Kaiserliche Oberrichter.

Der bereits früher im Schutzgebiete tätig gewesene Rechtsanwalt Dr. jur. Friedrich Vorwerk aus Schanghai ist auf seinen Antrag zur Rechtsanwaltschaft bei dem Kaiserlichen Gerichte von Kiautschou wieder zugelassen. Zugleich ist ihm genehmigt worden, dass bis zu seinem Eintreffen im Schutzgebiete der Referendar Freiherr von Reibnitz seine Vertretung übernimmt.

Tsingtau, den 21 September 1905.

Der Kaiserliche Oberrichter.

Amtliche Anzeigen.

Bekanntmachung.

Als gestohlen angemeldet: 2 Revolver mit Munition. Als verloren angemeldet: 1 Paar Haarseitenkämme aus Schildpatt und Schildpatthaarnadeln, sowie 1 Brosche auf dem Wege zwischen Artillerielager und dem Pferdestall des Gouvernementshauses; 1 goldene Brosche bestehend aus einer goldenen Nadel mit dem grossen Buchstaben B, welcher mit kleinen Perlen besetzt ist, in einem Sampan von Kap Jäschke nach der Tsingtaubrücke; 2 Radverschlüsse für einen Viktoriawagen, auf denen der Name „Sun dah Shanghai" steht, auf dem Wege vom grossen Hafen bis zum Tsingtauclub; 1 Portemonnaie mit 2 goldenen Ringen und 1 goldenen Kette als Inhalt bei Hsiüe tschia tau.

Als gefunden angemeldet: 1 goldene Tropenhelmschnur mit Kokarde; 1 Taschenuhr auf dem Biwaksplatz bei Liu tschia tau.

Tsingtau, den 27. September 1905.

Kaiserliches Polizeiamt.

白 告

啟者茲將本署據報被竊遺失送案
各物列左
被竊之物
六響洋槍二隻並有槍子
遺失各物
女人頭上兩旁所帶之玳瑁梳一對
女人頭帶之玳瑁叉一對
自礮隊至總督之馬房失有女人衣
領所用之扣針一枚
自領西至青島之舢板上失有女人
衣領所用之金扣針一枚針上鑲有
B字樣又鑲有米珠
自大碼頭至嘉俾世洋行門口失有
洋車輪頭二個鑲有、Sun dah
Shanghai 字樣
在薛家島附近之處失有洋錢搭十
一個内有金戒指二枚金錶一條
送案各物
武官夏天所帶、白銅上金繩一條
帽正一枚
在劉家島兵隊搭帳房之處拾表一
枚
以上被竊遺失各物切勿輕買如
見亦宜報明本署送案之物准人
具領此佈

青島巡捕衙門啓

西一千九百五年九月二十七日

Konkursverfahren.

In dem Konkurse über das Vermögen des Gastwirts
Conrad Fiedler
in Tsingtau ist anstelle des Rechtsanwalts Dr.
Rapp der Referendar

Freiher von Reibnitz
in Tsingtau zum Konkursverwalter bestellt.

Tsingtau, den 27. September 1905,

Kaiserliches Gericht von Kiautschou III.

Mitteilungen.

Am Sonntag, den 8. Oktober d. Js., findet in der Gouvernementskapelle kein Gottesdienst statt.
* * *

Der Kurs bei der Gouvernementskasse beträgt vom 24. d. Mts. ab: 1 $ = 2,01 M.

Schiffsverkehr

in der Zeit vom 21.—28. September 1905.

Ankunft am	Name	Kapitän	Flagge	Reg. Tonnen.	von	Abfahrt am	nach
(18.9.)	D. Lena	Borge	Norwegisch	979	Osaka	22.9.	Niutschuang
(19.9.)	D. Jnga	Spinnanger	"	579	Moji	"	"
(21.9.)	D. Peiho	Deinat	Deutsch	476	Schanghai	"	Tschemulpo
22.9.	D. Gouv. Jaeschke	Treumann	"	1045	"	23.9.	Schanghai
"	D. Chefoo	Uhlderuss	"	135	Tschifu	26.9.	Tschifu
25.9.	D. Tak-Sang	Clure	Englisch	977	Schanghai	"	Schanghai
"	D. Tsintau	Hansen	Deutsch	977	"	25.9.	Tschifu
27.9.	D. Adm. v. Tirpitz	Block	"	1200	Tschifu	27.9.	Schanghai

30. September 1905. Amtsblatt—青島官報 195.

Hochwassertabelle für den Monat Oktober 1905.

Datum	Tsingtau - Hauptbrücke.		Grosser Hafen, Mole I.		Nükuk'ou.	
	Vormittags	Nachmittags	Vormittags	Nachmittags	Vormittags	Nachmittags
1.	6 U. 10 M.	6 U. 33 M.	6 U. 40 M.	7 U. 13 M.	7 U. 10 M.	7 U. 33 M.
2.	6 „ 55 „	7 „ 16 „	7 „ 25 „	7 „ 46 „	7 „ 55 „	8 „ 16 „
3.	7 „ 39 „	8 „ 03 „	8 „ 09 „	8 „ 33 „	8 „ 39 „	9 „ 03 „
4.	8 „ 27 „	8 „ 52 „	8 „ 57 „	9 „ 22 „	9 „ 27 „	9 „ 52 „
5.	9 „ 20 „	9 „ 48 „ ◉	9 „ 50 „	10 „ 19 „	10 „ 20 „	10 „ 49 „
6.	10 „ 22 „	10 „ 56 „	10 „ 52 „	11 „ 36 „	11 „ 22 „	11 „ 56 „
7.	11 „ 34 „	—	—	0 „ 04 „	—	0 „ 34 „
8.	0 „ 12 „	0 „ 48 „	0 „ 42 „	1 „ 18 „	1 „ 12 „	1 „ 48 „
9.	1 „ 25 „	1 „ 55 „	1 „ 55 „	2 „ 25 „	2 „ 25 „	2 „ 55 „
10.	2 „ 26 „	2 „ 50 „	2 „ 56 „	3 „ 20 „	3 „ 26 „	3 „ 50 „
11.	3 „ 14 „	3 „ 34 „	3 „ 44 „	4 „ 04 „	4 „ 14 „	4 „ 34 „
12.	3 „ 53 „	4 „ 11 „	4 „ 33 „	4 „ 41 „	4 „ 53 „	5 „ 11 „
13.	4 „ 28 „ ○	4 „ 44 „	4 „ 58 „	5 „ 14 „	5 „ 28 „	5 „ 44 „
14.	5 „ 00 „	5 „ 16 „	5 „ 30 „	5 „ 46 „	6 „ 06 „	6 „ 16 „
15.	5 „ 31 „	5 „ 47 „	6 „ 01 „	6 „ 17 „	6 „ 31 „	6 „ 47 „
16.	6 „ 19 „	6 „ 19 „	6 „ 33 „	6 „ 49 „	7 „ 03 „	7 „ 19 „
17.	6 „ 36 „	6 „ 53 „	7 „ 06 „	7 „ 23 „	7 „ 36 „	7 „ 53 „
18.	7 „ 10 „	7 „ 29 „	7 „ 40 „	7 „ 59 „	8 „ 10 „	8 „ 29 „
19.	7 „ 48 „	8 „ 09 „	8 „ 18 „	8 „ 39 „	8 „ 48 „	9 „ 09 „
20.	8 „ 30 „	8 „ 56 „	9 „ 00 „	9 „ 26 „	9 „ 30 „	9 „ 56 „
21.	9 „ 22 „	9 „ 53 „	9 „ 52 „	10 „ 23 „	10 „ 22 „	10 „ 53 „
22.	10 „ 25 „	11 „ 01 „ ●	10 „ 55 „	11 „ 31 „	11 „ 25 „	—
23.	11 „ 48 „	—	—	0 „ 08 „	0 „ 01 „	0 „ 38
24.	0 „ 16 „	0 „ 53 „	0 „ 46 „	1 „ 23 „	1 „ 16 „	1 „ 53 „
25.	1 „ 32 „	2 „ 11 „	2 „ 02 „	2 „ 41 „	2 „ 32 „	3 „ 11 „
26.	2 „ 35 „	2 „ 59 „	3 „ 05 „	3 „ 29 „	3 „ 35 „	3 „ 59 „
27.	3 „ 25 „	3 „ 50 „	3 „ 55 „	4 „ 20 „	4 „ 25 „	4 „ 50 „
28.	4 „ 15 „ ●	4 „ 39 „	4 „ 45 „	5 „ 90 „	5 „ 15 „	5 „ 39 „
29.	5 „ 03 „	5 „ 27 „	5 „ 33 „	5 „ 58 „	6 „ 03 „	6 „ 27 „
30.	5 „ 51 „	6 „ 14 „	6 „ 21 „	6 „ 44 „	6 „ 51 „	8 „ 14 „
31.	6 „ 38 „	7 „ 01 „	7 „ 55 „	7 „ 31 „	7 „ 38 „	8 „ 01 „

1) ○ = Vollmond; 2) ◐ = Letztes Viertel; 3) ● = Neumond; 4) ◉ = Erstes Viertel.

Anmerkung: In T'a pù t'ou tritt das Hochwasser 10 Minuten früher als in Nükuk'ou auf.

Sonnen-Auf-und Untergang
für Monat October 1905.

Dt.	Mittelostchinesische Zeit des			
	wahren	scheinbaren	wahren	scheinbaren
	Sonnen-Aufgangs.		Sonnen-Untergangs.	
1.	5 U. 57.3 M.	5 U. 52.2 M.	5 U. 40.3 M.	5 U. 45.4 M.
2.	58.2	53.1	38.3	4.39
3.	59.1	54.0	37.8	42.4
4.	6 U. 0.0	54.9	35.8	40.9
5.	0.8	55.7	34.4	39.5
6.	1.6	56.5	33.0	38.1
7.	2.3	57.2	31.7	36.8
8.	3.0	57.9	30.4	35.5
9.	3.7	58.6	29.1	34.3
10.	4.4	59.3	27.8	32.9
11.	5.1	6 U 0.0	26.5	31.6
12.	5.9	0.8	25.2	30.3
13.	6.7	1.6	23.9	29.0
14.	7.5	2.4	22.6	27.7
15.	8.3	3.2	21.3	24.4
16.	9.2	4.1	20.0	25.1
17.	10.1	5.0	18.7	23.8
18.	11.0	5.9	17.4	22.5
19.	11.9	6.8	16.1	21.2
20.	12.8	7.7	14.8	19.9
21.	13.8	8.7	13.6	18.7
22.	15.0	9.9	12.2	17.3
23.	16.1	11.0	10.8	15.9
24.	17.2	12.1	9.4	14.5
25.	18.3	13.2	80.	13.1
26.	19.4	14.3	6.6	11.7
27.	20.4	15.3	5.4	10.5
28.	21.3	16.2	43.	9.4
29.	22.2	17.1	3.2	8.3
30.	23.1	18.0	2.1	7.2
31.	24.0	18.9	1.0	6.1

Meteorologische Beobachtungen

in Tsingtau.

Da-tum. Sept.	Barometer (mm) reduz. auf 0° C., Seehöhe 78,64 m			Temperatur (Centigrade).								Dunstspannung in mm			Relat. Feuchtigkeit in Prozenten		
				trock. Therm.			feucht. Therm.			Min.	Max.						
	7 Vm	2 Nm	9 Nm	7 Vm	2 Nm	9 Nm	7 Vm	2 Nm	9 Nm			7 Vm	2 Nm	9 Nm	7 Vm	2 Nm	9 Nm
21	759,1	757,6	758,0	19,9	23,3	21,9	18,7	19,7	19,8	19,4	24,9	15,3	14,9	15,9	89	70	81
22	58,4	57,1	58,0	18,7	22,9	21,5	17,0	19,7	19,6	18,1	25,4	13,4	15,1	15,8	84	73	83
23	57,6	56,8	57,6	22,1	22,6	17,3	20,0	20,3	17,1	17,0	24,5	16,1	16,3	14,4	82	80	98
24	56,0	55,7	56,2	19,4	20,6	19,4	16,7	18,2	18,7	15,7	21,2	12,5	14,1	15,6	74	78	93
25	56,0	54,6	54,8	19,0	20,7	19,2	18,0	19,2	18,9	17,8	21,7	14,7	15,6	16,1	90	86	97
26	51,8	51,9	54,3	18,6	19,8	19,2	18,5	19,8	18,8	17,7	21,1	15,8	17,2	15,9	99	100	96
27	58,5	58,4	60,8	13,4	16,5	14,9	12,5	12,8	11,7	13,2	19,7	10,3	8,8	8,3	90	63	66

Da-tum. Sept.	Wind Richtung & Stärke nach Beaufort (0—12)			Bewölkung						Niederschläge in mm		
				7 Vm		2 Nm		9 Nm				9 Nm
	7 Vm	2 Nm	9 Nm	Grad	Form	Grad	Form	Grad	Form	7 Vm	9 Nm	7 Vm
21	SSW 3	S 3	SSW 4	4	Cir-str	7	Cir-str					
22	N 1	S 3	SSW 2	4	Cir-cum	8	Cir-cum	8	Cum			
23	SSO 1	SSO 4	SSO 5	8	„	7	Cum-str	10	Nim		2,4	6,0
24	OSO 5	OSO 4	OSO 3	9	Cum-str	7	Cum	10	Cum-str	3,6		
25	ONO 1	SO 3	OSO 3	8	Cum-ni	7	Cum-ni	10	Nim		2,0	8,3
26	N 4	NNW 3	NNW 4	9	„	10	Nim	6	Cum	6,3	0,6	0,6
27	NWN 6	NNW 6	N 5	6	Cir-cum	9	Cir-cum	7	Cum-str			

Druck der Missionsdruckerei Tsingtau.

第六年 第三十九号

1905 年 9 月 30 日

法令与告白

律师和公证员拉普博士已于今日放弃了被准许在胶澳皇家审判厅担任律师的权利。

谨此撤销其在保护地执行公证事务的许可。

青岛,1905 年 9 月 22 日
皇家高等法官

以前就在保护地执业的来自上海的律师、法学博士弗里德里希·佛威的申请已被许可在胶澳皇家审判厅担任律师。同时准许在他抵达保护地之前,由见习律师冯·莱布尼茨男爵代理其事务。

青岛,1905 年 9 月 21 日
皇家高等法官

官方通告

告白

启者:兹将本署据报被窃、遗失、送案各物列左:

被窃之物:

六响洋枪二只,并有枪子。

遗失各物:

女人头上两旁所带(戴)之玳瑁梳一对;女人头带(戴)之玳瑁叉一对;自炮队至总督之马房失有女人衣领所用之扣针一枚;自海西至青岛之舢板上失有女人衣领所用之金扣针一枚,针上镶有"B"字样,又镶有米珠;自大码头至嘉俾世洋行门口失有洋车轮头二个,镶有"Sun dah Shanghai"字样;在薛家岛附近之处失有洋钱搭子一个,内有金戒指二枚,金链一条。

送案各物：

武官夏天所带（戴）白盔上金绳一条；帽正一枚；在刘家岛兵队揩帐（账）房之处拾表一枚。

以上被窃、遗失各物切勿轻买，如见亦宜报明本署，送案之物准人具领。此布。

西一千九百五年九月二十七日
青岛巡捕衙门启

破产程序

在对青岛的饭店老板康拉德·费德勒财产的破产案中，见习律师冯·莱布尼茨男爵代替律师拉普博士，被委任为破产管理人。

青岛，1905 年 9 月 27 日
胶澳皇家审判厅三处

消息

督署小教堂今年 10 月 8 日礼拜天不举行弥撒。

总督府财务处自本月 24 日起的汇率为：1 元＝2.01 马克。

船运

1905 年 9 月 21 日—28 日期间

到达日	轮船船名	船长	挂旗国籍	登记吨位	出发港	出发日	到达港
（9 月 18 日）	雷娜号	伯格	挪威	979	大阪	9 月 22 日	牛庄
（9 月 19 日）	英佳号	施宾安杰	挪威	579	门司	9 月 22 日	牛庄
（9 月 21 日）	白河号	代纳特	德国	476	上海	9 月 22 日	济物浦
9 月 22 日	叶世克总督号	特洛依曼	德国	1 045	上海	9 月 23 日	上海
9 月 22 日	芝罘号	伍尔德鲁斯	德国	135	芝罘	9 月 26 日	芝罘
9 月 25 日	太仓号	克鲁尔	英国	977	上海	9 月 26 日	上海
9 月 25 日	青岛号	韩森	德国	977	上海	9 月 25 日	芝罘
9 月 27 日	提尔皮茨上将号	布洛克	德国	1 200	芝罘	9 月 27 日	上海

Amtsblatt
für das Deutsche Kiautschou-Gebiet.

青島官報

Herausgegeben vom Kaiserlichen Gouvernement Kiautschou.

Der Bezugspreis beträgt jährlich $ 2 = M 4.
Bestellungen nehmen sämtliche deutsche Postanstalten entgegen.

| Jahrgang 6. | Nr. 40. | Tsingtau, den 7. Oktober 1905. | 第四十九號 | 第六年 |

Amtliche Anzeigen.

Aufgebot.

Es wird hiermit bekannt gemacht, dass **Leonhard** Gustav Otto **Polczynski**, seines Standes Klempner, geboren zu Berlin, 26 Jahre alt, wohnhaft in Tsingtau, Sohn des zu Berlin verstorbenen Polizeibeamten Leonhard Polczynski und seiner in Berlin wohnhaften Ehefrau Luise, geborenen Hohenwald,

und

Gertrud Therese Marie **Wilke**, geboren zu Berlin, 25 Jahre alt, wohnhaft in Berlin, Tochter des Schneidermeisters Otto Wilke und seiner Ehefrau Agnes, geborenen Berner, beide in Berlin wohnhaft,

beabsichtigen, sich miteinander zu verheiraten und diese Ehe in Gemässheit des Reichsgesetzes vom 4 Mai 1870 vor dem unterzeichneten Beamten abzuschliessen.

Tsingtau, den 3. Oktober 1905.
Der Kaiserliche Standesbeamte.
Günther.

Bekanntmachung.

Die Maschinen-Gewehr-Abteilung des 1. Bataillons I. Ostasiatischen Infanterieregiments hält am 13. d. Mts. in der Zeit von 8—11 Uhr vormittags bei Hutautsy mit der Schussrichtung nach dem Kuschan-Berge ein gefechtsmässiges Schiessen mit Maschinen-Gewehren ab. Vor dem Betreten des zu der Schiessübung benutzten Geländes wird gewarnt.

Tsingtau, den 3. Oktober 1905.
Der Kaiserliche Zivilkommissar.

Bekanntmachung.

Als gestohlen angemeldet: 15 vernickelte Stahlkugeln mit einem Durchmesser von 4 cm.; 1 Messingtaschenuhr mit Nickelkette.

Als verloren angemeldet: 1 goldener Kettenring; 1 Cigarrenetui, braun, gewölbt und zusammenschiebbar.

Als gefunden angemeldet: 1 schwarzer steifer Hut

Tsingtau, den 4. Oktober 1905

Kaiserliches Polizeiamt.

白 告

敬者茲將本署檔報被竊遺
失送案各物分別列左
被竊各物
四粒的米打圓徑小鋼子十
五粒
白銅鍊黃銅表一個
鍊式金戒指一枚
紫色抽套烟夾子一個
遺失各物
金戒指一個
送案之物
黑色硬幅子一頂
以上被竊遺失各物切
勿輕買如見亦宜報明此本署
送案之物亦准具領此佈
青島巡捕衙門啟
德一千九百五年十月初四日

Bekanntmachung.

Im Konkurse C. Schmidt soll mit Genehmigung des Gläubigerausschusses eine Abschlagsverteilung erfolgen. Nach dem auf der Gerichtsschreiberei ausliegenden Verzeichnis sind 7667,83 Dollars Forderungen zu berücksichtigen. Die verfügbare Masse beträgt 1916,96 Dollars.

Tsingtau, den 3. Oktober 1905.

v. Hassell
Konkursverwalter.

Mitteilungen.

Am Sonntag, den 8. d. Mts., findet in der Gouvernementskapelle kein Gottesdienst statt.

* * *

Regierungsbaumeister Kloevekorn hat die Geschäfte der Bauabteilung II übernommen.

Die Witterung zu Tsingtau während des Monats September 1905
nach den Aufzeichnungen der Meteorologisch-astronomischen Station.

Der Monat September d. Js. zeigte sich mit Ausnahme weniger Tage von einer sehr unfreundlichen Seite.

Die Temperatur der Luft fiel infolge heftiger nördlicher Winde einige Male plötzlich um mehrere Grade, beispielsweise vom 14. zum 15. um $8^0.5$, dann wieder vom 26. zum 27. um $4^0.3$. Vorher oder nachher trat noch als Begleiterscheinung regnerisches Wetter auf.

Im Durchschnitt betrug die Tagestemperatur $21^0,0$, das ist das bisher im selben Monat beobachtete niedrigste Mittel. Grosse Abweichungen zeigten auch die Extremthermometer. Während das Maximum-Thermometer mit 31,0 am 14. um etwa 2^0 höher stand als in früheren Jahren, zeigte das Minimum-Thermometer mit $11^0,0$ am 28. etwa $2^0.5$ weniger als das entsprechende Mittel im selben Monat der Vorjahre. Die Amplitude des Thermometers betrug mithin $20^0.0$.

Sommertage, die mit Ausnahme eines einzigen sämtlich der ersten Hälfte des Monats angehörten, wurden 13 gezählt; das bisher im September an solchen Tagen erreichte Maximum betrug 26, der Durchschnitt 19.

Durch die starke Bewölkung des Himmels, welche durchschnittlich 6,0 Zehntel ausmachte, erklärt sich die grosse Anzahl der trüben Tage, nämlich 10, wohingegen nur 3 heitere Tage zu verzeichnen waren.

Der Sonnenscheinautograph registrierte während des Monats 147,3 Stunden Sonnenscheindauer, das sind ungefähr 39,6 % der möglichen. An 7 Tagen kam die Sonne garnicht, oder nur für einen kurzen, weniger als 1 Stunde dauernden Zeitraum zum Vorschein.

Als Folge des unverhältnismässig hohen Feuchtigkeitsgehalts der Luft, im Mittel 83 % betragend, das ist noch ein Procent höher als im vorigen Monat, trat die grosse Anzahl der regnerischen Tage in die Erscheinung. Von diesem kamen 10 mit einer Gesamtniederschlagsmenge von 44.3 mm zur Auszählung.

In 7 Nächten fiel Tau; an 4 Abenden wurde Wetterleuchten, an 2 Abenden Ferngewitter notiert. Während der frühen Morgenstunden war die Atmosphäre häufig dunstig, Lauschan und Perlgebirge entweder ganz unsichtbar oder stark verschleiert.

Die Winde wechselten sehr häufig die Richtungen; die Hauptanzahl derselben entfiel auf die Richtungen Nord, NNO, Süd und SSO. An Stärke überwogen die aus den beiden ersten Richtungen die der letzteren bedeutend. Jm Durchschnitt erreichte der Wind eine Stärke von 2.9 der Beaufort-Scala. Frisch bis stürmisch wehte der Wind am 2. aus NNO mit Stärke 8, am 3. aus NNW mit Stärke 6 und NNO Stärke 7 und am 27. aus NNW mit Stärke 6.

Von Mitte des Monats an zogen schon einzelne Schwärme Wildgänse in südlicher Richtung vorüber; gegen Ende desselben wurden Wandertauben und zahlreiche Raubvögel auf dem Zuge beachtet.

7. Oktober 1905. Amtsblatt—青島官報 199.

Meteorologische Beobachtungen
in Tsingtau.

Datum. Sept.	Barometer (mm) reduz. auf 0° C., Seehöhe 78,64 m			Temperatur (Centigrade).								Dunstspannung in mm				Relat. Feuchtigkeit in Prozenten		
				trock. Therm.			feucht. Therm.											
	7 Vm	2 Nm	9 Nm	7 Vm	2 Nm	9 Nm	7 Vm	2 Nm	9 Nm	Min.	Max.	7 Vm	2 Nm	9 Nm	7 Vm	2 Nm	9 Nm
28	762,7	762,2	763,2	11,9	17,7	16,6	9,8	16,6	12,9	11,0	19,7	7,8	13,4	8,8	75	89	63
29	63,6	62,1	61,4	13,8	19,5	12,7	11,6	14,5	10,3	12,4	19,9	8,9	9,3	7,9	76	55	73
30	60,1	57,4	56,8	16,0	19,0	18,1	14,5	15,3	16,0	12,5	20,8	11,4	10,7	12,2	84	65	79
Okt. 1	56,8	56,3	57,7	17,5	20,3	18,3	15,2	16,0	15,7	12,8	22,1	11,5	10,9	11,7	77	62	74
2	59,5	60,0	62,8	14,9	20,3	18,2	14,3	15,6	15,3	14,2	22,0	11,8	10,3	11,2	93	58	72
3	63,9	63,0	62,9	17,0	20,4	17,7	14,4	15,8	13,9	13,9	21,6	10,6	10,6	9,5	74	59	63
4	61,1	59,0	58,0	17,8	17,7	17,9	15,1	17,3	16,9	10,5	21,6	11,1	14,5	13,7	73	96	90

Datum. Sept.	Wind Richtung & Stärke nach Beaufort (0—12)			Bewölkung						Niederschläge in mm		
				7 Vm		2 Nm		9 Nm				9 Nm
	7 Vm	2 Nm	9 Nm	Grad	Form	Grad	Form	Grad	Form	7 Vm	9 Nm	7 Vm
28	N 2	N 2	WSW 2	7	Cum-str	6	Cum-str					
29	NNW 2	N 4	NNO 3	2	Cir-str	3	Cir-str					
30	N 1	S 2	SSW 3	.		4	Cum-str	4	Cum-ni	0,1	0,1	
Okt. 1	WNW 3	N 1	SW 2	3	Cum-ni	4	Cum-str					
2	N 1	ONO 3	SO 4	2	Cum-str	5	„	2	Cum			
3	ONO 1	SSO 3	OSO 3	6	Cir-str	6	Cir-str	3	Cir-cum			
4	SO 1	SO 6	SSO 6	10	Cum-str	10	Cum-ni	10	Cum-ni	0,1	0,1	

Schiffsverkehr
in der Zeit vom 28. September — 4. Oktober 1905.

Ankunft am	Name	Kapitän	Flagge	Reg. Tonnen.	von	Abfahrt am	nach
28.9.	D. Schleswig	Schlaikier	Deutsch	783	Hongkong	29.9.	Tschifu
29.9.	D. Gouv. Jaeschke	Treumann	„	1045	Schanghai	30.9.	Schanghai
„	D. Peiho	Deinat	„	476	Tschemulpo	29.9.	„
30.9.	D. Süllberg	Luppi	„	782	Moji	1.10.	Moji
„	D. Chefoo	Uhlderup	„	135	Tschifu	2.10.	Tschifu
2.10.	D. Kowloon	Stehn	„	1847	Hongkong	5.10.	„
„	D. Knivsberg	Lorentzen	„	646	Schanghai	2.10.	„
„	D. Tak-Sang	Clure	Englisch	977	„	3.10.	Schanghai
3.10.	D. Tsintau	Hansen	Deutsch	977	Tschifu	„	„

Druck der Missionsdruckerei Tsingtau.

第六年 第四十号

1905年10月7日

官方通告

结婚公告

莱恩哈德·古斯塔夫·奥托·波尔钦斯基,职业为水管工,出生于柏林,现年26岁,居住地为青岛,为在柏林去世的警官莱恩哈德·波尔钦斯基与居住在柏林、出生时姓霍恩瓦尔德的妻子露易莎的儿子。

歌特鲁德·特雷泽·玛丽·威尔克,出生于柏林,现年25岁,居住地为柏林,是均居住在柏林的裁缝师傅奥托·威尔克和出生时姓贝尔纳的妻子阿涅丝的女儿。

谨此宣布二人结婚,此婚约按照1870年5月4日颁布的法律规定在本官员前缔结。

青岛,1905年10月3日
皇家户籍官
贡特

告白

第一东亚步兵团一营机关枪排将于本月13日上午8—11点之间在湖岛子附近举行实弹射击,射击方向冲向孤山。谨此警告不要进入射击训练区域。

青岛,1905年10月3日
皇家民政长

告白

启者:兹将本署据报被窃、遗失、送案各物分别列左:

被窃各物:

四桑的米打圆径小钢子十五粒;白铜链黄铜表一枚。

遗失各物：

链式金戒指一枚；紫色抽套烟夹子一个。

送案之物：

黑色硬帽子一顶。

以上被窃、遗失各物切勿轻买，如见亦宜报明本署，送案之物亦准具领。此布。

德一千九百五年十月初四日

青岛巡捕衙门启

告 白

在 C. 施密特的破产案中，债权人委员会同意进行一次资金分配。根据张贴在法院书记处的目录，需要考虑的优先索款额是 7 667.83 元，可执行的金额为 1 916.96 元。

青岛，1905 年 10 月 3 日

冯·哈塞尔

破产管理人

消 息

督署小教堂本月 8 日礼拜天不举行弥撒。

政府建筑师克洛弗克恩已经接管了第二工部局的工作。

气象天文台记录的 1905 年 9 月份青岛的天气情况

今年 9 月份，除几天外，天气情况很差。

由于强烈的北风，气温多次骤降，例如从 14 日到 15 日，降低了 8.5 度，然后从 26 日到 27 日再次降低了 4.3 度。在此前后还伴随着降雨天气。

日平均气温为 21.0 度，是有记录以来最低的当月气温，极值温度计也出现了巨大差值。最高温温度计 14 日测得 31.0 度，比之前的年份高了约 2 度，最低温温度计 28 日测得 11.0 度，比之前几年的同月份要少了 2.5 度，温度计的振幅因此达到了 20.0 度。

属于本月上半个月的夏日，除一天外，统计了其他 13 天。9 月份最高气温 26 度，平均温度为 19 度。

天空云层很厚，且平均有 6 成时间均为如此，大部分时间都阴天，总计 10 天，只记录了 3 个晴天。

本月登记了147.3个小时的日照,约占可能出现日照时间的比例为39.6%。有7天时间根本没有太阳,或者只有短暂的、持续时间少于1个小时的日照。

由于出现不同往常的高湿度天气,平均达到83%,比上个月还要高出一个百分点,因此出现了大量雨天,共计10天,总降水量为44.3毫米。

有7个夜间出现了露水,4个晚上有闪电,2个晚上还记录了远方的雷暴。在凌晨时分经常有雾,崂山和珠山或者根本看不见,或者只是若隐若现。

风向经常不定,主要为北风、东北偏北风、南风和东南偏南风。前两个方向的风力要比后两个方向强,平均达到2.9级蒲福风级。2日,从东北偏北方向刮来8级大风,3日从西北偏北方向刮来6级风和从东北偏北向刮来7级风,27日从西北偏北方向刮来6级风。

从月中开始,一群野雁在南方路过,在它们后面还观察到迁徙鸽群和大量猛禽。

船运

1905年9月28日—10月4日期间

到达日	轮船船名	船长	挂旗国籍	登记吨位	出发港	出发日	到达港
9月28日	石勒苏益格号	施莱吉尔	德国	783	香港	9月29日	芝罘
9月29日	叶世克总督号	特洛依曼	德国	1 045	上海	9月30日	上海
9月29日	白河号	代纳特	德国	476	济物浦	9月29日	上海
9月30日	居尔堡号	卢皮	德国	782	门司	10月1日	门司
9月30日	芝罘号	伍尔德鲁普	德国	135	芝罘	10月2日	芝罘
10月2日	九龙号	施特恩	德国	1 847	香港	10月5日	芝罘
10月2日	柯尼夫斯堡号	洛伦岑	德国	646	上海	10月2日	芝罘
10月2日	太仓号	克鲁尔	英国	977	上海	10月3日	上海
10月3日	青岛号	韩森	德国	977	芝罘	10月3日	上海

Amtsblatt
für das Deutsche Kiautschou-Gebiet.

青島官報

Herausgegeben vom Kaiserlichen Gouvernement Kiautschou.

Der Bezugspreis beträgt jährlich $ 2 = M 4.
Bestellungen nehmen sämtliche deutsche Postanstalten entgegen.

Jahrgang 6.   Nr. 41.   Tsingtau, den 14. Oktober 1905.

Amtliche Anzeigen.

Landversteigerung.

Auf Antrag des Kaufmanns Li han tsching von hier findet am Montag, den 30. Oktober 1905, vormittags 11 Uhr, die Versteigerung des Grundstückes Kbl. 16 Nr. 16 im grossen Hafen-Viertel an der Herthastrasse gelegen, im Landamte statt.

Grösse: 3801 qm
Mindestpreis: 5701,50 $
Benutzungsplan: Errichtung eines Geschäftshauses
Bebauungsfrist: 31. Oktober 1908

Gesuche zum Mitbieten sind bis zum 23 Oktober 1905 hierher zu richten.

Tsingtau, den 11. Oktober 1905.

Kaiserliches Landamt.

Bekanntmachung.

Als gestohlen angemeldet: 1 silberne Uhr mit 2 Goldrändern und Ciselierung, 1 goldener Ring mit Opal.

Als verloren angemeldet: 1 goldene lange Halskette (Uhrkette) mit Schliessrosette und einem kleinen blauen Stein, 1 goldene Uhr mit goldener Kette, (wahrscheinlich Nr. 355) auf dem Dekel ist der Name „Charles Cream" eingraviert, an der Kette befindet sich das chinesische Schriftzeichen „福"- Fu.

Als gefunden angemeldet: 1 rote Ankerboje, anscheinend einem Kriegsschiffe gehörend, am Strande des Dorfes Hou wan tschuang (Insel Huangtau).

Tsingtau, den 12. September 1905.

Kaiserliches Polizeiamt.

敬者茲將本署據報被竊遺
失送案各物分別列左
被竊各物
兩道金邊刻花銀表一枚
鑲寶石金戒指一枚
遺失之物
金質長表練一條帶有小鎖
並小藍寶石一塊
掛金練金表一枚約三百五
十五號表蓋刻有 charles
Cream 西名練上繫有小福
字一個
送案之物
在黃島後灣庄海沿尋獲紅
色僿船浮一具約係兵船之
物
以上被竊遺失各物切勿
輕買如見亦宜報明本署
至送案之物亦准具領此
佈
德一千九百五年十月十
二日
青島巡捕衙門啟

Bekanntmachung.

Im Konkurs

Conrad Fiedler

soll, nachdem der gerichtliche Schlusstermin stattgefunden haben wird, die Verteilung der Masse erfolgen.

Zu berücksichtigen sind 2234,24 $ Forderungen, deren Verzeichnis auf der Gerichtsschreiberei ausliegt.

Die verfügbare Masse beträgt 242 $.

Tsingtau, den 12. Oktober 1905.

Frhr v. Reibnitz

Konkursverwalter.

Bekanntmachung.

Um bei ankommenden Europaposten die Ausgabe der Sendungen zu beschleunigen, wird von jetzt ab der Zeitpunkt, zu dem die Entkartung der Briefpost beendet ist und die Postsachen abgeholt werden können, durch Hissen der Flagge O des internationalen Signalbuchs angezeigt. Die Signale werden bei der Signalstation und auf dem Postgebäude gezogen, sie bleiben etwa eine Stunde wehen.

Tsingtau, den 10. Oktober 1905.

Kaiserlich Deutsches Postamt.

Mitteilungen.

Die Hamburg-Amerika-Linie hat für die auswärtigen Schüler in Tsingtau seit dem 1. Oktober d. Js. ermässigte Fahrpreise eingeführt. Ausschliesslich der Getränke kostet für Schüler eine Rückfahrkarte Tsingtau-Schanghai 35,-$
„   „   -Tschifu   25,-„
„   „   -Tientsin   40.-„

* * *

Über das Lager von Syfang ist seitens des 1. Bataillons I. Ostasiatischen Infanterieregiments am 9. d. Mts. wegen eines Rotzfalles unter den Pferden eine sechswöchige Quarantäne verhängt worden. Während dieser Zeit ist das Betreten des Lagers mit Pferden und Maultieren verboten.

* * *

Der Kurs bei der Gouvernementskasse beträgt vom 6. d. Mts. ab: 1 $ = 2,03 M.

* * *

Dem Kommissar für chinesische Angelegenheiten, Admiralitätsrat Dr. Schrameier ist der Charakter als Wirklicher Admiralitätsrat verliehen worden. Telegr. des R. M. A. vom 12. d. Mts.

* * *

Dolmetschereleve Dr. Hochstetter ist am 6. d. Mts. im Schutzgebiete eingetroffen und hat seinen Dienst beim Gouvernement angetreten.

* * *

Vom 15. Oktober ab werden folgende Güter: Altes Eisen, Zucker, Papier, Bruch-und Werksteine, in Wagenladungen von 15 tons oder bei Frachtzahlung für dieses Gewicht, mit einer Frachtermässigung von 20 Procent auf der Schantung-Eisenbahn befördert.

Durchschnittsmarktpreise.
September 1905.

1 Kätty = 605 g.

Durchschnittskurs 1 $ = 1900 kleine Käsch.

Bezeichnung.	Einheit	Tsingtau kl. Käsch	Litsun kl. Käsch	Tai tung tschen kl. Käsch.	Hsüe tschia tau kl. Käsch
Bohnen	1 Kätty	70	70	64	60
„ aufgekeimte	„	24	—	24	—
Schnittbohnen	„	30	30	30	—
Bohnenkäse	„	37	24	32	30
Bohnenöl	„	240	185	200	220
Bohnenkuchen	„	60	52	52	40
Erdnüsse	„	128	110	120	—
Erdnussöl	„	24	195	240	—
Erbsen	„	64	50	50	24
Gerste	„	64	52	50	32
Gurken	„	64	25	60	—
Hirse	„	72	58	64	60
Hirsemehl	„	78	68	68	—
Kartoffeln, chin.	„	19	—	18	12
Kartoffelscheiben, chin.	„	30	28	30	25
Kauliang	„	52	56	50	20
Kauliangstroh	„	—	15	—	12
Kleie	„	50	38	50	40
Kürbis	„	20	12	12	15
Mais	„	60	—	48	—
Radieschen	„	—	—	—	—
Reis	„	80	80	70	80
Weizen	„	70	59	64	46
Weizenmehl	„	100	90	90	—
Weizenbrot	1 Stück	30	20	24	—
Dampfbrot	„	28	20	24	—
Hirsebrot	„	40	—	30	—
Rostbrot	„	120	—	34	—
Äpfel	„	—	72	100	—
Apfelsinen	„	140	—	—	—
Birnen	„	50	38	30	30
Kohlrabi	„	—	—	—	—
Kohl in Köpfen	„	—	—	—	—
„ in kleinen Pflanzen	„	24	—	16	—
Knoblauch	„	120	55	80	30
Mohrrüben	„	30	—	24	24
Pfeffer, roter	„	80	—	600	—
„ , schwarzer	„	800	895	800	800
Rettig, chin.	„	—	72	—	30

203.　　　　　　　　　　　Amtsblatt—青島官報　　　　　　　　14. Oktober 1905.

Bezeichnung.	Einheit	Tsingtau kl. Käsch	Li tsun kl. Käsch	Tai tung tschen kl. Käsch	Hsüetschia tau kl. Käsch
Rüben, weisse	1 Kätty	24	—	18	12
Spinat	”	40	—	—	—
Wallnüsse	”	160	160	130	—
Zwiebeln, chin.	”	30	20	24	22
Salz,	”	10	10	10	20
Tabak	”	300	265	280	280
Bratfische	”	20	230	150	—
Kochfische	”	180	140	150	—
Fische, trocken	”	180	160	180	200
Tintenfische	”	450	490	450	200
Krabben	”	—	160	—	—
Schweinefleisch	”	260	200	190	220
Schweinefett	”	320	270	300	—
Rindfleisch, roh	”	240	160	180	—
” ” , gekocht	”	240	160	200	—
Rindertalg	”	320	160	220	—
Enten	1 Stück	—	500-600	—	400
” , wilde	”	—	—	—	—
Gänse	”	—	—	—	—
” , wilde	”	—	—	—	—
Hühner	”	130	400-500	300	350
Schnepfen	”	—	—	—	—
Enteneier	”	300	296	260	200
Hühnereier	”	160	160	180	150
Weintrauben	1 Kätty	—	—	120	—

Schiffsverkehr

in der Zeit vom 5—12. Oktober 1905.

Ankunft am	Name	Kapitän	Flagge	Reg. Tonnen.	von	Abfahrt am	nach
(17.9.)	D. M. Struwe	Brandt	Deutsch	966	Hongkong	8.10.	Nikolajewsk
(2.10.)	D. Kowloon	Stehn	”	1487	”	4.10.	”
5.10.	D. Poshan	Lemke	”	1799	”		
”	D. Gouv. Jaeschke	Treumann	”	1045	Schanghai	7.10.	Schanghai
6.10.	D. Chefoo	Uhlderup	”	134	Tschifu		
7.10.	D. Peiho	Deinat	”	476	Schanghai	8.10.	Tschemulpo
8.10.	D. Chili	Hooker	Englisch	1143	Hongkong	9.10.	Tientsin
”	D. Adm. v. Tirpitz	Block	Deutsch	1199	Schanghai	”	Tschifu
9.10.	D. Tak-Sang	Clure	Englisch	977	”	10.10.	Schanghai
10.10.	D. Vorwärts	Hansen	Deutsch	643	Tschifu	11.10.	Hongkong
11.10.	D. Knivsberg	Lorentzen	”	646	”	11.10.	Schanghai

14. Oktober   Amtsblatt—青島官報   204.

Meteorologische Beobachtungen
in Tsingtau.

Datum. Okt.	Barometer (mm) reduz. auf 0° C., Seehöhe 78,64 m			Temperatur (Centigrade).								Dunstspannung in mm			Relat. Feuchtigkeit in Prozenten		
				trock. Therm.			feucht. Therm.										
	7 Vm	2 Nm	9 Nm	7 Vm	2 Nm	9 Nm	7 Vm	2 Nm	9 Nm	Min.	Max.	7 Vm	2 Nm	9 Nm	7 Vm	2 Nm	9 Nm
5	756,6	754,1	755,4	17,2	19,8	13,9	15,1	15,6	13,5	12,5	22,6	11,5	10,6	11,3	79	61	96
6	57,1	57,3	57,9	14,0	21,6	19,0	13,8	16,1	17,3	13,7	22,6	11,6	10,3	13,7	98	54	84
7	58,1	56,0	55,3	18,7	20,1	21,3	15,6	18,1	18,4	17,6	22,1	11,3	14,2	14,0	70	82	74
8	54,7	54,1	54,8	16,7	19,7	17,8	15,5	17,1	16,0	13,8	22,0	12,4	12,9	12,4	88	76	82
9	54,5	53,9	54,4	15,5	21,1	20,1	15,2	16,8	15,5	15,2	23,1	12,7	11,6	10,3	97	63	58
10	56,4	55,6	57,2	13,5	20,8	18,3	11,7	14,2	15,4	12,7	22,1	19,2	8,0	11,3	80	44	72
11	58,2	57,4	58,3	19,5	21,8	19,7	17,8	20,7	18,8	12,6	22,6	14,1	17,5	15,6	84	90	91

Datum. Okt.	Wind Richtung & Stärke nach Beaufort (0—12)			Bewölkung						Niederschläge in mm		
				7 Vm		2 Nm		9 Nm				9 Nm
	7 Vm	2 Nm	9 Nm	Grad	Form	Grad	Form	Grad	Form	7 Vm	9 Nm	7 Vm
5	NNW 2	SSO 2	N O 4	4	Cum-str	9	Cum-str	6	Cum-ni		4,0	4,0
6	N 1	NNW 1	S 2			1	Cum					
7	S 2	S 7	SSW 6	10	Cum-str	10	Cum-str	10	Cum-str			1,2
8	SW 1	NNW 2	N 1	1	Cum	1	Cum			1,2		
9	N 2	S 2	SSO 2	1	„	1	„					
10	N 3	NW 2	SSW 2			1	„	1	Cir			
11	SSO 4	SSO 5	S O 5	2	Cum-str	3	Cir-cum	8	Cir-str			

Druck der Missionsdruckerei Tsingtau.

1905 年 10 月 14 日

官方通告

大德青岛地亩局 为

拍卖地亩事：兹据李涵清禀称，欲买大码头哈尔德地图第十六号第十六块，计地三千八百零一米打，暂拟价洋五千七百零一元五角。今订于西一千九百五年十月三十日上午十一点钟在本局拍卖。买定后，准盖铺房，限至西一千九百八年十月三十一日一律修竣。如他人亦欲买者，可以投票，截至西十月二十三日止，届期前来本局面议可也。勿误。特谕。

德一千九百五年十月十一日　告示

启者：兹将本署据报被窃、遗失、送案各物分别列左：

被窃各物：

两道金边刻花银表一枚；镶宝石金戒指一枚。

遗失之物：

金质长表链一条，带有小锁并小蓝宝石一块；挂金链金表一枚，约三百五十五号表，盖刻有"charles Cream"西名，链上系有小福字一个。

送案之物：

在黄岛后湾庄海沿寻获红色傲（警）船浮一具，约系兵船之物。

以上被窃、遗失各物切勿轻买，如见亦宜报明本署，至送案之物亦准具领。此布。

德一千九百五年十月十二日
青岛巡捕衙门启

告白

在法院确定的最后会谈举行之后，康拉德·费德勒破产案将进行财产分配。

需要考虑的优先索款额为 2 234.24 元，其目录张贴在法院书记处。

可执行的金额为 242 元。

青岛,1905 年 10 月 12 日
冯·莱布尼茨男爵
破产管理人

告白

为了加速投递到达的欧洲邮件,从现在开始,信件处理结束的时间,将通过悬挂国际信号手册上面的 O 旗通知。这些信号悬挂在信号站和邮局大楼上,持续时间大约为 1 个小时。

青岛,1905 年 10 月 10 日
皇家德意志邮政局

消息

自今年 10 月 1 日起,亨宝船运公司已经对在青岛的外籍学生实施优惠票价。对这类学生下列航线不含饮料的往返票价为:

青岛—上海　35.00 元
青岛—芝罘　25.00 元
青岛—天津　40.00 元

东亚步兵团一营在本月 9 日因马匹中出现一例流涕症而对四方兵营实施为期 6 周的隔离。在此期间,禁止骡马进入该兵营。

总督府财务处自本月 6 日起的汇率为:1 元＝2.03 马克。

据帝国海军部本月 12 日的电报,华民事务专员、枢密顾问单威廉博士被授予高等枢密顾问职称。

见习翻译官豪赫施泰特博士于本月 6 日抵达保护地,已经在总督府就职。

从 10 月 15 日开始,山东铁路公司对下列物品以整车皮 15 吨或者同样重量的运费、以 20% 的优惠运送:废铁、糖、纸张、碎石和建筑用方石。

市场平均物价

1905年9月

1斤＝605克

平均汇率为1元＝大约1900个铜板

商品名称	单位	青岛,铜板	李村,铜板	台东镇,铜板	薛家岛,铜板
黄豆	1斤	70	70	64	60
豆芽	1斤	24	—	24	—
豌豆	1斤	30	30	30	
豆腐	1斤	37	24	32	30
豆油	1斤	240	185	200	220
豆饼	1斤	60	52	52	40
花生	1斤	128	110	120	—
花生油	1斤	24	195	240	
扁豆	1斤	64	50	50	24
大麦	1斤	64	52	50	32
黄瓜	1斤	64	25	60	—
小米	1斤	72	58	64	60
小米面	1斤	78	68	68	
土豆,中国品种	1斤	19	—	18	12
土豆片,中国品种	1斤	30	28	30	25
高粱	1斤	52	56	50	20
高粱秆	1斤	—	15	—	12
麸皮	1斤	50	38	50	40
南瓜	1斤	20	12	12	15
玉米	1斤	60		48	—
小红萝卜	1斤				
大米	1斤	80	80	70	80
小麦	1斤	70	59	64	46
面粉	1斤	100	90	90	
小麦面包	1个	30	20	24	—
馒头	1个	28	20	24	—

(续表)

商品名称	单位	青岛,铜板	李村,铜板	台东镇,铜板	薛家岛,铜板
窝头	1个	40	—	30	—
火烧	1个	120	—	34	—
苹果	1斤	—	72	100	—
橘子	1斤	140			
梨	1斤	50	38	30	30
大头菜	1斤	—			
大白菜	1斤				
小白菜	1斤	24	—	16	
大蒜	1斤	120	55	80	30
胡萝卜	1斤	30	—	24	24
红胡椒	1斤	80		600	
黑胡椒	1斤	800	895	800	800
萝卜,中国品种	1斤	—	72		30
白萝卜	1斤	24	—	18	12
菠菜	1斤	40	—		
核桃	1斤	160	160	130	
洋葱	1斤	30	20	24	22
盐	1斤	10	10	10	20
烟草	1斤	300	265	280	280
煎鱼	1斤	20	230	150	
炖鱼	1斤	180	140	150	
干鱼	1斤	180	160	180	200
墨鱼	1斤	450	490	450	200
螃蟹	1斤	—	160	—	
猪肉	1斤	260	200	190	220
猪大油	1斤	320	270	300	
生牛肉	1斤	240	160	180	
熟牛肉	1斤	240	160	200	
牛油	1斤	320	160	220	
鸭子	1只	—	500~600	—	400

(续表)

商品名称	单位	青岛,铜板	李村,铜板	台东镇,铜板	薛家岛,铜板
野鸭	1只	—	—	—	—
鹅	1只	—	—	—	—
野鹅	1只	—	—	—	—
鸡	1只	130	400～500	300	350
塍鹬	1只	—	—	—	—
鸭蛋	10个	300	296	260	200
鸡蛋	10个	160	160	180	150
葡萄	1斤	—	—	120	—

船运

1905年10月5日—12日期间

到达日	轮船船名	船长	挂旗国籍	登记吨位	出发港	出发日	到达港
(9月17日)	M.施特鲁威号	布兰特	德国	966	香港	10月8日	尼古拉耶夫斯克
(10月2日)	九龙号	施特恩	德国	1 487	香港	10月4日	尼古拉耶夫斯克
10月5日	博山号	莱姆克	德国	1 799	香港		
10月5日	叶世克总督号	特洛依曼	德国	1 045	上海	10月7日	上海
10月6日	芝罘号	伍尔德鲁普	德国	134	芝罘		
10月7日	白河号	代纳特	德国	476	上海	10月8日	济物浦
10月8日	直隶号	霍克尔	英国	1 143	香港	10月9日	天津
10月8日	提尔皮茨上将号	布洛克	德国	1 199	上海	10月9日	芝罘
10月9日	太仓号	克鲁尔	英国	977	上海	10月10日	上海
10月10日	前进号	韩森	德国	643	芝罘	10月11日	香港
10月11日	柯尼夫斯堡号	洛伦岑	德国	646	芝罘	10月11日	上海

Amtsblatt
für das Deutsche Kiautschou-Gebiet.

青島官報

Herausgegeben vom Kaiserlichen Gouvernement Kiautschou.

Der Bezugspreis beträgt jährlich $ 2=M 4.
Bestellungen nehmen sämtliche deutsche Postanstalten entgegen.

| Jahrgang 6. | Nr. 42. | Tsingtau, den 21. Oktober 1905. |

Verordnungen und Bekanntmachungen.

Verordnung.
betreffend
Hasenjagd.

Die Jagd auf Hasen wird am 23. Oktober d. Js. eröffnet.

Mit dem gleichen Tage tritt die Verordnung betreffend Schonzeit der Hasen 5. Januar d. Js. (Amtsblatt 1905 Seite 9) ausser Kraft.

Tsingtau, den 17. Oktober 1905.

Der Kaiserliche Gouverneur.
Allerhöchst mit der Stellvertretung beauftragt.
van Semmern.

207.   Amtsblatt—報官島青   21. Oktober 1905.

Amtliche Anzeigen.

Bekanntmachung.

Als gestohlen angemeldet: 1 goldene Damenuhr; 1 Weckeruhr; 1 schwarze Stahluhr mit Messingkette, auf dem Deckel sind die Buchstaben S. C. eingraviert; einem Patou in Tai tung tschen Kleidungsstücke im Werte von 8 $.

Als verloren angemeldet: 1 goldene Ankerschlüsseluhr 18 %, Glasdeckel geht nicht zu, auf der Innenseite ist der Name Conrad Vogel eingraviert.

Als gefunden angemeldet: 1 Spazierstock, auf dem Wege Tai tung tschen-Tapautau.

Tsingtau, den 18. Oktober 1905

Kaiserliches Polizeiamt.

Bei der im Handelsregister Abteilung. A. Nr. 30 vermerkten Firma

Paul Behrens

ist folgendes eingetragen worden:

Dem Kaufmann Otto Stoffregen in Tsingtau ist Prokura erteilt.

Tsingtau, den 19. Oktober 1905.

Kaiserliches Gericht von Kiautschou.

白 告

啓者茲將本署據報被竊遺失送案各物分別列左

被竊各物
 金女表一枚
 黑鋼表一枚繫有黄
 S. C. 字樣
 自鳴鐘一座
 銅鍊一條表蓋刻有
 台東鎮某把頭失去衣服數件償洋
 八元
 遺失各物
 一戒八金質背盖裡面
 刻有 banrad Vogel 字樣
 上弦表一枚玻璃罩口鬆背盖

送案各物
 某人自台東鎮去包
 島拾獲手棍一根
 本署至送案之物亦准具領此

失各物切勿輕買如見亦宜報明以上被竊遺布

德一千九百五年十月十八日

青島巡捕衙門啟

Bakanntmachuug.

In der Tabelle über „die Bedeutung der bei in Sicht kommen von Schiffen auf der Signalstation wehenden Signale" ist im Absatz 8 unter „Nachtsignale" der letzte Absatz „Voraussetzung für die nächtliche Anmeldung bleibt" bis „geankert" zu streichen.

Tsingtau, den 16. Oktober 1905.

Kaiserliches Hafenamt.

Mitteilungen.

Die japanische Regierung hat das Inkrafttreten des Friedens am 16. d. Mts. amtlich bekannt gegeben.

* * *

Die Internierung der im Hafen von Tsingtau liegenden russischen Kriegsschiffe ist aufgehoben.

* * *

Oberlehrer Dr. Goerke ist im Schutzgebiete eingetroffen und hat seine Dienstgeschäfte übernommen,

Schiffsverkehr
in der Zeit vom 12.—19. Oktober 1905.

Ankunft am	Name	Kapitän	Flagge	Reg. Tonnen.	von	Abfahrt am	nach
(6.10.)	D. Chefoo	Henk	Deutsch	134	Tschifu	17.10.	Tschifu
13.10.	D. Gouv. Jaeschke	Treumann	"	1045	Schanghai	14.10.	Schanghai
"	D. Peiho	Deinat	"	476	Tschemulpo	13.10.	"
"	D. Arcadia	Schmidt,	"	3412	Hongkong	19.10.	Wladiwostock
16.10.	D. Süllberg	Luppi	"	782	Moji	17.10.	Kobe
"	D. Tsintau	Hansen	"	977	Schanghai	16.10.	Tschifu
"	D. Tak-Sang	Clure	Englisch	977	"	17.10.	Schanghai
18.10.	D. Adm. v. Tirpitz	Block	Deutsch	1199	Tschifu	18.10.	"

Meteorologische Beobachtungen
in Tsingtau.

Datum. Okt.	Barometer (mm) reduz. auf 0° C., Seehöhe 78,64 m			Temperatur (Centigrade).								Dunstspannung in mm			Relat. Feuchtigkeit in Prozenten		
				trock. Therm.			feucht. Therm.										
	7 Vm	2 Nm	9 Nm	7 Vm	2 Nm	9 Nm	7 Vm	2 Nm	9 Nm	Min.	Max.	7 Vm	2 Nm	9 Nm	7 Vm	2 Nm	9 Nm
12	758,4	758,1	760,0	20,3	20,6	19,3	17,8	18,5	17,8	13,5	23,1	13,6	14,6	14,2	77	81	85
13	61,2	60,3	60,2	16,0	21,1	18,7	15,4	17,9	17,5	15,5	22,8	12,7	13,3	14,2	93	72	88
14	56,6	55,3	56,7	14,9	16,0	14,9	14,1	15,3	14,1	12,0	18,0	11,5	12,5	11,5	91	92	91
15	58,1	57,8	59,5	10,5	15,7	14,7	9,5	10,6	11,8	8,3	15,9	8,5	6,5	8,6	88	49	69
16	58,7	58,7	59,4	13,3	18,7	17,4	11,7	15,6	14,9	10,3	20,5	9,3	11,3	11,1	82	70	75
17	59,5	58,0	60,4	14,9	19,1	17,7	14,5	15,3	14,3	14,0	20,2	12,1	10,6	10,1	96	64	67
18	58,6	57,6	58,9	15,1	16,0	14,1	14,1	15,1	12,7	11,8	17,8	11,4	12,2	10,1	89	90	85

Datum. Okt.	Wind Richtung & Stärke nach Beaufort (0—12)			Bewölkung						Niederschläge in mm		
				7 Vm		2 Nm		9 Nm				9 Nm – 7 Vm
	7 Vm	2 Nm	9 Nm	Grad	Form	Grad	Form	Grad	Form	7 Vm	9 Nm	
12	S 3	S O 2	O S O 2	10	Cum-str	10	Cum-ni	8	Cum-str			
13	N O 1	S O 3	S O 4	6	"	8	Cum-str	10	Cum-ni			4,4
14	S S O 7	N N O 6	N 6	10	Nim	9	Cum-ni	3	Cum-str	4,4	14,3	14,3
15	N N O 3	N 1	S 1	2	Cir-str	9	Cum-str	7	Str			
16	N N O 1	S 2	S 1	8	Cir-cum	9	"	10	Cum			
17	N O 1	N 2	S 1	10	Cum-str	6	Cum-str	3	Cum-str			
18	N O 1	N 3	N 5	10	Cum-ni	10	"	10	Cum-ni	3,6	3,6	

Druck der Missionsdruckerei Tsingtau.

第六年 第四十二号

1905 年 10 月 21 日

法令与告白

关于猎兔的法令

今年 10 月 23 日将开放猎兔。

今年 1 月 5 日的《关于兔子保育期的法令》（1905 年《官报》第 9 页）也于同日失效。

青岛，1905 年 10 月 17 日
皇家总督
最高敕令委托代理
师孟

官方通告

告白

启者：兹将本署据报被窃、遗失、送案各物分别列左：

被窃各物：

金女表一枚；自鸣钟一座；黑钢表一枚，系有黄铜链一条，表盖刻有"S. C."字样；台东镇某把头失去衣服数件，价洋八元。

遗失各物：

一成八金质背上弦表一枚，玻璃罩口松，背盖里面刻有"banrad Vogel"字样。

送案各物：

某人自台东镇去包岛拾获手棍一根。

以上被窃、遗失各物切勿轻买，如见亦宜报明本署，至送案之物亦准具领。此布。

德一千九百五年十月十八日
青岛巡捕衙门启

在商业登记 A 部第 30 号登记的"保罗·贝伦斯"已经登记入下列事项：

授予青岛的商人奥托·施多夫雷根代理权。

青岛,1905 年 10 月 19 日
胶澳皇家审判厅

告 白

关于"在信号站上看到驶进船只时飘扬的信号的含义"的表格中,删除第 8 条"夜间信号"最后一段从"夜间通知的前提条件保留"到"下锚"之间的表述。

青岛,1905 年 10 月 16 日
皇家船政局

消 息

日本政府已于本月 16 日正式宣布和平生效。

对停留在青岛港内俄国军舰的拘留令现已撤销。

高级教师戈尔克博士已经抵达保护地,接手了他的工作。

船 运

1905 年 10 月 12 日—19 日期间

到达	轮船船名	船长	挂旗国籍	登记吨位	出发港	出发日	到达港
(10 月 6 日)	芝罘号	亨克	德国	134	芝罘	10 月 17 日	芝罘
10 月 13 日	叶世克总督号	特洛依曼	德国	1 045	上海	10 月 14 日	上海
10 月 13 日	白河号	代纳特	德国	476	济物浦	10 月 13 日	上海
10 月 13 日	阿卡迪亚号	施密特	德国	3 412	香港	10 月 19 日	符拉迪沃斯托克
10 月 16 日	居尔堡号	卢皮	德国	782	门司	10 月 17 日	神户
10 月 16 日	青岛号	韩森	德国	977	上海	10 月 16 日	芝罘
10 月 16 日	太仓号	克鲁尔	英国	977	上海	10 月 17 日	上海
10 月 18 日	提尔皮茨上将号	布洛克	德国	1 199	芝罘	10 月 18 日	上海

Amtsblatt
für das
Deutsche Kiautschou-Gebiet.

青島官報

Herausgegeben vom Kaiserlichen Gouvernement Kiautschou.

Der Bezugspreis beträgt jährlich $ 2=M 4.
Bestellungen nehmen sämtliche deutsche Postanstalten entgegen.

| Jahrgang 6. | Nr. 43. | Tsingtau, den 28. Oktober 1905. |

Verordnungen und Bekanntmachungen.

Bekanntmachung.

Die Anordnung der gesundheitspolizeilichen Kontrolle der aus den Häfen von Hongkong, Futschau und Amoy kommenden und den Hafen von Tsingtau anlaufenden Schiffe (Bekanntmachung vom 3. Juni d. Js. Amtsblatt Seite 117) wird hiermit aufgehoben.

Tsingtau, den 24. Oktober 1905.

Der Kaiserliche Zivilkommissar.

Bekanntmachung.

Für die von der Bauverwaltung des Gouvernements hergestellten und noch herzustellenden Anschlüsse an die Regen- und Schmutzwasserkanalisation werden die nachstehend aufgeführten Kosten berechnet:

1. 1 lfd m deutsche Tonrohrleitung von 150 mm lichter Weite zu liefern und zu verlegen (einschliesslich Erdarbeiten)   4,50 $
2. 1 lfd m deutsche Tonrohrleitung von 125 mm lichter Weite zu liefern und zu verlegen (einschl. Erdarbeiten)   4,20 $
3. 1 lfd m deutsche Tonrohrleitung von 100 mm lichter Weite zu liefern und zu verlegen (einschliesslich Erdarbeiten)   4,00 $
4. 1 Gully von 500 mm lichter Weite aus Zementbeton mit Ring zum Aufhängen eines Schlammeimers ab Lager zu liefern 15,00 $
5. 1 Gully wie vor einzubauen   5,00 $
6. 1 Gullyrost für einen Gully zu 4 passend gleich denen, die für den Strassenbau in Benutzung sind, ab Lager zu liefern 15,00 $
7. 1 Gullyrost wie vor einzubauen   2,00 „

In diesen Preisen ist einbegriffen (soweit nichts anderes ausdrücklich vermerkt ist) die Ausführung sämtlicher Erd- und Felsarbeiten, das sachgemässe Verlegen und Dichten der Rohrleitungen einschliesslich aller Nebenarbeiten und Lieferung sämtlicher dazu erforderlicher Materialien frei Verwendungsstelle, sowie die Abfuhr des übrigbleibenden Bodens. Nicht eingeschlossen ist - abgesehen von der Zuschüttung des Rohrgrabens - die Wiederherstellung des früheren Zustandes auf Privatgrundstücken an gärtnerischen Anlagen, Zementestrichen, Plattenbelägen, Pflasterarbeiten u. s. w., die von dem Antragsteller selbst zu bewirken sind.

Bei Berechnung der Kosten soll der Strassenkanal als in der Mitte der Strassen liegend angenommen werden. Bei öffentlichen Plätzen werden als Länge der Strassenleitung bis zur Strassengrenze 10 m berechnet. Die Länge der Hauptleitung, sowie der Nebenleitungen auf dem Grundstücke selbst wird nach örtlichem Aufmass festgelegt.

Tsingtau, den 21. Oktober 1905.

Der Kaiserliche Baudirektor.

Amtliche Anzeigen.

Bei der im Handelsregister Abteilung A Nr. 45 vermerkten offenen Handesgesellschaft
Kliene & Co.
ist folgendes eingetragen worden:
Der Kaufmann Harald Kliene, jetzt in Tsinanfu, ist am 14. Oktober 1905 aus der offenen Handelsgesellschaft ansgetreten, dass Geschäft wird von dem bisherigen Gesellschafter Kaufmann Hans von Koslowski in Tsingtau unter der alten Firma fortgesetzt.

Tsingtau, den 21. Oktober 1905.

Kaiserliches Gericht von Kiautschou.

Die in Abteilung A Nr. 38 des Handelsregisters eingetragene offene Handelsgesellschaft
Reinhard & Röper
ist erloschen.

Tsingtau, den 24. Oktober 1905.

Kaiserliches Gericht von Kiautschou.

In das Handelsregister ist in Abteilung A unter Nr. 49 die Firma
Tsingtauer Dampfsägewerk
Joseph Reinhard
mit dem Sitz in Tsingtau eingetragen worden. Alleiniger Inhaber ist der Techniker Joseph Reinhard, hier.

Tsingtau, den 24. Oktober 1905.

Kaiserliches Gericht von Kiautschou.

Bekanntmachung.

Am 25. Oktober 1905 wurden auf dem Kurse zwischen hier und Schanghai treibend gesehen:

eine grosse gekenterte Dschunke, deren Boden mit Gras bewachsen war, in 24º 32' 30" N. Breite, 122º 00' 00" O. Länge,

und eine Mine in 35º 26' 30" N. Breite, 121º 14' 00" O. Länge,

Tsingtau, den 26. Oktober 1905.

Kaiserliches Hafenamt.

Bekanntmachung.

Als gestohlen angemeldet: 1 silberne Uhr mit Sprungdeckel und silberner Kette, auf dem Zifferblatt befinden sich die chin. Schriftzeichen 牛文 an der Uhrkette sind 2 Käschstücke und 1 Schlüssel angebracht.

Als gefunden angemeldet: 1 silberner chin. Ring.

Tsingtau, den 26. Oktober 1905.

Kaiserliches Polizeiamt.

白 告

敬者茲將本署據報被竊送案各物列左
被竊之物
字號二華字銀鍊一條上繫
暗壳銀表一枝表面有有喊
有銅鑰三枚鑰匙一把
華式銀戒指一枚
以上被竊之物切勿輕買
如見亦宜報明本署送案
之物亦准具領此佈
德一千九百五年十月二十六日
青島巡捕衙門啟

Mitteilungen.

Laut telegraphischer Mitteilung des R. M. A. vom 20. d. Mts. ist dem Lehrer Berger der Kronenorden IV. Klasse verliehen worden.

Vizekonsul Dr. Rössler hat die Geschäfte des Kaiserlichen Konsulats in Hankau von Legationsrat Dr. Scholz übernommen.

* * *   * * *

28. Oktober 1905.   Amtsblatt—青島官報   232.

Der Kurs bei der Gouvernementskasse beträgt vom 26. d. Mts. ab 1 $ = 2,02 M.

* * *

Die Schantung Eisenbahn gewährt von jetzt ab auf Petroleum in Wagenladungen von 15 tons für die Stationsverbindungen von Tsingtau, Bahnhof oder Hafenhaltestelle Gr. Hafen nach Tschoutsun, Tsinanfu und Huangtaitschiau bei Frachtzahlung für mindestens 15 tons ein Frachtnachlass von 20 % ohne Rücksicht auf die Anzahl der zu gleicher Zeit aufgegebenen Wagenladungen.

Reiswein in Wagenladungen soll versuchsweise nach den billigeren Sätzen der Tarifklasse IV, anstatt wie bisher nach Tarif V befrachtet werden.

Meteorologische Beobachtungen
in Tsingtau.

Datum. Okt.	Barometer (m m) reduz. auf 0° C., Seehöhe 78,64 m			Temperatur (Centigrade).								Dunstspannung in mm			Relat. Feuchtigkeit in Prozenten		
				trock. Therm.			feucht. Therm.										
	7 Vm	2 Nm	9 Nm	7 Vm	2 Nm	9 Nm	7 Vm	2 Nm	9 Nm	Min.	Max.	7 Vm	2 Nm	9 Nm	7 Vm	2 Nm	9 Nm
19	760,1	760,7	760,5	10,1	10,1	10,1	8,9	8,7	8,1	4,2	14,1	7,8	7,6	6,8	84	82	74
20	60,6	57,2	56,8	4,9	10,6	9,3	4,2	10,1	9,1	4,4	11,3	5,7	8,9	8,5	89	94	98
21	57,0	55,7	57,4	10,1	11,2	11,4	9,7	10,7	10,6	8,3	17,8	8,7	9,3	9,1	95	94	91
22	58,5	58,0	58,0	12,6	18,6	17,7	8,4	17,8	17,1	8,2	19,8	5,7	14,6	14,1	52	92	94
23	57,3	55,9	56,5	14,5	19,6	17,8	13,7	19,2	17,3	8,4	20,2	11,2	16,3	14,4	92	96	95
24	55,7	54,7	55,0	15,7	19,0	17,7	14,4	18,0	16,8	13,1	20,0	11,4	14,7	13,7	86	90	91
25	55,7	55,6	56,5	13,0	19,6	16,6	11,4	16,0	15,6	12,7	22,1	9,1	11,3	12,6	82	67	90

Datum. Okt.	Wind Richtung & Stärke nach Beaufort (0—12)			Bewölkung						Niederschläge in mm		
				7 Vm		2 Nm		9 Nm				9 Nm
	7 Vm	2 Nm	9 Nm	Grad	Form	Grad	Form	Grad	Form	7Vm	9Nm	7 Vm
19	N W 9	NNW 9	NNW 8	-10	Cum-ni	9	Cum-str	8	Cum-str			
20	WNW 5	WNW 5	N W 4	2	Str	4	„					
21	S W 4	WNW 2	WSW 2			1	Cum					
22	N W 1	S S O 2	S 5									
23	S 4	S S W 5	S 6			1	Cum-str					
24	S 5	S 6	S 6			1	Cum					
25	NNW 1	NNW 1	S S O 4									

Schiffsverkehr
in der Zeit vom 19.—26. Oktober 1905.

Ankunft am	Name	Kapitän	Flagge	Reg. Tonnen.	von	Abfahrt am	nach
(6.10.)	D. Poshan	Lemke	Deutsch	1799	Hongkong	20.10.	Wladiwostok
20.10.	D. Ravn	Dedeham	Norwegisch	795	Kobe	21.10.	Tschifu
"	D. Gouv. Jaeschke	Treumann	Deutsch	1045	Schanghai	"	Schanghai
21.10.	D. Chefoo	Henk	"	134	Tsingkou	24.10.	Tsingkou
22.10.	D. Peiho	Deinat	"	476	Schanghai	23.10.	Tschemulpo
"	D. Serbia	Hoffschmiet	"	2344	Taku	24.10.	Nagasaki
"	D. Lena	Christensen	Norwegisch	978	Wakamapu		
23.10.	D. Tak-Sang	Clure	Englisch	977	Schanghai	24.10.	Schanghai
"	D. Knivsberg	Lorenzen	Deutsch	646	"	23.10.	Tschifu
26.10.	D. Tsintau	Hansen	"	977	Tschifu		

Hochwassertabelle für den Monat November 1905.

Datum	Tsingtau - Hauptbrücke.		Grosser Hafen, Mole I.		Nükuk'ou.	
	Vormittags	Nachmittags	Vormittags	Nachmittags	Vormittags	Nachmittags
1.	7 U. 24 M.	7 U. 48 M.	7 U. 54 M.	8 U. 18 M.	8 U. 24 M.	8 U. 48 M.
2.	8 „ 11 „	8 „ 35 „	8 „ 41 „	9 „ 05 „	9 „ 11 „	9 „ 35 „
3.	9 „ 00 „	9 „ 26 „	9 „ 30 „	9 „ 56 „	10 „ 00 „	10 „ 26 „
4.	9 „ 55 „ ●	10 „ 24 „	10 „ 25 „	10 „ 54 „	10 „ 55 „	11 „ 24 „
5.	10 „ 59 „	11 „ 35 „	11 „ 29 „	—	11 „ 59 „	—
6.	—	0 „ 10 „	0 „ 05 „	0 „ 40 „	0 „ 35 „	1 „ 10 „
7.	0 „ 44 „	1 „ 16 „	1 „ 14	1 „ 46 „	1 „ 44 „	2 „ 16 „
8.	1 „ 47 „	2 „ 13 „	2 „ 17 „	2 „ 43 „	2 „ 47 „	3 „ 13 „
9.	2 „ 38 „	3 „ 00 „	3 „ 08 „	3 „ 00 „	3 „ 38 „	4 „ 00 „
10.	3 „ 22 „	3 „ 40 „	3 „ 52 „	4 „ 10 „	4 „ 22 „	4 „ 40 „
11.	3 „ 58 „	4 „ 15 „	4 „ 28 „	4 „ 45 „	4 „ 58 „	5 „ 15 „
12.	4 „ 32 „ ○	4 „ 49 „	5 „ 02 „	5 „ 19 „	5 „ 32 „	5 „ 49 „
13.	5 „ 05 „	5 „ 22 „	5 „ 35 „	5 „ 52 „	6 „ 05 „	6 „ 22 „
14.	5 „ 39 „	5 „ 57 „	6 „ 09 „	6 „ 27 „	6 „ 39 „	6 „ 57 „
15.	6 „ 15 „	6 „ 34 „	6 „ 45 „	7 „ 04 „	7 „ 15 „	7 „ 34 „
16.	6 „ 52 „	7 „ 12 „	7 „ 22 „	7 „ 42 „	7 „ 52 „	8 „ 12 „
17.	7 „ 31 „	7 „ 53 „	8 „ 01 „	8 „ 23 „	8 „ 31 „	8 „ 53 „
18.	8 „ 14 „	8 „ 38 „	8 „ 44 „	9 „ 08 „	9 „ 14 „	9 „ 38 „
19.	9 „ 01 „	9 „ 30 „	9 „ 31 „	10 „ 00 „	10 „ 01 „	10 „ 30 „
20.	9 „ 58 „ ●	10 „ 31 „	10 „ 28 „	11 „ 01 „	10 „ 58 „	11 „ 31 „
21.	11 „ 05 „	11 „ 41 „	11 „ 35 „	—	—	0 „ 41 „
22.	—	0 „ 17 „	0 „ 11 „	0 „ 47 „	0 „ 41 „	1 „ 17 „
23.	0 „ 53 „	1 „ 29 „	1 „ 23 „	1 „ 59 „	1 „ 53 „	2 „ 29 „
24.	2 „ 01 „	2 „ 32 „	2 „ 31 „	3 „ 02 „	3 „ 01 „	3 „ 32 „
25.	3 „ 00 „	3 „ 27 „	3 „ 30 „	3 „ 57 „	4 „ 00 „	4 „ 27 „
26.	3 „ 54 „	4 „ 20 „ ●	4 „ 24 „	4 „ 50 „	4 „ 54 „	5 „ 20 „
27.	4 „ 45 „	5 „ 10 „	5 „ 15 „	5 „ 40 „	5 „ 45 „	6 „ 10 „
28.	5 „ 35 „	5 „ 59 „	6 „ 05 „	6 „ 29 „	6 „ 35 „	6 „ 59 „
29.	6 „ 21 „	6 „ 44 „	6 „ 51 „	7 „ 14 „	7 „ 21 „	7 „ 44 „
30.	7 „ 07 „	7 „ 30 „	7 „ 37 „	8 „ 00 „	8 „ 07 „	8 „ 30 „

1) ○ = Vollmond; 2) ◐ = Letztes Viertel; 3) ● = Neumond; 4) ◑ = Erstes Viertel.

Anmerkung: In T'a pu t'ou tritt das Hochwasser 10 Minuten früher als in Nükuk'ou auf.

28. Oktober 1905. Amtsblatt—青島官報

Sonnen-Auf-und Untergang
für Monat November 1905.

Dt.	Mittelostchinesische Zeit des			
	wahren	scheinbaren	wahren	scheinbaren
	Sonnen-Aufgangs.		Sonnen-Untergangs.	
1.	6 U. 24.9 M.	6 U. 19.4 M.	5 U. 0.1 M.	5 U. 5.6 M.
2.	25.8	20.3	4 U. 59.1	4:6
3.	26.7	21.2	58.1	3.6
4.	27.6	23.1	57.2	2.7
5.	28.6	24.1	56.3	1.8
6.	29.6	25.0	55.4	0.9
7.	30.5	26.0	54.5	—
8.	31.5	27.0	53.6	59.1
9.	32.5	28.0	52.7	58.2
10.	33.5	29.0	51.9	57.4
11.	34.5	30.1	51.1	56.6
12.	35.6	31.2	50.2	55.7
13.	36.7	32.3	49.4	54.9
14.	37.8	33.4	48.6	54.1
15.	38.9	34.5	47.8	53.3
16.	40.0	35.5	47.0	52.5
17.	41.0	36.5	46.4	51.9
18.	42.0	37.4	45.8	51.3
19.	42.9	38.3	45.3	49.8
20.	43.8	39.2	44.8	49.3
21.	44.7	40.2	44.3	48.8
22.	45.7	41.2	43.8	48.3
23.	46.7	42.2	43.3	47.8
24.	47.7	43.2	42.8	47.3
25.	48.7	44.2	42.3	47.0
26.	49.7	45.2	41.8	46.5
27.	50.7	46.2	41.5	46.3
28.	51.7	47.2	41.2	45.0
29.	53.7	48.2	41.0	44.5
30.	53.7	49.2	40.8	44.3

Druck der Missionsdruckerei Tsingtau.

第六年 第四十三号

1905年10月28日

法令与告白

告白

对来自香港、福州和厦门港在青岛靠岸的船只进行健康方面检查的命令(《官报》在今年6月3日的告白,第117页)谨此撤销。

青岛,1905年10月24日
皇家民政长

告白

总督府总工部局已建或者将要建造的与雨水和污水下水道连接部分将按照以下标准计费:

1. 1延米德国造150毫米口径陶土管道供货并铺设(包含土石方工程)　　4.50元
2. 1延米德国造125毫米口径陶土管道供货并铺设(包含土石方工程)　　4.20元
3. 1延米德国造100毫米口径陶土管道供货并铺设(包含土石方工程)　　4.00元
4. 1个500毫米口径混凝土冲沟,带有可以挂泥桶的环,从仓库供货　　15.00元
5. 建造上述冲沟的工程费用　　5.00元
6. 适配4中所述冲沟的冲沟箅子,与街道上使用的相同,从仓库供货　　15.00元
7. 安装上述冲沟箅子的工程费用　　2.00元

以上价格(只要没有其他说明)包含全部的土石方工程费用,铺设和管道密封须符合规定,包含所有附加工作和全部所需的材料免费运送到使用地点,并将剩余泥土运走。不包含的项目有:除填满管道沟之外,对私人地块上花园设施恢复原状、涂抹水泥、盖板、铺路石等需要申请人自己解决的工作。

在计算费用时,须按照将街中管道视为位于道路中央的方法计算。在公共地点将街中管道到街道边界的长度按照10米计算,主管道以及在个人地块上的支管道长度按照现

场丈量确定。

青岛，1905 年 10 月 21 日
皇家总工部局局长

官方通告

在本地商业登记 A 部第 45 号登记的营业中贸易公司"罗林洋行"已登记入下列事项：

现在济南府的商人哈拉尔德·克里纳已于 1905 年 10 月 14 日脱离营业中的该贸易公司，公司业务由现在的股东、青岛的商人汉斯·冯·柯斯洛夫斯基继续在原公司的名义下进行。

青岛，1905 年 10 月 21 日
胶澳皇家审判厅

在本地商业登记 A 部第 38 号登记的营业中贸易公司"莱茵哈德＆罗帕"已经注销。

青岛，1905 年 10 月 24 日
胶澳皇家审判厅

在本地商业登记 A 部第 49 号登记了公司"青岛约瑟夫·莱茵哈德蒸汽锯木厂"，位于青岛，公司所有人为本地工程师约瑟夫·莱茵哈德。

青岛，1905 年 10 月 24 日
胶澳皇家审判厅

告白

1905 年 10 月 25 日，在本地与上海之间航线上发现漂浮物：

一只大型倾覆帆船，船底上长着草，方位为北纬 24 度 32 分 30 秒，东经 122 度 0 分 0 秒，另有一个水雷，方位为北纬 35 度 26 分 30 秒，东经 121 度 14 分 0 秒。

青岛，1905 年 10 月 26 日
皇家船政局

告白

启者：兹将本署据报被窃、送案各物列左：

被窃之物：

暗壳银表一枝，表面有喊字号二华字，银链一条，上系有铜钱三枚，钥匙一把。

送案各物：

华式银戒指一枚。

以上被窃之物切勿轻买，如见亦宜报明本署，送案之物亦准具领。此布。

德一千九百五年十月二十六日

青岛巡捕衙门启

消息

根据帝国海军部本月20日的电报通知，教师贝尔格被授予四等皇冠勋章。

副领事罗斯勒博士已经从参赞硕尔茨博士手中接管了汉口皇家领事馆的事务。

总督府财务处自本月26日起的汇率为：1元＝2.02马克。

从现在开始，山东铁路公司对青岛火车站或者大港港口车站运往周村、济南府和黄台桥以15吨整车皮运输的15吨以上煤油，实施20％的运费优惠政策，此时不再同时考虑交付运输的车皮数量。

将对整车皮运输的老酒运费按照收费表中更低级别的第4等费率收取，替代目前为止的第5等收费标准。

船运

1905年10月19日—26日期间

到达日	轮船船名	船长	挂旗国籍	登记吨位	出发港	出发日	到达港
（10月6日）	博山号	莱姆克	德国	1 799	香港	10月20日	符拉迪沃斯托克
10月20日	拉文号	德德汉姆	挪威	795	神户	10月21日	芝罘
10月20日	叶世克总督号	特洛依曼	德国	1 045	上海	10月21日	上海
10月21日	芝罘号	亨克	德国	134	青口	10月24日	青口
10月22日	白河号	代纳特	德国	476	上海	10月23日	济物浦
10月22日	塞尔维亚号	霍夫施密特	德国	2 344	大沽	10月24日	长崎
10月22日	雷娜号	克里斯藤森	挪威	978	瓦卡马普		
10月23日	太仓号	克鲁尔	英国	977	上海	10月24日	上海
10月23日	柯尼夫斯堡号	洛伦岑	德国	646	上海	10月23日	芝罘
10月26日	青岛号	韩森	德国	977	芝罘		

Amtsblatt
für das
Deutsche Kiautschou-Gebiet.

青島官報

Herausgegeben vom Kaiserlichen Gouvernement Kiautschou.

Der Bezugspreis beträgt jährlich $ 2=M 4.
Bestellungen nehmen sämtliche deutsche Postanstalten entgegen.

| Jahrgang 6. | Nr. 44. | Tsingtau, den 4. November 1905. |

Verordnungen und Bekanntmachungen.

Bekanntmachung für Seefahrer.

Vom 10. November d. Js. ab wird das Leuchtfeuer auf der Insel Tscha lien tau statt 6 Blitzen nunmehr 12 Blitze in der Minute zeigen mit dazwischenliegenden Verdunkelungen von 5 Sekunden Dauer.

Tsingtau, den 27. Oktober 1905.

Kaiserliches Hafenamt.

Amtliche Anzeigen.

Bekanntmachung.

Als gestohlen angemeldet: 2 Sicherheitslaternen, deutsches Fabrikat; 1 fast neues Fahrrad, Marke „Deutschland" Nr. 212908, 4 goldene Ringe; 1 goldener Brillant-Ring; 1 goldenes Kettchen.

Als gefunden angemeldet: 1 Sampan, am Strande östlich des Dorfes Hou tscha wan, ungefähr 6 m lang und 1,80 m breit, innen braun und aussen schwarz angestrichen.

Tsingtau, den 1. November 1905.

Kaiserliches Polizeiamt.

236. Amtsblatt—報官島靑 4. November 1905.

In das Handelsregister ist in Abteilung A Nr. 50 die Firma
Alfred Siemssen
mit dem Sitz zu Tsingtau eingetragen worden.

Alleiniger Inhaber ist der Kaufmann Alfred Siemssen, hier.

Tsingtau, den 1. November 1905.

Kaiserliches Gericht von Kiautschou.

Bekanntmachung.

Am 6., 7., 8. und 9. Oktober 1905 beabsichtigt das Bataillon je von 7 Uhr 30 Min. bis 12 Uhr vormittags und 2 Uhr bis 5 Uhr nachmittags im Gelände zwischen Hsia-Syfang, den Scheibenständen des Bataillons, Höhe 110,5 und 115 und der Strasse Syfang-Schui tsching kou gefechtsmässig zu schiessen.

Vor dem Betreten des in Betracht kommenden Geländes während des Schiessens wird gewarnt.

Syfang, den 28. Oktober 1905.

**Kommando des 1. Bataillons
I. Ostasiatischen Infanterieregiments.**

Aufgebot.

Es wird hiermit bekannt gemacht, dass
Gustav Hermann Theodor **Favorke**, seines Standes Kaufmann, geboren zu Liebenau, 31 Jahre alt, wohnhaft in Fangtse, Sohn des Lehrers Ferdinand Favorke und dessen Ehefrau Auguste, geborenen Stach, beide zu Ueckendorf bei Wattenscheid in Westfalen wohnhaft,

und

Olga Adolphine Auguste **Goeden**, geboren zu Berlin, 21 Jahre alt, wohnhaft zu Tsingtau, Tochter des zu Oeynhausen verstorbenen Hauptmanns ausser Diensten Adoph Goeden und dessen zu Berlin wohnhaften Ehefrau Auguste, geborenen Fischer,

beabsichtigen, sich miteinander zu verheiraten und diese Ehe in Gemässheit des Reichsgesetzes vom 4. Mai 1870 vor dem unterzeichneten Beamten abzuschliessen.

Tsingtau, den 1. November 1905.

Der Kaiserliche Standesbeamte.
Günther.

Mitteilungen.

Der Kurs bei der Gouvernementskasse beträgt vom 31. Oktober d. Js. ab: 1 $=2,04 M.

* * *

Die Diensträume des Polizeiamtes, der Polizeistation Tsingtau, der Polizeihauptwache, des Kriminal-und Gewerbebureaus, sowie des Bezirksamtes Tsingtau sind in das neue Polizeigebäude verlegt.

* * *

Staatsbauassistent von Brückner hat den Dienst bei der Bauverwaltung angetreten.

* * *

In der Bekanntmachung des Kaiserlichen Hafenamts vom 26. Oktober 1905 (Amtsblatt Seite 231) ist die Angabe des Ortes der treibenden Dschunke in 34° 32' 30" N. Breite (anstatt 24° 32' 30") zu berichtigen.

* * *

Die Geschäfte des Kaiserlichen Generalkonsulats Schanghai hat Legationsrat Dr. Scholz von dem in die Heimat beurlaubten Generalkonsul Dr. Knappe übernommen.

4. November 1905.   Amtsblatt—青島官報   237.

Meteorologische Beobachtungen
in Tsingtau.

Datum. Okt.	Barometer (m m) reduz. auf 0º C., Seehöhe 78,64 m			Temperatur (Centigrade).								Dunstspannung in mm			Relat. Feuchtigkeit in Prozenten		
				trock. Therm.			feucht. Therm.										
	7Vm	2Nm	9Nm	7Vm	2Nm	9Nm	7Vm	2Nm	9Nm	Min.	Max.	7Vm	2Nm	9Nm	7Vm	2Nm	9Nm
26	758,1	759,1	761,5	16,7	10,3	18,1	16,5	17,9	13,3	13,1	20,5	13,9	13,8	8,5	98	78	55
27	62,2	60,1	59,4	10,7	14,2	10,9	9,4	12,0	9,3	10,2	15,1	8,0	9,1	7,8	84	76	81
28	58,7	57,2	58,0	11,6	16,9	15,4	10,3	14,4	13,6	10,1	18,6	8,6	10,7	10,5	85	75	81
29	55,9	55,7	59,8	15,0	16,1	10,0	13,9	14,1	6,9	6,3	16,4	11,2	10,8	5,6	88	79	61
30	62,5	60,4	58,6	5,1	9,6	10,7	3,9	8,3	10,1	3,8	16,8	5,3	7,3	8,9	82	85	93
31	55,0	52,1	53,2	8,7	13,8	14,2	4,3	8,9	11,1	8,1	11,6	3,6	5,6	8,0	43	48	66
Nov. 1	54,4	54,7	55,8	13,7	17,0	15,7	8,8	13,3	14,6	9,1	19,0	5,5	9,1	11,7	47	64	88

Datum. Okt.	Wind Richtung & Stärke nach Beaufort (0—12)			Bewölkung						Niederschläge in mm		
				7 Vm		2 Nm		9 Nm				
	7 Vm	2 Nm	9 Nm	Grad	Form	Grad	Form	Grad	Form	7Vm	9Nm	9Nm 7 ⊢ Vm
26	SSO 2	SSO 2	NNO 1	10	Cum-str	7	Cum-str					
27	NNO 2	NW 2	NNW 1	8	„	6	„	4	Cum			
28	N 1	SSO 2	SO 4	7	„	4	„	5	Cum-str			
29	SO 2	NW 1	N 10	10	Nim	8	Cum-ni	9	Cum-ni	1,7	1,7	
30	NNW 6	NNW 3	SSW 4			1	Cir					
31	S 5	S 6	SSW 4	5	Cir-str							
Nov. 1	S 2	SSO 3	SSO 4									

Schiffsverkehr
in der Zeit vom 26. Oktober — 2. November 1905.

Ankunft am	Name	Kapitän	Flagge	Reg. Tonnen.	von	Abfahrt am	nach
(22.10.)	D. Lena	Christensen	Norwegisch	978	Wakamapu	29.10.	Schanghai
(26.10.)	D. Tsintau	Hansen	Deutsch	977	Tschifu	26.10.	Tschifu
26.10.	D. Pakhoi	Tuebben	Englisch	1227	Hongkong	27.10.	"
27.10.	D. Gouv. Jaeschke	Treumann	Deutsch	1045	Schanghai	28.10.	Schanghai
"	D. Yatsching	Sellar	Englisch	1424	"	27.10.	Tschifu
28.10.	D. Chefoo	Henck	Deutsch	134	Tsingkou		
"	D. Peiho	Deinat	"	476	Tschemulpo	30.10.	Schanghai
30.10.	D. Adm. v. Tirpitz	Block	"	1199	Schanghai	"	Tschifu
"	D. Tak-Sang	Clure	Englisch	977	"	1.11.	Schanghai
"	D. Elita Nossack	Lassen	Deutsch	1161	Hongkong	"	Tschifu
31.10.	D. Süllberg	Luppi	"	799	Moji		
2.11.	D. Knivsberg	Lorenzen	"	646	Tschifu	2.11.	Schanghai
"	D. Fook Sang	Reynolds	Englisch	1987	Hankou		

Druck, der Missionsdruckerei Tsingtau.

第六年　第四十四号

1905年11月4日

法令与告白

对海员的告白

从今年11月10日起,潮连岛灯塔每分钟闪光12次,而不是6次,中间间隔着持续5秒钟的变暗。

青岛,1905年10月27日
皇家船政局

官方通告

告白

启者:兹将本署据报被窃、送案各物分别列左:

被窃各物:

德国式保险灯两盏;自行车一辆,上有"Deutschland"字样,并有第"212908"号数;金戒指四枚;镶精白宝石金戒指一枚;小金链一条。

送案之物:

在后岔湾附近海沿寻获舢板一只,长六米打,宽一米打八,船之里面紫色,外面黑色。

以上被窃各物切勿轻买,如见亦宜报明本署,送案之物亦准具领。此布。

德一千九百五年十一月初一日
青岛巡捕衙门启

在商业登记处A部第50号登记了公司"阿尔弗雷德·希姆森",所在地为青岛。

该公司的唯一所有人是本地的商人阿尔弗雷德·希姆森。

青岛,1905年11月1日
胶澳皇家审判厅

告白

第三海军营计划在 1905 年 10 月 6、7、8、9 日的上午 7 点 30 分到 12 点、下午 2 点到 5 点之间在下四方、第三海军营的射击靶位、110.5 和 115 高地以及四方到水清沟的街道之间进行实弹射击训练。

现警告公众在射击期间不得进入上述区域。

四方,1905 年 10 月 28 日
第一东亚步兵团一营营部

结婚公告

古斯塔夫·赫尔曼·特奥多·法佛尔克,职业为商人,出生于利博瑙,现年 31 岁,居住地为坊子,为均居住于威斯特法伦瓦滕沙依德附近的乌肯多夫的教师费迪南·法佛尔克与出生时姓施塔赫的妻子奥古斯特的儿子。

奥尔加·奥多尔芬·奥古斯特·哥顿,出生于柏林,现年 21 岁,居住地为青岛,是在厄恩豪森去世的退役上尉阿道夫·哥顿和他居住在柏林、出生时姓费舍尔的妻子奥古斯特的女儿。

谨此宣布二人结婚,此婚约按照 1870 年 5 月 4 日颁布的法律规定在本官员前缔结。

青岛,1905 年 11 月 1 日
皇家户籍官
贡特

消息

总督府财务处自 10 月 31 日起的汇率为:1 元 = 2.04 马克。

巡捕衙门、青岛警察站、警察总局、刑事与商业局以及青岛华民审判厅的办公室,均搬至新警察局大楼。

国家建设助理冯·布鲁克纳已经接管了工程总局的工作。

皇家船政局在 1905 年 10 月 26 日告白(《官报》第 231 页)对华人帆船区域的坐标更正为 34 度 32 分 30 秒(而不是 24 度 32 分 30 秒)。

公使馆参赞硕尔茨博士接管了上海的皇家总领事馆事务，代理回国度假的总领事科纳佩博士。

船运

1905年10月26日—11月2日期间

到达日	轮船船名	船长	挂旗国籍	登记吨位	出发港	出发日	到达港
（10月22日）	雷娜号	克里斯滕森	挪威	978	瓦卡马普	10月29日	上海
（10月26日）	青岛号	韩森	德国	977	芝罘	10月26日	芝罘
10月26日	北海号	图本	英国	1 227	香港	10月27日	芝罘
10月27日	叶世克总督号	特洛依曼	德国	1 045	上海	10月28日	上海
10月27日	雅清号	塞拉尔	英国	1 424	上海	10月27日	芝罘
10月28日	芝罘号	亨克	德国	134	金口		
10月28日	白河号	代纳特	德国	476	济物浦	10月30日	上海
10月30日	提尔皮茨上将号	布洛克	德国	1 199	上海	10月30日	芝罘
10月30日	太仓号	克鲁尔	英国	977	上海	11月1日	上海
10月30日	艾丽塔诺萨克号	拉森	德国	1 161	香港	11月1日	芝罘
10月31日	居尔堡号	卢皮	德国	799	门司		
11月2日	柯尼夫斯堡号	洛伦岑	德国	646	芝罘	11月2日	上海
11月2日	福克桑号	雷诺兹	英国	1 987	汉口		

Amtsblatt
für das
Deutsche Kiautschou=Gebiet.

青島官報

Herausgegeben vom Kaiserlichen Gouvernement Kiautschou.

Der Bezugspreis beträgt jährlich $ 2=M 4.
Bestellungen nehmen sämtliche deutsche Postanstalten entgegen.

Jahrgang 6. Nr. 45. Tsingtau, den 11. November 1905.

Amtliche Anzeigen.

Aufgebot.

Es wird hiermit bekannt gemacht, dass

Carl Eduard Oscar **Schmidt**, seines Standes Kaufmann, geboren zu Wiesloch, Grossherzogtum Baden, 24 Jahre alt, wohnhaft in Tsingtau, Sohn des Bankdirektors Oscar Schmidt und dessen Ehefrau Emilie, geborene Brueckner, beide in Wiesbaden wohnhaft,

und

Elisabeth Sayn, geboren zu Schwanheim am Main, 24 Jahre alt, wohnhaft in Biedenkopf, Regierungs-Bezirk Wiesbaden, Tochter des Postmeisters Adolf Sayn und dessen Ehefrau Wilhelmine, geborenen Sauerbrey, beide in Biedenkopf wohnhaft, beabsichtigen, sich miteinander zu verheiraten und diese Ehe in Gemässheit des Reichsgesetzes vom 4. Mai 1870 vor dem unterzeichneten Beamten abzuschliessen.

Tsingtau, den 6. November 1905.

Der Kaiserliche Standesbeamte.
Günther.

Beschluss.

Das Konkursverfahren über das Vermögen des Schlossermeisters

Albert Wanke

in Tsingtau wird infolge der Schlussverteilung nach erfolgter Abhaltung des Schlusstermins hierdurch aufgehoben.

Tsingtau, den 31. Oktober 1905.

Kaiserliches Gericht von Kiautschou III.

In der Gesenger'schen Konkurssache beträgt die Summe der zu berücksichtigenden Forderungen $ 6516,91, denen ein verfügbarer Massebestand von 228,10 $ gegenübersteht. Das Verzeichnis der Forderungen liegt auf der Gerichtsschreiberei aus.

Tsingtau, den 2. November 1905.

Der Konkursverwalter.
Dr. Koch.

240. Amtsblatt—報官島靑 11. November 1905.

Landversteigerung.

Auf Antrag des Bankbeamten Julius Gut von hier findet am Montag, den 27. November 1905, vormittags 11 Uhr, die Versteigerung des Grundstückes Kbl. 12 Nr. 17 an der Lauschanstrasse im Landamte statt.

Grösse: 1154 qm.
Mindestpreis: 957, 82 $.
Benutzungsplan: Landhausmässige Bebauung.
Bebauungsfrist: 30. November 1908.
Gesuche zum Mitbieten sind bis zum 20. November 1905 hierher zu richten.

Tsingtau, den 8. November 1905.

Kaiserliches Landamt.

Bekanntmachung.

Als verloren angemeldet: 1 Theaterglas mit Perlmuttereinsatz; 1 silberne Uhr mit Goldrändern und silberner Kette, an der Kette sind 2 Anhängsel mit chinesischen Zeichen befestigt.

Als gefunden angemeldet: 1 grosse Boye in Form eines Wasserfasses mit einer etwa 2 ½ m. langen Kette, am Strande unterhalb des Höhenlagers.

Tsingtau, den 8. November 1905.

Kaiserliches Polizeiamt.

Mitteilungen.

Sitzung des Gouvernementsrates am 6. November 1905.

1.) Gegenwärtig: Der Gouverneur und die beamteten Mitglieder, als Zivilvertreter die Herren Miss, Göcke und Kroebel.
2.) Tagesordnung:
   a. Wahl von 4 Mitgliedern zu einem Kirchenkuratorium.
   b. Entwurf einer Wildschon-Verordnung und einer Vogelschutz-Verordnung.
   c Entwurf einer Verordnung, betreffend Entwässerung und Anschluss an die Kanalisation nebst den technischen Bestimmungen dazu.
   d. Abänderung des § 8 der Verordnung, betreffend Gewerbescheine, vom 1. November 1904.
   e. Entwurf einer Baupolizeiordnung.
3.) Der Gouverneur eröffnet um 4 Uhr die Sitzung und stellt als ersten Gegenstand der Tagesordnung die Wahl von 4 Mitgliedern zu einem Kirchenkuratorium zur Erörterung.

Herr Admiralitätsrat Günther begründet die Vorlage:

Nach einem Abkommen des Reichsmarineamts und des Deutschen Evangelischen Kirchenausschusses ist ein Kirchenkuratorium einer evangelischen Kirche in Tsingtau zu wählen, welches unter dem Vorsitz des Gouvernementspfarrers aus 2 Mitgliedern der evangelischen Zivilgemeinde und aus 2 Mitgliedern der evangelischen Militärgemeinde bestehen soll. Auf Vorschlag der evangelischen Zivilgemeinde werden die Herren Schomburg und Pötter als Mitglieder der Zivilgemeinde, sowie Hauptmann Ingenohl und Stabszahlmeister Fichtner als Mitglieder der Militärgemeinde zur Wahl gestellt und einstimmig gewählt.

4.) Entwürfe einer Wildschon-Verordnung und einer Vogelschutz-Verordnung.

Nachdem Herr Oberförster Hass die Gründe für die Vorlage der beiden Verordnungen dargelegt und insbesondere darauf hingewiesen hat, dass den Vögeln ein grösserer Schutz zuteil werden müsse, um der überhandnehmenden Raupen- und Ungezieferplage zu steuern, gelangen beide Entwürfe ohne Debatte zur Annahme.

5.) Entwurf einer Verordnung, betreffend Entwässerung und Anschluss an die Kanalisation nebst den technischen Bestimmungen dazu.

Herr Baudirektor Rollmann begründet eingehend die Notwendigkeit der Verordnung, da die Anlage der Schmutzwasserkanalisation demnächst fertiggestellt sei.

Die Notwendigkeit, die Vorschriften über den Anschluss an die vorhandenen Kanalisationen zu regeln, wird generell und allgemein anerkannt; es erfolgt sodann die Besprechung im einzelnen.

Den §§ 1 und 2 wird zugestimmt.

Zu § 3 macht Herr Kroebel den Vorschlag, anstelle der Worte „die Herstellung sämtlicher Leitungen ausserhalb der Häuser erfolgt durch die Bauverwaltung" zu setzen „...... ausserhalb der Grundstücke.....", und begründet ihn damit, dass nach Ansicht der Grundeigentümer die Kosten für sie geringer werden würden, wenn sie die Herstellung der Leitungen auf ihren Grundstücken selbst bewirkten. Gegen diese Fassung wird seitens der Herren Baudirektor Rollmann und Generalarzt Koenig geltend gemacht, dass mit Rücksicht auf die hiesige gemischte Bevölkerung namentlich aus gesundheitlichen Gründen auch auf den Grundstücken bis an die Gebäude die Herstellung durch die Bauverwaltung erfolgen müsse, da nur dann eine hinreichende Gewähr vorhanden sei, dass die Anlage bei Verwendung guten Materials vorschriftsmässig ausgeführt sei und der Boden nicht infolge fehlerhafter Ausführung der Anlage oder Benutzung minderwertigen Materials verunreinigt werde. Bei Annahme des Kroebel'schen Vorschlages müsse dem Grundstückseigentümer, da Beschädigungen des fiskalischen Teils der Anschlussleitung durch mangelhafte Ausführung des privaten Teils zu befürchten seien, die Pflicht auferlegt werden, die Unterhaltungskosten für die gesamte Anschlussleitung bis an den Strassenkanal zu tragen.

Bei dieser Sachlage zieht der Antragsteller seinen Vorschlag zurück.

Bei § 4 beantragt Herr Goecke, im ersten Absatz bestimmte Zeiträume für die Prüfungen festzusetzen und einen Zusatz über eine Garantiefrist seitens der Bauverwaltung für die von ihr ausgeführten Anlagen aufzunehmen.

Gegen die §§ 5 und 6 wird nichts eingewendet.

Nachdem der Gouverneur die Aufnahme eines Zusatzes über die Festsetzung bestimmter Zeiträume für die Prüfungen, sowie über die Garantiefrist zugesagt hat, wird der Entwurf der Verordnung angenommen.

Ebenso wird ohne weitere Erörterung dem Entwurfe für die technischen Vorschriften zugestimmt; nur wird festgestellt, dass die darin erwähnten, besonderen Vorschriften über die Chinesenaborte erst nach Anhörung des Gouvernementsrates erlassen werden sollen.

Der Gouverneur teilt mit, dass kurz vor Eröffnung der Sitzung eine Eingabe zu der Bekanntmachung im Amtsblatt vom 28. Oktober betreffend die Kosten der Anschlüsse an die Regen- und Schmutzwasser-Kanalisation eingegangen sei. Bei der Kürze der Zeit könne sie noch nicht zur Erörterung gestellt werden.

6.) Abänderung des § 8 der Verordnung, betreffend Gewerbescheine, vom 1. November 1904.

Herr Admiralitätsrat Günther begründet die Vorlage, für welche ein schriftlicher Antrag von Interessenten vorliegt.

Nach dieser Verordnung beträgt die Gebühr eines Gewerbescheines
für Jagdgewehre oder Munition 15 $

für sonstige Waffen oder Munition 200 $.

Da die Ansichten bei der Trennung der beiden Waffenarten weit auseinander gehen und die jetzige Bestimmung tatsächlich gemissbraucht ist, so wird der neuen Fassung des § 8 „Für den Handel mit Waffen und mit Munition ist ein Gewerbeschein zu lösen; die Gebühr dafür beträgt jährlich 200 $" ohne Widerspruch zugestimmt.

7.) Entwurf einer Baupolizeiordnung.

Herr Miss erkennt unter Zustimmung der Vertreter der Zivilgemeinde an, dass der Entwurf im allgemeinen für heimische Verhältnisse mustergiltig sei; seine Bestimmungen seien jedoch für die Verhältnisse im Schutzgebiete zu weitgehend und zu streng. Sie bäten, den Entwurf vor seiner Beratung im Gouvernementsrat zunächst einer Kommission, die aus 2 Beamten der Bauverwaltung und aus 2 Bürgern bestände, zur Prüfung zu überweisen. Dem gegenüber führt der Gouverneur aus, dass er zwar gegen den Vorschlag nichts einzuwenden habe, dass er aber feststellen müsse, dass die Neubearbeitung auf besonderes Verlangen von Interessenten geschehen sei, welchen die Bestimmungen der z. Zt. bestehenden Verordnung zu dehnbar seien.

Da auch im Übrigen dem Vorschlage nicht widersprochen wird, so werden als Kommissionsmitglieder auf Vorschlag der Vertreter der Zivilgemeinde die Herren Stickforth und Augustesen und als etwaiger Ersatz für diese Herr Siemssen gewählt, während der Gouverneur die von der Bauverwaltung zu bestellenden Mitglieder noch bestimmen wird. Die Kommission soll mit der Abfassung eines schriftlichen Berichtes und mit der etwaigen Neufassung des Entwurfs beauftragt werden. Das Ergebnis soll vor Abhaltung einer Sitzung des Gouvernementsrates den Mitgliedern des letzteren schriftlich zugehen.

8.) Da weitere Punkte zur Besprechung nicht vorlagen, wurde die Sitzung durch den Gouverneur um 6 Uhr geschlossen.

* * *

Die Witterung zu Tsingtau während des Monats Oktober 1905 nach den Aufzeichnungen der Meteorologisch-astronomischen Station.

Die Witterung im Oktober dieses Jahres war im grossen und ganzen dieselbe wie sie schon immer im selben Monat früherer Jahre beobachtet wurde.

Sieht man von einigen grösseren Temperaturschwankungen, wie sie der Herbst durch die wechselnden Winde ja stets mit sich bringt, ab, so war eine ziemlich gleichmässige, langsam fallende Temparatur zu verzeichnen. Das Tagesmittel derselben betrug 16,0°; das Maximum-Thermometer zeigte mit 23,1° am Mittag des 9. und 12. seinen höchsten, das Minimum-Thermometer mit 3,8° am Morgen des 30. seinen niedrigsten Stand im Monat.

Die mittlere Bewölkung des Himmels machte 4,5 Zehntel aus; es wurden 11 heitere und 7 trübe Tage gezählt.

Durch den Sonnenscheinautographen wurden während des Monats in Summa 197 Stunden Sonnenschein, das sind ungefähr 57 % des möglichen registriert. An einem Tage kam die Sonne gar nicht, an 3 Tagen weniger als eine Stunde zum Vorschein.

Ebenso wie im vorigen Monat war auch im Oktober der Feuchtigkeitsgehalt der Luft noch ein sehr grosser; das Monatsmittel desselben 80 % betragend, überragte den bisher im gleichen Monat ermittelten Durchschnitt um 14 %.

An 7 regnerischen Tagen fiel eine Gesammtregenmenge von 29,3 mm.

In den frühen Morgenstunden wurden häufig leichter Nebel und Dunst, seltener Tau beobachtet.

Eine um diese Jahreszeit schon seltenere Naturerscheinung trat zu Anfang des Monats auf. Am Abend des 5. wurde andauerndes Wetterleuchten in SW und am nördlichen Himmel beobachtet; um 7 Uhr 3 Min. wurde in NW der erste Donner gehört, der Wind sprang von SSO auf N herum und frischte schnell zur Stärke 6-7 auf. Die Gewitter näherten sich mit grosser Geschwindigkeit; eins aus SW zog westlich an der Station vorbei, während das von N kommende central über dieselbe hinweg zog und um 7 Uhr 25 Min. am nächsten war; 7 Uhr 27 Min. schlug der Blitz ohne grösseren Schaden zu verursachen zweimal kurz hintereinander auf, bezw. bei der Signalstation ein. Die Färbung der Blitze während der Nahgewitter war bläulich-weiss. So schnell wie das Wetter heraufgekommen war, so schnell zog es auch wieder ab, der letzte Donner wurde 8 Uhr 25 Min. in südöstlicher Richtung gehört. Die während der Gewitter von 7 Uhr 11 Min. bis 8 Uhr 28 Min. gefallene Regenmenge betrug 4,0 mm.

11. November 1905. Amtsblatt—青島官報 243.

Die Hauptwindrichtungen im Monat waren SO bis S und NW bis N. Während die Winde aus den südlichen Richtungen ein Steigen der Temperatur bewirkten, trat dei denen der nördlichen Richtungen naturgemäss der entgegengesetzte Fall ein.

Stärkere Winde, die zum Teil volle Sturmstärke erreichten, wurden zur Zeit der täglichen 3 Beobachtungstermine beobachtet, und zwar am 4. SO Stärke 6, am 7. S Stärke 7 und SSW Stärke 6, am 14. SSO Stärke 7, NNO und N Stärke 6, am 19. NW und NNW Stärke 9 am 23. und 24. S Stärke 6, am 29. N Stärke 10 und am 31. S Stärke 6. Die mittlere Stärke der Winde betrug 3,2 der 12 teiligen oder Beaufort-Skala.

* * *

Der Kurs bei der Gouvernementskasse beträgt vom 5. d. Mts. ab: 1 $=2,07 M.

* * *

Bei der Nummerierung der Seiten des Amtsblattes sind versehentlich die Ziffern 209-229 ausgelassen worden.

Meteorologische Beobachtungen
in Tsingtau.

Datum. Nov.	Barometer (mm) reduz. auf 0º C., Seehöhe 78,64 m			Temperatur (Centigrade).								Dunstspannung in mm			Relat. Feuchtigkeit in Prozenten		
				trock. Therm.			feucht. Therm.										
	7 Vm	2 Nm	9 Nm	7 Vm	2 Nm	9 Nm	7 Vm	2 Nm	9 Nm	Min.	Max.	7 Vm	2 Nm	9 Nm	7 Vm	2 Nm	9 Nm
2	756,5	755,8	757,6	14,8	17,6	10,5	12,7	14,8	8,7	10,4	19,7	9,7	10,8	7,3	77	72	76
3	62,5	62,3	64,8	5,5	5,6	2,1	3,1	2,7	0,8	0,2	11,1	4,3	3,8	4,1	64	57	77
4	65,9	64,7	65,6	0,2	2,1	1,8	-0,1	1,7	0,0	-0,1	6,0	4,4	5,0	3,5	94	93	67
5	67,0	66,0	66,1	1,7	4,7	2,3	0,6	3,2	1,0	-3,0	5,3	4,1	4,9	4,2	80	76	77
6	65,1	65,3	66,7	4,9	9,2	4,9	2,1	4,8	0,9	-0,5	10,0	3,7	3,8	2,5	56	44	39
7	65,7	63,0	62,5	9,2	12,2	11,0	5,7	6,7	6,2	3,5	15,3	4,7	4,0	4,2	55	38	43
8	64,5	63,6	65,5	5,9	11,2	8,3	3,3	5,1	3,0	2,6	12,3	4,3	2,9	2,5	62	29	31

Datum. Nov.	Wind Richtung & Stärke nach Beaufort (0—12)			Bewölkung						Niederschläge in mm		
				7 Vm		2 Nm		9 Nm				9 Nm ÷ 7 Vm
	7 Vm	2 Nm	9 Nm	Grad	Form	Grad	Form	Grad	Form	7 Vm	9 Nm	
2	SSO 2	SSO 3	N 8	1	Cir-str	6	Cir-str	4	Cum			
3	N 9	NNW 10	NNW 8	4	Cir-cum	4	Cum	4	Cir-cum			
4	NNW 8	NNW 8	NNW 8	4	„	3	„					
5	NNW 3	NNW 5	N 1									
6	WSW 4	NNW 4	NNO 2									
7	SSO 2	S 6	S 6	3	Cir-cum							
8	N 3	N 4	0 4	3	„			4	Cu-str			

Durchschnittsmarktpreise.

Oktober 1905.
1 Kätty = 577,6 g.
Durchschnittskurs für 1 $ in
Tsingtau: 1980 kleine Käsch.
Tai tung tschen: 1990 „ „
Litsun: 2000 „ „
Hsüe tschia tau: 1880 „ „

Bezeichnung.	Einheit	Tsingtau kl. Käsch	Tai tung tschen kl. Käsch.	Litsun kl. Käsch.	Hsüe tschia tau kl. Käsch
Bohnen	1 Kätty	64	—	60	45
„ , aufgekeimte	„	36	24	—	—
Schnittbohnen	„	48	30	—	—
Bohnenkäse	„	36	32	25	28
Bohnenöl	„	200	200	180	180
Bohnenkuchen	„	—	52	50	42
Erdnüsse	„	160	120	95	40
Erdnussöl	„	180	240	188	190
Erbsen	„	—	46	50	38
Gerste	„	—	56	46	40
Gurken	„	120	—	28	—
Hirse	„	96	64	60	74
Hirsenmehl	„	90	70	70	—
Kartoffeln, chin.	„	20	12	45	14
Kartoffelscheiben, chin.	„	75	30	28	24
Kauliang	„	64	56	52	30
Kauliangstroh	„	—	—	15	12
Kleie	„	56	50	37	42
Kürbis	„	40	18	12	—
Mais	„	80	50	50	—
Radischen	„	36	—	—	—
Reis	„	90	66	80	80
Weizen	„	—	65	60	62
Weizenmehl	„	70	83	90	76
Weizenbrot	1 Stück	88	24	20	—
Dampfbrot	„	88	24	20	—
Hirsebrot	„	44	32	—	—
Röstbrot	„	—	32	—	—
Aepfel	1 Kätty	240	—	188	—
Apfelsinen	„	—	—	—	—
Birnen	„	90	40	40	36
Kohlrabi	„	80	—	—	—
Kohl in Köpfen	„	20	12	20	20
„ kleine Pflanzen	„	—	40	—	—
Knoblauch	„	160	70	60	24

11. November 1905.   Amtsblatt—青島官報   245.

Bezeichnung.	Einheit	Tsingtau kl. Käsch	Tai tung tschen kl. Käsch	Li tsun kl. Käsch	Hsüetschia tau kl. Käsch
Mohrüben	1 Kätty	36	26	—	14
Pfeffer, roter	„	80	600	130	36
„ , schwarzer	„	640	800	878	850
Rettig, chin.	„	80	—	55	24
Rüben, weisse	„	80	18	—	20
Spinat	„	30	40	—	—
Wallnüsse	„	160	180	148	—
Zwiebeln	„	35	40	20	24
Salz	„	40	10	10	20
Tabak	„	320	300	270	320
Bratfische	„	340	150	240	—
Kochfische	„	240	150	142	—
Fische, trocken.	„	320	160	168	200
Tintenfische	„	—	460	488	90
Krabben	„	80	—	188	—
Schweinefleisch	„	260	200	200	220
Schweinefett	„	320	300	260	200
Rindfleisch, roh	„	320	200	160	—
„ , gekocht	„	—	200	160	—
Rindertalg	„	320	220	160	—
Enten	1 Stück	600	—	500-600	400
„ , wilde	„	500	—	—	—
Gänse	„	2000	—	1900-2200	—
„ , wilde	„	—	—	—	—
Hühner	„	500	300	400-500	350
Schnepfen	„	—	—	—	—
Enteneier	10 Stück	300	—	300	180
Hühnereier	„	200	200	168	160

Schiffsverkehr
in der Zeit vom 2.—9. November 1905.

Ankunft am	Name	Kapitän	Flagge	Reg. Tonnen.	von	Abfahrt am	nach
(31.10.)	D. Süllberg	Luppi	Deutsch	782	Kobe	2.11.	Kobe
(2.11.)	D. Fook Sang	Reynolds	Englisch	1987	Hankou	8.11.	Kuchinotsu
3.11.	D. Gouv. Jaeschke	Treumann	Deutsch	1045	Tschifu	5.11.	Schanghai
5.11.	D. Tunghow	Hansen	„	952	Schanghai	7.11.	Wladiwostock
7.11.	D. Tsintau	„	„	977	„	„	Tschifu
„	D. Peiho	Deinat	„	476	„	„	Tschemulpo
„	D. Andalusia	Filler	„	3477	Hongkong		
„	D. Tak-Sang	Clure	Englisch	977	Schanghai	7.11.	Schanghai
„	D. Hilary	Ziegler	Deutsch	1276	Kobe		
9.11.	D. Adm. v. Tirpitz	Block	„	1199	Tschifu		

Druck der Missionsdruckerei Tsingtau.

第六年 第四十五号

1905 年 11 月 11 日

官方通告

结婚公告

卡尔·爱德华·奥斯卡·施密特，职业为商人，出生于巴登大公国的威斯洛赫，现年24岁，居住地为青岛，为均居住于威斯巴登的银行经理奥斯卡·施密特与出生时姓布吕克纳的妻子艾米莉的儿子。

伊丽莎白·赛因，出生于美因河畔的施万海姆，现年24岁，居住地为威斯巴登政府区的毕登科普夫，是均居住于毕登科普夫的邮局局长阿道夫·赛因和出生时姓绍尔布莱的妻子威廉娜的女儿。

谨此宣布二人结婚，此婚约按照1870年5月4日颁布的法律规定在本官员前缔结。

青岛，1905 年 11 月 6 日

皇家户籍官

贡特

决议

对青岛的钳工阿尔伯特·万科财产的破产程序，已执行完成最后期限的最终财产分配，谨此撤销。

青岛，1905 年 10 月 31 日

胶澳皇家审判厅三处

在格僧杰的破产案中，需要考虑的优先索款额为 6 516.91 元，与之相对的可执行金额为 228.10 元。优先索款目录张贴于法院书记处。

青岛，1905 年 11 月 2 日

破产管理人

科赫博士

大德管理青岛地亩局　为

　　拍卖地亩事：兹据德华洋行办事德人占特禀称，欲买青岛劳山街地图第十二号第十七块，计地一千一百五十四米打，暂拟价洋九百五十七元八角二分。今订于西一千九百五年十一月二十七日上午十一点钟在本局拍卖。买定后，准盖华丽房屋，至一千九百八年十一月三十日一律修竣。如他人亦欲买者，可以投票，截至西十一月二十日止，届期前来本局面议可也。勿误。特谕。

右谕通知
西一千九百五年十一月初八日　告示

告白

　　启者：兹将本署据报被窃、送案各物分别列左：

被窃各物：

千里镜一具，上镶有蛤皮；镶金边银表一枚，带有银链，上系有玩意，刻有二华字。

拾获送案之物：

在海栏海边寻获水桶式船浮一具，带有两米打半长之链。

以上被窃各物切勿轻买，如见亦宜报明本署，送案之物亦准具领。此布。

德一千九百五年十一月初八日
青岛巡捕衙门启

消息

总督府在1905年11月6日的会议

1）出席人员：总督和担任官员的成员
2）民政区代表米斯先生、戈克先生和科罗贝尔先生。
　　日程：
a. 选举教会管理委员会的4名成员；
b. 起草《野生动物保育法令》和《鸟类保护法令》；
c. 起草《关于排水和包含技术规定的与下水道连接方面的法令》；
d. 修订1904年11月1日《关于营业执照的法令》中的第8条；
e. 起草《建筑警察规定》。
3）4点时，总督宣布会议开始，提出日程中第一项教会管理委员会4名成员选举工作,进行讨论。

海军部参议贡特先生对草案做了论述:

根据帝国海军部与德意志新教教会委员会之间的一项协议,需要在青岛选举一个新教教会管理委员会,由总督府牧师担任主席,另由来自新教民间教区和2名新教军队教区的成员组成。新教民间教区提名朔姆伯格先生和波特尔先生、军队教区提名英格诺尔上尉和上尉军需官费希特,担任委员会成员,以上人员均一致当选。

4)《野生动物保育法令》(草案)和《鸟类保护法令》(草案)。

高等林业官哈斯先生阐述了起草这两项法令草案的原因,随后又进一步强调,必须让鸟类得到更多保护,以便控制住过度的毛虫和其他害虫灾害。两项草案没有经过讨论就获得通过。

5)《关于排水和包含技术规定的与下水道连接方面的法令》(草案)。

工部局局长罗尔曼先生详细论证了该法令的必要性,原因是污水下水道设施马上就要完工。

与会人员一致认可制订关于与已有下水道连接方面规定的必要性。之后进行了细节方面的讨论。

第1条、第2条得到通过。

科罗贝尔先生对第3条提出建议,将"由工程局管理部建造房屋外的全部管道"的措辞,改为:"…地块外…",提出的理由是,地块业主们认为,如果由业主自行建造地块上的管道,费用会更低。但是工部局局长罗尔曼和总医师柯尼希对此提出反对意见,考虑到本地人口种族不同,出于健康原因,必须由工部局管理部在房屋地块上建造一直到房屋的管道,只有这样才能足够确保这些设施建造时使用符合规定的材料,地面不会因为设施施工缺陷或者使用廉价材料导致受到污染。如果接受科罗贝尔先生的建议,则业主一定会担心,如果因为个人部分错误施工,建造出来的连接管道会损坏国库拥有的部分,那样就得承担直到街中管道的连接管道维护费用。

由于该具体情况的提出,提案人撤回了建议。

在第4条部分,戈克先生申请在第一段中应确定检测的特定时间范围,并收入关于工部局管理部方面对由其修建设施质保期限的补充文字。

没有人对第5条、第6条提出异议。

总督同意纳入确定检测的特定时间范围以及质保期限的补充文字,法令草案获得通过。

技术规定方面草案也同样没有经过进一步阐释就获得通过,只是确定了里面提到的"关于华人厕所只有在总督府参事会聆讯之后才许可建造"的特别规定。

总督宣布,在会议开始前不久,已经收到了对10月28日《官报》上刊登的关于与雨水、污水下水道连接费用告白的呈请。由于时间过短,还无法将其提出来进行讨论。

6）对1904年11月1日的《各项营业执照章程》中第8条的修订。

海军部参议贡特先生论证了草案,相关利益人还对此提交了一份书面申请。

根据这项法令,营业执照的费用为:

打猎用步枪或者弹药　　　　　15元

其他武器弹药　　　　　　　　200元。

由于将这两种武器类型进行分类的观点分歧过大,现有规定事实上是在滥用,第8条新版本为"经营武器和弹药必须具有营业执照,费用为每年200元",修订得到无异议通过。

7）《建筑警察规定》(草案)。

在民政区代表的同意下,米斯先生承认,总体而言,草案相对于国内本土的情况,是具有示范意义的,但是这些规定对于保护地的情况来说,范围过大、尺度过严。他们请求,在提交审议前,首先组建一个委员会对此进行审查,委员会由2名工部局管理部的官员和2名市民组成。对此,总督表示,虽然他本人对草案没有异议,但是必须确定一点,重新修订该项法规是由相关利益人特别要求的,目前现行的这项法规对他们来讲不确定性太大。

因为其他人均不反对这项建议,在民政区代表的提议下,选举施蒂科夫特和奥古斯特森先生作为委员会成员,选举希姆森先生担任候补委员,由工部局管理部指定的委员还需要由总督确定。该委员会将撰写一份书面报告,并被授权起草一份新版本草案。其结果会在举行总督府参议会会议前书面送达全体委员。

8）因为没有其他要点提交讨论,总督在6点宣布会议结束。

气象天文台记录的1905年10月青岛的天气情况

今年10月份的天气情况总的来说,基本与前几年同月份观察到的情况相同。

秋天变换的风向总会带来几次较大的气温波动,除此以外,记录到的气温相当平稳、缓慢地下降。白天平均温度为16.0度,最高气温温度计在9日和12日记录到了最高气温23.1度,最低气温温度计在30日早上记录到本月最低气温3.8度。

天空平均云层为45%,共有11个晴天和7个多云天气。

阳光计数仪共记录了197个小时的日照,占可能出现日照时间的57%。有一天完全没有阳光,有3天的日照时间少于1小时。

与上个月一样,即使在10月份,空气湿度仍然很高,月平均湿度为80%,超过了目前为止同月份平均湿度14%。

在7个雨天里共计降水29.3毫米。

清晨时分有一些薄薄的雾水,很少看到露水。

有一个在这个季节前后较少看到的自然现象出现在月初。5日夜间,在西南方向和北面的山间持续打闪电。7点3分,在西北方向听到第一声雷声,风向从东南偏南转向北面,风力很快加强到6—7级。雷雨高速逼近,一个从西南方向向西经过火车站,同时来自北方的中央雨带穿过,在7点25分时位置最近,7点27分时,闪电短时间内在信号站附近接连出现两次,未造成较大损失。在近处暴雨时,闪电带有蓝—白色。这场暴雨来去匆匆,最后一次雷声在8点25分西南方向听到。从7点11分持续到8点28分的雷雨共计降雨4.0毫米。

本月主要风向为东南风转南风和西北风转北风。南风引起了气温的上升,而来自北方的三次大风也自然引起了气温下降。

在每天三次观察时间里观察到的较强的风中,部分达到了风暴级别,4日的东南风6级,7日的南风7级,西南偏南风6级,14日的东南偏南风7级,东北偏北风和北风6级,19日的西北风和西北偏北风9级,23和24日的南风6级,29日的北风10级,31日的南风6级。平均风力为12级蒲福风级表中的3.2级。

总督府财务处自本月5日起的汇率为:1元＝2.07马克。

由于疏忽,《官报》页码编码漏掉了第209—229页。

市场平均物价

1905年10月

1斤＝577.6克

1银元的平均汇率

青岛：　　1 980个铜板

台东镇：1 990个铜板

李村：　　2 000个铜板

薛家岛：1 880个铜板

商品名称	单位	青岛,铜板	台东镇,铜板	李村,铜板	薛家岛,铜板
黄豆	1斤	64	—	60	45
豆芽	1斤	36	24	—	—
豌豆	1斤	48	30	—	—
豆腐	1斤	36	32	25	28
豆油	1斤	200	200	180	180
豆饼	1斤	—	52	50	42
花生	1斤	160	120	95	40

(续表)

商品名称	单位	青岛,铜板	台东镇,铜板	李村,铜板	薛家岛,铜板
花生油	1斤	180	240	188	190
扁豆	1斤	—	46	50	38
大麦	1斤	—	56	46	40
黄瓜	1斤	120	—	28	—
小米	1斤	96	64	60	74
小米面	1斤	90	70	70	—
土豆,中国品种	1斤	20	12	45	14
土豆片,中国品种	1斤	75	30	28	24
高粱	1斤	64	56	52	30
高粱秆	1斤	—	—	15	12
麸皮	1斤	56	50	37	42
南瓜	1斤	40	18	12	—
玉米	1斤	80	50	50	—
小红萝卜	1斤	36	—	—	—
大米	1斤	90	66	80	80
小麦	1斤	—	65	60	62
面粉	1斤	70	83	90	76
小麦面包	1个	88	24	20	—
馒头	1个	88	24	20	—
窝头	1个	44	32	—	—
火烧	1个	—	32	—	—
苹果	1斤	240	—	188	—
橘子	1斤	—	—	—	—
梨	1斤	90	40	40	36
大头菜	1斤	80	—	—	—
大白菜	1斤	20	12	20	20
小白菜	1斤	—	40	—	—
大蒜	1斤	160	70	60	24

(续表)

商品名称	单位	青岛,铜板	台东镇,铜板	李村,铜板	薛家岛,铜板
胡萝卜	1斤	36	26	—	14
红胡椒	1斤	80	600	130	36
黑胡椒	1斤	640	800	878	850
萝卜,中国品种	1斤	80	—	55	24
白萝卜	1斤	80	18	—	20
菠菜	1斤	30	40	—	—
核桃	1斤	160	180	148	—
洋葱	1斤	35	40	20	24
盐	1斤	40	10	10	20
烟草	1斤	320	300	270	320
煎鱼	1斤	340	150	240	—
炖鱼	1斤	240	150	142	—
干鱼	1斤	320	160	168	200
墨鱼	1斤	—	460	488	90
螃蟹	1斤	80	—	188	—
猪肉	1斤	260	200	200	220
猪大油	1斤	320	300	260	200
生牛肉	1斤	320	200	160	—
熟牛肉	1斤	—	200	160	—
牛油	1斤	320	220	160	—
鸭子	1只	600	—	500～600	400
野鸭	1只	500	—	—	—
鹅	1只	2 000	—	1 900～2 200	—
野鹅	1只	—	—	—	—
鸡	1只	500	300	400～500	350
塍鹬	1只	—	—	—	—
鸭蛋	10个	300	—	300	180
鸡蛋	10个	200	200	168	160

船运

1905年11月2日—9日期间

到达日	轮船船名	船长	挂旗国籍	登记吨位	出发港	出发日	到达港
(10月31日)	居尔堡号	卢皮	德国	782	神户	11月2日	神户
(11月2日)	福克桑号	雷诺兹	英国	1 987	汉口	11月8日	南岛原
11月3日	叶世克总督号	特洛依曼	德国	1 045	芝罘	11月5日	上海
11月5日	通州号	韩森	德国	952	上海	11月7日	符拉迪沃斯托克
11月7日	青岛号	韩森	德国	977	上海	11月7日	芝罘
11月7日	白河号	代纳特	德国	476	上海	11月7日	济物浦
11月7日	安达卢西亚号	费勒尔	德国	3 477	香港		
11月7日	太仓号	克鲁尔	英国	977	上海	11月7日	上海
11月7日	希拉里号	齐格勒	德国	1 276	神户		
11月9日	提尔皮茨上将号	布洛克	德国	1 199	芝罘		

Amtsblatt
für das
Deutsche Kiautschou-Gebiet

青島官報

Herausgegeben vom Kaiserlichen Gouvernement Kiautschou.

Der Bezugspreis beträgt jährlich $ 2 = M 4.
Bestellungen nehmen sämtliche deutsche Postanstalten entgegen.

| Jahrgang 6. | Nr. 46. | Tsingtau, den 18. November 1905. |

Verordnungen und Bekanntmachungen.

Verordnung

über Abänderung der Verordnung

betreffend Gewerbescheine.

Der Paragraph 8 der Verordnung, betreffend Gewerbescheine vom 1. November 1904 (Amtsblatt 1904, Seite 251) erhält folgende Fassung:

Für den Handel mit Waffen und mit Munition ist ein Gewerbeschein zu lösen; die Gebühr dafür beträgt jährlich 200 $.

Diese Verordnung tritt am 1. Januar 1906 in Kraft.

Tsingtau, den 9. November 1905.

Der Kaiserliche Gouverneur.

Allerhöchst mit der Stellvertretung beauftragt.

van Semmern.

大德欽命署理總督膠澳文武事宜大臣師為
出示曉諭刪改章程事照得上年十一月初一日第四十七號軍器須領執照第八條訂明照量領為更並登入第嗣後凡欲售軍器須領
生執照出賣號軍官執照報照各在案茲則所更執改分年軍統每賣免一以執納彈藥費洋二百元一體凛遵勿違
大德特諭一千九百五年十一月十一日右諭通知

Verordnung.

Die in § 15 der Verordnung, betreffend Laden und Löschen von Kauffahrteischiffen im Hafen von Tsingtau, vom 19. Februar 1904 (Amtsblatt 1904, Seite 25) genannte Lagermiete wird für folgende Ausfuhrwaren: Bohnenkuchen, Datteln, Bohnenöl, Baumwolle, Nudeln, Hanf, Wolle, Erdnüsse vom 1. Dezember d. Js. ab bis auf weiteres nicht erhoben.

Tsingtau, den 11. November 1905.

Der Kaiserliche Gouverneur.

Allerhöchst mit der Stellvertretung beauftragt.

van Semmern.

大德欽命署理總督膠澳文武事宜大臣師
出示變通章程事照得進出口貨物堆存碼頭逾限十日
須繳租費一節會載在西歷上年二月十九日所訂青島
碼頭商船起落貨物章程第十五款內並登列第八號官
報各在案茲酌將豆餅豆油綿花掛麵棗蔴絨花生等物
擬自西歷一千九百五年十二月初一日起如在碼頭存
放暫免繳納存費餘仍其舊以示區別為此諭仰商民人
等一體遵照勿違特諭
大德一千九百五年十一月十一日
右諭通知
告示

Amtliche Anzeigen.

Aufgebot.

Es wird hiermit bekannt gemacht, dass

Carl Friedrich **Arthur Schweim**, seines Standes Molenwärter, geboren zu Memel, 30 Jahre alt, wohnhaft in Tsingtau, Sohn des auf See verstorbenen Schiffszimmermanns Carl Schweim und seiner in Bielefeld wohnhaften Ehefrau Charlotte, geborenen Rehberg,

und

Johanna Dauter, geboren zu Altona, 29 Jahre alt, wohnhaft in Tsingtau, Tochter des Zimmermanns Carl Dauter und dessen Ehefrau Sophia, geborenen Heinsohn, beide zu Altona verstorben,

beabsichtigen, sich miteinander zu verheiraten und diese Ehe in Gemässheit des Reichsgesetzes vom 4. Mai 1870 vor dem unterzeichneten Beamten abzuschliessen.

Tsingtau, den 15. November 1905.

Der Kaiserliche Standesbeamte.

Günther.

18. November 1905.   Amtsblatt—報官島青   249.

Beschluss.

In dem Konkursverfahren über das Vermögen des Schlossers

Hermann Gesenger

wird zur Abnahme der Schlussrechnung, zur Erhebung von Einwendungen gegen das Schlussverzeichnis und zur Beschlussfassung der Gläubiger über die nicht verwertbaren Vermögensstücke Schlusstermin auf:

Dienstag, den 12. Dezember 1905, vorm. 11 Uhr, vor dem unterzeichneten Gericht hier, Zimmer Nr. 2, anberaumt.

Tsingtau, den 8. November 1905.

Kaiserliches Gericht von Kiautschou III.

Bekanntmachung.

Als gestohlen angemeldet: 2 Presennings 7,50 m lang 5,50 m breit; 1 goldener Ring mit Brillant, im Inneren sind die Worte „Dieu te garde" eingraviert.

Als verloren angemeldet: 1 Briefbuch.

Tsingtau, den 15. November 1905.

Kaiserliches Polizeiamt.

白 告

啓者本署據報被竊遺失各物列左
被竊之物
船上所用布套二個長七米打半寬五米打半
金戒指一枚鑲有金鋼石裏面刻有 Dieu te garde 字樣
遺失之物
信簿一本
遺失各物切勿輕買見亦宜報明本署此佈
西一千九百五年十一月十五日

青島巡捕衙門啓

Mitteilungen.

Am Sonntag, den 19. d. Mts., findet in der Gouvernementskapelle kein Gottesdienst statt.

Am Buss- und Bettage (den 22. d. Mts.) beginnt der Gottesdienst vormittags um 10 Uhr; am Totenfest (den 26. d. Mts.) nachmittags 5 Uhr, nicht vormittags 10 Uhr. Im Anschluss an beide Gottesdienste finden Abendmahlsfeiern statt.

* * *

Der Kurs der Gouvernementskasse beträgt vom 16. d. Mts. ab: 1 $=2,14 M.

* * *

Der Rote-Adlerorden IV. Klasse ist dem Marinebaurat Rollmann und dem Hauptmann Mueller laut telegraphischer Mitteilung des Reichs-Marine-Amts vom 14. d. Mts. verliehen worden.

* * *

Die Schantung-Eisenbahn-Gesellschaft hat vom 20. d. Mts. ab folgende Frachtermässigungen eingeführt:

1. Zwischen Station Huang tai tschiau am Hsiau tsching ho und Station Tsinanfu-Ost, oder zwischen Tsinanfu-Ost und Tsinanfu-West wird eine Anschlussgebühr erhoben von $ 3,00 für den Wagen,

2. Zwischen Station Huang tai tschiau und Station Tsinanfu-West beträgt die Anschlussgebühr $ 4,00 für den Wagen.

Jeder beförderte Wagen wird dabei als vollbeladen angesehen. Für alle Sendungen zwischen Huang tai tschiau und den übrigen Stationen der Eisenbahn wird die Anschlussgebühr zu 1. zuzüglich der tarifmässigen Fracht von und nach Station Tsinanfu-Ost berechnet

Meteorologische Beobachtungen
in Tsingtau.

Datum. Nov.	Barometer (mm) reduz. auf 0° C., Seehöhe 78,64 m			Temperatur (Centigrade). trock. Therm.			feucht. Therm.					Dunstspannung in mm			Relat. Feuchtigkeit in Prozenten		
	7 Vm	2 Nm	9 Nm	7 Vm	2 Nm	9 Nm	7 Vm	2 Nm	9 Nm	Min.	Max.	7 Vm	2 Nm	9 Nm	7 Vm	2 Nm	9 Nm
9	764,3	762,9	762,7	7,2	9,6	11,1	5,5	7,3	8,7	4,2	13,7	5,7	6,3	7,0	76	70	70
10	60,6	59,7	59,8	12,7	15,1	13,7	11,2	13,0	12,1	11,1	16,3	9,0	9,9	9,6	83	77	82
11	59,7	56,9	56,5	14,0	16,2	16,1	12,3	14,1	13,9	11,0	18,7	9,6	10,7	10,5	81	78	77
12	57,0	57,2	58,7	14,1	15,0	9,9	13,6	13,9	9,9	9,0	18,8	11,3	11,2	9,1	95	88	100
13	62,4	65,7	69,5	9,6	5,6	1,3	8,3	3,3	-0,9	-0,7	10,6	7,3	4,4	3,2	83	65	62
14	68,4	67,1	66,3	1,2	3,7	1,1	-0,5	0,6	-1,3	-0,1	7,3	3,6	3,0	2,9	70	49	58
15	70,5	69,4	68,8	-0,4	5,9	4,3	-0,6	2,2	1,2	-0,5	10,6	4,3	3,2	3,2	96	46	51

Datum. Nov.	Wind Richtung & Stärke nach Beaufort (0—12)			Bewölkung						Niederschläge in mm		
				7 Vm		2 Nm		9 Nm				9 Nm 7.-l. Vm
	7 Vm	2 Nm	9 Nm	Grad	Form	Grad	Form	Grad	Form	7 Vm	9 Nm	
9	OSO 4	ONO 5	OSO 5	7	Cu-str	9	Cum	10	Cum			
10	SSO 5	S 6	SSO 6	6	Cir-cum	3	„	5	Cu-str			
11	SSO 6	SSO 7	SSO 7	8	„	4	Cu-str	5	„			
12	S 3	SSO 2	N 7	10	Cu-nim	10	Cu-nim	10	Cu-nim		7,4	15,2
13	N 5	NNO 7	NNO 5	10	Cu-str	10	Cu-str	5	Cu-str	7,8		
14	NNW 3	N 2	N 3	4	„	6	„	4	„			
15	NNO 2	NNO 2	NNO 1	2	Cir-str	5	„	4	„			

Schiffsverkehr
in der Zeit vom 9.—16. November 1905.

Ankunft am	Name	Kapitän	Flagge	Reg. Tonnen.	von	Abfahrt am	nach
(28.10.)	D. Chefoo	Henck	Deutsch	134	Tsingkou	9.11.	Wladiwostock
(7.11.)	D. Andalusia	Filler	„	3477	Hongkong	10.11.	„
(„)	D. Hilary	Ziegler	„	1276	Kobe	9.11.	Hongkong
(9.11.)	D. Adm. v. Tirpitz	Block	„	1199	Tschifu	„	Schanghai
10.11.	D. Gouv. Jaeschke	Treumann	„	1045	Schanghai	11.11.	„
11.11.	D. Shahzada	Jürgensen	„	1046	„	15.11.	Wladiwostock
12.11.	D. Peiho	Deinat	„	476	Tschemulpo	12.11.	Schanghai
13.11.	D. Tak-Sang	Clure	Englisch	977	Schanghai	15.11.	„
„	D. Süllberg	Luppi	Deutsch	782	Kobe	14.11.	Kobe
14.11.	D. Knivsberg	Lorenzen	„	646	Schanghai	„	Tschifu
15.11.	D. Tsintau	Enigk	„	977	Tschifu	15.11.	Schanghai

Druck der Missionsdruckerei Tsingtau.

第六年　第四十六号

1905年11月18日

法令与告白

大德钦命署理总督胶澳文武事宜大臣师　为

出示晓谕删改章程事：照得售卖军器须领执照，曾于西历上年十一月初一日所出《营生执照》第八条订明照办，并登入第四十七号官报各在案。兹则量为更改，嗣后凡欲售卖军器以及弹药者，所领之执照并无分别，每年统须缴纳照费洋二百元，以规划一而免分歧。为此谕，仰阖属人等一体凛遵勿违。特谕。

右谕通知

大德一千九百五年十一月十一日　告示

大德钦命署理总督胶澳文武事宜大臣师　为

出示变通章程事：照得进出口货物堆存码头逾限十日须缴租费一节，曾载在西历上年二月十九日所订《青岛码头商船起落货物章程》第十五款内，并登列第八号官报各在案。兹酌将豆饼、豆油、棉花、挂面、枣、蔴绒、花生等物，拟自西历一千九百五年十二月初一日起，如在码头存放，暂免缴纳存费，余仍其旧，以示区别。为此谕，仰商民人等一体遵照勿违。特谕。

右谕通知

大德一千九百五年十一月十一日　告示

官方通告

结婚公告

卡尔·弗里德里希·阿图尔·施未姆，职业为码头看守人，出生于美墨尔，现年30岁，居住地为青岛，为在海上去世的船舶木匠卡尔·施未姆与居住在比勒菲尔德、出生时姓雷博格的妻子夏洛特的儿子。

约翰娜·道特尔,出生于阿尔托纳,现年29岁,居住地为青岛,是均在阿尔托纳去世的木匠卡尔·道特尔和出生时姓海因松的妻子索菲亚的女儿。

谨此宣布二人结婚,此婚约按照1870年5月4日颁布的法律规定在本官员面前缔结。

青岛,1905年11月15日
皇家户籍官
贡特

决议

在对钳工赫尔曼·格僧杰财产的破产程序中,已确定提取最终决算、对最终索款目录提出异议以及对无法执行的财物做出决议的最终日期为:1905年12月12日星期二上午11点,地点为本审判厅2号房间。

青岛,1905年11月8日
胶澳皇家审判厅三处

告白

启者:本署据报被窃、遗失各物列左:

被窃之物:

船上所用布套二个,长七米打半,宽五米打半;金戒指一枚,镶有金刚石,里面刻有"Dieu te garde"西字样。

遗失之物:

信簿一本。

以上被窃、遗失各物切勿轻买,如见亦宜报明本署。此布。

西一千九百五年十一月十五日
青岛巡捕衙门启

消息

督署小教堂本月19日礼拜天不举办弥撒。

在忏悔日和祈祷日(本月22日),弥撒的开始时间是上午10点;在万灵节(本月26日)下午5点开始弥撒,而不是上午10点。在两次弥撒之后将举行庆祝晚餐。

总督府财务处自本月16日起的汇率为：1元＝2.14马克。

根据帝国海军部在本月14日的电报通知，海军土木工程监督官罗尔曼和穆勒上尉被授予四等红鹰勋章。

山东铁路公司自本月20日起施行下列运费优惠政策：
1. 小清河黄台桥车站与济南府东站之间，或者在济南府东站与济南府西站之间，按照每车皮3.00元收取转运费。
2. 在黄台桥和济南府西站之间，每车皮转运费为4.00元。

每一节运送的车皮均被视为满载。在黄台桥和铁路剩余站点之间的转运费用，按照上述1号规定，另加收济南府东站发送或到达的优惠费率。

船运

1905年11月9日—16日期间

到达日	轮船船名	船长	挂旗国籍	登记吨位	出发港	出发日	到达港
(10月28日)	芝罘号	亨克	德国	134	金口	11月9日	符拉迪沃斯托克
(11月7日)	安塔卢西亚号	费勒尔	德国	3 477	香港	11月10日	符拉迪沃斯托克
(11月7日)	希拉里号	齐格勒	德国	1 276	神户	11月9日	香港
(11月9日)	提尔皮茨上将号	布洛克	德国	1 199	芝罘	11月9日	上海
11月10日	叶世克总督号	特洛依曼	德国	1 045	上海	11月11日	上海
11月11日	沙赫扎达号	于尔根森	德国	1 046	上海	11月15日	符拉迪沃斯托克
11月12日	白河号	代纳特	德国	476	济物浦	11月12日	上海
11月13日	太仓号	克鲁尔	英国	977	上海	11月15日	上海
11月13日	居尔堡号	卢皮	德国	782	神户	11月14日	神户
11月14日	柯尼夫斯堡号	洛伦岑	德国	646	上海	11月14日	芝罘
11月15日	青岛号	恩尼克	德国	977	芝罘	11月15日	上海

Amtsblatt
für das
Deutsche Kiautschou-Gebiet.

青島官報

Herausgegeben vom Kaiserlichen Gouvernement Kiautschou.

Der Bezugspreis beträgt jährlich $ 2 = M 4.
Bestellungen nehmen sämtliche deutsche Postanstalten entgegen.

Jahrgang 6. | Nr. 47. | Tsingtau, den 25. November 1905.

Verordnungen und Bekanntmachungen.

Vogelschutz-Verordnung.

§. 1.

Das Zerstören und Ausheben von Nestern oder Brutstätten der Vögel, das Zerstören und Ausnehmen von Eiern, das Ausnehmen und Töten der Jungen, das Feilbieten und der Verkauf der gegen dieses Verbot erlangten Nester, Eier und Jungen ist untersagt.

Dem Eigentümer und Nutzungsberechtigten und deren Beauftragten steht jedoch frei, Nester, welche sich an oder in Gebäuden oder in Hofräumen befinden, zu beseitigen.

Auch findet das Verbot keine Anwendung auf das Einsammeln, Feilbieten und den Verkauf der Eier von Strandvögeln, Seeschwalben, Möven und Kiebitzen, soweit nicht durch Bekanntmachung des Gouvernements das Einsammeln der Eier dieser Vögel für bestimmte Orte oder für bestimmte Zeit untersagt wird.

§. 2.

Verboten ist ferner das Fangen und das Töten von Vögeln, sowie jedes Nachstellen zum Zwecke des Fangens oder Tötens von Vögeln, insbesondere das Aufstellen von Netzen, Schlingen, Leimruten und anderen Fangvorrichtungen.

§. 3.

Das Feilbieten und der Verkauf von lebenden Vögeln im Umherziehen ist verboten.

Ebenso ist das Feilbieten und der Verkauf von Vögeln, die nicht nachweislich ausserhalb des Schutzgebietes gefangen oder erlegt sind, untersagt.

§. 4.

Wenn Vögel in Weinbergen, Gärten und bestellten Feldern, Baumpflanzungen, Saatkämpen und Schonungen Schaden anrichten, kann das Gouvernement den Eigentümern und Nutzungsberechtigten der Grundstücke und deren Beauftragten, soweit dies zur Abwendung dieses Schadens notwendig ist, das Töten solcher Vögel innerhalb der betroffenen Örtlichkeiten gestatten.

Ferner kann das Gouvernement einzelne Ausnahmen von den Bestimmungen der §§ 1 und 2 dieser Verordnung zu wissenschaftlichen oder Lehrzwecken für eine bestimmte Zeit und für bestimmte Örtlichkeiten bewilligen.

§. 5.

Zuwiderhandlungen gegen die Bestimmungen dieser Verordnung werden mit Geldstrafe bis zu 75 Dollar, im Unvermögensfalle mit Haft bis zu 6 Wochen bestraft. Neben der Geld-oder Freiheitsstrafe kann bei Chinesen noch auf Prügelstrafe bis zu 50 Hieben erkannt werden.

Der gleichen Strafe unterliegt, wer es unterlässt, Kinder oder andere unter seiner Gewalt stehende Personen, welche seiner Aufsicht untergeben sind und zu seiner Hausgenossenschaft gehören, von der Übertretung dieser Vorschrift abzuhalten.

Neben der Geldstrafe oder der Haft kann auf die Einziehung der verbotswidrig in Besitz genommenen, feilgebotenen oder verkauften Vögel, Nester, Eier, sowie auf Einziehung der Werkzeuge erkannt werden, welche zum Fangen oder Töten der Vögel, zum Zerstören oder Ausheben der Nester, Brutstätten oder Eier gebraucht oder bestimmt waren, ohne Unterschied, ob die einzuziehenden Gegenstände dem Verurteilten gehören oder nicht.

Ist die Verfolgung oder Verurteilung einer bestimmten Person nicht ausführbar, so können die im vorstehenden Absatz bezeichneten Massnahmen selbständig erkannt werden.

§. 6.

Die Bestimmungen dieser Verordnung finden keine Anwendung:
a. auf das im Privateigentum befindliche Federvieh;
b. auf die durch die Wildschon-Verordnung vom 9. November 1905 als jagdbar bezeichneten Vögel;
c. auf die in nachstehendem Verzeichnis aufgeführten Vogelarten:

1. Tagraubvögel mit Ausnahme des Turmfalken,
2. Uhus,
3. Würger,
4. Kreuzschnäbel,
5. Kernbeisser,
6. Rabenartige Vögel (Kolkraben, Raben, Nebel- und Saatkrähen, Dohlen, Elstern, Nuss- oder Tannenhäher),
7. Wasserhühner (Rohr- und Blesshühner),
8. Reiher (eigentliche Reiher, Löffelreiher, Nachtreiher, Rohrdommeln),
9. Säger (Sägetaucher, Tauchergänse),
10. Möven,
11. Kormorane,
12. Taucher (Eis- und Haubentaucher).

§ 7.

Diese Verordnung tritt am Tage der Veröffentlichung in Kraft.

Mit dem gleichen Tage wird die Verordnung, betreffend den Schutz der Singvögel vom 10. Oktober 1904 (Amtsblatt 1904, Seite 225) aufgehoben.

Tsingtau, den 9. November 1905.

Der Kaiserliche Gouverneur.

Allerhöchst mit der Stellvertretung beauftragt.

van Semmern.

大德欽命署理總督膠澳文武事宜大臣

師爲

聲訂保衞滋生飛禽章程分條列左

第一條禽巢禽卵不准損壞搜挐不准捕獲戕殺雛鳥並不准將禽巢禽卵雛鳥索値售賣　凡禽巢如在房之內外或院內者即由該房主租戶或代經理人移去至棲止海灘之鳥水燕兒海鷗水雞准人拾取其卵及索値售賣惟此項禽鳥本署亦可隨時示禁某地方何限期不准拾取戕殺或

第二條所有禽鳥禁止生擒戕殺之法如安設拍網圈套或膠枝以及他項擒具

第三條生禽不准沿街索値發賣　再即在德境外或生擒或戕殺之各鳥如不能出有確寔憑據一併禁止値售賣等事

25. November 1905. Amtsblatt—青島官報 253.

第四條 如在蒲桃架處花園苗田樹行種樹養樹各場有禽鳥作害者即由本署隨時特准各該地主租戶並代理人在於各處戕殺以足防患爲度

至第一第二禁止各條亦可暫准某人在於某處弛禁藉廣考究學問

第五條 如有違背此章者一經查出應即罰繳洋銀至七十五元之多凡人之子弟洋即監押至六禮拜之久犯者如係華人亦可答責至五十之多凡人之子弟並同居隸其約束之人若未事先設法防範致有違背此章者該父兄家長一律罰辦

違章擒拘或索值或發賣之禽鳥禽巢禽卵並擒打禽鳥損掏巢卵所需所備各項器具查出無論是否犯者之物一概入官充公

第六條 尚有禽鳥與此項章程無涉者逐一列左

以上所列各物雖犯者無從查獲罰辦該各物亦一體充公

一家養之雞鴨鵝等類 二同日訂章載列准打各鳥 三後列各禽 子白晝捕食之兇鳥惟兔鶻鷹不在內 丑鴟鵂 寅伯僚 卯黃交嘴 辰蠟嘴 午葦雞孤頂雞 未鷺鵠 巳烏鴉之類即各樣老鴉並鵲鶺喜雀葱花兒
類即青莊匙嘴鳥夜鶴水駱駝 申鋸嘴鳥即入水之鋸嘴鳥又入水雁
海鷗 戌海鸕鷀 亥入水鳥郎產自北方之潛冰水鳥又有冠之水鳥

第七條 前項章程准自出示日起一律遵行所有西歷一千九百四年十月初三日所訂登列第四十二號官報之保衞飛禽章程應即作廢特諭

大德一千九百五年十一月初九日

Wildschon-Verordnung.

§ 1.
Jagdbare Tiere sind:
a. Hasen, Ottern, Wölfe, Füchse, Dachse, wilde Katzen, Edelmarder;
b. Steinhühner, Wachteln, Fasanen, wilde Tauben, Drosseln, Schnepfen, Trappen, Brachvögel, Wachtelkönige, Kraniche, Adler, (Stein-, See-, Fisch-, Schlangen-, Schreiadler), wilde Schwäne, wilde Gänse, wilde Enten, alle anderen Sumpf- und Wasservögel mit Ausnahme der grauen Reiher, der Taucher, der Säger, der Kormorane und der Blesshühner.

§ 2.
Mit der Jagd zu verschonen sind:
1. Dachse vom 1. Januar bis 31. August,
2. Hasen vom 16. Januar bis 15. Oktober,
3. Wachteln vom 15. Dezember bis 15. August,
4. Wilde Enten vom 15. April bis 30. Juni,
5. Schnepfen vom 15. Mai bis 15. August,
6. Trappen vom 15. Mai bis 30. Juni,
7. Wilde Schwäne, Kraniche, Brachvögel, Wachtelkönige und alle anderen jagdbaren Sumpf- und Wasservögel, mit Ausnahme der wilden Gänse, vom 1. Mai bis 30. Juni,
8. Drosseln vom 15. Dezember bis 20. September,
9. Fasanen und Steinhühner bis auf weiteres dauernd.

Die als Anfangs- und Endtermine der Schonzeiten bezeichneten Tage gehören zur Schonzeit.

§ 3.
Der Anfang und der Schluss der Schonzeiten kann durch Bekanntmachung des Gouvernements 14 Tage vor oder nach den im § 2 bestimmten Zeitpunkten festgesetzt werden. Zum Schutz gegen Wildschaden kann das Gouvernement für die davon betroffenen Oertlichkeiten die Erlegung von Wild auch während der Schonzeit zulassen.

§ 4.
Das Aufstellen von Schlingen, in denen sich jagdbare Tiere fangen können, ist verboten.

Unter dieses Verbot fällt nicht die Ausübung des Dohnenstiegs mittels hochhängender Dohnen.

§ 5.
Vom Beginn des fünfzehnten Tages der für eine Wildart festgesetzten Schonzeit bis zu deren Ablauf ist es verboten, derartiges Wild zum Verkaufe herumzutragen, auszustellen oder feilzubieten, zu verkaufen, anzukaufen, oder den Verkauf von solchem Wild zu vermitteln.

Dieses Verbot findet keine Anwendung
1. auf Wild, welches nachweislich ausserhalb des Schutzgebietes erlegt und in das Schutzgebiet eingeführt ist,
2. auf Wild, welches im Strafverfahren in Beschlag genommen oder eingezogen, oder welches auf Anordnung des Gouvernements zur Verhütung von Wildschaden während der Schonzeit erlegt ist.

§ 6.
Mit den nachstehenden Geldstrafen wird bestraft, wer während der Schonzeit erlegt oder einfängt:
1. eine Trappe   15 $
2. einen Dachs, einen Hasen, eine Schnepfe, einen Fasan, ein Steinhuhn   6 „
3. eine Wachtel, eine Drossel, eine wilde Ente, einen Kranich, einen Brachvogel oder einen sonstigen jagdbaren Sumpf- oder Wasservogel   3 „

Sind mildernde Umstände vorhanden, so kann die Strafe bis auf 1 $ für jedes Stück ermässigt werden.

§ 7.
Mit Geldstrafen bis zu 75 $ wird bestraft, wer
1. innerhalb der Schonzeit auf die durch diese geschützten Tiere die Jagd ausübt, ohne sie zu erlegen oder einzufangen;
2. Schlingen stellt, in denen jagdbare Tiere sich fangen können;
3. den Vorschriften des § 5 zuwider Wild zum Verkauf herumträgt, ausstellt oder feilbietet, verkauft, ankauft, oder den Verkauf von solchem Wild vermittelt.

§ 8.
An die Stelle einer nach den §§ 6 und 7 verhängten, nicht beitreibbaren Geldstrafe tritt Haft bis zu 6 Wochen.

Im Falle der Übertretung des § 7 Ziffer 3 ist neben der Geldstrafe das den Gegenstand der Zuwiderhandlung bildende Wild einzuziehen, ohne Unterschied, ob der Schuldige Eigentümer ist oder nicht.

§ 9.
Diese Verordnung tritt am Tage ihrer Veröffentlichung in Kraft.

Mit dem gleichen Tage werden die bisher erlassenen Vorschriften über Schonzeiten aufgehoben, insbesondere die Verordnung betreffend die Schonzeit der Steinhühner vom 1. Oktober 1899 und die Verordnung betreffend Schutz der Fasanen vom 3. Oktober 1904 (Amtsblatt 1904, Seite 221).

Tsingtau, den 9. November 1905.

Der Kaiserliche Gouverneur.
Allerhöchst mit der Stellvertretung beauftragt.

van Semmern.

大德欽命署理總督膠澳文武事宜大臣師　為

出示曉諭定章事照得各種禽獸其命雖微似未便漫不關懷聽人獵打致

傷上天好生之德隱存一網打盡之慮茲特明訂禁期藉資限制應遵各條

分別列左

第一條准於獵打各禽獸

甲 兔子水獺豹狼狐狸野貓獾貂

乙 石雞鵪鶉野雞班鳩畫眉水鷲地鵏彰雞秧雞白鶴神鷹海青鷳魚鷹蛇鷹號鷹天鵝雁野鴨子除灰鷺入水鳥鎝嘴鳥海鶻鷺水雞外其餘一切棲止水面及水灘各鳥皆准獵打

第二條上列各項禽獸禁止獵打期限逐類訂明於左

一 獾每年自西歷正月初一日起至西八月三十一日止

二 兔子每年自西歷正月十六日起至西十月十五日止

三 鵪鶉每年自西歷十二月十五日起至次年西八月十五日止

四 水鴨子每年自西歷四月十五日起至六月三十日止

五 水鷲每年自西歷五月十五日起至八月十六日止

六　地鵨每年自西歷五月十五日起至六月三十日止
七　天鵝白鶴彰雞秧雞除雁以外並別項一切棲止水面水灘准打之鳥每年
　　自西歷五月初一日起至西六月三十日止
八　畫眉自西歷十二月十五日起至次年九月二十日止
九　雞石雞暫禁獵打
　　以上所訂禁期起止兩日亦在禁內
第三條　第二條所載之期應作爲變通之期或展或縮均由本署酌訂示諭惟皆
　　不逾十四日之期如禽獸過多以致損傷萬物雖在禁期內亦可由本署飭在
　　某處准予獵打
第四條　不准安設拍網擒陷第一條載列之禽獸只准用樹上所挂之三角圈套
第五條　自禁止獵打期後十四日起直至弛禁日止不准携帶前項禽獸招沽擺
　　列售賣索值購買以及經手等事
　一　禽獸如獲在德境以外馳入德境能有確實憑據即不在此例
　二　凡因刑案充公並本署飭令獵打防患之禽獸亦不在此例
第六條　如有違背此項章程在於禁期內膽敢獵打者一經查明即行罰辦應交
　　各款分別列左
　一　如打死地鵨每個應罰洋十五元
　二　如打死獲兔子 水鴛 野雞 石雞每隻應罰洋六元

三 如打死鶺鶉畫眉水鴨白鶴彰雞或他項准打棲止水面水灘之鳥每個罰洋三元

以上所訂罰款准由該管衙門酌情從減惟至減每個亦須罰洋一元

第七條

一 倘有在禁期內行獵以及設備獵打禽獸者均應罰洋至七十五元之多

二 如有安設拍網以至可慮第一條所載之禽獸被擒查明罰洋至七十五元之多

三 倘有違背第五條所列各節如携帶禽獸招沽擺列售賣索值購買經手等事亦皆罰洋至七十五元之多

第八條 凡經該管官按照第六第七兩條科罰應繳之洋如犯者無力繳案應即監押至六禮拜之久

如有違背第七條之所載各節除將該犯者罰交洋元外亦可將該禽獸無論是否犯者之物一併入官

第九條 此項章程准自出示之日起一律遵行並自是日起以前所訂一切禁打期限章程即一千八百九十九年十月初一日禁止獵打石雞章程又登列一千九百四年第四十一號官報九百四年十月初三日所訂禁止獵打野雞章程分別作廢特諭

大德一千九百五年十一月初九日

Bekanntmachung für Seefahrer.

Die in der inneren Bucht liegenden Fahrwasserbojen werden mit folgenden Ausnahmen Anfang Dezember für die Winterzeit eingezogen und Anfang April nächsten Jahres wieder auf den alten Stellen ausgelegt.

Es bleiben während des Winters liegen: Boje A, Boje 1 und 2, Mittelgrundboje und die Hufeisenriftbojen $\frac{HR}{W}$, $\frac{HR}{N}$ und $\frac{HR}{O}$ und die Hafeneinfahrtsbojen $\frac{HE}{1}$, $\frac{HE}{2}$, $\frac{HE}{3}$ und $\frac{HE}{4}$.

Tsingtau, den 23. November 1905.

Kaiserliches Hafenamt.

Amtliche Anzeigen.

Aufgebot.

Es wird hiermit bekannt gemacht, dass **Wilhelm** Joachim Christian **Fick**, seines Standes Polizeiwachtmann, geboren zu Klein-Offenseth, Kreis Pinneberg, 28 Jahre alt, wohnhaft in Tsingtau, Sohn des Pächters August Fick und dessen Ehefrau Antje, geborenen Bösch, beide in Friedrichsholm wohnhaft,

und

Louise **Sophie Borschel**, geboren zu Bremerhaven, 24 Jahre alt, wohnhaft in Bremerhaven, Tochter des zu Bremerhaven verstorbenen Schuhmachers Christian Borschel und dessen in Bremerhaven wohnhaften Ehefrau Sophie, geborenen Steenken,

beabsichtigen, sich miteinander zu verheiraten und diese Ehe in Gemässheit des Reichsgesetzes vom 4. Mai 1870 vor dem unterzeichneten Beamten abzuschliessen.

Tsingtau, den 18. November 1905.

Der Kaiserliche Standesbeamte.
Günther.

Bei der in Abteilung A. Nr. 9 des Handelsregisters vermerkten offenen Handelsgesellschaft **Arnhold, Karberg und Co.** ist folgendes eingetragen worden:

Emil Munder in Tsingtau ist Prokura erteilt.

Tsingtau, den 18. November 1905.

Kaiserliches Gericht von Kiautschou I.

Verdingung.

Die Lieferung von Natureis soll öffentlich verdungen werden.

Die Lieferungsbedingungen können bei dem Gouvernementslazarett und bei der chinesischen Kanzlei des Gouvernements eingesehen werden.

Versiegelte Angebote mit der Aufschrift „Angebot für Natureis" sind bis Donnerstag, den 30. d. Mts., vormittags 10 Uhr, an die unterzeichnete Behörde einzureichen.

Tsingtau, den 16. November 1905.

Kaiserliches Gouvernementslazarett.

白告

敬者本醫院現擬招買凍冰應用章程可在本醫院暨衙門文案處詢問如有人欲賣者宜先期於西十一月三十即中十一月四日早十點鐘赴本醫院投信信內註明每月賞給若千磅每磅該價若千信面須寫有Angebot für Natureis西字樣此佈

西一千九百五年十一月十六日

青島衙門醫院啓

Bekanntmachung.

Es ist beabsichtigt, am 27., 28., 29. und 30. d. Mts. von 8 Uhr vormittags bis 3 Uhr nachmittags im Gelände nördlich von Schang Syfang mit Schussrichtung gegen den Ku schan gefechtsmässig zu schiessen.

Ferner hält die Maschinen-Gewehr-Abteilung am 28. d. Mts. von 8-12 Uhr vormittags im Gelände nördlich von Schang-Syfang mit Schussrichtung gegen die Syfanger Höhen und am 2. Dezember d. Js. von 9-12 Uhr vormittags im Gelände nordöstlich von Hu tau tsy mit Schussrichtung gegen den Ku schan gefechtsmässige Schiessübungen ab.

25. November 1905.   Amtsblatt—報官島青   259.

Vor dem Betreten des angegebenen Geländes in diesen Zeiten wird gewarnt.
Syfang, den 20. November 1905.
**Kommando des I. Bataillons
1. Ostasiatischen Infanterie-Regiments.**

Bekanntmachung.

Als gestohlen angemeldet: 1 marineblaue Cheviotbluse mit blauem Matrosenkragen für Kinder; 1 schwarzer Mantel mit karriertem Seidenfutter; 1 Paar kurze Stiefel; 1 schwarzer Hut; 1 goldene Uhrkette.

Als verloren angemeldet: 1 silberne Uhr mit silberner Kette auf dem Gelände zwischen Tschan schan und Fu schan so.

Tsingtau, den 22. November 1905.
Kaiserliches Polizeiamt.

大德欽命輔政司峕

告示

曉諭事照得四方兵隊擬於西本月二十七廿
八廿九三十即中十一月初一初二初三初
四等日早自八點鐘起至三點鐘止在上四
方卽自八點鐘起至十二點鐘止在上四
方北一帶操演槍向孤山施放又擬於本月
八卽中十一月十一初二日早自八點鐘起至十
二點止在上四方北一帶操演機器砲向四
方山暮施放又擬於西十二月初十卽中十
一月初六日早自九點鐘起至十二點鐘止
在湖島子北一帶操演機器砲向孤山施放
届期禁止人民在該處往來以防不測切
特諭

大德一千九百五年十一月二十日

右諭通知

白　告

啓者茲將本署據報被竊遺失各物
列左
被竊各物
別孩衣服一件係與德國水兵所穿
之衣服顏色式樣相同
黑色外國長衣一件係方檔細衣裏
短鞾靴子一雙
金表練一條
遺失之物
銀表一枚帶有銀練一條係在湛山
至浮山所路中間遺失
以上被竊遺失各物切勿輕買如
見亦宜報明本署此佈
青島巡捕衙門啓
西一千九百五年十一月二十二日

Mitteilungen.

Am Totenfest (Sonntag, den 26. d. Mts.) beginnt der Gottesdienst in der Gouvernementskapelle um 5 Uhr nachmittags. Jm Anschluss an den Gottesdienst findet eine Abendmahlsfeier statt.

*　*　*

Dolmetscher Mootz ist vom Heimatsurlaub zurückgekehrt und hat die Geschäfte des Bezirksamtes Tsingtau übernommen.

Dolmetscher Dr. Michelsen hat die Geschäfte des Bezirksamtes Litsun von dem in die Heimat beurlaubten Dolmetscher Dr. Wirtz übernommen.

*　*　*

Standesamtliche Nachrichten:

Aufgebot: 18. 11. 05. Polizeiwachtmann Wilhelm Fick in Tsingtau und Sophie Borschel in Bremerhaven.

Geburten: 17. 11. 05. Eine Tochter dem Bauschreiber Krätzig.
19. 11. 05. Eine Tochter dem Kaufmann Otto Linke.

Todesfälle: 20. 11. 05. Frida Schuster, 1 Jahr alt.
22. 11. 05. Oberleutnant Schwertfeger, 30 Jahr alt.

Meteorologische Beobachtungen
in Tsingtau.

Datum. Nov.	Barometer (mm) reduz. auf 0° C., Seehöhe 78,64 m			Temperatur (Centigrade).								Dunstspannung in mm			Relat. Feuchtigkeit in Prozenten		
				trock. Therm.			feucht. Therm.										
	7 Vm	2 Nm	9 Nm	7 Vm	2 Nm	9 Nm	7 Vm	2 Nm	9 Nm	Min.	Max.	7 Vm	2 Nm	9 Nm	7 Vm	2 Nm	9 Nm
16	767,4	764,7	763,7	4,9	9,0	7,9	1,5	4,9	5,1	2,7	9,8	3,1	4,0	4,9	48	47	61
17	62,8	61,4	61,8	7,1	12,1	12,0	4,5	8,8	9,3	6,4	13,1	4,8	6,5	7,1	64	62	68
18	60,8	58,2	60,4	10,3	11,7	9,7	8,0	8,5	5,3	7,4	13,0	6,6	6,4	4,0	71	62	45
19	64,2	64,1	64,7	4,1	9,7	6,5	2,7	5,5	3,1	3,8	10,3	4,7	4,3	3,7	77	47	51
20	66,8	67,0	68,5	4,9	10,2	3,3	3,0	5,7	1,7	3,0	10,4	4,6	4,2	4,2	70	45	73
21	67,6	65,1	66,0	4,0	11,2	8,5	2,0	8,1	7,0	1,9	12,3	4,1	6,2	6,6	67	62	79
22	64,2	61,6	61,3	8,4	11,9	9,4	6,9	8,8	7,5	6,9	12,6	6,5	6,6	6,6	79	64	75

Datum. Nov.	Wind Richtung & Stärke nach Beaufort (0—12)			Bewölkung						Niederschläge in mm	
				7 Vm		2 Nm		9 Nm			9 Nm
	7 Vm	2 Nm	9 Nm	Grad	Form	Grad	Form	Grad	Form	7 Vm 9 Nm	7 Vm
16	WNW 1	SSW 4	SSW 3	10	Cu-str	5	Cu-str				
17	WSW 1	SSO 4	S 4			4	Cicci-str	7	Cu-str		
18	S 4	SSW 6	NNW 3	4	Cu-str	6	Cu-str				
19	N 3	NNW 3	NNO 1								
20	N 2	NNW 3	NNO 2								
21	NNO 1	SSO 3	S 3	2	Cum-str	6	Cicci-str				
22	S 2	SSO 4	SSO 4	1	„	3	Cum-str				

Schiffsverkehr

in der Zeit vom 16.—23. November 1905.

Ankunft am	Name	Kapitän	Flagge	Reg. Tonnen.	von	Abfahrt am	nach
17. 11.	D. Dott	Gyemre	Norwegisch	630	Tientsin		
„	D. Gouv. Jaeschke	Treumann	Deutsch	1045	Schanghai	18. 11.	Schanghai
„	D. Ching Ping	Taggart	Englisch	1062	„	„	Tientsin
18. 11.	D. Helene Rickmers	Bandalin	Deutsch	2498	Singapore		
„	D. Peiho	Deinat	„	476	Schanghai	19. 11.	Tschemulpo
19. 11.	D. Wik	Carstens	„	1809	„		
20. 11.	D. Adm. v. Tirpitz	Block	„	1199	„	20. 11.	Tschifu
21. 11.	D. Tak Sang	Clure	Englisch	977	„	21. 11.	Schanghai

Druck der Missionsdruckerei Tsingtau.

第六年　第四十七号

1905年11月25日

法令与告白

大德钦命署理总督胶澳文武事宜大臣师　为

厘定《保卫滋生飞禽章程》分条列左：

第一条：禽巢、禽卵不准损坏搜拿，不准捕获枪杀雏鸟，并不准将禽巢、禽卵、雏鸟索值售卖。凡禽巢如在房之内外或院内者，即由该房主、租户或代经理人移去。至栖止海滩之鸟、水燕儿、海鸥、水鸡准人拾取其卵及索值售卖。惟此项禽鸟本署亦可随时示禁某地方何限期不准拾取其卵。

第二条：所有禽鸟禁止生擒、枪杀或备生擒、枪杀之法，如安设拍网、圈套或胶枝以及他项擒具。

第三条：生禽不准沿街索值发卖。再即在德境外或生禽、或枪杀各鸟，如不能出有确实凭据，一并禁止索值售卖等事。

第四条：如在蒲桃架处、花园、苗田、树行、种树养树各场有禽鸟作害者，即由本署随时特准各该地主、租户并代理人在于各该处枪杀以足防患为度。

至第一、第二禁止各条亦可暂准某人在于某处弛禁，藉广考究学问。

第五条：如有违背此章者，一经查出，应即罚缴洋至七十五元之多，如无力缴洋，即监押至六礼拜之久。犯者如系华人，亦可笞责至五十之多。凡人之子弟并同居隶其约束之人，若未事先设法防范，致有违背此章者，该父兄家长一律罚办。

违章擒掏或索值或发卖之禽鸟、禽巢、禽卵并擒打禽鸟，损掏巢卵所需所备各项器具，查出无论是否犯者之物，一概入官充公。

以上所列各物，虽犯者无从查获罚办，该各物亦一体充公。

第六条：尚有禽鸟与此项章程无涉者逐一列左：

一、家养之鸡鸭鹅等类。二、同日订章载列准打各鸟。三、后列各禽：子，白昼捕食之凶鸟，惟兔、鹘、鹰不在内；丑，鸥䳽；寅，伯僚；卯，黄交嘴；辰，蜡嘴鸹；巳，乌鸦之类，即各样老鸦并鹖鹊、喜鹊、葱花儿；午，苇鸡、孤顶鸡；未，鹭类，即青壮匙嘴鸟、夜鹤、水骆驼；申，锯嘴鸟，即入水之锯嘴鸟又入水雁；酉，海鸥；戌，海鸬鹚；亥，入水鸟郎，产自北方之潜冰水鸟,又有冠之水鸟。

第七条：前项章程准自出示日起一律遵行,所有西历一千九百四年十月初三日所订登列第四十二号官报之《保卫飞禽章程》应即作废。特谕。

大德一千九百五年十一月初九日

大德钦命署理总督胶澳文武事宜大臣师　为

出示晓谕订章事：照得各种禽兽其命虽微似未便,漫不关怀,听人猎打,致伤上天好生之德,隐存一网打尽之虑。兹特明订禁期,藉资限制,应遵各条分别列左：

第一条：准于猎打各禽兽

甲：兔子、水獭、豺狼、狐狸、野猫、獾、貂。

乙：石鸡、鹌鹑、野鸡、斑鸠、画眉、水鸳、地鹬、彰鸡、秧鸡、白鹤、神鹰、海青雕、鱼鹰、蛇鹰、号鹰、天鹅、雁、野鸭子、除灰鹭、入水鸟、锯嘴鸟、海鸬鹚、水鸡外,其余一切栖止水面及水滩各鸟皆准猎打。

第二条：上列各项禽兽禁止猎打期限逐类订明于左：

一、獾,每年自西历正月初一日起至西八月三十一日止。

二、兔子,每年自西历正月十六日起至西十月十五日止。

三、鹌鹑,每年自西历十二月十五日起至次年西八月十五日止。

四、水鸭子,每年自西历四月十五日起至六月三十日止。

五、水鸳,每年自西历五月十五日起至八月十六日止。

六、地鹬,每年自西历五月十五日起至六月三十日止。

七、天鹅、白鹤、彰鸡、秧鸡,除雁以外并别项一切栖止水面、水滩准打之鸟,每年自西历五月初一日起至西六月三十日止。

八、画眉,自西历十二月十五日起至次年九月二十日止。

九、野鸡、石鸡暂禁猎打。

以上所订禁期起止两日亦在禁内。

第三条：第二条所载之期应作为变通之期,或展或缩均由本署酌订示谕,惟皆不逾十四日之期。如禽兽过多以致损伤万物,虽在禁期内,亦可由本署饬在某处准予猎打。

第四条：不准安设拍网擒陷第一条载列之禽兽,只准用树上所挂之三角圈套。

第五条：自禁止猎打期后十四日起直至弛禁日止,不准携带前项禽兽招沽摆列、售卖、索值、购买以及经手等事。

一、禽兽如获在德境以外驰入德境,能有确实凭据,即不在此例(列)。

二、凡因刑案充公并本署饬令猎打防患之禽兽,亦不在此例(列)。

第六条：如有违背此项章程,在于禁期内胆敢猎打者,一经查明即刑罚办应交各款分别列左：

一、如打死地鹋每个应罚洋十五元。

二、如打死獾、兔子、水鸳、野鸡、石鸡每只应罚洋六元。

三、如打死鹌鹑、画眉、水鸭、白鹤、彰鸡或他项，准打栖止水面、水滩之鸟每个罚洋三元。

以上所订罚款准由该管衙门酌情从减，惟至减每个亦须罚洋一元。

第七条：

一、倘有在禁期内行猎以及设备猎打禽兽者，均应罚洋至七十五元之多。

二、如有安设拍网以至可虑第一条所载之禽兽被擒，查明罚洋至七十五元之多。

三、倘有违背第五条所列各节，如携带禽兽招沽摆列、售卖、索值、购买、经手等事，亦皆罚洋至七十五元之多。

第八条：凡经该管官按照第六、第七两条科罚应缴之洋，如犯者无力缴案应即监押至六礼拜之久。

如有违背第七条之所载各节，除将该犯者罚交洋元外，亦可将该禽兽无论是否犯者之物一并入官。

第九条：此项章程准自出示之日起一律遵行，并自是日起，以前所订一切禁打期限章程即一千八百九十九年十月初一日禁止猎打石鸡章程又登列一千九百四年第四十一号官报（一千）九百四年十月初三日所订禁止猎打野鸡章程分别作废。特谕。

大德一千九百五年十一月初九日

对海员的告白

放置于内湾的水道浮标，除了下面列举的几个之外，将在12月初进行冬季回收，在明年4月初再次放回原位。

过冬期间仍然在水中的浮标为：浮标A、浮标1号和2号、中心浅滩浮标和马蹄礁浮标HR/W、HR/N和HR/O，以及港口入口浮标HE/1、HE/2、HE/3和HE/4。

青岛，1905年11月23日
皇家船政局

官方通告

结婚公告

威廉·约阿希姆·皮纳伯格·菲克，职业为警察局看守，出生于皮纳伯格县的小奥芬塞特，现年28岁，居住地为青岛，为均居住在弗里德里希霍尔姆的农场雇工奥古斯特·菲克与出生时姓博施的妻子安洁的儿子。

路易莎·索菲·博舍尔,出生于不来梅港,现年 24 岁,居住地为不来梅港,是在不来梅港去世的鞋匠克里斯蒂安·博舍尔和居住在不来梅港、出生时姓施腾肯的妻子索菲的女儿。

谨此宣布二人结婚,此婚约按照 1870 年 5 月 4 日颁布的法律规定在本官员面前缔结。

青岛,1905 年 11 月 18 日
皇家户籍官
贡特

在商业登记 A 部第 9 号登记的营业中贸易公司"瑞记洋行"已登记入下列事项:
授予青岛的埃米尔·孟德尔代理权。

青岛,1905 年 11 月 18 日
胶澳皇家审判厅一处

告白

启者:本医院现拟拍买冻冰,应用章程可在本医院暨(及)衙门文案处询问。如有人欲卖者,宜先期于西十一月三十即中十一月初四日早十点钟赴本医院投信,信内注明每月卖给若干磅,每磅该价若干,信面须写有"Angebot für Natureis"西字样。此布。

西一千九百五年十一月十六日
青岛衙门医院启

大德钦命辅政司崑　为

晓谕事:照得四方兵队拟于西本月廿七、廿八、廿九、三十即中十一月初一、初二、初三、初四早自八点钟起至三点钟止,在上四方北一带操演,枪向孤山施放。又拟(于)本月廿八即中十一月初二日早自八点钟起至十二点止,在上四方北一带操演,机器炮向四方山岭施放。又拟于西十二月初二即中十一月初六日早自九点钟起至十二点钟止,在湖岛子北一带操演,机器炮向孤山施放。届期禁止人民在该处往来,以防不测。切切特谕。

右谕通知
大德一千九百五年十一月二十日　告示

告白

启者：兹将本署据报被窃、遗失各物列左：

被窃各物：

男孩衣服一件，系一件系与德国水兵所穿之衣服颜色、式样相同；黑色外国长衣一件，系方档绸衣里；短靰靴子一双；金表链一条。

遗失之物：

银表一枚，带有银链一条，系在湛山至浮山所路中间遗失。

以上被窃、遗失各物切勿轻买，如见亦宜报明本署。此布。

青岛巡捕衙门启
西一千九百五年十一月二十二日

消息

万灵节（本月 26 日礼拜天）弥撒下午 5 点在督署小教堂举行。在弥撒之后举行庆祝晚餐。

翻译官慕兴立回国度假后返回，接管了青岛华民审判厅的工作。

翻译官维尔茨博士回国度假，由翻译官米歇尔森接管李村华民审判厅的事务。

户籍处的消息：

结婚：1905 年 11 月 18 日，青岛的警察局看守威廉·菲克和不来梅港的索菲·博舍尔。

出生：1905 年 11 月 17 日，建筑施工记录员克莱吉希诞下一个女儿；

　　　1905 年 11 月 19 日，商人奥托·凌基诞下一个女儿。

去世：1905 年 11 月 20 日，弗里达·舒斯特，一岁早夭；

　　　1905 年 11 月 22 日，什维尔特费格尔中尉，享年 30 岁。

船运

1905年11月16日—23日期间

到达日	轮船船名	船长	挂旗国籍	登记吨位	出发港	出发日	到达港
11月17日	多特号	盖莫尔	挪威	630	天津		
11月17日	叶世克总督号	特洛依曼	德国	1 045	上海	11月18日	上海
11月17日	清平号	塔加特	英国	1 062	上海	11月18日	天津
11月18日	里克梅尔号	班达林	德国	2 498	新加坡		
11月18日	白河号	代纳特	德国	476	上海	11月19日	济物浦
11月19日	威客号	卡斯滕	德国	1 809	上海		
11月20日	提尔皮茨上将号	布洛克	德国	1 199	上海	11月20日	芝罘
11月21日	太仓号	克鲁尔	英国	977	上海	11月21日	上海

Amtsblatt
für das Deutsche Kiautschou-Gebiet.

青島官報

Herausgegeben vom Kaiserlichen Gouvernement Kiautschou.

Der Bezugspreis beträgt jährlich $ 2=M 4.
Bestellungen nehmen sämtliche deutsche Postanstalten entgegen.

| Jahrgang 6. | Nr. 48. | Tsingtau, den 2. Dezember 1905. |

Verordnungen und Bekanntmachungen.

Bekanntmachung.

In Ergänzung der Anschlussvorschriften und Bedingungen für die Lieferung elektrischer Energie aus dem Elektrizitätswerk Tsingtau vom 1. April 1905 wird bis auf weiteres der Pauschalsatz für Tantallampen — 25 Normalkerzen — auf 1,10 $ für Lampe und Monat festgesetzt. Der Satz tritt am 1. Dezember 1905 in Kraft.

Zu gleicher Zeit wird darauf aufmerksam gemacht, dass die Tantallampe eine Glühlampe ist und gemäss § 10 obiger Anschlussvorschriften nur von dem Elektrizitätswerk bezogen werden darf.

Tsingtau, den 28. November 1905.

Elektrizitätswerk Tsingtau.

Amtliche Anzeigen.

Bekanntmachung.

Es ist beabsichtigt, vom 4.—7. Dezember d. Js. von 7 Uhr vormittags bis 2 Uhr nachmittags im Gelände nordöstlich von Hu tau tsy mit Schussrichtung gegen den Ku schan gefechtsmässig zu schiessen.

Vor Betreten dieses Geländes in der angegebenen Zeit wird gewarnt.

Syfang, den 24. November 1905.

**I. Bataillon
1. Ostasiatischen Infanterie-Regiments.**

Bekanntmachung.

Als gestohlen angemeldet: 1 Offiziermantel mit Monogramm A. E. und eine Pelerine mit den Buchstaben A. E.; 300 neue Strohmatten, gezeichnet Fu ho yung; 3 Lampenbassins aus Strassenlaternen, das eine Bassin ist mit einem Kreuz gezeichnet; 500 Trasssäcke.

Als verloren angemeldet: 1 silberner Gürtel, 56 cm lang, bestehend aus einzelnen chinesischen Schriftzeichen; 1 brauner Muff.

Als gefunden angemeldet: 1 aus Ebenholz gefertigter, an beiden Enden mit Silberbeschlag versehener Taktstock, in dem unteren Beschlag ist „Solo P. D. May 6. 1905." eingraviert.

Tsingtau, den 29. November 1905.

Kaiserliches Polizeiamt.

Aufgebot.

Es wird hiermit bekannt gemacht, dass
Otto **Paul Weinreich**, seines Standes Sergeant, geboren zu Eisleben, Provinz Sachsen, 26 Jahre alt, wohnhaft in Tsingtau, Sohn des zu Leipzig verstorbenen Dachdeckermeisters Emil Weinreich und seiner zu Eisleben wohnhaften Ehefrau Louise, geborenen Pinkelmann,
und
Christiane **Marie Nöthling**, geboren zu Mühlhausen in Thüringen, 28 Jahre alt, wohnhaft in Eisenach, Tochter des Schuhmachermeisters Christian Nöthling und seiner Ehefrau Dorothea, geborenen Huhnstock, beide in Eisenach wohnhaft,
beabsichtigen, sich miteinander zu verheiraten und diese Ehe in Gemässheit des Reichsgesetzes vom 4. Mai 1870 vor dem unterzeichneten Beamten abzuschliessen.

Tsingtau, den 28. November 1905.

Der Kaiserliche Standesbeamte.
Günther.

Mitteilungen.

Der Kurs bei der Gouvernementskasse beträgt vom 26. November d. Js. ab: 1 $=2,18 M.

*   *   *

Standesamtliche Nachrichten:

Geburten: 21. 11. 1905 eine Tochter dem Oberartilleristenmaaten Hering;
26. 11. 1905 ein Sohn dem Kaufmann Arnold Baumann.

Todesfall: 26. 11. 1905 Gefreiter August Kern, 21 Jahre alt.

Aufgebot: 28. 11. 1905 Sergeant Paul Weinreich in Tsingtau und Marie Nöthling in Eisenach.

*   *   *

Die Schantung-Eisenbahn-Gesellschaft hat folgenden Ausnahme-Tarif für Kohlen vom 1. Dezember 1905 ab eingeführt:

Für Kohlen jeglicher Art aus dem Fangtsegebiet, welche in Sonderzügen von mindestens zwanzig Wagen zur Beförderung von Fangtse nach Tsingtau-Bahnhof, Tsingtau-Hafenhaltestelle Grosser Hafen oder Syfang zur Aufgabe gelangen, wird bis auf Widerruf ein Frachtsatz von $ 2,10 für die Tonne erhoben.

Der Frachtberechnung dieses Ausnahmetarifs werden mindestens 15 Tonnen für jeden gestellten Wagen zu Grunde gelegt.

Der bisherige Kohlenausnahmetarif 2 für die Verkehrsbeziehungen Fangtse-Tsingtau Bahnhof u. Fangtse-Syfang mit dem Frachtsatz des Tarifs IV abzüglich 45 % oder $ 3,19 für die Tonne bleibt bestehen und wird auf Beförderungen von Fangtse nach Ts'angk'ou ausgedehnt.

Nähere Auskunft erteilen die Dienststellen der Schantung-Eisenbahn.

Dezember 1905. Amtsblatt—青島官報 263.

Hochwassertabelle für den Monat Dezember 1905.

Datum	Tsingtau - Hauptbrücke.		Grosser Hafen, Mole I.		Nükuk'ou.	
	Vormittags	Nachmittags	Vormittags	Nachmittags	Vormittags	Nachmittags
1.	7 U. 52 M.	8 U. 13 M.	8 U. 22 M.	8 U. 43 M.	8 U. 52 M.	9 U. 13 M.
2.	8 „ 35 „	8 „ 56 „	9 „ 05 „	9 „ 26 „	9 „ 35 „	9 „ 56 „
3.	9 „ 19 „	9 „ 42 „ ●	9 „ 49 „	10 „ 12 „	10 „ 19 „	10 „ 42 „
4.	10 „ 10 „	10 „ 39 „	10 „ 40 „	11 „ 09 „	11 „ 10 „	11 „ 39 „
5.	11 „ 11 „	11 „ 44 „	11 „ 41 „	—	—	0 „ 11 „
6.	—	0 „ 17 „	0 „ 14 „	0 „ 47 „	0 „ 44 „	1 „ 17 „
7.	0 „ 51 „	1 „ 22 „	1 „ 21 „	1 „ 52 „	1 „ 57 „	2 „ 22 „
8.	1 „ 53 „	2 „ 18 „	2 „ 23 „	2 „ 48 „	2 „ 53 „	3 „ 18 „
9.	2 „ 44 „	3 „ 06 „	3 „ 14 „	3 „ 36 „	3 „ 44 „	4 „ 06 „
10.	3 „ 28 „	3 „ 48 „	3 „ 58 „	4 „ 18 „	4 „ 28 „	4 „ 48 „
11.	4 „ 07 „	4 „ 26 „ ○	4 „ 37 „	4 „ 56 „	5 „ 07 „	5 „ 26 „
12.	4 „ 45 „	5 „ 04 „	5 „ 15 „	5 „ 34 „	5 „ 45 „	6 „ 04 „
13.	5 „ 23 „	5 „ 42 „	5 „ 53 „	6 „ 12 „	6 „ 23 „	6 „ 42 „
14.	6 „ 00 „	6 „ 19 „	6 „ 30 „	6 „ 49 „	7 „ 00 „	7 „ 19 „
15.	6 „ 39 „	6 „ 59 „	7 „ 09 „	7 „ 29 „	7 „ 39 „	7 „ 59 „
16.	7 „ 19 „	7 „ 39 „	7 „ 49 „	8 „ 09 „	8 „ 19 „	8 „ 39 „
17.	8 „ 00 „	8 „ 21 „	8 „ 30 „	8 „ 51 „	9 „ 00 „	9 „ 21 „
18.	8 „ 43 „	9 „ 08 „	9 „ 13 „	9 „ 38 „	9 „ 43 „	10 „ 08 „
19.	9 „ 34 „	10 „ 03 „ ●	10 „ 04 „	10 „ 33 „	10 „ 34 „	10 „ 03 „
20.	10 „ 39 „	11 „ 06 „	11 „ 03 „	11 „ 36 „	11 „ 33 „	—
21.	11 „ 40 „	—	—	0 „ 10 „	0 „ 06 „	0 „ 40 „
22.	0 „ 16 „	0 „ 53 „	0 „ 46 „	1 „ 23 „	1 „ 16 „	1 „ 53 „
23.	1 „ 29 „	2 „ 05 „	1 „ 59 „	2 „ 35 „	2 „ 29 „	3 „ 05 „
24.	2 „ 37 „	3 „ 09 „	3 „ 07 „	3 „ 39 „	3 „ 37 „	4 „ 09 „
25.	3 „ 38 „ ●	4 „ 06 „	4 „ 08 „	4 „ 36 „	4 „ 38 „	5 „ 06 „
26.	4 „ 32 „ ●	4 „ 57 „	5 „ 02 „	5 „ 27 „	5 „ 32 „	5 „ 57 „
27.	5 „ 21 „	5 „ 44 „	5 „ 51 „	6 „ 14 „	6 „ 21 „	6 „ 44 „
28.	6 „ 07 „	6 „ 29 „	6 „ 37 „	6 „ 59 „	7 „ 07 „	7 „ 29 „
29.	6 „ 50 „	7 „ 10 „	7 „ 20 „	7 „ 40 „	7 „ 50 „	8 „ 10 „
30.	7 „ 29 „	7 „ 48 „	7 „ 59 „	8 „ 18 „	8 „ 29 „	8 „ 48 „
31.	8 „ 07 „	8 „ 26 „	8 „ 37 „	8 „ 56 „	9 „ 07 „	9 „ 26 „

1) ○ = Vollmond; 2) ◐ = Letztes Viertel; 3) ● = Neumond; 4) ◑ = Erstes Viertel.

Anmerkung: In T'a pu t'ou tritt das Hochwasser 10 Minuten früher als in Nükuk'ou auf.

Sonnen-Auf-und Untergang
für Monat Dezember 1905.

Dt.	Mittelostchinesische Zeit des			
	wahren	scheinbaren	wahren	scheinbaren
	Sonnen-Aufgangs.		Sonnen-Untergangs.	
1.	6 U. 54.6 M.	6 U. 48.8 M.	4 U. 40.6 M.	4 U. 46.4 M.
2.	55.5	49.7	40.4	46.2
3.	56.4	50.6	40.2	46.0
4.	57.8	51.5	40.1	45.9
5.	58.2	52.4	40.0	45.8
6.	59.1	53.3	40.0	45.8
7.	7 U. 0.0	54.2	40.0	45.8
8.	0.9	55.1	40.0	45.8
9.	1.8	56.0	40.0	45.8
10.	2.6	56.8	40.0	45.8
11.	3.4	57.6	40.0	45.8
12.	4.2	58.4	40.2	46.0
13.	5.0	59.2	40.4	46.2
14.	5.8	7 U. 0.0	40.6	46.4
15.	6.5	0.7	40.8	46.6
16.	7.2	1.4	41.0	46.8
17.	7.9	2.1	41.3	47.1
18.	8.5	2.6	41.6	47.4
19.	9.1	3.2	41.9	47.7
20.	9.7	3.8	42.3	48.1
21.	10.3	4.5	42.7	48.5
22.	10.8	5.0	43.2	49.0
23.	11.3	5.5	43.7	49.5
24.	11.8	6.0	44.2	50.0
25.	12.2	6.4	44.8	50.6
26.	12.6	6.8	45.4	51.2
27.	13.0	7.2	46.0	51.8
28.	13.3	7.5	46.7	52.5
29.	13.6	7.8	47.4	53.2
30.	13.9	8.1	48.1	53.9
31.	14.2	8.4	48.8	54.6

Meteorologische Beobachtungen
in Tsingtau.

Datum. Nov.	Barometer (m m) reduz. auf 0° C., Seehöhe 78,64 m			Temperatur (Centigrade).								Dunstspannung in mm			Relat. Feuchtigkeit in Prozenten		
				trock. Therm.			feucht. Therm.										
	7 Vm	2 Nm	9 Nm	7 Vm	2 Nm	9 Nm	7 Vm	2 Nm	9 Nm	Min.	Max.	7 Vm	2 Nm	9 Nm	7 Vm	2 Nm	9 Nm
23	761,1	760,5	762,6	7,3	12,7	11,5	6,9	9,1	6,4	6,4	13,8	7,2	6,5	4,1	94	59	40
24	61,7	60,9	61,5	4,7	9,5	7,0	4,5	7,7	6,8	4,4	10,1	6,2	6,8	7,3	97	76	78
25	60,3	58,5	59,1	5,1	12,3	11,3	4,9	9,4	10,1	4,3	13,5	6,4	7,0	8,5	97	66	85
26	59,3	58,2	60,5	9,8	15,1	11,5	8,5	11,7	9,4	9,4	15,6	7,5	8,2	7,6	83	64	75
27	60,5	59,0	61,2	4,9	11,8	7,5	4,8	8,6	5,4	4,5	15,6	6,3	6,4	5,5	98	63	70
28	64,0	64,0	65,9	2,9	4,2	2,6	1,0	1,1	-1,2	1,3	5,8	3,8	3,1	2,2	68	51	40
29	65,1	62,8	62,1	4,6	11,3	8,6	0,5	4,2	3,2	2,6	12,7	2,3	1,9	2,5	36	19	30

Datum. Nov.	Wind Richtung & Stärke nach Beaufort (0—12)			Bewölkung						Niederschläge in mm		
				7 Vm		2 Nm		9 Nm				
	7 Vm	2 Nm	9 Nm	Grad	Form	Grad	Form	Grad	Form	7Vm	9Nm	9 Nm -/- 7 Vm
23	Stille 0	WNW 1	N 2	1	Cum-str	1	Cum					
24	N 3	NNW 2	NNW 2	7	„	9	Cum-str	6	Cum-str			
25	N 1	SSO 2	SSW 3	2	„	4	„					
26	SSW 1	SSO 2	WSW 3	8	„	8	„	7	Cicci-str			
27	NNW 2	SSO 2	NNW 6			2	„	2	Cumstr-			
28	NNW 8	NNW 8	NNW 3	1	Cum-str							
29	WSW 1	WSW 2	S 3					1	Cum-str			

Schiffsverkehr
in der Zeit vom 23.—30. November 1905.

Ankunft am	Name	Kapitän	Flagge	Reg. Tonnen.	von	Abfahrt am	nach
(17.11.)	D. Dott	Gyemre	Norwegisch	630	Tientsin	25. 11.	Tschifu
(18.11.)	D. Helene Rickmers	Bandalin	Deutsch	2498	Singapore	24. 11.	Yokohama
23. 11.	D. Karin	Petterson	Schwedisch	698	Ningpo	26. 11.	Schanghai
24. 11.	D. Gouv. Jaeschke	Treumann	Deutsch	1045	Schanghai	25. 11.	„
25. 11.	D. Knivsberg	Lorenzen	„	646	Tschifu	„	„
„	D. Peiho	Deinat	„	476	Tschemulpo	26. 11.	
26. 11.	D. Süllberg	Luppi	„	782	Kobe	27. 11.	Kobe
27. 11.	D. Tak-Sang	Clure	Englisch	977	Schanghai	28. 11.	Schanghai
„	D. Tsintau	Enigk	Deutsch	977	„	„	Tschifu
29. 11.	D. Adm. v Tirpitz	Block	„	1199	Tschifu	29. 11.	Schanghai
„	D. Mathilda	Scherbissin	Russisch	2291	Schanghai		

Druck der Missionsdruckerei Tsingtau.

第六年　第四十八号

1905 年 12 月 2 日

法令与告白

告白

在1905年4月1日青岛发电厂关于供电接入规定和条件的增补中,在另行通知之前,将相当于25根普通蜡烛的钽灯的一次性费率确定为每灯每月1.10元。该费率在1905年12月1日生效。

同时提醒注意,钽灯是一种白炽灯,根据上述接入规定的第10条,只允许从电厂获取。

青岛,1905年11月28日
青岛发电厂

官方通告

大德辅政司崑　为

出示晓谕事:照得驻扎四方兵队第一标第一营,订于西历十二月初四日起至初七日即中十一月初八至十一日止,每日早自七点钟起至午后两点钟止,在湖岛子东北行操,枪向孤山施放。为此示谕。届期禁止人民在于该处往来行走,以防不测。仰各凜(凛)遵勿违,特示。

右谕通知
大德一千九百五年十一月二十四日　告示

告白

启者:兹将本署据报被窃、遗失、送案各物分别列左:

被窃之物:

武官长衣并斗蓬(篷)各一件,上皆有"A. E."西字样;新蓆三百张,上有"福和永"字

号;路灯,装油灯座三个,其一上有"十"字;粗袋五百条。

遗失之物:

银腰带一条,长五十六森的米打,带上圆节各有华字;煨手箍一个。

送案之物:

乐队黑木小号棍一根,两头银镶在一银头,刻有"Solo P. D. May 6. 1905"西字样。

以上被窃、遗失各物切勿轻买,如见亦宜报明本署,送案之物亦准具领。

德一千九百五年十一月二十九日

青岛巡捕衙门启

结婚公告

奥托·保罗·魏茵莱希,职业为士官,出生于萨克森省的埃斯雷本,现年 26 岁,居住地为青岛,为在莱比锡去世的屋顶工师傅埃米尔·魏茵莱希与居住在埃斯雷本、出生时姓品克尔曼的妻子路易莎的儿子。

克里斯蒂娜·玛丽·诺特零,出生于图林根的穆尔豪森,现年 28 岁,居住地为埃森纳赫,是均居住在埃森纳赫的捕兽陷阱制作师克里斯蒂安·诺特零和出生时姓胡恩施托克的妻子多罗特亚的女儿。

谨此宣布二人结婚,此婚约按照 1870 年 5 月 4 日颁布的法律规定在本官员面前缔结。

青岛,1905 年 11 月 28 日

皇家户籍官

贡特

消息

总督府财务处自今年 11 月 26 日起的汇率为:1 元=2.18 马克。

户籍处的消息:

出生:1905 年 11 月 21 日,炮队一级下士赫尔零诞下一个女儿;

　　　1905 年 11 月 26 日,商人阿诺德·鲍曼诞下一个儿子。

去世:1905 年 11 月 26 日,列兵奥古斯特·科恩,享年 21 岁。

结婚:1905 年 11 月 28 日,青岛的士官保罗·魏茵莱希和埃森纳赫的玛丽·诺特零。

山东铁路公司自 1905 年 12 月 1 日起对煤炭运输施行下列特殊运费:

来自坊子地区的各类煤炭,如果以至少 20 节车皮的专列从坊子向青岛火车站、青岛大港港口停车点或者四方站运送,在本项政策取消前,运费按照每吨 2.10 元收取。

该项特别运费至少以每装载车皮 15 吨的重量计算。

保留目前施行的坊子—青岛站和坊子—四方站之间的 2 号煤炭特别运费,即运费收费表第 IV 项每吨扣除 45% 或者 3.19 元,并将该费率延伸至从坊子向沧口的运输。

进一步的信息由山东铁路公司办事机构发布。

船运

1905 年 11 月 23 日—30 日期间

到达日	轮船船名	船长	挂旗国籍	登记吨位	出发港	出发日	到达港
(11 月 17 日)	多特号	盖莫尔	挪威	630	天津	11 月 25 日	芝罘
(11 月 18 日)	里克梅尔号	班达林	德国	2 498	新加坡	11 月 24 日	横滨
11 月 23 日	卡琳号	彼得森	瑞典	698	宁波	11 月 26 日	上海
11 月 24 日	叶世克总督号	特洛依曼	德国	1 045	上海	11 月 25 日	上海
11 月 25 日	柯尼夫斯堡号	洛伦岑	德国	646	芝罘	11 月 25 日	上海
11 月 25 日	白河号	代纳特	德国	476	济物浦	11 月 26 日	上海
11 月 26 日	居尔堡号	卢皮	德国	782	神户	11 月 27 日	神户
11 月 27 日	太仓号	克鲁尔	英国	977	上海	11 月 28 日	上海
11 月 27 日	青岛号	恩尼克	德国	977	上海	11 月 28 日	芝罘
11 月 29 日	提尔皮茨上将号	布洛克	德国	1 199	芝罘	11 月 29 日	上海
11 月 29 日	马蒂尔达号	谢尔比辛	俄国	2 291	上海		

Amtsblatt
für das Deutsche Kiautschou-Gebiet.

青島官報

Herausgegeben vom Kaiserlichen Gouvernement Kiautschou.

Der Bezugspreis beträgt jährlich $ 2=M 4.
Bestellungen nehmen sämtliche deutsche Postanstalten entgegen.

Jahrgang 6.   Nr. 49.   Tsingtau, den 4. Dezember 1905.

Verordnungen und Bekanntmachungen.

Verordnung
betreffend
das Verzollungsverfahren im Schutzgebiete von Kiautschou.

I. Allgemeine Bestimmungen.

§ 1.

Alle in das deutsche Schutzgebiet über See eingeführten oder von dort ausgeführten Waren unterliegen, soweit keine besonderen Ausnahmen in folgendem aufgestellt werden, bei der Ein- und Ausfuhr den tarifmässigen Zöllen. Waren, die unter Transitpass in das Innere verschickt oder dorther angebracht werden sollen, zahlen ausser dem vertragsmässigen Einfuhr- oder Ausfuhrzoll die vertragsmässige Transitgebühr.

§ 2.

Das bei der Verzollung beobachtete Verfahren regelt sich nach den Grundsätzen, welche bei den chinesischen Seezollämtern üblich sind. Die Zollkontrolle wird, wo immer eine solche nötig ist, von den Zollbeamten ausgeübt.

§ 3.

Für die den Zollämtern einzureichenden Ein- und Ausfuhrmanifeste von Schiffen gelten die vertragsmässigen Bestimmungen. Die Manifeste sind vom Schiffer verantwortlich zu zeichnen; an seine Stelle können die Schiffsagenten treten.

§ 4.

Mit Ausnahme von Dschunken, welche an ihren gewöhnlichen Ankerplätzen anlegen, ist es den Schiffen verboten, mit den Arbeiten an der Ladung zu beginnen, ehe das Einfuhrmanifest dem Zollamt überreicht ist, noch ist es zu gestatten, dass die Ladung das Schiff ausserhalb des Freihafenbezirks verlässt, ehe die Zollerlaubnis eingetroffen ist. Anmeldungen für Waren, welche ausserhalb des Freibezirks geladen oder gelöscht werden sollen, müssen eine genaue Bezeichnung der Stelle, wo die Ladung oder Löschung erfolgen soll, enthalten.

II. Freibezirk.

§ 5.

Der Freibezirk umfasst zunächst den grossen Hafen einschliesslich der Molen, des Werftgebietes und des Umschliessungsdammes und das ihm vorlagernde Gelände bis zum Haupteisenbahndamm; er wird begrenzt im Südwesten durch eine Linie zwischen Innenbucht und Eisenbahndamm vor der Verbindung von Rechternstrasse und Grosse Hafenweg, im Osten durch eine Linie zwischen Eisenbahn- und Umschliessungsdamm in der Nähe der Blockstation. Eine spätere Vergrösserung des Freibezirks bleibt jederzeit den Bedürfnissen entsprechend vorbehalten. Als spätere Grenze des Freibezirks ist der Eisenbahndamm anf der einen Seite bis zur Blockstation mit Einschluss des noch aufzuschüttenden Geländes in einer Ausdehnung von etwa 200 m östlich des Umschliessuugsdammes; auf der anderen Seite bis zur Bahnunterführung der Schansistrasse und entlang dem Wege bis zur Oster'schen Schleppe mit Einschluss des grossen und kleinen Hafens in Aussicht genommen.

§ 6.

Der Freibezirk soll zu Wohnungen, mit Ausnahme derjenigen, welche für Lager- und Werftaufseher, Hafen-, Zoll- und Polizeibeamte erforderlich sind, sowie für den Detailhandel, mit Ausnahme vorläufig einer bestimmten Anzahl Garküchen für die chinesischen Hafenarbeiter, nicht benutzt werden. Die Errichtung industrieller Betriebe ist grundsätzlich zugelassen.

§ 7.

Die zollamtliche Kontrolle innerhalb des Freibezirks, sowie an den Ausgängen erfolgt durch das Seezollamt.

§ 8.

Das Zollkonto über einkommende Schiffe ist innerhalb zehn Tagen nach der Ausklarierung abzuschliessen und der Zoll auf alle Einfuhrwaren, welche den Freibezirk verlassen, zu zahlen.

§ 9.

Ist die Lagerung, Sortierung, Verarbeitung von Waren, welche von der Seeseite oder aus dem Binnenlande eingetroffen sind, innerhalb des Freibezirks beabsichtigt, so ist dem Zollamte unter Vorlegung folgender Angaben: Art des Transports der eingeführten Waren, sowie bei Schiffen deren Name, Name und Wohnung der Warenempfänger, Datum der Ankunft, Zahl der Kolli, deren Verpackungsart, Zeichen und Nummern, sowie die allgemeine Bezeichnung der Waren, Meldung zu erstatten und die Kontrolle zu übertragen.

§ 10.

Aus dem Freibezirk zur Ausfuhr über See bestimmte Waren haben die Zollstation zu passieren; eine Annahme von Waren an Bord ohne Zollbegleitschein ist nicht gestattet.

§ 11.

Der Verkehr von Fahrzeugen irgendwelcher Art (Wagen, Karren, Eisenbahn, Dschunken, Sampans, Schlepper, Dampfer u. s. w.) auf der Land- und Seegrenze des Freibezirks unterliegt der Kontrolle des Zollamts.

III. Zollfreie Gegenstände.

§ 12.

Auf die vertragsmässig Zollfreiheit geniessenden Artikel wird kein Zoll erhoben.

Zollfrei sind für die deutschen Truppen:
a) Gegenstände, welche zur Bewaffnung, Ausrüstung und Bekleidung bestimmt sind, soweit sie von den Militär- und Marinebehörden direkt beschafft werden, auf Grund einer Bescheinigung des Gouvernements.
b) Materialien und Proviantvorräte, welche von den Militär- und Marinebehörden im Interesse der Kriegsbereitschaft beschafft werden, auf Grund einer Bescheinigung des Gouvernements.

Allgemein sind zollfrei:
c) Maschinen und maschinelle Anlagen, sowie die zum Fabrikations-, gewerblichen und landwirtschaftlichen Betrieb erforderlichen Werkzeuge und Geräte oder Teile derselben; ferner Baumaterialien und Einrichtungen für öffentliche und fiskalische Anlagen. Eine schriftliche Erklärung, enthaltend den Wert der Waren, ist in jedem einzelnen Falle dem Zollamte darüber einzureichen, dass die Artikel ausschliesslich zum Gebrauche im Schutzgebiet dienen. Werden sie später nach China verschickt, so ist dem Zollamte Meldung zu erstatten und Zoll zu zahlen. Im Nichtachtungsfalle verfällt der zweifache Zoll entsprechend dem in der Erklärung angegebenen Werte.
d) Der gewöhnliche Reparaturverkehr zwischen Freibezirk und Zollland; dem Zollbeamten ist in jedem Falle Meldung zu machen.
e) Einkommende, für Privatgebrauch im Schutzgebiete bestimmte Postpakete, soweit der laut beiliegender Zolldeklaration zu erhebende Zoll $ 1 (Wert $ 20) nicht übersteigt; dem Zollamte steht es frei, gelegentlich Revisionen der Deklarationen und des Inhalts der Pakete vorzunehmen.

§ 13.

Das Privatgepäck von Reisenden bleibt auf die Erklärung hin, dass es keine zollpflichtigen oder Konterbandewaren enthält, zollfrei und wird im allgemeinen nicht nachgesehen; indes steht das Recht der Revision dem Zollamte zu in Fällen, wo es besonders notwendig erscheint. Befinden sich unter dem Privatgepäck Artikel, welche das Mass dessen, was vernünftigerweise unter Privatgepäck verstanden werden kann, überschreiten, oder zum Verkauf bestimmt sind, so unterliegen sie der Verzollung.

IV. Im Schutzgebiet hergestellte Fabrikate.

§ 14.

Die im Schutzgebiete hergestellten Fabrikate unterliegen nur insoweit der Verzollung, als China zu einem Zolle auf die darin verarbeiteten Rohwaren berechtigt ist.

a) Chinesische Rohwaren, welche aus Nichtvertragshäfen oder dem Hinterlande in das Schutzgebiet eingeführt werden, und zur fabrikmässigen Verarbeitung bestimmt sind, können dem Zollamte unter Hinterlegung eines Gutscheines für einen etwa darauf fälligen Zoll gemeldet werden.

Bei der Ausfuhr der aus diesen Rohwaren hergestellten Fabrikate wird der Ausfuhrzoll auf die Rohwaren erhoben und von dem in dem Gutscheine garantierten Betrage abgeschrieben.

Der in dem Gutschein garantierte Zoll muss binnen drei Jahren nach seiner Ausstellung bezahlt oder sonstwie nachgewiesen werden.

Auf Wunsch des Fabrikanten kann auch der volle Tarifzoll auf das Fabrikat statt auf die Rohwaren bezahlt werden.

b) Einfuhr- und Küstenzoll auf ausländische oder aus chinesischen Vertragshäfen stammende Rohwaren wird bei der Ausfuhr der daraus hergestellten Fabrikate nach See zurückvergütet, falls diese Rohwaren bei der Einfuhr dem Zollamte als zur fabrikmässigen Verarbeitung bestimmt angemeldet worden sind.

c) Sobald die Ausfuhr der verschiedenartigen Fabrikate beginnt, wird in gemeinschaftlicher Vereinbarung des Gouvernements und des Zollamtes das Verhältnis des Rohmaterials zu dem Fabrikat bestimmt und der Ausfuhrzoll dementsprechend herabgesetzt werden.

d) Über die Fabriken, die zu dieser Zollbehandlung berechtigt sind, wird eine Liste aufgestellt und mit den notwendigen Nachträgen dem Zollamte zugesandt werden.

V. Opium.

§ 15.

Opium darf auf Schiffen nur in Originalkisten eingeführt werden; die Einfuhr von kleineren Mengen als einer Kiste ist verboten. Alles Opium, auch das als Wegzehrung auf Schiffen geführte, muss sofort bei der Ankunft des Schiffes dem Zollamte angezeigt werden, welches seine Überführung, soweit es zur Einfuhr bestimmt ist, in das Zolllager überwachen wird.

§ 16.

Opium aus dem deutschen Schutzgebiete nach China, oder aus China nach dem deutschen Schutzgebiete, darf nur mit der Eisenbahn auf Frachtbrief als Eilgut verschickt werden. Die Mitnahme als Passagiergut oder Handgepäck ist verboten. Die Frachtbriefe über angekommenes Opium werden von der Eisenbahngesellschaft dem Zollamt im Schutzgebiete ausgehändigt und die Adressaten vom Zollamte benachrichtigt werden.

§ 17.

Der Verbrauch von Opium im Schutzgebiete unterliegt besonderen Bestimmungen.

VI. Waffen Pulver, Sprengstoffe und dergleichen.

§ 18.

Waffen, Pulver, Sprengstoffe und dergleichen, sowie die zu ihrer Herstellung dienenden Bestandteile müssen bei der Ankunft deklariert und den Anordnungen des Gouvernements entsprechend gelöscht und gelagert werden.

§ 19.

Die Ausfuhr von Waffen und dergleichen, sowie der zu ihrer Herstellung dienenden Bestandteile aus deutschem in chinesisches Gebiet ist verboten und kann nur unter Sonderpass auf Wunsch der chinesischen Regierung gegen Bürgschaft erlaubt werden.

§ 20.

Die Lagerung und der Verbrauch von Waffen und Sprengstoffen im Schutzgebiete, sowie der Handel mit solchen unterliegt besonderen Bestimmungen.

VII. Postsendungen.

§ 21.

Postsachen dürfen zu jeder Zeit von den Postämtern an Bord gebracht und von Bord abgeholt werden.

§ 22.

Postpaketsendungen werden vom Postamte

nur mit Zollbegleitschein angenommen.

§ 23.

Einkommende Pakete wird das Postamt sofort nach Ankunft dem Zollamte zur Verzollung übergeben. Die zugehörigen Begleitpapiere werden dem Empfänger wie andere Postsachen ausgehändigt. Auf Grund dieser Papiere hat der Empfänger die Pakete gegen Entrichtung der fälligen Gebühren (siehe § 12) beim Zollamte abzuholen. Pakete, die für andere Plätze im Schutzgebiete mit deutschen Postanstalten bestimmt sind, werden auf Antrag der Empfänger gegen Erhebung einer Gebühr von 20 Cents und der fälligen Zollgebühren durch das Postamt verzollt.

§ 24.

Die Einfuhr von Opium, Waffen, Pulver, Sprengstoffen und dergleichen, sowie der zur Herstellung dieser dienenden Bestandteile durch die Post ist verboten. Für besondere Fälle kann die Genehmigung des Gouvernements erteilt werden.

VIII. Tankpetroleum.

§ 25.

Das zollamtliche Verfahren für Abfertigung von Tankschiffen, Lagerung und Wertberechnung des Petroleums richtet sich nach dem bei den Seezollämtern üblichen Verfahren.

IX. Dienststunden des Zollamts.

§ 26.

Das Zollamt ist, ausgenommen an Sonn- und Feiertagen, geöffnet für den Empfang und die Ausgabe von zollamtlichen Dokumenten von 10 Uhr vormittags bis 4 Uhr nachmittags; die Zollkasse ist geöffnet von 9—12 Uhr vormittags und von 2—4 Uhr nachmittags.

§ 27.

Schiffe, die an Sonn- und Feiertagen, sowie während der Nachtstunden löschen und laden wollen, bedürfen dazu einer besonderen Erlaubnis des Zollamts; diese ist während der Dienststunden einzuholen.

§ 28.

Die Beförderung von Waren über die Land- und Seegrenze des Freibezirks während der Nachtstunden ist mit Ausnahme von Post- und Passagiergepäck nur mit besonderer Genehmigung des Zollamts gestattet.

§ 29.

Als Nachtzeiten gelten
von 1. März bis zum 31. Oktober die Stunden von 8 Uhr abends bis 5 Uhr morgens,
vom 1. November bis zum 28./29. Februar die Stunden von 6 Uhr abends bis 6 Uhr morgens.

X. Strafen.

§ 30.

Für Konfiskationen und Strafen gelten die bei den Seezollämtern vertragsmässig festgelegten Grundsätze. Bei Berufung gegen die vom Zollamte verfügten Konfiskationen und Strafen finden für das dabei beobachtete Verfahren die Vorschriften für gemeinsame Untersuchung Peking, den 31. Mai 1868, sinngemässe Anwendung.

XI. Aufhebung früherer Verordnungen.

§ 31.

Diese Verordnung tritt in Ausführung der Übereinkunft vom 17. April 1899 und der Abänderungen dieser Übereinkunft vom 1. Dezember 1905 und unter Zustimmung der Zollbehörden am 1. Januar 1906 in Kraft.

Mit dem Inkrafttreten der Verordnung werden
a) die provisorischen zollamtlichen Bestimmungen für das deutsche Kiautschou-Gebiet vom 23. Mai 1899,
b) die besonderen Bestimmungen für die Einfuhr und Kontrolle von Opium, Waffen …… vom 21. Mai 1899,
c) die besonderen Bestimmungen, betreffend die Ausübung der Zollkontrolle vom 31. Mai 1899,
d) die provisorische Zusatzbestimmung zu den provisorischen zollamtlichen Bestimmungen, betreffend die mit der Schantung-Eisenbahn verladenen Waren vom 20. April 1901,
e) die zollamtliche Bekanntmachung Nr. 24, betreffend die mit der Eisenbahn zu versendenden Waren, vom 31. März 1902
aufgehoben.

Tsingtau, den 2. Dezember 1905.

Der Kaiserliche Gouverneur.
Allerhöchst mit der Stellvertretung beauftragt.
van Semmern.

Translation.

Ordinance
Regulating Procedure in Customs Matters in the Kiaochow Territory.

I. General Rules

§ 1.

All goods imported by sea into, or exported from the German Territory, with only such exceptions as are specified below, are subject to Duties on Importation or Exportation at the rates specified in the Chinese Tariff for Foreign Trade for the time being in force. Goods forwarded to, or coming from the Interior under Transit Pass must pay the Treaty Transit Dues in addition to the Import or Export Tariff Duty.

§ 2.

The Customs procedure is guided by the principles and follows the practice which are in force at the Chinese Maritime Custom Houses at the various Treaty Ports, and Customs control wherever necessary is exercised by its Officers.

§ 3.

Import and Export Manifests of all Vessels made out in accordance with the provisions of the Treaties must be handed to the Customs. The Manifests to be signed either by the master of the vessel who in that case is held responsible; or by the Agent of the vessel, in which case he will be responsible.

§ 4.

Junks repairing to the special points they frequent excepted, no vessel is allowed to work cargo, until Import Manifest has been handed in to the Customs nor to allow it to leave the ship outside the Free Area until Customs Permit has been issued. Applications for goods to be landed or shipped outside the Free Area must specify the locality - what Jetty, etc. - they are to be landed at or shipped from.

II. Free Area.

§ 5.

The Free Area comprises the Great Harbour including the Moles, the warf territory and the enclosing embankment and the territory in front of the Harbour as far as the chief Railway embankment. It is limited in the Southwest by a line between Inner Harbour and Railway embankment near the junction of Rechternstrasse and Grosse Hafenweg, and in the East by a line between Railway and enclosing Dam near the Block station. An extension of the Free Area is reserved for later use at any time according to requirement. The following are the boundaries of the Area kept for possibly required extension in the future viz: the Railway embankment to the Block station including territory to be filled in on the one side to the extent of 200 meters East of the enclosing Dam, on the other side (West) to the Railway viaduct off the Shansistrasse along the road to Oster's slip including small and large Harbours.

§ 6.

The Free Area shall not be made use of for dwellings with the exception of those which are necessary for warehouse - and wharfcontrollers, Harbour - Customs - and Police Officers, nor for petty trade with the temporary exception of a fixed number of Chinese street cookeries for the use of Coolies. Factories are in principle allowed.

§ 7.

The Customs control within the Free Area as well as at the Exits, is exercised by the Chinese Custom House.

§ 8.

The Customs Duty Account of all vessels must be settled within ten days of the ships clearance and Duty on all Imports passing beyond the Free Area paid.

§ 9.

Goods arriving by Sea or from the Hinterland which are intended to be stored, sorted and worked up in the Free Area, shall be notified to the Customs, who will then take them under supervision. At the time of the notification the following details have to be supplied: — mode of conveyance by which the goods arrived, and if by sea, name of ship; name and address of consignee, date of arival, number of packages, kind of packing, marks and numbers, and general description of the goods.

§ 10.

Goods which are destined to be exported by sea from the Free Area have to pass the Customs. Goods without Customs Papers are not allowed to be received on Board.

§ 11.

Traffic of every kind (carriages, carts, railway, junks, sampans, tugs, steamers, etc.) by sea and land frontier of the Free Area, is subject to the supervision of the Customs.

III. Duty-Free Goods.

§ 12.

On articles which are duty-free by Treaty, no duty will be levied. The following are duty-free:

for the German Troops:

a. Articles for arming and outfitting the troops, including uniforms if directly ordered by the Military or Naval Authorities and if accompanied by certificate of the Government.

b. Stores and provisions ordered by the Military and Naval Authorities in anticipation of future requirements, if accompanied by certificate of the Government.

for the general Public:

c. Machinery, Plant, as well as Parts of Machinery, Implements and Tools required for manufacturing, Industrial and Agricultural purposes; also all building materials, fittings and other articles for public and official works.

A written Bond for the value of the goods must in each case be handed to the Customs certifying that the Articles are solely for the use in the German Territory. If later they are to be conveyed into China, they must be declared to the Customs and pay Import Duty. Failure to do so will involve enforcement of the Bond for recovery of double the amount of Duty on the value specified in it.

d. Articles (vehicles and such like) passing to and fro between the Free Area and outside for ordinary repairs; but they are to be reported to the Customs Officer that their passing may be noted.

e. All Postal Parcels imported and destined for private use in the German Territory, if the Duty which has to be taxed in accordance with the attached declaration does not exceed $ 1,00 (value $ 20,00). The Customs are at liberty to examine such parcels and verify the declarations as occasion demands.

§ 13.

The personal luggage of passengers, declared as not containing either dutiable or contraband goods is passed free of duty, and, as a rule, without examination; but the right of Examination is reserved to the Customs in cases where it may be considered specially necessary.

Duty is leviable on articles carried in excess of those reasonably necessary for personal use, or, if expected to be sold.

IV. Manufactures in the German Territory.

§ 14.

Manufactures in the German Territory are only subject to duty in so far as China is entitled to duty on the Raw Material.

a. Chinese raw material landed in German Territory from the Hinterland or Non Treaty Ports and intended for use in a Manufactury may be declared to the Customs and a Bond for any Duty payable on same deposited.

When the articles manufactured from this raw material come to be exported, they will pay Export Duty on the material used and the Duty guaranteed by the Bond shall be cancelled to that extent.

Duty guaranteed by the Bond must be paid or accounted for before the expiration of three years from its date.

It will be optional for the Exporter to pay full Tariff Duty on the exported article instead of on the raw material used in its manufacture.

b. Any Import or Coast Trade Duty levied on raw material arriving from foreign countries or from the Treaty Ports of China will be refunded at the time of exportation by sea of the manufactured articles made therefrom, provided that at the time of importation such material was duly declared at the Custom House as for use in a manufactory.

c. An arrangement will be made by agreement of Colonial and Customs Authorities that when the various classes of manufactured articles are exported the amount of raw material used will be fixed as a definite proportion and the Export Duty will be diminished accordingly.

d. The factories entitled to claim the treatment as specified above will be registered, and a List of them, revised as required and if needed, furnished to the Customs.

V. Opium.

§ 15.

Opium can only be imported by vessels in original chests. The importation of smaller quantities than one chest is forbidden. All Opium on Board of ships, encluding that intended for consumption during the journey, must on arrival of the ship be reported without delay to the Customs, who will supervise the transportation to the Customs Godown, of so much as is to be landed.

§ 16.

Opium from the German Territory to China or from China to the German Territory can only be conveyed by Rail, on special Bill of lading and as „Eilgut". It is forbidden to carry it as passenger's luggage. All Bills of Lading etc. for arriving Opium are handed by the Railway to the Customs in the German Territory, who will notify the addressees.

§ 17.

The consumption of Opium in the German Territory is subjected to special Regulations.

VI. Arms, Powder, Explosives, etc,

§ 18.

Arms, Powder. Explosives and the like as well as materials used in the manufacture of the same must be declared on arrival and discharged and stored in accordance with the regulations of the Colonial Government.

§ 19.

The Export of Arms and Munitions of War of all kinds, as well as materials used in the manufacture of the same, from the German into Chinese Territory is prohibited; exception is only made in the case of articles covered by special Permit issued by the Commissioner of Customs in accordance with Chinese Regulations.

§ 20.

The storage of Arms and Explosives in the German Territory, as well as the trade in the same, is subjected to special regulations.

VII. Mailmatter.

§ 21.

Mailmatter may be landed or shipped by the Post Office at any time.

§ 22.

Postal Parcels will be received by the Post Office only, if accompanied by a declaration form vised by the Customs.

§ 23.

Parcels destined for Tsingtau will be handed immediately after arrival by the Post Office to the Customs for assessment of duty. The declaration form will be delivered to the Addressee in the same way as other mail matter. The Addressee will produce the declaration form at the Customs and on payment of duty, if any, (vide § 11. e.) the parcel will be delivered by the Customs. For such parcels as are destined for other places in the German Territory, where German Post Offices operate, the duty payment of such parcels will be made, on application of the addressee, by the German Post Office, who will collect the duty and a fee of 20 cents at the time of delivering the parcel.

§ 24.

The Importation of Opium, Arms, Powder, Explosives and the like, as well as materials used in the manufacture of the same by Post is forbidden. In special cases the Government can grant an exception.

VIII. Tank Kerosine Oil.

§ 25.

The Customs procedure for despatching Tank ships, storage and valuation of Kerosine Oil will be in accordance with the procedure in force at the Maritime Custom Houses at the Treaty Ports.

IX. Office Hours of the Custom House.

§ 26.

The Custom House is open for the receipt and issue of all Customs Papers from 10 a. m. to 4 p. m. on all days, Sundays and Holidays excepted. The Customs Bank is open on all week days from 9—12 a. m. and 2—4 p. m.

§ 27.

Vessels wishing to load or discharge on Sundays, or Holidays, as well as during night hours must take out a special permit from the Customs, this permit must be applied for during Office Hours.

§ 28.

The transport of goods over land and sea boundary of the Free Area during night hours is only allowed in case a special permit has been obtained from the Customs. This does not apply to mail matter and passengers luggage.

§ 29.

Night Hours are:-
from 1. March to 31. October; from 8 p. m. to 5. a. m.
from 1. November to 28/29 February, from 6 p. m. to 6 a. m.

X. Fines.

§ 30.

Confiscation and Fines will be imposed according to the principles which are laid down by the Treaties and which are in force at the Maritime Custom Houses. In cases of appeal against confiscation and fine imposed by the Commissioner of Customs, the procedure will be conducted in accordance with the spirit of the „Rules for Joint Investigation in cases of Confiscation and Fine by the Custom House Authorites: Peking 31. May, 1868."

XI. Abrogation of former Regulations.

§ 31.

This Ordinance issued to carry out the terms of the Agreement made on 17. April, 1899, and of the Amendment to same made under its 20-th paragraph on the first of December 1905, and accepted by the Chinese Customs Authorities will come into force on 1. January, 1906, and will take the place of the following Regulations which are hereby rescinded:
a. the provisional Customs Regulations for the German Territory of Kiaochow of 23. May, 1899.
b. the special Regulations for the Importation and control of Opium etc, of 23. May, 1899.
c. the special Regulations re the execution of the Customs control of 31. May, 1899.
d. the provisional additional Regulation to the provisional Customs Regolations concerning goods loaded by the Shantung Railway of 20. April, 1901.
e. the Customs Notification No. 24 regarding the goods loaded by the Railway of 31. March, 1902.

Tsingtau, the 2. December 1905.

The Colonial Governor p. t.
(Sign.) van Semmern.

Verordnung

betreffend

die Einfuhr chinesischer Zehnkäschstücke in das Schutzgebiet.

§ 1.

Zehnkäschstücke über 2000 Stück hinaus müssen bei der Ankunft über See dem Zollamte deklariert werden.

§ 2.

Ausser den mit der Eisenbahn beförderten Zehnkäschstücken, welche in Schantung geprägt sind, werden zur Einfuhr in das Schutzgebiet über See nur solche Zehnkäschstücke aus anderen Provinzen als Schantung verstattet, welche mit einem Begleitschein des Gouverneurs der Provinz Schantung versehen sind.

§ 3.

Zehnkäschstücke, welche entgegen der Bestimmung des § 2 hier eingeführt werden, werden vom Zollamt bei der Deklaration in Verwahrung genommen und sind binnen einer vom Zollamt zu bestimmenden Zeit nach der Ankunft wieder zu verschiffen.

§ 4.

Zehnkäschstücke, deren Einfuhr ohne Deklaration versucht wird, werden vom Zollamt beschlagnahmt. Ein Viertel der beschlagnahmten Summe wird konfisziert; der Rest ist bei Vermeidung der Konfiskation binnen einer vom Zollamte zu bestimmenden Frist wieder auszuführen.

§ 5.

Die Bestimmungen der Verordnung vom 22. Juli 1904, betreffend die chinesischen Zehnkäschstücke, bleiben bestehen, soweit sie nicht durch diese Verordnung betroffen werden.

§ 6.

Diese Verordnung tritt sofort in Kraft.

Tsingtau, den 2. Dezember 1905.

Der Kaiserliche Gouverneur.
Allerhöchst mit der Stellvertretung beauftragt.
van Semmern.

大德欽命署理總督膠澳文武事宜大臣師為

釐訂銅元運進德境各口章程分條列左

第一條 中國各處鼓鑄之銅元凡由水路運進德境各口者其數過於二千枚者必須報關查驗

第二條 除山東省鼓鑄之銅元由火車運入德境不計外他省之銅元非領有山東撫院發給之護照皆不准由水路運進德境各口

第三條 如有違背第二條擅運銅元進口者一經報關立即扣留勒限運回

第四條 倘有裝運銅元並未報關冒險進口者即由海關扣留以四分之一入官充公其餘之數應由海關勒限運回設若逾限尚未運回定即全數充公

第五條 西歷一千九百四年七月二十二日所訂開通銅元以救錢荒章程有與此項章程關碍者應即作罷其餘仍舊遵行

第六條 此項章程准自出示日起一律遵行勿違須至章程者

大德一千九百五年十二月初二日

第六年 第四十九号

1905年12月4日

法令与告白

大德钦命署理总督胶澳文武事宜大臣师 为

厘订《德境以内征税办法章程》分条列左①：

大德钦命署理总督胶澳文武事宜大臣师 为

厘定《铜元运进德境各口章程》分条列左：

第一条：中国各处鼓铸之铜元，凡由水路运进德境各口者，其数过于二千枚者，必须报关查验。

第二条：除山东省鼓铸之铜元由火车运入德境不计外，他省之铜元非领有山东抚院发给之护照，皆不准由水路运进德境各口。

第三条：如有违背第二条擅运铜元进口者，一经报关，立即扣留，勒限运回。

第四条：倘有装运铜元并未报关冒险进口者，即由海关扣留以四分之一入官充公，其余之数应由海关勒限运回。设若逾限尚未运回，定即全数充公。

第五条：西历一千九百四年七月二十二日所订《开通铜元以救钱荒章程》有与此项章程关碍者，应即作罢，其余仍旧遵行。

第六条：此行章程准自出示之日起一律遵行勿违，须至章程者。

大德一千九百五年十二月初二日

---

① 译者注：此号为德文版和英文版，内容与第五十一号中文版相同。

Amtsblatt
für das
Deutsche Kiautschou-Gebiet.

青島官報

Herausgegeben vom Kaiserlichen Gouvernement Kiautschou.

Der Bezugspreis beträgt jährlich $ 2 = M 4.
Bestellungen nehmen sämtliche deutsche Postanstalten entgegen.

Jahrgang 6.   Nr. 50.   Tsingtau, den 9. Dezember 1905.

Amtliche Anzeigen.

Nachstehende Bekanntmachung des Kaiserlich Chinesischen Seezollamtes wird hiermit zur allgemeinen Kenntnis gebracht:

Zollamtliche Bekanntmachung Nr. 64.

Vom Urlaub zurückgekehrt habe ich am heutigen Tage die Verwaltung des Kiautschou-Zollamts wieder übernommen.

Kiautschou Zollamt.

Tsingtau, den 1. Dezember 1905.

Der Kaiserlich Chinesische Seezolldirektor.

E. Ohlmer.

Tsingtau, den 2. Dezember 1905.

Kaiserliches Gouvernement.

Bei der in Abteilung A. Nr. 12 des Handelsregisters vermerkten Firma

Franz Oster

ist folgendes eingetragen worden:

Die Prokura des Kaufmanns Hugo J. Houben ist erloschen.

Tsingtau, den 4. Dezember 1905.

Kaiserliches Gericht von Kiautschou I.

Landversteigerung.

Auf Antrag des Unteroffiziers Max Babiel zu Syfang findet am Mittwoch, den 27. Dezember 1905, vormittags 11 Uhr, die Versteigerung des Grundstückes Kbl. 8 Nr. $\frac{221}{129 \text{ etc.}}$, Ecke Berliner- und Lübeckerstrasse, im Landamte statt.

Grösse 1120 qm.

Mindestpreis: 1478,40 $.

Benutzungsplan: Errichtung eines Geschäftshauses.

Bebauungsfrist: 31. Dezember 1908.

Gesuche zum Mitbieten sind bis zum 20. Dezember 1905 hierher zu richten.

Tsingtau, den 5. Dezember 1905.

Kaiserliches Landamt.

大德管理青島地畝局
拍賣地畝事茲據德國武弁巴必爾票
稟欲買青島柏林街及路貝克街兩街
轉角地圖第十八號第二百二十一塊
計一千一百二十米打暫估價洋一千
四百七十八元四角今訂於西歷十一
百九年十二月二十七日上午十一
點鐘在本局拍賣買定後准蓋舖房限
至西一千九百八年十二月三十一
日一律修竣如他人亦欲買者可以役
蔵至十二月二十日止屆期前來本
面議可也勿誤特諭
告示
西一千九百五年十二月初五日
右諭通知

Landversteigerung.

Auf Antrag des Yü yen lo zu Tsingtau findet am Mittwoch, den 27. Dezember 1905, vormittags 11¼ Uhr, die Versteigerung des Grundstückes Kbl. 6 Nr. 12 an der Takustrasse im Landamte statt.

Grösse: 995 qm.
Mindestpreis: 1004,95 $.
Benutzungsplan: Errichtung eines Geschäftshauses.
Bebauungsfrist: 31. Dezember 1908.
Gesuche zum Mitbieten sind bis zum 20. Dezember 1905 hierher zu richten.

Tsingtau, den 5. Dezember 1905.

Kaiserliches Landamt.

Bekanntmachung.

Als gestohlen angemeldet: 2 kleine graue Esel auf der Insel Yintau; 1 silberne Remontoiruhr mit Sprungdeckel, Goldrändern und arabischen Ziffern nebst Kette mit roten Steinen und 2 Anhängseln; 1 Fahrrad, Marke „Deutschland", die Lenkstange ist etwas verbogen, die Gummireifen sind neu; 4 Felder Kupferdraht.

Tsingtau, den 6. Dezember 1905.

Kaiserliches Polizeiamt.

Verdingung.

Der Bedarf an

Kasernen-Geräten

für das Rechnungsjahr 1906 soll verdungen werden.

Bedingungen liegen während der Dienststunden im Geschäftszimmer der Garnison-Verwaltung zur Einsicht aus.

Angebote mit entsprechender Aufschrift sind bis zum 20. Dezember 1905, vormittags 10 Uhr, der Garnisonverwaltung zu übermitteln.

Tsingtau, den 7. Dezember 1905.

Kaiserliche Garnisonverwaltung Kiautschou.

大德管理青島地畝局爲

拍賣地畝事茲據余蔭祿稟稱欲買包島大沽街地圖第六號第十二塊計九百九十五米打算擬價洋一千零零四元九角五分今訂於西歷一千九百零五年十二月二十七日上午十一點鐘在本局拍賣買定後准於一千九百零八年十二月三十一日一律修竣如他人亦欲買者可以投票截至十二月二十日止屆期前來本局面議可也勿誤特諭

右諭通知

西一千九百五年十二月初五日

告示

白告

啟者茲將本署據報被竊各物列左

灰色毛小驢兩頭係在陰島被竊
金鑲邊悶壳把西字號碼表一枚面有減寫上繫
有紅寶石兩塊並有玩意上繫
Deutschland字號自行車一輛車柄稍斜新象皮輪套紅銅線

二種
以上各物切勿輕買見亦宜報明本署此佈

西一千九百五年十二月初六日

青島巡捕衙門啟

白告

啟者本局現挺將辦供各管需用之器具拍包於人以一年為期所有合同規條可赴本局查閱如有意欲承包者可以投信截至西十二月二十日早十點鐘止信封上應書 Angebot betreffend Kasernengeräte 等西字樣此佈

德一千九百五年十二月初七日

青島軍需局啟

Die in Abteilung A Nr. 16 des Handelsregisters eingetragene offene Handelsgesellschaft

Snethlage & Co.

ist gelöscht.

Tsingtau, den 6. Dezember 1905.

Kaiserliches Gericht von Kiautschou I.

4. Dezember 1905. Amtsblatt—官島報靑 277.

Mitteilungen.

Der stellvertretende Gouverneur Kapitän zur See van Semmern hat am 2. d. Mts. das Schutzgebiet mit Urlaub nach Japan verlassen und wird im Anschluss daran am 30. d. Mts. von Schanghai aus die Heimreise antreten.

Die Geschäfte des Gouvernements wird bis zu der im Februar 1906 zu erwartenden Rückkehr des Gouverneurs, Kontreadmirals Truppel Korvettenkapitän Funke führen.

* * *

Der Kurs bei der Gouvernementskasse beträgt vom 1. d. Mts. ab für Zahlungen in Schecks 1 $ = 2,21 M. und vom 2. d. Mts. ab für alle Zahlungen 1 $ = 2,21 M.

* * *

Standesamtliche Nachrichten:
Geburt: 29. 11. 1905 ein Sohn dem technischen Sekretär Reichau.

* * *

Die Stationärgeschäfte vor Tsingtau hat S. M. S. „Hansa" übernommen.

* * *

Die Witterung zu Tsingtau während des Monats November 1905 und kurzer Rückblick auf den verflossenen Herbst nach den Aufzeichnungen der Meteorologisch-Astronomischen Station.

Im Monat November war, mit Ausnahme einiger recht stürmischer und dabei kalter Tage, welche fast alle der ersten Monatshälfte angehörten, durchweg freundliches heiteres Wetter vorherrschend; der Monat bewahrte somit auch in diesem Jahre seinen Ruf, der ihn in die Reihe der schönsten Monate des Jahres stellt.

Die mittlere Tagestemperatur, welche zu 8,3° berechnet wurde, stellte sich mit diesem Wert ungefähr in die Mitte der bisher im gleichen Monat der verflossenen Beobachtungsperiode erreichten Durchschnittstemperaturen.

Das Maximum und Minimum der Temperatur fiel auf die ersten Tage des Monats, ersteres mit 19,7° auf den 2., letzteres mit -3,0° auf den 5. Dieser in solch kurzer Zeit sich vollziehende Wettersturz war dem vom Abend des 2. bis in die Nacht vom 4. zum 5. wehenden NNW-Sturm zuzuschreiben, welcher zeitweise Stärke 10 der Beaufort-Skala erreichte.

Bei einer durchschnittlichen Bewölkung des Himmels von 3,2 Zehntel wurden 12 heitere und 3 trübe Tage gezählt.

Mit Hilfe des Sonnenscheinautographen wurden 195, 1 Stunden Sonnenscheindauer im Monat, das ist ungefähr 64,4% der möglichen, ermittelt.

Der Feuchtigkeitsgehalt der Luft ging im Laufe des Monats stark herunter, sodass das Mittel 66% betrug; dementsprechend fiel auch nur an einem Tage im Monat (am 12.) Regen, die Höhe der gefallenen Menge betrug 15,2 mm.

Während der ersten Vormittagsstunden traten häufiger leichter Nebel, Dunst und Reif auf; dichter Nebel, der sich aber vormittags 9³/₄ Uhr nordwärts verzog, wurde am 27. beobachtet.

Von den im Monat vorherrschenden Winden kamen hauptsächlich die aus den Richtungen NNW über N bis NNO und SSO über S bis SSW wehenden in Betracht. Die Durchschnittsstärke aller terminmässig beobachteten Winde betrug 3,7 der Beaufort-Skala.

Stärkere, bezw. stürmische Winde wurden auch an folgenden Daten beobachtet: am 2. Nord Stärke 8, am 3. Nord Stärke 9 und Nord-Nord-West Stärke 10, am 4. Nord-Nord-West Stärke 8, am 7. Süd Stärke 6, am 10. Süd und Süd-Süd-Ost Stärke 6, am 11. Süd-Süd-Ost Stärke 7, am 12. Nord Stärke 7, am 13. Nord-Nord-Ost Stärke 7, am 18. Süd-Süd-West Stärke 6, am 27. Nord-Nord-West Stärke 6, und am 28. Nord-Nord-West Stärke 8.

Herbst 1905.

Vergleicht man die Witterung im Herbst dieses Jahres mit der in dem Jahrfünft vom 1. September 1898 bis 31. August 1903 festgestellten, so ergeben sich nur geringe Abweichungen von den dort gefundenen Mittelwerten.

Der mittlere Luftdruck stellt sich in diesem Herbst auf 765,9 mm gegen 766,1 mm der Herbstperiode des Jahrfünfts.

Das Mittel der Tagestemperatur mit 15,1° ist um 0,8° niedriger als dort, auch das mittlere Maximum und Minimum derselben zeigen 0,5° bezw. 0,9° niedrigere Temperaturen.

Die durchschnittliche Bewölkung des Himmels betrug 4,6 Zehntel, hierbei kamen 26 heitere und 20 trübe Tage zur Auszählung; diesen Zahlen stehen aus dem angeführten Jahrfünft gegenüber: Mittlere Bewölkung 4,1 Zehntel, 30 heitere und 12 trübe Tage.

Während das Tagesmittel der relativen Feuchtigkeit der Luft im verflossenen Herbst 76 % betrug, traten 18 regnerische Tage auf, welche zusammen 88,8 mm Regen brachten.

Unter den Winden traten auch in diesem Herbst wieder zum überwiegenden Teil die aus den Richtungen NNW über N bis NNO und aus SSO über S bis SSW kommenden in die Erscheinung; die aus den nördlichen Richtungen wehenden Winde nahmen oft stürmischen Charakter an und drückten die Temperatur der Luft stets stark herunter; während der Herbstmonate wurden 7 Sturmtage gezählt. Die durchschnittliche Windstärke betrug 3,3 der Beaufort-Skala.

Meteorologische Beobachtungen

in Tsingtau.

Datum Nov.	Barometer (m m) reduz. auf 0° C., Seehöhe 78,64 m			Temperatur (Centigrade).								Dunstspannung in mm			Relat. Feuchtigkeit in Prozenten		
				trock. Therm.			feucht. Therm.										
	7 Vm	2 Nm	9 Nm	7 Vm	2 Nm	9 Nm	7 Vm	2 Nm	9 Nm	Min.	Max.	7 Vm	2 Nm	9 Nm	7 Vm	2 Nm	9 Nm
30 Dez.	760,4	758,4	759,0	7,1	12,8	9,5	2,7	7,0	5,3	1,5	13,1	2,9	4,0	4,2	39	36	47
1	59,1	58,5	60,4	3,3	9,3	5,7	1,0	3,6	3,8	2,3	10,0	3,6	2,5	4,9	61	29	71
2	60,8	59,1	59,6	1,9	10,0	8,5	1,3	5,8	5,3	1,1	11,3	4,7	4,4	4,8	90	48	58
3	60,4	61,3	62,4	3,5	9,2	8,1	0,5	5,3	5,2	1,8	10,5	3,0	4,3	4,9	51	50	61
4	61,8	59,9	60,3	9,4	11,5	9,9	5,5	7,6	7,3	7,6	12,3	4,4	5,4	6,1	50	54	67
5	59,2	57,2	56,3	10,3	12,4	11,5	8,5	10,3	10,3	7,6	13,5	7,2	8,1	8,6	76	76	86
6	59,9	48,4	49,7	11,3	12,8	9,4	10,9	12,6	9,4	9,5	13,1	9,5	10,8	8,8	96	98	100

Datum Nov.	Wind Richtung & Stärke nach Beaufort (0—12)			Bewölkung						Niederschläge in mm		
				7 Vm		2 Nm		9 Nm				
	7 Vm	2 Nm	9 Nm	Grad	Form	Grad	Form	Grad	Form	7 Vm	9 Nm	9 Nm 7 Vm
30 Dez.	S 2	SSO 4	S 2	2	Cir-str	1	Cir-str					
1	N W 3	N W 2	NNW 2	7	Cu-str	7	Cu-str					
2	N W 2	SSO 4	S 2									
3	N W 2	WNW 1	ONO 1	1	Str							
4	S O 3	SSO 5	S O 3	4	Cir-str	7	Cu-str	3	Cu-str			
5	S O 2	OSO 5	OSO 5	3	Cu-str	7	„	10	„			1,6
6	O 5	O 1	WSW 5	10	Nim	10	Nim	10	Nim	1,6	0,7	0,7

Durchschnittsmarktpreise.

November 1905.
1 Kätty = 577,6 g.
Durchschnittskurs für 1 $ in
Tsingtau: 1880 kleine Käsch.
Tai tung tschen: 1880 ,, ,,
Litsun: 2000 ,, ,,
Hsüe tschia tau: 1840 ,, ,,

Bezeichnung.	Einheit	Tsingtau kl. Käsch	Tai tung tschen kl. Käsch.	Litsun kl. Käsch	Hsüe tschia tau kl. Käsch
Bohnen	1 Kätty	80	62	53	42
,, , aufgekeimte	,,	—	24	—	—
Schnittbohnen	,,	—	—	180	—
Bohnenkäse	,,	36	36	35	35
Bohnenöl	,,	180	160	180	180
Bohnenkuchen	,,	64	52	50	40
Erdnüsse	,,	120	100	50	70
Erdnussöl	,,	200	200	190	190
Erbsen	,,	64	46	51	—
Gerste	,,	64	56	48	50
Gurken	,,	120	—	—	—
Hirse	,,	—	68	67	65
Hirsenmehl	,,	80	86	66	—
Kartoffeln, chinesische	,,	20	6	9	—
Kartoffelscheiben, chin.	,,	64	—	20	20
Kauliang	,,	64	58	46	45
Kauliangstroh	,,	—	—	14	25
Kleie	,,	64	50	36	40
Kürbis	,,	40	—	8	—
Mais	,,	—	—	—	—
Radieschen	,,	36	—	40	—
Reis	,,	80	70	80	78
Weizen	,,	70	65	61	60
Weizenmehl	,,	86	86	90	80
Weizenbrot	1 Stück	84	24	20	—
Dampfbrot	,,	84	24	20	—
Hirsebrot	,,	44	32	46	—
Rostbrot	,,	—	32	—	—
Aepfel	1 Kätty	240	—	—	—
Apfelsinen	,,	—	—	360	—
Birnen	,,	160	60	65	—
Kohlrabi	,,	80	—	20	—
Kohl in Köpfen	,,	20	12	16	3
,, kleine Pflanzen	,,	—	—	—	—
Knoblauch	,,	80	60	72	40

Bezeichnung.	Einheit	Tsingtau kl. Käsch	Tai tung tschen kl. Käsch	Li tsun kl. Käsch	Hsüetschia tau kl. Käsch
Mohrrüben	1 Kätty	36	24	41	—
Pfeffer, roter	„	80	550	635	8
„ schwarzer	„	640	750	750	600
Rettig, chin.	„	—	—	20	22
Rüben, weisse	„	80	10	11	4
Spinat	„	16	—	20	—
Wallnüsse	„	160	160	125	—
Zwiebeln	„	80	60	30	24
Salz	„	20	7	10	20
Tabak	„	320	320	260	300
Bratfische	„	160	140	250	—
Kochfische	„	180	145	180	—
Fische, trocken	„	200	160	193	200
Tintenfische	„	—	—	450	600
Krabben	„	—	—	200	—
Schweinefleisch	„	260	200	200	200
Schweinefett	„	320	220	280	200
Rindfleisch, roh	„	320	180	160	—
„ , gekocht	„	—	160	160	—
Rindertalg	„	320	200	160	—
Enten	1 Stück	500	—	—	400
„ , wilde	„	400	—	—	—
Gänse	„	1800	—	—	2000
„ , wilde	„	—	—	—	—
Hühner	„	500	500	350	400
Schnepfen	„	—	—	—	—
Hasen	„	500	—	—	—
Enteneier	10 Stück	300	—	300	200
Hühnereier	„	240	200	220	180

Schiffsverkehr
in der Zeit vom 30. November—7. Dezember 1905.

Ankunft am	Name	Kapitän	Flagge	Reg. Tonnen.	von	Abfahrt am	nach
(28.8.)	S. Henriette	Hayes	Deutsch	1647	Portland	7.12.	Schanghai
(19.11.)	D. Wik	Carstens	„	1809	Schanghai	1.12.	Wladiwostock
(30.11.)	D. Mathilda	Scherbissin	Russisch	2291	„	„	„
1.12.	D. Tientsin	Monkmann	Englisch	1227	Hongkong	„	Tschifu
„	D. Knivsberg	Lorenzen	Deutsch	646	Schanghai	2.12.	Schanghai
2.12.	D. Anhalt	Ecke	„	1102	Padang		
3.12.	D. Peiho	Deinat	„	476	Schanghai	4.12.	Tschemulpo
„	D. Ching Ping	Taggart	Englisch	1062	Tschifu	6.12.	Schanghai
4.12.	D. Tak-Sang	Clure	„	977	Schanghai	7.12.	„
„	D. Staatssekretär Kraetke	Hansen	Deutsch	1208	„	4.12.	Tschifu
6.12.	D. Tsintau	Enigk	„	977	Tschifu	6.12.	Schanghai

Druck der Missionsdruckerei Tsingtau.

第六年　第五十号

1905 年 12 月 9 日

官方通告

谨此公布大清海关的下列告白：

海关告白第 64 号

本人今天已经度假返回，再次接管胶海关。

胶海关

青岛，1905 年 12 月 1 日

大清海关税务司

阿理文

青岛，1905 年 12 月 2 日

皇家总督府

在商业登记 A 部第 12 号登记的公司"弗朗茨·奥斯特"已登记入下列事项：
撤销商人 J. 胡本的代理权。

青岛，1905 年 12 月 4 日

胶澳皇家审判厅一处

大德管理青岛地亩局　为

拍卖地亩事：兹据德国武弁巴必尔禀称，欲买青岛柏林街及路贝克街[①]两街转角地图第十八号第二百二十一块，计一千一百二十米打，暂拟价洋一千四百七十八元四角。今订于西历一千九百五年十二月二十七日上午十一点钟在本局拍卖。买定后，准盖铺房，限至一千九百八年十二月三十一日一律修竣。如他人亦欲买者，可以投禀，截至十二月二十日

---

① 译者注：即今泗水路。

止，届期前来本局面议可也。勿误。特谕。

右谕通知

西一千九百五年十二月初五日　告示

大德管理青岛地亩局　为

拍卖地亩事：兹据余荫禄禀称，欲买包岛大沽街地图第六号第十二块，计九百九十五米打，暂拟价洋一千零零四元九角五分。今订于西历一千九百五年十二月二十七日上午十一点钟在本局拍卖。买定后，准盖铺房，限至一千九百八年十二月三十一日一律修竣。如他人亦欲买者，可以投票，截至十二月二十日止，届期前来本局面议可也。勿误。特谕。

右谕通知

西一千九百五年十二月初五日　告示

告白

启者：兹将本署据报被窃各物列左：

灰色毛小驴两头，系在阴岛①被窃；金镶边闷壳把上弦银表一枚，面有减写西字号码，带链子，链上系有红宝石两块，并有玩意二种；自行车一辆，上有"Deutschland"字号，车柄稍斜，新象（橡）皮轮套；红铜线四圈。

以上各物切勿轻买，如见亦宜报明本署。此布。

西一千九百五年十二月初六日

青岛巡捕衙门启

告白

启者：本局现拟将办供各营需用之器具拍包于人，以一年为期，所有合同规条可赴本局查阅。如有点欲承包者，可以投信，截至西十二月二十日早十点钟止，信封上应书"Angebot betreffend Kasernengeräte"等西字样。此布。

德一千九百五年十二月初七日

青岛军需局启

---

① 译者注：即今红岛。

在商业登记A部第16号登记的营业中公司"斯内特拉格有限责任公司"①已经注销。

青岛,1905年12月6日
胶澳皇家审判厅一处

消息

代理总督师孟已于本月2日离开保护地,前往日本度假,之后将在本月30日从上海回国。

总督府的事务在总督都沛禄海军少将预期在1906年2月份返回之前,由冯克海军少校领导。

总督府财务处自本月1日起对于用支票支付的汇率为:1元=2.21马克,从本月2日起,对所有支付形式的汇率均为1元=2.21马克。

户籍处的消息:
出生:1905年11月29日,工程秘书莱肖诞下一个儿子。

"汉萨"号军舰已经接手了青岛的驻站业务。

气象天文台记录的青岛在1905年11月份的天气以及对过去的秋天的回顾

11月,除了前半个月的几天几乎都有强风并很冷之外,大多是相当宜人的晴天,该月在今年的天气也像往年一样,是每年几个最好的月份之一。

平均温度为8.3度,该数值大约排在以往同期观察当月平均数值的中间。

本月最初几天出现了当月最高和最低气温,分别为2日的19.7度和5日的-3.0度。在如此短的时间里出现的温度骤降要归因于从4日刮到5日的西北偏北的狂风,瞬间风力达到了10级蒲福风级。

天空的平均云层密度为32%,有12个晴天和3个阴天。

借助日照指数计测得195.1个小时的月度日照时间,占可能日照时间总数的64.4%。

该月的空气湿度大幅下降,平均数为66%,相应地,当月只有一天有降雨(在12号),降水量为15.2毫米。

上午前几个小时经常会出现薄雾、雾气和露水;27日观察到浓雾,但是在9点45分

---

① 译者注:该公司在当年的《行名录》上登记的中文行名为"祥福洋行",与"Snethlage & Alfred Siemsson"的行名相同。

向北方消散。

本月观察到的主要风向为从西北偏北风经北风到东北偏北风,以及东南偏南风经南风刮向西南偏南方向。地面观测到的平均风力为3.7级蒲福风级。

也观察到了强风到狂风,数据如下:2日的北风8级,3日的北风9级以及西北偏北风10级,4日的西北偏北风8级,7日的南风6级,10日的南风和东南偏南风6级,11日的东南偏南风7级,12日的北风7级,13日的东北偏北风7级,18日的西南偏南风6级,27日的西北偏北风6级,以及28日的西北偏北风8级。

1905年的秋天

将今年的秋天在1898年9月1日到1903年8月31日这5年的秋天进行对比,就可以确定,很少偏离该地测得的中间值。

今年秋天的平均气压为765.9毫米汞柱,而这五年的平均数值为766.1毫米汞柱。

每日气温平均值为15.1摄氏度,低了0.8摄氏度,同样,平均最高温度和最低温度也各降低了0.5摄氏度和0.9摄氏度。

天空平均云层密度为46%,共计26个晴天和20个阴天,与过去5年对比:平均云层厚度为41%,各有30个晴天和12个阴天。

过去的秋季每日相对湿度平均为76%,出现了18个雨天,共降水88.8毫米。

这个秋天的风向绝大部分为西北偏北经北风再到东北偏北方向,以及从东南偏南经南风再到西南偏南方向。北风经常是狂风,导致温度骤降,在这几个秋天月份里,共测得7个狂风天,平均风力为3.3级蒲福风级。

市场平均物价

1905年11月

1斤=577.6克

平均汇率为:1元=

青岛: 1880个铜板

台东镇:1880个铜板

李村: 2000个铜板

薛家岛:1840个铜板

商品名称	单位	青岛,铜板	台东镇,铜板	李村,铜板	薛家岛,铜板
黄豆	1斤	80	62	53	42
豆芽	1斤	—	24	—	—

(续表)

商品名称	单位	青岛,铜板	台东镇,铜板	李村,铜板	薛家岛,铜板
豌豆	1斤	—	—	180	—
豆腐	1斤	36	36	35	35
豆油	1斤	180	160	180	180
豆饼	1斤	64	52	50	40
花生	1斤	120	100	50	70
花生油	1斤	200	200	190	190
扁豆	1斤	64	46	51	—
大麦	1斤	64	56	48	50
黄瓜	1斤	120	—	—	—
小米	1斤	—	68	67	65
小米面	1斤	80	86	66	—
土豆,中国品种	1斤	20	6	9	—
土豆片,中国品种	1斤	64	—	20	20
高粱	1斤	64	58	46	45
高粱秆	1斤	—	—	14	25
麸皮	1斤	64	50	36	40
南瓜	1斤	40	—	8	—
玉米	1斤	—	—	—	—
小红萝卜	1斤	36	—	40	—
大米	1斤	80	70	80	78
小麦	1斤	70	65	61	60
面粉	1斤	86	86	90	80
小麦面包	1个	84	24	20	—
馒头	1个	84	24	20	—
窝头	1个	44	32	46	—
火烧	1个	—	32	—	—
苹果	1斤	240	—	—	—
橘子	1斤	—	—	360	—
梨	1斤	160	60	65	—

(续表)

商品名称	单位	青岛,铜板	台东镇,铜板	李村,铜板	薛家岛,铜板
大头菜	1斤	80	—	20	—
大白菜	1斤	20	12	16	3
小白菜	1斤	—			
大蒜	1斤	80	60	72	40
胡萝卜	1斤	36	24	41	—
红胡椒	1斤	80	550	635	8
黑胡椒	1斤	640	750	750	600
萝卜,中国品种	1斤	—	—	20	22
白萝卜	1斤	80	10	11	4
菠菜	1斤	16	—	20	—
核桃	1斤	160	160	125	—
洋葱	1斤	80	60	30	24
盐	1斤	20	7	10	20
烟草	1斤	320	320	260	300
煎鱼	1斤	160	140	250	
炖鱼	1斤	180	145	180	
干鱼	1斤	200	160	193	200
墨鱼	1斤	—	—	450	600
螃蟹	1斤			200	
猪肉	1斤	260	200	200	200
猪大油	1斤	320	220	280	200
生牛肉	1斤	320	180	160	
熟牛肉	1斤	—	160	160	
牛油	1斤	320	200	160	
鸭子	1只	500	—		400
野鸭	1只	400			
鹅	1只	1 800	—	—	2 000
野鹅	1只	—			
鸡	1只	500	500	350	400
塍鹬	1只	—	—	—	

(续表)

商品名称	单位	青岛,铜板	台东镇,铜板	李村,铜板	薛家岛,铜板
兔子	1 只	500	—	—	—
鸭蛋	10 个	300	—	300	200
鸡蛋	10 个	240	200	220	180

船运

1905 年 11 月 30 日—12 月 7 日期间

到达日	轮船船名	船长	挂旗国籍	登记吨位	出发港	出发日	到达港
(8月28日)	亨利耶特号	海耶斯	德国	1 647	波特兰	12月7日	上海
(11月19日)	威客号	卡斯滕	德国	1 809	上海	12月1日	符拉迪沃斯托克
(11月30日)	马蒂尔达号	谢尔比辛	俄国	2 291	上海	12月1日	符拉迪沃斯托克
12月1日	天津号	蒙克曼	英国	1 227	香港	12月1日	芝罘
12月1日	柯尼夫斯堡号	洛伦岑	德国	646	上海	12月2日	上海
12月2日	安哈特号	艾克	德国	1 102	巴东①		
12月3日	白河号	代纳特	德国	476	上海	12月4日	济物浦
12月3日	清平号	塔加特	英国	1 062	芝罘	12月6日	上海
12月4日	太仓号	克鲁尔	英国	977	上海	12月7日	上海
12月4日	国务院秘书克莱特克号	韩森	德国	1 208	上海	12月4日	芝罘
12月6日	青岛号	恩尼克	德国	977	芝罘	12月6日	上海

---

① 译者注:巴东是印度尼西亚西苏门答腊省省会和最大城市。

Amtsblatt
für das
Deutsche Kiautschou-Gebiet.

青島官報

Herausgegeben vom Kaiserlichen Gouvernement Kiautschou.

Der Bezugspreis beträgt jährlich $ 2=M 4.
Bestellungen nehmen sämtliche deutsche Postanstalten entgegen.

| Jahrgang 6. | Nr. 51. | Tsingtau, den 16. Dezember 1905. |

Verordnungen und Bekanntmachungen.

Verordnung
betreffend
das Verzollungsverfahren im Schutzgebiete von Kiautschou.

I. Allgemeine Bestimmungen.

§ 1.

Alle in das deutsche Schutzgebiet über See eingeführten oder von dort ausgeführten Waren unterliegen, soweit keine besonderen Ausnahmen in folgendem aufgestellt werden, bei der Ein-und Ausfuhr den tarifmässigen Zöllen. Waren, die unter Transitpass in das Innere verschickt oder dorther angebracht werden sollen, zahlen ausser dem vertragsmässigen Einfuhr- oder Ausfuhrzoll die vertragsmässige Transitgebühr.

§ 2.

Das bei der Verzollung beobachtete Verfahren regelt sich nach den Grundsätzen, welche bei den chinesischen Seezollämtern üblich sind. Die Zollkontrolle wird, wo immer eine solche nötig ist, von den Zollbeamten ausgeübt.

§ 3.

Für die den Zollämtern einzureichenden Ein-und Ausfuhrmanifeste von Schiffen gelten die vertragsmässigen Bestimmungen. Die Manifeste sind vom Schiffer verantwortlich zu zeichnen; an seine Stelle können die Schiffsagenten treten.

§ 4.

Mit Ausnahme von Dschunken, welche an ihren gewöhnlichen Ankerplätzen anlegen, ist es den Schiffen verboten, mit den Arbeiten an der Ladung zu beginnen, ehe das Einfuhrmanifest dem Zollamt überreicht ist, noch ist es zu gestatten, dass die Ladung das Schiff ausserhalb des Freihafenbezirks verlässt, ehe die Zollerlaubnis eingetroffen ist. Anmeldungen für Waren, welche ausserhalb des Freibezirks geladen oder gelöscht werden sollen, müssen eine genaue Bezeichnung der Stelle, wo die Ladung oder Löschung erfolgen soll, enthalten.

II. Freibezirk.

§ 5.

Der Freibezirk umfasst zunächst den grossen Hafen einschliesslich der Molen, des Werftgebietes und des Umschliessungsdammes und das ihm vorlagernde Gelände bis zum Haupteisenbahndamm; er wird begrenzt im Südwesten durch eine Linie zwischen Innenbucht und Eisenbahndamm vor der Verbindung von Rechternstrasse und Grosse Hafenweg, im Osten durch eine Linie zwischen Eisenbahn-und Umschliessungsdamm in der Nähe der Blockstation. Eine spätere Vergrösserung des Freibezirks bleibt jederzeit den Bedürfnissen entsprechend vorbehalten. Als spätere Grenze des Freibezirks ist der Eisenbahndamm anf der einen Seite bis zur Blockstation mit Einschluss des noch aufzuschüttenden Geländes in einer Ausdehnung von etwa 200 m östlich des Umschliessuugsdammes; auf der anderen Seite bis zur Bahnunterführung der Schansistrasse und entlang dem Wege bis zur Oster'schen Schleppe mit Einschluss des grossen und kleinen Hafens in Aussicht genommen.

§ 6.

Der Freibezirk soll zu Wohnungen, mit Ausnahme derjenigen, welche für Lager- und Werftaufseher, Hafen-, Zoll- und Polizeibeamte erforderlich sind, sowie für den Detailhandel, mit Ausnahme vorläufig einer bestimmten Anzahl Garküchen für die chinesischen Hafenarbeiter, nicht benutzt werden. Die Errichtung industrieller Betriebe ist grundsätzlich zugelassen.

§ 7.

Die zollamtliche Kontrolle innerhalb des Freibezirks, sowie an den Ausgängen erfolgt durch das Seezollamt.

§ 8.

Das Zollkonto über einkommende Schiffe ist innerhalb zehn Tagen nach der Ausklarierung abzuschliessen und der Zoll auf alle Einfuhrwaren, welche den Freibezirk verlassen, zu zahlen.

§ 9.

Ist die Lagerung, Sortierung, Verarbeitung von Waren, welche von der Seeseite oder aus dem Binnenlande eingetroffen sind, innerhalb des Freibezirks beabsichtigt, so ist dem Zollamte unter Vorlegung folgender Angaben: Art des Transports der eingeführten Waren, sowie bei Schiffen deren Name, Name und Wohnung der Warenempfänger, Datum der Ankunft, Zahl der Kolli, deren Verpackungsart, Zeichen und Nummern, sowie die allgemeine Bezeichnung der Waren, Meldung zu erstatten und die Kontrolle zu übertragen.

§ 10.

Aus dem Freibezirk zur Ausfuhr über See bestimmte Waren haben die Zollstation zu passieren; eine Annahme von Waren an Bord ohne Zollbegleitschein ist nicht gestattet.

§ 11.

Der Verkehr von Fahrzeugen irgendwelcher Art (Wagen, Karren, Eisenbahn, Dschunken, Sampans, Schlepper, Dampfer u. s. w.) auf der Land- und Seegrenze des Freibezirks unterliegt der Kontrolle des Zollamts.

III. Zollfreie Gegenstände.

§ 12.

Auf die vertragsmässig Zollfreiheit geniessenden Artikel wird kein Zoll erhoben.

Zollfrei sind für die deutschen Truppen:

a) Gegenstände, welche zur Bewaffnung, Ausrüstung und Bekleidung bestimmt sind, soweit sie von den Militär-und Marinebehörden direkt beschafft werden, auf Grund einer Bescheinigung des Gouvernements.

b) Materialien und Proviantvorräte, welche von den Militär-und Marinebehörden im Interesse der Kriegsbereitschaft beschafft werden, auf Grund einer Bescheinigung des Gouvernements.

Allgemein sind zollfrei:

c) Maschinen und maschinelle Anlagen, sowie die zum Fabrikations-, gewerblichen und landwirtschaftlichen Betrieb erforderlichen Werkzeuge und Geräte oder Teile derselben; ferner Baumaterialien und Einrichtungen für öffentliche und fiskalische Anlagen. Eine schriftliche Erklärung, enthaltend den Wert der Waren, ist in jedem einzelnen Falle dem Zollamte darüber einzureichen, dass die Artikel ausschliesslich zum Gebrauche im Schutzgebiet dienen. Werden sie später nach China verschickt, so ist dem Zollamte Meldung zu erstatten und Zoll zu zahlen. Im Nichtachtungsfalle verfällt der zweifache Zoll entsprechend dem in der Erklärung angegebenen Werte.

d) Der gewöhnliche Reparaturverkehr zwischen Freibezirk und Zollland; dem Zollbeamten ist in jedem Falle Meldung zu machen.

e) Einkommende, für Privatgebrauch im Schutzgebiete bestimmte Postpakete, soweit der laut beiliegender Zolldeklaration zu erhebende Zoll $ 1 (Wert $ 20) nicht übersteigt; dem Zollamte steht es frei, gelegentlich Revisionen der Deklarationen und des Inhalts der Pakete vorzunehmen.

§ 13.

Das Privatgepäck von Reisenden bleibt auf die Erklärung hin, dass es keine zollpflichtigen oder Konterbandewaren enthält, zollfrei und wird im allgemeinen nicht nachgesehen; indes steht das Recht der Revision dem Zollamte zu in Fällen, wo es besonders notwendig erscheint. Befinden sich unter dem Privatgepäck Artikel, welche das Mass dessen, was vernünftigerweise unter Privat-

16. Dezember 1905.   Amtsblatt—報官島青   283.

gepäck verstanden werden kann, überschreiten, oder zum Verkauf bestimmt sind, so unterliegen sie der Verzollung.

IV. Im Schutzgebiet hergestellte Fabrikate.

§ 14.

Die im Schutzgebiete hergestellten Fabrikate unterliegen nur insoweit der Verzollung, als China zu einem Zolle auf die darin verarbeiteten Rohwaren berechtigt ist.

a) Chinesische Rohwaren, welche aus Nichtvertragshäfen oder dem Hinterlande in das Schutzgebiet eingeführt werden, und zur fabrikmässigen Verarbeitung bestimmt sind, können dem Zollamte unter Hinterlegung eines Gutscheines für einen etwa darauf fälligen Zoll gemeldet werden.

Bei der Ausfuhr der aus diesen Rohwaren hergestellten Fabrikate wird der Ausfuhrzoll auf die Rohwaren erhoben und von dem in dem Gutscheine garantierten Betrage abgeschrieben.

Der in dem Gutschein garantierte Zoll muss binnen drei Jahren nach seiner Ausstellung bezahlt oder sonstwie nachgewiesen werden.

Auf Wunsch des Fabrikanten kann auch der volle Tarifzoll auf das Fabrikat statt auf die Rohwaren bezahlt werden.

b) Einfuhr- und Küstenzoll auf ausländische oder aus chinesischen Vertragshäfen stammende Rohwaren wird bei der Ausfuhr der daraus hergestellten Fabrikate nach See zurückvergütet, falls diese Rohwaren bei der Einfuhr dem Zollamte als zur fabrikmässigen Verarbeitung bestimmt angemeldet worden sind.

c) Sobald die Ausfuhr der verschiedenartigen Fabrikate beginnt, wird in gemeinschaftlicher Vereinbarung des Gouvernements und des Zollamtes das Verhältnis des Rohmaterials zu dem Fabrikat bestimmt und der Ausfuhrzoll dementsprechend herabgesetzt werden.

d) Über die Fabriken, die zu dieser Zollbehandlung berechtigt sind, wird eine Liste aufgestellt und mit den notwendigen Nachträgen dem Zollamte zugesandt werden.

V. Opium.

§ 15.

Opium darf auf Schiffen nur in Originalkisten eingeführt werden; die Einfuhr von kleineren Mengen als einer Kiste ist verboten. Alles Opium, auch das als Wegzehrung auf Schiffen geführte, muss sofort bei der Ankunft des Schiffes dem Zollamte angezeigt werden, welches seine Überführung, soweit es zur Einfuhr bestimmt ist, in das Zolllager überwachen wird.

§ 16.

Opium aus dem deutschen Schutzgebiete nach China, oder aus China nach dem deutschen Schutzgebiete, darf nur mit der Eisenbahn auf Frachtbrief als Eilgut verschickt werden. Die Mitnahme als Passagiergut oder Handgepäck ist verboten. Die Frachtbriefe über angekommenes Opium werden von der Eisenbahngesellschaft dem Zollamt im Schutzgebiete ausgehändigt und die Adressaten vom Zollamte benachrichtigt werden.

§ 17.

Der Verbrauch von Opium im Schutzgebiete unterliegt besonderen Bestimmungen.

VI. Waffen Pulver, Sprengstoffe und dergleichen.

§ 18.

Waffen, Pulver, Sprengstoffe und dergleichen, sowie die zu ihrer Herstellung dienenden Bestandteile müssen bei der Ankunft deklariert und den Anordnungen des Gouvernements entsprechend gelöscht und gelagert werden.

§ 19.

Die Ausfuhr von Waffen und dergleichen, sowie der zu ihrer Herstellung dienenden Bestandteile aus deutschem in chinesisches Gebiet ist verboten und kann nur unter Sonderpass auf Wunsch der chinesischen Regierung gegen Bürgschaft erlaubt werden.

§ 20.

Die Lagerung und der Verbrauch von Waffen und Sprengstoffen im Schutzgebiete, sowie der Handel mit solchen unterliegt besonderen Bestimmungen.

VII. Postsendungen.

§ 21.

Postsachen dürfen zu jeder Zeit von den Postämtern an Bord gebracht und von Bord abgeholt werden.

§ 22.

Postpaketsendungen werden vom Postamte

nur mit Zollbegleitschein angenommen.

§ 23.

Einkommende Pakete wird das Postamt sofort nach Ankunft dem Zollamte zur Verzollung übergeben. Die zugehörigen Begleitpapiere werden dem Empfänger wie andere Postsachen ausgehändigt. Auf Grund dieser Papiere hat der Empfänger die Pakete gegen Entrichtung der fälligen Gebühren (siehe § 12) beim Zollamte abzuholen. Pakete, die für andere Plätze im Schutzgebiete mit deutschen Postanstalten bestimmt sind, werden auf Antrag der Empfänger gegen Erhebung einer Gebühr von 20 Cents und der fälligen Zollgebühren durch das Postamt verzollt.

§ 24.

Die Einfuhr von Opium, Waffen, Pulver, Sprengstoffen und dergleichen, sowie der zur Herstellung dieser dienenden Bestandteile durch die Post ist verboten. Für besondere Fälle kann die Genehmigung des Gouvernements erteilt werden.

VIII. Tankpetroleum.

§ 25.

Das zollamtliche Verfahren für Abfertigung von Tankschiffen, Lagerung und Wertberechnung des Petroleums richtet sich nach dem bei den Seezollämtern üblichen Verfahren.

IX. Dienststunden des Zollamts.

§ 26.

Das Zollamt ist, ausgenommen an Sonn-und Feiertagen, geöffnet für den Empfang und die Ausgabe von zollamtlichen Dokumenten von 10 Uhr vormittags bis 4 Uhr nachmittags; die Zollkasse ist geöffnet von 9—12 Uhr vormittags und von 2—4 Uhr nachmittags.

§ 27.

Schiffe, die an Sonn-und Feiertagen, sowie während der Nachtstunden löschen und laden wollen, bedürfen dazu einer besonderen Erlaubnis des Zollamts; diese ist während der Dienststunden einzuholen.

§ 28.

Die Beförderung von Waren über die Land- und Seegrenze des Freibezirks während der Nachtstunden ist mit Ausnahme von Post- und Passagiergepäck nur mit besonderer Genehmigung des Zollamts gestattet.

§ 29.

Als Nachtzeiten gelten
von 1. März bis zum 31. Oktober die Stunden von 8 Uhr abends bis 5 Uhr morgens,
vom 1. November bis zum 28./29. Februar die Stunden von 6 Uhr abends bis 6 Uhr morgens.

X. Strafen.

§ 30.

Für Konfiskationen und Strafen gelten die bei den Seezollämtern vertragsmässig festgelegten Grundsätze. Bei Berufung gegen die vom Zollamte verfügten Konfiskationen und Strafen finden für das dabei beobachtete Verfahren die Vorschriften für gemeinsame Untersuchung Peking, den 31. Mai 1868, sinngemässe Anwendung.

XI. Aufhebung früherer Verordnungen.

§ 31.

Diese Verordnung tritt in Ausführung der Übereinkunft vom 17. April 1899 und der Abänderungen dieser Übereinkunft vom 1. Dezember 1905 und unter Zustimmung der Zollbehörden am 1. Januar 1906 in Kraft.

Mit dem Inkrafttreten der Verordnung werden
a) die provisorischen zollamtlichen Bestimmungen für das deutsche Kiautschou-Gebiet vom 23. Mai 1899,
b) die besonderen Bestimmungen für die Einfuhr und Kontrolle von Opium, Waffen ...... vom 23. Mai 1899,
c) die besonderen Bestimmungen, betreffend die Ausübung der Zollkontrolle vom 23. Mai 1899,
d) die provisorische Zusatzbestimmung zu den provisorischen zollamtlichen Bestimmungen, betreffend die mit der Schantung-Eisenbahn verladenen Waren vom 20. April 1901,
e) die zollamtliche Bekanntmachung Nr. 24, betreffend die mit der Eisenbahn zu versendenden Waren, vom 31. März 1902
aufgehoben.

Tsingtau, den 2. Dezember 1905.

Der Kaiserliche Gouverneur.
Allerhöchst mit der Stellvertretung beauftragt.
van Semmern.

大德欽命署理總督膠澳文武事宜大臣師

釐訂德境以內徵稅辦法章程分條列左

第一端大綱

第一條凡貨物由水路出入德境除後開免稅各物不計外其進出口時應照稅則完納稅項如欲領有運照將洋貨運入內地另應按照條約繳納運入內地半稅土貨運出內地亦應照辦

第二條徵稅事宜須以中國通商各口新關辦法爲率至查驗貨物等事均歸海關官員隨時經理

第三條船隻應呈海關之艙口單貨物清單照約所載章程辦理此項單據須由船主開具畫押如此單內有漏報等弊惟船主是問或由代理該船之商人代爲開具單據畫押亦可

第四條船隻除民船停泊平常之處不計外其餘各船先應將艙口單呈驗海關方准預備卸貨該船如停泊在劃定無稅之區地以外者猶應稟請海關發給准單方可卸貨凡在劃定無稅之區地以外欲將貨物上船下船者即應詳細聲明在於何處起卸

第二端劃定無稅之區地

第五條無稅之區地即係大海口以及海隄修船場護口之壩又自海口起至火車幹路止中間之地皆隸其內至於該地西南至係在雷希丹大馬路哈爲

分小路轉角前面自後海岸起至火車道止劃一直線東至係在分輵器房附近之處自火車道起至護口之壩止劃一直線將來開展無稅區地界限應由本署隨勢酌情辦理設若日後開拓無稅之區地東至即係沿鐵道迤分輵器房止鐵道迤北護口壩迤東應壩平二百方米打之塲亦歸其內南至即係沿鐵路至山西街鐵路橋由該橋再沿馬路至大森洋行放船廠止大小海口亦抱括在內

第六條 無稅之區地線內除准海口海關巡警三項官員以及看棧房人看修船廠人等居住並暫准額設售賣海口華工飯食舖房以外他人一槪不准居住至建立機器房屋如無要故自應准行

第七條 凡在無稅之區地並在該界防圍門首查驗貨物一切事宜均歸 *海關* 人員管理

第八條 呈驗艙口單後 *海* 關應將單報貨數登簿 該船自出口日起十日內須將該項貨物存留無稅區地及已運出各若干分別報明 *海* 關查核彙註至 *貨運出自應照完稅* 項

第九條 凡有商人擬將由水路或由陸路運 *來之各種貨物存儲無稅之區地* 或分別優劣或用以製造新 *貨* 均應先行報明海關於何日運到由何船進口以及收 *貨* 人之姓名住址件數若干抱裹式樣皮面號碼 *貨物名目* 逐一報關後由 *海* 關查驗以杜偷漏等弊

第十條 凡有 *貨* 物擬自 *無* 稅之區 *地由* 水路出口者先應過 *關* 如未領有 *關* 照

第十一條各樣車輛船隻如馬車單輪小車火車民船杉板拖船火輪船等在於無稅之區地水界陸界內來往者均由海關查驗

第三端免稅各物

第十二條照約免稅各物在德境以內亦應免稅

甲各色軍械號衣等項雖係水陸武員運到究應特有本督署所發之憑據方能照免

乙軍用物料及各色食品因備戰由水陸武員運到者亦應一律照辦

丙機器並機器廠之全副配件以及機器各分件製造廠所用之像具機料暨各種農器與建蓋衙署以及各等工程之木料器具運到時亟應赴關呈交保結註該貨價值並須擔保確係德境內應用之物方能照免嗣後若有運入中國地界之處應報關完一進口正稅否則按保結上所註之情節照應完稅數兩倍罰充入官

丁某樣機件即如車輛並運物之器機等項祇因有修理之處出入無稅之區地即准免稅惟遇出入無稅區地之時均應報明以便關員稽查

戊凡有運入德境之郵政包裹若係境內住戶自用之物倘按照該包隨單上所註之情形應完稅不過一元即係佔值銀二十元之數即應免稅但若欲隨時查考之處

以前貨物不准裝船

第十三條凡來往搭客攜帶之行李若物主聲報確無應行納稅之件亦無違禁之物即准免稅雖海關不行逐次查驗但遇有另外之情節仍可照例查察至攜帶行李內如有貨物其數頗多不得混稱行李或有攜帶售賣之物均應照例完納稅項

第十四端德境以內製成貨物

第十四條德境所製成之各物出口時應完稅數不過於製造廠原來所用散碎物料未製造成物之前照約應完之出口稅數

甲凡有中國散碎物料 由非通商口岸或由內地運入德境藉以製造成物 即 由該商報關具呈將來出口應納稅項之保結

凡因工製成之物出口時完納稅項應照原運散碎物料完稅所徵之稅即在原結所保稅項若干以內扣算

保結所註之稅款自具呈保結日起三年內該商應將所保之稅或完納或另行算清

製成貨物若情願仍 照 稅則所載之稅數完納稅項並不 照 原 運 散碎物料完納亦可隨其所願辦理

乙凡有自外國或自中國通商口岸運來之散碎物料進口時已經 完納進口正稅復進口半稅者製成貨物後 由 水路出口時即將其已納之進口復進口等稅償還惟進口時該商先 應 報關 此 物 係製造貨 物 所用者

丙 本督署膠海關俟製成貨物出口之始即會同核算散碎物料若干能製成貨物若干照訂應納出口稅數

丁 凡製造廠有照此例辦理之權者本署即開列清單送交海關查照日後如有應添應減者隨時知會海關

第五端 洋藥

第十五條 洋土各藥祇准原箱運進德境不得拆包改裝其進境之土藥至少必須一箱之多凡土藥進口者雖係行路備吸所用該船抵口時立應赴關報明其運入德境售賣者由關監視卸存關棧

第十六條 凡欲自德境運土藥入內地或自內地運土藥進德境者祇准開用先運貨單由鐵路裝運嚴禁設用別法譬如由陸路進境隨身夾帶行李以內獎當該藥運到時鐵路公司即將運單送交德境設立之海關轉知該受主

第十七條 在德境以內銷售吸用洋藥另有章程

第六端 軍械火藥炸藥等類

第十八條 軍械火藥炸藥等類以及製造前項需用各料運到時即應報明遵照本督署隨時飭令卸船存儲

第十九條 軍械等類以及製造前項需用各料禁止由德境運入華境

第廿條 軍械炸藥在德境內存儲使用買賣另有專章國政府特准即由該商具保領有專照方准運入華境設若中

第七端郵寄各物

第二十一條郵寄各物由郵政局隨時派員上船收送

第二十二條凡欲由郵寄送包裹須先領有關照一並送交郵政局轉遞

第二十三條凡有抱裹寄到時即由郵政局交與海關徵稅轉發該包裹運單逕交收主即與他項郵寄物件無異收主特此項運單馳赴海關完稅領取包裹惟應否完納稅項仍應照第十二條辦理收主如在德境他處居住亦可稟請郵政局代為完納稅項另應繳費洋二角

第二十四條洋藥軍械火藥炸藥等類以及製造前項需用各料一概禁止由郵寄送但如有要故由本督署特准方可弛禁

第八端存儲火油之池

第二十五條凡各艙散載火油之船來往青島存儲火油估量油價一切事宜應照他處海關徵稅向章辦理

第九端海關辦事時刻

第二十六條除禮拜並給假日外每日早自十點鐘起至晚四點鐘止海關收發各項單照兌收稅項處每日早自九點鐘起至十二點止下午自兩點鐘起至四點止辦公

第二十七條凡有船隻欲在禮拜日給假日並夜間起下貨物者應在辦事時刻內馳赴海關稟請特准

第二十八條所有物件除郵寄物件行李不計外其餘各物海關未准以前不

第二十九條　夜間字樣即謂自西歷三月初一至十月三十一日每日晚自八點鐘起至早五點鐘止之時刻又自西歷十一月初一至二月二十九每日早自六點起自晚六點鐘止之時刻

第十端　罰款

第三十條　充公入官罰繳款項按照條約訂立海關通行之理辦理至海關充公入官罰繳款項如有不服者援照一千八百六十八年五月三十一日北京立定會訊章程辦理

第十一端　應作罷論章程

第三十一條　以上各條係按西歷一千八百九十九年四月十七日德中兩國會訂青島徵稅辦法條約又按西歷本年十二月初一日會訂青島設關徵稅修改辦法條約酌定業經海關核准為此仰准自西歷一千九百六年正月初一日起一律遵行所有自是日起應行作廢各章程列左

一西歷一千八百九十九年五月二十三日暫訂德境徵稅章程

一西歷一千八百九十九年五月二十三日另訂德國郵局查驗抱裹章程

一西歷一千九百一年四月二十日暫訂火車裝載貨物徵稅章程

一西歷一千八百九十九年五月二十三日另訂洋葯槍械等物裝運進口以及查驗存售章程

此項章程即係九十九年五月二十三日章程之善後章程

大德一千九百五年十二月初二日

九百二年三月十一日曉諭續增火車裝運貨物徵稅章程

Amtliche Anzeigen.

Die in das Handelsregister A des unterzeichneten Gerichts unter Nr. 43 eingetragene Firma **Alfons Brackenhoeft in Tsingtau** wird als erloschen betrachtet und ihre Löschung im Register auf Grund des § 31 Absatz 2 des Handelsregisters beabsichtigt. Dieses wird auf Grund des § 141 Absatz 2 des Reichsgesetzes über die freiwillige Gerichtsbarkeit bekannt gemacht und zugleich dem eingetragenen Inhaber der Firma, Kaufmann Alfons Brackenhoeft, früher in Tsingtau, jetzt unbekannten Aufenthalts, zur Geltendmachung eines Widerspruchs eine Frist bis zum 15. April 1906, mittags 12 Uhr, gesetzt.

Tsingtau, den 7. Dezember 1905.

Kaiserliches Gericht von Kiautschou I.

Landversteigerung.

Auf Antrag des Diplomingenieurs Friedrich von Brückner zu Tsingtau findet am Mittwoch, den 3. Januar 1906, vormittags 11 Uhr, die Versteigerung des Grundstückes Kbl. 12 Nr. 78 am Hohenloheweg im Landamte statt.

Grösse: 1866 qm.
Mindestpreis: 1548,78 $
Benutzungsplan: Errichtung eines Landhauses.
Bebauungsfrist: 31. Januar 1909.
Gesuche zum Mitbieten sind bis zum 27. Dezember 1905 hierher zu richten.

Tsingtau, den 11. Dezember 1905.

Kaiserliches Landamt.

Landversteigerung.

Auf Antrag des Kaufmanns Li yen fong aus Schanghai findet am Mittwoch, den 3. Januar 1906, vormittags 11¼ Uhr, die Versteigerung der Grundstücke Kbl. 16 Nr. 18 und Nr. 20, an der Herthastrasse am grossen Hafen gelegen, im Landamte statt.

Grösse von Nr. 18: 4257 qm.
Grösse von Nr. 20: 2950 qm.
Mindestpreis von Nr. 18: 6385,50 $.
Mindestpreis von Nr. 20: 4425,00 $.
Benutzungsplan: Errichtung von Geschäfts- und Lagerhäusern oder industriellen Anlagen.
Bebauungsfrist: 31. Januar 1909.
Gesuche zum Mitbieten auf eine der beiden oder auf beide Parzellen sind bis zum 27. Dezember 1905 hierher zu richten.

Tsingtau, den 14. Dezember 1905.

Kaiserliches Landamt.

大德管理青島地畝局拍賣地畝事茲據工部局員畢克納稟稱欲買青島赫很維黑路街地圖第十二號第七十八塊打暫計一千八百六十六米打暫今訂於西歷一千九百零六年正月初三日上午十一點鐘在局拍賣定後准蓋華麗房一座限至西歷一千九百零九年正月三十一日一律修竣以一日一律修竣如他人亦欲買者可以投稟截至十二月二十七日止屆期前來本局面議可也勿誤特諭通知

西一千九百五年十二月十一日 右諭通知告示

大德管理青島地畝局拍賣地畝事茲據華商李硯豐稟稱欲買青島大碼頭哈爾德街地圖第十六號第十八塊計四千二百五十七米打暫價洋六千三百八十五元五角又第二十塊計二千九百五十米打暫價洋四千四百二十五元今訂於西歷一千九百零六年正月初三日上午十一點一刻在本局拍賣祗買一塊亦可買定後准蓋鋪房機器房貨房限至西歷一千九百零九年正月三十一日一律修竣如他人亦欲買者可以投稟截至西十二月二十七日止屆期前來本局面議可也勿誤

西一千九百五年十二月十四日 右諭通知告示

16. Dezember 1905.   Amtsblatt—青島官報   293.

Öffentlicher Verkauf.

Ungefähr 5000 kg. altes Messing am Freitag, den 22. Dezember d. Js., vormittags 11 Uhr, im Hof der Artillerie-Verwaltung. Besichtigung gestattet bis Donnerstag, den 21. Dezember, mittags 11 ½ Uhr.

Tsingtau, den 13. Dezember 1905.

Kaiserliche Artillerieverwaltung.

告白

啟者本局現有舊黃銅五千餘磅擬於西曆十二月二十二即禮拜五日早十一點在本局院內拍賣自出告白日起限至西本月二十一日止如有欲買者每日上午十一點半鐘可赴本局查看可也此佈

大德一千九百五年十二月十三日

青島子葯局啟

Bekanntmachung.

Als gestohlen angemeldet: 2 Enden roter gummierter Spritzenschlauch mit Verschraubungen, je 10 m lang, der Schlauch hat einen Durchmesser von 52 mm.

Tsingtau, den 13. Dezember 1905.

Kaiserliches Polizeiamt.

告白

啟者茲將本署據報被竊之物列左

紅象皮包鑲之水龍兩條每條長十米打圓徑五十二米利米打

以上之物切勿輕買如見亦宜報明本署此佈

德一千九百五年十二月十三日

青島巡捕衙門啟

Mitteilungen.

Der Königliche Kronenorden 2. Klasse ist dem bisherigen stellvertretenden Gouverneur, Kapitän zur See van Semmern verliehen worden.

* * *

Der Königliche Rote Adler-Orden 4. Klasse ist dem Kaiserlich chinesischen Seezolldirektor Dr. phil. Stuhlmann durch Allerhöchste Kabinettsordre vom 4. Oktober d. Js. verliehen worden.

* * *

Der Sanitätsdepotinspektor Freise ist laut telegraphischer Mitteilung des Reichsmarineamts vom 6. d. Mts. zum Lazarettverwaltungsinspektor ernannt worden.

* * *

Die bisher probeweise angestellten Wachtmänner Hachenberg und Radbruch sind zu etatsmässigen Wachtmännern ernannt.

* * *

Der Kurs bei der Gouvernementskasse beträgt vom 11. d. Mts. ab: 1 $ = 2,11 M.

* * *

Standesamtliche Nachrichten.

Eheschliessungen: 9. 12. 1905 Molenwärter Arthur Schweim und Johanna Dauter, beide zu Tsingtau;

14. 12. 1905 Polizeiwachtmann Wilhelm Fick zu Tsingtau und Sophie Borschel aus Bremerhaven.

Geburten: 5. 12. 1905 ein totgeborenes Kind dem Ingenieur Gürtner;

7. 12. 1905 ein Sohn dem Magazinverwalter Staatsmann;

10. 12. 1905 ein Sohn dem Pfarrer Wilhelm.

* * *

Die Schantung-Eisenbahn-Gesellschaft hat vom 15. Dezember d. Js. ab folgende Tarifermässigungen eingeführt:

I. Ausser den Gegenständen Altes Eisen, Zucker, Bruch- und Werksteine und Papier (schweres) wird auch für die Beförderung von Mehl und Datteln in Wagenladungen im Verkehr sämtlicher Stationen untereinander und ohne Rücksicht auf die Zahl der aufgegebenen Wagenladungen bis auf Widerruf ein Frachtnachlass von 20 % auf Tarif IV gewährt.

Der Frachtberechnung dieses Ausnahmetarifs wird mindestens das Ladegewicht der gestellten Wagen zu Grunde gelegt.

II. Der Artikel Papier (leichtes) kann auch nach dem Ausnahmetarif Nr. 8 (Watte, rohe Baumwolle) verfrachtet werden. Bei Beförderung nach diesem Tarif fällt jede weitere Ermässigung fort.

*　　*　　*

Nachdem die diplomatischen Geschäfte der Kaiserlichen Legation in Söul auf die Kaiserliche Gesandtschaft in Tokio übergegangen sind, hat der Kaiserliche Minister-Resident von Saldern die konsularischen Geschäfte in Söul dem Kaiserlichen Vizekonsul Dr. Ney am 4. d. Mts. übergeben.

Meteorologische Beobachtungen

in Tsingtau.

Datum. Dez.	Barometer (mm) reduz. auf 0º C., Seehöhe 78,64 m			Temperatur (Centigrade).								Dunstspannung in mm			Relat. Feuchtigkeit in Prozenten		
				trock. Therm.			feucht. Therm.										
	7 Vm	2 Nm	9 Nm	7 Vm	2 Nm	9 Nm	7 Vm	2 Nm	9 Nm	Min.	Max.	7 Vm	2 Nm	9 Nm	7 Vm	2 Nm	9 Nm
7	754,3	754,4	755,4	8,4	11,1	7,3	7,7	8,8	6,7	7,1	11,6	7,4	7,1	7,0	91	72	91
8	55,0	55,1	57,3	6,3	8,5	5,1	5,4	5,0	3,0	1,3	9,3	6,2	4,4	4,4	87	54	68
9	56,7	54,7	55,5	6,3	9,7	8,6	4,2	5,6	6,1	6,0	10,6	4,9	4,4	5,5	69	48	66
10	54,8	54,9	57,7	8,4	8,8	5,5	6,3	7,4	4,2	5,4	9,8	5,9	6,8	5,4	71	81	80
11	60,1	59,6	63,7	0,9	2,0	-0,7	-0,6	-0,5	-1,5	-1,4	3,1	3,7	3,1	3,7	73	59	85
12	62,7	59,9	61,2	-1,4	0,3	-2,5	-1,9	0,0	-3,1	-4,0	0,4	3,7	4,4	3,3	90	94	87
13	62,9	63,2	65,8	-4,4	-2,6	-4,3	-5,2	-5,2	-6,5	-5,4	-1,9	2,7	1,7	1,6	81	46	50

Datum. Dez.	Wind Richtung & Stärke nach Beaufort (0—12)			Bewölkung						Niederschläge in mm		
				7 Vm		2 Nm		9 Nm				9 Nm
	7 Vm	2 Nm	9 Nm	Grad	Form	Grad	Form	Grad	Form	7 Vm	9 Nm	7 Vm
7	NNW 4	NNW 3	N W 2	10	Cu-str	8	Cu-str	7	Cu-str			–
8	N W 6	N W 8	N W 2	10	Cu-mi	1	Cum					
9	O S O 1	S S O 4	S O 5	1	Cum	7	Cicci-str	6	Cum-str			
10	N O 1	N 4	NNW 5	10	Cum-str	9	Cum-str	10	„			
11	NNW 3	N W 8	N W 6	7	Cicci-str			10	„			
12	WNW 4	WNW 4	NNW 5									
13	N W 8	N W 8	N W 3	2	Cum-str	1	Cum-str					

16. Dezember 1905. Amtsblatt—青官報 295.

Schiffsverkehr
in der Zeit vom 7.—14. Dezember 1905.

Ankunft am	Name	Kapitän	Flagge	Reg. Tonnen.	von	Abfahrt am	nach
8.12.	D. Knivsberg	Lorenzen	Deutsch	646	Schanghai	9.12.	Schanghai
9.12.	D. Peiho	Deinat	"	476	Tschemulpo	11.12.	"
11.12.	D. Adm. v. Tirpitz	Block	"	1199	Schanghai	"	Tschifu
"	D. Volga	Pattie	Englisch	2851	Portland		
12.12.	D. Staatssekr. Kraetke	Hansen	"	1208	Tschifu	12.12.	Schanghai
"	D. Süllberg	Luppi	Deutsch	782	"	14.12.	Kobe
13.12.	D. El Dorado	Brissander	Schwedisch	892	Schanghai		

Druck der Missionsdruckerei Tsingtau.

第六年　第五十一号

1905年12月16日

法令与告白

大德钦命署理总督胶澳文武事宜大臣师　为

厘订《德境以内征税办法章程》分条列左：

第一端：大纲

第一条：凡货物由水路出入德境，除后开免税各物不计外，其进出口时应照税则完纳税项。如欲领有运照，将洋货运入内地，另应按照条约缴纳运入内地半税，土货运出内地亦应照办。

第二条：征税事宜须以中国通商各口新关办法为率，至查验货物等事均归海关官员随时经理。

第三条：船只应呈海关之舱口单、货物清单，照约所载章程办理此项单据，须由船主开具画押，如此单内有漏报等弊，惟船主是问，或由代理该船之商人代为开具单据、画押亦可。

第四条：船只除民船停泊平常之处不计外，其余各船先应将舱口单呈验，海关方准预备卸货，该船如停泊在划定无税之区地以外者，犹应禀请海关发给准单方可卸货。凡在划定无税之区地以外欲将货物上船下船者，即应详细声明在于何处起卸。

第二端：划定无税之区地

第五条：无税之区地即系大海口以及海堤修船场护口之坝，又自海口起至火车干路止，中间之地皆隶其内。至于该地西南至系在雷希丹大马路①哈分小路②转角前面，自后海岸起至火车道止，画一直线；东至系在分辙器房附近之处，自火车道起至护口之坝止，画一直线。将来开展无税区地界限（线），应由本署随势酌情办理，设若日后开拓无税之区地，东至即系沿铁道至分辙器房止，铁道迤北、护口坝迤东应填平二百方米打之场，亦归其内；南至即系沿铁路至山西街铁路桥，由该桥再沿马路至大森洋行放船厂止，大小海口亦抱（包）括在内。

---

① 译者注：即今冠县路。
② 译者注：即今小港一路。

第六条：无税之区地线内，除准海口、海关、巡警三项官员以及看栈房人、看修船厂人等居住，并暂准额设售卖海口华工饭食铺房以外，他人一概不准居住。至建立机器房屋，如无要故，自应准行。

第七条：凡在无税之区地，并在该界防围门首查验货物，一切事宜均归海关人员管理。

第八条：呈验舱口单后，海关应将单报货数登薄，该船自出口日起十日内，须将该项货物存留无税区地，及已运出各若干，分别报明海关查核，汇注至将该货运出，自应照完税项。

第九条：凡有商人拟将由水路或由陆路运来之各种货物存储无税之区地，或分别优劣，或用以制造新货，均应先行报明海关于何日运到、由何船进口，以及收货人之姓名、住址、件数若干，抱（包）裹式样、皮面号码、货物名目逐一报关后，由海关查验，以杜偷漏等弊。

第十条：凡有货物拟自无税之区地由水路出口者，先应过关。如未领有关照以前，货物不准装船。

第十一条：各样车辆船只，如马车、单轮小车、火车、民船、杉板拖船、火轮船等，在于无税之区地水界陆界内来往者，均由海关查验。

第三端：免税各物

第十二条：照约免税各物在德境以内亦应免税。

德军需用各物免税者列左。

甲：各色军机号衣等项，虽系水陆武员运到，究应特有本督署所发之凭据方能照免。

乙：军用物料及各色食品因备战由水陆武员运到者，亦应一律照办。

通行免税各物列左。

丙：机器并机器厂之全副配件，以及机器各分件制造厂所用之家具机料，暨（及）各种农器与建盖廨署，以及各等工程之木料器具运到时，亟应赴关呈交保结，填注该货价值，并须担保确系德境内应用之物，方能照免。嗣后若有运入中国地界之处，应报关完一进口正税，否则按保结上所注之情节，照应完税数两倍罚充入官。

丁：某样机件即如车辆并运物之器机等项，只因有修理之处出入无税之区地，即准免税。惟遇出入无税区地之时，均应报明，以便关员稽查。

戊：凡有运入德境之邮政包裹，若系境内住户自用之物，倘按照该包随单上所注之情形应完税不过一元（即系估值银二十元之数）即应免税，但若欲随时查考之处允由海关启验。

第十三条：凡来往搭客携带之行李，若物主声报确无应行纳税之件，亦无违禁之物，即准免税，虽海关不行，逐次查验，但遇有另外之情节，仍可照例查察。至携带行李内，如有货物其数颇多，不得混称，行李或有携带售卖之物均应照例完纳税项。

第四端：德境以内制成货物

第十四条：德境所制成之各物出口时应完税数不过于制造厂原来所用散碎物料，未制造成物之前照约应完之出口税数。

甲：凡有中国散碎物料由非通商口岸，或由内地运入德境，藉以制造成物，即由该商报关，具呈将来出口应纳税项之保结。

凡因工制成之物出口时，完纳税项，应照原运散碎物料完税，所征之税即在原结所保税项若干以内扣算。

保结所注之税款，自具呈保结日起三年内，该商应将所保之税，或完纳或另行算清。

制成货物若情愿仍照税则所载之税数完纳税项，并不照原运散碎物料完纳，亦可随其所愿办理。

乙：凡有自外国或自中国通商口岸运来之散碎物料进口时，已经完纳进口正税复进口半税者制成货物后，由水路出口时，即将其已纳之进口复进口等税偿还。惟进口时，该商先应报关此物系制造货物所用者。

丙：本督署胶海关俟制成货物出口之始，即会同核算散碎物料若干能制成货物若干，照订应纳出口税数。

丁：凡制造厂有照此例办理之权者，本署即开列清单送交海关查照，日后如有应添应减者，随时知会海关。

第五端：洋药

第十五条：洋土各药只准原箱运进德境，不得拆包改装，其进境之土药至少必须一箱之多，凡土药进口者，虽系行路备吸所用，该船抵口时立应赴关，报明其运入德境售卖者，由关监视卸存关栈。

第十六条：凡欲自德境运土药入内地或自内地运土药进德境者，只准开用先运货单由铁路装运，严禁设用别法，譬如由陆路进境随身夹带行李以内等，必当该药运到时，铁路公司即将运单送交德境设立之海关转知该受主。

第十七条：在德境以内销售吸用洋药另有章程。

第六端：军械、火药、炸药等类

第十八条：军械、火药、炸药等类以及制造前项需用各料运到时，即应报明遵照本督署随时饬令卸船存储。

第十九条：军械等类以及制造前项需用各料，禁止由德境运入华境。设若中国政府特准，即由该商具保领有专照，方准运入华境。

第廿条：军械、炸药在德境内存储、使用、买卖另有专章。

第七端：邮寄各物

第廿一条：邮寄各物由邮政局随时派员上船收送。

第廿二条：凡欲由邮寄送包裹，须先领有关照，一并送交邮政局转递。

第廿三条：凡有抱（包）裹寄到时，即由邮政局交与（于）海关征税，转发该包裹运单迳交收主，即与他项邮寄物件无异，收主特（持）此项运单驰赴海关完税领取包裹，惟抱（包）裹应否完纳税项，仍应照第十二条办理收主，如在德境他处居住，亦可禀请邮政局代为完纳税项，另应缴费洋二角。

第二十四条：洋药、军械、火药、炸药等类以及制造前项需用各料，一概禁止由邮寄送，但如有要故，由本督署特准方可弛禁。

第八端：存储火油之池

第二十五条：凡各舱散载火油之船来往青岛存储火油、估量油价一切事宜，应照他处海关征税向章办理。

第九端：海关办事时刻

第二十六条：除礼拜并给假日外，每日早自十点钟起至晚四点钟止，海关收发各项单照兑收税项处，每日早自九点钟起至十二点钟止，下午自两点钟起至四点钟止办公。

第二十七条：凡有船只欲在礼拜日、给假日并夜间起下货物者，应在办事时刻内驰赴海关禀请特准。

第二十八条：所有物件，除邮寄物件、行李不计外，其余各物，海关未准以前不许夜间出入无税区地水陆界限。

第二十九条：夜间字样即谓：自西历三月初一至十月三十一日，每日晚自八点钟起至早五点钟止之时刻；又自西历十一月初一至二（月）二十八、二十九，每日早自六点钟起自（至）晚六点钟止之时刻。

第十端：罚款

第三十条：充公入官罚缴款项，按照条约订立海关通行之理办理至海关充公入官罚缴款项，如有不服者，援照一千八百六十八年五月三十一日《北京立定会讯章程》办理。

第十一端：应作罢论章程

第三十一条：以上各条系按西历一千八百九十九年四月十七日德中两国会订《青岛征税办法条约》，又按西历本年十二月初一日会订《青岛设关征税修改办法条约》酌定，业经海关核准，为此仰准自西历一千九百六年正月初一日起一律遵行。所有自是日起应行作废各章程列左：一、西历一千八百九十九年五月二十三日暂订《德境征税章程》；一、西历一千八百九十九年五月二十三日另订《洋药、枪械等物装运进口以及查验存售章程》；一、西历一千八百九十九年五月二十三日另订《德国邮局查验抱（包）裹章程》；一、西历一千九百一年四月二十日暂订《火车装载货物征税章程》，此项章程即系（一千八百）九十九年五月二十三日章程之善后章程；一、西历一千九百二年三月十一日晓谕续增《火车装运货物征税章程》。

大德一千九百五年十二月初二日

官方通告

在本法庭商业登记 A 部中登记为第 43 号的公司"青岛的阿尔冯斯·布拉肯赫夫特"被视为已注销,根据商业登记第 31 条第 2 款,将会将其从商业登记中删除。根据《关于志愿司法权的帝国法》第 141 条第 2 款的规定,现予以公告;该公司登记业主、商人阿尔冯斯·布拉肯赫夫特,之前在青岛,现停留地未知,现将其对于本决定生效的申诉期限设定为 1906 年 4 月 15 日中午 12 点。

青岛,1905 年 12 月 7 日
胶澳皇家审判厅一处

大德管理青岛地亩局　为

拍卖地亩事:兹据工部局员毕克纳禀称,欲买青岛赫很罗黑路街地图第十二号第七十八块,计一千八百六十六米打,暂拟价洋一千五百四十八元七角八分。今订于西历一千九百六年正月初三日上午十一点钟在局拍卖。买定后,准盖华丽房屋,限至西一千九百零九年正月三十一日一律修竣。如他人亦欲买者,可以投禀,截至十二月二十七日止,届期前来本局面议可也。勿误。特谕。

右谕通知
西一千九百五年十二月十一日　告示

大德管理青岛地亩局　为

拍卖地亩事:兹据华商李砚丰禀称,欲买青岛大码头哈尔德街地图第十六号第十八块,计四千二百五十七米打,暂拟价洋六千三百八十五元五角;又第二十块,计二千九百五十米打,暂拟价洋四千四百二十五元整。今订于西一千九百六年正月初三日上午十一点一刻在本局拍卖。如欲只买一块,亦可买定后准盖铺房、机器房、堆货房,限至西一千九百九年正月三十一日一律修竣。如他人亦欲买者,可以投禀,截至西十二月二十七日止,届期前来本局面议可也。勿误。特谕。

右谕通知
西一千九百五年十二月十四日　告示

告白

启者:本局现有旧黄铜五千启罗,拟于西历十二月二十二即礼拜五日早十一点,在本局院内拍卖。自出告白日起限至西本月二十一日止，如有欲买者，每日上午十一点半钟可赴本局查看可也。此布。

大德一千九百五年十二月十三日
青岛子药局启

告白

启者：兹将本署据报被窃之物列左：

红象皮包镶之水龙两条，每条长十米打，圆径五十二米利米打。

以上之物切勿轻买，如见亦宜报明本署。此布。

德一千九百五年十二月十三日
青岛巡捕衙门启

消息

目前担任代理总督的海军上校师孟，被授予二等皇家皇冠勋章。

今年10月4日的最高内阁命令授予大清海关税务司、哲学博士施图尔曼四等皇家红鹰勋章。

根据帝国海军部本月6日的电报通知，卫生站督察官弗莱泽被任命为野战医院管理部督察官。

目前被试用的警局看守哈很伯格和拉特布鲁赫已被任命为在编看守。

总督府财务处自本月11日起的汇率为：1元＝2.11马克。

户籍处的新闻：

结婚：1905年12月9日，均在青岛的码头看守阿图尔·施未姆和约翰娜·道特尔；
　　　1905年12月14日，青岛的警局看守威廉·菲克和来自不来梅港的索菲·博舍尔。
出生：1905年12月5日，工程师居尔特纳诞下一名死婴；
　　　1905年12月7日，仓库管理员施塔茨曼生下一个儿子；
　　　1905年12月10日，卫礼贤牧师生下一个儿子。

山东铁路公司自今年12月15日起实行下列优惠：

1. 除废铁、糖、碎石料、建筑用方石、纸张（克数重的）之外，以车皮运送的面粉和枣，无论车皮数量多少，在本规定撤销前，在全部站点之间的运输均按照收费表第4条优惠20%收费。

这一特别收费至少以车皮的装载重量为基础计算运费。

2. 纸张（克重少的）商品也可以按照第8条的特殊费率（棉絮、生棉花）收费。其他任何优惠政策均不适用于按照该费率运输的商品。

在汉城的皇家使团的外交事务转交给东京的皇家使馆之后，皇家公使代办萨尔德恩在本月4日将汉城的领事馆事务移交给皇家副领事奈伊博士。

船运

1905年12月7日—14日期间

到达日	轮船船名	船长	挂旗国籍	登记吨位	出发港	出发日	到达港
12月8日	柯尼夫斯堡号	洛伦岑	德国	646	上海	12月9日	上海
12月9日	白河号	代纳特	德国	476	济物浦	12月11日	上海
12月11日	提尔皮茨上将号	布洛克	德国	1 199	上海	12月11日	芝罘
12月11日	伏尔加号	帕蒂	英国	2 851	波特兰		
12月12日	国务秘书克莱特克号	韩森	英国	1 208	芝罘	12月12日	上海
12月12日	居尔堡号	卢皮	德国	782	芝罘	12月14日	神户
12月13日	黄金岛号	布里桑德	瑞典	892	上海		

Amtsblatt
für das Deutsche Kiautschou-Gebiet.

Herausgegeben vom Kaiserlichen Gouvernement Kiautschou.

Der Bezugspreis beträgt jährlich $ 2=M 4.
Bestellungen nehmen sämtliche deutsche Postanstalten entgegen.

| Jahrgang 6. | Nr. 52. | Tsingtau, den 18. Dezember 1905. |

Verordnungen und Bekanntmachungen.

Verordnung

betreffend

Übergangsbestimmungen bei Eröffnung des Freigebietes auf Grund der Verordnung vom 2. Dezember 1905.

1.

Waren, welche vor dem Tage der Veröffentlichung der Verordnung betreffend das Verzollungsverfahren im Schutzgebiete von Kiautschou vom 2. Dezember 1905 (Amtsblatt Seite 265) verschifft sind und zum Gebrauch im Schutzgebiete dienen, gehen zollfrei ein.

2.

Waren, welche vor dem Tage der Veröffentlichung der Verordnung zum Gebrauch im Schutzgebiete bestellt sind oder welche auf Grund von vor Veröffentlichung des Zollabkommens abgeschlossenen Kontrakten zum Gebrauch im Schutzgebiete angeliefert werden, werden bis zum 31. März 1906 zollfrei im Schutzgebiete zugelassen. Eine Verlängerung der Frist ist ausnahmsweise in besonderen Fällen angängig. Die schriftlichen Nachweise sind dem Zollamte vorzulegen und auf Verlangen durch weitere Beweismittel zu vervollständigen.

3.

Zur Durchführung der Verzollung von Waren, welche im Schutzgebiete lagern und zur Ausfuhr nach China bestimmt sind, werden bis zum 31. März 1906 die alten Zollstationen beibehalten.

4.

Waren, auf welche der Zoll beim Verlassen des Freigebietes entrichtet ist, passieren die alten Zollstationen zollfrei gegen Vorlegung der Zollscheine.

5.

Waren, welche im Freigebiet lagern, sind dem Zollamte binnen 10 Tagen vom Tage des Inkrafttretens der Verordnung vom 2. Dezember 1905 an unter Vorlegung möglichst genauer Angaben über Verpackungsart, die allgemeine Bezeichnung, Zeichen und Nummern der Waren vom Warenempfänger oder Agenten zu melden.

Tsingtau, den 2. Dezember 1905.

Der Kaiserliche Gouverneur.
Allerhöchst mit der Stellvertretung beauftragt.
van Semmern

大德欽命署理總督膠澳文武事宜大臣師

曉諭暫訂德境以內徵稅特別辦法章程事查此項章程係為通融起見與

西歷本年十二月初二日出示之章程宗旨並未更易茲將此章分別列左

第一條所有船隻裝儎之貨物其期在曉諭西歷本年十二月初二日訂章之日以前將來運入德境各口倘該貨物留消於德境即毋庸納稅

第二條凡有在他處於曉諭西歷本年十二月初二日訂章之日以前定買之貨物或按曉諭訂章之日以前已訂合同運交之貨物將來運入德境各口倘該貨物留消於德境均截至西歷一千九百六年三月三十一日止限內毋庸納稅

第三條現在各處已有之分卡均著截至西歷一千九百六年三月三十一日

此照常設立倘遇現在德境已經存儲之貨物於期內出境者各該分卡仍宜執守徵稅向章辦理

第四條所有一經運出無稅區地已完進口稅之貨物嗣後如遇舊有之各分卡則毋庸納稅惟應將完稅單據呈驗

第五條所有現在無稅區地以內存儲之貨物應自西歷一千九百六年正月初一日起十日內該收貨人或代理人必須將該貨物包裹式樣皮面號碼貨物名目逐一詳細報明海關查核仰各遵照特諭

大德一千九百五年十二月初二日

1905年12月18日

法令与告白

大德钦命署理总督胶澳文武事宜大臣师　为

晓谕暂订《德境以内征税特别办法章程》事：查此项章程系为通融起见，与西历本年十二月初二日出示之章程宗旨并未更易，兹将此章分别列左。

第一条：所有船只装载之货物，其期在晓谕西历本年十二月初二日订章之日以前，将来运入德境各口，倘该货物留消于德境即毋庸纳税。

第二条：凡有在他处于晓谕西历本年十二月初二日订章之日以前定买之货物，或按晓谕订章之日以前已订合同运交之货物将来运入德境各口，倘该货物留消于德境均截至西历一千九百六年三月三十一日止，限内毋庸纳税。

第三条：现在各处已有之分卡均著，截至西历一千九百六年三月三十一日止照常设立。倘遇现在德境已经存储之货物于期内出境者，各该分卡仍宜执守征税向章办理。

第四条：所有一经运出无税区地已完进口税之货物，嗣后如遇旧有之各分卡则毋庸纳税，惟应将完税单据呈验。

第五条：所有现在无税区地以内存储之货物，应自西历一千九百六年正月初一日起十日内，该收货人或代理人必须将该货物包裹式样、皮面号码、货物名目逐一详细报明海关查核。仰各遵照。特谕。

大德一千九百五年十二月初二日

Amtsblatt
für das
Deutsche Kiautschou-Gebiet.

Herausgegeben vom Kaiserlichen Gouvernement Kiautschou.

Der Bezugspreis beträgt jährlich $ 2 = M. 4.
Bestellungen nehmen sämtliche deutsche Postanstalten entgegen.

Jahrgang 6. Nr. 53. Tsingtau, den 23. Dezember 1905.

Amtliche Anzeigen.

Aufgebot.

Es wird hiermit bekannt gemacht, dass
Hermann Diekmann, seines Standes Schlossermeister, geboren zu Varel, Grossherzogtum Oldenburg, 28 Jahre alt, wohnhaft in Tsingtau, Sohn des Stellmachermeisters Johann Diekmann und seiner Ehefrau Helene, geborenen Eilers, beide zu Varel verstorben,
und
Auguste Schönrock, geboren zu Drahnow, Westpreusen, 33 Jahre alt, wohnhaft in Hongkong, Tochter des Gastwirts Friedrich Schönrock und seiner Ehefrau Pauline, geborenen Schulz, beide zu Drahnow verstorben,
beabsichtigen, sich miteinander zu verheiraten und diese Ehe in Gemässheit des Reichsgesetzes vom 4. Mai 1870 vor dem unterzeichneten Beamten abzuschliesen.

Tsingtau, den 18. Dezember 1905.

Der Kaiserliche Standesbeamte.

Günther.

Steckbrief.

150 Mexikanische Dollars Belohnung.

Der frühere Bahnaufseher der Schantung-Eisenbahn Hermann Vorkauf, geboren am 3. August 1880 zu Seesen, Herzogtum Braunschweig, durch rechtskräftiges Urteil des unterzeichneten Gerichts vom 16. Oktober 1902 wegen Untreue und Unterschlagung, sowie wegen Beihilfe zur Untreue in Verbindung mit Unterschlagung zu einem Jahre Gefängnis verurteilt, ist am 31. Oktober 1902 aus dem hiesigen Gerichtsgefängnis entwichen.

Beschreibung: 1,67 m gross, blonder Schnurrbart, blaue Augen, oben links fehlt ihm ein Backenzahn, über dem linken Daumen ist eine Narbe.

Ersucht wird um Verhaftung, Ablieferung an die nächste deutsche Behörde und Benachrichtigung des unterzeichneten Gerichts. Für die Ergreifung und Ablieferung an die nächste deutsche Behörde ist obige Belohnung ausgesetzt.

Tsingtau, den 13. Dezember 1905.

Kaiserliches Gericht von Kiautschou I.

Dr. Crusen.

Landversteigerung.

Auf Antrag des Eisenbahnsekretärs Tschou tschi fang zu Tsingtau findet am Montag, den 8. Januar 1906, vormittags 11 Uhr, die Versteigerung des Grundstückes Kbl. 12 Nr. 79, Ecke Tschifu -, Syfang- und Tsiningstrasse, im Landamte statt.

Grösse: 3283 qm.
Mindestpreis: 3151,68 $
Benutzungsplan: Errichtung eines Clubhauses mit Läden.
Bebauungsfrist: 31. Januar 1909.
Gesuche zum Mitbieten sind bis zum 1. Januar 1906 hierher zu richten.

Tsingtau, den 20. Dezember 1905.

Kaiserliches Landamt.

大德管理青島地畝局拍賣地畝事茲據總辦鐵路華人周拍稟稱欲買包島芝罘四方灣寓三方稟第圖第十二號第七十九塊計二千二百八十三米打暫慷價洋二千一百五十一元六角八分今訂於西一千九百六年正月初八日上午十一點鐘九百零六年正月三十一日盖舖房會館限在本局拍賣買定後准至西一千九百九年正月初一日止律修竣如他人亦欲買者可以投票期前來本局面議可也誤特諭西一千九百五年十二月二十日右諭通知告示

Beschluss.

Zu **Beisitzern** des Kaiserlichen Gerichts von Kiautschou werden für das Jahr 1906 ernannt:
1) Goecke, Generalbevollmächtigter der Deutsch-Chinesischen Seiden-Industrie-Gesellschaft,
2) Miss, Prokurist,
3) Schmidt, Eisenbahn- Betriebsdirektor,
4) Siemssen (Alfred), Kaufmann.

Zu **Hilfsbeisitzern** werden ernannt:
5) Augustesen, Kaufmann,
6) Breymann, Kaiserlicher Marine-Maschinenbaumeister,
7) Goedecke, Königlicher Katasterkontrolleur,
8) Gok, Vertreter der Hamburg- Amerika- Linie,
9) Henniger, Kaiserlicher Postdirektor,
10) Mootz, Kaiserlicher Dolmetscher,
11) Munder, Kaufmann,
12) Reuter, Kaiserlicher Marine-Intendanturrat,
13) Reuter, Kaufmann,
14) Rollmann, Kaiserlicher Marine - Baurat und Baudirektor,
15) Schomburg, Kaufmann,
16) Seifart, Brauereidirektor,
17) Stickforth, Ingenieur,
18) Walther, Kaufmann.

Tsingtau, den 14. Dezember 1905.

Der Kaiserliche Oberrichter.

Dr. Crusen.

Bei der in Abteilung B Nr. 3 des Handelsregisters vermerkten Aktiengesellschaft

Deutsch-Asiatische Bank

ist folgendes eingetragen worden:

Der Kaufmann Max Kochen in Hamburg ist zum ordentlichen und der Kaufmann Ernst Mirow in Hankau zum stellvertretenden Vorstandsmitgliede ernannt.

Dem Kaufmann Heinrich Frickhoeffer in Schanghai und dem Kaufmann Albert Schmidtborn in Hongkong ist Prokura erteilt worden.

Tsingtau, den 14. Dezember 1905.

Kaiserliches Gericht von Kiautschou I.

Bekanntmachung.

Die in § 10 des Deutschen Handelsgesetzbuches in Verbindung mit § 3 des Schutzgebietsgesetzes vom 10. September 1900 und § 29 des Konsulargerichtsbarkeitsgesetzes vom 7. April 1900 vorgesehenen Veröffentlichungen des Kaiserlichen Gerichts von Kiautschou erfolgen im Jahre 1906

1. durch den Deutschen Reichsanzeiger in Berlin in den besonders vorgeschriebenen Fällen,
2. durch das Amtsblatt für das Deutsche Kiautschougebiet in Tsingtau,
3. durch den Ostasiatischen Lloyd in Schanghai,

23. Dezember 1905.   Amtsblatt—報官島青   303.

4. nach Ermessen des Gerichts, jedoch ohne Einfluss auf ihre Wirksamkeit, auch in den Tsingtauer Neuesten Nachrichten zu Tsingtau, vorausgesetzt, dass die zahlungspflichtige Partei nicht widerspricht.

Tsingtau, den 16. Dezember 1905.

Kaiserliches Gericht von Kiautschou I.

Dr. Crusen.

Bekanntmachung.

In dem Konkursverfahren über das Vermögen des

Gastwirts Fiedler,

früher in Tsingtau, ist zur Abnahme der Schlussrechnung des Verwalters, zur Erhebung von Einwendungen gegen das Schlussverzeichnis, zur Beschlussfassung der Gläubiger über die nicht verwendbaren Vermögensstücke der Schlusstermin von dem Kaiserlichen Gericht von Kiautschou III auf den 13. Januar 1906, vormittags 10 Uhr, bestimmt. Zugleich soll in diesem Termin die Prüfung der nachträglich angemeldeten Forderung der Siemens-Schuckert Werke stattfinden.

Tsingtau, den 16. Dezember 1905.

Kaiserliches Gericht von Kiautschou III.

Bekanntmachung.

P. Plambeck hat ein Gesuch um Erteilung der Genehmigung zum Ausschank alkoholischer Getränke auf dem der Firma Snethlage & Siemssen gehörigen Grundstücke Kbl. 9 Nr. 38 und $\frac{267}{120}$ in der Schantungstrasse in Tapautau eingereicht.

Einwendungen im Sinne der Gouvernementsbekanntmachung vom 10. Oktober 1899 sind bis zum 7. Januar 1906 beim Polizeiamte schriftlich einzureichen.

Tsingtau, den 21. Dezember 1905.

Kaiserliches Polizeiamt.

Bekanntmachung.

Als gefunden angemeldet: 1 Kinderspielzeug (silberne Pfeife mit Perlmutterstiel und 2 silbernen Glöckchen); 1 Cigarrenetui.

Tsingtau, den 20. Dezember 1905.

Kaiserliches Polizeiamt.

告白

啓者茲將本署擄報送案之物列左

孩子玩物銀做小哨兒一個上帶有

小銀鐘兩個把係海珠殼所做

烟捲架一個

以上各物均准具領此佈

一千九百五年十二月二十日

青島巡捕衙門啓

Mitteilungen.

Der Kurs bei der Gouvernementskasse beträgt vom 16. d. Mts. ab: 1 $ = 2,14 M.

*

Gottesdienst in der Gouvernementskapelle: Sonntag, den 24. d. Mts., vormittags: Kein Gottesdienst, nachmittags 4 3/4 Uhr: Weihnachtsfeier unter Mitwirkung des Kirchen-und Kinder-Chores;

I. Weihnachtstag vormittags 10 Uhr: Gottesdienst unter Mitwirkung des Kirchen-Chores;

II. Weihnachtstag: Kein Gottesdienst;
Sonntag, den 31. d. Mts., vormittags: Kein Gottesdienst, nachmittags 5 Uhr: Sylvesterfeier unter Mitwirkung des Soldaten-Chores;
Neujahrstag vormittags 10 Uhr: Gottesdienst.

* * *

Standesamtliche Nachrichten.
Aufgebot: 18. 12. 1905 Schlossermeister Hermann Dickmann in Tsingtau und Auguste Schönrock in Hongkong.

Geburten: 18. 12. 1905 ein Sohn dem Maschinisten Nielsen;
18. 12. 1905 ein totgeborenes Kind dem Feldwebel Fiedler.

* * *

Die Geschäfte des Kaiserlichen Konsulats in Amoy hat am 8. d. Mts. Konsul Dr. Merz wieder übernommen.

Meteorologische Beobachtungen

in Tsingtau.

Datum. Dez.	Barometer (m m) reduz. auf 0° C., Seehöhe 78,64 m			Temperatur (Centigrade).								Dunstspannung in mm			Relat. Feuchtigkeit in Prozenten		
				trock. Therm.			feucht. Therm.										
	7 Vm	2 Nm	9 Nm	7 Vm	2 Nm	9 Nm	7 Vm	2 Nm	9 Nm	Min.	Max.	7 Vm	2 Nm	9 Nm	7 Vm	2 Nm	9 Nm
14	766,2	766,0	770,2	-6,5	-0,7	-1,9	-7,9	-3,6	-5,0	-7,5	-0,3	1,7	2,0	1,5	63	46	38
15	71,3	70,3	71,1	-3,3	0,5	-0,3	-4,8	-2,3	-1,9	-4,4	1,3	2,4	2,4	3,1	68	51	70
16	69,0	67,2	67,7	-1,4	3,7	2,2	-3,0	0,9	0,3	-2,6	5,0	2,8	3,2	3,6	68	54	66
17	67,5	66,2	66,3	1,8	3,7	3,5	0,7	2,6	3,3	1,2	4,7	4,2	4,9	5,7	80	82	97
18	65,4	63,8	64,1	3,4	4,1	4,1	3,1	3,6	3,7	2,0	4,9	5,5	5,6	5,7	95	92	93
19	62,0	60,6	63,5	6,4	6,8	0,1	5,6	6,2	-1,5	0,0	7,0	6,3	6,7	3,3	88	91	71
20	67,6	67,4	68,9	-3,9	-3,5	-5,4	-4,8	-5,0	-6,7	-5,5	-2,5	2,7	2,3	2,1	80	67	68

Datum. Dez.	Wind Richtung & Stärke nach Beaufort (0—12)			Bewölkung						Niederschläge in mm		
				7 Vm		2 Nm		9 Nm				9 Nm.
	7 Vm	2 Nm	9 Nm	Grad	Form	Grad	Form	Grad	Form	7 Vm	9 Nm	7 Vm
14	NNW 3	NNW 3	NNW 4	1	Cicci-str	1	Cum-str					
15	NNW 5	NNW 3	Stille 0	1	Cum	1	„	7	Cu-str			
16	N 2	NO 1	NNO 2	8	Cu-str	9	Cu-str	10	„			
17	NW 2	NW 2	NW 2	10	„	10	Nim-str	10	Nim		1,3	3,0
18	NW 1	NNW 1	NNW 1	10	Nim	10	Cu-str	10	Cu-str	1,7		
19	SSW 2	SW 3	NNW 8	10	Cu-str	10	„	10	„			
20	NNW 6	NNW 9	NW 8	9	„	6	„	1	Str.		2,2	2,2

Schiffsverkehr

in der Zeit vom 14.—21. Dezember 1905.

Ankunft am	Name	Kapitän	Flagge	Reg. Tonnen.	von	Abfahrt am	nach
(13.12.)	D. El Dorado	Brissander	Schwedisch	892	Schanghai	15.12.	Wladiwostock
15.12.	D. Tsintau	Enigk	Deutsch	977	„	16.12.	Schanghai
„	D. Tak Sang	Clure	Englisch	977	„	15.12.	Tschifu
17.12.	S. Edward R. West	Dahler	Amerik.	702	Portland		
18.12.	D. Peiho	Deinat	Deutsch	476	Schanghai	19.12.	Tschemulpo
„	D. Staatssekr. Kraetke	Hansen	„	1208	„	„	Tschifu
20.12.	D. Adm. v. Tirpitz	Block	„	1199	Tschifu	20.12.	Schanghai
„	D. Tak Sang	Clure	Englisch	977	„	„	„

Druck der Missionsdruckerei Tsingtau.

第六年　第五十三号

1905年12月23日

官方通告

结婚公告

赫尔曼·迪克曼，职业为钳工师傅，出生于奥尔登堡大公国的瓦雷尔，现年28岁，居住地为青岛，为均在瓦雷尔去世的车匠师傅约翰·迪克曼与出生时姓艾勒斯的妻子海伦娜的儿子。

奥古斯特·熏罗克，出生于西普鲁士的德拉诺夫，现年33岁，居住地为香港，是均在德拉诺夫去世的饭店老板弗里德里希·熏罗克和出生时姓舒尔茨的妻子宝琳娜的女儿。

谨此宣布二人结婚，此婚约按照1870年5月4日颁布的法律规定在本官员面前缔结。

青岛，1905年12月18日
皇家户籍官
贡特

通缉令

悬赏150个墨西哥鹰洋

前山东铁路公司铁路看守赫尔曼·佛尔考夫，于1880年8月3日出生于布劳恩施未格大公国的希森，因失信和贪污，以及协助与贪污相关的失信行为，被本法庭于1902年10月16日判决一年监禁，判决已生效。该犯在1902年10月31日从本地监狱越狱逃跑。

外貌描述：身高1.67米，金黄色小胡子，蓝色眼睛，左上臼齿已脱落，左大拇指上有一道伤疤。

请将其递解至最近的德国部门并通知本法庭，以将其逮捕。现悬赏上述金额，对将其抓获并递解。

青岛，1905年12月13日
胶澳皇家审判厅一处
克鲁森博士

大德管理青岛地亩局　为

拍卖地亩事：兹据总办铁路华人周季方禀称，欲买包岛芝罘、四方、济宁三街转角第（地）图第十二号第七十九块，计三千二百八十三米打，暂拟价洋三千一百五十一元六角八分。今订于西一千九百六年正月初八日上午十一点钟在本局拍卖。买定后，准盖铺房、会馆，限至西一千九百九年正月三十一日一律修竣。如他人亦欲买者，可以投禀，截至一千九百零六年正月初一日止，届期前来本局面议可也。勿误。特谕。

右谕通知
西一千九百五年十二月二十日　告示

决议

现任命胶澳皇家审判厅 1906 年度陪审员：
1. 格埃克，德华缫丝公司全权总代表
2. 米斯，代理商
3. 施密特，铁路公司运营经理
4. 希姆森（阿尔弗雷德），商人
5. 奥古斯特森，商人
6. 布莱曼，皇家海军机械制造师
7. 格戴克，皇家地籍审查官
8. 戈克，亨宝船运公司代表
9. 亨尼格，皇家邮政局局长
10. 慕兴立，皇家翻译官
11. 孟德尔，商人
12. 罗伊特，皇家海军军需官
13. 罗伊特，商人
14. 罗尔曼，皇家海军土木工程监督官和工部局局长
15. 朔姆伯格，商人
16. 塞法特，啤酒厂经理
17. 施蒂科弗特，工程师
18. 瓦尔特，商人

青岛，1905 年 12 月 14 日
皇家高等法官
克鲁森博士

在本地商业登记B部第3号登记的股份公司"德华银行"已登记入下列事项：

汉堡的商人马克斯·科亨被任命为董事会正式成员，汉口的商人恩斯特·米洛夫被任命为董事会代理成员。

上海的商人海因里希·弗里克赫费尔和香港的商人阿尔伯特·施密特伯恩已被授予代理权。

青岛，1905年12月14日
胶澳皇家审判厅一处

告 白

《德国贸易法》第10条与1900年9月10日的《保护地法》第3条和1900年4月7日的《领事裁判权法》第29条一起规定的胶澳皇家审判厅公开发布信息，在1906年度发布在下列媒体：

1. 在有特别规定时，发布在《德意志帝国报》上；
2. 发布在《青岛官报》上；
3. 发布在上海的《德文新报》上；
4. 经法庭决定，但是对公开事项的有效性无任何影响，也发布在《青岛新报》上，前提是，有付款义务的一方没有异议。

青岛，1905年12月16日
胶澳皇家审判厅一处
克鲁森博士

告 白

在对以前青岛的饭店老板费德勒财产的破产程序中，胶澳皇家审判厅三处已确定执行管理人的最终决算、对最终索款目录提出异议以及对无法执行的财物做出决议的最终日期为1906年1月13日上午10点。同时，该日也会审查后来登记的西门子电汽公司的索款要求。

青岛，1905年12月16日
胶澳皇家审判厅三处

告 白

P. 普朗贝克递交了申请，请求许可在位于大鲍岛的山东街上属于祥福洋行的地籍册第9页第38号以及第267/120地块上经营酒类饮料。

如有根据1899年10月10日总督府告白提出的异议，须在1906年1月7日前以书面形式递交至巡捕衙门。

青岛，1905年12月21日
皇家巡捕房

告白

启者：兹将本署据报送案之物列左：

孩子玩物，银做小哨儿一个，上带有小银钟两个，把系海珠壳所做；

烟卷架一个。

以上各物均准具领。此布。

德一千九百五年十二月二十日
青岛巡捕衙门启

消息

总督府财务处自本月16日起的汇率为：1元＝2.14马克。

督署小教堂举办弥撒的日期：本月24日礼拜天，上午：没有弥撒，下午4点45分：庆祝圣诞节，教会和儿童合唱团参加。

1. 圣诞节上午10点：有教会合唱团参加的弥撒。
2. 圣诞节当天：没有弥撒。

本月31日礼拜天，上午：没有弥撒，下午5点：有士兵合唱团参加的除夕庆祝活动。

户籍处的消息：

结婚：1905年12月18日，青岛的钳工师傅赫尔曼·迪克曼和香港的奥古斯特·熏罗克。

出生：1905年12月18日，机械师尼尔森诞下一个儿子；

1905年12月18日，费德勒中士诞下一名死婴。

本月8日，领事梅尔茨博士再次接管在厦门的皇家领事馆业务。

船运

1905年12月14日—21日期间

到达日	轮船船名	船长	挂旗国籍	登记吨位	出发港	出发日	到达港
(12月13日)	黄金岛号	布里桑德	瑞典	892	上海	12月15日	符拉迪沃斯托克
12月15日	青岛号	恩尼克	德国	977	上海	12月16日	上海
12月15日	太仓号	克鲁尔	英国	977	上海	12月15日	芝罘
12月17日	韦斯特号	达勒尔	美国	762	波特兰		
12月18日	白河号	代纳特	德国	476	上海	12月19日	济物浦
12月18日	国务秘书克莱特克号	韩森	德国	1 208	上海	12月19日	芝罘
12月20日	提尔皮茨上将号	布洛克	德国	1 199	芝罘	12月20日	上海
12月20日	太仓号	克鲁尔	英国	977	芝罘	12月20日	上海

Amtsblatt für das Deutsche Kiautschou-Gebiet.

Herausgegeben vom Kaiserlichen Gouvernement Kiautschou.

Der Bezugspreis beträgt jährlich $ 2 = M 4.
Bestellungen nehmen sämtliche deutsche Postanstalten entgegen.

Jahrgang 6.   Nr. 54.   Tsingtau, den 30. Dezember 1905.

Amtliche Anzeigen.

Geschäftsverteilung des Kaiserlichen Gerichts von Kiautschou für 1906.

A. Richterliche Geschäfte.

I. Abteilung.

Oberrichter Dr. Crusen (Vertreter: Richter Rosenberger).

Zuständigkeit:

1. Berufungen gegen Urteile der Bezirksämter;
2. Beschwerden gegen Entscheidungen der Richter in Strafsachen;
3. Vornahme der Sühneversuche in Privatklagesachen;
4. Dienstaufsicht und Verwaltungssachen;
5. Registerwesen und Schiffahrtssachen;
6. Rechtshülfesachen in Civil- und Strafprozessen, soweit nicht Abteilung II zuständig ist;
7. Strafvollstreckung und Gefängniswesen;
8. Die keiner bestimmten Abteilung überwiesenen Geschäfte.

II. Abteilung.

Richter Rosenberger (Vertreter für Strafsachen: Oberrichter Dr. Crusen, für Civilsachen: Richter Lehmann.)

Zuständigkeit:

1. Civilsachen mit einem Streitgegenstand von über 300 Mark und die ohne Rücksicht auf den Wert des Streitgegenstandes mit Beisitzern zu erledigenden Angelegenheiten;
2. Hauptverfahren in Strafsachen;
3. Rechtshülfe-Ersuchen des Kaiserlichen Generalkonsulates in Schanghai als Berufsgerichts.

III. Abteilung.

Richter Lehmann. (Vertreter für die unter 2 und 4 bezeichneten Sachen: Oberrichter Dr. Crusen, für die unter 1, 3 und 5 bezeichneten: Richter Rosenberger.)

Zuständigkeit:

1. Civilsachen mit einem Streitgegenstande von weniger als 300 Mark und die ohne Rücksicht auf den Wert des Streitgegenstandes ohne Beisitzer zu erledigenden Sachen;
2. Vorverfahren in Strafsachen;
3. Konkurse und Zwangsvollstreckungen in das unbewegliche Vermögen;
4. Angelegenheiten der freiwilligen Gerichtsbarkeit (mit Ausnahme der Register- und Schiffahrtssachen), einschliesslich der Rechtshülfe-Ersuchen;

5. Chinesensachen mit Ausnahme der Berufungen gegen Urteile der Bezirksämter.

B. Geschäfte der Gerichtsschreiber.

I. Gerichtsschreiberei 1.

Obersekretär Bergemann. (Vertreter: Sekretär Tabbert). Protokollführer: Kanzlist Ketelsen.
Zugewiesene Geschäfte:
1. Dienstaufsichts- und Verwaltungssachen mit Ausnahme der Kassen- und Bibliothek-Sachen;
2. Register- und Schiffahrtssachen;
3. Die nichtchinesischen Strafsachen, einschliesslich der Entgegennahme von Anträgen;
4. Geschäfte des Gefängnis-Inspektors;
5. Die keiner bestimmten Gerichtsschreiberei überwiesenen Angelegenheiten.

II. Gerichtsschreiberei 2.

Sekretär Tabbert (Vertreter: Obersekretär Bergemann). Protokollführer Unteroffizier Johne.
Zugewiesene Geschäfte:
1. Verwaltung der Gerichtsbibliothek;
2. Die Civilsachen, einschliesslich der Entgegennahme von Anträgen;
3. Prüfung der Rechnungen der Gerichts- und Gefängnis-Menage.

III. Gerichtsschreiberei 3.

Sekretär Gerlach. (Vertreter: Sekretär Tabbert). Protokollführer Kanzlist Ketelsen.
Zugewiesene Geschäfte:
1. Kassensachen;
2. Angelegenheiten der freiwilligen Gerichtsbarkeit, ausschlisslich der Register- und Schiffahrtssachen, einsschliesslich der Grundbuchsachen;
3. Konkurse und Zwangsvollstreckungen in das unbewegliche Vermögen;
4. Chinesensachen mit Ausnahme der Civilprozesse.

Vorstehender Verteilungsplan wird hierdurch zur allgemeinen Kenntnis gebracht.

Tsingtau, den 22. Dezember 1905.

Der Kaiserliche Oberrichter.

Dr. Crusen.

Bekanntmachung.

Als gestohlen angemeldet: 420 m. Bronzedraht; 1 Fahrrad Marke „Schilling" mit schwarzem Rahmen und Felgen, sowie Freilaufvorrichtung, an dem unteren Rahmenbau steht der Name der Firma C. Schilling, Fuhl, die Handgriffe haben Hornringe, Pedale sind abgenutzt, unter der Lenkstange befindet sich noch eine Polizei-Nummer aus Karlsruhe.

Als verloren angemeldet: 1 goldener Trauring.

Tsingtau, den 27. Dezember 1905.

Kaiserliches Polizeiamt.

白 告

啓者茲將本署據報被竊遺失各物列左
被竊各物
黃銅線四百二十米打
黑色鉄架黑色裡拖輪自行車一輛帶有停
止脚踏小輪有 C. Schilling, Fuhl 西字號柄
頭牛角所鑲脚踏小輪半新橫柄下有號數
字樣
遺失之物
光面金戒指一枚
以上各物切勿輕買如見亦宜報明本署
此佈

德一千九百五年十二月二十七日

青島巡捕衙門啓

30. Dezember 1905. Amtsblatt—青島官報 309.

Mitteilungen.

Dem Marine-Generalarzt König, dem Marine-Oberstabsarzt Dr. Meyer, den Marine-Stabsärzten Dr. Boese, Dr. Mac Lean und Dr. Kautsch und den Marine-Oberassistenzärzten Dr. Bokelberg und Schulte ist die Erlaubnis zum Tragen der ihnen verliehenen russischen Medaille des Roten Kreuzes erteilt worden.

* * *

Nach der norwegischen Verordnung vom 7. Juni 1905 und nach der schwedischen Verordnung vom 27. Oktober 1905 fallen die Unionsabzeichen in den bisherigen schwedischen und norwegischen Flaggen fort. Das in dem linken oberen Felde dieser Flaggen befindliche Unionsabzeichen wird bei den schwedischen Flaggen durch ein blaues, bei den norwegischen durch ein rotes Feld ersetzt.

Meteorologische Beobachtungen
in Tsingtau.

Datum. Dez.	Barometer (mm) reduz. auf 0° C., Seehöhe 78,64 m			Temperatur (Centigrade).								Dunstspannung in mm			Relat. Feuchtigkeit in Prozenten		
				trock. Therm.			feucht. Therm.										
	7 Vm	2 Nm	9 Nm	7 Vm	2 Nm	9 Nm	7 Vm	2 Nm	9 Nm	Min.	Max.	7 Vm	2 Nm	9 Nm	7 Vm	2 Nm	9 Nm
21	786,5	766,5	768,4	-6,8	-1,2	-2,1	-8,8	-4,3	-2,8	-8,0	-0,5	1,3	1,7	3,4	46	40	85
22	69,8	69,1	70,3	-5,4	0,9	-0,4	-6,8	-2,5	-1,6	-5,9	1,9	2,0	2,0	3,5	66	41	78
23	69,6	66,6	65,1	-0,3	5,1	6,0	-3,5	2,6	5,7	-1,1	6,9	1,8	4,0	6,7	42	61	96
24	61,6	58,7	61,1	5,9	4,9	2,3	5,7	4,9	2,3	2,3	7,5	6,7	6,5	5,4	97	100	100
25	63,6	64,1	66,3	1,0	3,4	0,3	-0,4	2,3	-1,9	-1,8	4,1	3,7	4,8	3,1	75	82	70
26	66,8	66,6	67,2	-1,9	1,2	-0,7	-4,3	0,5	-1,8	-2,7	2,2	2,1	4,4	3,4	52	87	79
27	66,8	65,0	66,0	-0,9	1,4	0,2	-2,0	-1,0	-0,6	-2,9	3,6	3,4	3,0	4,0	78	59	85

Datum. Dez.	Wind Richtung & Stärke nach Beaufort (0—12)			Bewölkung						Niederschläge in mm		
				7 Vm		2 Nm		9 Nm				9 Nm 7 Vm
	7 Vm	2 Nm	9 Nm	Grad	Form	Grad	Form	Grad	Form	7 Vm	9 Nm	
21	WNW 4	NNW 5	NNW 2	2	Cicci-str	7	Cicci-str					
22	NNW 2	NNW 2	NNW 1	1	Cum-str	5	„	1	Cum			
23	NNW 1	SO 2	OSO 3	7	Cicci-cum	8	Cum-str	10	Nim			6,6
24	OSO 2	W 2	NNW 7	10	Nim	10	Nebel	10	Nebel	6,6	5,9	6,7
25	NNW 4	NNW 4	N 6	10	Cum-str	9	Cum			0,8		
26	N 6	N 5	N 5	1	Cicci-cum	7	Cum-str					
27	N 3	N 5	N 4	9	Cum-str	9	„	10	Cum			

Postverbindungen mit Europa.

Ankommend			Abgehend		
Dampfer	ab Berlin	an Schanghai	Dampfer	ab Schanghai	an Berlin
	1905	1906		1906	1906
Englisch	1. Dezember	4. Januar	Französisch	5. Januar	8. Februar
Deutsch	5. „	9. „	Englisch	9. „	10. „
Französisch	8. „	11. „	Deutsch	13. „	16. „
Englisch	15. „	18. „	Französisch	19. „	22. „
Deutsch	19. „	23. „	Englisch	23. „	24. „
Französisch	22. „	25. „	Deutsch	27. „	2. März
Englisch	29. „	1. Februar	Französisch	2. Februar	8. „
	1906		Englisch	6. „	10. „
Deutsch	2. Januar	6. „	Deutsch	10. „	16. „
Französisch	5. „	8. „	Französisch	16. „	22. „
Englisch	12. „	15. „	Englisch	20. „	24. „
Deutsch	16. „	20. „	Deutsch	24. „	30. „
Französisch	19. „	22. „	Französisch	2. März	5. April
Englisch	26. „	1. März	Englisch	6. „	7. „
Deutsch	30. „	6. „	Deutsch	10. „	13. „
Französisch	2. Februar	8. „	Französisch	16. „	19. „
Englisch	9. „	15. „	Englisch	20. „	21. „
Deutsch	13. „	20. „	Deutsch	24. „	27. „
Französisch	16. „	22. „	Französisch	30. „	3. Mai
Englisch	23. „	29. „	Englisch	3. April	5. „
Deutsch	27. „	3. April	Deutsch	7. „	11. „
Französisch	2. März	5. „	Französisch	13. „	17. „
Englisch	9. „	12. „	Englisch	17. „	19. „
Deutsch	13. „	17. „	Deutsch	21. „	25. „
Französisch	16. „	19. „	Französisch	27. „	31. „
Englisch	23. „	26. „	Englisch	1. Mai	2. Juni
Deutsch	27. „	1. Mai	Deutsch	5. „	8. „
Französisch	30. „	3. „	Französisch	11. „	14. „
Englisch	6. April	10. „	Englisch	15. „	16. „
Deutsch	10. „	15. „	Deutsch	19. „	22. „
Französisch	13. „	17. „	Französisch	25. „	28. „
Englisch	20. „	24. „	Englisch	29. „	30. „
Deutsch	24. „	29. „	Deutsch	2. Juni	6. Juli
Französisch	27. „	31. „	Französisch	8. „	12. „
Englisch	4. Mai	7. Juni	Englisch	12. „	14. „
Deutsch	8. „	12. „	Deutsch	16. „	20. „
Französisch	11. „	14. „	Französisch	22. „	26. „
Englisch	18. „	21. „	Englisch	26. „	28. „
Deutsch	22. „	26. „	Deutsch	30. „	3. August
Französisch	25. „	28. „			

30. Dezember 1905. Amtsblatt—青島官報 311.

Schiffsverkehr

in der Zeit vom 21.—28. Dezember 1905.

Ankunft am	Name	Kapitän	Flagge	Reg. Tonnen.	von	Abfahrt am	nach
(11.12.)	D. Volga	Pattie	Englisch	2851	Portland	24.12.	Newcastle
22.12.	D. Gouv. Jaeschke	Treumann	Deutsch	1099	Schanghai	23.12.	Schanghai
23.12.	D. Tungus	Haloorsen	Norweg.	1039	Hongkong	25.12.	Wladiwostock
"	D. Victoria	Messer	Chines.	934	"	"	Tschifu
24.12.	D. Peiho	Deinat	Deutsch	476	Tschemulpo	"	Schanghai
25.12.	D. Fri	Wagle	Norweg.	859	Osaka	26.12.	Tschifu
"	D. Tsintau	Enigk	Deutsch	977	Schanghai	"	"
26.12.	D. Tamsui	Bright	Englisch	919	"	"	"
"	D. Tak Sang	Clure	"	977	"	27.12.	Schanghai
27.12.	D. Staatssekr. Kraetke	Hansen	Deutsch	1208	Tschifu	"	"
"	D. Süllberg	Luppi	"	782	"	28.12.	Kobe

Sonnen-Auf-und Untergang
für Monat Januar 1906.

Dt.	Mittelostchinesische Zeit des			
	wahren	scheinbaren	wahren	scheinbaren
	Sonnen-Aufgangs.		Sonnen-Untergangs.	
1.	7 U. 14.3 M.	7 U. 8.7 M.	4 U. 49.9 M.	4 U. 55.5 M.
2.	14.4	8.8	50.7	56.3
3.	14.5	8.9	51.5	57.1
4.	14.6	9.0	52.3	57.9
5.	14.7	9.1	53.1	58.7
6.	14.8	9.2	54.0	59.6
7.	14.8	9.2	54.9	5 U. 0.5
8.	14.7	9.1	55.9	1.5
9.	14.7	9.1	56.8	2.4
10.	14.6	9.0	57.8	3.4
11.	14.5	8.9	58.7	4.3
12.	14.3	8.7	59.7	5.3
13.	14.1	8.5	5 U. 0.6	6.2
14.	13.9	8.3	1.5	7.1
15.	13.7	8.1	2.4	8.0
16.	13.5	7.9	3.3	8.9
17.	13.2	7.6	4.3	9.9
18.	12.8	7.2	5.3	10.9
19.	12.4	6.8	6.3	11.9
20.	12.0	6.4	7.3	12.9
21.	11.6	6.0	8.4	14.0
22.	11.1	5.5	9.4	15.0
23.	10.6	5.0	10.4	16.0
24.	10.1	4.5	11.5	17.1
25.	9.5	3.9	12.6	18.2
26.	8.9	3.3	13.7	19.3
27.	8.2	2.6	14.8	20.4
28.	7.5	1.9	15.8	21.4
29.	6.8	1.2	16.9	22.5
30.	6.1	0.5	18.0	23.6
31.	5.4	6 U. 59.8	19.0	24.6

Amtsblatt--膠青官報　　30. Dezember 1905.

Hochwassertabelle für den Monat Januar 1906.

Datum	Tsingtau - Hauptbrücke.		Grosser Hafen, Mole I.		Nükuk'ou.	
	Vormittags	Nachmittags	Vormittags	Nachmittags	Vormittags	Nachmittags
1.	8 U. 44 M.	9 U. 01 M.	9 U. 14 M.	9 U. 31 M.	9 U. 44 M.	10 U. 01 M.
2.	9 „ 28 „	9 „ 45 „ ☾	9 „ 53 „	10 „ 15 „	10 „ 23 „	10 „ 45 „
3.	10 „ 11 „	10 „ 37 „	10 „ 41 „	11 „ 07 „	11 „ 11 „	11 „ 37 „
4.	11 „ 08 „	11 „ 40 „	11 „ 38 „	—	—	0 „ 08 „
5.	—	0 „ 15 „	0 „ 10 „	0 „ 45 „	0 „ 40 „	1 „ 15 „
6.	0 „ 49 „	1 „ 22 „	1 „ 19 „	1 „ 52 „	1 „ 49 „	2 „ 22 „
7.	1 „ 56 „	2 „ 25 „	2 „ 26 „	2 „ 55 „	2 „ 56 „	3 „ 25 „
8.	2 „ 53 „	3 „ 17 „	3 „ 23 „	3 „ 47 „	3 „ 53 „	4 „ 17 „
9.	3 „ 40 „	4 „ 02 „	4 „ 10 „	4 „ 32 „	4 „ 40 „	5 „ 02 „
10.	4 „ 24 „	4 „ 45 „ ○	4 „ 54 „	5 „ 15 „	5 „ 24 „	5 „ 45 „
11.	5 „ 06 „	5 „ 27 „	5 „ 36 „	5 „ 57 „	6 „ 06 „	6 „ 27 „
12.	5 „ 47 „	6 „ 07 „	6 „ 17 „	6 „ 37 „	6 „ 47 „	7 „ 07 „
13.	6 „ 27 „	6 „ 47 „	6 „ 57 „	7 „ 17 „	7 „ 27 „	7 „ 47 „
14.	7 „ 07 „	7 „ 27 „	7 „ 37 „	7 „ 57 „	8 „ 07 „	8 „ 27 „
15.	7 „ 47 „	8 „ 07 „	8 „ 17 „	8 „ 37 „	8 „ 47 „	9 „ 07 „
16.	8 „ 28 „	8 „ 50 „	8 „ 58 „	9 „ 20 „	9 „ 28 „	9 „ 50 „
17.	9 „ 13 „	9 „ 39 „ ●	9 „ 43 „	10 „ 09 „	10 „ 13 „	10 „ 39 „
18.	10 „ 06 „	10 „ 38 „	10 „ 36 „	11 „ 08 „	11 „ 06 „	10 „ 38 „
19.	11 „ 10 „	11 „ 48 „	11 „ 40 „	—	—	0 „ 10 „
20.	—	0 „ 25 „	0 „ 18 „	0 „ 55 „	0 „ 48 „	1 „ 25 „
21.	1 „ 04 „	1 „ 43 „	1 „ 34 „	2 „ 13 „	2 „ 04 „	2 „ 43 „
22.	2 „ 18 „	2 „ 53 „	2 „ 48 „	3 „ 23 „	3 „ 18 „	3 „ 53 „
23.	3 „ 23 „	3 „ 53 „	3 „ 53 „	4 „ 23 „	4 „ 23 „	4 „ 53 „
24.	4 „ 18 „	4 „ 43 „	4 „ 48 „	5 „ 13 „	5 „ 18 „	5 „ 43 „
25.	5 „ 07 „	5 „ 30 „	5 „ 37 „	6 „ 00 „	6 „ 07 „	6 „ 30 „
26.	5 „ 50 „	6 „ 10 „	6 „ 20 „	6 „ 40 „	6 „ 50 „	7 „ 10 „
27.	6 „ 29 „	6 „ 47 „	6 „ 59 „	7 „ 17 „	7 „ 29 „	7 „ 47 „
28.	7 „ 05 „	7 „ 22 „	7 „ 35 „	7 „ 52 „	8 „ 05 „	8 „ 22 „
29.	7 „ 39 „	7 „ 55 „	8 „ 09 „	8 „ 25 „	8 „ 39 „	8 „ 55 „
30.	8 „ 12 „	8 „ 29 „	8 „ 42 „	8 „ 59 „	9 „ 12 „	9 „ 29 „
31.	8 „ 47 „	9 „ 05 „	9 „ 17 „	9 „ 35 „	9 „ 47 „	10 „ 05 „

1) ○ = Vollmond; 2) ☽ = Letztes Viertel; 3) ● = Neumond; 4) ☾ = Erstes Viertel.

Anmerkung: In T'a pu t'ou tritt das Hochwasser 10 Minuten früher als in Nükuk'ou auf.

Druck der Missionsdruckerei Tsingtau.

第六年 第五十四号

1905 年 12 月 30 日

官方通告

胶澳皇家审判厅 1906 年度的业务分配

A. 法官事务

一处

高等法官克鲁森博士（代理人：罗森贝尔格法官）。

业务范围：

1. 对华民审判厅判决的上诉；
2. 对法官在刑事案件中做出决定的投诉；
3. 对民事案件进行调解；
4. 业务监察和行政事务；
5. 登记注册和航运事务；
6. 对不是由 II 处负责的民事和刑事审判中的司法协助；
7. 刑事执行和监狱；
8. 无法转交给任意部门的事务。

二处

罗森贝尔格法官（刑事案件代理人：高等法官克鲁森博士，民事案件代理人：雷曼法官）。

业务范围：

1. 争议金额超过 300 马克的民事案件以及不考虑争议金额、需要与陪审员一起解决的事务；
2. 刑事案件中的主审程序；
3. 作为上诉法院对上海的皇家总领事馆的司法协助请求。

三处

雷曼法官（下述第 2、4 项中的案件代理人：高等法官克鲁森博士，下述第 1、3、5 项中的案件代理人：罗森博格法官）。

业务范围：

1. 争议金额不超过300马克的民事案件以及不考虑争议金额、需要与陪审员一起解决的事务；

2. 刑事案件预审；

3. 破产以及对不动产的强制执行；

4. 志愿司法权事务（登记注册以及航运案件除外），包含司法协助请求；

5. 除对华民审判厅判决上诉之外的华民案件。

B. 法院书记官事务

一、法院书记处一处

高等秘书贝尔格曼（代理人：秘书塔伯特）。案件记录人：文书科特尔森。

分配的事务：

1. 除出纳和图书馆事务之外的工作监察和行政工作；

2. 登记注册与航运事务；

3. 非华民刑事案件，包括接收申请；

4. 监狱狱长的业务；

5. 无法分配给其他任何法院书记处的事务。

二、法院书记处二处

秘书塔伯特（代理人：高等秘书贝尔格曼）。案件记录人：约纳下士。

分配的事务：

1. 管理法院图书馆；

2. 包括接受申请的民事案件；

3. 审查法院和监狱伙食账单。

三、法院书记处三处

秘书格尔拉赫（代理人：秘书塔伯特）。案件记录人：文书科特尔森。

分配的事务：

1. 出纳工作；

2. 除登记注册以及航运事务之外的志愿司法权事务，包括地籍册事务；

3. 破产和对不动产的强制执行；

4. 除民事审判之外的华民事务。

谨此将上述工作分配计划公之于众。

青岛，1905年12月22日

皇家高等法官

克鲁森博士

告白

启者：兹将本署据报被窃、遗失各物列左：

被窃各物：

黄铜线四百二十米打；黑色铁架、黑色里拖轮自行车一辆，带有停止脚踏小轮，有"C. Schiling；Fuhl"西字号，柄头牛角所镶，脚踏小轮半新，横柄下有号数字样。

遗失之物：

光面金戒指一枚。

以上各物切勿轻买，如见亦宜报明本署。此布。

德一千九百五年十二月二十七日
青岛巡捕衙门启

消息

海军军医总监柯尼希、海军少校军医迈耶尔博士、海军上尉军医博泽博士、麦克里恩博士和考池博士、海军高级助理医师博克尔伯格博士和舒尔特，已被批准佩戴授予他们的俄国红十字勋章。

根据挪威在 1905 年 6 月 7 日的命令，以及根据瑞典在 1905 年 10 月 27 日的命令，去除目前在瑞典和挪威旗帜上的联盟标志。位于这些旗帜左上部区域的联盟标志，在瑞典旗帜上被替换成蓝色，在挪威旗帜上被替换为红色。

与欧洲的邮政连接

到达			出发		
轮船	柏林出发	到达上海	轮船	上海出发	到达柏林
英国	1905 年 12 月 1 日	1906 年 1 月 4 日	法国	1906 年 1 月 5 日	1906 年 2 月 8 日
德国	1905 年 12 月 5 日	1906 年 1 月 9 日	英国	1906 年 1 月 9 日	1906 年 2 月 10 日
法国	1905 年 12 月 8 日	1906 年 1 月 11 日	德国	1906 年 1 月 13 日	1906 年 2 月 16 日
英国	1905 年 12 月 15 日	1906 年 1 月 18 日	法国	1906 年 1 月 19 日	1906 年 2 月 22 日
德国	1905 年 12 月 19 日	1906 年 1 月 23 日	英国	1906 年 1 月 23 日	1906 年 2 月 24 日
法国	1905 年 12 月 22 日	1906 年 1 月 25 日	德国	1906 年 1 月 27 日	1906 年 3 月 2 日

(续表)

到达			出发		
轮船	柏林出发	到达上海	轮船	上海出发	到达柏林
英国	1905年12月29日	1906年2月1日	法国	1906年2月2日	1906年3月8日
德国	1906年1月2日	1906年2月6日	英国	1906年2月6日	1906年3月10日
法国	1906年1月5日	1906年2月8日	德国	1906年2月10日	1906年3月16日
英国	1906年1月12日	1906年2月15日	法国	1906年2月16日	1906年3月22日
德国	1906年1月16日	1906年2月20日	英国	1906年2月20日	1906年3月24日
法国	1906年1月19日	1906年2月22日	德国	1906年2月24日	1906年3月30日
英国	1906年1月26日	1906年3月1日	法国	1906年3月2日	1906年4月5日
德国	1906年1月30日	1906年3月6日	英国	1906年3月6日	1906年4月7日
法国	1906年2月2日	1906年3月8日	德国	1906年3月10日	1906年4月13日
英国	1906年2月9日	1906年3月15日	法国	1906年3月16日	1906年4月19日
德国	1906年2月13日	1906年3月20日	英国	1906年3月20日	1906年4月21日
法国	1906年2月16日	1906年3月22日	德国	1906年3月24日	1906年4月27日
英国	1906年2月23日	1906年3月29日	法国	1906年3月30日	1906年5月3日
德国	1906年2月27日	1906年4月3日	英国	1906年4月3日	1906年5月5日
法国	1906年3月2日	1906年4月5日	德国	1906年4月7日	1906年5月11日
英国	1906年3月9日	1906年4月12日	法国	1906年4月13日	1906年5月17日
德国	1906年3月13日	1906年4月17日	英国	1906年4月17日	1906年5月19日
法国	1906年3月16日	1906年4月19日	德国	1906年4月21日	1906年5月25日
英国	1906年3月23日	1906年4月26日	法国	1906年4月27日	1906年5月31日
德国	1906年3月27日	1906年5月1日	英国	1906年5月1日	1906年6月2日
法国	1906年3月30日	1906年5月3日	德国	1906年5月5日	1906年6月8日
英国	1906年4月6日	1906年5月10日	法国	1906年5月11日	1906年6月14日
德国	1906年4月10日	1906年5月15日	英国	1906年5月15日	1906年6月16日
法国	1906年4月13日	1906年5月17日	德国	1906年5月19日	1906年6月22日
英国	1906年4月20日	1906年5月24日	法国	1906年5月25日	1906年6月28日
德国	1906年4月24日	1906年5月29日	英国	1906年5月29日	1906年6月30日

(续表)

到达			出发		
轮船	柏林出发	到达上海	轮船	上海出发	到达柏林
法国	1906年4月27日	1906年5月31日	德国	1906年6月2日	1906年7月6日
英国	1906年5月4日	1906年6月7日	法国	1906年6月8日	1906年7月12日
德国	1906年5月8日	1906年6月12日	英国	1906年6月12日	1906年7月14日
法国	1906年5月11日	1906年6月14日	德国	1906年6月16日	1906年7月20日
英国	1906年5月18日	1906年6月21日	法国	1906年6月22日	1906年7月26日
德国	1906年5月22日	1906年6月26日	英国	1906年6月26日	1906年7月28日
法国	1906年5月25日	1906年6月28日	德国	1906年6月30日	1906年8月3日

船运

1905年12月21日—28日期间

到达日	轮船船名	船长	挂旗国籍	登记吨位	出发港	出发日	到达港
（12月11日）	伏尔加号	帕蒂	英国	2 851	波特兰	12月24日	纽卡斯尔
12月22日	叶世克总督号	特洛依曼	德国	1 099	上海	12月23日	上海
12月23日	通古斯号	哈罗尔森	挪威	1 039	香港	12月25日	符拉迪沃斯托克
12月23日	维多利亚号	梅瑟	中国	934	香港	12月25日	芝罘
12月24日	白河号	代纳特	德国	476	济物浦	12月25日	上海
12月25日	弗里号	瓦格勒	挪威	859	大阪	12月26日	芝罘
12月25日	青岛号	恩尼克	德国	977	上海	12月26日	芝罘
12月26日	淡水号	布莱特	英国	919	上海	12月26日	芝罘
12月26日	太仓号	克鲁尔	英国	977	上海	12月27日	上海
12月27日	国务秘书克莱特克号	韩森	德国	1 208	芝罘	12月27日	上海
12月27日	居尔堡号	卢皮	德国	782	芝罘	12月28日	神户

Sachregister

der im Amtsblatt für das deutsche Kiautschougebiet
vom Jahre 1905
enthaltenen Verordnungen und Bekanntmachungen.

	Datum	Seite
Alarmordnung für die Freiwillige Feuerwehr	31. 7. 05	159
Anschlüsse, Kosten für die — an die Regen- und Schmutzwasserkanalisation	21. 10. 05	230
Ausfuhrwaren, Lagermiete für — auf den Molen	11. 11. 05	248
Baugesuche im Lau schan	2. 5. 05	93
Bojen, vgl. Seefahrerbekanntmachung		
Boote, Ausweichen der — im Hafen	1. 2. 05	29
Boote, Motor —	11. 4. 05	77
Chinesische Gewichte	18. 9. 05	187
Chinesische Hohlmasse	18. 9. 05	187
Chinesische Längenmasse	18. 9. 05	187
Chinesische Schulen in Tai tung tschen und Fa hai sy	2. 1. 05	9
Chinesisches Kommittee, Ersatzwahlen des —	28. 2. 05	43
Chinesische Wagen	18. 9. 05	187
Chinesische Zehnkäschstücke, Einfuhr —	2. 12. 05	272
Entwaffnung der russischen Torpedoboote „Smjälii" und „Boiki"	4. 1. 05	5
Fa hai sy, Chinesische Schulen in Tai tung tschen und —	2. 1. 05	9
Fahrzeuge, Motor —	11. 4. 05	77
Feuerwehr, Alarmordnung für die Freiwillige —	31. 7. 05	159
Freigebiet, Übergangsbestimmungen bei Eröffnung des —	2. 12. 05	297
— Verzollungsverfahren	2. 12. 05	265
		281

	Datum	Seite
Gerichtsbarkeit, Verzicht des Dr. Rapp auf die Rechte eines Rechtsanwalts und Notars	22. 9. 05	193
— Zulassung des Dr. Vorwerk als Rechtswalt	21. 9. 05	193
Gesundheitspolizeiliche Kontrolle, Aufhebung der — für Schiffe aus Hongkong, Futschau und Amoy	24. 10. 05	230
— für Schiffe aus Hongkong, Futschau und Amoy	3. 6. 05	117
Gewerbescheine, Abänderung der Verordnung, betreffend —	9. 11. 05	247
Gewichte, chinesische —	18. 9. 05	187
Glockentonne am grossen Hafen	18. 9. 05	188
Gouvernementsschule, Schulordnung für die —	8. 8. 05	157
Grundstücksverpachtungen, Kosten für Lageskizzen bei —	21. 3. 05	59
Häuser, Nummerierung der —	23. 1. 05	20
Hafen, Ausweichen der Boote und Sampans im —	1. 2. 05	29
— Einfahrtsfeuer zum grossen —	16. 1. 05	19
— Glockentonne am grossen —	18. 9. 05	188
— Lagermiete für Ausfuhrwaren auf den Molen	11. 11. 05	248
— Leitfeuer für die Einfahrt in den grossen Hafen	13. 6. 05	121
Hasen, Jagd auf —	17. 10. 05	206
— Schonzeit der —	5. 1. 05	9
Hohlmasse, chinesische —	18. 9. 05	187
Impftermine	6. 1. 05	11
Jagd, Hasen —	17. 10. 05	206
— Schonzeit der Hasen	5. 1. 05	9
— Vogelschutz-Verordnung	9. 11. 05	251
— Wildschon-Verordnung	9. 11. 05	254
Käschstücke, Einfuhr chinesischer Zehn —	2. 12. 05	272
Kehrzwang, Ausführungsbestimmungen zu der Verordnung, betreffend Schornstein —	14. 12. 04	1
Kies, Ausladen und Lagern von — am Strande	25. 1. 05	19
Koloradokäfer, Auftreten des —	26. 4. 05	94
Längenmasse, chinesische —	18. 9. 05	187
Lagermiete für Ausfuhrwaren auf den Molen	11. 11. 05	248

	Datum	Seite
Lageskizzen, Kosten für — bei Grundstücksverpachtungen	21. 3. 05	59
Landmesserarbeiten, Ausführung von —	28. 1. 05	29
Lau schan, Baugesuche im —	2. 5. 05	93
Leuchtfeuer, vergl. Seefahrerbekanntmachung		
Militärpflichtige, Meldung —	14. 2. 05	33
Motorfahrzeuge	11. 4. 05	77
Munition, Handel mit —	9. 11. 05	247
— Lagerung von — im Transitverkehr	25. 3. 05	65
Notar, Verzicht des Dr. Rapp auf die Rechte eines —	22. 9. 05	193
Nummerierung der Häuser	23. 1. 05	20
Post, Signal bei Ausgabe der Europa —	10. 10. 05	201
Postwertzeichen in Dollarwährung	20. 9. 05	188
Postzweigstelle, Errichtung einer — in Tapautau	25. 3. 05	66
Quarantäne, vgl. Gesundheitspolizeiliche Kontrolle		
Rapp, Verzicht des Dr. — auf die Rechte eines Rechtsanwalts und Notars	22. 9. 05	193
Rechtsanwalt, Verzicht des Dr. Rapp auf die Rechte eines —	22. 9. 05	193
— Zulassung des Dr. Vorwerk als —	21. 9. 05	193
Regenwasserkanalisation, Kosten für die Anschlüsse an die —	21. 10. 05	230
Rifftonne, vergl. Seefahrerbekanntmachung		
Russische Torpedoboote, Entwaffnung der — „Smjälii" und „Boiki"	4. 1. 05	5
Sampans, Ausweichen der — im Hafen	1. 2. 05	29
Sand, Ausladen und Lagern von — am Strande	25. 1. 05	19
Schmutzwasserkanalisation, Kosten für die Anschlüsse an die —	21. 10. 05	230
Schonzeit der Hasen	5. 1. 05	9
Schornsteine, Ausführungsbestimmungen zu der Verordnung, betreffend Schornstein-Kehrzwang	14. 12. 04	1
Schulen, chinesische — in Tai tung tschen und Fa hai sy	2. 1. 05	9
Schulordnung für die Gouvernementsschule	8. 8. 05	157
Schutzpockenimpfung, Termin für —	6. 1. 05	11
Seefahrerbekanntmachung, Aufnahme von Bojen für die Winterzeit	23. 11. 05	258
— Einfahrtsfeuer zum grossen Hafen	16. 1. 05	19
— Glockentonne am grossen Hafen	18. 9. 05	188

	Datum	Seite
Seefahrerbekanntmachung, Leitfeuer für die Einfahrt in den grossen Hafen	13. 6. 05	121
— Leuchtfeuer auf Tscha lien tau	27. 10. 05	235
— Tsingtauer Rifftonne	14. 2. 05	34
Tai tung tschen, chinesische Schulen in — und Fa hai sy	2. 1. 05	9
— Verwaltung von —	16. 8. 05	163
Tantallampen	28. 11. 05	261
Tapautau, Errichtung einer Postzweigstelle in —	25. 3. 05	66
Torpedoboote, Entwaffnung der russischen — „Smjäliï" und „Boiki"	4. 1. 05	5
Tscha lien tau, Leuchtfeuer auf —	27. 10. 05	235
Vermessungsarbeiten, Ausführung von —	28. 1. 05	29
Verpachtungen, Kosten für Lageskizzen bei Grundstücks —	21. 3. 05	59
Vertreter der Zivilgemeinde, Ersatzwahl eines —	6. 9. 05	177
— Name des als Ersatz gewählten —	20. 9. 05	188
— Namen der neugewählten —	25. 3. 05	66
— Neuwahl der —	22. 2. 05	37
Verwaltung von Tai tung tschen	16. 8. 05	163
Verzollungsverfahren	2. 12. 05	265
		281
— Übergangsbestimmungen bei Eröffnung des Freigebietes	2. 12. 05	297
Vogelschutz-Verordnung	9. 11. 05	251
Vorwerk, Zulassung des Dr. — als Rechtsanwalt	21 9 05	193
Waffen, Handel mit —	9. 11. 05	247
— Lagerung von — im Transitverkehr	25. 3. 05	65
Wagen, chinesische —	18. 9. 05	187
Wagen, Motor —	11. 4. 05	77
Wassergeld, Beginn der Zahlung des —	26. 1. 05	30
Wassermesserschacht, Kosten für Herstellung eines —	4. 1. 05	11
Wasserwerk, Ergänzung der Bestimmungen über den Bezug von Wasser aus dem fiskalischen —	29. 6. 05	133
Wehrpflicht, Ableistung der — im Kiautschougebiete	14. 2. 05	33
Wildschon — Verordnung	9. 11. 05	254
Zehnkäschstücke, Einfuhr chinesischer —	2. 12. 05	272
Zeitball, Neuerrichtung eines —	26. 4. 05	93
Zivilgemeinde, Vertreter der — vergl. Vertreter der —		

1905年《青岛官报》含有的法令和告白内容索引

	日期	页码
报警规定，青岛志愿消防队	1905年 7月31日	159
连接收费，与雨水和污水下水道	1905年10月21日	230
出口货物，堆存码头租费	1905年11月11日	248
建造申请，在崂山内	1905年 5月 2日	93
浮标，参见海员告白	1905年 2月14日	34
艇船，在大港内，闪躲	1905年 2月 1日	29
艇船，摩托	1905年 4月11日	77
中式称平	1905年 9月18日	187
中式斗管	1905年 9月18日	187
中式尺头	1905年 9月18日	187
蒙养学堂，在台东镇、法海寺	1905年 1月 2日	9
商务公局，公举华民新董	1905年 2月28日	43
中式大车	1905年 9月18日	187
中式铜元	1905年12月 2日	272
解除武装，俄国鱼雷艇"斯蒐利"号和"博伊奇"号	1905年 1月 4日	5
法海寺，以及在台东镇的蒙养学堂	1905年 1月 2日	9
乘具，摩托	1905年 4月11日	77
(志愿)消防队，报警规定	1905年 7月31日	159
自由贸易区，开放时的《德境以内征税特别办法章程》过渡规定	1905年12月 2日	297
征税办法 （再次公布）	1905年12月 2日	265 281
司法权，拉普博士放弃担任律师和公证员权利	1905年 9月22日	193
——批准佛威博士担任律师	1905年 9月21日	193
健康警察方面检查，取消，对来自香港、福州和厦门船只	1905年10月24日	230
——对来自香港、福州和厦门船只	1905年 6月 3日	117
营生执照，关于法令的修订	1905年11月 9日	247
称平，中式	1905年 9月18日	187

(续表)

	日期	页码
鼓形浮标,大港内	1905年 9月18日	188
督署学校,校规	1905年 8月 8日	157
地块租赁,地址草图费用	1905年 3月21日	59
房屋,编号	1905年 1月23日	20
(大港)港口,艇船舢板闪躲浮标	1905年 2月 1日	29
——入口指示灯	1905年 1月16日	19
——鼓形浮标	1905年 9月18日	188
——出口货物堆存码头租费	1905年11月11日	248
——入口引导信号灯	1905年 6月13日	121
兔子,打猎	1905年10月17日	206
——保育期	1905年 1月 5日	9
斗管,中式	1905年 9月18日	187
种痘	1905年 1月 6日	11
打猎,兔子	1905年10月17日	206
——兔子保育期	1905年 1月 5日	9
——保卫滋生飞禽章程	1905年11月 9日	251
——关于野生动物保育的法令	1905年11月 9日	254
铜元,运进德境	1905年12月 2日	272
强制清扫烟囱,法令的实施规定	1904年12月14日	1
碎石,卸存,海岸	1905年 1月25日	19
克罗拉虫子,出现	1905年 4月26日	94
尺头,中式	1905年 9月18日	187
租费,出口货物堆存码头	1905年11月11日	248
地址草图,费用,地块租赁	1905年 3月21日	59
土地测量,执行	1905年 1月28日	29
崂山内,修建建筑申请	1905年 5月 2日	93
信标灯,参见海员告白	1905年10月27日	235
义务兵役人员,报到	1905年 2月14日	33
摩托乘具	1905年 4月11日	77
弹药,经营	1905年11月 9日	247
——贮栈,转运	1905年 3月25日	65

(续表)

	日期	页码
公证员,拉普博士放弃权利	1905年9月22日	193
编号,房屋	1905年1月23日	20
邮件,欧洲,投递时的信号	1905年10月10日	201
邮票,银元面值	1905年9月20日	188
邮政分局,设立,在大鲍岛	1905年3月25日	66
隔离,参见健康警察检查	1905年7月5日	134 148 204
拉普博士,放弃担任律师和公证员权利	1905年9月22日	193
律师,拉普博士放弃律师权利	1905年9月22日	193
——批准佛威博士担任	1905年9月21日	193
雨水下水道,连接费用	1905年10月21日	230
暗礁浮标,参见海员告白		
俄国鱼雷艇,"斯蔑利"号和"博伊奇"号解除武装	1905年1月4日	5
舢板,闪躲浮标,在大港内	1905年2月1日	29
沙子,海岸卸存	1905年1月25日	19
污水下水道,连接费用	1905年10月21日	230
保育期,兔子	1905年1月5日	9
烟囱,强制清扫法令的实施规定	1905年12月14日	1
蒙养学堂,在台东镇、法海寺	1905年1月2日	9
校规,督署学校	1905年8月8日	157
种痘,时间	1905年1月6日	11
海员告白,冬季回收浮标	1905年11月23日	258
——大港入口灯	1905年1月16日	19
——大港内鼓形浮标	1905年9月18日	188
海员告白,大港入口引导信号灯	1905年6月13日	121
——潮连岛灯塔	1905年10月27日	235
——青岛海礁浮标	1905年2月14日	34
台东镇,以及在法海寺的蒙养学堂	1905年1月2日	9
——管理	1905年8月16日	163

(续表)

	日期	页码
钽灯	1905年11月28日	261
大鲍岛,设立邮政分局	1905年 3月25日	66
鱼雷舰,俄国,"斯蒗利"号和"博伊奇"号解除武装	1905年 1月 4日	5
潮连岛,灯塔	1905年10月27日	235
土地测量工作,执行	1905年 1月28日	29
地块租赁,地址草图费用	1905年 3月21日	59
民政区代表,补选	1905年 9月 6日	177
——补选民政区代表姓名	1905年 9月20日	188
——新当选代表姓名	1905年 3月25日	66
——新选举	1905年 2月22日	37
管理,台东镇	1905年 8月16日	163
征税办法(再次公布)	1905年12月 2日	265
——开放自由贸易区时的过渡规定		281
	1905年12月 2日	297
保卫滋生飞禽,章程	1905年11月 9日	251
佛威博士,批准担任律师	1905年 9月21日	193
武器,经营	1905年11月 9日	247
——转运,贮栈	1905年 3月25日	65
车,中式	1905年 9月18日	187
车,摩托	1905年 4月11日	77
水费,开始缴纳	1905年 1月26日	30
水表竖井,设立费用	1905年 1月 4日	11
水厂,取水规定的补充条文	1905年 6月29日	133
兵役,在胶澳地区,执行	1905年 2月14日	33
野生动物保育——法令	1905年11月 9日	254
铜元,进口	1905年12月 2日	272
报时球,新设立	1905年 4月26日	93
民政区,代表,参见民政区代表		

Chronologisches Inhaltsverzeichnis

der im Amtsblatt für das deutsche Kiautschougebiet

vom Jahre 1905

enthaltenen Verordnungen und Bekanntmachungen.

Datum		Seite
14.12.04.	Ausführungsbestimmungen zu der Verordnung, betreffend Schornstein-Kehrzwang	1
2. 1.05.	Bekanntmachung, betreffend Eröffnung von chinesischen Schulen in Tai tung tscheng und Fa hai sy	9
4. 1.05.	Bekanntmachung, betreffend Entwaffnung der russischen Torpedoboote „Smjälii" und „Boiki"	5
4. 1.05.	Bekanntmachung, betreffend Kosten für Herstellung eines Wasserschachtes	11
5. 1.05.	Verordnung, betreffend Schonzeit der Hasen	9
6. 1.05	Bekanntmachung, betreffend Impftermine	11
16. 1.05.	Bekanntmachung für Seefahrer, betreffend Einfahrtsfeuer zum grossen Hafen	19
23. 1.05.	Bekanntmachung, betreffend Nummerierung der Häuser in Tsingtau	20
25. 1.05.	Verordnung, betreffend Ausladen und Lagern von Sand und Kies am Strande	19
26. 1.05.	Bekanntmachung, betreffend Beginn der Zahlung des Wassergeldes	30
28. 1.05.	Verordnung, betreffend Ausführung von Landmesser-Arbeiten	29
1. 2.05.	Bekanntmachung, betreffend Ausweichen der Boote und Sampans am und im grossen Hafen	29
14. 2.05.	Bekanntmachung, betreffend Meldung Militärpflichtiger und Ableistung der Wehrpflicht bei der Besatzung des Kiautschougebietes	33
14. 2.05.	Bekanntmachung für Seefahrer, betreffend Tsingtauer Rifftonne	34
22. 2.05.	Bekanntmachung, betreffend Neuwahl der Vertreter der Zivilgemeinde	37
28. 2 05.	Bekanntmachung, betreffend Ersatzwahlen des Chinesenkommittees	43
21. 3.05.	Bekanntmachung, betreffend Kosten für Lageskizzen bei Grundstücksverpachtungen	59
25. 3.05.	Bekanntmachung, betreffend Lagerung von Waffen und Munition im Transitverkehr	65
25. 3.05.	Bekanntmachung, betreffend Bekanntgabe der Namen der Vertreter der Zivilgemeinde	66
25. 3.05.	Bekanntmachung, betreffend Eröffnung einer Postzweigstelle in Tapautau	66
11. 4.05.	Verordnung, betreffend Motorfahrzeuge	77

Datum		Seite
26. 4.05.	Bekanntmachung, betreffend Neuerrichtung eines Zeitballs	93
26. 4.05.	Bekanntmachung, betreffend Auftreten des Koloradokäfers	94
2. 5.05.	Bekanntmachung, betreffend Baugesuche im Lauschan	93
3. 6.05.	Bekanntmachung, betreffend gesundheitspolizeiliche Kontrolle für Schiffe aus Hongkong, Futschau und Amoy	117
13. 6.05.	Bekanntmachung für Seefahrer, betreffend Leitfeuer für die Einfahrt in den grossen Hafen	121
29. 6.05.	Bekanntmachung, betreffend Ergänzung der Bestimmungen über den Bezug von Wasser aus dem fiskalischen Wasserwerk	133
31. 7.05.	Alarmordnung für die Freiwillige Feuerwehr Tsingtau	159
8. 8.05.	Schulordnung für die Kaiserliche Gouvernementsschule in Tsingtau	157
16. 8.05.	Bekanntmachung, betreffend die Verwaltung von Tai tung tschen	163
6. 9.05.	Bekanntmachung, betreffend Ersatzwahl eines Vertreters der Zivilgemeinde	177
18. 9.05.	Bekanntmachung, betreffend chinesische Gewichte, Wagen, Hohl- und Längenmasse	187
18. 9.05.	Bekanntmachung für Seefahrer, betreffend Glockentonne am grossen Hafen	188
20. 9.05.	Bekanntmachung, betreffend Name des als Ersatz gewählten Vertreters der Zivilgemeinde	188
20. 9.05.	Bekanntmachung, betreffend neue Postwertzeichen in Dollarwährung	188
21. 9.05.	Bekanntmachung, betreffend Zulassung des Dr. Vorwerk als Rechtsanwalt	193
22. 9.05.	Bekanntmachung, betreffend Verzicht des Dr. Rapp auf die Rechte eines Rechtsanwalts und Notars	193
10.10.05.	Bekanntmachung, betreffend Signal bei Ausgabe der Europaposten	201
17.10.05.	Verordnung, betreffend Hasenjagd	206
21.10.05.	Bekanntmachung, betreffend Kosten für die Anschlüsse an die Regen- und Schmutzwasserkanalisation	230
24 10.05.	Bekanntmachung, betreffend Aufhebung der gesundheitspolizeilichen Kontrolle für Schiffe aus Hongkong, Futschou und Amoy	230
27.10.05.	Bekanntmachung für Seefahrer, betreffend Leuchtfeuer auf Tscha lien tau	235
9.11.05.	Verordnung über Abänderung der Verordnung, betreffend Gewerbescheine	247
9.11.05.	Vogelschutz-Verordnung	251
9.11.05.	Wildschon-Verordnung	254
11.11.05.	Verordnung, betreffend Lagermiete für Ausfuhrwaren auf den Molen	248
23.11.05.	Bekanntmachung für Seefahrer, betreffend Aufnahme von Bojen für die Winterzeit	258
28.11.05.	Bekanntmachung, betreffend Tantallampen	261
2.12.05.	Verordnung, betreffend das Verzollungsverfahren im Schutzgebiete von Kiautschou	265 281
2.12.05.	Verordnung, betreffend die Einfuhr chinesischer Zehnkäschstücke in das Schutzgebiet	272
2.12.05.	Verordnung, betreffend Übergangsbestimmungen bei Eröffnung des Freigebietes auf Grund der Verordnung vom 2. Dezember 1905.	297

1905年《青岛官报》刊登的法规和告白按时间排序的目录索引[①]

日期		页码
1904年12月14日	《关于强制清扫烟囱的法令》的实施规定	1
1905年 1月 2日	关于在台东镇、法海寺两处设立蒙养学堂两座的告白	9
1905年 1月 4日	关于解除俄国鱼雷艇"斯蒺利"号和"博伊奇"号武装的告白	5
1905年 1月 4日	关于对设立水表竖井收费的告白	11
1905年 1月 5日	关于兔子保育期的法令	9
1905年 1月 6日	关于华民种痘的告白	11
1905年 1月16日	关于大港入口指示灯的海员告白	19
1905年 1月23日	关于青岛的房屋编号的告白	20
1905年 1月25日	海岸卸存沙石章程	19
1905年 1月26日	关于开始缴纳水费的告白	30
1905年 1月28日	关于执行土地测量工作的法令	29
1905年 2月 1日	关于在大港内外所有艇船舢板闪躲浮标的告白	29
1905年 2月14日	关于"义务兵役人员报到以及在胶澳地区占领军中服兵役"的告白	33
1905年 2月14日	关于青岛海礁浮标的海员告白	34
1905年 2月22日	关于新推举德国董事的告白	37
1905年 2月28日	关于商务公局公举华民新董的告白	43
1905年 3月21日	关于地块租赁时地址草图费用的告白	59
1905年 3月25日	关于转运武器弹药贮栈的告白	65
1905年 3月25日	关于公布民政区新当选代表的告白	66
1905年 3月25日	关于在大鲍岛新开办邮政分局的告白	66
1905年 4月11日	关于摩托乘具的法令	77
1905年 4月26日	关于新设立报时球的告白	93
1905年 4月26日	关于出现克罗拉虫子的告白	94
1905年 5月 2日	关于申请在崂山内修建建筑的告白	93

[①] 译者注:此表中的大部分的德语法律条文及告白在《青岛官报》中原文没有相应的中文对照,部分法律条文及告白没有明确的标题,个别的中德文标题也并非一致。经与1912、1914年出版的《青岛全书》(中文第一、第二版)中收录的法律条文对比,部分的法律条文在《青岛官报》中和《青岛全书》中的名称也并非一致。在翻译、整理标题时,对《青岛官报》原版中有中文对照的法律和告白,尽量使用原版中文的表述方法和词汇;对原版没有中文对应的相关条文,则使用现代汉语表述。

(续表)

日期		页码
1905年6月3日	关于对来自香港、福州和厦门船只进行健康警察方面检查的告白	117
1905年6月13日	关于大港入口引导信号灯的海员告白	121
1905年6月29日	关于《关于从国有水厂取水规定》补充的告白	133
1905年7月31日	青岛志愿消防队报警规定	159
1905年8月8日	青岛皇家督署学校校规	157
1905年8月16日	关于台东镇管理的告白	163
1905年9月6日	关于民政区代表补选的告白	177
1905年9月18日	订立衡量告示	187
1905年9月18日	关于大港内鼓形浮标的海员告白	188
1905年9月20日	关于补选民政区代表姓名的告白	188
1905年9月20日	关于发行银元面值邮票的告白	188
1905年9月21日	关于批准佛威博士担任律师的告白	193
1905年9月22日	关于许可拉普博士放弃担任律师和公证员权利的告白	193
1905年10月10日	关于欧洲邮件投递时信号的告白	201
1905年10月17日	关于猎兔的法令	206
1905年10月21日	关于与雨水和污水下水道连接费用的告白	230
1905年10月24日	关于取消对来自香港、福州和厦门港船只进行健康警察方面检查的告白	230
1905年10月27日	关于潮连岛灯塔的海员告白	235
1905年11月9日	关于修订《营生执照》的法令	247
1904年11月9日	保卫滋生飞禽章程	251
1905年11月9日	保卫滋生走兽章程	254
1905年11月11日	关于出口货物堆存码头租费的告白	248
1905年11月23日	关于在冬季回收浮标的海员告白	258
1905年11月28日	关于钽灯的告白	261
1905年12月2日	德境以内征税办法章程	265
		281
1905年12月2日	铜元运进德境各口章程	272
1905年12月2日	关于根据《德境以内征税特别办法章程》开放自由贸易区时过渡规定的法令	297

附录

1905年青岛大事记

1月23日,胶澳督署发布《关于青岛的房屋编号的告白》,公布了青岛及周边的房屋编号规则。3月18日,《青岛官报》公布了《青岛门牌号目录》。

1月23日,管理中华事宜辅政司发布告示,规定了春节期间燃放鞭炮的时间、地点和注意事项。

2月11日,代理总督师孟抵达青岛。

2月28日,胶澳督署在台东镇和法海寺设置的蒙养学堂开学。蒙养学堂多由私塾改成,招收中国学生,学制5年,由中德两国教师任教。台东镇蒙养学堂,旧址位于今台东六路小学,经费由胶澳督署和台东镇公款提供。

2月28日,管理中华事宜辅政司发布告示,公布了中华商务公局公举董事名单:山东人傅炳昭、山东人张中连、广东人严德祥、江苏人丁敬臣。

3月6日,德国麦以斯曼博士任胶澳气象天测所所长,当日到职。是年该所移于水道山(即今观象山)办公。

4月24日,山东官银号在胶澳设立代理机构——谦顺号,资本10万两。

4月,青岛港改自由港制为自由地区制,仅以大港之水域、码头、仓库、堆栈及其附属地为自由地区,货物出港即需纳税。

4月起,《青岛官报》开始按月公布粮食、副食品市场平均物价。

5月1日,青岛新设立的报时球开始通过电动起落装置操作,天气信号也在新的报时球架子上悬挂。

5月2日,胶澳督署成立相关委员会,对在崂山内的建房申请进行审查,委员会由4名官员组成,其中一人须为崂山山川协会成员。

6月22日,山东新任巡抚杨士骧访问青岛。

7月31日,胶澳督署颁布《青岛志愿消防队报警规定》,将胶澳租借地划分为5个消防区,并对报警信号、火灾报警点、对报警的处理、消防人员在收到警报后的处理和消防设备的出动进行了规定。

8月起,《青岛官报》开始按月公布天文台记录的青岛天气情况。

9月5日,日俄双方签订《朴茨茅斯条约》,正式结束了在中国土地上进行的日俄战争。

9月18日,胶澳督署发布《订立衡量告示》,对度量衡实行监督管理,确定度器采用营造尺和裁尺两种,量器96管为1斗,衡器16两为1斤。

10月12日,青岛船坞工艺厂于1903年11月在青岛大港五号码头开工建造的16 000吨钢质浮船坞建成并交付使用,造价共计600余万银元。浮船坞长125米、外宽39米、内宽30米、深13米,大中型船舶可进坞修理,为当时亚洲第一大浮船坞。

11月4日,警察公署大楼竣工并投入使用。

11月9日,胶澳督署发布《保卫滋生飞禽章程》,规定了保护飞禽的种类、方法和违反规定的惩罚措施,同日又发布告示,规定了准于猎打禽兽的种类、禁止猎打期限以及违反规定的惩罚措施。

11月28日,中德签订《胶高撤兵善后条款》,驻胶州、高密德军撤回青岛,清政府以40万银元赎回所有兵营,由中国警察负责保护胶济铁路。

11月,青岛瑞蚨祥有限公司正式开业,位于今胶州路35号,前身为山东章丘孟家在清朝末年创办的祥字号商店。

12月1日,大清海关总税务司赫德与德国驻京公使冯·穆默在京签订《会订青岛设关征税修改办法》,规定由青岛德员在胶澳租借地内划定一无税地区,除此无税区外,应由租借地内中国所设立海关征收各色货物税项,并由中国按胶海关进口正税实数,每年提拨2成,交予胶澳督署,作为中国政府津贴青岛租地之用。

12月2日,胶澳督署发布《德境以内征税办法章程》,规定凡货物由水路出入德境,除后开免税各物不计外,其进出口时应照税则完纳税项,并对划定无税之区地、免税各物、德境以内制成货物等做了规定。同日又发布《德境以内征税特别办法章程》,规定了章程发布以前装载或购买货物的纳税办法。

12月2日,胶澳督署发布《铜元运进德境各口章程》,对中国各处鼓铸之铜元运进胶澳租借地各口进行了规定。

12月21日,胶澳督署发布《关于下水道设施和接通下水道的技术规定》,专为欧洲人设计了一种水冲式便所,当时人称"机器便所"。12月22日,胶澳督署规定:每栋房屋都要设立厕所,在欧洲人聚居的青岛区和邻近的大鲍岛中国人居住区内,不准掘地坑式厕所(旱厕所)。

同年,亨利亲王饭店增建音乐厅,后改为影戏园。建筑面积近1 000平方米,客容量400余人,是青岛最早的影戏园。

同年,始建于1899年的俾斯麦炮台建成,位于今青岛山,又称京山炮台、青岛山炮台,系德国侵占青岛时期重要的海防设施。

同年,亨宝轮船公司开辟青岛至神户航线。

青岛官报

(1904—1905)

上册

青岛市市南区档案馆 编译

图书在版编目(CIP)数据

青岛官报. 1904—1905：上、下册 / 青岛市市南区档案馆编译. -- 南京：东南大学出版社，2023.10
(青岛市市南区档案资料丛书)
ISBN 978-7-5766-0931-8

Ⅰ.①青… Ⅱ.①青… Ⅲ.①报刊-史料-汇编-青岛-1904-1905 Ⅳ.①G219.295.2

中国国家版本馆 CIP 数据核字(2023)第 204903 号

责任编辑：魏晓平　　责任校对：张万莹　　封面设计：毕　真　　责任印制：周荣虎

青岛官报(1904—1905)

Qingdao Guanbao (1904—1905)

编　　译：青岛市市南区档案馆
出版发行：东南大学出版社
社　　址：南京四牌楼 2 号　邮编：210096　电话：025-83793330
出 版 人：白云飞
网　　址：http://www.seupress.com
电子邮件：press@seupress.com
经　　销：全国各地新华书店
印　　刷：广东虎彩云印刷有限公司
开　　本：889 mm×1194 mm　1/16
印　　张：68.75
字　　数：1 506 千字
版　　次：2023 年 10 月第 1 版
印　　次：2023 年 10 月第 1 次印刷
书　　号：ISBN 978-7-5766-0931-8
定　　价：312.00 元(全两册)

本社图书若有印装质量问题，请直接与营销部调换。电话(传真)：025-83791830

《青岛官报》(全译本)编委会

主　　任　陈智海　姜永河
副 主 任　乔　军　刘维书　周兆利　吴大钢
委　　员（按姓氏笔画排序）
　　　　　王艳丽　王蜀鲁　朱轶杰　朱　清　崔圣鹏

《青岛官报(1904—1905)》编辑部

主　　编：吴大钢
副 主 编：朱　清　崔圣鹏　王蜀鲁
执行主编：王艳丽
翻　　译：朱轶杰
编　　审：周兆利
编　　辑：李姝怡　王　军　赵凯军　陈　磊　韩　佳
　　　　　郑明霞　李　莹　刘圣艳
原版中文整理：徐沛沛
校　　译：刘　炜

Editionsausschuss der übersetzten Ausgabe „Amtsblatt für das deutsche Kiautschou-Gebiet"

Direktor:	CHEN Zhihai	JIANG Yonghe
Stellvertretender Direktor:	QIAO Jun	LIU Weishu
	ZHOU Zhaoli	WU Dagang

Mitglied (nach dem chinesischen Familiennamen geordnet):

	WANG Yanli	WANG Shulu	ZHU Yijie
	ZHU Qing	CUI Shengpeng

Edition „Amtsblatt für das deutsche Kiautschou-Gebiet 1904–1905"

Chefredakteur:	WU Dagang		
Stellvertretender Chefredakteur:	ZHU Qing	CUI Shengpeng	WANG Shulu
Exekutive Chefredakteurin:	WANG Yanli		
Übersetzer:	ZHU Yijie		
Editionsüberprüfer:	ZHOU Zhaoli		
Redakteur:	LI Shuyi	WANG Jun	ZHAO Kaijun
	CHEN Lei	HAN Jia	ZHENG Mingxia
	LI Ying	LIU Shengyan	

Chinesische Texte in der Originalausgabe bearbeitet von: XU Peipei

Lektor: LIU Wei

总　序

1880年代，德国作为"迟到者"加入欧美大国争夺海外殖民地的行列，先后在非洲和南太平洋地区攫取多处"保护地"。鉴于德国首相奥托·冯·俾斯麦谨慎和保守的殖民政策，为避免政府承担过多的统治殖民地的责任，这一时期德国的海外殖民地交由殖民地协会等组织进行管理。1884年7月德国在非洲西南部的多哥建立殖民地，德国殖民者试图将其建成为一个"模范殖民地"。所谓"模范殖民地"是殖民者基于自身利益对殖民地建设的一种主观要求和期望，它表现为：殖民地将逐步摆脱对德国政府财政补助的依赖，最终做到财政盈余，经济上盈利；殖民地的统治将保持比较"和平"的方式，不会发生大规模的反殖民抵抗行动；建设以殖民者为中心的高质量的基础设施、卫生系统和文化生活。

1890年3月俾斯麦辞职，德国的内外政策开始发生变化，进行了被称为"新方针"的调整，"新世界政策"成为其外交战略的主要特征。在国内日益高涨的宣扬殖民扩张和发展海军的舆论推动下，德国外交政策试图在海外各个地区实现不同的目标。第一，在非洲获取更多的殖民地，在中国和太平洋地区谋取军事据点；第二，保持和扩大在近东、中东、南美洲的政治及经济影响。莱奥·冯·卡普里维接任首相之后，军方开始在外交战略的决策问题上居于举足轻重的地位，德国的外交政策由此形成了外交政策适应军事战略的结构性特点。

在俾斯麦执政时期，德国经济界在对华贸易方面没有得到政府的有力支持。除了军事工业由于中国有持续的需求能够与英国竞争外，德国经济界开拓中国市场的努力几乎没有进展。进入1890年代，面对长期的通货紧缩和重工业生产过剩，德国经济界和工业界要求政府在对华贸易方面予以支持的呼声不断高涨。甲午战争后，由于要向日本支付巨额赔款，中国购买德国军火的数量急剧下降，德国对华贸易遭受严重打击。经济界在要求政府对此采取行动的同时，明确支持政府在中国建立一个属于德国的势力范围。1890年代后期，德国通过"放手政策"与其

I

他大国争夺海外市场。这一重大变化也反映在这一时期德国的东亚政策和对华政策中。

甲午战争及其后果加深了德国在东亚推行其世界政策的紧迫感,三国干涉还辽成为德国直接参与和其他大国在这一地区角逐的一个契机。德国与俄国、法国在远东政策上结为对日三国同盟,标志着威廉二世推行的对华政策进入了新阶段。这一政策主要表现出三个特点:第一,在东亚及对华政策方面,德国有意靠拢俄国,甚至不惜疏远英国,它对欧洲的大国关系产生了影响。世界政策和欧洲政策的相互交织成为第一次世界大战前国际关系的一个明显的特征。第二,在德国的东亚经济政策方面,中国最终成为其关注的中心。第三,在中国获取海军据点的计划引起了德国政界及军界特别是引起了海军和受海军主义鼓舞的威廉二世的持续关注,并由此成为德国在对华及东亚政策中一个首先需要解决的问题。

早在1895年4月德国与俄法两国联手逼迫日本归还辽东期间,威廉二世就下令尽快完成在中国获取海军据点的计划,并要求迅速予以实施。然而,除了在天津、汉口两处设立租界之外,德国并未因干涉还辽获得清政府更多的实质性"回报",特别是在中国获得一个海军据点。1896年8月德国驻华公使海靖致函首相克洛特维希·霍亨洛厄-谢林,建议以中国人与德国传教士或与德国教官的冲突事件为借口占领胶州湾,德军总司令部12月22日接到通知,威廉二世已批准占领计划。1897年11月13日德国借"巨野教案"事件出兵侵占胶州湾,1898年3月6日中德双方签订《胶澳租借条约》,租借期为99年。在不平等条约背景下胶澳主权的割让,彻底改变了青岛及邻近区域的历史进程,对胶济沿线地区的政治、经济和社会发展也产生了重大影响。

1890年俾斯麦辞职后德国成立了隶属于外交部的殖民司(1907年5月独立为帝国殖民部),由帝国首相直接领导,德国开始由政府承担海外殖民地管理职责,实行总督制。1896年,此前由帝国海军部掌握的海外殖民地保护部队指挥权也划归外交部殖民司。1897年6月阿尔弗雷德·冯·提尔皮茨担任海军大臣,德国占领胶州湾后,在他的强烈要求下胶澳租借地交由帝国海军部管辖,理由是胶州湾的主要功能是海军基地。《胶澳租借条约》签订后,胶澳成为德国唯一不属于帝国殖民司统辖的海外"保护地",其最高民事与军事长官——胶澳总督由海军军官担任并由提尔皮茨任命。这一特殊性决定了提尔皮茨对胶澳租借地政策的制定和实施具有无可争议的决策权,这也决定了租借地中心城市青岛未来发展的军事、商业、文化的多功能定位。

以青岛天然良港作为在太平洋活动的德国东亚舰队的补给站和海军基地,进而扩大在中国的势力范围,是德国攫取胶澳最主要的外交与军事目标。然而,按照提尔皮茨的构想,由帝国海军部统辖和管制的胶澳租借地必须达到重要的现实目标,这就是将青岛建设成一个"模范殖民地",目的是在德国国内宣扬海军的成就,进而证明优先扩建海军的必要性和紧迫性,最终服务于海军的对英战略。因此,提尔皮茨要求青岛不仅要进行军港及防卫要塞等军事设施的建设,而且需要注重城市的基础设施规划和经济及文化发展。首任胶澳总督罗绅达于1898年4月就职,但1899年2月即被提尔皮茨解职,理由是罗绅达只关注军事设施的建设而忽视了青岛作为民用港口的功能,他没有超越一个海军基地军事指挥官的眼界,将租借地的经济快速发展作为城市建设的一个重要目标。

1914年7月第一次世界大战爆发,11月7日胶州湾及青岛被日军占领,胶澳租借地结束了其前后长达17年的历史。按照提尔皮茨的设想和规划,胶澳租借地并未完全实现"模范殖民地"的目标。首先,除了在非洲的多哥和南太平洋的萨摩亚"保护地"之外,德国所有海外殖民地均未实现财政收支平衡,胶澳租借地因军事设施及城市建设和文化发展的大量投入,始终依赖德国政府的财政补助。其次,在胶澳地区殖民化的过程中,租借地以及胶济线沿线铁路、矿山的中国居民和绅商与殖民当局和德国公司的矛盾、斗争和冲突始终没有间断,只是在激烈程度和规模上不及德国在东非和南非的殖民地,且有逐渐缓和的趋势。再次,1898年9月2日,德国宣布向各国开放青岛港,该港成为自由港。1899年7月1日,青岛海关(胶海关)开关,青岛逐步发展为中国特别是中国北方的一个重要贸易港口和商贸中心,但就中德贸易和租借地对外贸易而言,其重要性并不显著。对于"模范殖民地",德国人引以为自豪的是,在文化教育方面,租借地当局通过建立多所不同类型的学校将青岛建设成为一个德国对华文化政策的中心,德华大学的设立是两国政府在租借地的一次成功的教育合作,这在德国海外殖民地中绝无仅有。在城市建设方面,租借地当局对青岛进行了分区规划和建设,其中包括按照德国标准建设的基础设施、卫生系统和典型的欧洲人居住区和别墅区。

1890年后德国在海外的殖民统治具有越来越明显的官方特征,除了由政府任命各殖民地总督之外，殖民司在柏林开始定期出版《德国殖民官报》。此后，德国各海外殖民地当局也出版殖民官报，最早的是1900年胶澳租借地的《青岛官报》和东非保护地的《东非官报》。《青岛官报》连续出版至1914年，且保留完整，是解读和研究胶澳殖民史、青岛城市发展史、中德关系史重要的第一手文献。

《青岛官报》是一份中德双语的官方出版物，但刊登的内容并非完全中德文对应，除总督府公告、相关规定等有中德文对照外，其他信息、广告等均以德文刊出，不熟悉德语的读者和研究者无法了解这一部分信息的具体内容。为了全面和完整地再现胶澳及青岛城市近代史，深入发掘德国文献的史料价值，青岛市市南区档案馆决定全文影印和出版历年《青岛官报》。影印版《青岛官报》不仅对其中的汉语公告、布告等进行点校，更重要的是将原版中仅用德语刊出的内容翻译成中文，以点校及翻译版的形式呈现给读者。对中国读者而言，这项成果极大地丰富了《青岛官报》的信息量，为研究、借鉴和批判不同城市治理模式提供了重要的第一手资料。青岛市市南区档案馆这一极有价值的尝试是对历史的尊重，它体现了中国人的民族自信和文化自信，对促进青岛的历史与文化地位的提升具有十分积极的作用。

李乐曾

2021年10月

Vorwort

In den 1880er Jahren trat das Deutsche Reich als ein „Spätkommender" den europäischen und amerikanischen Kolonialmächten bei und besetzte in Afrika und in der Südsee mehrere „Schutzgebiete". Angesichts der vorsichtigen und konservativen Kolonialpolitik des Reichskanzlers Otto von Bismarck unterstanden die deutschen überseeischen Kolonien in diesem Zeitraum der Verwaltung und Organisationen von Kolonialgesellschaften, damit die Regierung nicht zu viel Verantwortung für die Kolonien tragen musste. Im Juli 1884 errichtete Deutschland im südwestafrikanischen Togo eine Kolonie. Die deutschen Kolonisten versuchten, dieses Gebiet zu einer „Musterkolonie" zu entwickeln. Mit dieser Bezeichnung waren eine subjektive Anforderung und Erwartung auf Grund eigener Interessen der Kolonisten verbunden. Gemeint war, dass die Kolonien nicht mehr von finanziellen Subventionen seitens der deutschen Regierung abhängig sein sollten und allmählich einen Finanzüberschuss und wirtschaftlichen Gewinn erzielen könnten. Die Kolonien sollten auf einer relativ „friedlichen" Weise verwaltet werden, es sollten keine größeren antikolonialen Widerstände aufkommen, und ausgehend von den Kolonisten sollte eine hochqualitative Infrastruktur, Abwassersysteme und ein kulturelles Leben aufgebaut werden.

Im März 1890 trat Bismarck von seinem Posten zurück, damit änderten sich auch die deutsche Innen-und Außenpolitik. Bei dem sog. „neuer Kurs" war die „neue Weltpolitik" das Hauptsymbol der deutschen diplomatischen Strategie. Durch das immer stärkere mediale Vorantreiben der kolonialen Ausdehnungspropaganda im Inland und den Ausbau der Marine versuchte die deutsche Außenpolitik in jenen überseeischen Gebieten diverse Ziele zu erreichen. Erstens sollten in Afrika mehr Kolonien und in China und im pazifischen Raum Militärstützpunkte erworben werden. Zweitens sollten die politischen und wirtschaftlichen Einflüsse im Nahen und Mittleren Osten sowie in Südamerika beibehalten und vergrößert werden. Nachdem Leo von Caprivi das Kanzleramt übernommen hatte, bekam das Militär bei der Festsetzung der diplomatischen Politik eine entscheidende Rolle. Damit wurde die strukturelle Prägung der deutschen Außenpolitik herausgebildet, die sich der militärischen Strategie anpasste.

Während der Amtszeit Bismarcks erhielt die deutsche Wirtschaft im Handel mit

China fast keine Unterstützung. Lediglich die Waffenindustrie konnte wegen des kontinuierlichen Bedarfs aus China mit England konkurrieren, sonst erzielte die Bemühung der deutschen Wirtschaftskreise beim Vordringen in den chinesischen Markt keine Fortschritte. In den 1890er Jahren verlangten die deutsche Wirtschaft und Industrie wegen der langanhaltenden Deflation und Überproduktion der Schwerindustrie immer dringender Unterstützungen im Handel mit China seitens der Regierung. Nach dem Sino-japanischen Krieg musste China Reparationen an Japan zahlen, deswegen sank die Menge der Waffenimporte aus Deutschland drastisch. Dadurch litt auch der deutsche Handel mit China schwer. Wirtschaftskreise verlangten Reaktionen der deutschen Regierung auf diese veränderte Situation. Zur gleichen Zeit unterstützten sie ausdrücklich die Etabierung einer deutschen Einflusszone in China. In den späteren 1890er Jahren konkurrierte Deutschland durch die sog. „Freihandpolitik" mit anderen Mächten auf dem überseeischen Markt. Diese Veränderung spiegeln sich auch in der Ostasien-und Chinapolitik des Deutschen Reiches dieser Periode wider.

DerSino-Japanische Krieg und dessen Folgen drängten die Deutschen dazu, ihre Weltpolitik in Ostasien voranzutreiben. Die Tripel-Intervention mit dem Ziel, Japan zur Rückgabe der Halbinsel Liaodong an China zu zwingen, war eine gute Chance für Deutschland, in dieser Gegend als Konkurrent aufzutreten. Bei der Fernostpolitik verbündeten sich Deutschland, Russland und Frankreich gegen Japan, was eine neue Phase der Chinapolitik unter Wilhelm II. symbolisierte. Es zeigte hauptsächlich drei Merkmale: 1. Deutschland näherte sich bei der Ostasien-und Chinapolitik Russland an, sogar durch die Entfremdung von England, was auch Einfluss auf die Beziehungen zwischen den europäischen Mächten hatte. Die wechselseitige Wirkung von Weltpolitik und Europapolitik wurde zu einer klaren Kennzeichnung der internationalen Beziehungen vor dem Ersten Weltkrieg. 2. China wurde schließlich das Zentrum der deutschen Wirtschaftspolitik in Ostasien. 3. Der Plan, einen Marinestützpunkt in China zu erwerben, rief die Aufmerksamkeit der deutschen Politik-und Militärkreise hervor, dazu zählte insbesondere Wilhelm II., der in seiner Ansicht sehr von der Marine und dem Militär begeistert wurde. Damit wurde der Erwerb eines Marinestützpunkts die erste zu lösende Aufgabe der deutschen China-und Ostasienpolitik.

Schon im April 1895, als Deutschland und Russland Japan zwangen, die Liaodong-Halbinsel an China zurückzugeben, befahl Wilhelm II., so schnell wie möglich den Erwerbplan eines Marinestützpunkts in China vorzulegen und den Plan rasch durchzuführen. Jedoch bekam Deutschland durch die Tripel-Intervention neben den Konzessionen in Tientsin und Hankow kein weiteres materielles „Payback" -und damit auch keinen Marinestützpunkt in China. Im August 1896 schrieb der deutsche Gesandte in China, Edmund Friedrich Gustav von Heyking, an Reichskanzler Chlodwig zu Hohenlohe-Schillingsfürst und schlug vor, unter dem Vorwand einer Konfrontation zwischen den Chinesen und den deutschen Missionaren oder Militärlehrern die Kiautschou-Bucht zu besetzen. Das deutsche Oberkommando bekam am 22. Dezember die Mitteilung, dass Wilhelm II. den Plan bereits gebilligt hatte. Am 14. November 1897 erfolgte die deutsche Besetzung der Kiautschou-Bucht mit dem Vorwand des Juye-Zwischenfalls. Am 6. März 1898 schlossen China und Deutschland den „Pachtvertrag zum Kautschou-Gebiet" mit einer Frist von 99 Jahren. Die Abtretung der Kiautschou-Bucht im Zusammenhang dem ungleichen Vertrag änderte die historische Entwicklung von Tsingtau und seiner Umgebung völlig und übte damit auch Einfluss auf die politische, wirtschaftliche und soziale Entwicklung der Zonen entlang der Bahnstrecke zwischen Tsingtau und Jinan aus.

Nach dem Rücktritt Bismarcks 1890 wurde die Kolonialabteilung im Auswärtigen Amt gegründet (im Mai 1907 wurde daraus das Reichskolonialamt), das direkt vom Reichskanzler geleitet wurde. Damit begann auch die Übernahme der Verwaltung der überseeischen Kolonien durch die deutsche Regierung, die mittels eines Gouverneurssystems praktiziert wurde. 1896 wurde das Kommando der Schutztruppe für die überseeischen Kolonien vom Marineamt an das Kolonialamt übergeben. Im Juni 1897 wurde Alfred von Tirpitz Staatssekretär des Marineamts. Nachdem Deutschland die Kiautschou-Bucht besetzt hatte, wurde das Kiautschou-Pachtgebiet auf sein starkes Drangs dem Marineamt unterstellt. Grund hierfür war die Hauptfunktion der Kiautschou-Bucht als Marinebasis. Nach dem Abschluss des „ Pachtvertrag zum Kautschou-Gebiet " wurde Kiautschou damit das einzige „Schutzgebiet", das nicht dem Reichskolonialamt unterstand. Der Gouverneur, der höchste Zivil-und Militärbeamte, wurde von Tirpitz ernannt. Diese Besonderheit führte dazu, dass Tirpitz das unstreitige Zugriffsrecht auf die Entscheidungen der Politik im Kiautschou-Pachtgebiet hatte. Das Reichsmarineamt hatte damit auch die Befugnis, die multi-funktionale Ausrichtung der zukünftigen militärischen, kommerziellen und kulturellen Entwicklung der Hauptstadt des Pachtgebiets festzulegen.

Mit dem Tsingtauer Hafen als Proviantstation und Marinebasis für das im Pazifischen Ozean eingesetzte ostasiatische Geschwader und einschließlich der Verstärkung der deutschen Einflusszone in China war das außenpolitische und militärische Hauptziel der Besitzergreifung der Kiautschou-Bucht. Nach der Vorstellung von Tirpitz war jedoch vornehmlich das Ziel zu erreichen, das unter dem

Marineamt stehende Kiautschou-Pachtgebiet zu einer „Musterkolonie" aufzubauen. Dadurch sollte das Prestige der Marine in Deutschland gesteigert und damit die Pläne zum weiteren Ausbau der Flotten befördert werden. Dies sah Tirpitz vor dem Hintergrund der Konkurrenz mit England um die Hoheit der Meere für geboten. Deshalb verlangte Tirpitz, dass Tsingtau nicht nur Militäranlagen wie einen Marinehafenund Fortifikationen baute, sondern auch Wert auf die Planung der städtischen Infrastruktur und die wirtschaftliche und kulturelle Entwicklung legte. Der erste Gouverneur Rosendahl übernahm sein Amt im April 1898, aber schon im Oktober desselben Jahres wurde er von Tirpitz entlassen, weil er nur auf den Bau der Militäranlagen achtete und die Funktion Tsingtaus als Zivilhafen unterschätzte. Rosendahl hatte sein Aufgabenfeld nicht über das eines Militärkommandanten einer Marinebasis hinaus erweitert und nicht die wirtschaftlich rasche Entwicklung des Pachtgebiets als eine der wichtigen Ziele für den Aufbau der Stadt verfolgt.

Im Juli 1914 brach der Erste Weltkrieg aus, am 7. November wurden die Kiautschou-Bucht und Tsingtau von den Japanern besetzt, damit endete auch die 16jährige deutsche Kolonialherrschaft. Nach der Vorstellung und Planung von Tirpitz hatte das Kiautschou-Pachtgebiet sein Ziel als eine „Musterkolonie" nicht erfüllt. Das lag zum einen daran, dass außer den Schutzgebieten im afrikanischen Togo und auf Samoa in der Südsee alle anderen deutschen Kolonien-und damit auch das Kiautschou-Pachtgebiet-der Ausgleich der Finanzeinnahmen und ausgaben nicht erreicht hatten. Das Kiautschou-Pachtgebiet war wegen des Baus von Militäranlagen sowie wegen des Stadtaufbaus und der Kulturentwicklung immer von der Finanzhilfe der deutschen Reichsregierung abhängig geblieben. Zum anderen gab es im Laufe der Kolonialisierung des Kiautschou-Gebiets ununterbrochene Widersprüche, Kämpfe und Konfrontationen zwischen der chinesischen Bevölkerung, den Geschäftsleuten aus der Kolonie und entlang der Bahn sowie dem deutschen Gouvernement und den Handelshäusern. Nur die Härte und das Ausmaß der Konflikte waren nicht ähnlich groß wie in Deutsch-Ostafrika und Südafrika. Sie entspannten sich auch allmählich. Schließlich konnte Tsingtau auch nicht die erhoffte wirtschaftliche Wirkung entfalten. Deutschland hatte am 2. September 1898 die internationale Öffnung Tsingtaus erklärt, damit wurde dieser Hafen ein Freihafen. Am 1. Juli 1899 war das Tsingtauer Seezollamt (Kiautschou Zoll) eröffnet wurden. Die Stadt entwickelte sich allmählich zu einem wichtigen Handelshafen und -zentrum Chinas, besonders Nordchinas. Für den Handel zwischen China und Deutschland und den Außenhandel des Pachtgebiets war Tsingtau jedoch nicht so bedeutend. Die Deutschen waren trotzdem sehr stolz auf die „Musterkolonie". Im Bereich Kultur-und Bildungswesen hatte das Gouvernement mehrere Schulen unterschiedlicher Art gegründet, Tsingtau war somit auch ein Zentrum der deutschen Kulturpolitik für China geworden. Die Gründung der deutsch-chinesischen Hochschule in Tsingtau war eine erfolgreiche Zusammenarbeit zwischen den beiden Regierungen im Pachtgebiet, was einzigartig in den deutschen Kolonien war. Hinsichtlich des Städtebaus hatte das Gouvernement die Stadt in unterschiedliche Bezirke eingeteilt und dementsprechend aufgebaut. Dazu zählte auch die Infrastruktur, das Abwassersystem und die typischen Europäerwohnviertel und -villenviertel nach deutschem Standard.

Nach 1890 zeigte die deutsche überseeische koloniale Verwaltung immer deutlichere Amtsmerkmale. Neben den von der Regierung ernannten Gouverneuren veröffentlichte die Kolonialabteilung in Berlin regelmäßig „Deutsches Kolonialblatt-Amtsblatt für die Schutzgebiete des Deutschen Reichs". Danach erschienen in den jeweiligen Kolonien auch eigene Amtsblätter, zu den frühesten zählen das von Kiautschou aus dem Jahr 1900 und das von Deutsch-Ostafrika. Das „Amtsblatt für das Deutsche Kiautschou-Gebiet" erschien ununterbrochen bis 1914 und ist komplett erhalten. Es ist eine wichtige Quelle aus erster Hand zur Erforschung und Deutung der Kolonialgeschichte des Kiautschou-Gebiets, der Stadtentwicklungsgeschichte von Tsingtau und der Geschichte der chinesisch-deutschen Beziehungen.

Das „Amtsblatt für das Deutsche Kiautschou-Gebiet" ist ein deutsch-chinesisch-sprachiger Amtsanzeiger, aber der Inhalt ist nicht komplett bilingual. Neben einem Teil der Verordnungen, Vorschriften usw. sind die anderen Teile nur auf Deutsch publiziert. Die Forscher und Leser ohne deutsche Sprachkenntnisse können diese nicht verstehen. Um die Geschichte der Kiautschou-Bucht und der Stadt Tsingtau allseitig und vollständig zu präsentieren und den Wert der deutsch-sprachigen Dokumenten als Quelle einschätzen zu können, hat sich das Archiv des Shinan-Bezirks der Stadt Tsingtau dazu entschieden, alle Jahrgänge des „Amtsblatts" in Kopie und Übersetzung neu zu publizieren. Es hat nicht nur Interpunktionszeichen für die chinesisch-sprachigen Bekanntmachungen gesetzt, noch wichtiger ist, dass auch die nur in Deutsch publizierten Inhalte komplett ins Chinesische übersetzt wurden. Für chinesische Leser stellen die Inhalte des „Amtsblatts für das Deutsche Kiautschou-Gebiets" eine wichtige Bereicherung dar. Sie bieten sehr wichtige Materialien aus erster Hand, die für die Erforschung dieser Epoche sehr wichtig sind. Dieses sehr wertvolle Projekt des Archivs des Shinan-Bezirks zollt der Geschichte Respekt und zeigt zugleich das nationale und kulturelle Selbstbewusstsein des chinesischen Volks. Es leistet damit einen sehr positiven Beitrag zur Steigerung der historischen und kulturellen Stellung von Tsingtau.

LI Lezeng
Oktober 2021

官报视角中的城市依规治理与有序发展

——《青岛官报(1904—1905)》导读

1904—1905年是近代中国社会急剧转型的重要年份,清朝统治者进行政治体制改革的尝试、革命派的强势崛起、思想文化的激荡冲突与迅速交替等,昭示着全国已经处于"山雨欲来风满楼"的时刻。其间发生的日俄战争、华兴会和中国同盟会成立、五大臣出洋、颁布"癸卯学制"及废除科举制度、北洋新军(六镇)编练完成等重大事件,均对此后的中国乃至东亚和世界局势产生了重要影响。

透过《青岛官报》观察同期的青岛,虽然不可避免地受到了国内政局及国际形势的影响,但其鲜明的特点则是呈现出与全国绝大多数城市和地区不同的运行轨迹。

1904—1905年,《青岛官报》共出刊107期(其中1904年53期、1905年54期),每周六出刊;其主体内容还是按照该报创建初期的定位,重点刊登法令条规、告白告示、土地拍卖、船运信息、物价汇率、天气情况、民生事业、社会治理等与青岛城市发展密切相关的信息。应特别关注的,是其中与日俄战争有关的内容。

1904年2月,日俄战争爆发,这场战争对东北亚国际体系重组乃至世界关系格局均影响深远,并为第一次世界大战甚至第二次世界大战的发生埋下了隐患。战争期间,清政府被迫采取所谓"局外中立"政策;德国政府也宣布中立,并要求"在帝国领土和德国保护地,以及身在国外的德国人,其所有行为均不得违反德国的中立"。[①] 1904年8月,胶澳总督府奉德皇威廉二世之命解除了败退至青岛的四艘俄国战船的武装,同时对受伤的俄军官兵进行了必要的救治;1905年1月又解除了两艘驶入青岛的俄国鱼雷艇的武装,并在《官报》上一再提醒公众,"临时停留在上述军舰上的俄军乘员视作已被拘留,不允许其参与战争行动,公众不得对他们违反中立的行动进行任何协助"。[②] 日俄战争结束后,胶澳总督府随即撤销了对停留在青岛港内俄国军舰的拘留令。胶澳总督府执行的中立政策及变通措施,既避免了直接卷入战争,又最大限度地维持了与日俄两国的关系,从而为青岛赢得了相对稳定的发展环境。

---

① 《青岛官报》(第五年第七号),1904年2月17日。
② 《告白》[N].《青岛官报》(第六年第一号),1905年1月7日。

一、保障城市运行的政府规制臻于完善

政府规制是对城市发展进行规范激励和对相关活动进行限制约束的基础和保障。1904年的《青岛官报》附录了1898—1904年该报刊载的法规和告白目录索引，1905年的《青岛官报》则附录了当年刊登的法规和告白目录，这既是对前期出台法规的总结和检视，更反映出胶澳总督府对城市规制重要性的认识。上述目录索引显示，1898—1900年的法规和告白数量较少（1898年6项、1899年13项、1900年37项），此后明显增多，1901—1905年分别为66项、86项、55项、78项和51项。法规和告白数量的变化，一定程度上代表了这座城市由起步建设到快速发展、再到平稳运行的不同阶段特征。

具体到1904和1905年，在充分借鉴德国国内经验做法并体现自主性的前提下，胶澳总督府及其相关部门密集出台了一系列城市规制，其中既有新制订的，也有修订完善和补充调整的。这些规制涵盖了政治、经济、军事、土地管理、城市建设、交通运输、生态保护、文化卫生、城市供水、邮电、殡葬等城市发展和民众生活的方方面面，且大都比较细化和具体化，反映出保障城市精细化治理的政府规制体系臻于完善。

规制的背后，体现的是施政者的思路和理念。从1904—1905年《青岛官报》记载的相关内容不难发现，胶澳总督府秉持的基本是当时欧洲比较流行的城市共同体构建理念，这种思路和理念对城市社会产生了重要的导向性作用。在此，仅以如下几例加以说明。

一是生态保护理念贯穿城市治理全过程。工业革命之前，植被覆盖率急剧下降、生物灭绝、湿地面积减小等生态问题就已经在欧洲出现；工业革命则进一步加速了对自然资源的消耗和对环境的破坏，导致了全球气候变化和生物多样性丧失等严重问题。这些问题也迫使人类社会开始用一种全新的眼光来看待和了解大自然，以英国为代表的欧洲国家从18世纪便开始了对自然生态的修复与保护工作。德国租借青岛后也将生态保护的理念移植过来，1904—1905年《青岛官报》发布了一系列与兔子保育期、育林、打猎、松树除虫、保护野鸡等与生态保护相关的法令、告白、通知及配套措施，对青岛城市早期的园林绿地建设、生态多样性保护、水文环境改善等发挥了非常重要的作用。

二是"破产"被纳入经济管理的范畴。破产是商品经济或市场经济发展到一定阶段的必然产物，因此，破产管理也是近代以来经济管理的重要组成部分。近代意义上的破产制度产生在18世纪初的英国，此后，随着资本主义经济的快速发展，以清算为主要方式的个人破产制度逐渐发展为清算、重整与和解等多种方式共同组成的法定破产处理规范。德国租借青岛后，对工商业发展实行的是在遵守规定章程前提下的"经营自由"政策，这种政策在推动经济快速发展的同时，也不可避免地会使一些投资主体因盲目扩张、经营不善、亏空等原因陷于破产倒闭的境地。1904—1905年《青岛官报》中发布的关于破产的告白、

通告等明显增多,从中不难发现,当时管理、实施破产的机构和程序等均已比较完备。

三是结婚登报折射出的城市治理成效。德国租借青岛后,一些西方人随之迁移而来。1904—1905年的《青岛官报》中刊载了近30则西方人的结婚公告,公告内容主要包括新郎和新娘的姓名、职业、出生地、年龄、现住地及双方父母姓名等基本信息。抛开西方社会的这种传统做法本身,我们可以从中感知到青岛对外籍人口的吸引力显著增强。上述结婚公告涉及的新郎,其职业包括行政专员、军官、建筑绘图师、建筑工程师、饭店老板、银行职员、警局看守、传教士、商人、旋毛虫检查员、工匠等,也从一个侧面体现出青岛的城市社会发展已经延伸到诸多行业。此外,青岛对外籍人口吸引力的增强还可以从外籍人口的数量中得到验证。根据胶澳总督府首次公布的青岛人口统计数字,1902年9月,青岛市区除驻军外,共计有欧洲人688人,其中男性532人、女性108人、10岁以下儿童48人。① 而到了1905年9月,青岛市区除士兵外,有欧洲人1 225人,其中男性641人、女性277人、10岁以下儿童192人、暂住人口115人;另有日本人207人、印度人9人。② 在青岛结婚定居的外籍人口增加,一方面折射出城市治理的成效,另一方面也反映了外籍人口对青岛的发展前景充满信心。当时在青岛的德国法官弗里德里希·贝麦博士在他为主要作者的《青岛及周边导游手册(1904)》一书中,就不吝赞美地写到:"青岛本身是整个中国最健康、最干净的城市";"作为一座海滨城市,她拥有美好的未来"。③

二、规制约束下的城市精细化治理有效实施

1904—1905年,随着胶澳总督府行政管理体系的逐步完善、相关法规条令的制定实施以及对立法、宣誓和强制执行等的日益重视,青岛各项事业逐步走上了稳定发展的快车道,呈现出规制约束下城市有效治理与经济社会有序发展的基本特征。

一是完善的土地政策保障了城市发展的土地需求。德租青岛初期颁布实施的《购地准则》《置买田地章程》《胶州湾德意志保护领域土地取得条例》及土地税、地产权益政策等规条,保障了城市建设和各项事业发展所需的土地供给,但也导致了不按规划使用土地或闲置土地、收税员侵吞税款等现象的出现。为解决上述问题,胶澳总督府对相关政策进行了调整。1904年1月9日出刊的《青岛官报》刊载《关于对胶澳地区地产权益修订和补充的命令》,以浮动地产税的方式对"偏离所准许的使用规划或者在设定期限内未执行者"做出约束;1904年5月7日《青岛官报》刊载的《胶澳德属境内田地易主章程》和《德境内征收钱粮章程》,则对中国人之间的土地买卖做出明确规定。这些土地法规的补充和修订,使胶澳租借地的土地政策体系更加完善,尤其是新地税法的实施,在大幅提高胶澳总督府

---

① 青岛市档案馆.青岛开埠十七年:《胶澳发展备忘录》全译[M].北京:中国档案出版社,2007:193.
② 同①:363-364.
③ 贝麦,克里格.青岛及周边导游手册(1904)[M].朱轶杰,译.上海:同济大学出版社,2020:7.

地产税收入的同时,更好地保障了土地交易的有序进行。刊发土地拍卖信息是1904—1905年《青岛官报》的重要组成部分之一。土地拍卖告白的主要内容,除包括申请人、拍卖时间、拍卖地点、地块位置、土地面积等基本信息外,还对利用规划和建造期限等做出了约定。拍卖告白显示,这两年间进入交易程序的土地主要位于大港火车站以南的大鲍岛、会前湾等区域,这些区域的开发建设标志着青岛城市规模的进一步拓展。另据《胶澳发展备忘录》的统计数据,1904年10月至1905年10月,胶澳总督府出售了价值108 000银元的地块,而上一统计年度仅为36 000银元;地租收入则由18 000银元增加到28 000银元。① 至1905年9月30日,共有197户非华人和174户华人土地所有者,分别在地籍册上登记了214公顷98公亩43平方米和16公顷62公亩38平方米的地产。② 这说明当时的土地流转和买卖异常活跃。

二是特色鲜明的城市建设飞速发展。与土地大批拍卖、租售相适应,1904—1905年的青岛城市建设快速发展。1904年3月,总投资85万马克的胶澳总督府屠宰场开工;5月,胶澳总督府办公楼始建;6月17日,德国帝国海军部批复同意建立青岛历史上第一个正式的档案馆——殖民地档案馆;是年,大港一号码头建立验潮井,青岛港由此成为中国最早进行潮汐观测的港口之一;同年,由德国殖民协会私人捐助的梅克伦堡疗养院兴建、位于今南海路23号汇泉湾畔的海滨旅馆落成,成为推动旅游业快速发展的重要基础设施。1905年10月,胶澳总督官邸始建;11月4日,警察公署大楼竣工并投入使用;是年,作为德国侵占青岛重要海防设施的俾斯麦炮台(青岛山炮台)建成。同期,一大批城市道路、欧式住房、中式住房、工厂商店用房及其他实业设施等也先后开工或竣工。上述建筑风格不同、使用性质各异的建筑和街道、街区,成为青岛早期"山、海、城、岛"一体城市空间格局和"红瓦绿树、碧海蓝天"城市风貌特色的重要组成部分。这时的青岛,已经初步成长为一座既有欧式风情特色、又有中西方建筑文化融合的海滨城市(参见本书封面上的青岛城区全景照片)。

三是城市治理的精细化水平不断提高。1904年出台的一系列供水规条,使青岛从实行城市供水之初就有了较为规范的章则约束;1904年11月1日,胶澳总督府颁布的《更订〈胶澳德境以内各项船只车辆往来并开设饭店酒馆买卖军械弹药中国戏园书馆当铺及发彩票等铺规条〉》中,对胶澳德境以内"车辆往来管理"做出规定,第一次以行政法规的形式确定了道路交通管理的基本准则;1905年7月31日胶澳总督府颁布的《青岛志愿消防队报警规定》,则是青岛历史上的首部消防法规。1905年4月,《青岛官报》开始公布上一月李村市场粮食、副食品等的平均物价,自6月起又增加了台东镇和薛家岛市场的平均物

---

① 青岛市档案馆.青岛开埠十七年:《胶澳发展备忘录》全译[M].北京:中国档案出版社,2007:334.
② 同①:337.

价,反映了政府对稳定物价和保障民生的重视;同年8月,《青岛官报》开始按月公布上一月份皇家天文台记录的青岛天气情况,成为青岛在中国最早开展气象科学事业的见证。此外,《青岛官报》中刊发的诸如中国旧历新年期间燃放鞭炮的规定、打扫烟囱的规定、居民养狗的规定、青岛及周边房屋编号的规定等等,无不体现着城市治理精细化程度和水平的不断提高。

三、推动对外贸易快速发展的港铁联运体系初步形成

任何港口城市的兴起与发展,都不是突发式、跃进式的,而是与海上、陆上交通的发展相辅相成的。早在1869年,德国地理、地质学家李希霍芬就高度肯定了胶州湾一带的自然条件与区位优势。在他看来,通过建设港口和铁路,可以使其成为一个最方便的、永久的、与中国东北部铁路网相连的海上门户和中国北部交通终点站。继李希霍芬之后,先后考察过胶州湾的德国东亚舰队司令、海军上将梯尔匹茨和德国帝国海军部顾问、筑港工程师弗朗裘斯等人均提出了大致相同的看法。基于此,在对青岛进行规划建设之初,胶澳总督府便把建设胶济铁路与青岛港共同摆在首要位置。1899年9月9日胶济铁路动工兴建;1901年,小港工程竣工,大港工程全面展开。

1904年3月5日的《青岛官报》刊载了德国皇家总督都沛禄于3月1日签发的一则告白:"为了满足商人们的各项愿望,从今年3月7日开始,大港1号码头上带有临时设施的部分将向公共交通开放",宣告了青岛港铁联运时代的到来。1904年3月6日,青岛大港一号码头北岸5个泊位建成并投入运营,港口专用铁路也被铺设到码头上;6月1日,胶济铁路全线通车。胶济铁路将山东北部最重要的煤炭产地和青岛与济南之间最重要的城镇密切连接了起来,青岛与其腹地以及与北部中国的交通运输条件大为改善;青岛港则进一步增强了青岛与国内外其他港口城市的经贸往来。港铁联运体系的初步形成,推动青岛内陆运输及航运事业发生了根本性改变,从而使自由港制度的实施有了更加坚实的依托,奠定了青岛作为中国沿海重要中心城市和国际性港口城市的基石。

1904—1905年《青岛官报》除刊发有关港口、铁路建设运营的相关消息外,还详细登载了铁路运费、《山东铁路公司火车时刻表》及其变动等相关情况,尤其应该引起我们注意的是对船运信息的刊载。船运信息是对上周(有时超过一周)青岛港海运航线航班情况的汇总,主要内容包括到达青岛港的日期、轮船名称、船长姓名、挂旗国籍、登记吨位、出发港、出发日期、到达港等。1904—1905年出刊的107期《青岛官报》仅有5期没有登载船运信息,通过对这些船运信息进行汇总整理发现,两年间首发或经停青岛的船运航班共计952班,平均每周8.9班;国内航线通达上海、芝罘(今烟台)、香港、基隆、厦门、天津、宁波、打狗(今台湾高雄)、汉口等全国沿海港口城市,国际航线则涵盖了日本、朝鲜半岛、东

南亚以及英国、德国、法国、荷兰、美国、俄国等欧美国家乃至非洲等地的港口城市。这些信息直观地反映出，青岛港的吞吐量、船舶数量、航线网络、运力覆盖范围和运力密度等均得到了快速发展。

从1904—1905年的《青岛官报》还可以看出，为了鼓励港铁联运的发展，胶澳总督府采取了一系列行之有效的措施。这一时期，虽然日俄战争对贸易尤其是对航运业发展带来了非常明显的不利影响，但青岛的内外贸易仍然得到了良好的发展，山东内地的出口货物很多都取道胶济铁路由青岛港运出。据《胶澳发展备忘录》记载，1903年10月至1904年10月，青岛的"船舶交通由272艘船和286 260登记吨增加到337艘船和388 323登记吨，设于青岛的中国海关收入从441 000银元增加到了618 000银元，转口贸易值则由17 276 732银元增加到24 861 262银元"；[①]贸易额比上一统计年度增长了44%，与1902年相比增长了170%，其中增长最多的是欧洲的进出口货物。[②] 1904年10月至1905年10月，青岛的船舶交通增长到413艘船和420 517登记吨，海关收入增长到796 000银元，转口贸易值达到32 426 596银元。[③] 到1906年时，青岛港的贸易额超过了烟台港；1907年上半年结束时，青岛的关税额已在中国36个海关中位列上海、广州、天津、汉口、汕头和镇江之后，排名第7。到1913年，青岛港的关税收入在华北五港（天津、烟台、牛庄、大连、青岛）中仅次于天津，居第2位；贸易额排在天津和大连之后，居第3位，已经成为东亚的重要港口和贸易中心之一。

毫无疑问，德国的占领和经营是以将青岛建设成为"模范殖民地"为意图，进而实现其长期侵略、掠夺以青岛、山东为中心的中国和中国人民的目的。但不可否认的是，1904—1905年《青岛官报》中展示出的德租当局在行政管理、城市建设、司法制度、土地政策、社会事业、生态保护等诸方面施行的一系列政策和措施，也是青岛城市历史发展进程中的重要一环，对青岛后来的发展产生了重要影响。对于这些问题，应历史地、辩证地、发展地看待，并从人类社会发展和社会更替角度进行考量和分析，尤其应在深刻认识殖民主义本质并做出客观评价的基础上，充分挖掘利用《青岛官报》中蕴含的宝贵历史信息，为深化青岛历史文化研究服务，为当前正在进行的历史城区保护更新和老城区申遗服务，也为当今青岛各项事业的发展服务。

柳 宾
2023年10月

---

① 青岛市档案馆.青岛开埠十七年：《胶澳发展备忘录》全译[M].北京：中国档案出版社，2007：272.
② 同①：279.
③ 同①：333.

Vorschriftsgemäße Verwaltung und geordnete Entwicklung der Stadt Qingdao im Spiegel des „Amtsblatts für das deutsche Kiautschou-Gebiet"

—Begleitvorwort für das „Amtsblatt für das deutsche Kiautschou—Gebiet" (1904—1905)

Die Jahre 1904 — 1905 waren wichtige Jahre für den raschen Wandel der chinesischen Gesellschaft der Neueren Zeit. Die Versuche der Mandschu-Herrscher, das politische System zu reformieren, der starke Aufstieg der Revolutionäre, die turbulenten Konflikte und der rasche Wechsel von Ideen und Kulturen usw. deuteten darauf hin, dass sich das Land in einem Moment von „vollem Windzug im Gebäude vor Gebirgsgewitter" befand. Der Russisch-Japanische Krieg, die Gründung der Huaxing-Gesellschaft (Gesellschaft des Aufschwungs Chinas) und der Chinesischen Tongmeng-Gesellschaft (Gesellschaft der Revolutionsallianz Chinas), die Missionen der fünf Minister in die überseeischen Länder, die Verkündung des „Bildungssystems vom Jahre Kuimao (1903)" und die Abschaffung des traditionellen kaiserlichen Prüfungs- und Beamtenauswahlsystems für sowie der Abschluss der Ausbildung und Formierung der Neuen Armee von Beiyang (insgesamt sechs Divisionen) waren allesamt wichtige Ereignisse, die die Situation in China und sogar in Ostasien und der Welt maßgeblich beeinflussten.

Betrachtet man Qingdao im selben Zeitraum anhand des vorliegenden „Amtsblatts für das deutsche Kiautschou-Gebiet" (im Folgenden abgekürzt als das „Amtsblatt"), so fällt auf, dass die Stadt zwar unweigerlich von der innenpolitischen und internationalen Lage beeinflusst wurde, sich aber dennoch von der Entwicklung der allermeisten Städte und Regionen des Landes unterschied.

Von 1904 bis 1905 erschienen jeweils samstags insgesamt 107 Nummern des „Amtsblatts" (davon 53 Nummern im Jahre 1904 und 54 im Jahre 1905). Der Hauptinhalt entsprach—wie in den Vorjahren—noch immer der Positionierung der Zeitung in der Anfangsphase ihrer Gründung und konzentrierte sich auf die Veröffentlichung von Dekreten und Verordnungen, Bekanntmachungen,

Landauktionen, Schifffahrtsinformationen, Marktpreisen und Wechselkursen, Wetterbedingungen, soziale Angelegenheiten sowie der Gesellschaftsverwaltung und anderer Informationen, die eng mit der Entwicklung der Stadt Qingdao verbunden waren. Eine besondere Bedeutung erhält der Inhalt im Zusammenhang mit dem Russisch-Japanischen Krieg.

Im Februar 1904 brach der Russisch-Japanische Krieg aus, der weitreichende Auswirkungen auf die Umstrukturierung des internationalen Systems in Nordostasien und sogar auf das Muster der Weltbeziehungen hatte und bereits eine versteckte Gefahr für das Ausbrechen des Ersten und sogar des Zweiten Weltkriegs darstellte. Während des Krieges sah sich die Qing-Regierung gezwungen, eine Politik der sogenannten „Neutralität als Außenseiter" zu verfolgen; auch die deutsche Regierung erklärte ihre Neutralität und erklärte, dass „hiermit für jedermann im Reichsgebiet und in den deutschen Schutzgebieten, sowie für die Deutschen im Ausland die Verpflichtung eingetreten ist, sich aller Handlungen zu enthalten, die der Neutralität Deutschlands zuwiderlaufen"[1]. Im August 1904 entwaffnete das Kiautschou-Gouvernement auf Befehl Kaiser Wilhelm II. vier nach Qingdao geflüchtete russische Kriegsschiffe und versorgte gleichzeitig die verwundeten russischen Offiziere und Matrosen; im Januar 1905 entwaffnete es zwei russische Torpedoboote, die in Qingdao eingelaufen waren, und erinnerte die Öffentlichkeit im „Amtsblatt" immer wieder daran, dass die „vorläufig auf den Schiffen verbleibende russische Besatzung als interniert gilt und sich an Kriegsoperationen nicht beteiligen darf, und das Publikum ihr zu keinen gegen die Neutralität verstoßenden Handlungen Vorschub leisten darf"[2]. Unmittelbar nach dem Ende des Russisch-Japanischen Krieges hob das Kiautschou-Gouvernement den Arrestbefehl für die im Hafen von Qingdao liegenden russischen Kriegsschiffe auf. Durch die Neutralitätspolitik und die flexiblen Maßnahmen des Kiautschou-Gouvernements wurden einerseits eine direkte Verwicklung in den Krieg vermieden, andererseits die Beziehungen zu Japan und Russland so weit wie möglich aufrechterhalten, wodurch Qingdao ein relativ stabiles Umfeld für seine Entwicklung gewann.

I. Bessere administrative Regulierung zur Gewährleistung der städtischen Funktionen

Administrative Regulierungen sind Grundlage und Garantie für musterhafte

---

[1] Siehe Amtsblatt für das deutsche Kiautschou-Gebiet, 5. Jahrgang, Nr. 7, 17. Februar 1904.
[2] Bekanntmachung [N]. In: Amtsblatt für das deutsche Kiautschou-Gebiet, 6. Jahrgang, Nr. 1, 7. Jan. 1905.

Motivationen für die Stadtentwicklung und Einschränkung und Regulierungen für entsprechende Angelegenheiten. Das „Amtsblatt" des Jahrganges 1904 enthält ein Verzeichnis der von 1898 bis 1904 in der Zeitung veröffentlichten Verordnungen und Bekanntmachungen, während der Jahrgang 1905 ein Verzeichnis der im selben Jahr veröffentlichten Verordnungen und Bekanntmachungen enthält, der nicht nur eine Zusammenfassung und Überprüfung der früheren Verordnungen darstellt, sondern auch das Bewusstsein des Kiautschou-Gouvernements für die Bedeutung der städtischen Regulierung widerspiegelt. Die o. g. Verzeichnisse zeigen, dass die Zahl der Verordnungen und Bekanntmachungen in den Jahren 1898—1900 relativ gering war (sechs im Jahr 1898, 13 im Jahr 1899 und 37 im Jahr 1900) und dann mit 66, 86, 55, 78 bzw. 51 in den Jahren 1901—1905 deutlich anstieg. Die Entwicklung der Zahl der Verordnungen und Bekanntmachungen spiegelt in gewisser Weise die verschiedenen Phasen wider, die den Übergang der Stadt vom anfänglichen Aufbau über die rasche Entwicklung bis hin zum reibungslosen Betrieb kennzeichnen.

Insbesondere in den Jahren 1904 und 1905 führten das Kiautschou-Gouvernement und seine zuständigen Abteilungen unter der Prämisse, sich vollständig auf die Erfahrungen und Praktiken in Deutschland zu stützen und ihre Autonomie widerzuspiegeln, intensiv eine Reihe von städtischen Verordnungen ein. Darunter befinden sich sowohl neue Verordnungen als auch solche, die überarbeitet, verbessert, ergänzt und angepasst wurden. Diese Verordnungen decken alle Aspekte der Stadtentwicklung und des Lebens der Menschen ab, wie z. B. Politik, Wirtschaft, Militär, Grundstücksverwaltung, Städtebau, Verkehr und Transport, Umweltschutz, Kultur und Gesundheitswesen, städtische Wasserversorgung, Post und Telegraphie, Beerdigungen usw. Die meisten von ihnen sind relativ detailliert und spezifisch, was zeigt, dass das administrative Regulierungssystem zur Gewährleistung einer guten Verwaltung der Stadt perfektioniert wurde.

Hinter den Vorschriften stehen die Ideen und die Philosophie der Regierenden. Aus dem „Amtsblatt" der Jahre 1904—1905 geht hervor, dass das Kiautschou-Gouvernement im Wesentlichen das damals in Europa populäre Konzept des Aufbaus einer städtischen Gemeinschaft vertrat und dass diese Art von Ideen und Philosophie eine wichtige Leitfunktion in der städtischen Gesellschaft hatte. Dies wird im Folgenden mit einigen Beispielen erläutert.

Erstens zieht sich das Konzept des Umweltschutzes durch den gesamten Prozess der städtischen Verwaltung. Bereits vor der industriellen Revolution traten in Europa ökologische Probleme wie der starke Rückgang der Vegetationsdecke, das Artensterben und die Verringerung der Größe von Feuchtgebieten auf. Die industrielle Revolution beschleunigte die Erschöpfung der Naturressourcen und die Umweltzerstörung noch weiter, was zu ernsten Problemen wie dem globalen Klimawandel und dem Verlust der biologischen Vielfalt führte. Diese Probleme zwangen auch die menschliche Gesellschaft, die Natur mit einem neuen Blick zu betrachten und zu verstehen. Die europäischen Länder, vertreten durch das Vereinigte Königreich, begannen ab dem 18. Jahrhundert mit der Wiederherstellung und dem Schutz der natürlichen Ökologie. Nach der deutschen Besetzung Qingdaos wurde das Konzept des Umweltschutzes auch hierhergebracht. 1904—1905 publizierte das „Amtsblatt" eine Reihe von Verordnungen, Bekanntmachungen, Mitteilungen und unterstützenden Maßnahmen in Bezug auf die Schonzeit von Hasen, die Forstwirtschaft, die Jagd, die Raupentötung im Kiefernwald, den Schutz von Fasanen und andere ökologische Schutzmaßnahmen, die eine sehr wichtige Rolle bei der Anlage von Gärten und Grünflächen, dem Schutz der ökologischen Vielfalt und der Verbesserung der hydrologischen Umwelt der Stadt Qingdao in der Anfangszeit spielten.

Zweitens wurde der „Konkurs" in den Bereich der Wirtschaftsverwaltung aufgenommen. Der Konkurs ist ein unvermeidliches Produkt der Entwicklung der Warenwirtschaft oder der Marktwirtschaft bis zu einem bestimmten Stadium, daher ist die Konkursverwaltung seit der Neuzeit auch ein wichtiger Bestandteil der Wirtschaftsverwaltung. Das moderne Konkurssystem wurde im frühen 18. Jahrhundert in Großbritannien geschaffen, und seither hat sich mit der raschen Entwicklung der kapitalistischen Wirtschaft das persönliche Konkurssystem mit der Liquidation als Hauptmethode allmählich zu den gesetzlichen Konkursnormen entwickelt, die sich aus Liquidation, Reorganisation und Vergleich sowie anderen Methoden zusammensetzen. Nach der deutschen Besetzung von Qingdao wurde für die Entwicklung von Industrie und Handel die Politik der „Betriebsfreiheit" unter der Prämisse der Einhaltung der vorgeschriebenen Statuten umgesetzt. Dies förderte die rasche Entwicklung der Wirtschaft, führte aber auch unweigerlich zum Konkurs und zur Schließung einiger Investitionsunternehmen aufgrund von blinder Expansion, Missmanagement und Defiziten usw. 1904—1905 stieg im „Amtsblatt" die Zahl der veröffentlichten Konkursbekanntmachungen und -mitteilungen deutlich an, woraus unschwer zu erkennen ist, dass die Institutionen und das Verfahren zur Verwaltung und Durchführung von Konkursen zu diesem Zeitpunkt bereits relativ ausgeprägt waren.

Drittens spiegelte sich die Wirksamkeit der städtischen Verwaltung in den veröffentlichten Aufgeboten wider. Nach der deutschen Besetzung Qingdaos wanderte eine Reihe westlicher Bürger in die Stadt ein, und das „Amtsblatt" aus den Jahren 1904—1905 enthielt fast 30 Heiratsanzeigen von westlichen Bürgern, darunter die Namen der Braut und des Bräutigams, deren Berufe, Geburtsorte, Alter, derzeitige Wohnorte und die Namen der Eltern usw. Abgesehen von dieser traditionellen Praxis in westlichen Gesellschaften können wir feststellen, dass Qingdao für die ausländische Bevölkerung erheblich an Attraktivität gewonnen hatte. Die oben erwähnten Heiratsanzeigen nennen Bräutigame, die unterschiedlichsten Berufsgruppen angehörten, darunter Verwaltungskommissare, Militäroffiziere, Bauzeichner, Bauingenieure, Restaurantbesitzer, Bankangestellte, Polizeibeamte, Missionare, Geschäftsleute, Raupeninspektoren, Handwerker. Dies spiegelt die Tatsache wider, dass sich die soziale Entwicklung Qingdaos mittlerweile auf ein breites Spektrum von Berufen erstreckt hat. Die gestiegene Attraktivität Qingdaos für die ausländische Bevölkerung lässt sich auch an der Zahl der Ausländer ablesen. Laut der ersten Bevölkerungsstatistik von Qingdao, die vom Kiautschou-Gouvernement veröffentlicht wurde, lebten im September 1902 insgesamt 688 Europäer im Stadtgebiet von Qingdao (ohne die Garnison), davon 532 Männer, 108 Frauen und 48 Kinder unter zehn Jahren[1]. Im September 1905 lebten im Stadtgebiet von Qingdao neben den Soldaten 1.225 Europäer, darunter 641 Männer, 277 Frauen, 192 Kinder unter zehn Jahren und 115 vorübergehend Ansässige; hinzu kamen 207 Japaner und neun Inder[2]. Der Anstieg der Zahl der Ausländer, die in Qingdao heiraten und sich dort niederließen, spiegelt zum einen die Effizienz der Stadtverwaltung wider und zum anderen das Vertrauen der Ausländer in die Entwicklungsperspektiven von Qingdao. Dr. Friedrich Behme, ein deutscher Richter in Qingdao, schrieb in seinem Buch „Führer durch Tsingtau und Umgebung" (1904), dass „Tsingtau selbst [der] gesundeste und sauberste Platz in ganz China" ist, und dass „es sicher als Badeort eine Zukunft[3]" hat.

---

[1] Qingdaoer Stadtarchiv. Denkschrift betreffend die Entwicklung des Kiautschou-Gebiets, übersetzte Ausgabe [M]. Beijing: Archivverlag Chinas, 2003: 193.
[2] mit [1]: 363-364.
[3] BEHME F, KRIEGER M. Führer durch Tsingtau und Umgebung (1904) [M]. Yijie Zhu, übers. Shanghai: Verlag der Tongji-Universität, 2020: 7.

II. Wirksame Umsetzung einer verfeinerten städtischen Verwaltung unter regulatorischen Zwängen

In den Jahren 1904—1905, mit der allmählichen Verbesserung des Verwaltungssystems des Kiautschou-Gouvernements, der Formulierung und Umsetzung einschlägiger Gesetze und Verordnungen und der zunehmenden Bedeutung von Gesetzen, Eiden und Zwangsvollstreckungen, begannen die verschiedenen Unternehmen von Qingdao allmählich eine stabile Entwicklung auf der Überholspur, die die grundlegenden Merkmale der effektiven Verwaltung der Stadt und der wirtschaftlichen und sozialen Entwicklung unter den Zwängen der Regeln und Verordnungen aufweist.

Erstens garantiert die perfekte Bodenpolitik den Bedarf an Grund und Boden für die Stadtentwicklung. In der Anfangszeit der deutschen Besatzung von Qingdao wurden die „Richtlinien für den Erwerb von Grundstücken", die „Verordnungen über den Erwerb von Grundstücken ", die „ Verordnungen über den Erwerb von Grundstücken im Schutzgebiet der Kiautschou-Bucht" und andere Verordnungen wie die Grundsteuer und die Politik der Immobilienrechte erlassen und umgesetzt, die die Versorgung mit Grundstücken für den städtischen Bau und die Entwicklung verschiedener Unternehmen sicherstellten. Sie führten aber auch zu dem Phänomen der Nichtnutzung von Grundstücken gemäß dem Plan oder von ungenutzten Grundstücken und dem Phänomen der Veruntreuung von Steuern durch Steuereintreiber usw. Um die oben genannten Probleme zu lösen, passte das Kiautschou-Gouvernement die entsprechenden Richtlinien an, und im „Amtsblatt" vom 9. Januar 1904 wurde die „Verordnung über Abänderung und Ergänzung der Verordnung betreffend die Rechte an Grundstücken im Kiautschou-Gebiet" veröffentlicht. Diese sollte die „Abweichung von dem genehmigten Benutzungsplane oder seiner Nichtausführung innerhalb der gesetzten Frist" durch die Erhebung einer variablen Immobiliensteuer regulieren. Die am 7. Mai 1904 im „ Amtsblatt " veröffentlichte „ Verordnung betreffend Landübertragungen unter der chinesischen Bevölkerung in dem deutschen Kiautschougebiete" und die „Verordnung betreffend die Erhebung von chinesischen Grundsteuern in dem deutschen Kiautschougebiete " regelten den Kauf und Verkauf von Grundstücken zwischen Chinesen ganz klar und deutlich. Diese Ergänzungen und Änderungen der Bodengesetze und -verordnungen verbesserten das bodenpolitische System im Kiautschou-Schutzgebiet, insbesondere die

Umsetzung des neuen Grundsteuergesetzes, das die Einnahmen des Kiautschou-Gouvernements aus der Grundsteuer deutlich erhöhte und gleichzeitig die ordnungsgemäße Abwicklung von Grundstückstransaktionen zuverlässiger garantierte. Die Veröffentlichung von Informationen über Grundstücksversteigerungen war einer der wichtigsten Bestandteile des „Amtsblatts" in den Jahren 1904—1905. Der Hauptinhalt der Grundstücksversteigerungsbekenntnisse umfasste nicht nur grundlegende Informationen wie den Antragsteller, die Versteigerungszeit, den Versteigerungsort, die Lage des Grundstücks, die Grundstücksfläche usw., sondern es wurden hierin auch der Nutzungsplan und die Bauzeit vereinbart. Aus den Versteigerungserklärungen geht hervor, dass die Grundstücke, die in diesen beiden Jahren in das Handelsverfahren einbezogen wurden, hauptsächlich im Gebiet Tapautau und der Huiqian-Bucht südlich des Bahnhofs des Großen Hafens liegen, und dass die Entwicklung und Bebauung dieser Gebiete die weitere Ausdehnung der Stadt Qingdao markieren. Nach den Statistiken der „Denkschrift betreffend die Entwicklung des Kiautschou-Gebiets" verkaufte das Kiautschou-Gouvernement von Oktober 1904 bis Oktober 1905 Grundstücke im Wert von 108.000 Silber-Dollar, verglichen mit nur 36.000 Silber-Dollar im vorangegangenen statistischen Jahr, während die Einnahmen aus Landpachten von 18.000 Silber-Dollar auf 28.000 Silber-Dollar[①] stiegen. Am 30. September 1905 waren 197 nichtchinesische und 174 chinesische Landbesitzer mit 214 Hektar bzw. 98 Morgen und 43 Quadratmetern und 16 Hektar bzw. 62 Morgen und 38 Quadratmetern Land[②] im Kataster eingetragen. Dies deutet darauf hin, dass der Landtransfer und -handel zu dieser Zeit äußerst aktiv war.

Zweitens entwickelte sich der Städtebau mit besonderen Merkmalen rasch. Entsprechend der großen Anzahl der Landversteigerungen und -verpachtungen, entwickelte sich die Stadt Qingdao zwischen 1904 und 1905 sehr rasch. Im März 1904 begann der Bau des Gouvernementsschlachthofes mit einer Investitionssumme von 850.000 Reichsmark, im Mai der Bau des Gouvernementsdienstgebäudes. Am 17. Juni genehmigte das deutsche Reichsmarineamt die Einrichtung des ersten offiziellen Archivs in der Geschichte Qingdaos, des Archivs in der Kolonie. Im selben Jahr wurde in der ersten Anlegestelle im Großen Hafen ein Gezeitenbrunnen errichtet, wodurch der

---

① Qingdaoer Stadtarchiv. Denkschrift betreffend die Entwicklung des Kiautschou-Gebiets, übersetzte Ausgabe [M]. Beijing: Archivverlag Chinas, 2003: 334.
② mit ①: 337.

Hafen von Qingdao zu einem der ersten Häfen Chinas wurde, in dem Gezeitenbeobachtungen durchgeführt wurden. Ferner errichtete das Mecklenburghaus, das von der deutschen Kolonialgesellschaft privat gestiftet worden war, am Ufer der Huiqian-Bucht in der Nanhai-Straße Nr. 23 das Strandhotel, das zu einem wichtigen Bestandteil für die rasche Entwicklung des Tourismus wurde. Im Oktober 1905 wurde die offizielle Residenz des Gouverneurs von Kiautschou gebaut. Am 4. November wurde das Gebäude der Polizeistation fertiggestellt und in Betrieb genommen. Im selben Jahr wurde die Bismarck-Batterie (Qingdao-Berg-Batterie) fertiggestellt, die eine wichtige Seeverteidigungsanlage gegen die Invasion von Qingdao war. Im gleichen Zeitraum wurden auch zahlreiche Stadtstraßen, Wohnhäuser im europäischen und chinesischen Stil, Fabriken, Geschäfte und andere Industrieanlagen in Angriff genommen oder fertiggestellt. Die oben genannten Gebäude, Straßen und Stadtteile mit unterschiedlichen architektonischen Stilen und unterschiedlichen Nutzungseigenschaften wurden zu einem wichtigen Teil des frühen städtischen Raummusters von Qingdao mit „Bergen, Meer, Stadt und Insel" und dem Stadtbild mit „roten Fliesen, grünen Bäumen, blauem Meer und blauem Himmel". Zu dieser Zeit entwickelte sich Qingdao zu einer Küstenstadt mit europäischen Stilelementen und einer Verschmelzung chinesischer und westlicher Architekturkulturen (siehe das Panoramabild der Stadt Qingdao auf dem Umschlag dieses Buches).

Drittens wurde die städtische Verwaltung ständig verfeinert. 1904 führte eine Reihe von Wasserversorgungsvorschriften dazu, dass Qingdao von Beginn der Umsetzung der Wasserversorgung der Stadt ein standardisiertes Regelwerk für diesen Bereich hatte. Am 1. November 1904 verkündete das Kiautschou-Gouvernement in der „Verordnung betreffend Gewerbescheine" innerhalb des Gebiets den „gewerbsmäßigen Betrieb von Luxuswagen, Lastwagen, Karren, Rikschas und Fahrrädern" zu regulieren. Am 31. Juli 1905 verkündete das Kiautschou-Gouvernement die „Alarmordnung für die Freiwillige Feuerwehr Tsingtau", die erste Feuerlöschordnung in der Geschichte von Qingdao. Im April 1905 begann das „Amtsblatt" mit der Veröffentlichung der Durchschnittspreise für Getreide und Lebensmittel auf dem Markt von Litsun (Li Cun) im Vormonat und fügte seit Juni die Durchschnittspreise auf den Märkten von Taitungtschen (Tai Dong Zhen) und Hsüe Tschia tau (Xue Jia Dao) hinzu, was das Bestreben der Regierung widerspiegelt, die Preise zu stabilisieren und den Lebensunterhalt der Menschen zu sichern. Im August desselben Jahres begann das „Amtsblatt" mit der monatlichen Veröffentlichung der vom kaiserlichen Observatorium im Vormonat aufgezeichneten Wetterbedingungen in Qingdao, was das früheste Zeugnis der Entwicklung meteorologischer wissenschaftlicher Unternehmungen in Qingdao und in China generell ist. Darüber hinaus sind die Vorschriften über Feuerwerkskörper während des chinesischen Neujahrsfestes, das Schornsteinfegen, die Hundehaltung, die Hausnummerierung in und um Qingdao usw. alles Beispiele für die zunehmende Verfeinerung und das Niveau der Stadtverwaltung.

III. Erstmalige Schaffung eines intermodalen Verkehrssystems Hafen-Eisenbahn zur Förderung der raschen Entwicklung des Außenhandels

Der Aufstieg und die Entwicklung einer Hafenstadt erfolgt nicht plötzlich und sprunghaft, sondern komplementär zur Entwicklung des See- und Landverkehrs. Bereits 1869 bescheinigte der deutsche Geograph und Geologe Ferdinand von Richthofen der Kiautschou-Bucht hervorragende natürliche Bedingungen und Standortvorteile. Seiner Meinung nach könnte die Bucht durch den Bau des Hafens und der Eisenbahn zu einem äußerst bequemen und dauerhaften maritimen Tor zum Eisenbahnnetz Nordostchinas und zu einem Verkehrsterminal für Nordchina werden. Nach Richthofen vertraten auch Admiral Tirpitz, Befehlshaber der deutschen Ostasienflotte, der die Kiautschou-Bucht besuchte, und Georg Franzius, Geheimer Baurat der kaiserlichen Marine und Hafenbauingenieur, mehr oder weniger dieselbe Ansicht. Auf dieser Grundlage setzte das Kiautschou-Gouvernement zu Beginn der Planung und der Anlage von Qingdao den Bau der Tsingtau-Tsinanfu-Bahnstrecke und des Hafens von Qingdao gemeinsam an die erste Stelle des Infrastrukturplans. Am 9. September 1899 erfolgte der Baubeginn der Tsingtau-Tsinanfu-Bahnstrecke. 1901, nach Abschluss des Projekts des kleinen Hafens, war das Projekt des großen Hafens in vollem Gange.

Das „Amtsblatt" vom 5. März 1904 veröffentlichte eine Bekanntmachung des deutschen königlichen Gouverneurs Truppel vom 1. März: „Um den Wünschen der Kaufmannschaft entgegen zu kommen, wird vom 7. März d.s Js. ab ein Teil der Mole 1 des großen Hafens mit provisorischen Einrichtungen dem öffentlichen Verkehr freigegeben", womit die Ära des Qingdaoer Hafen-Bahn-Transports eingeläutet wurde. Am 6. März 1904 wurden fünf Liegeplätz am Nordufer der Mole 1 des Großen Hafens fertiggestellt und in Betrieb genommen, und die spezielle Hafenbahn wurde auf die Mole verlegt. Am 1. Juni wurde die gesamte Tsingtau-Tsinanfu-Bahnstrecke für den Verkehr freigegeben. Die Tsingtau-Tsinanfu-Bahnstrecke verbindet das wichtigste Kohlefördergebiet im Norden der Provinz Shandong und die wichtigsten Städte zwischen Qingdao und Jinan eng miteinander. Die Transportbedingungen zwischen Qingdao und seinem Hinterland sowie mit dem Norden Chinas wurden dadurch erheblich verbessert. Der Hafen von Qingdao fördert den Wirtschafts- und Handelsaustausch zwischen Qingdao und anderen Hafenstädten im In- und Ausland. Die erstmalige Einrichtung des intermodalen Verkehrssystems Hafen-Schiene hat zu grundlegenden Veränderungen in Qingdaos Binnentransport- und Schifffahrtsgeschäft geführt und damit eine solide Grundlage für die Umsetzung des Freihafensystems geschaffen sowie den Grundstein dafür gelegt, dass Qingdao zu einem wichtigen Zentrum an der chinesischen Küste und zu einer internationalen Hafenstadt wurde.

Das „Amtsblatt" für das deutsche Kiautschou-Gebiet von 1904—1905 veröffentlichte nicht nur Nachrichten über den Bau und den Betrieb von Häfen und Eisenbahnen, sondern lieferte auch detaillierte Informationen über die Frachttarife der Eisenbahnen, u. a. den „Schantung-Eisenbahn Fahrplan" und seine Änderungen. Was wir besonders beachten sollten, ist die Veröffentlichung von Schiffsinformationen. Die Schifffahrtsinformationen beinhalten eine Zusammenfassung der letzten Woche (manchmal mehr als eine Woche) von Fahrten auf der Schifffahrtsroute des Hafens von Qingdao, einschließlich des Ankunftsdatums im Hafen von Qingdao, des Namens des Schiffes, des Namens des Kapitäns, der Nationalität der Flagge, der registrierten Tonnage, des Abfahrtshafens, des Abfahrtsdatums, des Ankunftshafens usw. Von den 107 Nummern des „Amtsblatts", die in den Jahren 1904—1905 veröffentlicht wurden, enthielten nur fünf Ausgaben keine Schifffahrtsinformationen. Die Zusammenfassung dieser Schifffahrtsinformationen ergab, dass in den beiden Jahren insgesamt 952 Schiffsfahrten in Qingdao starteten oder endeten, durchschnittlich 8,9 Fahrten pro Woche. Dazu zählten Inlandsrouten nach Shanghai, Tschifu (Yantai), Hongkong, Keelung (Jilong), Amoy (Xiamen), Tianjin, Ningbo, Tagou (heute Gaoxiong), Hankou (Wuhan) und anderen Häfen des Landes. Die internationalen Routen umfassten Japan, die koreanische Halbinsel, Südostasien sowie Hafenstädte in Großbritannien, Deutschland, Frankreich, den Niederlanden, den Vereinigten Staaten, Russland und anderen europäischen und amerikanischen Ländern und sogar Afrika. Diese Informationen spiegeln eindeutig wider, dass sich der Warendurchgang, die Anzahl der Schiffe, das Streckennetz, die Kapazitätsabdeckung und die Kapazitätsdichte des Hafens von Qingdao rasch entwickelt haben.

Aus dem „Amtsblatt" von 1904—1905 geht auch hervor, dass das Kiautschou-Gouvernement eine Reihe wirksamer Maßnahmen ergriffen hat, um die Entwicklung des intermodalen Verkehrs zwischen Hafen und Schiene zu fördern. Obwohl der Russisch-Japanische Krieg in dieser Zeit sehr negative Auswirkungen auf den Handel und insbesondere auf die Entwicklung der Schifffahrtsindustrie mit sich brachte, entwickelte sich der Binnen- und Außenhandel von Qingdao dennoch gut, und ein Großteil der Exportgüter aus dem Inneren von Shandong wurde über die Tsingtau-Tsinanfu-Bahnstrecke aus dem Hafen von Qingdao verschifft. Laut „Denkschrift betreffend die Entwicklung des Kiautschou-Gebiets" stieg der Schiffsverkehr in Qingdao von Oktober 1903 bis Oktober 1904 von 272 Schiffen und 286.260 registrierten Tonnen auf 337 Schiffe und 388.323 registrierte Tonnen, die Einnahmen des chinesischen Zollamts in Qingdao stiegen von 441.000 auf 618.000 Silberdollar[1] und der Wert des Entrepot-Handels stieg von 17.276.732 Silberdollar auf 1.727.6732 Silberdollar. Der Wert des Handels stieg im Vergleich zum vorangegangenen statistischen Jahr um 45 Prozent und im Vergleich zu 1902 um 170 Prozent, wobei der größte Zuwachs bei den europäischen Ein- und Ausfuhren zu verzeichnen war[2]. Zwischen Oktober 1904 und Oktober 1905 stieg der Schiffsverkehr in Qingdao auf 413 Schiffe und 420.517 registrierte Tonnen, die Zolleinnahmen stiegen auf 796.000 Silberdollar und der Wert der Re-Exporte erreichte 3.242.596 Silberdollar[3]. Bis 1906 übertraf der Handelswert des Hafens von Qingdao den des Hafens von Yantai. Am Ende des ersten Halbjahres 1907 lagen die Zolleinnahmen des Hafens von Qingdao nach Shanghai, Guangzhou, Tianjin, Hankou, Swatou (Shantou) und Zhenjiang auf Platz 7 von 36 chinesischen Zollämtern. 1913 lagen die Zolleinnahmen des Hafens von Qingdao nach Tianjin auf Platz 2 von den fünf Häfen Nordchinas (Tianjin, Yantai, Niutschuang, Dalian und Qingdao) und sein Handelswert lag nach Tianjin und Dalian auf Platz 3 und war zu einem der wichtigsten Häfen und Handelszentren in Ostasien geworden.

Es besteht kein Zweifel daran, dass die deutsche Besatzung und alle Maßnahmen darauf abzielten, Qingdao zu einer „Musterkolonie" auszubauen, um so sein langfristiges Ziel der Invasion und Ausplünderung Chinas und des chinesischen Volkes

---

[1] Qingdaoer Stadtarchiv. Denkschrift betreffend die Entwicklung des Kiautschou-Gebiets, übersetzte Ausgabe [M]. Beijing: Archivverlag Chinas, 2003: 272.
[2] mit [1]: 279.
[3] mit [1]: 333.

mit Schwerpunkt Qingdao und Shandong zu erreichen. Es ist jedoch unbestreitbar, dass eine Reihe von politischen Entscheidungen und Maßnahmen, die von den deutschen Besatzungsbehörden in den Bereichen Verwaltung, Städtebau, Justizwesen, Bodenpolitik, Sozialwesen, Umweltschutz usw. durchgeführt wurden, wie im „Amtsblatt" von 1904—1905 dargelegt, ebenfalls ein wichtiger Teil der historischen Entwicklung Qingdaos waren und einen bedeutenden Einfluss auf seine spätere Entwicklung ausübten. Diese Themen sollten historisch, dialektisch und entwicklungsorientiert betrachtet und aus der Perspektive der Entwicklung der menschlichen Gesellschaft und der sozialen Ablösung betrachtet und analysiert werden, insbesondere auf der Grundlage eines tiefen Verständnisses der Natur des Kolonialismus und einer objektiven Bewertung. Die wertvollen historischen Informationen, die im „Amtsblatt" enthalten sind, sollten vollständig erforscht und genutzt werden, um der Vertiefung der historischen und kulturellen Forschung in Qingdao, dem laufenden Schutz und der Erneuerung des historischen Stadtgebiets und der Bewerbung um das Erbe des alten Stadtgebiets sowie den verschiedenen Unternehmungen des heutigen Qingdao und für die Entwicklung der verschiedenen Unternehmen von Qingdao heute zu dienen.

LIU Bin

Oktober 2023

编辑说明

《青岛官报》作为德国胶澳总督府发行的官方报纸，是中国境内第一份中德双语报纸，具有极其重要的史料和资政价值，对研究青岛城市发展及中外关系具有重要意义，是相关领域研究的重要文献，同时也为青岛城市的保护发展提供了宝贵的资料支撑。

按照青岛市有关加强德文档案整理挖掘的工作部署，青岛市市南区档案馆秉承"立足所在，不拘所有，但施所为，力求所成"的编研理念，继《青岛官报（1900—1901）》《青岛官报（1902—1903）》之后，接续开展了《青岛官报（1904—1905）》翻译整理和组编出版工作。全书为中德对照本，按年度分为上下两册，德文部分按照原件影印，原件分别来自青岛市档案馆、德国法兰克福大学图书馆等。中文部分除对原版中的德语部分进行了翻译外，还保留了原版的中文部分，为方便读者阅读，对其进行了繁简体转换和标点句读；对必要的词汇进行了注释；总序和导读译文中出现的中文地名的外文拼写尽可能采用《青岛官报》时期的德文拼写方式；由于年代久远，原版中的部分地名、人名、洋行、商号等对应中文专有名词难以考证和翻译，编者均保留原文，未加改动；本书按照原版报纸排版顺序编译，并附录相应年份的青岛大事记；与前几年《青岛官报》有所不同的是，这两年的《青岛官报》中附带了《青岛官报》上刊登的法律法规汇总表、重要的关键词以及对应期数列表，我们参照往年的相关名称，并将其与《青岛全书》上刊登的名称做了对照检查，也一并翻译列出。

此次组编出版，得到了青岛市档案馆和东南大学出版社的大力支持，青岛大学外语学院朱轶杰先生倾注了极大的心血和精力，对1904、1905年《青岛官报》全部资料进行了翻译整理；中国欧洲学会德国研究会副会长、同济大学德国问题研究所李乐曾教授为本书撰写了总序；周兆利先生参与了本书的策划和编审工作；复旦大学德语系刘炜副教授对全书进行了校对;德国拜罗伊特大学和班贝格大学历史学系教师马库斯·穆尔尼克(Marcus Mühlnikel)博士对本书德文部分做了校对;青岛大学文学院硕士研究生徐沛沛和陈晓宇对原版中文部分进行了繁简体转换和标点句读。在此一并表示感谢!

  为保持史料原貌,本书编译时尽量不做改动,对于原文中带有殖民主义色彩的语句词汇,请读者甄别阅读与引用。由于时间仓促及编者水平所限,本书的疏漏和不足之处在所难免,敬请读者教正。

本书编委会
2023 年 9 月

Anmerkung zur Edition

„Das Amtsblatt für das Deutsche Kiautschou-Gebiet" ist ein vom deutschen Kiautschou-Gouvernement herausgegebener Amtsanzeiger und zugleich die erste chinesisch-deutsche bilinguale Zeitung in China. Es ist einerseits eine sehr wichtige Quelle für die Geschichtsforschung und andererseits wertvoll für die Stadtverwaltung von Qingdao. Sein besonderer Wert liegt in der Forschung über die Stadtentwicklung von Qingdao und über die chinesisch-ausländischen Beziehungen. Es zählt zu den wichtigsten Werken für die diesbezüglichen Forschungen, da es wertvolle Informationen für den Denkmalschutz der Altstadt von Qingdao liefert.

Aufgrund der Arbeitsplanung der Stadtregierung von Qingdao zur Verstärkung der Bearbeitung und Edition der deutschsprachigen Archivalien setzt sich das Archiv des Shinan-Bezirks der Stadt Qingdao nach dem Erscheinen des „Amtsblatts für das Deutsche Kiautschou-Gebiet" (Jahrgänge 1900–01) und des „Amtsblatts für das Deutsche Kiautschou-Gebiet" (Jahrgänge 1902–03) weiter für die Fortsetzung der Übersetzungs- und Editionsarbeit des „Amtsblatts für das Deutsche Kiautschou-Gebiet" (Jahrgänge 1904–05) ein. Dieser Tätigkeit liegt das Konzept zugrunde: „Vom Standort losgehend, aber nicht vom Vorhandenen eingeschränkt, wird gearbeitet und versucht, das Ziel zu erreichen".

Das ganze Buch erscheint zweisprachig, in zwei Bänden, jeweils fortlaufend nach dem Jahrgang. Der deutsche Teil ist die Kopie der Originalzeitung, die zu großen Teilen aus dem Stadtarchiv von Qingdao stammt. Einige fehlende Blätter wurden aus Beständen der Universitätsbibliothek Frankfurt ergänzt. Im chinesischen Teil sind sowohl die chinesischen Übersetzungen der deutschsprachigen Zeitungstexte als auch im Original enthalte chinesische Texte abgedruckt, deren traditionelle Schriftzeichen wir in die heute üblichen Kurzzeichen umgewandelt und in die wir zur Vereinfachung des Lesens Interpunktionszeichen gesetzt haben. Dazu kommen noch die notwendigen Erklärungen bestimmter Begriffe. Damit das Buch möglichst mit dem Original übereinstimmt, sind im Vorwort sowie in den Begleiteinleitungen vorkommende Ortsnamen möglichst nach der alten deutschsprachigen Methode zur Erscheinungszeit der Zeitung wiedergegeben. Da die Erscheinungszeit so lange zurückliegt, sind manche Sonderbezeichnungen wie Orts-, Personen- und Firmennamen schwer zu finden bzw. zu übersetzen. Daher haben wir das Original beibehalten und nichts geändert. Das Layout des Buches orientiert sich an der Originalzeitung, dazu ist noch eine Liste der wichtigsten Ereignisse beigefügt. Anders als die Nummern der vorherigen Jahrgänge sind in diesen beiden Jahrgängen noch ein Gesamtverzeichnis der in den letzten Jahren erschienenen Gesetze, Verordnungen, Bekanntmachungen usw. sowie eine Registerliste beigefügt. Für diesen Teil haben wir die in den Verzeichnissen enthaltenen Bezeichnungen mit der Zeitung sowie dem von Heinrich Mohr herausgegebenen Handbuch für Kiautschou verglichen und übersetzt.

Bei der diesmaligen Editions- und Publikationsarbeit haben wir sehr starke Unterstützungen vom Stadtarchiv Qingdao und vom Verlag der Universität Südostchinas erhalten. Herr Yijie Zhu von der Fremdsprachenfakultät der Universität Qingdao hat viel Zeit und Energie investiert und die ganze Zeitung übersetzt und bearbeitet. Prof. Lezeng Li vom Institut für Deutschlandstudien der Tongji-Universität, Stellv. Präsident der Gesellschaft für Deutschlandstudien der chinesischen Forschungsgemeinschaft für Europa, hat speziell für das Buch ein Leitvorwort geschrieben. Herr Bin Liu, Direktor für Kultur und Geschichte der Akademie für Sozialwissenschaft der Stadt Qingdao, hat für diese Bände Begleiteinleitung verfasst. Herr Zhaoli Zhou beteiligte sich an den Planungen und den Überprüfungsarbeiten, Herr Prof. Wei Liu von der Deutschabteilung der Fudan-Universität hat das ganze Buch lektoriert und Dr. Marcus Mühlnikel von der Geschichtsabteilung der Universitäten Bayreuth und Bamberg hat speziell den deutschsprachigen Teil lektoriert. Die Magisterstudenten Herr Peipei Xu und Chen Xiaoyu von der Literaturfakultät der Universität Qingdao haben die Schriftzeichen der chinesisch-sprachigen Teile umgeschrieben und Interpunktionszeichen eingesetzt. Wir bedanken uns ganz herzlich für alle geleistete Unterstützung.

Um die Originalität der Geschichtsquellen beizubehalten, haben wir bei der Edition versucht, möglichst keine Änderungen vorzunehmen. Wir bitten unsere Leser, die sehr kolonial geprägten Sätze und Begriffe im Originaltext reflektiert und sorgfältig zu lesen und zu benutzen.

Trotz aller angewandter Sorgfalt können immer noch Fehler und Mängel im Buch vorhanden sein, die dem knappen Zeitbudget oder der Nachlässigkeiten der Herausgeber anzurechnen sind. Wir bitten unsere Leser, uns auf diese hinzuweisen und uns damit bei er Verbesserung des Buches zu helfen.

Editionsausschuss
September 2023

目　　录

《青岛官报》(全译本)编委会
《青岛官报(1904—1905)》编辑部
总序
官报视角中的城市依规治理与有序发展——《青岛官报(1904—1905)》导读
编辑说明

第五年	第一号	1904年1月9日(德文版)	001
第五年	第一号	1904年1月9日(中文版)	005
第五年	第二号	1904年1月16日(德文版)	009
第五年	第二号	1904年1月16日(中文版)	011
第五年	第三号	1904年1月23日(德文版)	013
第五年	第三号	1904年1月23日(中文版)	016
第五年	第四号	1904年1月30日(德文版)	019
第五年	第四号	1904年1月30日(中文版)	022
第五年	第五号	1904年2月6日(德文版)	023
第五年	第五号	1904年2月6日(中文版)	027
第五年	第六号	1904年2月13日(德文版)	030
第五年	第六号	1904年2月13日(中文版)	034
第五年	第七号	1904年2月17日(德文版)	038
第五年	第七号	1904年2月17日(中文版)	040
第五年	第八号	1904年2月25日(德文版)	042
第五年	第八号	1904年2月25日(中文版)	055
第五年	第九号	1904年3月5日(德文版)	063
第五年	第九号	1904年3月5日(中文版)	071
第五年	第十号	1904年3月12日(德文版)	080
第五年	第十号	1904年3月12日(中文版)	085

第五年	第十一号	1904年3月19日（德文版）	090
第五年	第十一号	1904年3月19日（中文版）	094
第五年	第十二号	1904年3月26日（德文版）	097
第五年	第十二号	1904年3月26日（中文版）	102
第五年	第十三号	1904年4月2日（德文版）	105
第五年	第十三号	1904年4月2日（中文版）	110
第五年	第十四号	1904年4月9日（德文版）	114
第五年	第十四号	1904年4月9日（中文版）	118
第五年	第十五号	1904年4月16日（德文版）	122
第五年	第十五号	1904年4月16日（中文版）	126
第五年	第十六号	1904年4月23日（德文版）	129
第五年	第十六号	1904年4月23日（中文版）	131
第五年	第十七号	1904年4月30日（德文版）	133
第五年	第十七号	1904年4月30日（中文版）	137
第五年	第十八号	1904年5月7日（德文版）	139
第五年	第十八号	1904年5月7日（中文版）	146
第五年	第十九号	1904年5月14日（德文版）	150
第五年	第十九号	1904年5月14日（中文版）	153
第五年	第二十号	1904年5月21日（德文版）	155
第五年	第二十号	1904年5月21日（中文版）	159
第五年	第二十一号	1904年5月28日（德文版）	162
第五年	第二十一号	1904年5月28日（中文版）	165
第五年	第二十二号	1904年6月4日（德文版）	167
第五年	第二十二号	1904年6月4日（中文版）	178
第五年	第二十三号	1904年6月11日（德文版）	186
第五年	第二十三号	1904年6月11日（中文版）	189
第五年	第二十四号	1904年6月18日（德文版）	191
第五年	第二十四号	1904年6月18日（中文版）	195
第五年	第二十五号	1904年6月25日（德文版）	198
第五年	第二十五号	1904年6月25日（中文版）	212
第五年	第二十六号	1904年7月2日（德文版）	223
第五年	第二十六号	1904年7月2日（中文版）	228

第五年	第二十七号	1904年7月9日（德文版）	233
第五年	第二十七号	1904年7月9日（中文版）	236
第五年	第二十八号	1904年7月16日（德文版）	238
第五年	第二十八号	1904年7月16日（中文版）	241
第五年	第二十九号	1904年7月23日（德文版）	243
第五年	第二十九号	1904年7月23日（中文版）	253
第五年	第三十号	1904年7月30日（德文版）	258
第五年	第三十号	1904年7月30日（中文版）	264
第五年	第三十一号	1904年8月6日（德文版）	268
第五年	第三十一号	1904年8月6日（中文版）	271
第五年	第三十二号	1904年8月13日（德文版）	274
第五年	第三十二号	1904年8月13日（中文版）	285
第五年	第三十三号	1904年8月15日（德文版）	291
第五年	第三十三号	1904年8月15日（中文版）	292
第五年	第三十四号	1904年8月20日（德文版）	293
第五年	第三十四号	1904年8月20日（中文版）	298
第五年	第三十五号	1904年8月27日（德文版）	301
第五年	第三十五号	1904年8月27日（中文版）	308
第五年	第三十六号	1904年9月3日（德文版）	312
第五年	第三十六号	1904年9月3日（中文版）	316
第五年	第三十七号	1904年9月10日（德文版）	319
第五年	第三十七号	1904年9月10日（中文版）	323
第五年	第三十八号	1904年9月17日（德文版）	327
第五年	第三十八号	1904年9月17日（中文版）	329
第五年	第三十九号	1904年9月24日（德文版）	331
第五年	第三十九号	1904年9月24日（中文版）	335
第五年	第四十号	1904年10月1日（德文版）	337
第五年	第四十号	1904年10月1日（中文版）	342
第五年	第四十一号	1904年10月8日（德文版）	347
第五年	第四十一号	1904年10月8日（中文版）	351
第五年	第四十二号	1904年10月15日（德文版）	354
第五年	第四十二号	1904年10月15日（中文版）	358

第五年	第四十三号	1904年10月22日（德文版）	361
第五年	第四十三号	1904年10月22日（中文版）	366
第五年	第四十四号	1904年10月29日（德文版）	370
第五年	第四十四号	1904年10月29日（中文版）	376
第五年	第四十五号	1904年11月5日（德文版）	382
第五年	第四十五号	1904年11月5日（中文版）	387
第五年	第四十六号	1904年11月12日（德文版）	392
第五年	第四十六号	1904年11月12日（中文版）	396
第五年	第四十七号	1904年11月19日（德文版）	400
第五年	第四十七号	1904年11月19日（中文版）	419
第五年	第四十八号	1904年11月26日（德文版）	431
第五年	第四十八号	1904年11月26日（中文版）	436
第五年	第四十九号	1904年12月3日（德文版）	440
第五年	第四十九号	1904年12月3日（中文版）	444
第五年	第五十号	1904年12月10日（德文版）	446
第五年	第五十号	1904年12月10日（中文版）	449
第五年	第五十一号	1904年12月17日（德文版）	451
第五年	第五十一号	1904年12月17日（中文版）	457
第五年	第五十二号	1904年12月24日（德文版）	461
第五年	第五十二号	1904年12月24日（中文版）	466
第五年	第五十三号	1904年12月31日（德文版）	471
第五年	第五十三号	1904年12月31日（中文版）	481

1900—1904年《青岛官报》内容索引（德文版） 486

1900—1904年《青岛官报》内容索引（中文版） 506

1900—1904年《青岛官报》按照时间排序的目录索引（德文版） 533

1900—1904年《青岛官报》按照时间排序的目录索引（中文版） 546

附录 1904年青岛大事记 559

Amtsblatt
für das
Deutsche Kiautschou-Gebiet.

青島官報

Herausgegeben vom Kaiserlichen Gouvernement Kiautschou.

Der Bezugspreis beträgt jährlich $ 0,60 = M 1,20.
Bestellungen nehmen sämtliche deutsche Postanstalten entgegen.

Jahrgang 5. Nr. 1.   Tsingtau, den 9. Januar 1904.

Verordnung
über Abänderung und Ergänzung der Verordnung betreffend die Rechte an Grundstücken im Kiautschou-Gebiete.

Die Paragraphen 3 und 4 der Verordnung vom 30. März 1903, betreffend die Rechte an Grundstücken im Kiautschou-Gebiete (Amtsblatt 1903 Seite 67) werden hiermit aufgehoben.

An ihre Stelle treten folgende Paragraphen:

§ 3.

Bei Abweichung von dem genehmigten Benutzungsplane oder seiner Nichtausführung innerhalb der gesetzten Frist erhöht sich die Grundsteuer auf jährlich 9 % des jeweiligen Steuerwertes. Ist nach Ablauf einer weiteren dreijährigen Frist die Bebauung nicht ausgeführt, so erhöht sich die Grundsteuer auf 12 % und so nach je weiteren drei Jahren fortschreitend um 3 % bis zur Höhe von 24 %.

§ 4.

Nach nachträglicher Ausführung der vorgesehenen Bebauung ermässigt sich die Grundsteuer wieder auf den allgemein festgesetzten Betrag von 6 %.

Diese Verordnung tritt am 1. Januar 1904 in Kraft mit der Massgabe, dass für alle vor dem 1. Januar 1904 verkauften Grundstücke die erste dreijährige Bebauungsfrist von diesem Tage an rechnet.

Tsingtau, den 31. Dezember 1903.

Der Kaiserliche Gouverneur.

Truppel.

Bekanntmachung für Seefahrer.

Auf der Aussenrheede von Tsingtau sind folgende Bojen neu ausgelegt worden:

1) In 20 m Wassertiefe südlich vom Nordflach eine rot gestrichene Heulboje mit der Bezeichnung $\frac{N\ F}{S}$.

Die geographische Lage ist:
36° 1' 49" Nord-Breite und
120° 22' 22" Ost-Länge.

Die früher ausgelegte Nordflachboje, eine rote Spierenboje, ist eingezogen.

Die bisherige provisorische Nebelsignalstation auf der Iltishuk wird mit dem 15. Januar 1904 aufgehoben.

2) In 23 m Wassertiefe ca. 925 m südwestlich vom Leuchtturm Ju nui san eine ebenfalls rot gestrichene Heulboje mit der Bezeichnung: „Ju nui san."

Die geographische Lage ist:
36° 2' 19" Nord-Breite und
120° 16' 14" Ost-Länge.

Wird diese Boje einlaufend an Steuerbord gelassen, so kann auf die W-Boje des Hufeisenriffs zugesteuert werden.

3) Zwischen der Tsingtau-Brücke und der Arkona-Insel ist in 5 m Wassertiefe für Torpedoboote eine rote Festmacherboje ausgelegt worden.

Die geographische Lage derselben ist:
36° 3' 23" Nord-Breite und
120° 18' 36" Ost-Länge.

Tsingtau, den 29. Dezember 1903.

Kaiserliches Hafenamt.

Bekanntmachung.

Als verloren angemeldete Gegenstände:
1 Taschen-Uhr Nr. 42 755. Auf der Rückseite steht der Name Joseph Lampert.
1 Spazierstock mit silbernem Knopfe.

Als gefunden angemeldete Gegenstände:
Ein 10 Markstück.

Tsingtau, den 2. Januar 1904.

Kaiserliches Polizeiamt.

Steckbrief.

Gegen die unten beschriebenen
1) Bauaufseher Heinrich Wilhelm Lehr, geboren am 10. März 1876 in Altenstadt, Kreis Büdingen in Hessen,
2) Bauaufseher Treptau von hier,
welche flüchtig sind, ist die Untersuchungshaft wegen Betruges verhängt.

Es wird ersucht, sie zu verhaften und an die nächste deutsche Behörde oder das hiesige Gerichtsgefängnis abzuliefern und dem unterzeichneten Gericht sofort Mitteilung zu machen.

Beschreibung:

Lehr
Alter: 28 Jahre
Statur: schlank, hager
Grösse: 1,74 m
Augen: braun
Mund: gewöhnlich
Gesicht: länglich
Sprache: deutsch
Haare: dunkel-blond
Stirn: frei
Nase: gewöhnlich
Bart: dunkler Schnurrbart

Treptau
Alter: ca. 25 Jahre
Statur: schmächtig
Grösse: 1,73 m
Augen: blau
Mund: gewöhnlich
Gesicht: stark knochig und hager
Haare: dunkelblond, stark gelockt
Stirn: niedrig
Nase: gewöhnlich
Bart: Anflug von Schnurrbart
Sprache: deutsch, Danziger Dialekt, etwas chinesisch.

Tsingtau, den 1. Januar 1904

Kaiserliches Gericht von Kiautschou.

白告

啓者茲將本署據報遺失及送署各物列左
第四萬二千七百五十五號時表一枚元之背面有 Joseph Lampert. 字樣頭鑲銀球鞭杆棒一根
送存之物列左
德國十馬克之洋圓一枚
以上各物仰而諸人切勿輕買如或得見亦宜報署送案之物亦准具令此佈
德一千九百四年正月初二日
青島巡捕衙門啓

Bekanntmachung.

Auf Antrag des Herrn Dabelstein findet am Freitag, den 22. Januar 1904, vormittags 11 Uhr, im Landamte die öffentliche Versteigerung der Parzelle Kbl. 22 Nr. 8 statt.

Lage: an der Auguste Viktoria-Bucht, neben dem Bernick'schen Grundstück;
Grösse: 3850 qm.; Mindestpreis: $ 1732,50;
Benutzungsplan: Landhaus;
Bebauungsfrist: bis 31. März 1907.

Gesuche zum Mitbieten sind bis zum 15. Januar hierher zu richten.

Tsingtau, den 6. Januar 1904.

Landamt.

Bei der im hiesigen Handelsregister Abteilung B. unter Nr. 7 eingetragenen Firma

Tsingtauer Industrie- und Handelsgesellschaft, Aktiengesellschaft

ist heute folgende Eintragung bewirkt worden:
Dem Kaufmann Carl Weiss und dem Kaufmann Wilhelm Rieck in Tsingtau ist Einzel-Prokura erteilt worden.

Tsingtau, den 28. December 1903.

Kaiserliches Gericht von Kiautschou.

9. Januar 1904. Amtsblatt—官報鼻菁 3.

Amtliche Mitteilungen.

Der Kurs bei der Gouvernementskasse beträgt vom 4.d. Mts. ab: 1 $ = 1,91 M.

* *

Für Telegramme betragen vom 1. Januar d. Js. ab die Worttaxen nach

Europa $ 2,45
San Francisko „ 2,45
Oregon $ 2,50
Nnw York „ 2,70
Soeul, Fusan, Chemulpo „ 1,56
Andere Stationen in Korea „ 1.76
Canton „ 0,55
Hongkong „ 0,71
Japan „ 0,91

Ueber die Taxen nach anderen Orten erteilt das Kaiserliche Postamt (Telegramm-Annahme) Auskunft.

Schiffsverkehr

in der Zeit vom 29. Dezember 1903 — 7. Januar 1904.

Angekommen am	Name	Kapitän	Flagge	von	Abgefahren am	nach
(26.12.)	D. Prosper	Christiansen	Norwegisch.	Hongkong	4.1.	Moji
29.12	D. Peiping	Saggart	Chinesisch.	Weihaiwei	30.12.	Schanghai
„	D. Tsintau	Hansen	Deutsch	Tschifu	29.12.	„
30.12.	D. Hino Maru	Nakano	Japanisch	Kobe	1.1.	Kobe
31.12.	D. Gouv. Jaeschke	Vogel	Deutsch	Schanghai	2.1.	Schanghai
1.1.	D. Chiyo Maru	Komatsu	Japanisch	Moji	2.1.	Tschifu
2.1.	D. Knivskerg	Kayser	Deutsch	Schanghai	2.1.	„
3 1.	D. Vorwärts	Sohnemann	„	Tschifu	3.1.	Schanghai
7.1.	D. Lienshing	Joung	Englisch	Schanghai	7.1.	Tschifu
„	D. Sikotu Haru	Iwomoto	Japanisch	Moji		

Meteorologische Beobachtungen.

Datum. Jan.	Barometer (mm) reduz. auf 0°C., Seehöhe 24.30 m			Temperatur (Centigrade).								Dunstspannung in mm			Relat. Feuchtigkeit in Prozenten		
				trock. Therm.			feucht. Therm.										
	7 Vm	2 Nm	9 Nm	7 Vm	2 Nm	9 Nm	7 Vm	2 Nm	9 Nm	Min.	Max.	7 Vm	2 Nm	9 Nm	7 Vm	2 Nm	9 Nm
1	767,7	769,9	772,1	-3,7	-2,3	-6,6	-4,7	-4,3	-7,4	-3,7	0,7	2,7	2,3	2,2	78	59	79
2	73,4	72,2	72,9	-7,5	-2,3	-3,9	-8,1	-3,9	-4,9	-8,2	-1,5	2,1	2,6	2,6	83	67	77
3	71,9	73,5	75,3	-4,0	-2,4	-7,4	-4,9	-3,9	-8,2	-7,5	-1,8	2,7	2,6	2,0	80	69	78
4	75,9	74,8	76,2	-6,7	-3,1	-5,9	-7,3	-4,0	-6,2	-7,6	-0,9	2,3	2,9	2,7	84	80	93
5	75,5	74,6	76,1	-6,3	-2,6	-4,5	-6,5	-4,7	-5,9	-7,0	-2,0	2,7	2,1	2,2	95	56	68
6	76,5	74,3	74,3	-8,1	-0,4	-1,6	-9,7	-1,3	-3,6	-9,6	-2,0	1,3	3,7	2,4	53	83	60

4. Amtsblat －青島官報 9. Januar 1904.

Da-tum. Jan.	Wind Richtung & Stärke nach Beaufort (0—12)			Bewölkung						Niederschläge in mm		
	7 Vm	2 Nm	9 Nm	7 Vm		2 Nm		9 Nm		7Vm	9Nm	9 Nm / 7 Vm
				Grad	Form	Grad	Form	Grad	Form			
1	S O 6	N 5	N N O 5	1	Cir							
2	N N O 2	N N W 2	N N W 3	2	Cum-str.	2	Cir-str	5	Str.			
3	N W 4	N N O 4	N O 4			6	Cum					
4	N W 4	N 4	N 4	2	Cum	4	Cum	1	Cum-str.			
5	N W 3	N W 4	N W 4	7	Cum-ni	5	Cum	1	Cir-str.			
6	N O 1	S W 3	S W 2			4	Str.					

Druck der Missionsdruckerei, Tsingtau.

第五年　第一号

1904 年 1 月 9 日

关于对胶澳地区地产权益修订和补充的命令

1903 年 3 月 30 日发布的关于胶澳地区地产权益命令（《官报》1903 年合订本第 67 页）的第 3 条和第 4 条谨此取消，由下列章节进行替代：

第 3 条

对偏离所准许的使用规划或者在设定期限内未执行者，地产税按照相关税值提高至每年 9%。如果另一个三年期限过期后仍未进行建设，则地产税提高至 12%，并且按照每三年继续提高 3%，直至达到 24%。

第 4 条

事后执行了建设计划，则地产税再次降到一般性设置的 6% 的税率。

此项命令于 1904 年 1 月 1 日生效，所有在 1904 年 1 月 1 日之前卖出的地块的第一个三年建设期限均从该日开始计算。

青岛，1903 年 12 月 31 日
皇家总督
都沛禄

对海员的告白

在青岛的外海口新放置了下列浮标：

1. 在北面浅水区的南部 20 米水深处有一个刷成红色的鸣号浮标，带有 NF/S 的标识。

其地理方位为：北纬 36 度 1 分 49 秒，东经 120 度 22 分 22 秒。

之前放置的北部浅水浮标，即一个红色渔夫浮标，已经回收。

目前位于伊尔蒂斯角[①]的临时海雾信号站已经于 1904 年 1 月 15 日被撤销。

---

① 译者注：即今太平角。

2. 在游内山①灯塔西南方大约 925 米处的 23 米水深中同样放置了一个刷成红色的鸣号浮标,带有"Ju nui san"②的标识。

其地理方位为:北纬 36 度 2 分 19 秒,东经 120 度 16 分 14 秒。

如船只的右船舷经过该浮标,则可以调控对向马蹄礁的 W 浮标。

3. 在青岛桥和阿克纳岛③之间 5 米水深处,为鱼雷舰放置了一个系船钢缆浮标。

其地理方位为:北纬 36 度 3 分 23 秒,东经 120 度 18 分 36 秒。

青岛,1903 年 12 月 29 日
皇家船政局

告白

启者:兹将本署据报遗失及送署各物列左:

第四万二千七百五十五号时表一枚,壳之背面有"Joseph Lampert"字样;头镶银球鞭杆棒一根。

送存之物列左:

德国十马克之洋圆一枚。

以上各物仰而诸人切勿轻买,如或得见亦宜报署,送案之物亦准具令(领)。此布。

德一千九百四年正月初二日
青岛巡捕衙门启

通缉令

现通缉下列因诈骗须关押审讯的在逃人员:

1. 建设监理海因里希·威廉·雷尔,1876 年 3 月 10 日出生于黑森州不定根县的阿尔滕施塔特。

2. 本地的建设监理特雷普陶。

请将上述人员拘押后递解至最近的德国政府部门,或者本地的审判厅监狱,并立即通知本审判厅。

特征描述:

---

① 译者注:即今团岛山。
② 译者注:即游内山。
③ 译者注:即今小青岛。

雷尔

年龄：28 岁

体型：苗条，瘦弱

身高：1.74 米

眼睛：棕色

嘴：普通类型

脸：长脸

语言：德语

头发：深黄色

额头：光洁

鼻子：普通类型

胡子：深色小胡子

特雷普陶

年龄：约 25 岁

体型：瘦小

身高：1.73 米

眼睛：蓝色

嘴：普通类型

脸：骨骼凸显，瘦削

头发：深黄色，深度卷发

额头：偏低

鼻子：普通类型

胡子：上翘的深色小胡子

语言：德语，但泽方言，会说一点儿汉语

青岛，1904 年 1 月 1 日

胶澳皇家审判厅

告白

应达贝尔施坦先生的申请，将于 1904 年 1 月 22 日上午 11 点在地亩局公开拍卖地籍册第 22 页第 8 号地块。

位置：奥古斯特·维多利亚湾①畔，伯尼克地块旁边。

面积：3 850 平方米，最低价格：1 732.50 元。

利用规划：乡村别墅。

建造期限：1907 年 3 月 31 日。

出价申请须在 1 月 15 日前递交至本处。

青岛，1904 年 1 月 6 日

地亩局

在本地商业登记 B 部第 7 号登记的公司"青岛工贸股份公司"在今天登记下列事项：

青岛的商人卡尔·威斯和商人威廉·里克为独家代理。

青岛，1903 年 12 月 28 日

胶澳皇家审判厅

---

① 译者注：即今汇泉湾。

官方消息

总督府财务处本月 4 日的汇率为：1 元＝1.91 马克。

从今年 1 月 1 日起，电报每字收费价格为：

欧洲	2.45 元
旧金山	2.45 元
俄勒冈	2.50 元
纽约	2.70 元
汉城、釜山、济物浦	1.56 元
朝鲜的其他站点	1.76 元
广州	0.55 元
香港	0.71 元
日本	0.91 元

由皇家邮政局（电报接收处）发布发往其他地方电报的收费价格。

船运

1903 年 12 月 29 日—1904 年 1 月 7 日期间

到达日	轮船船名	船长	挂旗国籍	出发港	出发日	到达港
（12 月 26 日）	普洛斯佩尔号	克里斯蒂安森	挪威	香港	1 月 4 日	门司
12 月 29 日	北平号	萨迦特	中国	威海卫	12 月 30 日	上海
12 月 29 日	青岛号	韩森	德国	芝罘	12 月 29 日	上海
12 月 30 日	日野丸	中野	日本	神户	1 月 1 日	神户
12 月 31 日	叶世克总督号	福格尔	德国	上海	1 月 2 日	上海
1 月 1 日	千代丸	小松	日本	门司	1 月 2 日	芝罘
1 月 2 日	柯尼夫斯堡号	凯瑟	德国	上海	1 月 2 日	芝罘
1 月 3 日	前进号	索纳曼	德国	芝罘	1 月 3 日	上海
1 月 7 日	联兴号	杨	英国	上海	1 月 7 日	芝罘
1 月 7 日	支笏丸	磐本	日本	门司		

Amtsblatt
für das
Deutsche Kiautschou-Gebiet.

Herausgegeben vom Kaiserlichen Gouvernement Kiautschou.

Der Bezugspreis beträgt jährlich $ 0,60 = M 1,20.
Bestellungen nehmen sämtliche deutsche Postanstalten entgegen.

Jahrgang 5.   Nr. 2.   Tsingtau, den 16. Januar 1904.

Bekanntmachung.

Am 3. Januar ist ein Maultier von brauner Farbe entlaufen.

Tsingtau, den 6. Januar 1904.

Kaiserliches Polizeiamt.

Bei der in Abteilung A. Nr. 23 des Handelsregisters vermerkten Firma

Kabisch & Co.

ist folgendes eingetragen:

Der Kaufmann Karl Weiss in Tsingtau ist in die Gesellschaft als persönlich haftender Gesellschafter eingetreten; der Kaufmann Theodor Kabisch ist aus der Gesellschaft ausgeschieden.

Tsingtau, den 8. Januar 1904.

Kaiserliches Gericht von Kiautschou.

Bei der unter Nr. 1 Abteilung B des Handelsregisters vermerkten Firma

Filiale der Kiautschau Gesellschaft m. b. H.

ist der Kaufmann Albert Pfeiffer in Tsingtau als Geschäftsführer eingetragen.

Tsingtau, den 9. Januar 1904.

Kaiserliches Gericht von Kiautschou.

Bei der unter Nr. 7 Abteilung B des Handelsregisters vermerkten Firma

Tsingtau Industrie- und Handelsgesellschaft, Actiengesellschaft

ist folgendes eingetragen:

Das Vorstandsmitglied Albert Pfeiffer ist aus dem Vorstande ausgeschieden.

Tsingtau, den 8. Januar 1904.

Kaiserliches Gericht von Kiautschou.

Amtliche Mitteilungen.

Die Stationärgeschäfte vor Tsingtau hat S. M. S. „Fürst Bismarck" am 5. d. Mts. von S. M. S. „Seeadler" übernommen.

*

Der Kurs bei der Gouvernementskasse beträgt vom 13. d. Mts. ab: 1 $ = 1,97 M.

№ 6.   Amtsblat -報官島青   16. Januar 1904.

Meteorologische Beobachtungen.

Datum. Jan.	Barometer (m m) reduz. auf 0° C., Seehöhe 24,30 m			Temperatur (Centigrade).								Dunstspannung in mm			Relat. Feuchtigkeit in Prozenten		
				trock. Therm.			feucht. Therm.										
	7 Vm	2 Nm	9 Nm	7 Vm	2 Nm	9 Nm	7 Vm	2 Nm	9 Nm	Min.	Max.	7 Vm	2 Nm	9 Nm	7 Vm	2 Nm	9 Nm
7	776,0	774,4	772,6	-2,7	1,2	-0,3	-4,2	-1,5	-1,3	-9,0	-0,4	2,5	2,7	3,6	68	54	18
8	70,1	67,1	66,2	0,9	4,1	-3,3	-0,3	2,3	2,1	-3,4	3,0	3,9	4,3	4,6	79	71	80
9	66,8	70,1	75,5	-0,9	0,4	-2,5	-2,5	-1,3	-3,1	-0,9	5,0	3,0	3,3	3,3	69	70	87
10	76,3	73,2	72,6	-3,7	3,9	-1,9	-4,3	3,1	0,2	-4,6	1,1	2,9	5,3	3,7	87	87	69
11	71,8	70,5	69,8	-0,3	5,1	-4,4	-1,1	3,1	3,0	-3,9	4,3	3,8	4,5	4,8	85	69	77
12	65,8	62,7	63,2	3,9	4,7	3,9	3,3	4,1	3,3	-1,3	5,5	5,5	5,8	5,5	90	90	90
13	62,9	62,9	65,8	2,2	2,0	1,2	1,8	0,8	-2,0	1,8	7,0	5,0	4,2	2,3	93	78	46

Datum. Jan.	Wind Richtung & Stärke nach Beaufort (0—12)			Bewölkung						Niederschläge in mm	
	7 Vm	2 Nm	9 Nm	7 Vm		2 Nm		9 Nm		7 Vm 9 Nm	9 Nm / 7 Vm
				Grad	Form	Grad	Form	Grad	Form		
7	Stille 0	NNW 1	S O 1			5	Cum-str				
8	S 1	SSW 4	SSW 3	10	Cum-str.	1	Cum				
9	NW 6	NW 8	NW 5								
10	NW 2	SSW 1	SSW 3								
11	Stille 0	S 4	S 5			6	Cir-str	10	Cum		
12	Stille 0	NNW 1	NNW 1	10	Cum-ni	10	Cum-ni	10	Cum-ni		
13	N 2	WNW 4	WNW 4	10	Cum-ni	10	Cum	2	Cum		

Schiffsverkehr

in der Zeit vom 7. — 14. Januar 1904.

Angekommen am	Name	Kapitän	Flagge	von	Abgefahren am	nach
7.1.	D. Seitokn Maru	Iwomoto	Japanisch.	Moji	13.1.	Moji
8.1.	D. Gouv. Jaeschke	Vogel	Deutsch.	Schanghai	9.1.	Schanghai
8.1.	D. Tsintau	Hansen	„	„	8.1.	Tschifu
9.1.	D. Tungshow	Bennsch	Englisch	„	11.1.	Weihaiwei
9.1.	D. Knivsberg	Kayser	Deutsch	Tschifu	10.1.	Schanghai
10.1.	D. Else	Petersen	„	Hongkong	13.1.	Tschifu
11.1.	D. Tsintau	Hansen	„	Tschifu	12.1.	Schanghai
12.1.	D. Syria	Prozelius	„	Hongkong		

Druck der Missionsdruckerei, Tsingtau.

第五年　第二号

1904 年 1 月 16 日

告白

有一匹棕色骡子于 1 月 3 日跑丢。

青岛，1904 年 1 月 6 日
皇家巡捕房

在本地商业登记 A 部第 23 号登记的公司"嘉卑世行"已登记入下列事项：

青岛的商人卡尔·威斯作为私人责任股东加入公司；商人特奥多·嘉卑世被从公司中除名。

青岛，1904 年 1 月 8 日
胶澳皇家审判厅

在本地商业登记 B 部第 1 号登记的公司"胶澳股份有限责任公司"[①]分号将青岛的商人阿尔伯特·普菲佛登记为经理。

青岛，1904 年 1 月 9 日
胶澳皇家审判厅

在本地商业登记 B 部第 7 号登记的公司"青岛工贸股份公司"已登记入下列事项：

董事会成员阿尔伯特·普菲佛被从董事会中除名。

青岛，1904 年 1 月 8 日
胶澳皇家审判厅

官方消息

"俾斯麦公爵"号军舰于本月 5 日从"海鹰"号军舰处接手了在青岛的一般性业务。

---

① 译者注：该公司另一中文名为"罗达利洋行"。

总督府财务处在本月 13 日的汇率为：1 元＝1.97 马克。

船运

1904 年 1 月 7 日—14 日期间

到达日	轮船船名	船长	挂旗国籍	出发港	出发日	到达港
1 月 7 日	成德丸	磐本	日本	门司	1 月 13 日	门司
1 月 8 日	叶世克总督号	福格尔	德国	上海	1 月 9 日	上海
1 月 8 日	青岛号	韩森	德国	上海	1 月 8 日	芝罘
1 月 9 日	通州号	本施	英国	上海	1 月 11 日	威海卫
1 月 9 日	柯尼夫斯堡号	凯瑟	德国	芝罘	1 月 10 日	上海
1 月 10 日	埃尔莎号	彼得森	德国	香港	1 月 13 日	芝罘
1 月 11 日	青岛号	韩森	德国	芝罘	1 月 12 日	上海
1 月 12 日	叙利亚号	普罗泽柳斯	德国	香港		

Amtsblatt
für das
deutsche Kiautschou-Gebiet.

青島官報

Herausgegeben vom Kaiserlichen Gouvernement Kiautschou.

Der Bezugspreis beträgt jährlich $ 0,60 = M 1,20.
Bestellungen nehmen sämtliche deutsche Postanstalten entgegen.

Jahrgang 5.   Nr. 3.   Tsingtau, den 23. Januar 1904.

Steckbrief.

Gegen den unten beschriebenen Kaufmann, früheren Seezollbeamten Ernst Redlich, welcher flüchtig ist und sich verborgen hält, ist die Untersuchungshaft wegen Unterschlagung von etwa 500 $ zum Nachteil der Firma Gomoll verhängt. Es wird ersucht, ihn zu verhaften und an das Kaiserliche Gerichtsgefängnis in Tsingtau oder an die nächste deutsche Behörde zum Weitertransport hierher abzuliefern und dem unterzeichneten Gericht telegraphisch Nachricht zu geben.

Beschreibung.

Alter: 35 Jahre
Grösse: ca. 1 m 70 cm
Statur: untersetzt
Haare: kurz geschnitten, hellblond.
Augen: blau
Nase: kurz
Mund: gewöhnlich
Bart: fast glatt rasiert
Gesicht: rund
Gesichtsfarbe: frisch
Sprache: deutsch, polnisch oder russisch, englisch, holländisch.
Besondere Kennzeichen: spricht sehr heiser, freies Auftreten. Hat über dem einen Ohr und auf dem Kopf zwei von Streifschüssen herrührende Narben und eine frische Narbe unter dem Kinn.
Kleidung: blauer Anzug.

Tsingtau, den 18. Januar 1904.

Kaiserliches Gericht von Kiautschou.

Steckbriefserledigung.

Der gegen die früheren Bauaufseher Lehr und Treptau aus Tsingtau erlassene Steckbrief vom 1. Januar 1904 ist bezüglich des Treptau durch dessen Festnahme erledigt.

Tsingtau, den 14. Januar 1904.

Kaiserliches Gericht von Kiautschou.

Bekanntmachung.

Polizeilich beschlagnahmt:
25 Büchsen Conserven,
1 Flasche Wein,
1 wollene Decke mit Stempel K. U. und einem Bezug rot und weiss kariert.

Diese Gegenstände rühren vermutlich aus einem Diebstahl her und können auf dem Criminalbureau des Polizeiamts in Augenschein genommen werden.

Tsingtau, den 20. Januar 1904.

Kaiserliches Polizeiamt.

Lootsenanwärter.

Für den Hafen von Tsingtau wird als Lootsenanwärter ein deutscher Seemann mit Schifferpatent gesucht. Gehalt nach Uebereinkunft. Bewerber wollen sich beim Hafenamt melden.

Tsingtau, den 18. Januar 1904.

Kaiserliches Hafenamt.

8.   Amtsblatt—青島官報   23. Januar 1904.

Verdingungsanzeige.

Die Lieferung von 1100 Fass Portlandcement für die Garnison-Waschanstalt soll im öffentlichen Verfahren vergeben werden.

Verdingungsunterlagen liegen im Geschäftszimmer der Bauabteilung IIIa zur Einsicht aus und können ebendaher, soweit der Vorrat reicht, gegen 0,25 $ bezogen werden.

Angebote sind verschlossen und mit der Aufschrift versehen „1100 Fass Portlandcement" bis zu dem auf

Montag, den 1. Februar d. Js., 11½ Uhr vormittags, festgesetzten Eröffnungstermin der unterfertigten Bauabteilung einzureichen.

Tsingtau, den 20. Januar 1904.

Bauabteilung III a.

Zu der am 27. Januar, vormittags 9 Uhr, stattfindenden

Schulfeier

werden die Angehörigen der Schüler und Freunde der Anstalt ergebenst eingeladen.

Tsingtau, den 20. Januar 1904.

Kaiserliche Gouvernements-Schule.

Amtliche Mitteilungen.

Der Frühjahrstransportdampfer „Silvia" tritt am 3. März d. Js. die Ausreise aus der Heimat an.

*

Korvetten-Kapitän z. D. von Zawadzky hat die Dienstgeschäfte des Hafenkapitäns von Oberleutnant zur See Buchholz übernommen.

*

Die Geschäftsräume der Bauverwaltung, Abteilung I sind in das neue Hafenbaubureau gegenüber der Veringschen Werft verlegt worden.

Meteorologische Beobachtungen.

Datum. Jan.	Barometer (mm) reduz. auf 0° C., Seehöhe 24,30 m			Temperatur (Centigrade).								Dunstspannung in mm			Relat. Feuchtigkeit in Prozenten		
				trock. Therm.			feucht. Therm.			Min.	Max.						
	7 Vm	2 Nm	9 Nm	7 Vm	2 Nm	9 Nm	7 Vm	2 Nm	9 Nm			7 Vm	2 Nm	9 Nm	7 Vm	2 Nm	9 Nm
14	767,7	768,0	768,3	-3,5	1,6	-1,3	-3,9	-0,9	-2,5	-3,6	4,0	3,2	3,0	3,2	91	58	76
15	759,1	768,4	770,3	-2,3	0,3	-1,3	-3,1	-1,3	-2,6	-4,0	2,5	3,2	3,3	3,1	83	71	74
16	772,8	771,2	775,8	-3,9	-0,5	-5,5	-4,5	-1,3	-6,1	-4,5	1,0	2,9	3,7	2,6	87	85	85
17	776,0	775,1	876,1	-6,2	-3,0	-,61	-7,1	-5,2	-7,1	-7,0	0,2	2,2	1,9	2,1	79	53	74
18	775,5	773,0	772,1	-7,5	-3,1	-3,8	-8,3	-4,9	-5,7	-9,0	-2,4	2,0	2,2	2,0	78	61	58
19	767,3	764,5	764,9	-3,9	0,3	-1,5	-6,5	-2,3	-3,1	-8,8	-2,5	1,4	2,5	2,8	42	54	68
20	767,6	768,2	770,7	-4,3	-1,3	-4,9	-5,3	-3,3	-5,5	-4,4	1,5	2,5	2,5	2,7	77	61	86

Datum. Jan.	Wind Richtung & Stärke nach Beaufort (0—12)			Bewölkung						Niederschläge in mm		
				7 Vm		2 Nm		9 Nm				
	7 Vm	2 Nm	9 Nm	Grad	Form	Grad	Form	Grad	Form	7 Vm	9 Nm	9 Nm / 7 Vm
14	NNW 2	NW 1	WNW 1			8	Cum-str					
15	N 1	O 2	N 2	10	Cum	10	„					
16	N 3	N 3	N 5	1	Cum-str	4	Cum-ni					
17	NNW 2	NW 3	N 3	10	„	8	Cir-str					
18	NNO 2	NW 2	WNW 2	2	Cum	7	Str.	4	Cum-str			
19	W 2	WNW 2	WNW 1	2	Str.	4	Cum-str					
20	WNW 6	WNW 6	N 1	1	„	3	„	10	Cum			

23. Januar 1904.   Amtsblat—青島官報   9.

Schiffsverkehr
in der Zeit vom 15. — 21. Januar 1904.

Ange-kommen am	Name	Kapitän	Flagge	von	Abgefahren am	nach
(12.1.)	D. Syria	Prozelius	Deutsch.	Hongkong	17.1.	Singapore
15.1.	D. Gouv. Jaeschke	Vogel	"	Schanghai	16.1.	Schanghai
16.1.	D. Knivsberg	Kayser	"	"	"	Tschifu
"	D. Newschwang	Shepherd	Englisch	"	17.1.	"
19.1.	D. Eldorado	Smith	"	"	19.1.	"

Druck der Missionsdruckerei, Tsingtau.

第五年 第三号

1904年1月23日

通缉令

现下令通缉下列因拖欠普济洋行①大约500元而须关押审讯的逃匿人员、商人、前海关官员恩斯特·雷德利希。请将上述人员拘押后递解至最近的德国政府部门以便继续押送本地,并电报通知本审判厅。

特征描述:

年龄:35岁

身高:约1.70米

体型:敦实

头发:短发,明黄色

眼睛:蓝色

鼻子:短小

嘴:普通类型

胡子:基本刮掉

脸:圆形

脸部颜色:气色好

语言:德语、波兰语或者俄语、英语、荷兰语

明显特征:声音高度沙哑,说话随便。在一只耳朵上方和头上有两个因擦伤的伤疤,下巴下方有一个新伤疤。

青岛,1904年1月18日
胶澳皇家审判厅

---

① 译者注:即歌莫尔公司。

通缉令撤销

1904年1月1日签发的对青岛前建筑监理雷尔和特雷普陶的通缉令,因特雷普陶已被抓获,现已撤销。

青岛,1904年1月14日
胶澳皇家审判厅

告白

警方现查获:
25个罐头、1瓶葡萄酒、1张带有K. U.印章的羊毛毯和1个红白点的套子。
估计上述物品系被盗物品,可以在巡捕房罪案科立即取回。

青岛,1904年1月20日
皇家巡捕房

应聘领航员

现为青岛港招聘一名拥有船舶证的德国海员担任领航员,工资协商确定。求职者请到船政局报名。

青岛,1904年1月18日
皇家船政局

发包广告

为军营洗衣房供应1 100桶波特兰水泥的合同将公开发包。

发包文件张贴于第三工部局一部的营业室内,以供查看,如果文件存量足够,也可以支付0.25元购买。

报价须密封并标注"1 100桶波特兰水泥"字样,于今年2月1日星期一上午11点30分开标前递交至本工部局。

青岛,1904年1月20日
第三工部局一部

衷心邀请各位学生亲属和本校朋友参加于1月27日上午9点举办的学校庆典。

青岛，1904年1月20日
皇家督署学校

官方消息

春季运输船"西尔维亚"号于今年3月3日从家乡启程出行。

服役中的海军少校冯·沙瓦斯基接管了港务局局长冯·布赫霍尔茨海军中尉的工作。

工程总局的营业室、即Ⅰ处，已迁至维林船厂①对面的新港口建设办公室。

船运

1904年1月15日—21日期间

到达日	轮船船名	船长	挂旗国籍	出发港	出发日	到达港
（1月12日）	叙利亚号	普罗泽柳斯	德国	香港	1月17日	新加坡
1月15日	叶世克总督号	福格尔	德国	上海	1月16日	上海
1月16日	柯尼夫斯堡号	凯瑟	德国	上海	1月16日	芝罘
1月16日	牛庄号	谢菲尔德	英国	上海	1月17日	芝罘
1月19日	黄金岛号	史密斯	英国	上海	1月19日	芝罘

---

① 译者注：即汉堡的维林洋行开办的船厂。

Amtsblatt
für das
Deutsche Kiautschou-Gebiet.

青島官報

Herausgegeben vom Kaiserlichen Gouvernement Kiautschou.

Der Bezugspreis beträgt jährlich $ 0,60=M 1,20.
Bestellungen nehmen sämtliche deutsche Postanstalten entgegen.

| Jahrgang 5. | Nr. 4. | Tsingtau, den 30. Januar 1904. |

Aufgebot.

Es wird hiermit bekannt gemacht, dass Max Hermann Richard Radau, seines Standes Tischlermeister, geboren zu Greifenberg in Pommern, 24 Jahre alt, wohnhaft in Tsingtau, Sohn des Tischlermeisters Ferdinand Radau und seiner Ehefrau Minna, geborenen Freyer, beide wohnhaft in Greifenberg,

und

Marie Theresia Kraibacher, geboren zu Hallwang bei Salzburg, 27 Jahre alt wohnhaft in Tsingtau, Tochter des zu Gniegl bei Salzburg verstorbenen Braumeisters Joseph Kraibacher und seiner in Gniegl wohnhaften Ehefrau Klara, geborenen Roider,

beabsichtigen, sich mit einander zu verheiraten und diese Ehe in Gemässheit des Reichsgesetzes vom 4. Mai 1870 vor dem unterzeichneten Beamten abzuschliessen.

Tsingtau, den 28. Januar 1904.

Der Kaiserliche Standesbeamte.

Günther.

Amtliche Mitteilungen.

Der Kurs bei der Gouvernementskasse beträgt vom 24. d. Mts. ab: 1 $ = 1,94 M.

Sonnen-Auf-und Untergang
für Monat Februar 1904.

Dt.	Mittelostchinesische Zeit des			
	wahren	scheinbaren	wahren	scheinbaren
	Sonnen-Aufgangs.		Sonnen-Untergangs.	
1.	7 U. 5.0 M.	6 U. 59.7 M.	5 U. 20.0 M.	5 U. 25.3 M.
2.	4.2	58.9	21.1	26.4
3.	3.4	58.1	22.2	27.5
4.	2.5	57.2	23.2	28.5
5.	1.6	56.3	24.2	29.5
6.	0.8	55.5	25.2	30.5
7.	6 U. 59.9	54.6	26.3	31.6
8.	59.0	53.7	27.3	32.6
9.	58.0	52.7	28.4	33.7
10.	57.0	51.7	29.4	34.7
11.	56.0	50.7	30.4	35.7
12.	55.0	49.7	31.5	36.8
13.	53.9	48.6	32.5	37.8
14.	52.8	47.5	33.5	38.8
15.	51.7	46.4	34.6	39.9
16.	50.6	45.3	35.6	40.9
17.	49.4	44.1	36.7	42.0
18.	48.2	42.9	37.8	43.1
19.	47.0	41.7	38.9	44.2
20.	45.8	40.7	39.9	45.2
21.	44.5	39.2	40.9	46.2
22.	43.3	38.0	41.8	47.1
23.	42.1	36.8	42.7	48.0
24.	40.9	35.6	43.6	48.9
25.	39.7	34.4	44.5	49.8
26.	38.5	33.2	45.4	50.7
27.	37.3	32.0	46.4	51.8
28.	36.0	30.7	47.3	52.6
29.	35.3	30.0	47.8	52.9

Meteorologische Beobachtungen.

Datum. Jan.	Barometer (mm) reduz. auf 0° C., Seehöhe 24,30 m			Temperatur (Centigrade).								Dunstspannung in mm			Relat. Feuchtigkeit in Prozenten		
				trock. Therm.			feucht. Therm.										
	7 Vm	2 Nm	9 Nm	7 Vm	2 Nm	9 Nm	7 Vm	2 Nm	9 Nm	Min.	Max.	7 Vm	2 Nm	9 Nm	7 Vm	2 Nm	9 Nm
21	768,7	765,0	768,4	-1,6	2,1	-2,5	-4,3	-0,5	-3,7	-5,0	-3,0	1,9	3,0	2,8	46	57	74
22	72,1	72,5	73,6	-5,5	-0,9	-3,6	-5,9	-3,5	-5,7	-5,6	4,0	2,7	2,2	1,9	90	51	54
23	74,0	72,6	73,8	-2,7	-1,5	-2,9	-3,6	-3,1	-3,7	-5,5	-0,2	3,0	2,8	3,0	81	68	38
24	74,4	75,1	77,3	-4,9	-5,4	-4,9	-5,3	-5,7	-5,9	-5,0	-0,5	2,8	2,8	2,4	90	93	76
25	80,4	80,5	80,0	-9,6	-5,0	-6,9	-10,3	-6,3	-7,7	-10,1	-3,8	1,7	2,1	2,1	78	69	78
26	76,8	82,9	72,4	-7,5	-1,2	-1,1	-7,9	-2,3	-1,7	-9,4	-4,0	2,3	3,3	3,7	89	78	88
27	70,9	71,1	72,7	-1,1	1,9	0,3	-1,6	1,5	-0,1	-7,5	1,1	3,8	4,9	4,3	90	93	92

Datum. Jan.	Wind Richtung & Stärke nach Beaufort (0—12)			Bewölkung						Niederschläge in mm		
				7 Vm		2 Nm		9 Nm				9 Nm / 7 Vm
	7 Vm	2 Nm	9 Nm	Grad	Form	Grad	Form	Grad	Form	7 Vm	9 Nm	
21	S W 4	S S W 6	N 3	1	Str							
22	NNW 1	N W 1	NNW 1	1	Cum-str.							
23	0 2	0 4	0 3	10	Cum-ni	8	Cum-ni	10	Cum-ni			
24	N 0 2	N W 2	N W 6	10	Cum-str	10	Cum-str			1,1		1,1
25	N 2	N W 2	NNW 1	1	Cum	4	Cum	1	Cum-str			
26	NNW 1	SSW 1	SSW 1	7	Cum-str	10	Cum-str	10	Cum-str			
27	Stille 0	WNW 1	NNO 1	10	Cum-ni	10	Cum-str	10	Cum-str			

Schiffsverkehr

in der Zeit vom 22. — 28. Januar 1904.

Angekommen am	Name	Kapitän	Flagge	von	Abgefahren am	nach
22.1.	D. Gouv. Jaeschke	Vogel	Deutsch.	Schanghai	22.1.	Schanghai
„	D. Tsintau	Hansen	„	„	„	Tschifu
„	D. Knivsberg	Kayser	„	Tschifu	„	Schanghai
23.1.	D. Badenia	Rörden	„	Kobe		
24.1.	D. Amigo	Hansen	„	Hongkong	25.1.	Tschifu
27.1	D. Knivsberg	Kayer	„	Schanghai	28.1.	„
„	D. Tsintau	Hansen	„	Tschifu		

30. Januar 1904. Amtsblatt—青島官報 13.

Hochwassertabelle für den Monat Februar 1904.

Datum	Tsingtau - Hauptbrücke		Grosser Hafen, Mole I.		Nükuk'ou.	
	Vormittags	Nachmittags	Vormittags	Nachmittags	Vormittags	Nachmittags
1.	4 U. 14 M.	4 U. 39 M. ○	4 U. 44 M.	5 U. 09 M.	5 U. 14 M.	5 U. 39 M.
2.	5 „ 05 „	5 „ 29 „	5 „ 35 „	5 „ 59 „	6 „ 05 „	6 „ 29 „
3.	5 „ 53 „	6 „ 17 „	6 „ 23 „	6 „ 47 „	6 „ 53 „	7 „ 17 „
4.	6 „ 40 „	7 „ 01 „	7 „ 10 „	7 „ 31 „	7 „ 40 „	8 „ 01 „
5.	7 „ 22 „	7 „ 43 „	7 „ 52 „	8 „ 13 „	8 „ 22 „	8 „ 43 „
6.	8 „ 04 „	8 „ 25 „	8 „ 34 „	8 „ 55 „	9 „ 04 „	9 „ 25 „
7.	8 „ 45 „ ☾	9 „ 06 „	9 „ 15 „	9 „ 36 „	9 „ 45 „	10 „ 06 „
8.	9 „ 27 „	9 „ 53 „	9 „ 57 „	10 „ 23 „	10 „ 27 „	10 „ 53 „
9.	10 „ 19 „	10 „ 54 „	10 „ 49 „	11 „ 24 „	11 „ 19 „	11 „ 54 „
10.	11 „ 30 „					0 „ 30 „
11.	0 „ 09 „	0 „ 48 „	0 „ 39 „	1 „ 18 „	1 „ 09 „	1 „ 48 „
12.	1 „ 26 „	2 „ 05 „	1 „ 56 „	2 „ 35 „	2 „ 26 „	3 „ 05 „
13.	2 „ 35 „	3 „ 06 „	3 „ 05 „	3 „ 36 „	3 „ 35 „	4 „ 06 „
14.	3 „ 29 „	3 „ 52 „	3 „ 59 „	4 „ 22 „	4 „ 29 „	4 „ 52 „
15.	4 „ 11 „	4 „ 30 „	4 „ 41 „	5 „ 00 „	5 „ 11 „	5 „ 30 „
16.	4 „ 47 „ ●	5 „ 04 „	5 „ 17 „	5 „ 34 „	5 „ 47 „	6 „ 04 „
17.	5 „ 20 „	5 „ 37 „	5 „ 50 „	6 „ 07 „	6 „ 20 „	6 „ 37 „
18.	5 „ 53 „	6 „ 09 „	6 „ 23 „	6 „ 39 „	6 „ 53 „	7 „ 09 „
19.	6 „ 24 „	6 „ 40 „	6 „ 54 „	7 „ 10 „	7 „ 24 „	7 „ 40 „
20.	6 „ 56 „	7 „ 12 „	7 „ 26 „	7 „ 42 „	7 „ 56 „	8 „ 12 „
21.	7 „ 29 „	7 „ 46 „	7 „ 59 „	8 „ 16 „	8 „ 29 „	8 „ 46 „
22.	8 „ 04 „	8 „ 22 „	8 „ 34 „	8 „ 52 „	9 „ 04 „	9 „ 22 „
23.	8 „ 43 „	9 „ 04 „	9 „ 13 „	9 „ 34 „	9 „ 43 „	10 „ 04 „
24.	9 „ 31 „ ☽	9 „ 58 „	10 „ 01 „	10 „ 28 „	10 „ 31 „	10 „ 58 „
25.	10 „ 31 „	11 „ 04 „	11 „ 01 „	11 „ 34 „	11 „ 31 „	
26.	11 „ 43 „			0 „ 13 „		0 „ 43 „
27.	0 „ 21 „	1 „ 02 „	1 „ 51 „	1 „ 32 „	1 „ 21 „	2 „ 02 „
28.	1 „ 43 „	2 „ 18 „	2 „ 13 „	2 „ 48 „	2 „ 43 „	3 „ 18 „
29.	2 „ 53 „	3 „ 23 „	3 „ 28 „	3 „ 53 „	3 „ 53 „	4 „ 23 „

1) ○ = Vollmond; 2) ☽ = Letztes Viertel; 3) ● = Neumond; 4) ☾ = Erstes Viertel.

Anmerkung: In T'a pu t'ou tritt das Hochwasser 10 Minuten früher als in Nükuk'ou auf.

Druck der Missionsdruckerei, Tsingtau.

第五年　第四号

1904年1月30日

结婚公告

马克斯·赫尔曼·李夏德·哈道，职业为木匠，出生于波莫瑞的格莱芬堡，现年24岁，居住地为青岛，是木匠费迪南德·哈道与出生时姓弗莱耶的妻子明娜的儿子。

玛丽·特蕾莎·柯莱巴赫，出生于萨尔茨堡附近的哈尔汪，现年27岁，居住地为青岛，是在萨尔茨堡附近的格尼高去世的酿酒师约瑟夫·柯莱巴赫和其居住于格尼高、出生时姓洛伊德的妻子克拉拉的女儿。

谨此宣布二人结婚，此婚约按照1870年5月4日颁布的法律规定在官员面前缔结。

青岛，1904年1月28日
皇家户籍官
贡特

官方消息

总督府财务处本月24日的汇率为：1元＝1.94马克。

船运

1904年1月22日—28日期间

到达日	轮船船名	船长	挂旗国籍	出发港	出发日	到达港
1月22日	叶世克总督号	福格尔	德国	上海	1月22日	上海
1月22日	青岛号	韩森	德国	上海	1月22日	芝罘
1月22日	柯尼夫斯堡号	凯瑟	德国	芝罘	1月22日	上海
1月23日	巴登尼亚号	罗尔登	德国	神户		
1月24日	朋友号	韩森	德国	香港	1月25日	芝罘
1月27日	柯尼夫斯堡号	凯瑟	德国	上海	1月28日	芝罘
1月27日	青岛号	韩森	德国	芝罘		

Amtsblatt
für das
Deutsche Kiautschou-Gebiet.

青島官報

Herausgegeben vom Kaiserlichen Gouvernement Kiautschou.

Der Bezugspreis beträgt jährlich $ 0,60=M 1,20.
Bestellungen nehmen sämtliche deutsche Postanstalten entgegen.

Jahrgang 5.　　Nr. 5.　　Tsingtau, den 6. Februar 1904.

Verordnung

über Schonzeit der Hasen.

Die Schonzeit für Hasen beginnt in diesem Jahre am 15. Februar.

Wer in der Schonzeit Hasen erlegt oder fängt, oder wer nach dem 1. März d. Js. Hasen verkauft oder feilhält, die nicht nachweislich ausserhalb des Schutzgebietes erlegt sind, wird mit Geldstrafe bis zu 60 Mark, im Unvermögensfalle mit Haft bis zu 14 Tagen bestraft.

Tsingtau, den 1. Februar 1904.

Der Kaiserliche Gouverneur.

Truppel.

Bekanntmachung.

Die Bekanntmachung vom 24. August 1901 (Amtsblatt 1901 S. 263), wonach die Jagd auf der Insel Huangtau nur mit Erlaubnis der Gebrüder Längner zulässig war, wird hiermit aufgehoben.

Tsingtau, den 4. Februar 1904.

Der Zivilkommissar.

Bei der in Abteilung A Nr. 9 des hiesigen Handelsregisters vermerkten Firma

Arnhold, Karberg & Co.

ist folgendes eingetragen worden:

Der bisherige Prokurist Kaufmann Harry Edward Arnhold in Schanghai ist am 1. Januar 1904 als persönlich haftender Gesellschafter in die Firma eingetreten.

Tsingtau, den 2. Februar 1904.

Kaiserliches Gericht von Kiautschou.

Verdingung.

Der Bedarf an
　　Kasernengeräten,
　　Petroleum
　　Dochtstrümpfen,
　　Cresolseifenlösung und
　　Lagerstroh
für das Rechnungsjahr 1904 soll verdungen werden.

Bedingungen liegen während der Dienststunden im Geschäftszimmer der Garnisonverwaltung zur Einsicht aus.

Angebote mit entsprechender Aufschrift sind bis zum 15. Februar d. Js., vormittags 10 Uhr, an die Garnisonverwaltung zu richten.

Tsingtau, den 19. Januar 1904.

Marine-Garnison-Verwaltung.

Bekanntmachung.

Die chinesische Bevölkerung des Schutzgebietes ist in der Bekanntmachung vom 17. Juni 1902 (Amtsblatt 1902 Seite 105) darauf hingewiesen worden, dass zum Schutze gegen die Blattern alljährlich unentgeltlich öffentliche Schutzpockenimpfungen in Tsingtau und in Litsun stattfinden, damit möglichst viele Personen vor der Erkrankung an Blattern und schwerer Lebensgefahr bewahrt werden.

Diese unentgeltlichen Impfungen finden in diesem Jahre in den Monaten Februar und März jeden Sonnabend von 10 bis 12 Uhr vormittags im Faberhospital in Tsingtau statt.

Jn Litsun werden die Impfungen bis auf weiteres an jedem Markttage vorgenommen.

Die Kinder sollen mindestens 1 Jahr alt sein, wenn sie zur Impfung gebracht werden. Alle sollen den Oberkörper, namentlich die Oberarme, gut mit Seife gewaschen haben, und reines Zeug auf dem Leibe tragen, damit nicht durch Eindringen von Schmutz in die Impfstellen gefährliche Wundkrankheiten entstehen.

Wer schon die Blattern überstanden hat, bedarf der Impfung nicht mehr.

Tsingtau, den 4. Februar 1904.

Der Civilkommissar.

Bekanntmachung.

Das chinesische Komitee hat folgende vier Ersatzmitglieder für das Jahr 1904 gewählt:
  Li han tsch'ing, Schantung Kaufmann
  Hu kuei tsch'en,   „   „
  Ku tsch'eng tschang, Kuangtung   „
  Yang jui tschy, Komprador.

Einsprüche im Sinne des §. 3 der Verordnung betreffend die provisorische Errichtung eines chinesischen Komitees vom 15. April 1902 (Amtsblatt 1902 Seite 60) sind von den dazu Berechtigten bis zum 12. Februar d. Js. in der chinesischen Kanzlei einzureichen.

Tsingtau, den 3. Februar 1904.

Der Kommissar für chinesische Angelegenheiten.

6. Februar 1904.   Amtsblatt—青島官報   17.

Bekanntmachung.

Für die Feier des chinesischen Neujahrsfestes in diesem Jahre werden folgende Bestimmungen getroffen:

Feuerwerkskörper dürfen in Tapautau und dem nicht für Europäer reservierten Stadtteile Tsingtaus abgebrannt werden:

a) in der Nacht vom 8. auf den 9. Februar von 12—6 Uhr nachts.

b) am 15. und 16. Februar von Mitternacht bis Mitternacht.

c) vom 29. Februar bis 2. März täglich abends von 6 bis nachts 12 Uhr.

Die sogenannten „Kanonenschläge" haben zu unterbleiben. Auf den Reit- und Fuhrverkehr ist am chinesischen Neujahrstage Rücksicht zu nehmen.

Tsingtau, den 1. Februar 1904.

Der Kommissar für chinesische Angelegenheiten.

大德欽命管理中華事宜輔政司單

大德一千九百四年二月初一日 右諭通知

出示曉諭遵行事照得中華習俗每逢年節各處必須放鞭炮茲者年關伊邇亟宜定示准放之期以便遵行如西本年二月初八日即中十二月二十三日夜自十二點鐘起至二十四日早六點鐘止又西二月十五日即中十二月三十日夜自十二點鐘起至西二月十六日止每日自晚六點鐘起至夜十二點鐘止又西二月二十九日即中正月十四日起至西三月初二即中正月十六日止均准在於大包島及准放之處放鞭炮定不准亂放即元旦華人居房各處亦放鞭炮以防馬驚傷害人民之患為此仰諸色人等凜遵勿違特諭

Meteorologische Beobachtungen.

Da-tum. Jan.	Barometer (in m) reduz. auf 0° C., Seehöhe 24,30 m			Temperatur (Centigrade).								Dunst-spannung in mm			Relat. Feuchtigkeit in Prozenten		
				trock. Therm.			feucht. Therm.										
	7 Vm	2 Nm	9 Nm	7 Vm	2 Nm	9 Nm	7 Vm	2 Nm	9 Nm	Min.	Max.	7 Vm	2 Nm	9 Nm	7 Vm	2 Nm	9 Nm
28	773,5	765,0	768,4	-0,6	2,7	1,9	-1,1	-0,1	0,5	-1,0	2,5	4,0	3,1	3,9	90	55	75
29	70,1	67,8	69,0	0,2	0,7	0,7	0,0	0,5	0,5	-0,5	3,8	4,5	4,7	4,7	96	96	96
30	68,8	68,6	69,8	-0,9	-1,9	-2,5	-1,2	-2,0	-2,7	-1,0	1,7	4,0	3,9	3,6	94	98	96
31	72,3	72,7	72,9	-5,4	-4,3	-4,7	-5,5	-4,5	-4,9	-5,8	-0,5	3,0	3,1	3,1	98	95	95
Feb. 1	72,0	70,7	70,0	-1,3	1,3	1,1	-1,4	-0,2	-0,7	-6,0	-0,8	4,1	3,7	3,5	98	73	68
2	68,6	67,9	68,1	1,1	4,8	1,9	0,8	4,1	1,5	-1,0	3,0	4,7	5,7	4,9	94	89	93
3	67,0	66,1	67,6	-1,1	4,5	1,9	-1,3	3,5	1,3	-2,4	5,2	4,1	5,3	4,9	96	84	90

18. Amtsblatt—膠州官報 6. Februar 1904.

Da-tum. Jan.	Wind Richtung & Stärke nach Beaufort (0—12)			Bewölkung						Niederschläge in mm		
				7 Vm		2 Nm		9 Nm				9 Nm
	7 Vm	2 Nm	9 Nm	Grad	Form	Grad	Form	Grad	Form	7 Vm	9 Nm	7 Vm
28	N N O 1	O S O 2	O S O 2	10	Cum-ni	10	Cum	10	Cum-str			1,0
29	N O 1	O N O 1	N N O 2	10	Nim	10	Nim	10	Nim	1,0	8,0	8,1
30	N W 3	N W 2	N N W 2	10	Cum	10	Nebel	10	Nebel	0,1		
31	N W 3	N N W 1	N N W 1	10	Nebel	10	Nebel	10	Nebel			
Feb 1	S 1	S O 2	S S O 1	10	Cum-ni	10	Cum	7	Cir Cum			
2	S S O 1	Stille 0	Stille 0	8	Cir Cum	10	Cum-str	10	Cum			
3	W N W 1	S 1	Stille 0	10	Cum-str	10	Cum	8	Cum			

Schiffsverkehr

in der Zeit vom 28. Januar — 3. Februar 1904.

Ange-kommen am	Name	Kapitän	Flagge	von	Abgefah-ren am	nach
28.1.	D. Tsintau	Hansen	Deutsch.	Tschifu	28.1.	Schanghai
30.1.	D. Gouv. Jaeschke	Vogel	„	Schanghai	30.1.	„
31.1.	D. Eldorado	Smith	Englisch	„	31.1.	Tschifu
2.2.	D. Knivsberg	Kayser	Deutsch	Tschifu	3.2.	Schanghai
3.2.	D. Vorwärts	Sohnemann	„	Schanghai	3.2.	Tschifu

Druck der Missionsdruckerei, Tsingtau.

第五年 第五号

1904 年 2 月 6 日

关于实施兔子保育期的命令

兔子保育期将于今年 2 月 15 日开始。

在兔子保育期内猎杀或者捕获兔子的人,或者在今年 3 月 1 日后出售或者兜售兔子、但无法证明是在保护地之外猎杀兔子者,将最多罚款 60 马克,如无付款能力,将监禁最长 14 天。

青岛,1904 年 2 月 1 日
皇家总督
都沛禄

告白

1901 年 8 月 24 日发布的告白(1901 年《官报》合订本 263 页)中公布的关于只有取得郎纳兄弟[①]同意后,才能在黄岛上打猎的告白,谨此取消。

青岛,1904 年 2 月 4 日
民政长

在本地商业登记 A 部第 9 号登记的公司"瑞记洋行"已登记入下列事项:

目前的代理人、上海的商人哈里·爱德华·安霍尔德于 1904 年 1 月 1 日作为个人责任股东加入公司。

青岛,1904 年 2 月 2 日
胶澳皇家审判厅

---

① 译者注:即德商馥香洋行所有人。

发包

1904会计年度对军营设备、煤油、灯芯丝袜、甲酚皂液和储存稻草的需求将发包。

发包条件张贴于管理公家什物局营业室内，工作时间可以查看。

写有相应字样的报价须在今年2月15日上午10点前递交至管理公家什物局。

青岛，1904年1月19日

海军管理公家什物局

大德辅政司崑　为

再通行晓谕华民种痘事：案查曾于德历九百二年六月十七日，经督署示谕，德境华民可以分别青岛、李村两处投请施种牛痘，毫无费项，俾众赤子免患天花，即所以卫生于未雨。兹者节交春令，拟于西本年二、三两月，每逢周六上午十点钟起至十二点钟止，其青岛一带可赴青岛花之安医院请种，其李村一带每逢集日前往请种。至抱往种痘之孩，年岁至小亦须一周。凡于抱往以前，应将该孩身体胳臂以及膀子皆用胰子冲洗洁净。即所穿衣服亦宜洁净，以免污秽射入种痘伤口，致生他病。至已经出过痘者，则勿须重种牛痘。为此谕，仰阖属人民一体知悉毋误。特示。

右谕通知

大德一千九百四年二月初四日　告示

大德钦命管理中华事宜辅政司单　为

出示晓谕事：案查青、包岛①值年各商董定章"每届中华年节更易四人"历办在案。兹年关伊迩，业据商务公局公举山东人李涵清又胡规臣，广东人古成章又杨瑞芝等四人接充新董。如有与该四新董内意不佩服者，应按一千九百二年四月十五日章程第三款办理。限期至西历本年二月十二日即中十二月二十七日止，可以亲投本署指名报明，以便核办。仰各遵照。切切特谕。

右谕通知

大德一千九百四年二月初三日　告示

大德钦命管理中华事宜辅政司单　为

出示晓谕遵行事：照得中华习俗，每逢年节，各处必须然（燃）放鞭炮。兹者年关伊

---

① 译者注：即鲍岛。

迩,亟宜定示准放之期,以便遵行。如西本年二月初八即中十二月二十三日夜自十二点钟起至二十四日早六点钟止;又西二月十五即中十二月三十日夜自十二点钟起至正月初一夜十二点钟止;又西二月二十九即中正月十四日起至西三月初二即中正月十六日止,每日自晚六点钟起至夜十二点钟止,均准在于大包岛①及准起盖华人居住房屋各处放鞭。至于爆烈如雷之炮定不准放。即元旦放鞭,亦皆宜留意,远避往来车马,用防马惊伤害人民之患。为此仰诸色人等凛遵勿违。特谕。

右谕通知

大德一千九百四年二月初一日　告示

船运

1904年1月28日—2月3日期间

到达日	轮船船名	船长	挂旗国籍	出发港	出发日	到达港
1月28日	青岛号	韩森	德国	芝罘	1月28日	上海
1月30日	叶世克总督号	福格尔	德国	上海	1月30日	上海
1月31日	黄金岛号	史密斯	英国	上海	1月31日	芝罘
2月2日	柯尼夫斯堡号	凯瑟	德国	芝罘	2月3日	上海
2月3日	前进号	索纳曼	德国	上海	2月3日	芝罘

---

① 译者注:即大鲍岛。

Amtsblatt
für das
Deutsche Kiautschou-Gebiet.

青島官報

Herausgegeben vom Kaiserlichen Gouvernement Kiautschou.

Der Bezugspreis beträgt jährlich $ 0,60=M 1,20.
Bestellungen nehmen sämtliche deutsche Postanstalten entgegen.

Jahrgang 5. | Nr. 6. | Tsingtau, den 13. Februar 1904. | 第六號 | 第五年

Bekanntmachung.

Auf Anordnung des Kaiserlichen Gerichts von Kiautschou soll ein dem Kaufmann Tschang tschai gehöriges neben dem Detachement Neu-Schatzykou belegenes Haus im Wege der Zwangsvollstreckung öffentlich meistbietend versteigert werden. Das Haus ist einstöckig, in europäischem Stile gebaut. Die Grundfläche beträgt ungefähr 46 qm.

Versteigerung findet

Montag, den 22. Februar, 11 Uhr vormittags,

im Gerichtssaal des Bezirksamtes Litsun statt. Zahlung des Kaufpreises hat binnen 3 Tagen nach Zuschlag zu erfolgen. Zum Bieten werden nur Chinesen zugelassen.

Litsun, den 11. Februar 1904.

Kaiserliches Bezirksamt.

Bei der unter Nr. 5 Abt. B. des Handelsregisters vermerkten Firma
„Tsingtau Hotel-Aktien-Gesellschaft"
ist folgendes eingetragen worden:

Lorenz Storm in Tsingtau ist zum Vorstandsmitglied ernannt.

Gemäss Beschluss des Aufsichtsrates vom 20. Januar 1904 soll der Vorstand bis auf weiteres aus 2 Mitgliedern bestehen, von denen jedes für sich die Firma zeichnen kann.

Tsingtau, den 9. Februar 1904.

Kaiserliches Gericht von Kiautschou.

李村副衙署

拍賣房屋事茲因沙子口南流溝營盤附近有卽墨人張澤可自己修造高大瓦屋一所該屋地基約有四十六方米打通身磚石修砌一切俱係西式現本青島稟札開囑將該屋拍賣以償伊債本署定於西一千九百四年二月二十二日卽中三十年正月初七日在李村本署拍賣如有欲賣者屆期卽赴李村署內當堂面議一經議安惟必須三日內將價交齊再只准華人仕購爲此諭仰商民人等一體知悉切切特諭

大德一千九百四年二月十一日

右諭通知

爲

Bei der unter Nr. 30 Abteilung A des Handelsregisters vermerkten Firma

„Paul Behrens"

ist folgendes eingetragen:

Dem Kaufmann Erich Thorhauer ist Prokura erteilt.

Tsingtau, den 9. Februar 1904.

Kaiserliches Gericht von Kiautschou.

Oeffentliche Zustellung.

Die offene Handelsgesellschaft Arnhold, Karberg & Co. in Tsingtau, vertreten durch den Rechtsanwalt Dr. Rapp, ebenda, klagt gegen den Architekten K. Behrend, zuletzt in Port Arthur, unter der Behauptung, dass sie dem Beklagten auf dessen Bestellung in der Zeit vom 13. Januar bis 1. April 1903 40 Fass Cement geliefert habe, mit dem Antrage auf Verurteilung des Beklagten zur Zahlung von $ 216, — nebst 7 Prozent Zinsen seit 1 April 1903.

Die Klägerin ladet den Beklagten zur mündlichen Verhandlung des Rechtsstreits vor das Kaiserliche Gericht von Kiautschou in Tsingtau, Sitzungssaal, auf

Donnerstag, den 7. April 1904, vormittags 8 Uhr.

Zum Zwecke der öffentlichen Zustellung wird dieser Auszug der Klage bekannt gemacht.

Tsingtau, den 9. Februar 1904.

Bergemann
Sekretär,
Gerichtsschreiber des Kaiserlichen Gerichts von Kiautschou.

Oeffentliche Zustellung.

Der Malermeister Pickardt in Tsingtau, vertreten durch den Rechtsanwalt Dr. Rapp, ebenda, klagt gegen den Architekten K. Behrend, zuletzt in Port Arthur, unter der Behauptung, dass der Beklagte ihm für auf Bestellung gelieferte Malerarbeiten den Betrag von $ 231, — schulde, mit dem Antrage auf Verurteilung des Beklagten zur Zahlung von $ 231, — nebst 7 % Zinsen seit 1. Oktober 1903.

Der Kläger ladet den Beklagten zur mündlichen Verhandlung des Rechtsstreits vor das Kaiserliche Gericht von Kiautschou in Tsingtau, Sitzungssaal, auf

Donnerstag, den 7. April 1904, vormittags 8 Uhr.

Zum Zwecke der öffentlichen Zustellung wird dieser Auszug der Klage bekannt gemacht.

Tsingtau, den 9. Februar 1904.

Bergemann
Sekretär,
Gerichtsschreiber des Kaiserlichen Gerichts von Kiautschou.

Amtliche Mitteilungen.

Für den zwischen Japan und Russland ausgebrochenen Krieg hat Deutschland seine Neutralität erklärt.

*

Für die Beförderung der Post nach Europa ist der Weg über Sibirien bis auf weiteres gesperrt.

Ferner werden Privattelegramme nach Port Arthur, sowie über Port Arthur zu leitende Privattelegramme zur Beförderung nicht mehr angenommen.

*

Der Kurs bei der Gouvernementskasse beträgt vom 8. d. Mts. ab: 1 $ = 1,93 M.

*

Aus Anlass der Erkrankung des Richters Dr. Behme sind der Dolmetscher-Eleve Referendar Weinholtz, der Gerichtssekretär Bergemann und Gerichtssekretär Gerlach mit der Erledigung einzelner richterlicher Geschäfte bis auf weiteres beauftragt worden.

*

Das Gericht ist an das öffentliche Fernsprechnetz unter der Nr. 53 angeschlossen. Der Anruf erfolgt durch Vermittlung der Centrale im Yamen.

*

Die Stationärgeschäfte vor Tsingtau hat am 6. d. Mts. S. M. S. „Thetis" von S. M. S. „Fürst Bismarck" übernommen.

*

Beim Gouvernement sind zwei unbestellbare eingeschriebene chinesische Briefe aus Tsinanfu an Europäer eingegangen:

1. An 史丁 (膠督署丙)
Herrn Schy ting. Adressat ist anscheinend Elektrotechniker.

2. An 崔霈澍 (大德國膠澳總督部堂 都營中)
Herrn Ts'ui p'ei tschu. Adressat ist anscheinend Militär.

Empfangsberechtigte wollen sich beim Landamt melden.

*

Laut telegraphischer Mitteilung des Reichsmarineamts ist verliehen worden:

1) die Rettungsmedaille am Bande: dem Artilleristenmaaten Dittmar und dem Matrosenartilleristen Klemmt,
2) der Königliche Kronenorden IV. Klasse: dem Lazarettverwaltungs-Inspektor Pantel,
3) das Kreuz des Allgemeinen Ehrenzeichens: dem Depotvizefeldwebel Karnuth.

13. Februar 1904. Amtsblatt—青島官報 21.

Meteorologische Beobachtungen.

Datum. Feb.	Barometer (m m) reduz. auf 0° C., Seehöhe 24,30 m			Temperatur (Centigrade).								Dunstspannung in mm				Relat. Feuchtigkeit in Prozenten		
				trock. Therm.			feucht. Therm.											
	7 Vm	2 Nm	9 Nm	7 Vm	2 Nm	9 Nm	7 Vm	2 Nm	9 Nm	Min.	Max.	7 Vm	2 Nm	9 Nm	7 Vm	2 Nm	9 Nm
4	769,6	769,3	769,3	-0,3	3,7	2,3	-0,5	2,7	1,5	-2,6	4,6	4,3	5,0	4,7	96	83	
5	67,9	68,0	69 3	2,4	5,7	1,9	1,9	3,5	1,3	0,0	4,4	5,0	4,6	4,7	91	67	
6	69,1	67,6	68,4	-0,1	5,7	2,2	-0,7	4,1	1,5	-0,2	6,5	4,0	5,2	4,7	89	76	
7	67,5	65,6	66,2	2,5	4,1	0,3	1,7	2,1	-1,3	0,2	6,0	4,7	4,1	3,3	85	68	
8	64,4	62,6	62,7	0,5	6,9	1,9	-0,7	4,1	0,8	-0,7	5,1	3,7	4,5	4,2	78	60	
9	61,2	59,9	60,8	2,6	6,1	4,7	2,1	4,6	3,6	0,4	7,0	5,0	5,5	5,3	91	78	
10	60,4	66,1	70,9	2,7	0,0	-2,5	0,9	-2,1	-4,3	2,6	6,5	3,8	2,8	2,4	69	61	

Datum. Feb.	Wind Richtung & Stärke nach Beaufort (0—12)			Bewölkung						Niederschläge in mm		
				7 Vm		2 Nm		9 Nm				9 Nm / 7 Vm
	7 Vm	2 Nm	9 Nm	Grad	Form	Grad	Form	Grad	Form	7 Vm	9 Nm	
4	O 1	SSO 3	O 2	1	Cum-str.	6	Cum	8	Cum			
5	S 1	S 2	S 1	9	Cum	10	Cum					
6	ONO 1	OSO 1	S 1	4	Cum-str.	8	Cum	10	Cum			
7	NW 3	WNW 2	W 1	10	Cum-ni	8	Cir-cum					
8	SSW 1	SSW 2	OSO 1									
9	SO 1	S O 3	S O 3	2	Cum-str.							
10	NW 8	NW 9	NW 6	7	Cum	8	Nim					

Schiffsverkehr

in der Zeit vom 4. — 11. Februar 1904.

Angekommen am	Name	Kapitän	Flagge	von	Abgefahren am	nach
(23.1.)	D. Badenia	Rörden	Deutsch.	Kobe	7.2.	Singapore
4.2.	D. Gouv. Jaeschke	Vogel	„	Schanghai	6.2.	Schanghai
8.2.	D. Anerley	Robertson	Englisch	Moji		
9.2.	D. Tsintau	Hansen	Deutsch	Schanghai	9.2.	Tschifu
„	D. Vorwärts	Sohnemann	„	Tschifu	„	Schanghai
10.2.	D. Königsberg	Mayer	„	Kelung		
„	D. Nanyang	Hass	„	Moji		
11.2.	D. Eldorado	Smith	Englisch	Schanghai		
„	D. Chingkiang	Partridge	„	Moji		
„	D. Keemun	Davies	„	„		

Postverbindung mit Europa über Suez.

Ankommend.		Abgehend	
Dampfer.	an Schanghai	Dampfer.	ab Schanghai.
Englisch	19. Februar 1904	Französisch	19. Februar 1904.
Deutsch	23. " "	Englisch	23. " "
Französisch	25. " "	Deutsch	27. " "
Englisch	4. März "	Französisch	4. März "
Deutsch	8. " "	Englisch	8. " "
Französisch	10. " "	Deutsch	12. " "
Englisch	18. " "	Französisch	18. " "
Deutsch	22. " "	Englisch	22. " "
Französisch	24. " "	Deutsch	26. " "
Englisch	30. " "		

Druck der Missionsdruckerei, Tsingtau.

第五年　第六号

1904 年 2 月 13 日

李村副臬署　为

拍卖房屋事：兹因沙子口南流沟营盘附近，有即墨人张泽可自己修造高大瓦屋一所，该屋地基约有四十六方米打①，通身砖石修砌，一切俱系西式。现奉青岛臬宪札开嘱，将该屋拍卖，以偿伊债。本署定于西一千九百四年二月二十二日即中三十年正月初七日在李村本署拍卖。如有欲卖(买)者，届期即赴李村署内当堂面议。一经议妥，惟必须三日内将价交齐，再只准华人往购。为此谕，仰商民人等一体知悉。切切特谕。

右谕通知
大德一千九百四年二月十一日

在商业登记 B 部第 5 号登记的公司"青岛饭店股份公司"②已登记入下列事项：
青岛的洛伦茨·施多姆被任命为董事会成员。
根据监事会在 1904 年 1 月 20 日的决议，在做出新的决定之前，董事会由 2 名成员组成，他们每个人都可以代表自己为公司签名。

青岛，1904 年 2 月 9 日
胶澳皇家审判厅

在商业登记 A 部第 30 号登记的公司"保罗·贝伦斯"③已登记入下列事项：
商人艾里希·托尔豪尔被授予代理权。

青岛，1904 年 2 月 9 日
胶澳皇家审判厅

---

① 译者注：即平方米。
② 译者注：即青岛旅店股份公司，1900 年 7 月 3 日成立。
③ 译者注：该公司中文行名为"相宜洋行"。

公开投递

由青岛的律师拉普博士代表的正在营业中公司"青岛瑞记洋行",现起诉之前在旅顺的建筑师 K. 贝伦特,因被告在 1903 年 1 月 13 日到 4 月 1 日期间向该公司订购的 40 桶水泥已经供货,要求判决被告支付 216.00 元的货款,并附加自 1903 年 4 月 1 日起计算的 7% 的利息。

原告要求被告在 1904 年 4 月 7 日星期四上午 8 点前往青岛的胶澳皇家审判厅的会议大厅,参加该项法律争端的口头审判。

出于公开投递的目的,现公布该诉讼的内容节选。

青岛,1904 年 2 月 9 日
贝尔格曼　秘书
胶澳皇家审判厅法院书记官

公开投递

由青岛的律师拉普博士代表的青岛的粉刷匠皮卡特,现起诉之前在旅顺的建筑师 K. 贝伦特,因被告拖欠其所订购的 231.00 元的粉刷工作款项,要求判决被告支付 231.00 元的工程款,并附加自 1903 年 10 月 1 日起计算的 7% 的利息。

原告要求被告在 1904 年 4 月 7 日星期四上午 8 点前往青岛的胶澳皇家审判厅的会议大厅,参加该项法律争端的口头审判。

出于公开投递的目的,现公布该诉讼的内容节选。

青岛,1904 年 2 月 9 日
贝尔格曼　秘书
胶澳皇家审判厅法院书记官

官方消息

德国对在日本和俄国之间爆发的战争[①]宣布中立。

在另行通知之前,经西伯利亚的邮路运往欧洲的邮件现已中断。

此外,不再接受发往旅顺的私人电报以及经过旅顺传送的私人电报。

---

① 译者注:即日俄战争,是 1904—1905 年日本和俄罗斯帝国为争夺朝鲜半岛和中国东北而进行的战争。

总督府财务处自本月8日起的汇率为：1元＝1.93马克。

由于法官贝麦博士生病，在另行通知之前，委托见习口译官韦恩霍尔茨、法院秘书贝尔格曼和格尔拉赫处理各项法官事务。

审判庭已经连入公共电话网，号码为53。电话通过在衙门的总部转接。

本月6日，军舰"忒蒂斯"号接替了军舰"俾斯麦公爵"号在青岛的驻站工作。

在总督府有两封无法投递的从济南寄来的中文挂号信，收件人为欧洲人：
第一封寄给史丁（胶督署内），Schy ting先生，收件人看起来是电气工程师。
第二封寄给崔霈澍（大德国胶澳总督部堂都营中），Ts'ui p'ei tschu先生。收件人看起来是军队人员。
可接收上述信件的人员请与地亩局联系。

根据帝国海军部的电报通知，现授予：
1. 二级下士炮手迪特玛和海军炮手克莱姆特绶带救援勋章；
2. 野战医院管理处督察官庞特尔四等皇家皇冠勋章；
3. 仓库副中士卡尔努特普通荣誉十字勋章。

船运

1904年2月4日—11日期间

到达日	轮船船名	船长	挂旗国籍	出发港	出发日	到达港
（1月23日）	巴登尼亚号	罗尔登	德国	神户	2月7日	新加坡
2月4日	叶世克总督号	福格尔	德国	上海	2月6日	上海
2月8日	安纳利号	罗伯森	英国	门司		
2月9日	青岛号	韩森	德国	上海	2月9日	芝罘
2月9日	前进号	索纳曼	德国	芝罘	2月9日	上海
2月10日	柯尼夫斯堡号	迈耶尔	德国	基隆		
2月10日	南洋号	哈斯	德国	门司		
2月11日	黄金岛号	史密斯	英国	上海		
2月11日	清江号	帕特里奇	英国	门司		
2月11日	祁门号	戴维斯	英国	门司		

经苏伊士运河与欧洲的邮政连接

到达		出发	
轮船国籍	到达上海	轮船国籍	自上海发出
英国	1904年2月19日	法国	1904年2月19日
德国	1904年2月23日	英国	1904年2月23日
法国	1904年2月25日	德国	1904年2月27日
英国	1904年3月4日	法国	1904年3月4日
德国	1904年3月8日	英国	1904年3月8日
法国	1904年3月10日	德国	1904年3月12日
英国	1904年3月18日	法国	1904年3月18日
德国	1904年3月22日	英国	1904年3月22日
法国	1904年3月24日	德国	1904年3月26日
英国	1904年3月30日		

Amtsblatt
für das Deutsche Kiautschou-Gebiet.

青島官報

Herausgegeben vom Kaiserlichen Gouvernement Kiautschou.

Der Bezugspreis beträgt jährlich $ 0,60=M 1,20.
Bestellungen nehmen sämtliche deutsche Postanstalten entgegen.

| Jahrgang 5. | Nr. 7. | Tsingtau, den 17. Februar 1904. | 第七號 | 第五年 |

Der Reichsanzeiger vom 13. Februar d. Js. enthält nachstehende amtliche Bekanntmachung:

Nach amtlichen Erklärungen, welche die Kaiserlich Russische Regierung und die Kaiserlich Japanische Regierung hier abgegeben haben, besteht zur Zeit zwischen Russland und Japan Krieg. Dies wird mit dem Hinzufügen bekannt gemacht, dass hiermit für jedermann im Reichsgebiet und in den deutschen Schutzgebieten, sowie für die Deutschen im Auslande die Verpflichtung eingetreten ist, sich aller Handlungen zu enthalten, die der Neutralität Deutschlands zuwiderlaufen.

Berlin, den 13. Februar 1904.

Der Reichskanzler.

von Bülow.

Bekanntmachung.

Nach Mitteilung des Kaiserlich Deutschen Generalkonsulats in Yokohama ist am Eingang der Tokio — Bay eine Seeverteidigungszone geschaffen. Einlaufende Schiffe müssen vor dem Passieren der Linie Chiogasaki — Kokubo an der Landzunge stoppen, durch Signale um Lootsen bitten und die Instruktionen des Japanischen Führungsschiffes, welches eine oben weisse, unten rote Flagge führt, abwarten.

Tsingtau, den 15. Februar 1904.

Kaiserliches Gouvernement.

Bekanntmachung.

Nach telegraphischer Mitteilung des Generalkonsulats in Yokohama macht der japanische Verkehrsminister bekannt, dass einstweilen unter Umständen japanische Leuchtfeuer ausgelöscht werden können.

Tsingtau, den 16. Februar 1904.

Kaiserliches Gouvernement.

Bekanntmachung.

Am 22. d. Mts. vorm. 10 Uhr werden im Strandlager verschiedene Fundsachen, deren Besitzer sich nicht gemeldet haben, öffentlich gegen Meistbietung versteigert werden.

Die Sachen können an obigem Tage vor der Versteigerung besichtigt werden.

Tsingtau, den 12. Februar 1904.

Kaiserliches Polizeiamt.

告白

啓者茲有拾獲署之物數件失主未來領具挺將該各物於西二月二十二日早拍十點鐘在西營盤拍賣十二點有欲買者可於此先閱看

德一千九百零四年二月十二日佈

青島巡捕衙門

Mitteilungen.

Von der am 1. Dezember aus Deutschland abgesandten Post, welche am 24. Dezember hier eintraf, ist ein Briefbeutel mit gewöhnlichen Sendungen in Port-Arthur in Verlust geraten und trotz eingehender Nachforschungen nicht wieder aufgefunden worden.

*

Im Frühjahr kehren in die Heimat zurück: Hauptleute Conradi und Zeller, Oberleutnant Eggebrecht, Müller und Schell, Leutnants Bartenstein, Stieler von Heydekampf, von Kleist und Graf von Sparr, Oberleutnant zur See Forstmann, Feuerwerksoberleutnant Hoff, Marine-Oberzahlmeister Woeniger und Marine-Zahlmeister Moebest.

Als Ersatz kommen in das Schutzgebiet: Hauptleute von Restorff und Timme, Leutnants von Veltheim, Schönfeld, Erlenmeyer, Freiherr von Wangenheim und Rogalla von Bieberstein, Oberleutnant zur See Dietrich Meyer, Feuerwerksleutnant Klinger und Marine-Oberzahlmeister Strelow und Beilker.

*

Der Kurs bei der Gouvernementskasse beträgt vom 14. d. Mts. ab: 1 $ — 1,99 M.

Druck der Missionsdruckerei, Tsingtau.

第五年　第七号

1904年2月17日

今年2月13日的《帝国报》包含下列官方通知：

根据皇家俄罗斯政府和皇家日本国政府做出的官方声明，目前俄罗斯与日本之间存在着战争，对此，宣布补充内容：在帝国领土和德国保护地，以及身在国外的德国人，其所有行为均不得违反德国的中立，谨此！

柏林，1904年2月13日
帝国总理
冯·布洛夫

告白

根据横滨皇家德国总领事馆的通知，在东京湾的入口处设置了一处海洋防卫区。入湾船只在经过茅崎—小久保一线前，必须停在海角边，通过信号请求导航及日本导引船只的指示，该船悬挂一面上部为白色、下部为红色的旗帜，驻留在该地。

青岛，1904年2月15日
皇家总督府

告白

根据横滨皇家德国总领馆的电报通知，日本交通部部长宣布，在此期间，日本的灯塔可能会熄灭。

青岛，1904年2月16日
皇家总督府

告白

启者：兹有拾获送署之物数件，失主未来具领，拟将该各物于西二月二十二日早十点钟在西营盘拍卖。有欲买者，可于十点钟以先（前）阅看。此布。

德一千九百四年二月十二日
青岛巡捕衙门

消息

在12月1日从德国寄出、12月24日抵达本地的邮件中，一个装有普通邮件的邮包在旅顺遗失，经多方查找，仍未发现。

春天返回家乡的人员有：康拉迪和蔡乐上尉，艾格布莱希特、穆勒、舍尔中尉，巴滕施坦、施棣乐·冯·海德卡姆普夫、冯·克莱斯特和冯·施巴尔少尉，佛斯特曼海军中尉，中尉火药师霍夫，海军高等军需官沃尼戈和海军军需官莫贝斯特。

作为轮换人员进入保护地的有：冯·雷什托夫和棣莫上尉，冯·菲尔特海姆、熏费尔德、艾伦迈耶尔、冯·万根海姆男爵和罗嘎拉·冯·比伯施坦少尉，迪特里希·迈耶尔海军中尉，少尉火药师克凌格，海军高等军需官什特雷洛夫和柏尔克。

总督府财务处自本月14日起的汇率为：1元＝1.99马克。

Amtsblatt
für das Deutsche Kiautschou-Gebiet.

青島官報

Herausgegeben vom Kaiserlichen Gouvernement Kiautschou.

Der Bezugspreis beträgt jährlich $ 0,60 = M 1,20.
Bestellungen nehmen sämtliche deutsche Postanstalten entgegen.

Jahrgang 5.   Nr. 8.   Tsingtau, den 25. Februar 1904.

Verordnung
betreffend Laden und Löschen von Kauffarteischiffen im Hafen von Tsingtau.

Sobald Mole I im grossen Hafen dem öffentlichen Verkehr übergeben worden ist, gelten für den Betrieb bis auf weiteres folgende Bestimmungen:

A. Lotsenwesen.

§. 1.
Die Einfahrt in den grossen und kleinen Hafen, das Ankern bei oder das Festmachen an der Mole, sowie das Losmachen von der Mole und die Ausfahrt ist Schiffen über 100 Netto Registertons nicht ohne Lotsen gestattet.

§. 2.
Die Lotsen werden vom Gouvernement angestellt. Für Schiffe in regelmässiger Tsingtau-Fahrt kann dem Schiffsführer vom Gouvernement ein Lotsenpatent für das Ein- und Auslaufen seines Schiffes verliehen werden. Bis auf weiteres können auch anderen geeigneten Personen vom Gouvernement Lotsenpatente verliehen werden.

§. 3.
Der Lotse ist auf der Aussenrhede ungefähr auf einer Linie zwischen Huitschien-Huk und Kap Jäschke einzunehmen. Sowie der Lotse an Bord oder falls das Schiff von einem Lotsenpatentinhaber geführt wird, ist die dem betreffenden Lotsen oder Patentinhaber verliehene Flagge an Bord zu setzen.

§. 4.
Als Lotsengeld wird eine Gebühr laut Anlage A erhoben, welche zugleich mit der Hafenabgabe bei der Ausklarierung des Schiffes zu entrichten ist.

B. Allgemeine Bestimmungen über die Benutzung der Mole I.

§. 5.
Als Angestellter des Hafenamts wird ständig ein Molenwärter auf der Mole anwesend sein. Den Anordnungen des Hafenamts zur Aufrechterhaltung der Ordnung, der Sicherheit, und der Bequemlichkeit des Verkehres auf der Mole und den Molenplätzen ist unbedingt Folge zu leisten. Zuwiderhandlungen gegen die Anordnungen werden auf Antrag des Gouvernements mit einer Strafe bis zu 150 Mark belegt, an deren Stelle im Nichtbeitreibungsfalle Haft bis zu 3 Wochen tritt.

§. 6.
Massgebend für die Reihenfolge der Schiffe zum Anlegen an der Mole ist der Zeitpunkt ihrer tatsächlichen Ankunft im Hafen.

Für das Gouvernement oder die Kaiserliche Marine bestimmte Schiffe oder subventionierte Postdampfer können auf besondere Anordnung des Hafenamts vor anderen Schiffen an die Mole gelegt werden.

§. 7.
Sofort nach dem Anlegen an der Mole ist mit dem Löschen oder Laden zu beginnen. Die Arbeit ist von Sonnenaufgang bis zum Sonnenuntergang bis zur Beendigung fortzusetzen. Für jede Verzögerung kann eine besondere Gebühr bis zu 50 $ für den Tag, sei es vom Schiff oder vom Pächter, vom Gouvernement erhoben werden.

§. 8.
Nach Beendigung der Ladearbeiten hat das Fahrzeug die Mole zu verlassen; ausnahmsweise kann das Hafenamt ein längeres Verbleiben gestatten.

C. Verpachtung von Schuppen und offenen Lagerräumen auf der Mole.

§. 9.

Auf der Mole können Schuppen, Schuppenteile und offene Lagerräume vom Gouvernement zum Betriebe des Lade- und Löschgeschäftes gepachtet werden.

Dem Pächter fallen damit alle Leistungen und Verpflichtungen zu, welche mit dem Betriebe von Kajeschuppen nach allgemeinen kaufmännischen Grundsätzen verbunden sind, insbesondere die zeitweise Lagerung der Waren, ihre Aushändigung an die Empfänger, die Bewahrung und Sicherung der Schuppen und ihres Inhalts, die Einziehung der Gebühren nach dem festgesetzten Tarife, die Untersuchung und Begleichung von Schadenersatzansprüchen u. s. w.

§. 10.

Pachtverträge werden bis zu sechs Monaten abgeschlossen; jedoch wird sich das Gouvernement vorbehalten, die Verträge aus besonderen Gründen bereits vor Ablauf der 6 Monate mit einmonatlicher Frist zu kündigen. Im allgemeinen darf das Löschen und Laden nur durch die Pächter erfolgen.

§. 11.

Die Pachtsumme setzt sich aus einem Zins für den Grund und Boden und der Hälfte der tarifmässig zu erhebenden Lösch-Lade- und Lagergebühren zusammen (s. Anlage B).

§. 12.

Ueber die tarifmässig zu vereinnehmenden Gebühren ist genau Rechnung zu führen und diese vierteljährlich dem Gouvernement vorzulegen.

D. Löschen und Laden auf der Mole.

§. 13.

Für Löschen, Laden und Lagern der Waren auf der Mole werden Gebühren nach einem vom Gouvernement genehmigten Tarife erhoben (Anlage C.). Höhere Sätze als die des Tarifes dürfen nicht erhoben werden.

§. 14.

Für Nachtarbeit bis Mitternacht wird ein Zuschlag von $ 25, für Arbeiten nach Mitternacht ein weiterer Zuschlag von $ 25 erhoben. Als Nachtarbeit gilt während der Zeit vom 1. März bis zum 31. Oktober die Arbeit von 8 Uhr abends bis 5 Uhr morgens, und während der Zeit vom 1. November bis 28./29. Februar die Arbeit von 6 Uhr abends bis 6 Uhr morgens.

§. 15.

Waren sollen nicht länger als 10 Tage nach Abgang des Schiffes auf der Mole lagern. Werden Waren innerhalb dieser Zeit nicht entfernt, so wird eine Lagermiete in Höhe des doppelten Betrages der Löschgebühr für jeden angefangenen Monat erhoben. Ausfuhrwaren, die länger als 10 Tage auf der Mole lagern, unterliegen derselben Gebühr.

§. 16.

Leichter an der Mole haben auf Anordnung des Molenwärters zeitweise abzulegen.

§. 17.

Der Pächter ist nicht verantwortlich für Colli, enthaltend Gold, Silber, Edelmetalle, Geld, Dokumente, Juvelen, Kunstwerke, es sei denn, dass der Wert des Jnhalts ausdrücklich deklariert wird.

E. Liegegelder.

§. 18.

Für die Benutzung des Hafens wird eine Hafenabgabe laut der in der Anlage beigefügten Gebührenordnung (Anlage D. 1 und 2) erhoben, welche bei der Ausklarierung zu entrichten ist.

§. 19.

Diese Hafenabgabe ermässigt sich (Anlage D. 3):

a) bei Fahrzeugen, welche nur Passagiere, Post oder Kontanten einnehmen oder landen;

b) bei Fahrzeugen, welche auf der Rhede Waren laden oder löschen und nicht über 6 Stunden verbleiben.

§. 20.

Fahrzeuge, welche über 4 Tage an der Mole liegen, haben einen Zuschlag von 1 Cent für die Tonne für jeden angefangenen Tag zu rechnen. Sonntage und die in der Verordnung vom 6. Oktober 1902 (Amtsblatt Seite 133) genannten allgemeinen Feiertage werden nicht mitgezählt. Der Tag des Anlegens vor 12 Uhr mittags und der Tag der Abfahrt nach 12 Uhr mittags rechnet dabei als voller Tag.

Anlage: Gebührenordnung.

A. Lotsengebühr.

für Fahrzeuge über 100 Netto Registertons

1) bis zu 12 Fuss Tiefgang $ 25,—
2) für jeden angefangenen Fuss mehr   „ 3,—

Ist der Tiefgang bei Ein- nud Ausgang verschieden, so wird

25. Februar 1904.   Amtsblatt—報官島清   27.

der grösste der Berechnung zu Grunde gelegt.

B. Pachtgebühr.

1) für jeden Schuppen oder Teil eines Schuppens ist bis auf weiteres ein Pachtzins pro qm. von   10 ℄

für jeden unbedeckten Lagerraum bis auf weiteres pro qm. von   5 „

für je einen Monat oder weniger zu entrichten.

2) Ferner ist am Anfange jedes Kalender-Vierteljahres unter Vorlegung genauer Abrechnungen die Hälfte der tarifmässig fälligen Lösch-,Lade- und Lagergebühren an das Gouvernement abzuführen. Der Pächter zieht die Lösch- und Ladegebühren vom Schiffe ein.

C. Lösch- und Ladegebühr.

1) Für jede Mass- oder Gewichtstonne unter Zugrundelegung des für das Gouvernement günstigsten Satzes einfaches Laden oder Löschen   50 „

Einzelne Packete werden in ihrem Verhältnis zur Tonnenfracht berechnet.

2) Für Landen von Waren in Durchfracht und deren Wiederverladung, falls die Ware den Schuppen nicht verlassen hat für die Tonne (Mass oder Gewicht)   75 „

3) Für Löschen und Laden von Waren aus einem Dampfer in Leichterfahrzeuge und umgekehrt bei Dampfern, die im grossen oder kleinen Hafen liegen, falls die Ware nicht auf die Mole gebracht wird, für die Tonne (Mass oder Gewicht)   25 „

4) Lebendes Grossvieh und Pferde von der Kaje aus für das Stück   25 „

5) Lebendes Kleinvieh für das Stück   10 „

6) Kontanten sind   frei.

7) Für das Einfüllen von Kohlen zu eigenem Gebrauch des Dampfers wird eine Gebühr von   15 ℄

für die Tonne berechnet.

D. Hafenabgabe.

1) Für die Benutzung der Aussen- und Innenrhede für die Netto Register-tonne bis auf weiteres   3 „

2) Für die Benutzung der Molenplätze und des grossen und kleinen Hafens für die Netto Registertonne bis auf weiteres   6½ ℄

3) Für Fahrzeuge ohne Ladung (§ 19 a) oder mit Aufenthalt unter 6 Stunden (§ 19 b) bis auf weiteres   2½ „

Tsingtau, den 19. Februar 1904.

Der kaiserliche Gouverneur.

Truppel.

(Translation.)

Ordinance

concerning the charging and discharging of merchant vessels in the harbour of Tsingtao.

As soon as pier No. I in the large harbour is handed over to public use the following provisional regulations for the working thereon will be in force:

A. Pilots.

§. 1.

No ship exceeding 100 tons Register nett is permitted to enter the small or large harbour or to anchor near or to moor at the pier or to clear therefrom and depart without a licensed pilot.

§. 2.

The pilots will be appointed by the Colonial Government. The commanders of ships plying regularly may be licensed by the Colonial Government for entering and leaving of their own ships, provisionally also any other duly qualified persons may obtain a license for piloting from the Colonial Government.

§. 3.

The pilot is to be taken on board at the outer anchorage on a line about between Hui-tschien Point and Cape Jäschke. When the pilot is on board or if the commander of the vessel is in possession of a license the flag specially assigned to the pilot or to the commander is to be hoisted.

§. 4.

Pilotage is to be paid at the subjoined tariff (Annex A) together with the tonnage dues when clearing.

B. General regulations for using Pier No. 1.

§. 5.

A wharfmaster appointed by the Harbour Office will be stationed on the pier. All rules of the Harbour Office for maintaining order, safety and the convenience of the Traffic on the pier and the adjacent places are strictly to be observed. A breach of these rules will, on the prosecution of the Government, be visited with a penalty not exceeding 150 Mark or in case of non-payment imprisonment not exceeding three weeks.

§. 6.

Ships will be moored at the pier according to the actual time of their entering the port. Precedence over other ships when mooring may be granted under special orders of the Harbour Office to vessels bound for the Colonial Government or the Imperial Navy or to subsidised mailsteamers.

§. 7.

Discharging or loading has to begin immediately after the ship is fast. Work has to be carried on between sunrise and sunset until completed. Any delay on the part of the ship or the tenant will subject them to an additional charge not exceeding $ 50,00 per day over and above the tariff rate of wharfage.

§. 8.

After completing work the ship is immediately to leave the wharf. In exceptional cases the Harbour Office may grant a longer stay.

C. Lease of sheds and open space on the pier.

§. 9.

For accomodating cargo discharged or to be loaded wooden sheds, parts of sheds and open storing spaces are leased by the Government. The tenant takes upon himself all duties and obligations which, according to universal custom, the working of wharves involves, particularly the temporary storing of goods, delivery to consignees, guarding and securing the sheds and their contents, the collection of wharfage fees as fixed by the tariff, the proving and settling of claims etc.

§. 10.

Leases will be granted for a time not exceeding six months. The Government, however, reserves the right to itself under particular circumstances to terminate the lease at any time with one month's notice bevore its expiration. As a rule cargo may be discharged or loaded by no other but the tenant.

§. 11.

As payment the Government receives a fixed amount of groundrent and half the wharfage and storage charges (Annex B).

§. 12.

An accurate account has to be kept of the fees collected and every three months this has to be submitted to the Government.

D. Discharging and Loading at the pier.

§. 13.

For receiving and shipping cargo and storing same on the pier fees are levied according to a tariff approved of by the Government. (Annex C). Higher rates than provided in the tariff may not be levied.

§. 14.

For nightwork until midnight an additional fee of $ 25, for work after midnight a further tax of $ 25 will be charged. As nightwork will be counted from 1 th March up to October 31 th the time between 8 p. m and 5 a. m., and from 1 th November to 28./29 th February the time between 6 p. m. and 6 a. m.

§. 15.

Goods are not to store longer on the wharf than 10 days after the ships departure. Goods not removed within this time pay rent at double the rates of the tariff for every month and part of a month. The same fee will be levied for Export cargo stored on the pier for more than ten days.

§. 16.

Lighters in course of discharging cargo are liable to be ordered to move off temporarily to suit requirements.

§. 17.

The tenant will not be responsible for value on any package containing gold, silver, precious stones, money, documents, jewelry, works of art, unless so declared previous to being landed.

E. Mooring fees.

§. 18.

For use of the harbour a fee at the subjoined tariff (Annex D. 1.2) has to be paid when clearing.

§. 19.

The mooring fee will be reduced (Annex D. 3.):

　a) in case of vessels taking or landing only passengers, mails or treasure,

| 25. Februar 1904. | Amtsblatt—青島官報 | 29. |

b) in case of vessels loading or discharging at the anchorage and leaving in less than 6 hours.

§. 20.

Vessels remaining at the wharf for longer than 4 days incur an extra charge of 1 cent per ton and day or fraction of a day. Sundays and the general holidays as enumerated in the ordinance of 6th October 1902 are excepted.

The day of berthing counts as one day if done before noon, of departing if done past noon.

Annex.
Fees and Scale of Charges.
A. Pilot fees
for vessels exceeding 100 tons Reg. net.

1) not exceeding 12 feet draft $ 25,—
2) added for each foot or fraction of a foot   „ 3,—

In case inwards and outwards drafts differing the highest to be taken.

B. Wharfage fees.
1) For each shed or part of a shed until further notice a monthly rent of 10 cents per square meter; for open storing space, until further notice, of 5 cents per square meter.
2) At the beginning of each quarter a minute account of fees collected has to be submitted and one half of the amount to be handed over to the Colonial Government. The tenant collects the fees from the ships.

C. Fees for landing and shipping.
1) For landing or shipping per ton (measurement or weight as most favorable to the Government)   50 ¢

Single packages to be charged for in proportion to the freight of the ton.

2) For landing cargo in transshipment and its reshipping, if the cargo has not been taken out of the sheds per ton (measurement or weight as most favorable to the Government)   75 „
3) For cargo discharged from Steamers being moored in the small or large harbour into Lighters or from Lighters into Steamers, in case the cargo does not pass the pier, per ton (measurement or weight).   25 „
4) Live big cattle, horses etc. each   25 „
5) small cattle each   10 ¢
6) Specie   free
7) Shipping coal for steamers own use per ton   15 ¢

D. Tonnage dues.
1) For use of the harbour either on the inner or outer anchorages per Ton Registered Nett until further notice   3 „
2) For use of the pier or mooring in the small or large harbour per Ton Registered Nett until further notice   6½ „
3) For vessels not opening hatches (§ 19a) or remaining less than 6 hours (§ 19 b) per Ton Reg. Nett. until further notice   2½ „

Tsingtao, 19. February 1904.

The Colonial Governor.
sign. *Truppel*.

大德欽命總督膠澳文武事宜大臣都為

擬訂青島碼頭各商船起落貨物章程舉照得青島新築大碼頭一號陞工將次告竣開辦通用茲先將釐訂試辦章程逐一例左

第一端引水章程

第一欵凡各商船儎重其數淨過英噸一百噸者非有引水之人不准駛入大小兩碼頭或停泊隄邊或拴繫隄上或樁隄岸或駛出大小兩碼頭

第二欵該引水者均由本督署選充倘有船隻常川往返青島能經本督署給該管船戶倖離碼頭引水字據始准自擇引水如有他項合式之人亦可

第三欵凡各船隻駛於外口約自會前灣角直至海西對山幾界時均應測接引水之該引水者一經登船抑或常川往來得有引水字據之船主皆

第四欵引水費項當按附列費用章程第一節完納此項引水費欵須於該船報出口時與船鈔一併繳納

第二端辦理大碼頭一號隄岸總章程

第五欵往來隄上以及近隄各處如查有窒礙之虞一經船政局指示務宜遵辦勿違該船政局時派監察隄岸之人常川巡視查有違背指示者即由本督署提罰洋銀至一百五十馬克之多無刀經洋則監禁至三禮拜之久

第六欵船隻靠泊卽按駛到碼頭先後分別次第如先到者則先泊惟本督署並水師定用之船以及國家收捐之郵船若經船政局專指亦可於他船以先停泊

第七欵船隻停隄後立當開辦起落貨物自日出至日落勿間工作直至起落盡淨始准息工倘有延擱本督署可向該管船主或租戶另徵費項每日洋至五十元之多

第八欵各船起落貨物工完立宜駛離隄岸設有意外情事可由船政局格外准其停泊署久

第三端隄面貨棧及空際儲貨地租章程

第九欵隄面之貨棧或全數或分間以及空際儲貨地段擬由本督署出租以便辦理起落貨物事宜須按商規隄棧應有各事租戶均須認責卽如貨棧存租發去富出入棧時並棧內餘存各貨必須查看保全並照則例收領各費倘有損失經貨主報請賠償勢須查辦此等情事概歸租戶承理

第十欵租賃貨棧合同訂立每期不過六閱月之久倘有意外情節雖六閱月未滿以前亦可由本督署先期告退一月後合同卽行作罷凡在該碼頭起落貨物大概祇准租戶承租

第十一欵棧租卽係按地租出租費用

第十二欵所有按則例應收各項均須詳細登簿該簿每至一結呈本督署查核

第四端在隄岸起落貨物章程

第十三欵隄面起落貨物以及存儲貨物各費均應按照本督署允准之則例收受盈於此例之費其數目備載附列費用章程之三節

第十四欵每遇夜工若作至半夜後仍作則再加收洋二十五元若半夜起至翌早五點鐘止如作工者係屬俟工又自十一月初一日起至二月抄止每自晚六點鐘起至翌早六點鐘止亦以作工暫亦以夜工論

第十五欵存隄貨物於該船出口後十日加過十日即收起貨費用若千兩倍徵收至於出口貨物過期十日亦按起貨費用若千兩倍徵收

第十六欵靠隄各駁船若經監察隄岸人指示移泊應暨遵行

第十七欵貨物件內如裝有金銀或銀錢契據珍寶以及巧匠做成貴重之物等件若非先經報明價值則租戶不能認保

第十八欵進口各船應納之船鈔須於報出口時按照附列費用章程第四節備載之數完納

第十九欵凡各船隻倘係搭客或起落郵件以及錢項或只在進外口起落貨物寄椄不過六點鐘之久者均按附列費用章程第四節酌減船鈔

第五端船鈔章程

第二十欵凡各船隻停泊隄邊有過四日之久者除扣禮拜日以及一千九百二年十月初六日曉諭釐訂各項星期停公之

大德欽命總督膠澳文武事宜大臣都為

通行曉諭註銷章程事案查西歷一千八百九十八年九月初二日所出征收稅課章程第四欵內載商船應納船鈔洋二分半又於一千九百一年九月二十八日所訂定用大包島小碼頭一案章程第六條之一端內載各節歷在案茲將該各章程分別註銷至於民船後卽大碼頭一號隄岸開辦通用十六日告示免納船鈔爲此諭仰各宜一項仍按一千八百九十九年六月二週知勿違特諭

右諭通知

大德一千九百四年二月十九日 告示

附列各項費用章程

第一節引水費項

凡各船隻儀重淨數有過英噸一百噸吃水至西尺十二尺或每尺吃水不足尺皆加納費洋三元引水費洋二十五元若過十二尺或每尺或不足尺皆應納引水費洋一角遇有入口出口吃水尺寸兩不相符者則須按吃水較深之尺寸納費

第二節各項租費

凡有租賃貨棧或全所或分間至一月之久或不及一月每方米達暫納洋一角租空地者每方米達暫納洋銀五分向各船按照則例所收起洛各費均當隨時詳細登簿應於西歷每一結初將簿呈請本督署查核卽由本督署查收總繳之一半

第三節起落費用則例

一起落貨物每噸納洋五角惟噸有按尺寸核算亦有按輕重核算之分但起落合費獨按何者噸數之大核算至於零星包件則以衡諸噸數核算

所有過載貨物如登岸後誰未離棧復落他船卽按尺寸或按輕重核算

三凡輪船停泊大碼頭或小碼頭將貨起至駁船或從駁船直落輪船並未到岸之貨物卽按尺寸或按輕重核算每噸應納洋二角五分

四大牛牲口以及馬匹每個納洋一角

五凡生牲口每隻納洋一角

六錢項

七凡各輪船所落本船應用之煤炭每噸須納洋一角五分

第四節船鈔則例

一凡各船隻駛進內口或外口應按英噸淨數每噸暫納洋銀三分

二凡各船隻靠隄或泊於大碼頭或泊於小碼頭亦按英噸淨數每噸暫納洋六分半

三在青島不開艙以及入口奇椗不足六點鐘之久各船皆按英噸淨數每噸暫納洋二分半爲此通諭商民人等知悉仰於一號隄岸開辦通用後其各遵照勿違須至章程者

大德一千九百四年二月十九日

Verordnung.

Die Gebührenordnung für Benutzung der Brücke des kleinen Hafens unter A (Bekanntmachung vom 28. September 1901 -Amtsblatt Seite 273-), sowie die Leuchtfeuer- und Hafenabgabe von 2½ Cents für die Tonne (Verordnung vom 2. September 1898, §. 4) treten mit dem Tage der Inbetriebnahme der Mole I ausser Kraft.

Dschunken sind nach wie vor von der Hafenabgabe (Verordnung vom 26. Juni 1899) befreit.

Tsingtau, den 19. Februar 1904.

Der Kaiserliche Gouverneur,

Truppel.

Bekanntmachung.

Nach telegraphischer Mitteilung des Generalkonsulates in Yokohama ist am Eingange von Nagasaki ein Seeverteidigungsgebiet geschaffen. Einlaufende Schiffe müssen eine Seemeile nördlich vom Joshima-Leuchtturm stoppen und Fahranweisung des Wachtschiffes abwarten, das tags die Landesflagge in der Mastspitze, nachts zwei weisse Lichter nebeneinander zeigt. Ueber Rayon Nagasaki ist Belagerungszustand verhängt.

Tsingtau, den 17. Februar 1904.

Kaiserliches Gouvernement.

Bekanntmachung

Auf Antrag des Herrn A. E. Eggeling findet am Dienstag, den 8. März, vormittags 11 Uhr, im Landamt die öffentliche Versteigerung der Parzelle Kbl. 8. Nr. 176/20 gegen Meistgebot statt.

Lage: Berliner Strasse, östlich an das Eggelingsche Anwesen anstossend.
Grösse: 186 qm, Mindestpreis $ 245,50.
Benutzungsplan: Zubehör zu der Eggelingschen Parzelle Kbl. 8 Nr. 19.

Gesuche zum Mitbieten sind bis zum 1. März hierher zu richten.

Tsingtau, den 17. Februar 1904.

Das Landamt.

Bei der in Abteilung A Nr. 8 des Handelsregisters vermerkten offenen Handelsgesellschaft

„Siemssen & Co."

ist folgendes eingetragen:
Der Gesellschafter Kaufmann Stephan Eduard Warneken ist am 30. Juni 1903 aus der Firma ausgeschieden.
Eugen Siebert in Tientsin ist Prokura erteilt.

Tsingtau, den 11. Februar 1904.

Kaiserliches Gericht von Kiautschou.

Bei der in Abteilung A Nr. 9 des Handelsregisters vermerkten offenen Handelsgesellschaft

Arnhold, Karberg & Co.

ist folgendes eingetragen:
Die Prokura des Kaufmanns Wilhelm Grage ist erloschen.

Tsingtau, den 18. Februar 1904.

Kaiserliches Gericht von Kiautschou.

Bekanntmachung.

Es wird hierdurch bekannt gegeben, dass der Strompreis für Kraft- und Arbeitszwecke vom 1. Januar 1904 ab auf 18 Cents für die Kilowattstunde herabgesetzt worden ist.

Tsingtau, den 13. Februar 1904.

Elektricitätswerk Tsingtau.

Mitteilungen.

Die Geschäfte des Konsulates in Hongkong hat am 1. Februar d. Js. der Konsul Dr. Krüger übernommen.

*   *   *

Die Geschäfte des Konsulates in Swatow hat am 9. Februar d. Js. der stellvertretende Konsul Dr. Betz übernommen.

*   *   *

Protokoll
über die am 17. Februar 1904 stattgehabte Sitzung des Gouvernementsrats.

Der Gouverneur eröffnete die Sitzung, indem er darauf hinwies, dass ein Exemplar des Entwurfs der zur Beratung stehenden Verordnung betr. das Löschen und Laden von Gütern im Hafen, seit längerer Zeit in den Händen der Mitglieder sich befinde. Er forderte auf, etwaige Bedenken vorzubringen.

Die Vertreter der Zivilgemeinde wünschten eine Herabsetzung der Liegegelder (§. 20). Es entspann sich eine Debatte über diesen Punkt, wobei hervorgehoben wurde, dass die Festsetzung der Höhe der Liegegelder im ausdrücklichen Einverständnis mit sämtlichen kaufmännischen Interessenten erfolgt sei. Der Gouverneur verlangte weitere statistische Nachweise über die Höhe der Kosten in anderen Häfen an der chinesischen Küste, um seine Entscheidung davon abhängig zu machen. Er betonte dabei, dass die spätere Entwickelung einen einheitlichen Satz für Rhede und Molen verlangen werde; dass vorläufig aber ein geringerer Satz für die Rhede dadurch gerechtfertigt sei, dass die Plätze an der Mole augenblicklich noch beschränkt sind.

Zu §. 17 wurde vorgeschlagen, anstelle einer zu deklarierenden Wertgrenze gewisse zu deklarierende Wertgegenstände namhaft zu machen. Der Gouverneur erklärte sich mit dieser Abänderung einverstanden.

Ebenso wurden einer Anregung der Zivilvertreter entsprechend in §. 20 ausser den allgemeinen Feiertagen auch die Sonntage von der Zuschlagsgebühr ausgenommen. Im Gebührentarife wurde eine einheitliche Abgabe für Lotsen vorgesehen. Eine etwaige Ermässigung der Gebühren für Schiffe, deren Schiffsführer das Lotsenpatent durch das Gouvernement erhalten, soll besonderer Abmachung von Fall zu Fall bei Ausstellung eines solchen Patents vorbehalten bleiben.

Da weitere Punkte zur Besprechung nicht vorlagen, schloss der Gouverneur die Sitzung.

* * *

Die chinesische Regierung hat folgende Neutralitätsbestimmungen bekannt gegeben:

(Übersetzung)

§ 1. Die auf Grund des Schlussprotokolls vom 7. September 1901 auf der Verbindungsstrasse zwischen Peking und dem Meere stationierten fremden Truppendetachements dürfen sich in die durch den Krieg geschaffene Lage nicht einmischen.

§ 2. Wenn im neutralen Gebiet Chinas wohnende Angehörige anderer Länder heimlich den kriegführenden Parteien verbotene Waren liefern, sodass die Neutralitätspflicht Chinas gestört wird, haben die Lokalbehörden hiergegen einzuschreiten oder die zuständigen Konsuln in Kenntnis zu setzen.

Was den chinesischen Untertanen als gegen die Neutralität verstossend verboten ist.

§ 3. Chinesen dürfen sich nicht in den Krieg mischen oder Kriegsdienste nehmen.

§ 4. Chinesische Schiffe dürfen nicht in den Dienst einer der kriegführenden Parteien treten.

§ 5. Schiffe dürfen nicht an eine kriegführende Partei vermietet oder verkauft werden oder für eine solche Kriegsbedarf laden oder sonst in irgend einer Weise helfen.

§ 6. Man darf für eine kriegführende Partei weder Kriegskontrebande kaufen noch im eigenen Lande herstellen und den Land- oder Seetruppen einer kriegführenden Partei hinschaffen.

Kriegskontrebande sind:

1.) Alle Art Waffen und Munition,
2.) Salpeter und alles zur Herstellung von Pulver dienende Material,
3.) Zum Kriege verwendbare Schiffe und ihr Material,
4.) Amtliche Schriftstücke, die sich auf den Krieg beziehen.

§ 7. Man darf für eine kriegführende Partei keine Truppen befördern.

§ 8. Man darf einer kriegführenden Partei kein Geld leihen.

§ 9. Schiffe dürfen in keinen von einer kriegführenden Partei blockierten Hafen, es sei denn, um Rettung vor Sturm zu suchen.

§ 10. In's Kriegsgebiet fahrende Schiffe dürfen sich der Untersuchung durch Kriegsschiffe der kriegführenden Parteien nicht widersetzen.

§ 11. Man darf für eine kriegführende Partei keine Kriegsnachrichten erkunden.

§ 12. Man darf einem kriegführenden Staate nicht Proviant oder Kohle verkaufen. Ausgenommen sind Dinge, die ein Schiff überhaupt zum Fahren braucht und die ein in chinesischen Häfen befindliches Schiff auf Grund der später aufgeführten Bestimmungen kaufen darf.

Recht der Neutralen.

§ 13. China darf mit den kriegführenden Mächten nach wie vor verkehren.

§ 14. China darf seine Grenzen militärisch schützen.

§ 15. Die kriegführenden Mächte dürfen Chinas neutrales Gebiet nicht verletzen.

§ 16. Sie dürfen chinesische Häfen nicht blockieren.

§ 17. Von China ausgestellte Pässe und Bescheinigungen müssen von den kriegführenden Mächten anerkannt werden.

§ 18. Chinesen dürfen mit den kriegführenden Mächten nach wie vor Handel treiben, nur nicht auf dem Kriegsschauplatz.

§ 19. Im Gebiet der kriegführenden Mächte wohnende Chinesen sind an Leben und Eigentum von der betreffenden Regierung zu schützen; es darf ihnen nichts weggenommen, noch dürfen sie zum Kriegsdienst gezwungen werden.

§ 20. Wenn Chinesen in einem von einer kriegführenden Partei blokierten Hafen wohnen, darf China Kriegschiffe zum Schutze oder zur Abholung hinschicken.

§ 21. Chinesische Schiffe dürfen Gesandte oder friedliche Bürger der kriegführenden Parteien befördern.

§ 22. Waren kriegführender Staaten auf chinesischen Schiffen und chinesische Waren auf Schiffen der kriegführenden Staaten können ungehindert fahren, sofern es sich nicht um Kriegskontrebande handelt.

§ 23. Auf chinesischen Schiffen transportierte Waffen gelten nicht als Kontrebande, sofern sie nur zur Selbstverteidigung dienen sollen.

§ 24. Auf chinesischen Schiffen geführte Kontrebande darf von den kriegführenden Parteien nicht angehalten werden, sofern sie nach einem neutralen Lande geht oder von einem solchen kommt.

§ 25. Ist ein chinesisches Schiff von einer kriegführenden Partei festgenommen, so darf es nicht ohne weiteres konfisziert werden, sondern kommt erst vor einen Gerichtshof in den kriegführenden Staaten und wird bestraft, falls es wirklich eine Verletzung begangen hat; war die Festnahme eine irrtümliche, hat der betreffende Staat eine von seinem Gericht festzusetzende Entschädigung zu zahlen.

§ 26. China darf Beamte auf den Kriegsschauplatz entsenden, die sich aber nicht einmischen dürfen.

Pflichten der Streitkräfte der kriegführenden Parteien auf chinesischem neutralen Gebiet.

§ 27. Geschlagenen, auf chinesisches Gebiet geflüchteten Truppen sind die Waffen abzunehmen; sie werden von den chinesischen Behörden bewacht.

§ 28. Solche Truppen sind von der chinesischen Regierung zu unterhalten; nach Ende des Krieges hat die betreffende Macht dafür Ersatz zu leisten.

§ 29. Feindliche Kriegsschiffe dürfen nicht in chinesische Häfen; nur um einem Sturm auszuweichen, Schäden auszubessern und für ein Schiff unentbehrliche Sachen zu kaufen, ist es erlaubt; nach Erledigung müssen sie sofort wieder hinaus.

§ 30. Feindliche Kriegsschiffe dürfen in chinesischen Häfen nicht kämpfen, Handelsschiffe festnehmen oder den Platz zu einem maritimen Stützpunkt machen.

§ 31. Wenn feindliche Kriegs-oder Transportschiffe in einen chinesischen Hafen einlaufen wollen, so dürfen sie dies, wenn sie nur vorbeifahren wollen und sonst nichts besonderes beabsichtigen. Es werden ihnen 24 Stunden bewilligt, nach deren Ablauf sie wieder fort müssen. Können sie wegen Sturm nicht hinaus oder weil die Reparaturen noch nicht fertig sind, oder weil die notwendigen Einkäufe noch nicht erledigt sind, so dass sie deswegen noch nicht in den nächsten Hafen fahren können, so kann der chinesische Flottenkommandant oder die Lokalbehörde die Frist verlängern.

§ 32. Feindliche Kriegs-oder Transportschiffe dürfen gekaperte Handelschiffe nicht in einen chinesischen Hafen einbringen, abgesehen von einer Notlage, z. B. wegen Sturm, Beschädigungen oder weil notwendige Dinge gekauft werden müssen. Unter keinen Umständen dürfen sie Gefangene an Land lassen oder Sachen von den gefangenen Schiffen verkaufen.

§ 33. Die Kriegführenden dürfen auf chinesischem Gebiet keine Soldaten anwerben, Waffen, Munition und sonstigen Kriegsbedarf kaufen. Für Ausbesserungen feindlicher Schiffe in einem chinesischen Hafen wird so viel Zeit gelassen, dass sie zum nächsten Hafen gelangen können.

§ 34. Wenn sich Schiffe beider Parteien in einem chinesischen Hafen befinden, so darf das zuletzt gekommene erst dann auf Anweisung des chinesischen Flottenkommandanten oder der Lokalbehörde hinaus, nachdem das zuerst gekommene bereits einen Tag und eine Nacht den Hafen verlassen hat.

§ 35. Etwaige Lücken werden nachgeholt werden auf Grund der von den Bannergenerälen, Generalgouverneuren und Gouverneuren von Zeit zu Zeit eingereichten Berichte unter Zugrundelegung des Völkerrechts.

Vorstehende Bestimmungen treten mit dem Tage der Bekanntmachung in Kraft.

25. Februar 1904.   Amtsblatt—青島官報   35.

Meteorologische Beobachtungen.

Datum. Feb.	Barometer (mm) reduz. auf 0° C., Seehöhe 24,30 m			Temperatur (Centigrade).								Dunstspannung in mm			Relat. Feuchtigkeit in Prozenten		
				trock. Therm.			feucht. Therm.										
	7 Vm	2 Nm	9 Nm	7 Vm	2 Nm	9 Nm	7 Vm	2 Nm	9 Nm	Min.	Max.	7 Vm	2 Nm	9 Nm	7 Vm	2 Nm	9 Nm
11	769,4	765,9	764,2	-3,5	1,9	3,2	-4,4	-0,2	1,0	-4,6	2,9	2,8	3,4	3,6	80	64	63
12	66,6	66,7	67,5	-2,4	1,3	-1,6	-3,9	-0,3	-2,3	-3,1	3,9	2,6	3,7	3,5	69	72	86
13	64,7	61,0	61,8	1,6	4,3	5,7	0,1	3,1	4,9	-2,3	2,8	3,7	5,0	6,0	73	80	88
14	67,3	69,6	71,9	-0,8	1,8	-1,3	-0,9	-0,4	-2,4	-0,9	6,0	4,2	3,3	3,3	98	63	78
15	71,3	69,7	68,7	-1,5	4,0	2,2	-2,6	2,3	1,2	-2,2	2,6	3,2	4,4	4,4	78	72	82
16	66,5	63,8	66,0	1,7	7,4	-0,5	1,2	5,2	-1,2	-1,4	4,1	4,7	5,3	3,8	91	69	86
17	70,4	70,9	70,5	-1,9	2,7	0,1	-2,7	0,7	-1,2	-2,5	7,7	3,3	3,7	3,5	84	65	76

Datum. Feb.	Wind Richtung & Stärke nach Beaufort (0—12)			Bewölkung						Niederschläge in mm		
				7 Vm		2 Nm		9 Nm				9 Nm
	7 Vm	2 Nm	9 Nm	Grad	Form	Grad	Form	Grad	Form	7 Vm	9 Nm	7 Vm
11	S W 1	S 6	S 4									
12	N W 6	NNW 3	NNO 1									
13	S O 6	OSO 6	OSO 1	9	Cum	10	Cum	10	Cum-ni			
14	NNW 4	N 4	NNO 1	10	Nim	9	Cum					
15	N O 1	S O 2	SSO 2	1	Str	7	Cir-cum					
16	S 2	S 3	N W 7	1	Cum	7	Cum	1	Cum			
17	NNO 2	N W 2	SSO 2	1	Cum	1	Cum					

Schiffsverkehr
in der Zeit vom 11. — 22. Februar 1904.

Ange-kommen am	Name	Kapitän	Flagge	von	Abgefahren am	nach
(8.2.)	D. Anerley	Robertsen	Englisch	Moji	13.2.	Moji
(10.2.)	D. Nanyang	Hass	Deutsch.	"	20.2.	"
11.2.	D. Eldorado	Smith	Englisch	Schanghai	11.2.	Tschifu
"	D. Keemun	Davieds	"	Kobe	12.2.	Liverpool
12.2.	D. Gouv. Jaeschke	Vogel	Deutsch	Schanghai	13.2.	Schanghai
14.2.	D. Jik Sang	Bowker	Englisch	Moji		
"	D. Doris	Jacobsen	Norwegisch	"	22.2.	Moji
15.2.	D. Knivsberg	Kayser	Deutsch	Schanghai	15.2.	Tschifu
16.2.	D. Tsintau	Hansen	"	Tschifu	16.2.	Schanghai
18.2.	D. Gouv. Jaeschke	Vogel	"	Schanghai	19.2.	Tschifu
"	D. Vorwärts	Sohnemann	"	"	20.2.	Schanghai
21.2.	D. Knivsberg	Kayser	"	Tschifu		
22.2.	D. Abessinia	Feller	"	Singapore		

Hochwassertabelle für den Monat Maerz 1904.

	Tsingtau - Hauptbrücke		Grosser Hafen, Mole I.		Nükuk'ou.	
Datum	Vormittags	Nachmittags	Vormittags	Nachmittags	Vormittags	Nachmittags
1.	3 U. 54 M.	4 U. 19 M.	4 U. 24 M.	4 U. 49 M.	4 U. 54 M.	5 U. 19 M.
2.	4 " 45 " ○	5 " 10 "	5 " 15 "	5 " 40 "	5 " 45 "	6 " 10 "
3.	5 " 34 "	5 " 56 "	6 " 04 "	6 " 26 "	6 " 31 "	6 " 56 "
4.	6 " 18 "	6 " 40 "	6 " 48 "	7 " 10 "	7 " 18 "	7 " 40 "
5.	7 " 01 "	7 " 21 "	7 " 31 "	7 " 51 "	8 " 01 "	8 " 21 "
6.	7 " 41 "	8 " 01 "	8 " 11 "	8 " 31 "	8 " 41 "	9 " 01 "
7.	8 " 21 "	8 " 41 "	8 " 51 "	9 " 11 "	9 " 21 "	9 " 41 "
8.	9 " 02 "	9 " 25 "	9 " 22 "	9 " 55 "	10 " 02 "	10 " 25 "
9.	9 " 48 " ◐	10 " 19 "	10 " 18 "	10 " 49 "	10 " 48 "	11 " 19 "
10.	10 " 51 "	11 " 29 "	11 " 21 "	11 " 59 "	11 " 51 "	
11.		0 " 07 "		0 " 37 "	0 " 29 "	1 " 07 "
12.	0 " 47 "	1 " 26 "	1 " 17 "	1 " 56 "	1 " 47 "	2 " 26 "
13.	1 " 59 "	2 " 31 "	2 " 29 "	3 " 01 "	2 " 59 "	3 " 31 "
14.	2 " 56 "	3 " 21 "	3 " 26 "	3 " 51 "	3 " 56 "	4 " 21 "
15.	3 " 42 "	4 " 02 "	4 " 12 "	4 " 32 "	4 " 42 "	5 " 02 "
16.	4 " 19 "	4 " 36 "	4 " 49 "	5 " 06 "	5 " 19 "	5 " 36 "
17.	4 " 53 " ●	5 " 09 "	5 " 23 "	5 " 39 "	5 " 53 "	6 " 09 "
18.	5 " 25 "	5 " 41 "	5 " 55 "	6 " 11 "	6 " 25 "	6 " 41 "
19.	5 " 57 "	6 " 13 "	6 " 27 "	6 " 43 "	6 " 57 "	7 " 13 "
20.	6 " 30 "	6 " 47 "	7 " 00 "	7 " 17 "	7 " 30 "	7 " 47 "
21.	7 " 05 "	7 " 23 "	7 " 35 "	7 " 53 "	8 " 05 "	8 " 25 "
22.	7 " 43 "	8 " 03 "	8 " 13 "	8 " 33 "	8 " 43 "	9 " 03 "
23.	8 " 23 "	8 " 48 "	8 " 55 "	9 " 18 "	9 " 25 "	9 " 48 "
24.	9 " 15 "	9 " 41 " ◑	9 " 45 "	10 " 11 "	10 " 15 "	10 " 41 "
25.	10 " 14 "	10 " 47 "	10 " 44 "	11 " 17 "	11 " 14 "	11 " 47 "
26.	11 " 26 "		11 " 56 "			0 " 26 "
27.	0 " 05 "	0 " 44 "	0 " 35 "	1 " 14 "	1 " 05 "	1 " 44 "
28.	1 " 23 "	1 " 58 "	1 " 53 "	2 " 28 "	2 " 23 "	2 " 58 "
29.	2 " 33 "	3 " 03 "	3 " 03 "	3 " 33 "	3 " 33 "	4 " 03 "
30.	3 " 33 "	3 " 58 "	4 " 03 "	4 " 28 "	4 " 33 "	4 " 58 "
31.	4 " 23 "	4 " 46 "	4 " 53 "	5 " 16 "	5 " 23 "	5 " 46 "

1) ○ = Vollmond; 2) ◐ = Letztes Viertel; 3) ● = Neumond; 4) ◑ = Erstes Viertel.

Anmerkung: In T'a pu t'ou tritt das Hochwasser 10 Minuten früher als in Nükuk'ou auf.

25. Januar 1904.   Amtsblatt—青島官報   37.

Sonnen-Auf- und Untergang
für Monat März 1904.

Dt.	Mittelostchinesische Zeit des			
	wahren	scheinbaren	wahren	scheinbaren
	Sonnen-Aufgangs.		Sonnen-Untergangs.	
1.	6 U. 34.7 M.	6 U. 29.7 M.	5 U. 48.8 M.	5 U. 53.8 M.
2.	33.4	28.4	49.8	54.8
3.	32.1	27.1	50.8	55.8
4.	30.8	25.8	51.2	56.2
5.	29.4	24.4	52.1	57.1
6.	28.0	23.0	53.0	58.0
7.	26.6	21.6	53.9	58.9
8.	25.2	20.2	54.8	59.8
9.	23.8	18.8	55.7	6 U. 0.7
10.	22.4	17.4	56.6	1.6
11.	21.0	16.0	57.4	2.4
12.	19.6	14.6	58.3	3.2
13.	18.2	13.2	59.2	4.2
14.	16.8	11.8	6 U. 0.1	5.1
15.	15.4	10.4	1.0	6.0
16.	14.0	9.0	1.8	6.8
17.	12.6	7.6	2.7	7.7
18.	11.2	6.2	3.6	8.6
19.	9.7	4.7	4.5	9.5
20.	8.2	3.2	5.3	10.3
21.	6.7	1.7	6.1	11.1
22.	5.2	0.2	7.0	12.0
23.	3.7	5 U. 58.7	7.9	12.9
24.	2.3	57.3	8.7	13.7
25.	0.9	55.9	9.5	14.5
26.	5 U. 59.5	54.5	10.3	15.3
27.	58.0	53.0	11.2	16.2
28.	56.6	51.6	12.1	17.1
29.	55.1	50.1	12.9	17.9
30.	53.7	48.7	13.7	18.7
31.	52.3	47.3	14.5	19.5

Druck der Missionsdruckerei, Tsingtau.

第五年　第八号

1904年2月25日

大德钦命总督胶澳文武事宜大臣都　为

拟订《青岛码头各商船起落货物章程》事：照得青岛新筑大码头一号堤工将次告竣，开办通用，兹先将厘订试办章程逐一例（列）左：

第一端　引水章程

第一款：凡各商船载重其数净过英吨一百吨者，非有引水之人，不准驶入大小两码头。或停泊堤边，或拴系堤上，或撑离堤岸，或驶出大小两码头。

第二款：该引水者均由本督署选充。倘有船只常川往返青岛，能经本督署发给该管船主傍离码头引水字据，始准自操引水。如有他项合式之人，亦可暂由本督署发给引水字据。

第三款：凡各船只驶于外口，约自会前湾角直至海西对山线界时，均应延接引水之人，该引水者一经登船，抑或系常川往来得有引水字据之船主，皆宜立将特发之旗升起。

第四款：引水费项当按附列费用章程第一节完纳。此项引水费款须于该船报出口时与船钞一并缴纳。

第二端　办理大码头一号堤岸总章程

第五款：往来堤上以及近堤各处如查有窒碍之虞，一经船政局指示，悉宜遵办勿违。该船政局时派监察堤岸之人常川巡视，查有违背指示者，即由本督署提罚洋银至一百五十马克之多，无力缴洋即监押至三周之久。

第六款：船只靠泊即按驶到码头先后分别次第。如先到者则先泊。惟本督署并水师定用之船，以及国家收捐之邮船，若经船政局专指，亦可于他船以先停泊。

第七款：船只傍堤后立当开办起落货物。自日出至日落勿间工作，直至起落尽净始准息工。倘有延搁，本督署可向该管船主或租户另征费项，每日洋至五十元之多。

第八款：各船起落货物工完立宜驶离堤岸。设有意外情事，可由船政局格外准其停泊略久。

第三端　堤面货栈及空隙储货地段出租章程

第九款：近有堤面之货栈，或全数或分间，以及空隙储货地段，拟由本督署出租，以便办理起落货物事宜。须按商规,堤栈应有各事,租户均应认责。即如货暂存储,旋交货主发去,当出入栈时,并栈内余存各货必须查看保全,并照则例收领各费。倘有损失,经货主报请赔偿,势须查办,此等情事,概归租户承理。

第十款:租赁货栈合同订立,每期不过六阅月①之久。倘有意外情节,虽六阅月未满以前,亦可由本督署先期告退,一月后合同即行作罢。凡在该码头起落货物,大概只准租户承办。

第十一款:栈租即系地租,仍应按例再收。该租户按则例应收之起落以及存货各项经费之半,详载附列费用章程之二节。

第十二款:所有按照则例应收各项,均须详细登簿。该簿每至一结,宜呈本督署查核。

第四端　在堤岸起落货物章程

第十三款:堤面起落货物以及存储货物各费,均应按照本督署允准之则例收受,不准收受盈于此例之费,其数目备载附列费用章程之三节。

第十四款:每遇夜工,若作至半夜止,则另行加收洋二十五元。若半夜后仍作,则再加收洋二十五元。每自西历三月初一日起至十月三十一止,每晚自八点钟起至翌早五点钟止,如作工者,系属夜工。又自十一月初一日起至二月杪止,每自晚六点钟起至翌早六点钟止,如作工者,亦以夜工论。

第十五款:存堤货物于该船出口后至久限期十日,如过十日即收存租。每逾限一月之久,或过期不足一月,该租价皆按起货费用若干两倍征收。至于出口货物过期十日,亦按起货费用若干两倍征收。

第十六款:靠堤各驳船若经监察堤岸人指示移泊,应暂遵行。

第十七款:货物件内如装有金银或银钱、契据、珍宝以及巧匠做成贵重之物等件,若非先经报明价值,则租户不能认保。

第五端　船钞章程

第十八款:进口各船应纳之船钞,须于报出口时按照附列费用章程第四节备载之数完纳。

第十九款:凡各船只仅系搭客,或起落邮件以及钱项,或只在进外口起落货物,寄椗不过六点钟之久者,均按附列费用章程第四节酌减船钞。

第二十款:凡各船只停泊堤边有过四日之久者,除扣礼拜日以及一千九百二年十月初六日晓谕厘定各项星期停公之日不计外,其余每过一日,即按每吨加收洋一分。至傍堤之日时在午前,及离堤之日时在午后,皆照一日核算。

---

① 译者注:经一月。

附列　各项费用章程

第一节　引水费项

凡各船只载重净数有过英吨一百吨,吃水至西尺十二尺之深者,应纳引水费洋二十五元。若过十二尺,或每尺或不足尺,皆应加纳费洋三元。遇有入口、出口吃水尺寸两不相符者,则须按吃水较深之尺寸纳费。

第二节　各项租费

凡有租赁货栈,或全所或分间,至一月之久,或不及一月,每方米达①暂概纳洋一角。租空地者,每方米达暂纳洋银五分。其租户向各船按照则例所收起落各费,均当随时详细登簿,应于西历每一结初将簿呈请本督署查核,即由本督署查收总数之一半。

第三节　起落费用则例

一、起落货物每吨纳洋五角,惟吨有按尺寸核算,亦有按轻重核算两种之分。但起落各费独按何者吨数之大核算。至于零星包件,则以衡诸吨数核算。

二、所有过载货物,如登岸后并未离栈,复落他船,即按尺寸或按轻重核算吨数,每吨须纳洋七角五分。

三、凡轮船停泊大码头或小码头,将货起至驳船,或从驳船直落轮船,并未到岸之货物,即按尺寸或按轻重核算吨数,每吨应纳洋二角五分。

四、大生牲口以及马匹,每个(只)纳洋二角五分。

五、小生牲口,每只纳洋一角。

六、钱项免纳费项。

七、凡各轮船所落本船应用之煤炭,每吨须纳洋一角五分。

第四节　船钞则例

一、凡各船只驶进内口或外口,应按英吨净数,每吨暂纳洋银三分。

二、凡各船只靠堤,或泊于大码头,或泊于小码头,应按英吨净数,每吨暂且纳洋六分半。

三、在青岛不开舱以及入口,寄椗不足六点钟之久,各船皆按英吨净数,每吨暂纳洋二分半。

为此通谕商民人等知悉,仰于一号堤岸开办通用后,其各遵照勿违须至章程者。

大德一千九百四年二月十九日

大德钦命总督胶澳文武事宜大臣都　为

通行晓谕注销章程事:案查西历一千八百九十八年九月初二日所出征收税课章程第四款,内载商船应纳船钞洋二分半。又于一千九百一年九月二十八日所订定用大包岛小

---

① 译者注:即平方米。

码头费款章程第六条之一端,内载各节历办在案。兹拟自大码头一号堤岸开办通用后,即将该各章程分别注销,至于民船一项,仍按一千八百九十九年六月二十六日告示免纳船钞。为此谕,仰各宜周知勿违。特谕。

右谕通知
大德一千九百四年二月十九日　告示

告白

根据横滨总领事馆的电报通知,在长崎的入口处已经设置了一处海洋防守区。入港船只必须在城岛灯塔以北一海里处停船,等候警戒船只的航行指示,它在白天会在桅杆顶部悬挂陆地旗帜,在夜里会有两盏并排挂起的灯。对长崎区域已经下达了围城状态令。

青岛,1904年2月17日
皇家总督府

告白

应 A. 艾格零先生的申请,将于3月8日周二上午11点在地亩局公开拍卖地籍册第8页第176/20号地块,价高者得。

位置:柏林街①,在东面毗邻艾格零②的地产。

面积:186平方米,最低价格:245.50元。

利用规划:地籍册第8页第19号艾格零地块的附属建筑。

出价申请须在3月1日前递交至本处。

青岛,1904年2月17日
地亩局

在商业登记 A 部第8号登记的营业中公司"禅臣洋行"已登记入下列事项:

股东考夫曼·斯特凡·爱德华·瓦尔内肯已于1903年6月30日从公司中除名。

授予天津的欧根·西博特代理权。

青岛,1904年2月11日
胶澳皇家审判厅

---

① 译者注:即今曲阜路。
② 译者注:即蛋业公司。

在商业登记 A 部第 9 号登记的营业中公司"瑞记洋行"已登记入下列事项：

商人威廉·格拉齐的代理权已被撤销。

青岛，1904 年 2 月 18 日
胶澳皇家审判厅

告白

谨此通知，从 1904 年 1 月 1 日起，用于动力和工作目的的电价降为每度 18 分。

青岛，1904 年 2 月 13 日
青岛发电厂

消息

领事克鲁格博士已于今年 2 月 1 日接手了香港领事馆的事务。

代理领事贝茨博士已于今年 2 月 9 日接手了汕头领事馆的事务。

记录

总督府参事会在 1904 年 2 月 17 日举办的会议

总督提请注意，用做审议的《关于港口货物装卸的命令》草案已经发放到各位成员手里有一段时间了，他以这句话作为这次会议的开场白。他要求各位参事会成员发表自己的看法。

民政区的代表希望降低船舶滞期费（第 20 条）。为此进行辩论时，总督答复时强调，船舶滞期费费率的确定必须与全体商人的利益保持一致，这也让气氛变得轻松。总督要求提供其他中国沿海港口费用金额的静态证明，以便他据此做出决定。他强调，未来的发展要求海湾和码头要有一个统一的费率，而现在海湾方面执行临时性较低费率，是因为目前码头上的地方还十分有限。

对第 17 条提出建议，用"特定须报关的有价物品"代替"需报关的价值限额"名称。总督宣布同意进行这一修订。

同样，根据民政区代表的想法，第 20 条中，除了普通假日之外，星期天只有在例外情况时才有附加费用。在费用表中，预计会对导航统一收费。对于船长从总督府获得导航证书的船只，其可能的费用优惠，在签发证书时，须视个案情况进行特别商定。

会议没有其他需要讨论的地方，总督宣布会议结束。

中国政府公布了下列中立规定：

（译文）

第1条：根据1901年9月7日的决议，在北京与沿海之间连接通道驻扎的外军特遣部队不允许干涉因战争而产生的局势。

第2条：如果在中国的中立区居住的其他国家国民秘密向战争各方提供禁运品，地方政府须对此干预，或者通报相关领事。

中国臣民禁止做的违反中立的事情

第3条：中国人不得介入战争或者参战。

第4条：中国船只不得为交战方提供服务。

第5条：不得向交战方租借或者出售船只，或者为交战方的战争需求进行装卸或者以任何方式提供帮助。

第6条：不得为交战方购买或者在本土生产禁运品，不得为任一交战方组织水陆部队。

禁运品为：

1）各类武器弹药；

2）硝和所有用于生产弹药的材料；

3）可用于战争的船只和材料；

4）与战争有关的官方文本。

第7条：不得为参战方运送部队。

第8条：不得借给交战方钱财。

第9条：船只不得进入交战方封锁的港口，除非是为了避风寻求救援。

第10条：驶入战区的船只不得拒绝交战方战船的检查。

第11条：不得为交战方提供战争情报。

第12条：不得向交战方出售给养或煤炭。属于例外的物品有船只行驶所需要的基本物品，以及位于中国港口的船只根据之后提出的规定所允许购买的物品。

中立方的权利

第13条：中国可以与各交战国始终如一地交往。

第14条：中国可以在军事上守卫自己的边界。

第15条：交战方不得损害中国的中立区域。

第16条：他们不得封锁中国的港口。

第17条：各交战方必须承认由中国签发的护照和证明。

第18条：只要不在战争区域进行，中国人始终如一地可以与交战各国进行贸易往来。

第 19 条：相关政府必须保护在交战各国国土居住的中国人的生命财产，不得从他们那里拿走，也不得强迫他们参战。

第 20 条：如果中国人在被交战方封锁的港口居住，应允许中国派军舰保护或撤离他们。

第 21 条：中国船只可以运送交战国的公使或者平民。

第 22 条：中国船只上的交战国家商品和交战国家船只上的中国产品，只要是不涉及禁运品，可不受阻碍地航行。

第 23 条：在中国船只上运送的商品，如仅用于自卫，就不应该被视为违禁品。

第 24 条：在中国船只上运送的违禁品，如是运往中立国家或者来自中立国家，就不得被交战方拦挡。

第 25 条：如果中国船只被交战一方扣留，在没有进一步处理之前不得征用它们，而是首先在交战国进行审判，如果确实有违反行为，才能惩罚。如果错误扣留，相关国家需要支付由法院确定的赔偿。

第 26 条：中国可以向战争地带派遣官员，但是他们不得介入局势。

在中国中立区域的交战国家军队的义务

第 27 条：被打败逃往中国领土的交战方部队必须上交武器，由中国部门对其进行监管。

第 28 条：这些部队由中国政府供养，待战争结束后由相关国家支付补偿金。

第 29 条：敌对军舰不得进入中国港口。许可的情况是，躲避风暴、修补损伤和为船只购买必要物品。之后，它们必须即刻离开。

第 30 条：敌对船只不得在中国港口内交战、扣押商船或者将该地变成海军据点。

第 31 条：只有在路过或者没有其他特别目的时，敌对国的军舰或运输船才能驶入中国港口。24 小时之内必须再次离开。如因风暴无法离开，或因必要的采购没有解决完成而导致不能驶向下一港口，则中国的舰队司令或者地方政府可以延长这一期限。

第 32 条：敌对国家军舰或者运输船不得将劫掠船只带入中国港口，除非紧急状况，如风暴、损坏或者必须购买必要物品。任何情况下都不允许将俘虏带到陆地或者出售俘虏船上的物品。

第 33 条：交战方不允许在中国国土上招募士兵、购买武器弹药和其他战争物品。对于在中国港口修补的敌对国家船只，允许停留的时间为达到可以驶往下一港口的状况为止。

第 34 条：如交战双方船只位于同一中国港口，刚刚抵达的一方船只在根据中国舰队司令或者地方政府指示，在之前抵达的另一方船只离开该港口一天一夜之后才能驶离。

第35条：本规定可能出现的漏洞会根据驻防将军、督抚随时呈送的奏折，按照《国际法》进行增补。

上述规定自此告白公布之日起生效。

船运

1904年2月11日—22日期间

到达日	轮船船名	船长	挂旗国籍	出发港	出发日	到达港
（2月8日）	安纳利号	罗伯森	英国	门司	2月13日	门司
（2月10日）	南洋号	哈斯	德国	门司	2月20日	门司
2月11日	黄金岛号	史密斯	英国	上海	2月11日	芝罘
2月11日	祁门号	戴维斯	英国	神户	2月12日	利物浦
2月12日	叶世克总督号	福格尔	德国	上海	2月13日	上海
2月14日	吉克·桑号	伯克尔	英国	门司		
2月14日	多丽丝号	雅各布森	挪威	门司	2月22日	门司
2月15日	柯尼夫斯堡号	凯瑟	德国	上海	2月15日	芝罘
2月16日	青岛号	韩森	德国	芝罘	2月16日	上海
2月18日	叶世克总督号	福格尔	德国	上海	2月19日	芝罘
2月18日	前进号	索纳曼	德国	上海	2月20日	上海
2月21日	柯尼夫斯堡号	凯瑟	德国	芝罘		
2月22日	阿比西尼亚号	费勒尔	德国	新加坡		

Amtsblatt
für das
Deutsche Kiautschou-Gebiet.

青島官報

Herausgegeben vom Kaiserlichen Gouvernement Kiautschou.

Der Bezugspreis beträgt jährlich $ 0,60 = M 1,20.
Bestellungen nehmen sämtliche deutsche Postanstalten entgegen.

Jahrgang 5.   Nr. 9.   Tsingtau, den 5. März 1904.

Bekanntmachung.

Auf Grund der Verordnung vom 13. März 1899 hat im Monat März die Neuwahl von zwei Vertretern der Zivilgemeinde stattzufinden.

Ein Vertreter wird gewählt von den im Handelsregister eingetragenen, nichtchinesischen Firmen aus ihrer Mitte. Jede Firma hat nur eine Stimme.

Ein Vertreter wird gewählt von den im Grundbuche eingetragenen, steuerpflichtigen Grundbesitzern aus ihrer Mitte. Der jährliche Betrag der Grundsteuer muss mindestens 50 Dollar betragen. Für jedes Grundstück gilt nur eine Stimme; kein Grundbesitzer darf zugleich mehr als eine Stimme haben.

Die Listen der Wähler liegen am

Dienstag, den 15. März d. Js.,

in dem Geschäftszimmer des Zivilkommissars zur Einsicht aus. Einwendungen gegen die Richtigkeit der Listen sind bis zum 20. März d. Js. zulässig und schriftlich einzureichen.

Die Wahl erfolgt durch persönliche Stimmenabgabe am

Freitag, den 25. März d. Js.,

im Geschäftszimmer des Zivilkommissars in den Stunden von 9—12 Uhr vormittags. Derjenige Kandidat, welcher die meisten Stimmen auf sich vereinigt, gilt als gewählt. Bei Stimmengleichheit entscheidet das Loos.

Tsingtau, den 27. Februar 1904.

Der Kaiserliche Gouverneur.

Truppel.

Bekanntmachung.

Um den Wünschen der Kaufmannschaft entgegen zu kommen, wird vom 7. März d. Js. ab ein Teil der Mole I des grossen Hafens mit provisorischen Einrichtungen dem öffentlichen Verkehr freigegeben.

Tsingtau, den 1. März 1904.

Der Kaiserliche Gouverneur.

Truppel.

Bekanntmachung.

Es ist beabsichtigt, Hausgrundstücken, die im Bereiche der Wasserleitung liegen und deren Entwässerung durch die Regenwasserkanalisation möglich ist, auch schon vor Fertigstellung der Schmutzwasserkanalisation Anschluss an die Wasserleitung zu gestatten. Die näheren Bedingungen hierüber und über den Bezug von Wasser aus der Leitung werden demnächst veröffentlicht werden.

Nachstehend werden die technischen Vorschriften für den Anschluss an das Wasserwerk Haipo bekannt gemacht.

Tsingtau, den 29. Februar 1904.

Der Baudirektor.

Vorschriften
für den Anschluss an das Wasserwerk Haipo.

§ 1.
Anmeldung.

Jeder Haus- oder Grundstücksbesitzer, welcher sein Haus oder Grundstück an die Wasserleitung anschliessen will, hat den Anschluss bei der Verwaltung des Wasserwerks zu beantragen. Zu diesem Zwecke ist ein gedruckter, von ihm auszufüllender und mit Namensunterschrift zu versehender Anmeldeschein und sind unter besonderen Umständen auch genaue Zeichnungen über die beabsichtigte Einrichtung bei der genannten Verwaltung einzureichen. Der Name des Unternehmers, welcher den Anschluss ausführen soll, ist gleichzeitig anzugeben.

Anmeldescheine und Abdrücke der Vorschriften können unentgeltlich von der Verwaltung bezogen werden. Alle Neueinrichtungen, sowie deren spätere Änderungen unterliegen jedesmal vor ihrer Ausführung der Prüfung und Genehmigung durch die Verwaltung.

§ 2.
Ausführung.

Die Ausführung der Zweigleitung vom Strassenrohr bis an das zu versorgende Haus oder Grundstück und die Aufstellung des Wassermessers einschliesslich des Privathaupthahnes mit Entleerungsvorrichtung geschieht durch die Verwaltung gemäss den Bestimmungen über den Bezug von Wasser aus dem Wasserwerk Haipo.

Die Ausführung der Hausleitung unterliegt der Aufsicht der Verwaltung.

Die Weite der Zweigleitung bestimmt die Verwaltung auf Grund der im Anmeldeschein anzugebenden Zapfstellen unter Berücksichtigung wahrscheinlicher späterer, im Antrage anzugebender Erweiterungen.

Im allgemeinen sollen die Zuleitungen nicht unter 25 mm Lichtweite erhalten; nur bei kleinen Grundstücken sollen ausnahmsweise 20 mm gestattet sein.

Wird ein Wassermesser aufgestellt, so bestimmt die Verwaltung die Grösse und den Ort, wo derselbe aufzustellen ist. Die Aufstellung hat in einem frostfreien Raum in der Regel 1,00 bis 1,5 m hinter der inneren Umfassungswand der Gebäude, beziehungsweise hinter der Grundstücksgrenze zwischen dem Strassenabstell- und dem Privat-Haupt- und Entleerungshahn, zu erfolgen. Findet dieselbe ausserhalb des Gebäudes statt, so ist der Wassermesser in einem von dem Haus- oder Grundstücksbesitzer herzustellenden gemauerten, mit einer Einfassung und einer Eisenplatte und einem Bohlenbelage abzudeckenden Schachte unterzubringen, welcher gegen Frost geschützt, wasserdicht hergestellt und mit Steigeisen zum bequemen Einsteigen versehen sein muss. Die lichte Grösse des Schachtes soll nicht unter 1,20 m in Länge und 0,80 m in Breite und 1,70 m in der Tiefe betragen; die Einsteigeöffnung muss mindestens 0,60 m im Geviert haben.

Die Schächte müssen so angelegt werden, dass kein Schmutz oder Wasser in dieselben eindringen kann. Ist ein Wassermesser undicht oder ungangbar geworden, so ist der Verwaltung hiervon ohne Verzug Anzeige zu erstatten.

Der Verwaltung steht das Recht zu, die Hausleitungen und Wassermesser nach Belieben zu reinigen, so oft sie es für nötig erachtet, zu besichtigen und den Betrieb der Hausleitung für die hierzu erforderliche Zeit zu unterbrechen.

Die Reinigung geschieht auf Kosten des Besitzers der Hausleitung. Die Strassenleitung muss bis zum Privat-Haupt- und Entleerungshahn ununterbrochen steigen oder fallen je nach der Oertlichkeit. Der Anbohrhahn darf nicht als Haupthahn dienen, letzterer soll dicht an dem Zaun oder der Hausgrenze liegen.

§ 3.
Installation.

Zu den Leitungen innerhalb der Häuser und Grundstücke dürfen, wenn die Leitungsrohre keinen grösseren Durchmesser als 30 mm haben, nur Zinnrohre mit Bleimantel, sogenannte Mantelrohre, oder besonders starke schmiedeeiserne verzinkte Rohre Verwendung finden. Die Wasserrohre, sowie die übrigen Teile der Leitungen müssen so stark sein, dass sie einem Drucke von mindestens 10 Atmosphären widerstehen. Zinnrohre mit Bleimantel müssen mindestens folgende Gewichte für das laufende Meter haben:

bei 10 mm lichter Weite 2 kg.
" 13 " " " 3 "
" 15 " " " 3,5 "
" 20 " " " 4,8 "
" 25 " " " 6,25 "
" 30 " " " 8,00 "

Die Zinnstärke der Zinnrohre mit Bleimantel darf nicht unter $1/2$ mm betragen, auch muss der Zinn mit dem Blei derartig verbunden sein, dass beide Metalle selbst bei mehrmaligem Verbiegen des Rohres sich nicht von einander abtrennen.

Erhalten die Hausleitungen Rohre von mehr als 32 mm Durchmesser, so dürfen nur gusseiserne Rohre verwendet werden, welche nach Form und Grösse den Normalien des Vereins Deutscher Gas- und Wasserfachmänner entsprechen und innen wie aussen mit einem Asphaltüberzuge versehen sein müssen. Auch diese Leitungen sind auf einen Druck von mindestens 10 Atmosphären zu prüfen. Die Leitungen in den Häusern sind vom Haupthahn ab nicht in den Boden, sondern mit Steigung nach ihren Ausflussstellen an die Zwischenwände zu verlegen, wenn dieses die geschützte Lage und die sonstigen örtlichen Verhältnisse gestatten.

Die Anlage von horizontalen Rohrstrecken in den Räumen über Terrain ist möglichst zu vermeiden. Sämtliche Rohrleitungen mit Ausschluss der Vertikalleitungen sind mit schwacher Neigung derart zu verlegen, dass sie vollkommen entleert und entlüftet werden können. Es sind daher an entsprechenden Stellen Entleerungs- und nötigenfalls auch Lufthähne einzuschalten.

Jede Hausleitung erhält einen Privathaupthahn gleich bei dem Eintritt des Rohres in das Haus; derselbe ist mit einer Entleerungsvorrichtung derart versehen, dass beim Abschlusse des Hahnes die Hausleitung entleert werden kann.

Die Leitungen müssen leicht zugänglich sein, vor Frost geschützt und so verlegt werden, dass sie von aussen nicht beschädigt werden können. Soweit wie möglich sollen Hausleitungen durch frostfreie Räume an Keller, Küche und Zwischenwand entlang geführt werden; anderenfalls müssen die betreffenden Strecken durch besondere Vorrichtungen während der kältesten Zeit abgesperrt und entleert werden können. Anschlussleitungen, welche Gärten, Höfe oder freiliegende Grundstücke durchschneiden, müssen, wenn sie auch im Winter benutzt werden, mindestens 1,20 m unter der Bodenoberfläche liegen. Solche, welche im Winter entleert und abgesperrt werden, sind mindestens 0,50 m unter der Oberfläche zu verlegen. In beiden Fällen sind sie mit starkem Rückgefälle zu verlegen. Alle Leitungen sind so zu legen, dass bei geschlossenem Haupthahn die ganze Leitung und deren Abzweige sich durch den hinter dem Wassermesser befindlichen Entleerungshahn vollständig entleeren lassen. Es sind daher alle Wassersäcke an den Leitungen unstatthaft, vielmehr müssen die Leitungen ein ununterbrochenes Gefälle nach dem Haupthahn hin haben. Ist solches ausnahmsweise nicht möglich, so sind besondere Entleerungsvorrichtungen an den betreffenden Leitungen anzubringen.

Das Einlassen der Rohre in Mauern und Wände und Überputzen ist, um bei etwaigen Undichtigkeiten die schadhaften Stellen leicht entdecken zu können, so viel wie möglich zu vermeiden, oder die Rohre sind zum Schutze vor der Einwirkung des Putzmörtels mit Haarfilz zu bekleiden.

Besser ist es in solchen Fällen, offenbleibende Schlitze mit Deckel herzustellen. Durch Fussböden und Decken gehende Zinnrohrleitungen müssen, um sie vor Beschädigungen zu schützen, mit Mantelröhren umgeben werden.

Werden in Bürgersteigen, in Höfen und Gärten Brunnenständer oder Hydranten aufgestellt, so sind dieselben mit selbsttätiger Entleerungsvorrichtung zu versehen.

Abzapfhähne, d. h. solche Wasserleitungshähne, nach deren Oeffnung das Wasser entweder frei ausläuft oder in Schläuchen weiter geleitet wird, müssen stets als Niederschraubhähne hergestellt sein. Konushähne dürfen nur bei Entleerungshähnen Anwendung finden.

Abzapfhähne, welche beim Schliessen mehr als 2 Atmosphären Stoss verursachen, sind unzulässig. Alle Abzweige müssen mindestens 1 m vom Privathaupthahne oder Privatventile entfernt sein, um den Wassermesser aufstellen zu können.

Unter der Abflussöffnung jedes Abzapfhahnes an den Gebäuden muss sich eine Abflussvorrichtung befinden, welche imstande ist, so viel Wasser abzuführen, als durch den vollständig geöffneten Hahn zufliessen kann. Die Ausgussbecken müssen mit nicht abnehmbaren Siebe, die an die Leitung angeschlossene Bade- und Wascheinrichtung und dergleichen mit Ueberlauf versehen sein. Wasserklosets, deren Anlegung noch besonderer Genehmigung unterliegt, dürfen nicht mit Ventilen versehen werden, die unmittelbar mit der Leitung in Verbindung stehen. Zur Speisung derselben ist ein besonderer Wasserbehälter an geeigneter Stelle anzulegen. Ein direktes Speisen von Dampfkesseln aus der Leitung ist ausnahmslos untersagt. Privat-Feuerhähne dürfen in einer Grösse von 32 bis 50 mm lichtem Durchmesser mit dem von der Verwaltung des Wasserwerks vorzuschreibenden Gewinde angebracht werden. Dieselben erhalten ihre Aufstellung nur an leicht zugänglichen Orten, wie Korridoren, Treppenhäusern.

§ 4.
Prüfung und Abnahme.

Alle für die Hauseinrichtung zu verwendenden Materialien müssen vor der Verwendung der Verwaltung in Musterstücken zur Genehmigung vorgelegt werden.

Die Verwaltung prüft die Anschlussleitungen durch ihre Beamten vor der Zuleitung von Wasser aus der städtischen Wasserleitung und versagt die Zuleitung von Wasser, sofern die innere Anlage unsolide oder nicht vorschriftsmässig ausgeführt ist, so lan e, bis die gerügten Mängel beseitigt sind.

Durch diese Prüfung übernimmt die Verwaltung keine Gewähr für die Güte des Materials und der Ausführung.

Zwecks Prüfung und Abnahme ist der Verwaltung von dem Beginn der Einrichtungsarbeiten und von der Vollendung der Einrichtung schriftlich Anzeige zu erstatten. Vor erfolgter Abnahme dürfen Anschlussleitungen nicht in Gebrauch genommen werden.

Die geschehene Abnahme wird besonders bescheinigt. Vor der Abnahme wird die Hausleitung auf Kosten des Jnstallateurs mittels einer von demselben zu stellenden Handpumpe in Gegenwart des mit der Abnahme beauftragten Beamten auf 10 Atmosphären Druck geprüft und alsdann die Hausleitung durch einen besonderen Beamten mit Wasser versorgt.

Die Prüfung und Abnahme der Leitung erfolgt kostenlos. Kann die Abnahme nicht erfolgen, weil die Anlage nicht vorschriftsmässig oder nicht dicht ist, so ist für jede weiter erforderliche Prüfung eine Gebühr von 3 $ vom Jnstallateur an die Kasse der Verwaltung einzuzahlen.

Jnstallateuren, welche absichtlich oder fahrlässig vorstehende Bestimmungen verletzen, kann vom Gouvernement auf Antrag der Verwaltung die Befugnis, Wasserleitungen im Anschlusse an die städtische Wasserleitung anzulegen, zu unterhalten oder zu verändern, entzogen werden.

Den Beamten der Verwaltung ist zu jeder Zeit der Zutritt zu allen Räumen behufs Beaufsichtigung, Prüfung oder Abnahme der Hausleitung, sowie zur etwa nötigen Nachprüfung des Wassermessers während der Tagesstunden zu gestatten.

Das Gouvernement behält sich das Recht vor, nach seinem Ermessen diese Bestimmungen jederzeit abzuändern.

Bekanntmachung.

Das Konkursverfahren über das Vermögen des Photographen Huang yi nan aus Canton wird nach Abhaltung des Schlusstermins aufgehoben.

Tsingtau, den 22. Februar 1904.

Kaiserliches Gericht von Kiautschou.

Bekanntmachung.

Das unterzeichnete Kommando macht hierdurch bekannt, dass es den Mannschaften verboten ist, Waren gegen Chits auf Kredit zu entnehmen. Das Kommando lehnt es ab, irgendwie bei Bezahlung der ohne Erlaubnis gemachten Schulden mitzuwirken.

Tsingtau, den 1. März 1904.

Kommando des III. Seebataillons.

Verdingung.

Die Erd-, Maurer-, Asphalt-, Steinmetz-, Zimmerer-, Staaker- Schmiede- und Eisenarbeiten zum Bau des Mannschaftsgebäudes I am Bismarckberge sollen im öffentlichen Verfahren vergeben werden. Verdingungsunterlagen liegen im Geschäftszimmer der unterfertigten Bauabteilung zur Einsicht aus; auch können ebendaher Verdingungsanschläge nebst Bedingungen, solange der Vorrat reicht, vom 2. März d. Js. ab gegen Ersattung von $ 2,00 bezogen werden. Die Angebote, welche verschlossen, versiegelt und mit der Aufschrift „Arbeiten zum Bau des Mannschaftsgebäudes I am Bismarckberge" versehen zum

Montag, den 14. März 1904, 9 ½ Uhr vormittags,

an die unterzeichnete Stelle einzureichen sind, werden zum angegebenen Zeitpunkte in Gegenwart der erschienenen Bewerber eröffnet werden. Zuschlagsfrist 21 Tage.

Tsingtau, den 24. Februar 1904.

Hochbauabteilung III a.

5. März 1904.   Amtsblatt—報官魚靑   43.

Bekanntmachung.

Als gestohlen oder verloren angemeldete Gegenstände: 2 Schiffchen mit Segel aus Silber, 1 Pekingkarre mit Maultier aus Silber, 2 Koreanische silberne Ringe mit blauer Emaille ausgelegt, mehrere Teelöffel, 1 kleines Tischmesser mit silbernem Griff, 1 Bohlen-Schöpflöffel aus Silber innen vergoldet.

Als gefunden angemeldete Gegenstände: 1 Paar Offizier-Achselstücke (für Oblt.), 1 mex Dollar, 1 braunes Wagenkissen, 1 Pappkarton mit 12 silbernen Teelötfeln mit chinesischen Schriftzeichen, 1 Packet enthaltend 2 weisse Westen, ein Vorhemd und einen Kragen, 1 Paar braune Handschuhe.

Tsingtau, den 24. Februar 1904.

Kaiserliches Polizeiamt.

Verdingung.

Die Erd-, Maurer-, Asphalt-, Steinmetz-, Zimmerer-, Staaker-, Schmiede- und Eisenarbeiten zum Bau eines Kammergebäudes mit Fahrzeugschuppen für das Kasernement am Bismarckberge sollen im öffentlichen Verfahren vergeben werden.

Verdingungsunterlagen liegen im Geschäftszimmer der unterfertigten Bauabteilung zur Einsicht aus; auch können ebendaher Verdingungsanschläge nebst Bedingungen, solange der Vorrat reicht, gegen Erstattung von 1, 50 $ bezogen werden.

Die Angebote, welche verschlossen, versiegelt und mit der Aufschrift „Arbeiten zum Bau eines Kammergebäudes beim Bismarckkasernement" versehen zum

Montag, den 14. März 1904, 10 Uhr vormittags,

an die unterzeichnete Stelle einzureichen sind, werden zum angegebenen Zeitpunkte in Gegenwart der erschienenen Bewerber eröffnet werden. Zuschlagsfrist 21 Tage.

Tsingtau, den 24. Februar 1904.

Hochbauabteilung IIIa.

Verdingung.

Die Erd-, Maurer-, Asphalt-, Steinmetz-, Zimmerer- und Staakerarbeiten zum Bau einer Garnison-Waschanstalt hierselbst sollen im öffentlichen Verfahren vergeben werden.

Verdingungsunterlagen liegen im Geschäftszimmer der unterfertigten Bauabteilung zur Einsicht aus; auch können ebendaher Verdingungsanschläge nebst Bedingungen, solange der Vorrat reicht, gegen Erstattung von $ 2,00 bezogen werden.

Die Angebote, welche verschlossen, versiegelt und mit der Aufschrift „Arbeiten zum Bau einer Garnison-Waschanstalt in Tsingtau" versehen zum

Montag, den 14. März 1904, 9 Uhr vormittags,

an die unterzeichnete Stelle einzureichen sind, werden zum angegebenen Zeitpunkte in Gegenwart der erschienenen Bewerber eröffnet werden. Zuschlagsfrist 21 Tage.

Tsingtau, den 24. Februar 1904.

Hochbauabteilung IIIa.

Mitteilungen.

Der Kurs bei der Gouvernementskasse beträgt vom 1. d. Mts. ab: 1 $ = 2,05 M.

*

Am Sonntag, den 6. März d. Js., beginnt der evangelische Gottesdienst in der Gouvernementskapelle ausnahmsweise um 9 Uhr vormittags, anstatt um 10 Uhr.

Postverbindungen mit Europa für 1904

Ankommend			Abgehend		
Dampfer	ab Berlin	an Schanghai	Dampfer	ab Schanghai	an Berlin
	1904	1904		1904	1904
Französisch . .	8. Januar	11. Februar	Deutsch . . .	13. Februar	18. März
Englisch . . .	15. Januar	19. Februar	Französisch . .	19. Februar	23. März
Deutsch . . .	19. Januar	23. Februar	Englisch . . .	23. Februar	27. März
Französisch . .	22. Januar	25. Februar	Deutsch. . .	27. Februar	1. April
Englisch . . .	29. Januar	4. März	Französisch . .	4. März	6. April
Deutsch . . .	2. Februar	8. März	Englisch . . .	8. März	10. April
Französisch . .	5. Februar	10. März	Deutsch . . .	12. März	15. April
Englisch . . .	12. Februar	18. März	Französisch . .	18. März	20. April
Deutsch . . .	16. Februar	22. März	Englisch . . .	22. März	24. April
Französisch . .	19. Februar	24. März	Deutsch . . .	26. März	29. April
Englisch . . .	26. Februar	20. März	Französisch . .	1. April	4. Mai
Deutsch . . .	1. März	4. April	Englisch . . .	5. April	8. Mai
Französisch . .	4. März	7. April	Deutsch . . .	9. April	13. Mai
Englisch . . .	11. März	13. April	Französisch . .	15. April	18. Mai
Deutsch . . .	15. März	18. April	Englisch . . .	19. April	22. Mai
Französisch . .	18. März	21. April	Deutsch . . .	23. April	28. Mai
Englisch . . .	25. März	27. April	Französisch . .	29. April	2. Juni
Deutsch . . .	29. März	2. Mai	Englisch . . .	3. Mai	6. Juni
Französisch . .	1. April	5. Mai	Deutsch . . .	7. Mai	11. Juni
Englisch . . .	8. April	11. Mai	Französisch . .	13. Mai	16. Juni
Deutsch . . .	12. April	16. Mai	Englisch . . .	17. Mai	20. Juni
Französisch . .	15. April	19. Mai	Deutsch . . .	21. Mai	26. Juni
Englisch . . .	22. April	25. Mai	Französisch . .	27. Mai	30. Juni
Deutsch . . .	26. April	30. Mai	Englisch . . .	31. Mai	4. Juli
Französisch . .	29. April	2. Juni	Deutsch . . .	4. Juni	10. Juli
Englisch . . .	6. Mai	8. Juni	Französisch . .	10. Juni	14. Juli
Deutsch . . .	10. Mai	13. Juni	Englisch . . .	14. Juni	18. Juli
Französisch . .	13. Mai	16. Juni	Deutsch . . .	18. Juni	24. Juli
Englisch . . .	20. Mai	22. Juni	Französisch . .	24. Juni	28. Juli
Deutsch . . .	24. Mai	27. Juni	Englisch . . .	28. Juni	1. August
Französisch . .	27. Mai	30. Juni	Deutsch . . .	2. Juli	7. August
Englisch . . .	3. Juni	6. Juli	Französisch . .	8. Juli	11. August
Deutsch . . .	7. Juni	11. Juli	Englisch . . .	12. Juli	15. August
Französisch . .	10. Juni	14. Juli	Deutsch . . .	16. Juli	21. August
Englisch . . .	17. Juni	20. Juli	Französisch . .	22. Juli	25. August
Deutsch . . .	21. Juni	25. Juli	Englisch . . .	26. Juli	29. August
Französisch . .	24. Juni	28. Juli	Deutsch . . .	30. Juli	4. September
Englisch . . .	1. Juli	3. August	Französisch . .	5. August	8. September
Deutsch . . .	5. Juli	8. August	Englisch . . .	9. August	12. September

Meteorologische Beobachtungen.

Datum. Feb.	Barometer (m m) reduz. auf 0° C., Seehöhe 24,30 m			Temperatur (Centigrade).								Dunstspannung in mm			Relat. Feuchtigkeit in Prozenten		
				trock. Therm.			feucht. Therm.										
	7 Vm	2 Nm	9 Nm	7 Vm	2 Nm	9 Nm	7 Vm	2 Nm	9 Nm	Min.	Max.	7 Vm	2 Nm	9 Nm	7 Vm	2 Nm	9 Nm
18	769,3	766,6	765,6	1,6	5,0	3,3	0,3	3,2	2,5	-1,9	3,5	3,9	4,7	5,0	76	72	87
19	63,6	61,4	61,4	3,1	6,7	4,7	2,5	5,2	4,3	1,8	5,6	5,1	5,7	6,0	90	78	94
20	60,0	58,5	60,7	2,9	7,0	3,8	2,7	5,9	1,3	2,6	7,0	5,4	6,3	3,6	96	84	58
21	63,1	62,8	63,9	-0,6	4,3	1,9	-1,0	2,9	0,5	-0,6	7,7	4,1	4,8	3,9	92	77	75
22	63,3	62,3	64,5	2,2	7,3	3,7	1,3	5,2	2,9	-0,6	5,3	4,5	5,4	5,2	84	70	87
23	65,0	65,0	66,7	2,2	7,0	5,1	1,8	4,8	3,8	2,1	7,3	5,0	5,1	5,2	93	69	80
24	68,7	69,6	71,6	3,1	6,3	1,3	2,3	3,1	-0,5	2,5	7,6	4,9	3,8	3,5	87	53	68
25	71,0	68,6	67,6	0,0	4,7	4,1	-1,4	3,5	2,9	-0,4	6,9	3,4	5,2	4,9	74	81	80
26	65,6	63,8	63,0	3,2	5,5	4,3	2,5	4,3	3,6	0,2	5,9	5,1	5,5	5,5	89	82	89
27	59,4	55,7	56,2	5,1	6,7	8,9	4,8	6,1	7,7	2,2	6,5	6,2	6,7	7,1	95	91	84
28	64,6	66,1	67,8	-3,8	1,0	-2,0	-4,9	-1,5	-3,6	-4,0	10,6	2,6	2,8	2,7	75	57	68
29	66,0	63,8	62,5	-1,3	3,0	3,4	-2,7	1,0	1,9	-4,2	2,1	3,0	3,7	4,4	73	66	75
März 1	58,9	58,9	61,5	4,3	8,0	1,8	3,8	6,5	0,7	-1,0	4,7	5,7	6,3	4,2	92	79	80
2	62,8	63,1	64,0	-0,5	5,1	2,9	-1,3	2,3	1,6	-3,3	8,7	3,7	3,7	4,4	85	57	78

Datum. Feb.	Wind Richtung & Stärke nach Beaufort (0—12)			Bewölkung						Niederschläge in mm		
				7 Vm		2 Nm		9 Nm				9 Nm / 7 Vm
	7 Vm	2 Nm	9 Nm	Grad	Form	Grad	Form	Grad	Form	7 Vm	9 Nm	
18	S 2	SSO 5	SSO 2	6	Cum	8	Cir	10	Cum			
19	OSO 1	OSO 3	SO 2	6	Cum	3	Cum-str	10	Cumni			
20	SSO 1	NW 1	NNW 3	10	Nebel	10	Cum	10	Cum			
21	NW 3	WNW 1	S 1									
22	OSO 2	SO 2	SO 2			2	Cum					
23	S 3	SO 3	S 2	3	Cum							
24	O 4	O 4	O 5	6	Cum	10	Cum					
25	OSO 2	SO 4	SO 3	1	Cum	7	Cir-cum	10	Cum-ni	6,0		6,0
26	S 2	OSO 3	SO 3	10	Nim	10	Cum	1	Cum			
27	SSO 4	OSO 3	WNW 3	10	Nebel	10	Cum	9	Cum-ni		0,1	0,1
28	N 5	N 4	NNO 2	4	Cum	4	Cir-cir					
29	OSO 3	SSO 5	SSO 6	3	Cir-cum	6	Cir-cum	6	Cum			
März 1	SO 1	NW 1	N 4	10	Cum-ni	7	Cum	1	Cum			
2	WNW 2	SO 2	O 4			6	Cir-cum	10	Cum			

Schiffsverkehr

in der Zeit vom 22. Februar — 3. März 1904.

Angekommen am	Name	Kapitän	Flagge	von	Abgefahren am	nach
(10.2.)	D. Königsberg	Mayer	Deutsch	Kelung	27.2.	Hongkong
(11.2.)	D. Chingkiang	Partridge	Englisch	Moji	22.2.	Moji
(14.2.)	D. Jik Sang	Bowker	„	„	24.2.	Tschifu
21.2.	D. Knivsberg	Kayser	Deutsch	Tschifu	22.2.	Schanghai
25.2.	D. Tsintau	Hansen	„	Schanghai	26.2.	Tschifu
„	D. Gouv. Jaeschke	Vogel	„	Tschifu	25.2.	Schanghai
„	D. Emma	Ziegenmeyer	„	Moji		
„	S. Olivier de Clisson	Suerpir	Französisch	Newyork		
„	D. Vorwärts	Sohnemann	Deutsch	Schanghai	27.2.	Schanghai
26.2.	D. Eldorado	Smith	Englisch	„	„	Tschifu
29.2	D. Andalusia	Schmidt	Deutsch	Kobe		
1.3.	D. Bygdo	Gundersen	Norwegisch	Moji		
„	D. Pechili	Clure	Englisch	Schanghai	2.3.	Tschifu
2.3	D. Knivsberg	Kayser	Deutsch	„	3.3.	„
„	D. Hae Ting	Pasamant	Chinesisch	Wuhu		
„	D. Hsieh Ho	Crawfors	„	„		
3.3.	D. Thea	Öhlerich	Deutsch	Hongkong		

Druck der Missionsdruckerei, Tsingtau.

第五年　第九号

1904年3月5日

告白

根据1899年3月13日发布的法令,需要在3月份重新选举两名民政区代表。

一名代表来自在商业登记中登记的非华人公司,每家公司只有一票。

另一名代表从在地籍册中登记的有纳税义务的业主中选出,每年缴纳的税额必须至少为50个美元。

每块地皮只算一票,同时,每名业主不能多于一票。候选人的名单将在今年3月15日星期二张贴于民政长的办公室内,以供查看。对于名单正确性的异议须在今年3月20日之前获得许可,并以书面形式提交。

选举在今年3月25日上午9—12点在民政长的办公室内举行,由本人亲自投票。

获得最多选票的候选人视为当选。如选票数相同,则抽签决定。

青岛,1904年2月27日
皇家总督
都沛禄

告白

为了满足商人们的各项愿望,从今年3月7日开始,大港1号码头上带有临时设施的部分将向公共交通开放。

青岛,1904年3月1日
皇家总督
都沛禄

告白

现计划允许位于自来水范围内、通过雨水下水道排水的房屋地皮在污水下水道建成前接入自来水。关于该方面以及关于从管道中取水的进一步条件将随后公布。

下面公布与海泊河自来水厂连接的技术规定。

青岛,1904年2月29日
工部局局长

接入海泊河自来水厂水管的规定

第1条 报名

每栋房屋或者地皮的业主,如果打算将房屋或者地皮连接上自来水管,须向自来水厂管理部门提出申请。

需要递交一份印制的、由本人填写并签名的报名表,此外,如果有特殊情况,还要向上述管理部门提交相关设施的准确图纸,同时还要报备执行连接工程的企业主姓名。

报名表以及这些规定的印刷文件可以从管理部门免费获取。所有的新设施,以及之后的各次更改,都需要在执行前,经管理部门检查后获得许可。

第2条 执行

从街道水管引线接通房屋或者地产,以及在私用主水龙上安装水表,都要由管理部门按照《关于从海泊河水厂取水的规定》进行。

房屋内管道的安装须在管理部门监督下执行。

由管理部门根据报名表中提出的接水位置,考虑到在申请中说明的、之后可能做出的延长,来确定水管支线的长度。

一般情况下,引水管直径不应低于25毫米,只有在小地块上准许20毫米直径的例外情况。

如果要安装水表,则由管理部门确定其尺寸和安装位置。水表应该安装在一个不上冻的房间内,一般应该在内围墙后方1.00~1.50米位置,或者在地块边界后面、街道水阀与私用主阀和排水阀之间的位置。如果是安装在室外,水表须处于由房主或者地块业主建造的砌砖井内,必须带有用于防冻并防水的镶框、铁板和木板铺层,并有可以便于攀爬的铁制脚扣。该井的长度不能低于1.20米,宽度不低于0.80米,深度不低于1.70米,出口处必须是至少为边长0.60米的正方形。

水表井建造时必须能够防止污物或水进入。如果水表不密封或无法正常使用,须立即告知管理部门。

管理部门只要认为有必要,就有权按照自己意愿清洗、检查水管和水表,并在工作时中断房屋水管的使用。

清洁费用由房屋水管的所有人承担。街道水管必须视地形情况攀升或者下降至私人主水龙和排水阀的位置。钻孔水龙头不允许用做主水龙头,主水龙应位于紧贴着篱笆或

者房屋边界的位置。

第 3 条 安装

如果自来水管直径不超过 30 毫米,则在房屋和地块的自来水管道上只能使用铅套锌管,即所谓的套管,或者也可以使用特别坚固的镀锌锻钢水管。水管以及自来水的其他部件强度必须为至少能够承受 10 个压强的压力。相关的铅套锌管尺寸须至少达到如下重量:

内径 10 毫米时　　2　　千克

内径 13 毫米时　　3　　千克

内径 15 毫米时　　3.5　千克

内径 20 毫米时　　4.8　千克

内径 25 毫米时　　6.25 千克

内径 30 毫米时　　8.00 千克

铅套锌管的厚度不得低于 1/2 毫米,水管的锌管与铅套的连接必须保证在多次折弯时也不会相互脱离。

如果房屋自来水使用 32 毫米直径水管,则只能使用外形与尺寸符合德意志气体与水专家协会标准的铸铁水管,并且水管内外均具有沥青涂层。这一类自来水管道也必须进行至少 10 个压强的检测。如果受保护的位置和其他地形条件允许,则房屋内的自来水管道从主水龙头开始不铺设在地下,而是在出水口之后用斜坡铺设到隔墙边。

应尽量避免在地面以上的房间安装水平管道.除了纵向自来水管道之外的所有自来水管道在安装时,水管应完全排空和通气,因此在相应的位置需要保留排空水龙头,必要时也要有通气阀门。

每个家庭自来水管道在水管进屋时,会得到一个私用主水龙头,上面有一个此种排空部件,在封闭水龙头时,可以排空自来水管道。

自来水管道必须方便使用、防冻,以及铺设时不能从外部损坏。只要有可能,房屋自来水管道就要通过地下室、厨房旁的防冻房间或者沿着隔墙铺设,在其他条件下进行铺设时,需要在最寒冷的时间通过特别处理将其隔离并排空。院落内以及空地上的连接管道必须被切断。如果在冬季使用,则必须位于地下至少 1.20 米。那些在冬季被排空并切断的管道,必须至少铺设于地下 0.50 米。以上两种情况下,均须以高落差铺设。所有的管道在铺设时均需要关闭主水龙头,整个管道和支线通过位于自来水表后方的排空水龙头进行彻底排空。不允许管道旁有任何水袋,最好管道有一个通向主水龙头的不间断落差。如果情况不允许,则需要在相关的管道上设置排空装置。

水管通过墙壁或者上面的装饰物时,为了避免出现永久性不密封的情况出现,易受损坏的位置须容易看到,尽可能地避免出现这种情况,或者为了防止水管上的灰浆进一步产生损坏,须将其包上绒毛毡。

出现这种情况时更好的处理方式是,制作带有盖子的开口。为了保护穿过地面及路面的锌管自来水管道免受损坏,必须带有套管。

如果在人行道、院子和花园水井架或者消防栓铺设管道,均须具有自动排水设施。

抽水水龙头,即此类水龙头在打开后,水或者流出,或者继续被导入水管,此类水龙头必须总是制作为下方旋钮的水龙头。圆锥形水龙头只允许用作排空水龙头。

抽水水龙头在关闭时会产生大于2个压强的压力,不得使用。所有的支线与私用主水龙或者私用阀门的距离必须至少1米,以便放置水表。

建筑旁的每个抽水水龙流出口必须有一个流出装置,它需要能够导出抽水水龙最大抽水量。注入水盆必须带有不可取下的筛子,带有与自来水连接的洗澡和洗衣设施的冲水厕所,其设置另有特别规定,不允许带有与自来水直接连接的阀门。为了向其供水,需要在合适位置设置特别的水容器。不允许从自来水管道向蒸汽锅炉供水,没有例外。允许私人消防水龙使用带有自来水厂管理部门规定的螺纹、内径为32到50毫米的水管,只能在容易到达的地方设置,例如过道、楼梯间。

第4条 检测与验收

所有用于室内安装的材料必须在使用前向管理部门呈送样品,以获得许可。

管理部门在从城市水管中通水之前会派出官员检测连接管道,只要房屋内部设施不牢固或者没有按照规定执行,就会拒绝通水,直到被发现的缺陷被改正为止。

管理部门不会通过该项检测来担保材料和铺设工作的质量。

验收情况会进行特别证明。验收前,由安装人支付费用,用由其准备的手泵,在验收官员在场的情况下,以10个气压进行测试,此时由一名特别官员对房屋水管供水。

免费进行水管的测试和验收工作。如果因为设备不符合规定或者不密封而导致没有成功验收,则之后每次的必要验收工作均收费3元,由安装人缴纳至管理部财务处。

故意或者因为疏忽违反上述规定的安装人,由管理部门向总督府申请下令,将需要与城市水管连接、使用或者更改的水管吊销。

允许管理部门的官员在白天随时可以进入所有房间审查、检测或者验收家庭水管,以及对水表进行必要的检测。

总督府保留根据情况随时修订以上规定的权力。

告白

对来自广州的摄影师黄一南(音译)财产的破产程序在最后期限过后,将被撤销。

青岛,1904年2月22日
胶澳皇家审判厅

告白

本司令部仅此通知，禁止军队乘员赊账取走货物。

无论如何，司令部均拒绝在未经本部允许的情况下，对需要支付的债务共同担责。

青岛，1904 年 3 月 1 日

第三海军营司令部

发包

俾斯麦兵营一号士兵宿舍建造工程中的土石方、砌墙、石匠、木工、Staaker、锻工和铁工活将公开发包。发包文件张贴于本工部局营业室内，以供查看。如果文件存量足够，也可以自今年 3 月 2 日起在那里支付 2.00 元购买含有发包条件的发包广告。报价须密封并标注"建造俾斯麦山下一号士兵宿舍的工作"字样，于 1904 年 3 月 14 日周一上午 9 点 30 分前递交至本部，并将于上述时间点当着在场竞标人的面打开。中标期限为 21 天。

青岛，1904 年 2 月 24 日

第三工部局一部

告白

启者：兹将本署据报被窃失去及送署各物分别列左：

被窃并失去各物：

银造有篷小船两只；银造架有骡子京式轿车一辆；银料高丽戒指两枚，带有法蓝色；茶匙数把；银柄小刀一把；镀金银勺一把。

送案各物：

武官肩花一对；鹰洋一枚；紫色车褥一张；银料茶匙十二把，用纸包裹，柄上有中国文字；包裹白布砍（坎）肩二件；汗衫一件；领子一条；紫色手套一对。

以上各物仰勿轻买，如见即宜报署，送案各物亦准失主具领。此布。

德一千九百四年二月二十四日

青岛巡捕衙门启

发包

俾斯麦山下兵营附属的含有一个汽车大棚的仓库建造工程中的土石方、砌墙、石匠、木工、Staaker、锻工和铁工活将公开发包。

发包文件张贴于本工部局营业室内,以供查看。如果文件存量足够,也可以自今年3月2日起在那里支付1.50元购买含有发包条件的发包广告。

报价须密封并标注"建造俾斯麦山附近仓库的工作"字样,于1904年3月14日周一上午10点前递交至本部,并将在上述时间点当着在场竞标人的面打开。

中标期限为21天。

青岛,1904年2月24日
第三工部局一部

发包

兵营洗衣房建造工程中的土石方、砌墙、石匠、木工、Staaker、锻工和铁工活将公开发包。

发包文件张贴于本工部局营业室内,以供查看。如果文件存量足够,也可以自今年3月2日起在那里支付2.00元购买含有发包条件的发包广告。

报价须密封并标注"建造青岛的兵营洗衣房工作"字样,于1904年3月14日周一上午9点前递交至本部,并将在上述时间点当着在场竞标人的面打开。

中标期限为21天。

青岛,1904年2月24日
第三工部局一部

消息

总督府财务处自本月1日起的汇率为:1元=2.05马克。

今年3月6日礼拜天在督署小教堂内举办的新教弥撒,改为上午9点举行,而不是平时的10点。

1904 年与欧洲的邮政连接

到达			发出		
轮船	柏林出发	抵达上海	轮船	上海出发	抵达柏林
	1904	1904		1904	1904
法国	1月8日	2月11日	德国	2月13日	3月18日
英国	1月15日	2月19日	法国	2月19日	3月23日
德国	1月19日	2月23日	英国	2月23日	3月27日
法国	1月22日	2月25日	德国	2月27日	4月1日
英国	1月29日	3月4日	法国	3月4日	4月6日
德国	2月2日	3月8日	英国	3月8日	4月10日
法国	2月5日	3月10日	德国	3月12日	4月15日
英国	2月12日	3月18日	法国	3月18日	4月20日
德国	2月16日	3月22日	英国	3月22日	4月24日
法国	2月19日	3月24日	德国	3月26日	4月29日
英国	2月26日	3月20日①	法国	4月1日	5月4日
德国	3月1日	4月4日	英国	4月5日	5月8日
法国	3月4日	4月7日	德国	4月9日	5月13日
英国	3月11日	4月13日	法国	4月15日	5月18日
德国	3月15日	4月18日	英国	4月19日	5月22日
法国	3月18日	4月21日	德国	4月23日	5月28日
英国	3月25日	4月27日	法国	4月29日	6月2日
德国	3月29日	5月2日	英国	5月3日	6月6日
法国	4月1日	5月5日	德国	5月7日	6月11日
英国	4月8日	5月11日	法国	5月13日	6月16日
德国	4月12日	5月16日	英国	5月17日	6月20日
法国	4月15日	5月19日	德国	5月21日	6月26日
英国	4月22日	5月25日	法国	5月27日	6月30日
德国	4月26日	5月30日	英国	5月31日	7月4日
轮船	柏林出发	抵达上海	轮船	上海出发	抵达柏林

① 译者注：推测为3月30日之误。

(续表)

	到达			发出	
	1904	1904		1904	1904
法国	4月29日	6月2日	德国	6月4日	7月10日
英国	5月6日	6月8日	法国	6月10日	7月14日
德国	5月10日	6月13日	英国	6月14日	7月18日
法国	5月13日	6月16日	德国	6月18日	7月24日
英国	5月20日	6月22日	法国	6月24日	7月28日
德国	5月24日	6月27日	英国	6月28日	8月1日
法国	5月27日	6月30日	德国	7月2日	8月7日
英国	6月3日	7月6日	法国	7月8日	8月11日
德国	6月7日	7月11日	英国	7月12日	8月15日
法国	6月10日	7月14日	德国	7月16日	8月21日
英国	6月17日	7月20日	法国	7月22日	8月25日
德国	6月21日	7月25日	英国	7月26日	8月29日
法国	6月24日	7月28日	德国	7月30日	9月4日
英国	7月1日	8月3日	法国	8月5日	9月8日
德国	7月5日	8月8日	英国	8月9日	9月12日

船运

1904年2月22日—3月3日期间

到达日	轮船船名	船长	挂旗国籍	出发港	出发日	到达港
(2月10日)	柯尼希堡号	迈耶尔	德国	基隆	2月27日	香港
(2月11日)	镇江号	帕特里奇	英国	门司	2月22日	门司
(2月14日)	吉克桑号	伯克尔	英国	门司	2月24日	芝罘
2月21日	柯尼夫斯堡号	凯瑟	德国	芝罘	2月22日	上海
2月25日	青岛号	韩森	德国	上海	2月26日	芝罘
2月25日	叶世克总督号	福格尔	德国	芝罘	2月25日	上海
2月25日	艾玛号	齐根迈尔	德国	门司		
2月25日	奥利维耶号	苏尔皮	法国	纽约		
2月25日	前进号	索纳曼	德国	上海	2月27日	上海
2月26日	黄金岛号	史密斯	英国	上海	2月27日	芝罘

(续表)

到达日	轮船船名	船长	挂旗国籍	出发港	出发日	到达港
2月29日	安达卢西亚号	施密特	德国	神户		
3月1日	比格多号	古德森	挪威	门司		
3月1日	北直隶号	克鲁尔	英国	上海	3月2日	芝罘
3月2日	柯尼夫斯堡号	凯瑟	德国	上海	3月3日	芝罘
3月2日	海婷号	帕萨默	中国	芜湖		
3月2日	协和号	克劳福斯	中国	芜湖		
3月3日	忒亚号	厄乐李希	德国	香港		

Amtsblatt
für das Deutsche Kiautschou-Gebiet.

青島官報

Herausgegeben vom Kaiserlichen Gouvernement Kiautschou.

Der Bezugspreis beträgt jährlich $ 0,60=M 1,20.
Bestellungen nehmen sämtliche deutsche Postanstalten entgegen.

| Jahrgang 5. | Nr. 10. | Tsingtau, den 12. März 1904. |

Bei der in Abteilung A Nr. 23 des Handelsregisters vermerkten Firma

Rabisch & Co

ist folgendes eingetragen:

Der bisherige Gesellschafter Kaufmann Carl Rohde ist aus der Gesellschaft ausgeschieden.

Tsingtau, den 3. März 1904.

Kaiserliches Gericht von Kiautschou.

Bei der in Abteilung B Nr. 10 des Handelsregisters eingetragenen Firma

„Deutsch-Chinesische Seidenindustrie-Gesellschaft
(Kolonialgesellschaft)"

ist folgendes vermerkt worden:

Die dem Dr. Rudolf Freiherrn von Erggelet in Tsingtau erteilte Prokura ist erloschen.

Tsingtau, den 8. März 1904.

Kaiserliches Gericht von Kiautschou.

Im hiesigen Handelsregister ist heute in Abteilung A unter Nr. 39 die Firma

„Carl Schmidt"

eingetragen, deren alleiniger Inhaber der Kaufmann Carl Schmidt in Tsingtau ist.

Tsingtau, den 10. März 1904.

Kaiserliches Gericht von Kiautschou.

Bekanntmachung.

Die Lieferung des Bedarfs an praes. Rind- und Hammelfleisch, praes. Lachs und Cornedbeef für das Rechnungsjahr 1904 soll verdungen werden.

Die Lieferungsbedingungen sind im Geschäftszimmer des Kaiserlichen Verpflegungsamtes ausgelegt, können auch gegen eine Gebühr von 0,50 $ bezogen werden.

Die Angebote müssen in einem besonderen Umschlag mit der Aufschrift „Angebot auf Dauerproviant" versehen, mit den Proben bis zum 22. d. Mts., vormittags 10 Uhr, eingegangen sein.

Angebote, die den Bedingungen nicht entsprechen, bleiben unberücksichtigt.

Tsingtau, den 7. März 1904.

Kaiserliches Verpflegungsamt.

Bekanntmachung.

A. Baumann hat ein Gesuch um Übertragung der Erlaubnis zum Betriebe einer Gastwirtschaft auf seinen Namen für das bisher von Max Grill innegehabte Lokal „Hotel Metropole" in der Friedrichstrasse eingereicht.

Einwendungen im Sinne der Gouvernementsbekanntmachung vom 10. Oktober 1899 sind bis zum 28. d. Mts. an die unterzeichnete Behörde zu richten.

Tsingtau, den 10. März 1904.

Kaiserliches Polizeiamt.

48. Amtsblatt—青島官報 12. März 1904.

Bekanntmachung.

Als gestohlen angemeldete Gegenstände: 1 Stock mit silbernem Griff gezeichnet H, der Griff ist mit chinesischen Schriftzeichen versehen.

Tsingtau, den 9. März 1904.

Polizeiamt.

Verbot betreffend Betreten fiskalischer Bauten.

Das unbefugte Betreten von fiskalischen Neubauten ist strengstens untersagt. Dasselbe ist nur nach vorher gegangener Einholung der Erlaubnis des zuständigen Bauabteilungsvorstandes und unter genauer Befolgung seiner Anweisungen zulässig.

Tsingtau, den 8. März 1904.

Der Baudirektor.

告白

啟者茲將送署之物列左
西人手棍一根柄用銀鑲製
有華字
以上之物仲該失主具領
可也此佈

德一千九百四年三月初九日

青島巡捕衙門啓

Mitteilungen.

Die Europaposten vom 24. Januar - 8. Februar d. Js sind über Russland zurückgeleitet und vollzählig in Berlin angekommen. Dieselben werden über Suez nach hier befördert.

Schiffsverkehr

in der Zeit vom 4. — 10. März 1904.

Angekommen am	Name	Kapitän	Flagge	von	Abgefahren am	nach
(1.3.)	D. Bygdö	Gundersen	Norwegisch	Moji	7.3.	Moji
(2.3.)	D. Hae Ting	Pasamore	Chinesisch	Wuhu	6.3.	Schanghai
(„)	D. Hsieh Ho	Crawfors	„	„	„	„
(3.3.)	D. Thea	Öhlerich	Deutsch	Hongkong	5.3.	Tschifu
4.3.	D. Gouv. Jaeschke	Vogel	„	Schanghai	7.3.	Schanghai
5.3.	D. Tsintau	Hansen	„	Tschifu	5.3.	„
8.3.	D. Eldorado	Smith	Englisch	Schanghai	8.3.	Tschifu
„	D. Vorwärts	Sohnemann	Deutsch	„	9.3.	„

12. März 1904. Amtsblatt—青島官報 49.

Meteorologische Beobachtungen.

Datum. März	Barometer (mm) reduz. auf 0° C., Seehöhe 24,30 m			Temperatur (Centigrade).								Dunstspannung in mm			Relat. Feuchtigkeit in Prozenten		
				trock. Therm.			feucht. Therm.										
	7 Vm	2 Nm	9 Nm	7 Vm	2 Nm	9 Nm	7 Vm	2 Nm	9 Nm	Min.	Max.	7 Vm	2 Nm	9 Nm	7 Vm	2 Nm	9 Nm
3	763,3	762,4	760,3	3,9	7,5	5,6	2,8	5,1	4,5	-0,3	5,5	5,0	5,1	5,6	82	66	83
4	57,1	54,3	57,2	6,5	8,3	4,3	6,1	7,8	3,9	4,0	8,2	6,8	7,6	5,8	94	93	93
5	63,5	65,4	69,7	-1,9	-0,5	-3,4	-2,9	-1,8	-4,1	-2,0	8,9	3,2	3,3	3,0	80	75	85
6	68,6	68,8	69,2	-4,5	4,3	1,5	-5,0	3,4	-0,7	-5,6	0,2	2,8	5,3	3,2	88	85	62
7	69,1	66,0	65,2	1,6	3,8	3,3	-0,5	1,5	1,8	-3,5	4,4	3,3	3,7	4,3	64	62	75
8	64,8	64,8	66,2	3,5	5,5	4,0	2,8	4,3	3,3	1,4	5,4	5,2	5,5	5,4	88	82	88
9	68,0	66,3	66,2	2,7	6,3	3,7	2,1	4,1	2,9	2,0	6,5	5,0	4,8	5,2	89	68	87

Datum. März	Wind Richtung & Stärke nach Beaufort (0—12)			Bewölkung						Niederschläge in mm	
				7 Vm		2 Nm		9 Nm			
	7 Vm	2 Nm	9 Nm	Grad	Form	Grad	Form	Grad	Form	7 Vm / 9 Nm	9 Nm / 7 Vm
3	S O 4	O S O 5	O S O 6	6	Cir-cum	7	Cir	8	Cumni		
4	O 5	O 2	N W 7	10	Nim	10	Cum-ni	10	Cum	0,7	0,7
5	N N W 8	N 5	N 5	9	Cum	9	Cum				
6	W 1	S 1	S 2								
7	S S W 2	S 4	S 6	10	Cum	10	Cum	10	Cum		
8	O S O 1	S O 2	S S O 2	8	Cum	2	Cum	1	Cum	0,1	0,1
9	N N W 1	O 4	S O 2	5	Cum	4	Str				

Schantung-Eisenbahn Fahrplan

giltig ab 1. März 1904. bezw. vom Tage der Betriebseröffnung der einzelnen Strecken.

Gm. Zug 1. Kl. 1–3.		Gm. Zug 3. Kl. 1–3.			Gm. Zug 5. Kl. 1–3.		Kilometer	Stationen	Gm. Zug 2. Kl. 1–3.			Gm. Zug 4. Kl. 1–3.			Gm. Zug 6. Kl. 1–3.		
An-kunft	Auf-ent-halt	Ab-fahrt	An-kunft	Auf-ent-halt	Ab-fahrt	An-kunft	Auf-ent-halt		An-kunft	Auf-ent-halt	Ab-fahrt	An-kunft	Auf-ent-halt	Ab-fahrt	An-kunft	Auf-ent-halt	Ab-fahrt
		700						—	Tsingtau	628	3							
709	3	712			256			5	Syfang I	616	1	619						
717	1	718	306	2	308			8	Syfang II	611	3	612						
733	3	736	313	1	314			18	Tsangkou	552	3	555						
749	1	750	331	3	334			28	Tschoutsun–Nükukou	528	1	530						
758	2	800	348	3	351			33	Tschengyang	510	1	511	558	2	948			
817	1	818	400	5	405			47	Nantschuan	453	2	455	941	1	986			
833	2	835	424	10	434			57	Lantsun	444	X		935	3	917			
844	1	844	450	8	458			62	Likotschuang	438	X		914	3	900			
855	X	855	507	1	508			73	Tahuang	411	10	421	857	3	848			
907	10	917	520	2	522			81	Kiautschou	400	X		843	5	824			
928	X	928	536	10	546			88	Tahang	352	X		814	10	758			
936	X		559	1	600	600		93	Tselantschuang	348	X		758	5	744			
945	X	945	609	2	611	626	1	99	Yaukotschuang	321	2		748	1	731			
957	15	1012	621	3	624	639	2	107	Kaumi	258	10	268	726	5	712			
1035	X	1035	637			655	5	122	Tsaltschlatschuang	248	X	248	702	10	649	730		705
1045	X	1045				707	3	129	Taeripu	286	2	288	648	1	629	704	1	658
1055	2	1057				710	10	135	Tschangling	225	X	225	634	5	624	651	3	640
1106	X	1108				721	4	142	Talbautschuang	214	1	215	620	10	607	635	5	628
1118	X	1119				741	5	148	Teoschan	205	X	205				621	2	610
1128	1	1128				752	3	157	Huantschipu	167	1	158				600	10	550
1135	1	1136				816	5	163	Nanliu	142	X	142				548	4	539
1155	X	1155				884	1	173	Hamatun	118	10	128				524	5	517
1207	10	1217				853		183	Tschangloyuen–Fangtee	104	X	104			Gm. Zug 8. Kl. 1–3.	510	2	500
1230	X	1230	325	1	325	908		191	Erischilipu	1246	10	1256	1009	1	954	494	10	484
1238	10	1248	339	1	340			196	Weihsien	1288	X	1288	953	5	944	480	1	485
101	X	101	349	10	359			205	Tayüho	1228	10	1228	959	1				425
111	X	111	414	1	415			211	Tschuliften				928	2				
			426	2	428								910		912			

12. März 1904.   Amtsblatt—青島官報   51.

Gm. Zug 23. Kl. 1–3					Gm. Zug 21. Kl. 1–3		Gm. Zug 1. Kl. 1–3			Station		Gm. Zug 20. Kl. 1–3		Gm. Zug 22. Kl. 1–3	Gm. Zug 2. Kl. 1–3		Gm. Zug 10. Kl. 1–3	
124	10	448	10	220					359	Tschanglo	1200	10	1210	845	10	855		985	×		719	3	710
144	×	504	2	227					407	Yauku	1150	×	1150	832	2	844	210	927	×	927	707	3	656
157	×	520	2	235					417	Tantschlafang	1137	×	1137	816	2	818	252	1	917	10	917	658	10	642
207	×	538	15	243					437	Yantschiatschuang	1127	×	1127	808	15	805	119	5	857	×	907	682	5	585
228	10	558	2	255					514	Tsingtschoufu	1111	10	1111	780	2	745	350	1	820	1	820	584	10	535
245	×	622	5	263			1050		534	Putung	1049	×	1049	714	5	716		800	10	801	580	10	518
265	1	635	5	270			1108	1	601	Tsehotien	1088	1	1089	658	5	708		788	1	748	508	5	485
306	1	651	3	280			1141	5	680	Hsintien	1027	1	1028	644	3	640		704	1	705	430	1	418
332	3	674	5	290			1210	1	647	Tschinlingtschen	1009	3	1012	628	5	628		647	>	647	412	25	345
334	×	715	1	296					784	Hütien	1000	×	1000	612	1	618		600	20	620	320	1	306
344		725		302					748	Tschangtien			950			600		546	×	546	305	5	261
		738							804									580	2	582	246	1	297
									828									511	×	511	226	1	214
									855									459	×	459	211	3	168
									848									441	5	446	163	5	144
									902									481	1	422	143	1	134

Gm. Zug 23. Kl. 1–3
517 1 500
546 5 518
619 1 551
646 620

Gm. Zug 21. Kl. 1–3
1107 1
1186 5
1209 1
1236

Tschangtien
Nanting
Tsetschuan
Takuenluen
Poschen

Gm. Zug 1. Kl. 1–3
407 × 359
417 × 407
427 10 417
514 1 437
534 1 514
551 10 534
629 1 601
647 > 680
714 20 647
748 1 784
802 × 748
828 × 804
885 × 828
843 5 855
902 1 885
912 908

Tschangtien
Maochang
Yatschuang
Tschoutsun
Talintschy
Wangtsun
Putschi
Mingschul
Tsauyuantschuang
Lungschan
Schilipu
Koutien
Wangscheyentschuang
Patuenpu
Tsinanfu Ost
Tsinanfu-Nordwest
Tsinanfu-West

Gm. Zug 5. Kl. 1–3
622 3 613
686 3 625
650 10 689
700 5 700
757 5 788
787 1 802
819 10 829
857 5 902
919 1 920
947 25 1012
1026 1 1027
1041 5 1046
1105 3 1106
1118 1 1121
1184 5 1189
1148 1 1149
1158

302
308
314
320
335
343
349
361
367
378
384
389
397
401
406
409
412

Die Zeiten von 6 Uhr abends bis 5 Uhr 59 Min. morgens sind durch Unterstreichung der Minutenziffern kenntlich gemacht.   × bedeutet Halten der Züge nach Bedarf.

第五年　第十号

1904 年 3 月 12 日

在商业登记 A 部第 23 号登记的"嘉卑世行"已登记入下列事项：

目前的股东、商人卡尔·罗德被从公司中除名。

青岛，1904 年 3 月 3 日
胶澳皇家审判厅

在商业登记 B 部第 10 号登记的"德华丝绸工业公司（殖民地公司）"①已登记入下列事项：

取消青岛的男爵鲁道夫·冯·埃尔格莱特博士的代理权。

青岛，1904 年 3 月 8 日
胶澳皇家审判厅

在本地商业登记 A 部第 39 号今天登记了公司"卡尔·施密特"，其独立所有者为青岛的商人卡尔·施密特。

青岛，1904 年 3 月 10 日
胶澳皇家审判厅

告白

为 1904 会计年度的当季牛肉和羊肉、当季鲑鱼和腌咸牛肉的供货需求将发包。

供货条件张贴于皇家军需处的营业室内，也可以在那里支付 0.50 元购买。

报价须放在特制信封内，标注"对持续性给养的报价"字样，与样品一起于本月 22 日上午 10 点前送至本处。

---

① 译者注：该公司中文行名为"德华缫丝公司"。

不符合供货条件的报价不予考虑。

青岛,1904 年 3 月 7 日
皇家军需处

告白

A. 宝满递交了申请,请求将目前由马克斯·吉利所有、位于弗里德里希街①的"宝满饭店"的经营许可转移到他的名下。

如有根据 1899 年 10 月 10 日总督府告白提出的异议,须在本月 28 日前递交至本处。

青岛,1904 年 3 月 10 日
皇家巡捕房

告白

启者:兹将送署之物列左:

西人手棍一根,柄用银镶,錾有华字。

以上之物仰该失主具领可也。此布。

德一千九百四年三月初九日
青岛巡捕衙门启

关于进入国库所有建筑的禁令

严格禁止未经许可就进入国库所有的新建筑。只有在事先取得相应工部局领导机构的许可并严格遵守其指示后,才允许进入。

青岛,1904 年 3 月 8 日
工部局局长

消息

今年 1 月 24 日—2 月 8 日的欧洲邮件已经经俄国退回,并全数抵达柏林。这些邮件将经过苏伊士运河运到本地。

---

① 译者注:又译作"斐迭里街"等,即今中山路南段。

船运

1904年3月4日—10日期间

到达日	轮船船名	船长	挂旗国籍	出发港	出发日	到达港
（3月1日）	比格多号	古德森	挪威	门司	3月7日	门司
（3月2日）	海婷号	帕萨默	中国	芜湖	3月6日	上海
（3月2日）	协和号	克劳福斯	中国	芜湖	3月6日	上海
（3月3日）	忒亚号	厄乐李希	德国	香港	3月5日	芝罘
3月4日	叶世克总督号	福格尔	德国	上海	3月7日	上海
3月5日	青岛号	韩森	德国	芝罘	3月5日	上海
3月8日	黄金岛号	史密斯	英国	上海	3月8日	芝罘
3月8日	前进号	索纳曼	德国	上海	3月9日	芝罘

山东铁路公司火车时刻表

自1904年3月1日起或者自各路段运营之日起施行

1号车 1—3等车厢			3号车 1—3等车厢			5号车 1—3等车厢			千米	站点	2号车 1—3等车厢			4号车 1—3等车厢			6号车 1—3等车厢		
到达时间	停车时间	出发时间	到达时间	停车时间	出发时间	到达时间	停车时间	出发时间			到达时间	停车时间	出发时间	到达时间	停车时间	出发时间	到达时间	停车时间	出发时间
		7.00			2.56					青岛	6.28			9.53					
7.09	3	7.12	3.06	2	3.08				5	四方1	6.16	3	6.19	9.41	2	9.43			
7.17	1	7.18	3.13	1	3.14				8	四方2	6.11	1	6.12	9.35	1	9.36			
7.33	3	7.36	3.31	3	3.34				18	沧口	5.52	3	5.55	9.14	3	9.17			
7.49	1	7.50	3.48	3	3.51				28	赵村—女姑口	5.38	1	5.39	8.57	3	9.00			
7.58	2	8.00	4.00	5	4.05				33	城阳	5.28	2	5.30	8.43	5	8.48			
8.17	1	8.18	4.24	10	4.34				47	南泉	5.10	1	5.11	8.14	10	8.24			
8.33	2	8.35	4.50	8	4.58				57	蓝村	4.53	2	4.55	7.53	5	7.58			
8.44	×	8.44	5.07	1	5.08				62	李哥庄	4.44	×	4.44	7.43	1	7.44			
8.55	×	8.55	5.20	2	5.22				73	大荒	4.33	×	4.33	7.26	5	7.31			
9.07	10	9.17	5.36	10	5.46				81	胶州	4.11	10	4.21	7.02	10	7.12			
9.28	×	9.28	5.59	1	6.00				88	腊行	4.00	×	4.00	6.48	1	6.49			
9.36	×	9.36	6.09	2	6.11				93	芝兰庄	3.52	×	3.52	6.34	5	6.39			
9.45	×	9.45	6.21	3	6.24				99	姚哥庄	3.43	×	3.43	6.20	4	6.24			
9.57	15	10.12	6.37					6.00	107	高密	3.21	10	3.31			6.07	7.30		
10.35	×	10.35				6.25	1	6.26	122	蔡家庄	2.58	×	2.58				7.04	1	7.05

(续表)

1号车 1—3等车厢			3号车 1—3等车厢			5号车 1—3等车厢			千米	站点	2号车 1—3等车厢			4号车 1—3等车厢			6号车 1—3等车厢		
到达时间	停车时间	出发时间	到达时间	停车时间	出发时间	到达时间	停车时间	出发时间			到达时间	停车时间	出发时间	到达时间	停车时间	出发时间	到达时间	停车时间	出发时间
10.45	×	10.45				6.37	2	6.39	129	塔耳堡	2.48	×	2.48				6.51	2	6.53
10.55	2	10.57				6.50	5	6.55	135	丈岭	2.36	2	2.38				6.35	5	6.40
11.08	×	11.08				7.07	3	7.10	142	太堡庄	2.25	×	2.25				6.21	2	6.23
11.18	1	11.19				7.21	10	7.31	148	岞山	2.14	1	2.15				6.00	10	6.10
11.28	×	11.28				7.41	4	7.45	157	黄旗堡	2.05	×	2.05				5.46	4	5.50
11.35	1	11.36				7.52	5	7.57	163	南流	1.57	1	1.58				5.34	5	5.39
11.53	×	11.53	7号车 1—3等车厢			8.16	3	8.19	173	虾蟆屯	1.42	×	1.42	8号车 1—3等车厢			5.15	2	5.17
12.07	10	12.17			3.25	8.34	5	8.39	183	昌乐源—坊子	1.18	10	1.28	10.09			4.50	10	5.00
12.30	×	12.30	3.39	1	3.40	8.53	1	8.54	191	二十里堡	1.04	×	1.04	9.53	1	9.54	4.34	1	4.35
12.38	10	12.48	3.49	10	3.59	9.03			196	潍县	12.46	10	12.56	9.39	5	9.44			4.25
1.01	×	1.01	4.14	1	4.15				205	大圩河	12.33	×	12.33	9.23	1	9.24			
1.11	×	1.11	4.26	2	4.28				211	朱刘店	12.23	×	12.23	9.10	2	9.12			
1.24	10	1.34	4.43	10	4.53				220	昌乐	12.00	10	12.10	8.45	10	8.55			
1.44	×	1.44	5.04	2	5.06				227	尧沟	11.50	×	11.50	8.32	2	8.34			
1.57	×	1.57	5.20	2	5.22				235	谭家坊	11.37	×	11.37	8.16	2	8.18			
2.07	×	2.07	5.33	2	5.35				243	杨家庄	11.27	×	11.27	8.03	2	8.05			
2.23	10	2.33	5.53	15	6.08				255	青州府	11.01	10	11.11	7.30	15	7.45			
2.45	×	2.45	6.22	2	6.24				263	普通	10.49	×	10.49	7.14	2	7.16			
2.55	1	2.56	6.35	5	6.40				270	淄河店	10.38	1	10.39	6.58	5	7.03			
3.06	1	3.07	6.51	3	6.54				280	辛店	10.27	1	10.28	6.44	3	6.40			
3.22	3	3.25	7.10	5	7.15				290	金岭镇	10.09	3	10.12	6.23	5	6.28			
3.34	×	3.34	7.25	1	7.26				296	湖田	10.00	×	10.00	6.12	1	6.13			
3.44			7.38						302	张店	9.50			6.00					

23号车 1—3等车厢			21号车 1—3等车厢						千米	站点	20号车 1—3等车厢						22号车 1—3等车厢		
		5.00			10.50				—	张店	9.16						2.10		
5.17	1	5.18	11.07	1	11.08				11	南定	8.58	1	8.59				2.52	1	2.53
5.46	5	5.51	11.36	5	11.41				21	淄川	8.25	5	8.30				1.19	5	2.24
6.19	1	6.20	12.09	1	12.10				32	太昆仑	7.56	1	7.57				3.50	1	1.51
6.46			12.36						43	博山	7.30						1.24		

1号车			9号车 1—3等车厢						千米	站点	2号车						10号车 1—3等车厢		
		3.59			6.13				302	张店	9.35						7.19		
4.07	×	4.07	6.22	3	6.25				308	马尚	9.27	×	9.27				7.07	3	7.10
4.17	×	4.17	6.36	3	6.39				314	涯庄	9.17	×	9.17				6.53	3	6.56
4.27	10	4.37	6.50	10	7.00				320	周村	8.57	10	9.07				6.32	10	6.42

(续表)

1号车 1—3等车厢			3号车 1—3等车厢			5号车 1—3等车厢			千米	站点	2号车 1—3等车厢			4号车 1—3等车厢			6号车 1—3等车厢		
到达时间	停车时间	出发时间	到达时间	停车时间	出发时间	到达时间	停车时间	出发时间			到达时间	停车时间	出发时间	到达时间	停车时间	出发时间	到达时间	停车时间	出发时间
5.14	×	5.14				7.37	1	7.38	335	大临池	8.20	×	8.20				5.54	1	5.55
5.33	1	5.34				7.57	5	8.02	343	王村	8.00	1	8.01				5.30	5	5.35
5.51	10	6.01				8.19	10	8.29	349	普集	7.33	10	7.43				5.03	10	5.13
6.29	1	6.30				8.57	5	9.02	361	明水	7.04	1	7.05				4.30	5	4.35
6.47	×	6.47				9.19	1	9.20	367	枣园庄	6.47	×	6.47				4.12	1	4.13
7.14	20	7.34				9.47	25	10.12	378	龙山	6.00	20	6.20				3.20	25	3.45
7.48	×	7.48				10.26	1	10.27	384	十里堡	5.46	×	5.46				3.05	1	3.06
8.02	2	8.04				10.41	5	10.46	389	郭店	5.30	2	5.32				2.46	5	2.51
8.23	×	8.23				11.05	1	11.06	397	王舍人庄	5.11	×	5.11				2.26	1	2.27
8.35	×	8.35				11.18	3	11.21	401	八涧堡	4.59	×	4.59				2.11	3	2.14
8.48	5	8.53				11.34	5	11.39	406	济南东	4.41	5	4.46				1.53	5	1.58
9.02	1	9.03				11.48	1	11.49	409	济南西北	4.31	1	4.32				1.43	1	1.44
9.12						11.58			412	济南西			4.22				1.34		

晚上6点到早上5点59分的时间段通过在分钟数字下面画线表示。意思是，火车根据需要停车。

Amtsblatt
für das
Deutsche Kiautschou-Gebiet.

青島官報

Herausgegeben vom Kaiserlichen Gouvernement Kiautschou.

Der Bezugspreis beträgt jährlich $ 0,60 = M 1,20.
Bestellungen nehmen sämtliche deutsche Postanstalten entgegen.

Jahrgang 5. Nr. 11. Tsingtau, den 19. März 1904.

Bekanntmachung für Seefahrer.

I.

In das Leuchtfeuer von Ju nui san ist für das Einlaufen der Schiffe in den grossen Hafen ein Festlichtsektor von 5° Breite eingebaut. Dieser Sektor, zwischen den rechtweisenden Richtungen S 1° O und S 4° W gelegen, führt eben westlich frei von der Westboje des Hufeisenriffs; vom östlichen Schenkel des Sektors bis zur Verdunkelungsgrenze ist das Feuer einblitzig.

II.

Auf dem Hufeisenriff ist in
36° 4′ 36,5″ Nord-Breite und
120° 17′ 4,8″ Ost-Länge
ein Leuchtturm errichtet.

Das Feuer ist ein weisses unterbrochenes Feuer (Feuer 5 Sekunden, Verdunkelung 1 Sekunde Dauer). Zwischen den Peilungen S 43° O bis S 23° O rechtweisend zeigt dasselbe rotes Licht; dieses dient als Quermarke für den nach der Einfahrt zum grossen Hafen führenden Festlichtsektor des Leuchtfeuers Ju nui san. Schiffe, welche in den grossen Hafen einlaufen sollen, steuern, nachdem Ju nui san gerundet ist, zunächst in den festen Sektor des Feuers; dann in diesem sich haltend bis das rote Feuer der Hufeisenriffs an Steuerbord gesichtet wird und hierauf mit Steuerbord Ruder in der noch zu errichtenden Leitfeuerlinie in den grossen Hafen.

Die Höhe des Leuchtfeuers auf dem Hufeisenriff über mittlerem Hochwasser beträgt 12,20 m, die ganze Höhe des Turmes 13,60 m.

Das Feuer ist überall in der innern Bucht sichtbar, der Turm ist rund mit weissen und grünen Horizontalstreifen versehen und trägt in weissen Buchstaben die Bezeichnung H. R.

III.

Anstelle des alten roten Laternenfeuers ist auf der Arkona-Insel (Südreede von Tsingtau) in
36° 3′ 12,4″ Nord-Breite und
120° 18′ 49,4″ Ost-Länge
ebenfalls ein Leuchtturm errichtet.

Das Feuer ist ein rotes unterbrochenes Feuer (Feuer 5 Sekunden, Verdunkelung 1 Sekunde Dauer). Das Feuer ist bei dunkeler Nacht und klarem Wetter 4 Seemeilen weit sichtbar.

Die Höhe des Feuers über mittlerem Hochwasser beträgt 27,90 m, die ganze Höhe des Turmes über dem Erdboden 12,50 m. Der Turm hat eine runde Gestalt und ist aus grauem Granit erbaut.

IV.

Die, die Fahrwassergrenze im Norden des Ts'angk'ou-Tiefs in
36° 10′ 4″ Nord-Breite und
120° 19′ 40″ Ost Länge
bezeichnende Boje D/D ist abgeändert: dieselbe ist von jetzt ab eine schwarze Bakentonne ohne Aufschrift mit Kugeltopzeichen.

V.

Die Hafeneinfahrt zum grossen Hafen ist durch 4 Bojen gekennzeichnet. Zwei rote Spierentonnen liegen an der Steuerbordseite und zwei schwarze Spitztonnen an der Backbordseite

54. Amtsblatt—青島官報 19. März 1904.

der Fahrwasserrinne. Die Bezeichnung ist von Aussen nach Innen an Steuerbord: $\frac{H.E.}{1}$ und $\frac{H.E.}{3}$ und an Backbord: $\frac{H.E.}{2}$ und $\frac{H.E.}{4}$. Die geographische Lage der Bojen ist folgende:

$\frac{H.E.}{1} = 36°\ 5'\ 3''$ Nord-Breite und $120°\ 17'\ 24''$ Ost-Länge;

$\frac{H.E.}{3} = 36°\ 5'\ 12''$ Nord-Breite und $120°\ 17'\ 54''$ Ost-Länge;

$\frac{H.E.}{2} = 36°\ 5'\ 15''$ Nord-Breite und $120°\ 17'\ 18''$ Ost-Länge;

$\frac{H.E.}{4} = 36°\ 5'\ 21''$ Nord-Breite und $120°\ 17'\ 51''$ Ost-Länge.

VI.

Im Falle des Nichtausliegens der Nordflach-Heultonne bezw. Nichtfunktionierens derselben werden von der Ihishuk aus Nebelknallsignale in Pausen von 10 Minuten gefeuert. Wird von der Huk aus das Nebelsignal eines Schiffes gehört, so werden die Signale in Pausen von 5 Minuten so lange abgegeben, bis das Schiff die Station passiert hat.

Tsingtau, den 12. März 1904.

Kaiserliches Hafenamt.

Im hiesigen Handelsregister ist heute in Abteilung A Nr. 40 die Firma

„ Max Grill "

eingetragen, deren alleiniger Inhaber der Kaufmann Max Grill in Tsingtau ist.

Tsingtau, den 14. März 1904.

Kaiserliches Gericht von Kiautschou.

Bekanntmachung.

Als gestohlen angemeldete Gegenstände:
Ein Taschen Revolver, Kaliber 7 mm, geladen, im schwarzen Lederfutteral. 1 Dtz. weisse und blaue Taschentücher W. B. gezeichnet.
Beschlagnahmte Gegenstände (angeblich gestohlen):
Ein Cigarrenetui aus schwarzem Leder mit Nickelbügel, Monogramm T. B., ein rotbraunes Juchten Portemonai, weisse Taschentücher gez. J. M., ein silbernes Cigarrenetui mit Monogramm T. H.

Tsingtau, den 16. März 1904.

Kaiserliches Polizeiamt.

白　告

啓者茲據報彼竊及調押各物分別列左
計日黑皮套七迷厘米達小輪銃一根裝有彈
帶藍白兩色布手巾十二條織有外國字樣
又謂押各物
黑皮烟夾一個上有外國字樣
紫皮錢夾一個
白布手巾數條織有外國字樣
銀料烟夾一個上有外國字樣
以上各物切勿輕買如見亦宜送著即調押
各物亦准具領此佈

德一千九百四年三月十六日

青島巡捕衙門啓

19. März 1904.   Amtsblatt—青島官報   55.

Mitteilungen.

Nachdem die neue Telegraphenlinie Peking — Kiachta - Irkutsk eröffnet ist, wird ein Teil der Telegramme nach Europa auf diesem Wege befördert. Telegramme, welche den südlichen Weg gehen sollen, müssen die Bezeichnung „ via Eastern Extension" tragen. Die über Russland zu leitenden Telegramme müssen mit „ via Kiachta " bezeichnet sein. Telegramme, welche ohne Angabe eines Leitweges eingeliefert werden, erhalten zur Hälfte über Kiachta, zur Hälfte über Hongkong Beförderung. Die Taxen bleiben bei den europäischen Ländern ausser Russland für beide Wege dieselben; für Telegramme nach Russland „ via Kiachta " werden nur 1 Dollar 35 Cents für das Wort erhoben.

Die Russische Telegraphenverwaltung macht ferner bekannt, dass Privattelegramme in geheimer Sprache nach Kwangtung, der Mandschurei, den Transbaikalprovinzen und dem Amurgebiet nicht mehr zugelassen werden.

* * *

Die Schantung - Eisenbahn ist vom 15. März d. Js. ab bis Bahnhof Tsinanfu - Ost dem öffentlichen Verkehr übergeben worden.

* * *

Der Techniker Eissner ist laut telegraphischer Mitteilung des Reichsmarineamts zum Garnisonbauassistenten ernannt.

* * *

Die beiden auf Mole 1 gelegenen, sowie der in nächster Zeit neuzuerbauende Lagerschuppen erhalten, vom Molenkopf ab gerechnet, die Bezeichnung: A. B. C.

Meteorologische Beobachtungen.

Datum. März	Barometer (m'm) reduz. auf 0º C., Seehöhe 24,30 m			Temperatur (Centigrade).								Dunstspannung in mm				Relat. Feuchtigkeit in Prozenten		
				trock. Therm.			feucht. Therm.											
	7 Vm	2 Nm	9 Nm	7 Vm	2 Nm	9 Nm	7 Vm	2 Nm	9 Nm	Min.	Max.	7 Vm	2 Nm	9 Nm	7 Vm	2 Nm	9 Nm
10	763,4	760,4	763,0	4,0	6,9	6,2	3,5	5,1	2,7	2,8	7,3	5,6	5,5	3,5	92	74	49
11	66,9	67,5	69,7	2,1	5,9	2,4	-0,1	2,4	0,9	1,6	8,2	3,4	3,4	4,0	64	49	74
12	68,8	67,8	68,5	0,5	4,4	2,1	-1,3	0,9	0,0	-1,1	8,2	3,2	2,8	3,3	68	45	62
13	69,4	69,7	70,6	1,3	6,0	3,3	-0,1	3,1	1,3	0,5	5,5	3,9	4,0	3,9	75	57	66
14	72,8	72,1	72,2	1,5	4,9	2,0	0,3	1,6	0,0	1,4	6,2	4,0	3,2	3,4	78	49	64
15	72,5	71,1	71,1	2,0	5,9	3,5	0,7	3,4	2,2	1,1	5,7	4,1	4,4	4,6	77	63	78
16	69,6	68,2	67,9	4,1	7,7	5,9	3,3	5,8	3,3	2,4	6,1	5,3	5,8	4,3	87	73	62

Datum. März	Wind Richtung & Stärke nach Beaufort (0—12)			Bewölkung						Niederschläge in mm		
				7 Vm		2 Nm		9 Nm				
	7 Vm	2 Nm	9 Nm	Grad	Form	Grad	Form	Grad	Form	7 Vm	9 Nm	9 Nm / 7 Vm
10	SSO 3	S 5	N 4	8	Cir-cu	2	Cir-str	8	Cum			
11	NO 3	SO 3	OSO 2	6	Cir-cu	9	Cir-cu					
12	0 1	OSO 3	S 2	5	Cir-str	8	Cir-cu					
13	0 1	SO 2	SSO 2									
14	ON 0	OSO 4	0 3	7	Cir-cu							
15	OSO 1	S 3	SO 2	8	Cir-cu	3	Cir-cu					
16	0 1	SSO 2	0 3	10	Cum	8	Cir-cum					

Schiffsverkehr

in der Zeit vom 11. — 16. März 1904.

Ange-kommen am	Name	Kapitän	Flagge	von	Abgefahren am	nach
(22.2.)	D. Abessinia	Filler	Deutsch	Singapore	14.3.	Kobe
(29.2.)	D. Andalusia	Schmidt	"	Kobe	12.3.	Hongkong
11.3.	D. Gouv. Jaeschke	Vogel	"	Schanghai	"	Schanghai
12.3.	D. Knivsberg	Kayser	"	Tschifu	"	"
"	D. Heinrich Menzell	Ott	"	Hongkong		
14.3.	D. Tsintau	Hansen	"	Schanghai	15.3.	Tschifu

Druck der Missionsdrukerei, Tsingtau.

第五年　第十一号

1904年3月19日

给海员的告白

1.

在游内山灯塔内为进入大港的船只设立了一处5度的扇形固定灯光，位于冲向南方偏东1度与南方偏西4度之间，它在西面从马蹄礁的西部浮标处无障碍穿过，该扇形灯光的东边线直到变暗的边缘处，灯光均为单闪。

2.

在马蹄礁上设立了一个灯塔①，方位为北纬36度4分36.5秒和东经120度17分4.8秒，灯塔的灯光为白色不间断灯光（灯光持续时间为5秒，之后会有1秒钟的变暗）。在冲向南方偏东43.0度和南方偏东23.0度方向之间，灯塔放出红光，用作游内山灯塔指向大港入口固定扇形灯光的横向标志。驶入大港的船只在行驶经过游内山之后，需要先进入信号灯的扇形固定区域，停留在那里，直到在右船舷处看到马蹄礁的红色灯光，接着在右船舷划桨，在仍然需要设立的引导灯线路进入大港。

马蹄礁上面的灯塔高度为平均高潮水位以上12.20米，灯塔的整体高度为13.60米。

在内湾各处均可看到灯塔信号灯，灯塔为圆形，有白色和绿色的水平条纹，并用白色字母标记了名称H.R.。

3.

同样在阿克纳岛（青岛的南部停锚地）上设立了一座灯塔，替代老的红色灯笼信号灯，方位为北纬36度3分12.4秒，东经120度18分49.4秒。

信号灯为红色不间断信号（信号持续时间为5秒，变暗的持续时间为1秒）。信号灯在深夜和晴天时的可视距离为4海里。

信号灯的高度为平均高潮水位以上27.90米，灯塔的整体高度为地面以上12.50米。灯塔为圆形构造，用灰色花岗石建造。

---

① 译者注：即马蹄礁灯塔，位于青岛港小港口门西侧，因礁石呈马蹄形，故名马蹄礁。

4.

标记沧口深水区以北的水道边界的浮标 D/D 现已修正,方位为北纬 36 度 10 分 4 秒和东经 120 度 19 分 40 秒。从现在开始,该浮标为黑色,上面没有写字,带有球顶标志。

5.

大港入口已经用 4 个浮标标记。在水道海沟的右船舷侧为两个红色渔夫浮标,左船舷侧为两个尖头浮标。右船舷侧从外向内的标记为:H. E. /1 和 H. E. /3,左船舷侧从外向内的标记为:H. E. /2 和 H. E. /4。各个浮标的地理方位如下:

H. E. /1=北纬 36 度 5 分 3 秒和东经 120 度 17 分 24 秒。
H. E. /3=北纬 36 度 5 分 12 秒和东经 120 度 17 分 54 秒。
H. E. /2=北纬 36 度 5 分 15 秒和东经 120 度 17 分 18 秒。
H. E. /4=北纬 36 度 5 分 21 秒和东经 120 度 17 分 51 秒。

6.

如果北部浅滩的发声浮标没有布设或者不起作用时,将从伊尔蒂斯角向外发出间隔为 10 分钟的浓雾信号。如果从该海角听到了船只的浓雾信号,则会发出间隔为 5 分钟的信号,直到船只通过该站点为止。

青岛,1904 年 3 月 12 日
皇家船政局

今天在本地商业登记 A 部第 40 号登记了公司"马克斯·吉利"[①],其唯一所有者为青岛的商人马克斯·吉利。

青岛,1904 年 3 月 14 日
胶澳皇家审判厅

告 白

启者:兹将据报彼(被)窃及调押各物分别列左:

带有黑皮套七迷厘米达小轮枪一根,装有弹子;蓝白两色布手巾十二条,织有外国字样。

调押各物:

黑皮烟夹一个,上有外国字样;紫皮钱夹一个;白布手巾数条,织有外国字样;银料烟夹一个,上有外国字样。

---

① 译者注:该公司中文行名为"吉利洋行"。

以上各物切勿轻买，如见亦宜送署，即调押各物亦准具领。此布。

德一千九百四年三月十六日
青岛巡捕衙门启

消息

在北京启用了恰克图－伊尔库茨克新电报线之后，一部分发往欧洲的电报将通过这一线路传递。所有走南部线路的电报，必须标注"via Eastern Extension"[①]字样。经过俄国传递的电报必须标注"via Kiachta"[②]字样。如果电报未标注传递途径，其中一半会经过恰克图，另一半经过香港传送。除俄国之外的欧洲国家的电报，经这两条线路传递的费用一样，而"经过恰克图"向俄国传送的电报，收费仅为每单词1元35分。

此外，俄国电报管理部门还宣布，不再允许用秘密语言向关东、满洲里、泛贝加尔湖省份以及阿穆尔河[③]地区发送私人电报。

从今年3月15日起，向山东铁路公司交付济南府铁路东站，用于公共交通。

根据帝国海军部的电报消息，工程师埃斯纳被任命为军队建造助理。

位于1号码头的两座仓库大棚，以及将于最近新建造的仓库大棚，将从码头头部开始计数，依次以A、B、C等字母命名。

船运

1904年3月11日—16日期间

到达日	轮船船名	船长	挂旗国籍	出发港	出发日	到达港
（2月22日）	阿比西尼亚号	费勒尔	德国	新加坡	3月14日	神户
（2月29日）	安达卢西亚号	施密特	德国	神户	3月12日	香港
3月11日	叶世克总督号	福格尔	德国	上海	3月12日	上海
3月12日	柯尼夫斯堡号	凯瑟	德国	芝罘	3月12日	上海
3月12日	门泽尔号	奥特	德国	香港		
3月14日	青岛号	韩森	德国	上海	3月15日	芝罘

---

① 译者注：Eastern Extension 意思为东方线路，是一家英国电报公司的名称，全称为 The Eastern Extension Australia China Telegraph Company Ltd.，即澳大利亚亚洲－中国东方线路电报有限责任公司。

② 译者注：意思为经过恰克图传送。恰克图是清代中俄边境上的重要商埠，1728年，清政府与俄国签订《恰克图条约》，划定两国以此为界，恰克图老城归俄国。

③ 译者注：即中国黑龙江。

Amtsblatt
für das
Deutsche Kiautschou-Gebiet.

青島官報

Herausgegeben vom Kaiserlichen Gouvernement Kiautschou.

Der Bezugspreis beträgt jährlich $ 0,60 = M 1,20.
Bestellungen nehmen sämtliche deutsche Postanstalten entgegen.

Jahrgang 5. Nr. 12. Tsingtau, den 26. März 1904.

Verordnungen und Bekanntmachungen.

Bekanntmachung.

Ungefähr Mitte April d. Js. werden an der Zufahrtsstrasse zur Mole I am grossen Hafen Plätze zur Errichtung provisorischer Lagerschuppen fertiggestellt sein.

Anträge auf Pacht sind an das Gouvernement zu richten, wo auch die näheren Bedingungen eingesehen werden können.

Tsingtau, den 24. März 1904.

Kaiserliches Gouvernement.

Bekanntmachung.

Auf der Halbinsel bei Sau tschu tan wird Land zur Errichtung von Lagerschuppen für Petroleum verkauft und verpachtet.

Anträge sind an das Gouvernement zu richten.

Tsingtau, den 24. März 1904.

Kaiserliches Gouvernement.

大德欽命總督膠澳文武事宜大臣都 為

出示曉諭租地事照得大碼頭一號隄岸路旁暫蓋棧房地基約於西歷四月中旬可以劃安出租如有願租者屆時稟報本署亦可來署閱看租地則例仰各遵照特諭

告示

德一千九百四年三月二十四日

右諭通知

大德欽命總督文武事宜大臣都 為

出示招買招租事照得掃帚灘西北海邊嘴子地基本署現挺出賣出租修蓋火油棧房如有欲買欲租者即行報明本署核辦可也仰各遵照切切特諭

告示

大德一千九百四年三月二十四日

右諭通知

58. Amtsblatt—青島官報 26. März 1904.

Bekanntmachung.

Auf Grund der Verordnung vom 13. März 1899 ist der

Bankdirektor Max Homann

zum Vertreter der Zivilgemeinde ernannt worden.

Von den im Handelsregister eingetragenen, nichtchinesischen Firmen ist der

Kaufmann Albert Pfeiffer

und von den Eigentümern der im Grundbuche eingetragenen, steuerpflichtigen Grundstücke der

Kaufmann Conrad Miss

zum Vertreter der Zivilgemeinde gewählt worden.

Tsingtau, den 25. März 1904.

Der Kaiserliche Gouverneur

J. V.

Jacobson.

Amtliche Anzeigen.

Aufgebot.

Es wird hiermit bekannt gemacht, dass

Christian Köster, seines Standes Marine-Intendantur Sekretär, geboren zu Neumünster in Holstein, 33 Jahre alt, wohnhaft in Tsingtau, Sohn des zu Neumünster verstorbenen Färbereibesitzers Christian Köster und seiner in Neumünster wohnhaften Ehefrau Margarethe, geborenen Alstra,

und

Emma Köster, geboren zu Neumünster, 24 Jahre alt, wohnhaft zu Bordesholm in Holstein, Tochter des Rentiers Eduard Köster und seiner Ehefrau Jenny, geborenen Möller, beide wohnhaft zu Bordesholm,

beabsichtigen, sich mit einander zu verheiraten und diese Ehe in Gemässheit des Reichsgesetzes vom 4. Mai 1870 bei dem Kaiserlichen Generalkonsulate in Schanghai abzuschliessen.

Tsingtau, den 22. März 1904.

Der Kaiserliche Standesbeamte.

Günther.

Aufgebot.

Es wird hiermit bekannt gemacht, dass

Bernhard Peters, seines Standes Regierungsrat a. D., geboren zu Vorbrake in Oldenburg, 40 Jahre alt, wohnhaft in Tsingtau, Sohn des zu Rodenkirchen in Oldenburg verstorbenen Pastors Wilhelm Peters und seiner in Bremne wohnhaften Ehefrau Johanna, geborenen Töllner,

und

Johanna Hollenberg, geboren auf Gut Rottland im Rheinland, 31 Jahre alt, wohnhaft in Tsingtau, Tochter des Gutsbesitzers Johann Hollenberg und seiner Ehefrau Alwine, geborenen Steiniger, beide zu Waldbroel im Rheinlan dverstorben,

beabsichtigen, sich mit einander zu verheiraten und diese Ehe in Gemässheit des Reichsgesetzes vom 4. Mai 1870 bei dem Kaiserlichen Generalkonsulate in Schanghai abzuschliessen.

Tsingtau, den 22. März 1904.

Der Kaiserliche Standesbeamte.

Günther.

26. März 1904. Amtsblatt—膠州官報 59.

Mitteilungen.

Dem Oberleutnant z. S. Buchholz ist der Königliche Kronenorden IV. Kl. verliehen worden.

Sonnen-Auf-und Untergang für Monat April 1904.

Dt.	Mittelostchinesische Zeit des			
	wahren	scheinbaren	wahren	scheinbaren
	Sonnen-Aufgangs.		Sonnen-Untergangs.	
1.	5 U. 50.6 M.	5 U. 45.5 M.	6 U. 15.6 M.	6 U. 20.7 M.
2.	49.1	44.0	16.4	21.5
3.	47.6	42.5	17.2	22.3
4.	46.2	41.1	18.0	23.1
5.	44.8	39.7	18.9	24.0
6.	43.4	38.3	19.8	24.9
7.	42.1	37.0	20.5	25.6
8.	40.8	35.7	21.2	26.3
9.	39.6	34.5	21.9	27.0
10.	38.4	33.3	22.6	27.6
11.	37.2	32.1	23.2	28.3
12.	35.9	30.8	24.0	29.1
13.	34.6	29.5	24.8	29.9
14.	33.2	28.1	25.6	30.7
15.	31.9	26.8	26.4	31.5
16.	30.5	25.4	27.3	32.4
17.	29.1	24.0	28.1	33.2
18.	27.7	22.6	29.0	34.1
19.	26.3	21.2	29.9	35.0
20.	25.0	19.9	30.8	35.9
21.	23.7	18.6	31.7	36.8
22.	22.3	17.2	32.6	37.7
23.	21.0	15.9	33.5	38.6
24.	19.7	14.6	34.4	39.5
25.	18.4	13.3	35.3	40.4
26.	17.1	12.0	36.3	41.4
27.	16.0	10.9	37.2	42.3
28.	14.9	9.8	38.0	43.1
29.	13.8	8.7	38.8	43.9
30.	12.7	7.6	39.6	44.7

Schiffsverkehr

in der Zeit vom 17. — 24. März 1904.

Ange-kommen am	Name	Kapitän	Flagge	von	Abgefah-ren am	nach
(25.2.)	D. Emma	Ziegenmeyer	Deutsch	Moij	19.3.	Kobe
(„)	S. Olivier de Clisson	Suepir	Französisch	New-york	24.3.	New-Caledonia
17.3.	D. Vorwärts	Sohnemann	Deutsch	Tschifu	17.3.	Schanghai
19.3.	D. Gouv. Jaeschke	Vogel	„	Schanghai	21.3.	„
21.3.	D. Knivsberg	Kayser	„	„	22.3.	Tschifu
„	D. Pei ping	Saggart	Chinesisch	Tschifu		
23.3.	D. Tsintau	Hansen	Deutsch	„	23.3.	Schanghai

Meteorologische Beobachtungen.

Datum. März	Barometer (m m) reduz. auf 0° C., Seehöhe 24,30 m			Temperatur (Centigrade).								Dunstspannung in mm			Relat. Feuchtigkeit in Prozenten		
				trock. Therm.			feucht. Therm.										
	7 Vm	2 Nm	9 Nm	7 Vm	2 Nm	9 Nm	7 Vm	2 Nm	9 Nm	Min.	Max.	7 Vm	2 Nm	9 Nm	7 Vm	2 Nm	9 Nm
17	768,0	766,7	767,6	1,3	6,8	4,9	0,1	3,8	3,6	1,3	8,5	3,9	4,2	5,1	78	57	79
18	67,0	66,0	68,2	2,3	5,5	1,3	1,1	3,0	0,3	1,3	9,0	4,3	4,2	4,1	79	62	82
19	69,6	67,9	69,8	-0,3	6,7	1,1	-1,5	1,8	0,2	-1,8	7,1	3,5	2,3	4,1	78	31	83
20	70,2	67,8	67,7	-1,7	4,9	2,2	-2,7	1,5	0,2	-3,1	7,2	3,2	3,1	3,5	80	48	65
21	67,5	65,8	66,7	0,2	8,1	2,5	-2,3	3,1	-0,5	-1,7	5,2	2,6	2,7	2,8	55	34	52
22	65,5	63,4	62,6	3,9	7,7	5,9	2,0	5,3	4,9	1,7	8,6	4,2	5,2	5,9	69	67	86
23	61,0	57,0	57,7	6,4	7,5	6,9	5,2	6,2	6,2	4,0	8,4	5,9	6,3	6,7	83	82	90

Datum März	Wind Richtung & Stärke nach Beaufort (0—12)			Bewölkung						Niederschläge in mm		
				7 Vm		2 Nm		9 Nm				9 Nm
	7 Vm	2 Nm	9 Nm	Grad	Form	Grad	Form	Grad	Form	7 Vm	9 Nm	7 Vm
17	NNO 1	SSO 1	S 1	8	Cum-str	10	Cum	9	Cum			
18	NW 8	NW 6	NW 5	8	Cum-str	7	Str					
19	NNW 1	NW 4	N 6			1	Cum					
20	NW 2	S 3	W 2			1	Cum					
21	W 1	WNW 4	NNO 3			1	Cir-cum					
22	SO 2	SSO 4	OSO 4			3	Cum	6	Cum			
23	SSO 2	SSO 5	SSO 2	10	Cum-str	10	Cum-ni	6	Cum			

26. März 1904. Amtsblatt—膠州官報

Hochwassertabelle für den Monat April 1904.

Datum	Tsingtau - Hauptbrücke		Grosser Hafen, Mole I.		Nükuk'ou.	
	Vormittags	Nachmittags	Vormittags	Nachmittags	Vormittags	Nachmittags
1.	5 U. 10 M.	5 U. 32 M.	5 U. 40 M.	6 U. 02 M.	6 U. 10 M.	6 U. 32 M.
2.	5 „ 54 „	6 „ 15 „	6 „ 24 „	6 „ 45 „	6 „ 54 „	7 „ 15 „
3.	6 „ 35 „	6 „ 55 „	7 „ 05 „	7 „ 25 „	7 „ 35 „	7 „ 55 „
4.	7 „ 16 „	7 „ 36 „	7 „ 46 „	8 „ 06 „	8 „ 16 „	8 „ 36 „
5.	7 „ 56 „	8 „ 16 „	8 „ 26 „	8 „ 46 „	8 „ 56 „	9 „ 16 „
6.	8 „ 36 „	8 „ 57 „	9 „ 06 „	9 „ 27 „	9 „ 36 „	9 „ 57 „
7.	9 „ 19 „	9 „ 45 „ ◐	9 „ 49 „	10 „ 15 „	10 „ 19 „	10 „ 45 „
8.	10 „ 11 „	10 „ 46 „	10 „ 41 „	11 „ 16 „	11 „ 11 „	11 „ 46 „
9.	11 „ 21 „	11 „ 59 „	11 „ 51 „			0 „ 21 „
10.		0 „ 38 „	0 „ 29 „	1 „ 08 „	0 „ 59 „	1 „ 38 „
11.	1 „ 13 „	1 „ 48 „	1 „ 43 „	2 „ 18 „	2 „ 13 „	2 „ 48 „
12.	2 „ 15 „	2 „ 42 „	2 „ 45 „	3 „ 12 „	3 „ 15 „	3 „ 42 „
13.	3 „ 04 „	3 „ 24 „	3 „ 24 „	3 „ 56 „	4 „ 04 „	4 „ 26 „
14.	3 „ 45 „	4 „ 03 „ ●	4 „ 15 „	4 „ 33 „	4 „ 45 „	5 „ 03 „
15.	4 „ 21 „	4 „ 38 „ ●	4 „ 51 „	5 „ 08 „	5 „ 21 „	5 „ 38 „
16.	4 „ 56 „	5 „ 13 „	5 „ 26 „	5 „ 43 „	5 „ 56 „	6 „ 13 „
17.	5 „ 31 „	5 „ 49 „	6 „ 01 „	6 „ 19 „	6 „ 31 „	6 „ 49 „
18.	6 „ 07 „	6 „ 26 „	6 „ 37 „	6 „ 56 „	7 „ 07 „	7 „ 26 „
19.	6 „ 45 „	7 „ 05 „	7 „ 15 „	7 „ 35 „	7 „ 45 „	8 „ 05 „
20.	7 „ 26 „	7 „ 48 „	7 „ 56 „	8 „ 18 „	8 „ 26 „	8 „ 48 „
21.	8 „ 12 „	8 „ 35 „	8 „ 42 „	9 „ 05 „	9 „ 12 „	9 „ 35 „
22.	9 „ 02 „	9 „ 30 „	9 „ 32 „	10 „ 00 „	10 „ 02 „	10 „ 30 „
23.	10 „ 01 „ ◑	10 „ 33 „	10 „ 31 „	11 „ 03 „	11 „ 01 „	11 „ 33 „
24.	11 „ 09 „	11 „ 46 „	11 „ 39 „			0 „ 09 „
25.		0 „ 24 „	0 „ 16 „	0 „ 54 „	0 „ 46 „	1 „ 24 „
26.	1 „ 02 „	1 „ 37 „	1 „ 32 „	2 „ 07 „	2 „ 02 „	2 „ 37 „
27.	2 „ 11 „	2 „ 40 „	2 „ 41 „	3 „ 10 „	3 „ 11 „	3 „ 40 „
28.	3 „ 09 „	3 „ 24 „	3 „ 39 „	4 „ 04 „	4 „ 09 „	4 „ 34 „
29.	3 „ 59 „	4 „ 23 „ ○	4 „ 29 „	4 „ 53 „	5 „ 59 „	5 „ 23 „
30.	4 „ 46 „	5 „ 09 „	5 „ 16 „	5 „ 39 „	5 „ 46 „	6 „ 09 „

1) ○ = Vollmond; 2) ◐ = Letztes Viertel; 3) ● = Neumond; 4) ◑ = Erstes Viertel.

Anmerkung: In T'a pu t'ou tritt das Hochwasser 10 Minuten früher als in Nükuk'ou auf.

Drukc der Missionsdrukerei, Tsingtau.

第五年　第十二号

1904 年 3 月 26 日

法令与告白

大德钦命总督胶澳文武事宜大臣都　为

出示晓谕租地事：照得大码头一号堤岸路旁暂盖栈房地基，约于西历四月中旬可以划妥出租。如有愿租者，屈（届）时禀报本署，亦可来署阅看租地则例。仰各遵照。特谕。

右谕通知

德一千九百四年三月二十四日　告示

大德钦命总督文武事宜大臣都　为

出示招买招租事：照得扫帚滩①西北海边嘴子地基，本署现拟出卖、出租修盖火油栈房，如有欲买、欲租者，即行报明本署核办可也。仰各遵照。切切特谕。

右谕通知

大德一千九百四年三月二十四日　告示

告白

根据 1899 年 3 月 13 日公布的命令，银行经理马克斯·何曼被任命为民政区代表。

从在商业登记中登记的非华人公司中选举商人阿尔伯特·普菲佛，以及从在地籍册中登记的有纳税义务的地块中选举商人康拉德·米斯为民政区代表。

青岛，1904 年 3 月 25 日

代理皇家总督

雅各布森

---

① 译者注：即青岛内界 9 个村庄之一，位于今华阳路、内蒙古路一带。

官方通告

结婚公告

克里斯蒂安·科斯特,职业为海军军需部秘书,出生于荷尔斯泰因的新明斯特,现年33岁,居住地为青岛,是在新明斯特去世的印染厂厂主克里斯蒂安·科斯特与现居于新明斯特、出生于阿尔斯特拉的妻子马加雷特的儿子。

爱玛·科斯特,出生于新明斯特,现年24岁,居住地为荷尔斯泰因的伯德斯霍尔姆,是年金收入人爱德华·科斯特和出生时姓穆勒的妻子珍妮的女儿,二人均居住于伯德斯霍尔姆。

谨此宣布二人结婚,此婚约按照1870年5月4日颁布的法律规定,在上海皇家总领事馆缔结。

青岛,1904年3月22日
皇家户籍官
贡特

结婚公告

贝恩哈德·彼得斯,职业为退休行政专员,出生于奥尔登堡的福布拉克,现年40岁,居住地为青岛,是在在奥尔登堡的罗登基尔辛去世的教士威廉·彼得斯与现居于布莱姆纳、出生时姓托尔纳的妻子约翰娜的儿子。

约翰娜·霍伦贝尔格,出生于莱茵兰的古特罗特兰,现年31岁,居住地为青岛,是房屋所有人约翰·霍伦贝尔格和出生时姓施坦尼格的妻子阿尔韦纳的女儿,该夫妇均去世于莱茵兰的瓦尔德布罗尔。

谨此宣布二人结婚,此婚约按照1870年5月4日颁布的法律规定,在上海皇家总领事馆缔结。

青岛,1904年3月22日
皇家户籍官
贡特

消息

海军中尉布赫霍尔茨被授予四等王家皇冠勋章。

船运

1904年3月17日—24日期间

到达日	轮船船名	船长	挂旗国籍	出发港	出发日	到达港
（2月25日）	艾玛号	齐根迈耶尔	德国	门司	3月19日	神户
（2月25日）	奥利维耶号	苏尔皮	法国	纽约	3月24日	新喀里多尼亚
3月17日	前进号	索纳曼	德国	芝罘	3月17日	上海
3月19日	叶世克总督号	福格尔	德国	上海	3月21日	上海
3月21日	柯尼夫斯堡号	凯瑟	德国	上海	3月22日	芝罘
3月21日	北平号	萨迦特	中国	芝罘		
3月23日	青岛号	韩森	德国	芝罘	3月23日	上海

Amtsblatt
für das
Deutsche Kiautschou-Gebiet.

青島官報

Herausgegeben vom Kaiserlichen Gouvernement Kiautschou.

Der Bezugspreis beträgt jährlich $ 0,60 = M 1,20.
Bestellungen nehmen sämtliche deutsche Postanstalten entgegen.

Jahrgang 5.   Nr. 13.   Tsingtau, den 2. April 1904.

Verordnungen und Bekanntmachungen.

Meldung Militärpflichtiger
und
Ableistung der Wehrpflicht bei der Besatzung des Kiautschougebiets.

Gemäss § 106,7 der Wehrordnung hat das Gouvernement die Kontrolle über die im Schutzgebiete befindlichen Wehrpflichtigen auszuüben.

Die Meldepflicht der Wehrpflichtigen beginnt mit der Militärpflicht, d. i. in demjenigen Kalenderjahre, in welchem der Betreffende 20 Jahre alt wird. Diese Anmeldungen finden bestimmungsgemäss in der Zeit vom 15. Januar bis 1. Februar statt und zwar bei der Ortsbehörde desjenigen Ortes, an welchem der Militärpflichtige seinen dauernden Wohnsitz hat. Liegt dieser Ort im Auslande, so erfolgt die Meldung am Geburtsort, und wenn auch dieser Ort im Auslande liegt, am letzten Wohnsitz der Eltern oder Familienhäupter im Deutschen Reichsgebiete. Der Anmeldung ist ein Geburtszeugnis beizufügen.

Um den hier befindlichen Militärpflichtigen diese Anmeldung zu vereinfachen, wird die Meldestelle für Militärdienst des Gouvernements diese Anmeldung im Laufe des Monats Oktober des dem ersten Jahre der Militärpflicht vorangehenden behufs Uebermittelung an die zuständige heimische Behörde entgegennehmen.

Die in der Kolonie sich aufhaltenden Militärpflichtigen können durch das Gouvernement die Zurückstellung von der Aushebung bis zu ihrem dritten Militärpflichtjahre erlangen; ferner führt das Gouvernement auf Ansuchen von Militärpflichtigen die endgültige Entscheidung über ihre Militärpflicht herbei.

Auf die pünktliche Erfüllung der Militärpflichten wird besonders hingewiesen, um einer zwangsweisen Anhaltung hierzu durch die Behörden vorzubeugen.

Hierbei wird erneut in Erinnerung gebracht, dass den in der Kolonie, sowie im Auslande sich aufhaltenden Militärpflichtigen die Vergünstigung gewährt wird, ihre gesetzlich vorgeschriebene aktive Dienstpflicht als Ein- bezw. Dreijährig = Freiwillige bei den Besatzungstruppen des Kiautschou-Gebiets abzuleisten. Den freiwillig Eintretenden steht die Wahl des Truppenteils frei.

Diejenigen, welche bei der Marineinfanterie oder Marinefeldbatterie eingestellt zu werden wünschen, haben ihr Gesuch an das Kommando des III. Seebataillons, diejenigen, welche bei der Matrosenartillerie (Küstenartillerie) zu dienen wünschen, an das Kommando der Matrosenartillerieabteilung und diejenigen, welche als Matrose, Heizer u. s. w. eingestellt zu werden wünschen, an das Gouvernement zu richten.

Dem Gesuche um Einstellung sind beizufügen:
ein selbstgeschriebener Lebenslauf,
die im Besitz befindlichen Ausweispapiere, (Geburtsschein, Loosungsschein, Reisepass pp.) und

von den ausserhalb der Kolonie Wohnenden möglichst ein ärztliches Zeugnis über die Diensttauglichkeit.

Die Einstellungen erfolgen in der Regel am 1. Oktober und 1. April, ausser diesen Zeiten nur ausnahmsweise. Ausserhalb der Kolonie Wohnende können, wenn sie bereits von dem genannten Kommando einen Annahmeschein besitzen, für die Reise nach Tsingtau und für die Rückreise nach beendeter Dienstpflicht oder Uebung-vorausgesetzt, dass freier Platz vorhanden ist- Ablösungstransportdampfer der Marine und der Ostasiatischen Besatzungsbrigade benutzen, auch wenn unter Umständen der Schiffsreederei die Kosten für ihre Verpflegung zu vergüten sind. In diesem Falle müssen sie aber den Betrag bei der Aufnahme auf dem Dampfer erlegen. Die Sätze betragen zur Zeit

für Fahrgäste I. Klasse . . . . 5.00 M.,
„ „ II. „ . . . . 3,00 M.,
„ „ III. „ . . . . 1,50 M.,
täglich.

Personen des Beurlaubtenstandes des Heeres und der Marine können nach Massgabe der verfügbaren Mittel die gesetzlichen Uebungen bei den Truppenteilen der Besatzung des Kiautschou-Gebiets ableisten. Diesbezügliche Anträge sind unter Beifügung der Militärpapiere an das Gouvernement zu richten.

Alle Personen des Beurlaubtenstandes des Heeres und der Marine (Reserve, Land- und Seewehr, Ersatzreserve), welche sich länger als 3 Monate im Kiautschou-Gebiete aufzuhalten gedenken, haben sich innerhalb 4 Wochen nach ihrem Eintreffen in Tsingtau beim Gouvernement anzumelden und vor ihrem Weggange aus der Kolonie abzumelden.

Auf Grund vorgekommener Fälle wird unter Hinweis auf die in den Militär- pp. Pässen enthaltenen Bestimmungen über Auslandsurlaub an die rechtzeitige Beantragung der Verlängerung desselben aufmerksam gemacht. Diesbezügliche Gesuche werden auf Antrag vom Gouvernement vermittelt.

Das Geschäftszimmer, an welches sich die Militärpflichtigen und Personen des Beurlaubtenstandes zu wenden haben, hat die Bezeichnung „Meldestelle für Militärdienst" und befindet sich im Yamen. Dienststunden für Meldungen sind von 9 Uhr morgens bis 1 Uhr mittags und von 3 bis 5 ½ Uhr nachmittags.

Tsingtau, den 26. März 1904.

Gouvernement Kiautschou.

Meldestelle für Militärdienst.

Bekanntmachung.

Am heutigen Tage ist bei den deutschen Postagenturen in Kiautschou und Kaumi der **Telegraphenbetrieb** eröffnet worden.

Die Telegrammgebühren betragen 10 Cents für das Wort.

Gleichzeitig sind in Tsingtau, Kiautschou und Kaumi öffentliche **Fernsprechstellen** in Wirksamkeit getreten.

Für ein Gespräch bis zur Dauer von 3 Minuten werden zwischen Tsingtau und Kiautschou 50 Cents, zwischen Tsingtau und Kaumi 1 $, zwischen Kiautschou und Kaumi 25 Cents erhoben.

Tsingtau, den 1. April 1904.

Kaiserlich deutsches Postamt.

Henniger.

Amtliche Anzeigen.

Jm hiesigen Handelsregister ist heute in Abteilung A. Nr. 41 die Firma

„Otto Linke"

eingetragen worden.

Alleiniger Jnhaber ist der Kaufmann Otto Linke in Tsingtau.

Tsingtau, den 26. März 1904.

Kaiserliches Gericht von Kiautschou.

Bekanntmachung.

Gemäss §. 7 der Verordnung betreffend die provisorische Errichtung eines chinesischen Kommittees (Amtsblatt 1902 Seite 59) wird hiermit die Abrechnung über die Fonds des Kommittees für das Jahr 1903 bekanntgegeben:

Einnahmen (Abgaben der Hausbesitzer und Stiftungen) 1089,20 $
Ausgaben (Instandhaltung des Tempels und Besoldungen) 810,78 „
Bestand 278,42 „

Tsingtau, den 26. März 1904.

Der Kommissar für chinesische Angelegenheiten.

Bekanntmachung.

Am 6. und 7. April d. Js. wird von dem 1. Bataillon des 1. Ostasiatischen Infanterie-Regiments in dem Gelände bei Syfang ein gefechtsmässiges Schiessen abgehalten.

An diesen beiden Tagen ist von 9 Uhr vormittags bis 1 Uhr nachmittags die Strasse Syfang - Schui tsch'ing kou für den öffentlichen Verkehr gesperrt, sowie das Betreten des Geländes innerhalb der Dörfer Syfang, Hu tau tsy, Ku schan, Schui tsch'ing kou, Ta schan und Hsiau tsun tschuang verboten.

Tsingtau, den 26. März 1904.

Der Zivilkommissar.

Bekanntmachung für Seefahrer.

Am Orte eines, auf dem Handelsschiff-Ankerplatze auf der Aussenrhede von Tsingtau, in 6, 5 m Tiefe gesunkenen, mit Eisenbahnschienen beladenen Leichters liegt bis zur Hebung desselben eine grüne Tonne mit Trommeltoppzeichen, welche in weissen Buchstaben die Aufschrift „Wrack" trägt.

Tsingtau, den 30. März 1904.

Kaiserliches Hafenamt.

66. Amtsblatt—青島官報 2. April 1904.

Mitteilungen.

Der Kurs bei der Gouvernementskasse beträgt vom 27. März d. Js. ab: 1 $ = 1,94 M. und vom 31. März d. Js. ab: 1 $ = 1,88 M.

*   *   *

Der Ablösungs—Transportdampfer für das Kreuzergeschwader „Main" trifft Mitte Juni hier ein.

*   *   *

Der Kaiserliche Generalkonsul Dr. Knappe hat am 22. März d. Js. die Geschäfte des Generalkonsulates in Schanghai wieder übernommen.

*   *   *

Mit der Führung der Geschäfte des Kaiserlichen Konsulates in Amoy ist der Kaufmann B. Hempel anstelle des Kaiserlichen Konsuls Dr. Merz einstweilen betraut worden.

*   *   *

Der Ablösungsdampfer „Silvia" wird am 17. April d. Js. in Tsingtau eintreffen und den Hafen am 29. desselben Monats wieder verlassen.

*   *   *

Vom 1. April d. Js. ab betragen die Wortgebühren für Telegramme nach

Europa (ausser Russland) $ 2,50
Russland (via Eastern)   „ 2,50
      (via Kiachta)   „ 1,35
San Francisco   „ 2,50
New York   „ 2,75
Oregon   „ 2,60
Japan   „ -,96
Port Arthur, Dalny, Wladiwostok
      (via Kiachta)   „ 1,—
Korea: Fusan, Soeul und Chemulpo   „ 1,61
 „ andere Stationen   „ 1.76
Hongkong   „ 0,71

Über die Gebühren nach anderen Orten erteilt das Kaiserliche Postamt (Telegramm-Annahme) Auskunft.

Schiffsverkehr

in der Zeit vom 24. — 31. März 1904.

Angekommen am	Name	Kapitän	Flagge	von	Abgefahren am	nach
(21.3.04)	D. Pai Ping	Saggart	Chinesisch	Tschifu	24.3.	Schanghai
25.3.04	D. Vorwärts	Sohneman	Deutsch	Schanghai	26.3.	„
28.3.04	D. Lien Shing	Andersen	Englisch	„	28.3.	Tschifu
29.3.04	D. Eldorado	Smith	„	„	30.3.	Niutschuang
„	D. Tsintau	Hansen	Deutsch	„	29.3.	Tschifu
30.3.04	D. Knivsberg	Kayser	„	Tschifu	30.3.	Schanghai
„	D. Aktiv	Olsen	Norwegisch	„		
31.3.04	D. Saxonia	Brehmer	Deutsch	Kobe		

2. April 1904. Amtsblatt—青島官報 67.

Meteorologische Beobachtungen.

Da-tum. März	Barometer (mm) reduz. auf 0º C., Seehöhe 24,30 m			Temperatur (Centigrade).								Dunst-spannung in mm			Relat. Feuchtigkeit in Prozenten		
				trock. Therm.			feucht. Therm.										
	7 Vm	2 Nm	9 Nm	7 Vm	2 Nm	9 Nm	7 Vm	2 Nm	9 Nm	Min.	Max.	7 Vm	2 Nm	9 Nm	7 Vm	2 Nm	9 Nm
24	761,0	761,0	761,0	3,2	8,1	5,7	2,6	5,8	5,4	3,0	8,3	5,2	5,6	5,6	90	68	82
25	61,5	60,8	61,3	6,3	8,7	5,9	4,1	5,9	4,7	3,1	11,2	4,8	5,3	5,7	68	63	83
26	60,1	60,3	61,1	6,7	7,0	6,0	2,3	4,1	3,8	5,3	9,9	2,8	4,4	4,7	38	59	67
27	70,9	59,7	60,9	5,4	8,7	5,4	4,5	6,7	4,8	5,0	9,0	5,8	6,1	6,1	86	73	91
28	62,2	61,9	63,7	6,5	10,7	7,7	5,8	8,4	6,4	5,0	8,9	6,5	6,7	6,4	90	71	82
29	64,0	62,1	65,1	7,5	11,8	7,3	6,7	9,3	6,0	6,7	12,7	6,9	7,2	6,2	89	71	82
30	67,2	65,9	66,7	2,7	11,9	6,6	1,9	6,2	3,1	2,4	14,5	4,8	3,7	3,6	85	35	50

Da-tum. März	Wind Richtung & Stärke nach Beaufort (0—12)			Bewölkung						Niederschläge in mm	
				7 Vm		2 Nm		9 Nm			9 Nm
	7 Vm	2 Nm	9 Nm	Grad	Form	Grad	Form	Grad	Form	7Vm	9Nm	7+Vm
24	N W 4	N W 2	SSW 1	10	Cum-ni	9	Cir-cu	9	Cum		
25	SSO 1	S O 2	OSO 1	8	Cir-cu	9	Cir-str	4	Cir-cu		
26	S 5	OSO 4	O 2	6	Str.	10	Cum	10	Cum-str		
27	SSO 1	S O 3	S O 2	10	Cum	7	Cir-cu				
28	S 2	S 2	S O 3	4	„	8	Cum-ni	6	Cum-str		
29	SSO 2	SSO 4	WNW 4	6	„	10	Cum	5	Cum-str	2,2	2,2
30	WNW 4	N 3	NNO 2	5	„						

Druck der Missionsdruckerei, Tsingtau.

第五年 第十三号

1904年4月2日

法令与告白

义务服兵役人员报到以及在胶澳殖民地占领军中服兵役

根据《军队法》第106.7条的规定，总督府须对身处保护地的义务服兵役人员实施管辖。

义务服兵役人员的报到义务始于军事义务，即在相关人员20岁那一日历年同一年内。根据规定，这个报到时间为1月15日到2月1日，报到地为服兵役人员常居地的当地政府。如果此地位于国外，则报到地为出生地，包括这个地方位于国外、在德意志帝国区域的其父母或者户主的最后居住地这三种情况。报到时须附带出生证明。

为了简化身处本地的义务服兵役人员的报到程序，总督府服兵役的报到地在服兵役人员第一年的10月内将向其家乡部门的转发该报到。

在殖民地停留的军事义务人员可以通过总督府获得从征召指导兵役第三年的延期，此外，由总督府在征召军事义务人员时做出对于军事义务的最终决定。

为了准时执行军事义务，在此特别提示，以避免出现被官方强制执行的情况。

在此再次提醒停留在殖民地以及国外的军事义务人员，可以通过在胶澳殖民地占领军担任一年或三年的志愿兵来简化其法律规定的当期服役义务。志愿加入人员可以自由选择军队单位。

想加入海军陆战队或者海军野战炮队的人员，须将申请递交至第三水师营司令部；想在水兵炮队（海岸炮队）服役的人员，将申请递交至水兵炮排；想要担任水兵、锅炉工等职位的人员，向总督府递交申请。

入役申请需附带的文件：本人撰写的简历，本人的身份证件（出生证、Loosungsschein、旅行证件等），殖民地之外居住的人员须尽可能地提供一份适合服役的医生证明。

入役时间一般为10月1日或者4月1日，在这两个时间之外只能特批。在殖民地外部居住的人员如果已经收到上述司令部签发的接收证明，如果有空位，该证明也是乘坐海军和东亚占领军部队轮换运输船前往青岛，以及服役或者训练结束后的返程的前提条件；即使乘坐船运公司，也会补偿餐费。但是发生这种情况时，必须在接收时在船上支付费用。目前的费率是：

一等舱客人　5.00 马克

二等舱客人　3.00 马克

三等舱客人　1.50 马克

陆军和海军中处于休假状态的人员，可以根据现有的条件在胶澳租借地占领军的部队中进行法定的训练。这方面的申请须附带军事证件，递交至总督府。

陆军和海军的所有处于休假状态的人员（预备役，陆军和海军的战时后备军、后备兵员）如打算在胶澳租借地停留超过 3 个月的时间，须在抵达青岛后四周内向总督府报到，并在离开殖民地时注销报到。

根据已经出现的一些情况，提请注意军事证件和护照中的关于国外度假的规定并及时申请延长。该方面的申请可以申请由总督府转交。

负责服兵役人员以及处于休假状态的人员相关事宜的办公室名称为"兵役报到处"，位于衙门内。报到工作的工作时间为上午 9 点至中午 1 点，下午 3 点至 5 点 30 分。

青岛，1904 年 3 月 26 日

总督府

兵役报到处

告白

今天，在胶州和高密的德国邮政代办所内，电报服务正式开通。

电报费为每单词 10 分。

同时，在青岛、胶州和高密的公共电话使用点也一并生效。

持续时间在 3 分钟以内的通话费用，青岛与胶州之间收费 50 分，青岛与高密之间收费 1 元，胶州和高密之间收费 25 分。

青岛，1904 年 4 月 1 日

皇家德国邮政局

海尼格

官方通告

今天，在本地商业登记 A 部第 41 号登记的公司"奥托·凌基"已登记入下列事项：

独立所有人为青岛的商人奥托·凌基。

青岛，1904 年 3 月 26 日

胶澳皇家审判厅

大德钦命管理中华事宜辅政司单　为

晓谕周知事：案查西历一千九百二年四月十五日所订《商务公局章程》第七款内载，每届中华年节，该局必须开一出入经费总单呈查符否，本署即将此单登入官报示众等语历办在案。兹该公局已遵，将西一千九百三年分共收洋一千零八十九元二角，除支一切经费共洋八百十元七角八分外，实应存洋二百七十八元四角二分缮具总单到署。为此合亟登报，仰各知照。特谕。

右谕通知

大德一千九百四年四月日堂　告示

大德辅政司崀　为

出示晓谕事：照得西历四月初六、初七即中二月二十一、二十二两日，早自九点钟起至午后一点钟止，四方营盘兵丁在于四方一带地方操演阵式。所有四方至水清沟路上禁人往来行走，即四方湖岛子、孤山①、水清沟、大山、小村庄附近之处。屈（届）时，亦不准人任便行动，致不测遭。仰各凛遵，幸勿尝试。特谕。

右谕通知

大德一千九百四年三月二十六日　告示

对海员的告白

一艘在青岛商船下锚地外侧沉没入 6.5 米深、装载有火车铁轨的驳船，在打捞前都会放置一个绿色浮标，上部为鼓形标志，并带有白色字母拼写的"沉船"字样。

青岛，1904 年 3 月 30 日

皇家船政局

消息

总督府财务处在今年 3 月 27 日起的汇率为：1 元 = 1.94 马克，从今年 3 月 31 日起的汇率为：1 元 = 1.88 马克。

---

① 译者注：位于湖岛东侧、四方村北面，山脚下有孤山村，现为孤山社区。

巡洋舰队的部队轮换船"美因"号将于6月中旬抵达本地。

皇家总领事科纳佩博士在今年3月22日再次接管上海总领事馆的领导职务。

商人B.赫姆佩尔在此期间被授权代替皇家领事梅尔茨博士,领导厦门的皇家领事馆工作。

部队轮换轮船"西尔维亚"号将于今年4月17日抵达青岛,并于当月29日再次离开。

从今年4月1日起,电报的每单词收费为:

欧洲(除俄国外)	2.50元
俄国(经东方转接)	2.50元
俄国(经恰克图转接)	1.35元
旧金山	2.50元
纽约	2.75元
俄勒冈	2.60元
日本	0.96元
旅顺、大连、符拉迪沃斯托克(经恰克图)	1.00元
朝鲜:釜山、汉城、济物浦	1.61元
朝鲜:其他站点	1.76元
香港	0.71元

皇家邮政局(电报接收处)提供发往其他地点收费的情况。

船运

1904年3月24日—31日期间

到达日	轮船船名	船长	挂旗国籍	出发港	出发日	到达港
(1904年3月21日)	北平号	萨迦特	中国	芝罘	3月24日	上海
1904年3月25日	前进号	索纳曼	德国	上海	3月26日	上海
1904年3月28日	联兴号	安德森	英国	上海	3月28日	芝罘
1904年3月29日	黄金岛号	史密斯	英国	上海	3月30日	牛庄
1904年3月29日	青岛号	韩森	德国	上海	3月29日	芝罘
1904年3月30日	柯尼夫斯堡号	凯瑟	德国	芝罘	3月30日	上海
1904年3月30日	活跃号	奥尔森	挪威	芝罘		
1904年3月31日	萨克森号	布雷默	德国	神户		

Amtsblatt
für das
Deutsche Kiautschou-Gebiet.

青島官報

Herausgegeben vom Kaiserlichen Gouvernement Kiautschou.

Der Bezugspreis beträgt jährlich $ 0,60 = M 1,20.
Bestellungen nehmen sämtliche deutsche Postanstalten entgegen.

Jahrgang 5. Nr. 14. Tsingtau, den 9. April 1904.

Verordnungen und Bekanntmachungen.

Bekanntmachung.

Von jetzt ab erfolgt die Bekanntgabe der Postschlüsse nicht mehr allgemein durch Fernsprecher, sondern lediglich durch **Flaggensignale** auf der Signalstation und dem Postgebäude, sowie durch besondere **Benachrichtigungszettel**.

Für die Flaggensignale sind rote und blaue Wimpel vorgesehen. Es bedeuten:

1 roter Wimpel: Postschluss nach Norden im Laufe des Vormittags,
2 rote Wimpel: Postschluss nach Norden im Laufe des Nachmittags,
1 blauer Wimpel: Postschluss nach Süden im Laufe des Vormittags,
2 blaue Wimpel: Postschluss nach Süden im Laufe des Nachmittags.

Auf der Signalstation bleiben die Wimpel 2 Stunden, in der Regel von 8—10 Uhr vormittags, wehen, auf dem Posthause bis zum Eintritt des Postschlusses bezw. bis Sonnenuntergang.

Die **Stunde** des **Postschlusses** wird mittels besonderer Benachrichtigungszettel veröffentlicht, welche an folgenden Stellen ausgehängt werden: am Yamen, am Posthause, am Hotel Kiautschou, bei Kröbel & Co., Schwarzkopf & Co., der Hamburg-Amerika-Linie, im Hotel Prinz Heinrich und bei Ho Sing Kee & Co. in Tapautau. Ausserdem erfolgt nach Möglichkeit eine Bekanntgabe durch die Extrablätter, welche die Abfahrt der Dampfer ankündigen.

Tsingtau, den 8. April 1904.

Kaiserlich Deutsches Postamt.
Henniger.

Bekanntmachung.

In Tsinanfu ist ein deutsches Postamt eröffnet worden.

Tsinanfu, den 1. April 1904.

Kaiserlich Deutsches Postamt.
Holzapfel.

Amtliche Anzeigen.

Aufgebot.

Es wird hiermit bekannt gemacht, dass
Julius Wilhelm **Paul Richter**, seines Standes Restaurateur, geboren zu Bernburg in Anhalt, 28 Jahre alt, wohnhaft in Tsingtau, Sohn des Schuhmachermeisters Friedrich Richter und seiner Ehefrau Friederike, geborenen Rühmann, beide in Bernburg wohnhaft,

und

Bertha Wilhelmine **Else Bojack**, geboren zu Egeln, Kreis Wanzleben, 17 Jahre alt, wohnhaft zu Bernburg, Tochter des in Aken an der Elbe verstorbenen Werkführers Wilhelm Bojack und seiner in Egeln verstorbenen Ehefrau Wilhelmine, geborenen Richter, beabsichtigen, sich mit einander zu verheiraten und diese Ehe in Gemässheit des Reichsgesetzes vom 4. Mai 1870 vor dem unterzeichneten Standesbeamten abzuschliessen.

Tsingtau, den 2. April 1904.

Der Kaiserliche Standesbeamte.

Günther.

Bekanntmachung.

Der russische Geschwaderchef hat folgenden Befehl erlassen:

„Jedes Kriegs-oder Handelsschiff, welches in der Gegend kriegerischer Operationen bei Nacht ohne Feuer, bei Tage ohne Nationalflagge betroffen wird und die Flagge trotz Aufforderung durch Schuss nicht heisst, wird als feindlich betrachtet und versenkt werden."

Tsingtau, den 4. April 1904.

Kaiserliches Gouvernement.

Bekanntmachung.

Otto Aschbrenner hat ein Gesuch um Erlaubnis zum Betriebe einer Gastwirtschaft in einem neu zu errichtenden Gebäude in der Nähe des Tempels in Syfang eingereicht.

Einwendungen im Sinne der Gouvernementsbekanntmachung vom 10. Oktober 1899 sind bis zum 25. d. Mts. an die unterzeichnete Behörde zu richten.

Tsingtau, den 2. April 1904.

Kaiserliches Polizeiamt.

Bekanntmachung.

Die Germania-Brauerei, Tsingtau, Inhaberin The Anglo-German Brewery Company, Limited, hat ein Gesuch um Uebertragung der Erlaubnis zum Betriebe einer Gastwirtschaft auf ihren Namen für das bisher von Sietas, Plambeck & Co. in Tai tung tschen innegehabte Lokal eingereicht.

Einwendungen im Sinne der Gouvernementsbekanntmachung vom 10. Oktober 1899 sind bis zum 25. d. Mts. an die unterzeichnete Behörde zu richten.

Tsingtau, den 7. April 1904.

Kaiserliches Polizeiamt.

In der Strafsache gegen den Ziegelmeister Viktor Schmidt, früher in Ts'ang k'ou wohnhaft, jetzt unbekannten Aufenthalts, wegen Beleidigung, wird der Angeklagte aufgefordert, bis zum 16. April d. Js. sich dem Gericht persönlich zu stellen oder schriftlich seinen jetzigen Wohnort anzuzeigen.

Tsingtau, den 7. April 1904.

Kaiserliches Gericht von Kiautschou.

Mitteilungen.

Der Kurs bei der Gouvernementskasse beträgt vom 6. d. Mts. ab: 1 $ = 1,86 M.

*
* *

Die Strecke Tschangtien-Tsetschuan der Schantung Eisenbahn ist am 5. April d. Js. eröffnet worden.

9. April 1904.   Amtsblatt—青島官報   71.

ÜBERSICHT
über den Stand des Vermögens der Kaisers-Geburtstagsstiftung am Schlusse des Rechnungsjahres 1903.

Einnahme.	$	₵	Ausgabe.	$	₵
Vortrag laut Abschluss vom 31. 3. 1903	3431	08	Bekanntmachungskosten	22	55
Besondere Zuwendung	2	—	Gewährte Unterstützungsdarlehne 200 und 800 $	1000	—
Kaisers Geburtstags-Beiträge 1904	544	81	Saldo für 1904	3106	47
Zinsen von 525,— $	26	25			
„ „ 826,88 $	41	34			
„ „ 1575,— $	78	75			
„ Konto Kurrent I	2	69			
„ „ „ II	2	10			
SUMME	4129	02	SUMME	4129	02

Erläuterung des Saldo für 1904:

1) Guthaben bei der Deutsch-Asiatischen Bank

a. Depositum zu 5 % Dep. Sch. Nr. 2573	868	22
b. „ „ 5 % „ „ „ 2647	1000	—
c. „ „ 5 % „ „ „ 2721	551	25
b. Konto Kurrent laut Passbuch	686	—
2) baar im Bestande	1	—
SUMME	3106	47

Geprüft und richtig befunden.

Tsingtau, den 1. April 1904.   Tsingtau, den 7. April 1904.
Der Kassenwart   **Der Schriftführer**
   Köster.   Günther.

Vorstehende Übersicht wird gemäss § 4 der Statuten der Kaisers-Geburtstagsstiftung bekannt gegeben.

Am 11. April, 12 Uhr mittags, findet im Sitzungssaale des Yamens eine Versammlung der Zeichner der Kaisers-Geburtstagsstiftung statt. Zweck der Versammlung: Entlastung des Kassenwarts, Neuwahl von Vorstandsmitgliedern.

Tsingtau, den 7. April 1904.
Der Kaiserliche Gouverneur.
Truppel.

Meteorologische Beobachtungen.

Da-tum. März	Barometer (mm) reduz. auf 0° C., Seehöhe 24,30 m			Temperatur (Centigrade).								Dunst-spannung in mm			Relat. Feuchtigkeit in Prozenten		
				trock. Therm.			feucht. Therm.										
	7 Vm	2 Nm	9 Nm	7 Vm	2 Nm	9 Nm	7 Vm	2 Nm	9 Nm	Min.	Max.	7 Vm	2 Nm	9 Nm	7 Vm	2 Nm	9 Nm
31	766,6	765,7	764,9	5,7	8,9	5,7	4,1	5,7	4,3	2,7	13,0	5,2	4,9	5,4	76	58	79
Apl. 1	63,1	61,1	61,9	6,3	9,3	6,7	5,5	7,5	6,1	5,7	9,5	6,3	6,7	6,7	88	76	91
2	62,7	63,4	64,0	3,1	9,4	6,0	2,8	6,9	4,5	2,3	9,5	5,4	5,9	5,4	95	67	78
3	62,7	61,2	61,4	5,9	8,1	6,1	3,7	6,5	5,1	3,4	11,4	4,7	6,3	6,0	68	78	86
4	61,3	59,9	59,5	6,7	9,6	6,7	4,9	7,2	5,8	3,7	8,4	5,4	6,1	6,4	74	69	87
5	59,9	59,9	60,8	7,6	10,6	7,7	7,0	9,0	7,1	6,4	9,7	7,1	7,6	7,2	91	80	91
6	61,4	60,7	59,8	8,1	11,9	9,0	7,5	9,1	7,5	7,2	11,2	7,4	6,9	6,9	92	67	80

Da-tum. März	Wind Richtung & Stärke nach Beaufort (0—12)			Bewölkung						Niederschläge in mm		
				7 Vm		2 Nm		9 Nm				9 Nm / 7 Vm
	7 Vm	2 Nm	9 Nm	Grad	Form	Grad	Form	Grad	Form	7 Vm	9 Nm	
31	S 1	SSO 4	SSO 3	1	Cum	—	—	3	Cum-str			
Apl. 1	SSO 4	SSO 4	SSO 2	10	Cum	6	Cir-str	2	Cum-str			
2	NNW 2	SSO 3	S O 2	5	Cir-cum	8	Cir-str	3	Cum			
3	SSO 1	OSO 4	O 2	10	Cum	10	Cum	4	Cum			
4	SSO 1	SSO 3	S O 2	6	Cir-cum	4	Cir-cum	3	Cum			
5	SSO 2	S O 4	S O 3	—	—	—	—	—	—			
6	OSO 4	OSO 6	O 4	5	Cir-str	6	Cir-str	8	Cum			

Schiffsverkehr

in der Zeit vom 31. März — 7. April 1904.

Ange-kommen am	Name	Kapitän	Flagge	von	Abgefah-ren am	nach
(30.3)	D. Aktiv	Olsen	Norwegisch	Kobe	1.4.	Kobe
(31.3.)	D. Gouv. Jaeschke	Vogel	Deutsch	Schanghai	2.4.	Schanghai
(„)	D. Saxonia	Brehmer	„	Moji	5.4.	Amoy
4.4.	D. Vorwärts	Sohnemann	„	Schanghai	„	Tschifu
5.4.	D. Tsintau	Hansen	„	Tschifu	„	Schanghai

Druck der Missionsdruckerei, Tsingtau.

第五年　第十四号

1904年4月9日

法令与告白

大德邮政局　为

晓谕事：照得每逢船期限定寄信时刻，本局皆用德律风①报明历经照办。兹拟定：嗣后每逢船只出口之日，在于挂旗山并本局楼顶悬升旗帜，并另出传单。此项旗号有红、蓝两色之分，如上午开往北洋可寄信时，则挂红旗一面；下午开往北洋可寄信时，则挂红旗两面；如上午开往南洋可寄信时，则挂蓝旗一面；下午开往南洋可寄信时，则挂蓝旗两面。此项旗号在挂旗山，每挂两点钟之久，常时早届八点钟起至十点钟止。至本局楼顶之旗，则直挂至截收信件时止，惟每当日落亦收。自期本局另行具牌示众，悬挂之处计本局、衙门、胶州饭店、立中洋行、顺和洋行、亨宝轮船公司、大饭店、何与（兴）记等处门首可阅，或另送开船时刻印单。为此仰各周知。勿误。特告。

大德一千九百四年四月初八日示

告白

在济南府新开办了一家德国邮局。

青岛，1904年4月1日
皇家德意志邮政局
霍尔茨阿普费尔

官方通告

结婚公告

尤利乌斯·威廉·保罗·里希特，职业为饭店老板，出生于安哈特的伯恩堡，现年28岁，居住地为青岛，是居住于伯恩堡的制鞋师傅弗里德里希·里希特与出生时姓吕曼的妻

---

① 译者注：即电话。

子弗里德里珂的儿子。

贝尔塔·威廉娜·埃尔莎·波亚克，出生于万茨雷本县的埃格尔恩，现年17岁，居住地为伯恩堡，是在易北河畔的阿肯去世的工头威廉·波亚克和他在埃格尔恩去世、出生时姓里希特的妻子威廉娜的女儿。

谨此宣布二人结婚，此婚约按照1870年5月4日颁布的法律规定在本登记处缔结。

青岛，1904年4月2日
皇家户籍官
贡特

告 白

俄国舰队司令发出下列命令：

"每艘处于战争行动地区的军舰或商船，如果夜间被遇到没有挂灯、白天没有挂旗，或者在鸣枪警告后仍未挂旗，将被视作敌对船只并击沉。"

青岛，1904年4月4日
皇家总督府

告 白

奥托·阿什布莱纳递交了申请，请求在位于四方海云庵附近新建造一栋建筑，以经营餐饮。

如有根据1899年10月10日总督府告白提出的异议，须在本月25日前递交至本处。

青岛，1904年4月2日
皇家巡捕房

告 白

所有者为盎格鲁-日耳曼啤酒有限责任公司的青岛日耳曼尼亚啤酒厂递交了申请，请求将由哈喇洋行拥有的位于台东镇的饭店餐饮经营许可转至啤酒厂名下。

如有根据1899年10月10日总督府告白提出的异议，须在本月25日前递交至本处。

青岛，1904年4月7日
皇家巡捕房

制砖师维克多·施密特，之前居住于沧口，现停留地不明，在侮辱他人的刑事案件中，起诉人要求他本人在今年4月16日之前亲自前往审判厅，或者书面通知现住址。

青岛，1904年4月7日

胶澳皇家审判厅

消息

总督府财务处自本月6日起的汇率为：1元＝1.86马克。

山东铁路公司的张店—淄川段已于今年4月5日开通。

概览

皇帝诞辰基金会在1903年会计年度年底财产状况

收入	元	分	支出	元	分
1903年3月31日决算后的结转	3 431	08	告白费用	22	55
特别捐赠	2	—	批准的支持贷款200元和800元	1 000	
1904年皇帝诞辰基金会会费	544	81			
525.00元的利息	26	25	1904年的余额	3 106	47
826.88元的利息	41	34			
1 575.00元的利息	78	75			
I号现账户利息	2	69			
II号现账户利息	2	10			
总计	4 129	02	总计：	4 129	02
对1904年余额的说明：					
1. 在德国银行内的存款					
a. Dep. Sch. 第2573号5％利息的存款				868	22
b. Dep. Sch. 第2647号5％利息的存款				1 000	—
c. Dep. Sch. 第2721号5％利息的存款				551	25
d. 按照护照簿的现账户				686	—
2. 现有现金				1	—
			总计：	3 106	47

经过检查，上述金额正确无误。

青岛，1904年4月1日　　　　　　　　　　　　　　青岛，1904年4月7日

出纳员　　　　　　　　　　　　　　　　　　　　书记官

科斯特　　　　　　　　　　　　　　　　　　　　贡特

根据《皇帝诞辰基金会章程》第 4 条之规定,特公开发布上述概览。

4 月 11 日中午 12 点将在衙门会议室举办皇帝基金会认捐者大会。会议目的:任免出纳员,重新选举董事会成员。

青岛,1904 年 4 月 7 日
皇家总督
都沛禄

船运

1904 年 3 月 31 日—4 月 7 日期间

到达日	轮船船名	船长	挂旗国籍	出发港	出发日	到达港
(3 月 30 日)	活跃号	奥尔森	挪威	神户	4 月 1 日	神户
(3 月 31 日)	叶世克总督号	福格尔	德国	上海	4 月 2 日	上海
(3 月 31 日)	萨克森号	布雷默	德国	门司	4 月 5 日	厦门
4 月 4 日	前进号	索纳曼	德国	上海	4 月 5 日	芝罘
4 月 5 日	青岛号	韩森	德国	芝罘	4 月 5 日	上海

Amtsblatt
für das
Deutsche Kiautschou-Gebiet.

青島官報

Herausgegeben vom Kaiserlichen Gouvernement Kiautschou.

Der Bezugspreis beträgt jährlich $ 0,60 = M 1,20.
Bestellungen nehmen sämtliche deutsche Postanstalten entgegen.

Jahrgang 5.   Nr. 15.   Tsingtau, den 15. April 1904.

Verordnungen und Bekanntmachungen.

Bekanntmachung.

Zum Aufstellen von Badehäusern am Strande der Auguste Viktoriabucht ist die Genehmigung des Gouvernements (Zivilkommissars) erforderlich. Die Genehmigung erstreckt sich nur auf das laufende Jahr.

Als Beitrag zur Deckung der Unkosten für Säuberung, Instandhaltung und Verschönerung des Strandes werden Gebühren nach folgenden Sätzen erhoben:

für ein Meter Front in der ersten Reihe   5,— $
„ „ „ „ „ „ zweiten „   3,— „
„ „ „ „ „ „ dritten „   2,— „

Die Eigentümer der schon bestehenden Badehäuser haben bis zum 7. Mai d. Js. die Genehmigung für die diesjährige Badezeit neu zu beantragen, widrigenfalls der Platz zwangsweise geräumt und anderweit vergeben werden wird.

Die Badehäuser dürfen eine Tiefe von 5 Metern nicht überschreiten.

Tsingtau, den 12. April 1904.

Der Zivilkommissar.

Amtliche Anzeigen.

Bekanntmachung.

Auf Antrag der Firma Diederichsen, Jebsen & Co. findet am Montag, den 2. Mai 1904, vormittags 11 Uhr, im Landamte die öffentliche Versteigerung einer an der Prinz Adalbertstrasse (Auguste Viktoria-Bucht) belegenen Parzelle statt. Grösse: etwa 5600 qm. Mindestpreis 0,45 $ für einen qm.

Benutzungsplan: landhausmässige Bebauung.
Bebauungsfrist: bis 31. Mai 1907.
Gesuche zum Mitbieten sind bis zum 25. April hierher zu richten.

Tsingtau, den 14. April 1904.

Kaiserliches Landamt.

Bekanntmachung.

Anstelle des wegen bevorstehender Abreise aus dem Amte als Beisitzer scheidenden Bergwerksdirektors Michaelis ist der

Kaufmann Albert Pfeiffer

in Tsingtau zum Beisitzer des Kaiserlichen Gerichts von Kiautschou für 1904 ernannt worden.

Tsingtau, den 7. April 1904.

Der Kaiserliche Oberrichter.

Bekanntmachung.

Es wird darauf hingewiesen, dass vom 1. April d. Js. ab die Steuer für das Halten von Hunden im Stadtgebiete neu zu entrichten ist.

Nach § 2 der Verordnung betreffend Hundesteuer vom 9. April 1902 (Amtsblatt 1902, Seite 43) hat die Zahlung der Steuer bei der Gouvernementskasse im Laufe des Monats April gegen Aushändigung einer Hundemarke zu erfolgen.

Tsingtau, den 8. April 1904.

Der Kaiserliche Zivilkommissar.

Bekanntmachung.

Gefundene bezw. beschlagnahmte Gegenstände:
1. Ein goldener Ring mit blauem Stein.
2. Zwei Portemonais aus gelbem bezw. schwarzem Leder.
3. Ein Messer mit Korkzieher und Perlmutterschalen.
4. Zwei Holzstämme je 3 m lang mit Nr. 1520 - 1822, 1888 und 1580.

Tsingtau, den 13. April 1904.

Kaiserliches Polizeiamt.

Bei der im Handelsregister Abteilung B Nr. 3 vermerkten Aktiengesellschaft

„Deutsch-Asiatische Bank"

ist folgendes eingetragen worden:

Kaufmann Theodor Rehm in Schanghai ist als Vorstandsmitglied gelöscht und als stellvertretendes Vorstandsmitglied eingetragen.

Die bisherigen Vorstandsmitglieder Ernst Jaupp und Dr. Endemann, sowie das stellvertretende Vorstandsmitglied Karl Rump sind aus der Verwaltung der Bank ausgeschieden.

Als Prokuristen sind eingetragen worden: Rudolf Willkomm in Hankau, Paul Tegeler in Berlin, Ernst Mirow in Berlin, Adolph Köhn und Fritz Rittmüller, beide in Schanghai.

Die Prokura des Otto Miretzky ist durch Tod erloschen, ferner sind erloschen die Prokuren des Emil Gerecke, Hugo Schottländer und Hermann Wolf.

Tsingtau, den 11. April 1904.

Kaiserliches Gericht von Kiautschou.

16. April 1904.   Amtsblatt—青島官報   75.

Mitteilungen.

Dolmetscher Dr. Wirtz hat am 11. April d. Js. die Geschäfte des Bezirksamtes in Litsun und Dolmetscher-Eleve Dr. Michelsen am gleichen Tage die Geschäfte des Landamtes und des Vorstandes der chinesischen Kanzlei übernommen.

* * *

Der Kaiserliche Konsul Krien hat am 28. März d. Js. nach Rückkehr vom Heimatsurlaube die Geschäfte des Konsulates in Kobe wieder übernommen.

* * *

Die Stationärgeschäfte vor Tsingtau hat am 7. d. Mts. S. M. S. „Hertha" übernommen.

Meteorologische Beobachtungen.

Datum Apl.	Barometer (in mm) reduz. auf 0° C., Seehöhe 24,30 m			Temperatur (Centigrade).								Dunstspannung in mm			Relat. Feuchtigkeit in Prozenten		
				trock. Therm.			feucht. Therm.										
	7 Vm	2 Nm	9 Nm	7 Vm	2 Nm	9 Nm	7 Vm	2 Nm	9 Nm	Min.	Max.	7 Vm	2 Nm	9 Nm	7 Vm	2 Nm	9 Nm
7	757,7	755,9	753,7	8,8	9,9	9,5	7,8	9,1	9,1	8,4	12,7	7,3	8,1	8,4	87	89	95
8	48,2	48,6	56,1	9,6	7,0	5,7	9,4	6,2	4,3	8,0	10,5	8,7	6,6	5,4	98	88	79
9	62,8	65,3	67,1	4,2	9,2	6,6	1,5	5,0	3,8	3,6	12,0	3,5	4,0	4,3	57	46	59
10	67,7	69,0	69,5	6,8	7,9	6,9	4,7	5,2	5,2	4,2	10,0	5,1	5,0	5,6	70	63	76
11	69,0	68,6	68,4	5,8	7,8	5,7	4,2	5,9	4,7	5,1	9,6	5,2	5,8	5,8	76	73	85
12	67,1	64,1	62,8	5,7	10,3	8,5	4,8	8,1	7,6	4,2	9,0	5,9	6,7	7,3	86	72	88
13	62,2	62,0	63,5	6,3	10,1	8,0	5,3	8,1	6,4	5,6	11,4	6,1	6,8	6,2	86	74	78

Datum Apl.	Wind Richtung & Stärke nach Beaufort (0—12)			Bewölkung						Niederschläge in mm		
				7 Vm		2 Nm		9 Nm				
	7 Vm	2 Nm	9 Nm	Grad	Form	Grad	Form	Grad	Form	7Vm	9Nm	9 Nm 7 Vm
7	S O 5	O S O 5	O 5	10	Cum	10	Cum-ni	10	Cum-ni		0,3	17,6
8	O S O 4	W N W 9	N W 7	10	Cum-ni	9	Cum	10	Cum	17,3	18,2	18,2
9	N W 7	W N W 5	N W 1			7	Cir-str	3	Cum			
10	O S O 1	O S O 2	O N O 1	10	Cum-str	10	Cum-ni	10	Cum			
11	O 2	O 4	O 3	9	Cu-str	8	Cir-cu	1	Str			
12	N 1	O S O 1	N W 1	3	Cir-str	9	Cir-str	10	Cu-ni			4,6
13	N 4	N W 4	N 4	10	Cum-ni	10	Cum	2	Cum-str	4,6		

Schiffsverkehr

in der Zeit vom 7. — 14. April 1904.

Angekommen am	Name	Kapitän	Flagge	von	Abgefahren am	nach
8.4.	D. Gouv. Jaeschke	Vogel	Deutsch	Schanghai	9.4.	Schanghai
11.4.	D. Knivsberg	Kayser	"	"	12.4.	Tschifu
12.4.	D. Vorwärts	Sohnemann	"	Tschifu	12.4.	Schanghai

Druck der Missionsdruckerei, Tsingtau.

第五年　第十五号

1904 年 4 月 16 日

法令与告白

告白

在奥古斯特·维多利亚湾沙滩上设立更衣室需要有总督府（民政长）的许可。该项许可的有效期仅限当年。

为了偿付因沙滩清扫、维护和美化所产生的费用，将按照下列费率收取年费：

位于第一排、正面长度为每米 5.00 元

位于第二排、正面长度为每米 3.00 元

位于第三排、正面长度为每米 2.00 元

现有更衣室的业主须在今年 5 月 7 日之前重新申请今年的游泳季许可，如有违反，则该处会被强制清除，另作安排。

更衣室的地基深度不得超过 5 米。

青岛，1904 年 4 月 12 日
民政长

官方通告

告白

应捷成洋行的申请，将于 1904 年 5 月 2 日星期一上午 11 点在地亩局公开拍卖阿达尔伯特亲王街[①]（奥古斯特·维多利亚湾）地块。

面积：大约 5 600 平方米。最低价格：每平方米 0.45 元。

利用规划：乡村别墅风格建筑。

建造期限：1907 年 5 月 31 日。

---

① 译者注：即今栖霞路。

出价申请须在 4 月 25 日前递交至本处。

青岛，1904 年 4 月 14 日
地亩局

告白

因矿业公司经理米夏埃里斯即将启程离开青岛，任命青岛的商人阿尔伯特·普菲佛为 1904 年度的胶澳皇家审判厅陪审员，接任米夏埃利斯的陪审员职位。

青岛，1904 年 4 月 7 日
皇家高等法官

大德辅政司崑　为

援案晓谕事：照得西历一千九百二年四月初九日曾经示谕，附近青岛划为内界之包岛、扫帚滩、台东镇等处畜养之狗，每只按年须纳税稞（课）洋银十元，至迟须于每西五月初一以前，应赴支应局即粮台先纳一年之税，给领准养牌一面在案。兹已届四月初旬，合亟示知，养狗之家至迟于本年西五月初一以前，各赴支应局即粮台缴纳一年之税，以免干罚。勿误。特示。

右谕通知
大德一千九百四年四月初八日　告示

启者：兹将本署搜出及送案各物列左：

金戒指一枚，镶有蓝色宝石一块；外国黄色、黑色皮钱夹各一件；刀子一把，带有开瓶钻，刀柄用蚌皮镶就；三米打①长木料两件，一列有一千五百二十又一千八百二十二等号，其一列有一千八百八十八又一千五百八十等号。

以上各物准各失主来署具领。特布。

德一千九百四年四月十三日
青岛巡捕衙门启

在本地商业登记 B 部第 3 号登记的股份公司"德华银行"已登记入下列事项：

撤销上海的商人特奥多·雷姆的董事会成员资格，将他登记为代理董事会成员。

目前的董事会成员恩斯特·尧普和恩德曼博士，以及代理董事会成员卡尔·鲁姆普，

---

① 译者注：德语 Meter，即米。

被从银行管理层中撤职。

登记的代理人有：汉口的鲁道夫·威尔考姆、柏林的保罗·特格勒、柏林的恩斯特·米洛夫，以及阿道夫·科恩和弗利茨·里特穆勒，二人均在上海。

因奥托·米勒茨基去世，他的代理权被撤销，此外，埃米尔·格莱克、胡果·硕特兰德和赫尔曼·伍尔夫的代理权也被撤销。

青岛，1904 年 4 月 11 日
胶澳皇家审判厅

消息

翻译维尔茨博士在今年 4 月 11 日接手了李村的民政署事务，见习翻译米歇尔森博士也于同日接手了地亩局以及华民处的领导职务。

皇家领事科里恩在回国度假后，于今年 3 月 28 日返回，再次接手了神户领事馆的业务。

本月 7 日，军舰"赫尔塔"号接手了青岛的驻站工作。

船运

1904 年 4 月 7 日—14 日期间

到达日	轮船船名	船长	挂旗国籍	出发港	出发日	到达港
4月8日	叶世克总督号	福格尔	德国	上海	4月9日	上海
4月11日	柯尼夫斯堡号	凯瑟	德国	上海	4月12日	芝罘
4月12日	前进号	索纳曼	德国	芝罘	4月12日	上海

Amtsblatt
für das
Deutsche Kiautschou-Gebiet.

青 島 官 報

Herausgegeben vom Kaiserlichen Gouvernement Kiautschou.

Der Bezugspreis beträgt jährlich $ 0,60 = M 1,20.
Bestellungen nehmen sämtliche deutsche Postanstalten entgegen.

| Jahrgang 5. Nr. 16. | Tsingtau, den 23. April 1904. | |

Amtliche Anzeigen.

Konkursverfahren.

Ueber das Vermögen des Gastwirts Paul Müller in Tsingtau, Inhabers des Restaurants „zur Eiche" in Tsingtau ist am 15. April 1904 der Konkurs eröffnet.

Verwalter: Rechtsanwalt und Notar Dr. Koch in Tsingtau.

Anmeldefrist bis 13. Mai 1904.

Erste Gläubigerversammlung und allgemeiner Prüfungstermin am 30. Mai 1904.

Offener Arrest und Anzeigefrist bis zum 13. Mai 1904.

Tsingtau, den 16. April 1904.

Kaiserliches Gericht von Kiautschou.

Mitteilungen.

Laut telegraphischer Nachricht des Reichs-Marine-Amts sind die Marine-Oberassistenzärzte Dr. Kautsch, Fittje und Dr. Tillmann zu überzähligen Marine-Stabsärzten und der Marine-Assistenzarzt Schulte zum überzähligen Marine-Oberassistenzarzt befördert worden.

* *

Jm Lager des Bataillons in Syfang ist ein Maultier wegen Rotzkrankheit getötet worden.

Es ist darum das Betreten des Lagerbezirks mit Pferden und Maultieren bis auf weiteres verboten.

* * *

Der Kaiserliche Konsul Dr. Merz hat am 15. d. Mts. die kommissarische Verwaltung des Konsulates in Tsinanfu übernommen.

* *

Der Hafenmeister von Niutschuang hat eine Bekanntmachung erlassen, welche den Lotsenzwang für den Hafen von Niutschuang einführt.

78. Amtsblatt—報官島青 23. April 1904.

Meteorologische Beobachtungen.

Datum Apl.	Barometer (mm) reduz. auf 0° C., Seehöhe 24,30 m			Temperatur (Centigrade).								Dunstspannung in mm			Relat. Feuchtigkeit in Prozenten		
				trock. Therm.			feucht. Therm.										
	7 Vm	2 Nm	9 Nm	7 Vm	2 Nm	9 Nm	7 Vm	2 Nm	9 Nm	Min.	Max.	7 Vm	2 Nm	9 Nm	7 Vm	2 Nm	9 Nm
14	764,3	763,2	763,2	5,2	12,7	8,0	3,9	9,7	6,1	4,8	11,1	5,3	7,2	5,9	80	66	73
15	62,0	61,4	62,8	7,8	9,1	7,0	7,2	8,5	6,5	5,2	14,4	7,2	7,9	6,9	92	92	92
16	64,4	64,4	64,5	7,0	11,4	6,7	6,5	8,5	4,9	7,0	9,6	6,9	6,6	5,4	92	65	74
17	64,8	63,0	62,4	7,5	10,1	8,2	5,1	7,5	7,1	4,6	12,1	5,1	6,2	6,9	66	67	85
18	62,6	61,9	62,5	8,9	12,1	9,4	7,9	9,2	7,8	6,7	10,9	7,4	6,9	6,9	87	66	79
19	61,6	60,6	62,4	8,0	13,5	9,7	6,8	8,9	8,1	7,8	13,9	6,7	5,7	7,1	83	50	79
20	63,3	61,9	62,4	9,9	14,5	9,7	8,3	10,3	8,5	8,0	14,4	7,1	6,8	7,5	79	55	84

Datum Apl.	Wind Richtung & Stärke nach Beaufort (0—12)			Bewölkung						Niederschläge in mm		
				7 Vm		2 Nm		9 Nm				9 Nm
	7 Vm	2 Nm	9 Nm	Grad	Form	Grad	Form	Grad	Form	7 Vm	9 Nm	7 Vm
14	N 5	S O 3	O 2	8	Cum-str	6	Cir-cum	9	Cum			3,2
15	NNW 3	O 2	O 4	10	Cum-ni	10	Cum-ni	10	Cum	3,2	1,4	1,4
16	N 1	O 2	O 4	10	Cum-ni	4	Cir-cu	1	Cum		0,2	0,2
17	Stille 0	S O 2	S S O 2	6	Str	9	Cir-cu	9	Cir-cu			
18	N O 1	N W 1	N W 3	9	Cum	9	Cum-ni	6	Cum-str		0,4	0,4
19	WNW 4	WNW 5	N W 2	9	Cum-str	4	Cir-cu	5	Cum			
20	Stille 0	S 4	S S O 2	6	Cir-cu	4	Cum-str	4	Cum			

Schiffsverkehr

in der Zeit vom 14. — 21. April 1904.

Ankunft am	Name	Kapitän	Flagge	Reg. Tonnen.	von	Abfahrt am	nach
15.4.	D. Gouv. Jaeschke	Vogel	Deutsch	1044,90	Schanghai	16.4.	Schanghai
16.4.	D. Croxdale	Jothergill	Englisch	1808,01	Colombo		
17.4.	D. Independent	Weidlich	Deutsch	908,28	Kobe	18.4.	Tschifu
„	D. Marburg	Stern	„	3887,78	Schanghai		
18.4.	D. Tsintau	Hansen	„	976,81	„	19.4.	Tschifu
„	D. Carl Menzell	Janssen	„	983,65	Hongkong		
„	D. Vorwärts	Sohnemann	„	643,25	Schanghai	20.4.	Schanghai
19.4.	D. Silvia	Jäger	„	4212,31	„		
„	D. Knivsberg	Kayser	„	645,76	Tschifu	19.4.	Schanghai

Druck der Missionsdruckerei, Tsingtau.

第五年　第十六号

1904 年 4 月 23 日

官方通告

破产程序

对"橡树饭店"所有人、青岛的饭店老板保罗·穆勒的财产已于 1904 年 4 月 15 日开启破产程序。

管理人：青岛的律师和公证人科赫博士。

报名期限为 1904 年 5 月 13 日。

第一次债权人会议以及一般性查对的日期为 1904 年 5 月 30 日。

公开查封和起诉期限为 1904 年 5 月 13 日。

青岛，1904 年 4 月 16 日
胶澳皇家审判厅

消息

根据帝国海军部的电报新闻，海军高等助理医师考池博士、菲提埃和提尔曼博士被晋升为编外海军上尉军医，海军助理医师舒尔特被晋升为编外海军高等助理医师。

海军营四方兵营①的一头骡子因腺体病被宰杀。因此，在另行通知前，禁止马匹和骡子进入该兵营区域。

皇家领事默尔茨博士于本月 15 日临时担任了济南府领事馆的领导。

牛庄港务局局长发布告白，在牛庄港实行强制性领航。

---

① 译者注：即胶澳总督府在青岛四方村区域设立的几座板房兵营，初为看护胶济铁路建筑目的，后来在四方海云庵附近建造了修车厂，这座兵营也就肩负着守卫重要基础设施及震慑当地百姓的双重任务。1901 年义和团运动之后，德军一部从青岛港撤离，临时居住在四方兵营，其中一部分后转换为德军第三海军营的轮换部队，常驻此处。1914 年日德战争时，此处兵营被德军焚毁。

船运

1904年4月14日—21日期间

到达日	轮船船名	船长	挂旗国籍	登记吨位	出发港	出发日	到达港
4月15日	叶世克总督号	福格尔	德国	1 044.90	上海	4月16日	上海
4月16日	克洛克斯戴尔号	约特基尔	英国	1 808.01	科伦坡		
4月17日	独立号	维德李希	德国	908.28	神户	4月18日	芝罘
4月17日	马尔堡号	斯特恩	德国	3 887.78	上海		
4月18日	青岛号	韩森	德国	976.81	上海	4月19日	芝罘
4月18日	卡尔·门采尔号	杨森	德国	983.65	香港		
4月18日	前进号	索纳曼	德国	643.25	上海	4月20日	上海
4月19日	西尔维亚号	耶格尔	德国	4 212.31	上海		
4月19日	柯尼夫斯堡号	凯瑟	德国	645.76	芝罘	4月19日	上海

Amtsblatt
für das
Deutsche Kiautschou-Gebiet.

青島官報

Herausgegeben vom Kaiserlichen Gouvernement Kiautschou.

Der Bezugspreis beträgt jährlich $ 0,60 = M 1,20.
Bestellungen nehmen sämtliche deutsche Postanstalten entgegen.

Jahrgang 5.　Nr. 17.　Tsingtau, den 30. April 1904.

Verordnungen und Bekanntmachungen.

Auf Grund des §. 2 des Schutzgebietsgesetzes in der Fassung vom 10. September 1900 (Reichsgesetzblatt S. 812) bestimme ich:

Dem zur Wahrnehmung richterlicher Geschäfte nach Kiautschou entsandten Marine-Kriegsgerichtsrat Rosenberger wird die Ermächtigung zur Ausübung der Gerichtsbarkeit in allen zur Zuständigkeit des Kaiserlichen Gerichts von Kiautschou gehörigen Angelegenheiten erteilt.

Berlin, den 3. März 1904.

In Vertretung des Reichskanzlers.

v. Tirpitz.

Amtliche Anzeigen.

Bekanntmachung.

Auf Antrag des Herrn Li schin en findet am Montag, den 16. Mai d. Js. vormittags 11 Uhr, im Landamte die öffentliche Versteigerung der an der Friedrichstrasse, Ecke Takustrasse, belegenen

Parzelle Kartenblatt 8 Nr. $\frac{181}{1}$ statt.

Grösse: 1925 qm. Mindestpreis: 2541,00 $.
Benutzungsplan: Wohn- und Geschäftshaus in europäischem Stile.
Bebauungsfrist: bis 31. Mai 1907.
Gesuche zum Mitbieten sind bis zum 9. Mai d. Js. hierher zu richten.

Tsingtau, den 25. April 1904.

Kaiserliches Landamt.

大德管理青島地畝局拍買地畝事今據李承恩稟稱欲買大包島鼎大沽街即亨寶斜對面地圖第八號第一百八十一塊共計一千九百二十五米打擬價洋二千五百四十一元茲定於西歷一千九百零四年五月三十六日上午十一點鐘在局拍賣五月圖期至一千九百零七年五月三十一日之後限內修盡西式房屋可以住家一日期內修盡西式房屋可以住家亦可用作商舖如有欲買者限於月初九日投票屈期同赴本局面議可也勿悞特諭

右諭通知

大德一千九百零四年四月二十五日
告示

80. Amtsblatt—青島官報 30. April 1904.

Bekanntmachung.

Die Auszahlung des Restbetrages von 2,7 % der Entschädigungsansprüche deutscher Staatsangehöriger gegen die chinesische Regierung aus Anlass der Wirren im Jahre 1900 findet vom 2. Mai d. Js. ab in Schanghai durch die Deutsch-Asiatische Bank unter Abzug von 1/5 % Provision in Markscheck auf Berlin oder nach Wahl zum Tageskaufkurse in Silber statt.

Schanghai, den 26. April 1904.
Der Kaiserliche Generalkonsul.
Dr. Knappe.

Vorstehendes Telegramm ist dem Gouvernement mit der Bitte um Bekanntmachung zugegangen.

Tsingtau, den 26. April 1904.
Kaiserliches Gouvernement.

Bekanntmachung.

Frau Sophie Kuhnle hat ein Gesuch um Uebertragung der Erlaubnis zum Betriebe einer Gastwirtschaft auf ihren Namen für das bisher von Erich Matz innegehabte Lokal „Restaurant Keglerheim" in der Tientsinstrasse in Tapautau eingereicht.

Einwendungen im Sinne der Gouvernementsbekanntmachung vom 10. Oktober 1899 sind bis zum 16. Mai d. Js. an die unterzeichnete Behörde zu richten.

Tsingtau, den 26. April 1904.

Kaiserliches Polizeiamt.

Mitteilungen.

Dem Kaufmann Konstantin Hansen ist auf Grund des § 9 des Schutzgebietsgesetzes die deutsche Reichsangehörigkeit verliehen worden.

Sonnen-Auf-und Untergang
für Monat Mai 1904.

Dt.	Mittelostchinesische Zeit des			
	wahren	scheinbaren	wahren	scheinbaren
	Sonnen-Aufgangs.		Sonnen-Untergangs.	
1.	5 U. 11.8 M.	5 U. 6.8 M.	6 U. 40.0 M.	6 U. 45.5 M.
2.	10.7	5.2	40.8	46.3
3.	9.6	4.1	41.6	47.1
4.	8.6	3.1	42.4	47.9
5.	7.6	2.1	43.3	48.8
6.	6.6	1.1	44.2	49.7
7.	5.5	0.0	45.1	50.6
8.	4.2	4 U. 59.0	46.0	51.5
9.	3.5	58.0	46.9	52.4
10.	2.5	57.0	47.8	53.3
11.	1.5	56.0	48.7	54.2
12.	0.6	55.1	49.5	55.0
13.	4 U. 59.7	54.2	50.3	55.8
14.	58.9	53.4	51.1	56.6
15.	58.1	52.6	51.9	57.4
16.	57.3	51.8	52.7	58.2
17.	56.6	51.1	53.4	58.9
18.	55.9	50.4	54.1	59.6
19.	55.3	49.8	54.8	7 U. 0.3
20.	54.7	49.2	55.5	1.0
21.	54.1	48.6	56.1	1.6
22.	53.4	47.9	56.9	2.4
23.	52.7	47.2	57.7	3.2
24.	52.0	46.5	58.6	4.1
25.	51.3	45.8	59.5	5.0
26.	50.6	45.1	7 U. 0.4	5.9
27.	50.2	44.7	1.1	6.6
28.	49.8	44.3	1.7	7.2
29.	49.4	43.9	2.3	7.8
30.	49.0	43.5	2.9	8.4
31.	48.7	43.2	3.5	9.0

30. April 1904.   Amtsblatt—青島官報   81.

Meteorologische Beobachtungen.

Datum. Apl.	Barometer (mm) reduz. auf 0º C., Seehöhe 24,30 m			Temperatur (Centigrade).									Dunstspannung in mm			Relat. Feuchtigkeit in Prozenten		
				trock. Therm.			feucht. Therm.											
	7 Vm	2 Nm	9 Nm	7 Vm	2 Nm	9 Nm	7 Vm	2 Nm	9 Nm	Min.	Max.	7 Vm	2 Nm	9 Nm	7 Vm	2 Nm	9 Nm
21	762,8	762,6	761,6	10,1	12,4	9,3	8,5	9,7	7,8	8,9	14,9	7,3	7,4	7,0	79	69	80
22	59,5	57,8	58,4	9,6	12,3	9,3	8,7	10,7	9,0	8,6	12,5	7,8	8,6	8,4	88	82	96
23	58,7	59,1	59,2	10,2	12,4	10,7	9,9	11,3	10,1	8,9	12,4	8,9	9,3	8,9	96	88	93
24	58,5	57,6	59,1	12,3	15,3	11,9	12,0	13,7	10,1	9,0	13,1	10,3	10,7	8,1	97	83	79
25	60,1	60,0	61,5	11,1	18,0	12,0	10,4	11,1	8,0	10,6	17,9	9,0	5,7	5,6	91	37	54
26	61,3	60,3	60,9	11,5	14,2	12,5	7,3	12,2	11,0	8,8	18,6	5,1	9,4	8,9	50	78	83
27	62,2	62,6	63,4	15,3	14,9	10,8	13,5	8,7	9,6	11,8	17,0	10,7	4,7	8,2	83	37	86

Datum. Apl.	Wind Richtung & Stärke nach Beaufort (0—12)			Bewölkung						Niederschläge in mm		
				7 Vm		2 Nm		9 Nm				9 Nm
	7 Vm	2 Nm	9 Nm	Grad	Form	Grad	Form	Grad	Form	7 Vm	9 Nm	7 Vm
21	S O 2	S O 3	S 4	1	Cum	5	Str	2	Cum			
22	S O 4	S O 3	O S O 2	10	Cum-ni	8	Cir-cu	10	Nebel			
23	O S O 1	S O 2	O S O 1	10	Nebel	8	Cir-cu	10	Cum-str			2,7
24	N 3	S 1	W 1	10	Cum-ni	10	Cum-str	4	Cir	2,7	0,3	0,4
25	N 2	N 3	W N W 2	10	Cum-ni	10	Cum	3	Cum-str	0,1		
26	S S O 1	S O 3	O 3			2	Cum					
27	S S O 1	O S O 7	O S O 3	4	Cir-str	7	Cir-str	4	Cir-cu			

Schiffsverkehr

in der Zeit vom 21. — 28. April 1904.

Ankunft am	Name	Kapitän	Flagge	Reg. Tonnen.	von	Abfahrt am	nach
(17.4.)	D. Marburg	Stern	Deutsch	3887,78	Schanghai	24.4.	Yokohama
(18.4.)	D. Carl Menzell	Janssen	„	983,65	Hongkong	25.4.	Niutschuang
22.4.	D. Gouv. Jaeschke	Vogel	„	1044,90	Schanghai	23.4.	Schanghai
24.4.	D. Maria	Dobbinga	Holländisch	2370,19	Rotterdam		
25.4.	D. Knivsberg	Kayser	Deutsch	645,76	Schanghai	26.4.	Tschifu
26.4.	D. Kansu	Baddeley	Englisch	1142,62	Swatow	„	Tientsin

82. Amtsblatt—青島官報 30. April 1904.

Hochwassertabelle für den Monat Mai 1904.

Datum	Tsingtau - Hauptbrücke.		Grosser Hafen, Mole I.		Nükuk'ou.	
	Vormittags	Nachmittags	Vormittags	Nachmittags	Vormittags	Nachmittags
1.	5 U. 31 M.	5 U. 52 M.	6 U. 01 M.	6 U. 22 M.	6 U. 31 M.	6 U. 52 M.
2.	6 „ 13 „	6 „ 33 „	6 „ 43 „	7 „ 03 „	7 „ 13 „	7 „ 33 „
3.	6 „ 53 „	7 „ 13 „	7 „ 23 „	7 „ 43 „	7 „ 53 „	8 „ 13 „
4.	7 „ 32 „	7 „ 52 „	8 „ 02 „	8 „ 22 „	8 „ 32 „	8 „ 52 „
5.	8 „ 12 „	8 „ 32 „	8 „ 42 „	9 „ 02 „	9 „ 12 „	9 „ 32 „
6.	8 „ 53 „	9 „ 15 „	9 „ 23 „	9 „ 45 „	9 „ 53 „	10 „ 15 „
7.	9 „ 37 „ ◐	10 „ 05 „	10 „ 07 „	10 „ 35 „	10 „ 37 „	11 „ 05 „
8.	10 „ 33 „	11 „ 06 „	11 „ 03 „	11 „ 36 „	11 „ 33 „	—
9.	11 „ 40 „	—	—	12 „ 10 „	0 „ 06 „	0 „ 40 „
10.	0 „ 15 „	0 „ 49 „	12 „ 45 „	1 „ 19 „	1 „ 15 „	1 „ 49 „
11.	1 „ 20 „	1 „ 51 „	1 „ 50 „	2 „ 21 „	2 „ 20 „	2 „ 51 „
12.	2 „ 17 „	2 „ 42 „	2 „ 47 „	3 „ 12 „	3 „ 17 „	3 „ 42 „
13.	3 „ 05 „	3 „ 28 „	3 „ 35 „	3 „ 58 „	4 „ 05 „	4 „ 23 „
14.	3 „ 49 „	4 „ 09 „	4 „ 19 „	4 „ 39 „	4 „ 49 „	5 „ 09 „
15.	4 „ 30 „ ●	4 „ 50 „	5 „ 00 „	5 „ 20 „	5 „ 30 „	5 „ 50 „
16.	5 „ 10 „	5 „ 29 „	5 „ 40 „	5 „ 59 „	6 „ 10 „	6 „ 29 „
17.	5 „ 49 „	6 „ 10 „	6 „ 19 „	6 „ 40 „	6 „ 49 „	7 „ 10 „
18.	6 „ 32 „	6 „ 54 „	7 „ 02 „	7 „ 24 „	7 „ 32 „	7 „ 54 „
19.	7 „ 16 „	7 „ 38 „	7 „ 46 „	8 „ 08 „	8 „ 16 „	8 „ 38 „
20.	8 „ 02 „	8 „ 26 „	8 „ 32 „	8 „ 56 „	9 „ 02 „	9 „ 26 „
21.	8 „ 51 „	9 „ 17 „	9 „ 21 „	9 „ 47 „	9 „ 51 „	10 „ 17 „
22.	9 „ 46 „ ◐	10 „ 16 „	10 „ 16 „	10 „ 46 „	10 „ 46 „	11 „ 16 „
23.	10 „ 49 „	11 „ 23 „	11 „ 19 „	11 „ 53 „	11 „ 49 „	—
24.	11 „ 59 „	—	—	0 „ 29 „	0 „ 23 „	0 „ 59 „
25.	0 „ 36 „	1 „ 11 „	1 „ 06 „	1 „ 41 „	1 „ 36 „	2 „ 11 „
26.	1 „ 46 „	2 „ 18 „	2 „ 16 „	2 „ 48 „	2 „ 46 „	3 „ 18 „
27.	2 „ 49 „	3 „ 16 „	3 „ 19 „	3 „ 46 „	3 „ 49 „	4 „ 16 „
28.	3 „ 42 „	4 „ 05 „	4 „ 12 „	4 „ 35 „	4 „ 42 „	5 „ 05 „
29.	4 „ 28 „ ○	4 „ 50 „	4 „ 58 „	5 „ 20 „	5 „ 28 „	5 „ 50 „
30.	5 „ 12 „	5 „ 33 „	5 „ 42 „	6 „ 03 „	6 „ 12 „	6 „ 33 „
31.	5 „ 53 „	6 „ 12 „	6 „ 23 „	6 „ 42 „	6 „ 53 „	7 „ 12 „

1) ○ = Vollmond; 2) ◐ = Letztes Viertel; 3) ● = Neumond; 4) ◑ = Erstes Viertel.

Anmerkung: In T'a pu t'ou tritt das Hochwasser 10 Minuten früher als in Nükuk'ou auf.

Drukc der Missionsdruckerei, Tsingtau.

第五年　第十七号

1904 年 4 月 30 日

法令与告白

根据 1900 年 9 月 10 日版的《保护地法》(《帝国法律报》第 812 页)第 2 条,本人决定:
授予为执行法官事务而派往胶澳的海军军事法庭参议罗森博格执行所有属于胶澳皇家审判厅事务的审判权。

柏林,1904 年 3 月 3 日
代理帝国总理
冯·提尔皮茨

官方通告

大德管理青岛地亩局　为

拍卖地亩事:今据李承恩禀称,欲买大包岛靠大沽街即亨宝斜对面地图第八号第一百八十一块,共计一千九百二十五米打,暂拟价洋二千五百四十一元。兹定于西历五月十六日上午十一点钟在局拍卖。买定之后,限至一千九百七年五月三十一日期内修盖西式房屋,可以住家,亦可用作商铺。如有欲买者,限于五月初九日投禀,屈(届)期同赴本局面议可也。勿误。特谕。

右谕通知
大德一千九百四年四月二十五日　告示

告白

对德国公民向中国政府因 1900 年的动乱而索赔需求剩余的 2.7% 金额的偿付,将于今年 5 月 2 日在上海通过德华银行办理,通过马克支票汇往柏林,也可以选择按照当日买入汇率兑换成银两,两种方式均抽取 1.5% 的佣金。

上海,1904 年 4 月 26 日
皇家总领事
科纳佩博士

总督府收到上述电报,并被要求公之于众。

青岛,1904 年 4 月 26 日
皇家总督府

告白

索菲·昆乐女士递交了申请,请求将位于大鲍岛天津街的、到目前为止由艾里希·马茨拥有的饭店"保龄球爱好者之家饭店"经营餐饮的许可转移到她的名下。

如有根据 1899 年 10 月 10 日总督府告白提出的异议,须在今年 5 月 16 日前递交至本处。

青岛,1904 年 4 月 26 日
皇家巡捕房

消息

根据《保护地法》第 9 条的规定,授予商人康斯坦丁·韩森德意志帝国国籍。

船运

1904 年 4 月 21 日—28 日期间

到达日	轮船船名	船长	挂旗国籍	登记吨位	出发港	出发日	到达港
(4 月 17 日)	马尔堡号	斯特恩	德国	3 887.78	上海	4 月 24 日	横滨
(4 月 18 日)	卡尔·门采尔号	杨森	德国	983.65	香港	4 月 25 日	牛庄
4 月 22 日	叶世克总督号	福格尔	德国	1 044.90	上海	4 月 23 日	上海
4 月 24 日	玛丽亚号	多冰佳	荷兰	2 370.19	鹿特丹		
4 月 25 日	柯尼夫斯堡号	凯瑟	德国	645.76	上海	4 月 26 日	芝罘
4 月 26 日	甘肃号	巴德利	英国	1 142.62	汕头	4 月 26 日	天津

Amtsblatt
für das
Deutsche Kiautschou-Gebiet.

青島官報

Herausgegeben vom Kaiserlichen Gouvernement Kiautschou.

Der Bezugspreis beträgt jährlich $ 0,60 = M 1,20.
Bestellungen nehmen sämtliche deutsche Postanstalten entgegen.

Jahrgang 5. │ Nr. 18. │ Tsingtau, den 7. Mai 1904.

Verordnungen und Bekanntmachungen.

Verordnung
betreffend Landübertragungen unter der chinesischen Bevölkerung in dem deutschen Kiautschougebiete.

§. 1.

Das Gouvernement wird sämtliche Grundstücke des deutschen Kiautschougebietes von den chinesischen Eigentümern gegen eine bestimmte, den Preisen vor der Besetzung des Gebietes angepasste Entschädigung käuflich erwerben. Für die Eigentumsverhältnisse ist das neu aufgestellte amtliche Steuerregister massgebend.

§. 2.

Solange der Ankauf durch das Gouvernement nicht stattgefunden hat, ist die Benutzung der Grundstücke zu anderen als den bisherigen Zwecken ohne Genehmigung des Gouvernements nicht gestattet. Das Gleiche gilt vom Verpachten, Vermieten und Verpfänden von Grundstücken.

§. 3.

Eigentum an Grundstücken, die durch das Gouvernement noch nicht angekauft sind, kann nur unter Chinesen, die im Schutzgebiet oder im Tsimo- oder Kiautschoukreise ihre Heimat haben, übertragen werden. Hierzu ist die Genehmigung des Gouvernements erforderlich. Zu diesem Zwecke haben Veräusserer und Erwerber die Uebertragung anzumelden und die Uebertragungsurkunde in zwei Exemplaren einzureichen. Wird die Uebertragung genehmigt, so wird die Uebertragungsurkunde abgestempelt, ein Exemplar dem Erwerber ausgehändigt und eins beim Gouvernement aufbewahrt. Für die Abstempelung ist eine Gebühr von 50 Cent zu entrichten.

Durch Erteilung der nach §§ 2 und 3 erforderlichen Genehmigung wird das in § 1 enthaltene Recht des Gouvernements in keiner Weise berührt.

Die Genehmigung ist bei dem Gouvernement (Chinesische Kanzlei oder Bezirksamt Litsun) nachzusuchen.

§. 4.

Im Falle von Zuwiderhandlungen gegen die Bestimmungen des §. 2 und 3 kann gegen den Grundeigentümer auf Geldstrafe bis zur halben Werthöhe des Grundstücks, an deren Stelle im Nichtvermögensfalle Freiheitsstrafe tritt, im Wiederholungsfalle wahlweise auch auf Einziehung des Grundstücks erkannt werden.

§. 5.

Diese Verordnung tritt am heutigen Tage in Kraft.

Der Paragraph 1 der Verordnung vom 1. September 1898, betreffend den Landerwerb in dem deutschen Kiautschougebiete, wird hiermit aufgehoben.

Tsingtau, den 5. Mai 1904.

Der Kaiserliche Gouverneur.
Truppel.

大德欽命總督膠澳文武事宜大臣都為

釐訂膠澳德屬境內田地買易地主章程分條列左

第一條嗣後由本署陸續將德境內各地畝全向中國地主收買其買價須比較德國官兵未來駐守以前時價酌定每地一塊係屬何人產業須以衙門發給新立之糧册為憑

第二條所有田地未經本署購買以先該地主凡有意欲致換該地向來用法者務宜先行稟請本署准否不准私自擅辦至嗣後租地價务及典押等事亦應一律照辦

第三條所有本署未經價買之地祇准賣與籍隷德境即墨膠州三處華人管業仍當先行報歸衙門准否但買主稟報時宜呈所立契據二紙查核若經衙門核准即將該地契蓋印一張交買主收執其餘一張則留衙門存案應納印費洋共五角雖按第二第三兩條稟報並經衙門批准然以後仍與第一條比較昔年時價權力無礙每概投報宜分赴青島本署丙中華事宜公廨或李村副桌司衙門可也

第四條倘有違犯此項章程第二第三兩條者一經查出即罰該地主至多至該地價值一半之數如無力繳款則罰以監禁設若再犯或罰款或將地充公彼時酌定

第五條此項章程仲閻屬諸色人等知悉准於西歷本年五月初五即中本年三月二十一日起一律遵行勿違至以前所訂膠澳德屬境內置買地畝條款之第一端應即作為罷論特諭

大德一千九百四年五月初五日

Verordnung

betreffend die Erhebung von chinesischen Grundsteuern in dem deutschen Kiautschougebiete.

§. 1.

Soweit der Grund und Boden des Gebiets noch nicht von dem Gouvernement erworben ist, ist für einen Mou Ackerland von 240 Kung (schui mou, 614 qm) der chinesischen Grundsteuer entprechend 200 kl. Käsch jährliche Grundsteuer zu zahlen.

§. 2.

Die Steuer wird nach dem neu aufgestellten Steuerregister aufgebracht. Ackerland, das nicht zum Steuerregister angemeldet ist, unterliegt der Einziehung.

Jeder Eigentümerwechsel ist bei dem Gouvernement (Chinesische Kanzlei oder Bezirksamt Litsun) anzumelden, damit das Register berichtigt wird und der neue Eigentümer einen neuen Steuerzettel anstelle des alten erhält, der eingezogen wird. Nichtanmeldung zieht eine Geldstrafe bis zur halben Werthöhe des Grundstücks nach sich, dessen Eigentümer gewechselt hat. Anstelle der Geldstrafe tritt im Nichtvermögensfalle Freiheitsstrafe.

§. 3.

Die Grundsteuer wird halbjährlich von den Ortsältesten des Dorfes, zu dessen Bezirk der steuerpflichtige Boden gehört, nach Käschwährung erhoben und an das Gouvernement nach einem jedesmal vorher bei Ausgabe der Steuerzettel festzusetzenden Kurse in mexikanischen Dollars abgeführt.

Die Ortsältesten haben das Recht, ausser der Grundsteuer eine Gebühr von 5 vom Hundert der Grundsteuer von den steuerpflichtigen Grundeigentümern für sich als Entschädigung für Mühewaltung und etwaige Kursverluste zu erheben.

§. 4.

Grundeigentümer, die mit Zahlung der Grundsteuer in Verzug geraten, können in eine Geldstrafe bis zur zehnfachen Höhe des geschuldeten Steuerbetrages und nicht unter 1 $ genommen werden. Im Nichtvermögensfalle tritt anstelle der Geldstrafe Freiheitsstrafe.

§. 5.

Das Gouvernement kann die Grundsteuer teilweise oder ganz auf ein oder mehrere Jahre erlassen.

§. 6.

Diese Verordnung tritt am heutigen Tage in Kraft und gilt bereits für das laufende chinesische Steuerjahr.

Der Paragraph 2 der Verordnung vom 2. September 1898, betreffend die Erhebung von Abgaben und Steuern im deutschen Kiautschougebiete, wird hiermit aufgehoben.

Tsingtau, den 5. Mai 1904.

Der Kaiserliche Gouverneur.

Truppel.

大德欽命總督膠澳文武事宜大臣都為

釐訂德境內徵收錢糧章程逐一列左

第一條所有德境以內未經本署購買之禾稼地每二百四十弓即六百一十四米打之稅每年應納錢糧京錢二百文每三百六十弓即九百二十一米打之中畝每年應納錢糧京錢三百文

第二條所收之糧即按本署新訂之冊徵收其有未曾載列新冊之禾稼地查出充公入官每逢更易地主承受遺產必須稟明本署中華事宜公廨或李村副臬司衙門查核以便照收地冊塗銷舊冊另發新冊倘有隱匿不報者查出即罰其多不過該地價之半如無力繳洋則罰以監禁

第三條應兌錢糧每年仍按上下兩忙分交應管該地之首事照收銅錢當發憑單時即定明洋錢價值後該首事須用洋錢繳納苟該首事於額應收數外並有權能向各該地主每百加收五文藉酬其勞並儻償補兌換洋錢受虧之處

第四條各花戶倘有兌糧延運者即罰至多不過應兌之數十倍惟至少亦須一元若無力繳欠則罰以監禁

第五條本署權能全數豁免或減成免或鈞免一年或鈞免數年

第六條此項章程仰閤屬諸色人等知悉准於西歷本年五月初五即中本年三月二十日起一律遵行勿違所有本年兌糧已按此章辦理其一千八百九十八年九月初二日本署所訂德境內應行徵收各項稅課章程第二款應即作為罷論特諭

大德一千九百四年五月初五日

7. Mai 1904. Amtsblatt—膠州官報 87.

Amtliche Anzeigen.

Nachstehende Bekanntmachung des Kaiserlich Chinesischen Seezollamtes wird zur Kenntnis gebracht:

Zollamtliche Bekanntmachung Nr. 46.

Die Verwaltung des hiesigen Zollamts habe ich am heutigen Tage dem Kaiserlich Chinesischen Seezolldirektor Herrn Dr. C. C. Stuhlmann übergeben.

Kiautschou—Zollamt.

Tsingtau, den 30. April 1904.

Ohlmer,
Kaiserlich Chinesischer Seezolldirektor.

Tsingtau, den 4. Mai 1904.

Kaiserliches Gouvernement.

Bekanntmachung.

Gestohlene Gegenstände:

Ein fast neues Fahrrad Marke Adler, Modell 77, Korkgriffe mit Celluloidringen, Lenkstange eingebeult, Klingel und hinterer Pneumatik defekt; 10 Hacken mit Stiel mit „K. F." eingebrannt; ein Mundstück aus Messing von einer Spritze; 20 dreigliedrige Koppelketten; 3½ Rollen verschieden blaues Leinentuch; eine kleine Handnähmaschine (Firma Frister & Rossmann).

Tsingtau, den 4. Mai 1904.

Kaiserliches Polizeiamt.

Bekanntmachung.

F. Godehardt hat ein Gesuch um Uebertragung der Erlaubnis zum Betriebe einer Gastwirtschaft auf seinen Namen für das bisher von P. Müller innegehabte Lokal „Zur Eiche" in der Tirpitzstrasse eingereicht.

Einwendungen im Sinne der Gouvernementsbekanntmachung vom 10. Oktober 1899 sind bis zum 23. Mai d. Js. an die unterzeichnete Behörde zu richten.

Tsingtau, den 3. Mai 1904.

Kaiserliches Polizeiamt.

Bei der im Handelsregister Abteilung B Nr 3 vermerkten Aktiengesellschaft

„Deutsch-Asiatische Bank"

ist folgendes eingetragen worden:

Die bisherigen stellvertretenden Vorstandsmitglieder Heinz Figge in Hongkong und Max Homann in Tsingtau sind zu Vorstandsmitgliedern ernannt.

Tsingtau, den 4. Mai 1904.

Kaiserliches Gericht von Kiautschou.

白 告

啟者茲將本署臚報被竊各物列左

半新飛鷹牌自行車一輛第七十七號樣式橫柄兩頭鑲有軟硬木並有微傷硬處後輪鈴鐺上有傷處

烙有 K F 二字

象皮亦有壞處

水龍銅嘴一個

鐵鏟十把均帶有木柄該柄上烙有 K F 二字

鐵鍊二十條

雜色藍洋布三捆半

用手搖動縫衣小機器一座 Frister & Rossmann 字號

以上各物切勿輕買如見亦宜報明本署勿違特仰

德一千九百四年五月初四日

青島巡捕衙門 啟

88. Amtsblatt—青島官報 7. Mai 1904.

Bekanntmachung.

Auf Antrag des Herrn Borkowsky findet am Dienstag, den 24. Mai d. Js., vormittags 11 Uhr, im Landamte die öffentliche Versteigerung der an der Prinz Adalbert-Strasse in der Auguste Viktoria- Bucht nordöstlich neben dem Dabelsteinschen Grundstück gelegenen Parzelle Kartenblatt 22 Nr. 11 statt.

Grösse: 3680 pm. Mindestpreis: 1656. 00 $.
Benutzungsplan: Landhaus.
Bebauungsfrist: bis 31. Mai 1907.
Gesuche zum Mitbieten sind bis zum 17.Mai d. Js. hierher zu richten.

Tsingtau, den 3. Mai 1904.

Kaiserliches Landamt.

Mitteilungen.

Die Stationärgeschäfte vor Tsingtau hat am 2. d Mts. S. M. S. „Fürst Bismarck" übernommen.

* * *

Der Dampfer „Main" mit dem Ablösungstransport für das Kreuzergeschwader ist am 5. Mai d. Js. aus Bremerhaven abgefahren, und wird voraussichtlich am 17. Juni d. Js. in Tsingtau eintreffen und den Hafen am 28. Juni d. Js. zur Heimreise wieder verlassen.

Meteorologische Beobachtungen.

Datum Apr.	Barometer (mm) reduz. auf 0° C., Seehöhe 24,30 m			Temperatur (Centigrade).								Dunstspannung in mm			Relat. Feuchtigkeit in Prozenten		
				trock. Therm.			feucht. Therm.										
	7 Vm	2 Nm	9 Nm	7 Vm	2 Nm	9 Nm	7 Vm	2 Nm	9 Nm	Min.	Max.	7 Vm	2 Nm	9 Nm	7 Vm	2 Nm	9 Nm
28	761,5	761,1	760,8	11,1	13,7	11,4	9,8	10,4	9,5	9,8	19,7	8,3	7,4	7,7	84	63	77
29	62,2	61,1	58,0	12,7	15,9	11,5	11,3	13,0	10,9	11,0	14,4	9,1	9,4	9,4	85	70	93
30	59,0	59,4	59,5	12,6	14,1	11,7	12,1	12,3	10,7	10,6	17,1	10,2	9,6	9,0	95	80	88
Mai 1	58,4	57,7	56,4	12,1	17,6	12,6	11,5	13,7	10,6	11,3	15,3	9,8	9,3	83,	94	62	77
2	59,4	60,3	58,9	11,2	16,8	11,7	7,8	15,3	8,7	10,9	18,7	5,9	12,0	6,6	59	84	64
3	56,3	54,8	55,1	12,6	16,9	14,5	11,5	14,3	12,8	5,9	17,9	9,4	10,6	10,0	88	74	82
4	57,4	59,7	62,9	11,7	14,2	11,1	9,3	8,1	7,1	10,7	19,2	7,3	4,4	5,1	72	36	52

Datum Apr.	Wind Richtung & Stärke nach Beaufort (0—12)			Bewölkung						Niederschläge in mm		
				7 Vm		2 Nm		9 Nm				
	7 Vm	2 Nm	9 Nm	Grad	Form	Grad	Form	Grad	Form	7Vm	9Nm	9 Nm / 7 Vm
28	SSO 3	SO 3	SO 4	5	Cir-str	4	Cir-str	7	Cir-str			
29	SSW 1	OSO 2	SSO 2	4	Cir	8	Cu-str	10	Cum-str			9,1
30	S 1	SSO 2	SSO 1	10	Cum-ni	10	Cu-m	8	Cir-cu	9,1	0,8	0,8
Mai 1	NW 2	NW 1	S 1	6	Cir-str	10	Cu-str	6	Cir-cu			
2	NW 8	NW 2	S 3									
3	SSO 4	SSO 3	SSO 3	10	Cum	10	Cir-cu	8	Cum		3,7	3,7
4	WNW 1	WNW 7	NW 3	2	Cu-str	5	Cir-str					

7. Mai 1904.　　　　　　　　　Amtsblatt—報官鳥菁

Schiffsverkehr
in der Zeit vom 28. April — 5. Mai 1904.

Ankunft am	Name	Kapitän	Flagge	Reg. Tonnen.	von	Abfahrt am	nach
(16.4.)	D. Croxdale	Yothergill	Englisch	1808,01	Colombo	4.5.	Moji
(19.4.)	D. Silvia	Jäger	Deutsch	4212,31	Schanghai	29.4.	Singapore
28.4.	D. Gouv. Jaeschke	Vogel	„	1044,90	„	30.4.	Schanghai
29.4.	D. Tsintau	Hansen	„	976,81	Tschifu	29.4.	„
1.5.	D. Ching Ping	Harvey	Englisch	1061,73	Tschingwantau	5.5.	„
2.5.	D. Vorwärts	Sohnemann	Deutsch	643,26	Schanghai	3.5.	Tschifu
4.5.	D. Knivsberg	Kayser	„	645,76	Tschifu	4.5.	Schanghai

Druck der Missionsdruckerei, Tsingtau.

第五年　第十八号

1904年5月7日

法令与告白

大德钦命总督胶澳文武事宜大臣都　为

厘订《胶澳德属境内田地更易地主章程》分条列左：

第一条：嗣后由本署陆续将德境内各地亩全向中国地主收买，其买价须比较德国官兵未来驻守以前时价酌定，每地一块，系属何人产业，须以衙门发给新立之粮册为凭。

第二条：所有田地未经本署购买以先，各该地主凡有意欲改换该地向来用法者，务宜先行禀请本署准否，不准私自擅办。至嗣后租地赁房及典押等事，亦应一律照办。

第三条：所有本署未经价买之地，只准卖与籍隶德境、即墨、胶州三处华人管业，仍当先行报请衙门准否。但卖主、买主禀报时，宜呈所立契据二纸查核。若经衙门核准，即将该地契盖印一张交买主收执，其余一张则留衙门存案，应纳印费洋共五角。虽按第二、第三两条禀报并经衙门批准，然以后仍与第一条比较昔年时价权力无碍。每拟投报，宜分赴青岛本署内中华事宜公廨，或李村副臬司衙门可也。

第四条：倘有违犯此项章程第二、第三两条者，一经查出，即罚该地主至多至该地价值一半之数，如无力缴款，则罚以监禁。设若再犯，或罚款，或将地充公，彼时酌定。

第五条：此项章程，仰阖属诸色人等知悉，准于西历本年五月初五即中本年三月二十一日起一律遵行勿违。至以前所订《胶澳德属境内置买地亩条款》之第一端应即作为罢论。特谕。

大德一千九百四年五月初五日

大德钦命总督胶澳文武事宜大臣都　为

厘订《德境内征收钱粮章程》逐一列左：

第一条：所有德境以内未经本署购买之禾稼地，每二百四十号即六百一十四米打之税亩，每年应纳钱粮京钱二百文；每三百六十号即九百二十一米打之中亩，每年应纳钱粮京钱三百文。

第二条：所收之粮即按本署新订之册征收，其有未曾载列新册之禾稼地，查出充公入官。每逢更易地主（承受遗产亦在其内）必须禀明本署中华事宜公廨或李村副臬司衙门查核，以便照改地册，涂销旧册，另发新册。倘有隐匿不报者，查出即罚其多不过该地价之半，如无力缴洋，则罚以监禁。

第三条：应兑钱粮每年仍按上下两忙分交应管该地之首事，照收铜钱。当发凭单时，即定明洋钱价值后，该首事须用洋钱缴纳衙门。该首事于额应收数外，并有权能向各该地主每百加收五文藉酬其劳，并备偿补兑换洋钱受亏之处。

第四条：各花户倘有兑粮延迟者，即罚至多不过应兑之数十倍，惟至少亦须一元。若无力缴款，则罚以监禁。

第五条：本署权能全数豁免，或减成免，或蠲免一年，或蠲免数年。

第六条：此项章程，仰阖属诸色人等知悉，准于西历本年五月初五即中本年三月二十日起一律遵行勿违。所有本年兑粮已按此章办理，其一千八百九十八年九月初二日本署所订《德境内应行征收各项税课章程》第二款应即作为罢论。特谕。

大德一千九百四年五月初五日

官方通告

现宣布下列大清海关告白：

第46号海关告白

本人已于今日将本地海关的管理权交给大清海关税务司C.C.施图尔曼博士先生。

胶海关
青岛，1904年4月30日
阿理文
大清税务司
青岛，1904年5月4日
皇家总督府

告白

启者：兹将本署据报被窃各物列左：

半新飞鹰牌自行车一辆，第七十七号样式，横柄两头镶有软硬木并有微伤，铃铛上有伤处，后轮象（橡）皮亦有坏处；铁锹十把，均带有木柄，该柄上烙有"KF"二字；水龙铜嘴一个；铁链二十条；杂色蓝洋布三捆半；用手摇动缝衣小机器一座，"Frister & Rossmann"字号。

以上各物切勿轻买,如见亦宜报明本署。勿违。特仰。

德一千九百四年五月初四日
青岛巡捕衙门启

告白

F. 歌德哈特递交了申请,请求将目前为止由 P. 穆勒拥有的"橡树饭店"餐饮经营许可转至他的名下,饭店位于提尔皮茨街①。

如有根据 1899 年 10 月 10 日总督府告白提出的异议,须在 5 月 23 日前递交至本处。

青岛,1904 年 5 月 3 日
皇家巡捕房

在商业登记 B 部第 3 号登记的股份公司"德华银行"已登记入下列事项:

目前担任代理董事会成员的香港的海因茨·费格和青岛的马克斯·何曼被任命为董事会成员。

青岛,1904 年 5 月 4 日
胶澳皇家审判厅

告白

应博尔科夫斯基先生的申请,将于今年 5 月 24 日礼拜二上午 11 点在地亩局公开拍卖地籍册第 22 页第 11 号地块,该地块位于奥古斯特·维多利亚湾的阿达尔伯特亲王街,在达贝尔施坦拥有的地块东北方向上。

面积:3 680 平方米。最低价格:1 656.00 元。

利用规划:乡村别墅。

建造期限:1907 年 5 月 31 日。

出价申请须在今年 5 月 17 日前递交至本处。

青岛,1904 年 5 月 3 日
皇家地亩局

消息

本月 2 日,"俾斯麦公爵"号军舰接手了青岛的驻站业务。

---

① 译者注:即今莒县路。

运载巡洋舰队轮换部队的"美因"号客船已于今年5月5日从不来梅港出发,预计将于今年6月17日抵达青岛,并在今年6月28日启程回国。

船运

1904年4月28日—5月5日期间

到达日	轮船船名	船长	挂旗国籍	登记吨位	出发港	出发日	到达港
(4月16日)	克洛克斯戴尔号	约特基尔	英国	1 808.01	科伦坡	5月4日	门司
(4月19日)	西尔维亚号	耶格尔	德国	4 212.31	上海	4月29日	新加坡
4月28日	叶世克总督号	福格尔	德国	1 044.90	上海	4月30日	上海
4月29日	青岛号	韩森	德国	976.81	芝罘	4月29日	上海
5月1日	清平号	哈维	英国	1 061.73	秦皇岛	5月5日	上海
5月2日	前进号	索纳曼	德国	643.26	上海	5月3日	芝罘
5月4日	柯尼夫斯堡号	凯瑟	德国	645.76	芝罘	5月4日	上海

Amtsblatt
für das
Deutsche Kiautschou-Gebiet.

青島官報

Herausgegeben vom Kaiserlichen Gouvernement Kiautschou.

Der Bezugspreis beträgt jährlich $ 0,60=M 1,20.
Bestellungen nehmen sämtliche deutsche Postanstalten entgegen.

Jahrgang 5. Nr. 19. Tsingtau, den 14. Mai 1904.

Amtliche Anzeigen.

Bekanntmachung.

Auf Antrag des Hsü tschi ying findet am Montag, den 30. Mai 1904, vormittags 11 Uhr, im Landamte die öffentliche Versteigerung der an der Pekingstrasse gelegenen Parzelle Kartenblatt 9 Nr. $\frac{249}{12}$ (Parzelle des bisherigen Bauhofs) statt.

Grösse: 500 qm. Mindestpreis: 505,00 $.
Benutzungsplan: Wohn— und Geschäftshaus.
Bebauungsfrist: bis 31. Mai 1907.
Gesuche zum Mietbieten sind bis zum 23. Mai d. Js. hierher zu richten.

Tsingtau, den 9. Mai 1904.

Kaiserliches Landamt.

Bekanntmachung.

Als gefunden angemeldete Gegenstände:
½ Dtz. weiss leinene Oberhemden ohne Zeichen; 2 Rahmen Patronen Modell 88.

Tsingtau, den 11. Mai 1904.

Kaiserliches Polizeiamt.

Aufgebot.

Es wird hiermit bekannt gemacht, dass

Carl Gustav **Pickardt,** seines Standes Malermeister, geboren zu Graudenz, 30 Jahre alt, wohnhaft in Tsingtau, Sohn des in Graudenz wohnhaften Rentiers Carl Pickardt und seiner ebendaselbst verstorbenen Ehefrau Pauline, geborenen Stiller,

und

Eline Andreessen, geboren zu Heglitz, Kreis Aurich, 36 Jahre alt, wohnhaft zu Tsingtau, Tochter desin Heglitz wohnhaften Gutsbesitzers Andreas Andreessen und seiner ebendaselbst verstorbenen Ehefrau Wümme Maria, geborenen Lürkens,

beabsichtigen, sich miteinander zu verheiraten und diese Ehe in Gemässheit des Reichsgesetzes vom 4. Mai 1870 vor dem unterzeichneten Beamten abzuschliessen.

Tsingtau, den 9. Mai 1904.

Der Kaiserliche Standesbeamte.
Günther.

Bekanntmachung.

Seit dem 4. April d. Js. fehlt eine rote Spierentonne, welche zwischen dem Hufeisenriff und der Einfahrt in den grossen Hafen auf der südlichen Seite des Fahrwassers verankert war; sie ist mit den Buchstaben $\frac{H\ E}{I}$ gezeichnet.

Finder der Tonne und Personen, welche über den Verbleib derselben Auskunft geben können, werden ersucht, dieses dem Hafenamt anzuzeigen; Finderlohn $ 25.

Tsingtau, den 7. Mai 1904.

Kaiserliches Hafenamt.

Mitteilungen.

Der Kurs bei der Gouvernementskasse beträgt vom 10. d. Mts. ab: 1 $ = 1,89 M.

Der bisherige Konsulatsverweser in Swatau, Dr. Betz wird die Geschäfte des Kaiserlichen Konsulates in Tsinanfu übernehmen.

Schiffsverkehr

in der Zeit vom 5. — 12. Mai 1904.

Ankunft am	Name	Kapitän	Flagge	Reg. Tonnen.	von	Abfahrt am	nach
(24.4.)	D. Maria	Dobbinga	Holländisch	2370,19	Rotterdam	9.5.	Karatsu
6.5.	D. Gouv. Jaeschke	Vogel	Deutsch	1044,90	Schanghai	7.5.	Schanghai
9.5.	D. Tsintau	Hansen	„	976,81	„	12.5.	Tschifu
11.5.	D. Brunhilde	Selk	„	871,94	Cohinozo		
12.5.	D. Vorwärts	Sohnemann	„	643,26	Tschifu	10.5.	Schanghai
„	D. Gouv. Jaeschke	Vogel	„	1044,90	Schanghai		

14. Mai 1904. Amtsblatt—青島官報 93.

Meteorologische Beobachtungen.

Datum. Mai.	Barometer (m m) reduz. auf 0º C., Seehöhe 24,30 m			Temperatur (Centigrade).								Dunstspannung in mm					Relat. Feuchtigkeit in Prozenten		
				trock. Therm.			feucht. Therm.												
	7 Vm	2 Nm	9 Nm	7 Vm	2 Nm	9 Nm	7 Vm	2 Nm	9 Nm	Min.	Max.	7 Vm	2 Nm	9 Nm			7 Vm	2 Nm	9 Nm
5	763,1	761,5	762,8	10,4	17,4	12,9	7,3	10,3	7,4	8,7	15,8	5,8	5,1	4,4			62	34	39
6	62,8	62,3	62,2	11,5	15,0	12,1	8,5	11,3	9,3	9,0	18,3	6,5	7,7	7,1			64	61	67
7	61,8	61,0	61,4	13,3	21,5	14,3	11,7	13,5	11,5	11,0	18,1	9,3	6,7	8,4			82	35	70
8	62,2	61,4	61,2	15,7	19,4	14,8	12·3	14,3	12,1	12,5	21,7	8,6	9,0	8,9			64	54	71
9	60,3	58,2	57,7	13,7	14,9	12,7	11,9	13,0	11,9	12,2	20,3	9,3	10,0	9,9			80	80	91
10	59,4	55,1	54,4	13,5	15,1	13,6	12,1	13,7	13,1	11,9	15,5	9,7	10,8	10,9			85	85	95
11	50,3	50,3	44,2	13,8	14,9	14,2	13,3	14,0	13,1	12,2	16,5	11,1	11,4	10,6			95	90	88

Datum. Mai.	Wind Richtung & Stärke nach Beaufort (0—12)			Bewölkung						Niederschläge in mm		
				7 Vm		2 Nm		9 Nm				9 Nm
	7 Vm	2 Nm	9 Nm	Grad	Form	Grad	Form	Grad	Form	7 Vm	9 Nm	7 Vm
5	NW 1	NNW 4	NNO 2	1	Cir-str	2	Cir					
6	NW 1	S O 3	S O 3									
7	S O 1	SSW 4	S 4									
8	S 2	S 4	SW 4			4	Cir-str	8	Cir-str			
9	S O 2	S O 4	O S O 3	3	Cir-str	8	Cir-str	10	Cir-str			
10	O S O 2	O S O 3	O 3	10	Nebel	10	Cum-str	10	Cum-ni		0,	11,2
11	N O 1	NNO 3	N W 2	10	Cu-ni	10	Cum-ni	3	Cum	10,8	0,6	

Druck der Missionsdruckerei, Tsingtau.

第五年　第十九号

1904 年 5 月 14 日

官方通告

大德管理青岛地亩局　为

拍卖地亩事：兹据徐其瑛禀称，欲买大包岛北京街地图第九号第二百四十九块，即工部局工厂地，共五百米打，暂拟价洋五百零五元正（整）。定于西五月三十日上午十一点在局拍卖。买后，限至一千九百七年五月三十一日期内修盖，或住宅，或铺房，功勿缓。如有他人亦欲购买者，来署报明，限至西五月二十三日止，届期同赴本局面议可也。此谕。

大德一千九百四年五月初九日

告白

现登记寻获下列物品：

半打白色麻制上衣，无商标；2 盘 88 式步枪①子弹。

青岛，1904 年 5 月 11 日
皇家巡捕房

结婚公告

卡尔·古斯塔夫·皮卡特，职业为粉刷匠，出生于格劳顿茨，现年 30 岁，居住地为青岛，为居住于格劳顿茨的年金收入者卡尔·皮卡特与出生时姓施蒂勒、在当地去世的妻子宝琳娜的儿子。

伊琳娜·安德雷森，出生于奥里希县的黑格里茨，现年 36 岁，居住地为青岛，是居住于黑格里茨的地主安德雷亚斯·安德雷森和他的已在当地去世、出生时姓吕尔肯斯的妻

---

① 译者注：即著名的"老套筒"，汉阳造步枪前身。

子维莫·玛丽亚的女儿。

谨此宣布二人结婚,此婚约按照1870年5月4日颁布的法律规定在本官员面前缔结。

青岛,1904年5月9日
皇家户籍官
贡特

告白

自今年4月4日起,有一个放置于马蹄礁和大港水道南侧入口之间的红色渔夫浮标丢失,上面有HE/I的字母标记。

寻获此浮标者以及能够提供其下落信息的人员请通知船政局,寻获奖金为25元。

青岛,1904年5月7日
皇家船政局

消息

总督府财务处本月的汇率为:1元=1.89马克。

目前汕头领事馆代理领事贝茨博士将接手济南皇家领事馆的业务。

船运

1904年5月5日—12日期间

到达日	轮船船名	船长	挂旗国籍	登记吨位	出发港	出发日	到达港
(4月24日)	玛丽亚号	多冰佳	荷兰	2 370.19	鹿特丹	5月9日	唐津
5月6日	叶世克总督号	福格尔	德国	1 044.90	上海	5月7日	上海
5月9日	青岛号	韩森	德国	976.81	上海	5月12日	芝罘
5月11日	布伦希尔德号	谢尔克	德国	871.94	Cohinozo		
5月12日	前进号	索纳曼	德国	643.26	芝罘	5月10日	上海
5月12日	叶世克总督号	福格尔	德国	1 044.90	上海		

Amtsblatt
für das
Deutsche Kiautschou-Gebiet.

青島官報

Herausgegeben vom Kaiserlichen Gouvernement Kiautschou.

Der Bezugspreis beträgt jährlich $ 0,60 = M 1,20.
Bestellungen nehmen sämtliche deutsche Postanstalten entgegen.

Jahrgang 5.   Nr. 20.   Tsingtau, den 21. Mai 1904.

Verordnungen und Bekanntmachungen.

Eröffnung von Tsinanfu, Weihsien und Tschoutsun für den Fremdenhandel.

Nach einem Telegramm der Kaiserlich Deutschen Gesandtschaft in Peking an das Gouvernement ist durch Kaiserlich Chinesisches Edikt die Eröffnung der Vorstadt von Tsinanfu, sowie von Weihsien und Tschoutsun für den Fremdenhandel angeordnet worden. Eine Mitteilung über den genauen Zeitpunkt der Eröffnung ist noch vorbehalten.

Tsingtau, den 18. Mai 1904.

Kaiserliches Gouvernement.

Bekanntmachung.

Den Wünschen der Schiffahrtsinteressenten entsprechend wird eine provisorische schwimmende Anlegebrücke für Dampfer zum Löschen durch Seitenpforten mit der eisernen Brücke zwischen Mole I und II in Verbindung gebracht und am 1. Juli d. Js. dem Verkehr übergeben werden.

Tsingtau, den 14. Mai 1904.

Der Kaiserliche Gouverneur
Truppel.

96. Amtsblatt—青島官報 21. Mai 1904.

Verordnung

betreffend Ausdehnung der Gebührenordnung zur Verordnung betreffend Laden und von Löschen von Kauffahrteischiffen im Hafen von Tsingtau vom 19. Februar 1904 (Amtsblatt S. 25.)

Der Gebührentarif der Verordnung vom 19. Februar d. Js. unter C findet nicht nur auf Mole I und die Brücke im kleinen Hafen, sondern auch auf die schwimmende Anlegebrücke im Grossen Hafen, sowie auf die Anlegestellen des kleinen Hafens zwischen dem Chinesischen Zollamte und der nördlichen Hafenmole, soweit dort Waren durch Dampfer oder Leichterfahrzeuge gelandet oder verschifft werden, Anwendung. Für die Zahlung der Gebühr ist der Pächter oder in Ermangelung eines solchen der Schiffer, bezw. der Eigentümer des registrierten Leichterfahrzeuges verantwortlich.

Diese Verordnung tritt mit dem 22. Mai d. Js. in Kraft.

Tsingtau, den 14. Mai 1904.

Der Kaiserliche Gouverneur

Truppel.

Amtliche Anzeigen.

Landversteigerung.

Auf Antrag des Herrn Imamura findet am Donnerstag, den 7. Juni d. Js., vormittags 11 Uhr, im Landamte die öffentliche Versteigerung der Parzelle Kbl. 9 Nr. 47 gegen Meistgebot statt.

Lage: an der Tsangkoustrasse zwischen Tschifu- und Itschoustrasse.
Grösse: 1019 qm.
Mindestpreis: 978,24 $.
Benutzungsplan: Wohn- und Geschäftshäuser.
Bebauungsfrist: bis zum 30. Juni 1907.
Gesuche zum Mitbieten sind bis zum 31. Mai d. Js. hierher einzureichen.

Tsingtau, den 13. Mai 1904.

Kaiserliches Ladnamt.

大德欽命總督膠澳文武事宜大臣都為出示通行曉諭惟膠碼頭起落貨物費用章程事案查西一千九百四年二月十九日所訂青島碼頭各商船停泊起落貨物章程附列之各項費用章程茲則另加嗣後各輪船各駁船無論停泊第一號碼頭或大包島小海口之碼頭起落貨物暨在大海口之活碼頭並小海口海關至北海堤中間各處傍岸者均須挨照費用章程第三節一律納費所有繳費責任碼頭各租戶否則各船主以及登簿之各駁船主皆宜承認准於西五月二十二日起一律遵行仰各週知勿違特諭

大德一千九百四年五月十四日

告示

右諭通知

大德管理青島地畝局為拍賣地畝事今據口本人義麻口拉定買大包島滄口街沂州街轉角地圖第九號第四十七塊地共一千零十九米打暫既價洋九百七十八元二角四分已訂於西曆六月初七日上午十一點在局拍買定後限至一千九百七年六月三十日期內修造或住宅或舖房威成功勿得遲緩他人亦欲購買者可以來署稟報限至西曆五月三十一日止屆期同赴本局而議可也勿違特諭

大德一千九百四年五月十三日

21. Mai 1904. Amtsblatt—膠州官報 97.

Bekanntmachung.

Gestohlene Gegenstände: Eine etwa 40—50 ctm lange goldene Damenuhrkette mit goldenem Schieber; ein brauner Handkoffer mit folgendem Inhalt: 1 Bordjaket, verschiedene Wäsche und Toilettenartikel, 1 Browningpistole.

Tsingtau, den 19. Mai 1904.

Kaiserliches Polizeiamt.

Versteigerung.

Am Sonnabend, den 28. Mai, vormittags 10 Uhr, findet am Tapautau-Hafen nördlich der Tapautaubrücke die Versteigerung von 4 Sampans (2 kleinen und 2 grossen Fischersampans) und einer Schiebkarre statt.

Tsingtau, den 19. Mai 1904.

Kaiserliches Polizeiamt.

Oeffentliche Zustellung.

Der Restaurateur Matz in Tsingtau, vertreten durch den Rechtsanwalt Dr. Koch in Tsingtau,
klagt gegen
Victor Schmidt, zuletzt in Tsingtau, jetzt unbekannten Aufenthalts,
auf Grund eines am 1. April 1904 fällig gewesenen Darlehens mit dem Antrage auf Verurteilung des Beklagten zur Zahlung von 70 $ mex. nebst 4 Prozent Zinsen seit Zustellung dieser Klage. Der Kläger ladet den Beklagten zur mündlichen Verhandlung des Rechtsstreites vor das Kaiserliche Gericht von Kiautschou in Tsingtau auf den 12. Juli 1904, vormittags 10 Uhr.

Zum Zwecke der öffentlichen Zustellung wird dieser Auszug der Klage bekannt gemacht.

Tsingtau, den 14. Mai 1904.

Gerlach, Sekretär,

Gerichtsschreiber des Kaiserlichen Gerichts von Kiautschou.

白告

啓者本署茲有小舢板兩隻又可以捕魚之大舢板兩隻共四隻並單擬小車一輛均欲拍賣訂於西五月二十八禮拜六即中四月十四日早十點鐘在大包小碼頭迤北地方拍賣如有意購買者屆時往可也此佈

青島巡捕衙門啓

德一千九百四年五月十九日

白告

啓者茲將本署據報被竊各物列左

四五十桑的米達長女人金質表鍊一條鍊上套有金圈一枚
紫色手持衣箱一個內裝有武官常衣一件便服數件並有梳妝傢具另有七響小手鎗一枝

以上各物仰勿輕買如見亦宜報名本署此佈

青島巡捕衙門啓

德一千九百四年五月十九日

Mitteilungen.

Nach einer im japanischen Staatsanzeiger veröffentlichten Bekanntmachung des Marine-Ministeriums vom 23. April d. Js. gilt von diesem Tage an die Kii-Meeresstrasse nicht mehr als Seeverteidigungszone.

*   *   *

Der Kurs bei der Gouvernementskasse beträgt vom 17. d. Mts. ab: 1 $ = 1,92 M.

*   *   *

Der Garnisonverwaltungsoberinspector Behrens ist zum Garnisonverwaltungsdirektor ernannt worden.

98. Amtsblatt—青島官報 21. Mai 1904.

Meteorologische Beobachtungen.

Datum Mai.	Barometer (m m) reduz. auf 0° C., Seehöhe 24,30 m			Temperatur (Centigrade).								Dunstspannung in mm			Relat. Feuchtigkeit in Prozenten		
				trock. Therm.			feucht. Therm.										
	7 Vm	2 Nm	9 Nm	7 Vm	2 Nm	9 Nm	7 Vm	2 Nm	9 Nm	Min.	Max.	7 Vm	2 Nm	9 Nm	7 Vm	2 Nm	9 Nm
12	755,5	755,8	757,7	14,1	19,4	14,7	12,9	13,4	10,9	12,8	15,9	10,4	7,8	7,4	87	47	59
13	60,0	59,8	60,8	14,5	16,3	12,0	11,9	13,3	11,5	11,7	20,6	8,8	9,6	9,8	72	69	95
14	62,5	61,9	62,0	10,9	13,8	13,5	10,5	12,7	12,4	10,3	16,5	9,2	10,3	10,1	96	88	88
15	62,1	60,8	59,0	12,1	14,9	13,7	11,6	14,6	12,2	11,0	14,5	9,9	12,2	9,7	95	97	83
16	57,0	56,4	57,7	13,8	15,2	13,5	13,0	14,1	12,7	11,6	15,7	10,7	11,3	10,5	92	88	90
17	57,7	57,2	60,0	14,3	21,3	14,9	13,7	15,1	11,1	12,7	16,1	11,3	9,0	7,6	94	48	60
18	62,3	60,6	59,8	14,3	18,9	15,4	11,3	14,4	11,9	12,3	22,2	8,2	9,5	8,3	67	58	63

Datum Mai.	Wind Richtung & Stärke nach Beaufort (0—12)			Bewölkung						Niederschläge in mm		
				7 Vm		2 Nm		9 Nm				
	7 Vm	2 Nm	9 Nm	Grad	Form	Grad	Form	Grad	Form	7 Vm	9 Nm	9 Nm / 7 Vm
12	NW 4	WNW 3	WNW 2	8	Cir-cum	8	Cir-cum	3	Cum			
13	O 1	O 4	O 3	2	Cir-str	1	Cum					
14	SO 4	SO 4	OSO 3	10	Nebel	9	Cir-cu	1	Str			
15	OSO 3	SO 3	OSO 4	10	„	10	Cum	10	Cum	2,8		2,8
16	ONO 3	NNW 1	NW 3	10	Nim	10	Cu-str	10	Cu-ni	2,8		
17	NNW 1	WNW 3	NW 2	3	Cir	3	Cir-str					
18	NW 1	S 3	SO 2			2	Cir-str	2	Cum			

Schiffsverkehr

in der Zeit vom 12. — 18. Mai 1904.

Ankunft am	Name	Kapitän	Flagge	Reg. Tonnen.	von	Abfahrt am	nach
(11.5.)	D. Brunhilde	Selck	Deutsch	871,94	Cohinozo	15.5.	Tschifu
15.5.	D. Knivsberg	Kayser	„	645,76	Schanghai	17.5.	„
18.5.	D. Tsintau	Hansen	„	976,81	Tschifu	18.5.	Schanghai

Druck der Missionsdruckerei, Tsingtau.

第五年 第二十号

1904 年 5 月 21 日

法令与告白

济南府、潍县和周村开放对外贸易

根据北京的皇家德意志公使馆发往总督府的一份电报，中国皇帝颁布圣旨，命令开放济南府以及潍县和周村的城郊，开展对外贸易，但尚未颁布关于开放的具体时间。

青岛，1904 年 5 月 18 日
皇家总督府

大德钦命总督胶澳文武事宜大臣都　为

晓谕事：照得现在已顺船户商贾之愿，拟在新建第一号、第二号大码头中央之铁码头前另联（连）一活码头，以便各轮船停傍，即由船身之舱门起卸货物，准于西历本年七月初一日通用。为此仰各周知。切切特谕。

右谕通知
大德一千九百四年五月十四日　告示

大德钦命总督胶澳文武事宜大臣都　为

出示通行晓谕推广《码头起落货物费用章程》事：案查西一千九百四年二月十九日所订《青岛码头各商船停泊起落货物章程》①附列之各项费用章程兹则略加，嗣后各轮船、各驳船，无论停泊第一号码头或大包岛小海口之码头起落货物，暨在大海口之活码头并小海口海关至北海堤中间各处傍岸者，均须按照费用章程第三节一律纳费。所有缴费责任码头各租户，否则各船主以及登簿之各驳船主皆宜承认，准于西五月二十二日起一律遵行。

---

① 译者注：即指《青岛官报》第五年第八号刊登之《青岛码头各商船起落货物章程》。

仰各周知勿违。特谕。

右谕通知
大德一千九百四年五月十四日　告示

官方通告

大德管理青岛地亩局　为

拍卖地亩事：今据日本人义麻木拉定买大包岛沧口街沂州街转角地图第九号第四十七块地，共一千零十九米打，暂拟价洋九百七十八元二角四分。已订于西历六月初七日上午十一点在局拍卖。买定后，限至一千九百七年六月三十日期内修造，或住宅或铺房，成功勿得迟缓。他人亦欲购买者，可以来署禀报，限至西历五月三十一日止，届期同赴本局面议可也。勿违。特谕。

大德一千九百四年五月十三日

告白

启者：本署兹有小舢板两只，又可以捕鱼之大舢板两只，共四只。并单轮小车一辆，均欲拍卖。拟订于西五月二十八礼拜六即中四月十四日早十点钟，在大包岛小码头迤北地方拍卖。如有意购买者，屈（届）时前往可也。此布。

德一千九百四年五月十九日
青岛巡捕衙门启

告白

启者：兹将本署据报被窃各物列左：

四五十桑的米达[①]长女人金质表链一条，链上套有金圈一枚；紫色手持衣箱一个，内装有武官常衣一件，便服数件，并有梳妆稼具，另有七响小手枪一枝。

以上各物仰勿轻买，如见亦宜报名（明）本署。此布。

德一千九百四年五月十九日
青岛巡捕衙门启

---

① 译者注：德语 Centimeter，即厘米。

公开投递

由青岛的律师科赫博士代表的青岛的餐馆老板马茨,起诉之前在青岛、现停留地未知的维克多·施密特,起诉理由是被告拖欠在1904年4月1日到期借款,要求判决被告支付70个墨西哥鹰洋,以及从本起诉案件文书送达的时间算起的4%的利息。原告要求被告在1904年7月12日上午10时前往青岛的胶澳皇家审判厅,参加该项法律争端的口头审判。

出于公开投递的目的,现公布该起诉的内容节选。

青岛,1904年5月14日
格尔拉赫,秘书
胶澳皇家审判厅书记官

消息

根据在日本的《国家报》刊登的一份今年4月23日海军部的公开通告,从即日起,纪伊海道不再视为海洋防卫区。

总督府财务处自本月17日起的汇率为:1元=1.92马克。

管理公家什物局高级督察官贝伦斯被任命为管理公家什物局局长。

船运

1904年5月12日—18日期间

到达日	轮船船名	船长	挂旗国籍	登记吨位	出发港	出发日	到达港
(5月11日)	布伦希尔德号	谢尔克	德国	871.94	Cohinozo	5月15日	芝罘
5月15日	柯尼夫斯堡号	凯瑟	德国	645.76	上海	5月17日	芝罘
5月18日	青岛号	韩森	德国	976.81	芝罘	5月18日	上海

Amtsblatt
für das
Deutsche Kiautschou-Gebiet.

报官岛青

Herausgegeben vom Kaiserlichen Gouvernement Kiautschou.

Der Bezugspreis beträgt jährlich $ 0,60 = M 1,20.
Bestellungen nehmen sämtliche deutsche Postanstalten entgegen.

Jahrgang 5.   Nr. 21.   Tsingtau, den 28. Mai 1904.

Amtliche Anzeigen.

Konkursverfahren.

Ueber das Vermögen des Gastwirts Heinrich Krippendorff in Tsingtau ist am 26. Mai 1904 der Konkurs eröffnet.

Verwalter: Rechtsanwalt Dr. Rapp;

Anmeldefrist bis 22. Juni 1904;

Erste Gläubiger-Versammlung und allgemeiner Prüfungstermin am 9. Juli 1904;

Offener Arrest mit Anzeigefrist bis zum 22. Juni 1904.

Tsingtau, den 26. Mai 1904.

Kaiserliches Gericht von Kiautschou.

Konkursverfahren.

Ueber den Nachlass des verstorbenen Gastwirts Hugo Krippendorff in Tsingtau ist am 26. Mai 1904 der Konkurs eröffnet.

Verwalter: Rechtsanwalt Dr. Rapp;

Anmeldefrist bis 22. Juni 1904;

Erste Gläubigerversammlung und allgemeiner Prüfungstermin am 9. Juli 1904, vormittags 10 Uhr;

Offener Arrest mit Anzeigefrist bis zum 22. Juni 1904.

Tsingtau, den 26. Mai 1904.

Kaiserliches Gericht von Kiautschou.

Mitteilungen.

Schiffsverkehr

in der Zeit vom 19. — 26. Mai 1904.

Ankunft am	Name	Kapitän	Flagge	Reg. Tonnen.	von	Abfahrt am	nach
20.5.	D. Gouv. Jaeschke	Vogel	Deutsch	1044,90	Schanghai	21.5.	Schanghai
21.5.	D. Activ	Olsen	Norwegisch	867,—	Kobe	23.5.	Tschifu
23.5.	D. Vorwärts	Sohnemann	Deutsch	643,26	Schanghai	24.5.	„
24.5.	D. Knivsberg	Kayser	„	645,76	Tschifu	„	Schanghai
26.5.	D. Aragonia	Schuldt	„	1323,93	Moji		

Meteorologische Beobachtungen.

Da-tum. Mai.	Barometer (m m) reduz. auf 0° C., Seehöhe 24,30 m			Temperatur (Centigrade).								Dunst-spannung in mm			Relat. Feuchtigkeit in Prozenten		
				trock. Therm.			feucht. Therm.										
	7 Vm	2 Nm	9 Nm	7 Vm	2 Nm	9 Nm	7 Vm	2 Nm	9 Nm	Min.	Max.	7 Vm	2 Nm	9 Nm	7 Vm	2 Nm	9 Nm
19	758,9	757,8	757,8	16,7	17,4	14,2	14,2	14,7	13,1	14,1	21,6	10,5	10,8	10,6	74	73	88
20	57,1	55,7	54,6	14,6	15,2	14,1	13,1	13,3	12,6	13,3	18,2	10,3	10,2	10,0	84	80	84
21	53,3	52,4	52,5	12,5	15,0	13,5	12,1	14,7	12,7	11,7	16,0	10,3	12,3	10,5	96	97	99
22	54,7	54,7	56,2	13,6	18,9	15,0	13,0	15,6	13,8	12,4	15,3	10,8	11,2	11,0	94	69	87
23	53,5	53,2	53,9	14,6	15,6	13,3	11,5	12,9	12,2	13,9	21,0	8,2	9,4	9,9	67	71	88
24	55,3	55,9	57,2	15,3	17,8	14,6	13,9	15,4	13,7	12,7	16,7	11,0	11,6	11,1	85	76	90
25	58,4	57,3	56,9	14,7	17,3	14,6	13,9	15,6	13,6	13,8	18,2	11,3	12,2	11,0	91	83	89

Da-tum. Mai.	Wind Richtung & Stärke nach Beaufort (0—12)			Bewölkung						Niederschläge in mm		
				7 Vm		2 Nm		9 Nm				
	7 Vm	2 Nm	9 Nm	Grad	Form	Grad	Form	Grad	Form	7Vm	9Nm	9 Nm / 7 Vm
19	S 2	S O 2	S O 2	6	Cir-str	2	Cir-cu	3	Str			
20	S O 2	S O 3	S 1	9	Cum-str	10	Cum-str	10	Cum			
21	O 1	SSO 2	SSO 1	10	Cum-ni	10	Cum-ni	10	Cu-ni			
22	N 2	SSO 2	SSO 2	9	Cum-ni	-	-	10	Cum			
23	NNO 1	NNO 3	S O 1	10	Cum-ni	10	Cu-ni	3	Cum-str			
24	SSW 1	SSO 3	OSO 3	3	Cir-str	1	Cu-str	7	Cum-str			
25	SSO 3	S O 4	S O 4	10	Cum-str	3	Cir-cu	10	Cum			

28. Mai 1904.   Amtsblatt—膠州官報   101.

Hochwassertabelle für den Monat Juni 1904.

Datum	Tsingtau - Hauptbrücke. Vormittags	Tsingtau - Hauptbrücke. Nachmittags	Grosser Hafen, Mole I. Vormittags	Grosser Hafen, Mole I. Nachmittags	Nükuk'ou. Vormittags	Nükuk'ou. Nachmittags
1.	6 U. 31 M.	6 U. 50 M.	7 U. 01 M.	7 U. 21 M.	7 U. 31 M.	7 U. 50 M.
2.	7 „ 09 „	7 „ 27 „	7 „ 39 „	7 „ 57 „	8 „ 09 „	8 „ 27 „
3.	7 „ 45 „	8 „ 03 „	8 „ 15 „	8 „ 33 „	8 „ 45 „	9 „ 03 „
4.	8 „ 21 „	8 „ 39 „	8 „ 51 „	9 „ 09 „	9 „ 21 „	9 „ 39 „
5.	8 „ 58 „	9 „ 20 „	9 „ 28 „	9 „ 50 „	9 „ 58 „	10 „ 20 „
6.	9 „ 42 „	10 „ 09 „ ◐	10 „ 12 „	10 „ 39 „	10 „ 42 „	11 „ 09 „
7.	10 „ 36 „	11 „ 10 „	11 „ 06 „	11 „ 40 „	11 „ 36 „	—
8.	11 „ 44 „	—	—	0 „ 14 „	0 „ 10 „	0 „ 44 „
9.	0 „ 19 „	0 „ 55 „	0 „ 49 „	1 „ 25 „	1 „ 19 „	1 „ 55 „
10.	1 „ 27 „	1 „ 57 „	1 „ 57 „	2 „ 28 „	2 „ 27 „	2 „ 58 „
11.	2 „ 26 „	2 „ 53 „	2 „ 57 „	3 „ 23 „	3 „ 26 „	3 „ 53 „
12.	3 „ 17 „	3 „ 41 „	3 „ 47 „	4 „ 11 „	4 „ 17 „	4 „ 41 „
13.	4 „ 04 „	4 „ 27 „ ●	4 „ 34 „	4 „ 57 „	5 „ 04 „	5 „ 27 „
14.	4 „ 50 „	5 „ 12 „	5 „ 20 „	5 „ 42 „	5 „ 50 „	6 „ 12 „
15.	5 „ 38 „	5 „ 57 „	6 „ 08 „	6 „ 27 „	6 „ 38 „	6 „ 57 „
16.	6 „ 20 „	6 „ 43 „	6 „ 50 „	7 „ 13 „	7 „ 20 „	7 „ 43 „
17.	7 „ 06 „	7 „ 29 „	7 „ 36 „	7 „ 59 „	8 „ 06 „	8 „ 29 „
18.	7 „ 52 „	8 „ 15 „	8 „ 22 „	8 „ 45 „	8 „ 52 „	9 „ 15 „
19.	8 „ 39 „	9 „ 03 „	9 „ 09 „	9 „ 33 „	9 „ 39 „	10 „ 03 „
20.	9 „ 28 „	9 „ 54 „ ◑	9 „ 58 „	10 „ 24 „	10 „ 28 „	10 „ 54 „
21.	10 „ 24 „	10 „ 55 „	10 „ 54 „	11 „ 25 „	11 „ 24 „	11 „ 55 „
22.	11 „ 31 „	—	—	0 „ 01 „	—	0 „ 31 „
23.	0 „ 06 „	0 „ 42 „	0 „ 36 „	1 „ 12 „	1 „ 06 „	1 „ 42 „
24.	1 „ 18 „	1 „ 51 „	1 „ 48 „	2 „ 21 „	2 „ 18 „	2 „ 51 „
25.	2 „ 25 „	2 „ 54 „	2 „ 55 „	3 „ 24 „	3 „ 25 „	3 „ 54 „
26.	3 „ 23 „	3 „ 47 „	3 „ 53 „	4 „ 17 „	4 „ 23 „	4 „ 47 „
27.	4 „ 11 „	4 „ 33 „ ○	4 „ 41 „	5 „ 03 „	5 „ 11 „	5 „ 33 „
28.	4 „ 55 „	5 „ 15 „	5 „ 25 „	5 „ 45 „	5 „ 55 „	6 „ 15 „
29.	5 „ 34 „	5 „ 53 „	6 „ 04 „	6 „ 23 „	6 „ 34 „	6 „ 53 „
30.	6 „ 11 „	6 „ 29 „	6 „ 41 „	6 „ 59 „	7 „ 11 „	7 „ 29 „

1) ○ = Vollmond; 2) ◑ = Letztes Viertel; 3) ● = Neumond; 4) ◐ = Erstes Viertel.
Anmerkung: In T'a pu t'ou tritt das Hochwasser 10 Minuten früher als in Nükuk'ou auf.

Sonnen-Auf-und Untergang
für Monat Juni 1904.

Dt.	Mittelostchinesische Zeit des wahren Sonnen-Aufgangs	Mittelostchinesische Zeit des scheinbaren Sonnen-Aufgangs	Mittelostchinesische Zeit des wahren Sonnen-Untergangs	Mittelostchinesische Zeit des scheinbaren Sonnen-Untergangs
1.	4 U. 48.5 M.	4 U. 42.7 M.	7 U. 4.1 M.	7 U. 9.9 M.
2.	48.1	42.3	4.8	10.6
3.	47.8	42.0	5.5	11.3
4.	47.5	41.7	6.1	11.9
5.	47.2	41.4	6.7	12.5
6.	46.9	41.1	7.3	13.1
7.	46.7	40.9	7.9	13.7
8.	46.5	40.7	8.5	14.3
9.	46.3	40.5	9.1	14.9
10.	46.1	40.3	9.6	15.4
11.	45.9	40.1	10.1	15.9
12.	45.7	39.9	10.6	16.4
13.	45.7	39.9	11.1	16.9
14.	45.7	39.9	11.5	17.3
15.	45.7	39.9	11.9	17.7
16.	45.7	39.9	12.3	18.1
17.	45.8	40.0	12.7	18.5
18.	45.9	40.1	13.0	18.8
19.	46.0	40.2	13.3	19.1
20.	46.1	40.3	13.6	19.4
21.	46.3	40.5	13.9	19.7
22.	46.5	40.7	14.1	19.9
23.	46.7	40.9	14.3	20.1
24.	47.0	41.2	14.5	20.3
25.	47.3	41.5	14.7	20.5
26.	47.6	41.8	14.8	0.6
27.	47.9	42.1	14.9	0.7
28.	48.3	42.5	14.9	0.7
29.	48.7	42.9	14.9	0.7
30.	49.1	43.3	14.9	0.7

第五年　第二十一号

1904 年 5 月 28 日

官方通告

破产程序

对青岛的饭店老板海因里希·克里本多夫的财产已于 1904 年 5 月 26 日开启破产程序。

管理人：律师拉普博士。

报名期限为 1904 年 6 月 22 日。

第一次债权人会议以及一般性查对的日期为 1904 年 7 月 9 日。

公开查封和起诉期限为 1904 年 6 月 22 日。

青岛，1904 年 5 月 26 日
胶澳皇家审判厅

破产程序

对已经去世的青岛的饭店老板胡果·克里本多夫的财产已于 1904 年 5 月 26 日开启破产程序。

管理人：律师拉普博士。

报名期限为 1904 年 6 月 22 日。

第一次债权人会议以及一般性查对的时间为 1904 年 7 月 9 日上午 10 点。

公开查封和起诉期限为 1904 年 6 月 22 日。

青岛，1904 年 5 月 26 日
胶澳皇家审判厅

船运

1904年5月19日—26日期间

到达日	轮船船名	船长	挂旗国籍	登记吨位	出发港	出发日	到达港
5月20日	叶世克总督号	福格尔	德国	1 044.90	上海	5月21日	上海
5月21日	活跃号	奥尔森	挪威	867.00	神户	5月23日	芝罘
5月23日	前进号	索纳曼	德国	643.26	上海	5月24日	芝罘
5月24日	柯尼夫斯堡号	凯瑟	德国	645.76	芝罘	5月24日	上海
5月26日	阿拉贡号	舒尔特	德国	1 323.93	门司		

Amtsblatt
für das
Deutsche Kiautschou-Gebiet.

青島官報

Herausgegeben vom Kaiserlichen Gouvernement Kiautschou.

Der Bezugspreis beträgt jährlich $ 0,60 = M 1,20.
Bestellungen nehmen sämtliche deutsche Postanstalten entgegen.

| Jahrgang 5. Nr. 22. | Tsingtau, den 4. Juni 1904. |

Verordnungen und Bekanntmachungen.

Baupolizei-Gebühren-Ordnung.

A. Häuser europäischer Bauart.

§ 1.

Für die baupolizeiliche Genehmigung und Beaufsichtigung von Neubauten, Umbauten und anderen Bauausführungen, welche nicht auf fiskalische Rechnung ausgeführt werden, sind die nachstehenden Gebühren an die Gouvernementskasse zu entrichten:

a) Beim Neubau von Gebäuden zu Wohn-, Geschäfts- oder Versammlungszwecken, sowie bei erheblichen Um- uud Erweiterungsbauten dieser Art, für je 100 cbm Rauminhalt 2 $, jedoch mindestens 30 $.

b) Beim Neubau von Gebäuden untergeordneter Bedeutuug, wie Stallgebäuden, die nicht zu einem gewerbsmässigen Betriebe gehören, Schuppen, Gewächshäusern, Kegelbahnen, hallenartigen Gebäuden einfachster Konstruktion, sowie bei erheblichen Um- und Erweiterungsbauten dieser Art, für je 100 cbm Rauminhalt 1 $, jedoch mindestens 10 $.

Die Wohnhäuser von Tai tung tschen und Tai hsi tschen fallen unter diese Bestimmung.

c) Bei allen sonstigen baulichen Herstellungen, wie Anlegung von Balkonen, Grenzmauern, eisernen Gittern etc. 5 $.

Gebührenfrei ist die Genehmigung von Zäunen und von Baubuden nebst zugehörigen Aborten.

§ 2.

Der Rauminhalt der Gebäude wird durch Multiplikation der für die Bebauung in Aussicht genommenen Grundfläche mit der Höhe — gemessen von dem Fussboden des untersten Geschosses bis zur Oberkante des Hauptgesimses, bezw. der Traufpfette — festgestellt.

Bei Um- und Erweiterungsbauten werden bei der Berechnung nur diejenigen Räume berücksichtigt, um deren Umgestaltung oder Neuanlage es sich handelt.

Die über ein volles Hundert überschiessenden Kubikmeter werden, falls ihre Zahl 50 und weniger beträgt unberücksichtigt gelassen, wenn ihre Zahl 50 übersteigt, für ein volles Hundert gerechnet.

Gegen die Festsetzung der Gebühr ist die Beschwerde an das Kaiserliche Gouvernement zulässig.

§ 3.

Für Nachtragsprojekte, welche von den genehmigten Projekten wesentlich abweichen, werden die Mindestsätze des § 1 unter a und b erhoben.

B. Häuser chinesischer Bauart.

§ 4.

Jeder Neu- oder Umbau von Häusern chinesischer Bauart bedarf der baupolizeilichen Genehmigung. Für die Erteilung einer solchen ist eine Gebühr von zwei Dollar für jeden Abteil (Tschien) zu entrichten. Diese Gebühr kann in Ausnahmefällen ermässigt oder ganz erlassen werden.

Die baupolizeiliche Genehmigung wird von dem Bezirksamt Litsun für den dortigen Bezirk, für alle anderen chinesischen Bauten in der chinesischen Kanzlei erteilt.

C. Allgemeines.

§ 5.

Die Aushändigung der Bauscheine erfolgt erst, nachdem die Gebühren bei der Gouvernementskasse oder dem Bezirksamt Litsun entrichtet sind, was spätestens 14 Tage nach erfolgter Benachrichtigung zu geschehen hat.

§ 6.

Diese Gebührenordnung tritt mit dem 1. Juli 1904 in Kraft.

Tsingtau, den 27. Mai 1904.

Der Kaiserliche Gouverneur.
Truppel.

大德欽命總督膠澳文武事宜大臣都爲

釐訂工務巡捕費項章程三大端列左

第一端修造洋式樓房

第一條凡有人欲修造新房或改造舊房以及各項修造若非本署出資所造者其他人修造該局初宜核准繼宜往查勢須按照下列數目出費繳納粮台

一新蓋住房舖房或聚會處所統量按每一百厙必米打出費洋二元但至少亦得出費洋三十元如住房舖房及聚會處所若僅改修或另開展工程若大則仍須照納

二新蓋無局式房屋如牲畜樓止處所不用以諜生者他如棧房花洞球廠以及粗大穿堂每一百厙必米打均須納費洋一元但至少亦須納費洋十元如改修或開展前項房屋工程較大並台東鎮台西鎮或新蓋或修改或開展皆按此例納費

三其餘各項修造如凉臺界墻鐵閘欄槪納費洋五元其木閘欄工廠棚子並暫立之廁所應准者免納費

第二端修蓋內地華式房屋

第二條測量房屋厙必米打數目須用地脚方米打與房之高低米打相承至高低米打則由牆根至山牆堍子或房簷止核算其改修或開展則僅度量改修處加增處厙必米打數目

第三條各項圖樣呈經工部局批准後又欲添改載前懸殊者費項則按第一條之一二則所載至少之費徵收

無論丈量何項厙必米打每遇零五十以及五十以下槪不加算若五十以上者則皆按百算該局隨時定擬費項倘有不佩服者可以稟報本署酌核另訂

第四條凡有擬欲新修或修改華式房屋須先稟報准否若准則費項每間洋二元但此項費洋可以度情酌減抑或豁免籍李村轄界者則稟報李村副臬署其餘各村則稟報青島本署中華事宜公廨

第三端各項總章

第五條應納費項一經諭明多寡以後至遲須於十四日內繳兌青島粮台或李村副臬署詑始行發給准蓋房屋執照

第六條此次費項章程仰闔屬諸色人等准於西一千九百四年七月初一日起一律遵行勿違特諭

大德一千九百四年五月二十七日

Verordnung
betreffend
Wasserabgabe.

§ 1.

Vom 1. April 1904 ab ist für alle Hausgrundstücke, die nicht weiter als 350 Meter in der Luftlinie von einem öffentlichen Wasserleitungsbrunnen entfernt liegen, eine Wasserabgabe als Beitrag zu den Bau — und Betriebskosten der Wasserleitung an den Fiskus des Schutzgebietes zu zahlen.

§ 2.

Die Abgabe beträgt jährlich für jeden über 8 qm grossen bewohnbaren Raum 4 Dollar.
Die Abgabe ist vierteljährlich im Voraus zu entrichten.
Zahlungspflichtig ist gegenüber dem Fiskus der Hauseigentümer. Diesem steht jedoch das Recht zu, die von ihm gezahlte Abgabe anteilig von seinen Mietern wieder einzuziehen.

§ 3.

Frei von der Wasserabgabe sind alle Grundstücke, die an die öffentliche Wasserleitung unter Einschaltung eines Wassermessers angeschlossen sind und hierfür Gebühren nach den Bestimmungen über den Bezug von Wasser aus dem fiskalischen Wasserwerke bezahlen.

Desgleichen sind alle Grundstücke von dieser Abgabe befreit, für die der Fiskus des Schutzgebietes die Kosten in erster und letzter Linie zu tragen haben würde.

§ 4.

Gegen die Festsetzung der Zahl der bewohnbaren Räume ist Einspruch zulässig.
Ueber den Einspruch, welcher schriftlich bei der für die Verwaltung des Wasserwerks zuständigen Dienststelle anzubringen ist, entscheidet endgültig die beim Gouvernement bestehende Wohnungskommission unter Mitwirkung eines Vertreters der Zivilgemeinde.

Tsingtau, den 27. Mai 1904.

Der Kaiserliche Gouverneur.

Truppel.

Bekanntmachung.

Nachstehend werden „die Bestimmungen über den Bezug von Wasser aus dem fiskalischen Wasserwerk" bekannt gemacht.

Tsingtau, den 28. Mai 1904.

Der Baudirektor.

Bestimmungen
über
den Bezug von Wasser aus dem fiskalischen Wasserwerk.

1. Anschluss.

In dem Bereiche der Wasserleitung ist es jedem Besitzer eines Grundstückes gestattet, sein zu Wohnzwecken benutztes Grundstück an die Wasserleitung anzuschliessen, sofern er die unter jeder Zapfstelle anzubringenden Ausgussbecken gegen Widerruf an die Regenwasserkanalisation anschliessen kann und sich verpflichtet, bei Fertigstellung der Schmutzwasserkanalisation seine bestehende Hausentwässerung aufzunehmen und nach den noch zu erlassenden Bestimmungen an die Schmutzwasserkanalisation anzubinden.

In dem Bereiche der Wasserleitung liegend werden Grundstücke erachtet, welche vom nächsten Wasserrohr oder Wasserständer nicht mehr als 100 m entfernt sind. Für Grundstücke mit Fabrik- oder Gewerbebetrieb und für Grundstücke, welche weiter als 15 m vom Strassenrohr entfernt liegen, kann der Anschluss an die Wasserleitung nicht mehr gefordert, aber bewilligt werden.

2. Zuleitung.

Die Kosten für die Herstellung der Zuleitung mit Ausnahme der auf der Strasse anzubringenden Abschlussvorrichtung und des Wassermessers trägt der Antragsteller. Bei Berechnung der Kosten wird das Hauptrohr als in der Mitte der Strasse liegend angenommen. Bei öffentlichen Plätzen werden als Länge der Strassenleitung bis zur Strassengrenze 10 m berechnet. Grundstücke von grösserem Umfange können nach Ermessen der Verwaltung mehr als eine Zuleitung erhalten.

Die Zuleitungen vom Hauptrohr bis zum Wassermesser einschliesslich, sowie die Verbindung des letzteren mit der Privatleitung werden in allen ihren Teilen ausschliesslich von der Verwaltung hergestellt, dauernd unterhalten und gehen in das Eigentum der Verwaltung über.

Die Grundstücksbesitzer dürfen weder selbst noch durch Beauftragte irgend welche Arbeiten, Aenderungen u. s. w. an diesen Zuleitungen oder den Wassermessern vornehmen und sind für alle denselben zugefügte Beschädigungen, namentlich des Wassermessers, haftbar. Der Privathaupthahn darf vom Grundstücksbesitzer nach Bedarf geschlossen oder geöffnet werden. Die Benutzung des städtischen Absperrhahnes dagegen ist jedem mit Ausnahme des Personals der Verwaltung verboten. Der Durchmesser der Zuleitungen und die Grösse des Wassermessers wird von der Verwaltung in jedem Falle bestimmt auf Grund der im Anmeldeschein anzugebenden Zapfstellen unter Berücksichtigung späterer, vom Antragsteller gleich anzugebender Erweiterungen (z. B. nach Fertigstellung der Schmutzwasserkanalisation: Anschluss der Aborte pp.).

Wird infolge unrichtiger Angaben oder späterer grösserer Ansprüche an die Zuleitung eine Aenderung derselben notwendig, so hat der Antragsteller die hieraus entstehenden Kosten zu tragen.

Die Versorgung verschiedener Grundstücke durch eine Zuleitung oder die Verbindung mehrerer Zuleitungen für ein und dasselbe oder verschiedene Grundstücke ist nicht zulässig.

3. Wassermesser.

Zwischen der Zuleitung und der Privatleitung wird ein Wassermesser eingeschaltet, durch welchen alles Wasser für den Gebrauch des Grundstücks gehen muss. Diese Messer beschafft und baut die Verwaltung ein.

Die Miete für einen Wassermesser beträgt monatlich für einen Messer von:

20 mm Durchgangsweite	0,80 $
25 „	„	1,20 „
30 „	„	1,40 „
40 „	„	1,60 „
50 „	„	2,25 „
75 „	„	3,50 „
100 „	„	4,50 „
125 „	„	6,00 „

Die Wassermessermiete wird von dem ersten Tage des Monats an berechnet, in welchem die Aufstellung des Wassermessers erfolgt ist und sonst auch stets für volle Monate.

Ein Wassermesser, dessen Richtigkeit angezweifelt wird, muss sowohl auf Antrag des Wasserabnehmers, wie auf Verlangen der Verwaltung einer Untersuchung und nötigenfalls technischen Prüfung unterzogen werden. Diese technischen Prüfungen werden auf d. Wassermesserprüfstelle des

Wasserwerks vorgenommen; die daselbst festgestellten Ergebnisse sind sowohl für die Verwaltung als auch für den Abnehmer bindend. Dem Abnehmer steht es frei, den technischen Prüfungen selbst beizuwohnen oder sich durch eine geeignete Person vertreten zu lassen.

Stellt sich bei der Prüfung heraus, dass der Messer nicht richtig zeigt, so wird auf eine Abweichung bis zu 5% keine Rücksicht genommen. Zeigen sich aber grössere Abweichungen, so wird die durch den Messer während der letzten vorhergehenden Zahlzeit und bis zur Prüfung zu viel angezeigte Menge dem Wasserabnehmer in Abzug gebracht, ebenso aber auch die zu wenig bezahlte Menge nachträglich berechnet. Hat der Wasserabnehmer die Prüfung beantragt, so hat er bei einer Abweichung von weniger als 4% die Kosten zu tragen und zwar für jeden einzelnen Fall:

für einen Messer bis zu 20 mm Weite 6,00 $
,, ,, 40 ,, ,, 9,00 ,,
von 50 ,, ,, 12,00 ,,
,, 75 ,, ,, 15,00 ,,
,, 100 ,, ,, 18,00 ,,
,, 125 ,, ,, 21,00 ,,

4. Wasserpreis.

Der Preis für das nach Messern bezogene Wasser beträgt für jedes Cubikmeter 0,20 $ mit der Massgabe, dass bei Benutzung eines Wassermessers für jedes Grundstück für den Wasserverbrauch ein jährlicher Mindestsatz zu zahlen ist. Die Höhe des Mindestsatzes wird nach der Durchgangsweite der Wassermesser berechnet und beträgt bei einer Durchgangsweite von

20 mm 36,00 $
25 ,, 48,00 ,,
30 ,, 90,00 ,,
40 ,, 144,00 ,,
50 ,, 192,00 ,,
75 ,, 378,00 ,,
100 ,, 480,00 ,,
125 ,, 600,00 ,,

Dieser Mindestsatz einschliesslich der Wassermessermiete wird monatlich im voraus, der Preis für die über diesen Mindestbedarf hinaus verbrauchte Wassermenge dagegen am Schlusse des Rechnungsjahres oder bei Ablauf des Vertragsverhältnisses durch Kündigung gegen Quittung erhoben. Wird diese Quittung nicht sofort eingelöst, so ist deren Betrag innerhalb zwei Wochen einzuzahlen.

Wenn eine Leitung aus irgend welchem Grunde vorübergehend ohne Wassermesser in Benutzung gewesen ist, so wird für diesen Zeitraum behufs Ermittelung eines über den Mindestbedarf etwa hinausgehenden Jahresverbrauchs eine Pauschmenge berechnet, welche nach dem Verbrauche während der Zeit von der Wiedereinsetzung des Messers bis zur nächsten Aufnahme des Wasserstandes bestimmt wird.

Der Umstand, dass das Wasser nicht zur gewünschten Höhe gestiegen, oder nicht in der erwarteten Menge und Reinheit geliefert, oder dass eine zeitweise Unterbrechung der Wasserförderung eingetreten ist, berechtigt den Abnehmer nicht, Anspruch auf Ermässigung des Mindestwassergeldes oder auf sonstigen Schadenersatz zu erheben.

Beim Ausbruch eines Schadenfeuers ist jeder Abnehmer verpflichtet, seine Leitung den öffentlichen Löschanstalten zur Verfügung zu stellen, auf Verlangen auch, bis das Feuer gelöscht ist, geschlossen zu halten.

Für den mutmasslichen Verbrauch zum Zwecke der Löschung wird nachträglich eine billig zu bemessende Vergütung alsdann gewährt, wenn der wirkliche Jahresverbrauch des Abnehmers den festgestellten Mindestbedarf übersteigt. Letzterer ist unter allen Umständen zu bezahlen.

5. Beendigung des Vertragsverhältnisses.

Durch Unterzeichnung des Anmeldescheines, durch den ein Wasserabnehmer seinen Anschluss an die Wasserleitung beantragt, unterwirft er sich diesen Bestimmungen und ihren etwa erfolgenden Abänderungen.

Dem Abnehmer steht das Recht zu, das Vertragsverhältnis mit vierteljähriger Frist zum Schlusse eines Kalendervierteljahres zu kündigen.

Bis zum Kündigungstermin ist das Mindestwassergeld und die Wassermiete zu zahlen, auch wenn nach der Kündigung kein Wasser gebraucht wird.

Nach Beendigung des Vertragsverhältnisses trennt die Verwaltung auf Kosten des bisherigen Abnehmers die Zuleitung von der Privatleitung.

Wechselt ein mit einer Zuleitung versehenes Grundstück seinen Besitzer, so bleiben der frühere Besitzer, oder seine Erben so lange zur Wassergeldzahlung verpflichtet, bis das Vertragsverhältnis vorschriftsmässig durch Kündigung gelöst wird oder bis der neue Besitzer sich schriftlich diesen Bestimmungen unterworfen hat.

Zuwiderhandlungen gegen diese Bestimmungen berechtigen die Verwaltung zur Schliessung der Zuleitung.

Das Gouvernement behält sich das Recht vor, nach seinem Ermessen diese Bestimmungen jederzeit abzuändern.

Amtliche Anzeigen.

Bekanntmachung.

Auf Befehl der Kaiserlich japanischen Regierung hat das japanische Flottenkommando am 26. Mai d. Js. über die Küste der Halbinsel Liautung südlich der Linie Pulantien-Pitszewo bis auf weiteres Blockade verhängt.

Tsingtau, den 29. Mai 1904.

Kaiserliches Gouvernement.

Landversteigerung.

Auf Antrag des Herrn Ehrlich findet am Montag, den 20. Juni 1904, vormittags 11 Uhr, im Landamte die öffentliche Versteigerung der am Hohenloheweg, Ecke Bischofstrasse, belegenen Parzelle Kartenblatt 8 Nr. $\frac{182}{4}$ statt.

Grösse: 697 qm.
Mindestpreis: 920 $.
Benutzungsplan: Wohn- und Geschäftshaus.
Bebauungsfrist: Bis zum 30. Juni 1907.
Gesuche zum Mitbieten sind bis zum 13. Juni 1904 hierher zu richten.

Tsingtau, den 31. Mai 1904.

Kaiserliches Landamt.

Bekanntmachung.

In dem Konkurse über das Vermögen des Gastwirtes Othon Köhler soll eine Abschlagsverteilung stattfinden.

Dazu sind $ 387, 97 verfügbar. Zu berücksichtigen sind $ 2586, 54 nicht bevorrechtigte Forderungen.

Das Verzeichnis der zu berücksichtigenden Forderungen kann auf der Gerichtsschreiberei des Kaiserlichen Gerichts hier, Zimmer 9, eingesehen werden.

Tsingtau den 28. Mai 1904.

Der Verwalter.
Bergemann.

大德欽命總督膠澳文武事宜大臣都為出示曉諭事照得日本水師提督遵從本政府命令於西歷五月二十六號即中歷本月十二日起用艦隊曹將遼東由普蘭店至貔子窩直線迤南沿海環圍封禁船隻為此本大臣合亟示諭如有船隻往來該界限以內者一經查獲扣留無論國拗戈局外皆按公法入官仰各船戶人等一體遵照幸勿嘗試特諭

右諭通知

大德一千九百零四年五月二十九日

告示

Bekanntmachung.

Gestohlene Gegenstände:

1 Militär-Tropenhelm mit Bezug, gelb; 2 neue gelbe Patronentaschen; 1 Uhrkette aus Chin. Münzen 5-50 Centstücken; 1 lange aus 3 dünnen Nickelkettchen bestehende Kette mit einem sich bewegenden Segelschiff als Compass, das Schiffchen ist grün, rot und gelb emailirt; ein Etui mit 8 Rasiermessern mit schwarzen Griffen, eines davon ist mit Blumen versehen, auf der einen Seite ein Frauenkopf eingravirt; eine silberne Remontoiruhr, im hinteren Deckel ist G. Krug eingraviert; eine silberne Remontoiruhr, ein Zeiger fehlt, der Rand ist eingebeult und der hintere Deckel defekt; 31 und 16 m weisse Leinewand in je einem Ballen; 1 rotbraun gestrichene Kiste mit chin. Kleidern.

Gefundene Gegenstände:

Ein Marine-Taschenbuch 1904 mit Namen „Weil"; eine Radbuchse aus Messing zu einem Viktoria-Wagen gehörend.

Tsingtau, den 1. Juni 1904.

Kaiserliches Polizeiamt.

白 告

啓者茲將本署據報被竊及送署各物列左

兵丁夏季所戴黃色帶套大帽一頂

裝彈子黃色新盒兩個

用小洋鑲成表鍊一條

鉛鍊一條係三條扭成一條卜帶有小帆船一隻爲指南針該船綠色紅色黃色漆就

又一盒內裝有黑木柄剃頭刀八把其中有刀一把一面鏨有花一面鏨有女像

銀表一枚背蓋鏨有洋字即 G. Krug

銀表一枚少一針表棱及背蓋皆有傷

白洋布一疋三十一米打長者

白洋布一疋十六米打長者

紫色木衣箱一隻內有華人衣服

送署各物

洋醬一本上有洋人名字即 Weil

馬車車軸頭上銅帽一枚

以上各物切勿輕買如見亦宜報明本署送存各物亦准具領此佈

德一千九百四年六月初一日

青島巡捕衙門啓

Die im hiesigen Handelsregister Abteilung A Nr. 28 eingetragene Firma
„K. Menju Nachfolger, Hatsutaro Fujii"
ist erloschen.

Unter Nr. 42 Abteilung A des gleichen Handelsregisters ist die Firma
„Komajiro Menju"
eingetragen, deren alleiniger Inhaber der Japanische Kaufmann Komajiro Menju ist.

Tsingtau, den 26. Mai 1904.

Kaiserliches Gericht von Kiautschou.

Jn der Abteilung B Nr. 14 des hiesigen Handelsregisters ist die Firma
„Hamburg Amerikanische Packetfahrt Aktien-Gesellschaft in Hamburg - Zweigniederlassung Tsingtau-" eingetragen worden.

Die Gesellschaft ist eine Aktiengesellschaft von unbeschränkter Zeitdauer.

Der Zweck des Unternehmens ist der Betrieb einer Rhederei und solcher Handelsgeschäfte, welche dem Rhedereibetrieb oder dem Reiseverkehr dienlich erscheinen.

Das Grundkapital der Gesellschaft beträgt 100 000 000 Mark, eingeteilt in 100 000 auf den Jnhaber lautende Aktien zu je 1000 Mark.

Der Vorstand der Gesellschaft besteht aus
dem Generaldirektor Albert Ballin,
dem Direktor Guido Wolff,
dem Direktor Johannes Theodor Merck,
dem Direktor Dr. jur. Otto Ecker,
dem Direktor Wilhelm Julius Thomann,
sämtlich in Hamburg als Vorstandsmitgliedern und
dem stellvertretenden Direktor Gottfried Ernst Blumenthal in Hamburg als stellvertretendem Vorstandsmitglied.

Prokuristen sind
Eduard Johann Caspar Daniel Huber in Hamburg,
Johann Friedrich Adolph Sommer,
Adolph Friedrich Christian von Hielmcrone in Altona,

Adolph Julius Cäsar Storm in Hamburg,
Johannes Eduard Naht in Hamburg,
Alfred Louis Amandus Jarke in Hamburg,
Hermann Heinrich Eduard Dannenberg in Hamburg,
Ernst Walther Friedrich Sachse in Hamburg,
Georg Theile in Hamburg,
Albert August Max Polis in Hamburg,
Martin Gerhardt Friedrich Arndt von Holtzendorff in Hamburg.

Die Prokuristen sind berechtigt, in Gemeinschaft mit einem Vorstandsmitgliede die Gesellschaft zu vertreten und die Firma per procura zu zeichnen.

Die von der Gesellschaft ausgehenden Bekanntmachungen werden in dem „Deutschen Reichsanzeiger", welcher als alleiniges Gesellschaftsblatt im Sinne des Gesetzes gilt, sowie in den vom Vorstande etwa sonst noch zu bestimmenden Blättern veröffentlicht.

Der abgeänderte Gesellschaftsvertrag, beschlossen in den Generalversammlungen vom 30. März 1896, 14. Januar 1899, 3. Juni 1899, 27. Februar 1900, 27. März und 28. Mai 1902, befindet sich in beglaubigter Form Bl. 5 ff. act.

Der Vorstand besteht je nach Ermessen des Aufsichtsrates aus einem oder mehreren Mitgliedern, welche vom Aufsichtsrate erwählt werden.

Die Firma der Gesellschaft wird, falls der Vorstand nur aus einem Mitgliede besteht, von diesem allein, falls der Vorstand aus mehreren Mitgliedern besteht, von je 2 Mitgliedern desselben gezeichnet; die Zeichnung der Firma kann ersteren Falls unter Zustimmung des Aufsichtsrates auch von 2 Prokuristen, oder falls der Vorstand aus mehreren Mitgliedern besteht, von einem Vorstandsmitgliede und einem Prokuristen erfolgen.

Die Gesellschaft zeichnet alle diejenigen Schriftstücke und Ankündigungen, bei denen es nicht des Gebrauchs der vollen Firma der Gesellschaft bedarf, unter der abgekürzten Bezeichnung „Hamburg Amerika Linie."

Tsingtau, den 26. Mai 1904.

Kaiserliches Gericht von Kiautschou.

Mitteilungen.

Protokoll
über die Sitzung des Gouvernementsrats vom 20. Mai 1904.

Auf der Tagesordnung standen zur Beratung die Entwürfe

1. einer Baupolizei-Gebührenordnung,
2. einer Verordnung betreffend Wasserabgabe und
3. der Bestimmungen über den Bezug von Wasser aus dem fiskalischen Wasserwerk.

Die Entwürfe, welche den Vertretern der Zivilgemeinde vorher zugestellt waren, wurden im einzelnen durchberaten.

1.

Zu Punkt 1 führten die Vertreter der Zivilgemeinde aus, dass bei der Zahl der jetzt bestehenden Privatbauten eine erhebliche Einschränkung der Privatbautätigkeit zu erwarten sei und deshalb die Baupolizei-Gebührenordnung eine fiskalische Bedeutung kaum erlangen werde. Die Gebühren würden nur eine „Kontrollsteuer" bleiben, so dass der Zweck auch durch niedrigere Gebühren, als die Verordnung vorsehe, erreicht werden könne. Nach Ansicht der europäischen und besonders der chinesischen Beteiligten seien die Gebühren zu hoch, ferner befürchteten namentlich Chinesen grosse Unzuträg-

lichkeiten aus der Festsetzung von Gebühren für fruchtlos verlaufene Rohbau- und Gebrauchsabnahmetermine.

Die Vertreter beantragten, die Gebühren in § 1 und § 4 auf folgende Sätze zu ermässigen:

§ 1. a) für je 100 cbm Rauminhalt 1 $ (statt 2$), jedoch mindestens 15 $ (statt 30$),

b) für je 100 cbm Rauminhalt 0.50 $ (statt 1$), jedoch mindestens 5 $(statt 10 $),

c) 3 $ (statt 5$),

§ 4. 2 $(statt 3$).

und ferner in § 3 die Gebühren für Wiederholung fruchtlos abgelaufener Abnahmetermine zu streichen.

Demgegenüber wies der Gouverneur darauf hin, dass die Gebühren nicht eine Steuer, sondern nur ein sehr geringer Entgelt für die im Interesse der Bauherren aufzuwendende Tätigkeit der Baupolizei seien. Die Gebührensätze entsprächen den heimischen, nur seien anstatt Markbeträge gemäss den Verhältnissen im Schutzgebiete Dollarbeträge gesetzt. Würden die von den Vertretern der Zivilgemeinde vorgeschlagenen Sätze angenommen, so würden bei dem jetzigem Dollarkurse nicht einmal die in der Heimat üblichen Beträge erreicht werden.

Der Gouverneur sagte nochmalige Prüfung der Gebührensätze behufs eventueller Herabsetzung nach Anhörung der chinesischen Beteiligten zu und erklärte sich mit der Streichung der Gebühren für fruchtlos verlaufene Abnahmetermine in § 3 einverstanden. Er bemerkte hierzu, dass mit Wegfall dieser Gebühren der Nachteil verbunden sei, dass die Baupolizei im Fall nicht rechtzeitiger Beseitigung der gerügten Baumängel häufiger von dem Rechte der Sistierung der Bauten oder der strafrechtlichen Verfolgung aus § 367 Ziffer 15 des Reichsstrafgesetzbuches Gebrauch machen müsse, als bei Beibehaltung dieser Gebühren. Es solle die praktische Erfahrung entscheiden, ob sie später doch wieder aufzunehmen sind.

2.

Zu Punkt 2 der Tagesordnung führte der Gouverneur aus, dass die Verordnung betreffend Wasserabgabe nur eine vorübergehende Bedeutung habe, bis nach Fertigstellung der Schmutzwasserkanalisation allen Grundstücken Anschluss an die Wasserleitung gewährt werden könne und dann die Bezahlung des Wassers durch Wassermesser festgestellt werde. Bei dem nur provisorischen Charakter sei es erwünscht, die Verordnung so einfach als möglich zu gestalten. Es sei eingehend erwogen worden, ob während dieses Provisoriums die Wasserabgabe nach der Grösse der bebauten Grundfläche, nach der Kopfzahl der Bewohner eines Grundstücks, nach der Zahl der aus den Brunnenständern entnommenen Eimer Wasser u. s. w. bemessen werden sollte. Am einfachsten für die Durchführung sei die in der Verordnung gewählte Form der Abgabe für jeden bewohnbaren Raum erschienen. Bei der Feststellung, was als bewohnbarer Raum zu rechnen sei, sollten die bereits vorhandenen für die Wohnungsregelung der Gouvernementsbeamten und Offiziere geltenden Grundsätze massgebend sein. Hiernach würden Räume unter 8 qm Grösse, Nebenräume, Küchen, Ställe u. s. w. nicht als bewohnbare Räume gerechnet. Eine Definition des Begriffes „bewohnbarer Raum" in die Verordnung aufzunehmen, empfehle sich nicht, weil eine solche Definition trotz Aufzählung vieler Einzelheiten immer lückenhaft sein würde. Dafür, dass bei Feststellung der bewohnbaren Räume nicht willkürlich vorgegangen werden könne, biete die Möglichkeit des Einspruchs an die Wohnungskommission eine genügende Gewähr.

Die Vertreter der Zivilgemeinde erkannten die Berechtigung der Wasserabgabe an und stimmten der Verordnung zu. Auf ihren Antrag wurde in § 2 statt „für jeden bewohnbaren Raum" gesagt „für jeden über 8 qm grossen bewohnbaren Raum".

Auf ihre Anfrage, wie Fabrik- und Gewerbebetriebe ohne eigene Wasserbeschaffungsanlage, ferner Ladenräume, Bureaus u. s. w. behandelt werden würden, wurde ihnen mitgeteilt, dass derartige Räume je nach Lage der tatsächlichen Verhältnisse (z. B. wenn sie zum dauernden Aufenthalte von Menschen dienen) als Wohnräume, sonst als abgabenfreie Nebenräume, anzusehen sein würden.

Hierauf wurde auf Anregung der Vertreter der Zizilgemeinde, um Missverständnissen vorzubeugen, die Bestimmung des § 3 gestrichen, wonach Fabrik- und Gewerbebetriebe mit eigener einwandfreier Wasserbeschaffungsanlage auf Antrag von der Wasserabgabe befreit werden können. Denn diese Bestimmung hätte nur auf die Brauerei bei Taitungtschen Anwendung finden können, welche schon gemäss § 1 wegen zu grosser Entferung von der Wasserabgabe befreit ist.

Die Vertreter wünschten Aufklärung darüber, weshalb Grundstücke, für die der Fiskus in erster und letzter Linie die Kosten zu tragen haben würde, von der Wasserabgabe befreit sein sollten. Es wurde ihnen mitgeteilt, dass dies aus etatsrechtlichen Gründen erwünscht sei, um überflüssiges Rechnungswesen zu vermeiden.

3.

Zu Punkt 3 der Tagesordnung erklärten die Vertreter der Zivilgemeinde, dass Bedenken gegen den Entwurf mit Ausnahme der §§ 2 und 3 nicht vorlägen. Bei § 2 wünschten sie eine Äusserung darüber, ob in Häusern mit mehreren Wohnungen auf Antrag einzelner Mieter in deren Wohnung ein Wassermesser aufgestellt werden könne. Es wurde ihnen geantwortet, dass die Aufstellung eines besonderen Wassermessers für jeden Mieter zulässig sei, dass die Aufstellung jedoch voraussichtlich in der Regel im Keller und nicht in den einzelnen Stockwerken erfolgen müsse, um die Uebersicht über die Wassermesser zu erleichtern.

Bei § 4 beantragten die Vertreter Herabsetzung des Preises für ein Kubikmeter Wasser von 30 Cent auf wenigstens 20 Cent und dementsprechend auch Herabsetzung der zu zahlenden Mindestsätze. Ferner wünschten sie, dass die Mindestsätze nicht in vierteljährlichen, sondern in monatlichen Teilbeträgen erhoben würden und zwar direkt vom Mieter des Wassermessers, nicht vom Hauseigentümer.

Der Gouverneur sagte eine Herabsetzung des Wasserpreises für das Kubikmeter mit dem Vorbehalte zu, später den Preis wieder zu erhöhen, wenn genauere Erfahrungen über die Höhe des Wasserverbrauchs eine Preiserhöhung nötig machen sollten. Das Mass der Herabsetzung soll weiterer Prüfung durch den Gouverneur vorbehalten werden, auch mit Rücksicht darauf, dass für Beamte und Offiziere, die durch diese Wasserverordnung in gleichem Masse pekuniär getroffen werden, wie jeder andere Kolonist bisher kein Einspruch gegen die Höhe des Wasserpreises erhoben wurde. Ebenso wurde ein Versuch mit der monatlichen Einziehung der Mindestsätze zugesagt. Was die Frage der Herabsetzung der Mindestsätze anlangte, so wies der Gouverneur darauf hin, dass, solange die Schmutzwasserkanalisation nicht fertig sei, eine Herabsetzung der Mindestsätze nicht zweckmässig erscheine oder doch nicht in demselben Masse wie bei Herabsetzung des Einheitspreises; denn sonst bestehe die Gefahr, dass bei zu billigen Sätzen zu viele Grundstücke sich an die Wasserleitung anschliessen liessen und dadurch sanitäre Missstände wegen ungenügender Entwässerung hervorgrufen würden. Der Gouverneur sagte jedoch eine nochmalige genaue Prüfung der Frage zu, ob die Mindestsätze ermässigt werden könnten.

Der Wunsch, dass das Gouvernement wegen der Bezahlung des Wassers sich an die einzelnen Mieter direkt und nicht an die Hauseigentümer halten solle, erklärte der Gouverneur nicht ohne weiteres für erfüllbar und glaubte jedenfalls zunächst davon absehen zu müssen. Denn der Vorschlag würde bedingen, dass das Gouvernement selbst eine Mietskontrolle führen müsse, dadurch geschäftlich zu sehr belastet würde und mehr als wünschenswert in private Vertragsverhältnisse eindringen müsse.

*   *   *

Der Konsul Dr. Merz hat die Geschäfte des Kaiserlichen Konsulates in Amoy am 10. Mai d. Js. wieder übernommen.

*   *   *

Der Vizekonsul Dr. Daumiller hat am 18. Mai d. Js. die Geschäfte des Kaiserlichen Konsulates in Swatau anstelle des nach Tsinanfu versetzten bisherigen Konsulatsverwesers Dr. Betz übernommen.

*   *   *

Am 1. Juni 1904 ist die Strecke Tsetschuan-Poschan der Schantung-Eisenbahn dem öffentlichen Verkehr übergeben worden. Bis auf weiteres verkehren die Züge 20 und 23 nach folgendem Fahrplane:

Zug 23			Zug 20	
Ankunft.	Abfahrt.		Ankunft.	Abfahrt.
—	5,00	Tschangtien	9,23	—
5,17	5,18	Nanting	9,05	9,06
5,46	5,51	Tsetschuan	8,27	8,37
6,38	6,34	Takuenluen	7,42	7,43
7,16		Poschan		7,00

Schiffsverkehr

in der Zeit vom 26. Mai—2. Juni 1904.

Ankunft am	Name	Kapitän	Flagge	Reg. Tonnen.	von	Abfahrt am	nach
26.5.	D. Aragonia	Schuldt	Deutsch	3323,93	Moji	31.5.	Hongkong
„	D. Como	Mittmann	„	3287,14	Singapore		
27.5.	D. Tsintau	Hansen	„	976,81	Schanghai	29.5.	Schanghai
„	D. Hohnstein	Hamer	„	1275,15	Hongkong		
30.5.	D. Knivsberg	Kayser	„	645,76	Schanghai	31.5.	Tschifu
31.5.	D. Vorwärts	Sohnemann	„	643,26	Tschifu	„	Schanghai

Meteorologische Beobachtungen.

Da-tum. Mai.	Barometer (m m) reduz. auf 0° C., Seehöhe 24,30 m			Temperatur (Centigrade). trock. Therm.			feucht. Therm.					Dunstspannung in mm			Relat. Feuchtigkeit in Prozenten		
	7 Vm	2 Nm	9 Nm	7 Vm	2 Nm	9 Nm	7 Vm	2 Nm	9 Nm	Min.	Max.	7 Vm	2 Nm	9 Nm	7 Vm	2 Nm	9 Nm
26	758,6	757,9	757,8	14,0	20,1	13,9	11,9	13,8	12,3	14,0	17,6	9,1	7,9	9,1	77	45	82
27	57,2	55,4	54,9	11,8	14,9	14,3	11,3	14,0	13,5	11,2	20,8	9,7	11,4	11,0	95	90	92
28	55,4	55,9	57,3	14,7	18,8	15,4	14,3	15,9	12,6	11,4	15,9	11,9	11,7	9,2	96	72	70
29	57,0	54,8	54,3	16,0	19,0	16,3	14,0	15,7	14,3	12,8	19,8	10,7	11,3	10,9	79	69	79
30	55,1	54,7	56,5	16,2	21,2	15,4	14,2	15,5	13,8	15,1	20,2	10,8	9,6	10,8	79	52	83
31	56,3	53,6	50,9	16,6	19,6	16,9	14,1	16,2	14,9	13,5	22,2	10,5	11,6	11,4	74	69	80
Juni 1	51,	49,2	52,7	17,1	24,3	20,2	15,3	18,4	16,2	16,7	22,0	11,8	12,1	11,3	82	54	64

Datum. Mai.	Wind Richtung & Stärke nach Beaufort (0—12)			Bewölkung						Niederschläge in mm		
				7 Vm		2 Nm		9 Nm				9 Nm +7 Vm
	7 Vm	2 Nm	9 Nm	Grad	Form	Grad	Form	Grad	Form	7 Vm	9 Nm	
26	N W 4	N W 2	S S O 2	9	Cum-ni	1	Cu-str			17,0		
27	S S O 3	S S O 5	S O 3	10	Nebel	3	Cir-str	4	Cu-str			
28	O 3	S S O 1	N W 3	10	Cum-ni	4	Cum	1	"		2,1	2,1
29	W N W 1	S O 3	S O 3			3	"	2	"			
30	N 2	N W 1	S S O 1	4	Cu-str	7	Cum-ni	1	"		0,5	0,5
31	S 1	S S O 3	S 2	1	Str	1	Cum	5	Str			
Juni 1	S O 4	S 6	N W 1	8	Cum-ni	6	Cum	3	Cum-str			

Druck der Missionsdruckerei, Tsingtau.

第五年　第二十二号

1904 年 6 月 4 日

法令与告白

大德钦命总督胶澳文武事宜大臣都　为

厘订《工务巡捕费项章程》三大端列左：

第一端　修造洋式楼房

第一条：凡有人欲修盖新房或改造旧房以及各项修造，若非本署出资所造者，其他人修造，该局初宜核准，继宜往查，势须按照下列数目出费缴纳粮台。

一、新盖住房、铺房或聚会处所，统量按每一百库必米打①出费洋二元，但至少亦得出费洋三十元。如住房、铺房及聚会处所，若仅改修或另开展工程若大，则仍须照纳。

二、新盖无局式房屋，如牲畜栖止处所，不用以谋生者，他如栈房、花洞、球厂（场）以及粗大穿堂，每一百库必米打均须纳费洋一元，但至少亦须纳费洋十元。如改修或开展前项房屋工程较大，并台东镇、台西镇，或新盖，或修改，或开展，皆按此例纳费。

三、其余各项修造，如凉台、界墙、铁闸栏，概纳费洋五元；其木闸栏、工厂棚子并暂立之厕所应准者，免纳费洋。

第二条：测量房屋库必米打数目，须用地脚方米打与房之高低米打相承（乘）。至高低米打，则由墙根至山墙垛子或房檐止。核算其改修或开展，则仅度量改修处、加增处库必米打数目。

无论丈量何项库必米打，每遇零、五十以及五十以下，概不加算。若五十以上者，则皆按百算。该局随时定拟费项，倘有不佩服者，可以禀报本署酌核另订。

第三条：各项图样呈经工部局批准后又欲添改，较前悬殊者，费项则按第一条之一、二则所载至少之费征收。

第二端　修盖内地华式房屋

第四条：凡有拟欲新修或修改华式房屋，须先禀报准否。若准，则费项每间洋二元。但此项费洋可以度情酌减抑或豁免。籍李村辖界者，则禀报李村副臬署，其余各村则禀报

---

① 译者注：德语 Kubikmeter，即立方米。

青岛本署中华事宜公廨。

第三端 各项总章

第五条：应纳费项一经谕明多寡以后，至迟须于十四日内缴兑青岛粮台或李村副臬署，讫始行发给准盖房屋执照。

第六条：此次费项章程，仰阖属诸色人等准于西一千九百四年七月初一日起一律遵行勿违。特谕。

大德一千九百四年五月二十七日

大德钦命总督胶澳文武事宜大臣都　为

议订《自来水费章程》分条列左：

第一条：凡有房之地基直距共用自来水喉（即俗称水溜子）至远三百五十米打，应自西历一千九百四年四月初一日起酌订水费，以补创修并嗣后随时修理经费。

第二条：所收水费按八方米打以上房屋，每间每年出费洋四元。此项费洋，各该房主应于每季先期缴纳本署银库，惟各该房主自有分别转向租户索讨权衡。

第三条：凡有地段接通公共干筒并有量水机器，即按《接用（通）自来水章程》完纳水价，至此项水费则免缴兑。如有地段展转，终须德境银库缴纳者，则免征收。

第四条：经订之能住房屋数目，设有不甘服者，可以具禀报明该管自来水局，以便详由本署再行发交专委查房各官与一本国董事面同酌订。既经此次订后，不得复有哓舌。为此仰诸色人等遵照勿违。特谕。

大德一千九百四年五月二十七日

大德青岛总工部局　为

订立《接通自来水规条》逐一列左：[①]

官方通告

大德钦命总督胶澳文武事宜大臣都　为

出示晓谕事：照得日本水师提督遵从日本政府命令，于西历五月二十六号即中历本月十二日起，用舰队暂将辽东由普兰店至貔子窝直线迤南沿海环围封禁船只。为此，本大臣合亟示谕：如有船只往来该界限（线）以内者，一经查获扣留，无论战国抑或局外，皆按

[①] 译者注：此号为德文版，内容与第二十五号中文版相同。

公法入官。仰各船户人等一体遵照,幸勿尝试。特谕。

右谕通知

大德一千九百零四年五月二十九日　告示

土地拍卖

应埃尔利希先生申请,将于1904年6月20日礼拜一上午11点在地亩局公开拍卖位于霍恩洛厄道①与主教街②拐角的地籍册第8页第182/4号地块。

面积:697平方米

最低价格:920元

利用规划:居住与商用楼

建造期限:1907年6月30日。

出价申请须在1904年6月13日前递交至本处。

青岛,1904年5月31日

皇家地亩局

告白

在对饭店老板奥通·科勒财产的破产程序中,将会对款项进行分配。

可分配金额为387.97元,需要考虑的非优先索款额为2586.54元。

需要考虑的优先索款列表可在本皇家审判厅法院书记处9号房间查看。

青岛,1904年5月28日

管理员

伯格曼

告白

启者:兹将本署据报被窃及送署各物列左:

兵丁夏季所戴黄色带套大帽一顶;装弹子黄色新盒两个;用小洋镶成表链一条;铅链一条,系三条扭成一条,上带有小帆船一只为指南针,该船绿色、红色、黄色漆就;又一盒内装有黑木柄剃头刀八把,其中有刀一把,一面錾有花,一面錾有女像;银表一枚,背盖錾有

---

① 译者注:即今德县路。
② 译者注:原圣灵修道院建筑背面的街道,与不来梅街交叉,现均为肥城路。

洋字即"G. Krug";银表一枚,少一针,表棱及背盖皆有伤;白洋布一匹,三十一米打长者;白洋布一匹,十六米打长者;紫色木衣箱一只,内有华人衣服。

送署各物:

洋书一本,上有洋人名字即"Weil";马车车轴头上铜帽一枚。

以上各物切勿轻买,如见亦宜报明本署,送存各物亦准具领。此布。

德一千九百四年六月初一日
青岛巡捕衙门启

在本地商业登记 A 部第 28 号登记的公司"毛受驹次郎写真馆的接手人藤井照相馆"已经撤销。

在同一商业登记 A 部第 42 号注册了公司"毛受驹次郎",其唯一所有人为日本商人毛受驹次郎。

青岛,1904 年 5 月 26 日
胶澳皇家审判厅

在本地商业登记 B 部第 14 号注册了公司"汉堡的汉堡－美洲包裹运输股份公司青岛分公司"。

该公司为无限期限的股份公司。

该企业的目标为经营航运以及对于航运运营或者旅行交通有益的贸易。

公司的基本股份为 100 000 000 马克,分为由股东支配的 100 000 股,每股 1 000 马克。

公司董事会组成:

总经理阿尔伯特·巴林[①],

经理古伊多·沃尔夫,

经理约翰内斯·特奥多·梅尔克,

经理奥托·埃克尔法学博士,

经理威廉·尤利乌斯·托曼,

他们都是汉堡的董事会成员,还有代理经理、汉堡的歌特弗里德·恩斯特·布鲁门塔尔,担任代理董事会成员。

代理人为:

汉堡的爱德华·约翰·卡斯帕·丹尼尔·胡博,

约翰·弗里德里希·阿道夫·索摩尔和

阿尔托纳[②]的阿道夫·弗里德里希·克里斯蒂安·冯·希尔梅罗纳,

---

① 译者注:巴林为德国汉堡著名商人,经营航运业,至今德国汉堡仍有"国际巴林之城博物馆"。

② 译者注:阿尔托纳现为汉堡的一个行政区。

汉堡的阿道夫·尤利乌斯·凯撒·施多姆，

汉堡的约翰内斯·爱德华·纳特，

汉堡的阿尔弗雷德·路易斯·阿曼都司·亚尔克，

汉堡的赫尔曼·海因里希·爱德华·达嫩伯格，

汉堡的恩斯特·瓦尔特·弗里德里希·萨科瑟，

汉堡的格奥尔格·泰勒，

汉堡的阿尔伯特·奥古斯特·马克斯·波利斯，

汉堡的马丁·格哈特·弗里德里希·昂特·冯·霍尔岑多夫。

代理人有权与一名董事会成员一起代表公司，并以代理人身份以公司名义签字。

由公司发出的通告发布在《德意志帝国报》上，该报为公司法律意义上唯一的报纸，另外还会在由公司董事会指定的其他报纸上发布。

1896年3月30日、1899年1月14日、1899年6月3日、1900年2月27日、1902年3月27日和5月28日召开的公司全体大会上决议的经过修订的公司合同，以公证的形式，参照第5页以及随后的页码施行。

根据监事会的决定，董事长由监事会从一名或多名董事会成员中选出。

如果董事会由一人组成，则由他单独代表公司签字；如果由多人组成，则每次都要有两名董事会成员共同签字。在第一种情况下，也可以由监事会同意，由两名代理人签字，或者如果董事会由多人组成，由一名董事会成员和一名代理人共同签字。

公司在签署所有的文件和公告时不需要使用公司的全名，而只使用简略名称"汉堡美洲航线"①。

青岛，1904年5月26日
胶澳皇家审判厅

消息

记录

1904年5月20日举办的总督府参议会会议

在日程安排上需要征询意见的草案有：

1. 建筑警察收费法

2. 关于水费的法案

3. 关于从国有水厂取水的规定。

对于已经在事先递送给民政区代表们的草案，做了透彻的征询。

---

① 译者注：该公司的中文行名为"亨宝洋行"。

1.

民政区的代表就第 1 点进行了阐释,按照现有私人建筑的数量,可能会招致对私人建造活动的重大限制,因此,该项建筑警察收费法几乎不会对国库具有补充意义。这些收费可能仅停留在"检查税"的作用上,实际上这个目的也可以通过征收比这个法案计划的更低费用得以实现。按照欧洲、尤其是华人与会人员的观点,这些费用过高,此外,特别是华人担心,因为持续收取该费用,会对未按时成功进行的建筑落成和使用验收产生非常不好的后果。

代表们请求,将第 1 条和第 4 条中的费率优化为:

第 1 条 a)每 100 立方米空间容量 1 元(而不是 2 元),但至少应为 15 元(而不是 30 元);

b)每 100 立方米空间容量 0.50 元(而不是 1 元),但至少应为 5 元(而不是 10 元);

c)3 元(而不是 5 元)

第 4 条 2 元(而不是 3 元)。

此外,删除第 3 条中对于未成功按期验收时再次验收的收费。

而总督对此则指出,这些收费不是税收,而只是对建筑警察局建筑师们付出劳动的微不足道的报酬。这些收费费率与德国国内的一样,只是将以马克计算的金额按照殖民地的比例换算为银元的金额。如果按照民政区代表们建议的费率收取,按照现在这个汇率则根本达不到符合在德国通行的金额。

总督允诺,在听取华人与会人员意见后,会为了可能的降费再次审查收费费率,并同意删除第 3 条中对于未成功按期验收时再次验收的收费。他对此补充道,取消这项收费会连带出现一个缺点,在出现不能及时排除警方指出的建筑缺陷时,必须转而适用《帝国刑法》第 367 条第 15 款中规定的取消建筑权益或者进行刑事调查条款,而不是保持在收取该项费用上。应该通过实际经验来决定之后是否要接受这一点。

2.

总督就日程上的第 2 点做出阐释:《关于水费的法令》只具有临时性意义,可以确保在完成污水下水道后,让所有地块都连接上自来水管道,然后再通过水表确定水费的支付。既然是临时性质,就希望这个法令在设计的时候越简单越好。在过渡期内,是按照建造的地块面积收费,还是按照该地块居民人数收费,还是按照从水井架上取得的水袋数量来收费?这方面经过了深入的研究,最简单的施行办法就是在法令中选择的按照每个可居住房间收费的形式。在确定什么样的房间才算作可居住房间时,应该适用已有的、总督府官员和军官住房规定中适用的基本原则。据此,面积在 8 平方米以下的房间、侧室、厨房、马厩等都不算作可居住房间。不建议将"可居住房间"的定义纳入法令中,因为尽管可以列举众多细节,这样一个定义还会有漏洞。在这一方面,确定可居住房间时不能随意,向住房委员会提交申诉的可能性就提供了足够的保障。

民政区的代表们承认了水费的合理性，也赞同该法令。应他们的申请，第 2 条中的"对于每一可居住房间"的表述，换为"对于每间超过 8 平方米的可居住房间"。

对于他们所问询的如何对待无自有取水设施的工厂和工商企业，以及商店、办公室等情况，得到的回复是，这一类房间按照实际情况（例如当它们服务于持续停留的人员时）会被算作居住房间，否则的话就会算作免费的侧室。

民政区的代表们就此建议，为了防止误解，删除第 3 条规定的拥有完备取水设备的工厂和工商企业经申请可以免除水费。因为这项规定可能仅仅会适用在台东镇附近的啤酒厂，它已经按照第一条规定中的取水距离过远而免除了缴费。

代表们还希望澄清的是，国库在一开始和之后可能需要承担费用的地块，为什么可以免交水费。对他们的答复是，这是出于预算法律方面的原因，希望这样可以避免进行多余的计算。

3.

民政区的代表就第 3 点做了解释，可能不存在反对草案中第 2 和 3 条中例外情况的顾虑。他们希望在第 2 条中加入一个表述，就是是否可以应个别租客的申请，在有多个房间的住房中，为租客的房间单独安装水表。答复是，允许为每一个租客安装专用水表，但是预计一般必须安装在地下室，而不是在各个楼层中，目的是更加便于查水表。

在探讨第 4 条时，代表们申请将每立方米水费从 30 分降到至少 20 分，并对需要缴纳的最低费用进行相应的降低。此外，他们还希望，最低费用不是按照季度，而是按照月份收取对应金额，而且从水表的租用人直接收取，而不是向房东收取。

总督承诺降低每立方米的水价，但是也有所保留。如果根据用水情况有必要提高水价的话，以后会再次提高水价。总督保留通过进一步研究来确定降价幅度的可能，同时也会考虑到，该项法令同样在收费上涉及官员和军官，到目前为止，就像其他殖民者一样，他们没有对水价提出任何异议。同样还做出承诺，实验性地按照月份收取最低收费。在降低最低收费金额问题上，如总督所指出，只要污水下水道未完工，降低最低收费就看不出意在何处，或者不能降低单位价格，因为要是那样做的话，费率过低就会有太多地块想连接上自来水管道，由此会因排水设施数量不足而导致卫生方面的缺陷。然而总督也承诺会对这一问题再进一步研究，看是否可以对最低费率进行优惠。

对于水费直接由租客而不是房东向总督府缴纳的建议，总督声明不用进一步通知，这是可以实现的。但是认为刚开始时，无论如何一定不会考虑这么做。因为这个建议的条件是，总督府必须亲自查看租用情况，这会使工作负担过重，更希望的是研究签订私人合同。

领事默尔茨博士在今年 5 月 10 日再次接手了厦门的皇家领事馆事务。

副领事道米勒博士在今年 5 月 18 日接手了汕头的皇家领事馆事务，以代替目前担任代理领事、现调往济南的贝茨博士。

1904年6月1日,山东铁路公司的淄川－博山段已经移交给公共交通。在另行通知前,20号和23号火车按照下列行车计划运行:

23号车			20号车	
出发	到达		出发	到达
—	5:00	张店	9:23	—
5:17	5:18	南定	9:05	9:06
5:46	5:51	淄川	8:27	8:37
6:33	6:43	大昆仑	7:42	7:43
7:16		博山		7:00

船运

1904年5月26日—6月2日期间

到达日	轮船船名	船长	挂旗国籍	登记吨位	出发港	出发日	到达港
5月26日	阿拉贡号	舒尔特	德国	3 323.93	门司	5月31日	香港
5月26日	科莫号	米特曼	德国	3 287.14	新加坡		
5月27日	青岛号	韩森	德国	976.81	上海	5月29日	上海
5月27日	霍恩施坦号	哈默尔	德国	1 275.15	香港		
5月30日	柯尼夫斯堡号	凯瑟	德国	645.76	上海	5月31日	芝罘
5月31日	前进号	索纳曼	德国	643.26	芝罘	5月31日	上海

Amtsblatt
für das Deutsche Kiautschou-Gebiet.

青島官報

Herausgegeben vom Kaiserlichen Gouvernement Kiautschou.

Der Bezugspreis beträgt jährlich $ 0,60 = M 1,20.
Bestellungen nehmen sämtliche deutsche Postanstalten entgegen.

| Jahrgang 5. | Nr. 23. | Tsingtau, den 11. Juni 1904. |

Amtliche Anzeigen.

Bekanntmachung.

In der Zeit vom 15. bis 30. Juni d. Js. findet eine Schiessübung der Matrosenartillerie-Abteilung nach der Innen-und Aussenrhede zu statt.

Während der Schiesszeiten von 6 Uhr 30 Min. bis 11 Uhr 30 Min. vormittags und von 2 Uhr 30 Min. bis 6 Uhr nachmittags wird an diesen Tagen an den Signalmasten der Salut-Batterie und der Signalstation ein roter Doppelstander (Internationale Flagge B) sein.

An den Grenzen des Schussfeldes werden während der Schiesszeiten Dampfboote liegen mit den gleichen Signalzeichen. Dieselben halten das Schussfeld frei. Ihren Anordnungen ist Folge zu leisten.

Während der Dauer des Schiessens wird das Auguste Viktoria-Ufer von der Marine-Werkstatt bis Villa Ohlmer durch Posten zeitweise abgesperrt werden.

Es wird streng gewarnt, blind gegangene Munition beim Auffinden mitzunehmen oder zu versuchen den Zünder herauszuschrauben, da die Geschosse bei jeder Bewegung krepieren können.

Ueber den Fund scharfer, nicht krepierter Geschosse ist der Artillerie-Verwaltung in Tapautau oder dem Polizeiamt Mitteilung zu machen.

Tsingtau, den 3. Juni 1904.

Kommando der Matrosenartillerie-Abteilung Kiautschou.

Landversteigerung.

Auf Antrag des Kaufmannes Fu ping tschou findet am Dienstag, den 28 Juni 1904, vormittags 11 Uhr, im Landamte die öffentliche Versteigerung der an der Friedrichstrasse, Ecke Pautingstrasse, gelegenen Parzelle Kartenblatt 8 Nr. $\frac{184}{1}$ statt.

Grösse: 2583 qm.
Mindestpreis: 3409, 60 $.
Benutzungsplan: Wohn-und Geschäftshaus in europäischer Bauart.
Bebauungsfrist: bis 30. Juni 1907.
Gesuche zum Mitbieten sind bis zum 21. Juni 1904 hierher zu richten.

Tsingtau, den 8. Juni 1904.

Kaiserliches Landamt.

Landversteigerung.

Auf Antrag des Bauunternehmers Ehrlich findet am Montag, den 27. Juni 1904, vormittags 11 Uhr, im Landamte die öffentliche Versteigerung der südlich von Syfang an dem Wege nach Tsingtau gelegenen Parzelle Kartenblatt 2 Nr. 3 des Grundbuchbezirkes Tsingtau - Umgebung statt.

Grösse: 2999 qm.
Mindestpreis: 749, 75 $.
Benutzungsplan: Milchwirtschaft.
Bebauungsfrist: bis 30. Juni 1907.
Gesuche zum Mitbieten sind bis zum 20. Juni 1904 hierher zu richten.

Tsingtau, den 8. Juni 1904.

Kaiserliches Landamt.

Mitteilungen.

Baudirektor Rollmann ist laut telegraphischer Mitteilung des Reichs-Marine-Amts zum Marine-Baurat und Hafenbau-Betriebsdirektor ernannt worden.

* *
*

Dr. Betz hat die Geschäfte des Kaiserlichen Konsulates in Tsinanfu am 30. Mai d. Js. übernommen.

11. Juni 1904.　　　　　　　　　Amtsblatt—青島官報　　　　　　　　　117.

Meteorologische Beobachtungen.

Datum Juni.	Barometer (mm) reduz. auf 0° C., Seehöhe 24,30 m			Temperatur (Centigrade).								Dunstspannung in mm			Relat. Feuchtigkeit in Prozenten		
				trock. Therm.			feucht. Therm.										
	7 Vm	2 Nm	9 Nm	7 Vm	2 Nm	9 Nm	7 Vm	2 Nm	9 Nm	Min.	Max.	7 Vm	2 Nm	9 Nm	7 Vm	2 Nm	9 Nm
2	752,4	750,3	749,2	17,9	24,3	23,4	15,9	19,9	18,3	15,8	28,2	12,2	14,6	12,5	80	65	59
3	50,1	51,5	53,9	23,1	23,7	20,6	19,5	18,8	14,4	18,2	26,0	14,6	13,1	8,5	70	61	47
4	54,5	53,3	53,3	20,8	22,4	15,4	15,1	16,1	14,9	18,5	25,9	9,3	9,8	12,3	51	49	94
5	53,0	52,2	54,2	16,7	20,1	19,2	16,2	18,5	18,4	15,0	24,5	13,4	14,9	15,3	95	85	92
6	55,6	55,1	56,1	17,8	25,3	20,0	16,6	19,9	17,3	17,0	22,7	13,3	14,0	13,0	88	59	75
7	55,2	52,4	52,4	20,5	26,1	21,5	17,3	19,7	17,8	16,9	27,2	12,7	13,1	12,9	71	53	68
8	52,2	51,2	52,7	21,3	28,3	30,4	16,7	20,5	16,7	19,1	30,1	11,3	13,1	5,8	61	46	18

Datum Juni.	Wind Richtung & Stärke nach Beaufort (0—12)			Bewölkung						Niederschläge in mm		
				7 Vm		2 Nm		9 Nm				9 Nm ÷ 7 Vm
	7 Vm	2 Nm	9 Nm	Grad	Form	Grad	Form	Grad	Form	7 Vm	9 Nm	
2	S O 1	S O 3	SSW 6	2	Cir-str	8	Cir-cu	1	Cu-str			
3	SSO 1	OSO 3	OSO 7	2	Cir-cu	1	Cir					
4	O 3	O 5	S O 4	3	Cir-str	4	Cir-str	10	Nebel			
5	S O 3	S O 3	O 3	5	Cir-cum	3	Cum	10	Cu-ni	7,5	7,5	
6	N W 3	WNW 1	WNW 3	7	Cir-str	8	Cir-str	3	Str			
7	SSW 1	OSO 2	S 1	1	Cu-str	1	Cum					
8	S O 2	S 3	W 6	1	Cum	3	„	8	Cum-ni			

Schiffsverkehr

in der Zeit vom 2. — 9. Juni 1904.

Ankunft am	Name	Kapitän	Flagge	Reg. Tonnen.	von	Abfahrt am	nach
3.6.	D. Gouv. Jaeschke	Vogel	Deutsch	1044,90	Schanghai	4.6.	Schanghai
„	D. Pai Ping	Saggart	Chinesisch	326,32	Tschin wang tau	5.6.	„
6.6.	D. Vorwärts	Sohnemann	Deutsch	643,26	Schanghai	6.6.	„
„	D. Providence	Corneliussen	Norwegisch	693,34	„	7.6.	Tschifu
7.6.	D. Knivsberg	Kayser	Deutsch	645,76	Tschifu	„	Schanghai
8.6.	D. Aktiv	Olsen	Norwegisch	867,—	Moji		

Druck der Missionsdruckerei, Tsingtau.

第五年 第二十三号

1904 年 6 月 11 日

官方通告

大德青岛炮队营 为

晓谕事：照得本营自西六月十五即中五月初二日起，至西六月三十即中五月十七日止，每早自六点半钟至十一点半钟止，下午自两点半至六点止，拟向前海、后海操演放炮。每当放炮时，必在衙门前南山旗杆并挂旗山旗杆上悬挂红色警旗两面，并在海面界线外停有轮船，以便禁阻往来船只。该轮亦升有此式旗帜，所有该轮指示，悉宜遵从。更于前海沿自水师工务局起，直至税务司公馆止，派有巡兵暂禁行人。为此，严戒诸色人等，若遇末（未）爆弹子，切勿轻拿，或任意扭转机头，因一经触动，炸裂堪虞。倘见有装药末（未）爆之弹子，立宜报明管理子药库官员或巡捕衙门。勿违。特谕。

右谕通知
大德一千九百四年六月初三日　告示

大德管理青岛地亩局 为

拍卖地亩事：兹据傅炳照定买大包岛山东街[①]、保定街两面地图第八号第一百八十四块地，共二千五百八十三米打，暂拟价洋三千四百零九元六角。已订于西历六月二十八日早十一点钟在局拍卖。买定后，限至西历一千九百七年六月三十期内，须盖西式住宅或铺房，成功勿缓。他人亦欲购买者，可以来局报明，限至西六月二十一日止，屈（届）时同来本局面议可也。特谕。

大德一千九百四年六月初八日

---

① 译者注：即今中山路北段。

告白

大德管理青岛地亩局　为

拍卖地亩事：今据德商业利公司主业利定买四方迤南路东地图第二号第三块地，共二千九百九十九米打，暂拟价洋七百四十九元七角五分。已订于西历六月二十七日上午十一点钟在局拍卖。买定后，欲盖养牛、造牛奶以及牛奶油房屋，限至西历一千九百七年六月三十日止，期内修造成功。他人亦欲购买者，可以来局禀报，限至西六月二十日止，屈（届）时同赴本局面议可也。此布。

大德一千九百四年六月初八日

消息

根据帝国海军部的电报通知，工部局局长罗尔曼被任命为海军土木工程监督官以及港口建造运营主管。

贝茨博士已经于今年5月30日接管了济南府的皇家领事馆业务。

船运

1904年6月2日—9日期间

到达日	轮船船名	船长	挂旗国籍	登记吨位	出发港	出发日	到达港
6月3日	叶世克总督号	福格尔	德国	1 044.90	上海	6月4日	上海
6月3日	北平号	萨迦特	中国	326.32	秦皇岛	6月5日	上海
6月6日	前进号	索纳曼	德国	643.26	上海	6月6日	上海
6月6日	普罗维登斯号	康内琉森	挪威	693.34	上海	6月7日	芝罘
6月7日	柯尼夫斯堡号	凯瑟	德国	645.76	芝罘	6月7日	上海
6月8日	活跃号	奥尔森	挪威	867.00	门司		

Amtsblatt
für das
Deutsche Kiautschou-Gebiet.

青島官報

Herausgegeben vom Kaiserlichen Gouvernement Kiautschou.

Der Bezugspreis beträgt jährlich $ 0,60 = M 1,20.
Bestellungen nehmen sämtliche deutsche Postanstalten entgegen.

| Jahrgang 5. Nr. 24. | Tsingtau, den 18. Juni 1904. | 第二十四號 第五年 |

Verordnungen und Bekanntmachungen.

Bekanntmachung.

Für Dampfer, welche an der Mole des grossen Hafens anlegen, wird, falls die Anzahl der geladenen oder gelöschten Waren unter 100 Tons bleibt, vom 15. Juni d. Js. bis auf weiteres nur die ermässigte Hafenabgabe laut § 19 der Verordnung betreffend Laden und Löschen von Kauffarteischiffen im Hafen von Tsingtau vom 19. Februar d. Js. - Amtsblatt Seite 25 - (Gebührenordnung D. 3)erhoben werden.

Tsingtau, den. 8. Juni 1904.

Der Kaiserliche Gouverneur.
Truppel.

Amtliche Anzeigen.

Bekanntmachung.

Die auf Mole I. vorhandenen und noch zu errichtenden Lagerschuppen führen fortlaufend die Bezeichnung A, B, C, D u. s. f. von der Molenwurzel mit A beginnend. Der bisher mit A bezeichnete Schuppen erhält daher die Bezeichnung C und umgekehrt.

Tsingtau, den 16 Juni 1904.

Der Baudirektor.

Rechtsanwalt und Notar Dr. Rapp ist aus Deutschland zurückgekehrt und hat seine Geschäfte wieder übernommen. Die Vertretungsbefugnis des Rechtsanwalts Voigts ist erloschen.

Tsingtau, den 11. Juni 1904.

Der Kaiserliche Oberrichter.

120.   Amtsblatt—報官島靑   18. Juni 1904.

Bekanntmachung.

Gestohlene Gegenstände: 1 Kiste zu 10 Schachteln, enthaltend 270 ganze und 100 halbe Dynamitpatronen; 1 Schachtel mit 27 ganzen und 10 halben Dynamitpatronen: gez. Marke I Kölner Dynamitfabrik Kupfersteg bei Köln a/R.; 1 Nickeltaschenuhr mit Kette und Anhängsel gelber Fisch; 1 silberne Remontoiruhr mit Nickelkette; 1 Kette bestehend aus ausländischen Münzen; 1 silberne Cylinderuhr ohne Sekundenzeiger Nr. 9347.

Verlorene Gegenstände: 1 schwarzseidener Damenschirm; 1 schwarzer Spazierstock mit silberner Krücke; 1 Rohrstock mit silberner Krücke und Blumenverzierung.

Tsingtau, den 15. Juni 1904.

Kaiserliches Polizeiamt.

Bekanntmachung.

Am Sonntag, den 19. Juni, vormittags 11 Uhr, findet vom Kreuzergeschwader aus ein Feldgottesdienst im Höhenlager statt. Die Civil— und Militärgemeinde Tsingtaus ist zu dem Feldgottesdienst willkommen.

Der Gottesdienst in der Gouvernementskapelle fällt an diesem Tage aus.

Tsingtau, den 16. Juni 1904.

Der Kaiserliche Zivilkommissar.

Landversteigerung.

Auf Antrag des Bauunternehmers F. X. Mauerer findet am Montag, den 4. Juli 1904, vormittags 11 Uhr, im Landamte die öffentliche Versteigerung der in der Auguste Viktoriabucht an der Prinz Adalbertstrasse gelegenen Parzelle Kartenblatt 22 Nr. 12 statt.

Grösse: 3666 qm.
Mindestpreis: 1649, 70 $.
Benutzungsplan: Landhaus.

Der Ersteigerer und spätere Erwerber des Grundstücks hat die Verpflichtung das durch den Durchlass der oberen Strasse kommende Regenwasser aufzunehmen und nach dem Durchlass in der unteren (Prinz Adalbert-) Strasse abzuleiten. Diese Verpflichtung ist in das Grundbuch als Grunddienstbarkeit einzutragen.

Bebauungsfrist: Bis zum 31. Juli 1907.

Gesuche zum Mitbieten sind bis zum 27. Juni 1904 hierher zu richten.

Tsingtau, den 16. Juni 1904.

Kaiserliches Landamt.

白 告

啓者茲將本署砲報被竊及遺失各物分別列左

被竊各物

木箱一件內裝盛地雷葯盒卞十個共大于二百七十枚小于一百枚又地雷葯盒一件內有大于二十七枚小于十枚該盒上有西字即 Marke I Kölner Dynamitfabrik Kupfersteg bei Köln a/R.

白銅帶鍊時表一枚佩有黃色魚一尾 銀料帶白銅鍊一條時表一枚 又用外國洋鑲鑛成之表鍊一條 又第九千三百四十七號銀表一枚缺一秒針 遺失各物 女人用之靑紬雨傘一把 黑色銀鑲柄頭男人手棍一根 銀鑲柄頭有花男人籐手棍一根

以上各物切勿輕買如見亦宜報明本署仰各週知特佈

德一千九百四年六月十五日

青島巡捕衙門啓

18. Juni 1904. Amtsblatt—青島官報 121.

Mitteilungen.

Die Stationärgeschäfte von Tsingtau hat am 4. d. Mts. S. M. S. „Hansa" übernommen.

*   *   *

Der stellvertretende Konsul in Hongkong Dr. Krüger hat neben seinen Amtsgeschäften in Hongkong die Gerenz des Kaiserlichen Konsulates in Canton für den erkrankten und mit Urlaub nach Deutschland gereisten Konsul Dr. Eiswaldt am 25. Mai d. Js. übernommen.

Meteorologische Beobachtungen.

Datum. Juni.	Barometer (m m) reduz. auf 0º C., Seehöhe 24,30 m			Temperatur (Centigrade).								Dunstspannung in mm			Relat. Feuchtigkeit in Prozenten		
				trock. Therm.			feucht. Therm.										
	7Vm	2Nm	9Nm	7Vm	2Nm	9Nm	7Vm	2Nm	9Nm	Min.	Max.	7Vm	2Nm	9Nm	7Vm	2Nm	9Nm
9	752,7	752,7	754,4	21,7	22,9	24,3	18,3	19,6	23,2	20,8	32,5	13,6	14,9	20,5	71	72	91
10	54,8	56,0	57,2	20,0	22,7	18,8	18,9	20,3	18,1	19,1	27,1	15,5	16,2	15,0	90	79	93
11	57,3	55,5	55,1	18,8	22,4	17,7	18,5	20,3	17,4	18,1	23,1	15,7	16,4	14,6	97	82	97
12	54,7	53,9	54,1	20,8	22,2	19,8	19,3	18,9	17,4	17,3	23,4	15,7	14,2	13,3	86	72	78
13	54,7	54,4	55,2	21,4	23,5	21,1	19,8	20,9	19,0	18,8	25,1	16,2	16,8	15,1	86	78	81
14	55,3	54,5	54,2	19,9	20,5	18,8	19,3	19,7	18,3	19,7	24,1	16,3	16,6	15,3	94	93	95
15	52,4	52,8	53,8	18,8	22,2	18,8	17,9	11,3	16,6	18,0	21,5	14,7	14,9	12,9	91	75	80

Datum. Juni.	Wind Richtung & Stärke nach Beaufort (0—12)			Bewölkung						Niederschläge in mm		
				7 Vm		2 Nm		9 Nm				9 Nm
	7 Vm	2 Nm	9 Nm	Grad	Form	Grad	Form	Grad	Form	7Vm	9Nm	7 Vm
9	S 3	S O 3	WNW 3	2	Cum	1	Cum	10	Cu-ni			
10	S O 1	S O 3	S O 3	10	"	1	Cu-str	10	"			
11	SSO 1	S 1	SSO 4	10	Nebel	7	Cir-cu					
12	WSW 1	SSO 2	S O 3	9	Cir-cu	8	Cu-str	1	Cum			
13	S O 3	S O 4	S O 2	2	Cu-str	7	Cir-str	3	"			
14	S O 2	OSO 2	OSO 7	10	Nebel	10	Cum	10	Nim	3,1	11,6	
15	N O 3	N O 5	SSO 1	10	Cum-ni	4	Cum-str	3	Str	8,5		

Schiffsverkehr

in der Zeit vom 9. — 16. Juni 1904.

Ankunft am	Name	Kapitän	Flagge	Reg. Tonnen.	von	Abfahrt am	nach
(8.6.)	D. Activ	Olsen	Norwegisch	867,—	Moji	9.6.	Tschifu
9.6.	D. Gouv. Jaeschke	Vogel	Deutsch	1044,90	Schanghai	11.6.	Schanghai
13.6.	D. Vorwärts	Sohnemann	"	643,26	"	14.6.	Tschifu
15.6	D. Providence	Corneliussen	Norwegisch	693,34	Tschifu	15.6.	Schanghai
16.6.	D. Alesia	Sachs	Deutsch	3312,02	Hongkong		

Druck der Missionsdruckerei, Tsingtau.

第五年　第二十四号

1904 年 6 月 18 日

法令与告白

大德钦命总督胶澳文武事宜大臣都　为

出示通行晓谕事：照得凡有轮船停泊一号大码头起货或落货,其数在一百吨以下者,即自西历六月十五日起,按照西一千九百四年二月十九日所订《青岛码头各商船起落货物章程》第十九条减征船钞,英吨净数每吨暂征洋二分半。为此仰各遵行勿违。特谕。

右谕通知
大德一千九百四年六月初八日　告示

官方通告

告白

1 号码头现有的以及将要设置的仓储大棚按照 A、B、C、D 的字母排序命名,从码头头部开始为 A 号。目前命名为 A 号的大棚改为 C 号,对应的大棚也相应更改。

青岛,1904 年 6 月 16 日
工部局局长

律师和公证人拉普博士已经从德国返回,再次接手其原来的业务。律师佛伊茨的代理命令现撤销。

青岛,1904 年 6 月 11 日
皇家高等法官

告白

启者：兹将本署据报被窃及遗失各物分别列左：

被窃各物：

木箱一件，内装盛地雷药盒子十个，共大子二百七十枚，小子一百枚；又地雷药盒一件，内有大子二十七枚，小子十枚，该盒上有西字即"Marke I Kölner Dynamitfabrik Kupfer steg bei Köln a/R."；白铜带链时表一枚，佩有黄色鱼一尾；银料带白铜链一条时表一枚；又用外国洋钱镶成之表链一条；又第九千三百四十七号银表一枚，缺一秒针。

遗失各物：

女人用之青绸雨伞一把；黑色银镶柄头男人手棍一根；银镶柄头有花男人籐手棍一根。

以上各物切勿轻买，如见亦宜报明本署。仰各周知。特布。

德一千九百四年六月十五日
青岛巡捕衙门启

告白

6月19日星期天上午11点，巡洋舰队将在小泥洼兵营①举行战地弥撒。欢迎青岛的民事和军事区人员参加此次战地弥撒。

该日在督署小教堂举行的弥撒取消。

青岛，1904年6月16日
皇家民政长

土地拍卖

应建筑商F. X. 毛勒②的申请，将于1904年7月4日上午11点在地亩局公开拍卖位于奥古斯特·维多利亚湾的阿达尔伯特亲王街的地籍册第22页第12号地块。

面积：3 666平方米

最低价格：1 649.70元

利用规划：乡村别墅

地块的出价人以及之后的中标人有义务将街道上部排水沟排出的雨水引入（阿达尔伯特亲王）街道下部排水沟中。该义务作为基本义务登记入地籍册中。

建造期限：1907年7月31日。

出价申请须在1904年6月27日前递交至本处。

青岛，1904年6月16日
皇家地亩局

---

① 译者注：位于团岛附近小泥洼村附近。
② 译者注：该洋行中文行名为"毛利公司"。

消息

"汉萨"号军舰在本月 4 日接管了在青岛的一般性业务。

今年 5 月 25 日,香港副领事克鲁格博士在他的香港官方业务之外,还接管因生病而返回德国休假的广州领事艾斯瓦尔特博士的工作。

船运

1904 年 6 月 9 日—16 日期间

到达日	轮船船名	船长	挂旗国籍	登记吨位	出发港	出发日	到达港
(6月8日)	活跃号	奥尔森	挪威	867.00	门司	6月9日	芝罘
6月9日	叶世克总督号	福格尔	德国	1 044.90	上海	6月11日	上海
6月13日	前进号	索纳曼	德国	643.26	上海	6月14日	芝罘
6月15日	普罗维登斯号	康内琉森	挪威	693.34	芝罘	6月15日	上海
6月16日	阿莱西亚号	萨克斯	德国	3 312.02	香港		

Amtsblatt
für das
Deutsche Kiautschou-Gebiet.

Herausgegeben vom Kaiserlichen Gouvernement Kiautschou.

Der Bezugspreis beträgt jährlich $ 0,60=M 1,20.
Bestellungen nehmen sämtliche deutsche Postanstalten entgegen.

Jahrgang 5. | Nr. 25. | Tsingtau, den 25. Juni 1904.

Verordnungen und Bekanntmachungen.

Verordnung
betreffend
Wasserabgabe.

§ 1.

Vom 1. April 1904 ab ist für alle Hausgrundstücke, die nicht weiter als 350 Meter in der Luftlinie von einem öffentlichen Wasserleitungsbrunnen entfernt liegen, eine Wasserabgabe als Beitrag zu den Bau- und Betriebskosten der Wasserleitung an den Fiskus des Schutzgebietes zu zahlen.

§ 2.

Die Abgabe beträgt jährlich für jeden über 8 qm grossen bewohnbaren Raum 4 Dollar.
Die Abgabe ist vierteljährlich im Voraus zu entrichten.
Zahlungspflichtig ist gegenüber dem Fiskus der Hauseigentümer. Diesem steht jedoch das Recht zu, die von ihm gezahlte Abgabe anteilig von seinen Mietern wieder einzuziehen.

§ 3.

Frei von der Wasserabgabe sind alle Grundstücke, die an die öffentliche Wasserleitung unter Einschaltung eines Wassermessers angeschlossen sind und hierfür Gebühren nach den Bestimmungen über den Bezug von Wasser aus dem fiskalischen Wasserwerke bezahlen.

Desgleichen sind alle Grundstücke von dieser Abgabe befreit, für die der Fiskus des Schutzgebietes die Kosten in erster und letzter Linie zu tragen haben würde.

§ 4.

Gegen die Festsetzung der Zahl der bewohnbaren Räume ist Einspruch zulässig.
Ueber den Einspruch, welcher schriftlich bei der für die Verwaltung des Wasserwerks zuständigen Dienststelle anzubringen ist, entscheidet endgültig die beim Gouvernement bestehende Wohnungskommission unter Mitwirkung eines Vertreters der Zivilgemeinde.

Tsingtau, den 27. Mai 1904.

Der Kaiserliche Gouverneur.

Truppel.

大德欽命總督膠澳文武事宜大臣都 爲

議訂自來水費章程分條列左

第一條凡有房之地皮直距共用自來水喉 即俗稱水龍子 至遠三百五十米打應自西歷一千九百四年四月初一日起酌訂水費以補創修並嗣後隨時修理經費

第二條所收水費按八方米打以上能住房屋每間每年出銀洋四元此項費洋各該房主應於每季先期繳納木習銀厘惟各該房主自有分別轉向租戶索討權衡

第三條經訂之能住房屋數目設有不甘服者可以具稟報明該管自來水局以便詳由本署再行發交專委查房各官與局另訂簽通自來水專章完納水價表租如有地皮輾轉須德境銀厘繳納者則免徵收

第四條凡有地皮接通公共幹筒並有量水表者即按工部總

一本國董事面同酌訂既經此次訂後不得復有饒舌爲此仰諸色人等遵照勿違特諭

大德一千九百四年五月二十七日年

Bekanntmachung.

Nachstehend werden „die Bestimmungen über den Bezug von Wasser aus dem fiskalischen Wasserwerk" bekannt gemacht.

Tsingtau, den 28. Mai 1904.

Der Baudirektor.

Bestimmungen
über
den Bezug von Wasser aus dem fiskalischen Wasserwerk.

1. Anschluss.

In dem Bereiche der Wasserleitung ist es jedem Besitzer eines Grundstückes gestattet, sein zu Wohnzwecken benutztes Grundstück an die Wasserleitung anzuschliessen, sofern er die unter jeder Zapfstelle anzubringenden Ausgussbecken gegen Widerruf an die Regenwasserkanalisation anschliessen kann und sich verpflichtet, bei Fertigstellung der Schmutzwasserkanalisation seine bestehende Hausentwässerung aufzunehmen und nach den noch zu erlassenden Bestimmungen an die Schmutzwasserkanalisation anzubinden.

In dem Bereiche der Wasserleitung liegend werden Grundstücke erachtet, welche vom nächsten Wasserrohr oder Wasserständer nicht mehr als 100 m entfernt sind. Für Grundstücke mit Fabrik-oder Gewerbebetrieb und für Grundstücke, welche weiter als 15 m vom Strassenrohr entfernt liegen, kann der Anschluss an die Wasserleitung nicht mehr gefordert, aber bewilligt werden.

2. Zuleitung.

Die Kosten für die Herstellung der Zuleitung mit Ausnahme der auf der Strasse anzubringenden Abschlussvorrichtung und des Wassermessers trägt der Antragsteller. Bei Berechnung der Kosten wird das Hauptrohr als in der Mitte der Strasse liegend angenommen. Bei öffentlichen Plätzen werden als Länge der Strassenleitung bis zur Strassengrenze 10 m berechnet. Grundstücke

25. Juni 1904.   Amtsblatt—青島官報   125.

von grösserem Umfange können nach Ermessen der Verwaltung mehr als eine Zuleitung erhalten.

Die Zuleitungen vom Hauptrohr bis zum Wassermesser einschliesslich, sowie die Verbindung des letzteren mit der Privatleitung werden in allen ihren Teilen ausschliesslich von der Verwaltung hergestellt, dauernd unterhalten und gehen in das Eigentum der Verwaltung über.

Die Grundstücksbesitzer dürfen weder selbst noch durch Beauftragte irgend welche Arbeiten, Aenderungen u. s. w. an diesen Zuleitungen oder den Wassermessern vornehmen und sind für alle denselben zugefügte Beschädigungen, namentlich des Wassermessers, haftbar. Der Privathaupthahn darf vom Grundstücksbesitzer nach Bedarf geschlossen oder geöffnet werden. Die Benutzung des städtischen Absperrhahnes dagegen ist jedem mit Ausnahme des Personals der Verwaltung verboten. Der Durchmesser der Zuleitungen und die Grösse des Wassermessers wird von der Verwaltung in jedem Falle bestimmt auf Grund der im Anmeldeschein anzugebenden Zapfstellen unter Berücksichtigung späterer, vom Antragsteller gleich anzugebender Erweiterungen (z. B. nach Fertigstellung der Schmutzwasserkanalisation: Anschluss der Aborte pp.).

Wird infolge unrichtiger Angaben oder späterer grösserer Ansprüche an die Zuleitung eine Aenderung derselben notwendig, so hat der Antragsteller die hieraus entstehenden Kosten zu tragen.

Die Versorgung verschiedener Grundstücke durch eine Zuleitung oder die Verbindung mehrerer Zuleitungen für ein und dasselbe oder verschiedene Grundstücke ist nicht zulässig.

3. Wassermesser.

Zwischen der Zuleitung und der Privatleitung wird ein Wassermesser eingeschaltet, durch welchen alles Wasser für den Gebrauch des Grundstücks gehen muss. Diese Messer beschafft und baut die Verwaltung ein.

Die Miete für einen Wassermesser beträgt monatlich für einen Messer von:

20 mm Durchgangsweite	0,80	$
25 „ „	1,20	„
30 „ „	1,40	„
40 „ „	1,60	„
50 „ „	2,25	„
75 „ „	3,50	„
100 „ „	4,50	„
125 „ „	6,00	„

Die Wassermessermiete wird von dem ersten Tage des Monats an berechnet, in welchem die Aufstellung des Wassermessers erfolgt ist und sonst auch stets für volle Monate.

Ein Wassermesser, dessen Richtigkeit angezweifelt wird, muss sowohl auf Antrag des Wasserabnehmers, wie auf Verlangen der Verwaltung einer Untersuchung und nötigenfalls technischen Prüfung unterzogen werden. Diese technischen Prüfungen werden auf der Wassermesserprüfstelle des Wasserwerks vorgenommen; die daselbst festgestellten Ergebnisse sind sowohl für die Verwaltung als auch für den Abnehmer bindend. Dem Abnehmer steht es frei, den technischen Prüfungen selbst beizuwohnen oder sich durch eine geeignete Person vertreten zu lassen.

Stellt sich bei der Prüfung heraus, dass der Messer nicht richtig zeigt, so wird auf eine Abweichung bis zu 5% keine Rücksicht genommen. Zeigen sich aber grössere Abweichungen, so wird die durch den Messer während der letzten vorhergehenden Zahlzeit und bis zur Prüfung zu viel angezeigte Menge dem Wasserabnehmer in Abzug gebracht, ebenso aber auch die zu wenig bezahlte Menge nachträglich berechnet. Hat der Wasserabnehmer die Prüfung beantragt, so hat er bei einer Abweichung von weniger als 4% die Kosten zu tragen und zwar für jeden einzelnen Fall:

für einen Messer bis zu	20	mm Weite	6,00	$
„ „	40	„	9,00	„
von	50	„	12,00	„
„	75	„	15,00	„
„	100	„	18,00	„
„	125	„	21,00	„

4. Wasserpreis.

Der Preis für das nach Messern bezogene Wasser beträgt für jedes Cubikmeter 0,20 $ mit der Massgabe, dass bei Benutzung eines Wassermessers für jedes Grundstück für den Wasserverbrauch ein jährlicher Mindestsatz zu zahlen ist. Die Höhe des Mindestsatzes wird nach der Durchgangsweite der Wassermesser berechnet und beträgt bei einer Durchgangsweite von

20	mm	36,00	$
25	„	48,00	„
30	„	90,00	„
40	„	144,00	„
50	„	192,00	„
75	„	378,00	„
100	„	480,00	„
125	„	600,00	„

Dieser Mindestsatz einschliesslich der Wassermessermiete wird monatlich im voraus, der Preis für die über diesen Mindestbedarf hinaus verbrauchte Wassermenge dagegen am Schlusse des Rechnungsjahres oder bei Ablauf des Vertragsverhältnisses durch Kündigung gegen Quittung erhoben. Wird diese Quittung nicht sofort eingelöst, so ist deren Betrag innerhalb zwei Wochen einzuzahlen.

Wenn eine Leitung aus irgend welchem Grunde vorübergehend ohne Wassermesser in Benutzung gewesen ist, so wird für diesen Zeitraum behufs Ermittelung eines über den Mindestbedarf etwa hinausgehenden Jahresverbrauchs eine Pauschmenge berechnet, welche nach dem Verbrauche während der Zeit von der Wiedereinsetzung des Messers bis zur nächsten Aufnahme des Wasserstandes bestimmt wird.

Der Umstand, dass das Wasser nicht zur gewünschten Höhe gestiegen, oder nicht in der erwarteten Menge und Reinheit geliefert, oder dass eine zeitweise Unterbrechung der Wasserförderung eingetreten ist, berechtigt den Abnehmer nicht, Anspruch auf Ermässigung des Mindestwassergeldes oder auf sonstigen Schadenersatz zu erheben.

Beim Ausbruch eines Schadenfeuers ist jeder Abnehmer verpflichtet, seine Leitung den öffentlichen Löschanstalten zur Verfügung zu stellen, auf Verlangen auch, bis das Feuer gelöscht ist, geschlossen zu halten.

Für den mutmasslichen Verbrauch zum Zwecke der Löschung wird nachträglich eine billig zu bemessende Vergütung alsdann gewährt, wenn der wirkliche Jahresverbrauch des Abnehmers den festgestellten Mindestbedarf übersteigt. Letzterer ist unter allen Umständen zu bezahlen.

5. Beendigung des Vertragsverhältnisses.

Durch Unterzeichnung des Anmeldescheines durch den ein Wasserabnehmer seinen Anschluss an die Wasserleitung beantragt, unterwirft er sich diesen Bestimmungen und ihren etwa erfolgenden Abänderungen.

Dem Abnehmer steht das Recht zu, das Vertragsverhältnis mit vierteljähriger Frist zum Schlusse eines Kalendervierteljahres zu kündigen.

Bis zum Kündigungstermin ist das Mindestwassergeld und die Wassermiete zu zahlen, auch wenn nach der Kündigung kein Wasser gebraucht wird.

Nach Beendigung des Vertragsverhältnisses trennt die Verwaltung auf Kosten des bisherigen Abnehmers die Zuleitung von der Privatleitung.

Wechselt ein mit einer Zuleitung versehenes Grundstück seinen Besitzer, so bleiben der frühere Besitzer, oder seine Erben so lange zur Wassergeldzahlung verpflichtet, bis das Vertragsverhältnis vorschriftsmässig durch Kündigung gelöst wird, oder bis der neue Besitzer sich schriftlich diesen Bestimmungen unterworfen hat.

Zuwiderhandlungen gegen diese Bestimmungen berechtigen die Verwaltung zur Schliessung der Zuleitung.

Das Gouvernement behält sich das Recht vor, nach seinem Ermessen diese Bestimmungen jederzeit abzuändern.

大德青島總工部局爲

訂立接通自來水規條逐一列左

第一條接通則例

凡有自來水之處准其住宿房屋之各地主與自來水接通惟每水喉（即俗稱水龍頭）下之接水漏子若能暫與雨水筒接通並預允將來髒水洞子修造成功後定將自已院內髒水溝接通公共洞子按照續定章程辦理

如每段地皮相距大街自來水幹筒或公用之水喉遠不過一百米打者即可爲有自來水之處凡地皮上以機器工作或作別項營生或地距街心公共自來水幹筒在十五米打以外遠者皆無強令自來水局修通權衡但該局或可酌准

第二條安設枝筒則例

凡有修通街心公共幹筒者其枝筒修費應由各該票報人照出至街道下公共之塔水閘鎖並量水表（即量水器機）勿須修費

其餘費統按公共幹筒正在街心核算以歸劃一而免紛岐所修之幹筒若穿過公家之隙地丈量枝筒長短即由幹筒至馬路邊皆作十米打長計算若地皮上屋舍大安設枝筒不止一道應由該局酌核准否

其從公共幹筒至量水表之枝筒佟工均歸該局承修並隨時修理將來仍屬該局之物各該房主不准自已或他人代在於枝筒上造作倘犯此章致有損傷之處該房主須承認賠款各房院內之私總水閘准該局人任便開閉其枝筒口徑粗細及量水表之大小該局每按票報聲明安設水喉多寡及將來該增水喉接通廁所等爾數目酌定

倘誤報或嗣後用水較多枝筒不敷改修者原禀人當補償改換費項

惟不准數段地皮安一枝筒亦不准將數處房之數枝筒聯絡一處更不准將數處房之數枝筒相連

第三條量水表則例

每枝筒私管中間必安有一量水表常川所用之水均由此量水表經過此表係由該局自備自安

每表一座每月應納之租費即按出水之口徑大小核算並將每月租費等次分列左

二十米利米打徑口　租費洋八角
二十五米利米打徑口　租費洋一元二角
三十米利米打徑口　租費洋一元四角
四十米利米打徑口　租費洋一元六角
五十米利米打徑口　租費洋二元二角五分
七十五米利米打徑口　租費洋三元五角
一百米利米打徑口　租費洋四元五角
一百二十五米利米打徑口　租費洋六元正

此項量水表租洋應由安設之月西曆一號起核算其後無論如何此項租洋皆按整月計算不得按日相算

第四條 水價則例

凡需用之水過於量水表之數每一苦必米打價洋二角每叚地皮設一量水表常年費項亦定一至少限價此項至少限價洋多寡亦按量水表徑口酌定

如量水表徑口二十米利米打粗者　每年應納至少限價洋三十六元

又　二十五米利米打粗者　洋四十八元　又　三十米利米打粗者　洋九十二元　又　四十米利米打粗者　洋

一百四十四元　又　五十米利米打粗者　洋一百九十二元　又　七十五米利米打粗者　洋三百七十八元

又　一百米利米打粗者　洋四百八十二元　又　一百二十五米利米打粗者　洋六百元正

此項至少限價洋並量水表租洋皆宜按月先期交納至過於至少限數水價洋屈時每年結賬時再行徵收或亦可於

彼此訂立之合同若先經報退至停租之期徵收每當徵收此項過於至少限數水價洋給予收單如未立即交納亦不

得過兩禮拜之期

每遇量水表因故未在枝筒者應當算出無表期內所用之水較諸平常按日限用之數曾否盈餘則以重設量水表之

日起至下次查看時核算其數如過按日限數則無表時亦按此核算

倘遇水忽然未能隨意湧於高處者或水出之不敷或水之混濁或水暫停流各該用水者並無減輕至少限價洋及索

賠償權衡

每逢火警各該接通幹筒者之水管須准公共救火會人應用若囑其至息火時關閉亦宜遵從

約用之水事後公平議定賠償惟是年該用水者所用之水連併火會用去之水共合倘未逾至少限數者食明則不賠

償但無論若何至少限價洋則不能免

25. Juni 1904.   Amtsblatt—青島官報   129.

Verordnung

betreffend die Zustellungen, die Zwangsvollstreckung und das Kostenwesen.

Auf Grund der §§ 6 Nr. 7 und 15 des Schutzgebietsgesetzes in der Fassung des Gesetzes vom 25. Juli 1900, des § 10 der Kaiserlichen Verordnung betreffend die Rechtsverhältnisse in den deutschen Schutzgebieten vom 9. November 1900, sowie des § 1 der Verordnung des Reichskanzlers vom 28. April 1898 verordne ich folgendes:

Einleitende Bestimmungen.

§. 1.

In den zur Zuständigkeit des Kaiserlichen Gerichts von Kiautschou gehörigen Rechtsangelegenheiten gelten für die Zustellungen, die Zwangsvollstreckung und das Kostenwesen die allgemeinen im § 3 des Schutzgebietsgesetzes erwähnten Vorschriften, soweit nicht im folgenden abweichende Bestimmungen getroffen sind.

Erster Abschnitt:

Zustellungen.

§. 2.

Im Schutzgebiete gelten folgende Arten der Zustellung:
- a) die Zustellung gegen Empfangsbescheinigung durch den Gerichtsboten,
- b) die Zustellung durch den Gerichtsvollzieher (§§ 166 bis 169, 190, 191 der Civilprozessordnung),
- c) die Zustellung durch den Gerichtsschreiber (§§ 208 bis 213 daselbst),
- d) die Zustellung durch die Post (§§ 193 bis 197 daselbst), jedoch erst von einem durch den Oberrichter im Amtsblatte bekannt zu machenden Zeitpunkte an,
- e) die Zustellung durch Aufgabe zur Post (§§ 175 und 192 daselbst),
- f) die Zustellung von Anwalt zu Anwalt (§§ 198 daselbst),
- g) die öffentliche Zustellung (§§ 203—207 daselbst),
- h) die Zustellung nach besonderer Anordnung des Richters.

§. 3.

Regelmässig soll gegen Empfangsbescheinigung durch den Gerichtsboten zugestellt werden.

Aus der Empfangsbescheinigung soll hervorgehen:

大德一千九百四年五月二十八日

嗣後督署亦有隨時任便改換規條權衡須至章程者

倘有犯此規條者自來水局自有堵塞枝筒權衡

承允照條辦理之日止

各接通自來水之地主更換新主臚交之水價表租或原地主或其親屬仍須納至報明之停用日止或至新地主簽字

所有自來水局拆解枝筒私管費項原用水者仍宜補付

惟報明後雖點水未用其至少限價洋量水表租洋亦須兌至停罷日止

凡有用水者如欲退罷宜至西曆每季底始可但應先於三閱月前報明

凡有意欲用水票報揆通自來水公共幹筒者須在懲單上簽字以示認從此項現行後敚之規條

第五條亭止交易總則

1) das Aktenzeichen und der wesentliche Inhalt des zugestellten Schriftstücks,
2) die Person, an welche zugestellt werden soll, und die Person, an welche zugestellt ist,
3) Ort und Zeit der Zustellung,
4) die Unterschrift des Gerichtsboten.

Die Anfertigung einer Urschrift für die Akten ist nicht nötig.

§. 4.

Durch den Gerichtsvollzieher wird, und zwar nach den Vorschriften der Civilprozessordnung, zugestellt, wenn die betreibende Partei dies ausdrücklich beantragt, oder wenn der Richter es anordnet.

§. 5.

Für die Zulässigkeit der Zustellung von Anwalt zu Anwalt gelten als Anwälte auch:
1) die zur Vertretung des Fiskus im Prozesse berufenen oder als Prozessbevollmächtigte bestellten Beamten des Gouvernements;
2) Vormünder, Pfleger und Beistände, sowie die einer Partei von Amtswegen oder auf Antrag zugeordneten Prozessbevollmächtigten, soweit sie öffentliche Beamte sind;
3) Beamte, welche die Vertretung einer Partei freiwillig, aber nach eingetretener Vermittelung des Gerichts übernommen haben.

§. 6.

In den Fällen der öffentlichen Zustellung genügt die einmalige Bekanntmachung in den für die öffentlichen Bekanntmachungen des Gerichts bestimmten Blättern.

Der Richter kann anordnen, dass die einmalige Bekanntmachung im Amtsblatte oder in einer im Schutzgebiete erscheinenden Zeitung genügt. Bei öffentlichen Zustellungen an Chinesen bedarf es nicht der Bekanntmachung in Blättern, die ausserhalb des Schutzgebietes erscheinen.

§. 7.

Ist eine der unter a bis g des § 2 dieser Verordnung genannten Zustellungen nicht zweckmässig, so ordnet der Richter die Art der Zustellung an.

Der Richter kann die Hilfe der Civil- und Militärbehörden im Schutzgebiete in Anspruch nehmen. Die Zustellung geschieht durch die von der ersuchten Stelle beauftragte Person nach den Vorschriften über die Zustellung gegen Empfangsbescheinigung (§. 3.).

Chinesen können in besonderen Fällen zur Entgegennahme eines zuzustellenden Schriftstückes auf richterliche Anordnung vorgeführt werden.

§. 8.

Wer die Geschäfte des Gerichtsvollziehers und des Gerichtsboten wahrzunehmen hat, bestimmt, solange nicht besondere Beamte hierfür bestimmt sind, der Oberrichter.

§. 9.

Solange besondere Gerichtsvollzieher nicht ernannt sind, haben die Parteien der Vermittelung des Gerichtsschreibers sich zu bedienen; die Vorschriften über die Zustellungen von Anwalt zu Anwalt (§. 5.) bleiben unberührt. Soweit nicht durch die Zustellung eine Frist in Lauf gesetzt oder der Beginn der Zwangsvollstreckung ermöglicht werden soll, hat der Gerichtsschreiber die Zustellung zu veranlassen, wenn nicht die Partei den Auftrag zur Zustellung sich ausdrücklich vorbehält.

§. 10.

Die Urschriften der zuzustellenden Schriftstücke, sowie die Zustellungsnachweise bleiben bei den Akten. Auf Antrag hat der Gerichtsschreiber der Partei eine Bescheinigung über die Zustellung zu erteilen. Wird durch die Zustellung eine Frist in Lauf gesetzt, so soll der Gerichtsschreiber auf dem zuzustellenden Schriftstücke vermerken, auf wessen Betreiben zugestellt wird.

§. 11.

Wo nach den Vorschriften der Civilprozessordnung die Zustellung einer Zustellungsurkunde erforderlich ist, wird die im §. 10 dieser Verordnung vorgeschriebene Bescheinigung zugestellt.

§. 12.

Die Vorschrift des § 187 der Civilprozessordnung findet auf alle Zustellungen Anwendung.

§. 13.

Die Schriftstücke werden beglaubigt durch den Gerichtsschreiber, den Gerichtsvollzieher oder, wenn die Partei, welche die Zustellung betreibt, durch eine Behörde, einen Beamten oder einen Rechtsanwalt vertreten ist, auch durch die Behörde, den Beamten oder den Rechtsanwalt. Die von den Anwälten zur Zustellung eingereichten Schriftstücke müssen von diesen beglaubigt sein.

§. 14.

Sind an Chinesen Schriftstücke zuzustellen, welche eine Ladung oder die Androhung von Rechtsnachteilen enthalten, so sollen die Ladung, die Terminsstunde und ein kurzer Hinweis auf die angedrohten Rechtsnachteile auch in chinesischen Zeichen auf das zuzustellende Schriftstück gesetzt werden.

§. 15.

Die Vorschrift des §. 207 Abs. 1 der Civilprozessordnung findet auf alle durch Vermittelung des Gerichtsschreibers bewirkte Zustellungen Anwendung.

§. 16.

In Rechtsangelegenheiten, die ausserhalb des Schutzgebietes verfolgt werden, kann der Richter auf den unmittelbaren Antrag der die Zustellung betreibenden auswärtigen Partei die Zustellung veranlassen. Anfechtung des einen derartigen Antrag abweisenden Bescheides findet nicht statt.

§. 17.

Für die Zustellungen gelten Deutschland, andere Schutzgebiete und die Konsulargerichtsbezirke mit Ausnahme der in Schantung belegenen Orte mit Detachements und deren Umgebung als Ausland.

§. 18.

In den Fällen des §. 132 des Bürgerlichen Gesetzbuches wird nur durch den Gerichtsvollzieher zugestellt, und zwar unter Vermittelung des Gerichtsschreibers, solange besondere Gerichtsvollzieher nicht ernannt sind. Jn diesen Fällen ist die Urschrift und die Zustellungsurkunde der betreibenden Partei auszuhändigen.

Zweiter Abschnitt:
Zwangsvollstreckung.

§. 19.

Die Zwangsvollstreckung ist, ausser aus den im achten Buche der Civilprozessordnung bezeichneten Titeln, auch zulässig:

1. aus Urteilen und Entscheidungen, die in Chinesensachen von dem Richter oder vom Bezirksamtmann erlassen sind,
2. aus den auf Grund einer Sühneverhandlung gemäss § 420 der Strafprozessordnung geschlossenen Vergleichen.

Für die Zwangsvollstreckung werden diese Schuldtitel so behandelt, als ob sie Urteile des Kaiserlichen Gerichts von Kiautschou wären.

§. 20.

Solange Gerichtsvollzieher noch nicht ernannt sind (§ 8 dieser Verordnung), ist in den Fällen, in denen die Zwangsvollstreckung durch einen Gerichtsvollzieher zu erfolgen hat, der Vollstreckungsauftrag dem Gerichtsschreiber zur weiteren Veranlassung einzureichen.

§. 21.

Erscheint die Zwangsvollstreckung durch den Gerichtsvollzieher unzweckmässig, so kann der Richter abweichende Anordnungen treffen.

Er kann die Bezirksämter und das Polizeiamt in den Standorten der Detachements auch diese, um Vornahme der Zwangsvollstreckung ersuchen. Die Zwangsvollstreckung erfolgt in diesen Fällen durch die von der ersuchten Behörde dazu bestellte Person nach den für den Gerichtsvollzieher bestehenden Vorschriften, soweit nicht das Gericht abweichende Bestimmungen trifft.

§. 22.

Soll aus einem Urteil gegen Chinesen vollstreckt werden, so genügt die Zustellung einer abgekürzten Urteilsausfertigung, die Tatbestand und Gründe nicht enthält. Der Tenor soll auch in chinesischer Uebersetzung mit zugestellt werden.

§. 23.

Das Vollstreckungsgericht kann auch ohne Antrag und ohne Anhörung einer Partei die im § 825 der Civilprozessordnung erwähnten Anordnungen treffen, insbesondere die Herausgabe gepfändeter Sachen an einen Auktionator zum Zwecke der Versteigerung anordnen.

§. 24.

Aus Schuldtiteln, die in Deutschland, einem anderen Schutzgebiete, einem Konsulargerichtsbezirke oder einem Staate erwachsen sind, dessen Behörden im Wege der Rechtshülfe die Urteile deutscher Gerichte vollstrecken, kann das Gericht auf unmittelbaren Antrag des Gläubigers die Zwangsvollstreckung bewirken. Die Anfechtung des einen derartigen Antrag abweisenden Bescheides findet nicht statt.

Dritter Abschnitt:

Kostenwesen.

Erster Titel: Allgemeine Bestimmungen.

§. 25.

Bei der Berechnung des Wertes im Sinne der Civilprozessordnung und der Kostengesetze ist die Mark gleich einem halben Dollar zu rechnen.

§. 26.

Die Kostensätze betragen im Schutzgebiete ebenso viel Dollar und Cent, wie sie in Preussen Mark und Pfennige betragen würden.

§. 27.

Für die Gebühren der Notare, der Rechtsanwälte und der Gerichtsvollzieher gelten die in Preussen allgemein geltenden gesetzlichen Bestimmungen, insbesondere die Preussische Gebührenordnung für Notare vom 25. Juni 1895 in der Fassung der Bekanntmachung des Justizministers vom 6. Oktober 1899 (Gesetzsammlung Seite 374), die Deutsche Gebührenordnung für Rechtsanwälte vom 9. Juli 1879 in der Fassung der Bekanntmachung des Reichskanzlers vom 20. Mai 1898 (Reichsgesetzblatt Seite 692), das Preussische Gesetz, enthaltend die landesgesetzlichen Vorschriften über die Gebühren der Rechtsanwälte und der Gerichtsvollzieher, vom 27. September 1899 in der Fassung der Bekanntmachung des Justizministers vom 6. Oktober 1899 (Gesetzsammlung Seite 325 und 381), sowie die Deutsche Gebührenordnung für Gerichtsvollzieher vom 24. Juni 1878 in der Fassung der Bekanntmachung des Reichskanzlers vom 20. Mai 1898 (Reichsgesetzblatt 1898 Seite 683), soweit nicht in dieser Verordnung ein anderes bestimmt ist. Die Vorschriften der §§. 25, 26 und 33 dieser Verordnung finden Anwendung.

§. 28.

Die Höhe von Gebühren- und Auslagen-Vorschüssen bestimmt nach seinem Ermessen und unter Ausschluss von Rechtsmitteln das Gericht.

§. 29.

Wo in den Kostengesetzen die Entscheidung der Aufsichtsbehörde, insbesondere dem Justizminister, zugewiesen ist, trifft sie endgültig der Oberrichter.

§. 30.

In Gerichtskostensachen ist zur Vertretung des Fiskus des Schutzgebietes der Gerichtsschreiber des Kaiserlichen Gerichts von Kiautschou berufen, welcher die Geschäfte der Gerichtskasse führt.

§. 31.

Der Oberrichter ist befugt, Gerichtskosten (einschliesslich der baaren Auslagen) wegen Armut des Zahlungspflichtigen, Schwierigkeit der Beitreibung und aus ähnlichen Gründen, reine Gerichtsgebühren auch aus Billigkeitsrücksichten, niederzuschlagen.

Bei Vergleichen kann das Gericht die Kosten nach freiem Ermessen aber nicht unter dem Werte der baaren Auslagen und nicht über dem nach §. 26 dieser Verordnung zu ermittelnden Kostenbetrage festsetzen.

§. 32.

Gebührenfreiheit geniessen ausser den in den allgemeinen Kostengesetzen bezeichneten Personen, Vereinen und Stiftungen:

a. die deutschen Schutzgebiete

b. die im §. 8 Nr. 2—7 des Preussischen Gerichtskostengesetzes in der Fassung der Bekanntmachung des Justizministers vom 6. Oktober 1899 bezeichneten Personen, Vereine und Stiftungen, wenn sie ihren Sitz in Deutschland oder einem Schutzgebiet haben, oder unter deutscher Konsulargerichtsbarkeit stehen.

§. 33.

Eine Erhöhung der Gebührensätze bei Verhandlungen in fremden Sprachen findet nicht statt.

§. 34.

Die Gerichtskosten werden zwangsweise eingetrieben auf Grund des Vollstreckungsauftrages und auf Betreiben des die Geschäfte der Gerichtskasse führenden Gerichtsschreibers.

§. 35.

Diese Verordnung findet Anwendung auf alle zur Zeit des Inkrafttretens dieser Verordnung noch nicht fällig gewordenen Gerichtskosten.

Zweiter Titel: Einzelbestimmungen.

§. 36.

Für die Höhe der den Rechtsanwälten nach §. 63 der Deutschen Gebührenordnung zustehenden Gebühren ist es entscheidend, ob in Deutschland die Sache in erster Instanz vor das Schöffengericht, die Strafkammer oder das Schwurgericht gehören würde.

§. 37.

Für die Zustellung gegen Empfangsbescheinigung durch den Gerichtsboten (§. 3. dieser Verordnung) werden Gerichtsgebühren nicht erhoben.

§. 38.

1. Anstelle des §. 17 Abs. 1 der Deutschen Gebührenordnung für Gerichtsvollzieher vom 24. Juni 1878 in der Fassung der Bekanntmachung des Reichskanzlers vom 20. Mai 1898 (Reichsgesetzblatt 1898 Seite 683) treten folgende Bestimmungen:

Reisekosten erhält der Gerichtsvollzieher nach Massgabe der im Schutzgebiete für Beamte und Militärpersonen bestehenden besonderen Bestimmungen.

2. Eine Abführung von Teilen der durch den Gerichtsvollzieher verdienten Gebühr an den Fiskus findet nicht statt.

3. Alle dem Gerichtsvollzieher von Amtswegen aufgetragenen Zustellungen erfolgen gebührenfrei.

4. Die §§ 2–6 der Allgemeinen Verfügung des Preussischen Justizministers vom 8. Dezember 1899, betreffend die nicht durch Gesetz bestimmten Gebühren der Gerichtsvollzieher, sowie die Gebühren der Gerichtsvollzieher im Verwaltungszwangsverfahren (Justizministerialblatt 1899 Seite 721) finden Anwendung.

§. 39.

Die Deutsche Gebührenordnung für Zeugen und Sachverständige vom 30. Juni 1878 in der Fassung der Bekanntmachung des Reichskanzlers vom 20. Mai 1898 (Reichsgesetzblatt Seite 689) findet nur auf Nichtchinesen Anwendung. Nichtchinesischen Zeugen, Sachverständigen und Dolmetschern können auf Antrag höhere, als die ihnen nach der Gebührenordnung zustehenden Beträge zugebilligt werden, wenn dieses nach den besonderen Umständen des Falles unter Berücksichtigung der örtlichen Verhältnisse ausnahmsweise angemessen erscheint.

Für chinesische Zeugen, Sachverständige und Dolmetscher setzt das Gericht die Gebühren nach seinem Ermessen fest.

§. 40.

Zum Preussischen Gerichtskostengesetz vom 25. Juni 1895 in der Fassung der Bekanntmachung des Preussischen Justizministers vom 6. Oktober 1899 (Gesetzsammlung Seite 326) wird folgendes bestimmt:

1. Für die gerichtliche oder notarielle Beglaubigung von Unterschriften und Handzeichen werden statt der Gebühren der §§ 42 und 43 fünf Dollar für jeden Beglaubigungsvermerk erhoben, jedoch nur zwei Dollar, wenn der Wert des Rechtsverhältnisses zweihundert Dollar nicht übersteigt,

2. Für die im § 58 Nr. 1 bezeichneten Angelegenheiten wird eine Gebühr von einem vom Hundert des Wertes, mindestens werden aber zehn Dollar erhoben,

3. Anstelle des § 72 Nr. 1, 2 treten folgende Vorschriften:

Für die Eintragung in das Handelsregister sind zu erheben:

I. bei Einzelkaufleuten:
   a) für die Eintragung der Firma, sowie von Veränderungen fünfzehn Dollar,
   b) für Löschungen fünf Dollar,

II. bei offenen Handelsgesellschaften und Kommanditgesellschaften das Doppelte dieser Sätze.

4. Den im § 72 Nr. 3 bezeichneten Gesellschaften treten die Kolonialgesellschaften hinzu. Statt der Sätze zu 1 a des § 72 werden bei allen diesen Gesellschaften zwanzig Dollar eingesetzt.

5. Für die Eintragung der Prokura werden zehn Dollar, für ihre Löschung fünf Dollar erhoben.

6. Anstelle der in dem § 74 Abs. 2 und 3 genannten Sätze wird unterschiedslos eine Gebühr von einem Dollar und fünfzig Cent erhoben.

Schlussbestimmungen.

§. 41.

Diese Verordnung tritt am 1. Juli 1904 in Kraft.

Von diesem Zeitpunkte an treten alle entgegenstehenden Vorschriften ausser Kraft. Insbesondere werden aufgehoben:

1) Die Verordnung des Gouverneurs vom 8. Juli 1898, betreffend die Zustellung, die Zwangsvollstreckung und das Kostenwesen nebst den dazu gehörigen Kostentarifen;

134. Amtsblatt—青島官報 25. Juni 1904.

2) Der §. 5 der Verordnung des Gouverneurs von 22. Juli 1898, betreffend die Führung des Handelsregisters;
3) Der Kostentarif zur Verordnung des Gouverneurs, betreffend die Rechtsverhältnisse an Grundstücken, vom 2. September 1898;
4) Die Rechtsanwalts-Gebühren-Ordnung vom 14. August 1902 (Amtsblatt Seite 261).
5) Der § 18 der Dienstanweisung für die Notare im Bezirk des Kaiserlichen Gerichts von Kiautschou vom 3. Mai 1903 (Amtsblatt Seite 85).

§. 42.

Der Oberrichter wird mit der Ausführung dieser Verordnung beauftragt.

Tsingtau, den 21. Juni 1904.

Der Kaiserliche Gouverneur.

Truppel

Amtliche Anzeigen.

Bekanntmachung.

Frau Roth hat ein Gesuch um Erlaubnis zum Betriebe einer Gastwirtschaft in einem neu zu errichtenden Gebäude in der Nähe des Tempels in Syfang eingereicht.

Einwendungen im Sinne der Gouvernementsbekanntmachung vom 10. Oktober 1899 sind bis zum 10. Juli d. Js. an die unterzeichnete Behörde zu richten.

Tsingtau, den 22. Juni 1904.

Kaiserliches Polizeiamt.

Bekanntmachung.

Am Sonntag, den 26. Juni d. Js., vormittags 10 Uhr, findet vom Kreuzergeschwader aus ein Feldgottesdienst im Höhenlager statt. Die Civil— und Militärgemeinde Tsingtaus ist zu dem Feldgottesdienst willkommen.

Der Gottesdienst in der Gouvernementskapelle fällt an diesem Tage aus.

Tsingtau, den 23. Juni 1904.

Der Kaiserliche Zivilkommissar.

Mitteilungen.

Die Wallmeister Flügel und Stoffen sind laut telegraphischer Mitteilung des Reichs—Marine—Amts vom 16. d. Mts. zu Festungsbauleutnants befördert worden.

* * *

Der Transportdampfer „Main" wird am 26. d. Mts. den Hafen von Tsingtau verlassen und am 13. August d. Js. in Bremerhaven eintreffen.

* * *

Die Betriebsdirektion der Schantung—Eisenbahn hat für die Benützung der zweiten Wagenklasse Zeitkarten für eine bestimmte Strecke und eine gewisse Zeitdauer eingeführt.

Die als Blankokarten aus Karton hergestellten Zeitkarten haben längs der vier Kartenränder entweder 10 oder 25 oder 40 Felder, von denen für jede Einzelfahrt ein Feld vom Schaffner durchlocht wird. Die Karten werden nicht auf Namen ausgestellt, sondern gelten als Inhaberkarten.

Auf diese Zeitkarten wird gegenüber den Tarifpreisen folgender Nachlass gewährt:
bei 10 Fahrten innerhalb eines Kalendermonats 15 %
„ 25 „ „ zwei Kalendermonaten 20 „
„ 40 „ „ drei „ 25 „

* * *

Fast mit jeder Europapost gehen Briefe ein, deren Umhüllungen während der Beförderung zerstört oder beschädigt sind, so dass die Empfänger nicht zu ermitteln sind. Zur Zeit lagern auf dem Postamte unanbringliche Briefe aus Brandenburg, Hamburg, Limbach, Wilhelmshöhe; ferner ein Putztuch, Zwirn, ein kleiner Schlüssel, ein Cylinderputzer, photogr. Papier, welche den Sendungen entfallen sind. Nachfragen sind an das Amtszimmer des Postamtes zu richten.

25. Juni 1904.　　　　　　Amtsblatt—青島官報　　　　　　135.

Schiffsverkehr

in der Zeit vom 16. — 23. Juni 1904.

Ankunft am	Name	Kapitän	Flagge	Reg. Tonnen.	von	Abfahrt am	nach
(16.6.)	D. Alesia	Sachs	Deutsch	3312,02	Hongkong	19.6.	Yokohama
17.6.	D. Gouv. Jaeschke	Vogel	"	1044,90	Schanghai	18.6.	Schanghai
"	D. Main	v. Borell	"	6382,12	"		
20.6.	D. Knivsberg	Kayser	"	645,76	"	21.6.	Tschifu
21.6	D. Independent	Weidlich	"	908,28	Kobe	22.6.	"
22.6.	D. Vorwärts	Sohnemann	"	643,26	Tschifu	"	Schanghai

Meteorologische Beobachtungen.

Datum. Juni.	Barometer (mm) reduz. auf 0° C., Seehöhe 24,30 m			Temperatur (Centigrade).								Dunstspannung in mm			Relat. Feuchtigkeit in Prozenten		
				trock. Therm.			feucht. Therm.										
	7 Vm	2 Nm	9 Nm	7 Vm	2 Nm	9 Nm	7 Vm	2 Nm	9 Nm	Min.	Max.	7 Vm	2 Nm	9 Nm	7 Vm	2 Nm	9 Nm
16	753,7	753,1	752,4	20,1	24,6	19,0	17,5	18,6	17,7	17,6	23,5	13,3	12,3	14,3	76	53	87
17	50,9	50,3	52,6	19,6	22,1	19,7	18,5	19,4	14,9	18,4	25,4	15,2	15,1	9,7	90	76	57
18	54,3	53,4	53,7	17,5	24,1	19,1	14,8	17,9	15,6	16,4	22,9	10,9	11,5	11,1	73	51	67
19	53,3	52,4	54,1	20,5	21,7	19,7	17,2	18,6	17,5	17,8	27,5	12,6	14,0	13,5	70	73	80
20	56,7	56,7	58,2	18,0	26,9	19,4	16,6	18,1	16,8	17,0	24,3	13,2	10,1	12,6	86	38	75
21	59,4	59,1	59,3	21,3	23,4	19,0	18,1	19,3	17,9	17,6	27,8	13,5	14,1	14,6	72	66	89
22	58,4	56,9	56,5	19,8	23,2	19,7	18,2	20,4	18,7	18,0	24,1	14,6	16,1	15,4	85	76	90

Datum. Juni.	Wind Richtung & Stärke nach Beaufort (0—12)			Bewölkung						Niederschläge in mm		
				7 Vm		2 Nm		9 Nm				
	7 Vm	2 Nm	9 Nm	Grad	Form	Grad	Form	Grad	Form	7Vm	9Nm	9 Nm / 7 Vm
16	NNW 1	SSW 4	SSO 3	2	Cum-str	7	Cum-str	3	Cum-str			
17	SW 3	S 3	NNW 5	3	Cir-str	8	Cum-str	3	Str			
18	NW 4	SSW 3	SO 3	2	Cir-str	1	Cir-cu					
19	SSW 2	S 5	SSW 4			6	Cir-str	10	Cum-ni	0,2	0,2	
20	NW 3	NW 2	SO 2	3	Cum	1	Cum	1	Cum-str			
21	SO 1	SO 3	SO 2	1	Cir-str	2	Cu-str	1	Cir-str			
22	SSO 2	SO 3	SSO 2	2	Cir-cu	2	Cir-str	3	Cir-str			

Hochwassertabelle für den Monat Juli 1904.

Datum	Tsingtau - Hauptbrücke.		Grosser Hafen, Mole I.		Nükuk'ou.	
	Vormittags	Nachmittags	Vormittags	Nachmittags	Vormittags	Nachmittags
1.	6 U. 46 M.	7 U. 03 M.	7 U. 16 M.	7 U. 33 M.	7 U. 46 M.	8 U. 03 M.
2.	7 „ 19 „	7 „ 35 „	7 „ 49 „	8 „ 05 „	8 „ 19 „	8 „ 35 „
3.	7 „ 51 „	8 „ 08 „	8 „ 21 „	8 „ 38 „	8 „ 51 „	9 „ 08 „
4.	8 „ 25 „	8 „ 43 „	8 „ 55 „	9 „ 13 „	9 „ 25 „	9 „ 43 „
5.	9 „ 01 „	9 „ 21 „ ☾	9 „ 31 „	9 „ 51 „	10 „ 01 „	10 „ 21 „
6.	9 „ 41 „	10 „ 11 „	10 „ 11 „	10 „ 41 „	10 „ 41 „	11 „ 11 „
7.	10 „ 42 „	11 „ 18 „	11 „ 12 „	11 „ 48 „	11 „ 42 „	—
8.	11 „ 53 „	—	—	0 „ 23 „	0 „ 18 „	0 „ 53 „
9.	0 „ 30 „	1 „ 08 „	1 „ 00 „	1 „ 38 „	1 „ 30 „	2 „ 08 „
10.	1 „ 42 „	2 „ 17 „	2 „ 12 „	2 „ 47 „	2 „ 42 „	3 „ 17 „
11.	2 „ 47 „	3 „ 16 „	3 „ 17 „	3 „ 46 „	3 „ 47 „	4 „ 16 „
12.	3 „ 42 „	4 „ 08 „	4 „ 12 „	4 „ 38 „	4 „ 42 „	5 „ 08 „
13.	4 „ 33 „ ●	4 „ 58 „	5 „ 03 „	5 „ 28 „	5 „ 33 „	5 „ 58 „
14.	5 „ 22 „	5 „ 45 „	5 „ 52 „	6 „ 15 „	6 „ 22 „	6 „ 45 „
15.	6 „ 08 „	6 „ 30 „	6 „ 38 „	7 „ 00 „	7 „ 08 „	7 „ 30 „
16.	6 „ 53 „	7 „ 16 „	7 „ 23 „	7 „ 40 „	7 „ 53 „	8 „ 16 „
17.	7 „ 38 „	8 „ 00 „	8 „ 08 „	8 „ 30 „	8 „ 38 „	9 „ 00 „
18.	8 „ 22 „	8 „ 43 „	8 „ 52 „	9 „ 13 „	9 „ 22 „	9 „ 43 „
19.	9 „ 08 „	9 „ 32 „ ●	9 „ 38 „	10 „ 02 „	10 „ 08 „	10 „ 32 „
20.	10 „ 00 „	10 „ 29 „	10 „ 30 „	10 „ 59 „	11 „ 00 „	11 „ 29 „
21.	11 „ 02 „	11 „ 35 „	11 „ 32 „	—	—	0 „ 02 „
22.	—	00 „ 13 „	0 „ 05 „	0 „ 43 „	0 „ 35 „	1 „ 13 „
23.	0 „ 51 „	1 „ 27 „	1 „ 21 „	1 „ 57 „	1 „ 51 „	2 „ 27 „
24.	2 „ 03 „	2 „ 35 „	2 „ 33 „	3 „ 05 „	3 „ 03 „	3 „ 35 „
25.	3 „ 06 „	3 „ 31 „	3 „ 36 „	4 „ 01 „	4 „ 06 „	4 „ 31 „
26.	3 „ 55 „	4 „ 16 „	4 „ 25 „	4 „ 46 „	4 „ 55 „	5 „ 16 „
27.	4 „ 37 „ ○	4 „ 56 „	5 „ 07 „	5 „ 26 „	5 „ 37 „	5 „ 56 „
28.	5 „ 15 „	5 „ 32 „	5 „ 45 „	6 „ 02 „	6 „ 15 „	6 „ 32 „
29.	5 „ 50 „	6 „ 06 „	6 „ 20 „	6 „ 36 „	6 „ 50 „	7 „ 06 „
30.	6 „ 22 „	6 „ 37 „	6 „ 52 „	7 „ 07 „	7 „ 22 „	7 „ 37 „
31.	6 „ 53 „	7 „ 08 „	7 „ 23 „	7 „ 38 „	7 „ 53 „	8 „ 08 „

1) ○ = Vollmond; 2) ☽ = Letztes Viertel; 3) ● = Neumond; 4) ☾ = Erstes Viertel.

Anmerkung: In T'a pu t'ou tritt das Hochwasser 10 Minuten früher als in Nükuk'ou auf.

Sonnen-Auf-und Untergang
für Monat Juli 1904.

Dt.	Mittelostchinesische Zeit des			
	wahren	scheinbaren	wahren	scheinbaren
	Sonnen-Aufgangs.		Sonnen-Untergangs.	
1.	4 U. 49.5 M.	4 U. 48.9 M.	7 U. 14.9 M.	7 U. 20.5 M.
2.	49.9	44.8	14.8	20.4
3.	50.4	44.8	14.7	20.3
4.	50.9	45.3	14.6	20.2
5.	51.4	45.8	14.5	20.1
6.	51.9	46.3	14.3	19.9
7.	52.5	46.9	14.1	19.7
8.	53.1	47.5	13.8	19.4
9.	53.7	48.1	13.5	19.1
10.	54.3	48.7	13.2	18.8
11.	54.9	49.3	12.9	18.5
12.	55.5	49.9	12.6	18.2
13.	56.1	50.5	12.3	17.9
14.	56.7	51.1	11.9	17.5
15.	57.3	51.7	11.5	17.1
16.	57.9	52.3	11.1	16.7
17.	58.5	52.9	10.6	16.2
18.	59.2	53.6	10.1	15.7
19.	59.9	54.3	9.6	15.2
20.	5 U. 0.6	55.0	9.1	14.7
21.	1.2	55.7	8.5	14.1
22.	2.0	56.4	7.9	13.5
23.	2.7	57.1	7.2	12.8
24.	3.5	57.9	6.5	12.1
25.	4.3	58.7	5.8	11.4
26.	5.1	59.5	5.1	10.7
27.	5.8	0.2	4.4	10.0
28.	6.5	5 U. 0.9	3.7	9.3
29.	7.2	1.6	3.0	8.6
30.	7.9	2.3	2.3	7.9
31.	8.5	2.9	1.5	7.1

第五年 第二十五号

1904 年 6 月 25 日

法令与告白

大德钦命总督胶澳文武事宜大臣都 为

议订《自来水费章程》分条列左：

第一条：凡有房之地皮直距共用自来水喉（即俗称水溜子）至远三百五十米打，应自西历一千九百四年四月初一日起酌订水费，以补创修并嗣后随时修理经费。

第二条：所收水费按八方米打以上能住房屋，每间每年出费洋四元。此项费洋，各该房主应于每季先期缴纳本署银库，惟各该房主自有分别转向租户索讨权衡。

第三条：凡有地皮接通公共干筒并有量水表者，即按工部总局另订《接通自来水专章》完纳水价表租，如有地皮辗转，终须德境银库缴纳者，则免征收。

第四条：经订之能住房屋数目，设有不甘服者，可以具禀报明该管自来水局，以便详由本署再行发交专委查房各官与一本国董事面同酌订。既经此次订后，不得复有饶舌。为此仰诸色人等遵照勿违。特谕。

大德一千九百四年五月二十七日年

大德青岛总工部局 为

订立《接通自来水规条》逐一列左：

第一条 接通则例

凡有自来水之处，准其住宿房屋之各地主与自来水接通，惟每水喉（即俗称水龙头）下之接水漏子若能暂与雨水筒接通，并预允将来脏水洞子修造成功后，定将自己院内脏水沟接通公共洞子，按照续订章程办理。

如每段地皮相距大街自来水干筒或公用之水喉远不过一百米打者，即可为有自来水之处。凡地皮上以机器工作，或作别项营生，或地距街心公共自来水干筒在十五米打以外远者，皆无强令自来水局修通权衡，但该局或可酌准。

第二条　安设枝筒则例

凡有修通街心公共干筒者,其枝筒修费应由各该禀报人照出,至街道下公共之堵水闸锁并量水表(即量水机器)勿须修费。其修费统按公共干筒正在街心核算,以归划一而免分歧。所修之干筒若穿过公家之隙地,丈量枝筒长短,即由干筒至马路边皆作十米打长计算,若地皮上房屋较大,安设枝筒不止一道,应由该局酌核准否。

其从公共干筒至量水表之枝筒及量水表,连同各该房主之私营等工,均归该局承修,并随时修理,将来仍属该局之物。各该房主不准自己或他人代在于枝筒上或量水表上造作,或改换等弊,倘犯此章致有损伤之处,各该房主须承认赔款。各房院内之私总水闸,该房主可以随便开闭。至街道下之公总闸锁,只准该局人任便开闭。其枝筒口径粗细及量水表之大小,该局每按禀报声明安设水喉多寡,及将来拟增水喉(如脏水洞告成接通厕所等尔)数目酌定。

倘误报或嗣后用水较多,枝筒不敷,须改修者,原禀人当补偿改换费项。

惟不准数段地皮安一枝筒,亦不准将数枝筒联络一处,更不准将数处房之数枝筒相连。

第三条　量水表则例

每枝筒私管中间必安有一量水表,常川所用之水,均由此量水表经过,此表系由该局自备自安。

每表一座,每月应纳之租费即按出水之口径大小核算,并将每月租费等次分别列左:

二十米利米打[①]径口,租费洋八角。二十五米利米打径口,租费洋一元二角。三十米利米打径口,租费洋一元四角。四十米利米打径口,租费洋一元六角。五十米利米打径口,租费洋二元二角五分。七十五米利米打径口,租费洋三元五角。一百米利米打径口,租费洋四元五角。一百二十五米利米打径口,租费洋六元正。

此项量水表租洋应由安设之月,西历一号起核算其后。无论如何,此项租洋皆按整月计算,不得按日扣算。

若疑量水表不符,或由用水者禀报,或由该局饬令,须将此表查验。倘查验不明,再交查验量水表局之董其事者研查。一经查验定明,其自来水局并用水者即宜允服,不得复有异言。当查验此表之际,用水者或亲自到场,或派精明人代往临场眼同。

如查明量水表不符之数至百分之五分,应作毋庸置议,倘不符之数逾五分,应从上次兑洋日起,至此次查验日止,按照该表针多指之数查明,扣除其针少指之数,亦应照加。但用水人禀请查验,旋经查明不符之数在百分之四分以内者,每次应出查验费洋以示限制。其每次费洋即按量水表径口粗细核收。

如径口至二十米利米打粗者,应出费洋六元。径口至四十米利米打粗者,应出费洋九

---

① 译者注:德语 Millimeter,即毫米。

元。径口五十米利米打粗者,应出费洋十二元。径口七十五米利米打粗者,应出费洋十五元。径口一百米利米打粗者,应出费洋十八元。径口一百二十五米利米打粗者,应出费洋二十一元。

第四条 水价则例

凡需用之水过于量水表之数每一苦必米打,价洋二角,每段地皮设一量水表,常年费项亦定一至少限价此项至少限价洋多寡,亦按量水表径口酌定。

如量水表径口二十米利米打粗者,每年应纳至少限价洋三十六元。又二十五米利米打粗者,洋四十八元。又三十米利米打粗者,洋九十元。又四十米利米打粗者,洋一百四十四元。又五十米利米打粗者,洋一百九十二元。又七十五米利米打粗者,洋三百七十八元。又一百米利米打粗者,洋四百八十元。又一百二十五米利米打粗者,洋六百元正(整)。

此项至少限价洋,并量水表租洋皆宜按月先期交纳。至过于至少限数水价洋,屈(届)时每年结账时再行征收,或亦可于彼此订立之合同。若先经报退至停租之期征收,每当征收此项过于至少限数水价洋给予收单,如未立即交纳,亦不得过两礼拜之期。

每遇量水表因故未在枝筒者,应当算出无表期内所用之水,较诸平常按日限用之数曾否盈余,则以重设量水表之日起至下次查看时核算其数,如过按日限数,则无表时亦按此核算。

倘遇水忽然未能随意涌于高处者,或水出之不敷,或水之浑浊,或水暂停流,各该用水者并无减轻,至少限价洋及索赔偿权衡。

每逢火警各该接通干筒者之水管,须准公共救火会入应用,若嘱其至息(熄)火时关闭,亦宜遵从。

约用之水事后公平议定赔偿,惟是年该用水者,所用之水连并火会用去之水共合,尚未逾至少限数者,查明则不赔偿,但无论若何,至少限价洋则不能免。

第五条 亭止交易总则

凡有意欲用水禀报接通自来水公共干筒者,须在凭单上签字,以示认从此项现行后改之规条。

凡有用水者,如欲退罢,宜至西历每季底始可,但应先于三阅月报明。

惟报明后,虽点水未用,其至少限价洋,量水表租洋亦须兑至停罢日止。

所有自来水局拆解枝筒私管费项,原用水者仍宜补付。

各接通自来水之地主更换新主,应交之水价表租,或原地主,或其亲属,仍须纳至报明之停用日止,或至新地主签字承允照条办理之日止。

倘有犯此规条者,自来水局自有堵塞枝筒权衡。

嗣后督署亦有随时任便改换规条权衡,须至章程者。

大德一千九百四年五月二十八日

告白

关于法律文书投递、强制执行和收费的法令

根据 1900 年 7 月 25 日的《保护地法》第 6 条、第 7 条和第 15 条、1900 年 11 月 9 日《关于德国保护地内法律关系的皇家法令》第 10 条、1898 年 4 月 28 日《德国总理令》第 1 条,现命令如下:

引文条款

第 1 条

在属于胶澳皇家审判厅负责的法律事务中,对于法律文书投递、强制执行和收费方面,只要与下列条款规定没有偏差,则适用在《保护地法》第 3 条的规定。

第一段 投递

第 2 条

在保护地适用下列类型的法律文书投递:

1) 由法院信使出具了接收证明的法律文书投递;
2) 由法院执行人做出的法律文书投递(《民法》第 166 条至第 169 条、第 190 条、第 191 条);
3) 由法院书记官做出的法律文书投递(上述法律第 208 条至第 213 条);
4) 通过邮局的法律文书投递(上述法律第 193 条至第 197 条),但是需要从由高等法官在《官报》上发出通知的时间点开始算起;
5) 发布任务的法律文书投递(上述法律第 175 条至第 192 条);
6) 律师之间的法律文书投递(上述法律第 198 条);
7) 公开的法律文书投递(上述法律第 203 条至第 207 条);
8) 根据法官的特别命令做出的法律文书投递。

第 3 条

一般情况下,应该采取通过法院信使出具了接收证明的法律文书投递。

接收证明应该包含下列内容:

1) 案卷标号以及投递文书的主要内容;
2) 应该接收法律文书的人员以及实际接收人员;
3) 投递的地点和时间;
4) 法院信使的签名。

没有必要为案卷制作原件。

第 4 条

如果相关方明确地申请通过法院执行人投递法律文书,或者当法官下达该命令时,则按照《民事诉讼法》的规定投递文书。

第 5 条

在律师之间投递的可信性方面,同样被视作律师的有:

1) 在审判中被任命的国库代表或者被作为审判全权负责人的总督府官员;

2) 监护人、护理和辩护人,以及通过行政程序或者根据申请属于诉讼一方的全权代表,前提是他们须为公共官员;

3) 经法庭调解后被接受的、自愿代表诉讼一方的官员。

第 6 条

在公开投递文书的情况出现时,在为法院公开告白指定的报纸上刊登一次通告即可。

法官可以下令,只在《官报》或者在保护地出版的报纸上刊登一次通告即可。在执行对华人的公开文书投递时,不需要在保护地之外的报纸上刊登通告。

第 7 条

如果本法令第 2 条中的第 1 到第 7 款中文书投递均不适宜,则由法官指定文书投递的类型。

法官可以要求保护地的民事和军部部门提供协助。此时文书通过由所请求的部门委托的人员根据投递规定、凭接收证明投递。

在特殊情况下,可根据法官命令,将华人带来,以便接收需要投递的文书。

第 8 条

只要此时不需指定由特别官员执行文书投递,则由高等法官确定在这方面承担法院执行人或者法院信使的人员。

第 9 条

只要没有委任特别法院执行人,则法院书记官调解的各方自行处理文书投递,不触及关于律师之间文书投递的规定(第 5 条)。只要不是应该通过文书投递来设定过程中的期限,或者应该开始强制执行时,则当相关方没有明确地保留自行执行对文书投递任务时,由法院书记官执行文书投递。

第 10 条

需要投递的文书原件以及文书投递证明须归档。如果需要通过文书投递来设定期限,则法院书记官应在需投递的文书上备注是经过何人执行的投递。

第 11 条

在根据《民事诉讼法》的规定,文书投递需要有投递证书时,则投递本法令第 10 条中规定的证明。

第 12 条

《民事诉讼法》第 187 条的规定适用于所有的文书投递情况。

第 13 条

文书由法院书记官、法院执行人,或者通过一个部门、官员或律师代表的执行文书投递的一方,通过该部门、官员或者律师来公证。由律师投递递交的文书必须经由上述人员和部门公证。

第 14 条

如果须向华人投递含有传讯或者含有威胁遭受负面法律后果的文书,则需要将该传讯、传讯时间以及对于威胁会遭受的负面法律后果的简短的提示,用中文标注在这份需要投递的文书上。

第 15 条

《民事诉讼法》第 207 条第 1 段的规定适用于所有被法院书记官的调解所涉及的文书投递。

第 16 条

在保护地之外追究的法律事务,法官可以根据执行文书投递的外部一方的直接申请,由其执行。不会发生拒绝对一类申请决定的异议。

第 17 条

文书投递的适用范围为德国、其他保护地和领事裁判区,但是位于山东、被特遣队占据的地点及周边均为视为国外。

第 18 条

在出现《公民法》第 132 条的情况时,仅通过法院执行人投递文书,即,只要未任命特别法院执行人,在法院书记官的调解下进行。出现这些情况时,须将文书原件和投递证书交给执行方。

第二段 强制执行

第 19 条

除《民事诉讼法》第 8 分册中的标题之外,同样使用强制执行的情况是:
1. 来自判决和在华人事务上由法官或者华民审判厅人员做出的决定;
2. 来自根据符合《刑法》第 420 条的争端调解谈判的已完成调解。

处理债务证书强制执行时,按照将其视作胶澳皇家审判厅的判决的方式处理。

第 20 条

只要没有任命法院执行人(参见本法令第 8 条),如果出现需要由法院执行人办理的情况,则将执行任务交由法院书记官承担办理。

第 21 条

如果不适合由法院执行人进行强制执行,则由法官另行下达命令。

法官可以请求华民审判厅以及特遣队所在区域的警察局办理强制执行。出现这种情况时,只要法院没有做出偏离的规定,则强制执行由所请求部门为此指定的人员根据法院执行人的有关规定办理。

第 22 条

如需执行对华人的判决,则仅送达一份不含事实情况和原因的判决简略版本。判决主文也应该以中文翻译的形式一起送达。

第 23 条

执行庭也可以在不经申请、未聆讯一方的情况下,下达《民事诉讼法》第 825 条中提及的指令,尤其是下令将抵押物品交由拍卖师进行拍卖。

第 24 条

在德国、另一个保护地、领事裁判区或者一个城邦形成的债务证书,如官方以司法协助的途径执行德国法院的判决,则法院经债权人直接申请进行强制执行。不会发生拒绝对一类申请决定的异议。不会有对此类申请通知相偏离的申诉。

第三段 收费

第一章:一般条款

第 25 条

在计算《民事诉讼法》和《收费法》意义上的费用时,1 马克按照 0.5 个银元的比率计算。

第 26 条

在保护地收取的费率,按照在普鲁士计算的马克和芬尼等值计算为银元和分。

第 27 条

公证员、律师和法院执行人的费用,如果本法令中未另行规定,则适用在普鲁士普遍适用的法律条款,尤其是 1899 年 10 月 6 日司法部部长告白(《法律汇编》第 374 页)中的 1895 年 6 月 25 日的《公证员收费法》版本、1898 年 5 月 20 日帝国总理告白(《帝国法律报》第 692 页)中的 1879 年 7 月 9 日的《德意志律师收费法》版本、1899 年 10 月 6 日的司法部部长告白(《法律汇编》第 325、381 页)中的 1899 年 9 月 27 日的含有《关于律师和法院执行人收费的本邦法律规定》的《普鲁士法》版本,以及 1898 年 5 月 20 日的帝国总理告白(1898 年《帝国法律报》第 683 页)中的 1878 年 6 月 24 日的《德意志法院执行人收费法》版本。本法令第 25 条、第 26 条和第 33 条中的规定也适用。

第 28 条

收费和花销的预支金额经计算后,并排除诉讼程序,由法院确定。

第 29 条

在《收费法》中需要监管部门、尤其是司法部部长做出决定的地方,由高等法官做最终判定。

第 30 条

在法院收费事务上,任命胶澳皇家审判厅内负责法院财务处事务的法院书记官来代表保护地国库。

第 31 条

高等法官有权出于需付款人员贫困、执行困难以及其他类似原因,为节省考虑而将费用降低至纯法院费用。

但是在调解时,法院不能在自由裁量费用后,将其降至低于现金支出的价值,也不能定为超过本法令第 26 条中规定的调解费用金额。

第 32 条

《一般收费法》规定以外确定享受免除费用的人员、协会和基金会:

a. 各德国保护地;

b. 1899 年 10 月 6 日司法部部长告白中的《普鲁士法庭收费法》版本第 8 条第 2—7 号中确定的位于德国或一处保护地或者受德国领事裁判权管理下的人员、协会和基金会。

第 33 条

在使用外语审判时,不提高收费费率。

第 34 条

根据执行任务以及领导法院财务处业务的法院书记官的工作,强制征收法庭费用。

第 35 条

本法令适用于所有本法令生效时还没有生效的法庭费用。

第二章:单独条款

第 36 条

对于根据《德意志收费法》第 63 条规定的律师应得的费用金额,根据该项事务在德国是属于陪审法庭、刑事法庭或者刑事陪审法庭中的一审来确定。

第 37 条

在通过法院信使进行需要有接收证明的文书送达时(本法令第 3 条),不提高法庭费用。

第 38 条

1. 以下列条款代替 1898 年 5 月 20 日帝国总理告白中的 1878 年 6 月 24 日的《德意志法院执行人收费法》版本第 17 条第 1 段:

法院执行人的旅费按照在保护地的官员和军事人员的特别条款收取。

2. 法院执行人获得的费用,不需向国库部分缴纳。

3. 所有从行政程序分配给法院执行人的文书投递均免费。

4. 适用 1899 年 12 月 8 日的普鲁士司法部部长关于法律没有确定的法院执行人收费,以及在"行政强制程序"(1899 年《司法部部长报》第 721 页)中的法院执行人收费的《普鲁士司法部部长一般性命令》第 2—6 条。

第 39 条

1898 年 5 月 20 日帝国总理告白(《帝国法律报》第 689 页)中的 1878 年 6 月 30 日的《德意志证人和专家收费法》版本只适用于非华人。非华人的证人、专家和翻译,如果根据案件的特殊情况,在考虑到当地条件情况下做出例外计算时,可以申请比《收费法》中规定的更高额度的收费。

对于华人的证人、专家和翻译,由法庭经测算确定费用。

第 40 条

对于 1899 年 10 月 6 日的普鲁士司法部部长告白(《法律汇编》第 326 页)中的 1895 年 6 月 25 日的《普鲁士法庭收费法》,现确定如下规定:

1. 在对签名和手写字进行法院或公证员公证时,如果法律事务的价值未超出 200 个银元,则不按照第 42 条和第 43 条中规定的每公证评语收取 5 银元,而只收取 2 银元。

2. 对于第 58 条第 1 号中标明的事务按照价值的 1% 收取,但是最少收取 10 银元。

3. 由下列规定代替第 72 条第 1 号、第 2 号:

对于登记入商业登记的业务,费用为:

Ⅰ. 零售商

a) 登记公司以及变更事项,15 银元;

b) 注销,5 银元。

Ⅱ. 营业中的贸易公司和两合公司,加倍收取。

4. 殖民公司算作第 72 条第 3 号中标注的公司。对其不按照第 72 条第 1a 的费率收费,全部此类公司均收取 20 银元。

5. 登记代理人收费 10 银元,登记撤销收费 5 银元。

6. 作为第 74 条第 2 段和第 3 段中确定费率的替代,全部收取 1.5 银元费用。

结束条款

第 41 条

本法令于 1904 年 7 月 1 日生效。

从此时间点开始,所有与之矛盾的规定均失效,尤其要取消的是:

1) 1898 年 7 月 8 日的《关于文书投递、强制执行、收费以及与之相关的收费表的总督命令》;

2) 1898 年 7 月 22 日的《关于执行商业登记的总督命令》第 5 条;

3) 1898 年 9 月 2 日的《关于地产法律关系的总督命令》中的收费表;

4) 1902 年 8 月 14 日的《律师收费法》(《官报》第 261 页);

5) 1903 年 5 月 3 日的《胶澳皇家审判厅区域内的公证员工作指南》(《官报》第 85 页)。

第 42 条

委托高等法官执行本项法令。

青岛，1904 年 6 月 21 日
皇家总督
都沛禄

官方通告

告 白

罗特女士递交了申请，请求许可在四方大庙①附近的一个新建建筑内经营餐饮业务。如有根据 1899 年 10 月 10 日总督府告白提出的异议，须在今年 7 月 10 日前递交至本处。

青岛，1904 年 6 月 22 日
皇家巡捕房

告 白

在今年 6 月 26 日周日上午 10 点，巡洋舰队在小泥洼兵营举办战地弥撒，欢迎青岛的军民前来参加。

当天督署小教堂内的弥撒取消。

青岛，1904 年 6 月 23 日
皇家民政长

消 息

根据帝国海军部在本月 16 日的电报通知，砌墙师弗吕格尔和施特芬被晋升为要塞建设少尉。

运输船"美因"号将于本月 26 日离开青岛港，并于今年 8 月 31 日抵达不来梅港。

山东铁路公司经理部对于乘坐二等车厢，实行了特定路途和特定时段的车票。
用硬卡纸制作的时段车票为空白票，在车票四边分别有标注为 10、25 或者 40 的区

---

① 译者注：即今海云庵。

域,对于每一段单程路途,都由检票员在一个区域上打孔。这种车票不是按照人员姓名出售,而是用作所有人车票。

对于此类时段车票,按照收费价格做出如下折扣:

每 1 个日历月份乘坐 10 次,减掉 15%;

每 2 个日历月份乘坐 25 次,减掉 20%;

每 3 个日历月份乘坐 40 次,减掉 25%。

几乎每次有欧洲邮件抵达时,都会有信件的封皮损坏,导致无法找到收件人。目前在邮局存放有来自勃兰登堡、汉堡、利姆巴赫、威廉高地的未投递信件。此外还有从邮件中掉落的擦桌布、钞票、一把小钥匙、一把气缸刷和相纸。如有问题,请联系邮局办公室。

船运

1904 年 6 月 16 日—23 日期间

到达日	轮船船名	船长	挂旗国籍	登记吨位	出发港	出发日	到达港
(6月16日)	阿莱西亚号	萨克斯	德国	3312.02	香港	6月19日	横滨
6月17日	叶世克总督号	福格尔	德国	1044.90	上海	6月18日	上海
6月17日	美因号	博雷尔	德国	6382.12	上海		
6月20日	柯尼夫斯堡号	凯瑟	德国	645.76	上海	6月21日	芝罘
6月21日	独立号	维德李希	德国	908.28	神户	6月22日	芝罘
6月22日	前进号	索纳曼	德国	643.26	芝罘	6月22日	上海

Amtsblatt
für das
Deutsche Kiautschou-Gebiet.

青島官報

Herausgegeben vom Kaiserlichen Gouvernement Kiautschou.

Der Bezugspreis beträgt jährlich $ 0,60 = M 1,20.
Bestellungen nehmen sämtliche deutsche Postanstalten entgegen.

| Jahrgang 5. | Nr. 26. | Tsingtau, den 2. Juli 1904. | 第二十六號 | 第五年 |

Verordnungen und Bekanntmachungen.

Bekanntmachung.

Zum Schutze der Kiefernbestände im deutschen Kiautschougebiete wird hiermit angeordnet, dass die Grundeigentümer auf ihren mit Kiefern bestandenen Grundstücken in der Zeit vom 1. Juni bis 15. August jeden Jahres für das Sammeln und Töten der Raupen des Kiefernspinners (Gastropacha pini) Sorge zu tragen haben.

Wer das vorgeschriebene Raupen unterlässt, wird nach §. 368 Ziffer 2 des Reichsstrafgesetzbuches bestraft.

Tsingtau, den 29. Juni 1904.

Der Kaiserliche Zivilkommissar.
Günther.

Bekanntmachung.

Ausser dem jetzigen Lagerplatze für Dynamit an der Aussenbucht zwischen der Huitschin- und der Iltishalbinsel wird auch in der Innenbucht auf der Halbinsel westlich von Syfang Land zur Lagerung von Dynamit verpachtet.

Die Verpachtung erfolgt unter dem Vorbehalte jederzeitiger Kündigung für den Fall, dass später die Verlegung aller Dynamitlager nach einem andern Platze verfügt werden sollte. Anträge auf Pacht sind an das Landamt zu richten.

Tsingtau, den 29. Juni 1904.

Kaiserliches Landamt.

大德欽命輔政司曉 為
出示通行曉諭事照得所有生長松樹
之處各該地主應於西歷每年六月初
一日起至西八月十五日止須將松樹
所生之毛蟲捉拿戕殺以期保護德境
內各處松樹倘有不遵未將毛蟲捉清
者一經查出即按德律第三百六十八
條第二端罰辦仰各懍遵切切特諭

告示

大德一千九百四年六月二十九日

右諭通知

Bekanntmachung.

Die Kosten für die Vermarkung und Aufmessung von Pachtgrundstücken sind nach dem Kostentarif für die Vermarkung von Besitzstücken vom 17. Oktober 1898 zu berechnen.

Tsingtau, den 25. Juni 1904.

Der Kaiserliche Zivilkommissar.

140. Amtsblatt—青島官報 2. Juli 1904.

Bekanntmachung für Seefahrer.

I.

Die Ju nui san-Heultonne ist aufgenommen und in

36⁰ 2' 30" N. Breite
120⁰ 16' 48" O. Länge

300 m. rechtweisend S O z S vom Riff am Leuchtturm entfernt ausgelegt worden.

Schiffe dürfen nur südlich der Boje passieren.

II.

Gegenüber der Fahrwasserrinne zum grossen Hafen ist an der 10 m Grenze der vorgelagerten Untiefe eine schwarz angestrichene Glockentonne ausgelegt in

36⁰ 5' 7" N. Breite
120⁰ 16' 38" O. Länge.

Schiffe dürfen nur südlich der Boje passieren.

III.

Die Ansteuerung zum grossen Hafen ist in der Mittelrichtung der Fahrwasserrinne bezeichnet durch 2 eiserne, rot gestrichene Baken—Gerüste, deren hinteres auf dem Umfassungsdamm, deren vorderes auf der äusseren Ecke der Mole II steht: sie tragen oben je einen geviertelt, weiss und rot angemalten Korb. Bei Nacht zeigen sie oben je 2 rote mit 2 m Abstand senkrecht untereinander hängende Laternen von 2,5 sm Sichtweite.

Tsingtau, den 28. Juni 1904.

Kaiserliches Hafenamt.

Amtliche Anzeigen.

Bekanntmachung.

Als verloren angemeldete Gegenstände: Eine braune Schachtel mit scharfen Friktions - Zündschrauben; Eine silberne Tropenhelmschnur mit Kokarde.

Als gefunden angemeldete Gegenstände: 1 brauner Spazierstock.

Tsingtau, den 30. Juni 1904.

Kaiserliches Polizeiamt.

Verdingungsanzeige.

Die Herstellung der **Dachdecker-und Klempnerarbeiten** für den Neubau des Wäschereigebäudes soll im öffentlichen Verfahren vergeben werden.

Die Verdingungsunterlagen liegen im Geschäftszimmer der Hochbauabteilung III a zur Einsicht aus und können ebendaher, soweit der Vorrat reicht, gegen Erstattung von 0, 50 $ bezogen werden.

Versiegelte und mit der Aufschrift „Angebot betreffend Dachdecker- und Klempnerarbeiten für den Neubau des Wäschereigebäudes" versehene Angebote sind bis zu dem auf

白告

啓者茲將本署據報遺失及送署各物列左

遺失各物
紫色盒內裝有砲彈頭所安之螺絲
武官夏帽銀邊皿帽正一件
送署之物
紫色手棍一根
以上各物切勿輕買送案之物亦准具領
特佈

德一千九百四年六月三十日

青島巡捕衙門啓

Montag, den 11. Juli d. Js., vormittags 9 Uhr, festgesetzten Eröffnungstermine an die unterzeichnete Behörde einzureichen.

Zuschlagsfrist: 2 Wochen.

Tsingtau, den 30. Juni 1904.

Hochbauabteilung III a.

Verdingungsanzeige.

Die Herstellung der **Dachdecker-und Klempnerarbeiten** für den Neubau des Kammergebäudes beim Bismarckkasernement soll im öffentlichen Verfahren vergeben werden.

Die Verdingungsunterlagen liegen im Geschäftszimmer der Hochbauabteilung III a zur Einsicht aus und können ebendaher, soweit der Vorrat reicht, gegen Erstattung von 0, 50 $ bezogen werden.

Versiegelte und mit der Aufschrift „Angebot betreffend Dachdecker-und Klempnerarbeiten für den Neubau des Kammergebäudes-Bismarckkasernement" versehene Angebote sind bis zu dem auf Montag, den 11. Juli d. Js., vormittags 9 $^1/_2$ Uhr, festgesetzten Eröffnungstermine an die unterzeichnete Behörde einzureichen.

Zuschlagsfrist: 2 Wochen.

Tsingtau, den 30. Juni 1904,

Rochbauabteilung III a.

Aufgebot.

Es wird hiermit bekannt gemacht, dass **Wladyslaus** Joseph **Reinholz**, seines Standes Bautechniker, geboren zu Schneidemühl, 26 Jahre alt, wohnhaft in Tsingtau, Sohn des Lehrers Franz Reinholz und seiner Ehefrau Wanda, geborenen von Jastozembska, beide in Viereck bei Pasewalk wohnhaft,

und

Olga Klara **Klause**, geboren zu Bargen, Kreis Fraustadt, 26 Jahre alt, wohnhaft in Adlershof bei Berlin, Tochter des zu Adlershof verstorbenen Restaurateurs Joseph Klause und seiner in Adlershof wohnhaften Ehefrau Luise, geborenen Nöring,

beabsichtigen, sich mit einander zu verheiraten und diese Ehe in Gemässheit des Reichsgesetzes vom 4. Mai 1870 bei dem Kaiserlichen Generalkonsulate in Schanghai abzuschliessen.

Tsingtau, den 24. Juni 1904.

Der Kaiserliche Standesbeamte.

Günther.

Oeffentliche Zustellung.

Der Gastwirt Richter in Tsingtau, Kläger, vertreten durch Rechtsanwalt Dr. Koch in Tsingtau, klagt gegen den früheren Angestellten E. Wurst, jetzt unbekannten Aufenthalts, Beklagten, mit dem Antrage, den Beklagten zu verurteilen, an Kläger 83, 10 $ nebst 4 % seit Zustellung der Klage zu zahlen, die Kosten des Rechtsstreits einschliesslich der Kosten des Arrestverfahrens zu tragen und das Urteil für vorläufig vollstreckbar zu erklären.

Der Kläger ladet den Beklagten zur mündlichen Verhandlung des Rechtsstreits vor das Kaiserliche Gericht von Kiautschou in Tsingtau auf den 26. August 1904 vormittags 10 Uhr.

Zum Zwecke der öffentlichen Zustellung wird dieser Auszug der Klage bekannt gemacht.

Tsingtau, den 28. Juni 1904.

Der Gerichtsschreiber des Kaiserlichen Gerichts von Kiautschou.

Bekanntmachung.

Paul Müller hat ein Gesuch zum Betriebe einer Gastwirtschaft in dem der Germania-Brauerei gehörigen Lokale in Tai tung tschen eingereicht.

Einwendungen im Sinne der Gouvernementsbekanntmachung vom 10. Oktober 1899 sind bis zum 17. Juli d. Js. an die unterzeichnete Behörde zu richten.

Tsingtau, den 29. Juni 1904.

Kaiserliches Polizeiamt.

Bei der in Abteilung A Nr. 23 des Handelsregisters vermerkten Firma

„Kabisch & Co."

ist folgendes eingetragen worden:

Dem Kaufmann Friedrich Secker in Tsingtau ist Prokura erteilt.

Tsingtau, den 23. Juni 1904.

Kaiserliches Gericht von Kiautschou.

142. Amtsblatt—報官島青 2. Juli 1904.

Mitteilungen.

Der Dolmetschereleve Grosse hat die Geschäfte des Landamts übernommen; der Dolmetschereleve Dr. Michelsen führt die Geschäfte des Vorstandes der chinesischen Kanzlei weiter.

*   *   *

Am Vormittage des 26. Juni d. Js. ist eine mit Spitzen besetzte Mine in 38° 22' N. B. 121° 5' O. L. gesehen worden. Dieselbe treibt in westsüdwestlicher Richtung entweder durch den Toki-oder den Kin tau-Kanal in den Golf von Petschili.

*   *   *

Beim Deutschen Postamt hier ist als unbestellbar zurückgekommen ein Einschreibbrief an Stabsarzt Hosemann, Inhalt Kiautschoumarken, Absender unbekannt.

Ferner lagern daselbst Briefe an:
Oberleutnant E. Tummeley — Arthur Erbsloeh
Geheimrat von Kapp — J. Jung.
Eduard Blacksmith — Chas. Welker
Alfred von Hellmann — F. Neber
Fritz Mittelbach

*   *   *

Der Kurs bei der Gouvernementskasse beträgt vom 28. Juni d. Js. ab: 1$ = 1,95 M.

Meteorologische Beobachtungen.

Datum. Juni.	Barometer (mm) reduz. auf 0° C., Seehöhe 24,30 m			Temperatur (Centigrade).								Dunstspannung in mm			Relat. Feuchtigkeit in Prozenten		
				trock. Therm.			feucht. Therm.										
	7 Vm	2 Nm	9 Nm	7 Vm	2 Nm	9 Nm	7 Vm	2 Nm	9 Nm	Min.	Max.	7 Vm	2 Nm	9 Nm	7 Vm	2 Nm	9 Nm
23	755,7	754,6	754,9	20,0	22,8	19,2	18,7	20,3	18,6	18,5	23,4	15,2	16,2	15,6	88	78	94
24	53,6	54,2	54,4	19,1	22,6	19,8	17,3	19,7	18,7	17,1	23,0	13,6	15,3	15,4	83	75	90
25	53,9	55,6	56,6	20,2	23,9	20,7	17,3	22,1	19,7	17,3	23,0	12,9	18,7	16,5	74	85	91
26	57,7	57,2	57,7	20,5	24,2	21,5	19,1	21,2	20,4	19,4	24,3	15,6	16,9	17,2	87	76	90
27	57,3	56,1	55,3	21,3	22,6	21,3	20,3	21,8	21,1	20,6	24,6	17,1	18,9	18,5	91	93	98
28	54,4	52,3	51,2	21,3	22,3	22,0	21,3	21,7	21,6	20,7	24,5	18,8	18,9	18,9	100	95	96
29	49,6	48,1	48,3	21,6	23,7	22,9	21,5	22,1	22,5	20,9	22,8	19,0	18,8	20,0	99	86	96

Datum. Juni.	Wind Richtung & Stärke nach Beaufort (0—12)			Bewölkung						Niederschläge in mm		
				7 Vm		2 Nm		9 Nm				
	7 Vm	2 Nm	9 Nm	Grad	Form	Grad	Form	Grad	Form	7 Vm	9 Nm	9 Nm / 7 Vm
23	OSO 2	SSO 3	SO 2	2	Cir-str	3	Cir-cum	10	Cum			
24	SSO 1	SO 3	O 2	3	„	1	Cir-str					
25	SSO 1	SO 2	SSO 2	3	„	1	Cum-str	2	Cum-str			
26	SO 2	SO 3	OSO 2	8	Cum-str	3	Cir-str	9	Cum			
27	OSO 2	SO 3	SO 4	10	Cum-ni	10	Nebel	10	Nebel			
28	SSO 2	OSO 3	OSO 4	10	Nebel	10	„	10	„			
29	SSO 3	SO 3	O 2	10	„	9	Cu-ni	10	Nim			15,9

Schiffsverkehr

in der Zeit vom 23. — 30. Juni 1904.

Ankunft am	Name	Kapitän	Flagge	Reg. Tonnen.	von	Abfahrt am	nach
(17.6.)	D. Main	v. Borell	Deutsch	6382,12	Schanghai	26.6.	Nagasaki
23.6.	D. Carlisle	Simpsor	Englisch	1363,83	Singapore	28.6.	Schanghai
„	D. Gouv. Jaeschke	Vogel	Deutsch	1044,90	Schanghai	25.6	„
26.6.	D. Activ	Olsen	Norwegisch	867.—	Moji	27.6	Tschifu
27.6	S. James Tuft	Friedberg	Amerikan.	1043.—	Portland		
„	D. Providence	Corneliusen	Norwegisch	693,34	Schanghai	28.6.	Tschifu
29.6.	D. Knivsberg	Kayser	Deutsch	645,76	Tschifu	29.6.	Schanghai

Druck der Missionsdruckerei, Tsingtau.

第五年　第二十六号

1904年7月2日

法令与告白

大德钦命辅政司崑　为

出示通行晓谕事：照得所有生长松树之处，各该地主应于西历每年六月初一日起至西八月十五日止，须将松树所生之毛虫捉拿戕杀，以期保护德境内各处松树。倘有不遵未将毛虫捉清者，一经查出即按《德律》第三百六十八条第二端罚办。仰各懔遵。切切特谕。

右谕通知

大德一千九百四年六月二十九日　告示

告白

除在会前①与伊尔蒂斯半岛②之间外海湾畔的现有炸药仓库之外，将另外租用内湾里四方以西的半岛上的土地，用于存储炸药。

如果出现今后将所有的炸药仓库移往另一处位置的情况，该项土地租赁则保留随时退租的权利。所有出租申请须递交至地亩局。

青岛，1904年6月29日

皇家地亩局

告白

标记和测量租借土地的费用，按照1898年10月17日公布的《标记私有土地工作收

---

① 译者注：青岛内界9个村庄之一，形成于明代，旧址位于今中山公园内。1901年，德国胶澳总督府征收会前村全部土地，废村拆屋，在此建立植物试验场和狩猎场。
② 译者注：德租青岛时期地图上无此地名，推测为伊尔蒂斯角（Iltis-Huk）的误写，即今青岛太平湾东侧的海岬。

费表》收取。

青岛，1904 年 6 月 25 日
皇家民政长

对海员的告白

1.

游内山的发声浮标已被收回，并在灯塔边礁石南方偏东南 300 米处，冲向北极方向放置，方位为北纬 36 度 2 分 30 秒，东经 120 度 16 分 48 秒。

所有船只只能在该浮标南部穿过。

2.

在大港水道海沟对面的预挖深水前 10 米边界处，设置了一个涂成黑色的鼓状浮标，方位为北纬 36 度 5 分 7 秒，东经 120 度 16 分 38 秒。

所有船只只能在该浮标南部穿过。

3.

在水道海沟中心方向，通过 2 个铁质、涂抹成红色的浮标架标记，操控驶向大港的位置，它的后部位于围坝上，前部位于 2 号码头的外角。它们的上部各有一个分成 4 份、涂抹成白色和红色的篮子。夜间时，它们上面各有 2 个红色的、上下间距 2 米悬挂的灯笼，视距为 2.5 海里。

青岛，1904 年 6 月 28 日
皇家船政局

官方通告

告白

启者：兹将本署据报遗失及送署各物列左：

遗失各物：

紫色盒，内装有炮弹头所安之螺丝；武官夏帽银边并帽正一件。

送署之物：

紫色手棍一根。

以上各物切勿轻买，送案之物亦准具领。特布。

德一千九百四年六月三十日
青岛巡捕衙门启

发包广告

为新建洗衣房建筑铺设屋顶以及水管工的工作将公开发包。

发包文件张贴于第三工部局一部的营业室内,以供查看,如果文件存量足够,也可以支付 0.50 元后购买。

报价须密封并标注"为新建洗衣房建筑铺设屋顶以及水管工工作的报价"字样,于今年 7 月 11 日星期一上午 9 点开标前递交至本处。

中标期限:2 周。

青岛,1904 年 6 月 30 日
皇家船政局
第三工部局一部

发包广告

为俾斯麦兵营新建军需储藏建筑铺设屋顶以及水管工的工作将公开发包。

发包文件张贴于第三工部局一部的营业室内,以供查看,如果文件存量足够,也可以支付 0.50 元后购买。

报价须密封并标注"为新建军需储藏建筑铺设屋顶以及水管工工作的报价"字样,于今年 7 月 11 日星期一上午 9 点 30 分开标前递交至本处。

中标期限:2 周。

青岛,1904 年 6 月 30 日
皇家船政局
第三工部局一部

结婚公告

弗拉迪斯劳斯·约瑟夫·莱茵霍尔茨,职业为建筑工程师,出生于施耐德穆尔,现年 26 岁,居住地为青岛,是教师弗朗茨·莱茵霍尔茨与出生时姓冯·雅思托泽姆斯卡的妻子旺达的儿子,二人均居住于帕泽瓦尔克附近的菲尔艾克。

奥尔加·克拉拉·克劳泽,出生于弗劳施塔特县的巴尔根,现年 26 岁,居住地为柏林附近的阿德勒斯霍夫,是已于阿德勒斯霍夫去世的餐馆老板约瑟夫·克劳泽和其居住于阿德勒斯霍夫、出生时姓诺零的妻子露易莎的女儿。

谨此宣布二人结婚,此婚约按照 1870 年 5 月 4 日颁布的法律规定,在上海的皇家总领事馆内缔结。

青岛，1904 年 6 月 24 日
皇家户籍官
贡特

公开投递

由青岛的律师科赫博士代表的原告、青岛的饭店店主里希特，起诉被告、现停留地不明的前雇员 E. 乌尔斯特。原告申请判决被告向原告支付 83.10 元的金额以及自该诉状送达之日起 4% 的利息、支付包括扣押程序的费用，并宣布判决为可临时执行。

原告要求被告在 1904 年 8 月 26 日上午 10 点参加青岛胶澳皇家审判厅进行的诉讼案件庭审。

出于公开投递的目的，现公布此起诉的内容节选。

青岛，1904 年 6 月 28 日
胶澳皇家审判厅法院书记官

告白

保罗·穆勒递交了在位于台东镇、属于日耳曼尼亚啤酒厂的饭店内进行餐饮经营的申请。

如有根据 1899 年 10 月 10 日总督府告白提出的异议，须在今年 7 月 17 日前递交至本处。

青岛，1904 年 6 月 29 日
皇家巡捕房

在商业登记 A 部第 23 号登记的公司"嘉卑世行"已登记入下列事项：
授予青岛的商人弗里德里希·赛克尔公司代理权。

青岛，1904 年 6 月 23 日
胶澳皇家审判厅

消息

口译见习格罗塞已接手地亩局的业务。口译见习米歇尔森博士继续担任华民处的领导职务。

今年 6 月 26 日上午，在北纬 38 度 22 分、东经 121 度 5 分位置发现一个带尖的水雷。该水雷在西南偏西方向或者通过东楮岛或者（大小）钦岛上的河流进入北直隶湾[①]。

本地的德国邮局现收到一封因无法投递而退回的挂号信，收件人为上尉军医霍泽曼，内有胶州的邮票，寄信人不明。此外，邮局内还存放寄给下列人员的信件（名略）。

总督府财务处自今年 6 月 28 日起的汇率为：1 元＝1.95 马克。

船运

1904 年 6 月 23 日—30 日期间

到达日	轮船船名	船长	挂旗国籍	登记吨位	出发港	出发日	到达港
（6 月 17 日）	美因号	博雷尔	德国	6 382.12	上海	6 月 26 日	长崎
6 月 23 日	卡里色号	辛普瑟	英国	1 363.83	新加坡	6 月 28 日	上海
6 月 23 日	叶世克总督号	福格尔	德国	1 044.90	上海	6 月 25 日	上海
6 月 26 日	活跃号	奥尔森	挪威	867.00	门司	6 月 27 日	芝罘
6 月 27 日	詹姆斯·塔夫托号	弗里德贝格	美国	1 043.00	波特兰		
6 月 27 日	天意号	康内琉森	挪威	693.34	上海	6 月 28 日	芝罘
6 月 29 日	柯尼夫斯堡号	凯瑟	德国	645.76	芝罘	6 月 29 日	上海

---

① 译者注：即渤海湾。

Amtsblatt
für das
Deutsche Kiautschou-Gebiet.

青島官報

Herausgegeben vom Kaiserlichen Gouvernement Kiautschou.

Der Bezugspreis beträgt jährlich ℳ 0,60 = M 1,20.
Bestellungen nehmen sämtliche deutsche Postanstalten entgegen.

Jahrgang 5. Nr. 27. Tsingtau, den 9. Juli 1904.

Amtliche Anzeigen.

Verdingungsanzeige.

Die in den Rechnungsjahren 1904/05 bei der Garnisonverwaltung vorkommenden Baureparaturarbeiten und Baumateriallieferungen sollen im öffentlichen Verfahren vergeben werden.

Die Verdingungsunterlagen liegen im Geschäftszimmer der Garnisonverwaltung zur Einsicht aus und können gegen Erstattung der Herstellungskosten bezogen werden.

Versiegelte und mit der Aufschrift „Angebot auf Baureparaturarbeiten pp." versehene Angebote sind bis zu dem auf **Montag den 18. Juli d. Js., vormittags 10 Uhr,** festgesetzten Eröffnungstermine an die unterzeichnete Verwaltung einzureichen.

Tsingtau, den 7. Juli 1904.

Kaiserliche Marine-Garnisonverwaltung.

Aufgebot.

Es wird hiermit bekannt gemacht, dass

Lorenz Bennet Marius **Storm**, seines Standes Hotelvorstand, geboren zu Flensburg, 28 Jahre alt, wohnhaft in Tsingtau, Sohn des in Flensburg verstorbenen Kaufmannes Lorenz Bennet Storm und seiner in Salinas in den Vereinigten Staaten von Nordamerika verstorbenen Ehefrau Anna Margaretha, geborenen Skau,

und

Ottilie **Mantel**, geboren zu Elberfeld, 24 Jahre alt, wohnhaft in Tsingtau, Tochter des Bäckermeisters Ferdinand Mantel und seiner Ehefrau Anna Elisabeth, geborenen Schulze, beide in Elberfeld verstorben,

beabsichtigen, sich mit einander zu verheiraten und diese Ehe in Gemässheit des Reichsgesetzes vom 4. Mai 1870 bei dem unterzeichneten Beamten abzuschliessen.

Tsingtau, den 7. Juli 1904.

Der Kaiserliche Standesbeamte
Günther.

146. Amtsblatt—青島官報 9. Juli 1904.

Bekanntmachung.

Als gefunden angemeldete Gegenstände: 3 Zuschlag-Hammer; 1 Kreuzhacke; 19 Eisenbahnlaschen; 1 Paar weisse Kinderschuhe; 1 Paar weisse Kinderstrümpfe; 1 rosafarbene Kinderkappe mit weissen Bändern.

Als verloren angemeldete Gegenstände: Eine Schwimmtrosse, an einer Stahlleine angebunden, ungefähr 250 m lang, ist auf dem Wege von S. M. S. „Seeadler" Aussenrede bis zum Lande verloren gegangen; Wiederbringer erhält 25 $ Belohnung.

Tsingtau, den 7. Juli 1904.

Kaiserliches Polizeiamt.

白 告

啟者茲將本署據報送交還失各物列左
送署各物
鐵鎚三把 洋鍬一把
接連鋼軌螺絲小鐵板十九塊
鞋一雙 白色小孩襪子一雙
粉紅色小孩帽子一頂帶有白帽纓
遺失各物
垃船漂浮水面鐵鉤帶有二百五十米打長
鋼繩自前海西阿拉兵輪處至海岸中間欠
去如有尋獲者查明即實洋二十五元存賞
各物亦准具領特示
德一千九百四年七月初七日
青島巡捕衙門啟

Mitteilungen.

Der Kurs bei der Gouvernementskasse beträgt vom 6. d. Mts. ab: 1 $=1, 98 M.

* * *

Armee-Ablösungsdampfer „Rhein" ist am 4. Juni d. Js. in Bremerhaven abgefahren, wird am 17. Juli d. Js. hier eintreffen, am nächsten Tage nach Taku fahren und am 24. Juli d. Js. hier wieder ankommen, um am 1. August d. Js. den hiesigen Hafen zur Heimkehr nach Bremerhaven wieder zu verlassen.

Schiffsverkehr

in der Zeit vom 30. Juni — 7. Juli 1904.

Ankunft am	Name	Kapitän	Flagge	Reg. Tonnen.	von	Abfahrt am	nach
(27.5.)	D. Hohnstein	Hamer	Deutsch	1275,15	Hongkong	7.7.	Kuchinotzu
1.7.	D. Gouv. Jaeschke	Vogel	„	1044,90	Schanghai	2.7.	Schanghai
4.7.	D. Vorwärts	Sohnemann	„	643,26	„	5.7.	Tschifu
5.7.	D. Knivsberg	Kayser	„	645,76	„		Schanghai
7.7.	D. Providence	Corneliusen	Norwegisch	693,34	Tschifu	7.7.	„

9. Juli 1904. Amtsblatt—青島官報 147.

Meteorologische Beobachtungen.

Datum. Juni.	Barometer (mm) reduz. auf 0º C., Seehöhe 24,30 m			Temperatur (Centigrade).								Dunstspannung in mm				Relat. Feuchtigkeit in Prozenten		
				trock. Therm.			feucht. Therm.											
	7 Vm	2 Nm	9 Nm	7 Vm	2 Nm	9 Nm	7 Vm	2 Nm	9 Nm	Min.	Max.	7 Vm	2 Nm	9 Nm	7 Vm	2 Nm	9 Nm
30	748,8	749,5	750,7	21,1	21,8	21,8	20,8	21,3	21,4	20,9	25,0	18,1	18,5	18,7	97	96	96
Juli 1	52,2	52,3	53,9	22,2	24,2	22,9	21,6	23,1	21,8	20,7	22,8	18,9	20,3	18,7	96	91	91
2	55,6	55,5	55,9	21,9	26,3	22,1	20,5	22,4	20,9	21,4	27,5	17,1	17,7	17,6	87	70	89
3	56,0	54,7	54,0	21,1	24,5	21,7	20,3	22,5	21,1	20,5	29,2	17,2	19,0	18,2	93	83	95
4	53,5	52,0	51,9	21,5	24,0	22,3	20,7	22,7	21,8	20,9	24,8	17,7	19,7	19,1	93	89	96
5	51,9	51,5	52,0	23,1	24,5	22,5	22,8	23,8	22,2	21,8	25,0	20,5	21,5	19,7	97	94	97
6	51,5	51,4	51,6	22,7	22,3	21,9	22,4	21,7	21,6	22,0	25,3	20,0	18,9	19,0	97	95	97

Datum. Juni.	Wind Richtung & Stärke nach Beaufort (0—12)			Bewölkung						Niederschläge in mm		
				7 Vm		2 Nm		9 Nm				
	7 Vm	2 Nm	9 Nm	Grad	Form	Grad	Form	Grad	Form	7 Vm	9 Nm	9 Nm / 7 Vm
30	SSO 2	SO 3	SO 1	10	Cu-ni	10	Cu-ni	9	Cu-str	86,1		
Juli 1	SSO 2	SSO 2	NNW 1	2	Str	4	Cir-cu	3	Cum			
2	N 2	SSO 2	S 1	1	Cum	2	Cu-str	3	Cu-str			
3	O 1	SO 3	SO 2	9	Cu-ni	2	Cu-str	2	Cu-str			
4	S 2	SSO 3	SSO 3	9	Cu-ni	10	Cu-str	10	Cum			16,6
5	OSO 2	SO 2	S 2	10	Cu-ni	9	Cu-str	10	Nebel	16,6	0,6	2,8
6	SSW 3	NNW 1	O 2	10	Cum-ni	10	Cu-ni	10	Cu-ni	2,2	19,1	19,1

Druck der Missionsdruckerei, Tsingtau.

第五年　第二十七号

1904 年 7 月 9 日

官方通告

发包广告

在 1904/05 会计年度的管理公家什物局建筑维修工程和建筑材料供应将公开发包。

发包文件张贴于管理公家什物局的营业室内，以供查看，也可以在支付制作费用后取走。

报价须密封并标注"对建筑维修工程等的报价"字样，于今年 7 月 18 日星期一上午 10 点开标前递交至本管理部门。

青岛，1904 年 7 月 7 日
皇家海军管理公家什物局

结婚公告

洛伦茨·贝内特·马里乌斯·施多姆，职业为饭店董事长，出生于弗棱斯堡，现年 28 岁，居住地为青岛，是在弗棱斯堡去世的商人洛伦茨·贝内特·施多姆与出生时姓斯高、在美国去世的妻子安娜·玛格丽塔的儿子。

奥缇莉·曼特尔，出生于埃尔伯费尔特，现年 24 岁，居住地为青岛，是面包师斐迪南·曼特尔和出生时姓舒尔策的妻子安娜·伊丽莎白的女儿，该夫妇均在埃尔伯费尔特去世。

谨此宣布二人结婚，此婚约按照 1870 年 5 月 4 日颁布的法律规定，在本户籍处缔结。

青岛，1904 年 7 月 7 日
皇家户籍官
贡特

告白

启者：兹将本署据报送案、遗失各物列左：

送署各物：

铁锤三把；洋锨一把；接连钢轨螺丝小铁板十九块；白色小孩鞋一双；白色小孩袜子一双；粉红色小孩帽子一顶，带有白帽绳。

遗失各物：

拉船漂浮水面铁钩，带有二百五十米打长钢绳，自前海西阿拉兵轮处至海岸中间失去，如有寻获者，查明即赏洋二十五元。存署各物亦准具领。特示。

德一千九百四年七月初七日
青岛巡捕衙门启

消息

总督府财务处自本月6日起的汇率为：1元＝1.98马克。

军队轮换人员轮船在今年6月4日于不来梅港启程，将于今年7月17日抵达本地，并于次日驶往大沽。在今年7月24日再次抵达本地，并于今年8月1日从本地港口启程，返回家乡不来梅港。

船运

1904年6月30日—7月7日期间

到达日	轮船船名	船长	挂旗国籍	登记吨位	出发港	出发日	到达港
(5月27日)	霍恩施坦号	哈默尔	德国	1 275.15	香港	7月7日	南岛原
7月1日	叶世克总督号	福格尔	德国	1 044.90	上海	7月2日	上海
7月4日	前进号	索纳曼	德国	643.26	上海	7月5日	芝罘
7月5日	柯尼夫斯堡号	凯瑟	德国	645.76	上海	7月5日	上海
7月7日	天意号	康内琉森	挪威	693.34	芝罘	7月7日	上海

Amtsblatt
für das
Deutsche Kiautschou-Gebiet.

149.

Herausgegeben vom Kaiserlichen Gouvernement Kiautschou.

Der Bezugspreis beträgt jährlich $ 0,60 = M 1,20.
Bestellungen nehmen sämtliche deutsche Postanstalten entgegen.

Jahrgang 5. Nr. 28. Tsingtau, den 16. Juli 1904.

Amtliche Anzeigen.

Landversteigerung.

Auf Antrag des Oberrichters Dr. Crusen findet am Montag, den 1. August 1904, vormittags 11 ³/₄ Uhr, im Landamte die öffentliche Versteigerung der bei Pei tschin schui miau gelegenen Parzelle Kbl. 30 Nr. 3 des Grundbuchbezirkes Tsingtau-Umgebung statt.

Grösse: 5617 qm.
Mindestpreis: 842,55 $
Benutzungsplan: Landhaus.
Bebauungsfrist: bis 31. August 1907.
Gesuche zum Mitbieten sind bis zum 25. Juli 1904 hierher zu richten.

Tsingtau, den 14 Juli 1904.

Kaiserliches Landamt.

Landversteigerung.

Auf Antrag des Kapitäns Jpland findet am Montag, den 1. August 1904, vormittags 11 Uhr, im Landamte die öffentliche Versteigerung der bei Pei tschin schui miau gelegenen Parzelle Kbl. 30 Nr. 1 des Grundbuchbezirkes Tsingtau-Umgebung statt.

Grösse: 1049 qm.
Mindestpreis: 157, 35 $.
Benutzungsplan: Landhaus.
Bebauungsfrist: bis 31. August 1907.
Gesuche zum Mitbieten sind bis zum 25. Juli 1904 hierher zu richten.

Tsingtau, den 14. Juli 1904.

Kaiserliches Landamt.

Landversteigerung.

Auf Antrag des Stabsarztes Mac Lean findet am Montag, den 1. August 1904, vormittags 11 ¹/₂ Uhr, im Landamte die öffentliche Versteigerung der bei Pei tschin schui miau gelegenen Parzelle Kartenblatt 30 Nr. 2 des Grundbuchbezirkes Tsingtau-Umgebung statt.

Grösse: 1282 qm.
Mindestpreis: 192, 30 $.
Benutzungsplan: Landhaus.
Bebauungsfrist: bis 31. August 1907.
Gesuche zum Mitbieten sind bis zum 25. Juli 1904 hierher zu richten.

Tsingtau, den 14. Juli 1904.

Kaiserliches Landamt.

Mitteilungen.

Die Betriebsdirektion der Schantung-Eisenbahn-Gesellschaft hat folgende Bekanntmachung erlassen:

Vom 1. August 1904 ab kommen die Nebenklassen b & c für Wagenladungsgüter des Tarifs IV & V zur Aufhebung.

Mit dem gleichen Zeitpunkt wird die Gewährung des 10 bezw. 20 % Rabatts auch auf Sendungen des Tarifs IVa & Va ausgedehnt bei gleichzeitiger Aufgabe von mehr als 30 000 kg. nach Tarif IVa, bezw. 20 000 kg. nach Tarif Va.

Meteorologische Beobachtungen.

Datum. Juli.	Barometer (m.m) reduz. auf 0° C., Seehöhe 24,30 m			Temperatur (Centigrade).								Dunstspannung in mm			Relat. Feuchtigkeit in Prozenten		
				trock. Therm.			feucht. Therm.										
	7 Vm	2 Nm	9 Nm	7 Vm	2 Nm	9 Nm	7 Vm	2 Nm	9 Nm	Min.	Max.	7 Vm	2 Nm	9 Nm	7 Vm	2 Nm	9 Nm
7	751,4	751,1	750,1	23,5	23,6	22,4	23,3	23,2	22,1	21,6	23,8	21,1	20,9	19,6	98	96	97
8	48,4	48,0	50,0	22,8	25,5	22,5	22,3	24,6	21,1	22,4	25,9	19,7	22,4	17,7	95	93	88
9	50,7	50,9	51,6	19,6	26,2	22,1	17,7	20,7	18,7	19,2	28,2	13,9	14,8	14,0	82	59	71
10	52,7	53,1	54,9	20,8	26,5	22,4	18,4	20,5	19,0	19,0	27,5	14,3	14,3	14,3	78	56	71
11	56,8	56,9	57,2	21,3	25,9	22,0	18,7	20,3	19,8	19,6	27,9	14,4	14,3	15,8	77	58	80
12	58,0	57,3	58,1	22,2	24,5	21,3	19,4	20,7	19,4	19,5	27,5	15,0	15,8	15,6	76	69	83
13	58,0	57,5	57,3	22,2	25,5	21,4	20,7	21,4	19,5	20,2	25,6	17,2	16,4	15,7	87	68	83

Datum. Juli.	Wind Richtung & Stärke nach Beaufort (0—12)			Bewölkung						Niederschläge in mm		
				7 Vm		2 Nm		9 Nm				
	7 Vm	2 Nm	9 Nm	Grad	Form	Grad	Form	Grad	Form	7Vm	9Nm	9 Nm 7 Vm
7.	S O 1	O S O 2	S O 2	10	Nebel	10	Nebel	10	Nebel			
8.	S 3	N W 2	N N O 3	10	Cum-ni	10	Cu-ni	2	Str		14,6	14,6
9.	N 3	N 2	N 2	6	Cu-str	7	Cir-cu	8	Cu-str			
10.	N 2	N 3	N N O 1	10	Cum	4	Cir-str					
11.	N N O 2	S 1	O 2	1	Cu-str	2	Cir-str					
12.	O 1	O S O 4	O 3	1	Cum	1	Cum	1	Cum			
13.	O 2	S O 3	O 2	9	Cum-str	3	Cir-cum	2	Cum-str			

16. Juli 1904. Amtsblatt—青島官報 151.

Schiffsverkehr
in der Zeit vom 8. — 14. Juli 1904.

Ankunft am	Name	Kapitän	Flagge	Reg. Tonnen.	von	Abfahrt am	nach
(26.5.)	D. Como	Mittmann	Deutsch	3287,14	Singapore	12.7.	Moji
8.7.	D. Gouv. Jaeschke	Vogel	„	1044,90	Schanghai	9.7.	Schanghai
„	D. Pai Ping	Saggart	Chinesisch	326,23	Tsching wang tau	„	„
„	D. Alesia	Sachs	Deutsch	3312,02	Moji	12.7.	Hankau
11.7.	D. Badenia	Rörden	„	4286,20	Hongkong		
„	D. Tsintau	Hansen	„	976,81	Schanghai	12.7.	Tschifu
13.7.	D. Selun	Tingalsen	Norwegisch	865,12	Moji		
„	D. Vorwärts	Sohnemann	Deutsch	643,26	Tschifu	13.7.	Schanghai

Druck der Missionsdruckerei, Tsingtau.

第五年　第二十八号

1904 年 7 月 16 日

官方通告

土地拍卖

应高等法官克鲁森博士申请,将于 1904 年 8 月 1 日周一上午 11 点 45 分,在地亩局公开拍卖青岛周边区域位于北九水庙附近的地籍册第 30 页第 3 号地块。

面积：5 617 平方米

最低价格：842.55 元

利用规划：乡村别墅

建造期限：1907 年 8 月 31 日。

出价申请须在 1904 年 7 月 25 日前递交至本处。

青岛,1904 年 7 月 14 日
皇家地亩局

土地拍卖

应伊普兰上尉申请,将于 1904 年 8 月 1 日周一上午 11 点,在地亩局公开拍卖青岛周边区域位于北九水庙附近的地籍册第 30 页第 1 号地块。

面积：1 049 平方米

最低价格：157.35 元

利用规划：乡村别墅

建造期限：1907 年 8 月 31 日。

出价申请须在 1904 年 7 月 25 日前递交至本处。

青岛,1904 年 7 月 14 日
皇家地亩局

土地拍卖

应上尉军医马克·里恩申请,将于 1904 年 8 月 1 日周一上午 11 点 30 分,在地亩局公开拍卖青岛周边区域位于北九水庙附近的地籍册第 30 页第 2 号地块。

面积:1 282 平方米

最低价格:192.30 元

利用规划:乡村别墅

建造期限:1907 年 8 月 31 日。

出价申请须在 1904 年 7 月 25 日前递交至本处。

青岛,1904 年 7 月 14 日
皇家地亩局

消息

山东铁路公司管理部已发布下列通知:

自 1904 年 8 月 1 日起,撤销按照收费表第 Ⅳ 和 Ⅴ 收费的火车装载货物 b 和 c 这两个附属级别。

同时,对按照收费表的 Ⅳa 和 Ⅴa 的货物 10% 和 20% 的优惠也延申到超过 30 000 千克的货物运输上,按照收费表 Ⅳa 收费,在 20 000 千克以上运输时,按照收费表 Ⅴa 收费。

船运

1904 年 7 月 8 日—14 日期间

到达日	轮船船名	船长	挂旗国籍	登记吨位	出发港	出发日	到达港
(5 月 26 日)	科莫号	米特曼	德国	3 287.14	新加坡	7 月 12 日	门司
7 月 8 日	叶世克总督号	福格尔	德国	1 044.90	上海	7 月 9 日	上海
7 月 8 日	北平号	萨迦特	中国	326.23	秦皇岛	7 月 9 日	上海
7 月 8 日	阿莱西亚号	萨克斯	德国	3 312.02	门司	7 月 12 日	汉口
7 月 11 日	巴登尼亚号	罗尔登	德国	4 286.20	香港		
7 月 11 日	青岛号	韩森	德国	976.81	上海	7 月 12 日	芝罘
7 月 13 日	塞伦号	廷加尔森	挪威	865.12	门司		
7 月 13 日	前进号	索纳曼	德国	643.26	芝罘	7 月 13 日	上海

Amtsblatt
für das
Deutsche Kiautschou-Gebiet.

青島官報

Herausgegeben vom Kaiserlichen Gouvernement Kiautschou.

Der Bezugspreis beträgt jährlich $ 0,60=M 1,20.
Bestellungen nehmen sämtliche deutsche Postanstalten entgegen.

| Jahrgang 5. | Nr. 29. | Tsingtau, den 23. Juli 1904. |

Verordnungen und Bekanntmachungen.

Verordnung
betreffend die gesundheitspolizeiliche Kontrolle der den Hafen von Tsingtau anlaufenden Schiffe.

§. 1.

Jedes den Hafen von Tsingtau anlaufende Schiff unterliegt der gesundheitspolizeilichen Kontrolle,

1. wenn es im Abgangshafen oder während der Reise Fälle von Cholera oder Pest an Bord gehabt hat,
2. wenn es aus einem Hafen kommt, gegen dessen Herkünfte die Ausübung der Kontrolle angeordnet worden ist.

§. 2.

Jedes nach § 1 kontrollpflichtige Schiff muss, sobald es sich dem Hafen auf Sehweite nähert, eine gelbe Flagge am Fockmast hissen.

Es darf weder mit dem Lande noch mit einem anderen Schiff in Verkehr treten, auch die gelbe Flagge nicht einziehen, bevor es durch Verfügung der Hafenbehörde zum freien Verkehr zugelassen ist. Der gleichen Verkehrsbeschränkung unterliegen neben der Mannschaft die sämtlichen, an Bord befindlichen Reisenden. Privatpersonen ist der Verkehr mit einem Schiffe, welches die gelbe Flagge führt, untersagt. Wer dieses Verbot übertritt, wird als zu dem kontrollpflichtigen Schiff gehörend behandelt.

§. 3.

Der Lotse und die Hafenbehörde haben beim Einlaufen eines Schiffes durch Befragung des Schiffers oder seines Vertreters festzustellen, ob der § 1 auf das Schiff Anwendung findet, und auf die Befolgung der Vorschriften des § 2 zu achten.

§. 4.

Jedes kontrollpflichtige Schiff nebst Insassen wird sobald wie möglich nach der Ankunft, jedoch nicht während der Nachtzeit, durch einen beamteten Arzt untersucht. Von dem Ergebnis dieser ärztlichen Untersuchung hängt in jedem Falle die weitere Behandlung des Schiffes ab.

§. 5.

Der Schiffer und sein Stellvertreter sind verpflichtet, dem Lotsen, der Hafenbehörde und dem beamteten Arzt jede erforderte Auskunft über die zur Beurteilung des Gesundheitszustandes wesentlichen Punkte der Wahrheit gemäss zu geben, insbesondere auch, soweit schiffsärztliche Bücher geführt werden, diese auf Ersuchen vorzulegen und erforderlichenfalls die Richtigkeit der Auskunft vor der Hafenbehörde an Eidesstatt zu versichern.

§. 6.

Hat ein Schiff Cholera oder Pest an Bord oder sind auf einem Schiffe innerhalb der letzten 7 Tage vor seiner Ankunft Cholerafälle oder innerhalb der letzten 12 Tage Pestfälle vorgekommen, so gilt es als verseucht und unterliegt folgenden Bestimmungen:

1. Die an Bord befindlichen Kranken werden ausgeschifft und in einen zur Aufnahme und Behandlung geeigneten abgesonderten Raum gebracht, wobei eine Trennung derjenigen Personen, bei welchen die Cholera oder die Pest festgestellt worden ist, und der nur verdächtigen Kranken stattzufinden hat. Sie verbleiben dort bis zur Genesung oder bis zur Beseitigung des Verdachts.
2. An Bord befindliche Leichen sind unter den erforderlichen Vorsichtsmassregeln alsbald zu bestatten.
3. Die übrigen Personen (Reisende und Mannschaft) werden in Bezug auf ihren Gesundheitszustand weiterhin einer Beobachtung unterworfen, deren Dauer sich nach dem Gesundheitszustand des Schiffes und nach dem Zeitpunkt des letzten Erkrankungsfalles richtet, keinesfalls aber bei Cholera den Zeitraum von 5 Tagen und bei Pest den Zeitraum von 10 Tagen überschreiten darf. Zum Zwecke der Beobachtung sind sie entweder am Verlassen des Schiffes zu verhindern, oder, soweit nach dem Ermessen der Hafenbehörde ihre Ausschiffung tunlich und erforderlich ist, an Land in einem abgesonderten Raum unterzubringen. Letzteres gilt insbesondere dann, wenn die Mannschaft zum Zwecke der Abmusterung das Schiff verlässt.

Reisende, welche nachweislich mit Cholerakranken oder Pestkranken nicht in Berührung gekommen sind, können aus der Beobachtung entlassen werden, sobald durch den beamteten Arzt festgestellt ist, dass Krankheitserscheinungen, welche den Ausbruch der Cholera oder der Pest befürchten lassen, bei ihnen nicht vorliegen.

4. Alle nach dem Ermessen des beamteten Arztes als mit dem Ansteckungsstoff der Cholera oder der Pest behaftet zu erachtenden Wäschestücke, Bekleidungsgegenstände des täglichen Gebrauchs und sonstige Sachen der Schiffsmannschaft und der Reisenden sind zu desinfizieren.

Das Gleiche gilt für die Schiffsräume und Schiffsteile, welche als mit dem Ansteckungsstoff der Cholera oder der Pest behaftet anzusehen sind.

Erforderlichenfalls kann der beamtete Arzt noch weitergehende Desinfektionen anordnen.

5. Bilgewasser, von welchem nach der Lage der Verhältnisse angenommen werden muss, dass es Cholerakeime oder Pestkeime enthält, ist zu desinfizieren und demnächst, wenn tunlich, auszupumpen.
6. Der in einem verseuchten oder verdächtigen Hafen eingenommene Wasserballast ist, sofern er im Bestimmungshafen ausgepumpt werden soll, zuvor zu desinfizieren; lässt sich eine Desinfektion nicht ausführen, so hat das Auspumpen des Wasserballastes auf hoher See zu geschehen.
7. Das an Bord befindliche Trinkwasser ist, sofern es nicht völlig unverdächtig erscheint, nach erfolgter Desinfektion auszupumpen und durch gutes Trinkwasser zu ersetzen.

In allen Fällen ist darauf zu achten, dass Aussonderungen und Entleerungen von Cholerakranken oder Pestkranken, verdächtiges Wasser und Abfälle irgend welcher Art nicht undesinfiziert in das Hafenwasser gelangen.

§. 7.

Ein Schiff gilt als choleraverdächtig, wenn auf ihm bei der Abfahrt oder auf der Fahrt Cholerafälle, jedoch nicht innerhalb der letzten 7 Tage vor der Ankunft vorgekommen sind, oder wenn seine Reise seit Verlassen eines als choleraverseucht oder choleraverdächtig erklärten Hafens weniger als 7 Tage gedauert hat, und als pestverdächtig, wenn auf ihm bei der Abfahrt oder auf der Fahrt, jedoch nicht innerhalb der letzten 12 Tage vor der Ankunft Pestfälle vorgekommen sind, oder wenn seine Reise seit Verlassen eines pestverseucht oder pestverdächtig erklärten Hafens weniger als 10 Tage gedauert hat.

Verdächtige Schiffe unterliegen den Bestimmungen des § 6 Ziffer 4—7.

Auch können die Insassen, wenn der beamtete Arzt dies für notwendig erachtet, einer Beobachtung mit oder ohne Aufenthaltsbeschränkung unterworfen werden und zwar bei Choleraverdacht bis zur Dauer von 7 Tagen, bei Pestverdacht bis zur Dauer von 10 Tagen seit Ankunft des Schiffes.

Begründet die ärztliche Untersuchung den Verdacht, dass die Insassen des Schiffes den Krankheitsstoff der Cholera oder Pest in sich aufgenommen haben, so können sie auf Anordnung des beamteten Arztes wie die Personen eines verseuchten Schiffes behandelt werden.

§ 8.

Will ein Schiff sich den ihm auferlegten Massregeln nicht unterwerfen, so steht ihm frei, wieder in See zu gehen. Es kann jedoch die Erlaubnis erhalten, unter Anwendung der erforderlichen Vorsichtsmassregeln seine Waren zu löschen und die an Bord befindlichen Reisenden, sofern sich diese den von der Hafenbehörde getroffenen Anordnungen fügen, an Land zu setzen.

§ 9.

Auf das Lotsen- und Sanitätspersonal, welches mit den der gesundheitspolizeilichen Kontrolle unterliegenden Schiffen in Verkehr zu treten hat, finden die in dieser Verordnung angeordneten Verkehrsbeschränkungen und Desinfektionsmassnahmen keine Anwendung. Die für dieses Personal erforderlichen Vorsichtsmassregeln bestimmt die vorgesetzte Behörde.

§ 10.

Die Erklärung eines Hafens als verseucht oder seuchenverdächtig und die Anordnung der Kontrolle gegen die Herkünfte aus solchen Häfen erfolgt durch Bekanntmachung des Kaiserlichen Zivilkommissars, ebenso auch die Wiederaufhebung dieser Massregeln.

§ 11.

Wer den Vorschriften dieser Verordnung zuwider handelt, wird mit Geldstrafe bis zu 150 Mark oder mit Haft bis zu sechs Wochen bestraft, soweit nicht nach sonstigen Verordnungen und Gesetzen eine schwerere Strafe, insbesondere nach § 327 des Reichsstrafgesetzbuches Gefängnisstrafe bis zu drei Jahren, verwirkt ist.

§ 12.

Diese Verordnung tritt mit ihrer Verkündung in Kraft.

Tsingtau, den 13. Juli 1904.

Der Kaiserliche Gouverneur.

Truppel.

大德欽命總督膠澳文武事宜大臣都　爲

謹訂查驗駛進青島口各船隻防護染疫章程列左

第一條凡有船隻駛進青島口勢應查驗之船如下

一無論在所出之口或在途中船上有人染患霍亂或痒子瘟

二該船或來自葉經輔政司諭爲應驗之口均應一律遵驗

第二條凡有按第一條應行查驗之船於抵口以前行至能望見之處須速在該船頭檣上懸掛黃旗一面

當船政局未准任便往來之時該船不得近岸亦不准與他船往來並不得下所用之人艇搭客一律不准登岸或登他船政局人亦不得擅與船隻往來如有人違犯此章者查出即按物應查驗船上之人相待無異

第三條引水人並船政局每當船隻進口應須登船查詢船主或其代理之人按照第一條有無應行查驗之船情節如若應驗之船即須監押該船按照第二條辦理

第四條凡有應當查驗之船俟駛抵海口時立有防疫警官登船驗船並船上諸人惟夜間則不查驗該船一經防疫醫官驗訖即按驗明情勢分別相待

第五條如引水人船政局或防疫醫官查詢船上先後要端以便酌定該船是否有染疫抑或疑似染疫之處該船主或其代理人須按實陳明至船上醫務日記簿亦宜呈驗間遇因事令其具質誓之言誑船主等亦宜遵行

第六條凡來船駛抵青島海口以前七日內船上有染患霍亂者或在十二日以內船上有患痒子瘟者則其船皆爲染疫之船應按後列章程辦理

一節船上有患病者須離船即送至專備留存調治孤遠之處該處亦分開患霍亂痒子瘟以疑似患疫令人以免混亂

俟患者病體痊愈或驗明毫無疑惑之處始能釋禁

二節凡船上載有死屍務須格外留神立即移埋他處

三節其餘未病船上用人以及其餘搭客勢須偏驗其身有無疫症至驗期久暫則斟酌全船中末尾患病日期起算但無論若何患霍亂者則不得過五日禁期患痒子瘟則不得過十日禁期當在禁期內搭客及船上用人概應禁止下船然船政局可以隨意以此項人勢須下船為便即領其暫行登岸送至專僻距他人較遠之處樓止如欲更換水手亦按此法辦理

倘有在船或患霍亂或患痒子瘟等症者其他未患各搭客徵明未與患者親近並經防疫醫官驗明身上皆無可疑將來易患霍亂或痒子瘟痕跡即可免再查驗

四節凡船上用人及搭客等需用之衣服行李等件若被防疫醫官相為染患霍亂或痒子瘟之處亦須一律照辦如醫之度此次薰不足恃可令另薰至艙內及船面各處若經指出為染患霍亂或痒子瘟之處應用薰料藥薰毀隨時將此水淘出

五節艙底水若樓度倘節或疑有霍亂或痒子瘟病蟲應用薰料藥毀隨時將此水淘出

六節凡船隻來自染疫或疑似染疫口岸載有水者抵口候擬欲淘出須先用藥料治淨若不能治淨者當預在口外海面淘出

七節船上若載有吃喝之水倘稍有疑惑能以致人患病者務先調淨始可淘出另換清淨能用之水總之務當格外謹慎不得將染患霍亂及痒子瘟人或六便遺物或嘔吐之物以及另出之毒種統不准未經治淨率行拋擲他如可疑之水及各項錢敢物件亦然

第七條凡夾船於出口時或在途中有人染患霍亂係在抵口前七日以外他或來船駛出之口係經輔政司指為染疫或疑似染霍亂之口計自出口以至青島口不足七日者此等船皆屬疑似染疫之船

凡來船於出口時或在途中有人染患痒子瘟係在抵口前十二日以外或來船駛出之口係經輔政司指為染疫或疑似染痒子瘟之口計自出口以至青島口不足十日者此等船皆為疑似染疫之船

凡有疑為染疫之船須遵照第六條第四節至第七節辦理

若醫官以驗明為公便即可飭令驗明船上諸人另一處不准任便往來以期易於查驗庶免傳染若有疑似染患霍亂之處驗明禁期不得過七日疑似染患痒子瘟者驗明禁期不得過十日其驗明禁期則以該船抵口之日起計算

倘醫官驗出船上人疑惑其有霍亂或痒子瘟病根在身醫官可飭相待與染疫船上之人無異

第八條設有船隻不瀆曉諭辦法可以聽其折回出口所准者務宜格外小心將貨物卸卜及輪船上搭客遵照船政局命令下船登岸

第九條所有引水人並防疫醫官及其僕役常與應驗之船相往來姑免其按此章內所載阻止往來薰透各節可僅由其該

Bekanntmachung.

Kauffarteischiffe, welche auf Grund der vorgeschriebenen Ermächtigung die Reichsdienstflagge führen, sind von der Hafenabgabe (vergl. Verordnung betreffend Laden und Löschen von Kauffarteischiffen im Hafen von Tsingtau vom 19. Februar 1904—Amtsblatt 1904, Seite 25—Anlage D) befreit, im übrigen aber unterliegen sie in gebührenpflichtigen Fällen (z. B. bei Annahme von Lotsen, Anlegen an der Mole behufs Laden und Löschen u. s. w.) genau denselben Vorschriften wie andere Kauffarteischiffe.

Tsingtau, den 16. Juli 1904.

Der Kaiserliche Gouverneur.

Truppel.

Bekanntmachung.

Nach einer amtlichen Mitteilung der chinesischen Regierung ist Tschangschafu, die Hauptstadt der Provinz Hunan, in Ausführung der Festsetzungen des Artikels X des chinesisch-japanischen Vertrages am 1. Juli d. Js. für den fremden Handel eröffnet worden.

Tsingtau, den 21. Juli 1904.

Kaiserliches Gouvernement.

管上司酌核辦法總以謹慎為主

第十條若指某口為染疫或疑似染疫之口岸飭令來自該口船隻貨物應行查驗即由本國輔政司曉諭遵行及至免防徹銷查驗之舉亦由該司示諭辦理

第十一條倘有人違犯此章者查明即罰洋至一百五十馬克之多或監押至六禮拜之久若不按別項章程或德律勢應科罰較重即如按照德律三百二十七欽罪名須監至三年之久特諭

第十二條此項章程應自發出之日起一律遵行特諭

大德一千九百四年七月十三日

Amtliche Anzeigen.

Zementlieferung.

Die Lieferung von 7000 Fass Portland-Zement (4000 Fass im Herbst, 3000 Fass im Frühjahr) soll am Dienstag, den 2. August 1904, vormittags 11 Uhr, vergeben werden.

Die Lieferungsbedingungen liegen auf dem Geschäftszimmer der Fortifikation zur Einsicht aus oder können von dort gegen Erstattung der Kosten bezogen werden.

Die Angebote müssen ausdrückliche Anerkennung der Bedingungen enthalten und sind mit der Aufschrift „Angebot auf Zementlieferung" bis spätestens zum genannten Termin im Geschäftszimmer der Fortifikation einzureichen.

Tsingtau, den 21. Juli 1904.

Kaiserliche Fortifikation.

Landversteigerung.

Auf Antrag des Herrn Schomburg findet am Montag, den 8. August 1904, vormittags 11 Uhr, im Landamte die öffentliche Versteigerung der in der Auguste Viktoriabucht an der Prinz Adalbert-Strasse gelegenen Parzelle Kbl. 22 Nr. 13 statt.

Grösse: 4582 qm.
Mindestpreis: 2061, 90 $.
Benutzungsplan: Landhaus.
Bebauungsfrist: bis 31. August 1907.

Gesuche zum Mitbieten sind bis zum 1. August 1904 hierher zu richten.

Tsingtau, den 19. Juli 1904.

Kaiserliches Landamt.

158.　　　　　　　　　　Amtsblatt—報官島青　　　　　　　23. Juli 1904.

Bekanntmachung.

Jm Wege der Zwangsvollstreckung soll das im Grundbuche von Tsingtau Band VII Blatt Nr. 252 auf den Namen des Kaufmanns Harald Kliene in Tsingtau eingetragene, in Tsingtau am Hohenloheweg belegene Grundstück an Gerichtsstelle, Sitzungssaal, am

7. September 1904, vormittags 9 Uhr,

versteigert werden.

Das Grundstück ist in Artikel 236 der Grundsteuermutterrolle eingetragen und 11 ar 11 qm gross. Ein Grundsteuerreinertrag und Gebäudesteuernutzungswert ist im Grundbuche nicht eingetragen. Als Wert des Grundstücks ohne Gebäude sind 890, 78 $ mexikanischer Währung eingetragen.

Rechte, soweit sie zur Zeit der Eintragung des Versteigerungsvermerks aus dem Grundbuche nicht ersichtlich waren, sind spätestens im Versteigerungstermine vor der Aufforderung zur Abgabe von Geboten anzumelden und, wenn der Gläubiger widerspricht, glaubhaft zu machen, widrigenfalls die Rechte bei der Feststellung des geringsten Gebots nicht berücksichtigt und bei der Verteilung des Versteigerungserlöses dem Anspruche des Gläubigers und den übrigen Rechten nachgesetzt werden.

Diejenigen, welche ein der Versteigerung entgegenstehendes Recht haben, werden aufgefordert, vor der Erteilung des Zuschlags die Aufhebung oder einstweilige Einstellung des Verfahrens herbeizuführen, widrigenfalls für das Recht der Versteigerungserlös an die Stelle des versteigerten Gegenstandes treten wird.

Tsingtau, den 19. Juli 1904.

Kaiserliches Gericht von Kiautschou.

Mitteilungen.

Oberleutnant Müller ist laut telegraphischer Nachricht des Reichs-Marine-Amts zum Hauptmann ohne Patent befördert worden.

* * *

Vom vorjährigen Ablösungstransport mit Dampfer „Main" lagern noch folgende Güter, deren Empfänger nicht haben ermittelt werden können,
a. bei der Speditionsfirma Matthias Rohde & Jörgens in Bremen:
2 Stück Kohlensäureflaschen
1 Flasche gezeichnet:

5027
E.	T. III.	B.
C.

1 Flasche gezeichnet:
110
Ludwig Heck & Sohn-München.
b. auf der Werft Wilhelmshaven:

97 Stück hölzerne Packfässer gezeichnet:
Societé de Ronet Belgique und B. O. B. Schanghai

Ausfuhrgut.

Dieselben enthalten je ein eisernes, verzinktes und verschraubbares Fass (anscheinend Bierfässer).

Der unbekannte Absender wolle dem Gouvernement eine entsprechende Anzeige erstatten.

* * *

Auf dem westlichen Teil des Exerzierplatzes an der Auguste Viktoriabucht, soweit dieser durch sechs schwarz-weiss-rote Pfähle (Polospielplatz) bezeichnet ist, ist das Reiten verboten. Auf den übrigen Teilen des Exerzierplatzes, sowie der Galoppierbahnen ist das Reiten widerruflich soweit gestattet, als dadurch militärische Uebungen nicht gestört werden.

23. Juli 1904. Amtsblatt—報官息青 159.

Meteorologische Beobachtungen

in Tsingtau.

Datum. Juli.	Barometer (mm) reduz. auf 0° C., Seehöhe 24,30 m			Temperatur (Centigrade).								Dunstspannung in mm			Relat. Feuchtigkeit in Prozenten		
				trock. Therm.			feucht. Therm.										
	7 Vm	2 Nm	9 Nm	7 Vm	2 Nm	9 Nm	7 Vm	2 Nm	9 Nm	Min.	Max.	7 Vm	2 Nm	9 Nm	7 Vm	2 Nm	9 Nm
14	757,4	756,7	756,1	21,5	25,5	22,8	19,6	22,3	21,8	20,7	26,0	15,8	18,0	18,8	83	75	91
15	56,1	54,8	55,3	23,3	25,9	23,5	22,3	23,6	23,0	21,9	27,0	19,4	20,2	20,6	91	82	96
16	54,6	53,9	53,4	23,7	22,5	22,2	23,4	21,3	21,6	23,0	27,3	21,2	18,1	18,8	97	90	95
17	52,1	52,4	52,6	21,1	20,1	20,5	20,7	20,0	19,7	21,1	26,1	17,9	17,3	16,6	96	100	93
18	51,5	51,0	50,9	20,6	22,1	20,9	19,7	20,7	19,6	19,8	21,8	16,5	17,3	16,2	92	87	88
19	49,4	48,8	48,4	20,3	22,4	21,7	19,9	21,8	21,1	20,3	23,8	17,0	19,0	18,2	96	95	95
20	49,3	49,8	49,8	20,6	24,3	23,0	20,2	22,7	22,3	20,3	23,9	17,3	19,5	19,6	97	87	94

Datum. Juli.	Wind Richtung & Stärke nach Beaufort (0—12)			Bewölkung						Niederschläge in mm		
				7 Vm		2 Nm		9 Nm				
	7 Vm	2 Nm	9 Nm	Grad	Form	Grad	Form	Grad	Form	7 Vm	9 Nm	9 Nm / 7 Vm
14.	NO 1	SO 3	O 2	10	Cum	7	Cum-str	10	Cum			
15.	N 1	O 4	SOS 2	10	Cum-ni	10	Cum	10	Nebel			
16.	OSO 2	O 2	Stille 0	10	Nebel	10	Cum-ni	10	Cum-ni		1,8	51,0
17.	ONO 1	NO 2	Stille 0	10	Nim	10	Nim	10	Cum-str	49,2	46,3	46,3
18.	N. 2	O 1	NNO 2	9	Cum-ni	10	Cum-str	10	Cum-ni			14,0
19.	N 2	OSO 1	NO 1	10	Cum-ni	10	Cum-ni	5	Cir-str	14,0	6,7	6,7
20.	NNW 1	SSO 2	SO 2	10	Nebel	1	Cum	1	Cum			

Meteorologische Beobachtungen
in TSINANFU.

Da-tum. Juli.	Barometer (m m) reduz. auf 0° C.,			Temperatur (Centigrade).								Dunst-spannung in mm			Relat. Feuchtigkeit in Prozenten		
				trock. Therm.			feucht. Therm.										
	7 Vm	1 Nm	9 Nm	7 Vm	1 Nm	9 Nm	7 Vm	1 Nm	9 Nm	Min.	Max.	7 Vm	1 Nm	9 Nm	7 Vm	1 Nm	9 Nm
1.	753,3	754,4	755,5	26,2	33,2	28,8	22,5	25,7	24,3	24,6	34,8	18,0	19,9	19,8	72	53	67
2.	58,2	58,2	57,3	25,5	29,2	21,6	21,6	23,3	21,1	24,1	33,3	16,8	17,6	18,3	69	59	96
3.	56,0	55,1	52,9	24,3	30,6	30,0	21,9	25,5	25,0	21,9	33,6	18,1	21,1	20,5	80	65	65
4.	53,9	51,1	52,4	28,1	32,4	25,6	24,8	26,4	24,1	25,0	34,0	21,2	21,9	21,4	75	61	88
5.	53,0	52,5	53,3	22,3	26,3	24,8	21,5	23,8	23,8	21,9	27,0	18,6	20,4	21,3	93	80	92
6.	52,8	52,6	52,2	21,1	25,1	24,7	20,2	23,4	23,7	19,3	26,0	17,0	20,4	21,2	92	86	92
7.	51,8	51,0	53,0	25,0	27,0	27,0	24,2	25,6	26,0	24,1	30,0	22,0	23,5	24,4	93	89	92
8.	50,7	51,4	53,9	23,5	26,9	24,5	23,1	23,9	22,0	21,1	29,2	20,8	20,2	19,5	96	77	84
9.	53,9	54,2	55,0	22,3	27,4	24,7	20,5	26,8	22,8	18,3	27,6	16,8	25,8	19,5	84	95	84
10.	55,1	56,1	57,1	22,8	28,0	24,8	21,0	21,1	21,6	21,9	29,0	17,4	14,4	17,2	84	52	74
11.	59,0	59,2	58,4	21,1	22,3	24,2	18,6	21,2	19,4	18,7	29,3	14,4	18,0	13,8	78	90	62
12.	58,6	58,5	57,9	21,0	28,5	26,0	18,5	20,1	21,6	19,1	30,3	14,3	12,3	16,5	78	43	66
13.	58,3	58,1	57,6	30,4	29,4	26,5	23,5	21,6	21,7	22,1	30,7	17,3	14,4	16,4	53	47	64
14.	58,3	58,3	57,2	23,7	28,2	27,1	21,5	23,2	23,2	22,3	30,3	17,5	18,1	18,7	81	64	70
15.	57,5	57,0	56,5	24,8	24,3	26,7	22,9	19,5	21,7	23,9	31,0	19,6	13,9	16,4	84	62	64

Datum Juli	Wind Richtung & Stärke nach Beaufort (0—12)			Bewölkung						Niederschläge in mm		
				7 Vm		1 Nm		9 Nm				
	7 Vm.	1 Nm.	9 Nm.	Grad	Form	Grad	Form	Grad	Form	7 Vm	9 Nm	9 Nm / 7 Vm
1.	N O 1	N W 1	N 3	1	Cir	7	Cir cu	8	Cu str			
2.	N 2	NNO 2	N O 2	8	Cu ni	10	Cu ni	8	Cu ni			
3.	S O 2	N W 1	WNW 1	8	Cu str	2	Cir cu	5	Cir cu			
4.	S W 2	S W 2	SSO 2	4	Cir	8	Cu str	10	Cu ni			
5.	NNO 2	OSO 3	N O 2	10	Nim	10	Cu str	10	Nim			12,3
6.	N O 2	NNO 2	NNO 1	10	Cu str	10	Cu ni	10	Nim	12,3	0,7	0,7
7.	NNO 1	NNO 1	N O 2	8	Cir cu	10	Cu ni	8	Cir cu		20,4	81,2
8.	N O 2	ONO 2	N O 1	10	Cu ni	3	Cir cum			60,8		
9.	NNO 2	OSO 2	N O 2	10	Nim	8	Cu str	10	Nim			
10.	N O 2	NNO 2	N O 2	10	„	5	Cir cu					
11.	N O 2	O 3	N O 1	3	Cir cu							
12.	N O 1	N O 1	N O 1	3	Cir			3	Cir cu			
13.	N W 2	N O 2	N O 2	4	Cir cu	5	Cir cu	5	Cir cu			
14.	N O 1	N O 1	N 1	5	Cir str	8	Cir str	10	Cir str			
15.	O 1	N O 1	N O 1	8	Nim	9	Nim	8	Cu ni			

Postverbindungen mit Europa.

Ankommend:			Abgehend:		
Dampfer	ab Berlin	an Schanghai	Dampfer	ab Schanghai	an Berlin
	1904	1904		1904	1904
Französisch	8. Juli	11. August	Deutsch	13. August	18. September
Englisch	15. Juli	17. August	Französisch	19. August	22. September
Deutsch	19. Juli	22. August	Englisch	23. August	26. September
Französisch	22. Juli	25. August	Deutsch	27. August	2. Oktober
Englisch	29. Juli	31. August	Französisch	2. September	6. Oktober
Deutsch	2. August	5. September	Englisch	6. September	9. Oktober
Französisch	5. August	8. September	Deutsch	10. September	15. Oktober
Englisch	12. August	14. September	Französisch	16. September	20. Oktober
Deutsch	16. August	19. September	Englisch	20. September	23. Oktober
Französisch	19. August	22. September	Deutsch	24. September	28. Oktober
Englisch	26. August	28. September	Französisch	30. September	3. November
Deutsch	30. August	3. Oktober	Englisch	4. Oktober	6. November
Französisch	2. September	6. Oktober	Deutsch	8. Oktober	11. November
Englisch	9. September	14. Oktober	Französisch	14. Oktober	17. November
Deutsch	13. September	17. Oktober	Englisch	18. Oktober	20. November
Französisch	16. September	20. Oktober	Deutsch	22. Oktober	25. November
Englisch	23. September	28. Oktober	Französisch	28. Oktober	1. Dezember
Deutsch	27. September	1. November	Englisch	1. November	4. Dezember
Französisch	30. September	3. November	Deutsch	5. November	9. Dezember
Englisch	7. Oktober	11. November	Französisch	11. November	15. Dezember
Deutsch	11. Oktober	15. November	Englisch	15. November	18. Dezember
Französisch	14. Oktober	17. November	Deutsch	19. November	23. Dezember
Englisch	21. Oktober	25. November	Französisch	25. November	29. Dezember
Deutsch	25. Oktober	29. November	Englisch	29. November	1. Jan. 1905
Französisch	28. Oktober	1. Dezember	Deutsch	3. Dezember	6. Januar „
Englisch	4. November	9. Dezember	Französisch	9. Dezember	12. Januar „
Deutsch	8. November	13. Dezember	Englisch	13. Dezember	15. Januar „
Französisch	11. November	15. Dezember	Deutsch	17. Dezember	20. Januar „
Englisch	18. November	23. Dezember	Französisch	23. Dezember	26. Januar „
Deutsch	22. November	27. Dezember	Englisch	27. Dezember	29. Januar „
Französisch	25. November	29. Dezember	Deutsch	31. Dezember	3. Februar „
Englisch	2. Dezember	6. Jan. 1905	Französisch	6. Jan. 1905	9. Februar „
Deutsch	6. Dezember	10. Januar „	Englisch	10. Januar „	12. Februar „
Französisch	9. Dezember	12. Januar „	Deutsch	14. Januar „	17. Ferbuar „
Englisch	16. Dezember	20. Januar „	Französisch	20. Januar „	23. Februar „
Deutsch	20. Dezember	24. Januar „			
Französisch	23. Dezember	26. Januar „			

Schiffsverkehr

in der Zeit vom 14. — 21. Juli 1904.

Ankunft am	Name	Kapitän	Flagge	Reg. Tonnen.	von	Abfahrt am	nach
(27.6.)	S. James Tuft	Friedberg	Amerikanisch	1043,—	Portland	15.7.	Hakodate
(11.7.)	D. Badenia	Rörden	Deutsch	4286,20	Hongkong	19.7.	Kobe
(13.7.)	D. Selun	Tingalsen	Norwegisch	865,12	Moji	18.7.	Tschifu
15.7.	D. Gouv. Jaeschke	Vogel	Deutsch	1044,90	Schanghai	16.7.	Schanghai
"	D. Singan	Jamison	Englisch	1046,99	"	"	Tschifu
"	D. Sithonia	Hildebrand	Deutsch	4238,73	Hongkong		
16.7.	S. Jane L. Stanford	Mollestad	Amerikanisch	861,—	Portland		
17.7.	D. Rhein	Rott	Deutsch	6397,85	Hongkong	18.7.	Taku
18.7.	D. Knivsberg	Kayser	"	645,76	Schanghai	19.7.	Tschifu
20.7.	D. Activ	Olsen	Norwegisch	867,—	Kobe	21.7.	"
"	D. Tsintau	Hansen	Deutsch	976,81	Tschifu	20.7.	Schanghai
"	D. Howick Hall	Hains	Englisch	2378,—	Singapore		
"	D. Korana	Dujmic	Österreichisch	2381,—	"		
"	S. H. K. Hall	Piltz	Amerikanisch	1105,—	Portland		

Druck der Missionsdruckerei, Tsingtau.

第五年　第二十九号

1904年7月23日

法令与告白

大德钦命总督胶澳文武事宜大臣都　为

厘订《查验驶进青岛口各船只防护染疫章程》列左：

第一条：凡有船只驶进青岛口，势应查验之船如下：

一、无论在所出之口或在途中，船上有人染患霍乱或痒子瘟。

二、该船或来自业经辅政司谕为应验之口，均应一律遵验。

第二条：凡有按第一条应行查验之船，于抵口以前，行至能望见之处，须速在该船头桅上悬挂黄旗一面。

当船政局未准任便往来之时，该船不得近岸，亦不准与他船往来，并不得下旗。即船上所用之人并搭客亦一律不准登岸或登他船，他人亦不得擅与挂黄旗船只往来。如有人违犯此章者，查出即按势应查验船上之人相待无异。

第三条：引水人并船政局每当船只进口，应须登船查询船主或其代理之人。按照第一条有无应行查验情节，如若应验之船即须监视该船，按照第二条办理。

第四条：凡有应当查验之船，俟驶抵海口时，立有防疫医官登船验船并船上诸人，惟夜间则不查验。该船一经防疫医官验讫，即按验明情势分别相待。

第五条：如引水人、船政局或防疫医官查询船上先后要端，以便酌定该船是否有染疫抑或疑似染疫之处，该船船主或其代理之人须按实陈明，至船上医务日记簿亦宜呈验。间遇因事令其具质誓之言，该船主等亦宜遵行。

第六条：凡来船驶抵青岛海口以前七日内船上有染患霍乱者，或在十二日以内船上有患痒子瘟者，则其船皆为染疫之船，应按后列章程办理。

一节：船上有患病者，势须离船，即送至专备留存调治孤远之处。该处亦分开患霍乱、痒子瘟以及疑似患疫各人，以免混乱。俟患者病体痊愈或验明毫无疑惑之处，始能释禁。

二节：凡船上载有死尸，务须格外留神，立即移埋他处。

三节：其余未病船上用人以及其余搭客，势须遍验其身有无疫症。至验期久，暂则斟酌全船情形并按船中末尾患病日期起算。但无论若何，患霍乱者则不得过五日禁期，患痒子瘟则不得过十日禁期,当在禁期内搭客及船上用人概应禁止下船,然船政局可以随意以此项入势须下船为便,即领其暂行登岸,送至专备距他人较远之处栖止。如欲更换水手,亦按此法办理。

倘有在船或患霍乱或患痒子瘟等症者,其他未患各搭客征(证)明未与患者亲近,并经防疫医官验明身上皆无可疑,将来易患霍乱或痒子瘟痕迹即可免再查验。

四节:凡船上用人及搭客等常川需用之衣服、行李等件,若被防疫医官指为染患霍乱或痒子瘟之物,应即依法薰(熏)透。

至舱内及船面各处,若经指出为染患霍乱或痒子瘟之处,亦须一律照办,如医官度此次薰(熏)不足恃可令另薰(熏)。

五节:舱底水若揆度情节或疑有霍乱或痒子瘟病虫,应用药料药毁,随时须将此水淘出。

六节:凡船只来自染疫或疑似染疫口岸载有水者,抵口候拟欲淘出,须先用药料治净,若不能治净者,当预在口外海面淘出。

七节:船上若载有吃喝之水,倘稍有疑虑能以致人患病者,务先调净,始可淘出,另换清净能用之水。

总之务当格外谨慎,不得将染患霍乱及痒子瘟人或大便遗物或呕吐之物以及另出之毒种,统不准未经治净率行抛掷,他如可疑之水及各项残败物件亦然。

第七条:凡来船于出口时,或在途中有人染患霍乱系在抵口前七日以外,他或来船驶出之口系经辅政司指为染疫或疑似染霍乱之口,计自出口以至青岛口不足十日者,此等船皆为疑似染疫之船。

凡来船于出口时,或在途中有人染患痒子瘟系在抵口前十二日以外,或来船驶出之口系经辅政司指为染疫或疑似染患痒子瘟之口,计自出口以至青岛不足十日者,此等船皆为疑似染疫之船。

凡有疑为染疫之船,须遵照第六条第四节至第七节办理。

若医官以验明为公便,即可饬令验明船上诸人,另可禁在一处,不准任便往来,以期易于查验,庶免传染。若有疑似染患霍乱之处,验明禁期不得过七日,疑似染患痒子瘟者,验明禁期不得过十日。其验明禁期则以该船抵口之日起计算。

倘医官验出船上人疑惑其有霍乱或痒子瘟病根在身,医官可饬相待与染疫船上之人无异。

第八条:设有船只不遵晓谕办法,可以听其折回。出口所准者,务宜格外小心将货物卸下,及轮船上搭客遵照船政局命令下船登岸。

第九条:所有引水人并防疫医官及其仆役,常与应验之船相往来,姑免其按此章内所载阻止往来薰(熏)透。各节可仅由其该管上司酌核,办法总以谨慎为主。

第十条:若指某口为染疫或疑似染疫之口,并饬令来自该口船只货物应行查验,即由本国辅政司晓谕遵行。及至免防撤销查验之举,亦由该司示谕办理。

第十一条:倘有人违犯此章者,查明即罚洋至一百五十马克之多,或监押至六周之久。若不按别项章程或《德律》,势应科罚较重,即如按照《德律》三百二十七款罪名,须监禁至三年之久。

第十二条:此项章程应自发出之日起一律遵行。

特谕。

大德一千九百四年七月十三日

告　白

根据规定的授权悬挂帝国公务船旗帜的海洋贸易船,免交港口税(参见:1904年2月19日的《关于海洋贸易船在青岛港装卸货物的法令》,1904年《官报》第25页,附件D),但是在其他有交费义务方面(例如接受导航服务、为装卸货物而停靠码头等),遵循与其他的海洋贸易船只同样的规定。

青岛,1904年7月16日
皇家总督
都沛禄

告　白

根据中国长沙府的一份官方通知,为了执行在今年7月1日的中日条约第10款的补充条文,湖南省省会开放海外贸易。

青岛,1904年7月21日
皇家总督府

官方通告

水泥供货

供应7 000桶波特兰水泥(秋天供应4 000桶,春天供应3 000桶)的合同将在1904年8月2日周二上午11点公开发包。

供货条件张贴于炮台局的营业室内,以供查看,或者也可以在那里付费后取走。

报价须明确接受供货条件,上面标注"对水泥供货的报价"字样后,于上述期限前递交至炮台局的营业室。

青岛,1904年7月21日
皇家炮台局

土地拍卖

应绍姆伯格先生申请,将于1904年8月8日周一上午11点,在地亩局公开拍卖位于维多利亚湾畔的阿达尔伯特亲王街的地籍册第22页第13号地块。

面积:4 582平方米

最低价格:2 061.90元

利用规划:乡村别墅

建造期限:1907年8月31日。

出价申请须在1904年8月1日前递交至本处。

青岛,1904年7月19日
皇家地亩局

告白

在强制执行中,青岛的商人哈拉尔德·科里纳名下的位于霍恩洛厄道的青岛区地籍册第7册第252号地块,将于1904年9月7日上午9点在法院会议室内拍卖。

该地块登记在地税母卷第236项下,面积为1111平方米。该地块的地税净值以及建筑税使用价值均未登记入地籍册。不含建筑的地块价值登记为890.78墨西哥银圆。

如有申张在登记入拍卖标记时在地籍册上未登记的权益,须最晚在拍卖日期中的要求出价之前提出,债权人如有可信理由可反对拍卖,否则这些权益在确认最低出价时不予考虑,并且在分配拍卖所得时,债权人的要求和剩余权益均不优先考虑。

现要求具有与拍卖相冲突权益的人员,在分配拍卖所得之前申请废止或暂时中止该程序,如有违反,本处将支持将收益权益交与已经拍出标的物的单位。

青岛,1904年7月19日
胶澳皇家审判厅

消息

根据帝国海军部的电报消息,穆勒中尉被晋升为不带证书的上尉。

去年的"美因"号轮船人员轮换中,仍有下列物品没有找到收件人:

a. 不来梅的物流公司马迪亚斯·罗德和约尔根公司:2个碳酸瓶,一个瓶子上面画着图案(图案略),另一个瓶子上面标记着"110,路德维希·海克父子—慕尼黑"字样。

b. 在威廉港船厂：97个木制包装桶，上面有"比利时罗内公司和上海 B. O. B."字样，出口商品。它们各有一个铁制镀锌、可拧开的桶（看起来是啤酒桶）。

一位不知名的寄件人想对总督府做相应的起诉。

在奥古斯特·维多利亚湾练习场西部，也就是通过六个涂成黑－红－白的木桩标识的地块（马球场），禁止骑马。在练习场以及赛马道的剩余地块，只要没有打扰军队操练，在保留撤销可能的前提下，允许骑马。

船运

1904年7月14日—21日期间

到达日	轮船船名	船长	挂旗国籍	登记吨位	出发港	出发日	到达港
（6月27日）	詹姆斯·塔夫托号	弗里德贝格	美国	1 043.00	波特兰	7月15日	函馆
（7月11日）	巴登尼亚号	罗尔登	德国	4 286.20	香港	7月19日	神户
（7月13日）	塞伦号	廷加尔森	挪威	865.12	门司	7月18日	芝罘
7月15日	叶世克总督号	福格尔	德国	1 044.90	上海	7月16日	上海
7月15日	兴安号	贾米森	英国	1 046.99	上海	7月16日	芝罘
7月15日	斯托尼亚号	希尔德布兰特	德国	4 238.73	香港		
7月16日	简·L.斯坦福号	莫勒施泰德	美国	861.00	波特兰		
7月17日	莱茵号	罗特	德国	6 397.85	香港	7月18日	大沽
7月18日	柯尼夫斯堡号	凯瑟	德国	645.76	上海	7月19日	芝罘
7月20日	活跃号	奥尔森	挪威	867.00	神户	7月21日	芝罘
7月20日	青岛号	韩森	德国	976.81	芝罘	7月20日	上海
7月20日	霍威克·霍尔号	海因斯	英国	2 378.00	新加坡		
7月20日	克拉纳号	杜密克	奥地利	2 381.00	新加坡		
7月20日	H. K. 霍尔号	皮尔茨	美国	1 105.00	波特兰		

Amtsblatt
für das
Deutsche Kiautschou-Gebiet.

青島官報

Herausgegeben vom Kaiserlichen Gouvernement Kiautschou.

Der Bezugspreis beträgt jährlich $ 0,60 = M 1,20.
Bestellungen nehmen sämtliche deutsche Postanstalten entgegen.

| Jahrgang 5. | Nr. 30. | Tsingtau, den 30. Juli 1904. | 第三十號 | 第五年 |

Verordnungen und Bekanntmachungen.

Verordnung
betreffend die chinesischen Zehn-Käschstücke.

§ 1.

Die neuen chinesischen Zehn-Käschstücke sind im chinesischen Verkehr des Schutzgebietes bis auf weiteres genau wie das alte Kupfergeld zugelassen und müssen, einerlei wo sie geprägt sind, als vollwertig nach den für Scheidemünzen allgemein geltenden Grundsätzen in Zahlung genommen werden.

§ 2.

Der Gebrauch von koreanischen und japanischen Zehn-Käschstücken im Schutzgebiet ist untersagt.

§ 3.

Wer der Bestimmung des § 1 entgegenhandelt oder entgegen der Bestimmung des § 2 japanische und koreanische Zehn-Käschstücke in Umlauf setzt, wird mit einer Geldstrafe bis zu 50 Dollar oder Haft bis 14 Tagen belegt.

§ 4.

Diese Verordnung tritt mit dem Tage der Verkündung in Kraft.

Tsingtau, den 22. Juli 1904.

Der Kaiserliche Gouverneur.
In Vertretung.
Jacobson.

Bekanntmachung.

Im deutschen Schutzgebiete sind bis jetzt noch keine Bestimmungen getroffen worden, durch welche die im chinesischen Geschäftsverkehr zu gebrauchenden Münzsorten festgelegt wurden. Im allgemeinen ist hier der auch vor Besetzung des Gebietes gebräuchliche Kiautschou-Tael beibehalten; an Scheidemünzen sind in China und Hongkong geprägte Bruchstücke des Mexikanischen Dollars in Silber und die gewöhnlichen Käschstücke, in letzter Zeit auch die von der chinesischen Regierung geprägten Zehn-Käschstücke im Umlauf.

Die Zulassung chinesischen Geldes und der in China gebräuchlichen Münzen ist bis auf weiteres erfolgt, um nicht den Handel durch Einführung neuer Münzen zu erschweren. Dazu aber ist es erforderlich, dass die chinesischen Münzen denselben Kurs hier haben wie im Hinterland und nicht willkürlich Abänderungen unterzogen werden.

Nun werden nach einer Mitteilung des Chinesenkommitees im hiesigen Geschäftsverkehre in jüngster Zeit chinesische Zehn-Käschstücke als Ware behandelt und je nach ihrer Herkunft, ob aus dem Norden oder Süden Chinas, mit einem Aufgeld belegt. Die Verluste, welche der chinesischen Bevölkerung, hauptsächlich den Arbeitern, durch eine derartige Willkür zugefügt werden, sind sehr bedeutend. So lange in Schantung alle Zehn-Käschstücke als gleichartige Scheidemünzen betrachtet werden, werde ich nicht dulden, dass hier zum Schaden der Bevölkerung von den Wechslern Unterschiede gemacht werden. Alle chinesischen Zehn-Käschstücke sollen daher, einerlei welcher Herkunft sie sind, als vollwertig kursieren; gestattet ist beim Wechseln allein der Abzug der ortsüblichen, für alle Münzgattungen gleichen Wechslergebühr. Zuwiderhandlungen werde ich nach Verordnung vom heutigen Tage verfolgen und streng bestrafen. Ich verlange Gehorsam.

Tsingtau, den 22. Juli 1904.

Der Kaiserliche Gouverneur.

In Vertretung.

Jacobson.

30. Juli 1904.   Amtsblatt—青島官報   165.

Bekanntmachung.

Im Anschluss an die Verordnung vom 19. Februar d. Js. betreffend Laden und Löschen von Kauffarteischiffen im Hafen von Tsingtau (Amtsblatt 1904, Seite 25) wird hiermit bekannt gemacht, dass Ballast an der Mole von den dem Gouvernement zufallenden Teil der Lade- und Löschgebühren befreit ist. In der Berechnung der Liegegelder tritt für Ballast Nehmen und Löschen keine Aenderung ein.

Tsingtau, den 22. Juli 1904.

Der Kaiserliche Gouverneur.
In Vertretung.
Jacobson.

Bekanntmachung.

Auf Grund des § 10 der Verordnung betreffend die gesundheitspolizeiliche Kontrolle der den Hafen von Tsingtau anlaufenden Schiffe, vom 13. Juli 1904 (Amtsblatt 1904, Seite 153) werden die Häfen von Hongkong, Swatau, Futschau, Amoy und Canton für pestverdächtig erklärt.

Gegen die Herkünfte aus diesen Häfen wird die Ausübung der Kontrolle angeordnet.

Tsingtau, den 27. Juli 1904.

Der Kaiserliche Zivilkommissar.

Amtliche Anzeigen.

Landversteigerung.

Auf Antrag der Firma Lieb & Leu findet am Montag, den 15. August 1904, vormittags 11 Uhr, im Landamte die öffentliche Versteigerung der in der Auguste Viktoria-Bucht an der Prinz Adalbertstrasse gelegenen Parzelle Kartenblatt 22 Nr. 14 statt.

Grösse: 3577 qm.
Mindestpreis: 1609, 70 $.
Benutzungsplan: Landhaus.
Bebauungsfrist: bis 31. August 1907.
Gesuche zum Mitbieten sind bis zum 8. August 1904 hierher zu richten.

Tsingtau, den 28. Juli 1904.

Kaiserliches Landamt.

Verdingungsanzeige.

Die Herstellung der Tischler-, Schlosser- und Glaserarbeiten nebst zugehörigen Materiallieferungen für den Neubau des Wäschereigebäudes soll im öffentlichen Verfahren vergeben werden.

Die Verdingungsunterlagen liegen im Geschäftszimmer der Hochbauabteilung IIIa zur Einsicht aus und können ebendaher, soweit der Vorrat reicht, gegen Erstattung von 1,50 $ bezogen werden.

Versiegelte und mit der Aufschrift „Angebot betreffend Tischler-, Schlosser- und Glaserarbeiten für den Neubau des Wäschereigebäudes" versehene Angebote sind bis zu dem auf

Sonnabend, den 6 August d. Js., vormittags 9 Uhr, festgesetzten Eröffnungstermine an die unterzeichnete Behörde einzureichen.

Zuschlagsfrist 2 Wochen.

Tsingtau, den 27. Juli 1904,

Hochbauabteilung IIIa.

Verdingungsanzeige.

Die Herstellung der Tischler-, Schlosser-und Glaserarbeiten nebst zugehörigen Materiallieferungen für den Neubau des Kammergebäudes beim Bismarckkasernement soll im öffentlichen Verfahren vergeben werden.

Die Verdingungsunterlagen liegen im Geschäftszimmer der Hochbauabteilung IIIa zur Einsicht aus und können ebendaher, soweit der Vorrat reicht, gegen Erstattung von 1,00 $ bezogen werden.

Versiegelte und mit der Aufschrift „Angebot betreffend Tischler-, Schlosser-und Glaserarbeiten nebst zugehörigen Materiallieferungen für den Neubau des Kammergebäudes Bismarckkasernement" versehene Angebote sind bis zu dem auf

Sonnabend, den 6. August d. Js., vormittags 8½ Uhr, festgesetzten Eröffnungstermine an die unterzeichnete Behörde einzureichen.

Zuschlagsfrist 2 Wochen.

Tsingtau, den 28. Juli 1904.

Hochbauabteilung IIIa.

| 166. | Amtsblatt—青島官報 | 30. Juli 1904. |

Mitteilungen.

Der Marine-Zahlmeister Möbest ist laut Allerhöchster Kabinetsordre vom 31. Mai 1904 zum Marine-Oberzahlmeister befördert worden.

* *

Der Polizeivizewachtmeister Jelinski ist zum Polizeiwachtmeister und der Polizeibeamte Christ zum Gefängnisaufseher ernannt worden.

Sonnen-Auf-und Untergang für Monat August 1904.

Dt.	Mittelostchinesische Zeit des			
	wahren	scheinbaren	wahren	scheinbaren
	Sonnen-Aufgangs.		Sonnen-Untergangs.	
1.	5 U. 9.2 M.	5 U. 3.9 M.	7 U. 0.8 M.	7 U. 6.1 M.
2.	10.1	4.8	6 „ 59.7	5.0
3.	11.0	5.7	58.6	3.9
4.	11.9	6.6	57.5	2.8
5.	12.8	7.5	56.5	1.8
6.	13.7	8.4	55.5	0.8
7.	14.5	9.2	54.5	6 „ 59.8
8.	15.2	9.9	53.5	58.8
9.	15.9	10.6	52.5	57.8
10.	16.6	11.3	51.6	56.9
11.	17.3	12.0	50.7	56.0
12.	18.1	12.8	49.6	54.9
13.	18.9	13.5	48.5	53.8
14.	19.6	14.2	47.4	52.7
15.	20.3	14.9	46.3	51.6
16.	21.0	15.7	45.2	50.5
17.	21.8	16.5	44.0	49.3
18.	22.6	17.3	42.8	48.1
19.	23.3	18.0	41.5	46.8
20.	24.0	18.7	40.3	45.5
21.	24.8	19.5	39.4	44.7
22.	25.8	20.5	37.9	43.2
23.	26.8	21.5	36.4	41.7
24.	27.8	22.5	34.9	40.2
25.	28.7	23.4	33.4	38.7
26.	29.6	24.3	32.0	37.3
27.	30.4	25.1	30.6	35.9
28.	31.2	25.9	29.2	34.5
29.	32.0	26.7	27.9	33.2
30.	32.8	27.5	26.6	31.9
31.	33.5	28.2	25.3	30.6

Schiffsverkehr

in der Zeit vom 21. — 28. Juli 1904.

Ankunft am	Name	Kapitän	Flagge	Reg. Tonnen.	von	Abfahrt am	nach
(15.7.)	D. Sithonia	Hildebrand	Deutsch	4238,73	Hongkong	23.7.	Yokohama
22.7.	D. Gouv. Jaeschke	Vogel	„	1044,90	Schanghai	„	Schanghai
24.7.	D. Talun	Ross	Englisch	1349,45	Colombo		
25.7.	D. Rhein	Rott	Deutsch	6397,85	Taku		
„	D. Vorwärts	Sohnemann	„	643,26	Schanghai	26.7.	Tschifu
„	D. Dagmar	Carl	Norwegisch	383,70	Kobe	„	„
28.7.	D. Chenan	Hunter	Englisch	1349,99	Tschifu	28.7.	Schanghai
„	D. Tungus	Haloorsen	Norwegisch	1039,—	Schanghai		
„	D. Knivsberg	Kayser	Deutsch	645,76	Tschifu		
„	D. Daphne	Bjonnes	Norwegisch	988,—	Schanghai	28.7.	Tschifu

30. Juli 1904. Amtsblatt—青島官報 167.

Meteorologische Beobachtungen
in Tsingtau.

Da-tum. Juli.	Barometer (mm) reduz. auf 0° C., Seehöhe 24,30 m			Temperatur (Centigrade).								Dunst-spannung in mm			Relat. Feuchtigkeit in Prozenten		
				trock. Therm.			feucht. Therm.										
	7 Vm	2 Nm	9 Nm	7 Vm	2 Nm	9 Nm	7 Vm	2 Nm	9 Nm	Min.	Max.	7 Vm	2 Nm	9 Nm	7 Vm	2 Nm	9 Nm
21	750,3	750,4	751,1	23,6	26,4	23,9	22,5	24,3	22,7	20,5	25,6	19,6	21,3	19,8	90	83	90
22	51,4	51,5	51,5	23,6	25,6	23,4	22,8	23,9	22,6	23,4	27,1	20,1	21,0	19,9	93	86	93
23	51,7	51,7	51,5	24,2	26,3	24,5	23,5	24,4	23,7	23,4	26,2	21,1	21,5	21,3	94	85	93
24	51,5	51,2	51,2	24,7	25,7	25,1	24,1	25,0	24,8	23,7	27,1	21,9	23,1	23,1	95	94	97
25	51,4	51,0	51,4	24,8	27,4	25,8	24,5	25,8	25,2	24,5	27,4	22,7	23,7	23,5	97	87	95
26	50,8	51,3	52,3	25,8	26,1	22,1	25,1	25,3	20,4	24,7	28,3	23,2	23,5	16,8	94	93	85
27	53,4	53,5	53,8	21,3	23,8	21,3	20,1	21,4	20,0	20,7	27,9	16,8	17,5	16,6	89	80	88

Da-tum. Juli.	Wind Richtung & Stärke nach Beaufort (0—12)			Bewölkung						Niederschläge in mm		
				7 Vm		2 Nm		9 Nm				
	7 Vm	2 Nm	9 Nm	Grad	Form	Grad	Form	Grad	Form	7 Vm	9 Nm	9 Nm 7 Vm
21.	S O 2	S O 1	S S O 2	3	Cum-str	3	Cum-str	6	Cu-str			
22.	S S O 2	S O 3	O S O 2	9	Cum-ni	7	„	8	Cir-str			
23.	O S O 1	O 3	O 2	9	Cum-str	3	„	10	Cum			
24.	O S O 2	S S O 2	S O 2	7	Cir-cu	10	Nebel	10	Nebel	0,2		0,2
25.	S O 1	S S O 2	S O 1	10	Nebel	5	Cum	9	Cum	0,2		0,3
26.	S S W 2	W S W 1	N N W 4	10	Cu-ni	9	Cum-ni	9	Cu-str	0,3	15,9	18,0
27.	N 2	N O 1	O 1	10	Cum	9	Cum-str	9	Cu-ni	2,1	15,0	15,0

Amtsblatt—膠澳官場

Hochwassertabelle für den Monat August 1904.

Datum	Tsingtau - Hauptbrücke.		Grosser Hafen, Mole I.		Nükuk'ou.	
	Vormittags	Nachmittags	Vormittags	Nachmittags	Vormittags	Nachmittags
1.	7 U. 24 M.	7 U. 40 M.	7 U. 54 M.	8 U. 10 M.	8 U. 24 M.	8 U. 40 M.
2.	7 „ 57 „	8 „ 13 „	8 „ 27 „	8 „ 43 „	8 „ 57 „	9 „ 13 „
3.	8 „ 30 „	8 „ 49 „	9 „ 00 „	9 „ 19 „	9 „ 30 „	9 „ 49 „
4.	9 „ 09 „	9 „ 34 „ ●	9 „ 39 „	10 „ 04 „	10 „ 09 „	10 „ 34 „
5.	9 „ 59 „	10 „ 33 „	10 „ 29 „	11 „ 03 „	10 „ 59 „	11 „ 33 „
6.	11 „ 07 „	11 „ 46 „	11 „ 37 „	—	—	0 „ 07 „
7.	—	0 „ 24 „	0 „ 16 „	0 „ 54 „	0 „ 46 „	1 „ 24 „
8.	1 „ 04 „	1 „ 43 „	1 „ 34 „	2 „ 13 „	2 „ 04 „	2 „ 43 „
9.	2 „ 17 „	2 „ 52 „	2 „ 47 „	3 „ 22 „	3 „ 17 „	3 „ 52 „
10.	3 „ 21 „	3 „ 50 „	3 „ 51 „	4 „ 20 „	4 „ 21 „	4 „ 50 „
11.	4 „ 15 „	4 „ 40 „ ●	4 „ 45 „	5 „ 10 „	5 „ 15 „	5 „ 40 „
12.	5 „ 04 „	5 „ 27 „	5 „ 34 „	5 „ 57 „	6 „ 04 „	6 „ 27 „
13.	5 „ 50 „	6 „ 12 „	6 „ 20 „	6 „ 42 „	6 „ 50 „	7 „ 12 „
14.	6 „ 35 „	6 „ 58 „	7 „ 05 „	7 „ 28 „	7 „ 35 „	7 „ 58 „
15.	7 „ 20 „	7 „ 41 „	7 „ 50 „	8 „ 11 „	8 „ 20 „	8 „ 41 „
16.	8 „ 03 „	8 „ 25 „	8 „ 33 „	8 „ 55 „	9 „ 03 „	9 „ 25 „
17.	8 „ 47 „	9 „ 08 „	9 „ 17 „	9 „ 38 „	9 „ 47 „	10 „ 08 „
18.	9 „ 34 „ ◐	10 „ 01 „	10 „ 04 „	10 „ 31 „	10 „ 34 „	11 „ 01 „
19.	10 „ 33 „	11 „ 06 „	11 „ 03 „	11 „ 36 „	11 „ 33 „	—
20.	11 „ 45 „	—	—	0 „ 15 „	0 „ 06 „	0 „ 45 „
21.	0 „ 23 „	1 „ 00 „	0 „ 58 „	1 „ 30 „	1 „ 23 „	2 „ 00 „
22.	1 „ 38 „	2 „ 10 „	2 „ 08 „	2 „ 40 „	2 „ 38 „	3 „ 10 „
23.	2 „ 42 „	3 „ 08 „	3 „ 12 „	3 „ 38 „	3 „ 42 „	4 „ 08 „
24.	3 „ 33 „	3 „ 54 „	4 „ 03 „	4 „ 24 „	4 „ 33 „	4 „ 54 „
25.	4 „ 14 „	4 „ 32 „	4 „ 44 „	5 „ 02 „	5 „ 14 „	5 „ 32 „
26.	4 „ 50 „ ○	5 „ 07 „	5 „ 20 „	5 „ 37 „	5 „ 50 „	6 „ 07 „
27.	5 „ 23 „	5 „ 39 „	5 „ 53 „	6 „ 09 „	6 „ 23 „	6 „ 39 „
28.	5 „ 54 „	6 „ 10 „	6 „ 24 „	6 „ 40 „	6 „ 54 „	7 „ 10 „
29.	6 „ 25 „	6 „ 41 „	6 „ 55 „	7 „ 11 „	7 „ 25 „	7 „ 41 „
30.	6 „ 56 „	7 „ 12 „	7 „ 26 „	7 „ 42 „	7 „ 56 „	8 „ 12 „
31.	7 „ 29 „	7 „ 47 „	7 „ 59 „	8 „ 17 „	8 „ 29 „	8 „ 47 „

1) ○ = Vollmond; 2) ◐ = Letztes Viertel; 3) ● = Neumond; 4) ◑ = Erstes Viertel.

Anmerkung: In T'a pu t'ou tritt das Hochwasser 10 Minuten früher als in Nükuk'ou auf.

Druck der Missionsdruckerei, Tsingtau.

第五年 第三十号

1904 年 7 月 30 日

法令与告白

大德钦命护理总督胶澳文武事宜大臣夏　为

厘定《开通铜圆以救钱荒章程》列左：

第一条：嗣后德境以内凡有华人往来交易，暂时应准如制钱例。通用新铸之铜圆，姑无论该铜圆造自何处，皆宜一律按照使用。制钱向规悉数领收，以规划一。

第二条：所有朝鲜、日本两种铜圆，俱不准在德境内行使。

第三条：倘有违背第一条或违犯第二条，故用朝、日两种铜圆者，查出能罚洋至五十元之多，或监押至十四日之久。

第四条：此项章程即自发出之日起一体遵行勿违。特谕。

大德一千九百四年七月二十二日

大德钦命护理总督胶澳文武事宜大臣夏　为

出示通行晓谕事：照得德境以内迄今尚未定明凡遇华人往来交易准用何种钱项，溯查当本国未来以前，大概商民皆用胶平，至今未改。他如中国各省、香港等处仿铸之小洋钱并铜制钱，向皆通用。即迩来中国政府新铸之铜圆亦皆一律行使。查向来不禁准用中国铸造之钱并中国通用之钱，而不设法开通异样洋钱，缘由实恐混淆致碍商务。但中国通用之钱应与内地市值一律不准任意参差。兹据青、包岛公所商董禀称，迩来本埠买卖交易视此铜圆犹如货殖(值)，究其铸造之处有北洋、南洋之别，分别折扣。此等任意不情办法，商人殊属受亏，华工受亏，尤非浅鲜。现因东省业已通行各处铜圆，则本护大臣亦不准各钱铺分别铜圆出处，致令商民被累。为此仰诸色商民人等一体知悉，嗣后凡遇中国新造之铜圆，务宜一律通用，照数出入。除只准兑换时按照本埠各种钱项作底、向规作底外，即不得任意歧视。倘有不遵违犯者，定按本日另订之章程从重罚办。仰各懔遵，幸勿尝试。特谕。

右谕通知

大德一千九百四年七月二十二日　告示

告白

在今年 2 月 19 日的《关于在青岛港的海洋贸易船装卸货物的法令》(1904 年《官报》,第 25 页)公布后,谨此宣布,免除由总督府支付的码头压舱物装卸费用。在计算船舶滞期费时,对于压舱物的装卸没有变化。

青岛,1904 年 7 月 22 日
代理皇家总督
雅各布森

告白

根据 1904 年 7 月 13 日的《关于对驶入青岛港船只实施卫生警察检查的法令》(1904 年《官报》,第 153 页),现宣布,香港、汕头、福州、厦门和广州为疑似染疫港。

现下令对来自上述港口的船只实施查验。

青岛,1904 年 7 月 27 日
皇家民政长

官方通告

土地拍卖

应利来公司申请,将于 1904 年 8 月 15 日周一上午 11 点,在地亩局公开拍卖位于维多利亚湾畔的阿达尔伯特亲王街的地籍册第 22 页第 14 号地块。

面积:3 577 平方米

最低价格:1 609.70 元

利用规划:乡村别墅

建造期限:1907 年 8 月 31 日。

出价申请须在 1904 年 8 月 8 日前递交至本处。

青岛,1904 年 7 月 28 日
皇家地亩局

发包广告

对洗衣房新建筑的木匠、五金和玻璃工程以及相关的材料供应将公开发包。

发包文件张贴于第三工部局一部营业室内,以供查看,如果文件存量足够,也可以支付 1.50 元后购买。

报价须密封并标注"洗衣房新建筑的木匠、五金和玻璃工程"字样,于今年 8 月 6 日上午 9 点开标前递交至本处。

中标期限为 2 周。

青岛,1904 年 7 月 27 日
第三工部局一部

发包广告

对贮藏室新建筑的木匠、五金和玻璃工程以及相关的材料供应将公开发包。

发包文件张贴于第三工部局一部处的营业室内,以供查看,如果文件存量足够,也可以支付 1.00 元后购买。

报价须密封并标注"俾斯麦军营贮藏室新建筑的木匠、五金和玻璃工程"字样,于今年 8 月 6 日上午 8 点 30 分开标前递交至本处。

中标期限为 2 周。

青岛,1904 年 7 月 28 日
第三工部局一部

消息

根据 1904 年 5 月 31 日的最高内阁命令,海军军需官莫贝斯特被晋升为海军高级军需官。

巡捕房副中士叶林斯基被晋升为巡捕房中士,巡捕房官员克里斯特被任命为监狱看守。

船运

1904 年 7 月 21 日—28 日期间

到达日	轮船船名	船长	挂旗国籍	登记吨位	出发港	出发日	到达港
(7月15日)	斯托尼亚号	希尔德布兰特	德国	4 238.73	香港	7月23日	横滨
7月22日	叶世克总督号	福格尔	德国	1 044.90	上海	7月23日	上海

(续表)

到达日	轮船船名	船长	挂旗国籍	登记吨位	出发港	出发日	到达港
7月24日	塔伦号	罗斯	英国	1 349.45	科隆坡		
7月25日	莱茵号	洛特	德国	6 397.85	大沽		
7月25日	前进号	索纳曼	德国	643.26	上海	7月26日	芝罘
7月25日	达格玛号	卡尔	挪威	383.70	神户	7月26日	芝罘
7月28日	车南号	亨特	英国	1 349.99	芝罘	7月28日	上海
7月28日	通古斯号	哈洛森	挪威	1 039.00	上海		
7月28日	柯尼夫斯堡号	凯瑟	德国	645.76	芝罘		
7月28日	达芙妮号	比阳内斯	挪威	988.00	上海	7月28日	芝罘

Amtsblatt für das Deutsche Kiautschou-Gebiet.

青島官報

Herausgegeben vom Kaiserlichen Gouvernement Kiautschou.

Der Bezugspreis beträgt jährlich $ 0,60=M 1,20.
Bestellungen nehmen sämtliche deutsche Postanstalten entgegen.

Jahrgang 5.   Nr. 31.   Tsingtau, den 6. August 1904.

Verordnungen und Bekanntmachungen.

Verordnung
betreffend
Einrichtung einer Seemannskasse.

Im Schutzgebiete wird eine Seemannskasse errichtet.

Die auf Grund der Seemannsordnung vom Seemannsamte des Schutzgebietes erhobenen Strafgelder sind an diese Kasse abzuführen.

Tsingtau, den 28. Juni 1904.

Der Kaiserliche Gouverneur.

In Vertretung.

Jacobson.

Berichtigung.

In der Dienstanweisung für die Notare im Bezirk des Kaiserlichen Gerichts von Kiautschou vom 3. Mai 1903 (Amtsblatt 17 vom 9. Mai 1903) muss in § 16 der letzte Satz nicht lauten: „Der **Vertreter** soll während der Dauer der Vertretung keine Amtshandlungen vornehmen," sondern: „Der **Vertretene** u. s. w."

Tsingtau, den 1. August 1904.

Der Kaiserliche Gouverneur.

In Vertretnng.

Jacobson.

Amtliche Anzeigen.

Bekanntmachung.

Adolf Rosenberg hat ein Gesuch um Erlaubnis zum Betriebe einer Gastwirtschaft am grossen Hafen eingereicht.

Einwendungen im Sinne der Gouvernementsbekanntmachung vom 10. Oktober 1899 sind bis zum 25. August d. Js. an die unterzeichnete Behörde zu richten.

Tsingtau, der 1. August 1904.

Kaiserliches Polizeiamt.

Bei der im Handelsregister Abteilung A Nr 4 vermerkten Firma

„Sietas, Plambeck & Co."

ist der

Kaufmann Carl Rohde in Tsingtau

als persönlich haftender Gesellschafter in das Handelsregister eingetragen worden

Tsingtau, den 2. August 1904.

Kaiserliches Gericht von Kiautschou.

170. Amtsblatt—報官嶌膠 6. August 1904.

Bekanntmachung.

Nernstlampen und Lampen nach Art der Nernstlampen gelten als Glühlampen im Sinne des § 10 der Anschlussvorschriften und Bedingungen für die Lieferung elektrischer Energie aus dem Elektricitätswerk Tsingtau.

Diese Lampen müssen vom Elektricitätswerk bezogen werden.

Tsingtau, den 30. Juli 1904.

Elektricitätswerk Tsingtau.

Mitteilungen.

Korvetten—Kapitän Jacobson ist laut telegraphischer Nachricht des Reichs—Marine—Amts zum Fregatten—Kapitän befördert worden.

* * *

Der Kurs bei der Gouvernementskasse beträgt vom 29. Juli d. Js. ab: 1 $ = 1, 97 M.

* * *

Bei den, jetzt regelmässig um 6 Uhr nachmittags nach Schanghai abfahrenden Postdampfern tritt der Postschluss für nachzuweisende Sendungen (Wert- und Einschreibebriefe, Postanweisungen, Packete) um 4 Uhr nachmittags ein. Gewöhnliche Briefsendungen können bis 5 Uhr nachmittags aufgeliefert werden.

Meteorologische Beobachtungen
in Tsingtau.

Datum. Juli.	Barometer (mm) reduz. auf 0° C., Seehöhe 24,30 m			Temperatur (Centigrade).								Dunstspannung in mm			Relat. Feuchtigkeit in Prozenten		
				trock. Therm.			feucht. Therm.										
	7 Vm	2 Nm	9 Nm	7 Vm	2 Nm	9 Nm	7 Vm	2 Nm	9 Nm	Min.	Max.	7 Vm	2 Nm	9 Nm	7 Vm	2 Nm	9 Nm
28	753,7	753,9	753,5	23,1	27,0	24,4	21,6	24,9	23,3	21,3	24,8	18,3	22,1	20,6	88	83	91
29	54,1	54,2	53,9	25,2	26,8	25,2	24,4	25,2	24,0	23,4	28,1	22,2	22,8	21,4	93	87	90
30	54,1	54,3	53,6	23,9	25,7	24,3	22,9	24,3	24,1	23,8	21,5	27,4	20,1	21,3	21,6	91	87	96
31	54,2	53,9	54,6	24,2	26,2	24,6	23,9	25,3	23,9	23,6	26,6	21,9	23,4	21,6	97	93	94
Aug. 1	54,6	54,1	54,2	24,7	26,1	24,6	24,0	24,7	23,6	24,3	26,7	21,7	22,3	21,0	94	89	92
2	53,5	52,6	52,6	24,5	26,2	23,9	23,8	24,6	23,8	24,0	26,7	21,5	22,0	21,9	94	87	99
3	51,7	51,0	51,9	24,0	26,8	25,1	23,5	25,2	24,3	23,6	27,0	21,2	22,8	22,1	96	87	93

Datum. Juli.	Wind Richtung & Stärke nach Beaufort (0—12)			Bewölkung						Niederschläge in mm		
				7 Vm		2 Nm		9 Nm				9 Nm
	7 Vm	2 Nm	9 Nm	Grad	Form	Grad	Form	Grad	Form	7 Vm	9 Nm	7 Vm
28.	NO 1	O 4	O 5	8	Cu-str	7	Cum	10	Cu-ni		6,0	17,0
29.	O 2	OSO 5	O 6	9	Cum	6	„	7	Cum	11,0	0,3	5,8
30.	OSO 4	OSO 3	O 3	10	Cu-ni	10	Cu-ni	10	Cu-ni	5,5	1,4	2,2
31.	SO 2	SO 2	S 3	10	Cum	10	Cum	10	Cum	0,8	2,0	2.0
Aug. 1.	SSO 2	SO 3	SO 2	8	„	6	„	10	„			
2.	SO 2	SSO 2	S 3	9	Cu-ni	10	Cu-ni	2	„			2,3
3.	SO 2	S 4	SO 2	9	„	3	Cir-cum	8	„	2,3	0,1	0,1

Schiffsverkehr

in der Zeit vom 29. Juli — 3. August 1904.

Ankunft am	Name	Kapitän	Flagge	Reg. Tonnen.	von	Abfahrt am	nach
(25.7.)	D. Rhein	Rott	Deutsch	6397,83	Taku	1.8.	Schanghai
(28.7.)	D. Tungus	Haloorsen	Norwegisch	1039,04	Schanghai	3.8.	Hongkong
(″)	D. Knivsberg	Kayser	Deutsch	645,76	Tschifu	28.7.	Schanghai
29.7.	D. Gouv. Jaeschke	Vogel	″	1044,90	Schanghai	30.7.	″
30.7.	D. Unison	Pedersen	Norwegisch	760 —	Otaru		
1.8.	D. Tsintau	Hansen	Deutsch	976,81	Schanghai	2.8.	Tschifu
″	D. Ching Ping	Harvey	Englisch	1061,73	″	3.8.	Tschingwantau
3.8.	D. Vorwärts	Sohnemann	Deutsch	643,26	Tschifu	″	Schanghai
″	D. Andalusia	Feller	″	3477,02	Hongkong		

Druck der Missionsdruckerei, Tsingtau.

第五年　第三十一号

1904 年 8 月 6 日

法令与告白

关于设立海员付款处的法令

在保护地将设立一处海员付款处。

根据保护地海员局的《海员法》所收取的罚款，须交至该处。

青岛，1904 年 6 月 28 日
代理皇家总督
雅各布森

订正

1903 年 5 月 3 日(《官报》1903 年 5 月 9 日)的《胶澳皇家审判厅区域内的公证员业务说明》第 16 条的最后一句不是："代理人在代理期间不行使公务程序"，而是"被代理人等等"。

青岛，1904 年 8 月 1 日
代理皇家总督
雅各布森

官方通告

告白

阿道夫·罗森博格递交了申请，申请在大港经营餐饮业务的许可证。

如有根据 1899 年 10 月 10 日总督府告白提出的异议，须在今年 8 月 25 日前递交至本处。

青岛，1904 年 8 月 1 日
皇家巡捕房

在本地商业登 A 部第 4 号登记的公司"哈唎洋行"将青岛的商人卡尔·罗德作为个人责任股东登记入商业登记。

青岛，1904 年 8 月 2 日
胶澳皇家审判厅

告白

能斯托灯①和能斯托类型的灯，可视为符合《从青岛发电厂供应电能的连接规定和供电条件》第 10 条的白炽灯。

这些灯泡必须从发电厂购买。

青岛，1904 年 7 月 30 日
青岛发电厂

消息

根据帝国海军部的电报，海军少校雅各布森已被晋升为海军中校。

总督府财务处自今年 7 月 29 日起的汇率为：1 元＝1.97 马克。

对于现在定期在下午 6 点出发前往上海的邮船，接收给据邮件（保价信、挂号信、邮政汇款、包裹）的结束时间为下午 4 点。普通信件最晚的接收时间是下午 5 点。

船运

1904 年 7 月 29 日—8 月 3 日期间

到达日	轮船船名	船长	挂旗国籍	登记吨位	出发港	出发日	到达港
（7 月 25 日）	莱茵号	洛特	德国	6 397.83	大沽	8 月 1 日	上海
（7 月 28 日）	通古斯号	哈洛森	挪威	1 039.04	上海	8 月 3 日	香港
（7 月 28 日）	柯尼夫斯堡号	凯瑟	德国	645.76	芝罘	7 月 28 日	上海
7 月 29 日	叶世克总督号	福格尔	德国	1 044.90	上海	7 月 30 日	上海
7 月 30 日	乌尼森号	彼得森	挪威	760.00	小樽		

---

① 译者注：能斯托，现译为能斯特，以德国物理学家能斯特命名，指的是一种带一条稀土金属氧化物灯丝的固体辐射器，发射的是连续的红外光带。

(续表)

到达日	轮船船名	船长	挂旗国籍	登记吨位	出发港	出发日	到达港
8月1日	青岛号	韩森	德国	976.81	上海	8月2日	芝罘
8月1日	清平号	哈维	英国	1 061.73	上海	8月3日	秦皇岛
8月3日	前进号	索纳曼	德国	643.26	芝罘	8月3日	上海
8月3日	安达卢西亚号	费勒尔	德国	3 477.02	香港		

Amtsblatt
für das
Deutsche Kiautschou-Gebiet.

173.

Herausgegeben vom Kaiserlichen Gouvernement Kiautschou.

Der Bezugspreis beträgt jährlich $ 0,60=M 1,20.
Bestellungen nehmen sämtliche deutsche Postanstalten entgegen.

| Jahrgang 5. | Nr. 32. | Tsingtau, den 13. August 1904. |

Verordnungen und Bekanntmachungen.

Verordnung
betreffend die gesundheitspolizeiliche Kontrolle der den Hafen von Tsingtau anlaufenden Schiffe.

§ 1.

Jedes den Hafen von Tsingtau anlaufende Schiff unterliegt der gesundheitspolizeilichen Kontrolle,
1. wenn es im Abgangshafen oder während der Reise Fälle von Cholera oder Pest an Bord gehabt hat,
2. wenn es aus einem Hafen kommt, gegen dessen Herkünfte die Ausübung der Kontrolle angeordnet worden ist.

§ 2.

Jedes nach § 1 kontrollpflichtige Schiff muss, sobald es sich dem Hafen auf Sehweite nähert, eine gelbe Flagge am Fockmast hissen.

Es darf weder mit dem Lande noch mit einem anderen Schiff in Verkehr treten, auch die gelbe Flagge nicht einziehen, bevor es durch Verfügung der Hafenbehörde zum freien Verkehr zugelassen ist. Der gleichen Verkehrsbeschränkung unterliegen neben der Mannschaft die sämtlichen, an Bord befindlichen Reisenden. Privatpersonen ist der Verkehr mit einem Schiffe, welches die gelbe Flagge führt, untersagt. Wer dieses Verbot übertritt, wird als zu dem kontrollpflichtigen Schiff gehörend behandelt.

§ 3.

Der Lotse und die Hafenbehörde haben beim Einlaufen eines Schiffes durch Befragung des Schiffers oder seines Vertreters festzustellen, ob der § 1 auf das Schiff Anwendung findet, und auf die Befolgung der Vorschriften des § 2 zu achten.

§ 4.

Jedes kontrollpflichtige Schiff nebst Insassen wird sobald wie möglich nach der Ankunft, jedoch nicht während der Nachtzeit, durch einen beamteten Arzt untersucht. Von dem Ergebnis dieser ärztlichen Untersuchung hängt in jedem Falle die weitere Behandlung des Schiffes ab.

§ 5.

Der Schiffer und sein Stellvertreter sind verpflichtet, dem Lotsen, der Hafenbehörde und dem beamteten Arzt jede erforderte Auskunft über die zur Beurteilung des Gesundheitszustandes wesentlichen Punkte der Wahrheit gemäss zu geben, insbesondere auch, soweit schiffsärztliche Bücher geführt werden, diese auf Ersuchen vorzulegen und erforderlichenfalls die Richtigkeit der Auskunft vor der Hafenbehörde an Eidesstatt zu versichern.

§ 6.

Hat ein Schiff Cholera oder Pest an Bord oder sind auf einem Schiffe innerhalb der letzten 7 Tage vor seiner Ankunft Cholerafälle oder innerhalb der letzten 12 Tage Pestfälle vorgekommen, so gilt es als verseucht und unterliegt folgenden Bestimmungen:

1. Die an Bord befindlichen Kranken werden ausgeschifft und in einen zur Aufnahme und Behandlung geeigneten abgesonderten Raum gebracht, wobei eine Trennung derjenigen Personen, bei welchen die Cholera oder die Pest festgestellt worden ist, und der nur verdächtigen Kranken stattzufinden hat. Sie verbleiben dort bis zur Genesung oder bis zur Beseitigung des Verdachts.
2. An Bord befindliche Leichen sind unter den erforderlichen Vorsichtsmassregeln alsbald zu bestatten.
3. Die übrigen Personen (Reisende und Mannschaft) werden in Bezug auf ihren Gesundheitszustand weiterhin einer Beobachtung unterworfen, deren Dauer sich nach dem Gesundheitszustand des Schiffes und nach dem Zeitpunkt des letzten Erkrankungsfalles richtet, keinesfalls aber bei Cholera den Zeitraum von 5 Tagen und bei Pest den Zeitraum von 10 Tagen überschreiten darf. Zum Zwecke der Beobachtung sind sie entweder am Verlassen des Schiffes zu verhindern, oder, soweit nach dem Ermessen der Hafenbehörde ihre Ausschiffung tunlich und erforderlich ist, an Land in einem abgesonderten Raum unterzubringen. Letzteres gilt insbesondere dann, wenn die Mannschaft zum Zwecke der Abmusterung das Schiff verlässt.

   Reisende, welche nachweislich mit Cholerakranken oder Pestkranken nicht in Berührung gekommen sind, können aus der Beobachtung entlassen werden, sobald durch den beamteten Arzt festgestellt ist, dass Krankheitserscheinungen, welche den Ausbruch der Cholera oder der Pest befürchten lassen, bei ihnen nicht vorliegen.
4. Alle nach dem Ermessen des beamteten Arztes als mit dem Ansteckungsstoff der Cholera oder der Pest behaftet zu erachtenden Wäschestücke, Bekleidungsgegenstände des täglichen Gebrauchs und sonstige Sachen der Schiffsmannschaft und der Reisenden sind zu desinfizieren.

   Das Gleiche gilt für die Schiffsräume und Schiffsteile, welche als mit dem Ansteckungsstoff der Cholera oder der Pest behaftet anzusehen sind.

   Erforderlichenfalls kann der beamtete Arzt noch weitergehende Desinfektionen anordnen.
5. Bilgewasser, von welchem nach der Lage der Verhältnisse angenommen werden muss, dass es Cholerakeime oder Pestkeime enthält, ist zu desinfizieren und demnächst, wenn tunlich, auszupumpen.
6. Der in einem verseuchten oder verdächtigen Hafen eingenommene Wasserballast ist, sofern er im Bestimmungshafen ausgepumpt werden soll, zuvor zu desinfizieren; lässt sich eine Desinfektion nicht ausführen, so hat das Auspumpen des Wasserballastes auf hoher See zu geschehen.
7. Das an Bord befindliche Trinkwasser ist, sofern es nicht völlig unverdächtig erscheint, nach erfolgter Desinfektion auszupumpen und durch gutes Trinkwasser zu ersetzen.

In allen Fällen ist darauf zu achten, dass Aussonderungen und Entleerungen von Cholerakranken oder Pestkranken, verdächtiges Wasser und Abfälle irgend welcher Art nicht undesinfiziert in das Hafenwasser gelangen.

§ 7.

Ein Schiff gilt als choleraverdächtig, wenn auf ihm bei der Abfahrt oder auf der Fahrt Cholerafälle, jedoch nicht innerhalb der letzten 7 Tage vor den Ankunft vorgekommen sind, oder wenn seine Reise seit Verlassen eines als choleraverseucht oder choleraverdächtig erklärten Hafens weniger als 7 Tagen gedauert hat, und als pestverdächtig, wenn auf ihm bei der Abfahrt oder auf der Fahrt, jedoch nicht innerhalb der letzten 12 Tage vor der Ankunft Pestfälle vorgekommen sind, oder wenn seine Reise seit Verlassen eines pestverseucht oder pestverdächtig erklärten Hafens weniger als 10 Tage gedauert hat.

Verdächtige Schiffe unterliegen den Bestimmungen des § 6 Ziffer 4—7.

Auch können die Insassen, wenn der beamtete Arzt dies für notwendig erachtet, einer Beobachtung mit oder ohne Aufenthaltsbeschränkung unterworfen werden und zwar bei Choleraverdacht bis zur Dauer von 7 Tagen, bei Pestverdacht bis zur Dauer von 10 Tagen seit Ankunft des Schiffes.

Begründet die ärztliche Untersuchung den Verdacht, dass die Insassen des Schiffes den Krankheitsstoff der Cholera oder Pest in sich aufgenommen haben, so können sie auf Anordnung des beamteten Arztes wie die Personen eines verseuchten Schiffes behandelt werden.

13. August 1904.   Amtsblatt—青島官報   175.

§. 8.

Will ein Schiff sich den ihm auferlegten Massregeln nicht unterwerfen, so steht ihm frei, wieder in See zu gehen. Es kann jedoch die Erlaubnis erhalten, unter Anwendung der erforderlichen Vorsichtsmassregeln seine Waren zu löschen und die an Bord befindlichen Reisenden, sofern sich diese den von der Hafenbehörde getroffenen Anordnungen fügen, an Land zu setzen.

§ 9.

Auf das Lotsen-und Sanitätspersonal, welches mit den der gesundheitspolizeilichen Kontrolle unterliegenden Schiffen in Verkehr zu treten hat, finden die in dieser Verordnung angeordneten Verkehrsbeschränkungen und Desinfektionsmassnahmen keine Anwendung. Die für dieses Personal erforderlichen Vorsichtsmassregeln bestimmt die vorgesetzte Behörde.

§ 10.

Die Erklärung eines Hafens als verseucht oder seuchenverdächtig und die Anordnung der Kontrolle gegen die Herkünfte aus solchen Häfen erfolgt durch Bekanntmachung des Kaiserlichen Zivilkommissars, ebenso auch die Wiederaufhebung dieser Massregeln.

§ 11.

Wer den Vorschriften dieser Verordnung zuwider handelt, wird mit Geldstrafe bis zu 150 Mark oder mit Haft bis zu sechs Wochen bestraft, soweit nicht nach sonstigen Verordnungen und Gesetzen eine schwerere Strafe, insbesondere nach § 327 des Reichsstrafgesetzbuches Gefängnisstrafe bis zu drei Jahren, verwirkt ist,

§ 12.

Diese Verordnung tritt mit ihrer Verkündung in Kraft.

Tsingtau, den 13. Juli 1904.

Der Kaiserliche Gouverneur.

Truppel.

Translation.
Ordinance
concerning the sanitary control of vessels calling at the Port of Tsingtao.

§. 1.

Any vessel calling at the port of Tsingtao is subject to sanitary control,
1) if at the port of departure or during the voyage she has had on board cases of cholera or plague;
2) if she comes from a port the arrivals from which have been declared subject to sanitary control.

§. 2.

Any vessel subject to control according to §. 1., on approaching the Port of Tsingtao, shall, when within sight, hoist a yellow flag at the foremast.

She shall hold no communication with either the shore or any other vessel, nor shall she take down the yellow flag until pratique has been granted by the Harbour Office. The crew as well as the passengers on board are subject to the same restrictions of intercourse. Private individuals are not allowed to communicate with a vessel flying the yellow flag. Any person offending against the provisions of this clause will be treated as belonging to the vessel subject to control.

§. 3.

When a ship enters the port the pilot and the Harbour Authorities shall ascertain by examining the Master or his substitute whether clause 1 is to be applied, and see that the directions laid down in §. 2. be strictly observed.

§. 4.

Any vessel subject to control as well as those on board will as soon as possible after arrival be inspected by a medical officer of the port excepting at night. The further treatment depends in every case on the result of this medical inspection.

§. 5.

The master and his substitute are bound to furnish the Pilot, the Harbour Authorities and the medical officer with all information which may be essential for ascertaining the sanitary condition of the vessel; particularly to produce the medical Journals in case they are kept on board for examining in requisition. The correctness of the information given has to be declared upon oath when so required by the Harbour Authorities.

§. 6.

Should a vessel have cholera or plague on board or should she have had cases of cholera within seven days or cases of plague within twelve days of her arrival she is considered infected and is subject to the following regulations:
1) Any person on board suffering from a disease will be landed and removed to an isolated place fit for reception and medical treatment. Cholera or plague infected persons are to be kept separated from persons merely suspected. They remain at this

place until they are recovered or suspicion is allayed.
2) Any corpses on board are to be interred at once under the necessary precautions.
5) All other persons, passengers as well as crew will be subjected to a further observation as to their sanitary condition. The period of this observation shall be governed by the general sanitary condition of the vessel and the date of the last infections outbreak on board, but shall in no case exceed five days with cholera or ten days with plague. For the purpose of observation they shall either be prevented from leaving the vessel or, if the Harbour Authorities consider their landing practicable or necessary, they shall be landed and isolated. The latter course is to be taken especially in case the crew are leaving the vessel for being discharged.

Passengers who may prove not to have been in contact with persons suffering from cholera or plague may be released from observation as soon as the medical officer has established the absence of symptoms pointing to the existence of cholera or plague.
4) All washings and clothes in daily use or other belongings to crew and passengers are to be disinfected if the medical officer considers them cholera or plague infected.

The same directions are to be observed with regard to any room or parts of the vessel considered cholera or plague infected.

If necessary the medical officer may order more extensive disinfections.
5) Bilgewater which may be inferred to contain germs of cholera or plague is to be disinfected and afterwards if practicable to be pumped out.
6) Waterballast taken in at an infected or suspected port is not to be pumped out at the port of destination unless it has been disinfected before; if the disinfection cannot be carried out, the pumping out of the waterballast has to take place on the high seas.
7) Water for drinking purposes on board unless being entirely unsuspicious is to be pumped out after having been disinfected and to replaced by good water.

Care has to be taken throughout that no discharges or excrements from cholera or plague infected persons nor any suspected water nor refuse of any kind be transmitted into the harbour waters without being disinfected.

§. 7.

A vessel is considered cholera suspected if there have been cases of cholera on board at the departure or during the voyage, but not within seven days of her arrival, or if she has been less than seven days on voyage after leaving a port which has been declared cholera infected or suspected. A vessel is considered plague suspected if there have been cases of plague on board at her departure or during the voyage, but not within twelve days of her arrival, or if she has been less than ten days on voyage after leaving a port which has been declared plague infected or suspected.

Suspected vessels are subjet to the provisions as laid down in §. 6 Sections 4—6.

In the same manner those on board may, if the medical officer considers it necessary, be subjected to an observation with or without restrictions as to their residence viz: in case of suspected cholera up to seven days, in case of suspected plague up to ten days after arrival of the vessel.

If by medical inspection a suspicion has been established that the people on board may have been infected with the contagious matter of cholera or plague they will at the request of the medical officer be treated as belonging to an infected vessel.

§. 8.

Should a vessel not be willing to submit to the measures provided she is free to leave the port. But permission can be given, on observing to necessary precautions to discharge cargo and to land passengers as far as these are willing to submit to the measures taken by the Harbour Authorities.

§. 9.

The restrictions as to intercourse and the provisions for disinfecting as laid down in this ordinance are not to be applied to the pilots and the medical staff communicating with vessels subject to sanitary control. The directions to be observed by them will specially be given by the Authorities.

§. 10.

Whether a port is infected or suspected and whether control is to be instituted against the arrivals from such ports will be publicly made known in the Official Gazette by the Civil Commissioner; in like manner it will be publicly made known when these measures have been withdrawn.

13. August 1904.   Amtsblatt—青島官報   177.

§. 11.

Any person offending against this Ordinance shall incur a penalty not exceeding 150 Marks or imprisonment for a period not exceeding six weeks unless a heavier penalty be incurred by other ordinances or laws, especially in accordance with §. 327 of the Penal Code imprisonment up to three years.

§. 12.

This Ordinance comes into force on the day of publication.

Tsingtau, 13 th July 1903.

The Colonial Governor.

sign. Truppel.

大德欽命總督膠澳文武事宜大臣都 為

釐訂查驗駛進青島口各船隻防護染疫章程列左

第一條凡有船隻駛進青島口勢應查驗之船如下

一無論在所出之口或在途中船上有人染患霍亂或痒子瘟

二該船或來自業經鈔政司諭為應驗之口均應一律海驗

第二條凡有按第一條應行查驗之船於抵口以前行至能望見之處須速在該船頭檣上懸掛黃旗一面

第三條引水人並船政局每當船隻進口應須登船查詢船主或其代理之人按照第一條有無應行查驗情節如若應驗之船即須監視該船按照第二條辦理

第四條凡有應當查驗之船俟駛抵海口時立有防疫醫官登船驗船並船上諸人惟夜間則不奔驗該船一經防疫醫官驗訖即按驗明情勢分別相待

第五條如引水人船政局或防疫醫官查詢船上先後要端以便酌定該船是否有染疫抑或疑似染疫之處該船船主或其代理之人按寔陳明至船上醫務日記簿亦宜呈驗間遇因事令其具質誓之旨該船主等亦宜遵行

第六條凡來船駛抵青島海口以前七日內船上有染患霍亂者或在十二日以內船上有患痒子瘟者則其船皆為染疫之船應按後列章程辦理

一節船上有患病者勢須離船即送至專備留存調治孤遠之處該處亦分開患霍亂痒子瘟以及疑似患疫各人以免混亂一俟患者病體痊愈或驗明毫無疑惑之處始能釋禁

二節凡船上載有死屍務須格外留神立即移埋他處

三節其餘未病船上用人以及患病日期起算但無論若何患霍亂者則不得過五日禁期患痒子瘟則不得過十日禁期當在禁期內搭客及船上用人概應禁止下船設如欲更換水手亦按此法辦理

即領其暫行登岸專備送至距他人較遠之處樓止如此項人勢須下船為便倘有在船或患霍亂或患痒子瘟等症者其他未患疫徵明未與患者親近並經防疫醫官驗明身上皆無可疑將來易患霍亂或痒子瘟痕跡即可免再查驗

四節凡船上用人及搭客等常川需用之衣服行李等件若被防疫醫官指為染患霍亂或痧子瘟之物應即依法薰透至艙內及船面各處若經指出為染患霍亂或痧子瘟之處亦須一律照辦如醫官度此次薰不足恃可令另薰

五節艙底水若稍髒情節或疑有霍亂病蟲應用藥料藥隨時須將此水潤出

六節凡船隻來自染疫或疑似染疫口岸候擬欲潤出須先用藥料治淨若不能治淨者當預在口外海面潤出

七節船上若載有吃喝之水倘有疑惑能以致人患病者務先調淨始可潤出另換清淨能用之水總之務當格外謹愼不得將染患霍亂及痧子瘟之毒種統不准未經治淨率行拋擲他如可疑之物幾敗物件亦然

第七條凡船於出口時或在途中有人染患霍亂痧子瘟係在抵口前七日以外他或來船駛出之口係經輔政司指為染疫或疑似染霍亂之口計自出口以至青島口不足七日者此等船皆屬疑似染疫之船

凡來船於出口時或在途中有人染患痧子瘟之口以至青島口不足十二日以外或來船駛出之口係經輔政司指為染疫或疑似染痧子瘟之口計自出口以至青島口不足十日者此等船皆為疑似染疫之船

凡有疑為染疫船隻須遵照第六條第四節至第七節辦理

第八條設有船隻不遵曉諭辦法可以聽其折回出口所准者務宜格外小心將貨物卸下及輪船上搭客遵照船政局命令下船登岸

第九條所有引水人並防疫醫官及其僕役常與應驗之船相往來姑免其按此章內所載阻止往來薰透各節可僅由其該管上司酌核辦法總以謹愼為主

第十條若指某口為染疫或疑似染疫之口並飭令來自該口船隻貨物應行查驗即由本國輔政司曉諭遵行及至免防撤銷查驗之舉亦由該司示諭辦理

第十一條除如違犯別項章程或德律嚴重之罪勢宜按例從重罰辦即如違犯德律三百二十七欵應監禁至三年之久外倘有人違犯此項章程懲罰洋至一百五十馬克之多或監押至六禮拜之久

第十二條此項章程應自發出之日起一律遵行特諭

大德一千九百四年七月十三日

13. August 1904. Amtsblatt—青島官報 179.

Amtliche Anzeigen.

Bekanntmachung.

In dem Konkursverfahren über das Vermögen des Kaufmanns Hermann Rohde ist ein Termin zur Anhörung der Gläubigerversammlung über Einstellung des Konkursverfahrens wegen Mangels einer der Kosten des Verfahrens entsprechenden Konkursmasse auf

den 10. September 1904, vormittags 10 Uhr,

anberaumt.

Tsingtau, den 9 August 1904.

Kaiserliches Gericht von Kiautschou.

Landversteigerung.

Auf Antrag des Kau li schan findet am **Montag, den 29. August 1904, vormittags 11 Uhr,** im Landamt die öffentliche Versteigerung des Grundstückes Kbl. 12 Nr. 27, an der Syfangstrasse zwischen Itschou- und Tschifustrasse gelegen, statt.

Grösse: 2324 qm.
Mindestpreis: 2231,04 $
Bebauungsfrist: bis 31. August 1907.
Gesuche zum Mitbieten sind bis zum 22. August 1904 hierher zu richten.

Tsingtau, den 9. August 1904.

Kaiserliches Landamt.

Öffentlicher Verkauf.

Ein Pony, Falbe, am 18. August d. Js., vormittags 10 Uhr, bei der Pulverhauswache, öffentlich meistbietend.

Tsingtau, den 11. August 1904.

Artillerie-Verwaltung.

欽命德膠按察司 為

定期結案預行曉諭事前據德商羅得蔚空一案本司捫伊錢項倘不敷本司堂費之用為此特定於本年西九月初十即中八月初一日上午十點鐘傳訊商各債主來司酌議了結此案屆期勿悞特諭

大德一千九百四年八月初九日

大德管理青島地畝局 為

告示

拍賣地畝事茲據高亢山稟懇買大包島四方街即沂州煙台街中間地圖十二號第二十七塊地叚共計二千三百二十四米打暫擬價洋二千二百三十一元零四分茲定於西歷本年八月二十九日上午十一點鐘在局拍賣買定後限至壹千九百七年八月三十一號期內修蓋成功不得遲綏如有亦欲買者限至八月二十二號投票屆期同赴本局面議可也特諭

大德一千九百四年八月初九日

右諭通知

青島子藥局 啟

告白

敬者本局茲有淺黃毛馬一匹擬於西八月十八日即中七月初八日早十點鐘在守護本局兵丁附近處拍賣如有欲買者屆期前往該處面議可也此佈

德一千九百四年八月十一日

Amtsblatt—青島官報   13. August 1904.

Oeffentlicher Verkauf.

67,37 kg. altes Blech, Weissblech und Eisenblech; 16,99 kg. altes Blei; 980 m altes Drahttauwerk; 2398 kg. altes Drahttauwerk; 4224,82 kg. altes Gusseisen; 3738,33 kg. altes Schmiedeeisen; 59,6 kg. Lederabfälle und altes Leder; 14,13 kg. altes Messing; 153,515 kg. alter Stahl; 94,15 kg. altes Tauwerk; 1249,70 kg. altes Zinkblech; 57,115 kg. altes Zink; 18,635 Kälber- und Rehhaare; 13,192 cbm. Brennholz. Angebote mit der Aufschrift:

„Angebot auf altes Material"

sind bis zum **20. August d. Js., vormittags 10 Uhr,** der unterzeichneten Verwaltung einzureichen.

Besichtigung vormittags von 9—11 und nachmittags von 2—5 Uhr gestattet.

Tsingtau, den 11. August 1904.

Artillerie-Verwaltung.

白 告

啓者茲將本局出賣各物列左各色成片舊馬口鐵等類重六十七啓羅零三百七十各拉母
舊熟鐵重三千七百三十八啓羅零三百二十各拉母
舊生鐵重四千二百二十四啓羅零八百二十各拉母
舊鐵纜重二千三百九十八啓羅正
舊鐵纜長九百八十米打
舊鉛重十六啓羅零九百九十各拉母
剩皮以及舊皮重五十九啓羅零六百各拉母
舊黃銅重十四啓羅零一百二十各拉母
舊鋼重一百五十三啓羅零五百十五各拉母
舊繼重九十四啓羅零一百五十各拉母
舊白鉛片重一千二百四十九啓羅零七百各拉母
舊白鉛重五十七啓羅零一百十五各拉母
小牛毛並麞毛重十八啓羅六百三十五各拉母
柴火十三苦必米打零一千分之一百九十二分
凡有人欲買以上各物者可投函本局信面應寫
Angebot auf altes Material 字樣
並應列明出價若干准限至西本月二十日早十點鐘止其每日早自九點至十一點下午兩點至五點止可以任使赴本局查看此佈

德一千九百四年八月十一日

青島子藥局 啓

Bei der in Abteilung B Nr. 3 des Handelsregisters vermerkten Firma

„Deutsch-Asiatische Bank"

ist folgendes eingetragen worden:

Den Kaufleuten Felix Kilian in Hongkong, Paul Sandberg in Calcutta und Ernst Fritz in Berlin ist Prokura erteilt.

Die Prokuristen sind berechtigt, die Firma der Gesellschaft in Gemässheit des Artikels 17 der Statuten zu zeichnen.

Tsingtau, den 10. August 1904.

Kaiserliches Gericht von Kiautschou.

Bei der in Abteilung A Nr. 12 des Handelsregisters vermerkten Firma

„Franz Oster"

ist folgendes eingetragen worden:

Dem Kaufmann Hugo J. Houben in Tsingtau ist Prokura erteilt.

Tsingtau, den 9. August 1904.

Kaiserliches Gericht von Kiautschou.

13. August 1904.   Amtsblatt—青島官報   181.

Aufgebot.

Es wird hiermit bekannt gemacht, dass **Karl** Friedrich Robert **Klein**, seines Standes Trichinenbeschauer, geboren zu Thiergarten, Bezirk Breslau, 27 Jahre alt, wohnhaft in Tsingtau, Sohn des Ziegeleibesitzers Julius Klein und seiner Ehefrau Agnes, geborenen Nutsch, beide zu Ottag, Bezirk Breslau, verstorben,

und

Maria **Anna Rebhahn**, geboren zu Mondschütz, Bezirk Breslau, 23 Jahre alt, wohnhaft in Mondschütz, Tochter des zu Wohlau verstorbenen Stellenbesitzers Carl Rebhahn und seiner in Mondschütz wohnhaften Ehefrau Ernestine, geborenen Kellert,

beabsichtigen, sich mit einander zu verheiraten und diese Ehe in Gemässheit des Reichsgesetzes vom 4. Mai 1870 vor dem unterzeichneten Beamten abzuschliessen.

Tsingtau, den 9. August 1904.

Der Kaiserliche Standesbeamte.

Günther.

Aufgebot.

Es wird hiermit bekannt gemacht, dass Heinrich Friedrich **Wilhelm Jacob**, seines Standes Bautechniker, geboren zu Erder in Lippe, 36 Jahre alt, wohnhaft in Tsingtau, Sohn des Zimmermeisters Johann Heinrich Jacob und seiner Ehefrau Amalie Sophie, geborenen Süllwold, beide in Erder verstorben,

und

Anna Johanna **Albers**, geboren zu Cranz an der Elbe, 24 Jahre alt, wohnhaft in Cranz, Tochter des Rentiers Amandus Adolph Albers und seiner Ehefrau Merrie, geborenen Heinrich, beide in Cranz wohnhaft,

beabsichtigen, sich mit einander zu verheiraten und diese Ehe in Gemässheit des Reichsgesetzes vom 4. Mai 1870 bei dem Kaiserlichen Generalkonsulate in Schanghai abzuschliessen.

Tsingtau, den 8. August 1904.

Der Kaiserliche Standesbeamte.

Günther.

Bekanntmachung.

Folgende Gegenstände sind auf der Innen-Rhede geborgen worden:

  1 Kiste Bier.
11 Stück Eisen.
  3 „ T. Träger.
  1 „ Chin. Anker.
  1 „ Brückenteil.
  4 „ Schwellen.
  1 „ Stahlleine.
46 „ Eisenbahnschienen.

Die Gegenstände lagern auf dem Platz des Chinesen Sui—Hsi—Lin in Tapautau.

Eigentumsberechtigte haben ihre Ansprüche bis zum 10. Oktober d. Js. beim Kais. Hafenamt anzuzeigen, widrigenfalls dieselben bei der Verfügung über die geborgenen Gegenstände unberücksichtigt bleiben würden.

Tsingtau, den 10. August 1904.

Kaiserliches Hafenamt.

Mitteilungen.

Durch Allerhöchste Ordre vom 22. Juni d. Js. ist der Fregattenkapitän Jacobson, Kommandeur der Matrosenartillerie-Abteilung Kiautschou, zugleich Artillerieoffizier vom Platz und Vorstand der Artillerie- und Minenverwaltung hierselbst, von der Stellung als Artillerieoffizier vom Platz und Vorstand der Artillerie- und Minenverwaltung enthoben und der Kapitänleutnant Engels, I. Offizier S. M. S. „Odin", mit Wahrnehmung der Geschäfte des Artillerieoffiziers vom Platz und Vorstand der Artillerie- und Minenverwaltung Kiautschou beauftragt.

*   *

Die Stationärgeschäfte vor Tsingtau hat am 2. d. Mts. S. M. S. „Hertha" übernommen.

182. Amtsblatt—膠州官報 13. August 1904.

Meteorologische Beobachtungen
in Tsingtau.

Datum. Aug.	Barometer (mm) reduz. auf 0° C., Seehöhe 24,30 m			Temperatur (Centigrade).								Dunstspannung in mm			Relat. Feuchtigkeit in Prozenten		
				trock. Therm.			feucht. Therm.										
	7 Vm	2 Nm	9 Nm	7 Vm	2 Nm	9 Nm	7 Vm	2 Nm	9 Nm	Min.	Max.	7 Vm	2 Nm	9 Nm	7 Vm	2 Nm	9 Nm
4	752,6	753,1	754,3	24,8	26,8	25,2	24,1	24,9	24,4	24,2	27,1	21,9	22,2	22,2	94	85	93
5	55,8	55,4	55,1	25,0	27,5	25,0	24,0	24,8	23,5	24,4	27,7	21,6	21,6	20,6	92	80	87
6	54,2	53,2	53,1	25,1	26,7	24,9	23,4	25,2	23,5	23,8	28,2	20,4	22,9	20,7	86	88	88
7	51,1	49,9	49,6	24,8	28,1	26,0	24,0	25,8	24,9	23,7	28,2	21,7	23,3	22,7	93	82	91
8	48,6	48,5	50,3	25,3	26,7	24,2	24,4	24,0	21,9	24,3	28,3	22,2	20,5	18,1	93	79	81
9	50,8	50,9	51,9	24,4	25,3	23,9	22,3	22,7	23,6	23,8	28,0	18,7	18,9	21,5	83	79	97
10	54,1	55,3	56,8	25,6	29,0	26,3	24,2	26,3	25,4	23,6	27,3	21,6	23,8	23,6	89	88	93

Datum. Aug.	Wind Richtung & Stärke nach Beaufort (0—12)			Bewölkung						Niederschläge in mm		
				7 Vm		2 Nm		9 Nm				
	7 Vm	2 Nm	9 Nm	Grad	Form	Grad	Form	Grad	Form	7 Vm	9 Nm	9 Nm + 7 Vm
4.	SSO 2	SO 3	SSO 4	9	Cum-ni	8	Cum	1	Cum	1,2		
5.	SO 2	OSO 3	O 2	4	Cum	4	"	1	"			
6.	ONO 2	ONO 3	NO 3	2	"	6	Cu-ni	2	"		0,2	6,2
7.	NO 2	OSO 2	SO 1	7	Cu-ni	2	Cum	4	"	6,0	1,1	1,1
8.	WNW 1	NW 3	N 1	8	Cum	9	Cu-ni	9	"		4,6	4,6
9.	SSO 1	SO 2	SO 1	7	Cu-ni	10	Cu-str					
10.	Stille 0	S 2	SO 1	3	Cum	1	Cum					

13. August 1904.   Amtsblatt—青島官報   183.

Schiffsverkehr

in der Zeit vom 3. — 11 August 1904.

Ankunft am	Name	Kapitän	Flagge	Reg. Tonnen.	von	Abfahrt am	nach
(16.7.)	S. Jane L. Stanford	Mollestad	Amerikanisch	861,—	Portland	6.8.	Port Townsend
(20.7.)	S. H. K. Hall	Piltz	"	1105,—	"	"	"
(")	D. Korana	Dujmic	Österreichisch	2387,44	Singapore	9.8.	Moji
(30.7.)	D. Unison	Pedersen	Norwegisch	760,99	Otaru	5.8.	Schanghai
(3.8.)	D. Andalusia	Feller	Deutsch	3477,02	Hongkong	9.8.	Kobe
4.8.	D. Canton	Campbell	Englisch	1110,—	Schanghai	5.8.	Tschifu
5.8.	D. Gouv. Jaeschke	Vogel	Deutsch	1044,90	"	6.8.	Schanghai
6.8.	D. Activ	Olsen	Norwegisch	867,—	Moji	9.8.	Tschifu
"	D. Paoting	Wawel	Englisch	1072,—	Schanghai	8.8.	"
7.8.	D. Shengking	Dewar	"	1036,—	Tschifu	7.8.	Schanghai
"	D. Else	Petersen	Deutsch	902,80	Ningpo	9.8.	Niutschuang
"	D. Eldorado	Shmith	Englisch	892,12	Schanghai	"	Schanghai
"	D. Knivsberg	Kayser	Deutsch	645,76	"	"	Tschifu
8.8.	D. Chin hua	Cowen	Englisch	1348,66	"	8.8.	"
10.8.	D. Tsintau	Hansen	Deutsch	976,81	Tschifu	10.8.	Schanghai

Druck der Missionsdruckerei, Tsingtau.

第五年 第三十二号

1904 年 8 月 13 日

法令与告白

大德钦命总督胶澳文武事宜大臣都 为

厘订《查验驶进青岛口各船只防护染疫章程》列左：

第一条：凡有船只驶进青岛口，势应查验之船如下：

一、无论在所出之口或在途中，船上有人染患霍乱或痒子瘟。

二、该船或来自业经辅政司谕为应验之口，均应一律遵验。

第二条：凡有按第一条应行查验之船，于抵口以前，行至能望见之处，须速在该船头桅上悬挂黄旗一面。

当船政局未准任便往来之时，该船不得近岸，亦不准与他船往来，并不得下旗。即船上所用之人并搭客亦一律不准登岸或登他船，他人亦不得擅与挂黄旗船只往来。如有人违犯此章者，查出即按势应查验船上之人相待无异。

第三条：引水人并船政局每当船只进口，应须登船查询船主或其代理之人。按照第一条有无应行查验情节，如若应验之船即须监视该船，按照第二条办理。

第四条：凡有应当查验之船，俟驶抵海口时，立有防疫医官登船验船并船上诸人，惟夜间则不查验。该船一经防疫医官验讫，即按验明情势分别相待。

第五条：如引水人、船政局或防疫医官查询船上先后要端，以便酌定该船是否有染疫抑或疑似染疫之处，该船船主或其代理之人须按实陈明，至船上医务日记簿亦宜呈验。间遇因事令其具质誓之言，该船主等亦宜遵行。

第六条：凡来船驶抵青岛海口以前七日内船上有染患霍乱者，或在十二日以内船上有患痒子瘟者，则其船皆为染疫之船，应按后列章程办理。

一节：船上有患病者，势须离船，即送至专备留存调治孤远之处。该处亦分开患霍乱、痒子瘟以及疑似患疫各人，以免混乱。俟患者病体痊愈或验明毫无疑惑之处，始能释禁。

二节：凡船上载有死尸，务须格外留神，立即移埋他处。

三节：其余未病船上用人以及其余搭客，势须遍验其身有无疫症。至验期久，暂则斟酌全船情形并按船中末尾患病日期起算。但无论若何,患霍乱者则不得过五日禁期,患痒子瘟则不得过十日禁期,当在禁期内搭客及船上用人概应禁止下船,然船政局可以随意以此项入势须下船为便,即领其暂行登岸,送至专备距他人较远之处栖止。如欲更换水手,亦按此法办理。

倘有在船或患霍乱或患痒子瘟等症者,其他未患各搭客征(证)明未与患者亲近,并经防疫医官验明身上皆无可疑,将来易患霍乱或痒子瘟痕迹即可免再查验。

四节:凡船上用人及搭客等常川需用之衣服、行李等件,若被防疫医官指为染患霍乱或痒子瘟之物,应即依法薰(熏)透。

至舱内及船面各处,若经指出为染患霍乱或痒子瘟之处,亦须一律照办,如医官度此次薰(熏)不足恃可令另薰(熏)。

五节:舱底水若揆度情节或疑有霍乱或痒子瘟病虫,应用药料药毁,随时须将此水淘出。

六节:凡船只来自染疫或疑似染疫口岸载有水者,抵口候拟欲淘出,须先用药料治净,若不能治净者,当预在口外海面淘出。

七节:船上若载有吃喝之水,倘稍有疑虑能以致人患病者,务先调净,始可淘出,另换清净能用之水。

总之务当格外谨慎,不得将染患霍乱及痒子瘟人或大便遗物或呕吐之物以及另出之毒种,统不准未经治净率行抛掷,他如可疑之水及各项残败物件亦然。

第七条:凡来船于出口时,或在途中有人染患霍乱系在抵口前七日以外,他或来船驶出之口系经辅政司指为染疫或疑似染霍乱之口,计自出口以至青岛口不足十日者,此等船皆属疑似染疫之船。

凡来船于出口时,或在途中有人染患痒子瘟系在抵口前十二日以外,或来船驶出之口系经辅政司指为染疫或疑似染患痒子瘟之口,计自出口以至青岛不足十日者,此等船皆为疑似染疫之船。

凡有疑为染疫之船,须遵照第六条第四节至第七节办理。

若医官以验明为公便,即可饬令验明船上诸人,另可禁在一处,不准任便往来,以期易于查验,庶免传染。若有疑似染患霍乱之处,验明禁期不得过七日,疑似染患痒子瘟者,验明禁期不得过十日。其验明禁期则以该船抵口之日起计算。倘医官验出船上人疑惑其有霍乱或痒子瘟病根在身,医官可饬相待与染疫船上之人无异。

第八条:设有船只不遵晓谕办法,可以听其折回。出口所准者,务宜格外小心将货物卸下,及轮船上搭客遵照船政局命令下船登岸。

第九条:所有引水人并防疫医官及其仆役,常与应验之船相往来,姑免其按此章内所载阻止往来薰(熏)透。各节可仅由其该管上司酌核,办法总以谨慎为主。

第十条:若指某口为染疫或疑似染疫之口,并饬令来自该口船只货物应行查验,即由本国辅政司晓谕遵行。及至免防撤销查验之举，亦由该司示谕办理。

第十一条：除如违犯别项章程或德律较重之罪势宜按例从重罚办。即如违犯《德律》三百二十七款，应监禁至三年之久外，倘有人违犯此章者，查明则罚洋至一百五十马克之多，或监押至六礼拜之久。

第十二条：此项章程应自发出之日起一律遵行。特谕。

大德一千九百四年七月十三日

官方通告

钦命德胶按察司　为

定期结案预行晓谕事：前据"德商罗得亏空"一案，本司扣伊钱项尚不敷本司堂费之用，为此，特定于本年西九月初十即中八月初一日上午十点钟，传该商各债主来司酌议，了结此案。届期勿误。特谕。

大德一千九百四年八月初九日

大德管理青岛地亩局　为

拍卖地亩事：兹据高立山禀称，拟买大包岛四方街即沂州、烟台街中间地图十二号第二十七块地一段，共计二千三百二十四米打，暂拟价洋二千二百三十一元零四分。兹定于西历本年八月二十九日上午十一点钟在局拍卖。买定后，限至一千九百七年八月三十一号期内修盖成功，不得迟缓。如有亦欲买者，限至八月二十二号投禀，届期同赴本局面议可也。特谕。

右谕通知

大德一千九百四年八月初九日　　告示

告白

启者：本局兹有浅黄毛马一匹，拟于西八月十八即中七月初八日早十点钟在守护本局兵丁附近处拍卖。如有欲买者，屈（届）期前往该处面议可也。此布。

德一千九百四年八月十一日

青岛子药局启

告 白

启者：兹将本局出卖各物列左：

各色成片旧马口铁等类，重六十七启罗①零三百七十各拉母②；旧铅，重十六启罗零九百九十各拉母；旧铁缆，长九百八十米打；旧铁缆，重二千三百九十八启罗正（整）；旧生铁，重四千二百二十四启罗零八百二十各拉母；旧熟铁，重三千七百三十八启罗零三百三十各拉母；剩皮以及旧皮，重五十九启罗零六百各拉母；旧黄铜，重十四启罗零一百三十各拉母；旧钢，重一百五十三启罗零五百一十五各拉母；旧绳，重九十四启罗零一百五十各拉母；旧白铅片，重一千二百四十九启罗零七百各拉母；旧白铅，重五十七启罗零一百一十五各拉母；小牛毛并狍毛，重十八启罗零六百三十五各拉母；柴火，十三苦必米打零一千分之一百九十二分。

凡有人欲买以上各物者，可投函本局，信面应写"Angebot auf altes Material"字样。

并应列明出价若干，准限至西本月二十日早十点钟止，其每日早自九点至十一点、下午两点至五点止，可以任便赴本局查看。此布。

德一千九百四年八月十一日
青岛子药局启

在商业登记 B 部第 3 号登记的公司"德华银行"已登记入下列事项：

授予在香港的商人费利克斯·吉利安、加尔各答的商人保罗·桑德伯格和柏林的商人恩斯特·弗利茨代理权。

上述代理人有权按照公司章程第 17 条代表公司签字。

青岛，1904 年 8 月 10 日
胶澳皇家审判厅

在商业登记 A 部第 12 号登记的公司"弗朗茨·奥斯特"已登记入下列事项：

授予在青岛的商人雨果·J. 侯本代理权。

青岛，1904 年 8 月 9 日
胶澳皇家审判厅

结婚公告

卡尔·弗里德里希·罗伯特·克莱恩，职业为旋毛虫检查员，出生于布利斯劳区的蒂

---

① 译者注：即德文 Kilo，千克的音译。
② 译者注：即德文 Gram，克的音译。

尔加滕,现年27岁,居住地为青岛,是砖厂老板尤利优斯·克莱恩与出生时姓努池的妻子阿涅斯的儿子。该夫妇均已在布利斯劳区的奥塔格去世。

玛丽亚·安娜·雷普行,出生于蒙特术茨,现年23岁,居住地为蒙特术茨,是在沃劳去世的就业人员卡尔·雷普行和他居住于蒙特术茨、出生时姓凯勒特的妻子厄内斯汀的女儿。

谨此宣布二人结婚,此婚约按照1870年5月4日颁布的法律规定,在本官员面前缔结。

青岛,1904年8月9日
皇家户籍官
贡特

结婚公告

海因里希·弗里德里希·威廉·雅各布,职业为建筑工程师,出生于里帕的埃尔德,现年36岁,居住地为青岛,为房屋木匠师傅约翰·海因里希·雅各布与他出生时姓聚尔沃尔德的妻子阿玛莉·索菲的儿子。雅各布夫妇均已在埃尔德去世。

安娜·霍哈娜·阿尔伯斯,出生于埃尔贝的克兰茨,现年24岁,居住地为克兰茨,是年金收入人阿曼杜斯·阿道夫·阿尔伯斯和出生时姓海因里希的妻子梅里的女儿,二人均居住于克兰茨。

谨此宣布二人结婚,此婚约按照1870年5月4日颁布的法律规定,在上海的皇家总领事馆缔结。

青岛,1904年8月8日
皇家户籍官
贡特

告白

在内锚地寻获下列物品:

1箱啤酒、11块铁块、3根横梁、1个中式船锚、1个桥梁构件、1根枕木、1根钢索、46根钢轨。

上述物品现存放于大鲍岛的华人隋西林(注:音译)处。

物品所有人最晚可以在今年10月10日前到皇家船政局申领,否则不考虑其对于这些寻获物品所有权的问题。

青岛,1904年8月10日
皇家船政局

消息

根据今年 6 月 22 日的最高敕令,胶澳海军炮队司令、也是炮队现场指挥军官、本地的炮队与水雷管理处领导雅各布森海军中校,被从炮队现场指挥军官、本地的炮队与水雷管理处领导岗位上调离,"奥丁"号军舰大副恩格尔斯海军中尉被任命执行炮队现场指挥军官、本地的炮队与水雷管理处领导。

青岛的驻站工作在本月 2 日由"赫尔塔"号军舰接管。

船运

1904 年 8 月 3 日—11 日期间

到达日	轮船船名	船长	挂旗国籍	登记吨位	出发港	出发日	到达港
(7月16日)	简·L.斯坦福号	莫勒施塔德	美国	861.00	波特兰	8月6日	汤森港
(7月20日)	H.K.霍尔号	皮尔茨	美国	1 105.00	波特兰	8月6日	汤森港
(7月20日)	克拉纳号	杜密克	奥地利	2 387.44	新加坡	8月9日	门司
(7月30日)	乌尼森号	彼得森	挪威	760.99	小樽	8月5日	上海
(8月3日)	安达卢西亚号	费勒尔	德国	3 477.02	香港	8月9日	神户
8月4日	广州号	坎贝尔	英国	1 110.00	上海	8月5日	芝罘
8月5日	叶世克总督号	福格尔	德国	1 044.90	上海	8月6日	上海
8月6日	活跃号	奥尔森	挪威	867.00	门司	8月9日	芝罘
8月6日	保定号	瓦维尔	英国	1 072.00	上海	8月8日	芝罘
8月7日	盛京号	德瓦尔	英国	1 036.00	芝罘	8月7日	上海
8月7日	埃尔莎号	彼得森	德国	902.80	宁波	8月9日	牛庄
8月7日	黄金岛号	史密斯	英国	892.12	上海	8月9日	上海
8月7日	柯尼夫斯堡号	凯瑟	德国	645.76	上海	8月9日	芝罘
8月8日	金华号	科文	英国	1 348.66	上海	8月8日	芝罘
8月10日	青岛号	韩森	德国	976.81	芝罘	8月10日	上海

Amtsblatt
für das
Deutsche Kiautschou-Gebiet

青島官報

Herausgegeben vom Kaiserlichen Gouvernement Kiautschou.

Der Bezugspreis beträgt jährlich $ 0,60 = M 1,20.
Bestellungen nehmen sämtliche deutsche Postanstalten entgegen.

Jahrgang 5.   Nr. 33.   Tsingtau, den 15. August 1904.

Bekanntmachung.

Auf Befehl Seiner Majestät des Kaisers sind die im Hafen von Tsingtau liegenden vier russischen Kriegsschiffe (Linienschiff Cessarewitsch und drei Torpedoboote) heute entwaffnet worden.

Es wird darauf hingewiesen, dass die vorläufig auf den Schiffen verbleibende russische Besatzung als interniert gilt und sich an Kriegsoperationen nicht beteiligen darf, und dass das Publikum ihr zu keinen gegen die Neutralität verstossenden Handlungen Vorschub leisten darf.

Tsingtau, den 15. August 1904.

Der Kaiserliche Gouverneur.

Truppel.

第五年　第三十三号

1904 年 8 月 15 日

告白

奉皇帝陛下命令,今天解除了停留在青岛港的四艘俄国战船("切萨列维奇"号巡洋舰和 3 艘鱼雷舰)的武装。

现提示公众,临时驻留在军舰上的俄国乘员被视为拘留,不允许参与战争行动,公众不允许协助任何有违中立的行为。

青岛,1904 年 8 月 15 日
皇家总督
都沛禄

Amtsblatt
für das Deutsche Kiautschou-Gebiet.

青島官報

Herausgegeben vom Kaiserlichen Gouvernement Kiautschou.

Der Bezugspreis beträgt jährlich $ 0,60 = M 1,20.
Bestellungen nehmen sämtliche deutsche Postanstalten entgegen.

Jahrgang 5.   Nr. 34.   Tsingtau, den 20. August 1904.

Verordnungen und Bekanntmachungen.

Bekanntmachung
betreffend die Verwaltung von Taitungtschen.

1.

Zum Distriktsvorsteher von Taitungtschen ist gemäss der Chinesenordnung vom 15. Juni 1900 Tschang tsching yün ernannt worden. Tschang tsching yün nimmt bis auf weiteres die Geschäfte des Steuererhebers wahr. Bis zum 1. Februar 1905 können Vorschläge über zu ernennende Ortsaufseher an mich eingereicht werden.

2.

Die Grundstückspacht beträgt 60 Cts. pro Fang und Monat und ist monatlich abzuführen.

3.

An Standgebühren auf dem Markte werden wie bisher für den kleinen Platz sechs kleine Käsch, für den grossen Platz zwölf kleine Käsch täglich erhoben. Sobald ein Händler sich niederlässt und einen Platz einnimmt, hat er die Gebühren für einen Tag zu zahlen; sobald er den Platz verlässt, verliert er den Anspruch darauf. Der grosse Platz soll 4 qm. nicht übersteigen; auf einem Platz dürfen sich nicht mehrere Händler gleichzeitig niederlassen. Das Geld ist monatlich seitens des Distriktsvorstehers in die Gemeindekasse einzuliefern.

4.

An Wiegegebühren werden wie bisher für Mehl, Getreide, Getränke, Salz, Tabak, Fleisch zehn kleine Käsch, für Holz, Stroh, Gras, Gemüse, Fische, Obst zwanzig kleine Käsch von 1000 kleinen Käsch erhoben. Die Reihenfolge des Wiegens richtet sich genau nach der Meldung. Der Ertrag ist monatlich seitens des Distriktsvorstehers an die Gemeindekasse abzuführen.

5.

Die Fäkalienabfuhr wird in öffentlicher Ausschreibung vergeben. Die Abfuhr umfasst auch den Dünger von Vieh. Das früher erhobene Abortreinigungsgeld fällt fort.

6.

Die Einnahmen mit Ausnahme der ursprünglichen Grundpacht werden verwandt für Löhne, für öffentliche Beleuchtung und notwendige Gemeindeeinrichtungen. Die Abrechnung der Einnahmen und Ausgaben wird jährlich im Laufe des Januar im Amtsblatte bekanntgemacht und öffentlich an der Türe des Distriktsvorstehers und der Polizeistation angeschlagen werden.

7.

Das Gemeindekrankenhaus wird einem Wunsche der Gemeindemitglieder entsprechend dem Faberhospital angegliedert werden.

8.

Der Distriktsvorsteher soll ein Vertrauensmann der Gemeinde sein. In zweifelhaften Fällen sollen die Gemeindemitglieder sich an ihn wenden und ihn um Rat und Hülfe ersuchen. Er wird in gerechter Weise jedem seinen Rat zu Teil werden lassen.

9.

Andere Abgaben als in dieser Bekanntmachung genannt, oder solche, die über die hier genannten Beträge hinausgehen, sind nicht zu leisten. Jeder, der andere oder höhere öffentliche Abgaben verlangt, macht sich strafbar.

10.

Soweit durch die vorstehenden Punkte eine Neuregelung erforderlich ist, tritt diese mit dem 1. Oktober d. Js. ein, bis dahin geht die Verwaltung weiter wie bisher.

Tsingtau, den 15. August 1904.

Der Kommissar für chinesische Angelegenheiten.

大德管理中華事宜輔政司單為

出示曉諭事照得派人經理台東鎮事宜各條列左

一查大德一千九百年六月十四日訂立德境分為內外兩界章程第一條內載青島附近等處作為內界分為九區如青島大包島小泥窪孟家溝小包島楊家付台東鎮掃箒灘會前等處又第二條內載每區由本總督揀派一公舉相宜堪用之人充當區長各等語在案茲者特派張慶雲充當台東鎮之區長並暫行兼理糧約事務至該鎮內董事則限至西一千九百五年二月初一日即光緒三十年十二月二十七日公舉候派

二凡在該鎮所租之地皮每方每月應繳租價洋銀六角

三集市擺攤費項仍舊分別大小核收小攤每日收京錢六文大攤每日收京錢十二文其攤主小販等一經將灘擺落即照出入日之費一經將攤撤離雖擺設片刻亦作罷論至大攤一處佔地不得過四方米打每攤地段祇准一人擺設經取此項之擺費每月由區長彙繳作為該鎮公共進欵

四公稱費項仍舊辦理如米麪雜糧並能喝谷物以及鹽煙肉過稱者每價錢一千准十抽收京錢十文如木稭草青茶魚菓品過稱每價一千准于抽收京錢二十文至過稱次序應按聲明之先後陸續辦理以免爭論惟所收稱費每月由區長彙繳作為該鎮公共進欵

五該鎮糞尿各筒廁後應行招人包倒牲口糞亦在其內收之筒費免索

六除原訂地皮租洋外其餘所收各項公欵皆撥充在事諸人薪工並沿街點燈以及鎮內公共義舉諸費常年所入所出各欵每屆西歷正月間應開列清單登入青島官報並在區長及捕局門首張貼示衆

七該鎮之醫院將來准如該鎮商民之請與小包島花之安醫院聯絡

八該鎮長乃衆人倚賴之人倘遇事有難解者商民等須請其指導或襄助該區長亦必秉公辦理

九除以上各條訂明各費外即毋須再出他項費款並冊須出過於此章訂額之數倘有人違犯此章或擅索他項公費或於定數外多收等辦一經查出定即按律懲辦

十以上所訂各條內如屬創議之新法准自西歷本年十月初一即中本年八月二十二日起遵行但在此期前仍舊照辦為此示仰諸色人等一體知悉特諭

大德一千九百四年八月十五日

右諭通知

告示

25. August 1904. Amtsblatt—報官島青 189.

Amtliche Anzeigen.

Verdingung von Futtermitteln.

Die Lieferung des Bedarfs des Gouvernements an Futtermitteln für das Kalenderjahr 1905 soll verdungen werden.

Die Lieferungs-Bedingungen können beim III. See-Bataillon eingesehen oder gegen eine Gebühr von 0,50 $ bezogen werden.

Die Angebote sind in einem besonderen Umschlag mit der Aufschrift „Angebot auf Futtermittel" unter Beifügung von Proben bis zum Verdingungstermin, dem 20. Oktober 1904, vormittags 9 Uhr, dem III. See-Bataillon einzureichen.

In dem Angebot sind die Lieferungsbedingungen ausdrücklich anzuerkennen.

Angebote, die den Bedingungen nicht entsprechen, bleiben unberücksichtigt.

Tsingtau, den 1. August 1904.

Kommando des III. See- Bataillons.

Bekanntmachung.

In verschiedenen Strassen der Stadt und des Hafengebietes sind die Hochspannungskabel des Elektricitätswerkes, welche Strom von 3000 und 7000 Volt führen, verlegt.

Die Kabel liegen fast überall unter dem Fusswege etwa 0,8 m tief und in einer Entfernung von 1,5 m von der Grundstücksgrenze.

Bei den häufigen Erdarbeiten in den Strassen kommt es oft vor, dass die Kabel freigelegt werden und es liegt deshalb im allgemeinen Interesse, darauf aufmerksam zu machen, dass die Kabel mit äusserster Vorsicht behandelt werden müssen, weil die Beschädigungen der Kabel Verletzung von Personen und Störungen der Maschinen des Elektricitätswerkes zur Folge haben können.

Wenn Kabel bei Erdarbeiten freigelegt werden, so ist das Elektricitätswerk hiervon sogleich zu benachrichtigen, damit die notwendigen Vorsichtsmassregeln angeordnet werden können.

Tsingtau, den 16. August 1904.

Elektricitätswerk Tsingtau.

Mitteilungen.

Die Vizefeldwebel Berger, Herrmann, Vahldiek und Westphal, die Sergeanten Jakob und Döbbrick und der Unteroffizier Radseck sind als Polizei-Wachtmänner probeweise angenommen.

Schiffsverkehr

in der Zeit vom 11 — 18. August 1904.

Ankunft am	Name	Kapitän	Flagge	Reg. Tonnen.	von	Abfahrt am	nach
(20.7.04.)	D. Howik Hall	Harris	Englisch	2377,95	Singapore	17.8.04	Portland
11.8.04.	D. Dagmar	Carl	Norwegisch	383,40	Kobe	12.8.04	Tschifu
12.8.04.	D. Gouv. Jaeschke	Vogel	Deutsch	1044,90	Schanghai	13.8.04	Schanghai
15.8.04.	D. El Dorado	Smith	Englisch	892,12	„	16.8.04	„
„	D. Linan	Williams	„	1351,83	„	15.8.04	Tschifu
„	D. Chinhua	Cowen	„	1348,66	Tschifu	15.8.04	Schanghai
„	D. Knivsberg	Kayser	Deutsch	645,76	„	15.8.04	„
„	D. Vorwärts	Sohnemann	„	643,26	Schanghai	16.8.04	Tschifu
16.8.04.	S. Osaka	Kalweit	Englisch	516,92			

190. Amtsblatt—青島官報 20. August 1904.

Meteorologische Beobachtungen
in Tsingtau.

Da-tum. Aug.	Barometer (mm) reduz. auf 0° C., Seehöhe 24,30 m			Temperatur (Centigrade).								Dunst-spannung in mm			Relat. Feuchtigkeit in Prozenten		
				trock. Therm.			feucht. Therm.										
	7 Vm	2 Nm	9 Nm	7 Vm	2 Nm	9 Nm	7 Vm	2 Nm	9 Nm	Min.	Max.	7 Vm	2 Nm	9 Nm	7 Vm	2 Nm	9 Nm
11	758,6	758,1	759,0	26,7	29,0	25,7	25,7	26,3	24,0	25,6	29,3	23,9	23,8	21,1	92	80	86
12	58,4	57,3	57,0	26,4	27,8	26,1	24,8	25,7	24,4	25,2	29,4	22,3	23,2	21,7	87	84	86
13	56,3	55,3	54,2	25,6	27,8	25,9	24,1	24,9	24,3	25,5	29,4	21,4	21,6	21,6	83	78	87
14	53,9	54,3	54,3	25,7	28,3	26,2	23,6	25,4	24,3	25,7	28,7	20,4	22,3	21,4	83	78	85
15	53,6	58,4	53,1	25,8	27,9	26,3	24,3	24,9	25,0	25,6	29,7	21,7	21,6	22,7	88	77	89
16	52,8	52,1	52,0	26,0	27,8	23,2	24,9	24,7	22,1	25,9	20,0	22,7	21,2	19,1	91	77	90
17	51,1	49,7	50,0	21,9	27,0	23,9	21,2	23,1	22,2	21,3	29,2	18,3	18,6	18,9	94	70	86

Da-tum. Aug.	Wind Richtung & Stärke nach Beaufort (0—12)			Bewölkung						Niederschläge in mm		
				7 Vm		2 Nm		9 Nm				
	7 Vm	2 Nm	9 Nm	Grad	Form	Grad	Form	Grad	Form	7 Vm	9 Nm	9 Nm / 7 Vm
11.	Stille 0	S 1	OSO 1	1	Cu-str	2	Cum	4	Cu-str			
12.	SSO 1	SSO 3	SSO 4	4	Cum	2	Cu-str	—	...			
13.	S 3	SSO 4	SSO 4	9	„	8	Cum	6	Cum			
14.	S 4	S 4	SSO 4	8	Cu-str	3	„	4	„			
15.	S 3	SSO 3	SSO 3	7	Cum	8	Cu-str	6	„			
16.	S 3	SSO 1	NWN 2	10	Cu-ni	9	Cu-ni	10	Cum	6,0	9,0	24,2
17.	WNW 2	NW 2	NWN 1	7	Cu-ni	5	Cum	—	—	6,0		

20. August 1904.   Amtsblatt—青島官報   191.

Meteorologische Beobachtungen
in TSINANFU.

Datum. Juli.	Barometer (m m) reduz. auf 0° C.			Temperatur (Centigrade).								Dunstspannung in mm			Relat. Feuchtigkeit in Prozenten		
				trock. Therm.			feucht. Therm.										
	7 Vm	1 Nm	9 Nm	7 Vm	1 Nm	9 Nm	7 Vm	1 Nm	9 Nm	Min.	Max.	7 Vm	1 Nm	9 Nm	7 Vm	1 Nm	9 Nm
16.	756,4	755,8	754,9	24,9	26,0	23,7	23,5	22,9	21,1	16,7	26,9	20,7	18,9	17,0	88	76	79
17.	54,2	54,6	53,8	22,0	26,0	23,3	20,8	21,3	20,7	20,6	26,9	17,5	15,9	16,6	89	64	78
18.	53,6	53,5	52,3	21,2	27,4	25,4	20,2	22,6	21,7	20,0	29,9	17,0	17,4	17,0	91	64	71
19.	51,7	51,7	50,1	22,0	29,1	24,5	20,5	22,1	21,7	19,5	30,6	17,0	15,5	17,6	87	52	77
20.	49,6	49,8	50,4	22,4	26,5	25,8	21,0	23,3	23,3	21,7	29,4	17,6	19,3	19,7	88	75	80
21.	50,9	50,4	50,9	24,2	28,2	25,2	22,3	24,7	23,8	22,4	30,0	21,7	21,0	21,1	97	73	88
22.	51,6	52,1	51,8	24,1	29,2	26,8	23,1	25,1	24,6	23,1	30,3	20,2	21,1	21,6	90	70	83
23.	52,4	52,6	51,8	24,5	28,6	26,9	23,3	25,2	25,2	23,5	30,6	20,5	21,7	22,8	90	75	86
24.	52,4	51,6	52,0	25,7	30,3	27,7	24,6	26,3	26,4	24,4	32,2	22,3	23,0	24,8	91	71	90
25.	51,9	51,3	52,4	26,9	31,2	27,4	25,3	26,3	25,2	25,2	33,4	23,0	22,4	22,5	87	66	83
26.	54,6	55,1	55,2	21,0	22,8	22,9	21,0	21,6	21,8	20,7	27,4	18,5	18,5	18,7	100	90	91
27.	54,9	54,8	54,9	22,0	25,8	24,9	21,0	22,8	23,3	24,8	28,1	17,9	18,8	20,3	91	76	87
28.	55,0	55,2	55,1	23,4	27,4	25,5	22,0	23,3	23,4	21,1	29,5	18,8	18,7	20,1	88	69	83
29.	54,4	54,5	54,9	23,9	27,4	25,2	22,7	25,8	24,9	24,9	30,6	19,8	23,7	23,2	90	87	97
30.	54,5	55,1	55,9	24,9	27,7	26,7	24,1	26,3	25,3	23,0	28,3	21,8	24,6	23,1	93	89	89
31.	55,1	54,8	54,9	25,5	28,7	26,9	24,9	26,7	25,0	24,4	29,6	23,0	24,8	22,4	95	85	85

Datum Juli	Wind Richtung & Stärke nach Beaufort (0—12)			Bewölkung						Niederschläge in mm		
				7 Vm		1 Nm		9 Nm				
	7 Vm.	1 Nm.	9 Nm.	Grad	Form	Grad	Form	Grad	Form	7 Vm	9 Nm	9 Nm / 7 Vm
16.	N 0 3	N 0 3	N 0 1	5	Cu-str.	10	Cu-str.	8	Cu-str.			
17.	N 0 2	N 0 2	N 0 1	10	Cu-ni	10	Ni	3	Cir			
18.	N 0 2	ONO 2	N 0 2	10	Cu-str.	4	Cir	8	Cir-cu			
19.	NW 2	NW 2	N 0 2	8	Cu-ni	10	Nim	5	„			
20.	NW 2	NW 2	N 0 2	8	„	10	„	5	„			
21.	NW 2	NW 2	NW 2	7	Cir-cu	8	Cir-cu	5	„			
22.	NW 2	NW 1	NW 2	9	Cu-ni	7	Cu	8	Cu ni			
23.	N 0 2	S 0 3	N 0 2	10	Ni	10	Cu-ni	8	Cir cu			
24.	NW 2	NW 2	N 0 1	9	„	10	Ni	8	„			
25.	NW 2	NW 2	N 0 1	8	Cu-ni	9	„	9	Cu-ni			
26	N 0 2	N 0 2	N 0 2	10	Ni	10	„	8	„			
27.	N 0 2	NNO 1	NNO 1	5	Cir-cu	6	Cir-cu	8	„			
28,	N 0 1	N 0 2	N 0 1	7	Cir	8	„	6	Cir cu			
29,	N 0 1	N 0 2	N 0 1	8	Cu-ni	9	Nim	10	Nim			
30.	N 0 1	N 0 1	N 0 2	10	Ni	8	Cu-ni	10	„			
31.	NNO 2	NW 1	N 0 1	8	Cir-cu	10	Nim	8	Cir cu			

Druck der Missionsdruckerei, Tsingtau.

第五年　第三十四号

1904 年 8 月 20 日

法令与告白

大德管理中华事宜辅政司单　为

出示晓谕事：照得《经理台东镇事宜》各条列左：

一、查大德一千九百年六月十四日订立《德境分为内外两界章程》第一条内载"青岛附近等处作为内界分为九区，如青岛、大包岛、小泥洼、孟家沟、小包岛、杨家村、台东镇、扫帚滩、会前等处"，又第二条内载"每区由本总督楝派一公举相宜堪用之人充当区长"各等语在案，兹者特派张庆云充当台东镇之区长并暂行兼理粮约事务。至该镇内董事，则限至西一千九百五年二月初一日即光绪三十年十二月二十七日公举候派。

二、凡在该镇所租之地皮，每方每月应缴租价洋银六角。

三、集市摆摊费项仍旧分别大小核收，小摊每座每日收京钱六文，大摊每座每日收京钱十二文，其摊主小贩等，一经将摊摆落即须出一日之费，一经将摊撤离，虽摆设片刻亦作罢论。至大摊一处占地不得过四方米打，每摊地段只准一人摆设。经取此项之摊费每月由区长汇缴作为该区公共进款。

四、公称费项仍旧办理，如米面杂粮并能喝各物以及盐、烟、肉过称者，每价钱一千准予抽收京钱十文，他如木稭草、青菜、鱼、果品过称，每价一千准予抽收京钱二十文。至过称（程）次序应按声明之先后陆续办理，以免争论，惟所收称费，每月由区长交作该镇公共进款。

五、该镇粪尿各筒嗣后应行招人包倒，牲口粪亦在其内，前收之筒费免索。

六、除原订地皮租洋外，其余所收各项公款皆拨充在事诸人薪工，并沿街点灯以及镇内公共义举诸费。常年所入所出各款，每届西历正月间应须开列清单登入《青岛官报》，并在区长及捕局门首张贴示众。

七、该镇之医院，将来准如该镇商民之请与小包岛花之安医院联络。

八、该区长乃众人仰赖之人，倘遇事有难解者，该商民须请其指导或襄助，该区长亦必秉公办理。

九、除以上各条订明各费外,即毋须再出他项费款,并毋须出过于此章订额之数。倘有人违犯此章或擅索他项公费,或于定数外多收等弊,一经查出定即按律惩办。

十、以上所订各条内如属创议之新法,准自西历本年十月初一即中本年八月二十二日起遵行。但在此期前仍旧照办。为此示,仰诸色人等一体知悉。特谕。

右谕通知

大德一千九百四年八月十五日　告示

官方通告

采购饲料发包

总督府 1905 会计年度饲料需求的供应即将发包。

供货条件可以在第三海军步兵营查看,也可以付费 0.50 元购买。

报价须放在特制信封内,注明"对饲料的报价"字样并附带样品,于 1904 年 10 月 20 日上午 9 点发包日期前递交至第三海军步兵营。

报价须明确接受供货条件。

不符合条件的报价不予考虑。

青岛,1904 年 8 月 1 日
第三海军步兵营营部

告白

在本市市区和港区的各条街道铺设了发电厂的高压电线,传送 3 000 伏和 7 000 伏的电流。

这些电线几乎各处都有,埋在步行道下方 0.8 米深,距离各地产边界 1.5 米。

在街道上挖泥土时,经常会出现电线裸露的情况,因此为了公共利益提醒注意,必须格外小心地处理这些电线,因为损坏电线会伤及人员,并干扰发电厂设备。

如果在挖泥土时出现电线裸露的情况,必须马上通知发电厂,以便做出必要的防范。

青岛,1904 年 8 月 16 日
青岛发电厂

消息

副警长贝尔格、海尔曼、瓦尔迪克和韦斯特法尔,雅各布和多布里克中士,以及拉德谢

克下士,被试用为巡捕房看守。

船运

1904 年 8 月 11 日—18 日期间

到达日	轮船船名	船长	挂旗国籍	登记吨位	出发港	出发日	到达港
(1904年7月20日)	霍威克·霍尔号	哈里斯	英国	2 377.95	新加坡	1904年8月17日	波特兰
1904年8月11日	达格玛号	卡尔	挪威	383.40	神户	1904年8月12日	芝罘
1904年8月12日	叶世克总督号	福格尔	德国	1 044.90	上海	1904年8月13日	上海
1904年8月15日	黄金岛号	史密斯	英国	892.12	上海	1904年8月16日	上海
1904年8月15日	李南号	威廉斯	英国	1 351.83	上海	1904年8月15日	芝罘
1904年8月15日	金华号	科文	英国	1 348.66	芝罘	1904年8月15日	上海
1904年8月15日	柯尼夫斯堡号	凯瑟	德国	645.76	芝罘	1904年8月15日	上海
1904年8月15日	前进号	索纳曼	德国	643.26	上海	1904年8月16日	芝罘
1904年8月16日	大阪号	卡尔威特	英国	516.92			

Amtsblatt
für das
Deutsche Kiautschou-Gebiet.

青島官報

Herausgegeben vom Kaiserlichen Gouvernement Kiautschou.

Der Bezugspreis beträgt jährlich $ 0,60=M 1,20.
Bestellungen nehmen sämtliche deutsche Postanstalten entgegen.

| Jahrgang 5. | Nr. 35. | Tsingtau, den 27. August 1904. |

Verordnungen und Bekanntmachungen.

Provisorische zollamtliche Bestimmungen für das Deutsche Kiautschou Gebiet.

Besondere Bestimmungen betreffend die Dampfschiffahrt auf Binnengewässern.

§. 1.

Für die Dampfschiffahrt auf Binnengewässern von Tsingtau aus gelten die allgemeinen Bestimmungen vom Juli und September 1898 mit den Zusatzbestimmungen vom September 1902.

Im besonderen kommen noch folgende neue Bestimmungen zur Geltung.

§. 2.

Der Erlaubnisschein für die Fahrt auf Binnengewässern wird ausgestellt vom Kaiserlich Chinesischen Seezollamt in Tsingtau auf schriftlichen Antrag gegen Hinterlegung der Schiffspapiere. Der Schein gilt für ein Jahr und ist jährlich zu erneuern.

§. 3.

Mit Erlaubnisschein versehene Dampfer können ausser in den Häfen des Deutschen Gebietes verkehren unter Beobachtung der allgemeinen Bestimmungen (§. 1.):

a) von Tsingtau nach einem Binnenlandplatze oder Plätzen und zurück;
b) von Tsingtau nach einem Binnenlandplatz, von da nach einem Vertragshafen, weiter nach einem Binnenlandplatz und von da zurück nach Tsingtau.

Ein Verkehr ausschliesslich zwischen Binnenlandplätzen ohne besondere Erlaubnis ist verboten.

§. 4.

Landung und Einnahme von Passagieren und Waren an den offiziellen Handelsplätzen unterwegs ist abhängig von der Meldung bei den Zollämtern und Zahlung des ortsüblichen Zolles.

§. 5.

Beim Anlaufen von Chinesischen Vertragshäfen auf der Binnengewässerfahrt ist dem dort befindlichen Zollamte Meldung zu erstatten und den bestehenden Hafenbestimmungen nachzukommen.

§. 6.

Im Hafen von Tsingtau gelten selbstverständlich die Vorschriften der Hafenordnung und die sonst für den Schiffsverkehr erlassenen Bestimmungen. Indes ist bei Ein- und Ausfahrt von Tsingtau ausser beim Hafenamte noch bei dem Chinesischen Seezollamte und zwar unter Vorlegung der Ein- und Ausfuhrmanifeste und unter Angabe der anzulaufenden oder angelaufenen Häfen und Zahlung der vorgeschriebenen Zölle Meldung zu erstatten.

§. 7.

Opium und Kontrebande darf nicht verladen werden. Dem Seezollamt steht das Recht zu, Schiffe daraufhin zu durchsuchen.

§. 8.

Der Schiffsführer ist verpflichtet, auch Postsachen des Kaiserlich Chinesischen Auswechselungspostamts gebührenfrei zu befördern und von diesem anzunehmen resp. an dasselbe abzuliefern.

§. 9.

Für Ausstellung eines Erlaubnisscheines für die Fahrt auf Binnengewässern erhebt das Kaiserliche Seezollamt Tls. 10, für die jährliche Erneuerung des Scheines Tls. 2. Für das Anlaufen von chinesischen Häfen sind alle vier Monate Tonnengelder in der Höhe von 4 Mace für jede Registertonne, resp. 1 Mace für Fahrzeuge unter 150 Tonnen zu entrichten. Beim Anlaufen von Tsingtau sind ausserdem noch die vorschriftsmässigen Hafengebühren zu zahlen.

§. 10.

Zuwiderhandlungen gegen diese Bestimmungen ziehen ausser einer Strafe bis zu $ 300 den Verlust des Erlaubnisscheines nach sich. Zuwiderhandlungen gegen §. 7. haben die Konfiskation der Waren und eine Strafe von $ 500, im Wiederholungsfalle den Verlust der Erlaubnis, zur Folge.

§. 11.

Diese Bestimmungen treten mit dem heutigen Tage in Kraft.

Tsingtau, den 19. August 1904.

Der Kaiserlich Chinesische Seezolldirektor.

C. C. Stuhlmann.

Genehmigt.

Der Kaiserliche Gouverneur.

Truppel.

Translation.

Provisonial Customs Regulations for the German territory of Kiaochow.

Special regulations regarding Inland Steam Navigation.

§. 1.

The rules and regulations of July and September 1898 and the additional rules of September 1902, but more especially the regulations herebelow set forth, are intended for the control of inland steam navigation from Tsingtau.

§. 2.

The certificate permitting vessels to ply in inland waters will be issued by the office of the Imperial Chinese Maritime Customs after a written request has been sent into effect and the ships papers have been deposited with the aforesaid administration. This certificate is valid for one year and is to be renewed annually.

§. 3.

Besides being allowed to proceed to places within the German territory of Kiaochow, vessels holding such Inland certificates may according to the regulations ply:
a) from Tsingtau to a place or places inland and back;
b) from Tsingtau to a place inland, thence to a treaty port, thence to a place inland and thence back to Tsingtau.

It is prohibited to ply exclusively between inland places without special permisson.

§. 4.

Goods and passengers may be landed or shipped at inland places en route after having duly reported to the local inland Customs or tax office and having paid all local dues and duties.

§. 5.

On entering Chinese treaty ports whilst plying inland, a report is to be sent to the Custom House at such treaty port called at, and the existing port regulations are to be complied with.

§. 6.

In the port of Tsingtau, the harbour regulations and the orders issued with regard to the traffic are to be duly observed. When entering or leaving Tsingtau besides reporting to the Harbour Office, import and export manifests and a statement, setting forth the inland places visited and proposed to be visited, must be handed to the Chinese Imperial Customs, where all dues and duties are to be paid prior to clearance.

§. 7.

Traffic in Opium and Contraband ist strictly prohibited. The Customs have the right of searching vessels for these goods.

§. 8.

The master of a steamer trading under inland steam navigation rules must carry free of charge mails of the Imperial Chinese Post Office to be received from or dilivered to them direct.

27. August 1904.   Amtsblatt—青島官報   195.

§. 9.

The charges payable to the Chinese Imperial Customs for a certificate, valid for one year, are 10 Tls. for the first issue and 2 Tls. for annual renewal. Vessels trading under inland steam navigation rules, have to pay tonnage dues at the rate of 4 mace a ton for vessels above 150 tons and one mace a ton for vessels of and below 150 tons. Tonnage dues are payable once every four months.

§. 10.

Offences against the above regulations entail fines up to $ 300 and cancellation of the inland steam navigation certificate. Offences against § 7 entail confiscation of goods and fines of $ 500, repeated offences cancellation of the certificate.

§. 11.

These regulations come into force to-day.
Tsingtau, 19 th August 1904.

Commissioner of Customs.
sign. C. C. Stuhlmann.

Agreed.

The Colonial Governor.
sign. Truppel.

三品銜膠海關稅務司施為

蓋訂輪船行駛內港專章逐一列左

第一條所有輪船准自青島駛赴內港往來者其一切規條總應按光緒二十四年五月次訂明之專章辦理

第二條凡有輪船欲在內港行駛該船主應持有牌照另具一函附呈稅務司處收存七月前後所定之內港行輪章程並光緒二十八年八月補續章程駛行尤應按照此

第三條此項持有關牌之輪船准在青島水面隨意行駛或按第一條內載各章由青島赴內地各處並由該內地處駛回青島或由青島駛赴內地轉過通商口岸至內地駛回青島但非奉允准不得由此不通商口岸之內地至彼不通商口岸之內地專行往來

第四條該船報明內地關卡逢關納稅遇卡抽釐即可在沿途所經貿易各埠上落客貨

第五條此項輪船駛入內港逢次駛至通商口岸者該船主即須報關按口華洋各項章程辦理

第六條此項輪船抵青島口岸自應遵照駛入青島碼頭各項船隻起落貨物章程進別項船隻往來章程該船主除仍應於進口出口時稟報船政局查核外總須報聞請領出入口之貨物艙口單驗道須聲明欲往內地何處歸時亦須報明已到某處仍須照例完納稅鈔

第七條洋藥一項及其餘違禁貨物不准運入亦不准運出至船內裝載有無洋藥及違禁貨物海關自有查驗權衡

第八條此項輪船船主總應代中國郵政局之郵袋由青島運至他處及由他處運交青島中國郵政局

第九條膠海關所發之牌其費初次應納關平銀十兩嗣後每年換領新牌納費二兩該輪船往來於中國口岸者應於每四個月納鈔一次如其船載重數在一百五十噸正及一百五十噸以上者每噸納鈔銀四錢他則每噸納鈔銀一錢載重一百五十噸以下者

第十條倘有違犯此項章程者查出將貨並罰繳洋銀至多不得設三百元之懲並將關牌徹銷如則該輪船抵青島口岸時則按青島船鈔則例納鈔

第十一條倘有違犯第七條者查出將貨並罰繳洋銀五百元設再違犯即將關牌徹銷

再此項章程業蒙德督憲都批准合併聲明為此示仰諸色人等通知勿違特諭

大德一千九百四年八月十九日

Amtliche Anzeigen.

Bekanntmachung.

Als gestohlen angemeldete Gegenstände: 1 rote Flagge mit gelbem Kreuz; 1 blau und weiss karrierte Flagge; 1 Partie Draht, 4 Kisten Dynamit gezeichnet „Blasting Gelantine"; 28 Schachteln Dynamit, die Umhüllung trägt folgende Aufschrift: Dynamit I. Kölner, darunter ein fliegender Adler, derselbe trägt in den Krallen ein Wappen, in demselben sind die Buchstaben K. und D. in Form eines Monogramms, unter dem Wappen steht Dynamitfabrik Kneppersteg b. Köln am Rhein; 1 grüne Geldkiste 40 cm. lang, 20 cm. breit, 5 cm. hoch mit 7,70 $ Kupfergeld und einer silbernen Uhr mit gelber Kette; 1 Paar goldene chinesische Ohrringe mit dem Schriftzeichen Fu; 1 goldene Drachenbrosche mit drei herabhängenden goldenen Käschstücken; 1 rotbrauner und ein kaffeebrauner, wollener Teppich, ungefähr je 3 zu 5 m gross.

Als verloren angemeldete Gegenstände: 1 alte goldene sehr flache Cylinderuhr, auf der Rückseite sind einige Schiffe und ein Leuchtturm eingraviert; 1 silberne Remontoiruhr mit silberner Panzerkette und St. Georgstaler; 1 goldener Kneifer mit zwei verschiedenen Gläsern in altem braunem Etui; 1 silberne Remontoiruhr mit Goldrand, Glas gesprungon, auf dem Innendeckel: W. Ambrosius, Epha Gumbinnen.

Als gefunden angemeldete Gegenstände: 1 schwarzer, gefütterter chinesischer Anzug.

Tsingtau, den 25. August 1904.

Kaiserliches Polizeiamt.

Bei der im Handelsregister Abteilung A Nr. 5 vermerkten Firma

„F. Schwarzkopf & Co."

ist folgendes eingetragen worden:

Der Kaufmann Andreas Schoenemann ist durch den Tod aus der Gesellschaft ausgeschieden.

Tsingtau, den 19. August 1904.

Kaiserliches Gericht von Kiautschou.

啓者茲將本署據報被竊並遺失以及送案各物分別列左

被竊各物

紅色旗一面上鑲有黃色十字　藍白二色方格式旗幟一面　鐵線若干　地雷藥四箱上有外國字樣　地雷藥二十八盒盒蓋上有一飛鷹該鷹上下皆有西字該鷹爪內有一牌牌上亦有西字　盛鑲綠色箱子一隻長四十桑的米打寬二十桑的米打高五桑的米打內裝有七元七角之銅鑲銀表一枚帶有黃色表練一條　華婦金質耳環一對上鏨有福字　西婦金質龍式衣針一根上掛有眼金錢三枚　地氈兩張一深紅色一醬紫色皆五米打長三米打寬　○遺失各物　舊薄金質表一枚背壳面刻有數船直燈塔一座　銀時表一枚帶有銀練一條佩繫有外洋錢一枚　西人無父夾鼻眼鏡一副帶有紫色皮套一個　銀表一枚鑲有金邊惟玻璃面損壞背壳裡面有西華人青色綿衣一身

送案之物

以上各物切勿輕買如見亦宜報明至送案之物亦准具領特佈

德一千九百四年八月二十五日　青島巡捕衙門啓

27. August 1904.   Amtsblatt—青島官報   197.

Oeffentliche Zustellung.

Im Namen des Kaisers!

In Sachen der chinesischen Unternehmer
1) Wang Fang kai
2) Tsung Li tsuen
3) Yü kuang tsung

sämtlich in Tapautau, Kläger,
gegen den chinesischen Unternehmer Liang Tso-schui in Tapautau, Beklagten,
wegen Forderung
hat der Kaiserliche Oberrichter in Tsingtau auf Grund der Akten für Recht erkannt:

„Die von den Klägern gegen das Urteil des Kaiserlichen Bezirksamts Tsingtau vom 16. Mai 1904 eingelegte Berufung wird zurückgewiesen.

Die Kosten des Berufungsverfahrens tragen die Kläger."

Zum Zwecke der öffentlichen Zustellung wird der Tenor dieses Urteils bekannt gemacht.

Tsingtau, den 2?. August 1904.

**Der Gerichtsschreiber
des Kaiserlichen Gerichts von Kiautschou.**

Mitteilungen.

Der bisherige Polizeiwachtmann Dumproff ist zum Polizeiwachtmeister ernannt worden.

*   *   *

Die Schantung—Eisenbahn hat die Tarife für **Salz, Taback** und **eiserne Töpfe** dadurch ermässigt, dass sie diese Güter statt wie bisher nach Tarifklasse V. nach der Tarifklasse IV. verfrachtet.

Ferner ist die Fracht für den Wagen **Kohlen** aus dem Poschantal auf 15 $ bis Tschangtien, 20 $ bis Tschoutsun und 48 $ bis Tsinanfu, und im Falle der Versendung von 100 Wagen durch denselben Verfrachter innerhalb eines Kalendermonats auf 44 $ für den Wagen bis Tsinanfu ermässigt worden.

Sonnen-Auf-und Untergang
für Monat September 1904.

Dt.	Mittelostchinesische Zeit des			
	wahren	scheinbaren	wahren	scheinbaren
	Sonnen-Aufgangs.		Sonnen-Untergangs.	
1.	5 U. 34.1 M.	5 U. 29.1 M.	6 U. 23.9 M.	6 U. 28.9 M.
2.	34.9	29.9	22.5	27.5
3.	35.7	30.7	21.1	26.1
4.	36.4	31.4	19.7	24.7
5.	37.1	32.1	18.3	23.3
6.	37.8	32.8	17.0	22.0
7.	38.5	33.5	15.7	20.7
8.	39.1	34.1	14.4	19.4
9.	39.7	34.7	13.1	18.1
10.	40.3	35.3	11.8	16.8
11.	40.9	35.9	10.5	15.5
12.	41.7	36.7	9.0	14.0
13.	42.5	37.5	7.5	12.5
14.	43.3	38.3	6.0	11.0
15.	44.1	39.1	4.5	9.5
16.	45.0	40.0	3.0	8.0
17.	45.8	40.8	1.5	6.5
18.	46.6	41.6	6 " 0.0	5.0
19.	47.4	42.4	5 " 58.5	3.5
20.	48.2	43.2	57.0	2.0
21.	49.0	44.0	55.4	0.4
22.	49.8	44.8	53.9	5 " 58.9
23.	50.6	45.6	52.4	57.4
24.	51.4	46.4	50.9	55.9
25.	52.2	47.2	49.4	54.4
26.	53.2	48.1	47.9	52.9
27.	53.9	48.9	46.4	51.4
28.	54.7	49.7	44.9	49.9
29.	55.5	50.5	43.4	48.4
30.	56.4	51.4	41.9	46.9

Meteorologische Beobachtungen
in Tsingtau.

Datum. Aug.	Barometer (mm) reduz. auf 0° C., Seehöhe 24,30 m			Temperatur (Centigrade).								Dunst-spannung in mm			Relat. Feuchtigkeit in Prozenten		
				trock. Therm.			feucht. Therm.										
	7 Vm	2 Nm	9 Nm	7 Vm	2 Nm	9 Nm	7 Vm	2 Nm	9 Nm	Min.	Max.	7 Vm	2 Nm	9 Nm	7 Vm	2 Nm	9 Nm
18	749,5	749,3	751,3	21,8	27,7	23,7	20,5	23,1	21,1	21,2	28,8	17,1	18,2	17,0	88	66	79
19	52,9	53,6	54,3	23,2	26,3	24,5	21,3	22,3	21,9	22,2	28,8	17,7	17,6	18,0	84	69	79
20	54,9	54,5	55,6	23,4	27,8	23,4	21,8	21,3	19,8	22,8	29,0	18,4	14,8	15,0	86	54	70
21	57,4	56,8	56,9	22,5	27,7	24,7	20,1	21,3	21,6	20,8	29,5	16,0	14,9	17,3	79	54	75
22	59,2	58,6	58,9	24,8	29,0	24,9	22,5	24,4	22,4	22,3	29,4	18,8	19,9	18,6	81	67	80
23	58,9	58,3	58,7	24,6	27,1	24,5	22,9	22,8	22,1	22,4	30,0	19,7	18,0	18,3	86	68	80
24	59,4	59,0	59,2	24,7	25,5	24,5	22,2	23,0	22,1	22,4	29,6	18,3	19,3	18,3	80	80	80

Datum. Aug.	Wind Richtung & Stärke nach Beaufort (0—12)			Bewölkung						Niederschläge in mm		
				7 Vm		2 Nm		9 Nm				
	7 Vm	2 Nm	9 Nm	Grad	Form	Grad	Form	Grad	Form	7 Vm	9 Nm	9 Nm / 7 Vm
18.	NNW 4	NNW 3	NW 4	3	Cum	3	Cu-str	4	Cum-str		0,5	0,5
19.	NW 1	NW 1	SSW 1	9	Cu-str	8	Cum	1	„			
20.	WNW 1	N 2	N 3	1	Cum	1	„	—	---			
21.	NW 2	S 2	S 2	1	Str	1	„	1	Cum-str			
22.	Stille 0	„	SSO 2	2	Cum	3	„	6	„			
23.	„	SSO 3	SSO 1	9	„	6	Cum-str	3	Cir-cum			
24.	O 1	O 2	SO 1	2	„	5	„	2	Cir-str			

27. August 1904. Amtsblatt—青島官報 199.

Schiffsverkehr

in der Zeit vom 18. — 25. August 1904.

Ankunft am	Name	Kapitän	Flagge	Reg. Tonnen.	von	Abfahrt am	nach
(16.8.)	S. Osaka	Kalweit	Englisch	516,92	Schanghai	21.8.	San Franzisko
19.8.	D. Tsintau	Hansen	Deutsch	976,81	„	22.8.	Schanghai
20.8.	D. Lyeemoon	Lehmann	„	1238,—	Tschifu	20.8.	„
21.8.	D. Tamsui	Pickard	Englisch	919,—	„	21.8.	„
„	D. Chinhua	Cowen	„	1348,66	Schanghai	„	Tschifu
22.8.	D. El Dorado	Smith	„	892,12	„	23.8.	Schanghai
„	D. Knivsberg	Kayser	Deutsch	645,76	„	„	Tschifu
„	D. Progress	Bremer	„	687,—	Hongkong		
23.8.	D. Linan	Williams	Englisch	1351,83	Tschifu	23.8.	Schanghai
„	D. Shantung	Engelhard	Deutsch	1000,23	Moji		
24.8.	D. Activ	Olsen	Norwegisch	867,—	„		
„	D. Vorwärts	Sohnemann	Deutsch	643,26	Tschifu	24.8.	Schanghai

Hochwassertabelle für den Monat September 1904.

Datum	Tsingtau - Hauptbrücke.		Grosser Hafen, Mole I.		Nükuk'ou.	
	Vormittags	Nachmittags	Vormittags	Nachmittags	Vormittags	Nachmittags
1.	8 U. 05 M.	8 U. 25 M.	8 U. 35 M.	8 U. 55 M.	9 U. 05 M.	9 U. 25 M.
2.	8 „ 46 „	9 „ 08 „	9 „ 16 „	9 „ 38 „	9 „ 46 „	10 „ 08 „
3.	9 „ 30 „ ●	10 „ 03 „	10 „ 00 „	10 „ 53 „	10 „ 30 „	11 „ 03 „
4.	10 „ 36 „	11 „ 15 „	11 „ 06 „	11 „ 45 „	11 „ 36 „	—
5.	11 „ 55 „	—	—	0 „ 25 „	0 „ 15 „	0 „ 55 „
6.	0 „ 36 „	1 „ 17 „	1 „ 06 „	1 „ 47 „	1 „ 36 „	2 „ 17 „
7.	1 „ 54 „	2 „ 30 „	2 „ 24 „	3 „ 00 „	2 „ 54 „	3 „ 30 „
8.	3 „ 00 „	3 „ 29 „	3 „ 30 „	3 „ 59 „	4 „ 00 „	4 „ 29 „
9.	3 „ 55 „	4 „ 20 „ ●	4 „ 25 „	4 „ 50 „	4 „ 55 „	5 „ 20 „
10.	4 „ 45 „	5 „ 09 „	5 „ 15 „	5 „ 39 „	5 „ 45 „	6 „ 09 „
11.	5 „ 31 „	5 „ 53 „	6 „ 01 „	6 „ 23 „	6 „ 31 „	6 „ 53 „
12.	6 „ 15 „	6 „ 36 „	6 „ 45 „	7 „ 06 „	7 „ 15 „	7 „ 36 „
13.	6 „ 58 „	7 „ 19 „	7 „ 28 „	7 „ 49 „	7 „ 58 „	8 „ 19 „
14.	7 „ 41 „	8 „ 03 „	8 „ 11 „	8 „ 33 „	8 „ 41 „	9 „ 03 „
15.	8 „ 25 „	8 „ 46 „	8 „ 55 „	9 „ 16 „	9 „ 25 „	9 „ 46 „
16.	9 „ 11 „	9 „ 36 „ ●	9 „ 41 „	10 „ 06 „	10 „ 11 „	10 „ 36 „
17.	10 „ 06 „	10 „ 37 „	10 „ 36 „	11 „ 07 „	11 „ 06 „	11 „ 37 „
18.	11 „ 14 „	11 „ 51 „	11 „ 44 „	—	—	0 „ 14 „
19.	—	0 „ 29 „	0 „ 21 „	0 „ 59 „	0 „ 51 „	1 „ 29 „
20.	1 „ 07 „	1 „ 40 „	1 „ 37 „	2 „ 10 „	2 „ 07 „	2 „ 40 „
21.	2 „ 12 „	2 „ 38 „	2 „ 42 „	3 „ 08 „	3 „ 12 „	3 „ 38 „
22.	3 „ 04 „	3 „ 25 „	3 „ 34 „	3 „ 55 „	4 „ 04 „	4 „ 25 „
23.	3 „ 46 „	4 „ 04 „	4 „ 16 „	4 „ 34 „	4 „ 46 „	5 „ 04 „
24.	4 „ 21 „	4 „ 37 „ ○	4 „ 51 „	5 „ 07 „	5 „ 21 „	5 „ 37 „
25.	4 „ 53 „	5 „ 09 „	5 „ 23 „	5 „ 39 „	5 „ 53 „	6 „ 09 „
26.	5 „ 25 „	5 „ 41 „	5 „ 55 „	6 „ 11 „	6 „ 25 „	6 „ 41 „
27.	5 „ 57 „	6 „ 13 „	6 „ 27 „	6 „ 43 „	6 „ 57 „	7 „ 13 „
28.	6 „ 30 „	6 „ 47 „	7 „ 00 „	7 „ 17 „	7 „ 30 „	7 „ 47 „
29.	7 „ 04 „	7 „ 23 „	7 „ 34 „	7 „ 53 „	8 „ 04 „	8 „ 23 „
30.	7 „ 42 „	8 „ 03 „	8 „ 12 „	8 „ 33 „	8 „ 42 „	9 „ 03 „

1) ○ = Vollmond; 2) ◐ = Letztes Viertel; 3) ● = Neumond; 4) ◑ = Erstes Viertel.

Anmerkung: In T'a p'u t'ou tritt das Hochwasser 10 Minuten früher als in Nükuk'ou auf.

Druck der Missionsdruckerei, Tsingtau.

第五年　第三十五号

1904 年 8 月 27 日

法令与告白

三品衔胶海关税务司施　为

厘定《轮船行驶内港专章》逐一列左：

第一条：所有轮船准自青岛驶赴内港往来者，其一切规条总应按光绪二十四年五月、七月前后所定之《内港行轮章程》并光绪二十八年八月《补续章程》驶行，尤应按照此次订明之专章办理。

第二条：凡有轮船欲在内港行驶，该船船主应持有牌照，另具一函附呈税务司处收存。换领关牌，此项关牌以一年为限，期满应即换领新牌。

第三条：此项持有关牌轮船准在青岛水面随意行驶，或按第一条内载各章，由青岛赴内地各处，并由该内地处驶回青岛，或由青岛驶赴内地转过通商口岸至内地驶回青岛。但非奉允准，不得由此不通商口岸之内地至彼不通商口岸之内地专行往来。

第四条：该船报明内地关卡逢关纳税，遇卡抽厘，即可在沿途所经贸易各埠上落客货。

第五条：此项轮船驶入内港途次驶至通商口岸者，该船主即须报关，按该口华洋各项章程办理。

第六条：此项轮船抵青岛口岸自应遵照《驶入青岛码头各项船只起落货物章程》[①]，并别项船只往来章程。该船主除仍应于进口、出口时禀报船政局查核外，总须报关请领各单，将出入口之货物舱口单呈验并须声明欲往内地何处，归时亦须报明已到某处，仍须照例完纳税钞。

第七条：洋药一项及其余违禁货物不准运入，亦不准运出。至船内装载有无洋药及违禁货物，海关自有查验权衡。

第八条：此项轮船船主总应代中国邮政局运送邮袋不收运费，该船主应将中国邮政局之邮袋由青岛运至他处，及由他处运交青岛中国邮政局。

---

① 译者注：即指《青岛官报》第五年第八号刊登之《青岛码头各商船起落货物章程》。

第九条：胶海关所发之牌其费初次应纳官平银十两，厥后每年换领新牌纳费二两，该轮船往来于中国口岸者，应于每四个月纳钞一次。如其船载重数在一百五十吨以下者，每吨纳钞银一钱，载重个一百五十吨正（整）及一百五十吨以上者，每吨纳钞银四钱。他则该轮船驶抵青岛口岸时，宜在按青岛船钞则例纳钞。

第十条：倘有违犯此项章程者，查出罚缴洋银至多不得过三百元之数，并将关牌撤销。如违犯第七条者，查出将货入官并罚缴洋银五百元，设再违犯，即将关牌撤销。

第十一条：此项章程准自是日起一体遵行。为此示，仰诸色人等通知勿违。特谕。

再此项章程业蒙德督宪都批准合并声明。

大德一千九百四年八月十九日

官方通告

启者：兹将本署据报被窃并遗失以及送案各物分别列左：

被窃各物：

红色旗一面，上镶有黄色十字；蓝白二色方格式旗帜一面；铁线若许；地雷药四箱，上有外国字样；地雷药二十八盒，盒盖上有一飞鹰，该鹰上下皆有西字，该鹰爪内有一牌，牌上亦有西字；盛线绿色箱子一只，长四十桑的米打，宽二十桑的米打，高五桑的米打，内装有七元七角之铜钱；银表一枚，带有黄色表链一条；华妇金质耳环一对，上錾有福子；西妇金质龙式衣针一根，上挂有眼金线三枚；地毡两张，一深红色，一酱紫色，皆五米打长、三米打宽。

遗失各物：

旧薄金质表一枚，背壳面刻有数船并灯塔一座；银时表一枚，带有银链一条，佩系有外洋钱一枚；西人无文夹鼻眼镜一副，带有紫色皮套一个；银表一枚，镶有金边，惟玻璃面损坏，背壳里面有西字。

送案之物：

华人青色棉衣一身。

以上各物切勿轻买，如见亦宜报明，至送案之物亦准具领。特布。

德一千九百四年八月二十五日
青岛巡捕衙门启

在本地商业登记 A 部第 5 号登记的公司"顺和洋行"已登记入下列事项：

商人安德烈斯·熏那曼因去世而被从公司中除名。

青岛，1904 年 8 月 19 日
胶澳皇家审判厅

公开投递

以皇帝的名义

在大鲍岛的原告、华人企业主王芳凯、丛里泉、于康总,起诉被告、大鲍岛的华人企业主梁左水[①]。就此诉求,青岛的皇家高等法官基于案卷宣判:

"现驳回原告对于青岛华民审判厅在1904年5月16日做出的判决的上诉,上诉程序的费用由原告承担。"

出于公开投递的目的,现宣布该判决的主文。

青岛,1904年8月24日
法院书记官
胶澳皇家审判厅

消息

现任巡捕房看守杜姆普洛夫被任命为巡捕房看守长。

山东铁路公司对盐、烟草和铁罐的运费优惠,从之前的按照第5级费率收费,改为按照第4级费率收取。

此外,对于火车运输的从博山河谷运至张店的费用降至每车皮15元,到周村降至每车皮20元,到济南府降至每车皮48元,并且如果同一发货人在一个日历月份运送100车皮,则降至每车皮到济南府为44元。

船运

1904年8月18日—25日期间

到达日	轮船船名	船长	挂旗国籍	登记吨位	出发港	出发日	到达港
(8月16日)	大阪号	卡尔威特	英国	516.92	上海	8月21日	旧金山
8月19日	青岛号	韩森	德国	976.81	上海	8月22日	上海
8月20日	里门号	雷曼	德国	1 238.00	芝罘	8月20日	上海
8月21日	淡水号	皮卡特	英国	919.00	芝罘	8月21日	上海

[①] 译者注:上述中国人名均为音译。

(续表)

到达日	轮船船名	船长	挂旗国籍	登记吨位	出发港	出发日	到达港
8月21日	金华号	科文	英国	1 348.66	上海	8月21日	芝罘
8月22日	黄金岛号	史密斯	英国	892.12	上海	8月23日	上海
8月22日	柯尼夫斯堡号	凯瑟	德国	645.76	上海	8月23日	芝罘
8月22日	进步号	布雷默	德国	687.00	香港		
8月23日	李南号	威廉斯	英国	1 351.83	芝罘	8月23日	上海
8月23日	山东号	恩格尔哈特	德国	1 000.23	门司		
8月24日	活跃号	奥尔森	挪威	867.00	门司		
8月24日	前进号	索纳曼	德国	643.26	芝罘	8月24日	上海

Amtsblatt für das Deutsche Kiautschou-Gebiet.

青島官報

Herausgegeben vom Kaiserlichen Gouvernement Kiautschou.

Der Bezugspreis beträgt jährlich $ 0,60 = M 1,20.
Bestellungen nehmen sämtliche deutsche Postanstalten entgegen.

Jahrgang 5.   Nr. 36.   Tsingtau, den 3. September 1904.

Amtliche Anzeigen.

Konkursverfahren.

Ueber das Vermögen des Gastwirts Conrad Fiedler in Tsingtau ist am 26. August 1904 der Konkurs eröffnet.

Verwalter: Rechtsanwalt Dr. Rapp.

Anmeldefrist bis zum 24. September 1904.

Erste Gläubigerversammlung und allgemeiner Prüfungstermin am 7. Oktober 1904.

Offener Arrest mit Anzeigefrist bis zum 24. September 1904.

Tsingtau, den 26. August 1904.

Kaiserliches Gericht von Kiautschou.

Bekanntmachung.

Die Kaufleute Arnold Berg und Johannes Walther haben ein Gesuch um Schankerlaubnis im „Central-Hotel" (früheren „Hotel Krippendorff") am Kaiser Wilhelm-Ufer eingereicht.

Einwendungen im Sinne der Gouvernementsbekanntmachung vom 10. Oktober 1899 sind bis zum 18. September d. Js. an die unterzeichnete Behörde zu richten.

Tsingtau, den 29. August 1904.

Kaiserliches Polizeiamt.

Gericht des Kreuzergeschwaders.

Tsingtau, den 28. August 1904.

Steckbrief.

Gegen den unten beschriebenen Torpedobootsmannsmaaten **Otto** Georg, Heinrich, Ferdinand **Wehmeyer**, zur Besatzung S. M. Torpedoboot „S. 90" gehörig, welcher seit 17. August d. Js. fahnenflüchtig ist, ist ein Haftbefehl erlassen.

Es wird ersucht, ihn zu verhaften und an den nächsten deutschen Konsul, an die nächste Militärbehörde oder an das nächste deutsche Gericht abzuliefern.

Der Gerichtsherr.   Wiehe.
v. Prittwitz.   Marinekriegsgerichtsrat.

Beschreibung:
Alter: 26½ Jahr.   Grösse: 1, 57 m.
Statur: klein.   Haare: schwarz.
Augen: braun.   Nase: gewöhnlich.
Mund: gewöhnlich.   Bart: Schnurr- und Spitzbart.
Zähne: gesund.   Sprache: Deutsch.
Besondere Kennzeichen: Tätowierung auf der linken Hand (Anker).

Bekanntmachung.

Als gefunden angemeldete Gegenstände: Am 31 August d. Js. auf Mole I. 1 schwarze Stahl-Anker-Uhr, auf Zifferblatt unter Zahl 12 die Inschrift: System Roskopf 1. ra.

Als verloren angemeldete Gegenstände: Am Badestrand ein goldener Trauring gez. 96.

Tsingtau, den 1. September 1904.

Kaiserliches Polizeiamt.

告白

啟者茲將本署據報送案並遺失各物列左

送案之物

西八月三十一日在第一號碼頭拾獲黑鋼暗殼時表一枚表面有西字

遺失之物

在會前海邊失去金戒指一枚內刻有第九十六西字樣

以上各物切勿輕買如見亦宜報署送案之物准予具領此佈

德一千九百四年九月初一日

青島巡捕衙門啟

Mitteilungen.

Der Kurs bei der Gouvernementskasse beträgt vom 27. August d. Js. ab: 1 $ = 1,93 M.

* *

Die Leutnants Hedicke und Pachten sind laut telegraphischer Mitteilung des Reichs-Marine-Amts zu Oberleutnants befördert worden.

* *

Die Schantung-Eisenbahn hat den Tarif zwecks Verkehrserleichterung für die wichtigsten Handelsprodukte aus dem Strohgeflechtbezirk Pingtu — Schaho — Changi dahin abgeändert, dass versuchsweise zunächst auf die Dauer eines Jahres für **Strohgeflechte, Oel** und **Oelkuchen**, sowie für **Alaun** für die Relation Tsingtau und Kiautschou mit allen Stationen zwischen Weihsien und Lantsun eine Ermässigung der nach Tarif 4 zu berechnenden Fracht um 20 Prozent gewährt wird, wobei die tarifmässigen Rabatte von 10 und 20 Prozent für mehr als 2 und mehr als 5 Wagenladungen in Wegfall kommen.

Diese Ermässigung gilt nicht für Güter, welche in den Strohgeflechtbezirk eingeführt werden.

* *

Das Katasteramt hat eine „Skizze des Chinesischen Lauschan, Massstab 1:50000" als Ergänzung der Karte „Kiautschou 1:50000" ausgearbeitet.

Durch Lichtzinkdruck hergestellte Vervielfältigungen werden zum Preise von $ 1,00 für das Stück vom Katasteramt abgegeben. Das Ankleben der Skizze an vorhandene Karten erfolgt auf Wunsch kostenfrei.

Dienstexemplare werden kostenfrei ergänzt.

* *

3. September 1904. Amtsblatt—青島官報 203.

Meteorologische Beobachtungen
in Tsingtau.

Da-tum. Aug.	Barometer (m m) reduz. auf 0º C., Seehöhe 24,30 m			Temperatur (Centigrade).								Dunst-spannung in mm			Relat. Feuchtigkeit in Prozenten		
				trock. Therm.			feucht. Therm.										
	7 Vm	2 Nm	9 Nm	7 Vm	2 Nm	9 Nm	7 Vm	2 Nm	9 Nm	Min.	Max.	7 Vm	2 Nm	9 Nm	7 Vm	2 Nm	9 Nm
25	758,9	757,7	757,0	24,9	28,1	25,1	22,7	24,2	23,4	23,1	29,2	19,1	20,0	20,4	82	71	86
26	57,2	56,3	56,6	25,7	28,8	25,4	24,3	24,5	23,5	23,3	29,5	21,7	20,2	20,4	89	68	85
27	57,0	56,6	57,0	25,7	28,5	24,3	24,4	24,7	23,2	24,3	30,4	21,9	20,8	20,5	90	72	91
28	57,7	56,8	56,8	24,9	26,7	23,7	23,7	24,3	22,5	23,7	29,7	21,1	21,1	19,5	90	81	90
29	56,0	54,5	54,0	23,8	27,2	26,3	22,9	23,5	22,9	21,9	30,0	20,2	19,2	18,7	92	71	73
20	52,9	54,0	53,0	25,1	22,6	22,5	22,6	20,9	20,7	22,9	29,8	18,8	17,3	17,0	80	85	84
31	53,8	53,7	54,4	21,1	26,6	23,9	19,1	22,2	21,4	20,7	27,5	15,2	17,2	17,4	82	66	79

Da-tum. Aug.	Wind Richtung & Stärke nach Beaufort (0—12)			Bewölkung						Niederschläge in mm		
				7 Vm		2 Nm		9 Nm				
	7 Vm	2 Nm	9 Nm	Grad	Form	Grad	Form	Grad	Form	7Vm	9 Nm	9 Nm / 7 Vm
25.	OSO 1	S O 2	SSO 2	5	Cu-str	3	Cu-cu	2	Cum			
26.	SSO 1	OSO 2	S O 2	2	Cum	3	Cu-str	2	„			
27.	Stille 0	S O 2	Stille 0	6	Cu-str	5	„	9	„			
28.	„	S O 1	NNO 1	8	Cum	8	Cu-nim	2	„			
29	NNW 1	S O 2	OSO 2	3	Cu-str	6	Cu-str	7	Cir-cu			4,7
30.	S 3	WNW 3	N 1	9	Cu-nim	10	Cu-nim	8	Cum	4,7	3,2	4,6
31.	NNO 1	S 1	SSO 1	3	Cum	3	Cir-Cu	10	„	1,4		

Schiffsverkehr

in der Zeit vom 25. — 31. August 1904.

Ankunft am	Name	Kapitän	Flagge	Reg. Tonnen.	von	Abfahrt am	nach
(22.8.)	D. Progress	Bremer	Deutsch	686,87	Hongkong	31.8.	Hongkoug
(23.8.)	D. Shantung	Engelhard	„	1000,23	Moji	27.8.	Nagasaki
(24.8.)	D. Activ	Olsen	Norwegisch	867,—	Kobe	25.8.	Tschifu
25.8.	D. Gouv. Jaeschke	Vogel	Deutsch	1044,90	Schanghai	27.8.	Schanghai
„	D. Dagmar	Carl	Norwegisch	383,40	Kobe	„	Tschifu
26.8.	D. Anhui	Frazier	Englisch	1350,15	Schanghai	26.8.	„
27.8.	D. Sambia	Lüning	Deutsch	3623,30	Manila	31.8.	Yokohama
29.8.	D. El Dorado	Smith	Englisch	892,12	Schanghai	30.8.	Schanghai
„	D. Tsintau	Hansen	Deutsch	976,81	„	„	Tschifu
30.8.	D. Linan	Williams	Englisch	1351,83	„	„	„
31.8.	D. Chinhua	Cowen	„	1348,66	Tschifu	31.8.	Schanghai
„	D. Knivsberg	Kayser	Deutsch	645,76	„	„	„
„	D. Tottenham	Peters	Englisch	2943,05	Portland-Oregon		

Druck der Missionsdruckerei, Tsingtau.

第五年 第三十六号

1904 年 9 月 3 日

官方通告

破产程序

对青岛的饭店老板康拉德·费德勒的财产已于 1904 年 8 月 26 日开启破产程序。

管理人：律师拉普博士。

报名期限为 1904 年 9 月 24 日。

第一次债权人会议和一般性查对的日期为 1904 年 10 月 7 日。

公开查封和起诉期限为 1904 年 9 月 24 日。

青岛，1904 年 8 月 26 日
胶澳皇家审判厅

告白

商人阿诺德·贝尔格和约翰内斯·瓦尔特递交了在位于威廉皇帝海岸[①]"中和饭店"（以前的"克里本多夫饭店"[②]）内开办酒馆的申请。

如有根据 1899 年 10 月 10 日总督府告白提出的异议，须在今年 9 月 18 日前递交至本处。

青岛，1904 年 8 月 29 日
皇家巡捕房

---

① 译者注：即今太平路。
② 译者注：位于今太平路，原建筑已拆除。

巡洋舰队法庭

青岛，1904 年 8 月 28 日

通缉令

现对隶属于 S90 号鱼雷艇乘员的鱼雷舰水兵奥托·格奥尔格·海因里希·斐迪南·韦迈耶尔下达逮捕令，他自今年 8 月 17 日起当逃兵开小差，其特征如下。

现请求将其抓获并递解至最近的德国领事、最近的军事部门或者德国法庭。

    法官   韦厄
  冯·布里特维茨   海军军事法庭参议

特征：

年龄：26 岁半   身高：1.57 米

体型：矮个   头发：黑色

眼睛：褐色   鼻子：普通

嘴型：普通   胡子：小胡子、山羊胡

牙齿：健康   语言：德语

特别的特征：左手上有纹身（船锚）。

告白

启者：兹将本署据报送案并遗失各物列左：

送案之物：

西八月三十一日在第一号码头拾获黑纲（钢）暗壳时表一枚，表面有西字。

遗失之物：

在会前海边失去金戒指一枚，内刻有"第九十六"西字样。

以上各物切勿轻买，如见亦宜报署，送案之物准予具领。此布。

                  德一千九百四年九月初一日
                  青岛巡捕衙门启

消息

总督府财务处自今年 8 月 27 日起的汇率为：1 元＝1.93 马克。

根据帝国海军部的电报通知,海蒂克和帕赫腾少尉被晋升为中尉。

为便利化平度—沙河—昌邑的草编产品区域最重要贸易商品的运输,山东铁路公司特将费率调低。试验阶段为期一年,潍县和兰村所有站点之间与青岛和胶州相关的草编、油料、油粘饼以及明矾,在运输的第4级费率下收费的货物优惠20分,其中多于2个和5个车皮的货物各优惠10%和20%。

地籍处制作了一份"中国所属崂山草图,比例尺为1∶50 000",用作对"比例尺为1∶50 000的胶澳地图"的补充。

以浅锌色印刷的复制品按照每份1.00元的价格在地籍处出售。可以根据需要,免费将草图粘贴到目前所有的地图上。

公务用图可以免费增补。

船运

1904年8月25日—31日期间

到达日	轮船船名	船长	挂旗国籍	登记吨位	出发港	出发日	到达港
(8月22日)	进步号	布雷默	德国	686.87	香港	8月31日	香港
(8月23日)	山东号	恩格尔哈特	德国	1 000.23	门司	8月27日	长崎
(8月24日)	活跃号	奥尔森	挪威	867.00	神户	8月25日	芝罘
8月25日	叶世克总督号	福格尔	德国	1 044.90	上海	8月27日	上海
8月25日	达格玛号	卡尔	挪威	383.40	神户	8月27日	芝罘
8月26日	安徽号	弗拉齐尔	英国	1 350.15	上海	8月26日	芝罘
8月27日	桑比亚号	吕宁	德国	3 623.30	马尼拉	8月31日	横滨
8月29日	黄金岛号	史密斯	英国	892.12	上海	8月30日	上海
8月29日	青岛号	韩森	德国	976.81	上海	8月30日	芝罘
8月30日	李南号	威廉斯	英国	1 351.83	上海	8月30日	芝罘
8月31日	金华号	科文	英国	1 348.66	芝罘	8月31日	上海
8月31日	柯尼夫斯堡号	凯瑟	德国	645.76	芝罘	8月31日	上海
8月31日	多顿汉姆号	彼得斯	英国	2 943.05	波特兰		

Amtsblatt
für das
Deutsche Kiautschou-Gebiet.

青島官報

Herausgegeben vom Kaiserlichen Gouvernement Kiautschou.

Der Bezugspreis beträgt jährlich $ 0,60 = M 1,20.
Bestellungen nehmen sämtliche deutsche Postanstalten entgegen.

Jahrgang 5.   Nr. 37.   Tsingtau, den 10. September 1904.

Verordnungen und Bekanntmachungen.

Verordnung
betreffend
Hasenjagd.

Die Jagd auf Hasen wird am 1. Oktober d. Js. freigegeben.

Mit dem gleichen Tage tritt die Verordnung betreffend Schonzeit der Hasen vom 1. Februar 1904 (Amtsblatt 1904, Seite 15) ausser Kraft.

Tsingtau, den 1. September 1904.

Der Kaiserliche Gouverneur.

Truppel.

Bekanntmachung.

Im Interesse der Bewohner des Schutzgebietes wird darauf hingewiesen, dass nach dem Reichsgesetz gegen den Verrat militärischer Geheimnisse vom 3. Juli 1893 nicht nur derjenige bestraft wird, welcher vorsätzlich Schriften, Zeichnungen oder andere Gegenstände, deren Geheimhaltung im Interesse der Landesverteidigung liegt, in den Besitz oder zur Kenntnis eines Anderen gelangen lässt.

Nach §. 4 des genannten Gesetzes wird auch derjenige mit Gefängnis oder Festungshaft bis zu 3 Jahren bestraft, welcher sich nur den Besitz oder die Kenntnis der vorbezeichneten Gegenstände vorsätzlich und rechtswidrig verschafft. Strafbar würde hiernach auch das Photographieren von Befestigungsanlagen sein.

Ferner wird nach §. 8 des genannten Gesetzes mit Geldstrafe bis zu 150 Mark oder Haft bestraft, wer den von der Militärbehörde erlassenen, an Ort und Stelle erkennbar gemachten Anordnungen zuwider Befestigungsanlagen, Anstalten des Heeres oder der Marine, Kriegsschiffe, Kriegsfahrzeuge oder militärische Versuchs- oder Uebungsplätze betritt.

Tsingtau, den 7. September 1904.

Der Kaiserliche Zivilkommissar.

206.   Amtsblatt—青島官報   10. September 1904.

Amtliche Anzeigen.

Bekanntmachung.

Das neue Schuljahr beginnt am Montag, den 12. September d. Js., früh 8 Uhr.
Die Ferien für das Schuljahr 1904—1905 sind wie folgt festgesetzt worden:

	Schulschluss.	Schulanfang.
1. Herbstferien	Sonnabend, den 12. November 1904	Donnerstag, den 17. Novbr. 1904
2. Weihnachtsferien	Mittwoch, „ 21. December „	„ „ 5. Januar 1905
3. Osterferien	Sonnabend, „ 15. April 1905	Montag, „ 1. Mai „
4. Pfingstferien.	„ „ 10. Juni „	Donnerstag, „ 15. Juni „
5. Sommerferien.	„ „ 8. Juli „	Montag, „ 4. Septbr. „

Tsingtau, den 5. September 1904.

Kaiserliche Gouvernementsschule.

Bekanntmachung.

Als verloren angemeldete Gegenstände: Eine silberne Remontoir-Cylinder-Uhr mit Sprungdeckel, ziemlich flach, Spirale liegt offen.
Eingefangen: zwei graue Gänse.

Tsingtau, den 8. September 1904.

Kaiserliches Polizeiamt.

Bekanntmachung.

Im Konkursverfahren
    Heinrich Krippendorff und
    Hugo Krippendorff Nachlass
soll die erste Abschlagsverteilung erfolgen. Dazu sind ℳ 5910, 99 verfügbar. Zu berücksichtigen sind ℳ 39406, 72½ nicht bevorrechtigte Forderungen. Verzeichnis derselben liegt auf der Gerichtsschreiberei zur Einsicht der Beteiligten aus.

Tsingtau, den 7. September 1904.

    Dr. Rapp.
    Konkursverwalter.

白 告

啟者茲將本署據報送案並遺欠各物列左

遺失之物
　柄上絃銀殼馬表一枚
　係薄式明機器

送案之物
　灰色鵝二隻

以上各物切勿輕買如見亦宜報署送案之物准予具領此佈

大德一千九百四年九月初八日

青島巡捕衙門啟

10. September 1904.   Amtsblatt—青島官報   207.

Verdingungsanzeige.

Die Ausführung der Schlosserarbeiten für den Neubau des Wäschereigebäudes soll im öffentlichen Verfahren vergeben werden.

Verdingungsunterlagen liegen vom 13. d. Mts. ab im Geschäftszimmer der Hochbauabteilung III a zur Einsicht aus und können vom gleichen Zeitpunkte ab ebendaher, soweit der Vorrat reicht, gegen Erstattung von $ 1,00 bezogen werden.

Versiegelte und mit entsprechender Aufschrift versehene Angebote sind bis zu dem auf Freitag, den 16. September d. Js., nachm. 3,15 Uhr, festgesetzten Eröffnungstermine an die unterzeichnete Behörde einzureichen.

Zuschlagsfrist 3 Wochen.

Tsingtau, den 7. September 1904.

Hochbauabteilung III a.

Verdingungsanzeige.

Die Ausführung der Tischler-, Schlosser- und Glaserarbeiten für den Neubau der Mannschaftskaserne I am Bismarckberge soll im öffentlichen Verfahren vergeben werden.

Verdingungsunterlagen liegen vom 13. d. Mts. ab im Geschäftszimmer der Hochbauabteilung III a zur Einsicht aus und können vom gleichen Zeitpunkte ab ebendaher, soweit der Vorrat reicht, gegen Erstattung von 1,50 $ bezogen werden.

Versiegelte und mit entsprechender Aufschrift versehene Angebote sind bis zu dem auf Freitag, den 16. September d. Js., nachm. 3,30 Uhr, festgesetzten Eröffnungstermin an die unterzeichnete Behörde einzureichen.

Zuschlagsfrist 3 Wochen.

Tsingtan, den 7. September 1904.

Hochbauabteilung III a.

Mitteilungen.

Der Kurs bei der Gouvernementskasse beträgt vom 5. d. Mts. ab: 1 $ = 1,94 M.

* * *

Dem Marinestabsarzt Dr. Tillmann ist durch Allerhöchste Kabinetsordre vom 18. Juli 1904 der Rote Adler Orden 4 Kl. verliehen.

Schiffsverkehr

in der Zeit vom 31. August — 8. September 1904.

Ankunft am	Name	Kapitän	Flagge	Reg. Tonnen.	von	Abfahrt am	nach
2.9.	D. Gouv. Jaeschke	Vogel	Deutsch	1044,90	Schanghai	3.9.	Schanghai
„	D. Anhui	Frazier	Englisch	1350,15	Tschifu	„	„
„	D. Chenan	Hunter	„	1349,99	Schanghai	„	Tschifu
5.9.	D. Vorwärts	Sohnemann	Deutsch	643,26	„	6.9.	„
„	D. El Dorado	Smith	Englisch	892,12	„	„	Schanghai
6.9.	D. Tsintau	Hansen	Deutsch	976,81	Tschifu	„	„
8.9.	D. Dagmar	Carl	Norwegisch	383,40	Kobe		

Meteorologische Beobachtungen
in Tsingtau.

Datum. Sept.	Barometer (mm) reduz. auf 0° C., Seehöhe 24,30 m			Temperatur (Centigrade).							Dunstspannung in mm			Relat. Feuchtigkeit in Prozenten		
				trock. Therm.			feucht. Therm.									
	7 Vm	2 Nm	9 Nm	7 Vm	2 Nm	9 Nm	7 Vm	2 Nm	9 Nm	Min.	Max.	7 Vm	2 Nm	9 Nm	7 Vm	2 Nm	9 Nm
1	755,7	755,9	757,2	23,6	28,6	24,9	21,8	24,0	22,3	22,1	27,8	18,3	19,3	18,4	85	66	79
2	58,1	56,8	57,1	18,1	22,9	18,2	16,1	18,2	17,5	18,1	29,4	12,4	12,7	14,5	80	61	93
3	56,6	56,4	57,6	18,5	23,7	21,4	17,3	21,2	19,3	17,8	23,7	14,0	17,2	15,4	88	79	81
4	57,1	56,5	56,9	20,9	25,7	22,1	19,1	21,9	20,2	18,9	24,8	15,3	17,2	16,4	84	70	83
5	56,2	56,2	56,0	20,1	25,6	22,4	18,7	20,6	19,8	18,6	26,4	15,2	15,0	15,6	87	62	77
6	56,0	55,7	56,8	22,3	25,9	22,7	19,2	21,8	19,0	20,5	28,3	14,6	16,9	14,1	73	68	69
7	56,8	56,3	56,4	21,2	26,5	23,8	17,6	20,6	21,1	20,4	27,9	12,8	14,4	16,9	68	57	78

Datum. Sept.	Wind Richtung & Stärke nach Beaufort (0—12)			Bewölkung						Niederschläge in mm		
				7 Vm		2 Nm		9 Nm				
	7 Vm	2 Nm	9 Nm	Grad	Form	Grad	Form	Grad	Form	7 Vm	9 Nm	9 Nm / 7 Vm
1	Stille 0	S S O 2	S 1	2	Cir-str	6	Cum	10	Cum-ni			7,0
2	N O 3	O S O 4	S O 1	10	Cum-ni	10	Cum-ni	10	"	7,0	9,8	46,8
3	N 1	O 3	O 2	10	Nim	7	"	2	Cum	37,0	1,9	1,9
4	N O 1	O S O 1	W 1	9	Cum-str	10	Cum-str	10	Cum-ni			1,3
5	N 2	N W 3	W 1	7	Cum	3	Cum	3	Cum-str	1,3		
6	W 1	N W 2	N 2	3	Cum-str	10		4	Cum			
7	N N O 1	S S O 2	S 1	8	Cum	2	Cum	2	Cum-str			

Druck der Missionsdruckerei, Tsingtau.

第五年　第三十七号

1904 年 9 月 10 日

法令与告白

关于猎兔的法令

将于今年 10 月 1 日开放猎兔。

1904 年 2 月 1 日的《关于兔子保育期的法令》（1904 年《官报》第 15 页）也于同日失效。

青岛，1904 年 9 月 1 日
皇家总督
都沛禄

告白

为了保护地居民的利益，现提示公众，根据《帝国反泄露军事秘密法》，自 1893 年 7 月 3 日起，不仅限于惩罚蓄意占有或者泄露需要保密的用于国土防御的文件、图纸或其他物品。

按照上述法律第 4 条，仅仅蓄意、违法获得或者知晓上述物品的人员，就会被判处 3 年监狱监禁或者最高 3 年的要塞监禁。根据此项法律，拍摄要塞设施的行为也会受到惩处。

此外，根据上述法律第 8 条，窥探涉及由军事部门发布、通过地点和方位可以辨识出要塞设施、海陆军队部署、军舰、军用船只或者军事实验或演习命令的人员，也将被罚款最高 150 马克或者监禁。

青岛，1904 年 9 月 7 日
皇家民政长

官方通告

告白

新的学年度自今年 9 月 12 日早上 8 点开始。

1904—1905 学年的假期确定如下：

	假期结束	假期开始
1. 秋季假期	1904 年 11 月 12 日周六	1904 年 11 月 17 日周四
2. 圣诞节假期	1904 年 12 月 21 日周三	1905 年 1 月 5 日周四
3. 复活节假期	1905 年 4 月 15 日周六	1905 年 5 月 1 日周一
4. 圣灵降临节假期	1905 年 6 月 10 日周六	1905 年 6 月 15 日周四
5. 暑假	1905 年 7 月 8 日周六	1905 年 9 月 4 日周一

青岛，1904 年 9 月 5 日
皇家督署学校

告白

启者：兹将本署据报送案并遗失各物列左：

遗失之物：

柄上弦银壳马表一枚；系薄式明机器。

送案之物：

灰色鹅二只。

以上各物且勿轻买，如见亦宜报署，送案之物准予具领。此布。

大德一千九百四年九月初八日
青岛巡捕衙门启

告白

对海因里希·克里本多夫的财产和胡果·克里本多夫的遗产执行的破产程序，将进行第一次清偿分配。可分配金额为 5 910.99 元，需要考虑的非优先权索款为 39 406.725 元。其目录张贴在法院书记处，以供参与者查看。

青岛，1904 年 9 月 7 日
破产管理员
拉普博士

发包广告

洗衣房新建筑的五金工程将公开发包。

发包文件自本月13日起张贴于第三工部局一部处,以供查看,如果文件存量足够,也可以自该日起在那里支付1.00元购买。

报价须密封并标注相应字样,于今年9月16日周五下午3点15分开标前递交至本处。

开标期限为3周。

青岛,1904年9月7日
第三工部局一部

发包广告

俾斯麦山旁的一号军队营房新建筑的木匠、五金和玻璃工程将公开发包。

发包文件自本月13日期张贴于第三工部局一部,以供查看,如果文件存量足够,也可以自该日起在那里支付1.50元购买。

报价须密封并标注相应字样,于今年9月16日周五下午3点30分开标前递交至本处。

开标期限为3周。

青岛,1904年9月7日
第三工部局一部

消息

总督府财务处自本月5日起的汇率为:1元=1.94马克。

根据1904年7月18日的最高内阁命令,海军上尉军医提尔曼博士被授予四等红鹰勋章。

船运

1904年8月31日—9月8日期间

到达日	轮船船名	船长	挂旗国籍	登记吨位	出发港	出发日	到达港
9月2日	叶世克总督号	福格尔	德国	1 044.90	上海	9月3日	上海
9月2日	安徽号	弗拉齐尔	英国	1 350.15	芝罘	9月3日	上海
9月2日	车南号	亨特	英国	1 349.99	上海	9月3日	芝罘
9月5日	前进号	索纳曼	德国	643.26	上海	9月6日	芝罘
9月5日	黄金岛号	史密斯	英国	892.12	上海	9月6日	上海
9月6日	青岛号	韩森	德国	976.81	芝罘	9月6日	上海
9月8日	达格玛号	卡尔	挪威	383.40	神户		

Amtsblatt
für das
Deutsche Kiautschou-Gebiet.

青島官報

Herausgegeben vom Kaiserlichen Gouvernement Kiautschou.

Der Bezugspreis beträgt jährlich $ 0,60 = M 1,20.
Bestellungen nehmen sämtliche deutsche Postanstalten entgegen.

Jahrgang 5.   Nr. 38.   Tsingtau, den 17. September 1904.

Amtliche Anzeigen.

Aufgebot.

Es wird hiermit bekannt gemacht, dass Johann Gustav **Wilhelm Lampe**, seines Standes Gastwirt, geboren zu Hamburg, 26 Jahre alt, wohnhaft in Tsingtau, Sohn des Gastwirts Claus Carl Heinrich Lampe und seiner Ehefrau Margarethe Elisabeth, geborenen Eggers, beide in Hamburg wohnhaft,

und

Gesina Elisabeth **Fischer**, geboren zu Altona, 24 Jahre alt, wohnhaft in Hamburg, Tochter des Zigarrenfabrikanten Ludwig Fischer und seiner Ehefrau Mathilde Therese, geborenen Pieper, beide in Hamburg wohnhaft,

beabsichtigen, sich mit einander zu verheiraten und diese Ehe in Gemässheit des Reichsgesetzes vom 4. Mai 1870 bei dem unterzeichneten Standesbeamten abzuschliessen.

Tsingtau, den 14. September 1904.

Der Kaiserliche Standesbeamte.
Günther.

Mitteilungen.

Die Rettungsmedaille am Bande ist dem Schiffsbauingenieur Scherer und dem Seesoldaten Platt laut telegraphischer Nachricht des Reichs—Marine—Amts verliehen worden.

Schiffsverkehr
in der Zeit vom 8. — 15. September 1904.

Ankunft am	Name	Kapitän	Flagge	Reg. Tonnen.	von	Abfahrt am	nach
(31.8.)	D. Tottenham	Peters	Englisch	2943,05	Portland	8.9.	Tschifu
(8.9.)	D. Dagmar	Carl	Norwegisch	383,40	Kobe	9.9.	Schanghai
9.9.	D. Gouv. Jaeschke	Vogel	Deutsch	1044,90	Schanghai	10.9.	"
"	D. Anhui	Frazier	Englisch	1350,15	"	9.9.	Tschifu
10.9.	D. Chenan	Hunter	"	1349,90	Tschifu	10.9.	Schanghai
12.9.	D. Knivsberg	Kayser	Deutsch	645,76	Schanghai	13.9.	Tschifu
"	D. El Dorado	Smith	Englisch	892,12	"	14.9.	Schanghai
13.9.	D. Vorwärts	Sohnemann	Deutsch	643,26	Tschifu	13.9.	"
15.9.	D. Erika	Rickmann	"	1201,15	Hongkong		

Meteorologische Beobachtungen
in Tsingtau.

Datum. Sept.	Barometer (mm) reduz. auf 0° C., Seehöhe 24,30 m			Temperatur (Centigrade).								Dunstspannung in mm			Relat. Feuchtigkeit in Prozenten		
				trock. Therm.			feucht. Therm.										
	7 Vm	2 Nm	9 Nm	7 Vm	2 Nm	9 Nm	7 Vm	2 Nm	9 Nm	Min.	Max.	7 Vm	2 Nm	9 Nm	7 Vm	2 Nm	9 Nm
8	757,5	757,7	759,0	22,0	25,7	23,2	19,0	21,4	19,9	20,4	27,2	14,5	16,3	15,2	84	67	73
9	61,6	60,8	62,5	28,4	36,8	24,6	21,5	22,6	21,2	21,9	25,8	17,9	17,8	16,6	84	68	73
10	62,7	61,6	62,2	22,5	24,6	22,7	21,1	20,6	20,2	21,8	26,8	17,7	15,6	16,1	88	68	78
11	56,2	60,8	61,4	19,2	23,8	22,4	18,0	20,7	20,6	19,2	25,5	14,6	16,2	16,9	88	75	84
12	61,4	61,3	60,7	21,0	27,3	23,0	20,0	21,5	20,8	20,5	25,5	16,8	15,5	16,9	91	57	81
13	61,8	59,5	59,5	21,7	27,5	23,7	19,7	23,1	20,3	20,6	28,1	15,8	18,3	15,6	82	67	72
14	58,8	58,0	57,5	22,7	27,1	23,8	19,4	22,0	18,9	20,9	27,5	14,7	16,5	13,2	72	62	61

Datum. Sept.	Wind Richtung & Stärke nach Beaufort (0—12)			Bewölkung						Niederschläge in mm	
				7 Vm		2 Nm		9 Nm			
	7 Vm	2 Nm	9 Nm	Grad	Form	Grad	Form	Grad	Form	7Vm 9Nm	9 Nm / 7 Vm
8	SSW 1	S 2	S 2	2	Cum	3	Cum	3	Cum		
9	Stille 0	S 2	S 2	3	„	2	„	—	—		
10	0 1	0 1	0 1	10	Cum-ni	10	Cum-ni	4	Cum-ni		
11	0 1	Stille 0	S 1	10	„	10	„	7	„		
12	NNW 2	WNW 1	SW 1	6	Cum-str	4	Cum-str	2	Cum-str		
13	N 1	SSO 2	S 1	2	Cum	—	„	—	—		
15	SSO 1	S 2	SO 2	2	„	3	Cum-str	10	Cum-str		

Druck der Missionsdruckerei, Tsingtau.

第五年　第三十八号

1904 年 9 月 17 日

官方通告

结婚公告

约翰·古斯塔夫·威廉·郎姆帕，职业为饭店老板，出生于汉堡，现年 26 岁，居住地为青岛，是居住于汉堡的饭店老板克劳斯·卡尔·海因里希·郎姆帕与出生时姓艾格斯的妻子玛格丽特·伊丽莎白的儿子。

格琪娜·伊丽莎白·费舍尔，出生于阿尔托纳，现年 24 岁，居住地为汉堡，是居住于汉堡的雪茄厂主路德维希·费舍尔和他出生时姓皮帕的妻子马蒂尔德·特蕾莎的女儿。

谨此宣布二人结婚，此婚约按照 1870 年 5 月 4 日颁布的法律规定，在本民政官员面前缔结。

青岛，1904 年 9 月 14 日
皇家户籍官
贡特

消息

根据帝国海军部的电报，授予造船工程师舍勒和海军陆战士兵普拉特绶带救援勋章。

船运

1904 年 9 月 8 日—9 月 15 日期间

到达日	轮船船名	船长	挂旗国籍	登记吨位	出发港	出发日	到达港
(8 月 31 日)	多顿汉姆号	彼得斯	英国	2 943.05	波特兰	9 月 8 日	芝罘
(9 月 8 日)	达格玛号	卡尔	挪威	383.40	神户	9 月 9 日	上海
9 月 9 日	叶世克总督号	福格尔	德国	1 044.90	上海	9 月 10 日	上海

(续表)

到达日	轮船船名	船长	挂旗国籍	登记吨位	出发港	出发日	到达港
9月9日	安徽号	弗拉齐尔	英国	1 350.15	上海	9月9日	芝罘
9月10日	车南号	亨特	英国	1 349.90	芝罘	9月10日	上海
9月12日	柯尼夫斯堡号	凯瑟	德国	645.76	上海	9月13日	芝罘
9月12日	黄金岛号	史密斯	英国	892.12	上海	9月14日	上海
9月13日	前进号	索纳曼	德国	643.26	芝罘	9月13日	上海
9月15日	艾丽卡号	里克曼	德国	1 201.15	香港		

(续表)

Amtsblatt
für das
Deutsche Kiautschou-Gebiet.

青島官報

Herausgegeben vom Kaiserlichen Gouvernement Kiautschou.

Der Bezugspreis beträgt jährlich $ 0,60=M 1,20.
Bestellungen nehmen sämtliche deutsche Postanstalten entgegen.

| Jahrgang 5. | Nr. 39. | Tsingtau, den 24. September 1904. |

Amtliche Anzeigen.

Bekanntmachung.

Die von Herrn Felix Köhler als Pfand für Zechschulden im Hotel Krippendorff seiner Zeit zurückgelassenen Gegenstände sollen am Sonntag, den 25. September 1904, vormittags 10 Uhr, im Central-Hotel durch den Auktionator J. Richardt öffentlich meistbietend verkauft werden. Diese Bekanntmachung erfolgt in Gemässheit des § 1237 B. G. B.

Tsingtau, den 21. September 1904.

Dr. Rapp.

Bekanntmachung.

Kapitänleutnant von Gilgenheimb ist am 18. August d. Js. von der Taubenbucht bei Port Arthur in einer chinesischen Dschunke abgefahren und wird seitdem vermisst.

Für Nachrichten, welche zur Auffindung des Genannten führen, ist eine Belohnung bis zur Höhe von Zehntausend Mark ausgesetzt.

Tsingtau, den 20. September 1904.

Kaiserliches Gouvernement.

Während der Beurlaubung des Zivilkommissars, Admiralitätsrats Günther, werden auf Grund des Erlasses des Herrn Reichskanzlers vom 21. Januar 1901 die Geschäfte des Standesbeamten durch den Oberrichter und im Falle seiner Behinderung durch seinen Vertreter wahrgenommen.

Anträge und Anfragen sind während der Dienststunden an die Registratur der Landesverwaltung (Yamen) zu richten.

Tsingtau, den 17. September 1904.

Der Kaiserliche Standesbeamte.

J. V.

Dr. Crusen.

Mitteilungen.

Der Zivilkommissar, Admiralitätsrat Günther ist vom 17. d. Mts. ab in die Heimat beurlaubt. Die Vertretung nimmt der Kommissar für chinesische Angelegenheiten, Admiralitätsrat Dr. Schrameier wahr.

*   *
*

Dem Richter Dr. Behme ist der erbetene Abschied bewilligt worden.

*   *
*

Die durch das Ausscheiden des Richters Dr. Behme aus dem Dienste des Schutzgebietes freigewordene Stelle des Kaiserlichen Richters ist

212.　　　　　　　　　　　　　　Amtsblatt—青島官報　　　　　　　　　　　24. September 1904.

(zunächst kommissarisch) dem Preussischen Gerichtsassessor Ewald Lehmann aus Göttingen übertragen worden. Assessor Lehmann trifft mit dem nächsten Dampfer von Schanghai ein; Marine-Kriegsgerichtsrat Rosenberger, der die Stelle bisher verwaltet hat, tritt am 1. Oktober zum Gericht des Kreuzergeschwaders über.

*　　　*
　　*

Der Marine-Oberassistenzarzt Dr. Iftner ist zum Marine-Stabsarzt befördert worden.

*　　　*
　　*

Lehrer Berger hat dem Gouvernement für den zu gründenden zoologischen Garten 4 Fasanen geschenkt.

Sonnen-Auf-und Untergang
für Monat October 1904.

Dt.	Mittelostchinesische Zeit des			
	wahren	scheinbaren	wahren	scheinbaren
	Sonnen-Aufgangs.		Sonnen-Untergangs.	
1.	5 U. 57.8 M.	5 U. 53.2 M.	5 U. 40.8 M.	5 U. 45.4 M.
2.	58.2	53.1	38.8	43.9
3.	59.1	54.0	37.3	42.4
4.	6 U. —	54.9	35.8	40.9
5.	0.8	55.7	34.4	39.5
6.	1.6	56.5	33.0	38.1
7.	2.3	57.2	31.7	36.8
8.	3.0	57.9	30.4	35.5
9.	3.7	58.6	29.1	34.2
10.	4.4	59.3	27.8	32.9
11.	5.1	6 U. —	26.5	31.6
12.	5.9	0.8	25.2	30.3
13.	6.7	1.6	23.9	29.0
14.	7.5	2.4	22.6	27.7
15.	8.3	3.2	21.3	26.4
16.	9.2	4.1	20.0	25.1
17.	10.1	5.0	18.7	23.8
18.	11.0	5.9	17.4	22.5
19.	11.9	6.8	16.1	21.2
20.	12.8	7.7	14.8	19.9
21.	13.8	8.7	13.6	18.7
22.	15.0	9.9	12.2	17.3
23.	16.1	11.0	10.8	15.9
24.	17.2	12.1	9.4	14.5
25.	18.3	13.2	8.0	13.1
26.	19.4	14.3	6.6	11.7
27.	20.4	15.3	5.4	10.5
28.	21.3	16.2	4.3	9.4
29.	22.2	17.1	3.2	8.8
30.	23.1	18.0	2.1	7.2
31.	24.0	18.9	1.0	6.1

Schiffsverkehr

in der Zeit vom 15. — 22. September 1904.

Ankunft am	Name	Kapitän	Flagge	Reg. Tonnen.	von	Abfahrt am	nach
(15.9.)	D. Erica	Rickmann	Deutsch	1201,—	Hongkong	22.9.	Astoria (Columbia)
16.9.	D. Gouv. Jaeschke	Vogel	„	1045,—	Schanghai	17.9.	Schanghai
„	D. Anhui	Frazier	Englisch	1350,—	Tschifu	„	„
„	D. Chenan	Hunter	„	1350,—	Schanghai	18.9.	Tschifu
17.9.	D. Lyeemoon	Lehmann	Deutsch	1238,—	„	„	„
18.9.	D. Chung King	Hopkins	Englisch	801,—	„	19.9.	„
19.9.	D. Tsintau	Hansen	Deutsch	976,81	„	20.9.	„
„	D. El Dorado	Smith	Englisch	892,12	„	„	Schanghai
„	S. Wm. Bowden	Petersen	Amerikanisch	695,—	Portland	„	„
21.9.	D. Knivsberg	Kayser	Deutsch	645,76	Tschifu	21.9.	Schanghai

24. September 1904.   Amtsblatt—青島官報   213.

Meteorologische Beobachtungen
in Tsingtau.

Da-tum. Sept.	Barometer (m m) reduz. auf 0º C., Seehöhe 24,30 m			Temperatur (Centigrade).								Dunst-spannung in mm			Relat. Feuchtigkeit in Prozenten		
				trock. Therm.			feucht. Therm.										
	7 Vm	2 Nm	9 Nm	7 Vm	2 Nm	9 Nm	7 Vm	2 Nm	9 Nm	Max.	Min.	7 Vm	2 Nm	9 Nm	7 Vm	2 Nm	9 Nm
15	757,7	757,6	757,9	23,1	25,3	22,7	20,8	20,4	20,1	27,3	23,0	16,9	14,8	15,9	80	62	78
16	58,5	56,8	57,0	20,5	28,4	23,3	19,0	20,4	19,5	26,2	19,7	15,4	12,9	14,5	86	45	69
17	57,1	56,2	57,4	19,8	27,5	23,4	17,8	21,5	20,6	28,7	19,7	13,9	15,4	16,3	81	57	77
18	58,2	58,2	62,0	20,8	25,2	18,1	19,7	21,4	13,9	28,5	20,0	16,4	16,6	9,3	90	90	60
19	62,0	59,4	58,4	15,6	21,4	15,3	12,6	12,4	11,2	26,8	14,4	9,1	5,3	7,4	68	28	58
20	57,7	55,7	57,5	17,9	23,8	16,7	12,3	13,8	11,7	21,9	14,8	7,3	5,7	7,2	48	26	51
21	58,7	56,9	58,7	15,3	24,9	18,5	12,1	17,2	12,9	24,4	14,3	8,6	9,9	7,7	66	43	49

Da-tum. Sept.	Wind Richtung & Stärke nach Beaufort (0—12)			Bewölkung						Niederschläge in mm		
				7 Vm		2 Nm		9 Nm				9 Nm
	7 Vm	2 Nm	9 Nm	Grad	Form	Grad	Form	Grad	Form	7Vm	9Nm	7 Vm
15	N W 1	O S O 2	O 1	10	Cu-nim	8	Cu-nim	8	Cu-str			
16	NNW 2	WNW 2	Stille 0									
17	N W 2	WNW 1	N W 1			2	Cum	2	Cum			
18	NNW 1	N W 2	N W 8	3	Cir-cum	8	„	9	Cu-str			
19	W 2	W 2	NNO 1	9	Cu-str	8	Cu-nim					
20	WNW 3	WNW 3	NNO 1									
21	N W 1	S 1	NNO 2			3	Cum-str	4	Cum			

Hochwassertabelle für den Monat October 1904.

Datum	Tsingtau - Hauptbrücke.		Grosser Hafen, Mole I.		Nükuk'ou.	
	Vormittags	Nachmittags	Vormittags	Nachmittags	Vormittags	Nachmittags
1.	8 U. 22 M.	8 U. 47 M.	8 U. 52 M.	9 U. 17 M.	9 U. 22 M.	8 U. 47 M.
2.	9 „ 11 „	9 „ 43 „ ◐	9 „ 41 „	10 „ 13 „	10 „ 11 „	10 „ 43 „
3.	10 „ 15 „	10 „ 54 „	10 „ 45 „	11 „ 24 „	11 „ 15 „	11 „ 54 „
4.	11 „ 33 „	—	—	0 „ 03 „	—	0 „ 33
5.	0 „ 13 „	0 „ 54 „	0 „ 43 „	1 „ 24 „	1 „ 13 „	1 „ 54 „
6.	1 „ 31 „	2 „ 07 „	2 „ 01 „	2 „ 57 „	2 „ 31 „	3 „ 07 „
7.	2 „ 36 „	3 „ 05 „	3 „ 06 „	3 „ 35 „	3 „ 36 „	4 „ 05 „
8.	3 „ 31 „ ●	3 „ 56 „	4 „ 01 „	4 „ 26 „	4 „ 31 „	4 „ 56 „
9.	4 „ 20 „	4 „ 43 „	4 „ 50 „	5 „ 13 „	5 „ 20 „	5 „ 43 „
10.	5 „ 07 „	5 „ 30 „	5 „ 37 „	6 „ — „	6 „ 07 „	6 „ 30 „
11.	5 „ 52 „	6 „ 14 „	6 „ 22 „	6 „ 44 „	6 „ 52 „	7 „ 14 „
12.	6 „ 35 „	6 „ 56 „	7 „ 05 „	7 „ 26 „	7 „ 35 „	7 „ 56 „
13.	7 „ 18 „	7 „ 39 „	7 „ 48 „	8 „ 09 „	8 „ 18 „	8 „ 39 „
14.	8 „ — „	8 „ 21 „	8 „ 30 „	8 „ 51 „	9 „ — „	9 „ 21 „
15.	8 „ 43 „	9 „ 06 „	9 „ 13 „	9 „ 36 „	9 „ 43 „	10 „ 06 „
16.	9 „ 33 „ ◑	10 „ — „	10 „ 03 „	10 „ 30 „	10 „ 33 „	11 „ — „
17.	10 „ 35 „	11 „ 11 „	11 „ 05 „	11 „ 41 „	11 „ 35 „	—
18.	11 „ 48 „	—	—	0 „ 18 „	0 „ 11 „	0 „ 48 „
19.	0 „ 26 „	1 „ — „	0 „ 56 „	1 „ 26 „	1 „ 26 „	2 „ — „
20.	1 „ 35 „	2 „ 02 „	2 „ 05 „	2 „ 35 „	2 „ 35 „	3 „ 02 „
21.	2 „ 29 „	2 „ 50 „	2 „ 59 „	3 „ 29 „	3 „ 29 „	3 „ 50 „
22.	3 „ 11 „	3 „ 30 „	3 „ 41 „	4 „ 11 „	4 „ 11 „	4 „ 30 „
23.	3 „ 49 „	4 „ 06 „	4 „ 19 „	4 „ 49 „	4 „ 49 „	5 „ 06 „
24.	4 „ 22 „ ○	4 „ 39 „	4 „ 52 „	5 „ 22 „	5 „ 22 „	5 „ 39 „
25.	4 „ 56 „	5 „ 13 „	5 „ 25 „	5 „ 56 „	5 „ 56 „	6 „ 13 „
26.	5 „ 31 „	5 „ 48 „	6 „ 01 „	6 „ 31 „	6 „ 31 „	6 „ 48 „
27.	6 „ 06 „	6 „ 24 „	6 „ 36 „	7 „ 06 „	7 „ 06 „	7 „ 24 „
28.	6 „ 43 „	7 „ 03 „	7 „ 13 „	7 „ 43 „	7 „ 43 „	8 „ 03 „
29.	7 „ 23 „	7 „ 45 „	7 „ 53 „	8 „ 23 „	8 „ 23 „	8 „ 45 „
30.	8 „ 08 „	8 „ 33 „	8 „ 38 „	9 „ 08 „	9 „ 08 „	9 „ 33 „
31.	8 „ 58 „	9 „ 29 „ ◐	9 „ 28 „	9 „ 58 „	9 „ 58 „	10 „ 29 „

1) ○ = Vollmond; 2) ◐ = Letztes Viertel; 3) ● = Neumond; 4) ◑ = Erstes Viertel.

Anmerkung: In T'a pu t'ou tritt das Hochwasser 10 Minuten früher als in Nükuk'ou auf.

Druck der Missionsdruckerei, Tsingtau.

第五年 第三十九号

1904 年 9 月 24 日

官方通告

告白

对费利克斯·科勒先生在克里本多夫饭店当作酒钱抵押的物品,将在 1904 年 9 月 25 日周日上午 10 点在中和饭店由拍卖师 J. 里卡特拍卖,价高者得。本告白的依据是《法书》(B. G. B.)第 1237 条。

青岛,1904 年 9 月 21 日
拉普博士

告白

冯·基尔根海姆海军中尉于今年 8 月 18 日在旅顺港附近的鸽子湾乘坐一艘中式帆船,启程后失踪至今。

现悬赏 1 万马克给能够提供信息找到他的人员。

青岛,1904 年 9 月 20 日
皇家总督府

根据 1901 年 1 月 21 日的帝国总理令,在民政长、枢密顾问贡特度假期间,民政官员的事务由高等法官代理,如有不便,则由代理人执行。

请在工作时间到国土管理部门(在衙门内)登记处办理申请和咨询事务。

青岛,1904 年 9 月 17 日
代理皇家民政官
克鲁森博士

消息

民政长、枢密顾问贡特自本月 17 日起回国度假。
由华民事务民政长、枢密顾问单威廉博士代理他。

法官贝麦博士离开青岛的请求已获批准。

因法官贝麦博士离开保护地职位,空缺的皇家法官职位转交给来自哥廷根的普鲁士法院候补法官(最初担任民政官)埃瓦尔德·雷曼。候补法官雷曼将乘坐下一班轮船从上海抵达。海军法庭参议罗森博格在他到来之前代理这一职务,10 月 1 日转回舰队法庭。

海军高等助理医师伊芙特纳博士被晋升为上尉海军军医。

教师贝尔杰为将要成立的动物园向总督府赠送了 4 只野鸡。

船运

1904 年 9 月 15 日—22 日期间

到达日	轮船船名	船长	挂旗国籍	登记吨位	出发港	出发日	到达港
(9 月 15 日)	艾丽卡号	里克曼	德国	1 201.00	香港	9 月 22 日	阿斯多里亚
9 月 16 日	叶世克总督号	福格尔	德国	1 045.00	上海	9 月 17 日	上海
9 月 16 日	安徽号	弗拉齐尔	英国	1 350.00	芝罘	9 月 17 日	上海
9 月 16 日	车南号	亨特	英国	1 350.00	上海	9 月 18 日	芝罘
9 月 17 日	里门号	雷曼	德国	1 238.00	上海	9 月 18 日	芝罘
9 月 18 日	重庆号	霍普金斯	英国	801.00	上海	9 月 19 日	芝罘
9 月 19 日	青岛号	韩森	德国	976.87	上海	9 月 20 日	芝罘
9 月 19 日	黄金岛号	史密斯	英国	892.12	上海	9 月 20 日	上海
9 月 19 日	伯顿号	彼得森	美国	695.00	波特兰		
9 月 21 日	柯尼夫斯堡号	凯瑟	德国	645.76	芝罘	9 月 21 日	上海

Amtsblatt
für das Deutsche Kiautschou-Gebiet.

青島官報

Herausgegeben vom Kaiserlichen Gouvernement Kiautschou.

Der Bezugspreis beträgt jährlich $ 0,60=M 1,20.
Bestellungen nehmen sämtliche deutsche Postanstalten entgegen.

Jahrgang 5.　Nr. 40.　Tsingtau, den 1. Oktober 1904.

Verordnungen und Bekanntmachungen.

Auf Grund des Schutzgebietsgesetzes in der Fassung vom 10. September 1900-Reichs-Gesetzblatt Seite 812—bestimme ich:

Dem zur Wahrnehmung richterlicher Geschäfte nach Tsingtau entsandten Königlich Preussischen Gerichtsassessor Lohmann wird die Ermächtigung zur Ausübung der Gerichtsbarkeit in allen zur Zuständigkeit des Kaiserlichen Gerichts von Kiautschou gehörigen Angelegenheiten erteilt.

Berlin, den 13. August 1904.

In Vertretung des Reichskanzlers.
von Tirpitz.

Bekanntmachung.

Am 31. Dezember d. Js. läuft die Frist ab, bis zu welcher laut Bekanntmachung vom 7. März 1902 (Amtsblatt 1902, Seite 29) von einer Neueinschätzung des Landes abgesehen werden sollte. Indem ich diese Frist bis zum 31. Dezember 1906 verlängere, bestimme ich, dass für die, während des Zeitraumes vom 1. Januar 1902 bis zum 31. Dezember 1904 verkauften Grundstücke der durch die Neueinschätzung vom 7. März 1902 gefundene Wert bei der Steuerberechnung zu Grunde gelegt wird, dass dagegen für die nach dem 1. Januar 1905 veräusserten Grundstücke als Wert des Grundstücks der an das Gouvernement gezahlte Kaufpreis gilt.

Tsingtau, den 1. Oktober 1904.

Der Kaiserliche Gouverneur.
Truppel

Bekanntmachung.

Für Transportmittel und als Kulilöhne werden im Landbezirke des Schutzgebietes folgende Sätze gerechnet:

1 Pferd für den Tag	$ 1,00
1 Maultier mit Treiber für den Tag	„ 0,75
1 Esel „ „ „ „ „	„ 0,65
1 Sampan mit 2 Mann Bedienung zu Überfahrten für den Tag	„ 1,00
1 Schiebkarren mit Vorspann für den Tag	„ 0,50
1 Schiebkarren ohne Vorspann für den Tag	„ 0,25
1 Bote oder Läufer u. s. w. für den Tag	„ 0,20
1 Handwerker, Maurer, Tischler u. s. w. für den Tag	„ 0,30
Tagelöhner erhalten Lohn für den Tag	$ 0,20-$ 0,25
Rikschas von Litsun nach dem Mecklenburghaus ohne Rückfracht	„ 1,50
mit	„ 2,00

In kurzer Zeit werden Bergstühle beschafft sein; Preis für einen Stuhl mit 4 Trägern für den Tag $ 1,25

Bestellungen auf Transportmittel können bis auf weiteres beim Bezirksamt Litsun gemacht werden, das bestimmte Unternehmer an der Hand hat. Beschwerden sind ebenfalls an das Bezirksamt zu richten.

Tsingtau, den 1. Oktober 1904.

Der Kommissar für chinesische Angelegenheiten.

Bekanntmachung.

Die Anordnung der Ausübung der gesundheitspolizeilichen Kontrolle der aus den Häfen von Hongkong, Swatau, Futschau, Amoy und Canton kommenden und den Hafen von Tsingtau anlaufenden Schiffe (Bekanntmachung vom 27. Juli d. Js.- Amtsblatt Seite 165-) wird hierdurch aufgehoben.

Tsingtau, den 27. September 1904.

Der Kaiserliche Zivilkommissar.

1. Oktober 1904.   Amtsblatt—膠澳官報

Bekanntmachung.

Am Kopfe der Molo I des Grossen Hafens ist ein selbstregistrierender Pegel aufgestellt und mit dem 20. dieses Monats in Betrieb gesetzt worden.

Die Aufzeichnungen desselben können von Interessenten bei der Hafenbauabteilung eingesehen werden.

Tsingtau, den 27. September 1904.

Der Baudirektor.

Bekanntmachung.

In Ergänzung von laufender Nr. 2 der „Bestimmungen über den Bezug von Wasser aus dem fiskalischen Wasserwerk" (Amtsblatt 1904, Seite 160) wird nachstehend der „Tarif des fiskalischen Wasserwerks für Zuleitungen" bekannt gegeben.

Tsingtau, den 6. September 1904.

Der Baudirektor.

Tarif
des fiskalischen Wasserwerkes für Zuleitungen.

Es werden berechnet:

1.) Für 1 lfd. m. Zuleitung aus verzinktem Eisenrohr von 20 mm. lichter Weite   2,50 $
2.) Für 1 lfd. m. wie vor von 25 mm. l. W.   2,70 „
3.) „ 1 „ „ „ „ 30 „ „   3,20 „
4.) „ 1 „ „ „ „ 40 „ „   3,70 „
5.) „ 1 „ „ Zuleitung aus gusseisernen Rohren von 50 mm. lichter Weite   5,— $
6.) Für 1 lfd. m wie vor von 60 mm. l. W.   5,50 „
7.) „ 1 „ „ „ „ 70 „ „   6,— „
8.) „ 1 „ „ „ „ 80 „ „   6,50 „
9.) „ 1 „ „ „ „ 100 „ „   8,— „

In diesen Preisen ist einbegriffen: Die Lieferung aller Materialien, sowie die Ausführung aller Erd-, Fels-, Spreng-, Chaussierungs- und Pflaster-Arbeiten, sowie die erforderlichen Mauerdurchbrüche und der Einbau des Privathaupthahnes, bis zu welchem die Länge der Zuleitungen berechnet wird. Ausgeschlossen ist - abgesehen von der Zuschüttung des Rohrgrabens - die Wiederherstellung des früheren Zustandes auf dem Privatgrundstücke an gärtnerischen Anlagen, Zementstrichen, Plattenbelägen, Pflasterarbeiten u. s. w, die von dem Antragsteller selbst zu bewirken ist.

Amtliche Anzeigen.

Bekanntmachung.

Als gestohlen angemeldete Gegenstände: 1 gelbe, längliche Eisenblechkasette mit 4 Fächern, 40 cm lang, 12 cm hoch; 2 Juchtenleder-Portemonnaies, auf dem einen ist eine Kanone und die Regts. Nr. 30, auf dem anderen ein Radfahrer eingeprägt; 1 Militär-Ehrenzeichen II. Kl.; 1 China-Denkmünze; 1 Kaiser Wilhelms-Erinnerungs-Medaille.

Tsingtau, den 28. September 1904.

Kaiserliches Polizeiamt.

白 告

敬者茲將本署據報被窃各物列左
外國裝錢黃色馬口鐵長箱一雙內分
四格長四十桑的米打高十二桑的米
打
俄國紅色香皮錢夾一個上面印有砲
一尊並有第三十號字樣
俄國紅色香皮錢夾于一個上面印有
外國脚星三座
騎自行車者
以上各物切勿輕買如見亦官報明
本署特諭

德一千九百四年九月二十八日

青島巡捕衙門啟

218. Amtsblatt—青島官報 1. Oktober 1904.

Bekanntmachung.

Der Gottesdienst in der Gouvernementskapelle beginnt am Sonntag, den 2. Oktober d. Js., ausnahmsweise um 10½ Uhr.

Tsingtau, den 28. September 1904.

Kaiserliches Gouvernement.

Bekanntmachung.

Ernst Keining hat ein Gesuch zum Betriebe eines Restaurants nebst Kaffees im Hause des Bäckermeisters Richter in der Friedrichstrasse eingereicht.

Einwendungen im Sinne der Gouvernementsbekanntmachung vom 10. Oktober 1899 sind bis zum 16. Oktober d. Js. an die unterzeichnete Behörde zu richten.

Tsingtau, den 26. September 1904.

Kaiserliches Polizeiamt.

Mitteilungen.

Der Kurs bei der Gouvernementskasse beträgt vom 27. September d. Js. ab: 1 $ = 1,98 M.

*   *   *

Die Schantung-Eisenbahn hat vom 1. Oktober d. Js. ab die Fracht für den Wagen **Kohlen** von den Stationen Poschan und Takuenlun nach Tschangtien, Tschoutsun und Tsinanfu um 2 $ erhöht.

*   *   *

Vom 1. Oktober ab betragen die Worttaxen für Telegramme nach:

Europa ohne Russland	mex. Doll.	2,45
Russland via Eastern	" "	2,45
" via Kiachta	" "	0,90
Asiatisches Russland via Kiachta	" "	0,65
San Francisco via pac.	" "	2,45
Neuyork via pac.	" "	2,70
Japan	" "	0,91

Die übrigen Taxen bleiben ziemlich unverändert und können bei dem Kaiserlichen Postamt (Telegramm-Annahmestelle) in Erfahrung gebracht werden.

Schiffsverkehr

in der Zeit vom 22. — 29. September 1904.

Ankunft am	Name	Kapitän	Flagge	Reg. Tonnen.	von	Abfahrt am	nach
23.9.	D. Vorwärts	Sohnemann	Deutsch	643	Schanghai	24.9.	Schanghai
"	D. Anhui	Frazier	Englisch	1350	"	23.9.	Tschifu
"	D. Paoting	Wawel	"	1072	Tschifu	24.9.	Schanghai
26.9.	D. Ching Ping	Harwey	"	1062	Schanhaikwan	27.9.	"
"	D. El Dorado	Smith	"	892	Schanghai	"	"
"	D. Chefoo	Edler	Deutsch	135	Tschifu	"	Tschifu
27.9.	D. Knivsberg	Kayser	"	646	Schanghai	"	"
"	D. Tsintau	Hansen	"	977	Tschifu	"	Schanghai
28.9.	D. Dagmar	Carl	Norwegisch	383	Kobe		

1. Oktober 1904.　　　　　Amtsblatt—青島官報　　　　　219.

Meteorologische Beobachtungen
in Tsingtau.

Datum. Sept.	Barometer (mm) reduz. auf 0° C., Seehöhe 24,30 m			Temperatur (Centigrade).								Dunstspannung in mm			Relat. Feuchtigkeit in Prozenten		
				trock. Therm.			feucht. Therm.										
	7 Vm	2 Nm	9 Nm	7 Vm	2 Nm	9 Nm	7 Vm	2 Nm	9 Nm	Min.	Max.	7 Vm	2 Nm	9 Nm	7 Vm	2 Nm	9 Nm
22	760,3	759,9	760,6	19,5	24,2	21,1	15,4	17,2	16,2	18,5	25,2	10,5	10,3	10,7	62	47	58
23	61,0	60,5	61,5	18,5	22,6	18,7	16,4	15,0	15,5	17,8	24,2	12,6	8,1	11,2	80	40	70
24	62,3	62,4	63,4	17,2	24,2	20,0	14,8	16,1	16,1	15,4	22,9	11,1	8,7	11,2	76	39	65
25	64,8	63,9	64,0	18,2	24,4	21,0	14,4	17,4	17,5	17,3	25,1	9,9	10,5	12,6	63	47	67
26	63,9	62,4	62,5	20,3	27,1	21,2	16,2	18,5	17,1	18,5	26,2	11,2	10,6	12,0	63	40	65
27	62,6	60,3	61,1	17,9	26,8	21,3	15,8	18,7	18,8	17,3	28,8	11,1	11,1	14,6	79	43	78
28	60,5	59,9	61,3	21,9	24,8	21,7	19,9	20,7	19,2	18,2	27,4	16,0	15,6	15,0	82	68	78

Datum. Sept.	Wind Richtung & Stärke nach Beaufort (0—12)			Bewölkung						Niederschläge in mm		
				7 Vm		2 Nm		9 Nm				
	7 Vm	2 Nm	9 Nm	Grad	Form	Grad	Form	Grad	Form	7 Vm	9 Nm	9 Nm / 7 Vm
22	0 1	S O 1	S 2	7	Cum-str	3	Cum-str	4	Cum-str			
23	NNW 1	NW 1	OSO 2	10	Cum	10	Cum	2	Cir-str			
24	NNO 1	SSO 1	SSW 1	2	„	2	„					
25	WNW 1	S 1	S 2					8	Cum			
26	S 1	NNW 1	NO 1	9	Cum	1	Cu-str	2	„			
27	NNW 2	NW 1	SSO 1					1	„			
28	SSO 2	S 3	S 3			8	Cu-str	5	Cu-str			

Druck der Missionsdruckerei, Tsingtau.

第五年　第四十号

1904 年 10 月 1 日

法令与告白

根据1900年9月10日版本的《保护地法》（《帝国法律报》第812页），本人决定：

皇家普鲁士法院实习法官雷曼被派遣到青岛执行法官工作，授权其在所有属于胶澳皇家审判厅的事务中的审判权。

柏林，1904年8月13日
代理帝国总理
提尔皮茨

告白[①]

根据1902年3月7日的告白（1902年《官报》，第29页），对土地进行新的评估的期限将于今年12月31日到期。

为将该期限延长至1906年12月31日，本人决定，对于在1902年1月1日到1904年12月31日期间出售的地块，在计税的时候以1902年3月7日新评估的价值为基础，1905年1月1日之后转让的地块，其价值按照向总督府偿付的购买价格计算。

青岛，1904年10月1日
皇家总督
都沛禄

大德钦命总督胶澳文武事宜大臣都　为

出示通行晓谕事：案查西历一千八百九十八年九月初二日所订《胶澳德属境内应行征收各项税课章程》："凡经督署卖出之地，应按地值每百抽六之例交纳地税。至地值一层，暂且限至一千九百二年正月初一日仍与原缴督署拍卖之价一律无异，以后可由总督随

[①] 译者注：此篇德文和下篇中文内容不是完全对应。

时委派数员会同另行估计地值"等语。业于一千九百二年三月初七日晓谕:"将自一千九百一年正月初一日起至是年十二月三十一日止,所有经督署卖出之地,先以地亩局原定之价与拍卖所缴之价比较扯算,再与期内转行卖出之价核对,另行估计,定一适中平价。凡各地主应纳之地税,即一此价为率。至于一千九百一年十二月三十一日以后拍卖之地,仍旧照其拍卖所缴督署之价每百抽六之例完纳地税。截至一千九百五年正月初一日始可另订适中平价"等语在案。兹因定期将满,姑暂展期缓至一千九百六年十二月三十一日再议。其自一千九百二年正月初一起,至一千九百四年十二月三十一日期内卖出之地向按拍卖之价完纳地税者,现则一律改归前定之适中平价完纳。其在一千九百五年正月初一日以后卖出之地,各该买主仍当按照缴纳督署拍卖之价值百抽六之例完纳地税。为此谕,仰诸色人等一题(体)遵照。切切特示。

右谕通知
大德一千九百四年十月初一日　告示

大德钦命管理中华事宜辅政司单　为

晓谕定价事:照得现将李村辖境以内各种脚钱、各项工资每日若干分别立一定价,以示限制。如左:

马一匹,每一日租洋一元;骡子一头,有人跟脚者,每一日洋七角五分;驴一头,有人跟脚者,每一日洋六角五分;舢板一只,有水手二人者,每一日洋一元;单轮小车,有人有牲口推拉者,每辆每日洋五角;单轮小车,无人无牲口推拉者,每辆每日洋两角五分;送信等人,每一日工洋两角;工艺瓦匠、木匠等人,每一日工洋三角;工人,每一日工洋两角至两角五分;东洋车自李村拉至柳树台者,车价洋一元五角;东洋车由李村拉至柳树台,复由柳树台拉回李村者,共车价洋两元;山轿一乘四人抬者,每一日价洋一元二角五分,此项山轿不久即可有人购办。凡有人行次李村欲觅以上各项者,可以报明该处副臬司署,因该处有专行包办之人。倘其中查有弊端,亦可报明该副臬司署可也。为此谕,仰诸色人等一体知悉。特示。

右谕通知
大德一千九百四年十月初一日　告示

告白

《关于对驶入青岛港,来自香港、汕头、福州、厦门和广州港的船只实施卫生警察检查的法令》(今年7月27日的告白,《官报》第165页)谨此撤销。

青岛,1904年9月27日
皇家民政长

告白

大港 1 号码头头部放置了一个自登记的水位计,自本月 20 日开始使用。
可以在港口建造处查阅它上面记载的数据。

青岛,1904 年 9 月 27 日
建设局局长

告白

现公布下列《国有水厂引水收费表》,作为对目前生效的《关于从国有水厂引水的规定》(1904 年《官报》,第 160 页[①]第 2 号文的补充。

青岛,1904 年 9 月 6 日
建设局局长

国有水厂引水收费表

收费事项:

1. 用内径 20 毫米的镀锌铁管引水 1 延米　　2.50 元
2. 用内径 25 毫米的镀锌铁管引水 1 延米　　2.70 元
3. 用内径 30 毫米的镀锌铁管引水 1 延米　　3.20 元
4. 用内径 40 毫米的镀锌铁管引水 1 延米　　3.70 元
5. 用内径 50 毫米的铸造铁管引水 1 延米　　5.00 元
6. 用内径 60 毫米的铸造铁管引水 1 延米　　5.50 元
7. 用内径 70 毫米的铸造铁管引水 1 延米　　6.00 元
8. 用内径 80 毫米的铸造铁管引水 1 延米　　6.50 元
9. 用内径 100 毫米的铸造铁管引水 1 延米　　8.00 元

官方通告

告白

启者:兹将本署据报被窃各物列左:

外国装钱黄色马口铁长箱一只,内分四格,长四十桑的米打,高十二桑的米打;俄国红色香皮钱夹一个,上面印有炮一尊,并有"第三十号"字样;俄国红色香皮钱夹子一个,上面

---

① 译者注:应为 106 页。

印有骑自行车者；外国宝星三座。

以上各物切勿轻买，如见亦宜报明本署。特谕。

德一千九百四年九月二十八日
青岛巡捕衙门启

告白

督署小教堂里的弥撒在今年 10 月 2 日周日开始，有别于往常，时间为 10 点 30 分。

青岛，1904 年 9 月 28 日
皇家总督府

告白

恩斯特·凯宁递交了在弗里德里希大街面包师里希特的楼内开办包括咖啡馆的饭店的申请。

如有根据 1899 年 10 月 10 日总督府告白提出的异议，须在今年 10 月 16 日前递交至本处。

青岛，1904 年 9 月 26 日
皇家巡捕房

消息

总督府财务处自今年 9 月 27 日起的汇率为：1 元＝1.98 马克。

自今年 10 月 1 日起，山东铁路公司将从博山和大昆仑站运往张店、周村和济南府的煤炭运费按照每车皮上调 2 元。

从 10 月 1 日起，电报每词收费为：

不含俄国的欧洲	2.45 鹰洋
经东方公司的俄国	2.45 鹰洋
经恰克图的俄国	0.90 鹰洋
经恰克图发往俄国亚洲部分	0.65 鹰洋
经太平洋公司发往旧金山	2.45 鹰洋
经太平洋公司发往纽约	2.70 鹰洋

日本　　　　　　　　　0.91 鹰洋

剩余收费绝大部分没有变化,可以在皇家邮政局(电报接收处)了解相关情况。

船运

1904 年 9 月 22 日—29 日期间

到达日	轮船船名	船长	挂旗国籍	登记吨位	出发港	出发日	到达港
9月23日	前进号	索纳曼	德国	643	上海	9月24日	上海
9月23日	安徽号	弗拉齐尔	英国	1 350	上海	9月23日	芝罘
9月23日	保定号	瓦维尔	英国	1 072	芝罘	9月24日	上海
9月26日	清平号	哈维	英国	1 062	山海关	9月27日	上海
9月26日	黄金岛号	史密斯	英国	892	上海	9月27日	上海
9月26日	芝罘号	艾德勒	德国	135	芝罘	9月27日	芝罘
9月27日	柯尼夫斯堡号	凯瑟	德国	646	上海	9月27日	芝罘
9月27日	青岛号	韩森	德国	977	芝罘	9月27日	上海
9月28日	达格玛号	卡尔	挪威	383	神户		

Amtsblatt
für das
Deutsche Kiautschou-Gebiet.

青島官報

Herausgegeben vom Kaiserlichen Gouvernement Kiautschou.

Der Bezugspreis beträgt jährlich $ 0,60 = M 1,20.
Bestellungen nehmen sämtliche deutsche Postanstalten entgegen.

Jahrgang 5.   Nr. 41.   Tsingtau, den 8. Oktober 1904.

Verordnungen und Bekanntmachungen.

Verordnung
betreffend
Schutz der Fasanen.

§ 1.

Das Töten oder Einfangen von Fasanen ist verboten.

§ 2.

Zuwiderhandlungen werden mit Geldstrafe bis zu sechzig Mark oder mit Haft bis zu vierzehn Tagen bestraft.

Tsingtau, den 3. Oktober 1904.

Der Kaiserliche Gouverneur.

In Vertretung.

Jacobson.

Amtliche Anzeigen.

Landversteigerung.

Auf Antrag des Redakteurs Li schin en findet am Montag, den 24. Oktober 1904, vormittags 11 Uhr, im Landamte die öffentliche Versteigerung des Grundstücks Kbl. 9 Nr. 255/12 an der Pekingstrasse, Ecke Schansistrasse, statt.

   Grösse: 1102 qm.
   Mindestpreis: $ 1113,02.
   Benutzungsplan: industrielle Anlagen, Wohn- und Geschäftshäuser, Lagerplatz.
   Bebauungsfrist: bis zum 31. Oktober 1907.
   Gesuche zum Mietbieten sind bis zum 17. Oktober 1904 hierher zu richten.

Tsingtau, den 4. Oktober 1904.

Kaiserliches Landamt.

Bekanntmachung.

Als gestohlen angemeldete Gegenstände: 2 Paar weisse Marinehosen mit dem Namen: „Art. Maat Blanke," 1 weisses Jacket auf denselben Namen lautend.

Als verloren angemeldete Gegenstände: 1 Packet Bücher enthaltend 35 Bände der deutsch chines. Grammatik von Pater Teufel.

Als gefunden angemeldete Gegenstände: 1 graue Pelerine mit grauem halbseidenem Futter.

Tsingtau, den 6. Oktober 1904.

Kaiserliches Polizeiamt.

Aufgebot.

Es wird hiermit bekannt gemacht, dass **Felix** Joseph Adolph Maria **Schmidt Decarli,** seines Standes Bankbeamter, geboren zu Dresden, 31 Jahre alt, wohnhaft in Tsingtau, Sohn des zu Dresden verstorbenen Hofopernsängers Eduard Schmidt Decarli und seiner in Dresden wohnhaften Ehefrau Anna, geborenen Jürgens

und

Ada Alice **Morrison,** geboren zu Hongkong, 20 Jahre alt, wohnhaft in Tientsin, Tochter des zu Hongkong verstorbenen Gouvernementsbeamten John Morrison und seiner in Tientsin wohnhaften Ehefrau Maria, geborenen Mahon,

beabsichtigen, sich mit einander zu verheiraten und diese Ehe in Gemässheit des Reichsgesetzes vom 4. Mai 1870 bei dem unterzeichneten Standesbeamten abzuschliessen.

Tsingtau, den 3. Oktober 1904.

Der Kaiserliche Standesbeamte.

In Vertretung.

Dr. Crusen.

白 告

啓者茲將本署臚報被竊遺失
案各物分別列左
被竊各物
水手白布褲十兩條
水手白布褂一件上有西字
舊包一件內有德文話規二十五本
遺失之物
送案之物
灰色廠衣一領衣裡亦係灰色半絲
半綿之布
以上被竊遺失各物諸色人等切
勿輕買送案各物亦准失主具領
特佈
德一千九百四年十月初六日
青島巡捕衙門啓

Mitteilungen.

Das Kaiserliche Postamt erinnert an die Erneuerung der Zeitungsabonnements für 1905. Die erste Bestellung geht Anfang November hier ab. Bei späteren Bestellungen kann auf rechtzeitige Lieferung nicht gerechnet werden.

*

Die letzte Gelegenheit für die Versendung von Weinachtspacketen nach der Heimat ist der am 29. Oktober hier abfahrende Postdampfer bei der Leitung über Bremen oder Hamburg. Über Italien zu versendende Packete müssen bis zum 12. November eingeliefert werden.

*

Die am 6. und 20. Oktober d. Js. in Schanghai fälligen französischen Posten fallen wegen des Streiks in Marseille aus.

8. Oktober 1904.   Amtsblatt—青島官報   223.

Meteorologische Beobachtungen
in Tsingtau.

Datum. Sept.	Barometer. (m m) reduz. auf 0° C., Seehöhe 24,30 m			Temperatur (Centigrade).								Dunstspannung in mm			Relat. Feuchtigkeit in Prozenten		
				trock. Therm.			feucht. Therm.										
	7 Vm	2 Nm	9 Nm	7 Vm	2 Nm	9 Nm	7 Vm	2 Nm	9 Nm	Min.	Max.	7 Vm	2 Nm	9 Nm	7 Vm	2 Nm	9 Nm
29	760,9	760,6	760,8	21,7	24,3	21,3	19,2	20,0	18,3	21,4	25,7	15,0	14,7	13,8	78	66	74
30	61,9	61,3	62,2	18,4	24,1	20,5	17,7	20,0	17,8	18,2	25,0	14,6	14,9	13,5	93	67	75
Oct.																	
1	63,5	63,1	64,2	19,0	24,1	20,9	16,7	19,6	16,4	18,0	26,4	12,7	14,2	11,1	78	64	61
2	65,5	63,9	63,8	18,5	24,0	19,3	16,3	19,8	16,4	17,3	25,5	12,5	14,6	12,1	79	66	73
3	62,8	61,5	63,3	17,9	24,4	18,0	16,6	18,5	15,2	16,9	24,2	13,3	12,2	11,2	87	54	73
4	65,2	64,7	64,6	12,0	13,9	12,5	7,0	8,5	8,8	12,0	25,5	4,5	5,0	6,2	43	43	58
5	63,1	60,9	61,2	12,2	18,4	13,1	7,5	11,5	9,1	15,6	12,0	4,9	6,0	6,2	46	38	55

Datum. Sept.	Wind Richtung & Stärke nach Beaufort (0—12)			Bewölkung						Niederschläge in mm		
				7 Vm		2 Nm		9 Nm				
	7 Vm	2 Nm	9 Nm	Grad	Form	Grad	Form	Grad	Form	7 Vm	9 Nm	9 Nm / 7 Vm
29	S 3	SSO 2	S O 1	8	Cum-ni	10	Cum-str	5	Cum-str			
30	0 1	S O 2	S O 1	10	„	3	Cum	2	Cum			
Oct.												
1	N 1	SSO 2	SSO 1	2	Cum	1	„					
2	NNO 1	S 2	OSO 1	1	„	2	„					
3	NNO 1	SSW 1	NNO 5	6	Cum-str	2	Cum-str	10	Cum			
4	NNO 7	NW 5	NNO 5	9	Cum	10	„	10	„			
5	WNW 5	NW 2	NO 1	3	Cum-str	1	Cum					

224.   Amtsblatt—青島官報   8. Oktober 1904.

Schiffsverkehr

in der Zeit vom 29. September — 6. Oktober 1904.

Ankunft am	Name	Kapitän	Flagge	Reg. Tonnen.	von	Abfahrt am	nach
(20.7.)	D. Howik Hall	Harris	Englisch	2378	Singapore	5.10.	Hongkong
(28.9.)	D. Dagmar	Carl	Norwegisch	384	Kobe	29.9.	Kobe
30.9.	D. Gouv. Jaeschke	Vogel	Deutsch	1345	Schanghai	1.10.	Schanghai
„	D. Chenan	Hunter	Englisch	1350	„	30.9.	Tschifu
„	D. Chung King	Hopkins	„	801	Tschifu	1.10.	Schanghai
„	D. Emma	Ziegenmeyer	Deutsch	1732	Moji		
1.10.	D. Bintang	Ingemann	Dänisch	872	„	6.10.	Moji
3.10.	D. Brisgavia	Schülke	Deutsch	4163	Manila	„	
„	D. Chefoo	Edler	„	135	Tschifu	„	Tschifu
„	D. El Dorado	Smith	Englisch	892	Schanghai	4.10.	Schanghai
4.10.	D. Vorwärts	Sohnemann	Deutsch	643	„	„	Tschifu
5.10.	D. Tung hou	Beunsch	Englisch	952	„	6.10.	„
„	D. Progress	Bremer	Deutsch	688	Wladiwostok		
6.10.	D. Knivsberg	Kayser	„	646	Tschifu	6.10.	Schanghai

Druck der Missionsdruckerei, Tsingtau.

第五年 第四十一号

1904 年 10 月 8 日

法令与告白

关于保护野鸡的法令

第 1 条

禁止杀死或捕获野鸡。

第 2 条

如有违反,将罚款最高至 60 马克,或者关押 14 天。

青岛,1904 年 10 月 3 日
代理皇家总督
雅各布森

官方通告

大德管理青岛地亩局　为

拍卖地亩事:今据李承恩禀称,欲买大包岛北京街地图第九号第二百五十五块地,计一千一百零二米打,暂拟价洋一千一百一十三元零二分。兹定于西历十月二十四日上午十一点钟在局拍卖。买定之后,可盖住宅、铺户、机器货栈各房,限至一千九百零七年十月三十一日一律修竣。如有人欲买者,可以投票,截至十月十七日止,届期同赴本局面议可也。勿误。特谕。

右谕通知
大德一千九百四年十月初四日　告示

告白

启者:兹将本署据报被窃、遗失并送案各物分别列左:

被窃各物:

水手白布裤子两条；水手白布褂一件，上有西字。

遗失之物：

书包一件，内有德文话规三十五本。

送案之物：

灰色厂衣一领，衣里亦系灰色半丝半绵之布。

以上被窃、遗失各物诸色人等切勿轻买，送案各物亦准失主具领。特布。

德一千九百四年十月初六日
青岛巡捕衙门启

结婚公告

费利克斯·约瑟夫·阿道夫·玛丽亚·施密特·德卡利，职业为银行职员，出生于德累斯顿，现年31岁，居住地为青岛，是在德累斯顿去世的皇家歌剧歌手爱德华·施密特·德卡利与居住在德累斯顿、出生时姓于尔根的妻子安娜的儿子。

阿达·爱丽丝·莫里森，出生于香港，现年20岁，居住地为天津，是已去世的总督府官员约翰·莫里森和他居住于天津、出生时姓马洪的妻子玛丽亚的女儿。

谨此宣布二人结婚，此婚约按照1870年5月4日颁布的法律规定，在本户籍处缔结。

青岛，1904年10月3日
皇家户籍处代理人
克鲁森博士

消息

皇家邮政局提醒续订1905年的报纸。在本地的第一次订购在11月初结束，之后再订报，将无法保证及时送达。

向家乡寄送圣诞包裹的最后一次机会是在10月29日出发的邮船，经过不来梅或者汉堡寄递。经过意大利运输的包裹必须在11月12日之间交送邮局。

今年10月6日和20日从上海寄往法国的邮件因马赛罢工而取消。

船运

1904年9月29日—10月6日期间

到达日	轮船船名	船长	挂旗国籍	吨位	出发港	出发日	到达港
(7月20日)	霍威克·霍尔号	哈里斯	英国	2 378	新加坡	10月5日	香港
(9月28日)	达格玛号	卡尔	挪威	384	神户	9月29日	神户
9月30日	叶世克总督号	福格尔	德国	1 345	上海	10月1日	上海
9月30日	车南号	亨特	英国	1 350	上海	9月30日	芝罘
9月30日	重庆号	霍普金斯	英国	801	芝罘	10月1日	上海
9月30日	艾玛号	齐根迈耶尔	德国	1 732	门司		
10月1日	斌唐号	英格曼	丹麦	872	门司	10月6日	门司
10月3日	布里斯加维亚号	许尔克	德国	4 163	马尼拉	10月6日	门司
10月3日	芝罘号	艾德勒	德国	135	芝罘	10月6日	芝罘
10月3日	黄金岛号	史密斯	英国	892	上海	10月4日	上海
10月4日	前进号	索纳曼	德国	643	上海	10月4日	芝罘
10月5日	通州号	本施	英国	952	上海	10月6日	芝罘
10月5日	进步号	布雷默	德国	688	符拉迪沃斯托克		
10月6日	柯尼夫斯堡号	凯瑟	德国	646	芝罘	10月6日	上海

Amtsblatt für das Deutsche Kiautschou-Gebiet.

青島官報

Herausgegeben vom Kaiserlichen Gouvernement Kiautschou.

Der Bezugspreis beträgt jährlich $ 0,60 = M 1,20.
Bestellungen nehmen sämtliche deutsche Postanstalten entgegen.

Jahrgang 5.   Nr. 42.   Tsingtau, den 15. Oktober 1904.

Verordnungen und Bekanntmachungen.

Verordnung
betreffend
Schutz der Singvögel.

Das Fangen und das Erlegen von Singvögeln, sowie jedes Nachstellen zum Zwecke des Fangens oder Tötens von Singvögeln ist verboten.

Ferner ist es untersagt, im Umherziehen Singvögel feilzuhalten.

Zuwiderhandlungen werden mit Geldstrafe bis zu 150 Mark oder im Nichtbeitreibungsfalle mit Haft bestraft.

Tsingtau, den 10. Oktober 1904.

Der Kaiserliche Gouverneur.

Truppel.

Bekanntmachung.

Das in der Bekanntmachung betreffend Prüfung der Anträge auf Erteilung der Berechtigung zum Hotel- und Wirtschaftsbetriebe vom 10. Oktober 1899 angeordnete Prüfungsverfahren wird auf den Polizeibezirk Tsingtau beschränkt.

Tsingtau, den 7. Oktober 1904.

Der Kaiserliche Gouverneur.
In Vertretung.
Jacobson.

Bekanntmachung.

Die Sandentnahme an der Haipo-Mündung ist verboten.

Die Grenzen des für Sandentnahme verbotenen, zwischen 500 m. südlich und 750 m. nördlich der Mündung gelegenen Gebietes sind durch Tafeln gekennzeichnet.

Tsingtau, den 10. Oktober 1904.

Der Kaiserliche Gouverneur.
In Vertretung.
Jacobson.

Amtliche Anzeigen.

Verkauf der alten elektrischen Centrale.

Am Donnerstag, den 20. Oktober 1904, vormittags 11 Uhr, soll die alte Centrale an Ort und Stelle an den Meistbietenden öffentlich verkauft werden.

Die zum Verkauf gelangende Anlage besteht aus:

- 2 Locomobilen;
- 1 Transmission;
- 2 Dynamos mit Erregermaschinen;
- 1 Schaltanlage;
- 6 Transformatoren, die den 1000 voltigen Einphasenwechselstrom der Dynamos auf 2 mal 120 Volt herabtransformieren;
- die zur Anlage gehörigen Riemen und vorhandene Reserveteile.

Ferner kommen noch zum Verkauf:

- etwa 30 gebrauchte Bogenlampen von 16, 20 und 25 Ampère, jedoch ohne Glasglocken;
- 1 Wechselstrommotor von 2,1 P. S.;
- 2 „ von 1 P. S.;
- 200 hölzerne Querträger zur Verlegung von Leitungen an Masten.

Die zum Verkauf gelangenden Gegenstände können an allen Wochentagen von 11 bis 12 Uhr vormittags nach vorheriger Anmeldung bei dem Elektricitätswerk besichtigt werden und können auch dort die näheren Bedingungen eingesehen werden. Letztere werden auch vor dem Verkauf an Ort und Stelle bekannt gegeben.

Tsingtau, den 6. Oktober 1904.

Elektricitätswerk Tsingtau.

Beschluss.

Das Konkursverfahren über das Vermögen des Kaufmanns Hermann Rohde, früher in Tsingtau, jetzt in Schanghai wohnhaft, wird eingestellt, weil eine den Kosten des Verfahrens entsprechende Konkursmasse nicht vorhanden ist.

Tsingtau, den 13. September 1904.

Kaiserliches Gericht von Kiautschou.

白 告

啟者本局現擬將大包島仁濟公司對面舊局內所有之電汽機器於西歷十月二十日早十一點鐘拍賣出賣各器列左

汽機兩部帶有生電汽具

代擊木兩部較齒輪一件

接電器一具變流電機九具

以上各物皆附有應需之皮帶及所餘應用補料

弧光燈約三十盞即電燈無罩其力有十六安乓二十安乓二十五安乓二不等

十安乓二點五安乓二不等

電力機一具有二馬力零十分之一

送換電力機兩具各一馬力

送換電力機兩具各壯一馬力

電桿橫木二百根

所賣各物除禮拜日外每日早自十一點鐘至十二點鐘可以任便入內查看惟先須報明本局並可在局閱覽拍賣規條

特佈

德一千九百四年十月初六日

青島電汽燈局

Bekanntmachung.

In dem Konkursverfahren über das Vermögen des Gastwirts Heinrich Krippendorff und den Nachlass des Gastwirts Hugo Krippendorff wird auf Grund des §. 142 R. K. O. ein besonderer Prüfungstermin zur Prüfung verspätet angemeldeter Forderungen und eine mit demselben verbundene Gläubigerversammlung anberaumt auf

Sonnabend, den 12. Nov. 1904, vorm. 10 Uhr.

Tsingtau, den 8. Oktober 1904.

Kaiserliches Gericht von Kiautschou.

Die unter Abteilung A Nr. 39 des Handelsregisters eingetragene Firma

„**Carl Schmidt**"

ist erloschen.

Tsingtau, den 10. Oktober 1904.

Kaiserliches Gericht von Kiautschou.

15. Oktober 1904. Amtsblatt—青島官報 227.

Bei der in Abteilung A Nr. 2 des Handelsregisters vermerkten offenen Handelsgesellschaft „Anz & Co." ist folgendes eingetragen:

Die Prokura des Kaufmanns Arnold Berg ist erloschen.

Die Kaufleute Arnold Berg in Tsingtau und Oskar Anz in Tschifu sind als persönlich haftende Gesellschafter eingetragen worden.

Tsingtau, den 10. Oktober 1904.

Kaiserliches Gericht von Kiautschou.

Bei der unter Nr. 30 Abteilung A des Handelsregisters vermerkten Firma

„Paul Behrens"

ist eingetragen:

In Tschifu ist eine Zweigniederlassung errichtet.

Tsingtau, den 10. Oktober 1904.

Kaiserliches Gericht von Kiautschou.

Mitteilungen.

Meteorologische Beobachtungen
in Tsingtau.

Datum Okt.	Barometer (mm) reduz. auf 0° C., Seehöhe 24,30 m			Temperatur (Centigrade).								Dunstspannung in mm			Relat. Feuchtigkeit in Prozenten		
				trock. Therm.			feucht. Therm.										
	7 Vm	2 Nm	9 Nm	7 Vm	2 Nm	9 Nm	7 Vm	2 Nm	9 Nm	Min.	Max.	7 Vm	2 Nm	9 Nm	7 Vm	2 Nm	9 Nm
6	761,7	760,7	763,4	13,2	21,5	15,1	10,2	17,9	10,0	12,3	18,4	7,5	13,1	6,1	66	69	48
7	64,4	63,1	65,9	14,1	22,1	16,3	9,7	19,1	10,4	11,7	22,1	6,3	14,6	5,8	53	74	43
8	68,6	69,8	69,9	14,4	16,2	14,7	11,1	12,1	11,9	12,8	23,2	7,9	8,0	8,7	64	59	70
9	68,2	67,1	67,3	17,1	20,3	18,2	13,9	15,8	14,5	14,4	17,2	9,9	10,6	10,0	68	60	64
10	68,4	67,5	68,0	17,6	20,4	18,1	14,5	16,2	14,9	17,0	20,7	10,4	10,5	10,7	69	56	69
11	67,7	66,9	66,2	17,5	20,1	18,4	15,3	16,3	16,2	16,7	21,8	11,6	11,5	12,4	78	66	79
12	64,4	62,3	61,4	17,5	20,5	19,1	15,7	17,4	16,7	16,7	21,1	12,2	12,9	12,7	82	72	77

Datum Okt.	Wind Richtung & Stärke nach Beaufort (0—12)			Bewölkung						Niederschläge in mm		
				7 Vm		2 Nm		9 Nm				9 Nm
	7 Vm	2 Nm	9 Nm	Grad	Form	Grad	Form	Grad	Form	7 Vm	9 Nm	7 Vm
6	N O 1	WNW 4	N W 5	2	Cum	3	Cum-ni					
7	WSW 1	S W 4	NNO 2			2	Cum					
8	O 4	O 5	OSO 3	2	Cum	2	„	3	Cum			
9	S 3	S 4	SSO 3	2	„	7	„	10	„			
10	ONO 1	S O 2	OSO 1	10	„	8	„	10	„			
11	ONO 1	S O 1	OSO 1	9	„	10	Cu-ni	9	„			
12	N O 1	S O 1	S 2	10	Cum-ni	7	„	2	„			

Schiffsverkehr

in der Zeit vom 6. — 13. Oktober 1904.

Ankunft am	Name	Kapitän	Flagge	Reg. Tonnen.	von	Abfahrt am	nach
(30.9.)	D. Emma	Ziegenmeyer	Deutsch	1732	Moji	12.10.	Astoria
(1.10.)	D. Bintang	Ingemann	Dänisch	873	„	10.10.	Mororan
7.10.	D. Gouv. Jaeschke	Vogel	Deutsch	1045	Schanghai	8.10.	Schanghai
„	D. Chenan	Hunter	Englisch	1350	Tschifu	„	„
8.10.	D. Anhui	Frazier	„	1350	Schanghai	„	Tschifu
10.10.	D. El Dorado	Smith	„	892	„	11.10.	Schanghai
„	D. Tsintau	Hansen	Deutsch	977	„	„	Tschifu
„	D. Dagmar	Carl	Norwegisch	383	Kobe	„	„
12.10.	D. Vorwärts	Sohnemann	Deutsch	643	Tschifu	12.10.	Schanghai

Druck der Missionsdruckerei, Tsingtau.

第五年　第四十二号

1904 年 10 月 15 日

法令与告白

大德钦命总督胶澳文武事宜大臣都　为

晓谕卫生飞禽事：照得能啼之鸟其命虽微，似亦未便任人无辜捉杀，快其耳腹，致伤上天好生之德。亟宜示禁，以挽积习。仰阖境中外诸色人等一体知悉，自示之后，所有能啸鸟雀不准生擒，或戕杀，或设备生擒及戕害之法，或沿街市售卖，倘有不遵故违者，一经查出，定即罚洋至一百五十马克之多，如无力缴洋则科以监禁。仰各凛遵，幸勿尝试。特谕。

右谕通知
大德一千九百四年十月初十日　告示

告　白

1899 年 10 月 20 日颁布的《关于对申请酒店和经营企业发放授权的告白》中规定的查验程序，在青岛警区范围内限制使用。

青岛，1904 年 10 月 7 日
代理皇家总督
雅各布森

告　白

禁止在海泊河入海口取沙。

禁止取沙区域的边界范围为入海口南部 500 米和北部 750 米的区域，通过标牌标注。

青岛，1904 年 10 月 10 日
代理皇家总督
雅各布森

官方通告

告白

启者：本局现拟将大包岛仁济公司对面旧局内所有之电汽机器于西历十月二十日早十一点钟拍卖，出卖各器列左：

汽机两部；较齿轮一件；代拿木两部，带有生电汽具；接电器一具；变流电机九具。

以上各物皆附有应需之皮带及所余应用补料。

弧光灯约三十盏，即电灯无罩，其力有十六安丕[①]、二十安丕、二十五安丕者不等；迭换电力机一具，有二马力零十分之一；迭换电力机两具，各壮一马力；电杆横木二百根。

所卖各物除礼拜日外，每日早自十一点钟至十二点钟，可以任便入内查看。惟先须报明本局，并可在局阅览拍卖规条，即拍卖时先行声明之规条。特布。

德一千九百四年十月初六日
青岛电汽灯局

决议

对之前居住在青岛、现居住于上海的商人赫尔曼·罗德的破产程序现已停止，原因是没有符合破产案件规模的案件执行费用。

青岛，1904 年 9 月 13 日
胶澳皇家审判厅

告白

对饭店老板海因里希·克里本多夫的财产和饭店老板胡果·克里本多夫的遗产执行的破产程序，现根据《帝国破产法》第 142 条的规定，对于提出对后来报送的索款要求进行查验的特别查验日期以及与此相关的债权人会议，现确定举办日期为 1904 年 11 月 12 日星期六上午 10 点。

青岛，1904 年 10 月 8 日
胶澳皇家审判厅

[①] 译者注：即安培。

在本地商业登记 A 部第 39 号注册的公司"卡尔·施密特"现已撤销。

青岛,1904 年 10 月 10 日
胶澳皇家审判厅

在本地商业登记 A 部第 2 号注册的运营中公司"盉斯洋行"已登记入下列事项：
撤销商人阿诺德·贝尔格的代理权。
青岛的商人阿诺德·贝尔格和芝罘的商人奥斯卡·昂斯作为个人担责的股东进行了登记。

青岛,1904 年 10 月 10 日
胶澳皇家审判厅

在本地商业登记 A 部第 30 号注册的公司"保罗·贝伦斯"已登记入下列事项：
在芝罘设立了一家分支代理。

青岛,1904 年 10 月 10 日
胶澳皇家审判厅

船运

1904 年 10 月 6 日—13 日期间

到达日	轮船船名	船长	挂旗国籍	吨位	出发港	出发日	到达港
（9 月 30 日）	爱玛号	齐根迈耶尔	德国	1 732	门司	10 月 12 日	阿斯托里亚
（10 月 1 日）	斌唐号	英格曼	丹麦	873	门司	10 月 10 日	室兰市
10 月 7 日	叶世克总督号	福格尔	德国	1 045	上海	10 月 8 日	上海
10 月 7 日	车南号	亨特	英国	1 350	芝罘	10 月 8 日	上海
10 月 8 日	安徽号	弗拉齐尔	英国	1 350	上海	10 月 8 日	芝罘
10 月 10 日	黄金岛号	史密斯	英国	892	上海	10 月 11 日	上海
10 月 10 日	青岛号	韩森	德国	977	上海	10 月 11 日	芝罘
10 月 10 日	达格玛号	卡尔	挪威	383	神户	10 月 11 日	芝罘
10 月 12 日	前进号	索纳曼	德国	643	芝罘	10 月 12 日	上海

Amtsblatt
für das
Deutsche Kiautschou-Gebiet.

Herausgegeben vom Kaiserlichen Gouvernement Kiautschou.

Der Bezugspreis beträgt jährlich ℳ 0,60 = M 1,20.
Bestellungen nehmen sämtliche deutsche Postanstalten entgegen.

| Jahrgang 5. | Nr. 43. | Tsingtau, den 22. Oktober 1904. |

Verordnungen und Bekanntmachungen.

Bekanntmachung.

Die besonderen Bestimmungen für Einzelraucher (§§ 10 ff. der Verordnung, betreffend Opium, vom 11. März 1902 - Amtsblatt 1902, Seite 37 ff.) finden auf Passagiere und Fahrzeuge, welche von fremden Häfen die deutsche Küste anlaufen und sich nicht über die zum Laden und Löschen erforderliche Zeit in den deutschen Gewässern aufhalten, keine Anwendung, falls das Opium als Wegzehrung in geringen Mengen von Hafen zu Hafen dem Seezollamte angemeldet und von diesem nicht als Kontrebande betrachtet ist.

Tsingtau, den 13. Oktober 1903.

Der Kaiserliche Gouverneur.

In Vertretung.

Jacobson.

Bekanntmachung.

Auf Grund der §§. 8 und 20 der Verordnung des Kaiserlichen Gouverneurs vom 21. Juli 1904 (Amtsblatt Seite 129) ist mit Wahrnehmung der Geschäfte des Gerichtsvollziehers bei dem Kaiserlichen Gericht von Kiautschou der Gerichtskanzlist Ketelsen beauftragt.

Anträge auf Vornahme von Zustellungen und Zwangsvollstreckungen sind an die Gerichtsschreiberei zu richten. Sie werden bis auf weiteres unter sinngemässer Anwendung der Preussischen Geschäftsanweisung für die Gerichtsvollzieher vom 12. Dezember 1899 (Justiz-Ministerial-Blatt Seite 627) erledigt.

Tsingtau, den 13. Oktober 1904.

Der Kaiserliche Oberrichter.

Bekanntmachung.

Das Viertel am grossen Hafen östlich der Eisenbahn ist ausgelegt.

Es kann dort Land zur Errichtung von Wohn- und Geschäftshäusern, industriellen Anlagen, Lagerschuppen und -stätten gekauft werden.

Am Donnerstag, den 27. Oktober 1904, nachmittags 3½ Uhr, können Interessenten das ausgelegte Viertel persönlich besichtigen und ihre Wünsche wegen Auslegung der Parzellen an Ort und Stelle äussern. Treffpunkt vor dem Gebäude der Bauverwaltung I.

Tsingtau, den 18. Oktober 1904.

Der Zivilkommissar.

Amtliche Anzeigen.

Bekanntmachung.

Als gestohlen angemeldete Gegenstände:
  Eine schwarze Stahluhr Nr. 78491; eine Weckeruhr Nr. 782; eine deutsche Uhr Nr. 215724; eine deutsche Uhr Nr. 11706; eine schwarze Stahluhr Nr. 37; eine Nickeluhr Nr. 1737764; eine russische Uhr; eine Nikkeluhr ohne Nummer; zwei neue Armee-Kummete, dieselben sind verstellbar, die Eisenteile und die äusseren Lederteile schwarz lackirt, innen sind die Lederteile rot; zwei goldene chines. Haarnadeln; etwa 100 Kätty altes Bleirohr.

Als gefunden angemeldete Gegenstände:
  Eine goldene Herren-Remontoir-Uhr, ohne Ring, mit goldenen Zeigern, weissem Zifferblatt mit arabischen Ziffern, im hinteren Deckel die Nr. 6008.

Tsingtau, den 19. Oktober 1904.

Kaiserliches Polizeiamt.

Anstelle der im Handelsregister Abt. A Nr. 39 gelöschten Firma
„Carl Schmidt"
ist in Abteilung A Nr. 43 eine neue Firma gleichen Namens eingetragen worden, deren alleiniger Inhaber der Kaufmann Carl Schmidt in Tsingtau ist.

Tsingtau, den 19. Oktober 1904.

Kaiserliches Gericht von Kiautschou.

22. Oktober 1904.   Amtsblatt—報官膠青   231.

Landversteigerung.

Auf Antrag des Jngenieurs J. Stickforth findet am Montag, den 7. November 1904, vormittags 11 Uhr, im Landamt die öffentliche Versteigerung der am Diederichsweg belegenen Parzelle Kbl. 13 Nr. 42 statt.

Grösse: 946 qm
Mindestpreis: 785,18 $
Benutzungsplan: landhausmässige Bebauung.
Bebauungsfrist bis 30. November 1907.

Gesuche zum Mitbieten sind bis zum 31. Oktober 1904 hierher zu richten.

Tsingtau, den 14. Oktober 1904.

Kaiserliches Landamt.

Bekanntmachung.

Joseph Titz hat ein Gesuch um Uebertragung der Erlaubnis zum Betriebe einer Gastwirtschaft auf seinen Namen für das bisher von Frau Kuhnle innegehabte Lokal „Restaurant Keglerheim" in der Tientsinstrasse in Tapautau eingereicht. Einwendungen im Sinne der Gouvernements-Bekanntmachung vom 10. Oktober 1899 sind bis zum 7. November d. Js. an die unterzeichnete Behörde zu richten.

Tsingtau, der 14. Oktober 1604.

Kaiserliches Polizeiamt.

Bei der in Abteilung B. Nr. 14 des Handelsregisters vermerkten Firma

„Hamburg Amerikanische Packetfahrt,
  Aktiengesellschaft"

ist folgendes eingetragen worden:

Der in der Bekanntmachung vom 26. Mai 1904 unrichtig als stellvertretender Direktor bezeichnete Prokurist Blumenthal ist in ersterer Eigenschaft gelöscht.

Als Prokuristen sind eingetragen:

Der Kaufmann Gottfried Ernst Blumenthal und der Kaufmann Bernhard Albert Lobenstein in Hamburg.

Die Prokuristen sind berechtigt, in Gemeinschaft mit je einem Vorstandsmitglied die Firma der Gesellschaft zu zeichnen.

Tsingtau, den 14. Oktober 1904.

Kaiserliches Gericht von Kiautschou.

Mitteilungen.

Die Geschäfte des Konsulats in Hankau hat am 1. Oktober d. Js. der Kaiserliche Konsul, Legationsrat Dr. Scholz übernommen.

* * *

Der Kurs bei der Gouvernementskasse beträgt vom 12. d. Mts. ab: 1 $=1,95 M.

Meteorologische Beobachtungen
in Tsingtau.

Datum. Okt.	Barometer (mm) reduz. auf 0º C., Seehöhe 24,30 m			Temperatur (Centigrade).								Dunstspannung in mm			Relat. Feuchtigkeit in Prozenten		
				trock. Therm.			feucht. Therm.										
	7 Vm	2 Nm	9 Nm	7 Vm	2 Nm	9 Nm	7 Vm	2 Nm	9 Nm	Min.	Max.	7 Vm	2 Nm	9 Nm	7 Vm	2 Nm	9 Nm
13	759,3	756,8	757,3	18,7	22,9	20,3	17,5	19,1	18,5	17,9	21,3	14,2	14,1	14,7	88	68	83
14	56,7	56,2	57,4	18,7	23,0	20,2	16,8	19,5	18,4	18,6	24,4	13,1	14,7	14,6	82	70	83
15	59,6	66,2	64,4	15,7	20,3	13,0	14,3	13,9	9,8	15,6	24,8	11,3	7,9	7,1	85	45	64
16	65,8	63,9	64,3	10,7	18,3	15,3	9,3	11,7	11,4	10,0	22,7	7,9	6,3	7,7	83	40	59
17	63,0	61,3	61,0	17,2	19,4	18,3	14,1	16,1	15,9	11,0	19,3	10,1	11,6	11,9	69	69	77
18	61,7	60,4	61,2	17,9	16,0	12,0	16,4	13,9	11,3	17,7	20,1	13,0	10,6	9,6	85	78	93
19	60,0	58,6	59,4	12,1	12,3	10,4	11,9	12,0	9,9	11,2	20,5	10,3	10,3	8,8	98	97	94

Datum. Okt.	Wind Richtung & Stärke nach Beaufort (0—12)			Bewölkung						Niederschläge in mm		
				7 Vm		2 Nm		9 Nm				
	7 Vm	2 Nm	9 Nm	Grad	Form	Grad	Form	Grad	Form	7 Vm	9 Nm	9 Nm / 7 Vm
13	SSW 2	S 3	S 3	3	Cu-str.	1	Cum					
14	SSW 2	SSO 3	SSO 2	9	Cum	7	Cu-str.					
15	NW 4	NNW 5	N 5	2	„	10	Cu-nim	3	Cu-str.			
16	N 3	WNW 1	OSO 2									
17	SSO 2	SSO 4	S 5	2	Cum	9	Cum	3	Cu-str.			
18	NW 1	NNO 3	N 4	10	Cum-nim	10	Cu-nim	10	Nim		1,8	18,0
19	N 3	NW 5	NNW 5	10	Nim.	10	Nim	10	„	16,2	6,5	7,3

22. Oktober 1904.   Amtsblatt—青島官報   233.

Schiffsverkehr
in der Zeit vom 14. — 20. Oktober 1904.

Ankunft am	Name	Kapitän	Flagge	Reg. Tonnen.	von	Abfahrt am	nach
(19.9.)	S. Wm. Bowden	Petersen	Amerikanisch	695	Portland	15.10.	Puget Sound
(5.10.)	D. Progress	Bremer	Deutsch	687	Wladiwostok	18.10.	Wladiwostok
14.10.	D. Gouv. Jaeschke	Vogel	„	1045	Schanghai	15.10.	Schanghai
„	D. Chenan	Hunter	Englisch	1350	„	14.10.	Tschifu
„	D. Chefoo	Edler	Deutsch	138	Tschifu	15.10.	„
15.10.	D. Hanyang	Intosh	Englisch	1207	„	„	Schanghai
„	D. Szechuen	Sittford	„	1143	Schanghai		
„	S. Eldorado	Smith	Amerikanisch	794	Portland		
„	D. Loongmoon	Kalkofen	Deutsch	1245	Tschemulpo	17.10.	Schanghai
17.10.	D. Knivsberg	Kayser	„	646	Schanghai	18.10.	Tschifu
„	D. El Dorado	Smith	Englisch	892	„	„	Schanghai
18.10.	D. Tsintau	Hansen	Deutsch	977	Tschifu	„	„

Druck der Missionsdruckerei, Tsingtau.

第五年　第四十三号

1904 年 10 月 22 日

法令与告白

大德钦命护理总督胶澳文武事宜大臣夏　为

变通章程事：照得所有各项船只，凡自他埠来青或驶赴德境别口者，船中若带有由彼口至此口途中应吸之洋烟少许，并在德境停泊之时不逾起落货物之日，该船吸烟者则量予免按一千九百二年三月十一日定章第十一至第十四等条领票，惟须先行报明海关，由海关验明是否禁物，始可豁免。本护大臣系为体恤船商起见，务宜懔遵，切勿取巧尝试致干重究。特谕。

右谕通知

大德一千九百四年十月十三日

告白

根据 1904 年 7 月 21 日（《官报》第 129 页）公布的《皇家总督命令》第 8 条和第 20 条的规定，现委托胶澳皇家审判厅的法院文书科特尔森负责法院执行人的事务。

执行文书送达以及强制执行的申请请联系法院书记处，在另行通知之前，将按照 1899 年 12 月 12 日公布的《普鲁士法院执行人业务说明》《司法部报》第 627 页）来执行。

青岛，1904 年 10 月 13 日

皇家高等法官

大德钦命辅政司单　为

出示晓谕事：照得大码头附近铁路迤东一带地方现拟出卖，准在该地内建造住宅、铺房、机器房、栈房以及用作存货之厂。如有欲买者，可于西历十月二十六日即礼拜四下午三点半钟亲赴该处与本署所派之员会商将该地段如何分划,届时仰齐集该处第一工部局门首守候,勿误可也。特谕。

右谕通知

大德一千九百四年十月十八日　告示

官方通告

告白

启者：兹将本署据报被窃暨（及）送案各物列左：

被窃各物：

黑色钢表一枚,列有第78491万号；自鸣钟一架,列有第782百号；德国表两枚,一第215724号,其一系第11706万号；黑色钢表,一第37十号；镍镉表一枚,第1737764号；俄国表一枚；又镍镉表一枚,无号数；兵队中所用之牲口新皮套脖子两个能缩能绅（伸）,该套皮铁皆漆黑色,里面红色,中国造；女人头插之金针二根；旧铅桶约重一百斤。

送案之物：

男人所带柄上弦金表一枚,把无环,金针表面白色,上有西字数目,背盖内有6008号。以上各物切勿轻买,如见亦宜报明本署,送案各物亦准具领。特布。

德一千九百四年十月十九日

青岛巡捕衙门启

在商业登记A部第43号已经登记了新公司"卡尔·施密特",以替代之前在商业登记A部第39号的同名公司,其唯一所有人为在青岛的商人卡尔·施密特。

青岛,1904年10月19日

胶澳皇家审判厅

土地拍卖

应工程师J.施蒂科夫特的申请,将于1904年11月7日周一上午11点在地亩局公开拍卖位于棣德利道①的地籍册第13页第42号地块。

面积：946平方米

最低价格：785.18元

---

① 译者注：即今沂水路。

利用规划：乡村别墅式建筑

建造期限：1907 年 11 月 30 日。

出价申请须在 1904 年 10 月 31 日前递交至本处。

青岛,1904 年 10 月 14 日
皇家地亩局

告白

约瑟夫·蒂茨递交了申请,请求将目前为止由昆乐女士所拥有、位于大鲍岛天津街的饭店"保龄球之家"的餐饮经营许可证转移到他的名下。

如有根据 1899 年 10 月 10 日总督府告白提出的异议,须在今年 11 月 7 日之前递交至本处。

青岛,1904 年 10 月 14 日
皇家巡捕房

在商业登记 B 部第 14 号登记的公司"汉堡美洲包裹运送股份公司"已登记入下列事项：

在 1904 年 5 月 26 日告白中错误地将代理人布鲁门塔尔标记为副经理,这一身份现已删除。

登记入的代理人为：

汉堡的商人歌特弗里德·恩斯特·布鲁门塔尔和商人贝恩哈德·阿尔贝特·罗本施坦。

代理人有权与公司任意一名董事会成员一起为公司签名。

青岛,1904 年 10 月 14 日
胶澳皇家审判厅

消息

汉口领事馆的业务已经在今年的 10 月 1 日由皇家领事、公使馆参赞硕尔茨博士接手。

总督府财务处自本月 12 日起的汇率为：1 元＝1.95 马克。

船运

1904年10月14日—20日期间

到达日	轮船船名	船长	挂旗国籍	吨位	出发港	出发日	到达港
（9月19日）	伯顿号	彼得森	美国	695	波特兰	10月15日	普吉特湾
（10月5日）	进步号	布雷默	德国	687	符拉迪沃斯托克	10月18日	符拉迪沃斯托克
10月14日	叶世克总督号	福格尔	德国	1 045	上海	10月15日	上海
10月14日	车南号	亨特	英国	1 350	上海	10月14日	芝罘
10月14日	芝罘号	艾德勒	德国	138	芝罘	10月15日	芝罘
10月15日	汉阳号	因托石	英国	1 207	芝罘	10月15日	上海
10月15日	四川号	希德福德	英国	1 143	上海		
10月15日	黄金岛号	史密斯	美国	794	波特兰		
10月15日	龙门号	卡尔克奥芬	德国	1 245	济物浦	10月17日	上海
10月17日	柯尼夫斯堡号	凯瑟	德国	646	上海	10月18日	芝罘
10月17日	黄金岛号	史密斯	英国	892	上海	10月18日	上海
10月18日	青岛号	韩森	德国	977	芝罘	10月18日	上海

Amtsblatt
für das
Deutsche Kiautschou-Gebiet.

青島官報

Herausgegeben vom Kaiserlichen Gouvernement Kiautschou.

Der Bezugspreis beträgt jährlich $ 0,60=M 1,20.
Bestellungen nehmen sämtliche deutsche Postanstalten entgegen.

Jahrgang 5.　　Nr. 44.　　Tsingtau, den 29. Oktober 1904.

235.

德歷一千九百零四年十月廿九日

第五年　第四十四號

Amtliche Anzeigen.

Landversteigerung.

Auf Antrag des Li han tsching findet am Montag, den 14. November 1904, vormittags 10½ Uhr, die öffentliche Versteigerung des Grundstückes Kbl. 6 Nr. 6 an der Hamburgerstrasse statt.

Grösse: 595 qm.

Mindestpreis: 600,95 $

Benutzungsplan: Wohn- und Geschäftshäuser im Stil des Tapautauer-Industrieviertels, industrielle Anlagen.

Bebauungsfrist: bis zum 30. November 1907.

Gesuche zum Mitbieten sind bis zum 7. November 1904 hierher zu richten.

Tsingtau, den 24. Oktober 1904.

Kaiserliches Landamt.

Landversteigerung.

Auf Antrag des Li han tsching findet am Montag, den 14. November 1904, vormittags 11 Uhr, im Landamt die öffentliche Versteigerung des Grundstückes Kartenblatt 6 Nr. 7 an der Takustrasse in Tapautau statt.

Grösse: 1010 qm.

Mindestpreis: 1020, 10 $.

Benutzungsplan: Industrielle Anlagen, Wohn- und Geschäftshäuser.

Bebauungsfrist: 30. November 1907.

Gesuche zum Mitbieten sind bis zum 7. November hierher zu richten.

Tsingtau, den 27. Oktober 1904.

Kaiserliches Landamt.

告示

大德一千九百零四年十月二十二日

右諭通知

特諭

欲買者可以投稟截至十一月初七日止屆期同赴本局面議可也勿誤

十一月三十日修蓋成功如有人亦以西各房一式限至一千九百零七年

後准蓋住宅舖房機器房與山東街

月十四日上午十點半鐘在局拍賣定

百零零九角五分茲定於西歷十一

地計五百九十五米打暫擬價洋六

大包島昴伯街地圖第六號第六塊

拍賣地畝事今據李涵清稟稱欲買

大德管理青島地畝局　爲

告示

大德一千九百零四年十月二十七日

右諭通知

面議可也特諭

濬竣他人亦欲買者可以投稟截至十一月初七日止屆時同赴本局

一千九百零七年十一月三十日律

買定後准蓋住房舖房機器房限至

二十元零一角茲定於西歷十一

月十四日上午十一點鐘在局拍賣

地計一千零十米打暫擬價洋一千

大包島大沽街地圖第六號第七塊

拍賣地畝事茲據李涵清稟稱欲買

大德管理青島地畝局　爲

236.   Amtsblatt—青島官報   29. Oktober 1904.

Landversteigerung.

Auf Antrag des Sui hsi lin findet am Montag, den 14. November 1904, vormittags 11 Uhr, die öffentliche Versteigerung des Grundstückes Kbl. 6 Nr. 5 an der Hamburgerstrasse statt.

Grösse: 595 qm.
Mindestpreis: 600,95 $
Benutzungsplan: Wohn- und Geschäftshäuser im Stil des Tapautauer-Industrieviertels, industrielle Anlagen.
Bebauungsfrist: bis zum 30. November 1907.
Gesuche zum Mitbieten sind bis zum 7. November 1904 hierher zu richten.

Tingtau, den 24. Oktober 1904.

Kaiserliches Landamt.

Landversteigerung.

Auf Antrag des Li han tsching und des Sui hsi lin findet am Montag, den 14. November 1904, vormittags 11½ Uhr, die öffentliche Versteigerung des Grundstückes Kbl. 8 Nr. 189 am Friedrichsplatz in der Hamburgerstrasse statt.

Grösse: 1006 qm.
Mindestpreis: 1327, 92 $.
Benutzungsplan: Wohn- und Geschäftshäuser in europäischer Bauart, industrielle Anlagen.
Bebauungsfrist: bis zum 30. November 1907.
Gesuche zum Mitbieten sind bis zum 7. November hierher zu richten.

Tsingtau, den 24. Oktober 1904.

Kaiserliches Landamt.

Landversteigerung.

Auf Antrag des Li han tsching findet am Montag, den 14. November 1904, vormittags 11 Uhr, im Landamt die öffentliche Versteigerung des Grundstückes Kartenblatt 6 Nr. 8 an der Takustrasse in Tapautau statt.

Grösse: 989 qm.
Mindestpreis: 998, 89 $.
Benutzungsplan: Industrielle Anlagen, Wohn- und Geschäftshäuser.
Bebauungsfrist: 30. November 1907.
Gesuche zum Mitbieten sind bis zum 7. November hierher zu richten.

Tsingtau, den 27. Oktober 1804.

Kaiserliches Landamt.

告示

大德管理青島地畝局爲拍賣地畝事今據隋紹麟稟稱欲買包島昻伯街地圖第六號第五塊地計大五百九十五米打暫擬價洋六百元零零九角五分茲定於西歷十一月十四日早十一點鐘在局拍賣買定後准蓋房一式住宅舖房蕉器房與巨東街西各房一律修竣如有人亦欲買者可以投票截至十一月初七日正屆時同面議可也勿誤特諭

大德一千九百四年十月二十二日
右諭通知

告示

大德管理青島地畝局爲拍賣地畝事今據李涵清稟稱欲買包島昻伯街地圖第八號第一百八十九塊地計一千零零六米打暫擬價洋一千三百二十七元九角二分茲定於西歷十一月十四日早十一點半鐘在局拍賣買定後准蓋洋式住房舖房機器房限至一千九百七年十一月三十日一律修竣如有人亦欲買者可以投票截至十一月初七日止屆時同面議可也勿悞特諭

大德一千九百四年十月二十二日
右諭通知

告示

大德管理青島地畝局爲拍賣地畝事茲據李涵清稟稱欲買包島大沽街地圖第六號第八塊地九百八十九米打暫擬價洋九百九十八元八角九分訂於西歷十一月十四日早十一點鐘在局拍賣買定後准蓋舖房住房機器房限至一千九百七年十一月三十日蕆竣他人亦欲買者可以投票截至十一月初七日止屆時同赴本局面議可也特諭

大德一千九百四年十月二十七日
右諭通知

29. Oktober 1904.   Amtsblatt—青島官報   237

Landversteigerung.

Auf Antrag des Li han tsching findet am Montag, den 14. November 1904, vormittags 11 Uhr, im Landamt die öffentliche Versteigerung des Grundstückes Kartenblatt 6 Nr. 9 an der Takustrasse in Tapautau statt.

    Grösse: 989 qm.
    Mindestpreis: 998, 89 $
    Benutzungsplan: Industrielle Anlagen, Wohn- und Geschäftshäuser.
    Bebauungsfrist: 30. November 1907.
    Gesuche zum Mitbieten sind bis zum 7. November hierher zu richten.

Tsingtau, den 27. Oktober 1904.

Kaiserliches Landamt.

Bekanntmachung.

Als gestohlen angemeldete Gegenstände: 1 brauner Lederkoffer, darauf befindet sich ein Messingschild mit der Aufschrift Ober-Assistenz-Arzt Dr. Riek.

Als gefunden angemeldete Gegenstände: 1 braunes ledernes Halsband, innen rot gefüttert, anssen mit Messingnägeln beschlagen, ausserdem Schloss und Namenschild daran.

Tsingtau, den 26. Oktober 1904.

Kaiserliches Polizeiamt.

Bekanntmachung.

In dem Paul Müller'schen Konkurse sind die nicht bevorrechtigten Forderungen auf 15375, 95 $ festgestellt.

Es können zur Zeit ca. 2300 $ zur Ausschüttung kommen. Demgemäss wird eine Abschlagsdividende von 15 % ausgezahlt werden. Aufstellung ist auf der Gerichtsschreiberei hiesigen Gerichts niedergelegt.

Tsingtau, den 24. Oktober 1904.

Der Konkursverwalter.
Dr. Koch
Rechtsanwalt.

大德管理青島地畝局爲拍賣地畝事茲據李涵清稟稱欲買拍賣地畝包島大沽街地圖第六號第九塊地九百八十九米打暫擬價洋九百九十八元九角九分訂於西歷十一月十四日早十一點鐘在局拍賣買定後准蓋舖房住房機器房限至一千九百七年十一月三十日蓋竣他人亦欲買者可以投票截至西十一月初七日止屆時同赴本局面議可也特諭

右諭通知

大德一千九百四年十月二十七日

告示

白告

啟者茲將本署據報被竊暨送案各物列左

被竊之物

紫色皮箱一隻上有黃銅牌該牌上刻有西字

送案之物

紫色皮狗脖圈一條紅布裡外面排有黃銅釘于施帶有鈴一具牌一面

以上被竊之物切勿輕買如見立宜報明本署送案之物亦准具領特佈

大德一千九百四年十月二十七日

青島巡捕衙門啟

SCHANTUNG-EISENBAHN.
Fahrplan
giltig ab 1. November 1904.

Gm. Zug. 1. Kl. 1–3. An-kunft	Gm. Zug. 1. Kl. 1–3. Ab-fahrt	Gm. Zug 3. Kl. 1–3. An-kunft	Gm. Zug 3. Kl. 1–3. Ab-fahrt	Gm. Zug 5. Kl. 1–3. An-kunft	Gm. Zug 5. Kl. 1–3. Ab-fahrt	Kilo-meter	Stationen	Gm. Zug 2. Kl. 1–3. An-kunft	Gm. Zug 2. Kl. 1–3. Ab-fahrt	Gm. Zug 4. Kl. 1–3. An-kunft	Gm. Zug 4. Kl. 1–3. Ab-fahrt	Gm. Zug. 6. Kl. 1–3. An-kunft	Gm. Zug. 6. Kl. 1–3. Ab-fahrt
	700		328			—	Tsingtau	704		956			
709	712	338	340			5	Syfang I	652	655	944	946		
717	718	345	346			8	Syfang II	647	648	938	939		
733	736	403	406			18	Tsangkou	628	631	917	920		
749	750	420	423			28	Tschautsun-Nikukou	614	615	900	903		
758	800	432	437			33	Tschengyang	604	606	846	851		
817	820	456	506			47	Nantschuan	545	547	812	827		
835	837	522	532			57	Lantsun	527	530	751	756		
846	846	541	542			62	Likotschuang	518	518	741	742		
857	857	554	556			73	Tahuang	507	507	726	729		
909	924	610	625			81	Kiautschou	440	455	657	712		
935	935	638	639			88	Tahang	429	429	643	644		
943	943	648	650			93	Tselantschuang	421	421	631	634		
952	952	700	703			96	Yaukotschuang	412	412	621	621		
1004	1019	716		600		107	Kaumi	340	400	605		730	705
1042	1042			625	626	122	Tsaltschiatschuang	317	317			704	653
1052	1052			637	639	129	Taerlpu	307	307			651	640
1102	1104			650	655	135	Tschangling	255	257			635	623
1115	1115			707	710	142	Taibautschuanj	244	244			621	610
1125	1126			721	731	148	Tsoschan	233	234			600	550
1135	1135			741	745	157	Huantschipu	224	224			546	539
1142	1143			752	757	163	Nanliu	216	217			534	517
1200	1200			816	819	173	Hamatun	201	201			515	500
1214	1224	Gm. Zug 7. Kl. 1–3. An-kunft	Gm. Zug 7. Kl. 1–3. Ab-fahrt	834	839	183	Tschangloyuen-Fangtse	147	147	Gm. Zug 8. Kl. 1–3. An-kunft	Gm. Zug 8. Kl. 1–3. Ab-fahrt	450	435
1237	1237	354	340	853	854	191	Erlschilipu	128	128	1009	954	434	425
1245	105	404	355	903		196	Weihsien	115	115	953	944		
118	118	429	414			205	Tayüho	1255	1242	939	924		
128	128	441	430			211	Tschulitien	1242	1232	923	912		
			443							910			

29. Oktober 1904.   Amtsblatt—青島官報   **239.**

Gm. Zug 23. Kl. 2–3					Station			Gm. Zug 20. Kl. 2–3			Gm. Zug 22. Kl. 2–3
141	144	458	508	220	Tschanglo			1216	1219	845	855
154	154	519	521	227	Yauku			1206	1206	832	834
207	207	535	537	235	Tantschiafang			1153	1153	816	818
217	217	548	550	243	Yantschiatschuang			1143	1143	808	805
233	248	608	628	255	Tsingtschoufu			1112	1127	730	745
300	300	637	639	263	Putung			1100	1100	714	716
310	311	650	655	270	Tschotien			1049	1050	658	703
321	322	706	709	280	Hsintien			1038	1039	644	647
337	340	725	730	290	Tschinlingtschen			1020	1023	623	628
349	349	740	741	296	Hutien			1011	1011	612	613
359	—	753	—	302	Tschangtien			—	1001	—	600

Gm. Zug 23 cont.	Gm. Zug 21. Kl. 2–3			Station	
440	455	1030	1045	Tschangtien	—
500	524	1050	1114	Nanting	11
534	557	1124	1147	Tsetschuan	21
607	633	1157	1223	Takuenluen	32
—	—	—	—	Poschan	43

Gm. Zug 1.		Gm. Zug 9. Kl. 1–3			Station	Gm. Zug 2.			Gm. Zug 10. Kl. 1–3
419	427	625	634	302	Tschangtien	946	988	736	727
427	437	636	647	308	Maschang	938	928	725	714
437	447	649	700	314	Yatschuang	928	918	712	701
447	527	715	743	320	Tschoutsun	903	842	646	622
502	538	744	757	335	Talintschy	841	830	621	608
527	549	759	810	343	Wangtsun	829	818	606	564
539	609	820	839	349	Putschi	815	757	544	524
552	620	842	854	361	Mingschui	756	746	521	509
610	637	856	914	367	Tsauyuantschuang	745	729	507	449
621	647	929	939	378	Lungschan	719	710	484	424
637	656	940	949	384	Schilipu	710	701	423	414
647	705	951	1004	389	Koutien	701	649	412	359
656	717	1006	1014	397	Wangscheyentschuang	649	642	357	349
705	724	1015	1024	401	Patuenpu	642	634	348	339
717	732	1039	1045	406	Tsinanfu-Ost	629	623	324	318
724	743	1047	1054	409	Tsinanfu-Nordwest	622	616	316	309
737	750			412	Tsinanfu-West				
744									

Die Zeiten von 6 Uhr abends bis 5 Uhr 59 Min. morgens sind durch Unterstreichung der Minutenziffern kenntlich gemacht.

Meteorologische Beobachtungen
in Tsingtau.

Da-tum. Okt.	Barometer (mm) reduz. auf 0° C., Seehöhe 24,30 m			Temperatur (Centigrade).								Dunst-spannung in mm			Relat. Feuchtigkeit in Prozenten		
				trock. Therm.			feucht. Therm.										
	7 Vm	2 Nm	9 Nm	7 Vm	2 Nm	9 Nm	7 Vm	2 Nm	9 Nm	Min.	Max.	7 Vm	2 Nm	9 Nm	7 Vm	2 Nm	9 Nm
20	760,9	760,6	763,0	10,9	15,6	13,2	9,3	12,9	11,0	9,3	16,4	7,8	9,4	8,5	81	71	75
21	64,2	65,7	68,0	9,9	12,0	7,2	8,5	8,0	4,6	9,9	17,1	7,4	5,6	4,8	82	54	64
22	67,3	65,4	65,1	5,9	10,7	12,0	3,2	7,4	9,4	4,9	13,3	4,2	5,7	7,2	60	60	69
23	63,6	64,1	64,7	12,7	17,3	15,2	11,1	15,3	13,6	6,6	13,2	8,9	11,7	10,6	82	80	83
24	66,6	67,4	68,1	11,3	14,3	10,8	10,2	10,0	7,6	11,0	17,8	8,6	6,6	5,9	87	54	61
25	66,5	66,8	66,6	9,3	12,5	10,5	6,0	8,9	8,7	8,6	15,5	5,0	6,3	6,1	57	59	57
26	67,7	66,4	66,5	9,3	16,0	12,6	6,0	12,3	9,1	7,5	13,7	5,0	8,4	6,5	57	62	60

Da-tum. Okt.	Wind Richtung & Stärke nach Beaufort (0—12)			Bewölkung						Niederschläge in mm		
				7 Vm		2 Nm		9 Nm				9 Nm
	7 Vm	2 Nm	9 Nm	Grad	Form	Grad	Form	Grad	Form	7Vm	9Nm	7 Vm
20	NW 5	NW 5	NW 3	3	Cum	8	Cum			0,8		
21	NW 3	N 4	NNO 2			7	Cum-str.					
22	NO 1	N 1	SSW 1	3	Cum-str.	7	„	10	Cum			
23	W 1	S 2	SSW 2	10	Cum	5	Cum-ni	8	„			
24	NNO 1	N 2	NNO 1	3	Cum-str.	8	Cum	10	Cum-ni			
25	N 3	WNW 2	NNO 2	10	Cum-ni	6	Cum-str.					
26	NW 1	NW 1	NNO 1	2	Cum-str.	2	„	10	Cum-ni			

Schiffsverkehr
in der Zeit vom 20. — 27. Oktober 1904.

Ankunft am	Name	Kapitän	Flagge	Reg. Tonnen.	von	Abfahrt am	nach
(15.10.)	S. Szechuen	Sidford	Englisch	1143	Schanghai	20.10.	Tschifu
21.10.	D. Gouv. Jaeschke	Vogel	Deutsch	1045	„	22.10.	Schanghai
„	D. Anhui	Frazier	Englisch	1350	„	21.10.	Tschifu
22.10.	D. Chenan	Hunter	„	1350	Tschifu	22.10.	Schanghai
„	D. Dagmar	Carl	Norwegisch	383	Kobe	24.10.	Kobe
24.10.	D. El Dorado	Smith	Englisch	892	Schanghai	25.10.	Schanghai
„	D. Vorwärts	Sohnemann	Deutsch	643	„	„	Tschifu
27.10.	D. Jung Ping	Chapmann	Englisch	525	Tsching-wantau	27.10.	Schanghai

Druck der Missionsdruckerei, Tsingtau.

第五年　第四十四号

1904年10月29日

官方通告

大德管理青岛地亩局　为

拍卖地亩事：今据李涵清禀称，欲买大包岛昂伯街①地图第六号第六块地，计五百九十五米打，暂拟价洋六百零零九角五分。兹定于西历十一月十四早十点半钟在局拍卖。买定后，准盖住宅、铺房、机器房，与山东街以西各房一式，限至一千九百七年十一月三十日修盖成功。如有人亦欲买者，可以投禀，截至十一月初七日止，届期同赴本局面议可也。勿误。特谕。

右谕通知

大德一千九百四年十月二十二日　告示

大德管理青岛地亩局　为

拍卖地亩事：兹据李涵清禀称，欲买大包岛大沽街地图第六号第七块地，计一千零十米打，暂拟价洋一千零二十元零一角。兹定于西历十一月十四日上午十一点钟在局拍卖。买定后，准盖住房、铺房、机器房，限于一千九百七年十一月三十日一律盖竣。他人亦欲买者，可以投禀，截至西十一月初七日止，届时同赴本局面议可也。特谕。

右谕通知

大德一千九百四年十月二十七日　告示

大德管理青岛地亩局　为

拍卖地亩事：今据隋熙麟禀称，欲买大包岛昂伯街地图第六号第五块地，计五百九十五米打，暂拟价洋六百元零零九角五分。兹定于西历十一月十四日早十一点钟在局拍卖。

---

① 译者注：即今河南路。

买定后，准盖住宅、铺房、机器房，与山东街西各房一式，限至一千九百七年十一月三十日一律修竣。如有人亦欲买者，可以投票，截至十一月初七日正（止），屈（届）时同赴本局面议可也。勿误。特谕。

右谕通知

大德一千九百四年十月二十二日　告示

大德管理青岛地亩局　为

拍卖地亩事：今据李涵清、隋熙麟禀称，欲买大包岛昂伯街地图第八号第一百八十九块地，计一千零零六米打，暂拟价洋一千三百二十七元九角二分。兹定于西历十一月十四日早十一点半钟在局拍卖。买定后，准盖洋式住房、铺房、机器房，限至一千九百七年十一月三十日一律修竣。如有人亦欲买者，可以投票，截至十一月初七日止，屈（届）时同赴本局面议可也。勿误。特谕。

右谕通知

大德一千九百四年十月二十二日　告示

大德管理青岛地亩局　为

拍卖地亩事：兹据李涵清禀称，欲买大包岛大沽街地图第六号第八块地，九百八十九米打，暂拟价洋九百九十八元八角九分，订于西历十一月十四日早十一点钟在局拍卖。买定后，准盖铺房、住房、机器房，限至一千九百七年十一月三十日盖竣。他人亦欲买者，可以投票，截至西十一月初七日止，屈（届）时同赴本局面议可也。特谕。

右谕通知

大德一千九百四年十月二十七日　告示

大德管理青岛地亩局　为

拍卖地亩事：兹据李涵清禀称，欲买大包岛大沽街地图第六号第九块地，九百八十九米打，暂拟价洋九百九十八元八角九分。订于西历十一月十四日早十一点钟在局拍卖。买定后，准盖铺房、住房、机器房，限至一千九百七年十一月三十日盖竣。他人亦欲买者，可以投票，截至西十一月初七日止，届时同赴本局面议可也。特谕。

右谕通知

大德一千九百四年十月二十七日　告示

告白

启者：兹将本署据报被窃暨（及）送案各物列左：

被窃之物：

紫色皮箱一只，上有黄铜牌，该牌上刻有西字。

送案之物：

紫色皮狗脖圈一条，红布里，外面排有黄铜钉子并带有销一具、牌一面。

以上被窃之物切勿轻买，如见立宜报明本署，送案之物亦准具领。特布。

大德一千九百四年十月二十七日
青岛巡捕衙门启

告白

在保罗·穆勒的破产案中，现已确定非优先索款额为 15 375.95 元。

目前，可分配金额有大约 2 300 元。与之相适应的是，将按照 15％的比率偿付欠款。清单存放在审判厅法院书记处。

青岛，1904 年 10 月 24 日
破产案件管理人
律师科赫博士

山东铁路公司火车时刻表

自 1904 年 11 月 1 日起

1号车 1—3等车厢		3号车 1—3等车厢		5号车 1—3等车厢		千米	站点	2号车 1—3等车厢		4号 1—3等车厢		6号车 1—3等车厢	
到达	出发	到达	出发	到达	出发			到达	出发	到达	出发	到达	出发
	7.00		3.28			—	青岛	7.04		9.56			
7.09	7.12	3.38	3.40			5	四方1	6.52	6.55	9.44	9.46		
7.17	7.18	3.45	3.46			8	四方2	9.47①	6.48	9.38	9.39		
7.33	7.36	4.03	4.06			18	沧口	6.28	6.31	9.17	9.20		
7.49	7.50	4.20	4.23			28	赵村-女姑口	6.14	6.15	9.00	9.03		

---

① 译者注：应为 6.47 之误。

(续表)

1号车 1—3等车厢		3号车 1—3等车厢		5号车 1—3等车厢		千米	站点	2号车 1—3等车厢		4号 1—3等车厢车		6号车 1—3等车厢	
到达	出发	到达	出发	到达	出发			到达	出发	到达	出发	到达	出发
7.58	8.00	4.32	4.37			33	城阳	6.04	6.06	8.46	8.51		
8.17	8.20	4.56	5.06			47	南泉	5.45	5.47	8.12	8.27		
8.35	8.37	5.22	5.32			57	蓝村	5.27	5.30	7.51	7.56		
8.46	8.46	5.41	5.42			62	李哥庄	5.18	5.18	7.41	7.42		
8.57	8.57	5.54	5.56			73	大荒	5.07	5.07	7.26	7.29		
9.09	9.24	6.10	6.25			81	胶州	4.40	4.55	6.57	7.12		
9.35	9.35	6.38	6.39			88	腊行	4.29	4.29	6.43	6.44		
9.43	9.43	6.48	6.50			93	芝兰庄	4.21	4.21	6.31	6.34		
9.52	9.52	7.00	7.03			96	姚哥庄	4.12	4.12	6.18	6.21		
10.04	10.19	7.16			6.00	107	高密	3.40	4.00		6.05	7.30	
10.42	10.42			6.25	6.26	122	蔡家庄	3.17	3.17			7.04	7.05
10.52	10.52			6.37	6.39	129	塔耳堡	3.07	3.07			6.51	6.53
11.02	11.04			6.50	6.55	135	丈岭	2.55	2.57			6.35	6.40
11.15	11.15			7.07	7.10	142	太堡庄	2.44	3.44①			6.21	6.23
11.25	11.26			7.21	7.31	148	岞山	2.33	2.34			6.00	6.10
11.35	11.35	7号车 1—3等车厢		7.41	7.45	157	黄旗堡	2.24	2.24	7号车 1—3等 车厢		5.46	5.50
11.42	11.43			7.52	7.57	163	南流	2.16	2.17			5.34	5.39
12.00	12.00			8.16	8.19	173	虾蟆屯	2.01	2.01			5.15	5.17
12.14	12.24		3.40	8.34	8.39	183	昌乐源 坊子	1.37	1.47	10.09		4.50	5.00
12.37	12.37	3.54	3.55	8.53	8.54	191	二十里堡	1.23	1.23	9.53	9.54	4.34	4.35
12.45	1.05	4.04	4.14	9.03		196	潍县	12.55	1.15	9.39	9.44		4.25
1.18	1.18	4.29	4.30			205	大圩河	12.42	12.42	9.23	9.24		
1.28	1.28	4.41	4.43			211	朱刘店	12.32	12.32	9.10	9.12		
1.41	1.44	4.58	5.08			220	昌乐	12.16	12.19	8.45	8.55		
1.54	1.54	5.19	5.37			227	尧沟	12.06	12.06	8.32	8.34		
2.07	2.07	5.35	5.21			235	谭家坊	11.53	11.53	8.16	8.18		
2.17	2.17	5.48	5.50			243	杨家庄	11.43	11.43	8.03	8.05		
2.33	2.48	6.08	6.23			255	青州府	11.12	11.27	7.30	7.45		

① 译者注：应为2.44之误。

(续表)

1号车 1—3等车厢		3号车 1—3等车厢		5号车 1—3等车厢		千米	站点	2号车 1—3等车厢		4号车 1—3等车厢车		6号车 1—3等车厢	
到达	出发	到达	出发	到达	出发			到达	出发	到达	出发	到达	出发
3.00	3.00	6.37	6.39			263	普通	11.00	11.00	7.14	7.16		
3.10	3.11	6.50	6.55			270	淄河店	10.49	10.50	6.58	7.03		
3.21	3.22	7.06	7.09			280	辛店	10.38	10.39	6.44	6.47		
3.37	3.40	7.25	7.30			290	金岭镇	10.20	10.23	6.23	6.28		
3.49	3.49	7.40	7.41			296	湖田	10.11	10.11	6.12	6.13		
2.59		7.53				302	张店		10.01		6.00		
23号车 2—3等车厢				21号车 2—3等车厢				20号车 2—3等车厢				22号车 2—3等车厢	
	4.40				10.30	—	张店	9.26				3.39	
4.55	5.00			10.45	10.50	11	南定	9.10	9.15			3.23	3.28
5.24	5.34			11.14	11.24	21	淄川	8.42	8.52			2.55	3.05
5.57	6.07			11.47	11.57	32	大昆仑	8.14	8.24			2.27	2.37
6.33				12.23		43	博山		7.57				2.10
1号车		9号车 1—3等车厢						2号车				10号车 1—3等车厢	
	4.19				6.25	302	张店	9.46				7.36	
4.27	4.27			6.34	6.36	308	马尚	9.38	9.38			7.25	7.27
4.37	4.37			6.47	6.49	314	洹庄	9.28	9.28			7.12	7.14
4.47	5.02			7.00	7.15	320	周村	9.03	9.18			6.46	7.01
5.27	5.27			7.43	7.44	335	大临池	8.41	8.42			6.21	6.22
5.38	5.39			7.57	7.59	343	王村	8.29	8.30			6.06	6.08
5.49	5.52			8.10	8.20	349	普集	8.15	8.18			5.44	5.54
6.09	6.10			8.39	8.42	361	明水	7.56	7.57			5.21	5.24
6.20	6.21			8.54	8.56	367	枣园庄	7.45	7.46			5.07	5.09
6.37	6.47			9.14	9.29	378	龙山	7.19	7.29			4.34	4.49
6.56	6.56			9.39	9.40	384	十里堡	7.10	7.10			4.23	4.24
7.05	7.05			9.49	9.51	389	郭店	7.01	7.01			4.12	4.14
7.17	7.17			10.04	10.06	397	王舍人庄	6.49	6.49			3.57	3.59
7.24	7.24			10.14	10.15	401	八涧堡	6.42	6.42			3.48	3.49
7.32	7.37			10.24	10.39	406	济南东	6.29	6.34			3.24	3.39
7.43	7.44			10.45	10.47	409	济南西北	6.22	6.23			3.16	3.18
7.50				10.54		412	济南西		6.16				3.09

晚上6点到早上5点59分的时间段通过在分钟数字下面划线表示。

船运

1904年10月20日—27日期间

到达日	轮船船名	船长	挂旗国籍	登记吨位	出发港	出发日	到达港
（10月15日）	四川号	希德福德	英国	1 143	上海	10月20日	芝罘
10月21日	叶世克总督号	福格尔	德国	1 045	上海	10月22日	上海
10月21日	安徽号	弗拉齐尔	英国	1 350	上海	10月21日	芝罘
10月22日	车南号	亨特	英国	1 350	芝罘	10月22日	上海
10月22日	达格玛号	卡尔	挪威	383	神户	10月24日	神户
10月24日	黄金岛号	史密斯	英国	892	上海	10月25日	上海
10月24日	前进号	索纳曼	德国	643	上海	10月25日	芝罘
10月27日	永平号	查普曼	英国	525	秦皇岛	10月27日	上海

Amtsblatt
für das
Deutsche Kiautschou-Gebiet.

青島官報

Herausgegeben vom Kaiserlichen Gouvernement Kiautschou.
Der Bezugspreis beträgt jährlich $ 0,60=M 1,20.
Bestellungen nehmen sämtliche deutsche Postanstalten entgegen.

| Jahrgang 5. | Nr. 45. | Tsingtau, den 5. November 1904. |

Verordnungen und Bekanntmachungen.

× Verordnung
betreffend
den Europäer-Friedhof
(Friedhofsordnung).

§ 1.

Der Europäer-Friedhof von Tsingtau untersteht der Aufsicht des Gouvernements und ist bestimmt für die Aufnahme aller im deutschen Schutzgebiete oder dessen Umgebung oder auf den im Hafen von Tsingtau anlegenden Schiffen verstorbenen Personen, ausnahmsweise mit Genehmigung des Gouvernements auch für die Aufnahme anderer Verstorbener.

§ 2.

Todesfälle sind unter Beifügung der Personalien der Verstorbenen in doppelter Ausfertigung und einer ärztlichen Bescheinigung der Garnisonverwaltung anzuzeigen, welche die Stunde für die Beerdigung im Einvernehmen mit dem Anmeldenden bestimmt und die weiteren Anordnungen für die Beerdigung trifft. Die ärztliche Bescheinigung kann unter Umständen durch eine Bescheinigung des Polizeiamts ersetzt werden.

§ 3.

Die Gräber zerfallen in Gräber für Erwachsene und Kinder, welche das 14. Lebensjahr noch nicht zurückgelegt haben. Die Gräber werden in regelmässigen Reihen hergerichtet und erhalten:

bei Erwachsenen eine Länge von 2,50 m
und eine Breite von 1,20 m
bei Kindern eine Länge von 1,00 m bis 1,25 m
und eine Breite von 0,90 m.

Mehr als zwei Leichen dürfen nicht in einem Grabe beerdigt werden.

Alle Gräber dürfen erst nach 25 Jahren zu neuen Grabstellen benutzt werden. Wird die Erhaltung des Grabes über diesen Zeitpunkt hinaus gewünscht, so ist der in § 9 genannte Betrag zu entrichten.

§ 4.

Die Zurückstellung von Grabstätten neben schon vorhandenen Gräbern kann auf Antrag beim Gouvernement für Angehörige der dort Begrabenen eintreten, wenn Raum vorhanden ist und die Verhältnisse es gestatten. Das Recht auf die Grabstätte verfällt nach 25 Jahren.

Wegen Erwerbs von Grabstätten oder Erbbegräbnisplätzen ist in jedem Falle mit der Garnisonverwaltung ein schriftlicher Vertrag zu schliessen, welcher der Bestätigung des Gouvernements unterliegt. Auf besonderen Antrag ist es gestattet, Kinder neben Erwachsenen zu bestatten. In diesem Falle ist die Gebühr für das Grab eines Erwachsenen zu entrichten.

§ 5.

Die Berasung und das Bepflanzen der Gräber, wozu jedoch keine Bäume mit weitauslaufenden Wurzeln verwendet werden dürfen, sowie die

Errichtung von Denkmälern und Gittern auf den Grabstätten ist ohne weiteres gestattet. Die Denkmäler und Gitter dürfen jedoch nur mit besonderer Genehmigung der Garnisonverwaltung die in § 4 bezeichneten Masse überschreiten. Die Ausschmückung der Gräber haben die Angehörigen selbst zu übernehmen; sie kann dem Totengräber gegen Zahlung übertragen werden. In diesem Falle ist der Gornisonverwaltung Mitteilung zu machen, damit diese die erforderliche Aufsicht ausübt.

Die Gräber verstorbener Offiziere und Mannschaften unterliegen neben der Pflege der Angehörigen auch der der Besatzungstruppen und der hier weilenden Kriegsschiffe. Die Pflege erstreckt sich auf die Wiederherstellung eingesunkener Grabhügel, sowie die Erhaltung der Nummerpfähle und der etwa vorhandenen Grabkreuze und Steine.

§ 6.

Die Hinterbliebenen sind berechtigt, die Leichen in geschlossenen Särgen in der Leichenkammer der Friedhofskapelle unentgeltlich niederzusetzen. Nach erfolgter Niedersetzung übernimmt der Totengräber die Aufsicht über die Leiche und, falls erforderlich, Lüftung und Desinfektion der Leichenkammer.

§ 7.

Der Friedhof mit seinen Anlagen und Baulichkeiten untersteht der Garnisonverwaltung, die für deren ordnungsmässige Unterhaltung zu sorgen hat. Beschwerden jeder Art, welche sich auf das Begräbniswesen beziehen, sind an das Gouvernement zu richten.

§ 8.

Die Gebühren werden nach folgendem Tarif erhoben:

Erdegeld für jedes Grab	$ 10,00
Herstellung des Grabes	” 2,50
Exhumierung einer Leiche	” 7,50
Erhaltung eines Grabes über 25 Jahre hinaus auf je weitere 25 Jahre	” 25,00
Zurückstellung eines Begräbnisplatzes	” 20,00
Zurückstellung eines Erbbegräbnisplatzes pro qm.	” 35,00

(das Erdegeld kommt hierbei in Fortfall).

Ausnahmen:

Kinder unter 14 Jahren, Erdegeld	” 5,00
Herstellung des Grabes	” 1,50
Angehörige der Marine und der Armee bis zum Range eines Feldwebels	frei
Zweites Begräbnis in demselben Grabe	frei
Armenbegräbnis	frei

Die Gebühren werden von der Garnisonverwaltung eingezogen.

Tsingtau, den 1. November 1904.

Der Kaiserliche Gouverneur.

Truppel.

Amtliche Anzeigen.

Bekanntmachung.

Skizzen des neu ausgelegten Viertels am grossen Hafen mit der Einzeichnung der zunächst zum Verkauf bereit stehenden Parzellen sind vom Montag, den 7. November d. Js., ab auf dem Landamte zum Preise von $ 0,50 zu haben.

Tsingtau, den 3. November 1904.

Kaiserliches Landamt.

白告

啟者大碼頭附近一帶出售之地基埧已分劃繪圖備載各地段之大小每張價洋五角擬自西本月初七日起每日上午可任來本局或閱看是圖或出價購買為此仰各週知特佈

德一千九百四年十一月初二日

青島地畝局啟

5. November 1904.   Amtsblatt—青島官報   243.

Konkursverfahren.

Ueber das Vermögen des Schlossers
Hermann Gesenger,
früher zu Tsingtau, jetzt unbekannten Aufenthalts, ist am 29. Oktober 1904 der Konkurs eröffnet worden.

Verwalter: Rechtsanwalt Dr. Koch, hier.

Anmeldefrist bis 26. November 1904.

Erste Gläubigerversammlung und allgemeiner Prüfungstermin am 15. Dezember 1904, vormittags 10 Uhr, vor dem unterzeichneten Gericht.

Offener Arrest und Anzeigefrist bis zum 26. November 1904.

Tsingtau, den 31. Oktober 1904.

Kaiserliches Gericht von Kiautschou.

Bekanntmachung.

§ 3 der „Anschlussvorschriften und Stromlieferungsbedingungen für die Lieferung elektrischer Energie aus dem Elektrizitätswerk Tsingtau" erhält in Absatz 2 die folgende Fassung:

„Sowohl bei Ausführung neuer Anlagen, wie beim Instandsetzen vorhandener Anlagen dürfen als Mehrfachleitungen nur Gummiaderleitungen oder Gummiaderschnüre zur Verlegung kommen, im übrigen gelten für die Ausführung der Installationen ausser den hier angeführten Bedingungen alle jeweilig neuesten Vorschriften und Normalien des Verbandes Deutscher Electrotechniker."

Tsingtau, den 28. Oktober 1904.

Elektricitätswerk Tsingtau.

Bei der in Abteilung A Nr. 25 des Handelsregisters vermerkten Firma:
Adalbert Larz, Apotheker
ist folgendes eingetragen worden:
Dem Apotheker Hans Sanitz in Tsingtau ist Prokura erteilt.

Tsingtau, den 1. November 1904.

Kaiserliches Gericht von Kiautschou.

Konkursverfahren.

Ueber das Vermögen des früheren Gastwirts
Gottlieb Kuhnle,
in Tsingtau, Eigentümer des Restaurants Keglerheim in Tsingtau, ist am 28. Oktober 1904 der Konkurs eröffnet.

Verwalter: Rechtsanwalt und Notar Dr. Rapp in Tsingtau.

Anmeldefrist bis zum 26. November 1904.

Erste Gläubigerversammlung und allgemeiner Prüfungstermin am 10. Dezember 1904, vormittags 11 Uhr, vor dem unterzeichneten Gericht.

Offener Arrest und Anzeigefrist bis zum 26. November 1904.

Tsingtau, den 28. Oktober 1904.

Kaiserliches Gericht von Kiautschou.

Bekanntmachung.

Max Haasenritter hat ein Gesuch um Uebertragung der Schankerlaubnis im „Hotel Kiautschou" in der Friedrichstrasse auf seinen Namen für die Zeit der Abwesenheit des Besitzers W. Hinney eingereicht.

Einwendungen im Sinne der Gouvernements-Bekanntmachung vom 10. Oktober 1899 sind bis zum 21. d. Mts. an die unterzeichnete Behörde zu richten.

Tsingtau, den 2. November 1904.

Kaiserliches Polizeiamt.

Landversteigerung.

Auf Antrag des Technikers Paul Mohrstedt findet am Montag, den 21. November 1904, vormittags 10 Uhr, im Landamt die öffentliche Versteigerung der in der Auguste Viktoria-Bucht zwischen Prinz Adalbert-Strasse und Christweg gelegenen Parzelle Kartenblatt 22 Nr. 15 statt.

Grösse: 4013 qm.

Mindestpreis: 1805, 85 $.

Benutzungsplan: Landhausmässige Bebauung.

Bebauungsfrist: bis 30. November 1907.

Gesuche zum Mitbieten sind bis zum 19. November 1904 hierher zu richten.

Tsingtau, den 2. November 1904.

Kaiserliches Landamt.

Mitteilungen.

Die bisher probeweise angestellten Wachtmänner Grapow und Patitz sind zu etatsmässigen Wachtmännern ernannt worden.

* * *

Der Kurs bei der Gouvernemetskasse beträgt vom 1. d. Mts ab: 1 $=1,98 M.

Meteorologische Beobachtungen
in Tsingtau.

Datum. Okt.	Barometer (m m) reduz. auf 0° C., Seehöhe 24,30 m			Temperatur (Centigrade).								Dunstspannung in mm			Relat. Feuchtigkeit in Prozenten		
				trock. Therm.			feucht. Therm.										
	7 Vm	2 Nm	9 Nm	7 Vm	2 Nm	9 Nm	7 Vm	2 Nm	9 Nm	Min.	Max.	7 Vm	2 Nm	9 Nm	7 Vm	2 Nm	9 Nm
27	766,2	764,6	765,2	12,3	15,5	14,6	9,1	10,8	11,1	16,6	9,4	6,7	6,8	7,7	63	52	62
28	65,5	64,8	67,7	13,3	15,3	11,4	7,3	9,0	7,5	16,7	12,7	4,0	4,8	5,4	35	37	54
29	70,0	69,8	72,0	7,9	14,1	10,2	5,0	8,6	7,2	16,0	7,2	4,8	5,0	5,8	60	42	62
30	73,1	70,5	70,4	4,8	12,2	9,6	2,9	6,3	5,1	14,4	3,6	4,5	3,6	3,9	70	34	43
31	68,8	66,1	66,5	9,1	15,2	10,1	6,7	9,5	6,3	13,4	5,4	5,9	5,4	4,9	68	42	53
Nov. 1	64,8	62,5	63,1	10,4	17,8	12,7	6,7	10,3	8,8	15,3	9,2	5,1	4,8	6,1	54	31	56
2	66,8	65,8	65,9	7,8	14,9	14,6	6,0	11,4	11,3	18,2	7,6	5,9	7,9	8,6	75	63	64

Datum. Okt.	Wind Richtung & Stärke nach Beaufort (0—12)			Bewölkung						Niederschläge in mm	
				7 Vm		2 Nm		9 Nm			9 Nm
	7 Vm	2 Nm	9 Nm	Grad	Form	Grad	Form	Grad	Form	7Vm	9Nm 7 Vm
27	NNO 1	NNW 1	WNW 1	8	Cu nim	6	Cu-str.	9	Cum		
28	N 1	N 2	N 5	10	„	10	Cu-nim	10	Cu-nim		
29	N O 1	WNW 5	WNW 4	3	Cu-str.	7	Cu-str.	3	Cu-str.		
30	NNO 1	WNW 4	NNW 2	1	„	8	Cir-cum				
31	WNW 2	SSW 3	NNO 1	2		2	Cum				
Nov. 1	W 2	WNW 1	WNW 1	1	„ Cum	2	Cu-str.				
2	NW 1	S O 1	S 1			1	Cum	3	Cu-str.		

5. November 1904. Amtsblatt—報官島青 245.

Hochwassertabelle für den Monat November 1904.

Datum	Tsingtau - Hauptbrücke.		Grosser Hafen, Mole I.		Nükuk'ou.	
	Vormittags	Nachmittags	Vormittags	Nachmittags	Vormittags	Nachmittags
1.	10 U. 00 M.	10 U. 35 M.	10 U. 30 M.	11 U. 05 M.	11 U. 00 M.	11 U. 35 M.
2.	11 „ 11 „	11 „ 49 „	11 „ 41 „	—	—	0 „ 11 „
3.	—	0 „ 28 „	0 „ 19 „	0 „ 58 „	0 „ 49 „	1 „ 28 „
4.	1 „ 05 „	1 „ 42 „	1 „ 35 „	2 „ 12 „	2 „ 05 „	2 „ 42 „
5.	2 „ 13 „	2 „ 43 „	2 „ 43 „	3 „ 13 „	3 „ 13 „	3 „ 43 „
6.	3 „ 09 „	3 „ 35 „	3 „ 39 „	4 „ 05 „	4 „ 09 „	4 „ 35 „
7.	3 „ 59 „	4 „ 22 „ ●	4 „ 29 „	4 „ 52 „	4 „ 59 „	5 „ 22 „
8.	4 „ 46 „	5 „ 09 „	5 „ 16 „	5 „ 39 „	5 „ 46 „	6 „ 09 „
9.	5 „ 31 „	5 „ 53 „	6 „ 01 „	6 „ 23 „	6 „ 31 „	6 „ 53 „
10.	6 „ 15 „	6 „ 36 „	6 „ 45 „	7 „ 06 „	7 „ 15 „	7 „ 36 „
11.	6 „ 57 „	7 „ 17 „	7 „ 27 „	7 „ 47 „	7 „ 57 „	8 „ 17 „
12.	7 „ 37 „	7 „ 57 „	8 „ 07 „	8 „ 27 „	8 „ 37 „	8 „ 57 „
13.	8 „ 17 „	8 „ 37 „	8 „ 47 „	9 „ 07 „	9 „ 17 „	9 „ 37 „
14.	9 „ 00 „	9 „ 22 „	9 „ 30 „	9 „ 52 „	10 „ 00 „	10 „ 22 „
15.	9 „ 50 „	10 „ 17 „	10 „ 20 „	10 „ 47 „	10 „ 50 „	11 „ 17 „
16.	10 „ 51 „ ◐	11 „ 26 „	11 „ 21 „	11 „ 56 „	11 „ 51 „	—
17.	—	0 „ 02 „	—	0 „ 32 „	0 „ 26 „	1 „ 02 „
18.	0 „ 38 „	1 „ 10 „	1 „ 08 „	1 „ 40 „	1 „ 38 „	2 „ 10 „
19.	1 „ 42 „	2 „ 08 „	2 „ 12 „	2 „ 38 „	2 „ 42 „	3 „ 08 „
20.	2 „ 33 „	2 „ 54 „	3 „ 03 „	3 „ 24 „	3 „ 33 „	3 „ 54 „
21.	3 „ 14 „	3 „ 34 „	3 „ 44 „	4 „ 04 „	4 „ 14 „	4 „ 34 „
22.	3 „ 53 „	4 „ 13 „	4 „ 23 „	4 „ 43 „	4 „ 53 „	5 „ 13 „
23.	4 „ 32 „ ○	4 „ 52 „	5 „ 02 „	5 „ 22 „	5 „ 32 „	5 „ 52 „
24.	5 „ 11 „	5 „ 31 „	5 „ 41 „	6 „ 01 „	6 „ 11 „	6 „ 31 „
25.	5 „ 51 „	6 „ 11 „	6 „ 21 „	6 „ 41 „	6 „ 51 „	7 „ 11 „
26.	6 „ 31 „	6 „ 51 „	7 „ 01 „	7 „ 21 „	7 „ 31 „	7 „ 51 „
27.	7 „ 12 „	7 „ 35 „	7 „ 42 „	8 „ 05 „	8 „ 12 „	8 „ 35 „
28.	7 „ 58 „	8 „ 22 „	8 „ 28 „	8 „ 52 „	8 „ 58 „	9 „ 22 „
29.	8 „ 46 „	9 „ 13 „	9 „ 16 „	9 „ 43 „	9 „ 46 „	10 „ 13 „
30.	9 „ 40 „ ◑	10 „ 12 „	10 „ 10 „	10 „ 42 „	10 „ 40 „	11 „ 12 „

1) ○ = Vollmond; 2) ◐ = Letztes Viertel; 3) ● = Neumond; 4) ◑ = Erstes Viertel.
Anmerkung: In T'a pu t'ou tritt das Hochwasser 10 Minuten früher als in Nükuk'ou auf.

Schiffsverkehr

in der Zeit vom 27. Oktober — 3. November 1904.

Ankunft am	Name	Kapitän	Flagge	Reg. Tonnen.	von	Abfahrt am	nach
(15.10.)	S. El Dorado	Smith	Amerikanisch	794	Portland Oregon	3.11.	Colombia River
(24.10.)	D. Falcon	Ross	Englisch	1349	Colombo	29.10.	Schanghai
28.10.	D. Knivsberg	Kayser	Deutsch	646	Tschifu	28.10.	„
„	D. Gouv. Jaeschke	Vogel	„	1045	Schanghai	29.10.	„
„	D. Chenan	Hunter	Englisch	1350	„		Tschifu
29.10.	D. Szechuen	Sidford	„	1143	Tschifu		Schanghai
31.10.	D. El Dorado	Smith	„	892	Schanghai	1.11.	„
1.11.	D. Tsintau	Hansen	Deutsch	977			Tschifu
3.11.	D. Vorwärts	Sohnemann	„	643	Tschifu	3.11.	Schanghai
„	D. Vanatis	Berenssen	Norwegisch	1903	Emden		
„	D. Ravn	Dedekam	„	795	Tschifu		

Druck der Missionsdruckerei, Tsingtau.

第五年　第四十五号

1904年11月5日

法令与告白

关于欧人公墓的法令（公墓法）

第1条

青岛的欧人公墓由总督府监管，用于接收所有在德国保护地或者周边以及停靠青岛港口船只上去世的人员。特殊情况下，经总督府同意后，也接受其他死者。

第2条

丧事须附带死者履历，一式两份，以及出示管理公家什物局出具的医生证明，并由它与申请人协商确定葬礼的时间以及葬礼的其他安排。医生证明也可以用警察局的证明替代。

第3条

墓地分为成年人和不超过14岁的儿童墓地。坟墓排列设置规则及维护要求：

成年人为长度2.50米，宽度1.20米；儿童为长度1.00米到1.25米，宽度0.90米。同一墓穴内不得埋葬超过2人。

所有的坟墓只有在25年后才可以使用新的墓地位置。如果希望维护墓地的时间超过25年，则需要按照第9条中规定的费用缴费。

第4条

如果场地和条件允许，可以在总督府申请将墓地放到已经埋葬的亲属墓地之后。对墓地的权利在25年之后失效。

各种情况下都需要与管理公家什物局签订书面合同，获取墓地或者继承墓地，然后由总督府进行公证。经过特别申请，也允许将儿童葬于成年人旁边。此类情况，需要按照成年人缴费。

第5条

在没有另行通知之前，允许对坟墓铺设草皮以及绿化，但是不能使用长根系树木，也可以在墓地上设立纪念碑和栅栏。但是纪念碑和栅栏只有在管理公家什物局特别许可后设立，不能超过第4条中规定的尺寸。由家属自行对坟墓进行装饰，也可以支付掘墓人报酬，由他们负责。此类情况需要通知管理公家什物局，以便进行必要的监督。

已逝军官和士兵的坟墓除了亲属的维护之外，也可由生前所在部队单位以及停留本地的军舰负责。维护工作也包括对塌陷坟头的重置以及对数字桩和可能存在的镶嵌坟墓的十字和石头的维护。

第6条

遗属有权免费将封闭棺材中的遗体放入公墓小教堂的太平间。在安葬完成后，由掘墓人对尸体进行监管，如果有必要，需要对太平间通风及消毒。

第7条

公墓及其设施和建筑属于管理公家什物局，由其按照规定负责维护。各项有关殡仪方面的申诉，联系总督府。

第8条

按照下列费率收费：

每座坟墓的土石工钱	10.00元
坟墓制作	2.50元
尸体检验	7.50元
对坟墓超过25年之后另外25年的维护费	25.00元
移动墓地位置	20.00元
移动继承墓地，按照平方米计算	35.00元

（此种情况时，免除土石方费用）

例外情况

14岁以下儿童，土石方费	5.00元
坟墓制作	1.50元
中士军衔一下的海陆军成员	免费
同一墓地埋葬第二人	免费
埋葬穷人	免费

费用由管理公家什物局收取。

青岛，1904年11月1日
皇家总督
都沛禄

官方通告

告白

启者：大码头附近一带出售之地基现已分划绘图，备载各地段之大小，每张价洋五角，拟自西本月初七日起每日上午可任便赴本局或阅看是图，或出价购买。为此仰各周知。特布。

德一千九百四年十一月初三日
青岛地亩局启

破产程序

对之前居住于青岛、现停留位置不明的钳工赫尔曼·格森格的财产，已于1904年10月29日开启破产程序。

管理人：本地的律师科赫博士。

报名期限为1904年11月26日。

第一次债权人会议和一般性查对的时间为1904年12月15日上午10点，地点为本审判厅。

公开查封和起诉期限为1904年11月26日。

青岛，1904年10月31日
胶澳皇家审判厅

告白

《从青岛发电厂供应电能的连接规定和供电条件》第3条第2段现在的版本为：

"在投入新设备以及在修复现有设备时，只能铺设胶皮线路或者胶皮线用作多重管线，此外，对于修复工作，除了这里引用的条件外，德国电气工程师协会的所有各项最新规定和标准也适用"。

青岛，1904年10月28日
青岛发电厂

在本地商业登记A部第25号登记的公司"阿达尔伯特·拉尔茨，药剂师"[①]已登记入下列事项：

授予青岛的药剂师汉斯·桑尼茨代理权。

青岛，1904年11月1日
胶澳皇家审判厅

---

① 译者注：该药房中文行名为"赉寿药房"。

破产程序

对居住于青岛、青岛的饭店"保龄球手之家"的前老板哥特利普·昆乐的财产，已于1904年10月28日开启破产程序。

管理人：青岛的律师和公证员拉普博士。

报名期限为1904年11月26日。

第一次债权人会议和一般性查对的时间为1904年12月10日上午10点，地点为本审判厅。

公开查封和起诉期限为1904年11月26日。

青岛，1904年10月28日
胶澳皇家审判厅

告白

马克斯·哈森利特递交了申请，请求在弗里德里希大街上的"胶澳饭店"老板不在青岛期间，将经营许可转移至他的名下。

如有根据1899年10月10日总督府告白提出的异议，须在本月21日前递交至本处。

青岛，1904年11月2日
皇家巡捕房

土地拍卖

应工程师保罗·摩尔施泰特的申请，将于1904年11月21日周一上午10点在地亩局公开拍卖位于奥古斯特·维多利亚湾畔阿达尔伯特亲王街与基督道①之间的地籍册第22页第15号地块。

面积：4 013平方米

最低价格：1 805.85

利用规划：乡村别墅式建筑

建造期限：1907年11月30日。

出价申请须在1904年11月19日前递交至本处。

青岛，1904年11月2日
皇家地亩局

---

① 译者注：即今福山路。

消息

目前试聘的灯塔看守人格拉博夫和帕提茨,已被任命为财政预算支付的灯塔看守人。

总督府财务处自本月1日起的汇率为:1元=1.98马克。

船运

1904年10月27日—11月3日期间

到达	轮船船名	船长	挂旗国籍	登记吨位	出发港	出发日	到达港
(10月15日)	黄金岛号	史密斯	美国	794	波特兰	11月3日	哥伦比亚河
(10月24日)	猎鹰号	罗斯	英国	1 349	科隆坡	10月29日	上海
10月28日	柯尼夫斯堡号	凯瑟	德国	646	芝罘	10月28日	上海
10月28日	叶世克总督号	福格尔	德国	1 045	上海	10月29日	上海
10月28日	车南号	亨特	英国	1 350	上海	10月29日	芝罘
10月29日	四川号	希德福德	英国	1 143	芝罘	10月29日	上海
10月31日	黄金岛号	史密斯	英国	892	上海	11月1日	上海
11月1日	青岛号	韩森	德国	977	上海	11月1日	芝罘
11月3日	前进号	索纳曼	德国	643	芝罘	11月3日	上海
11月3日	瓦那蒂斯号	贝伦森	挪威	1 903	艾姆登		
11月3日	雷文号	德德卡姆	挪威	795	芝罘		

Amtsblatt
für das
Deutsche Kiautschou-Gebiet.

青島官報

Herausgegeben vom Kaiserlichen Gouvernement Kiautschou.

Der Bezugspreis beträgt jährlich $ 0,60 = M 1,20.
Bestellungen nehmen sämtliche deutsche Postanstalten entgegen.

Jahrgang 5.　　Nr. 46.　　Tsingtau, den 12. November 1904.

Amtliche Anzeigen.

Steckbrief.

Gegen den unten beschriebenen Schlossermeister, Installateur **Hermann Gesenger**, zuletzt in Tsingtau, jetzt unbekannten Aufenthalts, welcher flüchtig ist und sich verborgen hält, ist die Untersuchungshaft wegen Betrugs (§ 263 R. St. G. B.) und Konkursverbrechens (§ 239 K. O.) verhängt.

Es wird ersucht, ihn zu verhaften und an das hiesige Gerichtsgefängnis oder an die nächste deutsche Behörde zum Weitertransport hierher abzuliefern.

Tsingtau, den 4. November 1904.

Kaiserliches Gericht von Kiautschou.

Beschreibung:
- Alter: 27 Jahre　　Grösse: ca. 1 m 75 cm
- Statur: schlank　　Haare: hellblond
- Augen: grau　　Nase: gewöhnlich
- Gesicht: rundlich　　Bart: heller Schnurrbart
- Mund: gewöhnlich　Gesichtsfarbe: frisch
- Sprache: Deutsch mit ostpreussischem Dialekt
- Besondere Kennzeichen: Schielt etwas.

Bei der in Abteilung A Nr. 4 des Handelsregisters vermerkten offenen Handelsgesellschaft Sietas, Plambeck & Co. ist folgendes eingetragen worden:

Die Prokura des Kaufmanns Hans Peter Hansen in Tsingtau ist erloschen.

Tsingtau, den 2. November 1904.

Kaiserliches Gericht von Kiautschou.

Aufgebot.

Es wird hiermit bekannt gemacht, dass **Johannes August Christian Weber**, seines Standes Schlachtermeister, geboren zu Lütjenburg, Bezirk Plön, 34 Jahre alt, wohnhaft in Tsingtau, Sohn des Privatiers August Weber und seiner Ehefrau Elise, geborenen Bartels, beide in Gaarden bei Kiel wohnhaft,

und

Anna Karkos, geboren zu Libitz, Bezirk Kolin, 19 Jahre alt, wohnhaft in Tsingtau, Tochter des verstorbenen Schlachtermeisters Franz Karkos und seiner zu Wustung wohnhaften Ehefrau Anna, geborenen Schmidt,

beabsichtigen, sich mit einander zu verheiraten und diese Ehe in Gemässheit der Reichsgesetzes vom 4. Mai 1870 bei dem unterzeichneten Standesbeamten abzuschliessen.

Tsingtau, den 9. November 1904.

Der Kaiserliche Standesbeamte.

In Vertretung.

Lehmann

Gerichtsassessor.

Bekanntmachung.

Als gefunden angemeldete Gegenstände: 1 Buch (Titel: das kleine Buch von der Marine.)

Tsingtau, den 9. November 1904.

Kaiserliches Polizeiamt.

Pachtversteigerung
von Lagerplätzen am kleinen Hafen.

Am Dienstag, den 22. November, nachmittags 2½ Uhr, findet am kleinen Hafen an Ort und Stelle die Verpachtung von Lagerparzellen gegen Meistgebot statt.

Die Pachtbedingungen und die Lage und Grösse der Parzellen sind auf dem Landamte einzusehen und werden auch beim Termine bekannt gegeben.

Tsingtau, den 8. November 1904.

Kaiserliches Landamt.

Bekanntmachung für Seefahrer.

Die in der inneren Bucht liegenden Fahrwasserbojen werden mit folgenden Ausnahmen Anfang Dezember für die Winterzeit eingezogen und Anfang April nächsten Jahres wieder auf den alten Stellen ausgelegt.

白告

啓者大包島小碼頭附近所壙之地業已嚴事茲訂於西歷本月二十二日下午兩點半鐘拍租如有意欲承租者屆期前赴該局守候面議可也倘欲明晰拍租規條及各地段分畫之大小可於每日上午自投本局查閱此佈

青島地畝局啓

德一千九百四年十一月初八日

Es bleiben während des Winters liegen: Boje A; Boje 1 und 2; Mittelgrundboje und die Hufeisenriffbojen $\frac{HR}{W}$, $\frac{HR}{N}$, und $\frac{HR}{O}$; die Glockenboje und die Hafeneinfahrtsbojen $\frac{HE}{1}$, $\frac{HE}{2}$, $\frac{HE}{3}$ und $\frac{HE}{4}$.

Tsingtau, den 10. November 1904.

Kaiserliches Hafenamt.

Mitteilungen.

Protokoll
über die am 1. November 1904 stattgehabte Sitzung des Gouvernementsrats.

Der Gouverneur eröffnete die Sitzung und legte als ersten Gegenstand der Beratung den Entwurf einer Verordnung betreffend Ausübung der Jagd vor.

Es wurde der Wunsch geäussert, dass nur die Schonungen der Jagdausübung entzogen werden möchten, nicht das ganze vom Gouvernement angekaufte Gelände. Obwohl eine Einigung der Ansichten nicht erzielt werden konnte, so kam eine Klärung doch in so fern zu Stande, als der Rechtsstandpunkt zu dem Vorgehen des Gouvernements von allen Seiten unanfechtbar anerkannt wurde, dagegen bestanden Zweifel über die Opportunität des Erlasses der Verordnung im gegenwärtigen Augenblicke. Der Gouverneur sagte eine nochmalige Prüfung der Frage zu und stellte jede mit den Interessen des Fiskus vereinbare Erleichterung in Aussicht. In gleicher Weise wurde bei der Frage der Einladung zu den Jagden der Civilgemeinde zugesagt, dass eine einseitige Begünstigung gewisser Stände in der Kolonie in keiner Weise beabsichtigt sei. Für die Zulassung zu den Jagden im fiskalischen Forstgelände solle allein der Umstand massgebend sein, ob der Zuzulassende als waidgerechter Jäger angesehen werden müsse. Die Höhe der Jagdscheingebühr begegnete keinen besonderen Bedenken, nachdem der Gouverneur eine Herabsetzung zugesagt hatte.

Es folgte die Beratung über den Entwurf einer Verordnung betreffend den Europäerfriedhof (Friedhofsordnung).

Die Veröffentlichung derselben anstelle der bisherigen Benutzungsvorschrift für den Gouvernementsfriedhof wurde von den Vertretern der Zivilgemeinde als wünschenswert bezeichnet. Der gesamte Entwurf wurde mit geringfügigen Aenderungen, hauptsächlich Art der Ausschmückung der Gräber betreffend, angenommen.

12. November 1904.   Amtsblatt—青島官報   249.

Zur Besprechung stand weiter eine Verordnung betreffend Gewerbescheine.

Mit einer einzigen Aenderung (—im § 1 wurde gegen den Entwurf auf Antrag der Vertreter der Zivilgemeinde die bisherige Gebühr für Versteigerungen von 25 $ beibehalten—) gelangte der Entwurf zur Annahme.

Der letzte Gegenstand der Beratung, nämlich die Polizei-Verordnung betreffend den Verkehr von Fahrzeugen, den Betrieb von Schank- und Hotelwirtschaften, chinesischen Theatern und Konzerthäusern, Pfandhäusern, sowie die Veranstaltung von Lotterieen im Schutzgebiet Kiautschou, wurde ohne Debatte dem Entwurf entsprechend angenommen.

Da weitere Punkte zur Besprechung nicht vorlagen, wurde die Sitzung durch den Gouverneur geschlossen.

*   *   *

Der bisherige Feldwebel Fink ist zum Gefängnis-Oberaufseher ernannt worden.

Meteorologische Beobachtungen
in Tsingtau.

Datum Nov.	Barometer (mm) reduz. auf 0° C., Seehöhe 24,80 m			Temperatur (Centigrade).								Dunstspannung in mm			Relat. Feuchtigkeit in Prozenten		
				trock. Therm.			feucht. Therm.										
	7 Vm	2 Nm	9 Nm	7 Vm	2 Nm	9 Nm	7 Vm	2 Nm	9 Nm	Min.	Max.	7 Vm	2 Nm	9 Nm	7 Vm	2 Nm	9 Nm
3	765,6	764,5	766,8	12,4	18,8	11,8	9,9	12,7	7,8	15,6	8,1	7,6	7,2	5,5	71	45	54
4	67,7	65,9	65,3	8,9	16,0	13,0	5,9	10,5	8,6	19,2	7,2	5,1	6,1	5,7	61	45	51
5	66,6	67,4	71,1	8,7	11,5	4,5	6,9	6,0	1,1	16,7	8,7	6,4	3,7	3,0	76	36	47
6	69,8	66,4	65,5	5,5	13,6	11,1	2,4	7,3	6,4	12,5	3,7	3,6	3,9	4,4	53	33	44
7	64,2	62,7	63,1	9,5	15,5	11,8	6,2	10,5	9,2	13,7	5,9	5,1	6,4	7,1	57	49	69
8	63,2	62,7	63,1	6,7	13,3	10,7	5,9	8,2	1,6	15,7	6,7	6,5	5,1	5,9	88	44	62
9	63,3	62,3	62,4	10,3	16,9	14,1	8,3	12,5	10,9	14,4	6,9	6,9	8,1	7,8	74	57	65

Datum Nov.	Wind Richtung & Stärke nach Beaufort (0—12)			Bewölkung						Niederschläge in mm	
				7 Vm		2 Nm		9 Nm			
	7 Vm	2 Nm	9 Nm	Grad	Form	Grad	Form	Grad	Form	7 Vm / 9 Nm	9 Nm / 7 Vm
3	SSW 1	WNW 2	NNW 2	8	Cu-str.	2	Str.				
4	NW 1	Stille 0	WNW 2	2	"	3	Cu-str.				
5	NW 2	NW 5	NNO 1	1	Cum						
6	WNW 1	NW 3	WNW 3								
7	W 1	SSO 1	SSW 1								
8	NNW 2	NNW 1	SO 1	2	Cum	6	Cu-str.				
9	Stille 0	SSO 2	S 2			1	Cum				

Schiffsverkehr

in der Zeit vom 3. — 10. November 1904.

Ankunft am	Name	Kapitän	Flagge	Reg. Tonnen.	von	Abfahrt am	nach
(3.11.)	S. Ravn	Dedekam	Norwegisch	795	Tschifu	5.11.	Schanghai
4.11.	D. Gouv. Jaeschke	Vogel	Deutsch	1045	Schanghai	"	"
"	D. Tunghow	Bennet	Englisch	952	"	4.11.	Tschifu
"	D. Dagmar	Carl	Norwegisch	383	Moji	7.11.	Moji
5.11.	D. Nichibei Maru	Tomoyava	Japanisch	880	"		
"	D. Chingkiang	Hopkins	Englisch	1229	Tschifu	5.11.	Schanghai
7.11.	D. Chenan	Hunter	"	1350	"	7.11.	"
"	D. El Dorado	Smith	"	892	Schanghai	8.11.	"
"	D. Knivsberg	Kayser	Deutsch	646	"	"	Tschifu
"	D. Thales	Short	Englisch	820	Hongkong		

Druck der Missionsdruckerei, Tsingtau.

第五年　第四十六号

1904年11月12日

官方通告

通缉令

现下令通缉因诈骗(《帝国税法》第263条)及破产犯罪(《皇家法令》第239条)而须关押审讯的在逃隐匿的钳工、安装工赫尔曼·格森格。

请将上述人员拘押后递解至本地的审判厅监狱或最近的德国政府部门,以递解本部。

青岛,1904年11月4日
胶澳皇家审判厅

特征描述:

年龄:27岁	身高:约1.75米
体型:苗条	头发:亮黄色
眼睛:棕色	鼻子:普通类型
脸:圆脸	胡子:浅色小胡子
嘴:普通类型	脸部颜色:气色好

语言:德语,带有东普鲁士方言

特殊标志:有点斜眼

在商业登记A部第4号登记的营业中贸易公司"哈唎洋行"已登记入下列事项:
青岛的商人汉斯·彼得·韩森的代理权已经撤销。

青岛,1904年11月2日
胶澳皇家审判厅

结婚公告

约翰内斯·奥古斯特·克里斯蒂安·韦博,职业为屠夫,出生于普略恩区的吕田堡,现年34岁,居住地为青岛,是居住于基尔附近的嘉登的依靠养老金生活的奥古斯特·韦博与出生时姓巴特尔斯的妻子伊莉莎的儿子。

安娜·卡尔克斯,出生于克林区的利比茨,现年 19 岁,居住地为青岛,是已去世的屠夫弗朗茨·卡尔克斯和他的居住于伍斯通、出生时姓施密特的妻子安娜的女儿。

谨此宣布二人结婚,此婚约按照 1870 年 5 月 4 日颁布的法律规定,在本户籍处缔结。

青岛,1904 年 11 月 9 日
皇家户籍处代理人
雷曼
法院评估员

告白

登记寻获物品:书籍 1 本(书名:海军手册)。

青岛,1904 年 11 月 9 日
皇家巡捕房

告白

启者:大包岛小码头附近所填之地业已蒇事。兹订(定)于西历本月二十二日下午两点半钟拍租,如有意欲承租者,届期前赴该处守候面议可也。倘欲明晰拍租规条及各地叚分画(划)之大小,可于每日上午自投本局查阅。此布。

德一千九百四年十一月初八日
青岛地亩局启

对海员的告白

位于内湾的水道浮标除了下面的例外情况之外,将在 12 月初因冬季原因收回,在明年 4 月初再次放置到原先位置。

在冬季期间保持不变的浮标:

浮标 A;1 号和 2 号浮标;中间浮标和名称为 H R/W、H R/N 以及 H R/O 的马蹄礁浮标;名称为 H E/1、H E/2 以及 H E/3 的港口入口浮标。

青岛,1904 年 11 月 10 日
皇家船政局

消息

记录

对于1904年11月1日举办的总督府参议会的会议

总督宣布会议开始,作为会议咨询的第一件事项,他拿出了一份关于打猎方面法令的草案。

总督提出仅在育林区、而不是在整个总督府收购的土地上不准打猎的愿望。尽管对于这些观点无法达成一致,但是也达成了一项澄清,即承认所有方面都不得反对总督府所采取措施的法律地位,对此也存在着对于当前公布法令的正当性的疑问。总督承诺再次审视这一问题,承诺做出各项与国库利益保持一致的简化程序。在邀约民政区打猎的问题上,也以同样方式做出承诺,没有打算在殖民地以任何方式对特定地方做出单方面的优先待遇。对于在国有林区打猎许可方面,唯一适用的条件是只有被许可人是被视为符合狩猎规则的猎人。打猎许可证的费用方面,在总督承诺降低费用后,没有遇到特别的想法。

随后就是对于关于欧人墓地法令(《公墓法》)方面的草案咨询。

这一法令的公布,是为了替换目前实施的督署公墓使用规定,民政区的各位代表对此表示肯定。整个草案仅做了微小修改,主要是在坟墓装饰方式方面,草案得到了通过。

之后继续讨论一份关于营业执照的法令。

草案仅仅做了一处修改(根据民政区代表的申请,反对草案第1条,保留了目前使用的25元的拍卖费用)后通过。

讨论的最后一件事项,是关于在胶澳保护地的汽车交通、酒馆饭店经营、中国戏院和音乐厅、当铺以及开办彩票方面的警方法令。对于草案没有任何辩论,全部通过。

由于没有其他需要讨论的要点内容,总督宣布会议结束。

目前担任军士长的芬克已被任命为高级监狱看守。

船运

1904年11月3日—10日期间

到达日	轮船船名	船长	挂旗国籍	吨位	出发港	出发日	到达港
(11月3日)	雷文号	德德卡姆	挪威	795	芝罘	11月5日	上海
11月4日	叶世克总督号	福格尔	德国	1 045	上海	11月5日	上海
11月4日	通州号	贝内特	英国	952	上海	11月4日	芝罘

(续表)

到达日	轮船船名	船长	挂旗国籍	吨位	出发港	出发日	到达港
11月4日	达克玛号	卡尔	挪威	383	门司	11月7日	门司
11月5日	日米丸	智也	日本	880	门司		
11月5日	清江号	霍普金斯	英国	1 229	芝罘	11月5日	上海
11月7日	车南号	亨特	英国	1 350	芝罘	11月7日	上海
11月7日	黄金岛号	史密斯	英国	892	上海	11月8日	上海
11月7日	柯尼夫斯堡号	凯瑟	德国	646	上海	11月8日	芝罘
11月7日	泰雷兹号	朔尔特	英国	820	香港		

Amtsblatt
für das Deutsche Kiautschou-Gebiet.

青島官報

Herausgegeben vom Kaiserlichen Gouvernement Kiautschou.

Der Bezugspreis beträgt jährlich $ 0,60 = M 1,20.
Bestellungen nehmen sämtliche deutsche Postanstalten entgegen.

Jahrgang 5.   Nr. 47.   Tsingtau, den 19. November 1904.

Verordnungen und Bekanntmachungen.

Verordnung
betreffend
Gewerbescheine.

Versteigerungen.

§ 1.

Zum Ankündigen und Abhalten von Versteigerungen ist ein Gewerbeschein zu lösen, für welchen vierteljährlich eine Gebühr von $ 25 erhoben wird.

Ausgenommen hiervon ist das Ankündigen und Abhalten von Versteigerungen durch Behörden.

Boote.

§ 2.

Für den gewerbsmässigen Betrieb von Booten in den Häfen und Küstengewässern des Schutzgebietes, soweit sie nicht Hafenabgaben entrichtet haben, ist ein Gewerbeschein zu lösen.

Die Gebühr beträgt halbjährlich für
a. Leichterfahrzeuge und Wasserboote
   1. europäischer Bauart $ 25,—
   2. chinesischer „   „ 10,—
b. Ruderboote, Segelboote, Personen-Sampans und Hökerboote   „ 3,—
c. Frachtsampans für je 2 cbm Laderaum $ 1,—
   bis zum Höchstsatze von   „ 7,50
d. Fischerboote, Flösse   „ —,50
e. Dampfboote unter 60 Tonnen Ladefähigkeit   „ 10,—

Luxuswagen, Lastwagen, Karren, Rikschas und Fahrräder.

§ 3.

Für den gewerbsmässigen Betrieb von Luxuswagen, Lastwagen, Karren, Rikschas und Fahrrädern innerhalb des Stadtgebietes ist ein Gewerbeschein zu lösen.

Die Gebühr beträgt für
a. Luxuswagen   vierteljährlich $ 3,—
b. Lastwagen, einschliesslich chinesischer zweirädriger Karren
    vierteljährlich   „ 3,—
c. Karren zum Handbetrieb
    monatlich   „ —,50
d. Rikschas   monatlich   „ —,50
e. Fahrräder   halbjährlich   „ —,50

§ 4.

Soweit die in § 2 und § 3 bezeichneten Fahrzeuge nicht zum gewerbsmässigen Betriebe gehalten werden, ist die Lösung eines Gewerbescheines nicht erforderlich. In diesem Falle ist jedoch der für die Ausgabe der Gewerbescheine zuständigen Behörde Anzeige von der Zahl und Art der gehaltenen Fahrzeuge zu machen und eine Abgabe in Höhe der in den § 2 und 3 angegebenen Beträge für jedes Fahrzeug im voraus zu entrichten.

Ausgenommen hiervon sind Dienstfahrzeuge des Gouvernements und seiner Behörden.

Schank- und Hotelbetrieb europäischen Stils.

§ 5.

Zum Betrieb von Hotels und Schankwirtschaften für Europäer ist abgesehen von der besonders einzuholenden Genehmigung des Gouvernements auch die Lösung eines Gewerbescheines erforderlich.

Die Gebühr beträgt vierteljährlich
in Klasse I. $ 90,—
„   „ II.   „ 60,—
„   „ III.   „ 40,—
„   „ IV. (Familienpensionen ohne öffentliches Restaurationszimmer) $ 20,—

Die Einreihung in eine dieser Klassen erfolgt durch den Zivilkommissar nach Anhörung der Vertreter der Zivilgemeinde.

Teehäuser und Kaffeehäuser europäischen Stils.

§ 6.

Zum Betriebe von Tee- und Kaffeehäusern europäischen Stils ist ein Gewerbeschein zu lösen.

Die Gebühr beträgt vierteljährlich
in Klasse I. $ 10,—
„   „ II.   „ 5,—

Die Einreihung in eine dieser Klassen erfolgt durch das Polizeiamt und für den Bereich des Bezirksamts Litsun durch das Bezirksamt daselbst.

Ausschank und Verkauf chinesischer Getränke und Medikamente.

§ 7.

Zum Betriebe von chinesischen Restaurants und Teehäusern, sowie von Läden zum Verkauf oder Ausschank von chinesischen Spirituosen und Medikamenten ist ein Gewerbeschein zu lösen.

Die Gebühr beträgt vierteljährlich
in Klasse I. $ 30,—
„   „ II.   „ 10,—
„   „ III.   „ 3,—

Die Einreihung in eine dieser Klassen erfolgt durch das Polizeiamt und für den Bereich des Bezirksamtes Litsun durch das Bezirksamt daselbst.

Handel mit Waffen und Munition.

§ 8.

Für den Handel mit Waffen oder Munition ist ein Gewerbeschein zu lösen.

Die Gebühr beträgt jährlich für
a. Jagdgewehre oder Munition $ 15,—
b. sonstige Waffen oder Munition „ 200,—

Chinesische Theater und Konzerthäuser.

§ 9.

Zum Betriebe von chinesischen Theatern und Konzerthäusern ist ein Gewerbeschein zu lösen.

Die Gebühr beträgt vierteljährlich
in Klasse I. $ 75,—
„   „ II.   „ 50,—
„   „ III.   „ 25,—

Die Einreihung in eine dieser Klassen erfolgt durch den Kommissar für chinesische Angelegenheiten.

Für Wandertheater, (Tempelspiele etc.) wird eine Gebühr von $ 1,— für den Tag, jedoch nicht über den Höchstsatz von $ 50,— für das Vierteljahr, erhoben.

Pfandhäuser.

§ 10.

Zum Betriebe von chinesischen Pfandhäusern ist ein Gewerbeschein zu lösen.

Die Gebühr beträgt vierteljährlich
in Klasse I. $ 200,—
„   „ II.   „ 100,—

Die Einreihung in eine dieser Klassen erfolgt durch den Kommissar für chinesische Angelegenheiten.

Lotterieen und Ausspielungen.

§ 11.

Zur Veranstaltung von öffentlichen Lotterieen und öffentlichen Ausspielungen von Geld und anderen Gewinnen ist ein besonderer Erlaubnisschein erforderlich. Der Ausspielung steht gleich die Entgegennahme von Wetten bei öffentlich veranstalteten Pferderennen und ähnlichen öffentlichen Veranstaltungen.

Für den Erlaubnisschein ist eine Abgabe von zehn vom Hundert des Betrages der planmässig zu verausgabenden Lose im voraus und bei Ausspielungen von zehn vom Hundert der gesamten Spieleinlagen nachträglich zu entrichten.

Ausgabe der Gewerbescheine.

§ 12.

Die Ausgabe der Gewerbescheine sowie der Erlaubnisscheine zur Veranstaltung von Lotterieen und Ausspielungen erfolgt durch das Polizeiamt und für den Amtsbereich des Bezirksamtes Litsun-Gewerbescheine für Boote ausgenommen-durch das Bezirksamt daselbst. Die Ausgabe der Gewerbescheine für Dampfboote unter 60 Tonnen Ladefähigkeit erfolgt durch das Hafenamt.

§ 13.

Die Gewerbe- und Erlaubnisscheine sind nicht übertragbar.

Die Gebühren sind im voraus, spätestens bei Aushändigung des Gewerbescheines, zu zahlen.

In besonderen Fällen kann die Gebühr herabgesetzt oder ganz erlassen werden.

Strafbestimmungen.

§ 14.

Wer unterlässt, den vorgeschriebenen Gewerbeschein zu lösen, oder die nach § 4 vorgeschriebene Anzeige zu machen, hat eine Geldstrafe in Höhe des ein- bis vierfachen Betrages der hinterzogenen Gebühr, mindestens jedoch eine Geldstrafe von 3 $, verwirkt. Anstelle der Geldstrafe tritt im Nichtbeitreibungsfalle Haft bis zu 6 Wochen. Ausserdem ist die hinterzogene Gebühr noch besonders zu zahlen. Fahrzeuge (Boote, Rikschas, Fahrräder u. s. w.) können bis zur Zahlung der hinterzogenen Gebühr und verwirkten Strafe in polizeiliche Verwahrung genommen werden.

§ 15.

Der erteilte Gewerbe- oder Erlaubnisschein kann wieder entzogen werden oder es kann die Erteilung versagt werden:

a) wenn die Gebühr nicht rechtzeitig bezahlt ist;
b) wenn der Antragsteller bereits wegen Verstosses gegen diese Verordnung bestraft ist;
c) wenn Tatsachen vorliegen, welche die Fortdauer oder Erneuerung der Erlaubnis aus Gründen der öffentlichen Sicherheit und Ordnung ausschliessen;
d) wenn der Antragsteller wegen Uebertretung der im Anschluss an diese Verordnung erlassenen Polizeiverordnung vom heutigen Tage bestraft ist.

Nichtbeachtung der Verweigerung oder Entziehung eines Gewerbescheines oder rechtswidrige Ueberlassung eines Gewerbescheines an Dritte ziehen eine Strafe bis zu $ 1000 nach sich, an deren Stelle im Nichtbeitreibungsfalle Haft bis zu 6 Wochen tritt.

Schlussbestimmungen.

§ 16.

Diese Verordnung tritt am 1. Januar 1905 in Kraft.

Mit dem gleichen Tage wird die Verordnung, betreffend Gewerbescheine, vom 10. Juni 1902 (Amtsblatt 1902 Seite 83) aufgehoben.

Tsingtau, den 1. November 1904.

Der Kaiserliche Gouverneur.
Truppel.

大德欽命總督膠澳文武事宜大臣都為

曉諭事茲將更訂各項營生執照章程分條列左

一凡欲代出告白及代行拍賣等事者均須領有營生執照每三閱月一季應納照費洋二十五元惟此條與本署及各局所無涉

二凡在德屬境內各口及近海邊之處駕駛各種船隻謀生者統應領有營生執照惟曾經完納船鈔之船則免領此項營生執照駁船裝水船如係洋式者每隻每六閱月一季應納洋照費洋二十五元華式者每隻每六閱月納洋十元檣艇蓬艇儎客以及管賣雜貨等船每六閱月納洋三元 儎貨杉板艇以船艙大小按每捕魚船筏于每六閱月則均納洋一元惟至多不過七元五角之數兩厓必米打每六閱月納洋五角 輪船儎重在六十噸以內者應納照費洋十元

三凡拉客之車拉貨之車二把手小車東洋車自行車欲在青島內界各處謀生者均宜領有營生執照 拉客之車並華式雙輪大車每輛每三閱月納照洋三元 一把手小車則每輛每月納洋五角 自行車則每六閱月納洋五角

他項車費

四凡人有第二第三兩條所載之船隻車輛並不用以謀生者即應免領此項營生執照然仍宜將自有之船隻車輛數目多寡種類式樣報明該管發營生執照之局查核並應將船每隻每月照第二第三兩條所載之照費多寡先行完納 惟本署及各局公用之船隻車輛則免納此項費洋

泰西飯店酒館營生執照

五凡欲開設泰西飯店並酒館者除仍先須稟請本署允准後均應領有營生執照分作四等交納費洋 頭等店館每三閱月應納洋九十元 二等每三閱月納洋六十元 三等每三閱月納洋四十元 四等飯店則無公大飯廳之便家每三閱月納洋二十元但谷該飯店酒館廳列之等次均歸輔政司先邀公舉之商董互相參酌始行核定

泰西茶館咖啡館營生執照

六凡欲開設泰西茶館咖啡館者應領有營生執照分作二等交納費洋 頭等每三閱月應納照洋五元 至該館廳列等次均歸巡捕衙門核等若在李村轄境則歸李村副臬司衙門酌辦

中華飯店茶館酒舖並售賣藥料等舖營生執照

七凡欲開設中華飯店茶館酒舖並在丙沽飯之酒舖以及售賣藥材等舖宜領有營生執照 分列三等 頭等每三閱月應納照洋三十元 二等每三閱月應納照洋十元 三等每三閱月應納照洋二元 至各該飯店茶館酒館藥舖廳之等次概歸巡捕衙門酌核 如在李村轄境則歸李村副臬司衙門參酌

售賣軍械及彈藥營生執照

八凡售賣軍器及彈藥者均宜領有營生執照除販賣打獵之洋槍或彈藥每年僅納照費洋十五元外其販賣他項軍器彈藥每年須納照費洋二百元

中華戲園書館營生執照

九凡欲設立中華戲園書館均應領有營生執照分為三等 頭等每三閱月應納照費洋七十五元 二等每三閱月應納照費洋五十元 三等每三閱月應納照費洋二十五元 至各該戲園書館廳列之等序概由管理中華事宜輔政司酌核他如野臺戲班忽東忽西無一定演唱處所每一日應納費洋一元惟至多每季不過五十元之數

中華當舖營生執照

十凡欲開設中華富舖者均應領有營生執照分作二等 頭等每三閱月應納照費洋二百元 二等每三閱月應納照費一百元 至各該當舖廳列之等序概由管理中華事宜輔政司酌核

設立贏錢贏物各項彩票專照

十一凡欲發出能贏錢贏物各項彩票者應請准否另給專照 如公共賽馬之期及類乎賽馬之舉設立之無本彩票備人賭博公司亦皆按此例辦理發出之彩票立有定額其費則按每百分之十先期交納倘所發之彩票不能預定多原其費則以賣出票價總數核算按百分之十定彩後交納

發給營生執照專照處所

十二凡領之各項營生執照專照均由青島巡捕衙門簽發 如在李村副臬司轄境內即由該衙門簽發查船隻營生執照除載重六十噸以內之輪船其照由船政局簽發外其餘各項船隻營生執照無論何處概田青島巡捕衙門發給

19. November 1904.   Amtsblatt—青島官報   255.

營生執照要則

十三 各項營生執照專照一經領出即不准移交他人其應納之照費至遲亦須於領照時先行交兌但該費或由該管局度情或可酌減或全行豁免

科罰章程

十四 凡有違背以上各章或未領照及未按第四所載報明一經查出即按應納之數目一倍至四倍議罰但至少須罰洋三元倘該犯者無力繳洋則監押至六禮拜之久其應納之照費仍須照繳違章之船隻車輛可暫由該管局扣留俟將應繳之照費送案即行釋放

十五 凡有至期未納照費或因違此章程被罰有案或恐及公眾之安或碍往來之便或因違背附於此章同日更訂罰規條經訂有案者則各該衙門不發執照專照或將已發出之照撒回均可准一經各該衙門查明不給執照或將執照撒回後該領照者仍敢不遵竟爾開張或已開諭而不即歇業或將自領之照擅交他人等繼一經查出定罰洋至一千元之多如無力繳洋則監押至六禮拜之久

末章

十六 此項章程准自西歷一千九百五年正月初一日起一律遵行所有一千九百二年六月初十日所訂之各種營生執照續章即於是日作廢為此仰閤屬諸色商民人等一體凜遵勿違特諭

大德一千九百四年十一月初一日

x Polizei-Verordnung
betreffend
den Verkehr von Fahrzeugen, den Betrieb von Schank-und Hotelwirtschaften, chinesischen Theatern und Konzerthäusern und Pfandhäusern, sowie die Veranstaltung von Lotterieen und Ausspielungen im Schutzgebiete Kiautschou.

A. Fahrzeuge.

§ 1.

Für Dampfboote unter 60 Tonnen Ladefähigkeit gelten folgende Bestimmungen:

1. Jedes Dampfboot hat seinen Namen am Bug in lateinischer und am Schornstein oder am Aufbau in chinesischer Schrift leicht sichtbar zu tragen.

2. Jedes Dampfboot darf nur soviel Fahrgäste aufnehmen und befördern, als das Hafenamt gestattet. Die zu gestattende Anzahl wird in der Weise ermittelt, dass für jeden Fahrgast und Bootsangestellten ein Raum von 0,65 qm der nutzbaren Fläche des Ober-und unmittelbar darunter gelegenen Decks zu Grunde gelegt wird. Die Zahl muss auf einer an Bord befindlichen leicht sichtbaren Tafel deutsch und chinesisch angeschrieben sein.

3. Die Zahl der zu führenden Rettungsgürtel und Boote, der Anker und Ketten, der Lichter, des Maschinen-und Steuer-Personals unterliegt der Kontrolle des Hafenamts, wie auch die gesamte Maschinen-und Kessel-Einrichtung und die der Sicherheitsventile.

Eingehende Bestimmungen hierüber bleiben vorbehalten.

4. Der Führer und Maschinist des Bootes müssen, falls sie keine vom Hafenamt für ausreichend erachteten Fähigkeitsausweise besitzen, sich vor dem Hafenamt über ihre Befähigung ausweisen.

Eingehende Bestimmungen bleiben vorbehalten.

5 Von Dunkelwerden bis Tagesanbruch ist ein Licht an sichtbarer Stelle zu führen.

6. Beim Verlassen der deutschen Küstengewässer für länger als 72 Stunden und bei der Rückkehr in diese ist dem Hafenamt Mitteilung zu machen.

§ 2.

Für Leichter, Frachtboote, Sampans, Höker-, Wasser-und Fischer-Boote gelten folgende Bestimmungen:

1. Jedes Fahrzeug hat die Register-Nummer in Zahlen, die mindestens 7 cm hoch sind, leicht sichtbar zu tragen.

2. Von Dunkelwerden bis Tagesanbruch ist ein Licht an sichtbarer Stelle zu führen.

3. Beim Verlassen der deutschen Küstengewässer für länger als 72 Stunden und bei der Rückkehr in diese ist dem Polizeiamt Meldung zu erstatten.

§ 3.

Für Sampans gelten ausserdem folgende besondere Bestimmungen:

1. Die Sampans sind stets sauber zu halten und den Anordnungen der Polizei gemäss regelmässig vorzuführen.

2. Die Höchstzahl der Fahrgäste wird vom Polizeiamt festgesetzt.

3. In den Sampans von Fahrgästen zurückgelassene Gegenstände sind unverzüglich der Polizei auszuhändigen.

4. Es ist nachstehender Tarif innezuhalten, welchen die Sampanführer stets bei sich zu führen haben:

a. für eine halbe Stunde und 1-2 Fahrgäste	$ 0,10
b. für den dritten und jeden weiteren Fahrgast für jede halbe Stunde	„ 0,05
c. für die Zeit von Mitternacht bis Sonnenaufgang doppelte Taxe.	
d. für den ganzen Tag bis zu 24 Stunden	$ 1,—

§ 4.

Für sämtliche auf den Strassen des Stadtgebietes verkehrende Fahrzeuge gelten folgende Bestimmungen:

1. Sie dürfen sich nur auf dem Fahrdamm bewegen.

2. Sie müssen rechts fahren; von hinten kommende, in derselben Richtung fahrende Fahrzeuge müssen beim Ueberholen links fahren und das vordere Fahrzeug rechts lassen.

3. Von Dunkelwerden bis Sonnenaufgang haben sie ein Licht an sichtbarer Stelle zu führen.

4. Schiebkarren müssen die dafür bestimmten eingepflasterten Steinbahnen auf den Strassen benutzen und hintereinander in der Reihe fahren.

5. Lastwagen haben Schilder mit Namen und Nummer sichtbar zu führen.

§ 5.

Für Rikschas gelten ausserdem noch folgende besondere Bestimmungen:

1. Als Rikschaführer sollen nur kräftige und gesunde, über 18 Jahre alte Leute verwandt werden. Ihre Anzüge sollen sauber gehalten sein.

2. Jede Belästigung des Publikums durch Anrufen oder Anrennen von Passanten oder dergleichen ist verboten.

3. Von den Fahrgästen in den Rikschas zurückgelassene Gegenstände sind unverzüglich der Polizei auszuantworten.

4. Den über das Rikschawesen von der Polizei erlassenen Sonderbestimmungen ist Folge zu leisten.

5. Es ist nachstehender Tarif innezuhalten:

I. Klasse.

a. Mit einem Fahrer:

Fahrt bis zur Dauer von einer Viertelstunde	$ 0,05
Jede weitere Viertelstunde	„ 0,05
Mithin die erste volle Stunde	„ 0,20
Jede weitere Stunde	„ 0,10

b. Mit zwei Fahrern:

Fahrt bis zur Dauer von einer Viertelstunde	„ 0,10
Jede weitere Viertelstunde	„ 0,05
Mithin die erste volle Stunde	„ 0,25
Jede weitere Stunde	„ 0,15

II. Klasse.

a. Mit einem Fahrer:

Fahrt bis zur Dauer von einer halben Stunde	„ 0,05
Jede weitere halbe Stunde	„ 0,05
Mithin die erste volle Stunde	„ 0,10
Jede weitere Stunde	„ 0,05

b. Mit zwei Fahrern:

Fahrt bis zur Dauer von einer halben Stunde	„ 0,10
Jede weitere halbe Stunde	„ 0,05
Mithin die erste volle Stunde	„ 0,15
Jede weitere Stunde	„ 0,10

Von Mitternacht bis Tagesanbruch tritt Verdoppelung der Taxe ein.

Tagesfahrten nach Uebereinkunft.

§ 6.

Den Anordnungen, welche die Polizei zur Aufrechterhaltung der Ordnung und Sicherheit des Verkehrs auf den öffentlichen Wegen, Strassen, Plätzen oder Wasserstrassen trifft, ist unbedingte Folge zu leisten.

B. Schanklokale.

§ 7.

Für Lokale, in denen geistige Getränke ausgeschenkt werden, gelten folgende Bestimmungen:

1. Der Gewerbeschein ist der Polizei stets auf Verlangen vorzuzeigen.

2. Belästigungen des Publikums durch ruhestörenden Lärm sind untersagt.

3. Besondere Rettungsvorrichtungen für den Fall von Feuersgefahr können vorgeschrieben werden.

4. Solange das Lokal geöffnet ist, ist nach Dunkelwerden der Eingang genügend zu erleuchten.

5. An chinesische Angestellte der Polizei dürfen alkoholische Getränke nicht verabfolgt werden.

C. Handel mit Waffen und Munition.
§ 8.
Für den Handel mit Waffen oder Munition gelten folgende Bestimmungen:
- a. Der Verkauf von Waffen oder Munition an Chinesen im deutschen Schutzgebiete ist untersagt.
- b. Ueber die stattgehabten Verkäufe ist dem Gouvernement vierteljährlich ein Verzeichnis einzureichen.

D. Chinesische Theater und Konzerthäuser.
§ 9.
Für chinesische Theater und Konzerthäuser gelten folgende Bestimmungen:

1. Theater und Konzerthallen dürfen nicht später als Mitternacht schliessen.

2. Die zur Aufführung gelangenden Theaterstücke sind vorher dem Kommissar für chinesische Angelegenheiten zur Kenntnis zu unterbreiten. Unanständige oder politisch aufreizende Aufführungen sind nicht gestattet.

3. Störungen der Nachbarschaft durch Lärm, Schlagen von Gongs und dergleichen sind verboten.

4. Beleuchtungskörper sind mindestens 0,50 m vom Holzwerk entfernt anzubringen.

5. Alle Türen müssen nach aussen zu öffnen.

6. Es sind auf Erfordern besondere Rettungsvorrichtungen für den Fall einer Feuersgefahr anzubringen.

7. Angehörige der Polizei im Dienst haben jederzeit Zutritt.

E. Pfandhäuser.
§ 10.
Für chinesische Pfandhäuser gelten folgende Bestimmungen:

1. Ueber alle Leihgeschäfte ist genau Buch zu führen. Aus den Büchern muss zu ersehen sein:
- a. Datum des Geschäfts und die dem beliehenen Gegenstande entsprechende Buchnummer;
- b. Die Höhe der geliehenen Summe;
- c. Die Höhe des Zinsfusses und
- d. Name und Wohnort des Versetzers.

2. Ueber jeden versetzten oder beliehenen Gegenstand ist unter der Buchnummer eine Quittung für den Versetzer auszustellen, die Datum und Namen des Geschäfts, Beschreibung des Gegenstandes, Höhe des Darlehens und der Verzinsung, sowie genaue Angabe, auf wie lange der Gegenstand versetzt sein soll, enthält. Dieselbe muss die Bestimmung enthalten, was nach der Fälligkeit des Darlehens mit den Pfändern geschieht.

3. Die Polizei ist berechtigt, jederzeit Einsicht in die Bücher zu nehmen, und soweit rechtlich zulässig, Pfänder zu beschlagnahmen.

4. Kleider und sonstige Gegenstände, die nur bei Europäern gebraucht werden, dürfen zum Versatze nur angenommen werden, wenn sie ein Europäer versetzt.

5. Werden Gegenstände zum Kauf oder Versatz angeboten, von denen den Umständen nach anzunehmen ist, dass sie mittels einer strafbaren Handlung erlangt sind, so ist die Polizei sofort zu benachrichtigen.

6. Verpfändete Sachen müssen nach Verfall in öffentlicher Versteigerung verkauft werden. Hierzu bedarf der Pfandhausinhaber keiner besonderen Erlaubnis zum Ankündigen und Abhalten von Versteigerungen. Der Mehrerlös fällt den Verpfändern und, falls diese sich nicht binnen 6 Monaten nach Aufforderung im Amtsblatte melden, dem Pfandhaus zu.

F. Lotterieen und Ausspielungen.
§ 11.
Bei Veranstaltung von Lotterieen und von öffentlichen Ausspielungen ist dem Polizeiamte Ort, Tag und Stunde der Veranstaltung mitzuteilen. Das Polizeiamt ist berechtigt, einen Vertreter zu der Veranstaltung zu entsenden. Diesem sind nach Schluss der Lotterie oder der Ausspielung die Bücher und sonstigen Beläge zur Prüfung und zur Festsetzung der nachträglich zahlbaren Abgabe vorzuzeigen.

G. Strafbestimmungen.
§ 12.
Jede Zuwiderhandlung gegen die in den §§ 1-11 dieser Verordnung aufgeführten Bestimmungen zieht eine Geldstrafe bis zu 150 Mark, im Nichtbeitreibungsfalle Haft bis zu 6 Wochen nach sich.

H. Schlussbestimmungen.
§ 13.
Diese Verordnung tritt am 1. Januar 1905 in Kraft.

Mit dem gleichen Tage wird die Polizei-Verordnung betreffend Verkehr von Fahrzeugen pp. vom 10. Juni 1902 (Amtsblatt 1902, Seite 86 ff.) aufgehoben.

Tsingtau, den 1. November 1904.

Der Kaiserliche Gouverneur.
Truppel.

大德欽命總督膠澳文武事宜大臣都

出示通行曉諭事照得更訂膠澳德境以內各項船隻車輛往來並開設飯店酒館買賣軍械彈藥中國戲園書館當舖及發彩票等舖規條列左

船隻車輛

第一欵重六十噸以下小輪舟條規列左

一輪船每隻應用西字書其名於船首並用華字書其名於船面小艙或書於船面上下兩層板除佔用處外之空隙核算該空隙每方六十五桑的米達准容或搭客一名惟該船必須有准載客數目德華文字易見之牌一面　三每輪應配帶若干救生泡救生船並船錨錨鍊燈籠機器手艙工等均歸船政局考察其船上一切機器氣鍋以及內藏之洩汽筒亦皆由船政局察驗至詳細條規嗣後可以另行議訂　四船主及機器師原有之執照若不足憑信其堪勝管帶等任即可由該局先行考試方准至詳細條規嗣後可以另行議訂　五每輪每日自日沒起至日出止懸於易見處燃燈一盞　六該各輪如欲駛出德屬海面以外時過七十二點鐘者須於開行及進口時報明船政局查核

第二欵所有駁船遊船杉板寶雜貨船裝水船及捕魚等船各條規列左

一每隻須將其船照號數書明於船身易見之處惟此等數目字式至小亦須七桑的米達之高　二每日自日沒起至日出止懸於易見燃燈一盞　三該各船如欲駛出德屬海面以外時過七十二點鐘者均應於出口進口時報明巡捕衙門查核

第三欵杉板專條列左

一各該杉板均宜時常潔淨艙遵從巡捕衙門飭知梭期到塲備驗　二每杉板氈戴搭客若干均歸巡捕衙門核定　三如客人在杉板遺下物件立宜送交巡捕衙門轉給矢主　四杉板氈客水腳則例當隨時帶在該杉板茲將則例列下　一裝客一二人至半點鐘之久該船戶收洋一角　一客人在一二人以外每半點鐘即各收洋五分　一自十二點鐘起至日卅止水脚兩倍　一畫仪二十四點鐘之久收洋一元

第四欵在青島內界街道往來各種車輛條規列左

一各項車輛僅准在馬路偏中往來不准在馬路兩翼行駛　二各車往來必於馬路右手邊行走如遇兩車相併其尾車宜從左幅稍許繞越　三日日沒起至日出止宜於易見處然點燈籠　四所有單輪小車應於馬路邊另砌之石條上往來如數車同道必須先後連串行走不得爭越　五儎貨之雙輪車應於易見處懸挂名字號牌一面

第五欵東洋車導條列列左

一各車夫皆應年在十八歲以上氣力強壯身無病症者始可承充其衣服亦當潔淨　二嚴禁各車夫叫喊或圍樸招攬生意等弊致使櫃及路人　三車客如有遺下物件立當送至巡捕衙門查明轉給　四東洋車價分作兩等

頭等車價

一每輛車車夫一人者拉一客時至一刻之久車夫受洋五分時逾一刻加洋五分一點鐘共應受洋二角至一點鐘之久共受洋二角五分一點鐘以外每點鐘則加洋一角五分

二等車價

車夫一人每拉一客時至半點鐘之久車夫受洋五分半點鐘以外每半點鐘加洋一角除一點鐘以外每一點鐘加洋五分　車夫二人每拉一客時至一刻之久車夫受洋一角一刻以外每一刻加洋五分一角五分一點鐘以外每一點加洋一角無論何等每夜自十二點鐘起至日出止車資兩倍如欲僱竟日之久先應自與該車夫商議車價

第六欵往來官路官街官場及水道等處查有窒礙之處一經巡捕衙門指示悉當凛遵勿違

酒館

第七欵可以沽飲各酒舖店條規列左

一巡捕查詢時須將所領管生執照呈驗　二不准喧譁及煩懀他人情事　三如經飭備格外防避火患逃命之益處即宜遵行　四日沒後各舖店花未閉門以先必須點燈光足達路　五各該舖店不准賣酒或贈酒與中國巡捕等人

售賣軍器彈藥規條

第八欵凡有販賣軍器或彈藥者均應遵行各條列左

一不准將軍器或彈藥售賣與居住德境以內之各華人　二所賣之軍器等件該賣主應每季繕具清單報明本署查核

戲園書館

第九欵中國戲園及書館條規列左

一各該戲園書館俟至遲須於十二點鐘閉門　二每擬演唱之齣頭應先呈明管理中華事宜輔政司查核但不准演唱淫戲並關涉國家要事以及足蠱惑人民等戲　三不准喧鬧及鑼鼓等聲櫃及四鄰　四該園館需用之燈並各項有光器具務宜相離木器至近半禾達遠　六如格外防患火災逃生便處經飭懇備　七應准在差巡捕隨時出入戲園書館察查

第十款開設中華當舖條規列左
一每遇當物應將當物號數本利各多原當物人姓名居址以及某年某月某日所當必須逐一詳細登簿二每遇人當當該當舖亦應于一當票該執該當票應列與舖存簿內註明須同當物之樣式本利應若干滿號之日期以及限滿後如未贖回宜如何辦理
皆須逐一書明於票
按律追回或調存
代贖告白及代拍賣者亦可
末查贖存號及代拍賣物應由公然拍賣所得價值除原當本利外餘仍須禀
歸原當主領回登明官報佈告原當主領價六閱月內尚
即歸當舖收留
發賣彩票

第十一款有人欲發彩票領有專照者應將何日在於何處開彩先期報明以便巡捕衙門屆期派人臨場監視開彩後應將所有賬簿及他項單據交付監視者察核而定開彩後納費者
科罰條款

第十二款凡有犯自第一至第十一等款內載之條規一經查出即罰洋至一百五十馬克之多如無力繳洋即監押至六禮拜之久
末章

第十三款以上各章統自西曆一千九百五年正月初一日起一律遵行惟一千九百二年六月初十日所訂膠澳德境內各種車輛船隻等往來條規即於是日作廢為此仰閭屬諸色人等欽遵勿違特示

大德一千九百四年十一月初一日 右諭通知

Verordnung betreffend

Ausübung der Jagd.

§ 1.

Personen, welche innerhalb des Schutzgebietes die Jagd auszuüben beabsichtigen, sind verpflichtet, bei der Polizeiverwaltung in Tsingtau einen auf den Namen lautenden Jagdschein zu lösen und diesen bei Ausübung der Jagd bei sich zu führen.

§ 2.

Der Jagdschein berechtigt zur Ausübung der Jagd innerhalb des ganzen Schutzgebietes mit Ausnahme des zur Bebauung und des zur Aufforstung bestimmten vom Gouvernement angekauften Geländes, im Westen begrenzt durch die Verbindungslinie Arconabrücke-Wasserturm der Feldbatterie, im Osten durch die Forstgrenze in der ungefähren Linie Iltishuk-Syfang. Die genaue Ostgrenze, die im Gelände durch weissgekalkte Steine bezeichnet werden wird, läuft zur Zeit von Iltishuk nach Norden entlang dem Graben bis Tschang tschia wa, von dort entlang dem Nebenflusse des Haipo bis zur Haipobrücke, alsdann der neuen Landstrasse bis Hsiau tsun tschwang folgend, von dort westlich abbiegend und das durch weissgekalkte Steine gekennzeichnete Gelände der Ostasiatischen Besatzungsbrigade einschliessend bis zum Meere.

§ 3.

In dem vorbezeichneten Gouvernements-Forstgelände wird die Jagd von den Forstbeamten ausgeübt. Soweit erforderlich, werden hierzu auch andere Jagdscheininhaber nach besonderen Bestimmungen des Gouverneurs herangezogen.

§ 4.

Der Jagdschein kann solchen Personen wieder entzogen werden, welche die über die Schonzeit erlassenen Bestimmungen übertreten und Waffen unvorsichtig handhaben.

§ 5.

Für die Erteilung eines Jagdscheines sind für ein Jahr 20 $, für drei Monate 10 $, und für zehn aufeinanderfolgende Tage 5 $ zu entrichten. Die Angehörigen der deutschen Kriegsschiffe zahlen für einen Jahresjagdschein 12 $, für einen Vierteljahrs-Jagdschein 6 $.

§ 6.
Die Gouvernements-Forstbeamten und solche Personen fremder Nationalität, welche bei vorübergehendem Aufenthalt im Schutzgebiete die Jagd auf Grund persönlicher Einladung des Gouverneurs ausüben, erhalten einen Jagdschein unentgeltlich.

§ 7.
Das Wegfangen des Wildes, ausgenommen Raubzeug, durch Netze, Schlingen und Fallen ist verboten.

§ 8.
Mit Geldstrafe bis zu 20 Mark wird bestraft, wer bei Ausübung der Jagd seinen Jagdschein nicht bei sich führt. Jede weitere Uebertretung dieser Verordnung wird mit Geldstrafe bis zu 150 Mark oder im Nichtbeitreibungsfalle mit Haft bestraft, soweit nicht nach den bestehenden Strafgesetzen eine härtere Strafe verwirkt ist.

§ 9.
Die Verordnung tritt am Tage der Veröffentlichung in Kraft; mit demselben Tage wird die Verordnung vom 16. Oktober 1899 aufgehoben. Die bereits erteilten Jagdscheine behalten bis zu ihrem Ablauf ihre Giltigkeit.

Tsingtau, den 1. November 1904.

Der Kaiserliche Gouverneur.
Truppel.

Bekanntmachung.
Ausführungsbestimmungen zur Verordnung, betreffend die Ausübung der Jagd, vom 1. November 1904.

§ 1.
Ueber die Zulassung zur Ausübung der Jagd im Gouvernements-Forstgelände entscheidet ein Kommittee, welches aus dem Oberförster, zwei Offizieren und 2 Herren der Zivilgemeinde sich zusammensetzt. Bei Austritt eines Mitgliedes ergänzt sich das Kommittee durch Kooptation.

§ 2.
Das Kommittee stellt zum 25. November und später jährlich zum 1. Oktober aus der Zahl der Jagdscheininhaber eine Liste der waidgerechten Jäger zusammen. Die Aufforderung zur Teilnahme an den Jagden im Gouvernements-Forstgelände erfolgt in alphabetischer Reihenfolge.

§ 3.
Das Kommittee ist berechtigt, allgemein bindende Regeln zur Ausübung der Jagd im Gouvernements-Forstgelände vorzuschlagen und deren Durchführung durch Auferlegung von Strafgeldern zu erzwingen. Diese Strafgelder fliessen der Kaisersgeburtstagsstiftung zu. Beharrliche Verstösse gegen die Regeln ziehen das Löschen in der Liste nach sich.

§ 4.
Zu Kommitteemitgliedern sind in der Sitzung der Interessenten vom 14. d. Mts. gewählt worden:
der Oberförster,
Herr Korvettenkapitän Funke,
Herr Hauptmann von Valentini,
Herr Secker,
Herr Walckhoff.

§ 5.
Diese Bestimmungen treten versuchsweise bis auf weiteres in Kraft.

Tsingtau, den 15. November 1904.

Der Kaiserliche Gouverneur.
In Vertretung.
Jacobson.

Verordnung
betreffend
Chinesen-Friedhof.

§ 1.
Das Gouvernement überlässt das bei Hu tau tsy gelegene 160446 qm (=174, 2 Mou zu 921 qm.) grosse Gelände der chinesischen Stadtgemeinde auf ewige Zeiten als Friedhof.

Der Friedhof untersteht dem Chinesenkommissar, welcher eine chinesische Vereinigung mit der Verwaltung betrauen wird. Bis auf weiteres ist diese Verwaltung dem Chinesenkommittee von Tsingtau übertragen.

§ 2.
Es ist gestattet, ein Bureaugebäude, eine Leichenhalle und ein Wärterhaus auf dem Friedhof zu errichten.

§ 3.
Auf dem Friedhofe können jeder Zeit Opfer, Illuminationen, Papierverbrennungen und Abbrennen von Feuerwerk von den Angehörigen der Verstorbenen veranstaltet werden.

§ 4.
Die Einteilung des Friedhofes ist Sache der Friedhofsverwaltung. Ein genauer Plan soll im Wärterhaus ausliegen; weitere Exemplare dieses Planes befinden sich bei dem Chinesenkommissar und der Friedhofsverwaltung.

§ 5.

Die Friedhofsverwaltung hat ein Register zu führen, in das das Datum der Beerdigung, Geschlecht, Name, Alter, Heimat, Todesursache und Grabnummer eines jeden Bestatteten genau einzutragen ist. Abschrift ist jeden Monat dem Chinesenkommissar einzureichen.

§ 6.

Jeder Sarg soll in einem besonderen Grabe bestattet werden. Bei Kindern unter fünf Jahren dürfen zwei Särge in einem Grabe bestattet werden.

Die Gräber erhalten bei Erwachsenen beiderlei Geschlechts eine Länge von 2, 50 m und eine Breite von 1, 30 m, bei Kindern eine Länge von 1—1, 50 m und eine Breite von 0, 90 m.

§ 7.

Für Bestattungen sind 3 Klassen festgesetzt, für die besondere Scheine ausgegeben werden.

Die zu entrichtenden Gebühren regeln sich nach dem dieser Verordnung beigefügten Tarif unter 1.

§ 8.

Wenn der Friedhof in späteren Jahren überfüllt sein sollte, sodass Chinesen nicht mehr bestattet werden können, hat die Friedhofsverwaltung den Angehörigen der Verstorbenen Nachricht zu geben, dass sie die Särge abzuholen haben. Sind Angehörige nicht vorhanden, die den Sarg abholen können, so hat die Friedhofsverwaltung die Entscheidung des Chinesenkommissars herbeizuführen.

Wollen die Angehörigen Särge an einen anderen Ort bringen oder nach der Heimat überführen, so hat die Anmeldung bei der Friedhofsverwaltung zu erfolgen, welche die Genehmigung des Chinesenkommissars einzuholen hat. Diese Genehmigung wird, falls nicht besondere Gründe vorliegen, erteilt werden.

Das Datum der Ueberführung ist in das Register einzutragen.

§ 9.

Die Friedhofsverwaltung hat einen Platz bereitzustellen, wo Särge von Verstorbenen der einzelnen Heimatsverbände vorläufig beigesetzt werden können. An dieser Stelle können die Särge über der Erde mit Ziegelwerk fest übermauert werden.

Als Frist gelten zehn Jahre. Wollen die Angehörigen innerhalb dieser Frist die Särge an einen anderen Ort bringen oder nach der Heimat überführen, so hat die Anmeldung bei der Friedhofsverwaltung zu erfolgen, welche die Genehmigung des Chinesenkommissars einzuholen hat. Diese Genehmigung wird, falls nicht besondere Gegengründe vorliegen, in der Regel erteilt werden.

Ueber die Beigesetzten wird ein besonderes Register geführt, in welches ausser den Angaben des § 5 das Datum der Ueberführung eingetragen wird.

Die zu entrichtenden Gebühren regeln sich nach dem dieser Verordnung beigefügten Tarif unter 2.

§ 10.

In der Leichenhalle können Leichen von einem Tage bis zu einem Monat aufgebahrt werden; nach Ablauf eines Monats sind sie zu entfernen. Vor Ueberführung hat Anmeldung bei der Friedhofsverwaltung zu erfolgen, welche die Genehmigung des Chinesenkommissars einzuholen hat.

Die zu entrichtenden Gebühren regeln sich nach dem dieser Verordnung beigefügten Tarif unter 3.

§ 11.

Von den im Jahre eingekommenen Begräbnisgebühren sind $ 0, 50 für jeden Bestatteten und $ 1, 50 für jeden Beigesetzten an das Gouvernement zu entrichten. Die Zahlung von $ 0, 50 fällt fort für solche Leichen, die von der Polizei oder von einem Hospital zur Bestattung überwiesen werden, sofern die Angehörigen des Verstorbenen keine Gebühren entrichten können.

Die an das Gouvernement abzuführenden Begräbnisgebühren werden von der Friedhofsverwaltung im Laufe des ersten Monats des nächsten chinesischen Jahres eingezahlt.

§ 12.

Die besonderen Bestimmungen der Chinesenordnung vom 14. Juni 1900 §§ 34 und 35 werden aufgehoben.

Tsingtau, den 12. November 1904.

Der Kaiserliche Gouverneur,
In Vertretung.
Jacobson.

Tarif.

Es werden folgende Gebühren erhoben:
1) Für Bestattung einer Leiche
   1. Klasse $ 7,50
   II. „   „ 4,50
   III. „   „ 1,—

   Für eine Kinderleiche ist die Hälfte zu zahlen.
   Bei Armen kann die Friedhofsverwaltung die Gebühr auf Antrag erlassen.
2) Für Beisetzung einer Leiche für das Jahr $ 5,—
3) Für Aufbahrung einer Leiche bis zu einem Monat   „ 15,—

大德欽命護理總督膠澳文武事宜大臣夏　為

釐訂設立義地章程分條列左

第一條　現在本署在於湖島子附近價買民地一處共計十六萬零四百四十六米打合中畝地一百七十四畝二分交付青島內界華人永遠作為義地一切應行事件概歸本國管理中華事宜輔政司督理即由該司轉飭華人公會承辦其事擬暫准青島商務公所先行試辦

第二條　准在該義地內建蓋辦事之所並看守該義地人之房屋

第三條　該義地內准各亡者之親屬隨時前往祭掃墳塋焚化紙錠然放鞭爆各節

第四條　該管義地公會應將該義地分割繪圖存儲看守義地房內以便任人查閱並於輔政司處及該管公會處各存一紙備查

第五條　凡有靈柩葬埋在該義地者應由該公會執事將死者葬埋日期男女姓名年庚籍貫亡故緣由墳墓號數皆宜詳細分別註冊每月抄呈輔政司查核

第六條　每一墳壙祗准葬棺一口准五歲以內之小孩兩棺同葬成丁男女墳壙長二米打五十桑的米打寬一米打三十桑的米打未成丁小孩之墳壙長一米打至一米打五十桑的米打寬九十桑的米打為止

第七條　該義地葬埋之棺分列三等每逢葬埋各按等次領牌其三等牌費詳

載於附列費項則例之一

第八條 該義地年遠葬滿無處再埋該公會應即先期知會各該屍親遷運外境倘無屍主搬運者應由該公會稟請輔政司核辦至屍主自欲遷至他處或搬運回藉者應於先期報明該公會由該公會轉請輔政司准否如無故該司自無不准該公會仍宜將搬運日期分別入冊

第九條 該公會應備有各幫暫行浮厝靈柩之處每垵用磚砌壘堅固以拾年為期期內屍主如欲遷至他處或搬運回藉應於先期報明該公會由該公會轉請輔政司准否如無要故該司自無不准惟該公會除按第五條所載各節另登專簿外並將搬運日期註明以備查考至浮厝靈柩之費詳載附列費項則例之二

第十條 准在停靈堂內暫停靈柩限自一日至一月為期逾期移外當搬運以前應光報明公會由該公會轉請輔政司准否至停柩之費詳載附列費項則例之三

第十一條 該公會每年所收新葬浮厝兩項費款應按葬埋一口提洋五角交納本署浮厝每口每年提洋一元五角交納本署其巡捕衙門及醫院送葬之靈柩如該屍主寔係貧寒無力交費者則准予該公會免納本署之費至該公會應繳本署之費准於中歷每次年正月間核明彙繳

第十二條 前一千九百年六月十四日所訂德屬之境分為內外兩界詳細章程第三十四三十五兩條作爲罷論須立章程者

附列屍主應納費項則例

一塋埋費項
頭等靈柩每口應納費洋七元五角
二等靈柩每口應納費洋四元五角
三等靈柩每口應納費洋一元
未成丁之小孩費洋減半
屍親如寔係貧窮可否免納應請該公會酌核

二浮坵費項
浮坵靈柩每口每年納洋五元
三暫停靈柩費項
停柩每口至一月之久應納洋拾五元正

大德一千九百四年十一月十二日

大德欽命管理中華事宜輔政司單
為出示曉諭事案查前在湖島子附近價買之民地一處現已交付青島內界華人永遠充作義地其青島內界間有之義地自廢弛後限至西一千九百五年二月初四即中光緒三十一年正月初一日止不准再在該義地葬埋及浮坵靈柩惟限期以前倘准葬埋及浮坵靈柩為此合亟示諭仰諸色人等一體遵照勿違特示

右諭通知

大德一千九百四年十一月十四日示

Bekanntmachung.

Als Masstonne im Sinne der Verordnung betreffend Laden und Löschen von Kauffarteischiffen im Hafen von Tsingtau vom 19. Februar 1904 (Amtsblatt 1904, Seite 25) werden zwecks Erhebung von Gebühren in Uebereinstimmung mit der an der chinesischen Küste üblichen Abrundung 40 cbfuss = 1 cbm gerechnet.

Tsingtau, den 15. November 1904.

Der Kaiserliche Gouverneur
In Vertretung.
Jacobson.

Bekanntmachung.

Vom 4. Februar 1905 an werden die chinesischen Friedhöfe im Stadtgebiete geschlossen. Von der Zeit an ist eine Bestattung und Beisetzung von Leichen nur auf dem neuen Friedhofe bei Hutau tsy gestattet.

Tsingtau, den 14. November 1904.

*Der Kommissar
für Chinesische Angelegenheiten.*

Amtliche Anzeigen.

Landversteigerung.

Auf Antrag des Tschu tsy hsing findet am Montag, den 5. December 1904, vormittags 10 Uhr, die öffentliche Versteigerung des Grundstückes Kbl. 9 Nr $\frac{256}{12}$ an der Schansi-und Tsinanstrasse statt.

Grösse: 1348 qm.
Mindestpreis: 1361,48 $.
Benutzungsplan: Wohn-und Geschäftshäuser, industrielle Anlagen.
Bebauungsfrist: 30. November 1907.
Gesuche zum Mitbieten sind bis zum 28. November 1904 hierher zu richten.

Tsingtau, den 10. November 1904.

Kaiserliches Landamt.

Landversteigerung.

Auf Antrag der Firma Carlowitz & Co. findet am Montag, den 5. Dezember 1904, vormittags 11 Uhr, im Landamt die öffentliche Versteigerung der am grossen Hafen gelegenen Parzelle Kbl. 16 Nr. 2 statt.

Grösse: 6800 qm
Mindestpreis: 10200 $
Benutzungsplan: Geschäfts--Wohnhäuser, industrielle Anlagen, Lagerstätten.
Gesuche zum Mitbieten sind bis zum 28. November 1904 hierher zu richten.

Tsingtau, den 16. November 1904.

Kaiserliches Landamt.

Bekanntmachung.

Als gestohlen angemeldete Gegenstände:
Zwei fast neue Leinen-Manila Tauwerke, je 150 m lang, Umfang 11 mm.

Als gefunden angemeldete Gegenstände:
Ein falsches Gebiss.

Als verloren angemeldete Gegenstände:
Ein Sextant, gezeichnet: „Johannes London", verpackt in einem Mahagonikasten von ca. 25 cm Länge und Breite und 10 cm Höhe.

Tsingtau, den 16. November 1904.

Kaiserliches Polizeiamt.

19. November 1904.   Amtsblatt—報官島青   267.

Bekanntmachung.

Die Maschinen-Gewehr-Abteilung Syfang schiesst am Montag, den 21. November d. Js., in der Zeit von 9 Uhr vormittags bis 3 Uhr nachmittags im Gelände zwischen Tashan und Kushan mit scharfen Patronen.

Das Betreten des abgesperrten Geländes wird hiermit verboten.

Tsingtau, den 16. November 1904.

**I. Bataillon
1. Ostasiatischen Infanterie-Regiments.**

告白

啓者本管兵隊擬於西十一月二十一即中十月十五日早自九點鐘起至下午三點鐘止在於大山孤山附近之處演放機器炮是日守禁各處不准人民往來以防不測此佈

德一千九百四年十一月十六日

駐滎四方營盤啓

Verdingung.

Die Lieferung von Natureis für das Gouvernementslazarett soll öffentlich verdungen werden.

Die Lieferungsbedingungen können bei dem Gouvernementslazarett eingesehen werden.

Versiegelte Angebote mit der Aufschrift „Angebot auf Natureis" sind bis Sonnabend, den 10. Dezember 1904, vormittags 10 Uhr, an die unterzeichnete Behörde einzureichen.

Tsingtau, den 11. November 1904.

Kaiserliches Gouvernementslazarett.

Mitteilungen.

Das Katasteramt hat die Karte „Tsingtau und Umgebung, 1: 6250 (4 Blätter)" einer Neubearbeitung unterzogen.

Die durch Lichtzinkdruck vervielfältigte Gesamtkarte wird zum Preise von $ 4,—, einzelne Blätter zum Preise von $ 1,— vom Katasteramt abgegeben.

* * *

Der Kaiserliche Konsul Dr. Heintges hat am 25. Oktober d. Js. die Verwaltung des Konsulates in Canton übernommen.

* * *

Vom 16. November d. Js. ab sind nachstehende Aenderungen der Tarifvorschriften der Schantung-Eisenbahn in Kraft getreten:

1) Die am 1. August 1904 erfolgte Tarifermässigung auf Verfrachtung nach Kiautschou und Tsingtau für verschiedene aus den Districten Schaho-Pingtu-Tschanyi stammenden Waren wird mit dem 16. November cr. aufgehoben.

2) Für Versendung nach Tsingtau von Stroh, Strohgeflechten, Strohmatten und Strohhüten, sowie Binsen, Binsengeflecht, Binsenmatten und Binsenhüten, desgleichen für Oel in Körben und Tabak in Blättern nach Tarif IVa wird vom 16. November 1904 ab bis auf weiteres das Grundgewicht dieser Klasse von 7500 kg auf 5000 kg ermässigt.

3) Für Versendung nach Tsingtau geniessen Oelkuchen und Kalk in vollen Wagenladungen von 15 Tonnen vom 16. November cr. ab bis auf weiteres eine Ermässigung von 20 Prozent auf Tarif IV. Eine weitere Ermässigung bei Versendnuug von mehreren Wagenladungen laut V. O. Paragraf 4 Absatz 10 kommt jedoch für solche Ladungen in Wegfall.

Meteorologische Beobachtungen
in Tsingtau.

Datum. Nov.	Barometer (mm) reduz. auf 0° C., Seehöhe 24,30 m			Temperatur (Centigrade).								Dunstspannung in mm			Relat. Feuchtigkeit in Prozenten		
				trock. Therm.			feucht. Therm.										
	7 Vm	2 Nm	9 Nm	7 Vm	2 Nm	9 Nm	7 Vm	2 Nm	9 Nm	Min.	Max.	7 Vm	2 Nm	9 Nm	7 Vm	2 Nm	9 Nm
10	761,8	761,0	763,7	14,3	19,1	11,7	13,1	15,3	8,9	11,4	17,1	10,5	10,6	6,8	87	64	67
11	65,3	63,3	63,1	8,7	16,3	15,7	7,9	14,2	15,1	7,0	20,4	7,5	10,8	12,4	89	78	93
12	61,7	59,4	70,1	16,2	16,9	14,9	15,5	16,3	14,7	10,7	16,9	12,7	13,4	12,3	93	94	98
13	61,0	60,6	65,1	11,4	16,4	6,3	11,4	14,7	5,0	11,2	17,5	10,1	11,4	5,8	100	82	81
14	67,7	67,3	68,9	3,2	5,3	2,2	1,1	1,8	-0,4	3,2	17,0	3,7	3,1	3,1	65	47	58
15	65,5	65,4	69,0	4,8	4,5	0,9	1,0	1,0	-1,5	1,5	6,2	2,7	2,9	2,9	42	45	58
16	70,3	70,9	71,5	-0,1	5,2	4,2	-2,3	0,9	0,9	-0,2	5,6	2,7	2,3	2,9	60	36	47

Datum. Nov.	Wind Richtung & Stärke nach Beaufort (0—12)			Bewölkung						Niederschläge in mm		
				7 Vm		2 Nm		9 Nm				
	7 Vm	2 Nm	9 Nm	Grad	Form	Grad	Form	Grad	Form	7 Vm	9 Nm	9 Nm / 7 Vm
10	S 2	NW 1	N 3	8	Cu-str.	3	Cum					
11	NW 1	SO 3	OSO 2			8	Cum	5	Cum			
12	OSO 2	SO 1	Stille 0	10	Cu-ni	10	„	5	Str.			
13	NW 3	WNW 2	NNO 8	10	Nebbl	6	Cum	10	Cum-ni	2,0	0,5	2,5
14	N 7	NW 7	WNW 5	7	Cu-str	10	„					
15	NW 5	NW 8	NW 8			3	„	2	Cum			
16	NW 8	NW 7	WNW 3	2	Cu-str	2	„					

19. November 1904.   Amtsblatt—青島官報   269.

Schiffsverkehr
in der Zeit vom 10. — 17. November 1904.

Ankunft am	Name	Kapitän	Flagge	Reg. Tonnen.	von	Abfahrt am	nach
(3.11.)	D. Vanadis	Berendsen	Norwegisch	1903	Emden	15.11.	Nagasaki
(5.11.)	D. Nichibei Maru	Tomoyava	Japanisch	880	Moji	12.11.	Moji
10.11.	D. Gouv. Jaeschke	Vogel	Deutsch	1045	Schanghai	"	Schanghai
13.11.	D. Tunghow	Bennet	Englisch	952	Tschifu	13.11.	"
"	D. Tsintau	Hansen	Deutsch	977	"	14.11.	"
"	D. Lady Mitchell	Daniel	Englisch	754	Hongkong		
14.11.	D. El Dorado	Smith	"	892	Schanghai	15.11.	Schanghai
"	D. Vorwärts	Sohnemann	Deutsch	643	"	"	Tschifu
16.11.	D. Dagmar	Carl	Norwegisch	383	Moji		

Druck der Missionsdruckerei, Tsingtau.

第五年　第四十七号

1904 年 11 月 19 日

法令与告白

大德钦命总督胶澳文武事宜大臣都　为

晓谕事：兹将更订《各项营生执照章程》分条列左：

拍卖营生执照

一、凡欲代出告白及代行拍卖等事者，均须另有营生执照。每三阅月一季应纳照费洋二十五元。惟此条与本署及各局所无涉。

船只营生执照

二、凡在德属境内各口及近海边之处驾驶各种船只谋生者，统应领有营生执照。惟曾经完纳船钞之船，则免领此项营生执照。

驳船装水船如系洋式者，每只每六阅月一季应纳照费洋二十五元，华式者，每六阅月纳洋十元；橹艇、篷艇、载客杉板以及售卖杂货等船每六阅月纳洋三元；载货杉板应以船舱大小，按每两库必米打每六阅月纳洋一元，惟至多不过七元五角之数；捕鱼船筏子每六阅月则均纳洋五角；轮船载重在六十吨以内者，应纳照费洋十元。

车辆营生执照

三、凡拉客之车、拉货之车、二把手小车、东洋车、自行车欲在青岛内界各处谋生者，均宜领有营生执照。拉客之车每辆每三阅月为期，应纳照洋三元；拉货之车并华式双轮大车每辆每三阅月纳洋三元；二把手小车则每辆每月纳洋五角；东洋车每辆每月纳洋五角；自行车则每六阅月纳洋五角。

他项车费

四、凡人有第二、第三两条所载之船只、车辆并不用以谋生者，即应免领此项营生执照。然仍宜将自有之船只、车辆数目多寡、种类式样报明该管发营生执照之局查核。并应将船每只、车每辆援照第二、第三两条所载之照费多寡先行完纳。惟本署及各局所公用之船只、车辆则免纳此项费洋。

泰西饭店、酒馆营生执照

五、凡欲开设泰西饭店并酒馆者，除仍先须禀请本署允准后，均应领有营生执照，分作四等交纳费洋：头等店馆每三阅月应纳洋九十元；二等每三阅月纳洋六十元；三等每三阅月纳洋四十元；四等饭店即无公大饭厅之便家，每三阅月纳洋二十元。但各该饭店酒馆应列之等次，均归辅政司先邀公举之商董互相参酌，始行核定。

泰西茶馆、咖啡馆营生执照

六、凡欲开设泰西茶馆、咖啡馆者，应领有营生执照，分作二等交纳费洋：头等每三阅月应纳照洋十元；二等每三阅月应纳照洋五元。至该馆应列等次，均归巡捕衙门核夺。若在李村辖境，则归李村副臬司衙门酌办。

中华饭店、茶馆、售卖各酒及售卖药料等铺营生执照

七、凡欲开设中华饭店、茶馆、酒铺并在内沽饭之酒铺以及售卖药材等铺，宜皆领有营生执照，分列三等：头等每三阅月应纳照洋三十元；二等每三阅月应纳照洋十元；三等每三阅月应纳照洋三元。至各该饭店、茶馆、酒馆、药铺应列之等次，概归巡捕衙门酌核。如在李村辖境，则归李村副臬司衙门参酌。

售卖军械及弹药营生执照

八、凡欲售卖军器及弹药者，均宜领有营生执照。除贩卖打猎之洋枪或弹药，每年仅纳照费洋十五元外，其贩卖他项军器弹药，每年须纳照费洋二百元。

中华戏园、书馆营生执照

九、凡欲设立中华戏园、书馆均宜领有营生执照，分列三等：头等每三阅月应纳照费洋七十五元；二等每三阅月应纳照费洋五十元；三等每三阅月应纳照费洋二十五元。至各该戏园、书馆应列之等序，概由管理中华事宜辅政司酌核。他如野台戏班，忽东忽西无一定演唱处所，每一日应纳照费洋一元，惟至多每季不过五十元之数。

中华当铺营生执照

十、凡欲开设中华当铺者，均应领有营生执照，分作二等：头等每三阅月应纳照费洋二百元；二等每三阅月应纳照费洋一百元。至各该当铺应列之等序，概由管理中华事宜辅政司酌核。

设立赢钱赢物各项彩票专照

十一、凡欲发出能赢钱物各项彩票者，请准否另给专照。如公共赛马之期及类乎赛马之举设立之无本彩票备人赌博公司亦皆按此例办理。发出之彩票立有定额，其费则按每百分之十分先期交纳。倘所发之彩票不能预定多寡，其费则以卖出票价总数核算，按百分之十分定彩后交纳。

发给营生执照专照处所

十二、凡领之各项营生执照、专照均由青岛巡捕衙门签发。如在李村副臬司辖境内，即由该衙门签发。查船只营生执照，除载重六十吨以内之轮船，其照由船政局签发外，其余各项船只营生执照无论何处，概由青岛巡捕衙门发给。

营生执照要则

十三、各项营生执照、专照一经领出即不准移交他人，其应纳之照费至迟亦须于领照时先行交兑。但该费或由该管局度情或可酌减或全行豁免。

科罚章程

十四、凡有违背以上各章或未领照或未按第四所载报明，一经查出，即按应纳之数目一倍至四倍拟罚，但至少须罚洋三元。倘该犯者无力缴洋，则监押至六礼拜之久。其应纳之照费仍须照缴。违章之船只、车辆可暂由该管局扣留，俟将应缴之照费送案即行释放。

十五、凡有至期未纳照费，或因违此章程被罚有案，或恐危及公众之安，或碍往来之便，或因违背附于此章同日更定罚规条经罚有案者，则各该衙门不发执照、专照或将已发出之照撤回均可。惟一经各该衙门查明，不给执照或将已发执照撤回后，该领照者仍敢不遵，竟尔开张，或已开谕闭而不即歇业，或将自领之照擅交他人等弊，一经查出定罚洋至一千元之多。如无力缴洋，则监押至六礼拜之久。

末章

十六、此项章程准自西历一千九百五年正月初一日起一律遵行，所有一千九百二年六月初十日所订之各种营生执照续章即于是日作废。为此仰阖属诸色商民人等一题（体）凛遵勿违。特谕。

大德一千九百四年十一月初一日

大德钦命总督胶澳文武事宜大臣都　为

出示通行晓谕事：照得更订《胶澳德境以内各项船只车辆往来并开设饭店酒馆买卖军械弹药中国戏园书馆当铺及发彩票等铺规条》列左：

船只、车辆

第一款　重六十吨以下小轮舟条规列左：

一、轮船每只应用西字书其名于船首，并用华字书其名于烟筒或书于船面小舱以上，以期显而易见。

二、每轮能容搭客多寡均由船政局定夺，其核定客数之法按该船船面上下两层板除占用处外之空隙核算。该空隙每方六十五桑的米达，准容或船工一名，或搭客一名。惟该船必须有准载客数目德华文字易见之牌一面。

三、每轮应配带若干救生泡、救生船并船锚、锚链、灯笼、机器、手舵工等均归船政局考察，其船上一切机器、气锅以及内藏之洩汽筒亦皆由船政局查验。至详细条规嗣后可以另行拟订。

四、船主及机器师原有之执照，若船政局意似不足凭信，其堪胜管带等任即可由该局先行考试方准。至详细条规，嗣后可以另订。

五、每轮每日自日没起至日出止，务于易见处悬灯笼一盏。

六、该各轮如欲驶出德属海面以外时，过七十二点钟者，须于开行及进口时报明船政局查核。

第二款　所有驳船、运船、杉板、卖杂货船、装水船及捕鱼等船各条规列左：

一、每只须将其船照号数书明于船身易见之处，惟此等数目字式至小亦须七桑的米达之高。

二、每日自日没起至日出止，应于易见燃灯一盏。

三、该各船如欲驶出德属海面以外时，过七十二点钟者，均应于出口、进口时报明巡捕衙门查核。

第三款　杉板专条列左：

一、各该杉板均宜时常洁净，并遵从巡捕衙门饬知按期到场备验。

二、每杉板堪载搭客若干均归巡捕衙门核定。

三、如客人在杉板遗下物件，立宜送交巡捕衙门转给失主。

四、杉板载客水脚则例当随时带在该杉板。兹将则例列下：

（一）装客一、二人至半点钟之久，该船户收洋一角。

（二）客人在一、二人以外每客每半点钟即各收洋五分。

（三）晚自十二点钟起至日出止，水脚两倍。

（四）昼夜二十四点钟之久收洋一元。

第四款　在青岛内界街道往来各种车辆条规列左：

一、各项车辆仅准在马路偏中往来，不准在马路两翼行驶。

二、各车往来必于马路右手边行走，如遇两车相并，其尾车宜从左幅稍许绕越。

三、自日没起至日出止，宜于易见处燃点灯笼。

四、所有单轮小车应于马路边另砌之石条上往来，如数车同道，必须先后连串行走，不得争越。

五、载货之双轮车应于易见处悬挂名字号牌一面。

第五款　东洋车专条列左：

一、各车夫皆应在十八岁以上，气力强壮身无病症者始可承充，其衣服亦当洁净。

二、严禁各车夫斗喊或围扑招揽生意等弊，致使扰及路人。

三、车客如有遗下物件，立当送至巡捕衙门查明转给。

四、东洋车价分作两等：

头等车价

一每辆车车夫一人者拉一客时：至一刻之久，车夫受洋五分；时逾一刻，每一刻加洋五分；一点钟，共应受洋二角；至一点钟以外，每点钟则加洋一角。一车夫二人者每拉一客时：至一刻之久，车夫受洋一角；一刻以外，每一刻加洋五分；一点钟之久，共受洋二角五分;一点钟以外,每点钟则加洋一角五分。

二等车价

车夫一人每拉一客时:至半点钟之久,车夫受洋五分;半点钟以外,每半点加洋五分;一点钟,共应受洋一角;除一点钟以外,每一点钟加洋五分。车夫二人每拉一客:每半点钟,受洋一角;半点钟以外,每半点加洋五分;一点之久,应受洋一角五分;一点钟以外,每一点(钟)加洋一角。无论何等,每夜自十二点钟起至日出止,车资两倍。如欲雇竟日之久,先应自与该车夫商议车价。

第六款　往来官路、官街、官场及水道等处,查有窒碍之虞,一经巡捕衙门指示,悉当凛遵勿违。

酒馆

第七款　可以沽饮各酒铺店条规列左:

一、巡捕查询时须将所领营生执照呈验。

二、不准喧哗及烦扰他人情事。

三、如经饬备格外防弊火患逃命之益处,即宜遵行。

四、日没后,各铺店在未闭门以先(前)必须点灯,光足达路。

五、各该铺店不准卖酒或赠酒与(于)中国巡捕等人。

售卖军器弹药规条

第八款　凡有贩卖军器或弹药者,均应遵行各条列左:

一、不准将军器或弹药售卖与(于)居住在德境以内之各华人。

二、所卖之军器等件,该卖主应每季缮具清单,报明本署查核。

戏园书馆

第九款　中国戏园及书馆条规列左:

一、各该戏园、书馆夜晚至迟须于十二点钟闭门。

二、每拟演唱之齣头,应先呈明管理中华事宜辅政司查核,但不准演唱淫戏并关涉国家要事以及足资蛊惑人民等戏。

三、不准喧闹及锣鼓等声扰及四邻。

四、该园馆需用之灯并各项有光器具,务宜相离木器至近半米达远。

六(五)、如格外防患火灾逃生便处经饬应备。

七(六)、应准在差巡捕随时出入戏园、书馆察查。

当铺

第十款　开设中华当铺条规列左:

一、每遇当物,应将当物号数,本利各多寡,当物人姓名、居址以及某年某月某日所当,必须逐一详细登簿。

二、每遇人当,当该当铺应予一当票收执,该当票应列与(于)铺存簿,内注明相同之号数,亦应注明实系当物及于某年某月某日所当,至于当物之样式、本利各若干、满号之日期以及限满后如未赎回宜如何办理,皆须逐一书明于票。

三、巡捕可以随时调簿查看,亦可将当物按律追回或调存。

四、凡西人衣服及他项需用各物,非西人自己来当,不准收当。

五、每遇有人到各该当铺欲当物或卖物,如查形迹可疑,其物非从正道而来,立应报明巡捕衙门。

六、期满未赎存号各物,应可公然拍卖此项拍卖事体,该当铺勿须禀准代登告白,及代拍卖一节,惟拍卖所得价值,除原当本利外,余仍归原当主领回,登明官报布告,原当主领价六阅月内尚未来领,即归当铺收留。

发卖彩票

第十一款　有人欲发彩票,领有专照者应将何日何时在于何处开彩先期报明,以便巡捕衙门届期派人临场监视。开彩后,应将所有账簿及他项单据交付监税者,庶几查核,而定开彩后纳费者之规费。

科罚条款

第十二款　凡有犯自第一至第十一等款内载之条规,一经查出,即罚洋至一百五十马克之多,如无力缴洋,即监押至六礼拜之久。

末章

第十三款　以上各章统自西历一千九百五年正月初一日起一律遵行,惟一千九百二年六月初十日所订《胶澳德境内各种车辆船只等往来条规》即于是日作废。为此仰阖属诸色人等悉遵勿违。特示。

右谕通知
大德一千九百四年十一月初一日

关于打猎的法令

第1条

打算在保护地范围内打猎的人员,有义务在青岛的警察管理部门取得一份附有相关人姓名的执照,并在打猎时随身携带。

第2条

打猎执照允许在整个保护地范围内打猎,但是由总督府确定、用于建房和植树所购置的地块除外。西面的范围边界为阿克纳桥①—野战炮队水塔一线,东面是伊尔蒂斯角—四方大概一线的树林边界。确切的东部边界用白色石灰石在地块上标识,目前是从伊尔蒂斯角向北,沿着沟,一直到张家洼②,从那里再沿着海泊河的支流一直到海泊桥,然后沿

---

① 译者注:即位于胶州湾东岸、小港与团岛之间的栈桥。
② 译者注:疑为拼写错误,应为仲家洼。

着新的乡村道路,一直到小村庄①,从那里转向西,穿过东亚占领军旅的用白色石灰石标识的地块后,一直到大海。

第 3 条

在上述总督府所有的森林地块上,由林业官员打猎。如有需要,其他打猎执照持有者也可以在总督的特别许可下前往。

第 4 条

如果没有遵守发布的关于保育期的规定以及武器使用不当,则撤销相关人员的打猎执照。

第 5 条

打猎执照一年的费用为 20 元,三个月的费用为 10 元,连续 10 天的费用为 5 元。德国军舰的成员年度打猎执照费用为 12 元,季度执照费用为 6 元。

第 6 条

总督府林业局官员以及在保护地临时停留的外国国籍人员,可以凭总督本人邀请打猎,他们可以免费获得打猎执照。

第 7 条

除对食肉动物之外,禁止使用网、绳子和陷坑打猎。

第 8 条

打猎时未随身携带打猎执照,最高可罚款 20 马克。其他违反本法令的行为,最高罚款 150 马克,或者如在现有《刑法》严厉惩罚范围之外时,在无法缴费的情况时予以关押。

第 9 条

本法令自公布之日起生效,同日取消 1899 年 10 月 16 日的法令。已经签发的打猎执照保留至有效期过期为止。

青岛,1904 年 11 月 1 日
皇家总督
都沛禄

告白

对 1904 年 11 月 1 日《关于打猎的法令》的实施细则

第 1 条

由相关委员会决定在督署林地上打猎的许可,该委员会由高等林业官、两名军官以及两名民政区成员组成。如有成员退出委员会,则进行补选。

---

① 译者注:即位于今青岛市市北区西北部的村落。

第 2 条

该委员会在 11 月 25 日前及以后每年在 10 月 1 日前从打猎执照所有人中整理列出一份符合狩猎规则的猎人名单。在督署林地内打猎的申请,按照字母顺序实施。

第 3 条

该委员会有权建议实施有普遍约束力的对于在督署林地内打猎的规则,其规定通过进行罚款来强制施行。这些罚款将纳入皇帝生日基金会。多次违反规则者将从该名单中除名。

第 4 条

在本月 14 日召开的会议上,下列人员被选为委员会成员:

高等林业官

冯克海军少校

冯·瓦伦蒂尼上尉

塞克尔先生

瓦尔克霍夫先生

第 5 条

在另行通知之前,以上试用规定生效。

青岛,1904 年 11 月 15 日
代理皇家总督
雅各布森

大德钦命护理总督胶澳文武事宜大臣夏　为

厘定《设立义地章程》分条列左:

第一条:现在本署在于湖岛子附近价买民地一处,共计十六万零四百四十六米打,合中亩地一百七十四亩二分,交付青岛内界华人永远作为义地,一切应行事件概归本国管理,中华事宜辅政司督理,即由该司转饬华人公会承办其事,拟暂准青岛商务公所先行试办。

第二条:准在该义地内建盖办事之所、停灵之所并看守该义地人之房屋。

第三条:该义地内准各亡者之亲属随时前往祭扫坟茔,焚化纸锭,然(燃)放鞭爆各节。

第四条:该管义地公会应将该义地分划绘图存储看守义地房内,以便任人查阅,并于辅政司处及该管公会处各存一纸备查。

第五条:凡有灵柩葬埋在该义地者,应由该公会执事将死者葬埋日期、男女、姓名、年庚、籍贯、亡故缘由、坟墓号数皆宜详细分别注册,每月抄呈辅政司查核。

第六条：每一坟圹只准葬棺一口，准五岁以内之小孩始准两棺同葬，成丁男女坟圹长二米打五十桑的米打，宽一米打三十桑的米打。未成丁小孩之坟圹长一米打至一米打五十桑的米打，宽九十桑的米打为止。

第七条：该义地埋葬之棺分列三等，每逢葬埋，各按等次领牌。其三等牌费，详载于附列费项则例之一。

第八条：该义地年远葬满，无处再埋。该公会应即先期知会各该尸亲，迁运外境，倘无尸主搬运者，应由该公会禀请辅政司核办。至尸主自欲迁至他处或搬运回藉（籍）者，应于先期报明该公会，由该公会转请辅政司准否，如无要故，该司自无不准。该公会仍宜将搬运日期分别入册。

第九条：该公会应备有各帮暂行浮圹灵柩之处，每圹用砖砌垒坚固，以拾年为期，期内尸主如欲迁至他处或搬运回藉（籍），应于先期报明该公会，由该公会转清（请）辅政司准否，如无要故，该司自无不准。惟该公会除按第五条所载各节另登专簿外，并将搬运日期注明，以备查考。至浮圹灵柩之费，详载附列费项则例之二。

第十条：准在停灵堂内暂停灵柩，限自一日至一月为期，逾期移外。当搬运以前，应光报明公会，由该公会转请辅政司准否，至停柩之费，详载附列费项则例之三。

第十一条：该公会每年所收新葬浮圹两项费款，应按葬埋一口提洋五角交纳本署。浮圹每口每年提洋一元五角交纳本署。其巡捕衙门及医院送葬之灵柩，如该尸主实系贫寒，无力交费者，则准予该公会免纳本署之费。

至该公会应缴本署之费，准于中历每次年正月间核明汇缴。

第十二条：前一千九百年六月十四日所订《德属之境分为内外两界详细章程》第三十四、三十五两条作为罢论须立章程者。

附列尸主应纳费项则例：

一、葬埋费项

头等灵柩每口应纳费洋七元五角。

二等灵柩每口应纳费洋四元五角。

三等灵柩每口应纳费洋一元。

未成丁小孩费洋减半，尸亲如实系贫穷，可否免纳，应请该公会酌核。

二、浮圹费项

浮圹灵柩每口每年纳洋五元。

三、暂停灵柩费项

停柩每口至一月之久，应纳洋拾五元正。

大德一千九百四年十一月十二日

告白

作为1904年2月19日颁布的《关于海洋商船在青岛港装卸的法令》(《官报》1904年,第25页)意义上的吨位计算,为了征收费用,现与中国海岸城市实施的取整方案保持一致,即40立方尺＝1立方米。

青岛,1904年11月15日
代理皇家总督
雅各布森

大德钦命管理中华事宜辅政司单　为

出示晓谕事:案查前在湖岛子附近价买之民地一处,现已交付青岛内界华人,永远充作义地。其青岛内界向有之义地自应作废。拟限至西一千九百五年二月初四即中光绪三十一年正月初一日止,不准再在该义地葬埋及浮厝灵柩,惟限期以前尚准葬埋及浮厝灵柩。为此合亟示谕,仰诸色人等一体遵照勿违。特示。

右谕通知
大德一千九百四年十一月十四日示

官方通告

大德管理青岛地亩局　为

拍卖地亩事:兹据朱子兴禀称,欲买大包岛山西街、济南街地图第九号第二百五十六块地,计一千三百四十八米打,暂拟价洋一千三百六十一元四角八分。今订于西十一月二十八即中十月二十二日上午十一点钟在局拍卖。买定后,准盖铺房、住房、机器房,限至西一千九百七年十一月三十日一律修竣。如有人亦欲买者,可以投票,截至十一月二十一日止,届期同赴本局面议可也。勿误。特谕。

右谕通知
德一千九百四年十一月初十日　告示

大德管理青岛地亩局　为

拍卖地亩事:今据利和洋行禀称,欲买大码头附近铁路迤东地图第十六号第二块地,计六千八百米打,暂拟价洋一万零二百元。兹订于西历十二月初五即中十一月十一日上

午十一点钟在本局拍卖。买定后,准盖铺房、住房、机器房、货栈,限于西一千九百七年十二月三十一号修盖成功。如他人亦欲买者,可以投禀,截至十一月二十八日止,届时同赴本局面议可也。勿误。特谕。

右谕通知
德一千九百四年十一月十六日　告示

告白

启者:兹将本署据报被窃、送案及遗失各物列左:

被窃之物:

吕宋麻打成之半新船缆两条,每条长一百五十米打,粗十一米利米打。

送案之物:

镶成之假牙一排。

遗失之物:

量太阳仪器,上有西字,装以浅黄色木箱,宽、长各约二十五桑的米打,高十桑的米打。

以上各物切务轻买,如见亦宜报明本署,至送案之物亦准具领。此布。

德一千九百四年十一月十六日
青岛巡捕衙门启

告白

启者:本营兵队拟于西十一月二十一即中十月十五日早自九点钟起至下午三点钟止,在于大山孤山附近之处演放机器炮。是日守禁各处,不准人民往来,以防不测。此布。

德一千九百四年十一月十六日
驻扎四方营盘启

发包

为督署野战医院的天然冰供货将公开发包。

供货条件可以在督署野战医院查看。

报价须密封并标注"对天然冰的报价"字样,于1904年12月10日周六上午10点前递交至本处。

青岛,1904年11月11日
皇家督署野战医院

消息

地籍处已经重新修订了《青岛及周边地图》，比例尺为1∶6 250，共4张。
以珂罗版技术制作的全图售价为400元，单张的价格为100元，在地籍局购买。

皇家领事海因特格斯博士于今年10月25日已经接管了广州领事馆的业务。

山东铁路公司修订的下列收费规定于今年11月16日生效：

1）1904年8月1日生效的、对来自沙河－平度－昌邑区域、运往胶州和青岛的各种商品的优惠费率，在11月16日撤销。

2）对于根据收费表Ⅳa收费、运往青岛的草、草编、草垫子和草帽，以及灯心草、灯心草编和灯心草帽，同样的还有篮子装的油和烟草叶等货物，从1904年11月16日开始，除另有通知，则这一类的基础重量从7 500千克，优惠为5 000千克。

3）从今年11月16日开始，除另有通知，运往青岛的油饼和石灰如果装满15吨的车皮，则对收费表Ⅳ优惠20%。按照《寄送法》第4章第10段所涉及的另外一项对多节车皮运输所享有优惠政策，则不再适用于此类运输。

船运

1904年11月10日—17日期间

到达日	轮船船名	船长	挂旗国籍	登记吨位	出发港	出发日	到达港
（11月3日）	瓦那蒂斯号	贝伦森	挪威	1 903	艾姆登	11月15日	长崎
（11月5日）	日米号	智也	日本	880	门司	11月12日	门司
11月10日	叶世克总督号	福格尔	德国	1 045	上海	11月12日	上海
11月13日	通州号	贝内特	英国	952	芝罘	11月13日	上海
11月13日	青岛号	韩森	德国	977	芝罘	11月14日	上海
11月13日	米切尔夫人号	丹尼尔	英国	754	香港		
11月14日	黄金岛号	史密斯	英国	892	上海	11月15日	上海
11月14日	前进号	索纳曼	德国	643	上海	11月15日	芝罘
11月16日	达格玛号	卡尔	挪威	383	门司		

Amtsblatt
für das
Deutsche Kiautschou-Gebiet.

青島官報

Herausgegeben vom Kaiserlichen Gouvernement Kiautschou.

Der Bezugspreis beträgt jährlich $ 0,60 = M 1,20.
Bestellungen nehmen sämtliche deutsche Postanstalten entgegen.

| Jahrgang 5. | Nr. 48. | Tsingtau, den 26. November 1904. | 第四十八號 | 第五年 |

Amtliche Anzeigen.

Bekanntmachung.

Als gestohlen angemeldete Gegenstände:
1 braune Kamelhaar-Decke; 12 neue weisse Servietten; 1 Stück geblümtes, weisses, ungefähr 8 m langes Tischtuchzeug; 1 brauner Bibermuff; 5 neue weisse Handtücher; 3 neue rotgestreifte Handtücher; 1 Paar Normal-Damenunterhosen; 2 Normal-Damenhemden; 1 gestrickte Damenunterjacke; 1 grauschwarze Cheviot-Herrenhose; 1 Paar graue Normal-Herrenunterhosen; 1 Fernglas mit Elfenbeinumhüllung; 150 m Manila-Tauwerk.

Als verloren angemeldete Gegenstände:
1 brauner Bibermuff.

Als gefunden angemeldete Gegenstände:
1 Maulkorb von rot braunem Leder; 1 Muff, beide Enden mit Biberfell besetzt, das Mittelfeld ist aus starkem braunem Stoffe und blauem Futter.

Tsingtau, den 23. November 1904.

Kaiserliches Polizeiamt.

白告

啓者茲將本署據報被竊遺失送案各物列左

被竊各物
深紅色駱駝絨氈一張　白色新揉布一打　約八米達長白色帶花棹布一張　深紅皮女人圓套手一個　白色新手巾五條帶紅線新白手巾三條　女人襯褲一條　女人汗衫二件　女人綿綠布衫一件　男人灰黑二色斜紋布褲一條　男人灰色襯褲一條　牙鑲千里鏡一個　呂宋船繩一條長一百五十米達遺失之物　深紅皮女人圓套手一個送案之物　深紅皮狗籠頭一個　兩頭皮中有堅固深紅布藍裡女人圓套手一個

以上各物切勿輕買如見亦宜報明本署送賬各物亦准具領此佈

德一千九百四年十一月二十三日

青島巡捕衙門啟

Amtsblatt—報官島青   26. November 1904.

Oeffentlicher Verkauf.

67,571 kg. altes Weiss-und Eisenblech,
3759,93 kg. altes Schmiedeeisen,
52,411 kg. Lederabfälle und altes Leder,
15,103 kg. altes Messing,
155,973 kg. altes Stahl,
103,250 kg. altes Tauwerk,
1250,520 kg. altes Zinkblech,
18,635 kg. Kälber-und Rehhaare.

Verkaufstermin 28. November d. Is., vormittags 10 Uhr.

Der Betrag ist von dem Käufer nach Zuschlagserteilung bei der Gouvernementskasse einzuzahlen, worauf die angekauften Materialien von dem Käufer abgefahren werden können.

Tsingtau, den 17. November 1904.

Artillerieverwaltung.

白 告

啓者茲將本出售各物列左

成片舊馬口鐵等類重六十七啓羅零五百七十
一各拉母舊熟鐵重三千七百五十九啓羅
九百三十各拉母剩皮以及舊皮重五十二啓羅
羅零四百十各拉母
一百零三各拉母舊黃銅重一百五十啓羅
百七十三各拉母舊繩重一百二十五啓羅
百五十各拉母舊白鉛片重一百二十三啓羅零
羅零五百二十各拉母小牛毛並麞毛重十八啓
啓羅零六百三十五各拉母
凡有人欲買以上各物者於西歷十一月二十八
日早十點鐘自來本局可也拍賣之後買主應將
買價交納糧台以後即能將所買之物搬出
德一千九百四年十一月十七日
青島于藥局啓

Oeffentliche Zustellung.

Der Kaufmann Martin Krogh zu Tsingtau klagt gegen

1. den früheren Matrosen Art. Mittmann
2. „ „ „ „ Kerl
3. „ „ „ „ Scherbaum
4. „ „ „ „ Kühne
5. „ „ „ „ Elverfeld
6. „ „ „ „ Staudt
7. „ „ „ „ Mehl
8. „ „ „ „ Thierbach
9. den früheren Seesoldaten vom Berg
10. den früheren Techniker bei der Bauverwaltung II. hierselbst J. Schau

mit dem Antrage auf Verurteilung der Beklagten, und zwar

1. Mittmann zur Zahlung von 4,20 $ nebst 8 % Zinsen seit dem 27. Januar 1903,
2. Kerl zur Zahlung von 15,70 $ nebst 8 % Zinsen seit dem 27. Januar 1903,
3. Scherbaum zur Zahlung von 4,45 $ nebst 8 % Zinsen seit dem 27. Januar 1903,
4. Kühne zur Zahlung von 6,80 $ nebst 8 % Zinsen seit dem 27. Januar 1903,
5. Elverfeld zur Zahlung von 7,10 $ nebst 8 % Zinsen seit dem 27. Januar 1903,
6. Staudt zur Zahlug von 7,10 $ nebst 8 % Zinsen seit dem 27. Januar 1903,
7. Mehl zur Zahlung von 29,00 $ nebst 8 % Zinsen seit dem 1. Januar 1903,
8. Thierbach zur Zahlung von 88,71 $ nebst 8 % Zinsen seit dem 1. November 1903,
9. vom Berg zur Zahlung von 18,50 $ nebst 8 % Zinsen seit dem 1. März 1902 und
10. Schau zur Zahlung von 15,30 $ nebst 8 % Zinsen seit dem 1. November 1903.

Der Kläger ladet die Beklagten zur mündlichen Verhandlung des Rechtsstreits vor das Kaiserliche Gericht von Kiautschou in Tsingtau auf den

24. Januar 1905, vormittags 10 Uhr.

Zum Zweck der öffentlichen Zustellung wird dieser Auszug der Klage bekannt gemacht.

Tsingtau, den 21. November 1904.

Der Gerichtsschreiber des Kaiserlichen Gerichts von Kiautschou.

26. November 1904.   Amtsblatt—青島官報   272.

Pachtversteigerung.

Auf Antrag des Tschu tsy hsing findet am Sonnabend, den 3. Dezember 1904, vormittags 11 Uhr, im Landamte die öffentliche Versteigerung der Pacht der Parzelle 82 am kleinen Hafen statt.
Grösse: 605 qm.
Mindestjahrespacht: 121 $
Benutzungsart: Lagerstätte für Rohmaterialien
Pachtdauer: Vom 1. Dezember 1904 auf 1 Jahr fest; später stillschweigende Fortdauer des Pachtvertrages mit vierteljährlicher Kündigung.

Mitbieter werden ersucht, sich zum Versteigerungstermin auf dem Landamte einzufinden.

Tsingtau, den 23. November 1904.

Kaiserliches Landamt.

Pachtversteigerung.

Auf Antrag des Tschiu tschung ho findet am Sonnabend, den 3. Dezember 1904, vormittags 11 Uhr, im Landamte die öffentliche Versteigerung der Pacht der Parzelle 71 am kleinen Hafen statt.
Grösse: 2935 qm
Mindestjahrespacht: 587 $.
Benutzungsart: Lagerstätte für Rohmaterialien
Pachtdauer: Vom 1. Januar 1905 ab auf 1 Jahr fest, später stillschweigende Fortdauer des Pachtvertrages mit vierteljährlicher Kündigung.

Mitbieter werden ersucht, sich zum Versteigerungstermin auf dem Landamte einzufinden.

Tsingtau, den 23. November 1904.

Kaiserliches Landamt.

大德管理青島地畝局為拍租地畝事茲據朱子興稟稱欲租大包島小碼頭第八十二塊地計六百零五米打賃擬一年租價洋銀一百二十元今訂於西一千九百四年十二月初三日即中十月二十七日上午十一點鐘在本局拍租定後准其在該地內堆放木石等物迨一年以後准該地主留用如不遵繳此地仍准該地主留用本局如不遵繳此地仍准該地主留用內堆放木石等物拍租此地迫一年以後准該地主留用本局如不遵繳此地仍准該地主留用者屈期可以投赴本局面議可也勿悞特諭

德一千九百四年十月二十三日

右諭通知

告示

大德管理青島地畝局為拍租地畝事茲據邸中和稟稱欲租大包島小碼頭第七十一塊地計二千九百三十五米打賃擬一年租價洋銀五百八十七元今訂於西一千九百四年十二月初三日即中十月二十七日上午十一點鐘在本局拍租此後准其在該地內堆放木石等物拍租迨一年以後准該地主留用本局如不遵繳此地仍准該地主留用者屈期可以投赴本局面議可也勿悞特諭

德一千九百四年十一月二十三日

右諭通知

告示

Mitteilungen.

Der Kaiserliche Gouverneur Truppel hat am 22. d. Mts. Tsingtau mit Heimatsurlaub verlassen. Die Vertretung hat Fregattenkapitän Jacobson bis auf weiteres übernommen.

* * *

Der Kurs bei der Gouvernementskasse beträgt vom 19. d. Mts. ab 1 $ = 2,02 M.

* * *

Vom 20. November 1904 sind für die Ueberführungsgebühren aus den Anschlussgleisen des grossen Hafens folgende Gebührentarife von der Schantung-Eisenbahn-Gesellschaft bis auf weiteres eingeführt worden:

Von	nach	Ueberführungsgebühr.
Mole I. Mole II. Mole III. dem Werftgleis Petroleumschuppen Carlowitz.	Haltestelle Grosser Hafen bei Sendungen nach oder aus dem Innern	$ 4,—
	Bahnhof Tsingtau	„ 6,—
	dem kleinen Hafen Mole I., II., III., Werftgleis oder Petroleumschuppen Carlowitz.	„ 6,— „ 4,—

für den zugestellten Wagen.

273. Amtsblatt—青島官報 26. November 1904

Sämtliche Frachtsätze gelten auch für die umgekehrte Richtung.

* * *

Das im Hafen von Tschifu versenkte russische Torpedoboot zeigt an dem über das Wasser ragenden Maste bei Tage eine schwarze Kugel, bei Nacht rotes Licht; das vor das Wrack gelegte Wachtboot zeigt bei Tage eine rote Flagge, be Nacht Ankerlicht.

* * *

Treibende Minen sind gesehen worden: ein in Breite 36°30' N. und Länge 120°48' O., ein andere S. O. z. O. $^1/_4$ O., sechs Seemeilen vo der ersten entfernt.

Meteorologische Beobachtungen

in Tsingtau.

Datum. Nov.	Barometer (mm) reduz. auf 0° C., Seehöhe 24,30 m			Temperatur (Centigrade).								Dunstspannung in mm			Relat. Feuchtigkeit in Prozenten		
				trock. Therm.			feucht. Therm.										
	7Vm	2Nm	9Nm	7Vm	2Nm	9Nm	7Vm	2Nm	9Nm	Min.	Max.	7Vm	2Nm	9Nm	7Vm	2Nm	9Nm
17	771,5	770,6	771,0	4,9	11,6	7,7	1,3	5,9	4,6	0,0	5,7	2,9	3,5	4,5	45	35	58
18	68,9	66,2	65,6	7,3	11,7	11,3	4,3	8,3	9,0	5,3	11,7	4,4	6,1	7,2	59	60	72
19	67,2	68,0	70,5	5,3	12,4	6,7	3,6	9,0	3,3	5,3	11,7	4,9	6,5	3,8	74	61	52
20	68,6	66,4	65,4	9,1	13,5	12,9	7,9	9,9	11,3	5,4	12,6	7,2	6,9	9,0	84	60	82
21	65,1	64,1	67,1	8,7	12,7	5,9	7,7	10,6	3,4	8,5	13,6	7,3	8,3	4,4	87	76	63
22	68,8	69,0	69,8	4,0	6,2	1,5	2,3	3,8	-0,5	2,8	13,6	4,4	4,6	3,4	72	65	66
23	68,6	67,2	66,4	1,1	9,5	6,8	-0,6	5,3	4,1	0,3	7,8	3,6	4,2	4,5	70	47	61

Datum. Nov.	Wind Richtung & Stärke nach Beaufort (0—12)			Bewölkung						Niederschläge in mm		
				7 Vm		2 Nm		9 Nm				
	7 Vm	2 Nm	9 Nm	Grad	Form	Grad	Form	Grad	Form	7Vm	9Nm	9Nm/7Vm
17	NW 1	SSO 1	SSO 1					2	Cum			
18	SSW 2	SSW 5	SSW 2	8	Cu-str.	3	Cu-str					
19	WNW 4	NW 2	NNO 1			2	Cum					
20	SSW 1	S 3	S 3									
21	NNW 1	NNW 1	N 5	3	Cum	4	Cir-cum	4	Cir-cum			
22	WNW 5	N 6	NNO 1			4	Cum	3	”			
23	WNW 3	S 1	SW 1	2	Cu-str	2	Cu-str					

26. November 1904. Amtsblatt—報官島青 274.

Schiffsverkehr

in der Zeit vom 17. — 24. November 1904.

Ankunft am	Name	Kapitän	Flagge	Reg. Tonnen.	von	Abfahrt am	nach
(7.11.)	D. Veteran	Edler	Deutsch	822	Hongkong	17.11.	Tschifu
(16.11.)	D. Dagmar	Carl	Norwegisch	383	Moji	20.11.	Moji
18.11.	D. Gouv. Jaeschke	Vogel	Deutsch	1045	Schanghai	19.11.	Schanghai
„	D. Knivsberg	Kayser	„	645	Tschifu	18.11.	„
21.11.	D. Tsintau	Hansen	„	977	Schanghai	22.11.	Tschifu
„	D. Kalgan	Speed	Englisch	1143	Weihaiwei	21.11.	Schanghai
22.11.	D. El Dorado	Smith	„	892	Schanghai	23.11.	„
„	D. Nanchang	French	„	1063	„	22.11.	Tschifu
„	D. Hsinchi	Kloppar	Chinesisch	1385	Tientsin	„	Schanghai

Druck der Missionsdruckerei, Tsingtau.

第五年　第四十八号

1904 年 11 月 26 日

官方通告

告白

启者：兹将本署据报被窃、遗失、送案各物列左：

被窃各物：

深红色骆驼绒毛毡一张；白色新搽布一打；约八米达长白色带花棹布一张；深红皮女人圆套手一个；白色新手巾五条；带红线新白手巾三条；女人衬裤一条；女人汗衫二件；女人绵线布衫一件；男人灰黑二色斜绞布裤一条；男人灰色衬裤一条；牙镶千里镜一个；吕宋船缆一条，长一百五十米达。

遗失之物：

深红皮女人圆套手一个。

送案各物：

深红皮狗笼头一个；两头皮中有坚固深红布蓝里女人圆套手一个。

以上各物切勿轻买，如见亦宜报明本署，送案各物亦准具领。此布。

德一千九百四年十一月二十三日
青岛巡捕衙门启

告白

启者：兹将本出局售（本局出售）各物列左：

成斤旧马口铁等类重六十七启罗零五百七十一各拉母；旧熟铁重三千七百五十九启罗零九百三十各拉母；剩皮以及旧皮重五十二启罗零四百十一各拉母；旧黄铜重五十启罗零一百零三各拉母；旧钢重一百五十启罗零九百七十三各拉母；旧绳重一百零三启罗零二百五十各拉母；旧白铅片重一千二百五十启罗零五百二十各拉母；小牛毛并狍毛重十八启罗零六百三十五各拉母。

凡有人欲买以上各物者，于西历十一月二十八日早十点钟自来本局可也。拍卖之后，买主应将买价交纳粮台以后即能将所买之物搬出。

德一千九百四年十一月十七日
青岛子药局启

公开投递

青岛的商人马丁·克罗格起诉下列人员：前炮队水兵米特曼、科尔、舍尔鲍姆、居纳、艾尔佛菲尔德、施陶特、梅尔、梯尔巴赫、前海军陆战士兵冯·贝尔格、前本地第二工部局工程师 J. 肖。

要求判决上述被告：

1. 米特曼偿付 4.20 元以及自 1903 年 1 月 27 日起按照 8% 计算的利息；
2. 科尔偿付 15.70 元以及自 1903 年 1 月 27 日起按照 8% 计算的利息；
3. 舍尔鲍姆偿付 4.45 元以及自 1903 年 1 月 27 日起按照 8% 计算的利息；
4. 居纳偿付 6.80 元以及自 1903 年 1 月 27 日起按照 8% 计算的利息；
5. 艾尔佛菲尔德偿付 7.10 元以及自 1903 年 1 月 27 日起按照 8% 计算的利息；
6. 施陶特偿付 7.10 元以及自 1903 年 1 月 27 日起按照 8% 计算的利息；
7. 梅尔偿付 29.00 元以及自 1903 年 1 月 1 日起按照 8% 计算的利息；
8. 梯尔巴赫偿付 88.71 元以及自 1903 年 11 月 1 日起按照 8% 计算的利息；
9. 冯·贝尔格偿付 18.50 元以及自 1902 年 3 月 1 日起按照 8% 计算的利息；
10. 肖偿付 15.30 元以及自 1903 年 11 月 1 日起按照 8% 计算的利息。

原告要求被告在 1905 年 1 月 24 日上午 10 点，前往青岛的胶澳皇家审判厅，参加这一法律争端的口头审判。

出于公开投递的目的，现公布该起诉的内容节选。

青岛，1904 年 11 月 21 日
胶澳皇家审判厅法院书记官

大德管理青岛地亩局　为

拍租地亩事：兹据朱子兴禀称，欲租大包岛小码头第八十二块地，计六百零五米打，暂拟一年租价洋银一百二十一元。今订于西一千九百四年十二月初三日即中十月二十七日上午十一点钟在本局拍租。租定后，准其在该地内堆放木、石等物，迨一年以后每三月本局如不追缴此地，仍准地主留用。如有人亦欲租者，屈（届）期可以投赴本局面议可也。勿误。特谕。

右谕通知

德一千九百四年十一月二十三日　告示

大德管理青岛地亩局　为

拍租地亩事：兹据邓中和禀称，欲租大包岛小码头第七十一块地，计二千九百三十五米打，暂拟一年租价洋银五百八十七元。今订于西一千九百四年十二月初三即中十月二十七日上午十一点钟在本局拍租。租定后，准其在该地内堆放木、石等物，迨一年以后每二月本局如不追缴此地，仍准该地主留用。如有人亦欲租者，屈（届）期可以投赴本局面议可也。勿误。特谕。

右谕通知

德一千九百四年十一月二十三日　告示

消息

皇家总督都沛禄已于本月22日离开青岛，回国度假。
在另行通知之前，由海军中校雅各布森代理其职位。

总督府财务处自本月19日起的汇率为：1元＝2.02马克。

在另行通知之前，山东铁路公司从1904年11月20日开始，对从大港的连接轨道对需要投送的车皮进行转接的费用实行下列收费表：

从	移往	转接费用
1号码头 2号码头 3号码头 船厂轨道 礼和洋行的煤油罐	在大港停车点、来往于内陆的货物	4.00元
	青岛火车站	6.00元
	小港	6.00元
	1、2、3号码头，船厂轨道或者礼和洋行的煤油罐	4.00元

所有的收费费率也适用于相反方向。

在芝罘港沉没的俄国鱼雷舰露出水面的桅杆，在白天时会看到一个黑色球体，夜里发红光；放在沉船前面的警戒船，在白天时悬挂红色旗帜，在夜里时有停泊灯。

发现移动的鱼雷：一个位于北纬36度30分，东经120度48分，另一个位于距离第一个东部偏东1/4的6海里处。

船运

1904年11月17日—24日期间

到达日	轮船船名	船长	挂旗国籍	登记吨位	出发港	出发日	到达港
（11月7日）	老兵号	艾德勒	德国	822	香港	11月17日	芝罘
（11月16日）	达格玛号	卡尔	挪威	383	门司	11月20日	门司
11月18日	叶世克总督号	福格尔	德国	1 045	上海	11月19日	上海
11月18日	柯尼夫斯堡号	凯瑟	德国	645	芝罘	11月18日	上海
11月21日	青岛号	韩森	德国	977	上海	11月22日	芝罘
11月21日	张家口号	施比德	英国	1 143	威海卫	11月21日	上海
11月22日	黄金岛号	史密斯	英国	892	上海	11月23日	上海
11月22日	南昌号	弗伦奇	英国	1 063	上海	11月22日	芝罘
11月22日	新析号	克罗帕	中国	1 385	天津	11月22日	上海

Amtsblatt
für das Deutsche Kiautschou-Gebiet.

Herausgegeben vom Kaiserlichen Gouvernement Kiautschou.

Der Bezugspreis beträgt jährlich $ 0,60=M 1,20.
Bestellungen nehmen sämtliche deutsche Postanstalten entgegen.

Jahrgang 5. Nr. 49. Tsingtau, den 3. December 1904.

Mitteilungen.

Der Kurs bei der Gouvernementskasse beträgt vom 1. Dezember d. Js. ab: 1 $ = 2,03 M.

*

Nach einer Mitteilung der Kaiserlichen Gesandtschaft in Peking sind die drei chinesischen Kreise Kiautschou, Kaumi und Tsimo aus dem Amts- und Jurisdiktionsbezirke des Kaiserlichen Konsulates Tschifu ausgeschieden und demjenigen des Kaiserlichen Konsulates in Tsinanfu zugeteilt worden.

*

Nach einer Mitteilung des Kaiserlichen Postamts wird an Sonn- und Feiertagen von 8 bis 9 Uhr vormittags für die Ausgabe von Briefsendungen Schalterdienst abgehalten.

*

Die Schantung-Eisenbahn-Gesellschaft hat vom 1. Dezember d. Js. ab die Gewichtsgrenze für halbe Wagenladungen für Watte und rohe Baumwolle von 7500 kg. auf 5000 kg. herabgesetzt, und zwar für beliebige Empfangs- und Versandtstationen; weitere Ermässigungen bei Versendung von mehreren Wagenladungen fallen fort.

*

Die Schantung-Eisenbahn-Gesellschaft hat am 1. Dezember d. Js. den Haltepunkt Syfang I aufgehoben und nach km 2,87 verlegt. Die Fahrkartenausgabe des neuen Haltepunkts, der den Namen „Haltestelle Grosser Hafen" trägt, findet in dem hierzu errichteten Wärterhaus rechts der Bahn statt. Auf dieser Seite wird auch aus- und eingestiegen.

Durch diese Verlegung treten folgende Fahrplanänderungen ein:

km	Zug 1 Ank.	Zug 1 Abf.	Zug 3 Ank.	Zug 3 Abf.	Stationen	Zug 2 Ank.	Zug 2 Abf.	Zug 4 Ank.	Zug 4 Abf.
		7.00		3.28	Tsingtau	7.05		9.56	
3	7.06	7.09	3.35	3.73	Haltestelle Grosser Hafen	6.56	6.59	9.47	9.49
8	7.17		3.45		Syfang.		6.48		9.39

Meteorologische Beobachtungen
in Tsingtau.

Datum. Nov.	Barometer (mm) reduz. auf 0° C., Seehöhe 24,30 m			Temperatur (Centigrade).								Dunstspannung in mm			Relat. Feuchtigkeit in Prozenten		
				trock. Therm.			feucht. Therm.										
	7 Vm	2 Nm	9 Nm	7 Vm	2 Nm	9 Nm	7 Vm	2 Nm	9 Nm	Min.	Max.	7 Vm	2 Nm	9 Nm	7 Vm	2 Nm	9 Nm
24	763,9	761,7	761,5	6,6	12,2	9,9	4,5	8,3	6,8	0,3	9,8	5,1	5,8	5,5	70	55	61
25	58,8	57,6	63,0	6,7	11,3	5,9	5,3	6,5	2,9	6,7	13,0	5,8	4,4	3,9	80	43	56
26	69,3	68,9	68,0	2,7	7,1	5,7	1,5	3,1	1,8	2,7	13,1	4,4	3,3	2,9	79	44	42
27	65,9	64,3	66,7	5,1	11,7	6,0	2,7	7,5	2,7	2,5	7,4	4,1	5,2	3,6	63	51	52
28	68,2	69,3	71,8	3,6	9,6	8,5	2,4	6,6	5,7	3,6	11,9	4,7	5,5	5,2	80	61	62
29	73,6	75,0	76,1	0,7	-1,1	0,1	0,5	-1,1	-1,5	0,2	9,8	4,7	4,2	3,3	96	100	71
30	76,3	74,3	73,3	4,4	0,0	0,3	-5,0	-0,7	-0,3	-4,5	0,9	2,8	4,0	4,2	86	87	89

Datum. Nov.	Wind Richtung & Stärke nach Beaufort (0—12)			Bewölkung						Niederschläge in mm		
				7 Vm		2 Nm		9 Nm				
	7 Vm	2 Nm	9 Nm	Grad	Form	Grad	Form	Grad	Form	7 Vm	9 Nm	9 Nm / 7 Vm
24	SSW 1	S 3	SSW 3	3	Cu-str.	9	Cu-nim	9	Cu-str			
25	SSW 1	NW 5	NW 6	3	"							
26	WNW 4	NW 1	SW 1	2	Cum							
27	SSW 3	S 1	NNO 2	1	"							
28	N 1	ONO 2	NO 4	10	Cu-str	10	Cu-str	10	Cum			5,8
29	NNO 5	N 6	N 5	10	Cu-nim	10	Cu-nim			5,8	1,7	1,7
30	N 2	NW 3	WNW 3					1	Cum			

Schiffsverkehr
in der Zeit vom 24. November — 1. Dezember 1904.

Ankunft am	Name	Kapitän	Flagge	Reg. Tonnen.	von	Abfahrt am	nach
(13.11.)	D. Lady Mitchell	Daniel	Englisch	754	Hongkong	28.11.	Tschifu
25.11.	D. Gouv. Jaeschke	Vogel	Deutsch	1045	Schanghai	26.11.	Schanghai
"	D. Shansi	Carnaghan	Englisch	1228	"	"	Tschifu
28.11.	D. Knivsberg	Kayser	Deutsch	646	"	29.11.	"
"	D. El Dorado	Smith	Englisch	892	"	"	Schanghai
"	D. Vorwärts	Sohnemann	Deutsch	643	Tschifu	28.11.	"
30.11.	D. Chefoo	Graves	Englisch	684	"	30.11.	"

3. Dezember 1904.　　　　　　　Amtsblatt—青官報　　　　　　　　277.

Hochwassertabelle für den Monat Dezember 1904.

Datum	Tsingtau - Hauptbrücke.		Grosser Hafen, Mole I.		Nükuk'ou.	
	Vormittags	Nachmittags	Vormittags	Nachmittags	Vormittags	Nachmittags
1.	10 U. 44 M.	11 U. 20 M.	11 U. 14 M.	11 U. 50 M.	11 U. 44 M.	U. — M.
2.	11 „ 57 „	—	—	—	0 „ 57 „	0 „ 20 „
3.	0 „ 34 „	1 „ 11 „	1 „ 04 „	1 „ 41 „	1 „ 34 „	2 „ 11 „
4.	1 „ 45 „	2 „ 19 „	2 „ 15 „	2 „ 49 „	2 „ 45 „	3 „ 19 „
5.	2 „ 47 „	3 „ 15 „	3 „ 17 „	3 „ 45 „	3 „ 47 „	4 „ 15 „
6.	3 „ 40 „	4 „ 05 „	4 „ 10 „	4 „ 35 „	4 „ 40 „	5 „ 05 „
7.	4 „ 29 „ ◐	4 „ 53 „	4 „ 59 „	5 „ 23 „	5 „ 29 „	5 „ 53 „
8.	5 „ 15 „	5 „ 37 „	5 „ 45 „	6 „ 07 „	6 „ 15 „	6 „ 37 „
9.	5 „ 58 „	6 „ 18 „	6 „ 28 „	6 „ 48 „	6 „ 58 „	7 „ 18 „
10.	6 „ 38 „	6 „ 57 „	7 „ 08 „	7 „ 27 „	7 „ 38 „	7 „ 57 „
11.	7 „ 16 „	7 „ 34 „	7 „ 46 „	8 „ 04 „	8 „ 16 „	8 „ 34 „
12.	7 „ 52 „	8 „ 11 „	8 „ 22 „	8 „ 41 „	8 „ 52 „	9 „ 11 „
13.	8 „ 29 „	8 „ 46 „	8 „ 59 „	9 „ 16 „	9 „ 29 „	9 „ 46 „
14.	9 „ 04 „	9 „ 23 „ ●	9 „ 34 „	9 „ 53 „	10 „ 04 „	10 „ 23 „
15.	9 „ 49 „	10 „ 15 „	10 „ 19 „	10 „ 45 „	10 „ 49 „	11 „ 15 „
16.	10 „ 49 „	11 „ 23 „	11 „ 19 „	11 „ 53 „	11 „ 49 „	—
17.	11 „ 58 „	—	—	—	0 „ 58 „	0 „ 23 „
18.	0 „ 32 „	1 „ 06 „	1 „ 02 „	1 „ 36 „	1 „ 32 „	2 „ 06 „
19.	1 „ 46 „	2 „ 00 „	2 „ 10 „	2 „ 39 „	2 „ 40 „	3 „ 09 „
20.	2 „ 37 „	3 „ 01 „	3 „ 07 „	3 „ 31 „	3 „ 37 „	4 „ 01 „
21.	3 „ 24 „	3 „ 48 „ ○	3 „ 54 „	4 „ 18 „	4 „ 24 „	4 „ 48 „
22.	4 „ 11 „	4 „ 33 „	4 „ 41 „	5 „ 03 „	5 „ 11 „	5 „ 33 „
23.	4 „ 55 „	5 „ 17 „	5 „ 25 „	5 „ 47 „	5 „ 55 „	6 „ 17 „
24.	5 „ 39 „	6 „ 01 „	6 „ 09 „	6 „ 31 „	6 „ 39 „	7 „ 01 „
25.	6 „ 23 „	6 „ 45 „	6 „ 53 „	7 „ 15 „	7 „ 23 „	7 „ 45 „
26.	7 „ 06 „	7 „ 27 „	7 „ 36 „	7 „ 57 „	8 „ 06 „	8 „ 27 „
27.	7 „ 48 „	8 „ 11 „	8 „ 18 „	8 „ 41 „	8 „ 48 „	9 „ 11 „
28.	8 „ 33 „	8 „ 57 „	9 „ 03 „	9 „ 27 „	9 „ 33 „	9 „ 57 „
29.	9 „ 21 „	9 „ 48 „ ●	9 „ 51 „	10 „ 18 „	10 „ 21 „	10 „ 48 „
30.	10 „ 16 „	10 „ 49 „	10 „ 46 „	11 „ 19 „	11 „ 16 „	11 „ 49 „
31.	11 „ 23 „	—	11 „ 53 „	—	—	—

1) ○ = Vollmond; 2) ◐ = Letztes Viertel; 3) ● = Neumond; 4) ◑ = Erstes Viertel.

Anmerkung: In T'a pu t'ou tritt das Hochwasser 10 Minuten früher als in Nükuk'ou auf.

Sonnen-Auf-und Untergang
für Monat Dezember 1904.

Dt.	Mittelostchinesische Zeit des			
	wahren	scheinbaren	wahren	scheinbaren
	Sonnen-Aufgangs.		Sonnen-Untergangs.	
1.	6 U. 54.6 M.	6 U. 48.8 M.	4 U. 40.6 M.	4 U. 46.4 M.
2.	55.5	49.7	40.4	46.2
3.	56.4	50.6	40.2	46.0
4.	57.3	51.5	40.1	45.9
5.	58.2	52.4	40.0	45.8
6.	59.1	53.3	40.0	45.8
7.	7 U. —	54.2	40.0	45.8
8.	0.9	55.1	40.0	45.8
9.	1.8	56.0	40.0	45.8
10.	2.6	56.8	40.0	45.8
11.	3.4	57.6	40.0	45.8
12.	4.2	58.4	40.2	46.0
13.	5.0	59.2	40.4	46.2
14.	5.8	7 U. —	40.6	46.4
15.	6.5	0.7	40.8	46.6
16.	7.2	1.4	41.0	46.8
17.	7.9	2.1	41.3	47.1
18.	8.5	2.6	41.6	47.4
19.	9.1	3.2	41.9	47.7
20.	9.7	3.8	42.3	48.1
21.	10.3	4.5	42.7	48.5
22.	10.8	5.0	43.2	49.0
23.	11.3	5.5	43.7	49.5
24.	11.8	6.0	44.2	50.0
25.	12.2	6.4	44.8	50.6
26.	12.6	6.8	45.4	51.2
27.	13.0	7.2	46.0	51.8
28.	13.3	7.5	46.7	52.5
29.	13.6	7.8	47.4	53.2
30.	13.9	8.1	48.1	53.9
31.	14.2	8.4	48.8	54.6

Druck der Missionsdruckerei, Tsingtau.

第五年　第四十九号

1904年12月3日

消息

总督府财务处自今年12月1日起的汇率为：1元＝2.03马克。

根据北京皇家公使馆的通知，中国的胶州、高密和即墨三个县从属于芝罘的皇家领事馆的领区管辖权，转为济南府皇家领事馆领区。

根据皇家邮政局的通知，在周日和节假日的上午8点到9点，开放窗口交寄信件。

山东铁路公司自今年12月1日起，将棉絮和生棉花的半车运输重量从最高7 500千克调低至5 000千克，适用于任意一个接收和发货的车站。多车皮装载的其他优惠条件继续保持不变。

山东铁路公司在今年12月1日取消了四方的1号停车点，将其移动了2.87千米。新停车点的售票处名称为"大港停车站"，位于铁路右侧设置的看护人房内。

因为位置迁移而产生了下面的运行时刻变化：

千米	1号车		3号车		车站	2号车		4号车	
	到达	开出	到达	开出		到达	开出	到达	开出
		7.00		3.28	青岛	7.05		9.56	
3	7.06	7.09	3.35	3.73	大港停车点	6.56	6.59	9.47	9.49
8	7.17		3.45		四方		6.48		9.39

船运

1904年11月24日—12月1日期间

到达日	轮船船名	船长	挂旗国籍	登记吨位	出发港	出发日	到达港
(11月13日)	米歇尔女士号	丹尼尔	英国	754	香港	11月28日	芝罘
11月25日	叶世克总督号	福格尔	德国	1 045	上海	11月26日	上海
11月25日	陕西号	卡纳汉	英国	1 228	上海	11月26日	芝罘
11月28日	柯尼夫斯堡号	凯瑟	德国	646	上海	11月29日	芝罘
11月28日	黄金岛号	史密斯	英国	892	上海	11月29日	上海
11月28日	前进号	索纳曼	德国	643	芝罘	11月28日	上海
11月30日	芝罘号	格雷夫	英国	684	芝罘	11月30日	上海

Amtsblatt
für das
Deutsche Kiautschou-Gebiet.

青 島 官 報

Herausgegeben vom Kaiserlichen Gouvernement Kiautschou.

Der Bezugspreis beträgt jährlich $ 0,60 = M 1,20.
Bestellungen nehmen sämtliche deutsche Postanstalten entgegen.

| Jahrgang 5. | Nr. 50. | Tsingtau, den 10. December 1904. | 第五十號 | 第五年 |

Amtliche Anzeigen.

Aufgebot.

Es wird hiermit bekannt gemacht, dass
Oswald Töpper, seines Standes Missionar, geboren zu Mollwitz, Bezirk Breslau, 27 Jahre alt, wohnhaft in Chucheng, Provinz Schantung, Sohn des Eisenbahnbeamten Karl Töpper und seiner Ehefrau Pauline, geborenen Langner, beide in Brieg, Bezirk Breslau, wohnhaft, und
Margarethe Bode, geboren zu Höwisch, Kreis Osterburg, 21 Jahre alt, wohnhaft in Ballenstedt am Harz, Tochter des in Ballenstedt wohnhaften Pastors Heinrich Bode und seiner in Parchau bei Burg bei Magdeburg verstorbenen Ehefrau Agnete Henriette Caroline, geborenen Wohlthat,
beabsichtigen, sich mit einander zu verheiraten und diese Ehe in Gemässheit des Reichsgesetzes vom 4. Mai 1870 bei dem unterzeichneten Standesbeamten abzuschliessen.

Tsingtau, den 3. Dezember 1904.

Der Kaiserliche Standesbeamte.
In Vertretung.
Dr. Crusen.

Bekanntmachung.

Als gestohlen angemeldete Gegenstände:
1 Fahrrad mit kleinem Kettenrad und schwarz angestrichenen Speichen, das Hinterrad hat 6 neue vernickelte Speichen, welche nicht angestrichen sind;
1 silbernes Petschaft von chines. Arbeit, darauf befindet sich eine Schildkröte und Säule mit chin. Schriftzeichen.

Tsingtau, den 7. Dezember 1904.

Kaiserliches Polizeiamt.

白 告

敬者茲將本署據報被竊各物列左
自行車一輛鍊輪小黑色輪條後輪有白銅條六根
華式銀戳記一個上箱有龜龜背有一牌牌上有字
以上各物切勿輕買如見亦宜報明本署此佈

德一千九百四年十二月初七日
青島巡捕衙門啓

Bei der in Abteilung B Nr. 6 des Handelsregisters vermerkten Firma
Schantung — Bergbau — Gesellschaft
ist folgendes eingetragen worden:
Dem Kaufmann Adolf Hollmann in Schoeneberg bei Berlin ist Prokura erteilt.

Er ist berechtigt, die Gesellschaft zu vertreten und in Gemeinschaft mit einem ordentlichen oder einem stellvertretenden Mitgliede der Direktion zu zeichnen.

Tsingtau, den 5. Dezember 1904.

Kaiserliches Gericht von Kiautschou.

Mitteilungen.

Die Diensträume der Bauabteilung IIIc befinden sich vom 1. Dezember d. Js. ab in der Bureaubaracke am Lazarettweg, diejenigen der Bauabteilung IIId seit 28. November d. Js. in dem Verwaltungsgebäude des Schlachthofneubaues.

Über das Lager von Syfang ist am 30. v. Mts. wegen eines Rotzfalles unter den Pferden eine sechswöchige Sperre verhängt worden. Während dieser Zeit ist das Betreten des Lagers mit Pferden und Maultieren verboten.

* * *

Meteorologische Beobachtungen
in Tsingtau.

Datum. Dezb.	Barometer (mm) reduz. auf 0° C., Seehöhe 24,30 m			Temperatur (Centigrade).								Dunstspannung in mm			Relat. Feuchtigkeit in Prozenten		
				trock. Therm.			feucht. Therm.										
	7 Vm	2 Nm	9 Nm	7 Vm	2 Nm	9 Nm	7 Vm	2 Nm	9 Nm	Min.	Max.	7 Vm	2 Nm	9 Nm	7 Vm	2 Nm	9 Nm
1	769,7	767,2	766,3	0,6	5,6	4,5	-0,4	2,4	3,3	-0,4	1,5	3,9	3,5	5,1	82	52	81
2	63,7	62,0	62,0	3,5	9,3	8,1	2,0	6,8	6,1	1,0	7,4	4,4	5,9	5,8	75	67	72
3	60,0	59,3	62,9	3,5	8,5	4,7	2,7	6,6	3,1	3,4	10,1	5,1	6,1	4,8	87	74	74
4	66,3	66,1	67,2	1,7	10,4	7,7	0,0	6,0	5,4	1,7	8,5	3,6	4,4	5,3	69	46	68
5	66,5	64,8	63,7	6,6	12,3	9,8	4,7	8,7	9,1	2,5	11,1	5,3	6,2	8,2	73	59	91
6	59,1	55,6	54,9	8,7	11,9	11,5	7,3	9,7	9,9	7,5	13,1	6,8	7,7	8,1	81	74	81
7	55,9	59,1	64,4	8,3	8,9	2,5	6,3	6,6	2,3	8,3	12,3	5,9	5,9	5,3	73	70	96

Datum. Dezb.	Wind Richtung & Stärke nach Beaufort (0—12)			Bewölkung						Niederschläge in mm		
				7 Vm		2 Nm		9 Nm				9 Nm
	7 Vm	2 Nm	9 Nm	Grad	Form	Grad	Form	Grad	Form	7 Vm	9 Nm	7 Vm
1	W 2	WNW 1	SSW 2									
2	S 1	SSW 2	SSW 2									
3	Stille 0	NW 2	NW 2									
4	NNO 1	S 2	SSW 2							•		
5	S 1	S 2	SO 1									
6	SSW 3	SSW 2	SSW 2									
7	NNW 3	NW 5	N 4	3	Cum-str	2	Cum-str			-		

10. Dezember 1904. Amtsblatt—青島官報 281.

Schiffsverkehr
in der Zeit vom 1. — 8. Dezember 1904.

Ankunft am	Name	Kapitän	Flagge	Reg. Tonnen.	von	Abfahrt am	nach
1.12.	D. Dagmar	Carl	Norwegisch	384	Moji	3.12.	Kobe
2.12.	D. Gouv. Jaeschke	Vogel	Deutsch	1045	Schanghai	"	Schanghai
5.12.	D. El Dorado	Smith	Englisch	892	"	6.12.	"
"	D. Vorwärts	Sohnemann	Deutsch	643	"	"	Tschifu
6.12.	D. Singan	Jamison	Englisch	1047	"	"	"
"	D. Grosmont	Fleetham	"	1821	Moji		
"	D. Tsintau	Hansen	Deutsch	977	Tschifu	6.12.	Schanghai

Druck der Missionsdruckerei, Tsingtau.

第五年　第五十号

1904 年 12 月 10 日

官方通告

结婚公告

奥斯瓦尔德·托帕，职业为传教士，出生于布雷斯劳的莫尔维茨，现年 27 岁，居住地为山东省诸城县，是铁路职员卡尔·托帕与出生时姓朗格那的妻子宝琳娜的儿子，二人均居住于布雷斯劳区的布里格。

玛格丽特·博德，出生于奥斯特堡县何维施，现年 21 岁，居住地为哈尔茨河畔的巴伦施泰德，是居住于巴伦施泰德的教士海因里希·博德和他的在马格德堡附近的布尔格的帕肖去世的、出生时姓沃尔塔特的妻子阿格内特·海丽埃特·卡罗琳娜的女儿。

谨此宣布二人结婚，此婚约按照 1870 年 5 月 4 日颁布的法律规定，在本民政官员前缔结。

青岛，1904 年 12 月 3 日
皇家户籍处代理人
克鲁森博士

告白

启者：兹将本署据报被窃各物列左：

自行车一辆，链轮小，黑色轮条，后轮有白铜条六根；华式银戳记一个，上箍有龟，龟背有一牌，牌上有字。

以上各物切勿轻买，如见亦宜报明本署。此布。

德一千九百四年十二月初七日
青岛巡捕衙门启

在本地商业登记 B 部第 6 号登记的公司"山东矿业公司"已登记入下列信息：
已授予柏林附近的硕那堡的商人阿道夫·霍尔曼代理权。

他有权与公司经理部的一名固定成员或者代理成员一起代表公司签字。

青岛,1904年12月5日
胶澳皇家审判厅

消息

第三工部局三部从今年12月1日起搬至位于野战医院道①的办公营房内,第三工部局四部从今年11月28日起搬至屠宰场②的管理楼内。

由于马匹中出现一起流涕症,已于本月30日下令将四方兵营隔离六周。在这期间,禁止马匹和骡子进入该兵营。

船运

1904年12月1日—8日期间

到达日	轮船船名	船长	挂旗国籍	登记吨位	出发港	出发日	到达港
12月1日	达格玛号	卡尔	挪威	384	门司	12月3日	神户
12月2日	叶世克总督号	福格尔	德国	1 045	上海	12月3日	上海
12月5日	黄金岛号	史密斯	英国	892	上海	12月6日	上海
12月5日	前进号	索纳曼	德国	643	上海	12月6日	芝罘
12月6日	兴安号	贾米森	英国	1 047	上海	12月6日	芝罘
12月6日	葛洛斯蒙号	弗利特汉姆	英国	1 821	门司		
12月6日	青岛号	韩森	德国	977	芝罘	12月6日	上海

---

① 译者注:即今平原路。
② 译者注:即1903年德国胶澳督署投资75万马克兴建的青岛第一个全面实施现代卫生检验的屠宰加工企业,1906年建成开业,位于今观城路。

Amtsblatt
für das
Deutsche Kiautschou-Gebiet.

报官岛青

Herausgegeben vom Kaiserlichen Gouvernement Kiautschou.
Der Bezugspreis beträgt jährlich $ 0,60 = M 1,20.
Bestellungen nehmen sämtliche deutsche Postanstalten entgegen.

Jahrgang 5. | Nr. 51. | Tsingtau, den 17. December 1904.

Verordnungen und Bekanntmachungen.

Bekanntmachung
betreffend
Sicherung des Waldbestandes im Lauschan.

In den letzten Jahren ist in mehreren Provinzen Chinas mit der Aufhebung der Klöster begonnen worden. Die Erträge werden dazu verwendet, in den alten Klosterräumen Schulen einzurichten. Nach Prüfung der Verhältnisse ist das Gouvernement zu der Überzeugung gelangt, dass vorläufig weder die Lebensführung der Priester eine Einziehung des Klosterbesitzes rechtfertigt, noch dass das Interesse des Schutzgebietes eine Zerstörung bestehender Einrichtungen verlangt. Zugleich muss anerkannt werden, dass die Erhaltung der landschaftlichen Schönheit der Berge, insbesondere durch Schonung des wenn auch geringen Waldbestandes den Klöstern zu verdanken ist. Auf der andern Seite lehren europäische Erfahrungen und europäisches Wissen, dass noch viel mehr geschehen kann, um dem Lauschan den Ruf einer besonderen landschaftlichen Schönheit zu erhalten und seinen wirtschaftlichen Wert zu mehren.

Es sind deshalb mit den Vorständen der einzelnen Klöster Vereinbarungen über folgende Punkte getroffen worden:

1) Das Kloster hat seinen Waldbestand für die Dauer von vorläufig fünf Jahren zu schonen; insbesondere dürfen während dieser Zeit weder Bäume gefällt, noch Zweige von Bäumen geschlagen werden; ferner hat das Kloster für Erhaltung der Bäume ordnungsmässig Sorge zu tragen, namentlich das notwendige Raupen auf eigene Kosten ausführen zu lassen. Das Gouvernement ist bereit, jährlich einen Betrag hierzu zu gewähren. Gras darf nur geschnitten, nicht gerupft werden. Das Brennen von Holzkohlen ist nicht gestattet.

2) Das Kloster hat die Überschüsse seiner Einkünfte zur Konservierung der Baulichkeiten zu verwenden und einen oder zwei Gästeräume wohnlich einzurichten.

3) Das Kloster hat bei ökonomischen Unternehmungen, z. B. bei der Einführung von Viehwirtschaft in grösserem Umfange, seine Hülfe zu leisten.

4) Wenn in Nachbardörfern grössere Holzschläge stattfinden, ist das Nachbarkloster zur Anzeige verpflichtet.

Das Bezirksamt Litsun wird in allen oben aufgeführten Punkten den Klöstern besondere Weisungen erteilen. Diese Vereinbarungen sind von jedem einzelnen Klostervorstand unterschrieben worden als ein Zeichen, dass die Klöster bereit sind, die Bestimmungen innezuhalten und den noch zu erteilenden mündlichen Anordnungen

Folge zu leisten. Eine Aneignung der Holzbestände oder ihres Wertes beabsichtigt das Gouvernement nicht, vielmehr sollen die Einkünfte daraus ungeschmälert den Klöstern zufallen. Erst wenn den Anordnungen des Gouvernements in Bezug auf Erhaltung und Mehrung des Waldbestandes, Konservierung der Klöster und Mithülfe bei Einführung ökonomischer Betriebe nicht Folge geleistet wird, wird die Einziehung des Klostereigentums in's Auge gefasst werden.

Die übrige Dorfbevölkerung wird hiermit noch einmal auf die Verordnung, betreffend Erhaltung der Bäume und Sträucher im Schutzgebiete vom 31. Mai 1898 hingewiesen.

Tsingtau, den 23. November 1904.

Der Kommissar für chinesische Angelegenheiten.

大德欽命管理中華事宜輔政司單爲

通行曉諭事查近年中國數省開辦收取各廟產業地畝將所入之欵就其廟中房屋設立學堂均爲振興學務起見惟本署查德境以內所有各廟僧道夙昔行爲俱稱安分並無異常弊端仍能暫且寶奇勸令出廟收其產業況且德國國家於德境利虧不必窺其所已有之本業又山上樹木現在離少仍留山川之美景均爲各廟愛護樹木所致但按西國見識及方法論之如嶗山一帶欲沾光景格外妙美之名並欲增盛其利益即德珍惜樹木比往來愈形叢茂蓊已與各廟廟長商定應嚴守之規條以帮本署振興與管理廟務定應嚴守之規條以帮本署各條規如下

一所有樹木暫且自今截至五年由各廟一律護守不准伐樹谷廟更應設法保守樹木即如每年應當自備人刀以抓毛蟲而且督著情願按年出欵若干以助抓取毛蟲之費不准連根刨草只准用鐮割取根上毛草並不准燒作木炭

二所有入欲之盈餘該廟須用以修葺房屋又應收拾歡間之屋以備客寫

三將交如開經營生財及廣行牧養牲口之舉各廟均應竭力帮辦

四各廟如查出附近村町多有伐去樹株砍取枝條必不得袖手旁觀立應禀報本署以便查

以上各項一律須應懷遵至於如何辦理隨時由李村署詳細指示以便照辦

右列各條已由各廟廟長簽名以憑其情願遵照以上四端及李村署隨時所指示專條

蓋本署意向並不在收取木料以爲已用其山場進欵一概仍歸該廟享用設若各廟不遵本署指示不肯帮辦護樹守廟與養牲口各舉方由督署另撿收廟產業

至於其餘鄉民則仍遵於一千八百九十八年五月三十一日所出禁止所謝剪枝章程切勿視爲具文其各遵照勿違特示

大德一千九百四年十一月二十三日

17. Dezember 1904. Amtsblatt—膠澳官報 285.

Bekanntmachung für Seefahrer.

Nordwestlich der Einfahrt des grossen Hafens hat sich an der Westseite des Tsang-k'ou-Tiefes durch Baggergut eine flache Stelle gebildet, welche in 36° 6' 6" Nord- Breite, 120° 17' 22" Ost-Länge auf einer Tiefe von 0,6 m über Niedrigwasser durch einen Pricken (Stange mit Besen) gekennzeichnet ist. Boote dürfen bei Niedrigwasser südlich von ihm nur auf 200 m, nördlich von ihm nur auf 150 m, östlich auf 50 m, westlich auf 150 m passieren. Für tiefergehende Fahrzeuge vergrössern sich diese Entfernungen um 150 m. Durch Aufführung des Hafen-Umfassungsdammes und Ablagerung des Baggergutes sind die Tiefenverhältnisse des südlichen Teiles des Tsang-k'ou-Tiefes Veränderungen ausgesetzt.

Tsingtau, den 13. Dezember 1904.

Kaiserliches Hafenamt.

Verordnung

betreffend

Brennen von Holzkohle.

Die Errichtung von Kohlenmeilern und das Brennen von Holzkohlen ist im Schutzgebiete nur gegen Lösung besonderer Erlaubnisscheine gestattet. Die Erlaubnisscheine werden von dem Bezirksamte Litsun ausgestellt werden; ihre Erteilung erfolgt nach Prüfung des Bedürfnisses und der Zweckmässigkeit.

Zuwiderhandlungen ziehen eine Geldstrafe bis zu $ 1000 oder im Nichtvermögensfalle Haft bis zu 6 Wochen nach sich.

Diese Verordnung tritt am 1. Februar 1905 in Kraft.

Tsingtau, den 23. November 1904.

Der Kaiserliche Gouverneur.

In Vertretung.

Jacobson.

大德欽命護理總督膠澳文武事宜大臣曼　為
切特諭
無力繳洋即監押至六禮拜之久其各懍遵切
給發其違背者查出即罰洋一千元之多如
由李村著查核有無須用木炭情形方准換勢
有專票者不准設立炭窰燒木炭成木炭專先
茲定於西一千九百五年二月初一日起非領
炭者頗多現開保護樹木之舉自應明示限制
曉諭禁止燒作木炭事查向來嶗山各處燒木
右諭通知
告示
西歷一千九百四年十一月二十三日

Amtliche Anzeigen.

Bekanntmachung.

Das I. Bataillon des 1. Ostasiatischen Infanterie-Regiments hält am Dienstag, den 20. d. Mts., von 8 Uhr vormittags ab in dem Gelände nordöstlich von Hu-tau-tsy mit Schussrichtung gegen den Ku schan ein gefechtsmässiges Schiessen ab.

Das Betreten des genannten Geländes ist während dieser Zeit verboten.

Tsingtau, den 14. Dezember 1904.

Der Zivilkommissar.

大德輔政司　為
特諭
不准人民往來以防不測
槍向狐山施放屆期駛各處
湖島子附近東北地方操演
十四日早自八點鐘起在於
擬於西本月二十即中本月
曉諭事照得駐紮四方兵隊
大德一千九百四年十二月
十四日示

286.   Amtsblatt—青島官報   17. Dezember 1904.

In dem Konkursverfahren über das Vermögen des früheren

Gastwirts Kuhnle

in Tsingtau wird eine Gläubigerversammlung zur Abhaltung des Schlusstermins anberaumt auf:

Sonnabend, den 21. Januar 1905, vorm. 10 Uhr, vor dem unterzeichneten Gericht.

Tsingtau, den 10. Dezember 1904.

Kaiserliches Gericht von Kiautschou.

Bei der in Abteilung A Nr. 23 des hiesigen Handelsregisters vermerkten offenen Handelsgesellschaft

„Kabisch & Co."

ist folgendes eingetragen worden:

Der Kaufmann Carl Weiss ist aus der Gesellschaft aus-und der Kaufmann Heinrich Reichelt in Berlin als persönlich haftender Gesellschafter in die Firma eingetreten.

Dem Kaufmann Wilhelm Rieck in Tsingtau ist Prokura erteilt.

Tsingtau, den 13. Dezember 1904.

Kaiserliches Gericht von Kiautschou.

Bei der in Abteilung B Nr. 1 des Handelsregisters vermerkten

„Kiautschau Gesellschaft mit beschränkter Haftung"

ist eingetragen, dass die Vertretungsbefugnis des Geschäftsführers Kaufmanns Carl Weiss erloschen ist.

Tsingtau, den 13. Dezember 1904.

Kaiserliches Gericht von Kiautschou.

Pachtversteigerung.

Auf Antrag des Kau li schan findet am Mittwoch, den 21. Dezember 1904, vormittags 11 Uhr, im Landamte die öffentliche Versteigerung der Pacht der Parzelle 79 am kleinen Hafen statt.

Grösse: 1435 qm.

Mindestjahrespacht: 287 $.

Benutzungsart: Lagerstätte für Rohmaterialien.

Pachtdauer: vom 1. Januar 1905 auf 1 Jahr fest; später stillschweigende Fortdauer des Pachtvertrages mit vierteljährlicher Kündigung.

Mitbieter werden ersucht, sich zum Versteigerungstermin auf dem Landamte einzufinden.

Tsingtau, den 12. Dezember 1904.

Kaiserliches Landamt.

大德管理青島地畝局爲

告示

柏租地畝事茲撥高立山㟃稍欲租大包島小碼頭附近第七十九塊地計一千四百三十五米打幣㮣一年租價洋銀二百八十七元正今訂於西曆本年十二月二十一即中十一月十五日上午十一點鐘在局拍租租定後准其在該地內堆放木石等物迨一年以後每屆三閱月本局如不追繳此地仍准該租戶留用如他人亦欲租者屆期可以投赴本局面議可也勿誤特諭

右諭通知

德一千九百四年十二月十二日

Mitteilungen.

Der Kurs bei der Gouvernementskasse beträgt vom 12. d. Mts. ab: 1 $ = 1,04 M.

17. Dezember 1904. Amtsblatt--報官島青

Meteorologische Beobachtungen
in Tsingtau.

Datum. Dezb.	Barometer (mm) reduz. auf 0° C., Seehöhe 24,30 m			Temperatur (Centigrade).								Dunstspannung in mm			Relat. Feuchtigkeit in Prozenten		
				trock. Therm.			feucht. Therm.										
	7 Vm	2 Nm	9 Nm	7 Vm	2 Nm	9 Nm	7 Vm	2 Nm	9 Nm	Min.	Max.	7 Vm	2 Nm	9 Nm	7 Vm	2 Nm	9 Nm
8	767,8	767,9	766,9	0,8	6,4	6,7	0,0	4,2	5,0	0,4	10,2	4,1	4,9	5,5	85	68	76
9	64,7	62,1	61,3	8,7	10,4	10,7	6,3	8,6	10,5	-1,5	9,1	5,7	7,3	9,3	68	76	98
10	61,4	62,8	68,6	10,2	9,3	0,7	9,7	8,3	-0,3	9,2	10,7	8,7	7,5	4,0	94	87	82
11	71,2	72,0	74,1	-3,7	-2,9	-3,3	-4,9	-4,3	-4,8	-3,7	11,4	2,5	2,6	2,4	73	70	68
12	73,5	72,5	73,7	-3,9	0,5	-0,5	-5,3	-1,4	-1,1	-4,1	-2,0	2,3	3,1	3,9	69	66	88
13	72,9	71,6	71,5	-1,4	3,8	2,1	-2,3	0,2	0,6	-3,6	1,1	3,4	2,5	3,9	82	42	73
14	68,8	67,4	67,0	0,9	0,4	-0,5	-0,1	-0,7	-1,5	-1,2	3,8	4,1	3,8	3,6	82	80	81

Datum. Dezb.	Wind Richtung & Stärke nach Beaufort (0—12)			Bewölkung						Niederschläge in mm		
				7 Vm		2 Nm		9 Nm				
	7 Vm	2 Nm	9 Nm	Grad	Form	Grad	Form	Grad	Form	7 Vm	9 Nm	9 Nm / 7 Vm
8	N 1	OSO 2	S O 4	2	Cu-str	3	Cu-str	2	Cu-str			
9	S 4	SSO 3	S O 3	6	„	10	Cu-nim	3	Cum			
10	NNO 1	N 5	N 7	10	Cu-nim	10	„	10	„			
11	NNO 6	NNO 4	NNO 3	3	Cu-str	10	„	9	Cu-nim			
12	NNO 2	N 2	NNO 1	3	„	9	Cum-str	5	Cum			
13	NNO 2	NW 1	SSW 2	2	„	2	Cu-str	4	Cu-str			
14	NNW 2	WNW 2	Stille 0	10	Cum	8	Cum	2	„			

Schiffsverkehr
in der Zeit vom 8. — 15. Dezember 1904.

Ankunft am	Name	Kapitän	Flagge	Reg. Tonnen.	von	Abfahrt am	nach
9.12.	D. Gouv. Jaeschke	Vogel	Deutsch	1045	Schanghai	10.12.	Schanghai
"	D. Knivsberg	Kayser	"	646	Tschifu	9.12.	"
"	S. Adolph Obrig	Ross	Amerikanisch	1302	New York		
10.12.	D. Selun	Fingalsen	Norwegisch	865	Kobe	12.12.	Tschifu
"	D. Kalgan	Spud	Englisch	1143	Tschifu	10.12.	Schanghai
"	D. Heimdal	Iohnsen	Norwegisch	762	Kobe		
12.12.	D. Dundas	Case	Englisch	1954	Batum	15.12.	Schanghai
"	D. El Dorado	Smith	"	892	Schanghai	13.12.	"
13.12.	D. Tsintau	Hansen	Deutsch	977	"	"	Tschifu
14.12.	D. Dagmar	Carl	Norwegisch	383	Kobe	15.12.	Kobe

Druck der Missionsdruckerei, Tsingtau.

第五年　第五十一号

1904年12月17日

法令与告白

大德钦命管理中华事宜辅政司单　为

通行晓谕事：查近年中国数省开办收取各庙产业、地亩，将所入之款就其庙中房屋设立学堂，均为振兴学务起见。惟本署查德境以内所有各庙僧道夙昔行为尚称安分，并无异常弊端，仍能暂且宽免勒令出庙，收其产业。况且德国国家于德境利亏，不必废弃其所已有之本业，又山上树木现在虽少，仍留山川之美景，均为各庙爱护树木所致。但按西国见识及方法论之，如崂山一带，欲沾光景格外妙美之名，并欲增盛其利益，即应珍惜树木比往来愈形丛茂，兹已与各庙庙长商定，应严守之规条以帮本署振兴树木之举。其各条规如下：

一、所有树木暂且自今截至五年，由各庙一律护守，不准伐树，亦不准剪枝。各庙更应设法保守树木，即如每年应当自备人、刀以抓毛虫，而且督署情愿按年出款若干，以助抓取毛虫之费。不准连根刨草，只准用镰割取根上毛草，并不准烧作木炭。

二、所有入款之盈余，该庙须用以修葺房屋，又应收拾数间之屋以备客寓。

三、将来如开经营生财及广行牧养牲口之举，各庙均应竭力帮办。

四、各庙如查出附近村町多有伐去树株，斫取枝条，必不得袖手旁观，立应禀报本署，以便查办。

以上各项一律须应懔遵，至于如何办理，随时由李村署详细指示，以便照办。

右列各条已由各庙庙长签名，以凭其情愿遵照以上四端及李村署随时所指示专条。

盖本署意向并不在收取木料以为己用，其山场进款一概仍归该庙享用。设若各庙不遵本署指示，不肯帮办护树、守庙、兴养牲口各举，方由督署另拟收庙产业。

至于其余乡民，则仍遵守于一千八百九十八年五月三十一日所出《禁止斫树剪枝章程》，切勿视为具文。其各遵照勿违。特示。

大德一千九百四年十一月二十三日

对海员的告白

在大港入口以西的沧口深水处西侧疏浚出一个平坦的地方，方位为北纬 36 度 6 分 6 秒，东经 120 度 17 分 22 秒，位于低水位时 0.6 米水深处，用一个浅滩标志（带有扫帚形状的铁棍）标记。在低水位时，船只只能在它南面 200 米、北面 150 米、东面 50 米、西面 150 米的位置行驶。吃水更深的船只需要把距离加大 150 米。通过设置港口围坝以及进行疏浚，使沧口深水位的南部水深状况发生了改变。

青岛，1904 年 12 月 13 日
皇家船政局

大德钦命护理总督胶澳文武事宜大臣夏　为

晓谕禁止烧作木炭事：查向来崂山各处烧木炭者颇多，现开保护树木之举，自应明示限制。兹定于西一千九百五年二月初一日起，非领有专票者，不准设立炭窑烧成木炭。该专票先由李村署查核有无须用木炭情形，方准揆势给发。其违背者，查出即罚洋至一千元之多，如无力缴洋，即监押至六礼拜之久，其各懔遵。切切特谕。

右谕通知
西历一千九百四年十一月二十三日　告示

官方通告

大德辅政司　为

晓谕事：照得驻扎四方兵队拟于西本月二十即中本月十四日早自八点钟起，在于湖岛子附近东北地方操演，枪向孤山施放，届期该各处不准人民往来，以防不测。特谕。

大德一千九百四年十二月十四日示

在对前青岛的饭店老板昆乐的财产执行破产程序中，现确定债权人会议的最后期限为：1905 年 1 月 21 日周六上午 10 点，地点为本审判厅。

青岛，1904 年 12 月 10 日
胶澳皇家审判厅

在本地商业登记 A 部第 23 号登记的营业中贸易公司"嘉卑世行"已登记入下列事项：

商人卡尔·维斯已经离开公司，柏林的商人海因里希·赖歇尔特作为个人担责的股东加入公司。

授予青岛的商人威廉·里克代理权。

青岛，1904年12月13日
胶澳皇家审判厅

在本地商业登记B部第1号登记的公司"罗达利洋行"已登记入下列事项：

经理商人卡尔·维斯的权限已被撤销。

青岛，1904年12月13日
胶澳皇家审判厅

大德管理青岛地亩局　为

拍租地亩事：兹据高立山禀称，欲租大包岛小码头附近第七十九块地，计一千四百三十五米打，暂拟一年租价洋银二百八十七元正（整）。今订于西历本年十二月廿一即中十一月十五日上午十一点钟在局拍租。租定后，准其在该地内堆放木、石等物。迨一年以后，每届三阅月，本局如不追缴此地，仍准该租户留用。如他人亦欲租者，届期可以投赴本局面议可也。勿误。特谕。

右谕通知
德一千九百四年十二月十二日　告示

消息

总督府财务处自本月12日起的汇率为：1元＝1.04马克。

船运

1904年12月8日—15日期间

到达日	轮船船名	船长	挂旗国籍	登记吨位	出发港	出发日	到达港
12月9日	叶世克总督号	福格尔	德国	1 045	上海	12月10日	上海
12月9日	柯尼夫斯堡号	凯瑟	德国	646	芝罘	12月9日	上海
12月9日	阿道夫·奥布里希号	罗斯	美国	1 302	纽约		

(续表)

到达日	轮船船名	船长	挂旗国籍	登记吨位	出发港	出发日	到达港
12月10日	塞伦号	廷加尔森	挪威	865	神户	12月12日	芝罘
12月10日	张家口号	史布德	英国	1 143	芝罘	12月10日	上海
12月10日	海姆达尔号	约翰森	挪威	762	神户		
12月12日	东达斯号	卡涩	英国	1 954	巴图	12月15日	上海
12月12日	黄金岛号	史密斯	英国	892	上海	12月13日	上海
12月13日	青岛号	韩森	德国	977	上海	12月13日	芝罘
12月14日	达格玛号	卡尔	挪威	383	神户	12月15日	神户

Amtsblatt
für das
Deutsche Kiautschou-Gebiet.

Herausgegeben vom Kaiserlichen Gouvernement Kiautschou.

Der Bezugspreis beträgt jährlich $ 0,60 = M 1,20.
Bestellungen nehmen sämtliche deutsche Postanstalten entgegen.

Jahrgang 5. — Nr. 52. — Tsingtau, den 24. December 1904.

Verordnungen und Bekanntmachungen.

Bekanntmachung
betreffend Zustellungsersuchen des Kaiserlichen Gerichts von Kiautschou.

Auf Grund des § 42 der Verordnung des Kaiserlichen Gouverneurs, betreffend die Zustellungen, die Zwangsvollstreckungen und das Kostenwesen, vom 21. Juni 1904 (Amtsblatt S. 129) wird folgendes bekannt gemacht:

1. Die Zustellungsersuchen erfolgen im allgemeinen ohne Anschreiben und tragen auf dem Briefumschlage links oben den Aufdruck: „Zustellungsersuchen des Kaiserlichen Gerichts v. Kiautschou." Die Ersuchen, welche an die zu ersuchende Behörde durch Boten oder durch Vermittlung der Briefausgabestelle des Gouvernements befördert werden, tragen auf demselben Umschlage gleichzeitig den Aufdruck: „Nach Erledigung zurück an das Kaiserliche Gericht v. Kiautschou." Vor Rücksendung der Bescheinigung ist die Adresse der ersuchten Behörde zu durchstreichen. Ersuchen, welche der zu ersuchenden Behörde durch die Post zugehen, enthalten für die Rücksendung einen mit der Adresse des Gerichts versehenen Umschlag.

2. Der Entwurf der Bescheinigung über die erfolgte Zustellung wird dem zuzustellenden Schriftstück beigefügt und ist so gefasst, dass in der Regel nur die Unterschrift des für die Ausführung der Zustellung verantwortlichen Beamten oder Offiziers hinzuzufügen ist.

Tsingtau, den 20. Dezember 1904.

Der Kaiserliche Oberrichter.

Amtliche Anzeigen.

Bekanntmachung.

Die in § 10 des Deutschen Handelsgesetzbuches in Verbindung mit § 3 des Schutzgebietsgesetzes vom 10. September 1900 und § 29 des Konsulargerichtsbarkeitsgesetzes vom 7. April 1900 vorgesehenen Veröffentlichungen des Kaiserlichen Gerichts von Kiautschau erfolgen im Jahre 1905

1. durch den Deutschen Reichsanzeiger in Berlin in den besonderen vorgeschriebenen Fällen,
2. durch das Amtsblatt für das Deutsche Kiautschougebiet in Tsingtau,
3. durch den Ostasiatischen Lloyd in Schanghai,
4. nach Ermessen des Gerichts, jedoch ohne Einfluss auf ihre Wirksamkeit, auch in der Deutsch-Asiatischen Warte oder den Tsingtauer Neuesten Nachrichten zu Tsingtau, vorausgesetzt, dass die zahlungspflichtige Partei nicht widerspricht.

Tsingtau, den 16. Dezember 1904.

Kaiserliches Gericht von Kiautschou.

Landversteigerung.

Auf Antrag des Kaufmanns Bahr findet am Montag, den 9. Januar 1905, vormittags 11 Uhr, die öffentliche Versteigerung des Grundstückes Kartenblatt 12 Nr. $\frac{60}{85}$ an der Poschanstrasse in Tapautau statt.

Grösse: 461 qm.
Mindestpreis: 442, 56 $.
Benutzungsplan: Wohn-Geschäftshäuser, Seifensiederei.
Bebauungsfrist 31. Januar 1908.
Gesuche zum Mitbieten sind bis zum 2. Januar 1905 hierher zu richten.

Tsingtau, den 20. Dezember 1904.

Kaiserliches Landamt.

Pachtversteigerung.

Auf Antrag des Li han tsching findet am Dienstag, den 3. Januar 1905, vormittags 11 Uhr im Landamte die öffentliche Versteigerung der Pacht der Parzelle 74 am kleinen Hafen statt.

Grösse: 2335 qm
Mindestjahrespacht: 1167,50 $
Benutzungsart: Marktplatz
Pachtdauer: 3 Jahre fest vom 1. Januar 1905 ab; nach Ablauf der 3 Jahre neue Pachtversteigerung.

Die weiteren Bedingungen liegen auf dem Landamt zur Einsicht aus.

Mitbieter werden ersucht, sich zum Versteigerungstermin auf dem Landamte einzufinden.

Tsingtau, den 20. Dezember 1904.

Kaiserliches Landamt.

Bekanntmachung.

Als gefunden angemeldete Gegenstände:
  6 vernickelte Fahrgebisse mit Ringen; 4 Gummigebisse mit vernickelten Teilen.

Als gestohlen angemeldete Gegenstände:
  1 goldener chines. Ring; 1 silberne Remontoiruhr ohne Sprungdeckel, mit silberner Kette, an der Innenseite des Deckels ist der Name Karst eingekritzelt; 2 Gabeln; 2 Manschettenknöpfe, Filigranarbeit in Silber.

Tsingtau, den 21. Dezember 1904.

Kaiserliches Polizeiamt.

24. Dezember 1904. Amtsblatt—報官青島 291.

Beschluss.

Zu Beisitzern des Kaiserlichen Gerichts von Kiautschou werden für das Jahr 1905 ernannt:
1. Miss, Prokurist,
2. Pfeiffer, Kaufmann,
3. Schmidt, Eisenbahn-Betriebsdirektor,
4. Siemssen (Alfred), Kaufmann,

Zu Hülfsbeisitzern werden ernannt:

5. Augustesen, Kaufmann,
6. Berg, Kaufmann,
7. Breymann, Kaiserlicher Marine- Maschinenbaumeister,
8. Brücher, Dr., Bergassessor und Bergwerksdirektor,
9. Göcke, Kaufmann,
10. Gödecke, Königlicher Katasterkontrolleur,
11. Homann, Bankdirektor,
12. Köhn, Königlicher Regierungsbaumeister,
13. Kröbel, Hauptmann a. D. und Kaufmann,
14. Reuter, Kaiserlicher Marine-Intendanturrat,
15. Rollmann, Kaiserlicher Marine-Baurat und Baudirektor,
16. Schomburg, Kaufmann,
17. Seifart, Brauereidirektor,
18. Stickforth, Ingenieur.

Tsingtau, den 8. Dezember 1904.

Der Kaiserliche Oberrichter.

Landversteigerung.

Auf Antrag der Kiautschau Gesellschaft findet am Montag, den 9. Januar 1905, 11 Uhr vormittags. im Landamte die öffentliche Versteigerung des Grundstückes Kartenblatt 13 Nr. $\frac{200}{47}$ in der Prinz Heinrichstrasse statt.

Grösse: 1383 qm
Mindestpreis: 2337,27 $
Benutzungsplan: Vornehmes Wohnhaus mit Geschäftsräumen.
Bebauungsfrist: bis zum 31. Januar 1908.
Gesuche zum Mitbieten sind bis zum 2. Januar 1905 hierher zu richten.

Tsingtau, den 21. Dezember 1904.

Kaiserliches Landamt.

Beschluss.

Das Konkursverfahren über das Vermögen des Restaurateurs

„Othon Köhler"

früher in Tsingtau wird nach erfolgter Ausschüttung der Masse hierdurch aufgehoben.

Tsingtau, den 20. Dezember 1904.

Kaiserliches Gericht von Kiautschou.

Bei der im hiesigen Handelsregister Abteilung A Nr. 10 vermerkten Firma

„C. Vering"

ist folgendes eingetragen worden:

Die bisherige hiesige Zweigniederlassung der offenen Handelsgesellschaft C. Vering in Hamburg ist von dieser abgetrennt und eine selbstständige offene Handelsgesellschaft mit dem Sitze in Tsingtau geworden.

Gesellschafter sind:
1) Ingenieur Johann Hermann Vering in Hamburg,
2) Dr. jur. Carl Vering in Hamburg,
3) Ingenieur John Stickforth in Tsingtau.

Die Gesellschaft hat begonnen am 21. Oktober 1904.

Tsingtau, den 20. Dezember 1904.

Kaiserliches Gericht von Kiautschou.

Bei der in Abteilung B Nr. 5 des Handelsregisters vermerkten Firma

„Tsingtau Hotel Aktien-Gesellschaft"

ist folgendes eingetragen worden:

Die Vertretungsbefugnis des Hoteldirektors Wilhelm Buschendorff ist erloschen.

Tsingtau, den 21. Dezember 1904.

Kaiserliches Gericht von Kiautschou.

292.   Amtsblatt--青島官報   24. Dezember 1904.

Mitteilungen.

Der Kurs bei der Gouvernementskasse beträgt vom 12. d. Mts. ab: 1 $ = 2,04 M.

*   *   *

S. M. S. „Geier" hat von S. M. S. „Sperber" die Stationärgeschäfte von Tsingtau bis zur Ankunft von S. M. S. „Thetis" vertretungsweise übernommen.

Meteorologische Beobachtungen
in Tsingtau.

Datum Dezb.	Barometer (mm) reduz. auf 0° C., Seehöhe 24,30 m			Temperatur (Centigrade).								Dunstspannung in mm			Relat. Feuchtigkeit in Prozenten		
				trock. Therm.			feucht. Therm.										
	7 Vm	2 Nm	9 Nm	7 Vm	2 Nm	9 Nm	7 Vm	2 Nm	9 Nm	Min.	Max.	7 Vm	2 Nm	9 Nm	7 Vm	2 Nm	9 Nm
15	766,6	767,4	769,2	0,8	0,8	-1,6	-0,4	0,6	-2,9	-0,6	2,3	3,9	4,7	3,0	80	96	74
16	73,2	73,4	74,3	-3,5	-1,3	-3,0	-5,1	-3,5	-5,4	-3,6	2,9	2,3	2,4	1,8	65	57	49
17	74,0	73,0	73,5	-3,5	1,0	-2,7	-5,3	-1,3	-3,2	-4,3	-0,6	2,1	3,0	3,3	60	60	89
18	72,4	71,0	71,4	-4,3	0,2	-1,5	-5,9	-2,6	-2,4	-4,3	1,3	2,1	2,3	3,4	63	50	82
19	70,4	67,7	67,3	-1,4	4,1	3,2	-2,5	1,6	1,8	-1,7	1,2	3,2	3,7	4,4	78	59	76
20	66,3	65,7	67,1	1,6	5,6	3,9	0,4	1,9	-0,3	-1,1	4,9	4,0	3,1	2,3	78	45	37
21	67,3	66,2	67,9	-1,6	1,5	-0,1	-2,4	-0,6	-0,6	-1,6	5,9	3,4	3,3	4,1	84	64	90

Datum Dezb.	Wind Richtung & Stärke nach Beaufort (0—12)			Bewölkung						Niederschläge in mm		
				7 Vm		2 Nm		9 Nm				
	7 Vm	2 Nm	9 Nm	Grad	Form	Grad	Form	Grad	Form	7 Vm	9 Nm	9 Nm / 7 Vm
15	Stille 0	N W 2	WNW 7	9	Cum	10	Cu-nim	·				
16	WNW 7	WNW 7	N W 4	2	Cu-str							
17	WNW 3	WNW 4	N W 4			3	Cu-str					
18	NNW 2	N W 2	Stille 0									
19	Stille 0	S S W 2	S S W 1	2	Cu-str	10	Cu-str	10	Cu-str			
20	W 1	N W 2	NNW 2	5	„		·	2	Cum			
21	N 2	NNW 2	NNW 4	3	Cum-str	10	Cu-str	10	„			

24. Dezember 1904. Amtsblatt—青島官報 293.

Schiffsverkehr
in der Zeit vom 15. — 22. Dezember 1904.

Ankunft am	Name	Kapitän	Flagge	Reg. Tonnen.	von	Abfahrt am	nach
(6.12.)	D. Grosmont	Fleetham	Englisch	1821	Moji	18.12.	Karatzu
(10.12.)	D. Heimdal	Johnsen	Norwegisch	762	„	19.12.	Moji
15.12.	D. C. Ferd. Laeisz	v. Hoff	Deutsch	3800	Hongkong	21.12.	Yokohama
„	D. Vorwärts	Sohnemann	„	643	Tschifu	15.12.	Schanghai
16.12.	D. Gouv. Jaeschke	Vogel	„	1045	Schanghai	17.12.	„
„	D. Undo	Gabrielsen	Norwegisch	879	Moji		
19.12.	D. El Dorado	Smith	Englisch	892	Schanghai	20.12.	Schanghai
„	D. Knivsberg	Kayser	Deutsch	646	„	„	Tschifu
20.12.	D. Tsintau	Hansen	„	977	Tschifu	„	Schanghai

Druck der Missionsdruckerei, Tsingtau.

第五年　第五十二号

1904年12月24日

法令与告白

关于胶澳皇家审判厅传票投递请求的告白

根据 1904 年 6 月 21 日颁布的《关于传票投递、强制执行及费用的皇家总督令》(《官报》第 129 页)第 42 条,现宣布下列事项:

1. 传票投递请求一般不会提前申请,而是在信封左上角标注"胶澳皇家审判厅传票投递请求"字样。通过信使或者是总督府信件分发部门中转寄往需要请求办理部门的请求,在信封上同时还要写上:"办完后寄回胶澳皇家审判厅"。在寄回确认单据之前需要涂抹掉所请求机构的地址。通过邮局向需要请求办理部门寄送的请求,会同时收到一个带有审判厅地址的信封,用于寄回时使用。

2. 对成功投递的确认单据的设计稿附带在需要投递的文书之中,设计为一般情况下,只需要负责执行投递的官员或者军官签名即可。

青岛,1904 年 12 月 20 日
皇家高等法官

官方通告

告白

在《德国贸易法》第 10 条以及与之相关的 1900 年 9 月 10 日颁布的《保护地法》第 3 条和 1900 年 4 月 7 日颁布的《领事裁判权法》第 29 条中所规定的胶澳皇家审判厅公开事项,将在 1905 年实施。

1. 特别规定情况下,在柏林的《德意志帝国报》上公布;
2. 通过在青岛发行的《青岛官报》发布;
3. 通过在上海发行的《德文新报》发布;
4. 按照法庭的研究,但是又不影响公告的作用时,也会在《德华汇报》[①]或者青岛的

[①] 译者注:该报发行时的中文名称为《德属胶州官报》。

《青岛新报》上发布,前提是,有付款义务的一方不反对。

青岛,1904年12月16日
胶澳皇家审判厅

大德管理青岛地亩局　为

拍卖地亩事：兹据巴尔禀称,欲租(买)大包岛博山街地图第十二号第六十块,计四百六十一米打,暂拟价洋四百四十二元五角六分。今订于西正月初七日即中十二月初四日上午十一点钟拍卖。买定后,准盖铺房、住房、制胰馆,限至西一千九百八年正月三十一日一律修竣。如有人意欲买者,可以投票,截至正月初二日止,届期同赴本局面议可也。勿误。特谕。

右谕通知
德一千九百四年十二月二十日示

大德管理青岛地亩局　为

拍租地亩事：兹据李涵清禀称,欲租大包岛小码头附近第七十四块,计二千三百三十五米打,暂拟一年租价洋银一千一百六十七元五角。今订于西历明年正月初三日上午十一点钟在局拍租。租定后,准其在该地内开设菜市。迨三年后,衙门再行拍租,至详细条规可至本局查阅。如他人亦欲租者,届期投赴本局面议可也。勿违。特谕。

右谕通知
大德一千九百四年十二月二十日示

告白

启者：兹将本署据报送案、被窃各物分别列左：

送案各物：

镍镉质拉车用马嚼子六付(副);镍镉镶象皮马嚼子四付(副)。

被窃各物：

中华金戒指一枚;柄上弦银表一只,敞面后盖背面刻有洋字,系带银链义子两把;银丝盘成袖口钮子一对。

以上被窃各物且勿轻买,如见亦宜报明本署,送案各物亦准具领。此布。

德一千九百四年十二月二十一日
青岛巡捕衙门启

决议

现任命下列人员为胶澳皇家审判厅1905年度陪审员：

1. 米斯，代理商
2. 普菲佛，商人
3. 施密特，铁路公司经理
4. 希姆森（阿尔弗雷德），商人

任命下列人员为助理陪审员：

5. 奥古斯特森，商人
6. 贝尔格，商人
7. 布莱曼，皇家海军机械制造工程师
8. 布吕歇博士，山脉评估师和矿山经理
9. 葛克，商人
10. 格戴克，皇家地籍审查员
11. 何曼，银行经理
12. 科恩，皇家政府建筑师
13. 克罗贝尔，退役上尉和商人
14. 罗伊特，皇家海军军需官
15. 罗尔曼，皇家海军土木工程监督官和工部局局长
16. 朔姆伯格，商人
17. 赛法特，啤酒厂经理
18. 施蒂科夫特，工程师

青岛，1904年12月8日
胶澳皇家审判厅

土地拍卖

应罗达利洋行申请，将于1905年1月9日周一上午11点在地亩局公开拍卖位于海因里希亲王街①的地籍册第13页第200/41号地块。

面积：1 383平方米

最低价格：2 337.27元

利用规划：带有营业间的高级住宅楼

---

① 译者注：即今广西路。

建造期限：1908年1月31日。
出价申请须在1905年1月2日前递交至本处。

青岛，1904年12月21日
皇家地亩局

决议

对前青岛的饭店老板奥通·科勒财产的破产程序，在完成全部遗产分配后，谨此撤销。

青岛，1904年12月20日
胶澳皇家审判厅

在本地商业登记A部第10号登记的公司"维林洋行"已登记入下列事项：

营业中的汉堡贸易公司维林洋行目前在本地的分行已从总公司中脱离，成为位于青岛的一家独立营业的贸易公司。

公司股东为：

1) 汉堡的工程师约翰·赫尔曼·维林
2) 汉堡的法学博士卡尔·维林
3) 青岛的工程师约翰·施蒂科夫特

公司已经于1904年10月21日开始运作。

青岛，1904年12月20日
胶澳皇家审判厅

在本地商业登记B部第5号注册的公司"青岛饭店股份公司"已登记入下列事项：

饭店经理威廉·布申多夫的代表权已经撤销。

青岛，1904年12月21日
胶澳皇家审判厅

消息

总督府财务处自本月12日起的汇率为：1元＝2.04马克。

"鸢"号军舰已经从"雀鹰"号军舰手中接管青岛的驻站工作，直到"忒蒂斯"号军舰到来后，结束该项代理工作。

船运

1904年12月15日—22日期间

到达日	轮船船名	船长	挂旗国籍	登记吨位	出发港	出发日	到达港
(12月6日)	葛洛斯蒙号	弗利特汉姆	英国	1 821	门司	12月18日	唐津
(12月10日)	海姆达尔号	约翰森	挪威	762	门司	12月19日	门司
12月15日	斐迪南·莱切号	冯·霍夫	德国	3 800	香港	12月21日	横滨
12月15日	前进号	索纳曼	德国	643	芝罘	12月15日	上海
12月16日	叶世克总督号	福格尔	德国	1 045	上海	12月17日	上海
12月16日	翁达号	加布里森	挪威	879	门司		
12月19日	黄金岛号	史密斯	英国	892	上海	12月20日	上海
12月19日	柯尼夫斯堡号	凯瑟	德国	646	上海	12月20日	芝罘
12月20日	青岛号	韩森	德国	977	芝罘	12月20日	上海

Amtsblatt
für das
Deutsche Kiautschou-Gebiet.

青島官報

Herausgegeben vom Kaiserlichen Gouvernement Kiautschou.

Der Bezugspreis beträgt jährlich $ 0,60=M 1,20.
Bestellungen nehmen sämtliche deutsche Postanstalten entgegen.

Jahrgang 5.   Nr. 53.   Tsingtau, den 31. December 1904.

Verordnungen und Bekanntmachungen.

Verordnung
betreffend
Schornstein-Kehrzwang.

§ 1.

Vom 1. Januar 1905 wird der Kehrzwang für alle im Stadtbezirk Tsingtau errichteten Schornsteine und Rauchrohre bei Gebäuden europäischer Bauart eingeführt.

Von diesem Tage ab müssen alle in diesem Bezirk im Betrieb befindlichen Schornsteine, Räucher- und Trockenöfen, Darren und gemauerten kurzen Rauchzüge, welche den Rauch aus geschlossenen Feuerherden, Kesseln pp. in besteigbare Schornsteine leiten, in der Zeit vom 1. Mai bis 31. Oktober zweimal und vom 1. November bis 30. April viermal gereinigt werden.

Zur Vornahme dieser Arbeit und zum Ausbrennen der Schornsteine und Rauchzüge ist nur der vom Kaiserlichen Gouvernement zugelassene Schornsteinfeger, bezw. dessen Beauftragter berechtigt.

§ 2.

Die dem Schornsteinfeger zustehenden Gebühren betragen bis auf weiteres:

I. Für das Reinigen eines nicht besteigbaren Schornsteines oder Zuges

1. a. wenn derselbe nur durch 1 Geschoss führt oder in eingeschossigen Gebäuden nur im Erdgeschoss Rauchrohre aufnimmt 7 Ct.

b. wenn derselbe durch 2 Geschosse führt und auch im unteren Geschoss Rauchrohre aufnimmt, auch in eingeschossigen Gebäuden, bei welchen im Dachraume Feuerstellen einmünden 10 Ct.

c. wenn derselbe durch 3 Stockwerke geht 13 Ct.

d. wenn derselbe durch 4 oder mehr Stockwerke geht 20 Ct.

Keller und Dachböden werden nur in dem Falle als Stockwerke gerechnet, wenn sich darin mit dem Schornstein in Verbindung stehende Feuerstellen befinden und diese wirklich benutzt werden.

Für Schornsteine, welche durch bewohnte Stockwerke unter 2,8 m lichter Höhe führen, treten 50 % Ermässigung ein. Diese Taxe gilt schon, wenn die Hälfte der in Frage kommenden Geschosse unter 2,8 m hoch und keines der anderen Geschosse höher als 3,5 m ist.

2. Für besteigbare Schornsteine gilt die doppelte Taxe wie zu 1.

3. Für die Reinigung von Fabrikschornsteinen, die nur in Zeiträumen von drei Monaten gereinigt werden müssen, beträgt die Taxe

bis zu 12 m Höhe 50 Ct.
„ 14 „ „ 65 „
über 14 „ „ 80 „

II. Die Berechnung der Stockwerke richtet sich nach der untersten eingeführten Feuerstelle, darüber liegende Geschosse, mit Ausnahme des Dachbodens, werden auch ohne Einführung von Feuerstellen als benutzt berechnet, darunter liegende Geschosse, durch welche der Schornstein etwa ohne Einführung von Rauchrohren noch geht, werden nicht berechnet.

III. Für die Reinigung kurzer Rauchzüge, welche den Rauch aus geschlossenen Feuerherden in besteigbare Schornsteine führen, wird eine Gebühr von 5 Ct., für die Reinigung grösserer Schwibbbogen 25 Ct., kleinerer 15 Ct. erhoben.

Für die Reinigung der gewerblichen Räucher- und Trockenöfen und Darren ist eine Gebühr von 7 Ct. pro qm. zu zahlen.

Für das Ausbrennen eines einzelnen Schornsteines, einschliesslich Reinigen wird 1,20 $ erhoben.

Für das Ausbrennen und Reinigen von 2 oder mehr Schornsteinen in einem Gebäude zu gleicher Zeit beträgt die Gebühr 0,80 $ für das Stück.

Das Ausbrennen der Schornsteine hat der Schornsteinfeger unter Wahrnehmung aller einschlägigen Vorsichtsmassregeln persönlich zu überwachen, das erforderliche Brennmaterial hat der Hauseigentümer zu liefern.

Die Preise sind Höchstpreise und schliessen besondere Vereinbarungen über Arbeitsleistungen gegen Pauschalvergütung nicht aus.

IV. Für die Prüfung der Schornsteinanlagen in Neu- und Umbauten bei der Gebrauchsabnahme sind die Reinigungsgebühren zu zahlen. Für die Prüfung der Rohbauten wird eine Gebühr nicht erhoben.

V. Für Arbeiten, welche an Sonn- und Festtagen verlangt werden, kann die doppelte Taxe erhoben werden.

§ 3.

Alle Schornsteine und die vorerwähnten Feuerstellen müssen vor der baupolizeilichen Gebrauchsabnahme vom Schornsteinfeger auf Feuersicherheit und auf die Innehaltung aller feuer- und baupolizeilichen Vorschriften untersucht werden. Der Schornsteinfeger ist zur Rohbauabnahme zuzuziehen. Er wird in beiden Fällen durch die Baupolizei benachrichtigt und hat wahrgenommene Mängel zu melden. Die Prüfung der jetzt vorhandenen Anlagen erfolgt gelegentlich der ersten Reinigung. Die bei den Feuerstellen oder Schornsteinen gefundenen Mängel sind vom Schornsteinfeger dem Hauseigentümer zur sofortigen Abstellung mitzuteilen; gleichzeitig ist hiervon der Baupolizei Meldung zu machen. Vor Abstellung und Abnahme der Mängel darf die Anlage nicht in Betrieb genommen werden. Beim Neubau oder Umbau von Schornsteinen oder den vorerwähnten Feuerstellen ist dem Schornsteinfeger jederzeit zur Kontrolle Zutritt zu gestatten.

§ 4.

Die Reinigung der Schornsteine und Feuerungsanlagen erfolgt nach einem feststehenden Plane. Jedem Hauseigentümer wird der für sein Grundstück giltige Termin mitgeteilt, von notwendig werdenden Verschiebungen des Termins sind die Hauseigentümer mindestens 24 Stunden vor dem Termin durch den Schornsteinfeger zu benachrichtigen. Der Schornsteinfeger legitimiert sich durch seinen Erlaubnisschein. Ihm und seinen Leuten ist an den Reinigungsterminen zu allen Feuerstellen und Schornsteinen der Zutritt freizugeben. Beschwerden über den Schornsteinfeger oder seine Leute, sowie über die Festsetzung der Gebühren, sind an das Polizeiamt zu richten.

§ 5.

Alle Schornsteine, die nicht durch feuersicher verwahrte Reinigungsöffnungen vom Dachboden aus zugängig sind, müssen über Dach sicher zugängig gemacht werden, erforderlichenfalls unter Anbringung von Laufbrettern, Laufstangen pp., wenn das Dach eine steilere Steigung hat als 40 cm. auf einen Meter, oder die Beschaffenheit der Dachdeckung dies erforderlich macht. Die Kontrolle über die Beachtung der baulichen Anordnungen dieser Vorschrift ist Sache der Baupolizei.

Tsingtau, den 14. Dezember 1904.

Der Kaiserliche Gouverneur.

In Vertretung.

Jacobson.

大德欽命護理總督膠澳文武事宜大臣夏爲

聲訂按分應將烟筒打掃潔淨章程列左

第一端

凡在青島內界洋式樓房擬自西歷一千九百五年正月初一日起無論單眼雙眼之烟筒均宜隨時打掃潔淨以免引火之虞

由是日起青島內界現時應用之橫豎烟筒並工作之薰爐烤爐等爐皆於每西歷五月初一日起至十月三十一日止期內兩次打掃又自十一月初一日起至次年四月三十日止四次打掃潔淨所謂橫烟筒者何即用磚壘通能進人之大豎烟筒關閉鍋爐所出之烟經過之短橫烟筒

至此項工作並燒淨橫豎各烟筒之工作僅歸本署特准打掃烟筒人或其手下人承修

第二端

應將暫定打掃烟筒人徵收費項分別列下

第一條

一凡打掃不能進入之橫豎烟筒

高穿一層樓房者或平房僅在屋內接通烟筒者每次打掃徵收費洋七分

高穿兩層樓房並在下層通烟者或在平房房頂內格外通烟者每次均徵費洋一角　高穿三層樓房者每次徵收費洋一角三分　高穿四層樓房或四層以上者每次徵收費洋二角

凡樓房之地窖暨樓頂內一有火爐接通豎烟筒凡係現在應用者概按層數核算　烟筒穿過之房層如每層高矮不及二米打八十桑的米打者費洋減半如穿過之層數一半高不及二米打八十桑的米達其餘一半皆高不過三米達五十桑的米達者該費洋亦減半　二該豎烟筒係能進人者掃費洋加倍　三機器房廠之烟筒每三個月應掃一次　二該豎烟筒能進人者每次收洋加五角至十四米打之高者每次收洋六角五分高至十四米達以外者每次收洋八角

第二條核算樓房層數多寡應自安有火爐接通烟筒底層起算此層以上各層無論有無相連之爐皆核爲層數但房頂內若無相連之火爐則不列爲層至火爐相連底層即使烟筒經過者而無相連之火爐亦不核算

第三條凡有第一端所列之橫短烟筒每次打掃收費洋五分如該橫烟筒彎曲不直大者收費洋二角五分較小者收費洋一角五分一切營生人需用之薰爐烤爐及類乎此等各爐按每方米達收費洋七分燒淨烟筒一個每次收洋一元二角掃費在內　每座樓房如有兩個烟筒或不止兩個同時應須燒淨者減收費洋每個八角掃費亦在內　若打掃人按照各章應行設法防患親自監督燒淨烟筒之工所需應燒各料須由房主供給　以上各項費款乃爲至多之數若各該房主自與該打掃人另議包價亦無不可

第四條凡新修或改造之樓房當圍牆壘好驗工時查驗烟筒則無費至於全工告竣驗看收工時再行查驗烟筒其驗費多寡數與掃費相同

第五條　若逢禮拜日佳節日欲招打掃人工作准中打掃人加倍收費

第三端　凡有烟筒並以上所列各項火爐應於壘好房牆時並請該打掃人同工部局驗看惟在工部局驗看收工以先該打掃人湏查明該烟筒火爐能否引火並遵否防火及工巡章程修造工巡局即工每逢查驗房牆及收工以前應知會該打掃人由其將查出之弊病聲明其已成現有之各項烟筒火爐即於初次打掃時驗看所有烟筒火爐一經查有弊病該打掃人應一面飭知房主立即修改一面報明工巡局查照當改修弊病未收工以前此烟筒火爐則不准再用嗣後無論或新修或改造之各火爐之際應准該打掃人隨時驗看

第四端　至於打掃烟筒火爐等項日期將來必須訂有一定次序彼時再行傳知各該房主遵照倘逢定期因故勢須遲緩應由該打掃人於定期前至少二十四點鐘以先知照該房主該打掃人常川持有准單為憑每逢行打掃日期務宜准其並其手下諸人步至烟筒火爐各該處所如有人指摘該打掃人或其手下諸人或於所訂費項不甘服者准其稟報巡捕衙門

第五端　烟筒湏在樓房頂內修有傾倒烟灰避火之口門否則必須設法妥為走上樓房頂面打掃若距起脚處一米打遠即坡過四十桑的米打之陡或因頂面情勢不妥應由房主預備木板或欄杆等物此條由工巡局督察遵辦為此仰諸色人等一體凛遵勿違特諭

大德一千九百四年十二月十四日

Bekanntmachung.

Die Tabelle über die Bedeutung der bei in Sicht kommen von Schiffen auf der Signalstation wehenden Signale ist wie folgt abgeändert:

Wenn Schiffe der „Hamburg Amerika Linie,"
„China Navigation Company"
und
„Indo - China Steam Navigation Company"
einlaufen, wird unter dem Richtungskegel die Reedereiflagge des Schiffes gesetzt.

Bei anderen Schiffen wird die Nationalflagge unter dem Kegel gesetzt.

Nachtsignale.

Dampfer von Norden: 1 rote Laterne,
„   „   Süden: 2 rote Laternen nebeneinander,
Postdampfer von Süden: 2 rote Laternen nebeneinander und eine ebensolche darunter,
Postdampfer von Norden: 2 rote Laternen untereinander.

Während mit dem elektrischen Nachtsignalapparat signalisiert wird, sind die Lampen niedergeholt.

Tsingtau, den 24. Dezember 1904.

Kaiserliches Hafenamt.

Bekanntmachung.

Vom 1. Januar 1905 ab wird für das Abtragen der in Tsingtau erscheinenden Zeitungen durch die Post eine besondere Bestellgebühr erhoben.

Dieselbe beträgt für jedes Exemplar der „Tsingtauer Neuesten Nachrichten" 15 cts. monatlich, für jedes Exemplar der „Deutsch Asiatischen Warte" und des „Amtsblattes für das deutsche Kiautschougebiet" je 5 cts. monatlich. Die Gebühren sind im voraus zu entrichten.

Tsingtau, den 28. Dezember 1904.

Kaiserlich Deutsches Postamt.

Amtliche Anzeigen.

Bekanntmachung.

Vom 1. Januar 1905 ab wird an der Wurzel der schwimmenden Brücke zwischen Mole I und II am grossen Hafen Gelände, eventuell mit den darauf stehenden Schuppen, verpachtet.

Anträge auf Pacht sind an das Gouvernement zu richten, wo auch die näheren Bedingungen eingesehen werden können.

Tsingtau, den 29. Dezember 1904.

Kaiserliches Gouvernement.

Zu vermieten.

Das Grundstück der alten Centrale mit darauf stehenden Gebäuden im Tapautauer Industrie-Viertel, 2003 qm gross, ist zu vermieten.

Das Grundstück mit Gebäuden eignet sich für jedes industrielle Unternehmen.

Reflectanten wollen sich an das Elektrizitätswerk Tsingtau wenden.

Tsingtau, den 27. Dezember 1904.

Elektrizitätswerk Tsingtau.

Bekanntmachung.

Als gestohlen angemeldete Gegenstände:
1 silberne russische Cylinderuhr mit 2 Sprungdeckeln und silberner Kette; 10 kg. Leitungsdraht; 12 kg. Bindedraht.

Tsingtau, den 28. Dezember 1904.

Kaiserliches Polizeiamt.

白 告

啓者茲將本署被竊各物分列於左
俄國銀貨暗壳表一枚帶有
銀鍊
電線重十啓羅
細鐵線重十二啓羅
以上各物切勿輕買如見立官細明本署勿違特佈
德一千九百四年十二月二十八日
青島巡捕衙門啟

31. Dezember 1904. Amtsblatt—青島官報 301.

Landversteigerung.

Auf Antrag der Firma Anz & Co. findet am Montag, den 16. Januar 1905, vormittags 11½ Uhr, die öffentliche Versteigerung des Grundstückes Kbl. 16 Nr. 3 im Grossen Hafen-Viertel statt.

Grösse: 5805 qm.

Mindestpreis: 8707,50 $.

Benutzungsplan: Wohn-Geschäftshäuser, Lagerstätten, industrielle Anlagen.

Bebauungsfrist: bis zum 31. Januar 1908.

Gesuche zum Mitbieten sind bis zum 9. Januar 1905 hierher zu richten.

Tsingtau, den 29. Dezember 1904.

Kaiserliches Landamt.

Landversteigerung.

Auf Antrag des Tautai Hsiau tschau ting in Tsinanfu findet am Montag, den 16. Januar 1905, vormittags 11 Uhr, im Landamte die öffentliche Versteigerung des Grundstücks Kartenblatt 16 Nr. 6 im Grossen Hafen-Viertel statt.

Grösse: 3749 qm.

Mindestpreis: 5623,50 $.

Benutzungsplan: Wohn-Geschäftshäuser, Lagerstätten, industrielle Anlagen.

Bebauungsfrist: bis zum 31. Januar 1908.

Gesuche zum Mitbieten sind bis zum 9. Januar 1905 hierher zu richten.

Tsingtau, den 29. Dezember 1904.

Kaiserliches Landamt.

德管理青島地畝局為拍賣地畝事茲據益斯洋行稟稱欲買大碼頭地圖十六號第三塊地計五千八百零五米打擬價洋八千七百零七元五角今訂於西一千九百零五年正月十六日即中十二月十一日上午十一點半鐘在本局拍賣一律准蓋貨房住房買賣房機器房限至一千九百八年正月三十一日修竣如他人亦欲買者可以日投稟截至正月初九日止屆期前來本局面議可也勿誤特諭 右諭通知

德一千九百四年十二月二十九日 告示

大德管理青島地畝局為拍賣地畝事茲據鐵道台紹庭稟稱欲買大碼頭地圖十六號第六塊地計三千七百四十九米打擬價洋五千六百二十三元五角今訂於西一千九百零五年正月十六日即中十二月十一日上午十一點鐘在本局拍賣定准蓋貨房住房買賣房機器房限至一千九百八年二月一日一律修竣如他人亦欲賣者可以前來本局面議可也勿誤特諭 右諭通知

復一千九百四年十二月二十九日 告示

Mitteilungen.

Die Geschäfte des Kaiserlichen Konsulates in Amoy hat der Vizekonsul von Löhneysen anstelle des in die Heimat beurlaubten Konsuls Dr. Merz am 16. d. Mts. übernommen.

* * *

Mit dem Frühjahrstransport kehren in die Heimat zurück: Die Hauptleute Gené und v. Gilsa, die Oberleutnants Kurz, Witt, Magnussen, Pachten und Hedike, die Leutnants Heym und Kolshorn, Marine-Stabsarzt Dr. Iftner und Marine-Oberassistenzarzt Dr. Pohl.

Die Ausreise mit dem Frühjahrsablösungstransporte treten an: die Hauptleute v. Schöler und Ingenohl, die Oberleutnants Niemöller und Baumann, die Leutnants Goder, v. Nerée, Berthold und Brunner, Marine-Oberassistenzarzt Dr. Dörr und Marine-Assistenzarzt Dr. Freyer.

* * *

Der Königliche Kronenorden IV. Klasse ist laut Allerhöchster Kabinetsordre vom 12. November d. Js. dem Oberleutnant Friemel verliehen worden.

* * *

Meteorologische Beobachtungen
in Tsingtau.

Datum. Dezb.	Barometer (mm) reduz. auf 0° C., Seehöhe 24,30 m			Temperatur (Centigrade).								Dunst- spannung in mm			Relat. Feuchtigkeit in Prozenten		
				trock. Therm.			feucht. Therm.			Min.	Max.						
	7 Vm	2 Nm	9 Nm	7 Vm	2 Nm	9 Nm	7 Vm	2 Nm	9 Nm			7 Vm	2 Nm	9 Nm	7 Vm	2 Nm	9 Nm
22	769,7	770,7	772,1	-4,3	-0,9	-2,3	-4,7	-3,1	-3,7	-4,3	2,7	3,0	2,5	2,7	91	58	71
23	72,0	70,8	72,6	-3,6	1,9	-0,3	-5,2	-0,7	-0,6	-7,7	-0,5	2,2	3,0	4,2	65	57	94
24	72,9	71,3	71,0	-3,7	1,8	-2,3	-4,4	-0,7	-2,8	-4,3	2,5	2,9	3,1	3,5	84	58	89
25	68,2	66,8	68,3	-1,1	5,8	1,8	-2,2	2,8	0,1	-3,5	2,3	3,3	3,8	3,6	78	55	79
26	70,3	70,1	72,0	-3,6	4,5	0,6	-4,7	0,6	-0,5	-3,6	6,0	2,6	2,5	3,8	76	39	80
27	73,0	72,3	74,9	-1,0	7,2	1,1	-1,3	3,8	-0,6	-3,7	4,9	4,0	4,0	3,6	94	52	70
28	75,6	74,3	73,3	-1,5	2,5	-0,3	-2,4	-0,2	-1,4	-2,0	7,2	3,4	3,1	3,6	82	57	79

Datum. Dezb.	Wind Richtung & Stärke nach Beaufort (0—12)			Bewölkung						Niederschläge in mm		
				7 Vm		2 Nm		9 Nm				
	7 Vm	2 Nm	9 Nm	Grad	Form	Grad	Form	Grad	Form	7 Vm	9 Nm	9 Nm / 7 Vm
22	NW 6	WNW 6	NW 4	9	Cu-nim	3	Cu-str	8	Cu-str			
23	WNW 3	NW 5	NNW 2									
24	N 2	WNW 2	NNO 1	1	Cu-str	3	Cu-str	2	Cu-str			
25	Stille 0	WNW 1	Stille 0									
26	N 2	WNW 2	Stille 0					1	Cum			
27	NNW 1	S 1	N 1									
28	N 2	WNW 2	NNW 1	2	Cu-str	10	Cu-str					

31. Dezember 1904. Amtsblatt—青島官報 303.

Schiffsverkehr
in der Zeit vom 22. — 29. Dezember 1904.

Ankunft am	Name	Kapitän	Flagge	Reg. Tonnen.	von	Abfahrt am	nach
(16.12.)	D. Unda	Gabrielsen	Norwegisch	879	Moji	25.12.	Moji
24.12.	D. Vorwärts	Sohnemann	Deutsch	643	Schanghai	„	Schanghai
25.12.	D. Chung king	Hopkiens	Englisch	801	Tschifu	„	„
„	D. Wuchang		„	801	Schanghai	26.12.	Tschifu
17.12.	D. El Dorado	Smith	„	892	„	28.12.	Schanghai
„	D. Tsintau	Hansen	Deutsch	977	„	27.12.	Tschifu
„	D. Dagmar	Carl	Norwegisch	383	Moji	28.12.	Moji
28.12.	D. Knivsberg	Kayser	Deutsch	646	Tschifu	„	Schanghai

Hochwassertabelle für den Monat Januar 1905.

Datum	Tsingtau - Hauptbrücke.		Grosser Hafen, Mole I.		Nükuk'ou.	
	Vormittags	Nachmittags	Vormittags	Nachmittags	Vormittags	Nachmittags
1.	0 U. 01 M.	0 U. 39 M.	0 U. 31 M.	1 U. 09 M.	1 U. 01 M.	1 U. 39 M.
2.	1 „ 17 „	1 „ 55 „	1 „ 47 „	2 „ 25 „	2 „ 17 „	2 „ 55 „
3.	2 „ 27 „	2 „ 59 „	2 „ 57 „	3 „ 29 „	3 „ 27 „	3 „ 59 „
4.	3 „ 25 „ ●	3 „ 52 „	3 „ 53 „	4 „ 22 „	4 „ 25 „	4 „ 52 „
5.	4 „ 20 „	4 „ 48 „	4 „ 50 „	5 „ 18 „	5 „ 20 „	5 „ 48 „
6.	5 „ 05 „	5 „ 21 „	5 „ 35 „	5 „ 51 „	6 „ 05 „	6 „ 21 „
7.	5 „ 41 „	6 „ 00 „	6 „ 11 „	6 „ 30 „	6 „ 41 „	7 „ 00 „
8.	6 „ 18 „	6 „ 36 „	6 „ 48 „	7 „ 06 „	7 „ 18 „	7 „ 36 „
9.	6 „ 53 „	7 „ 10 „	7 „ 23 „	7 „ 40 „	7 „ 53 „	8 „ 10 „
10.	7 „ 26 „	7 „ 42 „	7 „ 56 „	8 „ 12 „	8 „ 26 „	8 „ 42 „
11.	7 „ 58 „	8 „ 15 „	8 „ 28 „	8 „ 45 „	8 „ 58 „	9 „ 15 „
12.	8 „ 33 „	8 „ 56 „ ●	9 „ 03 „	9 „ 21 „	9 „ 33 „	9 „ 51 „
13.	9 „ 11 „	9 „ 31 „	9 „ 41 „	10 „ 01 „	10 „ 11 „	10 „ 31 „
14.	9 „ 56 „	10 „ 21 „	10 „ 26 „	10 „ 51 „	10 „ 56 „	11 „ 21 „
15.	10 „ 53 „	11 „ 25 „	11 „ 23 „	11 „ 55 „	11 „ 53 „	
16.		0 „ 01 „		0 „ 31 „		0 „ 25 „
17.	0 „ 37 „	1 „ 13 „	1 „ 07 „	1 „ 43 „	1 „ 37 „	2 „ 13 „
18.	1 „ 49 „	2 „ 21 „	2 „ 19 „	2 „ 51 „	2 „ 49 „	3 „ 21 „
19.	1 „ 52 „	3 „ 20 „ ○	3 „ 22 „	3 „ 50 „	3 „ 52 „	4 „ 20 „
20.	3 „ 47 „	4 „ 12 „	4 „ 17 „	4 „ 42 „	4 „ 47 „	5 „ 12 „
21.	4 „ 36 „	5 „ 00 „	5 „ 06 „	5 „ 30 „	5 „ 36 „	6 „ 00 „
22.	5 „ 24 „	5 „ 47 „	5 „ 54 „	6 „ 17 „	6 „ 24 „	6 „ 47 „
23.	6 „ 09 „	6 „ 32 „	6 „ 39 „	7 „ 02 „	7 „ 09 „	7 „ 32 „
24.	6 „ 54 „	7 „ 16 „	7 „ 24 „	7 „ 46 „	7 „ 54 „	8 „ 16 „
25.	7 „ 37 „	7 „ 59 „	8 „ 07 „	8 „ 29 „	8 „ 37 „	8 „ 59 „
26.	8 „ 21 „ ●	8 „ 43 „	8 „ 51 „	9 „ 13 „	9 „ 21 „	9 „ 43 „
27.	9 „ 04 „	9 „ 29 „	9 „ 34 „	9 „ 59 „	10 „ 04 „	10 „ 29 „
28.	9 „ 55 „	10 „ 26 „	10 „ 35 „	10 „ 56 „	10 „ 55 „	11 „ 26 „
29.	10 „ 57 „	11 „ 33 „	11 „ 27 „		11 „ 57 „	
30.		0 „ 10 „	0 „ 03 „	0 „ 40 „	0 „ 33 „	1 „ 10 „
31.	0 „ 47 „	1 „ 25 „	1 „ 17 „	1 „ 55 „	1 „ 47 „	2 „ 25 „

1) ○ = Vollmond; 2) ◐ = Letztes Viertel; 3) ● = Neumond; 4) ◑ = Erstes Viertel.

Anmerkung: In T'a pu t'ou tritt das Hochwasser 10 Minuten früher als in Nükuk'ou auf.

Sonnen-Auf-und Untergang
für Monat Januar 1905.

Dt.	Mittelostchinesische Zeit des			
	wahren	scheinbaren	wahren	scheinbaren
	Sonnen-Aufgangs.		Sonnen-Untergangs.	
1.	7 U. 16.2 M.	7 U. 10.6 M.	4 U. 50.8 M.	4 U. 56.4 M.
2.	16.2	10.6	51.7	57.3
3.	16.3	10.7	52.6	58.2
4.	16.3	10.7	53.5	59.0
5.	16.4	10.8	54.4	59.9
6.	16.4	10.8	55.2	5 U. 0.8
7.	16.3	10.7	56.2	1.8
8.	16.2	10.5	57.1	2.7
9.	16.0	10.4	58.0	3.7
10.	15.9	10.3	59.0	4.6
11.	15.8	10.2	5 U. —	5.6
12.	15.5	9.9	1.0	6.6
13.	15.3	9.6	2.0	7.6
14.	15.0	9.4	3.0	8.6
15.	14.8	9.2	4.0	9.6
16.	14.6	9.0	5.0	10.6
17.	14.2	8.7	6.0	11.6
18.	13.8	8.3	7.0	12.6
19.	13.5	8.0	8.0	13.6
20.	13.1	7.6	9.0	14.6
21.	12.8	7.2	10.0	15.6
22.	12.5	6.6	11.0	16.6
23.	12.0	6.0	12.0	17.7
24.	11.3	5.5	13.1	18.7
25.	10.7	4.9	14.1	19.8
26.	10.0	4.4	15.2	20.8
27.	9.4	3.6	16.1	21.7
28.	8.7	3.0	17.0	22.6
29.	8.0	2.3	17.9	23.4
30.	7.2	1.6	18.8	24.3
31.	6.6	1.0	19.6	25.2

Druck der Missionsdruckerei, Tsingtau.

第五年　第五十三号

1904 年 12 月 31 日

法令与告白

大德钦命护理总督胶澳文武事宜大臣夏　为

厘订《按分应将烟筒打扫洁净章程》列左：

第一端

凡在青岛内界洋式楼房，拟自西历一千九百五年正月初一日起，无论单眼、双眼之烟筒，均宜随时打扫洁净，以免引火之虞。

由是日起，青岛内界现时应用之横竖烟筒并工作之薰（熏）炉、烤炉等炉，皆于每西历五月初一日起至十月三十一日止期内两次打扫，又自十一月初一日起至次年四月三十日止四次打扫洁净，所谓横烟筒者，何即用砖垒通能进人之大竖烟筒，关闭锅炉所出之烟经过之短横烟筒。

至此项工作并烧净横竖各烟筒之工作，仅归本署特准打扫烟筒人或其手下人承修。

第二端

应将暂定打扫烟筒人征收费项分别列下：

第一条：一凡打扫不能进人之横竖烟筒

高穿一层楼房者或平房仅在屋内接通烟筒者，每次打扫征收费洋七分；高穿两层楼房并在下层通烟者或在平房顶内格外通烟者，每次均征费洋一角；高穿三层楼房者，每次征收费洋一角三分；高穿四层楼房或四层以上者，每次征收费洋二角。

凡楼房之地窖暨楼顶内：（一）有火炉接通竖烟筒实系现在应用者，概按层数核算。烟筒穿过之房层如每层高矮不及二米打八十桑的米打者，费洋减半；如穿过之层数一半高不及二米打八十桑的米达，其余一半皆高不过三米达五十桑的米达者，该费洋亦减半。（二）该竖烟筒系能进人者，扫费洋加倍。（三）机器房厂之烟筒每三个月应扫一次，至十二米打之高者每次收洋五角，至十四米打之高者每次收洋六角五分，高至十四米达以外者每次收洋八角。

第二条：核算楼房层数多寡应自安（按）有火炉接通烟筒底层起算，此层以上各层无论有无相连之炉皆核为层数，但房顶内若无相连之火炉，则不列为层，至火炉相连底层以下各层，即使烟筒经过者而无相连之火炉亦不核算。

第三条：凡有第一端所列之横短烟筒每次打扫收费洋五分，如该横烟筒弯曲不直大者收费洋二角五分，较小者收费洋一角五分，一切营生人需用之薰（熏）炉、烤炉及类乎此等各炉按每方米达取费洋七分。烧净烟筒一个每次收洋一元二角，扫费在内。每座楼房如有两个烟筒或不止两个同时应须烧净者，减收费洋每个八角，扫费亦在内。若打扫人按照各章应行设法防患亲自监督烧净烟筒之工，所需应烧各料，须由房主供给。以上各项费款乃为至多之数，若各该房主自与该打扫人另议包价方无不可。

第四条：凡新修或改造之楼房当围墙垒好验工时查验烟筒，则无费。至于全工告竣验看收工时再行查验烟筒，其验费多寡数与扫费相同。

第五条：若逢礼拜日、佳节日欲招打扫人工作，准由打扫人加倍收费。

第三端

凡有烟筒并以上所列各项火炉，应于垒好房墙时并请该打扫人会同工部局验看，惟在工部局验看收工以先，该打扫人须查明该烟筒火炉能否引火并遵否《防火及工巡章程》修造。工巡局（即工部局）每逢查验房墙及收工以前应知会该打扫人，由其将查出之弊病声明其已成现有之各项烟筒火炉，即于初次打扫时验看。所有烟筒火炉一经查有弊病，该打扫人应一面饬知房主立即修改，一面报明工巡局查照，当改修弊病未收工以前，此烟筒火炉则不准再用，嗣后无论或新修或改造之烟筒或前列之各火炉之际应准该打扫人随时验看。

第四端

至于打扫烟筒火炉等项日期将来必须订有一定次序，彼时再行传知各该房主遵照。倘逢定期因故势须迟缓，应由该打扫人于定期前至少二十四点钟以先知照该房主，该打扫人常川持有准单为凭。每逢应行打扫日期，务宜准其并其手下诸人步至烟筒火炉各该处所，如有人指摘该打扫人或其手下诸人或于所订费项不甘服者，准其禀报巡捕衙门。

第五端

烟筒须在楼房顶内修有倾倒烟灰避火之口门，否则必须设法妥为走上楼房顶面打扫。若距起脚处一米打远，即坡过四十桑的米打之陡，或因顶面情势不妥，应由房主预备木板或栏杆等物。此条由工巡局督察遵办，为此仰诸色人等一体凛遵勿违。特谕。

大德一千九百四年十二月十四日

告白

关于看到船只到达而在信号站飘扬的信号修改如下：

当"亨宝洋行""中国航海公司"和"印中蒸汽航行公司"的船只驶入时，将在方向锥下方悬挂船运公司的旗帜。

如果是其他船只，将在方向锥下方悬挂国旗。

夜间信号：

来自北面的轮船：1盏红灯笼；

来自南面的轮船：2盏红灯笼并排放置；

来自南面的邮船：2盏红灯笼并排放置，下面放置1盏同样的灯笼；

来自北面的邮船：2盏红灯笼上下放置。

在使用电气夜间信号设备发信号时，会取下灯笼。

青岛，1904年12月24日
皇家船政局

告白

从1905年1月1日开始，对于通过邮局投递在青岛发行的报纸将征收特别投递费。

投递每份《青岛新报》的每月费用为15分，《德华汇报》和《青岛官报》为每月5分。上述费用提前收取。

青岛，1904年12月28日
皇家德国邮政局

官方通告

告白

从1905年1月1日开始，将对外出租位于大港1号和2号码头之间的浮桥根旁边的地方，上面可能还有仓库大棚。

租界申请须递交至总督府，在那里也可以查看详细的租用条件。

青岛，1904年12月29日
皇家总督府

出租

现出租位于大鲍岛工业区的含地上建筑的前总部地块，面积为2003平方米。

带有建筑的地块适合各种工业企业。

感兴趣的人请联系青岛发电厂。

青岛，1904年12月27日
青岛发电厂

告白

启者：兹将本署据报被窃各物分别列左：

俄国银质暗壳表一枚，带有银链；电线，重十启罗；细铁线，重十二启罗。

以上各物切勿轻买，如见立宜报明本署。勿违。特布。

德一千九百四年十二月二十八日

青岛巡捕衙门启

德管理青岛地亩局　为

拍卖地亩事：兹据益斯洋行禀称，欲买大码头地图十六号第三块地，计五千八百零五米打，暂拟价洋八千七百零七元五角。今订于西一千九百五年正月十六日即中十二月十一日上午十一点半钟在本局拍卖。买定后，准盖货房、住房、买卖房、机器房。限至一千九百八年正月三十一日一律修竣。如他人亦欲买者，可以投票，截至正月初九日止，届期前来本局面议可也。勿误，特谕。

右谕通知

德一千九百四年十二月二十九日　告示

大德管理青岛地亩局　为

拍卖地亩事：兹据萧道台绍庭禀称，欲买大码头地图十六号第六块地，计三千七百四十九米打，暂拟价洋五千六百二十三元五角。今订于西历一千九百五年正月十六即中十二月十一日上午十一点钟在本局拍卖。买定后，准盖货房、住房、买卖房、机器房。限至一千九百八年正月三十一日一律修竣。如他人亦欲卖（买）者，可以投票，截至正月初九日止，届期前来本局面议可也。勿误。特谕。

右谕通知

德一千九百四年十二月二十九日　告示

消息

副领事冯·略内森在本月 16 日接替了回国度假的领事默尔茨博士，管理厦门的德国领事馆业务。

乘坐春季运输船回国的人员有：热内和冯·吉尔萨上尉，库尔茨、维特、马克努森、帕赫顿和海蒂克中尉，海姆和科尔斯霍恩少尉，海军上尉军医伊芙特纳博士和海军高等助理医师波尔博士。

乘坐春季轮换人员运输船出行的有：冯·硕乐和英格诺尔上尉，尼莫勒和鲍曼中尉，贡德尔、冯·内雷、贝尔托德和布鲁纳少尉，海军高等助理医师多尔博士和海军助理医师弗莱耶博士。

根据今年11月12日的最高内阁命令，弗里梅尔中尉被授予四等皇家皇冠勋章。

船运

1904年12月22日—29日期间

到达日	轮船船名	船长	挂旗国籍	登记吨位	出发港	出发日	到达港
（12月16日）	翁达号	加布里森	挪威	879	门司	12月25日	门司
12月24日	前进号	索纳曼	德国	643	上海	12月25日	上海
12月25日	重庆号	霍普金斯	英国	801	芝罘	12月25日	上海
12月25日	武昌号		英国	801	上海	12月26日	芝罘
12月17日	黄金岛号	史密斯	英国	892	上海	12月28日	上海
12月17日	青岛号	韩森	德国	977	上海	12月27日	芝罘
12月17日	达格玛号	卡尔	挪威	383	门司	12月28日	门司
12月28日	柯尼夫斯堡号	凯瑟	德国	646	芝罘	12月28日	上海

Sachregister

des

Amtsblattes für das Deutsche Kiautschou-Gebiet.
Jahrgänge 1900 bis einschl. 1904.

(Die Zahlen in der vorletzten Spalte bedeuten die Daten der Verordnungen und Bekanntmachungen, in der letzten Spalte Jahrgang und Seite des Amtsblattes.)

Abfertigung, Bahnseitige — der mit der Bahn zu verladenden Waren	20. 4. 01	01 142 Beilage
Abgabe für Wasser	27. 5. 04	14 105 123
Abgaben, Erhebung von Steuern und — im deutschen Kiautschougebiete	2. 9. 98	00 23
Abholungsfächer beim Postamte	22. 10. 03	03 184
Aborte, Anlage von — und Verbot der Bodenverunreinigung	22. 12. 00	00 221
Abstempelung chinesischer Verträge und Quittungen	8. 7. 02	02 106
Aerztliche Bemühungen, Taxe für —	16. 10. 02	02 137
Aerztliche Untersuchung von Schiffen, vgl. Gesundheitspolizeiliche Kontrolle		
Alarmierung der Besatzung während der Unruhen	22. 6. 00	00 7
Alarmordnung für die Freiwillige Feuerwehr	23. 3. 03	03 58
— Inkrafttreten der — für die Feuerwehr	26. 3. 03	03 62
Ankauf von Land, Verfahren beim —	14. 6. 00	00 7
Ankerplätze	8. 5. 01	01 155
Anschlüsse an die Regenwasserkanalisation	23. 1. 02	02 10
— von Hausgrundstücken an die Wasserleitung	29. 2. 04	04 39
Ansprüche, Entschädigungs- — aus Anlass der Wirren	24. 6. 02	02 95
	10. 7. 02	02 107
	1. 1. 03	03 1
	1. 7. 03	03 121
	26. 4. 04	04 80
Anzeigepflicht bei ansteckenden Krankheiten	5. 7. 00	00 16
	10. 9. 03	03 159
Apotheke, Betrieb einer — durch Larz	2. 1. 01	01 1
Apotheken, Gebühren für —	10. 6. 02	02 83
Apothekenwesen und Verkehr mit Arzneimitteln	7. 11. 00	00 141
— Abänderung der Verordnung betreffend das —	2. 7. 01	01 221
	30. 1. 02	02 12
Arbeiter, Dienstverletzung chinesischer — und Dienstboten	1. 7. 98	00 57

— II —

Arbeiterbevölkerung, Auslegung von Land in Taitungtschen und bei Hsiau ni wa für die —	26. 6. 01	01 213
Arkonabrücke, Ansteuerung der —	17. 9. 00	00 90
Arkonainsel, vgl. Seefahrerbekanntmachung		
Arzneimittel, vgl. Apothekenwesen		
Aufnahme auswärtiger Schüler in Familien	27. 2. 02	02 25
Auktionator, Bestellung des Spediteurs Richardt zum —	23. 5. 02	02 73
Ausspielungen, Bestimmungen über —	1. 11. 04	04 255
— Gebühren für —	1. 11. 04	04 251
Ausstanderteilung an Militärpflichtige (vgl. auch Wehrpflicht)	8. 1. 00	00 67
Badehäuser in der Auguste Viktoria-Bucht	17. 5. 02	02 71
	13. 5. 03	03 93
	12. 4. 04	04 73
Badestrand, Freigabe des — in der Auguste Viktoria-Bucht	20. 7. 01	01 236
Bäume, Feilhalten von — und Sträuchern im Umherziehen	21. 6. 00	00 13
	12. 3. 03	03 43
Bahnfrachtgüter, Zolldeklarationen für —	18. 8. 02	02 115
Bahnpolizeibeamte, Ernennung von —	1. 2. 02	02 15
	28. 2. 02	02 27
	8. 4. 02	02 44
	19. 4. 03	03 115
Bahnpolizeiordnung	20. 12. 01	01 305
Bahnseitige Abfertigung der mit der Bahn zu verladenden Waren	20. 4. 01	01 142 Beilage
Bahnterrain, Verbot des Betretens des —	8. 8. 00	00 51
Bahn, Verzollung der mit der — zu versendenden Waren	31. 3. 02	02 44
Baken, vgl. Seefahrerbekanntmachung		
Ballast, Hafengebühren für Laden und Löschen von —	22. 7. 04	04 165
Barkassfelsen, vgl. Seefahrerbekanntmachung		
Baumwollstoffe, provisorischer Tarif für —	31. 1. 02	02 16
Baupolizeibeamte, Erkennungskarten für —	1. 12. 02	02 159
Baupolizei-Gebühren-Ordnung	27. 5. 04	04 103
Bebauungsfrist der bis zum 31. Dezember 1901 gekauften Grundstücke	9. 1. 03	03 5
Behme, Ausübung der Gerichtsbarkeit durch Dr. —	20. 4. 03	03 129
Bekanntmachung für Seefahrer, vgl. Seefahrerbekanntmachung		
Beleuchtung der Schiffe bei Nacht	29. 10. 01	01 286
Bemühungen, Taxe für ärztliche —	16. 10. 02	02 137
Benennung von Strassen	4. 4. 01	01 127
— der Kronprinzenstrasse	15. 11. 00	00 153
— des Dorfes Tai hsi tschen	22. 11. 01	01 296
Bergwesen im Kiautschou-Gebiet	16. 5. 03	03 143
Besitzstücke, Schutz der Vermessungszeichen, sowie die Vermarkung von — nebst Kostentarif	17. 10. 98	00 45
— Teilung von — nebst Kostentarif	18. 11. 98	00 32
— Wiederherstellung von Eigentumsgrenzen	19. 10. 01	01 281
Bestellgebühr für das Abtragen der Zeitungen durch die Post	28. 12. 04	04 300
Beurkundungen, Standesamtliche — durch den Zivilkommissar und die Richter	8. 3. 01	01 99

— III —

Bezirksämter, Abgrenzung der — Tsingtau und Litsun	30. 12. 99	00 81
Bezug von Wasser aus dem ffskalischen Wasserwerk	28. 5. 04	04 106
		124
Binnenschiffahrt, Zollamtliche Bestimmungen über —	19. 8. 04	04 193
Bleirohre, Verbot der Verwendung von — zur Wasserleitung	25. 11. 01	01 297
Bodenverunreinigung, Anlage von Aborten und Verbot der —	23. 12. 00	00 221
Bojen, vgl. Seefahrerbekanntmachung		
Boote, Gebühren für —	10. 6. 02	02 83
	1. 11. 04	04 251
— Verkehr von —	10. 6. 02	02 86
	1. 11. 04	04 255
Brechen, Erlaubnisscheine zum — von Steinen	12. 12. 01	01 300
	4. 6. 03	03 104
Brennen, von Holzkohle	23. 11. 04	04 285
Briefmarken, vgl. Postwertzeichen		
Brücke, Ansteuerung der Arkona —	17. 9. 00	00 90
— Ausdehnung der Verordnung über Laden und Löschen auf die schwimmende —	14. 5. 04	04 96
— Benutzung der — im kleinen Hafen	28. 9. 01	01 273
— Freigabe der Yamen —	17. 10. 00	00 115
— Teilweise Aufhebung der Gebührenordnung für die — im kleinen Hafen	19. 2. 04	04 31
— Verkehrsübergabe der schwimmenden —	14. 5. 04	04 95
Bücher, Zollbefreiung für gedruckte chinesische —	9. 10. 02	02 134
China, Verbot der Einfuhr von Waffen nach —	19. 11. 01	01 295
Chinesen, Schutzpockenimpfung für — vgl. Schutzpockenimpfung		
— Verbot des Waffentragens durch —	24. 1. 00	00 37
	23. 7. 00	00 31
Chinesenfriedhof	12. 11. 04	04 261
— Schliessung der Chinesenfriedhöfe im Stadtgebiete	14. 11. 04	04 265
Chinesenordnung für das Stadtgebiet Tsingtau	14. 6. 00	00 1
— Inkraftsetzung der — für T'a pu t'ou	9. 7. 00	00 13
Chinesentruppe, Rechtsverhältnisse der chinesischen Angehörigen der —	20. 12. 01	01 305
Chinesische Arbeiter, Dienstverletzung —	1. 7. 98	00 57
Chinesische Arbeiterbevölkerung, Auslegung von Land in Taitungtschen und bei Hsiau ni wa für die —	26. 6. 01	01 213
Chinesische Bevölkerung, Landübertragungen unter der —	5. 5. 04	04 83
Chinesische Bücher, Zollbefreiung für gedruckte —	9. 10. 02	02 134
Chinesische Fahrzeuge, Gesundheitspolizeiliche Kontrolle für —	22. 7. 01	01 245
	18. 6. 02	02 91
— Aufhebung der gesundheitspolizeilichen Kontrolle für —	9. 10. 02	02 134
Chinesische Getränke, Gebühren für Ausschank und Verkauf von —	10. 6. 02	02 83
	1. 11. 04	04 251
Chinesische Grundsteuer, Erhebung von — im Kiautschougebiete	5. 5. 04	04 85
Chinesische Konzerthäuser, Betrieb von —	10. 6. 02	02 86
	1. 11. 04	04 255
— Gebühren für —	10. 6. 02	02 83
	1. 11. 04	04 251

— IV —

Chinesische Medikamente, Gebühren für den Verkauf von —	1. 11. 04	04 251
Chinesische Neubauten	16. 2. 03	03 29
Chinesische Pfandhäuser, Betrieb von —	10. 6. 02	02 86
	1. 11. 04	04 255
— Gebühren für —	10. 6. 02	02 83
	1. 11. 04	04 251
Chinesische Produkte, Umpackung —	26. 3. 02	02 47
Chinesische Quittungen, Stempelung —	8. 7. 02	02 106
Chinesische Theater, Betrieb von —	10. 6. 02	02 86
	1. 11. 04	04 255
— Gebühren für —	10. 6. 02	02 83
	1. 11. 04	04 251
Chinesische Uebersetzungen, Gebühren für —	13. 3. 02	02 31
Chinesische Verträge, Stempelung von — und Quittungen	8. 7. 02	02 106
Chinesische Zehn Käsch-Stücke	22. 7. 04	04 163
Chinesischer Geschäftsverkehr, Münzsorten im —	22. 7. 04	04 165
Chinesisches Dienstpersonal, Nationale des —	12. 3. 02	02 29
— Dienstverletzung von —	1. 7. 98	00 57
Chinesisches Kommittee, Provisorische Errichtung eines —	15. 2. 02	02 59
— Wahl des —	30. 1. 03	03 18
	3. 2. 04	04 16
Chinesisches Neujahrsfest, Feuerwerk am —	1. 2. 04	04 17
Cholera, vgl. Gesundheitspolizeiliche Kontrolle der Schiffe		
Civilgemeinde, vgl. Zivilgemeinde		
Civilkommissar, vgl. Zivilkommissar		
Crusen, Ausübung der Gerichtsbarkeit durch Dr. —	29. 9. 02	02 151
Dampfboote, Gebühren für —	10. 6. 02	02 83
	1. 11. 04	04 251
— Verkehr von —	10. 6. 02	02 86
	1. 11. 04	04 255
Dampfer, Einlaufsignale für —	24. 12. 04	04 300
Deklarationen, Zoll — für Eisenbahnfrachtgüter	18. 8. 02	02 115
Depositenscheine, Verloren gegangene Geld —	29. 4. 02	02 63
Detailwaren, Verzollung der — auf dem Bahnhofe	9. 10. 02	02 134
Deutschland, Neutralität — im russisch-japanischen Kriege	13. 2. 04	04 23
Dienstanweisung, Berichtigung in der — für Notare	1. 8. 04	04 169
— für die Notare	3. 5. 03	03 85
Dienstaufsicht über die Notare	18. 2. 03	03 85
Dienstboten, Dienstverletzungen chinesischer —	1. 7. 98	00 57
Dienstpersonal, Nationale des chinesischen —	12. 3. 02	02 29
Dienstverletzungen chinesischer Arbeiter und Dienstboten	1. 7. 98	00 57
Dollar, Nachgemachte —	16. 6. 00	00 7
Dschunkenbehandlung		02 54
Dynamit, Land für Lagerung von —	29. 6. 04	04 139

— V —

Eigentumsgrenzen, Wiederherstellung von —	19. 10. 01	01 281
Einfuhr, Verbot der — von lebendem Hornvieh aus Schanghai	2. 10. 00	00 101
— Aufhebung des Verbots der — von lebendem Hornvieh aus Schanghai	10. 3. 01	01 99
Einfuhrzoll, vgl. Zollamtliche Bekanntmachungen		
Einlaufsignale für Postdampfer	20. 3. 03	03 62
— für Dampfer und Postdampfer	24. 12. 04	04 300
Einschätzung, Neu- — des Landes	7. 3. 02	02 29
	1. 10. 04	04 215
Eisenbahn, vgl. Bahn		
Elektrische Leitungen, Beschädigungen der —	23. 7. 02	02 109
Entschädigungsansprüche, Auszahlung der — aus Anlass der Wirren	24. 6. 02	02 95
	10. 7. 02	02 107
	1. 1. 03	03 1
	1. 7. 03	03 121
	26. 4. 04	04 80
Entwaffnung der im Hafen liegenden russischen Kriegsschiffe	15. 8. 04	04 185
Epidemieen, Anzeigepflicht bei ansteckenden Krankheiten	5. 7. 00	00 16
	10. 9. 03	03 159
— Scharlach — in Schanghai und Tschifu	8. 5. 02	02 66
		69
— schwarze Pocken in der Umgegend von Litsun	29. 5. 02	02 73
Erlaubnisscheine zum Steinebrechen	12. 12. 01	01 300
	4. 6. 03	03 104
Erlaubnisscheine, vgl. Gewerbescheine		
Erkennungskarten für Baupolizeibeamte	1. 12. 02	02 159
Europäerfriedhof	1. 11. 04	04 241
Fäkalien- und Müllabfuhr	1. 5. 02	02 65
Fahrräder, Gebühren für —	1. 11. 04	04 251
— Führung eines Lichtes an — in der Dunkelheit	5. 12. 02	02 163
— Verkehr von —	1. 11. 04	04 255
Fahrzeuge, Gebühren für. —	10. 6. 02	02 83
	1. 11. 04	04 251·
— Verkehr von —	10. 6. 02	02 83
	1. 11. 04	04 255
Familien, Aufnahme auswärtiger Schüler in —	27. 2. 02	02 25
Fasanen, Schutz der —	3. 10. 04	04 221
Fasstonnen, vgl. Seefahrerbekanntmachung		
Feiertage, Feststellung der allgemeinen —	6. 10. 02	02 132
Feilhalten von Bäumen und Sträuchern im Umherziehen	21. 6. 00	00 13
	12. 3. 03	03 43
Fernsprecher, Eröffnung des — Tsingtau-Kiautschou-Kaumi	1. 4. 04	04 64
Festmachertonne für Kriegsschiffe	13. 5. 02	02 69
Feuerlöschordnung, Garnison —	23. 3. 03	03 59
Feuerwehr, Alarmordnung für die —	23. 3. 03	03 58
— Inkrafttreten der Alarmordnung für die —	26. 3. 03	03 62
Feuerwerk am chinesischen Neujahrsfeste	1. 2. 04	04 17
Fischerboote, Gebühren für —	10. 6 02	02 83
	1. 11. 04	04 251

— VI —

Fischerboote, Verkehr von —	10. 6. 02	02 86
	1. 11. 04	04 255
Fleischschauordnung, Abänderung der —	25. 7. 01	01 245
Flösse, Gebühren für —	10. 6. 02	02 83
	1. 11. 04	04 251
— Verkehr von —	10. 6. 02	02 86
	1. 11. 04	04 255
Frachtgüter, Zolldeklarationen für Eisenbahn —	18. 8. 02	02 115
Frachtpackete, vgl. Postpackete		
Fremdenhandel, Eröffnung von Tsinanfu, Tschoutsun, Weihsien für den —	18. 5. 04	04 95
— Eröffnung von Tschangtschufu für den —	21. 7. 04	04 157
Friedhof für Chinesen	12. 11. 04	04 261
— für Europäer (Friedhofsordnung)	1. 11. 04	04 241
— Schliessung der chinesischen Friedhöfe im Stadtgebiete	14. 11. 04	04 265
Garnisonfeuerlöschordnung	23. 3. 03	03 59
Gebühren für chinesische Übersetzungen	13. 3. 02	02 31
— für das Abtragen der Zeitungen durch die Post	28. 12. 04	04 300
Gebührenordnung der Baupolizei	27. 5. 04	04 103
— für Rechtsanwälte	14. 8. 01	01 261
Geheimnisse, Verrat militärischer —	7. 9. 04	04 205
Gelddepositenscheine, Verloren gegangene —	29. 4. 02	02 63
Gemeindeverwaltung Taitungtschen	15. 8. 04	04 187
Genossenschaftsregister, Führung des —	4. 8. 03	03 139
Gepäck, Zollbefreiung für Passagier —	6. 9. 02	02 123
Gerichtsbarkeit, Ausübung der — im Kiautschou-Gebiet	1. 6. 01	01 246
— Ausübung der — durch Dr. Crusen	29. 9. 02	02 151
— Ausübung der — durch Dr. Behme	20. 4. 03	03 129
— Ausübung der — durch Rosenberger	3. 3. 04	04 79
— Ausübung der — durch Lehmann	13. 8. 04	04 215
— Berichtigung in der Dienstanweisung für Notare	1. 8. 04	04 169
— Dienstanweisung für Notare	3. 5. 03	03 85
— Dienstaufsicht über die Notare	18. 2. 03	03 85
— Einführung zum Gesetz über die Konsular —	25. 10. 00	01 94
— Ernennung des Rechtanwalts Dr. Rapp zum Notar	3. 5. 03	03 90
— Führung des Güterrechts-, Handels-, Genossenschafts- und Seeschiffsregisters	4. 8. 03	03 139
— Gesetz über die Konsular —	7. 4. 00	01 62
		71
		84
— Ladung von Zeugen und Sachverständigen	7. 8. 02	02 113
— Rechtsanwaltsgebührenordnung	14. 8. 01	01 261
— Rechtsverhältnisse in den deutschen Schutzgebieten	9. 11. 00	00 219
— Zulassung von Rechtsanwälten	20. 7. 01	01 246
— Zulassung des Dr. Rapp als Rechtsanwalt	26. 7. 01	01 251
— Zulassung des Voigts als Rechtsanwalt	24. 9. 03	03 177
— Zulassung des Dr. Koch als Rechtsanwalt	30. 9. 03	03 173
— Zustellungen, Zwangsvollstreckung und Kostenwesen	21. 6. 04	04 129

— VII —

Gerichtsbarkeit, Zustellungsersuchen des Gerichts	20. 12. 04	04 289
Gerichtsvollzieher, Beauftragung des Ketelsen mit den Geschäften eines —	13. 10. 04	04 229
Geschäftsverteilung der Richter	12. 11. 02	02 151
Gesundheitspolizeiliche Kontrolle der den Hafen von Tsingtau anlaufenden Schiffe (Verordnung)	13. 7. 04	04 153 173
— Aufhebung der — chinesischer Fahrzeuge	9. 10. 02	02 134
— Aufhebung der — für Schiffe aus Niutschuang	12. 11. 00	00 153
— desgl. für Schiffe aus Hongkong	15. 12. 00	00 199
— desgl. für Schiffe aus Osaka	2. 5. 01	01 150
— desgl. für Schiffe aus Port Arthur	2. 7. 01	01 221
— desgl. für Schiffe aus Amoy	16. 9. 01	01 272
— desgl. für Schiffe aus Hongkong, Futschau, Amoy und Swatau	29. 10. 01	01 286
— desgl. für Schiffe aus Niutschuang	28. 12. 01	02 2
— desgl. für Schiffe aus Canton, Manila, Hoihow, Formosa und Macao	17. 1. 02	02 7
— desgl. für Schiffe aus Schanghai, Tientsin und Tongku	9. 10. 02	02 134
— desgl. für Schiffe aus Südchina und Formosa, sowie aus Niutschuang, Bombay und Calcutta	9. 10. 02	02 135
— desgl. für Schiffe aus Hongkong, Swatau, Futschau, Amoy und Canton	27. 9. 04	04 216
— chinesischer Fahrzeuge	22. 7. 01	01 245
	18. 6. 02	02 91
— für Schiffe aus Hongkong	18. 4. 01	01 143
— für Schiffe aus Port Arthur	24. 6. 01	01 214
— für Schiffe aus Futschau	12. 7. 01	01 229
— für Schiffe aus Niutschuang	29. 10. 01	01 286
— für Schiffe aus Südchina und Formosa	27. 2. 02	02 25
— für Schiffe aus Niutschuang, Manila, Bombay und Calcutta	15. 4. 02	02 49
— für Schiffe aus Hongkong, Swatau, Futschau, Amoy und Canton	27. 7. 04	04 165
— für Schiffe aus Schanghai, Tientsin und Tongku	13. 6. 02	02 81 91
Gewerbescheine	10. 6. 02	02 83
	1. 11. 04	04 251
Glockentonne, vgl. Seefahrerbekanntmachung		
Gouvernementslazarett, Verbot der Ausübung der Jagd in der Umgebung des —	21. 8. 00	00 57
Gouvernementsschule, Ausgestaltung der —	2. 4. 02	02 41
— Schulgeld in der —	15. 12. 02	02 167
Gouverneur, Ernennung des Kapitäns zur See Truppel zum — von Kiautschou	20. 2. 01	
	8. 6. 01	01 189
Grundsteuern, Erhebung von —	1. 1. 99	00 31
— Erhebung von chinesischen — im Kiautschougebiete	5. 5. 04	04 85
Grundstücke, Abänderung und Ergänzung der Rechte an — im Kiautschou-Gebiet	31. 12. 03	04 1
— Auslegung des Geländes am grossen Hafen zum Verkauf	18. 10. 04	04 230
— Ausführungsbestimmungen über die Rechte an — in den deutschen Schutzgebieten	30. 11. 02	03 51
— Bebauungsfrist der bis zum 31. Dezember 1901 gekauften —	9. 1. 03	03 5
— Kostenberechnung für Vermarkung von Pacht —	25. 6. 04	04 139

— VIII —

Grundstücke, Neueinschätzung des Landes	7. 3. 02	02 29
	1. 10. 04	04 215
— Rechte an — im Kiautschou-Gebiete	30. 3. 03	03 67
— Rechte an — in den deutschen Schutzgebieten	21. 11. 02	03 9
— Rechtsverhältnisse an — im Kiautschougebiete	2. 9. 98	00 51
— Wiederherstellung von Eigentumsgrenzen	19. 10. 01	01 281
Grundstückshandzeichnungen, Ausfertigung amtlicher —	24. 1. 99	00 37
Güterrechtsregister, Einrichtung des —	27. 11. 02	02 159
— Führung des —	4. 8. 03	03 139
Hafen, Ansteuerung des kleinen —	4. 03	03 75
— Aufstellung eines Pegels an Mole I	27. 9. 04	04 217
— Ausdehnung der Verordnung über Laden und Löschen auf die schwimmende Brücke und auf Teile des kleinen —	14. 5. 04	04 96
— Auslegung des Geländes am grossen — zum Verkauf	18. 10. 04	04 230
— Beleuchtung der Schiffe bei Nacht	29. 10. 01	01 286
— Benutzung der Brücke im kleinen —	28. 9. 01	01 273
		275
— Berechnung einer Masstonne	15. 11. 04	04 265
— Freigabe eines Teils der Mole I	1. 3. 04	04 39
— Freigabe der schwimmenden Brücke	14. 5. 04	04 95
— Laden und Löschen von Kauffahrteischiffen	19. 2. 04	04 25
— Strandungsangelegenheiten	19. 12. 01	01 303
— Teilweise Aufhebung der Gebührenordnung für die Brücke im kleinen —, sowie Aufhebung der Leuchtfeuer- und Hafenabgabe nach der Verordnung vom 2. September 1898	19. 2. 04	04 31
— Verpachtung von Land an der Zufahrtsstrasse zur Mole I	24. 3. 04	04 57
— Zollabfertigung am kleinen —	2. 1. 02	02 5
Hafenabgabe, Aufhebung der — nach der Verordnung vom 2. September 1898	19. 2. 04	04 31
— Ermässigung der — beim Laden und Löschen von Waren bis zu 100 Tonnen	8. 6. 04	04 119
Hafengebühren für Kauffahrteischiffe unter Reichsdienstflagge	16. 7. 04	04 157
— für Laden und Löschen von Ballast	22. 7. 04	04 165
Handelsregister, Führung des —	4. 8. 03	03 139
Handzeichnungen, Ausfertigung amtlicher Grundstücks —	24. 1. 99	00 37
Hasen, Eröffnung der Jagd auf —	17. 9. 00	00 87
	21. 10. 01	01 283
	16. 10. 02	02 137
	22. 10. 03	03 183
	1. 9. 04	04 205
— Schonzeit der —	12. 2. 01	01 57
	29. 1. 02	02 11
	20. 1. 03	03 14
	1. 2. 04	04 15
Hausanschlüsse an die Regenwasserkanalisation	23. 1. 02	02 10
— an die Wasserleitung	29. 2. 04	04 39
Heultonne, vgl. Seefahrerbekanntmachung		

— IX —

Hökerboote, Gebühren für —	10. 6. 02	02 83
	1. 11. 04	04 251
— Verkehr von —	10. 6. 02	02 86
	1. 11. 04	04 255
Hornvieh, Aufhebung des Verbots der Einfuhr von lebendem — aus Schanghai	10. 3. 01	01 99
— Verbot der Einfuhr von lebendem — aus Schanghai	2. 10. 00	00 101
Hotelwirtschaften, Betrieb von —	10. 6. 02	02 86
	1. 11. 04	04 255
— Gebühren für —	10. 6. 02	02 83
	1. 11. 04	04 251
Holzkohle, Brennen von —	23. 11. 04	04 285
Hsiau ni wa, Auslegung von Land in Taitungtschen und bei — für die Arbeiterbevölkerung	26. 6. 01	01 213
Huangtau, Aufhebung des Jagdprivilegs der Gebrüder Längner auf der Insel —	4. 2. 04	04 15
— Jagdprivileg der Gebrüder Längner auf der Jnsel —	24. 8. 01	01 263
Hufeisenriff, vgl. Seefahrerbekanntmachung		
Hunde, Maulkorbzwang	19. 5. 03	03 96
Hundesperre	19. 4. 02	02 57
	16. 6. 02	02 83
	25. 2. 03	03 33
— Aufhebung der —	31. 5. 02	02 77
	11. 9. 02	02 123
	19. 5. 03	03 96
Hundesteuer	9. 4. 02	02 43
Jagd, Ausübung der —	16. 10. 99	00 73
	1. 11. 04	04 260
— Ausführungsbestimmungen zur Verordnung über Ausübung der —	15. 11. 04	04 261
— auf Hasen, vgl. Hasen		
— Schutz der Fasanen	3. 10. 04	04 221
— Verbot der Ausübung der — in der Umgebung des Gouvernementslazaretts	21. 8. 00	00 57
— Zu beachtende Bestimmungen bei Ausübung der —	23. 10. 01	01 283
Jagdprivileg der Gebrüder Längner auf der Insel Huangtau	24. 8. 01	01 263
— Aufhebung des — der Gebrüder Längner auf der Jnsel Huangtau	4. 2. 04	04 15
Jamenbrücke, Freigabe der —	17. 10. 00	00 115
Japanisch-russischer Krieg, Neutralität Dautschlands im —	13. 2. 04	04 23
Impfung, vgl. Schutzpocken —		
Kabel, Beschädigung der — beim Ankerwerfen	30. 12. 01	02 1
— in der Auguste Viktoria-Bucht	20. 12. 00	00 210
	15. 1. 01	01 25

— X —

Käsch-Stücke, Chinesische Zehn —	22. 7. 04	04 163
Kaffeehäuser, Betrieb von —	1. 11. 04	04 255
— Gebühren für —	1. 11. 04	04 251
Kanalisation, Anlage einer Schmutzwasser —	22. 6. 01	01 207
— Hausanschlüsse an die Regenwasser —	23. 1. 02	02 10
Karren, Gebühren für —	10. 6. 02	02 83
	1. 11. 04	04 251
— Verkehr von —	10. 6. 02	02 86
	1. 11. 04	04 255
Katasterauszüge, Ausfertigung von —	24. 10. 00	00 123
Kauffahrteischiffe, Hafengebühren für — unter Reichs-Dienstflagge	16. 7. 04	04 157
— Laden und Löschen von —	19. 2. 04	04 25
Kehrzwang für Schornsteine	14. 12. 04	04 295
Ketelsen, Beauftragung des — mit den Geschäften eines Gerichtsvollziehers	13. 10. 04	04 229
Kiefernbestände, das Raupen zum Schutze der —	29. 6. 04	04 139
Kleiner Hafen vgl. Hafen		
Koch, Zulassung des Dr. — als Rechtsanwalt	30. 9. 03	03 173
Kohle, Brennen von Holz —	23. 11. 04	04 285
Kommittee, provisorische Errichtung eines chinesischen —	15. 4. 02	02 59
Konkursordnung, Anwendung der — beim Konkurse Fu tsy an	19. 2. 01	01 69
— Anwendung der — beim Konkurse Hu tschang keng	8. 1. 02	02 3
Konsulargerichtsbarkeit, Gesetz über die —	7. 4. 00	01 62
		71
		84
— Einführung zum Gestz über die —	25 10. 00	01 94
Kontrolle, gesundheitspolizeiliche — der Schiffe vgl. Gesundheitspolizeiliche Kontrolle		
Konzerthäuser, Betrieb von chinesischen —	10. 6. 02	02 86
	1. 11. 04	04 255
— Gebühren für chinesische —	10. 6. 02	02 83
	1. 11. 04	04 251
Kostenwesen, Zustellungen, Zwangsvollstreckung und das —	21. 6. 04	04 129
Krankheiten, Anzeigepflicht bei ansteckenden —	5. 7. 00	00 16
	10. 9. 03	03 159
Kreischen der Schiebkarren	6. 8. 01	01 255
Kriegsschiffe, Entwaffnung der im Hafen liegenden russischen —	15. 8. 04	04 185
Kronprinzenstrasse, Benennung der —	15. 11. 00	00 153
Kulilöhne und Transportmittel im Landbezirk	1. 10. 04	04 216
Laden und Löschen von Kauffahrteischiffen im Hafen von Tsingtau	19. 2. 04	04 25
— Ausdehnung der Verordnung über — auf die schwimmende Brücke und Teile des kleinen Hafens	14. 5. 04	04 96
— Berechnung einer Masstonne	15. 11. 04	04 265
— Ermässigte Hafenabgabe beim — von Waren bis zu 100 Tonnen	8. 6. 04	04 119
— Hafenabgaben für Kauffahrteischiffe unter Reichsdienstflagge	16. 7. 04	04 157
— Hafengebühren für — von Ballast	22. 7. 04	04 165
Ladungen von Zeugen und Sachverständigen	7. 8. 02	02 113

— XI —

Längner, Jagdprivileg der Gebrüder — auf der Insel Huangtau	24. 8. 01	01 263
— Aufhebung des Jagdprivilegs der Gebrüder — auf der Insel Huangtau	4. 2. 04	04 15
Lagepläne, Kosten für Anfertigung von —	10. 3. 01	01 99
Lagerung, Land für — von Dynamit	29. 6. 04	04 139
— von Petroleum	15. 1. 99	00 58
Land, Auslegung des — am grossen Hafen zum Verkauf	18. 10. 04	04 230
— Auslegung von — in Taitungtschen und bei Hsiau ni wa für die Arbeiterbevölkerung	26. 6. 01	01 213
— für Dynamitlagerung	29. 6. 04	04 139
— für Lagerschuppen für Petroleum auf der Halbinsel von Sau tschou tan	24. 3. 04	04 57
— Neueinschätzung des —	7. 3. 02	02 29
	1. 10. 04	04 215
— Verfahren beim Ankauf von —	14. 6. 00	00 7
— Verpachtung von — an der Zufahrtsstrasse zur Mole I	24. 3. 04	04 57
Landerwerb im deutschen Kiautschou-Gebiete	2. 9. 98	00 14
Landübertragungen unter der chinesischen Bevölkerung	5. 5. 04	04 83
Larz, Betrieb einer Apotheke durch —	2. 1. 01	01 1
Lastwagen, Gebühren für —	10. 6. 02	02 83
	1. 11. 04	04 251
— Verkehr von —	10. 6. 02	02 86
	1. 11. 04	04 255
Lauschan, Sicherung des Waldbestandes im —	23. 11. 04	04 283
Lazarett, vgl. Gouvernementslazarett		
Lehmann, Ausübung der Gerichtsbarkeit durch —	13. 8. 04	04 215
Leichter, Gebühren für —	10. 6. 02	02 83
	1. 11. 04	04 251
— Verkehr von —	10. 6. 02	02 86
	1. 11. 04	04 255
Leitungen, Beschädigungen der elektrischen —	23. 7. 02	02 109
Leuchtfeuer, vgl. Seefahrerbekanntmachung		
Leuchtfeuerabgabe, Aufhebung der — nach der Verordnung vom 2. September 1898	19. 2. 04	04 31
Litsun, schwarze Pocken in der Umgegend von —	29. 5. 02	02 73
Löschen, vgl. Laden		
Löschordnung, Garnisonfeuer —	23. 3. 03	03 59
Lotsenwesen, vgl. Laden		
Lotterieen, Bestimmungen über —	1. 11. 04	04 255
— Gebühren für —	1. 11. 04	04 251
Luxuswagen, Gebühren für —	1. 11. 04	04 251
— Verkehr von —	1. 11. 04	04 255
Madsen, Bestellung des — zum Trichinenschauer	2. 4. 02	02 41
Masstonne, Berechnung einer —	15. 11. 04	04 265
Maulkorbzwang	19. 5. 03	03 96
Medikamente, Gebühren für den Verkauf von chinesischen —	1. 11. 04	04 251
Meldepflicht vgl. Wehrpflicht		
Militärische Geheimnisse, Verrat —	7. 9. 04	04 205

Militärpflicht vgl. Wehrpflicht		
Mittelostchinesische Zeit, Einführung der —	5. 1. 03	03 1
Mole I, Aufstellung eines selbst registrierenden Pegels an —	27. 9. 04	04 217
— Freigabe eines Teils der —	1. 3. 04	04 39
— Laden und Löschen von Kauffahrteischiffen	19. 2. 04	04 25
— Verpachtung von Land an der Zufahrtsstrasse zur —	24. 3. 04	04 57
Müll, Fäkalien- und — Abfuhr	1. 5. 02	02 65
Münzsorten im chinesischen Geschäftsverkehr	22. 7. 04	04 164
Munition, Bestimmungen für den Handel mit —	1. 11. 04	04 255
— Gebühren für den Handel mit —	1. 11. 04	04 251
Nationale des chinesischen Dienstpersonals	12. 3. 02	02 29
Nebelsignalstationen	14. 5. 03	03 95
Neubauten, Chinesische —	16. 2. 03	03 29
Neueinschätzung des Landes	7. 3. 02	02 29
	1. 10. 04	04 215
Neutralität Deutschlands im russisch-japanischen Kriege	13. 2. 04	04 23
Neujahrsfest, Feuerwerk am chinesischen —	1. 2. 04	04 17
Nordflach, vgl. Seefahrerbekanntmachung		
Notare, Berichtigung in der Dienstanweisung für —	1. 8. 04	04 169
— Dienstanweisung für die —	3. 5. 03	03 85
— Dienstaufsicht über die —	18. 2. 03	03 85
— Ernennung des Rechtsanwalts Dr. Rapp zum —	3. 5. 03	03 90
Observatorium, Wettertelegramme des — Zikawei	26. 2. 03	03 39
Opium, als Wegzehrung mitgeführtes —	13. 10. 04	04 229
— Ausführungsbestimmungen für den Konsum von —	23. 1. 00	00 94
— Einfuhr und Kontrolle von —	23. 1. 00	00 93
— Verordnung	11. 3. 02	02 37
— Vertrieb des zubereiteten — durch die Firma San tsching tsch'un	3. 4. 02	02 41
— Zusätze zu den Ausführungsbestimmungen für den Konsum von —	15. 9. 00	00 95
Ostpassstrasse, Verkehr auf der —	17. 7. 01	01 244
Pachtgrundstücke, Kostenberechnung für Vermarkung und Aufmessung von —	25. 6. 04	04 139
Packete, vgl. Postpackete		
Passagiergepäck, Zollbefreiung für —	6. 9. 02	02 123
Pegel, Aufstellung eines — auf Mole I	27. 9. 04	04 217
Pensionäre, Aufnahme von — in Familien	27. 2. 02	02 25
Petroleum, Lagerung von —	15. 1. 99	00 58
— Land für Lagerschuppen für — auf der Halbinsel Sau tschou tan	24. 3. 04	04 57

— XIII —

Pfandhäuser, Betrieb von chinesischen —	10. 6. 02	02 86
	1. 11. 04	04 255
— Gebühren für chinesische —	10. 6. 02	02 83
	1. 11. 04	04 251
Pferdeställe	1. 4. 01	01 127
Pockenimpfung vgl. Schutzpockenimpfung		
Pocken, schwarze Pocken in der Umgegend von Litsun	29. 5. 02	02 73
Polizeibeamte der Bahn vgl. Bahnpolizeibeamte		
Polizeiordnung der Bahn	20. 12. 01	01 305
Polizeiwesen, Ordnung des — in Tsingtau	14. 6. 00	00 5
Portotaxen beim Postamt Kiautschou (Stadt)	23. 5. 01	01 169
Post, Bestellgebühr für das Abtragen der Zeitungen durch die —	28. 12. 04	04 300
Postagentur, Errichtung einer — in Tsangk'ou	4. 4. 01	01 128
Postamt, Errichtung eines — in Tsinanfu	1. 4. 04	04 69
— Zuschlag für Zahlung in Scheidemünzen beim —	30. 4. 03	03 83
Postdampfer, Einlaufsignale für —	20. 3. 03	03 62
	24. 12. 04	04 300
Postdirektion, deutsche — in Schanghai	27. 3. 02	02 35
Postfächer, verschliessbare Abholungsfächer	22. 10. 03	03 184
Postpackete, Gebühren für — innerhalb des Schutzgebietes	11. 2. 02	02 21
— Zollamtliche Behandlung der — seitens des Postamts	25. 12. 03	03 209
— Zollamtliche Behandlung der — seitens des Zollamts	23. 12. 03	03 209
— Zollkontrolle der —	16. 7. 03	03 130
Postschlüsse, Bekanntgabe der —	23 2. 01	01 69
	8. 4. 04	04 69
Postwertzeichen, Ausgabe von neuen —	1. 4. 01	01 128
— Preis der —	15. 12. 01	01 303
Privileg, Jagd — der Gebrüder Längner auf der Insel Huangtau	24. 8. 01	01 263
— Aufhebung des Jagd — der Gebrüder Längner auf der Insel Huangtau	4. 2. 04	04 15
Produkte, Umpackung chinesischer —	26. 3. 02	02 47
Provisorische zollamtliche Bestimmungen über Binnenschiffahrt	19. 8. 04	04 193
Provisorische Zusatzbestimmung zu den provisorischen zollamtlichen Bestimmungen	20. 4. 01	01 142 Beilage
Prüfungsverfahren bei Schankerlaubnisgesuchen	7. 10. 04	04 225
Quarantäne, vgl. Gesundheitspolizeiliche Kontrolle		
Quittungen, Stempelung chinesischer —	8. 7. 02	02 106
Radfahrer, Führung eines Lichtes durch — in der Dunkelheit	5. 12. 02	02 163
Rapp, Ernennung des Rechtsanwalts — zum Notar	3. 5. 03	03 90
— Zulassung der Dr. — als Rechtsanwalt	26. 7. 01	01 251
Raupen, das — zum Schutze der Kiefernbestände	29. 6. 04	04 139
Rechte an Grundstücken in den deutschen Schutzgebieten	21. 11. 02	03 9

Rechte an Grundstücken, Ausführungsbestimmungen über die — in den deutschen Schutzgebieten	30. 11. 02	03 51
— im Kiautschougebiete	30. 3. 03	03 67
— Abänderung und Ergänzung der — im Kiautschougebiete	31. 12. 03	04 1
Rechtsanwälte, Zulassung von —	20. 7. 01	01 246
Rechtsanwalt, Ernennung des — Dr. Rapp zum Notar	3. 5. 03	03 90
— Zulassung des Dr. Rapp als —	26. 7. 01	01 251
— Zulassung des Voigts als —	24. 9. 03	03 177
— Zulassung des Dr. Koch als —	30. 9. 03	03 173
Rechtsanwalts-Gebührenordnung	14. 8. 01	01 261
Rechtspflege vgl. Gerichtsbarkeit		
Rechtsverhältnisse an Grundstücken im Kiautschougebiete	2. 9. 98	00 51
— in den deutschen Schutzgebieten	9. 11. 00	00 219
— der chinesischen Angehörigen der Chinesentruppe	20. 12. 01	01 305
Regenwasserkanalisation, Hausanschlüsse an die —	23. 1. 02	02 10
Reichsdienstflagge, Hafengebühren für Schiffe unter —	16. 7. 04	04 157
Reichskonkursordnung vgl. Konkursordnung		
Rentenberechtigte, Verpflichtungen der unfall — Inländer im Auslande	23. 1. 02	02 8
Revidierter Einfuhrzolltarif, vgl. zollamtliche Bekanntmachung		
Richardt, Bestellung des Spediteurs — zum Auktionator	23. 5. 02	02 73
Richter, Geschäftsverteilung der —	12. 11. 02	02 151
— Standesamtliche Beurkundungen durch die —	8. 3. 01	01 99
Rikschas, Gebühren für —	10. 6. 02	02 83
	1. 11. 04	04 251
— Verkehr von —	10. 6. 02	02 86
	1. 11. 04	04 255
Rosenberger, Ausübung der Gerichtsbarkeit durch —	3. 3. 04	04 79
Ruderboote, Gebühren für —	10. 6. 02	02 83
	1. 11. 04	04 251
— Verkehr von —	10. 6. 02	02 86
	1. 11. 04	04 255
Rückzollbescheinigungen	13. 9. 01	01 272
Russich-Japanischer Krieg, Neutralität Deutschlands im —	13. 2. 04	04 23
Russische Kriegsschiffe, Entwaffung der im Hafen liegenden —	15. 8. 04	04 185
Sachverständige, Ladung von —	7. 8. 02	02 113
Sampans, Gebühren für —	10. 6. 02	02 83
	1. 11. 04	04 251
— Verkehr von —	10. 6. 02	02 86
	1. 11. 04	04 255
Sand, Entnahme von — am Strande	10. 7. 00	00 15
	11. 7. 00	00 16
	12. 10. 00	00 107
	8. 11. 00	00 142
	10. 12. 00	00 199
	5. 9. 01	01 266
— Entnahme von — an der Haipomündung	10. 10. 04	04 225
Sau tschu tan, Land für Petroleumschuppen auf der Halbinsel —	24. 3. 04	04 57
Schanghai, Deutsche Postdirektion in —	27. 3. 02	02 35

— XV —

Schanghai, Scharlachepidemieen in — und Tschifu	8. 5. 02	02 66
		69
Schankerlaubnisgesuche, Prüfungsverfahren bei —	7. 10. 04	04 225
Schankwirtschaften, Betrieb von —	10. 6. 02	02 86
	1. 11. 04	04 255
— Gebühren für —	10. 6. 02	02 83
	1. 11. 04	04 251
Scharlachepidemieen in Schanghai und Tschifu	8. 5. 02	02 66
		69
Scheidemünzen, Zuschlag für Zahlung in — beim Postamte	30. 4. 03	03 83
Schiebkarren, Kreischende —	6. 8. 01	01 255
Schiessübung, Seepolizeiverordnung während der Geschütz — im Jahre 1903	26. 8. 03	03 151
Schiffahrt, Zollamtliche Bestimmungen über - auf Binnengewässern	19. 8. 04	04 193
Schiffe, ärztliche Untersuchung der — vgl. Gesundheitspolizeiliche Kontrolle		
— Beleuchtung der — bei Nacht	29. 10. 01	01 286
— Hafengebühren für Kauffahrtei — unter Reichsdienstflagge	16. 7. 04	04 157
— Laden und Löschen von Kauffahrtei —	19. 2. 04	04 25
Schiffsregister, Führung des See —	4. 8. 03	03 139
Schlachthaus, Abänderung der Fleischschauordnung	25. 7. 01	01 245
— Bestellung des Madsen zum Trichinenschauer	2. 4. 02	02 41
Schlachtstunden des Schlachthauses	22. 10. 01	01 282
Schmutzwasserkanalisation, Anlage einer —	22. 6. 01	01 207
Schonungen, Betreten der —	27. 5. 99	00 74
Schonzeit der Hasen vgl. Hasen		
Schornstein, Kehrzwang für —	14. 12. 04	04 295
Schüler, Aufnahme auswärtiger — in Familien	27. 2. 02	02 25
Schule, Ausgestaltung der Gouvernements —	2. 4. 02	02 41
Schulgeld in der Gouvernementsschule	15. 12. 02	02 167
Schutzgebietsgesetz	25. 7. 00	01 60
Schutzpockenimpfung	17. 6. 02	02 101
— für Chinesen	17. 6. 02	02 105
— Termine für — der Chinesen	11. 2. 03	03 24
	4. 2. 04	04 16
Schwarze Pocken in der Umgegend von Litsun	29. 5. 02	02 73
Schwimmende Brücke, Ausdehnung der Verordnung über Laden und Löschen auf die	14. 5. 04	04 96
— Verkehrsübergabe der —	14. 5. 04	04 95
Seefahrerbekanntmachung, Ankerplätze in der Kiautschoubucht	8. 5. 01	01 155
— Ansteuerung der Arkonabrücke	17. 9. 00	00 90
— Ansteuerung des kleinen Hafens	4. 03	03 75
— Bake am Hufeisenriff	25. 6. 02	02 95
	21. 11. 02	02 151
	6. 6. 03	03 108
— Baken auf dem Barkass- und Tapautaufelsen	1. 9. 02	02 121
— Bojen am Nord- und Südflach	20. 9. 02	02 127
	5. 6. 03	03 108
— Bojen auf der Aussenrhede	21. 4. 02	02 62
	29. 12. 03	04 1
— Bojen im Tsang k'ouer Tief	20. 10. 03	03 184
— Farbstreifen des Leuchtturms Ju nui san	11. 3. 03	03 44

— XVI —

Seefahrerbekanntmachung, Fasstonnen zwischen Kap Jäschke und Leuchtturm	3. 12. 03	03 203
— Junuisan-Heultonne, Glockentonne und Bakengerüste am grossen Hafen	28. 6. 04	04 140
— Kabel in der Auguste Viktoria-Bucht	20. 12. 00	00 210
	15. 1. 01	01 25
— Laterne auf der Signalstation	30. 10. 03	03 189
— Leuchtfeuer	8. 10. 03	03 177
— Leuchtfeuer auf Junuisan	28. 11. 00	00 177
— Leuchtfeuer von Junuisan, auf dem Hufeisenriff und der Arkonainsel, Bojen des Tsangk'ouer- Tiefs und der Einfahrt zum grossen Hafen und Heultonne	12. 3. 04	04 53
— Provisorische Nebelsignalstationen	14. 5. 03	03 95
— Seezeichen an der Arkonainsel	16. 5. 03	03 95
— Tagesmarken auf Barkass- und Tapautaufelsen	23. 5. 03	03 99
— Veränderungen am Ts'angk'ouer Tief	13. 11. 04	04 285
Seemannskasse, Errichtung einer —	28. 6. 04	04 169
Seeschiffsregister, Führung des —	4. 8. 03	03 139
Seezeichen, vgl. Seefahrerbekanntmachung		
Segelboote, Gebühren für —	10. 6. 02	02 83
	1. 11. 04	04 251
— Verkehr von —	10. 6. 02	02 86
	1. 11. 04	04 255
Sicherung des Waldbestandes im Lauschan	23. 11. 04	04 283
Signale auf der Signalstation	29. 1. 02	02 12
— Einlauf — für Postdampfer	20. 3. 03	03 62
— Einlauf — für Dampfer und Postdampfer	24. 12. 04	04 300
— Sturmwarnungs —	24. 6. 03	03 115
Signalstation, Laterne auf der —	30. 10. 03	03 189
Signalstationen, Nebel —	14. 5. 03	03 95
Singvögel, Schutz der —	10. 10. 04	04 255
Sperre für Hunde, vgl. Hundesperre		
Sprengungen in der Nähe von Häusern	25. 1. 99	00 123
Standesamtliche Beurkundungen durch den Zivilkommissar und die Richter	8. 3. 01	01 99
Steinebrechen, Erlaubnisscheine zum —	12. 12. 01	01 300
	4. 6. 03	03 104
Stempelung chinesischer Verträge und Quittungen	8. 7. 02	02 106
Steuer, Hunde —	9. 4. 02	02 43
Steuern, Erhebung von — und Abgaben im deutschen Kiautschougebiet	2. 9. 98	00 23
— Erhebung von Grund —	1. 1. 99	00 31
— Erhebung von chinesischen Grund —	5. 5. 04	04 85
Sträucher, Feilhalten von Bäumen und — im Umherziehen	21. 6. 00	00 13
	12. 3. 03	03 43
Strandungsangelegenheiten	19. 12. 01	01 303
Strassen, Verkehr auf öffentlichen —	14. 11. 01	01 291
Strassenbenennung der Kronprinzenstrasse	15. 11. 00	00 153
Strassenbenennungen	4. 4. 01	01 127
Sturmwarnungssignale	24. 6. 03	03 115
Südflach, vgl. Seefahrerbekanntmachung		

— XVII —

Tagesmarken, vgl. Seefahrerbekanntmachung		
Tai hsi tschen, Benennung des Dorfes —	22. 11. 01	01 296
Tai tung tschen, Auslegung von Land in — und bei Hsiauniwa für die Arbeiterbevölkerung	26. 6. 01	01 213
— Verwaltung von —	15. 8. 04	04 187
Tapautaufelsen, vgl. Seefahrerbekanntmachung		
T'a pu t'ou, Inkraftsetzung der Chinesenordnung für —	9. 7. 00	00 13
Tarif des fiskalischen Wasserwerks für Zuleitungen	6. 9. 04	04 217
— Revidierter Einfuhrzoll — vgl. Zollamtliche Bekanntmachung		
Taxe für ärztliche Bemühungen	16. 10. 02	02 137
Tee, Zoll auf —	21. 7. 02	02 110
	14. 8. 02	02 115
Teehäuser, Betrieb von —	1. 11. 04	04 255
— Gebühren für —	1. 11. 04	04 251
Teilung von Besitzstücken nebst Kostentarif	18. 11. 98	00 32
Telegraphenbetrieb, Eröffnung des — Tsingtau-Kiautschou-Kaumi	1. 4. 04	04 64
Telegraphenschutz	20. 1. 02	02 9
Telephonbetrieb, Eröffnung des — Tsingtau-Kiautschou-Kaumi	1. 4. 04	04 64
Theater, Gebühren für chinesische —	10. 6. 02	02 83
	1. 11. 04	04 251
— Betrieb von chinesischen —	10. 6. 02	02 86
	1. 11. 04	04 255
Tonnen, vgl. Seefahrerbekanntmachung		
Transportmittel und Kulilöhne im Landgebiete	1. 10. 04	04 216
Trichinenschauer, Bestellung des Madsen zum —	2. 4. 02	02 41
Truppel, Ernennung des Kapitäns zur See — zum Gouverneur von Kiautschou	20. 2. 01	
	8. 6. 01	01 189
Ts'angk'ou, Errichtung einer Postagentur in —	4. 4. 01	01 128
Ts'angk'ouer Tief, vgl. Seefahrerbekanntmachung		
Tschangtschufu, Eröffnung von — für den Fremdenhandel	21. 5. 04	04 157
Tschifu, Scharlachepidemieen in Schanghai und —	8. 5. 02	02 66
		69
Tschoutsun, Eröffnung von — für den Fremdenhandel	18. 5. 04	04 95
Tsinanfu, Eröffnung eines deutschen Postamts in —	1. 4. 04	04 69
— Eröffnung von — für den Fremdenhandel	18. 5. 04	04 95
Übersetzung, Gebühren für chinesische —	13. 3. 02	02 31
Übertragung von Land unter der chinesischen Bevölkerung	5. 5. 04	04 83
Umpackung chinesischer Produkte	26. 3. 02	02 47
Unfallrentenberechtigte, Verpflichtungen der — Inländer im Auslande	23. 1. 02	02 8
Untersuchung, ärztliche — der Schiffe, vgl. Gesundheitspolizeiliche Kontrolle		
Verkauf, Auslegung des Geländes am grossen Hafen zum —	18. 10. 04	04 230
Verkehr auf der Ostpassstrasse	17. 7. 01	01 244
— auf öffentlichen Strassen	14. 11. 01	01 291

Vermarkung, Kosten für Anfertigung von Lageplänen	10. 3. 01	01 99
— Kosten für — von Pachtgrundstücken	25. 6. 04	04 139
— Schutz der Vermessungszeichen, sowie die — von Besitzstücken nebst Kostentarif	17. 10. 98	00 45
Vermessungszeichen, Schutz der — sowie die Vermarkung von Besitzstücken nebst Konstentarif	17. 10. 98	00 45
— Schutz der —	15. 9. 99	00 46
	1. 8. 02	02 113
Verpachtung von Land an der Zufahrtsstrasse zur Mole I	24. 3. 04	04 57
— von Land in Taitungtschen und Hsiauniwa für die Arbeiterbevölkerung	26. 1. 01	01 213
Verrat militärischer Geheimnisse	7. 9. 04	04 205
Verschiffung von Waren im Hafen von Tsingtau	8. 4. 02	02 49
Versteigerungen, Gebühren für —	10. 6. 02	02 83
	1. 11. 04	04 251
Verträge, Stempelung chinesischer —	8. 7. 02	02 106
Vertretung der Zivilgemeinde, Einrichtung einer —	13. 3. 99	00 58
Vertreter der Zivilgemeinde, Neuwahl der —	4. 3. 01	01 91
	3. 3. 02	02 27
	4. 3. 03	03 39
	27. 2. 04	04 39
— Namen der —	25. 3. 01	01 118
	25. 3. 02	02 35
	25. 3. 03	03 62
	25. 3. 04	04 58
— Ersatzwahl eines —	30. 9. 02	02 129
— Name des als Frsatz gewählten —	15. 10. 02	02 137
Verwaltung von Taitungtschen	15. 8. 04	04 187
Verzollung der mit der Bahn zu versendenden Waren	31. 3. 02	02 44
Vögel, Schutz der Sing —	10. 10. 04	04 225
Voigts, Zulassung des — als Rechtsanwalt	24. 9. 03	03 177
Waffen, Bestimmungen für den Handel mit —	1. 11. 04	04 255
— Gebühren für den Handel mit —	1. 11. 04	04 251
— Verbot der Einfuhr von — nach China	19. 11. 01	01 295
Waffentragen, Verbot des — durch Chinesen	24. 1. 00	00 37
	23. 7. 00	00 31
Wagen, Gebühren für —	10. 6. 02	02 83
	1. 11. 04	04 251
— Verkehr von —.	10. 6. 02	02 86
	1. 11. 04	04 255
Wahl des Chinesischen Kommittees, vgl. Chinesisches Kommitte		
— von Vertretern der Zivilgemeinde, vgl. Vertreter der Zivilgemeinde		
Waldbestand, Sicherung des — im Lauschan	23. 11. 04	04 283
Warnungssignale, Sturm —	24. 6. 03	03 115
Wasserabgabe	27. 5. 04	04 105
		123
Wasserboote, Gebühren für —	10. 6. 02	02 83
	1. 11. 04	04 251

— XIX —

Wasserboote, Verkehr von —	10. 6. 02	02 86
	1. 11. 04	04 255
Wasserleitung, Hausanschlüsse an die —	29. 2. 04	04 39
— Inbetriebsetzung der —	6. 9. 01	01 267
— Verbot der Benutzung von Bleirohren zur —	25. 11. 01	01 297
Wasserwerk, Anschluss an das — Haipo	29. 2. 04	04 39
— Bezug von Wasser aus dem fiskalischen —	18. 5. 04	04 106
		124
— Tarif des fiskalischen — für Zuleitungen	6. 9. 04	04 217
Wehrpflicht, Allerhöchste Verordnung betreffend Ableistung der — im Kiautschougebiete	27. 2. 99	00 65
— Ableistung der —	24. 4. 99	00 66
	2. 3. 01	01 91
— Ableistung der — und Meldepflicht		01 246
	12. 2. 02	02 20
	2. 2. 03	03 23
	26. 3. 04	04 63
— Ausstanderteilung an Militärpflichtige	8. 1. 00	00 67
— Meldepflicht der Personen des Beurlaubtenstandes	12. 5. 99	00 74
	21. 10. 01	01 287
— Meldung Militärpflichtiger	19. 4. 02	02 61
Weihsien, Eröffnung von — für den Fremdenhandel	18. 5. 04	04 95
Wettertelegramme des Observatoriums Zikawei	26. 2. 03	03 39
Wiederherstellung von Eigentumsgrenzen	19. 10. 01	01 281
Wirren, Alarmierung der Besatzung während der —	22. 6. 00	00 7
— Entschädigungsansprüche aus Anlass der —	24. 6. 02	02 95
	10. 7. 02	02 107
	1. 1. 03	03 1
	1. 7. 03	03 121
	26. 4. 04	04 80
Yamenbrücke, Freigabe der —	17. 10. 00	00 115
Zehn-Käsch-Stücke, Chinesische —	22. 7. 04	04 163
Zeit, Einführung der mittelostchinesischen —	5. 1. 03	03 1
Zeitungen, Bestellgebühr für das Abtragen der — durch die Post	28. 12. 04	04 300
Zeugen, Ladung von —	7. 8. 02	02 113
Ziegeleien	28. 3. 99	00 65
Zikawei, Wettertelegramme des Observatoriums —	26. 2. 03	03 39
Zivilgemeinde, Einrichtung einer Vertretung der —	13. 3. 99	00 58
— Wahl von Vertretern der —, vgl. Vertreter der —		
Zivilkommissar, Standesamtliche Beurkundungen durch den —	8. 3. 01	01 99
Zollamtliche Bestimmungen, Provisorische Zusatzbestimmung zu den provisorischen — für das deutsche Kiautschougebiet	20. 4. 01	01 142 Beilage
— über Dampfschiffahrt auf Binnengewässern	19. 4. 04	04 193
Zollamtliche Bekanntmachung Nr. 14, Einfuhrzoll von 5%	30. 10. 01	01 290
— Nr. 15, wie vorstehend	16. 11. 01	01 293

— XX —

Zollamtliche Bekanntmachung Nr. 16, Verbot der Einfuhr von Waffen nach China	19. 11. 01	01 295
— Nr. 19, Zollstelle am kleinen Hafen	2. 1. 02	02 5
— Nr. 21, provisorischer Tarif für Baumwollstoffe u. s. w.	31. 1. 02	02 16
— Nr. 24, zollseitige Abfertigung der mit der Bahn zu versendenden Waren	31. 3. 02	02 44
— Nr. 25, Umpackung chinesischer Produkte	26. 3. 02	02 47
— Nr. 29, Verschiffung von Waren im Hafen von Tsingtau	8. 4. 02	02 49
— Dschunkenbehandlung und Ausführungsbestimmungen für das Kiautschou-Zollamt		02 54
— Nr. 32, Zoll auf Tee	21. 7. 02	02 110
— Nr. 33, Zoll auf Tee	14. 8. 02	02 115
— Nr. 34, Zolldeklarationen für Eisenbahnfrachtgüter	18. 8. 02	02 115
— Nr. 35, Zollbefreiung für Passagiergepäck	6. 9. 02	02 123
— Nr. 37, Verzollung von Detailwaren auf dem Bahnhofe	9. 10. 02	02 134
— Nr. 38, Zollbefreiung für gedruckte chinesische Bücher	9. 10. 02	02 134
— Nr. 39, revidierter Einfuhrtarif	23. 10. 02	02 142
— Nr. 40, Bestimmungen, nach welchen Zoll zu entrichten ist	12. 12. 02	02 167
— Nr. 41, Erhebung der Zollgelder auf dem Zollamte	18. 12. 02	02 168
— Nr. 44, zollamtliche Behandlung der Post- und Frachtpackete	23. 12. 03	03 209
Zollbescheinigungen, Rück —	13. 9. 01	01 272
Zollkontrolle der Postpackete	16. 7. 03	03 130
Zufahrtsstrasse, Verpachtung von Land an der — zur Mole I	24. 3. 04	04 57
Zuleitungen, Tarif des fiskalischen Wasserwerks für —	6. 9. 04	04 217
Zustellungen, Zwangsvollstreckung und das Kostenwesen	21. 6. 04	04 129
Zustellungsersuchen des Gerichts	20. 12. 04	04 289
Zwangsvollstreckung, Ergänzung des Zwangsvollstreckungswesens	21. 9. 01	01 272
— Zustellungen, — und das Kostenwesen	21. 6. 04	04 129

Missionsdruckerei, Tsingtau.

1900—1904年《青岛官报》内容索引

（第二栏中的数字意思为法令和告白的日期，最后一栏是它们在《官报》中的年度和页码）

程序，铁路方面，需要用铁路卸载的货物	1901年 4月20日	01 142 副刊
费用，水	1904年 5月27日	14 105 123
费用，课税，——胶澳德属境内	1898年 9月 2日	00 23
取件箱，邮局内	1903年10月22日	03 184
排泄物，设施，——以及禁止污染地面	1900年12月22日	00 221
盖印，文约执照	1902年 7月 8日	02 106
医生劳务，费用表	1902年10月16日	02 137
医生检查，船只，参照健康警察检查		
传令，动乱时调动	1900年 6月22日	00 7
警报规定，志愿消防队	1903年 3月23日	03 58
——生效，对消防队	1903年 3月26日	03 62
购地，章程	1900年 6月14日	00 7
下锚地	1901年 5月 8日	01 155
修通，雨水干筒	1902年 1月23日	02 10
——房屋地块与自来水管连接	1904年 2月29日	04 39
要求，损害赔偿，动乱时期	1902年 6月24日	02 95
	1902年 7月10日	02 107
	1903年 1月 1日	03 1
	1903年 7月 1日	03 121
	1904年 4月26日	04 80
报明，传染病症	1900年 7月 5日	00 16
	1903年 9月10日	03 159

(续表)

药房,运营,由拉尔茨	1901年 1月 2日	01 1
药房,费用	1902年 6月10日	02 83
药店行业与药品使用	1900年11月 7日	00 141
——法令修订	1901年 7月 2日	01 221
	1902年 1月30日	02 12
工人,违反规定,中国的,仆人	1898年 7月 1日	00 57
工民,在台东镇和小泥洼起造,房屋	1901年 6月26日	01 213
阿克纳桥,驶向	1900年 9月17日	00 90
阿克纳岛,参加海员告白		
药品,参加药店行业		
拍卖,由李遐提承办	1902年 2月27日	02 25
发放,规条	1902年 5月23日	02 73
接收,外国学生,在家庭内	1904年11月 1日	04 255
——费用	1904年11月 1日	04 251
休整令,对兵役人员(参见兵役)	1900年 1月 8日	00 67
更衣室,奥古斯塔·维多利亚湾	1902年 5月17日	02 71
	1903年 5月13日	03 93
	1904年 4月12日	04 73
更衣室,开放,奥古斯塔·维多利亚湾	1901年 7月20日	01 236
树木,保养,花枝,游荡	1900年 6月21日	00 13
	1903年 3月12日	03 43
铁路运输货物,海关报关	1902年 8月18日	02 115
铁路巡查人员,委任	1902年 2月 1日	02 15
	1902年 2月28日	02 27
	1902年 4月 8日	02 44
	1903年 4月19日	03 115
铁路巡捕事宜章程	1901年12月20日	01 305
铁路方面的程序,用铁路卸载的商品	1901年 4月20日	01 142 副刊
铁路区域,禁止进入	1900年 8月 8日	00 51
铁路,卸载货物的清关	1902年 3月31日	02 44
浮标,参见海员告白		

(续表)

压舱物,港口装卸费用	1904年 7月22日	04 165
快艇礁,参见海员告白		
棉布,临时关税	1902年 1月31日	02 16
工部局员,凭单	1902年12月 1日	02 159
工务巡捕费项章程	1904年 5月27日	04 103
建造期限,1901年12月31日前购买的地块	1903年 1月 9日	03 5
贝麦,执行司法审判	1903年 4月20日	03 129
告白,海员,参见海员告白		
夜间时的船只照明	1901年10月29日	01 286
劳务,医生收费	1902年10月16日	02 137
街道命名	1901年 4月 4日	01 127
——皇太子街	1900年11月15日	00 153
——台西镇	1901年11月22日	01 296
采矿业,胶澳地区	1903年 5月16日	03 143
私人地界,椿石标记保护,及收费表	1898年10月17日	00 45
——分割,及收费表	1898年11月18日	00 32
——再次划定私有地产边界	1901年10月19日	01 281
投递费,投递在报纸	1904年12月28日	04 300
认证,户籍——通过民政长和法官	1901年 3月 8日	01 99
华民审判厅,分辖疆界,青岛、李村	1899年12月30日	00 81
取水,从国有水厂	1904年 5月28日	04 106 124
行驶内港,专章	1904年 8月19日	04 193
铅筒,禁止使用,用于自来水筒	1901年11月25日	01 297
污染地面,厕所,禁止	1900年12月23日	00 221
浮标,参见海员告白		
船只,费用	1902年 6月10日	02 83
	1904年11月 1日	04 251
——往来	1902年 6月10日	02 86
	1904年11月 1日	04 255

(续表)

打石头,准票	1901年12月12日	01 300
	1903年 6月 4日	03 104
烧制,木炭	1904年11月23日	04 285
邮票,参见邮票		
桥,驶向,阿克纳	1900年 9月17日	00 90
——推广,起落货物章程	1904年 5月14日	04 96
——使用,在小港	1901年 9月28日	01 273
——开放,衙门	1900年10月17日	00 115
——部分注销费款,小码头	1904年 2月19日	04 31
——活码头交付使用	1904年 5月14日	04 95
书籍,免关税,中文印刷	1902年10月 9日	02 134
中国,禁止进口武器	1901年11月19日	01 295
华民,牛痘接种,参见牛痘接种		
——禁止藏匿军械	1900年 1月24日	00 37
	1900年 7月23日	00 31
华民义地	1904年11月12日	04 261
——关闭城区内的华民义地	1904年11月14日	04 265
华民法,青岛城区(内外两界章程)	1900年 6月14日	00 1
——塔埠头告示	1900年 7月 9日	00 13
华人部队,华人成员法律情况	1901年12月20日	01 305
华民跟役,违反规定	1898年 7月 1日	00 57
华民工,台东镇小泥洼起造房屋	1901年 6月26日	01 213
华民,田地易主	1904年 5月 5日	04 83
中文印刷书籍,免关税	1902年10月 9日	02 134
中国船只,查明瘟疫	1901年 7月22日	01 245
	1902年 6月18日	02 91
——取消卫生警察检查	1902年10月 9日	02 134
中国饮料,营生执照费用	1902年 6月10日	02 83
	1904年11月 1日	04 251
华民地税,征收,德境	1904年 5月 5日	04 85

(续表)

中国戏园,开设	1902年 6月10日	02 86
	1904年11月 1日	04 255
——费用	1902年 6月10日	02 83
	1904年11月 1日	04 251
中药,销售费用	1904年11月 1日	04 251
华民新房	1903年 2月16日	03 29
中国当铺,开设	1902年 6月10日	02 86
	1904年11月 1日	04 255
——费用	1902年 6月10日	02 83
	1904年11月 1日	04 251
土货,改包	1902年 3月26日	02 47
中国执照,盖印	1902年 7月 8日	02 106
中国书馆,开设	1902年 6月10日	02 86
	1904年11月 1日	04 255
——费用	1902年 6月10日	02 83
	1904年11月 1日	04 251
华文翻译,书费	1902年 3月13日	02 31
中国文约,盖印,及发票	1902年 7月 8日	02 106
中国铜圆	1904年 7月22日	04 163
华人往来交易,钱项	1904年 7月22日	04 165
G4 华人服务人员,个人情况	1902年 3月12日	02 29
——违反规定	1898年 7月 1日	00 57
商务公局,临时设立	1902年 2月15日	02 59
——选举	1903年 1月30日	03 18
	1904年 2月 3日	04 16
中华年节,鞭炮	1904年 2月 1日	04 17
霍乱,参见对船只的健康警察检查		
民政区,参见民政区		
民政长,参见民政长		
克鲁森博士,执行司法审判权	1902年 9月29日	02 151

(续表)

(续表)

船只,费用	1902年 6月10日	02 83
	1904年11月 1日	04 251
——往来	1902年 6月10日	02 86
	1904年11月 1日	04 255
客船,入港信号	1904年12月24日	04 300
报关,海关,铁路运输货物	1902年 8月18日	02 115
银票,丢失的	1902年 4月29日	02 63
零售物品,清关,在火车站	1902年10月 9日	02 134
德国,中立,日俄战争	1904年 2月13日	04 23
业务说明,订正,公证员	1904年 8月 1日	04 169
——对公证员	1903年 5月 3日	03 85
事务监督,对公证员	1903年 2月18日	03 85
佣人,违反规定,华人	1898年 7月 1日	00 57
服务人员,个人情况,华人	1902年 3月12日	02 29
违反规定,华民跟役苦力	1898年 7月 1日	00 57
银洋,伪造	1900年 6月16日	00 7
垃圾处理		00 54
炸药,土地存储	1904年 6月29日	04 139
地基边界,再次划分	1901年10月19日	01 281
进口,禁止,来自上海的活牛	1900年10月 2日	00 101
——撤销禁令,来自上海的有角牲畜	1901年 3月10日	01 99
进口关税,参见海关告白		
进港信号,邮船	1903年 3月20日	03 62
——客船和邮船	1904年12月24日	04 300
评估,重新,土地	1902年 3月 7日	02 29
	1904年10月 1日	04 215
铁路,参见铁路(同义词)		
电线,损坏	1902年 7月23日	02 109
索赔要求,支付,动乱时期	1902年 6月24日	02 95
	1902年 7月10日	02 107
	1903年 1月 1日	03 1
	1903年 7月 1日	03 121
	1904年 4月26日	04 80

(续表)

解除武装,停在港内的俄国军舰	1904年 8月15日	04 185
传染病,应行报明传染病症	1900年 7月 5日	00 16
	1903年 9月10日	03 159
——猩红热,在上海和芝罘	1902年 5月 8日	02 66
		69
——黑天花,在李村周边	1902年 5月29日	02 73
打石头准票	1901年12月12日	01 300
	1903年 6月 4日	03 104
准票,参见营业执照		
凭单,工部局员	1902年12月 1日	02 159
欧人墓地	1904年11月 1日	04 241
倒粪和垃圾	1902年 5月 1日	02 65
车辆,费用	1904年11月 1日	04 251
——暗处挂灯	1902年12月 5日	02 163
——往来	1904年11月 1日	04 255
车辆,费用	1902年 6月10日	02 83
	1904年11月 1日	04 251
——往来	1902年 6月10日	02 83
	1904年11月 1日	04 255
家庭,接收外部儿童	1902年 2月27日	02 55
野鸡,保护	1904年10月 3日	04 221
桶式浮标,参见海员告白		
星期停公各日,应遵,每年	1902年10月 6日	02 132
保养,树木花枝,游荡	1900年 6月21日	00 13
	1903年 3月12日	03 43
电话,青岛—胶州—高密线路开张	1904年 4月 1日	04 64
浮椿,兵船	1902年 5月13日	02 69
消防条例,军队	1903年 3月23日	03 59
消防队,警报规定	1903年 3月23日	03 58
——警报规定生效	1903年 3月26日	03 62
鞭炮,中华年节	1904年 2月 1日	04 17

(续表)

渔船,费用	1902年 6月10日	02 83
	1904年11月 1日	04 251
渔船,往来	1902年 6月10日	02 86
	1904年11月 1日	04 255
肉食检查规定,修订	1901年 7月25日	01 245
筏子,费用	1902年 6月10日	02 83
	1904年11月 1日	04 251
——往来	1902年 6月10日	02 86
	1904年11月 1日	04 255
货运货物,铁路报关	1902年 8月18日	02 115
货运包裹,参见邮政包裹		
对外贸易,济南府、周村、潍县,开放	1904年 5月18日	04 95
——长沙府开放	1904年 7月21日	04 157
华人义地	1904年11月12日	04 261
——欧人墓地(墓地法)	1904年11月 1日	04 241
——关闭城区的华人义地	1904年11月14日	04 265
军队消防条例	1903年 3月23日	03 59
费用,华文翻译	1902年 3月13日	02 31
——通过邮局投递报纸	1904年12月28日	04 300
费项章程,工务巡捕	1904年 5月27日	04 103
——律师	1901年 8月14日	01 261
秘密,违反,军事	1904年 9月 7日	04 205
银票,丢失的	1902年 4月29日	02 63
经理,台东镇	1904年 8月15日	04 187
物权贸易协作登记,经营	1903年 8月 4日	03 139
行李,对旅客免关税	1902年 9月 6日	02 123
司法审判权,执行,在胶澳	1901年 6月 1日	01 246
——由克鲁森博士执行	1902年 9月29日	02 151
——由贝麦博士执行	1903年 4月20日	03 129
——由罗森博格执行	1904年 3月 3日	04 79
——由雷曼执行	1904年 8月13日	04 215

(续表)

——订正公证员工作指示	1904年 8月 1日	04 169
——公证员工作指示	1903年 5月 3日	03 85
——对公证员的工作监督	1903年 2月18日	03 85
——实行《领事裁判法》	1900年10月25日	01 94
——人名律师拉普博士为公证员	1903年 5月 3日	03 90
——实行物权、贸易、合作社和海船登记	1903年 8月 4日	03 139
——《领事裁判法》	1900年 4月 7日	01 62 71 84
——引入证人和专家	1902年 8月 7日	00 113
——律师收费规定	1901年 8月14日	01 261
——在德国保护地的法律情况	1900年11月 9日	00 219
——允许担任律师	1901年 7月20日	01 246
——允许拉普博士担任律师	1901年 7月26日	01 251
——允许佛格特担任律师	1903年 9月24日	03 177
——允许科赫博士担任律师	1903年 9月30日	03 173
——法律文书投递、强制执行和收费	1904年 6月21日	04 129
司法审判权,法庭文书投递申请	1904年12月20日	04 289
法庭执行人,委派凯特尔森执行	1904年10月13日	04 229
业务分配,法官	1902年11月12日	02 151
健康警察检查,在青岛港靠岸的船只(法令)	1904年 7月13日	04 153 173
——取消,中国船只	1902年10月 9日	02 134
——取消,来自牛庄的船只	1900年11月12日	00 153
——同样适用于来自香港的船只	1900年12月15日	00 199
——同样适用于来自大阪的船只	1901年 5月 2日	01 150
——同样适用于来自旅顺的船只	1901年 7月 2日	01 221
——同样适用于来自厦门的船只	1901年 9月16日	01 272
——同样适用于来自香港、福州、厦门和汕头的船只	1901年10月29日	01 286
——同样适用于来自牛庄的船只	1901年12月28日	02 2
——同样适用于来自广州、马尼拉、海口、台湾和澳门的船只	1902年 1月17日	02 7
——同样适用于来自上海、天津和塘沽的船只	1902年10月 9日	02 134

(续表)

——同样适用于来自华南、台湾以及牛庄、孟买和加尔各答的船只	1902年10月9日	02 135
——同样适用于来自香港、汕头、福州、厦门和广州的船只	1904年9月27日	04 216
——中国船只	1901年7月22日	01 245
	1902年6月18日	02 91
——对于来自香港的船只	1901年4月18日	01 143
——对于来自旅顺的船只	1901年6月24日	01 214
——对于来自福州的船只	1901年7月12日	01 229
——对于来自牛庄的船只	1901年10月29日	01 286
——对于来自华南和台湾的船只	1902年2月27日	02 25
——对于来自牛庄、马尼拉、孟买和加尔各答的船只	1902年4月15日	02 49
——对于来自香港、汕头、福州、厦门和广州的船只	1902年7月27日	04 165
——对于来自上海、天津和塘沽的船只	1902年6月13日	02 81 91
营生执照	1902年6月10日	02 83
	1904年11月1日	04 251
鼓形浮标,参见海员告白		
督署医院,禁止在周边打猎	1900年8月21日	00 57
督署学堂,设置	1902年4月2日	02 41
——学费	1902年12月15日	02 167
总督,人名都佩禄海军上校,胶澳	1901年2月20日	
	1901年6月8日	01 189
地税,征收	1899年1月1日	00 31
——征收华人,德属境内	1904年5月5日	04 85
地块,对权益的修订和补充,胶澳地区	1903年12月31日	04 1
——出售大港内的土地	1904年10月18日	04 230
——土地权益的执行规定,在德国保护地内	1902年11月30日	03 51
——在1901年12月31日前购买土地的建造期限	1903年1月9日	03 5
——租借(土地)标记费用	1904年6月25日	04 139
地块,重新进行土地估价	1902年3月7日	02 29
	1904年10月1日	04 215
——权益,在胶澳地区	1903年3月30日	03 67
——权益,在德国保护地内	1902年11月21日	03 9
——法律关系,在胶澳地区	1898年9月2日	00 51
——重新设立地基边界	1901年10月19日	01 281

(续表)

地块地图,官方制作	1899 年 1 月 24 日	00 37
物权登记,设立	1902 年 11 月 27 日	02 159
——进行	1903 年 8 月 4 日	03 139
港口,船只行驶,小港	1903 年 4 月	03 75
——在大港 1 号码头放置自登记水位计	1904 年 9 月 27 日	04 217
——《青岛码头各商船停泊起落货物章程》适用于活码头和小港部分区域	1904 年 5 月 14 日	04 96
——大港内土地,出售	1904 年 10 月 18 日	04 230
——船只在夜间的照明	1901 年 10 月 29 日	01 286
——使用小港内码头	1901 年 9 月 28 日	01 273 275
——吨位计算	1904 年 11 月 15 日	04 265
——部分启用一号码头	1904 年 3 月 1 日	04 39
——启用活码头	1904 年 5 月 14 日	04 95
——商船起落货物	1904 年 2 月 19 日	04 25
——搁浅情况	1901 年 12 月 19 日	01 303
——部分注销《大包岛小码头费款章程》及西历一千八百九十八年九月初二日所出《征收税课章程》	1904 年 2 月 19 日	04 31
——大码头一号堤岸路旁租地	1904 年 3 月 24 日	04 57
——货物查验,小港	1902 年 1 月 2 日	02 5
码头费款,征收,按照 1898 年 9 月 2 日的法令	1904 年 2 月 19 日	04 31
——优惠,装卸 100 吨以内的货物	1904 年 6 月 8 日	04 119
码头费款,悬挂帝国公务旗帜的商船	1904 年 7 月 16 日	04 157
——压舱物装卸	1904 年 7 月 22 日	04 165
贸易登记,进行	1903 年 8 月 4 日	03 139
地图,官方制作,地块	1899 年 1 月 24 日	00 37
兔子,开放打猎	1900 年 9 月 17 日	00 87
	1901 年 10 月 21 日	01 283
	1902 年 10 月 16 日	02 137
	1903 年 10 月 22 日	03 183
	1904 年 9 月 1 日	04 205
——保育	1901 年 2 月 12 日	01 57
	1902 年 1 月 29 日	02 11
	1903 年 1 月 20 日	03 14
	1904 年 2 月 1 日	04 15

(续表)

房屋连接,雨水下水道	1902年 1月23日	02 10
——自来水管道	1904年 2月29日	04 39
发声浮标,参见海员告白		
座头船,费用	1902年 6月10日	02 83
	1904年11月 1日	04 251
——往来	1902年 6月10日	02 86
	1904年11月 1日	04 255
有角牲畜,取消活体进口禁令,来自上海	1901年 3月10日	01 99
——活体进口禁令,来自上海	1900年10月 2日	00 101
饭店,经营	1902年 6月10日	02 86
	1904年11月 1日	04 255
——费用	1902年 6月10日	02 83
	1904年11月 1日	04 251
木炭,烧制	1904年11月23日	04 285
小泥洼,和台东镇起造房屋,工民	1901年 6月26日	01 213
黄岛,取消兰克纳兄弟岛上打猎优先权	1904年 2月 4日	04 15
——兰克纳兄弟岛上打猎优先权	1901年 8月24日	01 263
马蹄礁,参见海员告白		
狗,强制戴嘴笼头	1903年 5月19日	03 96
	1902年 4月19日	02 57
	1902年 6月16日	02 83
	1903年 2月25日	03 33
——取消	1902年 5月31日	02 77
	1902年 9月11日	02 123
	1903年 5月19日	03 96
狗税	1902年 4月 9日	02 43
打猎,进行	1899年10月16日	00 73
	1904年11月 1日	04 260
——《打猎法令》的执行规定	1904年11月15日	04 261
——猎兔,参见兔子		
——保护野鸡	1904年10月 3日	04 221
——禁止打猎,在督署医院周边	1900年 8月21日	00 57
——在打猎时需要注意的规定	1901年10月23日	01 283

(续表)

打猎优先权,兰克纳兄弟,在黄岛上	1901年 8月24日	01 263
——取消,兰克纳兄弟岛上打猎优先权	1904年 2月 4日	04 15
衙门桥,启用	1900年10月17日	00 115
日俄战争,德国中立	1901年 2月13日	04 23
接种,参见牛痘		
海底电线,损坏,抛锚时	1901年12月30日	02 1
——在奥古斯特·维多利亚湾	1900年12月20日	00 210
	1901年 1月15日	01 25
铜元,中国10文	1904年 7月22日	04 163
咖啡屋,经营	1904年11月 1日	04 255
——费用	1904年11月 1日	04 251
下水道,污水设施	1901年 6月22日	01 207
——房屋与雨水下水道连接	1902年 1月23日	02 10
车辆,费用	1902年 6月10日	02 83
	1904年11月 1日	04 251
——往来	1902年 6月10日	02 86
	1904年11月 1日	04 255
地籍册摘录,制作	1900年10月24日	00 123
商船,港口费,悬挂帝国公务旗帜	1904年 7月16日	04 157
——装卸	1904年 2月19日	04 25
强制清扫,烟囱	1904年12月14日	04 295
凯特尔森,委任,法庭执行人业务	1904年10月13日	04 229
保护松树,戕杀毛虫	1904年 6月29日	04 139
小港,参见港口		
科赫博士,准许担任律师	1903年 9月30日	02 173
碳,烧制,木头	1904年11月23日	04 285
委员会,临时设立,华民	1902年 4月15日	02 59
破产法,使用,付梓安破产案中	1901年 2月19日	01 69
——适用,胡长庚破产案	1902年 1月 8日	02 3
领事裁判,法律	1904年 4月 7日	01 62 71 84
——引入该项法律	1900年10月25日	01 94
检查,健康警察,船只,参见健康警察检查		

(续表)

戏园,开设,中国	1902年 6月10日	02 86
	1904年11月 1日	04 255
——费用,中国	1902年 6月10日	02 83
	1904年11月 1日	04 251
收费,文书投递,强制执行	1904年 6月21日	04 129
疾病,申明义务,传染	1900年 7月 5日	00 16
	1903年 9月10日	03 159
有响,小车	1901年 8月 6日	01 255
军舰,解除武装,停留在港口内的,俄国	1904年 8月15日	04 185
皇太子街,命名	1900年11月15日	00 153
苦力工资,脚钱,李村辖境	1904年10月 1日	04 216
起落,青岛码头各商船	1904年 2月19日	04 25
——推广《青岛码头各商船停泊起落货物章程》至活码头及小港部分地方	1904年 5月14日	04 96
——吨位计算	1904年11月15日	04 265
——港口费优惠,100吨以内的货物	1904年 6月 8日	04 119
——悬挂帝国公务旗帜的商船港口费	1904年 7月16日	04 157
——压舱物港口费	1904年 7月22日	04 165
传唤,证人和专家	1904年 8月 7日	02 113
兰格纳,兄弟,打猎优先权,在黄岛上	1901年 8月24日	01 263
——取消该兄弟的打猎优先权,在黄岛上	1904年 2月 4日	04 15
位置图,制作费用	1901年 3月10日	01 99
存储,土地,炸药	1904年 6月29日	04 139
——煤油	1899年 1月15日	00 58
土地,规划,位于大港,出售	1904年10月18日	04 230
——规划,位于台东和小泥洼,用于公民房屋	1901年 6月26日	01 213
——用于炸药存储	1901年 6月29日	04 139
——用于扫帚滩半岛上的煤油仓库	1904年 3月24日	04 57
——重新估价	1902年 3月 7日	02 29
	1904年10月 1日	04 215
——收购程序	1900年 6月14日	00 70
——租赁,一号堤岸路旁	1904年 3月24日	04 57

(续表)

置买田地,胶澳德属境内	1898年 9月 2日	00 14
田地易主,华民之间	1904年 5月 5日	04 83
拉茨,经营药房	1901年 1月 2日	01 1
推车,费用	1902年 6月 10日	02 83
	1904年 11月 1日	04 251
——往来	1902年 6月 10日	02 86
	1904年 11月 1日	04 255
崂山,振兴树木	1904年 11月 23日	04 283
医院,参见督署医院		
雷曼,执行司法审判权	1904年 8月 13日	04 215
驳船,费用	1902年 6月 10日	02 83
	1904年 11月 1日	04 251
——往来	1902年 6月 10日	02 86
	1904年 11月 1日	04 255
线路,损害,电	1902年 7月 23日	02 109
灯塔,参见海员告白		
灯塔费,征收,根据1898年 9月2日的法令	1904年 2月 19日	04 31
李村,周边,黑痘	1902年 5月 29日	02 73
卸货,参见装货		
消防条例,军营起火	1903年 3月 23日	03 59
领航,参见装货		
彩票,规定	1904年 11月 1日	04 255
——费用	1904年 11月 1日	04 251
豪华车,费用	1904年 11月 1日	04 251
——往来	1904年 11月 1日	04 255
马森,任命为旋毛虫检查官	1902年 4月 2日	02 41
吨位,计算	1904年 11月 15日	04 265
强制佩戴狗嘴笼头	1903年 5月 19日	03 96
药品,销售费用,中药	1904年 11月 1日	04 251
报到义务,参见兵役		
军事秘密,背叛	1904年 9月 7日	04 205

(续表)

兵役,参见兵役		
中国中东部时间,引入	1903年1月5日	03 1
一号码头,设置自登记水位计	1904年9月27日	04 217
——启用一部分	1904年3月1日	04 39
——商船装卸	1904年2月19日	04 25
——堤岸路旁租地	1904年3月24日	04 57
垃圾,粪便,清理	1902年5月1日	02 65
钱项,华人往来交易	1904年7月22日	04 64
弹药,交易规定	1904年11月1日	04 255
——交易费用	1904年11月1日	04 251
个人情况,华人服务人员	1903年3月12日	02 29
下雾信号站	1903年5月14日	03 95
新建筑,华人	1903年2月16日	03 29
重新估价,土地	1902年3月7日	02 29
	1904年10月1日	04 215
中立,德国,在日俄战争中	1904年2月13日	04 23
年节,鞭炮,中华	1904年2月1日	04 17
北部浅水,参见海员告白		
公证员,订正工作指示	1904年8月1日	04 169
——工作指示	1903年5月3日	03 85
——工作监督	1903年2月18日	03 85
——任命律师拉普博士担任	1903年5月3日	03 90
观象台,天气电报,徐家汇	1903年2月26日	03 39
烟土,途中应吸	1904年10月13日	04 229
——消费方面的执行规定	1900年1月23日	00 94
——进口及检查	1900年1月23日	00 93
——法令	1902年3月11日	02 37
——三晋春行承卖烟膏	1902年4月3日	02 41
——贩运洋土各药各项章程	1900年9月15日	00 95
东关街,往来	1901年7月17日	01 244
租赁土地,标记和测量费用计算	1904年6月25日	04 139

(续表)

包裹,参见邮政包裹		
客商行李,免税	1902年 9月 6日	02 123
水位计,设立,一号码头	1904年 9月27日	04 217
住宿,接收,在家中	1902年 2月27日	02 25
煤油,存储	1899年 1月15日	00 58
——用于仓库的土地,在扫帚滩半岛上	1904年 3月24日	04 57
当铺,经营,华人	1902年 6月10日	02 86
	1904年11月 1日	04 255
——费用,华人	1902年 6月10日	02 83
	1904年11月 1日	04 251
马厩	1901年 4月 1日	01 127
种痘,参见接种牛痘		
天花,在李村周边的黑痘	1902年 5月29日	02 73
巡查人员,铁路的,参见铁路巡查人员		
巡捕事宜章程,铁路	1901年12月20日	01 305
巡捕局,章程,青岛	1900年 6月14日	00 5
邮费,胶州邮政局(胶州城)	1901年 5月23日	01 169
邮局,报纸派送费用	1904年12月28日	04 300
邮政代办所,设立,在沧口	1901年 4月 4日	01 128
邮局,设立,在济南	1904年 4月 1日	04 69
——小洋增贴	1903年 4月30日	03 83
邮船,入港信号	1903年 3月20日	03 62
	1904年12月24日	04 300
邮政总局,德国,在上海	1902年 3月27日	02 35
邮政信箱,可上锁的取件信箱	1903年10月22日	03 184
邮政包裹,费用,在保护地范围内	1902年 2月11日	02 21
——海关处理,邮局方面	1903年12月25日	03 209
——海关处理,海关方面	1903年12月23日	03 209
——海关检查	1903年 7月16日	03 130
邮政连接,通知	1901年 2月23日	01 69
	1904年 4月 8日	04 69

(续表)

邮票,发行,新版	1901年 4月 1日	01 128
——价格	1901年12月15日	01 303
优先权,打猎,兰克纳兄弟,在黄岛上	1901年 8月24日	01 263
——取消,打猎,兰克纳兄弟,在黄岛上	1904年 2月 4日	04 15
商品,改包,华人	1902年 3月26日	02 47
临时海关规定,轮船行驶内港	1904年 8月19日	04 193
临时附加规定,临时关税规定	1901年 4月20日	01 142 副刊
查验程序,区内酒店申请	1904年10月 7日	04 225
隔离,参见健康警察检查		
文约,盖印,华民	1902年 7月 8日	02 106
自行车,天黑时挂灯	1902年12月 5日	02 163
拉普,任命该律师为公证员	1903年 5月 3日	03 90
——允许担任律师	1901年 7月26日	01 251
松毛虫,保护松林	1904年 6月29日	04 139
土地权益,在德国保护地内	1902年11月21日	03 9
土地权益,执行规定,在德国保护地内	1902年11月30日	03 51
——在胶澳地区	1903年 3月30日	03 67
——修改和补充,在胶澳地区	1903年12月31日	04 1
律师,许可	1901年 7月20日	01 246
律师,任命,拉普博士担任公证员	1903年 5月 3日	03 90
——批准拉普博士担任	1901年 7月26日	01 251
——批准沃伊茨博士担任	1903年 9月24日	03 177
——批准科赫博士担任	1903年 9月30日	03 173
律师收费规定	1901年 8月14日	01 261
司法,参见司法审判权		
法律关系,胶澳地区的土地	1898年 9月 2日	00 51
——在德国保护地内	1900年11月 9日	00 219
——华人部队的华人亲属	1901年12月20日	01 305
雨水下水道,房屋连接	1901年 1月23日	02 10
帝国公务旗,悬挂船只的港口费	1904年 7月16日	04 157
帝国破产法,参见破产法		

(续表)

退休人员,事故义务,在国外的国内人员	1902 年 1 月 23 日	02　　8
经修订的进口税率,参见海关告白		
李夏特,任命该运输商为拍卖师	1902 年 5 月 23 日	02　 73
法官,业务分配	1903 年 11 月 12 日	02 151
——尤其出具户籍认证	1901 年 3 月 8 日	01　 99
人力车,费用	1902 年 6 月 10 日	02　 83
	1904 年 11 月 1 日	04 251
——往来	1902 年 6 月 10 日	02　 86
	1904 年 11 月 1 日	04 255
罗森博格,行使司法审判权	1904 年 3 月 3 日	04　 79
橹船,费用	1902 年 6 月 10 日	02　 83
	1904 年 11 月 1 日	04 251
——往来	1903 年 6 月 10 日	02　 86
	1904 年 11 月 1 日	04 255
反清关证书	1901 年 9 月 13 日	01 272
日俄战争,德国中立	1904 年 2 月 13 日	04　 23
俄国军舰,解除武装,停留港内	1904 年 8 月 15 日	04 185
专家,传唤	1902 年 8 月 7 日	02 113
舢板,费用	1902 年 6 月 10 日	02　 83
	1904 年 11 月 1 日	04 251
——往来	1902 年 6 月 10 日	02　 86
	1904 年 11 月 1 日	04 255
沙子,取得,在海边	1900 年 7 月 10 日	00　 15
	1900 年 7 月 11 日	00　 16
	1900 年 10 月 12 日	00 107
	1900 年 11 月 8 日	00 142
	1900 年 12 月 10 日	00 199
	1901 年 9 月 5 日	01 266
——取得,在海泊河入海口	1904 年 10 月 10 日	04 225
扫帚滩,半岛上用于仓库的土地	1904 年 3 月 24 日	04　 57
上海,德国邮政总局	1902 年 3 月 27 日	02　 35

(续表)

上海,猩红热疫情,以及芝罘	1902年 5月 8日	02 66
		69
酒店经营申请,查验程序	1904年10月 7日	04 225
酒馆,经营	1902年 6月10日	02 86
	1904年11月 1日	04 255
——费用	1902年 6月10日	02 83
	1904年11月 1日	04 251
猩红热疫情,在上海和芝罘	1902年 5月 8日	02 66
		69
小洋,增贴,邮政局	1903年 4月30日	03 83
推车,有响	1901年 8月 6日	01 255
射击训练,海警法令,大炮,1903年	1903年 8月26日	03 151
轮船行驶,海关规定,内港	1904年 8月19日	04 193
船只,医生检查,参见卫生警察检查		
——照明,夜间	1901年10月29日	01 286
——商船港口费,悬挂帝国公务旗	1904年 7月16日	04 157
——商船装卸	1904年 2月19日	04 25
船只登记,执行,海洋	1903年 8月 4日	03 139
屠宰场,更易宰杀牛羊等兽章程	1901年 7月25日	01 245
——任命马森为旋毛虫检察官	1902年 4月 2日	02 41
屠宰时间,屠宰场	1901年10月22日	01 282
污水下水道,设施	1901年 6月22日	01 207
保育,进入	1899年 5月27日	00 74
保育期,兔子,参见兔子		
烟囱,强制清扫	1904年12月14日	04 295
学生,接收,外部,在家中	1902年 2月27日	02 25
学堂,设立,督署	1902年 4月 2日	02 41
学费,督署学堂	1902年12月15日	02 167
保护地法	1900年 7月25日	01 60
接种牛痘	1902年 6月17日	02 101
——对华人	1902年 6月17日	02 105
——时间,华人	1903年 2月11日	03 24
	1904年 2月 4日	04 16

(续表)

黑痘,在李村周边	1902年 5月29日	02	73
活码头,推广《起落货物章程》,至	1904年 5月14日	04	96
——交付交通	1904年 5月14日	04	95
海员告白,胶州湾内的下锚地	1901年 5月 8日	01	155
——靠上阿克纳桥	1900年 7月19日	00	90
——小港内行驶	1903年 4月	03	75
——马蹄礁畔的浮标	1902年 6月25日	02	95
	1902年11月21日	02	151
	1903年 6月 6日	03	108
——快艇礁和大鲍岛礁的浮标	1902年 9月 1日	02	121
——北部和南部浅滩的浮标	1902年 9月20日	02	127
	1903年 6月 5日	03	108
——锚地外侧	1902年 4月21日	02	62
	1903年12月29日	04	1
——沧口深水区的浮标	1903年10月20日	03	184
——游内山灯塔的彩条	1903年 3月11日	03	44
海员告白,叶世克角与灯塔之间的桶式浮标	1903年12月 3日	03	203
——游内山嗥叫浮标、大港的鼓式浮标和航标架	1904年 6月28日	04	140
——奥古斯特·维多利亚湾内的海底电线	1900年12月20日	00	210
	1901年 1月15日	01	25
——信号站的灯笼	1903年10月30日	03	189
——信号灯塔	1903年10月 8日	03	177
——游内山灯塔	1900年11月28日	00	177
——游内山、马蹄礁和阿克纳岛上的信号灯塔,沧口深水和大港入口的浮标和嚎叫浮标	1904年 3月12日	04	53
——临时下雾信号站	1903年 5月14日	03	95
——阿克纳岛附近的海洋标记	1903年 5月16日	03	95
——汽艇礁和大鲍岛礁上的白天标志	1903年 5月23日	03	99
——沧口深水区的修改	1904年11月13日	04	285
海员付款处,设立	1904年 6月28日	04	169
海船登记,执行	1903年 8月 4日	03	139
海洋标记			

(续表)

帆船,费用	1902年 6月10日	02 83
	1904年11月 1日	04 251
——往来	1902年 6月10日	02 86
	1904年11月 1日	04 255
振兴,崂山树木	1904年11月23日	04 283
信号,信号站	1902年 1月29日	02 12
——邮船入港	1903年 3月20日	03 62
——客船和邮船入港	1904年12月24日	04 300
——风暴警告	1903年 6月24日	03 115
信号站,灯笼	1903年10月30日	03 189
信号站,雾	1903年 5月14日	03 95
能啼之鸟,保护	1904年10月10日	04 255
牵狗,参见疯狗		
轰炸,地基	1899年 1月25日	00 123
户籍认证,由民政长和法官执行	1901年 3月 8日	01 99
打石,准票	1901年12月12日	01 300
	1903年 6月 4日	03 104
盖印,华民文约执照	1902年 7月 8日	02 106
狗,税	1902年 4月 9日	02 43
税,征收,在德属胶澳界内费用	1898年 9月 2日	00 23
——征收,地税	1899年 1月 1日	00 31
——征收,华民地税	1904年 5月 5日	04 85
花草,手持书目,游荡	1900年 6月21日	00 13
	1903年 3月12日	03 43
搁浅事宜	1901年12月19日	01 303
街道,公共,交通	1901年11月14日	01 291
街道命名,皇太子街	1900年11月15日	00 153
街道命名	1901年 4月 4日	01 127
风暴警告信号	1903年 6月24日	03 115
南部浅滩,参见海员告白		
白天标志,参见海员告白		
台西镇,村庄命名	1901年11月22日	01 296

(续表)

台东镇，以及小泥洼，起造工民房屋	1901年 6月26日	01 213
——管理	1904年 8月15日	04 187
大鲍岛礁，参见海员告白		
塔埠头，订立塔埠头告示	1900年 7月 9日	00 13
费率，从国有水厂引水	1904年 9月 6日	04 217
——经修订的进口税，参见海关告白		
费率，医生出诊	1902年10月16日	02 137
茶叶，关税	1902年 7月21日	02 110
	1902年 8月14日	02 115
茶馆，经营	1904年11月 1日	04 255
——费用	1904年11月 1日	04 251
分地，地主，费率	1898年11月18日	00 32
电报，开通，青岛－胶州－高密	1904年 4月 1日	04 64
电报保护	1902年 1月20日	02 9
电报保护，开通，青岛－胶州－高密	1904年 4月 1日	04 64
戏院，费用，华民	1902年 6月10日	02 83
	1904年11月 1日	04 251
——经营，华民	1902年 6月10日	02 86
	1904年11月 1日	04 255
浮标，参见海员告白		
脚钱，苦力工资，境内	1904年10月 1日	04 216
旋毛虫检查，指派马森担任	1902年 4月 2日	02 41
都佩禄，海军上校，被任命为胶澳总督	1901年 2月20日	
	1901年 6月 8日	01 189
沧口，设立邮政代办所	1901年 4月 4日	01 128
沧口深水区，参见海员告白		
长沙府，开放对外贸易	1904年 5月21日	04 157
芝罘，猩红热疫情，在上海	1902年 5月 8日	02 66 69
周村，开放对外贸易	1904年 5月18日	04 95
济南府，开设德国邮局	1904年 4月 1日	04 69
——开放对外贸易	1904年 5月18日	04 95

(续表)

翻译,中文,费用	1902年3月13日	02 31
易主,田地,华民	1904年5月5日	04 83
改包,中国产品	1902年3月26日	02 47
事故退休人,义务,身处国外的国内人	1902年1月23日	02 8
检查,医生,船只,参见卫生警察检查		
出卖,大码头附近地方	1904年10月18日	04 230
交通,东关街	1901年7月17日	01 244
——在公共街道	1901年11月14日	01 291
标记,制作位置图费用	1901年3月10日	01 99
——费用,租赁地块	1904年6月25日	04 139
——保护,以及测量标志,私有土地的,以及费率表	1898年10月17日	00 45
测量标志,保护,以及标记,私有土地的,以及费率表	1898年10月17日	00 45
——保护	1899年9月15日	00 46
	1902年8月1日	02 113
租赁,一号码头沿街土地	1904年3月24日	04 57
——台东镇和小泥洼的土地用于建造工民房屋	1901年1月26日	01 213
背叛,军事秘密	1904年9月7日	04 205
运送,货物,在青岛港	1902年4月8日	02 49
拍卖,费用	1902年6月10日	02 83
	1904年11月1日	04 251
文约,签章,华民	1902年7月8日	02 106
民事区代表,设立	1899年3月13日	00 58
民事区代表,重新选举	1901年3月4日	01 91
	1902年3月3日	02 27
	1903年3月4日	03 39
	1904年2月27日	04 39
——姓名	1901年3月25日	01 118
	1902年3月25日	02 35
	1903年3月25日	03 62
	1904年3月25日	04 58
——补充选举	1902年9月30日	02 129
——补充选举当选人姓名	1902年10月15日	02 137

(续表)

管理,台东镇	1904年 8月15日	04 187
清关,铁路运输商品	1902年 3月31日	02 44
鸟,能啼,保护	1904年10月10日	04 225
沃伊茨,批准担任律师	1903年 9月24日	03 177
武器,贸易,规定	1904年11月 1日	04 255
——贸易,费用	1904年11月 1日	04 251
——禁止向中国进口	1901年11月19日	01 295
藏匿武器,禁止,华民	1900年 1月24日	00 37
	1900年 7月23日	00 31
车辆,费用	1902年 6月10日	02 83
	1904年11月 1日	04 251
——往来	1902年 6月10日	02 86
	1904年11月 1日	04 255
选举,商务公局,参见商务公局		
——从民政区代表中,参见民政区代表		
树木,振兴,崂山	1904年11月23日	04 283
警报信号,风暴	1903年 6月24日	03 115
水费	1904年 5月27日	04 105
		123
装水船,费用	1902年 6月10日	02 83
	1904年11月 1日	04 251
装水船,往来	1902年 6月10日	02 86
	1904年11月 1日	04 255
自来水管道,房屋连接	1904年 2月29日	04 39
——开始使用	1901年 9月 6日	01 267
——禁止使用铅制水管	1901年11月25日	01 297
水厂,连接,海泊河	1904年 2月29日	04 39
——取水,从国有水厂	1904年 5月18日	04 106
		124
——国有水厂引水费率	1904年 9月 6日	04 217

(续表)

兵役,关于在胶澳服役的最高命令	1899年 2月27日	00 65
——服役	1899年 4月24日	00 66
——服役,报到义务	1901年 3月 2日	01 91 246
	1902年 2月12日	02 20
	1903年 2月 2日	03 23
	1904年 3月26日	04 63
——兵役义务人员休整	1900年 1月 8日	00 67
——度假状态人员报到义务	1899年 5月12日	00 74
	1900年10月21日	01 287
——义务兵役人员报到	1902年 4月19日	02 61
潍县,开放对外贸易	1904年 5月18日	04 95
天气电报,徐家汇天文台	1903年 2月26日	03 39
重新划分,地界	1901年10月19日	01 281
动乱,期间,动员占领军	1900年 6月22日	00 7
——损失赔偿要求,期间	1902年 6月24日	02 95
	1902年 7月10日	02 107
	1903年 1月 1日	03 1
	1903年 7月 1日	03 121
	1904年 4月26日	04 80
衙门桥,启用	1900年10月17日	00 115
十文铜元,中国	1904年 7月22日	04 163
时间,引入,中国中东部	1903年 1月 5日	03 1
报纸,投递费用,通过邮局	1904年12月28日	04 300
证人,传唤	1902年 8月 7日	02 113
砖厂	1899年 3月28日	00 65
徐家汇,天文台的天气电报	1903年 2月26日	03 39
民政区,设立代表处	1899年 3月13日	00 58
——选举代表,参见代表		
民政长,户籍认证	1901年 3月 8日	01 99
海关规定,临时,临时补充规定,适用于德属胶澳	1901年 4月20日	01 142 副刊
——关于内港船运	1904年 4月19日	04 193

(续表)

海关告白，第 14 号，5%的进口税	1901 年 10 月 30 日	01　290
——第 15 号，同上	1901 年 11 月 16 日	01　293
海关告白，第 16 号，禁止向中国进口武器	1901 年 11 月 19 日	01　295
——第 19 号，小港海关	1902 年　1 月　2 日	02　　5
——第 21 号，棉布等的临时关税税率	1902 年　1 月 31 日	02　 16
——第 24 号，海关方面对用铁路运输商品的措施	1902 年　3 月 31 日	02　 44
——第 25 号，改包中国商品	1902 年　3 月 26 日	02　 47
——第 29 号，青岛港内的商品运输	1902 年　4 月　8 日	02　 49
——胶海关对帆船处理和执行的规定		02　 54
——第 32 号，茶叶关税	1902 年　7 月 21 日	02　110
——第 33 号，茶叶关税	1902 年　8 月 14 日	02　115
——第 34 号，铁路运输商品的报关	1902 年　8 月 18 日	02　115
——第 35 号，旅客行李免关税	1902 年　9 月　6 日	02　123
——第 37 号，火车站零售商品的报关	1902 年 10 月　9 日	02　134
——第 38 号，中文印刷书籍免关税	1902 年 10 月　9 日	02　134
——第 39 号，经修订的进口税	1902 年 10 月 23 日	02　142
——第 40 号，缴纳关税的规定	1902 年 12 月 12 日	02　167
——第 41 号，在海关缴纳关税	1902 年 12 月 18 日	02　168
——第 44 号，对邮政和货运包裹的海关处理	1903 年 12 月 23 日	03　209
海关证明，回执	1901 年　9 月 13 日	01　272
海关检查，邮政包裹	1903 年　7 月 16 日	03　130
入口街道，一号码头租赁土地	1904 年　3 月 24 日	04　 57
引水，国有水厂费率	1904 年　9 月　6 日	04　217
法律文书投递，强制执行和收费	1904 年　6 月 21 日	04　129
法律文书投递申请，法院	1904 年 12 月 20 日	04　289
强制执行，强制执行方面的补充规定	1901 年　9 月 21 日	01　272
——法律文书投递和收费	1904 年　6 月 21 日	04　129

Chronologisches Inhaltsverzeichnis

des

Amtsblattes für das deutsche Kiautschou - Gebiet.
Jahrgänge 1900 bis einschl. 1904.

Datum	Inhalt.	Jahrgang	Seite
1. 7. 98	Verordnung, betreffend Dienstverletzung chinesischer Arbeiter und Dienstboten	00	57
2. 9. 98	Verordnung, betreffend Landerwerb im deutschen Kiautschougebiete	00	14
2. 9. 98	Verordnung, betreffend Erhebung von Steuern und Abgaben im deutschen Kiautschougebiete	00	23
2. 9. 98	Verordnung, betreffend Rechtsverhältnisse an Grundstücken	00	51
17. 10. 98	Bekanntmachung, betreffend Schutz der Vermessungszeichen, sowie die Vermarkung von Besitzstücken nebst Kostentarif	00	45
18. 11. 98	Bekanntmachung, betreffend Teilung von Besitzstücken nebst Kostentarif	00	32
1. 1. 99	Verordnung, betreffend Erhebung von Grundsteuern	00	31
15. 1. 99	Verordnung, betreffend Lagerung von Petroleum	00	58
24. 1. 99	Verordnung, betreffend Ausfertigung amtlicher Grundstücks-Handzeichnungen	00	37
25. 1. 99	Verordnung, betreffend Sprengungen in Häusernähe	00	123
27. 2. 99	Allerhöchste Verordnung, betreffend Ableistung der Wehrpflicht	00	65
13. 3. 99	Verordnung, betreffend Einrichtung einer Vertretung der Zivilgemeinde	00	58
28. 3. 99	Verordnung, betreffend Ziegeleien	00	65
24. 4. 99	Verordnung, betreffend Ableistung der Wehrpflicht	00	65
12. 5. 99	Verordnung, betreffend Meldepflicht der Personen des Beurlaubtenstandes	00	66
27. 5. 99	Verordnung, betreffend Betreten von Schonungen	00	74
15. 9. 99	Bekanntmachung, betreffend Schutz der Vermessungszeichen	00	46
16. 10. 99	Verordnung, betreffend Ausübung der Jagd	00	73
30. 12. 99	Bekanntmachung, betreffend Abgrenzung der Bezirksämter	00	81
8. 1. 00	Bekanntmachung, betreffend Ausstanderteilung an Militärpflichtige	00	67
23. 1. 00	Verordnung, betreffend Einfuhr und Kontrolle von Opium	00	93
23. 1. 00	Verordnung, betreffend Ausführungsbestimmungen für den Konsum von Opium	00	94
24. 1. 00	Verordnung, betreffend Verbot des Waffentragens durch Chinesen	00	37

Datum	Inhalt.	Jahrgang	Seite
7. 4. 00	Gesetz über die Konsulargerichtsbarkeit	01	62 71 84
14. 6. 00	Verordnung, betreffend Chinesenordnung für das Stadtgebiet Tsingtau	00	1
14. 6. 00	Verordnung, betreffend Ordnung des Polizeiwesens in Tsingtau	00	5
14. 6. 00	Verordnung, betreffend Verfahren beim Ankauf von Land	00	7
16. 6. 00	Bekanntmachung, betreffend nachgemachte Dollar	00	7
21. 6. 00	Polizeiverordnung, betreffend Feilhalten von Bäumen und Sträuchern im Umherziehen	00	13
22. 6. 00	Bekanntmachung, betreffend Alarmierung der Besatzung während der Unruhen	00	7
5. 7. 00	Verordnung, betreffend Anzeigepflicht bei ansteckenden Krankheiten	00	16
9. 7. 00	Verordnung, betreffend Inkraftsetzung der Chinesenordnung für T'a pu t'ou	00	13
10. 7. 00	Bekanntmachung, betreffend Verbot der Sandentnahme am Strande	00	15
10. 7. 00	Polizeiverordnung, betreffend Verbot der Sandentnahme am Strande	00	16
23. 7. 00	Bekanntmachung, betreffend Verbot des Waffentragens durch Chinesen	00	31
25. 7. 00	Schutzgebietsgesetz	01	60
8. 8. 00	Verordnung, betreffend Betreten des Bahnterrains	00	51
21. 8. 00	Verordnung, betreffend Verbot der Ausübung der Jagd in der Umgebung des Gouvernementslazaretts	00	57
15. 9. 00	Verordnung, betreffend Zusätze zu den Ausführungsbestimmungen für den Konsum von Opium	00	95
17. 9. 00	Verordnung, betreffend Eröffnung der Hasenjagd	00	87
17. 9. 00	Bekanntmachung für Seefahrer, betreffend Ansteuerung der Arkona-Brücke	00	90
2. 10. 00	Verordnung, betreffend Verbot der Einfuhr von lebendem Hornvieh aus Schanghai	00	101
12. 10. 00	Bekanntmachung, betreffend Sandentnahme am Strande	00	107
17. 10. 00	Bekanntmachung, betreffend Freigabe der Yamenbrücke	00	115
24. 10. 00	Bekanntmachung, betreffend Ausfertigung von Katasterauszügen	00	123
25. 10. 00	Verordnung zur Einführung zum Gesetz über die Konsulargerichtsbarkeit	01	94
7. 11. 00	Verordnung, betreffend das Apothekenwesen und den Verkehr mit Arzneimitteln	00	141
8. 11. 00	Bekanntmachung, betreffend Sandentnahme am Strande	00	142
9. 11. 00	Allerhöchste Verordnung, betreffend die Rechtsverhältnisse in den deutschen Schutzgebieten	00	219
12. 11. 00	Bekanntmachung, betreffend Aufhebung der Quarantäne für Schiffe aus Niutschuang	00	153
15. 11. 00	Bekanntmachung, betreffend Benennung der Kronprinzenstrasse	00	153
28. 11. 00	Bekanntmachung für Seefahrer, betreffend Leuchtfeuer auf Yunuisan	00	177
10. 12. 00	Verordnung, betreffend Sandentnahme am Strande	00	199
15. 12. 00	Bekanntmachung, betreffend Aufhebung der Quarantäne für Schiffe aus Hongkong	00	199

— 3 —

Datum	Inhalt.	Jahrgang	Seite
20. 12. 00	Bekanntmachung für Seefahrer, betreffend Kabel in der Klara-Bucht	00	210
23. 12. 00	Verordnung, betreffend Anlage von Aborten und Verbot von Bodenverunreinigung	00	221
2. 1. 01	Bekanntmachung, betreffend Betrieb einer Apotheke durch Larz	01	1
15. 1. 01	Bekanntmachung für Seefahrer, betreffend Kabel in der Klara-Bucht	01	25
12. 2. 01	Verordnung, betreffend Schonzeit der Hasen	01	57
19. 2. 01	Verordnung, betreffend Anwendung der Reichskonkursordnung beim Konkurse Fu tsy an	01	69
23. 2. 01	Bekanntmachung, betreffend Bekanntgabe der Postschlüsse	01	69
2. 3. 01	Bekanntmachung, betreffend Ableistung der Wehrpflicht im Kiautschougebiete	01	91
4. 3. 01	Bekanntmachung, betreffend Neuwahl von Vertretern der Zivilgemeinde	01	91
8. 3. 01	Erlass, betreffend Ermächtigung des Zivilkommissars und der Richter zur Vornahme standesamtlicher Beurkundungen	01	99
10. 3. 01	Verordnung, betreffend Aufhebung des Einfuhrverbots von lebendem Hornvieh aus Schanghai	01	99
10. 3. 01	Bekanntmachung, betreffend Kosten für Anfertigung von Lageplänen	01	99
25. 3. 01	Bekanntmachung, betreffend Bekanntgabe der Namen der Vertreter der Zivilgemeinde	01	118
1. 4. 01	Bekanntmachung, betreffend Pferdeställe	01	127
1. 4. 01	Bekanntmachung, betreffend neue Postwertzeichen	01	128
4. 4. 01	Bekanntmachung, betreffend Strassenbenennungen	01	127
4. 4. 01	Bekanntmachung, betreffend Errichtung einer Postagentur in Tsangk'ou	01	128
18. 4. 01	Verordnung, betreffend Quarantäne für Schiffe aus Hongkong	01	143
20. 4. 01	Bekanntmachung, betreffend provisorische Zusatzbestimmung zu den provisorischen zollamtlichen Bestimmungen	01	142 Beilage
20. 4. 01	Bekanntmachung, betreffend bahnseitige Abfertigung der mit der Bahn zu verladenden Waren	01	142 Beilage
2. 5. 01	Verordnung, betreffend Aufhebung der Quarantäne für Schiffe aus Osaka	01	150
8. 5. 01	Bekanntmachung für Seefahrer, betreffend Ankerplätze in der Kiautschoubucht	01	155
23. 5. 01	Bekanntmachung, betreffend Portotaxen beim Postamt Kiautschou (Stadt)	01	169
1. 6. 01	Dienstanweisung, betreffend Ausübung der Gerichtsbarkeit im Kiautschou-Gebiete	01	246
8. 6. 01	Allerhöchste Kabinetsordre vom 20. Februar 1901, betreffend Ernennung des Kapitäns zur See Truppel zum Gouverneur von Kiautschou	01	189
22. 6. 01	Bekanntmachung, betreffend Anlage einer Schmutzwasserkanalisation	01	207
24. 6. 01	Verordnung, betreffend Quarantäne für Schiffe aus Port Arthur	01	214

— 4 —

Datum	Inhalt.	Jahrgang	Seite
26. 6. 01	Bekanntmachung, betreffend Auslegung von Land in Taitungtschen und bei Hsiauniwa für die Arbeiterbevölkerung	01	213
2. 7. 01	Verordnung, betreffend Abänderung der Verordnung über das Apothekenwesen vom 7. November 1900	01	221
2. 7. 01	Verordnung, betreffend Aufhebung der Quarantäne für Schiffe aus Port Arthur	01	221
12. 7. 01	Verordnung, betreffend Quarantäne für Schiffe aus Futschau	01	229
17. 7. 01	Verordnung, betreffend Verkehr auf der Ostpassstrasse	01	244
20. 7. 01	Bekanntmachung, betreffend Freigabe des Badestrandes in der Auguste Viktoria-Bucht	01	236
20. 7. 01	Bekanntmachung, betreffend Zulassung von Rechtsanwälten	01	246
22. 7. 01	Bekanntmachung, betreffend gesundheitspolizeiliche Kontrolle chinesischer Fahrzeuge	01	245
25. 7. 01	Verordnung, betreffend Abänderung der Fleischschauordnung vom 4. Juni 1899	01	245
26. 7. 01	Bekanntmachung, betreffend Zulassung des Dr. Rapp als Rechtsanwalt	01	251
6. 8. 01	Verordnung, betreffend kreischende Schiebkarren	01	255
14. 8. 01	Rechtsanwaltsgebührenordnung	01	261
—. 8. 01	Bekanntmachung, betreffend Ableistung der Wehrpflicht bei der Besatzung des Kiautschou-Gebietes	01	263
24. 8. 01	Bekanntmachung, betreffend Jagdprivileg der Gebrüder Längner auf Huangtau	01	263
5. 9. 01	Verordnung, betreffend Entnahme von Sand am Strande	01	266
6. 9. 01	Bekanntmachung, betreffend Inbetriebsetzung der Wasserleitung	01	267
13. 9. 01	Bekanntmachung, betreffend Rückzollbescheinigungen	01	272
16. 9. 01	Verordnung, betreffend Aufhebung der Quarantäne für Schiffe aus Amoy	01	272
21. 9. 01	Verordnung, betreffend Ergänzung des Zwangsvollstreckungswesens	01	272
28. 9. 01	Bekanntmachung, betreffend Benutzung der Brücke im kleinen Hafen	01	273 275
19. 10. 01	Bekanntmachung, betreffend Wiederherstellung von Eigentumsgrenzen	01	281
21. 10. 01	Verordnung, betreffend Eröffnung der Hasenjagd	01	283
21. 10. 01	Verordnung, betreffend Meldung Militärpflichtiger	01	287
22. 10. 01	Bekanntmachung, betreffend Schlachtstunden im Schlachthause	01	282
23. 10. 01	Bekanntmachung, betreffend zu beachtende Bestimmungen bei Ausübung der Jagd	01	283
29. 10. 01	Bekanntmachung, betreffend Beleuchtung der vor Anker liegenden Schiffe in der Nachtzeit	01	286
29. 10. 01	Verordnung, betreffend Quarantäne für Schiffe aus Niutschuang	01	286
29. 10. 01	Verordnung, betreffend Aufhebung der Quarantäne für Schiffe aus Hongkong, Futschau, Amoy und Swatau	01	286
30. 10. 01	Zollamtliche Bekanntmachung Nr. 14, betreffend Einfuhrzoll von 5 %	01	290
14. 11. 01	Bekanntmachung, betreffend Verkehr auf öffentlichen Strassen	01	291
16. 11. 01	Zollamtliche Bekanntmachung Nr. 15, betreffend Einfuhrzoll von 5 %	01	293

Datum	Inhalt.	Jahr-gang	Seite
19. 11. 01	Zollamtliche Bekanntmachung Nr. 16, betreffend Verbot der Einfuhr von Waffen nach China	01	295
22. 11. 01	Bekanntmachung, betreffend Benennung des Dorfes Tai hsi tschen	01	296
25. 11. 01	Bekanntmachung, betreffend Verbot der Verwendung von Bleirohren zur Wasserleitung	01	297
12. 12. 01	Bekanntmachung, betreffend Erlaubnisscheine zum Steinebrechen	01	300
15. 12. 01	Bekanntmachung, betreffend Preis der Postwertzeichen	01	303
19. 12. 01	Verordnung, betreffend Strandungsangelegenheiten	01	303
20. 12. 01	Verordnung, betreffend Rechtsverhältnisse der chinesischen Angehörigen der Chinesentruppe	01	305
20. 12. 01	Bahnpolizeiordnung	01	305
28. 12. 01	Verordnung, betreffend Aufhebung der Quarantäne für Schiffe aus Niutschuang	02	2
30. 12. 01	Bekanntmachung, betreffend Beschädigung der Kabel beim Ankerwerfen	02	1
2. 1. 02	Zollamtliche Bekanntmachung Nr. 19, betreffend Zollabfertigung am kleinen Hafen	02	5
8. 1. 02	Verordnung, betreffend Anwendung der Reichskonkursordnung beim Konkurse Hu tschang keng	02	3
17. 1. 02	Verordnung, betreffend Aufhebung der Quarantäne für Schiffe aus Canton, Manila, Hoihow, Formosa und Macao	02	7
20. 1. 02	Verordnung, betreffend Telegraphenschutz	02	9
23. 1. 02	Bekanntmachung, betreffend Verpflichtungen unfallrentenberechtigter Inländer im Auslande	02	8
23. 1. 02	Verordnung, betreffend Hausanschlüsse an die Regenwasserkanalisation	02	10
29. 1. 02	Verordnung, betreffend Schonzeit der Hasen	02	11
29. 1. 02	Bekanntmachung, betreffend Signale auf der Signalstation	02	12
30. 1. 02	Verordnung, betreffend Abänderung der Verordnung über das Apothekenwesen und den Verkehr mit Arzneimitteln vom 7. November 1900	02	12
31. 1. 02	Zollamtliche Bekanntmachung Nr. 21, betreffend Provisorischer Tarif für Baumwollstoffe u. s. w.	02	16
1. 2. 02	Bekanntmachung, betreffend Ernennung von Bahnpolizeibeamten	02	15
11. 2. 02	Bekanntmachung, betreffend Gebühren für Postpackete innerhalb des Schutzgebietes	02	21
12. 2. 02	Bekanntmachung, betreffend Ableistung der Wehrpflicht im Schutzgebiete	02	20
27. 2. 02	Verordnung, betreffend Quarantäne für Schiffe aus Südchina und Formosa	02	25
27. 2. 02	Bekanntmachung, betreffend Aufnahme auswärtiger Schüler in Familien	02	25
28. 2. 02	Bekanntmachung, betreffend Ernennung eines Bahnpolizeibeamten	02	27
3. 3. 02	Bekanntmachung, betreffend Neuwahl der Vertreter der Zivilgemeinde	02	27
7. 3. 02	Bekanntmachung, betreffend Neueinschätzung des Landes	02	29
11. 3. 02	Verordnung, betreffend Opium	02	37
12. 3. 02	Bekanntmachung, betreffend Nationale des chinesischen Dienstpersonals	02	29

Datum	Inhalt.	Jahrgang	Seite
13. 3. 02	Bekanntmachung, betreffend Gebühren für chinesische Uebersetzungen	02	31
25. 3. 02	Bekanntmachung, betreffend Bekanntgabe der Namen der Vertreter der Zivilgemeinde	02	35
26. 3. 02	Zollamtliche Bekanntmachung Nr. 25, betreffend Umpackung chinesischer Produkte	02	47
27. 3. 02	Bekanntmachung, betreffend die Kaiserlich Deutsche Postdirektion Schanghai	02	35
31. 3. 02	Zollamtliche Bekanntmachung Nr. 24, betreffend Verzollung der mit der Eisenbahn zu versendenden Waren	02	44
2. 4. 02	Bekanntmachung, betreffend Ausgestaltung der Gouvernementsschule	02	41
2. 4. 02	Bekanntmachung, betreffend Bestellung des Madsen zum Trichinenschauer	02	41
3. 4. 02	Bekanntmachung, betreffend Vertrieb des zubereiteten Opiums durch die Firma San tsching tsch'un	02	41
8. 4. 02	Bekanntmachung, betreffend Ernennung eines Bahnpolizeibeamten	02	44
9. 4. 02	Verordnung, betreffend Hundesteuer	02	43
8. 4. 02	Zollamtliche Bekanntmachung Nr. 29, betreffend die Verschiffung von Waren im Hafen von Tsingtau	02	49
	Zollamtliche Bekanntmachung, betreffend Dschunkenbehandlung und Ausführungsbestimmungen für das Kiautschou-Zollamt.	02	54
15. 4. 02	Verordnung, betreffend Quarantäne für Schiffe aus Niutschuang Manila, Bombay und Calcutta	02	49
15. 4. 02	Verordnung, betreffend provisorische Errichtung eines chinesischen Kommittees	02	59
19. 4. 02	Polizeiverordnung, betreffend Hundesperre	02	57
19. 4. 02	Bekanntmachung, betreffend Meldung Militärpflichtiger	02	61
21. 4. 02	Bekanntmachung für Seefahrer, betreffend Bojen auf der Aussenrhede	02	62
29. 4. 02	Bekanntmachung, betreffend verloren gegangene Gelddepositen-Scheine während der Boxerunruhen	02	63
1. 5. 02	Verordnung, betreffend Fäkalien- und Müllabfuhr	02	65
8. 5. 02	Bekanntmachung, betreffend Scharlachepidemieen in Schanghai und Tschifu	02	66 69
13. 5. 02	Bekanntmachung, betreffend Festmachertonne für Kriegsschiffe	02	69
17. 5. 02	Bekanntmachung, betreffend Badehäuser in der Auguste Viktoria-Bucht	02	71
23. 5. 02	Bekanntmachung, betreffend Bestellung des Spediteurs Richardt zum Auktionator	02	73
29. 5. 02	Bekanntmachung, betreffend schwarze Pocken in der Umgegend von Litsun	02	73
31. 5. 02	Verordnung, betreffend Aufhebung der Hundesperre	02	77
10. 6. 02	Verordnung, betreffend Gewerbescheine	02	83
10. 6. 02	Polizeiverordnung, betreffend den Verkehr von Fahrzeugen, sowie den Betrieb von Schank- und Hotelwirtschaften, chinesischen Theatern und Konzerthäusern und Pfandhäusern	02	86

Datum	Inhalt.	Jahrgang	Seite
13. 6. 02	Bekanntmachung, betreffend ärztliche Untersuchung für Schiffe aus Schanghai, Tientsin und Tongku	02	81 91
16. 6. 02	Polizeiverordnung, betreffend Hundesperre	02	83
17. 6. 02	Verordnung, betreffend Schutzpockenimpfung	02	101
17. 6. 02	Bekanntmachung, betreffend Schutzpockenimpfung für Chinesen	02	105
18. 6. 02	Bekanntmachung, betreffend ärztliche Kontrolle chinesischer Fahrzeuge	02	91
24. 6. 02	Bekanntmachung, betreffend Auszahlung der Entschädigungsansprüche aus Anlass der Wirren	02	95
25. 6. 02	Bekanntmachung für Seefahrer, betreffend Bake auf dem Hufeisenriff	02	95
8. 7. 02	Bekanntmachung, betreffend Stempelung chinesischer Verträge	02	106
10. 7. 02	Bekanntmachung, betreffend Auszahlung der Entschädigungen aus Anlass der Wirren	02	107
21. 7. 02	Zollamtliche Bekanntmachung Nr. 32, betreffend Zoll auf Tee	02	110
23. 7. 02	Bekanntmachung, betreffend Beschädigungen der elektrischen Leitungen	02	109
1. 8. 02	Bekanntmachung, betreffend Schutz von Vermessungszeichen	02	113
7. 8. 02	Polizeiverordnung, betreffend Ladungen von Zeugen und Sachverständigen	02	113
14. 8. 02	Zollamtliche Bekanntmachung Nr. 33, betreffend Zoll auf Tee	02	115
18. 8. 02	Zollamtliche Bekanntmachung Nr. 34, betreffend Zolldeklarationen für Eisenbahnfrachtgüter	02	115
1. 9. 02	Bekanntmachung für Seefahrer, betreffend Baken auf den Barkass- und Tapautaufelsen	02	121
6. 9. 02	Zollamtliche Bekanntmachung Nr. 35, betreffend Zoll auf Passagiergepäck	02	123
11. 9. 02	Verordnung, betreffend Aufhebung der Hundesperre	02	123
20. 9. 02	Bekanntmachung für Seefahrer, betreffend Bojen am Nord- und Südflach	02	127
29. 9. 02	Bekanntmachung, betreffend Ermächtigung des Amtsrichters Dr. Crusen zur Ausübung der Gerichtsbarkeit	02	151
30. 9. 02	Bekanntmachung, betreffend Ersatzwahl eines Vertreters der Zivilgemeinde	02	129
6. 10. 02	Verordnung, betreffend Feststellung der allgemeinen Feiertage im Schutzgebiete	02	133
9. 10. 02	Zollamtliche Bekanntmachung Nr. 37, betreffend Verzollung von Detailwaren auf dem Bahnhofe	02	134
9. 10. 02	Zollamtliche Bekanntmachung Nr. 38, betreffend Zollbefreiung für gedruckte chinesische Bücher	02	134
9. 10. 02	Bekanntmachung, betreffend Aufhebung der ärztlichen Untersuchung für Schiffe aus Schanghai, Tientsin und Tongku, sowie für chinesische Fahrzeuge	02	134
9. 10. 02	Verordnung, betreffend Aufhebung der Quarantäne für Schiffe aus Südchina und Formosa, sowie aus Niutschuang, Bombay und Calcutta	02	135
15. 10. 02	Bekanntmachung, betreffend Wahl des Kaufmanns Miss zum Vertreter der Zivilgemeinde	02	137

Datum	Inhalt.	Jahrgang	Seite
16. 10. 02	Verordnung, betreffend Hasenjagd	02	137
16. 10. 02	Bekanntmachung, betreffend Taxe für ärztliche Bemühungen	02	137
23. 10. 02	Zollamtliche Bekanntmachung Nr. 39, betreffend Revidierter Einfuhr-Tarif	02	142
12. 11. 02	Bekanntmachung, betreffend Geschäftsverteilung der Richter	02	151
21. 11. 02	Bekanntmachung für Seefahrer, betreffend Bake am Hufeisenriff	02	151
21. 11. 02	Kaiserliche Verordnung, betreffend Rechte an Grundstücken in den deutschen Schutzgebieten	03	9
27. 11. 02	Verordnung, betreffend Einrichtung des Güterrechtsregisters	02	159
30. 11. 02	Verfügung zur Ausführung der Kaiserlichen Verordnung, betreffend Rechte an Grundstücken in den deutschen Schutzgebieten vom 21. November 1902	03	51
1. 12. 02	Bekanntmachung, betreffend Erkennungskarten der Beamten der Baupolizei	02	159
5. 12. 02	Bekanntmachung, betreffend Führung eines Lichtes an Fahrrädern während der Dunkelheit	02	163
12. 12. 02	Zollamtliche Bekanntmachung Nr. 40, betreffend Bestimmungen, nach welchen Zoll zu entrichten ist	02	167
15. 12. 02	Bekanntmachung, betreffend Schulgeld in der Gouvernementsschule	02	167
18. 12. 02	Zollamtliche Bekanntmachung Nr. 41, betreffend Erhebung der Zollgelder auf dem Zollamt	02	168
1. 1. 03	Bekanntmachung, betreffend Auszahlung von Entschädigungsansprüchen aus Anlass der Wirren	03	1
5. 1. 03	Bekanntmachung, betreffend Einführung der mittelostchinesischen Zeit	03	1
9. 1. 03	Bekanntmachung, betreffend Bebauungsfrist der bis zum 31. Dezember 1901 gekauften Grundstücke	03	5
20. 1. 03	Verordnung, betreffend Schonzeit der Hasen	03	14
30. 1. 03	Bekanntmachung, betreffend Wahl des chinesischen Kommittees	03	18
2. 2. 03	Bekanntmachung, betreffend Ableistung der Wehrpflicht im Schutzgebiete	03	23
11. 2. 03	Bekanntmachung, betreffend Termine für Schutzpockenimpfung für Chinesen	03	24
16. 2. 03	Bekanntmachung, betreffend chinesische Neubauten	03	29
18. 2. 03	Verordnung, betreffend die Dienstaufsicht über die Notare im Kiautschougebiete	03	85
25. 2. 03	Verordnung, betreffend Hundesperre	03	33
26. 2. 03	Bekanntmachung, beteffend Wettertelegramme des Observatoriums Zikawei	03	39
4. 3. 03	Bekanntmachung, betreffend Neuwahl der Vertreter der Zivilgemeinde	03	39
11. 3. 03	Bekanntmachung für Seefahrer, betreffend Farbstreifen des Leuchtturms Ju nui san	03	44
12. 3. 03	Verordnung, betreffend Feilhalten von Bäumen und Sträuchern im Umherziehen	03	43
20. 3. 03	Bekanntmachung, betreffend Einlaufsignale der Postdampfer bei Nacht	03	62

Datum	Inhalt.	Jahrgang	Seite
23. 3. 03	Alarmordnung für die Freiwillige Feuerwehr Tsingtau	03	58
23. 3. 03	Garnisonfeuerlöschordnung	03	59
25. 3. 03	Bekanntmachung, betreffend Bekanntgabe der Namen der Vertreter der Zivilgemeinde	03	62
26. 3. 03	Bekanntmachung, betreffend Intätigkeittreten der Freiwilligen Feuerwehr beim Löschen von Bränden	03	62
30. 3. 03	Verordnung, betreffend die Rechte an Grundstücken im Kiautschou-Gebiete	03	67
8. 4. 03	Bekanntmachung, betreffend Entrichtung der Hundesteuer	03	69
4. 03	Bekanntmachung für Seefahrer, betreffend Ansteuerung des kleinen Hafens von Tsingtau	03	75
20. 4. 03	Verordnung, betreffend Ermächtigung des Dr. Behme zur Ausübung der Gerichtsbarkeit	03	129
30. 4. 03	Bekanntmachung, betreffend Zuschlag für Zahlung in Scheidemünzen an den Postschaltern	03	83
3. 5. 03	Dienstanweisung für die Notare im Bezirk des Kaiserlichen Gerichts von Kiautschou	03	85
3. 5. 03	Bekanntmachung, betreffend Ernennung des Rechtsanwalts Dr. Rapp zum Notar	03	90
13. 5. 03	Bekanntmachung, betreffend Aufstellung von Badehäusern in der Auguste Viktoria-Bucht	03	93
14. 5. 03	Bekanntmachung für Seefahrer, betreffend Provisorische Nebelsignalstationen	03	95
16. 5. 03	Bekanntmachung für Seefahrer, betreffend Seezeichen an der Arkonainsel	03	95
16. 5. 03	Verordnung, betreffend Bergwesen im Kiautschou-Gebiete	03	143
19. 5. 03	Verordnung, betreffend Aufhebung der Hundesperre	03	96
19. 5. 03	Verordnung, betreffend Maulkorbzwang	03	96
23. 5. 03	Bekanntmachung für Seefahrer, betreffend Tagesmarken auf dem Barkass- und Tapautau-Felsen	03	99
4. 6. 03	Bekanntmachung, betreffend Erlaubnisscheine zum Steinebrechen	03	104
5. 6. 03	Bekanntmachung für Seefahrer, betreffend Bojen des Nord- und Südflachs	03	108
6. 6. 03	Bekanntmachung für Seefahrer, betreffend Entfernung der Bake des Hufeisenriffs	03	108
19. 6. 03	Bekanntmachung, betreffend Ernennung von Bahnpolizeibeamten	03	115
24. 6. 03	Bekanntmachung, betreffend Sturmwarnungssignale	03	115
1. 7. 03	Bekanntmachung, betreffend Auszahlung von Entschädigungsansprüchen aus Anlass der Wirren	03	121
16. 7. 03	Bekanntmachung, betreffend Zollkontrolle der Postpackete	03	130
4. 8. 03	Verordnung, betreffend Führung des Güterrechts-, Handels-, Genossenschafts- und Seeschiffsregisters im Schutzgebiet Kiautschou	03	139
26. 8. 03	Seepolizeiverordnung während der Geschütz-Schiessübung im Jahre 1903	03	151
10. 9. 03	Bekanntmachung, betreffend Anzeigepflicht bei ansteckenden Krankheiten	03	159
24. 9. 03	Bekanntmachung, betreffend Zulassung des Dr. Voigts als Rechtsanwalt	03	177

— 10 —

Datum	Inhalt.	Jahrgang	Seite
30. 9. 03	Bekanntmachung, betreffend Zulassung des Dr. Koch als Rechtsanwalt	03	173
8. 10. 03	Bekanntmachung für Seefahrer, betreffend Leuchtfeuer	03	177
20. 10. 03	Bekanntmachung für Seefahrer, betreffend Bojen im Tsangk'ouer Tief	03	184
22. 10. 03	Verordnung, betreffend Hasenjagd	03	183
22. 10. 03	Bekanntmachung, betreffend verschliessbare Abholungsfächer beim Postamte	03	184
30. 10. 03	Bekanntmachung für Seefahrer, betreffend Laterne auf der Signalstation	03	189
3. 12. 03	Bekanntmachung für Seefahrer, betreffend Fasstonnen zwischen Kap Jäschke und Leuchtturm	03	203
23. 12. 03	Zollamtliche Bekanntmachung Nr. 44, betreffend zollamtliche Behandlung der Post- und Frachtpackete	03	209
25. 12. 03	Bekanntmachung, betreffend zollamtliche Behandlung der Postpackete seitens des Postamts	03	209
29. 12. 03	Bekanntmachung für Seefahrer, betreffend Bojen auf der Aussenrhede von Tsingtau	04	1
31. 12. 03	Verordnung, betreffend Abänderung und Ergänzung der Verordnung betreffend Rechte an Grundstücken im Kiautschou-Gebiete	04	1
1. 2. 04	Verordnung, betreffend Schonzeit der Hasen	04	15
1. 2. 04	Bekanntmachung, betreffend Abbrennen von Feuerwerk am chinesischen Neujahrsfest	04	17
3. 2. 04	Bekanntmachung, betreffend Ersatzwahlen des Chinesenkommittees	04	16
4. 2. 04	Bekanntmachung, betreffend Termine für die Schutzpockenimpfungen	04	16
4. 2. 04	Bekanntmachung, betreffend Jagd auf Huangtau	04	15
13. 2. 04	Bekanntmachung, betreffend Neutralität Deutschlands im russisch-japanischen Kriege	04	23
19. 2. 04	Verordnung, betreffend Laden und Löschen von Kauffahrteischiffen im Hafen von Tsingtau	04	25
19. 2. 04	Verordnung, betreffend Ausserkraftsetzung der Gebührenordnung für Benutzung der Brücke des kleinen Hafens unter A der Bekanntmachung vom 28. September 1901, sowie der Leuchtfeuer- und Hafenabgabe nach §4 der Verordnung vom 2. September 1898	04	31
27. 2. 04	Bekanntmachung, betreffend Neuwahl der Vertreter der Zivilgemeinde	04	39
29. 2. 04	Bekanntmachung, betreffend Anschluss von Hausgrundstücken an die Wasserleitung	04	39
1. 3. 04	Bekanntmachung, betreffend Freigabe eines Teils der Mole I des grossen Hafens	04	39
3. 3. 04	Verordnung, betreffend Ermächtigung des Kriegsgerichtsrats Rosenberger zur Ausübung der Gerichtsbarkeit	04	79
12. 3. 04	Bekanntmachung für Seefahrer, betreffend Leuchtfeuer von Junuisan, auf dem Hufeisenriff und der Arkonainsel, Bojen des Tsangk'ouer-Tiefs und der Einfahrt zum grossen Hafen und Heultonne	04	54
24. 3. 04	Bekanntmachung, betreffend Verpachtung von Land an der Zufahrtsstrasse zur Mole I	04	57

Datum	Inhalt.	Jahrgang	Seite
24. 3. 04	Bekanntmachung, betreffend Land für Lagerschuppen für Petroleum auf der Halbinsel bei Sautschutan	04	57
25. 3. 04	Bekanntmachung, betreffend Bekanntgabe der Namen der Vertreter der Zivilgemeinde	04	58
26. 3. 04	Bekanntmachung, betreffend Meldung Militärpflichtiger und Ableistung der Wehrpflicht bei der Besatzung des Kiautschou-Gebietes	04	63
1. 4. 04	Bekanntmachung, betreffend Eröffnung des Telegraphen-und Telephon- Betriebs Tsingtau-Kiautschou-Kaumi	04	64
1. 4. 04	Bekanntmachung, betreffend Eröffnung eines deutschen Postamts in Tsinanfu	04	69
8. 4. 04	Bekanntmachung, betreffend Bekanntgabe der Postschlüsse	04	69
12. 4. 04	Bekanntmachung, betreffend Aufstellung von Badehäusern	04	73
26. 4. 04	Bekanntmachung, betreffend Auszahlung der Entschädigungsansprüche aus Anlass der Wirren	04	80
5. 5. 04	Verordnung, betreffend Landübertragungen unter der chinesischen Bevölkerung in dem deutschen Kiautschou-Gebiete	04	83
5. 5. 04	Verordnung, betreffend die Erhebung von chinesischen Grundsteuern in dem deutschen Kiautschou-Gebiete	04	85
14. 5. 04	Verordnung, betreffend Ausdehnung der Gebühren-Ordnung zur Verordnung, betreffend Laden und Löschen von Kauffahrteischiffen im Hafen von Tsingtau vom 19. Februar 1904 auf die schwimmende Brücke und auf Teile des kleinen Hafens	04	96
14. 5. 04	Bekanntmachung, betreffend schwimmende Anlegebrücke im grossen Hafen	04	95
18. 5. 04	Bekanntmachung, betreffend Eröffnung von Tsinanfu, Weihsien und Tschoutsun für den Fremdenhandel	04	95
27. 5. 04	Baupolizei-Gebühren-Ordnung	04	103
27. 5. 04	Verordnung, betreffend Wasserabgabe	04	105 123
28. 5. 04	Bekanntmachung, betreffend Bestimmungen über den Bezug von Wasser aus dem fiskalischen Wasserwerke	04	106 124
8. 6. 04	Bekanntmachung, betreffend Ermässigung der Hafenabgabe beim Löschen und Laden von Waren bis zu 100 Tons	04	119
21. 6. 04	Verordnung, betreffend die Zustellungen, die Zwangsvollstreckung und das Kostenwesen	04	129
25. 6. 04	Bekanntmachung, betreffend Kostenberechnung für Vermarkung und Aufmessung von Pachtgrundstücken	04	139
28. 6. 04	Verordnung, betreffend Errichtung einer Seemannskasse	04	169
28. 6. 04	Bekanntmachung für Seefahrer, betreffend die Junuisan-Heultonne, Glockentonne und Bakengerüste am grossen Hafen	04	140
29. 6. 04	Bekanntmachung, betreffend das Raupen zum Schutz der Kieferbestände	04	139
29. 6. 04	Bekanntmachung, betreffend Land für Dynamitlagerung	04	139
13. 7. 04	Verordnung, betreffend die gesundheitspolizeiliche Kontrolle der den Hafen von Tsingtau anlaufenden Schiffe	04	153 173

Datum	Inhalt.	Jahrgang	Seite
16. 7. 04	Bekanntmachung, betreffend Hafengebühren für Kauffahrteischiffe unter Reichsdienstflagge	04	157
21. 7. 04	Bekanntmachung, betreffend Eröffnung von Tschangtschufu für den Fremdenhandel	04	157
22. 7. 04	Verordnung, betreffend die chinesischen Zehn-Käschstücke	04	163
22. 7. 04	Bekanntmachung, betreffend die Münzsorten im chinesischen Geschäftsverkehr	04	164
22. 7. 04	Bekanntmachung, betreffend Hafengebühren für Ballast-Nehmen und Löschen im grossen Hafen	04	165
27. 7. 04	Bekanntmachung, betreffend Quarantäne für Schiffe aus Hongkong, Swatau, Futschau, Amoy und Canton	04	165
1. 8. 04	Bekanntmachung, betreffend Berichtigung eines Druckfehlers in der Dienstanweisung für die Notare im Bezirk des Kaiserlichen Gerichts von Kiautschou	04	169
13. 8. 04	Verordnung, betreffend Ermächtigung des Gerichtsassessors Lehmann zur Ausübung der Gerichtsbarkeit	04	215
15. 8. 04	Bekanntmachung, betreffend Entwaffnung der im Hafen von Tsingtau liegenden 4 russischen Kriegsschiffe	04	185
15. 8. 04	Bekanntmachung, betreffend Verwaltung von Taitungtschen	04	187
19. 8. 04	Zollamtliche Bekanntmachung, betreffend besondere Bestimmungen über Dampfschiffahrt auf Binnengewässern	04	193
1. 9. 04	Verordnung, betreffend Hasenjagd	04	205
6. 9. 04	Bekanntmachung, betreffend Tarif des fiskalischen Wasserwerks für Zuleitungen	04	217
7. 9. 04	Bekanntmachung, betreffend Hinweis auf das Reichsgesetz gegen den Verrat militärischer Geheimnisse	04	205
27. 9. 04	Bekanntmachung, betreffend Aufhebung der Quarantäne für Schiffe aus Hongkong, Swatau, Futschau, Amoy und Canton	04	216
27. 9. 04	Bekanntmachung, betreffend Aufstellung eines selbstregistrierenden Pegels an Mole I	04	217
1. 10. 04	Bekanntmachung, betreffend Neueinschätzung des Landes	04	215
1. 10. 04	Bekanntmachung, betreffend Transportmittel und Kulilöhne im Landbezirk	04	216
3. 10. 04	Verordnung, betreffend Schutz der Fasanen	04	221
7. 10. 04	Bekanntmachung, betreffend Beschränkung des Prüfungsverfahrens bei Schankkonzessionsgesuchen auf den Polizeibezirk Tsingtau	04	225
10. 10. 04	Verordnung, betreffend Schutz der Singvögel	04	225
10. 10. 04	Bekanntmachung, betreffend Verbot der Sandentnahme an der Haipomündung	04	225
13. 10. 04	Bekanntmachung, betreffend das als Wegzehrung mitgeführte Opium	04	229
13. 10. 04	Bekanntmachung, betreffend Beauftragung des Gerichtskanzlisten Ketelsen mit Wahrnehmung der Geschäfte eines Gerichtsvollziehers	04	229
18. 10. 04	Bekanntmachung, betreffend Auslegung des Geländes am grossen Hafen zum Verkauf	04	230
1. 11. 04	Verordnung, betreffend den Europäer-Friedhof (Friedhofsordnung)	04	241
1. 11. 04	Verordnung, betreffend Gewerbescheine	04	251

Datum	Inhalt.	Jahrgang	Seite
1. 11. 04	Verordnung, betreffend den Verkehr von Fahrzeugen, den Betrieb von Schank-und Hotelwirtschaften, chinesischen Theatern und Konzerthäusern und Pfandhäusern, sowie die Veranstaltung von Lotterieen und Ausspielungen	04	255
1. 11. 04	Verordnung, betreffend Ausübung der Jagd	04	260
12. 11. 04	Verordnung, betreffend Chinesen-Friedhof	04	261
14. 11. 04	Bekanntmachung, betreffend Schliessung der chinesischen Friedhöfe im Stadtgebiete	04	265
15. 11. 04	Bekanntmachung, betreffend Ausführungsbestimmungen zur Verordnung, betreffend Ausübung der Jagd	04	261
15. 11. 04	Bekanntmachung, betreffend Berechnung einer Masstonne	04	265
13. 11. 04	Bekanntmachung, betreffend Veränderungen am Tsang k'ouer Tief	04	285
23. 11. 04	Bekanntmachung, betreffend Sicherung des Waldbestandes im Lauschan	04	283
23. 11. 04	Verordnung, betreffend Brennen von Holzkohle	04	285
14. 12. 04	Verordnung, betreffend Schornstein-Kehrzwang	04	295
20. 12. 04	Bekanntmachung, betreffend Zustellungsersuchen des Kaiserlichen Gerichts von Kiautschou	04	289
24. 12. 04	Bekanntmachung, betreffend Einlaufsignale für Dampfer	04	300
28. 12. 04	Bekanntmachung, betreffend Bestellgebühr für das Abtragen der Zeitungen durch die Post	04	300

1900—1904 年
《青岛官报》按照时间排序的目录索引①

日期	内容	年度	页码
1898 年 7 月 1 日	晓谕充当跟役苦力事	00	57
1898 年 9 月 2 日	胶澳德属境内置买田地章程	00	14
1898 年 9 月 2 日	胶澳德属境内征收各项税课章程	00	23
1898 年 9 月 2 日	关于《地籍册》的法令	00	51
1898 年 10 月 17 日	晓谕保护丈量局椿石标记章程事	00	45
1898 年 11 月 18 日	晓谕地主分地章程事	00	32
1899 年 1 月 1 日	晓谕征收地税章程事	00	31
1899 年 1 月 15 日	晓谕存储火油事	00	58
1899 年 1 月 24 日	请领地图应纳规费事	00	37
1899 年 1 月 25 日	晓谕用炸药轰炸地基事	00	123
1899 年 2 月 27 日	关于在胶州施行征兵制度的命令	00	65
1899 年 3 月 13 日	关于民事区代表任命的命令	00	58
1899 年 3 月 28 日	晓谕开设砖瓦窑厂之程事	00	65
1899 年 4 月 24 日	《在胶州施行征兵制度命令》施行细则	00	65
1899 年 5 月 12 日	关于陆海军休假人员报告的命令	00	66
1899 年 5 月 27 日	晓谕不准往来青岛口及会前疃各山事	00	74
1899 年 9 月 15 日	晓谕示明原有界石、木椿保存事	00	46
1899 年 10 月 16 日	晓谕打猎事	00	73
1899 年 12 月 30 日	晓谕青岛、李村分辖疆界章程事	00	81

---

① 译者注:此表中的大部分的德语法律条文及告白在《青岛官报》中原文没有相应的中文对照,部分法律条文及告白没有明确的标题,个别的中德文标题也并非一致。经与 1912、1914 年出版的《青岛全书》(中文第一、第二版)中收录的法律条文对比,部分的法律条文在《青岛官报》中和《青岛全书》中的名称也并非一致。在翻译、整理标题时,对《青岛官报》原版中有中文对照的法律和告白,尽量使用原版中文的表述方法和词汇;对原版没有中文对应的相关条文,则使用现代汉语表述。

(续表)

日期	内容	年度	页码
1900年1月8日	关于服兵役人员休整的命令	00	67
1900年1月23日	拟定贩运德境洋土各药及开设烟馆各项章程	00	93
1900年1月23日	关于《贩运德境洋土各药及开设烟馆各项章程》的执行规定	00	94
1900年1月24日	禁止居民藏匿军械章程	00	37
1900年4月7日	领事裁判权法	01	62
			71
			84
1900年6月14日	德属之境分为内外两界详细章程	00	1
1900年6月14日	巡捕局整理地面章程	00	5
1900年6月14日	晓谕《地亩章程》续订章程事	00	7
1900年6月16日	出示严禁假洋事	00	7
1900年6月21日	出示禁止出卖树棵花枝事	00	13
1900年6月22日	晓谕传令军队事	00	7
1900年7月5日	应行报明传染病症章程	00	16
1900年7月9日	订立塔埠头告示	00	13
1900年7月10日	严禁挖用沙泥事	00	15
1900年7月10日	晓谕严禁挖用沙泥事	00	16
1900年7月23日	晓谕不准藏匿军器严禁事	00	31
1900年7月25日	保护地法	01	60
1900年8月8日	出示闲人行走铁路禁止事	00	51
1900年8月21日	关于禁止在督署医院周边打猎的规定	00	51
1900年9月15日	拟定贩运德境洋土各药及开设烟馆各项章程	00	95
1900年9月17日	关于开放猎兔的告白	00	87
1900年9月17日	关于阿克纳桥指示浮标的告白	00	90
1900年10月2日	关于禁止进口来自上海的活牛的规定	00	101
1900年10月12日	严禁挖用沙泥事	00	107
1900年10月17日	关于开放衙门桥的告白	00	115
1900年10月24日	关于做地籍册摘录的告白	00	123
1900年10月25日	关于施行《领事裁判权法》的命令	01	94
1900年11月7日	关于药店行业以及药品使用方面的规定	00	141

(续表)

日期	内容	年度	页码
1900年11月 8日	《禁止在青岛桥与野战炮队之间沙滩采砂的命令》修订案	00	142
1900年11月 9日	关于德国保护地法律关系的法令	00	219
1900年11月12日	关于撤销《关于宣布牛庄港为瘟疫区的规定》的告白	00	153
1900年11月15日	关于皇太子路命名的告白	00	153
1900年11月28日	关于游内山灯塔的海员告白	00	177
1900年12月10日	在青岛湾沙滩取砂的警局规定	00	199
1900年12月15日	撤销《关于只要是船只来自香港，就要防止从香港、广州、马尼拉、海口和台湾岛等地的港口传进瘟疫的规定》的告白	00	199
1900年12月20日	关于海底电缆和标记浮标的海员告白	00	210
1900年12月23日	拟订设立厕所章程	00	221
1901年 1月 2日	关于药剂师拉茨获准设立经营药房的告白	01	1
1901年 1月15日	晓谕水线事	01	25
1901年 2月12日	出示严禁猎打网罗山猫事	01	57
1901年 2月19日	关于对付梓安破产案适用《帝国破产法》的命令	01	69
1901年 2月23日①	关于邮政连接通知方式的告白	01	69
1901年 3月 2日	关于在胶州执行兵役义务的告白	01	91
1901年 3月 4日	关于新选举民政区代表的告白	01	91
1901年 3月 8日	关于授权民政长和法官执行户籍认证的命令	01	99
1901年 3月10日	关于取消禁止从上海进口活体黄牛的规定	01	99
1901年 3月10日	关于制作位置地图收费的告白	01	99
1901年 3月25日	关于宣布民政区代表姓名的告白	01	118
1901年 4月 1日	关于设立马厩的告白	01	127
1901年 4月 1日	关于邮票的告白	01	128
1901年 4月 4日	关于街道命名的告白	01	127
1901年 4月 4日	关于在沧口设立邮政代办所的告白	01	128
1901年 4月18日	关于对来自香港的船只进行隔离的规定	01	143
1901年 4月20日	关于适用于德属胶澳地区的临时关税规定方面的临时附加规定	01	142 副刊

① 译者注：刊登在报纸上的日期为1900年12月22日。

(续表)

日期	内容	年度	页码
1901年4月20日	关于对铁路卸载的各类货物执行铁路方面手续的告白	01	142 副刊
1901年5月2日	关于取消来自大阪的船只的隔离措施规定	01	150
1901年5月8日	关于对在胶州湾内下锚的海员告白	01	155
1901年5月23日	关于胶州(城)邮局收费的告白	01	169
1901年6月1日	关于在胶州地区执行审判权公务的规定	01	246
1901年6月8日	1901年2月20日关于任命都沛禄海军上校为胶澳总督的最高内阁令	01	189
1901年6月22日	关于设置污水下水道的告白	01	207
1901年6月24日	关于针对旅顺港进行隔离的规定	01	214
1901年6月26日	晓谕台东镇小泥洼起造工民房屋事	01	213
1901年7月2日	关于修订1900年11月7日颁布的《关于药店和处理药物的规定》之规定	01	221
1901年7月2日	关于取消旅顺港隔离的规定	01	221
1901年7月12日	关于针对福州隔离的规定	01	229
1901年7月17日	订立东营至台东镇行驶章程事	01	244
1901年7月20日	关于奥古斯塔·维多利亚湾海水浴场开放的告白	01	236
1901年7月20日	关于批准律师执业的告白	01	246
1901年7月22日	晓谕查明中国船只有无瘟疫事	01	245
1901年7月25日	更易青岛附近宰杀牛羊等兽章程事	01	245
1901年7月26日	关于批准拉普博士担任法官的告白	01	251
1901年8月6日	晓谕用有响单轮车禁止事	01	255
1901年8月14日	律师收费规定	01	261
1901年8月1日	关于在胶州保护地占领军中服兵役的告白	01	263
1901年8月24日	关于郎纳兄弟在黄岛上优先打猎的告白	01	263
1901年9月5日	禁止挖用泥沙事	01	266
1901年9月6日	关于自来水交付使用的告白	01	267
1901年9月13日	关于反清关证书的告白	01	272
1901年9月16日	关于解除针对厦门隔离的规定	01	272
1901年9月21日	关于对强制执行事项的补充规定	01	272
1901年9月28日	晓谕大包岛新修码头事	01	273
		01	275

(续表)

日期	内容	年度	页码
1901年10月19日	晓谕商允地基四邻事	01	281
1901年10月21日	关于狩猎兔子的规定	01	283
1901年10月21日	关于义务服兵役人员报到的命令	01	287
1901年10月22日	晓谕牛羊宰杀之期事	01	282
1901年10月23日	关于打猎时需要注意的规定的告白	01	283
1901年10月29日	晓谕船只夜间驳进青岛海口停泊挂灯事	01	286
1901年10月29日	关于对牛庄港进行隔离的规定	01	286
1901年10月29日	关于解除针对香港、福州、厦门和汕头隔离的规定	01	286
1901年10月30日	关于征收5%进口税的第14号海关公告	01	290
1901年11月14日	晓谕官街、官道事	01	291
1901年11月16日	关于征收5%进口税的第15号海关公告	01	293
1901年11月19日	关于禁止向中国进口武器的第16号海关公告	01	295
1901年11月22日	晓谕台西镇命名事	01	296
1901年11月25日	出示禁止自来水筒用铅筒事	01	297
1901年12月12日	晓谕打石头准票事	01	300
1901年12月15日	关于邮票价格的告白	01	303
1901年12月19日	关于发生搁浅情况的命令	01	303
1901年12月20日	关于华人部队中华人成员法律状况的命令	01	305
1901年12月20日	厘定铁路巡捕事宜章程	01	305
1901年12月28日	关于取消对牛庄进行隔离的命令	02	2
1901年12月30日	晓谕抛锚救护海底电线事	02	1
1902年1月2日	胶海关在小港进行货物查验的第19号告白	02	5
1902年1月8日	厘定胡长庚亏空案依"断扣归偿专律"办理事	02	3
1902年1月17日	关于取消针对广州港、马尼拉港、海口港、台湾岛和澳门隔离的命令	02	7
1902年1月20日	保护电线章程	02	9
1902年1月23日	关于停留国外、享有事故退休金的国内人员义务的告白	02	8
1902年1月23日	晓谕青包岛各地主修通雨水干筒章程事	02	10
1902年1月29日	关于兔子保育期的法令	02	11
1902年1月29日	关于信号站信号的告白	02	12
1902年1月30日	关于修改1900年11月7日颁布的《关于药房以及处理药品法令命令》的告白	02	12

(续表)

日期	内容	年度	页码
1902年 1月31日	关于棉布临时税率的第21号海关告白	02	16
1902年 2月 1日	晓谕委任铁路巡查人员事	02	15
1902年 2月11日	关于保护地内包裹收费的告白	02	21
1902年 2月12日	关于在胶澳地区占领军服兵役的通知	02	20
1902年 2月27日	关于对华南和台湾港口进行隔离的命令	02	25
1902年 2月27日	关于接收外部儿童寄宿的告白	02	25
1902年 2月28日	晓谕委任铁路巡查人员事	02	27
1902年 3月 3日	关于重新选举民政区代表的告白	02	27
1902年 3月 7日	关于土地价格重新评估的告白	02	29
1902年 3月11日	晓谕洋土更章事	02	37
1902年 3月12日	关于华人服务人员个人情况的告白	02	29
1902年 3月13日	晓谕华文翻译书费事	02	31
1902年 3月25日	关于公布民政区当选代表姓名的告白	02	35
1902年 3月26日	从通商口来土货在青岛改包复出口章程	02	47
1902年 3月27日	关于上海皇家德意志邮政局的告白	02	35
1902年 3月31日	青岛装火车各种货物海关章程	02	44
1902年 4月 2日	关于设立督署学堂的告白	02	41
1902年 4月 2日	关于任命马森为旋毛虫检察官的告白	02	41
1902年 4月 3日	晓谕三晋春行在德境内承卖装成锡盒烟膏事	02	41
1902年 4月 8日	关于委任铁路警察的告白	02	44
1902年 4月 9日	晓谕养狗纳税章程事	02	43
1902年 4月 8日	青岛装出口货物章程	02	49
		02	54
1902年 4月15日	关于针对牛庄、马尼拉、孟买和加尔各答隔离的命令	02	49
1902年 4月15日	晓谕暂行设立中华商务公局章程事	02	59
1902年 4月19日	晓谕疯狗事	02	57
1902年 4月19日	关于义务服兵役人员报到的告白	02	61
1902年 4月21日	关于外海浮标的海员告白	02	62
1902年 4月29日	关于义和团动乱期间丢失银票的告白	02	63
1902年 5月 1日	出示通谕专办倒粪事	02	65

(续表)

日期	内容	年度	页码
1902年5月8日	关于在上海和芝罘的猩红病的告白	02	66
			69
1902年5月13日	晓谕兵船浮椿事	02	69
1902年5月17日	关于在维多利亚湾设置更衣室的告白	02	71
1902年5月23日	晓谕官准德人李遐提承办拍卖事	02	73
1902年5月29日	关于李村周边确诊黑天花的告白	02	73
1902年5月31日	晓谕注销疯狗告示事	02	77
1902年6月10日	晓谕营生执照章程事	02	83①
1902年6月10日	晓谕德境内车辆船只往来并开设饭店、酒馆、中国戏园、书馆、当铺各条规事	02	86
1902年6月13日	关于对上海、天津和塘沽船只进行卫生检查的告白	02	81
			91
1902年6月16日	再晓谕疯狗事	02	83
1902年6月17日	关于接种牛痘疫苗的命令	02	101
1902年6月17日	通谕华民种痘事	02	105
1902年6月18日	晓谕查明中国船只有无瘟疫事	02	91
1902年6月24日	关于偿付动乱期间损失赔偿的告白	02	95
1902年6月25日	晓谕马蹄礁石木桩事	02	95
1902年7月8日	晓谕文约执照盖印事	02	106
1902年7月10日	关于偿付动乱期间损失赔偿的告白	02	107
1902年7月21日	关于茶叶出口关税的第32号海关告白	02	110
1902年7月23日	晓谕电线及相涉电灯器具禁用事	02	109
1902年8月1日	晓谕挪移损坏丈量标记禁止事	02	113
1902年8月7日	警方关于华民案件司法管辖的命令	02	113
1902年8月14日	关于茶叶出口关税的第33号海关告白	02	115
1902年8月18日	胶海关为青岛装火车货物报关章程事	02	115
1902年9月1日	关于救生艇礁和大鲍岛礁航标的告白	02	121
1902年9月6日	出示驰禁牵狗事	02	123
1902年9月11日	胶海关开列行李章程事	02	123
1902年9月20日	关于北面和南面浅滩浮标的海员告白	02	127

① 译者注：1902年《青岛官报》有两个第83页的编号。

(续表)

日期	内容	年度	页码
1902年 9月29日①	关于对克鲁森博士授予司法权的告白	02	151
1902年 9月30日	关于民政区替换代表选举的告白	02	129
1902年10月 6日	晓谕德境内应遵德厉每年星期停公各日事	02	133
1902年10月 9日	关于对来自火车站的零售物品征税的第37号海关告白	02	134
1902年10月 9日	关于对中文印刷书籍免税的第38号海关告白	02	134
1902年10月 9日	关于撤销对来自上海、天津和塘沽船只进行医学检查的告白	02	134
1902年10月 9日	关于撤销对来自华南、台湾岛、牛庄、马尼拉、孟买和加尔各答船只隔离的告白	02	135
1902年10月15日	关于选举商人密斯为民政区代表的告白	02	137
1902年10月16日	关于猎取兔子的命令	02	137
1902年10月16日	关于医生诊费的告白	02	137
1902年10月23日	关于进口税率表修订的第39号海关告白	02	142
1902年11月12日	关于法官义务分配的告白	02	151
1902年11月21日	关于马蹄礁浮标的海员告白	02	151
1902年11月21日	关于在德国保护地的土地权益的皇家法令	03	9
1902年11月27日	关于在胶澳皇家审判厅设立物权登记的法令	02	159
1902年11月30日	《关于在德国保护地的土地权益的皇家法令》的执行规定	03	51
1902年12月 1日	工部局员给发凭单事	02	159
1902年12月 5日	重申自行车须挂灯事	02	163
1902年12月12日	关于在何处海关纳税的第40号海关告白	02	167
1902年12月15日	关于督署学校学费的告白	02	167
1902年12月18日	关于在海关办理关税缴纳的第41号海关告白	02	168
1903年 1月 1日	关于偿付动乱期间损失赔偿的告白	03	1
1903年 1月 5日	关于执行中国中东部时间的告白	03	1
1903年 1月 9日	关于1901年12月31日为止购买地产建造期限的告白	03	5
1903年 1月20日	出示猎打网罗山猫禁止事	03	14
1903年 1月30日	晓谕公举商务公局新董事	03	18
1903年 2月 2日	关于在胶澳地区占领军中服兵役的告白	03	23
1903年 2月11日	晓谕华民种痘事	03	24

---

① 译者注：刊登在报纸上的日期为1902年 9月20日。

(续表)

日期	内容	年度	页码
1903年2月16日	晓谕华民盖房事	03	29
1903年2月18日	关于对胶澳地区公证员事务的监督法令	03	85
1903年2月25日	晓谕疯狗事	03	33
1903年2月26日	关于徐家汇天文台天气情况电报的告白	03	39
1903年3月4日	关于重新选举民政区代表的告白	03	39
1903年3月11日	关于游内山灯塔的海员告白	03	44
1903年3月12日	禁止毁坏树木花草告示	03	43
1903年3月20日	关于邮船在夜间入港信号的告白	03	62
1903年3月23日	关于青岛志愿消防队的警报规定	03	58
1903年3月23日	军队消防条例	03	59
1903年3月25日	关于公布民政区当选代表姓名的告白	03	62
1903年3月26日	关于志愿消防队加入救火工作方面的告白	03	62
1903年3月30日	关于在胶澳地区土地权益的法令	03	67
1903年4月8日	再谕通知缴纳狗税事	03	69
1903年4月 日	关于青岛小港内船只行驶的海员告白	03	75
1903年4月20日	关于授予贝麦博士执行司法审判权的告白	03	129
1903年4月30日	晓谕青岛邮政局小洋增贴事	03	83
1903年5月3日	对胶澳皇家审判厅管辖区域公证员的工作指示	03	85
1903年5月3日	关于任命拉普博士担任公证员的告白	03	90
1903年5月13日	关于在奥古斯特·维多利亚湾设置更衣室的告白	03	93
1903年5月14日	关于在青岛前方设置临时大雾信号站的海员告白	03	95
1903年5月16日	关于阿克纳岛旁海标的海员告白	03	95
1903年5月16日	关于胶澳地区采矿业方面的法令	03	143
1903年5月19日	晓谕注销圈狗告示事	03	96
1903年5月19日	晓谕狗嘴笼头事	03	96
1903年5月23日	关于汽艇礁和大鲍岛礁白天标记的海员告白	03	99
1903年6月4日	晓谕更订打石章程事	03	104
1903年6月5日	关于南北浅滩浮标的海员告白	03	108
1903年6月6日	关于去除马蹄礁浮标的海员告白	03	108
1903年6月19日	关于任命铁路警官的告白	03	115
1903年6月24日	关于风暴警报信号的告白	03	115

(续表)

日期	内容	年度	页码
1903年 7月 1日	关于偿付动乱期间损失赔偿的告白	03	121
1903年 7月16日	海关验看邮局箱包告白	03	130
1903年 8月 4日	关于在胶澳保护地进行物权贸易协作社和海船登记方面的命令	03	139
1903年 8月26日	1903年胶澳水兵炮队火炮射击期间的海警法令	03	151
1903年 9月10日	晓谕禀报染患霍乱病症事	03	159
1903年 9月24日	批准沃伊茨博士担任律师的告白	03	177
1903年 9月30日	批准科赫博士担任律师的告白	03	173
1903年10月 8日	关于潮连岛灯塔的海员告白	03	177
1903年10月20日	关于沧口深水位浮标的海员告白	03	184
1903年10月22日	关于猎兔方面的法令	03	183
1903年10月22日	关于邮政局可上锁取件箱的告白	03	184
1903年10月30日	关于信号站挂灯的海员告白	03	189
1903年12月 3日	关于叶世克角和游内山灯塔之间浮标的海员告白	03	203
1903年12月23日	关于邮件和货物包裹方面的第44号海关告白	03	209
1903年12月25日	邮政局关于海关处理包裹方面的告白	03	209
1903年12月29日	关于青岛外海口浮标的海员公告	04	1
1903年12月31日	关于对胶澳地区地产权益修订和补充的命令	04	1
1904年 2月 1日	关于实施兔子保育期的命令	04	15
1904年 2月 1日	晓谕中华年节燃放鞭炮事	04	17
1904年 2月 3日	晓谕商务公局接充新董事	04	16
1904年 2月 4日	关于在黄岛打猎的告白	04	16①
1904年 2月 4日	晓谕华民种痘事	04	15②
1904年 2月13日	关于德国在日俄战争中保持中立的告白	04	23
1904年 2月19日	拟订青岛码头各商船起落货物章程事	04	25
1904年 2月19日	晓谕注销一千九百一年九月二十八日所订定用大包岛小码头费款章程及西历一千八百九十八年九月初二日所出征收税课章程第四款事	04	31
1904年 2月27日	关于重新选举民政区代表的告白	04	39
1904年 2月29日	关于房屋地块与自来水管连接的告白	04	39

---

① 译者注:应为第15页。
② 译者注:应为第16页。

(续表)

日期	内容	年度	页码
1904 年 3 月 1 日	关于开放一部分大港 1 号码头的告白	04	39
1904 年 3 月 3 日	关于授予军事法庭参议罗森博格审判权的告白	04	79
1904 年 3 月 12 日	关于游内山、马蹄礁和阿克纳岛灯塔、沧口深水区和大港入口浮标,以及发声浮标的海员告白	04	54①
1904 年 3 月 24 日	晓谕大码头一号堤岸路旁租地事	04	57
1904 年 3 月 24 日	出示招寻招租扫寻滩西北海边嘴子地基事	04	57
1904 年 3 月 25 日	关于公布民政区当选代表姓名的告白	04	58
1904 年 3 月 26 日	关于义务服兵役人员报到以及在胶澳殖民地占领军中服兵役的告白	04	63
1904 年 4 月 1 日	关于青岛—胶州—高密电报电话企业开张的告白	04	64
1904 年 4 月 1 日	关于在济南府开办德国邮政局的告白	04	69
1904 年 4 月 8 日	晓谕每逢船期限定寄信时刻事	04	69
1904 年 4 月 12 日	关于设立更衣室的告白	04	73
1904 年 4 月 26 日	关于支付动乱期间损害赔偿的告白	04	80
1904 年 5 月 5 日	胶澳德属境内田地易主章程	04	83
1904 年 5 月 5 日	德境内征收钱粮章程	04	85
1904 年 5 月 14 日	晓谕推广西一千九百四年二月十九日所订《青岛码头各商船停泊起落货物章程》附列之《各项费用章程》事	04	96
1904 年 5 月 14 日	晓谕大港活码头事	04	95
1904 年 5 月 18 日	关于济南、潍县、周村开放对外贸易的告白	04	95
1904 年 5 月 27 日	工务巡捕费项章程	04	103
1904 年 5 月 27 日	自来水费章程	04	105
			123
1904 年 5 月 28 日	接通自来水规条	04	106
			124
1904 年 6 月 8 日	晓谕减征一百吨以下起货或落货船钞事	04	119
1904 年 6 月 21 日	关于法律文书送达、强制执行和收费的法令	04	129
1904 年 6 月 25 日	关于标记和测量租借土地费用的告白	04	139
1904 年 6 月 28 日	关于设立海员付款处的法令	04	169
1904 年 6 月 28 日	关于游内山发声浮标、大港鼓状浮标和浮标架的告白	04	140
1904 年 6 月 29 日	晓谕捉拿戕杀毛虫以期保护德境内各处松树事	04	139

① 译者注:应为第 53 页。

(续表)

日期	内容	年度	页码
1904年 6月29日	关于用于存储炸药土地的告白	04	139
1904年 7月13日	查验驶进青岛口各船只防护染疫章程	04	153
		04	173
1904年 7月16日	关于悬挂帝国公务船旗帜的海洋贸易船港口税的告白	04	157
1904年 7月21日	关于长沙府开放海外贸易的告白	04	157
1904年 7月22日	开通铜圆以救钱荒章程	04	163
1904年 7月22日	通行晓谕华人往来交易钱项事	04	164
1904年 7月22日	关于大港码头压舱物装卸费用的告白	04	165
1904年 7月27日	关于宣布香港、汕头、福州、厦门和广州为疑似染疫港的告白	04	165
1904年 8月 1日	关于更正《胶澳皇家审判厅区域内的公证员业务说明》印刷错误的告白	04	169
1904年 8月13日	关于授予法庭实习法官雷曼审判权的告白	04	215
1904年 8月15日	关于解除停留在青岛港的四艘俄国战船武装的告白	04	185
1904年 8月15日	晓谕经理台东镇事宜事	04	187
1904年 8月19日	轮船行驶内港专章	04	193
1904年 9月 1日	关于猎兔的法令	04	205
1904年 9月 6日	关于从国有水厂引水收费费率的告白	04	217
1904年 9月 7日	关于提示《帝国反泄露军事秘密法》的告白	04	205
1904年 9月27日	关于撤销对来自香港、汕头、福州、厦门和广州港的船只进行隔离的告白	04	216
1904年 9月27日	关于在大港1号码头放置自登记水位计的告白	04	217
1904年10月 1日	晓谕土地重新估价事	04	215
1904年10月 1日	晓谕李村辖境以内各种脚钱、各项工资定价事	04	216
1904年10月 3日	关于保护野鸡的法令	04	221
1904年10月 7日	关于限制青岛警区内酒店和经营企业申请查验程序的告白	04	225
1904年10月10日	晓谕卫生能啼之鸟事	04	225
1904年10月10日	关于禁止在海泊河入海口取沙的告白	04	225
1904年10月13日	变通途中应吸之洋烟章程事	04	229
1904年10月13日	关于委托法院文书科特尔森负责法院执行人事务的告白	04	229
1904年10月18日	晓谕大码头附近一带地方出卖事	04	230

(续表)

日期	内容	年度	页码
1904年11月 1日	关于欧人墓地的法令(墓地规定)	04	241
1904年11月 1日	更订各项营生执照章程	04	251
1904年11月 1日	更订《胶澳德境以内各项船只车辆往来并开设饭店酒馆买卖军械弹药中国戏园书馆当铺及发彩票等铺规条》	04	255
1904年11月 1日	关于打猎的法令	04	260
1904年11月12日	设立义地章程	04	261
1904年11月14日	变通湖岛子义地事	04	265
1904年11月15日	关于1904年11月1日《打猎的法令》的实施细则的告白	04	261
1904年11月15日	关于吨位计算的告白	04	265
1904年12月13日	关于沧口深水处变化的告白	04	285
1904年11月23日	晓谕振兴崂山树木事	04	283
1904年11月23日	晓谕禁止烧作木炭事	04	285
1904年12月14日	按分应将烟筒打扫洁净章程	04	295
1904年12月20日	关于胶澳皇家审判厅传票投递请求的告白	04	289
1904年12月24日	关于船只到达信号的告白	04	300
1904年12月28日	关于邮局投递报纸收取投递费的告白	04	300

附录

1904年青岛大事记

2月1日，管理中华事宜辅政司发布告示，规定了春节期间燃放鞭炮的时间、地点和注意事项。

2月3日，管理中华事宜辅政司发布告示，公布了中华商务公局公举董事名单：山东人李涵清、山东人胡规臣、广东人古成章、广东人杨瑞芝。

2月8日，日本海军未经宣战突然袭击俄罗斯驻扎在中国旅顺口的舰队，日俄战争爆发。德国宣布中立，要求身处德国领土、保护地和国外的德国人，其所有行为均不得违反德国的中立立场。

2月19日，胶澳督署发布《青岛码头各商船起落货物章程》，规定了青岛新筑大码头开办通用的试办章程。

2月29日，胶澳督署工部局公布《接入海泊河自来水厂水管的规定》，具体规定了报名、执行、安装、检测与验收等程序。

3月6日，大港1号码头北岸5个泊位建成，胶济铁路和港口专用铁路相接。胶澳督署举行大港竣工仪式。

4月6日，胶澳总督都沛禄向帝国海军部国务秘书提尔皮茨提交建立殖民地档案馆的请示报告，用以保存重要法规文件和档案资料，记录胶澳租借地经济与社会发展情况。6月17日，帝国海军部批复同意立即建馆，这是青岛城市历史上第一个正式的档案馆。

4月17日，大清海关总税务司赫德与德国驻京公使冯·穆默在京签署《续立会订青岛设关征税办法附件》，德国政府同意中国在青岛设关征税，该关有发给内河行轮专照之权。

5月5日，胶澳督署发布《胶澳德属境内田地更易地主章程》和《德境内征收钱粮章程》，规定华人买卖田地必须到官署申请，批准备案后方可转让。在官署购买前，所有田地只准卖与胶澳租借地、即墨、胶州三地的华人，并规定了德境内禾稼地每年应纳钱粮数目。

5月26日，汉堡—美洲包裹运输股份公司青岛分公司（即亨宝洋行青岛分行）在胶澳皇家审判厅进行了商业登记。

5月27日，胶澳督署发布《工务巡捕费项章程》，规定了修造洋式楼房和修盖内地华式房屋的应纳费项。

5月27日,胶澳督署发布《自来水费章程》,规定自4月1日起酌订水费,以补创修并嗣后随时修理经费。5月28日,胶澳督署总工部局发布《接通自来水规条》,规定了水表的租金价格、水费的交纳时间、用水价格和安装、维修等各种用水项目的程序和收费标准。

5月,胶澳总督府办公楼开工建设,位于今沂水路11号,由德国建筑师马尔克设计,建筑费用85万德国马克,建筑面积7 132平方米,1906年4月竣工。

5月,德国皇家帆船俱乐部在维多利亚湾(今汇泉湾)举办首次海上帆船比赛。

6月1日,胶济铁路全线通车,主线长度395千米;张店—博山支线同时通车,长度40千米。

7月13日,胶澳督署发布《查验驶进青岛口各船只防护染疫章程》,规定了驶入青岛口船只查验的方法和范围。

7月22日,胶澳督署发布《开通铜圆以救钱荒章程》,规定了德境内使用货币的种类。

8月11日,俄国军舰"切萨列维奇"号到达青岛港,将在日俄海战中受伤的5名军官和10名水兵送至督署野战医院救治,其中一名水兵在送达后死亡。"切萨列维奇"号被解除武装。

8月15日,管理中华事宜辅政司发布《经理台东镇事宜》,任命张庆云为台东镇区长并暂行兼理粮约事物,规定了地租、集市摆摊费、公称费等收费标准。

8月16日,青岛发电厂发布告白,提醒市民不要损坏在市区和港区各条街道铺设的高压电线。

8月19日,胶海关税务司发布《轮船行驶内港专章》,对轮船在内港行驶做了规定。

9月21日,梅克伦堡疗养院(Erholungsheim Mecklenburghaus)举行开院典礼。疗养院位于崂山柳树台,海拔500米,由3座建筑构成,有客房、食堂、吸烟室、阅览室、女宾室、浴室等。

9月26日,恩斯特·凯宁递交了在弗里德里希大街(今中山路南段)面包师里希特的楼内开办包括咖啡馆的饭店的申请。

9月,胶澳督署公布胶澳租借地人口统计,市区华人27 622人,欧洲居民(除士兵外)1 057人。

10月1日,《青岛新报(Tsingtauer Neueste Nachrichten)》出版试刊号,11月1日正式发行,是青岛最早的德文日报,为综合性报纸,版面仿照母报《德文新报》,发行人为芬克(C. Fink),在日德战争时期停刊,改为发行《青岛战争新闻报》,在日军攻占青岛之前,共计发行6期。

11月1日,胶澳督署发布《关于欧人公墓的法令》,规定了欧人公墓埋葬死者的身份、墓地使用期限、对墓地的装饰要求以及收费标准等。

11月1日，胶澳督署发布《各项营生执照章程》和《胶澳德境以内各项船只车辆往来并开设饭店酒馆买卖军械弹药中国戏园书馆当铺及发彩票等铺规条》，规定拍卖、船运、车辆、酒店、咖啡馆、茶馆、药铺、军火、戏院、书店、当铺、博彩等行业必须办理营运执照，并确定各项执照费额和具体要求，此制度自1905年1月1日起正式实行。

11月12日，胶澳督署发布《设立义地章程》，规定了湖岛子义地的使用要求和收费标准等。

11月22日，胶澳总督都沛禄回国度假，海军中校封克（Felix Funke）和总督副官雅各布森（Leo Jacobson）受命担任代理总督。

12月14日，胶澳督署发布《按分应将烟筒打扫洁净章程》和《〈关于强制清扫烟囱的法令〉的实施规定》，规定了青岛内界洋式楼房烟囱打扫的次数和收费标准、雇佣烟囱清扫人的要求、雇佣烟囱清扫人工作说明等。

12月，根据北京德国皇家公使馆的通知，胶州、高密和即墨三个县由从属于德国驻芝罘领事馆领区的管辖权，转归济南府的德国皇家领事馆管辖。

同年，李村华民监狱建成启用，被判拘留3个月以上的华籍刑事犯在此执行。

同年，大港一号码头建立验潮井，是中国最早进行潮汐观测的港口之一。

同年，中山公园的前身——植物试验场始建。植物试验场原系即墨县仁化乡会前村村址，旧有村民360余户，以渔业为生。1901年，胶澳督署收买太平山、青岛山进行造林后，强行收买会前村，将360余户渔民迁走，辟建为植物试验场。建林木园地约百万平方米，果木园地约4万平方米，引进世界各地的花草树木约170多种，23万株，成为以树木、果园、花木为主的公园，后取名"森林公园"（Forstgarten）。

同年，《青岛及周边导游手册》出版，用图文并茂的形式介绍青岛，是青岛最早的导游手册。此书共有1904年、1905年、1906年、1910年四个版本，1910年版本为英文版。

同年，位于今南海路23号汇泉湾畔的海滨旅馆落成，它直接位于海水浴场旁，是夏季最适合消暑休闲的旅馆，也是青岛最早的假日型旅馆。1912年孙中山访问青岛时曾在该旅馆下榻。

同年，俾斯麦兵营的两座营房落成。